*dictionnaire illustré des*

# ANTIQUITÉS
# & DE LA BROCANTE

# *dictionnaire illustré des*
# ANTIQUITÉS & DE LA BROCANTE

sous la direction de Jean Bedel

17, RUE DU MONTPARNASSE - 75298 PARIS CEDEX 06

## LISTE DES COLLABORATEURS

| | |
|---|---|
| **Catherine Bedel** | objets d'ameublement |
| **Jean Bedel** | étain, mobilier, marché d'art |
| **Jan George Boyazoglu** | céramique européenne |
| **Laurence Brocas** | art populaire, jeux et jouets, tapisserie |
| **Marie-Christine David** | Islam |
| **Françoise Deflassieux** | antiques, argenterie, bijoux, bronzes |
| **Catherine Fallou** | émaux, mobilier anglais, tapis d'Orient |
| **Louis Frédéric** | Extrême-Orient |
| **Yves Gairaud** | automates, horlogerie, ferronnerie, ivoires |
| **Chantal Humbert** | mobilier étranger, art nouveau, art déco |
| **Alain Jacob** | armes, art primitif |
| **Claudine Joannès de Vignoux** | dentelle, instruments de marine, instruments scientifiques |
| **Nicolas Labruhe** | bibliophilie |
| **Florence Michel** | verrerie |
| **Armand Muflarz** | instruments de musique anciens |
| **Paul Oury** | collections insolites, outils |
| **Alain Weil** | numismatique |
| **Serge Zeyons** | affiches, cartes postales, estampes, photographie |

Secrétariat de rédaction : Claire Marchandise

Maquette : Serge Lebrun, Simone Pierre

Recherche de l'illustration : Mathilde Rieussec

Correction-révision : Bernard Dauphin, Bernard Chaudat, Marie-Pierre Gachet

Index : Catherine bedel

*Le présent volume appartient à la dernière édition* (revue et corrigée) de cet ouvrage.


ISBN 509106-3.

# PRÉFACE

« L'alphabet », disait Voltaire, « fut à l'origine de toutes les connaissances de l'homme... et de toutes ses sottises ». Il n'en reste pas moins que l'ordre alphabétique retient et répand les fécondes semences qui, de lettre en lettre, permettent de découvrir tous les aspects d'un secteur d'activité, d'examiner toutes les facettes d'une profession.

La succession des mots est comme un trousseau de clés dont les combinaisons multiples ouvrent les innombrables tiroirs d'un cabinet de curiosité.

Alors qu'une encyclopédie enserre la lecture dans des classifications préétablies, le dictionnaire de A à Z provoque l'invention — au sens propre du terme : ce que l'on découvre en allant à la rencontre des mots.

Encore convient-il de définir le domaine où le mot « antiquité » a droit de cité. Ce terme a changé de sens avec le temps. Il désignait, au siècle dernier, ce que nous appelons aujourd'hui « l'archéologie », sans connotation commerciale. « Les antiquités », au pluriel, englobent désormais l'ensemble du marché de l'occasion. Le mot s'applique aussi bien aux meubles anciens qu'aux objets de collection les plus divers... C'est pour mieux affirmer cette généralisation que, dans le titre du présent ouvrage, nous avons adjoint aux antiquités « la brocante », mot singulier dont l'universalité ouvre la porte à tous les chineurs.

Seul un dictionnaire pouvait permettre de dresser l'inventaire des objets susceptibles d'intéresser amateurs et professionnels, collectionneurs et curieux. Le goût des œuvres anciennes s'est, depuis quelques années, étendu à un public élargi qui éprouve de plus en plus vivement le besoin d'être mieux informé.

Aucun ouvrage n'a pu se substituer au *Dictionnaire de l'ameublement et de la décoration* publié entre 1887 et 1890 par Henry Havard. Et pourtant que de changements en moins d'un siècle : de nouveaux styles sont apparus, le marché de l'art a évolué, le goût s'est transformé, les mots se sont chargés de sens différents. On trouve dans le fameux Havard des termes aujourd'hui ignorés des marchands eux-mêmes. Demandez-leur ce qu'est un « argenton » (métal anglais), un « bandège » (guéridon à deux plateaux), un « bimbelot » (jouet d'enfant), une « bohémienne » (siège confortable) ou un « contre-rostier » (chenet à crochets), ils seront désarmés à la manière d'un confiseur chez qui l'on viendrait acheter des articles de quincaillerie.

L'ouvrage que nous vous proposons se veut pratique avant tout. Nous avons donc éliminé les mots tombés en désuétude. C'est sur le terrain que nous avons établi nos critères de choix, chez les antiquaires et les brocanteurs, sur les marchés aux puces, dans les foires et les Salons, ainsi que dans les salles des ventes. Nous avons voulu que ce dictionnaire fût un vivant reflet de la circulation des œuvres d'autrefois actuellement disponibles sur le marché, donnant la préférence aux pièces convoitées par les amateurs et les curieux — mais encore accessibles —, plutôt qu'à celles d'une grande rareté qui sont en place dans les vitrines des musées. Il nous a paru superflu de retenir les termes dont le sens général est connu de tous et sans équivoque, tels *arcade, arme, fauteuil, fusil, vasque* ou autres mots entrés dans le vocabulaire quotidien.

En revanche, nous avons conservé les termes dont certains emplois particuliers peuvent contribuer à une connaissance plus approfondie des meubles ou des objets, tels que *bois, bronze, cheville, marbre* ou *régule,* par exemple. Pour tirer le meilleur parti d'un espace relativement limité, nous avons fait l'économie de nombreuses « entrées », lorsque le sens de certains mots s'éclairait de lui-même par le contexte. Mais l'index final dans lequel ils apparaissent permet de retrouver leur définition en renvoyant à la page qui les mentionne. La consultation de cet index facilitera bien des recherches.

Enfin, dans certains cas, les illustrations, les dessins, les tableaux et les cartes apportent des précisions complémentaires, font ressortir des noms géographiques et historiques qui n'ont pas trouvé place dans l'ordre alphabétique. Des astérisques placés derrière certains mots indiquent que ceux-ci font l'objet d'une entrée ; les abréviations ont été limitées pour ne pas constituer une entrave à la lecture. Enfin une bibliographie permet aux lecteurs qui veulent en savoir davantage de se reporter aux ouvrages spécialisés.

Après une définition aussi précise et aussi claire que possible nous avons situé les meubles et les objets dans leur contexte historique en indiquant les critères de valeur qui président à leur recherche. On sait l'importance qu'il convient d'accorder au sens des mots lorsqu'il s'agit de négocier une œuvre ancienne. Une mauvaise dénomination, une appellation équivoque, une confusion (volontaire ou non) peuvent être à l'origine d'une erreur d'identification, d'une tromperie, voire d'une fraude. S'alarmant « des procédés douteux qui font peser une suspicion grave sur le marché des œuvres d'art », la commission des affaires culturelles de l'Assemblée nationale avait préparé un texte législatif finalement transformé en décret (3 mars 1981) « sur la répression des fraudes en matière de transaction d'œuvres d'art et d'objets de collection ». Ce texte fait obligation aux marchands d'employer des termes bien définis pour décrire les objets mis en vente et d'en préciser sur facture « la nature, la composition, l'origine et l'ancienneté ». Encore faut-il que les acheteurs éventuels aient eux-mêmes un vocabulaire suffisant pour s'assurer que les définitions correspondent effectivement à leurs acquisitions.

Une bonne connaissance des objets et de leur dénomination exacte constitue la meilleure garantie d'un bon achat. Nous aurons atteint notre but si ce dictionnaire apporte aux amateurs et aux professionnels les connaissances qu'ils en attendent.

Nous remercions très vivement les nombreux antiquaires, experts et commissaires-priseurs que nous avons consultés et qui ont bien voulu nous faire partager leur savoir. Nous espérons que l'ouvrage collectif sera pour ses lecteurs une nouvelle source d'enrichissement, comme sa réalisation l'a été pour nous-mêmes.

Mais un dictionnaire n'est jamais une œuvre achevée. C'est dire qu'elle est toujours perfectible. La présente édition reste ouverte à toutes suggestions et à toutes critiques. Elle a du moins le mérite d'exister.

Et maintenant... enrichissez-vous !

Jean Bedel

# Planches en couleurs hors-texte

Les planches **I** à **VIII** sont placées entre les p. 24-25 ; **IX** à **XVI,** entre les p. 88-89 ; **XVII** à **XXIV,** entre les p. 152-153 ; **XXV** à **XXXII,** entre les p. 216-217 ; **XXXIII** à **XL,** entre les p. 280-281 ; **XLI** à **XLVIII,** entre les p. 344-345 ; **XLIX** à **LVI,** entre les p. 408-409 ; **LVII** à **LXIV,** entre les p. 472-473.

Les titres des planches renvoient à des articles du dictionnaire.


**Affiche** pl. I
**Afrique** pl. II-III
**Almanachs** pl. XVI
**Antiques** pl. IV-V
**Armes, Armures** pl. IX
**Art déco** pl. X-XI
**Art nouveau** pl. VI-VII
**Art populaire** pl. LVIII à LX
**Art précolombien** pl. LXI
**Automates** pl. VIII
**Bibliophilie** pl. XII-XIII
**Bijoux** pl. XVIII-XIX
**Boîtes** pl. XX
**Boîtes étuis** pl. XVII
**Broderie** pl. XXI
**Bronzes** pl. XXII-XXIII
**Bronzes d'ameublement** pl. XXIV
**Céramiques** pl. XXV à XXVII
**Chine** pl. XXX à XXXII
**Émail** pl. XXXIII
**Estampes** pl. XXXIV-XXXV
**Éventails** pl. XXXVI
**Fixé sous verre** pl. XXXVII
**Horloges, pendules** pl. XXXVIII
**Instruments de musique** pl. XL
**Instruments scientifiques** pl. XLI
**Islām** pl. XLII-XLIII
**Ivoires** pl. XLVI
**Japon** pl. XLIV-XLV
**Jeux** pl. XLVI
**Jouets** pl. XLVII
**Mobilier** pl. XLIX à LIII
**Mobilier étranger** pl. LVI
**Montres** pl. XXXIX
**Numismatique** pl. LVII
**Porcelaines** pl. XXVIII-XXIX
**Poupées** pl. XLVIII
**Reliures** pl. XIV-XV
**Sièges** pl. LIV-LV
**Tapis** pl. LXIII
**Tapisserie** pl. LXII
**Verre** pl. LXIV


## REMERCIEMENTS


L'éditeur adresse ses remerciements aux conservateurs, aux bibliothécaires, aux attachés de presse, aux responsables des services photographiques des musées et bibliothèques qui ont bien voulu collaborer à la réalisation de cet ouvrage. L'éditeur exprime sa gratitude aux commissaires-priseurs qui lui ont aimablement communiqué des documents pour l'illustration du présent ouvrage : Mes Ader, Picard, Tajan ; Boisgirard ; A. de Heeckeren ; Pescheteau ; Buffetaud, Laurin, Guilloux, Tailleur ; Cornette de Saint-Cyr ; Couturier, Nicolay ; Genin, Griffe, Leseuil ; Loudmer, Poulain ; Henry Martin, Angers ; Savot, ainsi qu'aux maisons britanniques Sotheby et Christie's, Manson and Woods. Enfin, il remercie également les antiquaires, experts et collectionneurs qui ont bien voulu prêter leur concours, et parmi eux : Alain Bavoux (céramique) ; Claude Bonnet, 20, rue de Beaune, Paris 7e (céramique) ; Patrice et Irène Boubet, passage Delambre, 33, rue Falguière, Paris 14e (cartes postales anciennes) ; Charles et Philippe Boucaud, 25, rue du Bac, Paris 7e (étains) ; Robert Capia, 26, galerie Véro-Dodat, Paris 1er (poupées et jouets) ; la Cour de Varenne, 42, rue de Varenne, Paris 7e (meubles XVIIIe) ; Claude Ferment, 7, rue des Saints-Pères, Paris 6e (ivoires) ; Hélène Fournier-Guérin, 25, rue des Saints-Pères, Paris 6e (céramique) ; Louvre des antiquaires ; Galerie H. Kamer-Lelouch, 9, quai Malaquais, Paris 6e (art primitif) ; Mallett and son Antiques, 40, New Bond Street, Londres (meubles anglais) ; Yves Mikaeloff, 15, rue Royale, Paris 8e (tapis d'Orient) ; Armand Muflarz, 25, rue Lamartine, Paris 9e (instruments de musique) ; Mythes et Légendes, 18, place des Vosges, Paris 4e (archéologie) ; Denis Ozanne, Au vieux rat, 7, rue Pestalozzi, Paris 5e (poupées et jouets) ; Prouté, 74, rue de Seine, Paris 6e (gravures, estampes) ; Galerie A la Reine Margot, 9, quai Conti, Paris 7e (verres anciens) ; Regency Antiquités, 63, rue du Bac, Paris 7e (meubles anglais) ; Galerie J.-P. Rouillon, 27, rue de Seine, Paris 6e (gravures, estampes) ; Galerie Samarkande, rue des Saints-Pères, Paris 7e (art asiatique) ; Michel Sonkin, 10, rue de Beaune, Paris 7e (art populaire) ; J. Soustiel, 146, boulevard Haussmann, Paris 8e (art musulman) ; Galerie 13, rue Jacob (art populaire) ; J. Vinchon et Mesdames Berthelot et Guyonnet, 77, rue de Richelieu, Paris 2e (numismatique).

*A... Comme « adjugé » ! Le tableau de Jules Boilly représente une vente aux enchères en 1775. Il a été adjugé 360 000 F par Mes Couturier-Nicolay, à Drouot, le 2-XI-1986.*

Couturier-Nicolay

**Aalto** (Hugo Henrik Alvar), architecte et décorateur finlandais (Kuortane 1898 - Helsinki 1976). Élève de Sigurd Frostens (1876-1956), il suit les cours de l'École polytechnique à Helsinki, puis, à Weimar, il travaille avec Henry Van de Velde qui l'initie aux formes claires et fonctionnelles.

Aalto suit la tradition populaire qui privilégie l'aménagement intérieur par rapport à la structure extérieure. Dès 1927, il conçoit du mobilier de série : sièges, vases, système d'éclairage ; utilisant la nouvelle technique du bois « lamellé-collé », il invente des tables et des chaises de bouleau. À l'Exposition de 1937, le décorateur dessine le pavillon finlandais aux charpentes très remarquées.

Se servant de l'asymétrie et utilisant des matériaux de façon contrastée et diversifiée, Aalto aime employer des bois d'essences variées et intègre harmonieusement architecture, aménagement intérieur et mobilier. Faisant figure de précurseur en Europe, il a été révélé par l'exposition de New York en 1939.

**abaque** n. m. Tablette qui couronne le chapiteau d'une colonne. Ce terme d'architecture apparaît aussi dans la description de meubles ornés de colonnes ou de pilastres.

Dans l'Antiquité gréco-romaine, l'abaque désigne la table destinée à recevoir les offrandes, puis, par extension, les dressoirs et les buffets où l'on exposait la vaisselle d'apparat. Enfin, l'abaque peut être une table de jeu comportant un damier ou un échiquier.

**Abaquesne** (Masséot), céramiste français (connu de 1526 à 1564 env.). Les débuts de l'artiste, mentionné pour la première fois à Rouen en 1526, sont mal connus, mais la maîtrise du style laisse supposer une connaissance de la céramique italienne. Il fabriqua de nombreux vases de pharmacie (gourdes, chevrettes, albarelli). Dans la commande de 4 152 pots que lui passa l'apothicaire rouennais Pierre Dubosc, le céramiste reprend la gamme des couleurs et les principes de la majolique de Faenza et de Castel Durante : figures de profil traitées avec un réalisme insistant et motifs décoratifs. La variété de l'invention apparaît dans les décors (musée de Chantilly) demandés à partir de 1547 par le connétable Anne de Montmorency pour les galeries de sa demeure, le château d'Ecouen (devenu musée national de la Renaissance). Avec les panneaux de la chapelle de la Bastie d'Urfé (aujourd'hui au Louvre et au musée de Sèvres), l'artiste atteint à une des expressions les plus accomplies de la Renaissance française.

**abat-jour** n. m. invar. Accessoire destiné à la fois à donner plus d'intensité à la source lumineuse et à protéger les yeux de l'éblouissement. L'idée de réfléchir la lumière au-dessus d'une flamme pour obtenir une plus grande clarté remonte vraisemblablement aux lampes* à huile de l'Antiquité. Mais ce n'est qu'à partir du XVIIe siècle, date de l'apparition du mot, que l'abat-jour entre dans le décor quotidien. Soutenus par une armature métallique, les abat-

Christie's

*Cet abat-jour de soie en forme de parapluie couronne une lampe de bronze ornée d'une figurine en ivoire, d'après un modèle de Preiss, typique du style Art déco, vers 1930. Ensemble adjugé 4 320 £ par Christie's, à Londres, le 16-III-1982.*

jour, que l'on appelait également des « garde-vue », se généralisent au cours du XVIIIe siècle. Ces petits écrans de satin translucides sont d'abord adaptés aux chandeliers de bronze fixés aux secrétaires ; ils reflètent bien le goût de l'époque pour les relations épistolaires.

Par la suite, les flambeaux de tables de jeu, puis les lampes-bouillottes sont garnis d'abat-jour en tôle peinte ou parfois d'un tambour de parchemin, ornés de motifs qui, dans toute la vivacité de leurs couleurs, se détachent à la lumière de la flamme à la façon d'un vitrail. Les appliques* en bronze ciselé, les petits chandeliers de piano sont également garnis d'abat-jour en étoffe.

Accompagnant tous les modes d'éclairage successifs — chandelle, bougie, pétrole lampant, gaz, électricité —, les abat-jour s'adaptent à tous les styles. La lampe-lyre qui enserre dans ses branches un demi-globe d'opaline, reconvertie au gaz puis à l'électricité, connaît un succès prolongé. Les amateurs de ce genre d'éclairage trouvent aujourd'hui, sur le marché des antiquités et de la brocante, plus d'abat-jour en opaline de bazar de fabrication récente que de véritables opalines Napoléon III d'une luminescence laiteuse.

Le développement de l'électricité dans tous les foyers fait de l'abat-jour le complément indispensable de l'éclairage. Les plus courants, en forme de tambour cylindrique ou légèrement conique, sont en papier huilé ou parcheminé, en toile de lin, en velours, en soie, en mousseline ou en peau d'âne ; ils s'adaptent directement à la douille de laiton qui tient l'ampoule électrique.

L'Art nouveau renouvelle les jeux de lumière à travers le verre, le cristal ou les pâtes de verre translucides. De nombreux artistes tels que Gallé, Dammouse, Legras, les frères Muller, Tiffany, s'illustrent en harmonisant les décors de l'abat-jour et de son support lumineux. Les verriers de l'époque Art déco, les frères Daum, René Lalique, Argy-Rousseau, Décorchemont, créent également des lampes et des luminaires à décors géométriques où l'abat-jour tient une place de choix.

**abattant** n. m. Partie mobile pivotante d'un meuble (secrétaire, bureau, table) que l'on peut relever ou abaisser selon l'usage que l'on en attend (écritoire, allonge ou appui). Au XVIIIe siècle, l'abattant qui se refermait sur un casier à papier était souvent orné de belles marqueteries. (V. SECRÉTAIRE À ABATTANT.)

**Abbéma** (Louise), artiste et femme de lettres (Étampes, Essonne, 1858 - Paris 1928). Très liée à Sarah Bernhardt, elle a laissé au milieu d'une œuvre diverse et abondante de nombreux dessins et portraits de la tragédienne. Certains ont été reproduits en cartes postales, telle *la Sorcière,* estimée à 200 F dans le *Neudin 1983.* Les autres reproductions portant sa signature n'atteignent pas la moitié de cette cote.

**Abbott** (Berenice), photographe américaine (1898). Étudiante en peinture et architecture, elle arrive en 1920 à Paris où Man Ray l'initie à la photographie. Le réalisme direct de ses portraits (Cocteau, Gide, Joyce) est bientôt apprécié et elle ouvre son propre studio. De retour aux États-Unis en 1929, elle y poursuit une carrière marquée par des œuvres empreintes de rigueur. On lui doit des séries à caractère scientifique et nombre de paysages urbains américains. Ayant acquis une partie importante des clichés et des plaques d'Eugène Atget, Berenice Abbott a beaucoup contribué à faire connaître l'héritage photographique de ce dernier.

Christie's

La 40e Rue, *par Bérénice Abbott, vue prise de la Salmon Tower, New York 1938. Vente Christie's, à New York.*

**abeille** n. m. Motif décoratif utilisé dès l'Antiquité, mais caractéristique du style Empire. Napoléon Ier voulut en faire un emblème personnel en le substituant à la fleur de lys. L'Empereur se serait inspiré des abeilles d'or trouvées dans le tombeau du roi mérovingien Childéric.

**Abeillé** (Jack), dessinateur français (La Varenne-Saint-Hilaire 1873 - ?). Il a fait partie des humoristes de la Belle Époque. Les cartophiles connaissent bien ses séries de fleurs, ses petites scènes parisiennes, ses cartes de l'Exposition de 1900 ainsi que ses croquis de la Grande Guerre. Il a également réalisé des affiches publicitaires cotées, en 1988, de 1 600 à 2 000 F, ainsi que des cartes postales estimées de 200 à 300 F.

**aborigène** (art australien). L'art des aborigènes d'Australie montre une réelle homogénéité de culture tout en utilisant des matériaux économiques tels que le bois ou l'écorce. Parmi les objets gravés, les plus importants sont les tjurunga du centre et de l'ouest de l'Australie. Les plaquettes ovoïdes, en bois ou en pierre, sont ornées de motifs géométriques réalisés rituellement à l'aide d'une dent d'opossum. Des gravures semblables décorent les rhombes, petites planches ovoïdes percées d'un trou par où s'attache une corde à laquelle on imprime une forte rotation : en tournant, l'ustensile produit un son interprété comme celui de la voix des esprits. Dans le Nord-Est, on trouve des objets en nacre, des bâtons-messages et, enfin, les armes et ustensiles divers que l'on rencontre sur toute l'île. Les aborigènes utilisent comme couleurs des pigments minéraux.

**aboyeur.** V. CRIEUR.

**abrach** ou **abrache** n. m. Nom, d'origine orientale, qui désigne la rupture de ton fréquente dans les tapis d'Orient anciens. Ce changement de coloris s'explique par un réassortiment difficile de la laine, le hasard des teintures naturelles ou les difficultés de la vie errante. Contrairement à une opinion courante, ce phénomène se rencontre aussi bien sur les productions nomades que sur celles des manufactures. Un abrach léger n'enlève aucune valeur à un tapis — bien au contraire —, et on rencontre parfois de faux « abrach ».

**abréviation** n. f. Réduction d'un mot jugé trop long, ou réduction de mots composés à de simples initiales (sigle). Les abréviations ont été utilisées dans le courant des textes par les scribes de l'Antiquité et par les copistes du Moyen Âge pour économiser temps, papyrus ou parchemin. Les imprimeurs les reproduisirent, mais elles diminuèrent progressivement et disparurent au XVIIe siècle.

Dans l'établissement des catalogues et des ouvrages bibliographiques, les libraires et les bibliophiles firent grand usage d'abréviations techniques, particulièrement au XIXe siècle, lorsque les exemplaires de valeur étaient nombreux. Aujourd'hui, les beaux livres sont rares et sont au contraire décrits avec de nombreux détails.

En numismatique, certaines abréviations (F. d. C., B., T. B., T. T. B.) indiquent divers degrés de l'état de conservation (v. ÉTAT).

### PRINCIPALES ABRÉVIATIONS UTILISÉES EN BIBLIOPHILIE

| | | | |
|---|---|---|---|
| aut. | autographe | gr. pap. | grand papier |
| bas. | basane | ill. | illustré |
| br. | broché | inc. | incomplet |
| cart. | cartonnage | int. | intérieur |
| cf. | confer (voyez-comparez) | jans. | janséniste |
| chag. | chagrin | l.a.s. | lettre autographe signée |
| chiff. | chiffré | mar. | maroquin |
| couv. | couverture | mos. | mosaïqué |
| couv. cons. | couverture conservée | m.s. | manuscrit |
| dent. | dentelle | mouil. | mouillure |
| dent. int. | dentelle intérieure | n. rog. | non rogné |
| dor. | doré | pap. | papier |
| éd. | édition | pp. | pages. |
| édit. | éditeur | perc. | percaline. |
| é.o. | édition originale | pl. | planche |
| emb. | emboîtage | qq. | quelques |
| ex. | exemplaire | r. | recto |
| ff. | feuillets | rel. | reliure |
| fig. | figure | rel. anc. | reliure ancienne |
| fil. | filet | s.d. | sans date |
| in. fol. | format in-folio | s.l.n.d. | sans lieu ni date |
| in. 4. | format in-quarto | supp. | supplément |
| in. 8. | format in-octavo | tête dor. | tête dorée |
| in. 12. | format in-douze | t. | tome |
| front. | frontispice | tr. | tranches |
| fr. | à froid | tr. dor. | tranches dorées |
| fx. tit. | faux-titre | v° | verso |
| goth. | gothique | vol. | volume |
| gr | grand | | |

**acajou** n. m. Arbre d'Amérique *(Swietenia Mahogani)* donnant un bois brun rougeâtre au grain très serré, susceptible d'un beau poli qui a tendance à foncer en vieillissant. Connu des navigateurs anglais dès la fin du XVIe siècle (sous le nom de « mahogany ») et apprécié des charpentiers de marine pour sa dureté, l'acajou a la propriété de résister aux vers du bois.

*Secrétaire en placage d'acajou moucheté, montants en gaine, pieds-griffes, bronzes ciselés et dorés à décor de têtes de femmes. Estampille de Lemarchand. Époque Consulat. Adjugé 245 000 F par Me Loudmer, à Drouot, le 14-XII-1987.*

Selon Roubo, *l'Art du menuisier* (1774), l'acajou « est une espèce de noyer à grain fin » dont les couches concentriques suivent les sinuosités des nœuds.

Importé par billes (tronçons de bois) des Antilles (Cuba, Saint-Domingue, Jamaïque), d'Amérique centrale (Honduras) et du Brésil, par les Compagnies des Indes, l'acajou était au XVIIIe siècle surtout employé en placage par les ébénistes qui utilisaient les dessins des veines pour en tirer des effets décoratifs, notamment Thomas Chippendale. Selon la qualité et l'inclinaison de la coupe, ils distinguaient les acajous « satinés », « ondés », « mouchetés », « chenillés », « moirés », « tigrés », « roncés », « ramageux », « flammés » (ou « flambés »). L'acajou était également employé dans les grands ports d'importation tels que Bordeaux, Nantes, Saint-Malo, pour réaliser des « meubles de port » en bois massif commandés par les armateurs : armoires, buffets à deux corps, bibliothèques, commodes, scribans.

L'acajou a donné de très beaux meubles plaqués ou massifs dès la seconde moitié du XVIIIe siècle ; à la mort de Mme de Pompadour en 1764, on dénombra 62 meubles d'acajou répartis dans ses différentes résidences ; son emploi s'étendit sous Louis XVI, sous le Directoire et au début de l'Empire. Interdit à l'importation par le Blocus continental (1806), l'acajou est devenu le bois de prédilection des Anglais sans cesser d'être apprécié sur le Continent. Remis à l'honneur en France à partir de la Restauration, il a donné naissance pendant tout le XIXe siècle à de nombreux secrétaires, commodes et sièges recherchés pour leur solidité et leur patine.

Au début du XXe siècle, les acajous d'Afrique, plus légers, plus clairs et plus tendres, se sont à peu près substitués aux acajous de Cuba et de Saint-Domingue. De faux acajous ont été obtenus par coloration du merisier avec une décoction de bois de campêche et de garance. L'ancienneté d'un placage d'acajou se reconnaît non seulement à la beauté des reflets roux mais à l'épaisseur des plaques sciées à la main. Les bons placages du XVIIIe siècle ont environ 2 mm d'épaisseur.

Œben, R. Dubois, Leleu, Riesener, Weisweiler ont attaché leurs noms à des meubles d'acajou d'une exceptionnelle qualité. Parmi les plus célèbres menuisiers qui ont créé des sièges en acajou massif, citons en France Georges Jacob et ses fils et, en Grande-Bretagne, Thomas Chippendale.

**acanthe** n. f. Motif ornemental imitant la feuille de la plante du même nom, remarquable par la beauté de ses nervures symétriques. Selon la tradition rapportée par Vitruve, sa première utilisation comme motif sculpté dans les chapiteaux corinthiens est attribuée à Callimaque, sculpteur, bronzier et orfèvre athénien de la fin du Ve siècle av. J.-C. À partir de la Renaissance, la feuille d'acanthe a pris des formes très diverses selon les époques : symétrique sous Louis XIV, déchiquetée et dissymétrique sous Louis XV (« en chicorée »), géométrique sous Louis XVI, linéaire et stylisée sous l'Empire.

Bibliothèque nationale

*Chapiteau corinthien à feuilles d'acanthe. Détail d'une planche du* Traité d'architecture de Vitruve. *Paris, Bibliothèque nationale.*

**accastillage** n. m. Ensemble de ce qui constitue, à l'exception du gréement, l'équipement du navire, y compris les pièces de rechange. Cela regroupe tout autant le matériel d'éclairage que l'outillage de charpenterie, la menuiserie, la voilerie, les sacs et les coffres de matelots, ou encore le mobilier et les éléments de boiserie de la chambre de veille. En font partie également la barre (franche ou à roue), le transmetteur d'ordre et les instruments de navigation.

**accolade** n. f. Dessin à deux contre-courbes partant d'un même sommet. Motif d'encadrement de panneau d'un style ogival tardif (début du XVe s.). Les traverses inférieures d'armoires, de commodes, de buffets sont souvent chantournées* en accolade. Les meubles dont les façades suivent ce mouvement sont dits « en arc d'arbalète » ou plus simplement « en arbalète* ». L'ébéniste de la Régence Charles Cressent a, le premier, donné aux commodes de sa création un profil en arbalète. Ce motif de l'arc en accolade est repris dans le style dit « troubadour ». De nombreux meubles régionaux en bois massif du XVIIIe siècle sont souvent en accolade et parfois en double accolade.

**accordéon** n. m. Instrument de musique à soufflet et à anches métalliques. Il possède 1 ou 2 claviers composés de touches ou boutons, qui, sous la pression des doigts, dégagent des soupapes, permettant le passage de l'air de la soufflerie vers les anches afin de les faire vibrer.

Il a été inventé par Damian en 1829. Les amateurs recherchent depuis peu cet instrument, et leur intérêt se porte particulièrement sur les accordéons du milieu du XIXe siècle avec des touches en nacre, une boîte de résonance marquetée en bois de rose et un soufflet décoré.

**accotoir** n. m. Partie d'un fauteuil permettant de reposer l'avant-bras ou de « s'accoter », c'est-à-dire de s'appuyer sur le côté.

L'accotoir, souvent désigné sous le nom de « bras », est relié au dossier par un tenon et repose sur une pièce verticale : la « console d'accotoir », fixée à la base, sur la ceinture du siège. Le dessus de l'accotoir devient la « manchette », lorsqu'il est rembourré. « Accotoir » tend à disparaître du vocabulaire des antiquaires — et même des experts qui rédigent les catalogues de ventes en confondant accoudoir et accotoir.

Biennale des antiquaires

*Accotoir d'un siège Louis XVI, estampille de J.-J. Potier, garni de sa manchette en tapisserie de Beauvais. Présenté par Jean Gismondi, à la Biennale des antiquaires, 1986.*

**accouchée** (table d'). Petit meuble, inspiré par un désir de confort, qui se plaçait sur le lit, de sorte que le plateau, soutenu par de petits pieds, n'appuie pas sur le corps de l'accouchée ou de la malade. Cette table, apparue sous Louis XV, permettait à la femme à demi allongée de faire sa toilette et de prendre ses repas. Le plateau comportait souvent un petit pupitre à inclinaison variable (grâce à une charnière et à une béquille) qui servait à poser un livre ou un miroir.

Sous Louis XVI, certaines tables d'accouchée — appelées également tables de lit — se replaçaient après usage sur une table servante à plateau de même dimension ; ces deux tables complémentaires sont assez rares sur le marché.

**accoudoir** n. m. Partie supérieure d'un dossier de chaise où l'on s'accoude. L'accoudoir des prie-Dieu est une simple planchette, mais il est muni d'une garniture rembourrée dans les chaises, fauteuils ou bergères dites « voyeuses » qui permettaient en s'accoudant de regarder par-dessus l'épaule d'un joueur. Au XVIII^e siècle, les chaises « voyelles » ou « fumeuses » offraient leur accoudoir à qui voulait s'asseoir à califourchon. Le terme accoudoir est parfois confondu avec celui d'accotoir.

Ader-Picard-Tajan

*Cette paire de chaises « voyelles » montre les accoudoirs où les joueurs, assis à califourchon, posaient leurs coudes.*

**acier** n. m. Alliage de fer et d'une petite quantité de carbone (1 à 2 %). Cet alliage d'une grande résistance est utilisé depuis le Moyen Âge pour la fabrication des armes, des grilles, des coffrets, des lustres, des miroirs. À partir du XVIII^e siècle, il entre aussi dans la fabrication des meubles et des sièges, notamment des lits. Les recherches du Bauhaus au début du XX^e siècle en ont fait un matériau très apprécié dans l'aménagement intérieur.

**acompte** n. m. Règlement partiel à valoir sur le montant à payer. Le versement d'un acompte rend l'acheteur propriétaire même s'il ne prend pas possession de son achat. Mais il ne peut s'en saisir qu'en versant le solde. En fait, les antiquaires et les brocanteurs acceptent généralement des versements échelonnés. (V. ARRHES.)

**acrotère** n. m. Dans l'Antiquité grecque et romaine, l'acrotère fut d'abord le socle placé aux extrémités et au faîte des frontons des temples et parfois sur le rebord de la pente du toit, soutenant vases, statues ou autres décors de dimensions colossales ; par extension, ce terme désigna le groupe sculpté et son support. Appliqué au mobilier, le mot « acrotère » s'emploie pour qualifier le bandeau uni situé au-dessus d'une corniche d'armoire ou de buffet.

**Adam** (Robert), architecte et décorateur écossais (Kirkcaldy 1728 - Londres 1792). Avec la collaboration de son frère James (1730-1794), Robert Adam développe dans la seconde moitié du XVIII^e siècle, en Grande-Bretagne, un style nouveau, le style Adam, inspiré par sa connaissance de la Rome antique et des découvertes récentes d'Herculanum et de Pompéi, ainsi que par la fréquentation du milieu romain animé par Piranèse et Clérisseau.

Élu en 1758 à la Royal Academy of Arts, Robert Adam remporte un très grand succès auprès de l'aristocratie anglaise jusqu'en 1790 (décorations de Kedleston, d'Osterley Park, de Kenwood House, de Syon House). L'architecte conçoit pour les pièces d'apparat des volumes « à l'antique » (coupoles, absides, niches, rideaux de colonnes en stuc) et colore les murs de tons pastel bleus, jaunes, verts, d'où se détachent frises et moulures blanches ou dorées. Dans le recueil d'études architecturales et décoratives qu'il publie en 1773 (1^er volume), *Works in Architecture,* apparaissent les références au vocabulaire ornemental antique (festons, guirlandes, urnes, etc.), la préciosité raffinée des lignes souvent graciles et un peu sèches qu'adoucissent de légers motifs peints ou marquetés, le souci des détails.

Le mobilier d'Adam, adapté au décor dans un grand souci d'harmonie et d'unité, exécuté par des collaborateurs de choix tels que les ébénistes Chippendale et Linnell, peut être rapproché du mobilier de style Louis XVI : lignes relativement dépouillées, pieds fuselés à cannelures, médaillons ovales. Parmi les réalisations les plus typiques d'Adam, notons la chaise-lyre, le fauteuil médaillon, la bibliothèque incorporée aux murs, la commode demi-lune peinte ou marquetée.

**Adams** (Ansel), photographe américain (San Francisco 1902 - Monterey, Californie, 1984). Après avoir hésité entre une carrière de pianiste et celle de photographe, Ansel Adams opta totalement pour cette dernière en 1930.

*Projet d'ameublement d'une salle à manger destiné à la Villa Kenwood de lord Mansfield. Dessin de Robert et James Adam, paru dans* Works in Architecture *(1773). Paris, Bibliothèque nationale.*

Bibliothèque nationale

Professionnel vite consacré, il a contribué à la création du département photographique du musée d'Art moderne de la ville de New York, en 1940. Technicien et théoricien de la photographie, Ansel Adams a publié de nombreux ouvrages. Ses photographies de la Sierra Nevada, du Nouveau-Mexique, de la Yosemite Valley sont les plus célèbres.

**Adams** (les), fabricants d'instruments de précision anglais, d'origine française.

*George l'Aîné* (1704-1773) fonde son atelier à Londres en 1735. Autodidacte, il commence par construire des microscopes. À partir de 1752, il fabrique toutes sortes d'instruments de physique.

*George le Jeune* (1750-1795), son fils, reprit l'atelier et publia aussi des livres. Il portait le titre de constructeur d'instruments de Sa Majesté et opticien de Son Altesse le prince de Galles.

**Adams** (Robert), photographe américain (1937). Il vit et travaille au Colorado. Après avoir enseigné l'anglais pendant plusieurs années, Robert Adams se consacre totalement à la photographie depuis 1967. Son terrain de prédilection est l'environnement humain et l'écologie.

**Adamson** (Robert), photographe écossais (1821-1848). Contraint d'abandonner des études d'ingénieur pour des raisons de santé, Adamson s'intéressa au calotype et ouvrit à Édimbourg un studio photographique. En 1843, il s'associa avec le peintre David Octavius Hill et produisit avec lui un grand nombre de portraits de la société d'Édimbourg. Un calotype de 1849 s'est vendu 18 700 £ (près de 200 000 F) chez Christie's, à Londres, le 30-X-1986.

**adjudication** n. f. Décision par laquelle un commissaire-priseur attribue au plus offrant la propriété d'un meuble ou d'un objet. Agissant en qualité de mandataire du vendeur, le commissaire-priseur prononce un transfert de propriété au profit de l'acheteur qui a donné l'enchère la plus élevée et devient ainsi l'adjudicataire. La vente se réalise par échange immédiat de consentement. Le constat d'accord se fait à l'instant même où le commissaire-priseur prononce le mot « adjugé », généralement accompagné d'un coup de marteau d'ivoire. La vente est également valable si l'officier ministériel se contente de frapper un coup de marteau dès l'énoncé de la dernière enchère, sans nécessairement prononcer le mot « adjugé ». Parfois, le mot seul valide l'adjudication. Certains commissaires-priseurs prononcent parfois très sommairement : « une fois, deux fois, trois fois » avant de dire « adjugé » mais ce procédé qui freine le rythme de la vente est tombé en désuétude.

Si une contestation s'élève entre deux ou plusieurs « enchérisseurs » qui auraient porté une enchère équivalente pour le même objet, à voix haute ou par un signe quelconque, le commissaire-priseur doit remettre immédiatement l'objet en vente au dernier prix proposé : les enchères repartent aussitôt sur cette base et l'objet est finalement adjugé, comme le veut la loi, « au plus offrant et dernier enchérisseur ».

En plus du prix d'adjudication, l'acquéreur doit acquitter les frais de vente (taxe d'enregistrement et T. V. A. incluses) calculés par tranche selon le barème suivant (décret du 29-III-1985) : jusqu'à 15 000 F, 17,674 % ; de 15 001 F à 40 000 F, 13,226 % ; de 40 001 F à 300 000 F, 11,151 % ; au-dessus de 300 000 F, 9,965 %.

**Adler** (Rose), maître-relieur français (1892-1969). Élève des Arts décoratifs où elle suit des cours de dorure, Rose Adler est chargée avec Pierre Legrain d'habiller des ouvrages originaux et des manuscrits contemporains pour la bibliothèque du mécène Jacques Doucet (1923).

Outre des reliures, Rose Adler réalise également de menus objets et dessine encore des meubles dans le style Art déco fonctionnel ; elle reproduit surtout les modèles de grands décorateurs de son temps, en y apportant parfois des matériaux inhabituels comme la galalithe.

**Adnet** (Jacques), architecte et décorateur français (Châtillon-Coligny 1900). Élève à l'École des arts décoratifs, Adnet débute dans l'atelier de Tony Selmersheim, puis fréquente Maurice Dufrène qui l'incite à travailler pour les Galeries Lafayette. En 1928, Adnet y occupe le poste de directeur du service des étalages.

Il s'entoure d'artistes prônant la logique, la sobriété et la clarté dans l'esthétique du décor, tels que Francis Jourdain, Charlotte Perriand, René Gabriel, ou de peintres comme Dufy, Léger, Pascin, Chagall. Aimant les meubles solidement architecturés et de belle ébénisterie, Adnet se sert néanmoins vers 1930 de plus en plus du métal et du verre. Ses ensembles mobiliers sont très prisés.

**adresse bibliographique.** Ensemble des renseignements concernant un livre et portant sur le nom de la ville d'édition ou d'impression, le nom de l'imprimeur ou de l'éditeur, son adresse, la date ou le millésime de la publication du livre. L'adresse bibliographique figure sur la partie inférieure du titre d'un livre. Elle n'existe pas dans les incunables, pour lesquels le lieu et la date d'impression figurent en fin de volume. Elle apparaît au XVIe siècle sur la page de titre. Elle est toujours indiquée dans les catalogues ou les ouvrages bibliographiques.

**aéronautisme** n. m. Nom générique groupant l'ensemble des collections se rapportant à la navigation aérienne : maquettes, photographies, gravures, affiches, médailles.

**aérophilatélie** n. f. Collection spécifique de l'aéronautisme rassemblant les timbres de poste aérienne et, par extension, la philatélie thématique se rapportant à l'aérostation.

**aérophone** n. m. Terme de classification désignant tout instrument utilisant de l'air dans l'émission du son. Le musicologue Curt Sachs le retient dans sa classification des instruments.

En 1828, l'instrument à lames vibrantes mis au point par Christian Dietz reçoit ce nom.

**Afchar** ou **Afshar.** Les tapis d'Afchar sont l'œuvre de tribus d'origine turque autrefois nomades qui se sont fixées en Iran, au sud de Kirman.

En laine, sur chaîne en coton pour les plus récents, les « afchari » sont exécutés au nœud turc ou au nœud persan. Tissés à la manière des Soumak, ils sont alors appelés « Dehadj ». Souvent ivoire, le fond peut être aussi rouge ou bleu. Le champ central est orné de médaillons à fleurs stylisées multicolores appelées « golé Parisi » (fleurs de Parisi, du nom d'un village afchar), de motifs de palmettes « boteh miri », ou de losanges. Ce dernier motif, le plus courant pour les grands tapis, est proche du décor des Chirāz.

**affiche.** Apparue au XVe siècle avec l'invention de l'imprimerie, l'affiche n'a connu son véritable essor qu'à partir du XIXe siècle, quand la lithographie, découverte par le Tchèque Alois Senefelder en 1799, permit les tirages à un grand nombre d'exemplaires ainsi que la fusion du texte et de l'image. Plus tard, la chromolithographie rendit

Sotheby Parke Bernet

*Affiche de Steinlen pour* le Chat noir. *Adjugée 6 000 dollars. Vente Sotheby, à New York, le 6-XII-1980.*

possible le recours à la couleur. D'abord simple placard publicitaire, administratif ou politique, l'affiche développa sa propre esthétique en fonction des besoins auxquels elle devait répondre.

De très grands noms sont associés à la gloire d'affiches que le temps a sélectionnées et que les musées et les collectionneurs ont conservées. Parmi eux, citons Steinlen ou Jules Chéret, l'un des maîtres de cet art de la rue auquel il donna poésie et couleur. Eugène Grasset et Alfons Mucha ont ensorcelé leur époque dans les arabesques de l'Art nouveau, bientôt abandonné pour un langage plus direct, plus rapide, celui de Cappiello, père incontesté de l'affiche moderne, qui sut allier l'efficacité à la séduction. Dans les années 20, l'art de l'affiche se fait plus dynamique encore, plus stylisé et rigoureux. En France, ses mousquetaires s'appellent Charles Loupot, Paul Colin, Cassandre, Jean Carlu. En Belgique : Léo Marfurt. Aux États-Unis : Edward Penfield, McNight Kauffer.

L'intégration du photomontage à la photographie, admirablement réalisée par John Heartfield, dans l'esprit surréaliste de l'après-guerre, ne sera pas toujours aussi réussie. Peu à peu l'affiche illustrée perd de son mordant et de sa beauté. Mais elle existe encore grâce à des artistes comme Hervé Morvan, Savignac, André François, Folon, Villemot, qui, dans des genres différents — humour chez Morvan et Savignac, gentillesse chez François, onirisme chez Folon, élégance chez Villemot —, maintiennent la tradition. L'affiche a connu un regain de ferveur quand, en mai 1968, les murs de France se sont couverts des productions sauvages en sérigraphie des « ateliers populaires ». À l'étranger, dans les pays de l'Est et notamment en Pologne, dès les années 50, s'est affirmée une vigoureuse volonté d'invention.

Il existe en France quelques centaines de collectionneurs d'affiches. Certains font preuve d'éclectisme et recherchent « toutes les bonnes affiches ». D'autres collectionneurs se sont spécialisés. Pour faciliter leur tâche, les catalogues présentent souvent par thème les affiches mises en vente : tourisme et voyage, publicité commerciale, cycles et motocycles, spectacles, cinéma, affiches politiques, expositions, etc. Un amateur peut également n'éprouver d'intérêt que pour les affiches de tel ou tel artiste : Jules Chéret, Cappiello ou toute autre signature plus récente et moins prestigieuse mais qui le deviendra peut-être. La « bonne affiche » est d'abord celle qui plaît.

Les affiches peuvent être rangées aisément ; des meubles à tiroirs très plats sont adaptés aux formats moyens ; pour les grands modèles, l'emploi de tubes de large diamètre, étiquetés et disposés sur des claies à la manière des bouteilles de vin, paraît être une bonne solution.

L'affiche est un objet fragile. Aussi convient-il en premier lieu d'éviter toute manipulation excessive, de la protéger de la lumière et du soleil, ennemis redoutables du papier, de prévenir la poussière ainsi que toute variation brutale et prolongée de la température. Un local ni trop sec ni trop humide est le meilleur lieu de conservation. Le scotch ou la colle plastique sont à exclure pour restaurer les affiches abîmées. Dès l'acquisition de l'affiche, l'entoilage s'impose.

Des ventes publiques d'affiches ont lieu assez régulièrement, notamment à Versailles et à Orléans. Les prix pratiqués en France sont généralement inférieurs à ceux des États-Unis. Une affiche de Toulouse-Lautrec, *Jane Avril* (1899), s'est vendue 223 000 F (31 900 dollars) chez Sotheby's, à New York, le 15-V-1986.

Beaucoup de musées français et étrangers possèdent des collections d'affiches. À Paris, la Bibliothèque nationale ainsi que le musée de l'Affiche, antenne du musée des Arts décoratifs, procèdent régulièrement à des expositions d'affiches. La bibliothèque Forney (hôtel de Sens) possède un fonds important d'affiches anciennes.

**affinage** n. m. Opération consistant, en verrerie, à éliminer les bulles d'air. Pour éliminer les bulles d'air contenues dans la matière en fusion et parvenir à un verre homogène, on porte ce verre à une température plus élevée.

**affiquet** n. m. Petit étui (autrefois en bois, aujourd'hui en plastique), qui sert à maintenir les aiguilles d'un tricot interrompu pour éviter que les mailles ne s'échappent. Les femmes le fixaient à leur robe ou à leur ceinture au

*Cinq affiquets. Art populaire grec, XIX^e^ siècle. Galerie M. Sonkin.*

G. Meguerditchian

moyen d'un ruban avec une épingle ou une agrafe. Comme la plupart des accessoires réservés aux travaux féminins, les affiquets ont constitué du XVIIIe siècle au début du XXe siècle un des cadeaux de fiançailles ou « présent d'amour », offert par le promis qui le sculptait et le décorait lui-même. Les motifs gravés dans le bois (ou plus rarement l'os) évoquent donc naturellement les liens du mariage : cœurs enlacés, oiseaux se becquetant, corbeilles de fleurs, initiales, ornent délicatement ces petits objets recherchés des amateurs et donc assez difficiles à trouver.

**afghans** (tapis). On distingue parmi les tapis originaires d'Afghānistān deux grandes familles : les tapis de type turkmène, créés dans le Nord, et les Béloutches. Les motifs « gül », la couleur rouge sang de bœuf des premiers rappellent les tapis du Turkménistan, en particulier ceux de Boukhara. Les seconds, aux formes assez allongées, aux couleurs brunes et rouges généralement douces, sont des kilims* (tapis à motifs tissés et non pas noués). Ils sont toujours en laine (la chaîne est souvent en poil de chèvre).

La ville d'Hérat* — rattachée à l'Afghānistān en 1850 — est célèbre pour ses motifs « hérati » ; manufacture impériale au temps d''Abbās Ier, créant des pièces exceptionnelles, elle est devenue un centre regroupant la fabrication des tapis béloutches-afghans, appelés Hérat-Béloutches.

Hélène Kamer-Lelouch

*Masque tchokwé. (H. 23 cm.) Galerie Hélène Kamer-Lelouch.*

**Afrique noire.**

Le monde de l'art dit « primitif » couvre toute l'Afrique appelée noire, immense zone subsaharienne, qui ne forme pas obligatoirement un tout homogène car un certain nombre de ces populations ne sont pas d'origine négroïde, tels les Peuls ou Foulbés, ou les Bantous de l'Afrique australe. Cependant, du point de vue culturel et artistique, on peut dégager des points communs dans le traitement des matériaux, permettant de relier entre elles des ethnies apparemment très différentes. (V. aussi AKANS, ASHANTIS.)

**Le bois**

Les artistes de l'Afrique noire ont largement utilisé le bois, abondant et facile à façonner. L'érudit anglais Roger Fry a souligné leur totale liberté plastique, qui n'hésite pas à interpréter, exagérer ou au contraire simplifier les formes qui leur paraissent essentielles. À partir d'un bloc plus ou moins cylindrique taillé dans un tronc d'arbre abattu sur place, les sculpteurs dégrossissent à la hache et affinent à l'herminette ou au couteau en taille directe, sans dessin ni maquette. Le décor final est poncé à l'aide de feuilles rugueuses.

Les bois sculptés vont des objets domestiques les plus simples, tels que cuillers, gobelets, coupes, poulies, boîtes à beurre, manches de peigne, aux œuvres plus élaborées : figures d'ancêtres, masques, poteaux de temples, statuettes anthropomorphes ou zoomorphes, décors de portes de cases à motifs géométriques, coiffures en forme d'antilopes (Bambaras du Mali), appuis-tête destinés à protéger la coiffure de cérémonie. Le bois sert également à confectionner des sièges sculptés dans la masse, des tabourets tripodes en forme de sablier et autres sièges sacrés soutenus par des cariatides, considérées comme les dépositaires des âmes des ancêtres de la tribu.

Les essences d'arbres utilisées sont rarement mentionnées dans les catalogues qui ne signalent que « bois peint » ou « bois dur ».

Selon René Rasmussen, célèbre collectionneur, « il est très difficile de situer dans le temps un objet nègre ; son

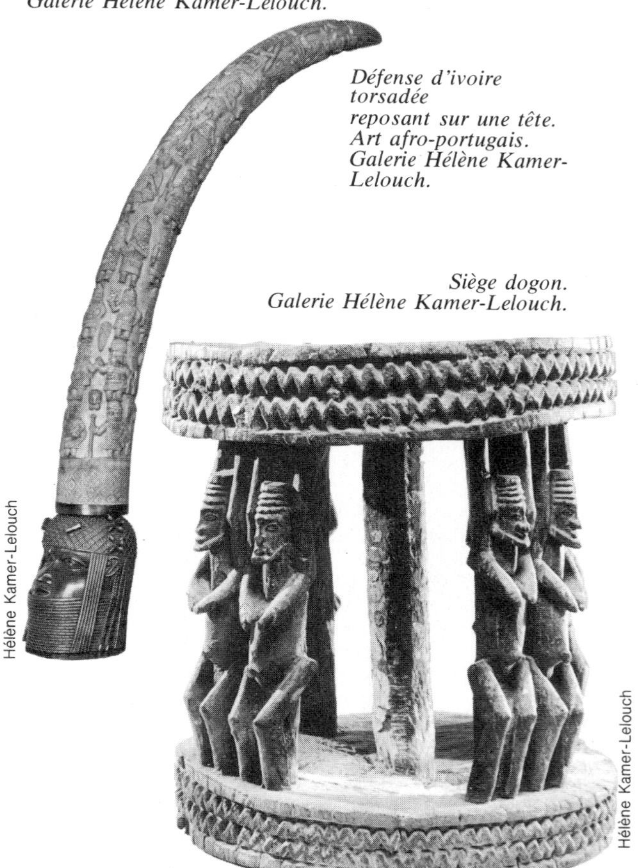

Hélène Kamer-Lelouch

Hélène Kamer-Lelouch

*Défense d'ivoire torsadée reposant sur une tête. Art afro-portugais. Galerie Hélène Kamer-Lelouch.*

*Siège dogon. Galerie Hélène Kamer-Lelouch.*

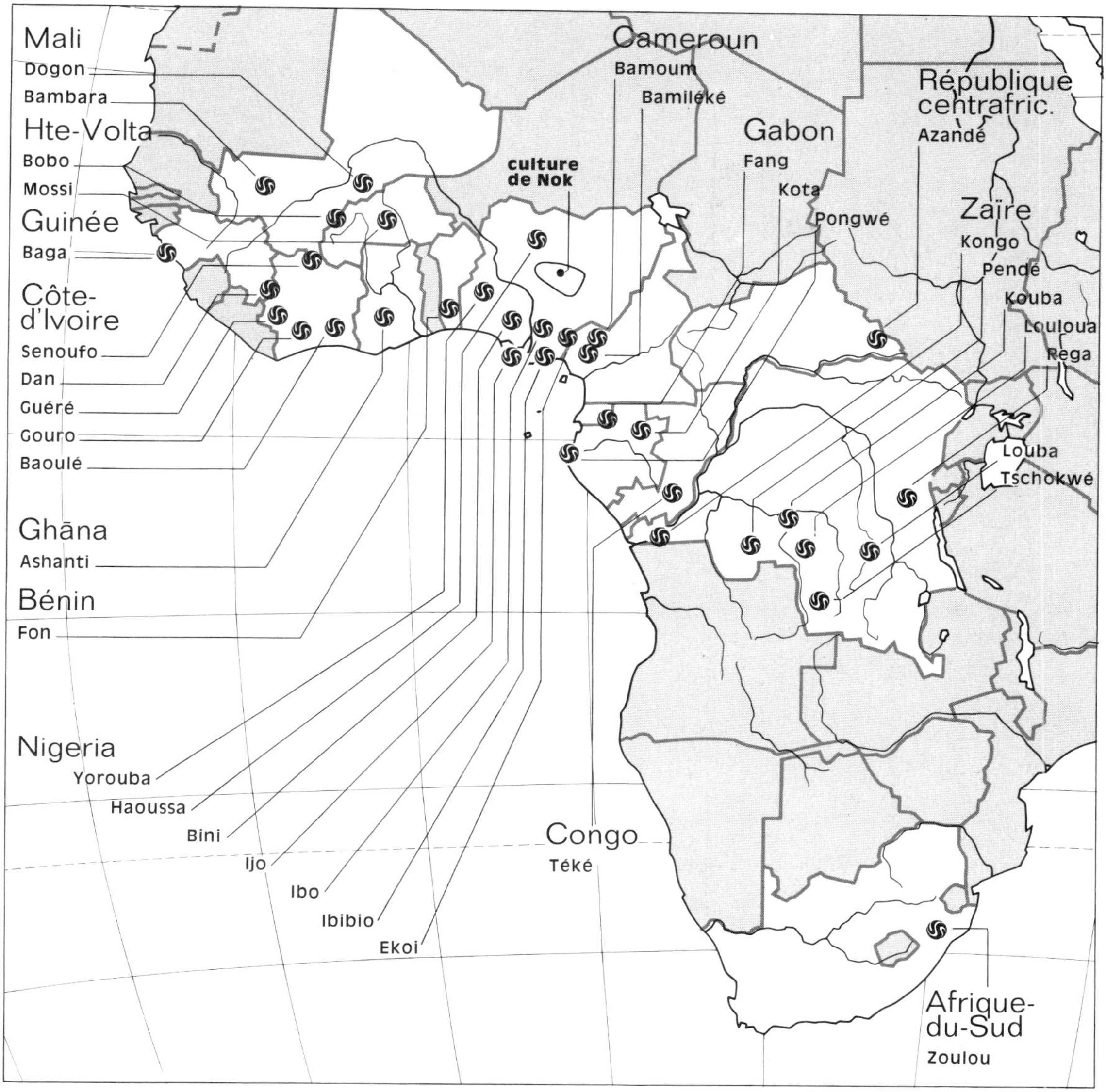

Mali
Dogon
Bambara
Hte-Volta
Bobo
Mossi
Guinée
Baga
Côte-d'Ivoire
Senoufo
Dan
Guéré
Gouro
Baoulé
Ghāna
Ashanti
Bénin
Fon
Nigeria
Yorouba
Haoussa
Bini
Ijo
Ibo
Ibibio
Ekoi
culture de Nok
Cameroun
Bamoum
Bamiléké
Gabon
Fang
Kota
Pongwé
Congo
Téké
République centrafric.
Azandé
Zaïre
Kongo
Pendé
Kouba
Louloua
Rega
Louba
Tschokwé
Afrique-du-Sud
Zoulou

*Localisation des principales ethnies africaines.*

Hélène Kamer-Lelouch

*Poulie sculptée du Zaïre. Galerie Hélène Kamer-Lelouch.*

ancienneté apparente dépend de l'endroit où il a été exposé, de l'usage qui en a été fait et du soin qu'on lui a apporté ; qu'il ait cent ou trois cents ans, nous lui demandons surtout de réunir certaines conditions plastiques » (*Art nègre ou le Salut par les sauvages, Art I,* Paris, 1951). En fait, la date généralement prise en considération est celle de l'acquisition sur place. Rares sont les œuvres en bois sculpté qui auraient plus de cinquante ans au moment de leur découverte. L'humidité et les termites ont sans doute fait disparaître bien des chefs-d'œuvre. Les artistes n'ignoraient d'ailleurs pas que les sculptures taillées dans le bois vert risquaient de se fendre et de se détériorer. Aussi ont-ils cherché à limiter ces désagrégations soit par l'application de teintures ou d'enduits gras à base végétale, soit par une carbonisation superficielle. Enfin, la manipulation fréquente des objets sculptés a pu contribuer à obstruer les pores du bois, leur donnant ainsi une précieuse patine douce au toucher.

**Le bronze**

Dans le monde africain, on désigne sous le terme de bronze divers alliages à base de cuivre, de zinc, de plomb et d'étain dont les proportions sont très variables. C'est ainsi que les « bronzes » du Bénin renferment 84 % de cuivre, 8 % de plomb, 2,5 % d'étain. Cuivres ou laitons, les métaux utilisés en Afrique noire sont façonnés selon la technique de la « cire* perdue ». C'est dire que la pièce produite est toujours unique. Le travail du bronze était entouré d'un rituel précis et minutieux.

Les poids des peuples Akans, servant à peser l'or, figurent souvent des animaux, reproduits d'une manière très réaliste — si réaliste même que nous avons la preuve, comme le remarque René Gardi, « que l'on a aussi utilisé les petits animaux et les fruits comme formes de cire : les scarabées, les petits crabes, les escargots, les sauterelles, les scorpions et des insectes semblables, les pistaches et autres fruits à coquille dure, tout cela a été enduit d'argile selon la méthode usuelle de la forme perdue ; on ne pouvait faire fondre le scarabée ou la pistache comme de la cire, mais on les brûlait et leurs cendres fines étaient versées avec soin : ces moulages sont d'une exactitude surprenante ».

Les bronzes du Bas-Niger sont sans doute les plus anciens : cloches, bracelets, pendentifs, statuettes, remarquables par la qualité de leur patine verte. Ife, dans la région occidentale du Nigeria, a produit des têtes de bronze grandeur nature d'un réalisme saisissant. Les Yoroubas, également au Nigeria, ont sculpté des bijoux et des baguettes à figurines à cire perdue. Les Ashantis ont produit des récipients ornés de motifs géométriques, avec des couvercles surmontés de figurines ainsi que des masques d'or, également à cire perdue. Les Sénoufos ont modelé en bronze ou en cuivre des masques à tête humaine, et les Fons ont réalisé des statues d'animaux et des effigies sacrées ou profanes.

Werner Forman

*Groupe en ivoire sculpté : cavaliers portant une urne.*
***Bénin (Nigeria), XVII^e^ siècle. Londres, British Museum.***

**L'ivoire**

Les défenses sculptées ont donné naissance, dans toute l'Afrique, à des œuvres d'une grande variété : olifants royaux, piétements de trône de chef, statuettes de style expressionniste ou naturaliste.

L'éléphant symbolisait la puissance et la force, et parfois la réincarnation d'un chef mort (dans l'Afrique nouvelle, il a souvent la valeur symbolique du parti au pouvoir). La chasse aux éléphants, le partage des dépouilles et le travail de l'ivoire s'accompagnaient de rites et de danses sacrées. La qualité de l'ivoire varie d'une région à l'autre. L'ivoire d'Afrique occidentale et centrale est d'un blanc laiteux qui s'éclaircit en vieillissant, tandis qu'en Afrique australe il a tendance à jaunir.

Les principaux centres de sculpture sur ivoire sont les côtes de Guinée et du Bénin, le Gabon, le Congo (Zaïre) et l'Afrique du Sud. La défense est travaillée dans toute sa longueur pour donner des instruments de musique, garnis parfois d'embouchures métalliques. Elle est également fractionnée et sculptée en amulettes, statuettes, bijoux, rehaussée de coquillages et d'incrustations de cuivre, d'argent ou d'or.

L'ivoire d'hippopotame, au grain plus dur, comme on en trouve dans la vallée du Niger, permet des sculptures d'une grande finesse. L'attrait toujours manifesté pour les objets d'ivoire par les Européens a donné naissance dès le XVI^e siècle à un art afro-portugais (v. AFRO-PORTUGAIS) d'un caractère plus commercial que rituel : défenses sculptées, tasses, salières, bracelets, pendentifs, réalisés au Bénin, en Sierra Leone ou au Bas-Congo par d'habiles spécialistes, étaient achetés et revendus avec profit par les marins portugais.

**afro-portugais** (ivoires). Nés de contacts établis dès le XV^e siècle entre les négociants portugais et l'Afrique, les ivoires afro-portugais exécutés par des artisans africains entre la fin du XV^e siècle et le début du XVII^e ont été destinés à une clientèle européenne et en premier lieu portugaise. Art de commande comme le prouvent les olifants troués au bout « à l'européenne » et non sur le côté « à l'africaine », les ivoires afro-portugais sont souvent des transpositions en ivoire de pièces d'orfèvrerie : tasses à pied, salières, fourchettes et cuillers, ou des cornes de chasse et autres poires à poudre. Leur origine a suscité de nombreuses hypothèses. William Fagg, qui leur a consacré une longue étude, estime qu'il y a trois centres de production possibles : la Sierra Leone où les Portugais avaient installé le comptoir de Nitombo, la côte de Ba Kongo à l'embouchure du fleuve Congo, et l'ancienne côte des esclaves entre Lagos et Porto-Novo. Certaines retiennent la région d'Ouidah au Bénin (Dahomey) comme centre de production probable. Sur le plan décoratif, ces ivoires sont traités de manière naïve et stylisée. Ils sont ornés de motifs imitant le tressage de la vannerie ou de bas-reliefs représentant des scènes de chasse sans caractère spécifiquement africain, exécutées sans doute d'après des gravures ou des sculptures sur bois importées d'Europe. Des pièces en forme de tasse, hautes de 20 à 30 cm, sont ornées d'animaux et de personnages stylisés, vêtus à l'européenne ; quelques objets paraissent avoir été tournés, mais, le tour étant inconnu en Afrique à cette époque, on en déduit qu'il s'agit d'œuvres d'artisans africains émigrés en Europe.

La plupart des ivoires afro-portugais connus sont actuellement conservés dans les musées. On en trouve très rarement en ventes publiques ou chez les antiquaires.

**agalloche** n. m. Bois tendre et résineux de couleur brune employé en ébénisterie, appelé également bois d'aloès (sans rapport avec la plante du même nom) ou encore bois d'aigle (car ses veines présentent une certaine analogie avec le plumage de cet animal). Le « calembac » est une variété mexicaine d'un bois de la même famille, qui provient à l'origine de Chine ou du Japon.

**agate** n. f. Quartz microcristallisé, variété de calcédoine, où s'inscrivent des dessins concentriques et des strates allant du blanc au brun-rouge, au violet ou au bleu sombre (densité : 2,65 ; indice de réfraction : 1,54). Depuis l'Antiquité, l'agate est une des pierres les plus utilisées en glyptique ; ses strates de différentes nuances permettent de dégager en relief un profil clair sur fond sombre, qui est le camée ; dans l'intaille au contraire, le motif est incisé en creux.

Les Égyptiens ont utilisé l'agate en colliers et en scarabées sculptés ; les Grecs et les Romains fabriquèrent des bijoux, des médaillons, des camées, mais aussi des vases et des statuettes. À la Renaissance, les sculpteurs exécutèrent des coupes, des vases, des aiguières en albâtre, présentées sur de riches montures d'orfèvrerie et destinées aux cours princières. Plus tard, Louis XIV, Mme de Pompadour, Marie-Antoinette firent aussi collection d'objets en agate, et le goût néoclassique remit à la mode les camées à l'antique. Ces derniers se négocient assez couramment sur le marché des antiquités.

Dès l'Antiquité, le goût des pierres dures entraîna l'imitation de l'agate grâce au verre traité de manière à reproduire les colorations diverses et à imiter le dessin des veines. La matière obtenue est dite « jaspée » lorsqu'elle est opaque. Ce genre de production, particulièrement en vogue à Venise, se retrouve en France, en Allemagne au XVIe et au XVIIe siècle, et surtout au XIXe siècle dans divers pays.

**agnel** n. m. Nom donné à plusieurs monnaies d'or françaises de l'époque médiévale, représentant à l'avers l'agneau pascal. C'est Philippe IV le Bel qui, en 1311, introduisit pour la première fois ce type monétaire dans la numismatique française.

B.N.

*Agnel d'or de Jean II le Bon, daté 1355. Agneau sur l'avers et croix quadrilobée cantonnée de lis au revers. Agrandi. Paris, Bibliothèque nationale.*

**Āgrā.** Cette grande ville de l'Inde (Uttar Pradesh), située sur le fleuve Yamunā, célèbre pour son monument moghol du Tāj Mahal, est réputée pour ses tapis. Des tisserands venus de Perse, appelés par le roi Akbar dans la seconde moitié du XVIIe siècle, créèrent sur place les tapis indo-persans, particulièrement beaux à cette date. Si les décors sont d'origine persane, et répètent le motif central des médaillons, la symétrie est moins rigoureuse que dans le modèle persan.

À l'époque moderne, la tradition des tapis d'Āgrā se poursuit, utilisant surtout des motifs persans tels que le « mustofi » (fleurons et palmes entre des rosettes) propre à Hérat, le « ci », ou « tchi » (nuage en forme de ruban ondulé) et le « boteh » (sorte de poire stylisée), tracés en bleu clair sur fond ivoire ou rouge sombre.

On utilise à tort l'appellation de « tapis d'Āgrā » comme synonyme de tapis indien.

**agrafe.** n. f. En architecture, décor sculpté dont les ornements en volutes placés sur le claveau central des arcs semblent « agrafer » les moulures. Appliquant au mobilier le répertoire décoratif de l'architecture classique, les artistes de la Renaissance et du XVIIe siècle adaptent l'agrafe en sculptant au milieu d'un corps de moulures, telle la corniche, un motif saillant auquel il semble accroché : cette agrafe en forme de console s'orne alors souvent d'écussons ou d'armoiries.

Dans la restauration des céramiques, on a longtemps utilisé des agrafes en métal qui resserrent les parties d'une pièce, souvent au détriment de son esthétique. Les colles modernes évitent désormais l'emploi de ces disgracieuses agrafes.

**Agricola** (Martin Sore, dit Martin), musicien et théoricien allemand (1486-1556). Son ouvrage le plus connu, *Musica instrumentalis deutsch* représente un des rares livres à gravures traitant de la facture instrumentale au XVIe siècle, comme le *Musica getutscht* de Sébastian Virdung (Amberg 1465-?).

**aigle** n. m. ou f. Emblème de Jupiter, symbole de la toute-puissance, l'aigle surmontait les enseignes de guerre des Romains. Il fut adopté ensuite par de nombreuses nations européennes. Aux États-Unis, il est un des thèmes les plus fréquents de la décoration quotidienne. En France, Napoléon le remit à l'honneur et en fit un ornement dans les décors officiels. Le terme s'emploie au féminin quand il s'applique à un étendard ou à une enseigne militaire (aigles napoléoniennes).

Attribut de saint Jean l'Évangéliste, symbole de résurrection, l'aigle est souvent représenté dans les églises, notamment sur les lutrins, où ses ailes déployées soutiennent les livres du plain-chant ou de l'Évangile.

En papeterie, le « grand aigle » correspond à l'un des plus grands formats (74 × 105 cm) et le « petit aigle » à un format inférieur (60 × 94 cm).

**aigrette** n. f. À l'origine, panache décorant le cimier d'un casque, puis ornement fait de plumes en faisceaux surmontant les colonnes d'un lit. Sculpture imitant cet ornement. En joaillerie, l'aigrette est un panache de petites pierres précieuses montées sur tiges.

**aigue-marine** n. f. Pierre fine, variété de béryl, d'un bleu très pâle le plus souvent, malgré certains exemplaires d'un bleu profond, presque saphir (densité : 2,70 ; indice de réfraction : 1,58). L'aigue-marine a été utilisée en joaillerie et en glyptique, et sa couleur vert pâle en a fait la pierre de prédilection des orfèvres de l'Art nouveau, tels Lalique et Vever.

**aiguière** n. f. Récipient à eau composé d'un pied, d'une panse, d'un col et d'un bec verseur et souvent accompagné d'un bassin. Destinée au service de l'eau sur les tables dès le haut Moyen Âge en Occident, l'aiguière reste d'un usage courant jusqu'au XIXe siècle. En étain, en cuivre, en céramique (poterie, grès, faïence et porcelaine), en métal précieux (or, argent, vermeil) pour témoigner du rang de ses propriétaires, l'aiguière présente des formes très variées. L'aiguière ne doit pas être confondue avec le hanap, qui comporte un couvercle.

Un corps ovoïde, un col resserré, une anse volutée

*Aiguière et son bassin en argent uni, décor de perles et feuilles d'eau par Charles Martin, Paris, vers 1830.*

*Aiguière en cuivre incrustée d'argent. Art islamique d'Iran, vers 1200. (H. 44,5 cm.) Adjugée 95 000 £ par Sotheby, à Londres, le 14-X-1980.*

caractérisent celles de la Renaissance, souvent décorées de scènes mythologiques comme les aiment les centres italiens de Faenza et Urbino, ou de sujets en relief à la manière de Palissy. Une aiguière en faïence de Saint-Porchaire, provenant de la collection de la comtesse de Behague, s'est vendue 2 600 000 F chez Sotheby's, à Monte-Carlo, le 5-XII-1987. Elle a été préemptée pour le musée de la Renaissance à Écouen. Au XVII^e siècle, en France, les manufactures de céramique de Rouen, de Moustiers, de Nevers, de Strasbourg diffusent la forme « en casque » fréquente à l'époque de Louis XIV ; sans couvercle, accompagnées d'un bassin circulaire, ces aiguières ont un bec verseur parfois agrémenté d'un masque. Les natures mortes de l'époque, particulièrement celles du Provençal Meiffren Conte, témoignent de la variété du travail d'orfèvrerie. Vers 1710 s'impose en France la forme dite « en balustre » du vase. Il repose sur un piédouche et est coiffé d'un couvercle articulé muni d'une prise. Le bord du bassin ovale est légèrement chantourné.

Sous Louis XV, les formes rocaille soulignent les profils. Si Joubert, Thomas Germain créent des modèles prestigieux pour les cours française et étrangères et contribuent à donner à l'orfèvrerie de cette époque les cotes les plus élevées sur le marché de l'art, les pièces sorties des manufactures, auxquelles il faut ajouter celles de Vincennes et de Sèvres, sont très recherchées par les amateurs. À la fin du XVIII^e siècle, le souci de l'antique entraîne un retour à la forme ovoïde des origines (Biennais, Odiot, Auguste) puis, au milieu du XIX^e siècle, les œuvres d'Attarge, Barbedienne, Froment-Meurice, les tentatives de Baccarat pour recréer les techniques des verres de Venise attestent l'attirance des styles historiques. Les prix atteints par la production, plus courante, en porcelaine restent très abordables.

Dans la civilisation musulmane, l'aiguière est un objet essentiel, lié aux ablutions quotidiennes obligatoires ainsi qu'au pèlerinage à La Mecque, au cours duquel le pèlerin recueille de l'eau sainte du Zemzem dans une aiguière réservée à cet usage. Formes, matières (bronze, cuivre, céramique, verre) varient avec les époques et les lieux de provenance qui sont parfois à l'origine de leur appellation. Ainsi, en Iran séfévide (XVI^e s.), les verseuses dites « aftabe » sont inspirées par un modèle chinois et les « tong » par l'Inde moghole. En Turquie, l'« ibrik », appelé « tombak » s'il est en cuivre doré, est l'accessoire d'une vie raffinée. Parmi les plus beaux exemplaires d'aiguières, viennent d'abord ceux en bronze ou en cuivre incrustés d'or et d'argent qui ont fait la réputation du travail du métal en Iran (Khorāsān) et en Mésopotamie (Mossoul, XII^e-XIII^e s.). En céramique, les plus rares appartiennent aussi à cette période et rappellent les formes de métal. Certaines ont un bec zoomorphe. Mais ces objets ont donné lieu à des imitations dont il convient de se méfier.

**aiguille** (armes du système à). Le fusil à aiguille a été inventé en 1827 par un Allemand, Johan Nikolaus von Dreyse, collaborateur du Suisse Pauly jusqu'en 1809, puis armurier à Sommerda, où son père était serrurier. Le fusil adopté en 1841 par l'armée prussienne est à chargement par la culasse — fait nouveau pour l'époque où les armes se chargeaient par la bouche à l'aide d'une baguette — et l'inflammation de sa charge est produite par une aiguille qui traverse la cartouche pour aller frapper une petite pastille de fulminate placée à sa partie supérieure. Le mécanisme de la culasse est à verrou. La culasse mobile est munie d'un levier passant à travers l'ouverture de la boîte de culasse, disposée en chicane. Le fusil Dreyse, malgré son aiguille fragile et l'emploi de cartouches combustibles en papier, est une arme moderne qui assure à la Prusse une grande avance technologique en matière d'armement : l'Autriche s'en apercevra à ses dépens, en 1866, à Sadowa... Le calibre de la cartouche demeurait important : 15,43 mm. Il existe plusieurs modèles d'armes du système Dreyse, dont une petite carabine de cavalerie.

Le Français Antoine Alphonse Chassepot crée à son tour un fusil à aiguille en 1863 en s'inspirant du redoutable dreyse prussien. L'arme, adoptée par l'Empire français en 1866, est rapidement mise en fabrication, en France et dans nombre de pays européens, en Angleterre et en Italie notamment. Ce fait explique les marquages fort divers que l'on trouve sur les armes. Le célèbre chassepot, utilisé durant le conflit avec la Prusse en 1870, reste en service jusqu'en 1874, puis il est transformé ou remplacé par le système Gras qui fonctionne avec une cartouche à étui métallique et percussion centrale. L'aiguille du chassepot est un véritable percuteur et l'obturateur mobile porte une garniture en caoutchouc qui empêche la sortie des gaz d'explosion.

**aikuchi-goshirae.** Au Japon, type de monture de sabre (katana* ou tantō) sans garde (tsuba*).

**aile** n. f. Bord horizontal d'un plat ou d'une assiette (appelé couramment « marli » dans le commerce, alors que le marli est la partie verticale qui sépare l'aile du fond).

**ailette** (verre à). Verre de forme typiquement vénitienne, surtout fabriqué aux XVI^e et XVII^e siècles. Des anses découpées et ajourées en forme de petites ailes droites se détachent nettement du corps du verre. Le succès de ces verres fut tel qu'ils furent repris dans les productions « façon Venise ». Les exemplaires les plus connus et les plus réussis sont ceux de Hollande et d'Espagne. Mais les pièces les plus recherchées, les plus rares aussi, sont celles exécutées à Venise au XVIe siècle. Ces verres rares, sur le marché, atteignent des prix très élevés.

**airain** n. m. Alliage de cuivre et d'étain, synonyme « noble » de bronze.

**ais** n. m. Ce terme de menuiserie est donné à une simple planche de bois comportant trois parties : le plat ou surface, le champ ou coupe longitudinale dans le sens du fil, le bout ou coupe transversale, perpendiculaire au sens du fil.

Jusqu'à la fin du XVIe siècle, l'ais aux arêtes vives est employé dans la fabrication des plats des reliures de livres. Principalement en chêne, les ais sont recouverts de peau, de velours, de soie. Après le XVIe siècle, le carton se substitua aux ais de bois.

**aisseau** n. m. Herminette au manche court, cintrée, comportant un fer droit et large qui permet au menuisier, au tonnelier, au sabotier, de creuser puis de chanfreiner le bois.

**ajouré.** Se dit de toute matière percée de jours à caractère ornemental : meubles, sièges, bois dorés, bronzes d'ameublement, galeries de cuivre, pièces d'argenterie, porcelaines ou faïences. Les traverses inférieures des armoires ou des commodes provençales sont souvent ajourées de motifs en forme de feuillage, de cœur ou de soupière.

**ajustage** n. m. Opération du cycle de la fabrication des monnaies consistant à mettre au poids voulu les flans monétaires, généralement avant que ces derniers aient reçu l'empreinte des coins. L'ajustage, pratiqué surtout au XVIIIe siècle, laisse sur les monnaies les marques de l'outil employé (râpe ou lime). Les marques — que l'on appelle raies, stries ou rayures d'ajustage — nuisent à l'esthétique générale de la monnaie et doivent donc entrer en compte dans l'évaluation de son prix. Toutefois, on s'accorde à dire que l'ajustage, qui est un défaut d'origine (et de plus très fréquent), dévalue moins une monnaie que des rayures accidentelles.

**Akans.** Les Akans sont un groupe de peuples formant une unité linguistique, qui s'étend sur le Ghāna et la Côte-d'Ivoire. Ils comprennent les Ashantis*, les Agnis et les Baoulés*. Ce sont de remarquables commerçants et artisans. Les Baoulés en particulier excellent dans de nombreux arts : sculpture, orfèvrerie et poterie.

**alabastre** n. m. Vase à parfum de la céramique grecque antique. Il est petit, de forme ovoïde allongée et muni d'un goulot étroit entouré d'un disque applicateur permettant de se passer sur le corps l'huile parfumée, sans en perdre une seule goutte. Les premiers exemplaires apparaissent à l'époque corinthienne (Xe-VIIIe s. av. J.-C.).

**albarello** n. m. Plur. albarelli (On dit parfois albarelle n. f.) Haut vase cylindrique, un peu évasé, qui présente sous le bourrelet du col un creux permettant de le saisir et de fixer un couvercle de parchemin ou de papier. Le mot est lui-même issu de l'arabe *al-biram,* « pot de terre », dont une transcription, erronée, a été traduite par « vase contenant des drogues ». D'origine orientale (sans doute mésopotamienne), la forme fut transmise aux XIIe et XIIIe siècles par les Ayyūbides en Syrie, par les Mamelouks en Égypte, et l'Espagne hispano-moresque la diffusa en grande quantité. Assez rare sur le marché, la

*Albarello en faïence de Faenza à décor bleu, manganèse et ocre, figurant un oiseau d'un côté et comportant, de l'autre, l'inscription :* LOC SANU ET EXP *en lettres gothiques. Vers 1475. (H. 19 cm.)*

production musulmane est cependant représentée par quelques exemplaires lustrés d'Iran ou de Syrie, aux motifs d'entrelacs et datés du XIIIe siècle. Ceux de Damas, du XIVe siècle, mis en valeur par des arabesques disposées en registre ou par un décor épigraphique sur fond floral stylisé, sont les plus prestigieux.

Un albarello de l'atelier de Masséot Abaquesne, Rouen vers 1550 (h. 25 cm), a été adjugé 190 500 F à Drouot, le 23-VI-1986.

**albâtre** n. m. Sulfate de calcium hydraté qui est une variété de gypse (son nom vient du latin *albus,* « blanc »). Si l'albâtre gypseux peut être considéré, seul, comme le véritable albâtre, dans la pratique on appelle également albâtre calcaire (ou albâtre oriental) une variété de chaux carbonatée. L'albâtre durcit à l'air, se polit aisément mais ne se raye pas toujours à l'ongle. Sa porosité facilite l'application de peintures et teintures diverses. D'une taille facile, dotés d'une couleur d'une grande pureté et d'un grain fin, l'albâtre gypseux et l'albâtre d'Orient ont été utilisés dans les arts décoratifs dès l'Antiquité ; en grec, le terme « alabastron » ou « alabastros » désigne un type de vase souvent taillé dans l'albâtre.

Que ce soit dans le domaine de la sculpture ou de la décoration, l'albâtre remplaçait souvent le marbre sous forme de colonnes, de revêtements de murs, de plafonds, de vases funéraires, de bas-reliefs, de sarcophages. En Europe, l'usage de l'albâtre connaît un grand essor dès le XIIIe siècle, ayant atteint son apogée aux XIVe et XVe siècles en France, dans la vallée de la Meuse, mais surtout en Angleterre, notamment dans le Lincolnshire, le Nottinghamshire et le Yorkshire. On réalise des statues de saints, des gisants, mais surtout des devants d'autels, plaques de moyenne dimension traitées en bas-relief représentant des scènes bibliques, en particulier du Nouveau Testament. Inspirés des ivoires gothiques français, les albâtres sont peints et dorés, et sont exportés dans toute l'Europe.

Les petites sculptures en albâtre des XVe et XVIe siècles valent de 5 000 à 10 000 F. Les œuvres plus importantes ont fortement augmenté depuis 1980. À Troyes, le 17-V-1987, deux pièces exceptionnelles en albâtre de Nottingham, de la fin du XVe siècle, ont obtenu des enchères de 100 000 F pour des *Scènes de la vie d'un évêque* (41 × 36,5 cm) et 210 000 F pour *la Légende de Sainte-Ursule* (40,5 × 43 cm).

En Asie, l'albâtre fut généralement peu utilisé dans la décoration. Les rares exemples qu'on peut trouver d'objets taillés dans cette matière se trouvent en Birmanie où, au XIXe siècle, on sculpta dans ce faux marbre de nombreuses statuettes de Bouddha, notamment à Amarapura et Ava.

**album amicorum.** Expression latine désignant un cahier, registre ou livre, de feuillets blancs, sur lequel on recueille les vers, les pensées, les dessins d'amis ou de personnalités. Déjà à la mode au XVIe siècle en Allemagne, l'album amicorum se répand au XVIIIe et surtout au XIXe siècle ; il est richement relié, souvent par des relieurs célèbres. Les livres d'or et les albums d'autographes en dérivent.

**albuminotypie** n. f. Copie sur papier à noircissement direct. Les albuminotypies, riches en détails, se reconnaissent à leur couleur brune ou brun-violet.

**Alcora.** Située au Nord de Valence, en Espagne, la ville d'Alcora abrita une importante manufacture de faïence, fondée en 1727 par le comte d'Aranda, à l'aide d'artisans venus de Moustiers, parmi lesquels le célèbre Joseph Olérys. Les thèmes bibliques, mythologiques et allégoriques ornent les plats et les panneaux muraux, alors que les motifs de grotesques « à la manière de Bérain » sont empruntés à Moustiers. Mais leur traitement polychrome dans une palette où dominent un bleu intense, un jaune-orangé et un vert foncé est propre à Alcora. Les échanges entre les foyers restèrent étroits puisqu'on considère que Laugier, beau-frère d'Olérys, initia Moustiers à la polychromie et, en l'absence fréquente de marque espagnole, la provenance des pièces est difficile à établir.

Dès 1737, Alcora s'adapta avec Miguel Soliva à la veine rococo et fournit ses pièces les plus variées : vases en pyramide surmontés d'angelots, plaques murales, albarelli, vases de pharmacie globulaires, vaisselle, dont la production devient au XIXe siècle plus médiocre.

**Alde Manuce,** imprimeur italien (1449-1515). Le prénom, Alde, de l'aîné des Manuce a rendu célèbre sa famille dès le XVe siècle. Très lié au milieu humaniste de Venise où il ouvre sa propre imprimerie, complétée sans doute par un atelier de reliure, Alde Manuce édita dès 1499 une œuvre très admirée, *le Songe de Poliphile,* de Francesco Colonna, puis *les Adages* d'Érasme. Son goût pour l'Antiquité se traduit par la publication de Virgile et de *Grammaires latines,* mais son génie d'imprimeur soucieux de la beauté et du coût de l'ouvrage le conduit à inventer le caractère italique et le format in-octavo. Le nom d'Alde est conservé dans la langue courante pour désigner une édition sortie de ses presses. La marque typographique de son atelier était une ancre autour de laquelle s'enroule un dauphin.

*Ouvrage de Théocrite édité par Alde Manuce en 1495. Adjugé 26 000 F, par Mes Ader-Picard-Tajan, à Drouot, le 20-V-1980.*

ΘΕΟΚΡΙΤΟΥ ΘΥΡΣΙΣ Η ΩΔΗ
ΕΙΔΥΛΛΙΟΝ ΠΡΩΤΟΝ.
ΘΥΡΣΙΣ Η ΩΔΗ.

Ader-Picard-Tajan

**Alençon** (point d'). Dentelle à l'aiguille sur fond de brides, se distinguant par son réseau régulier à mailles hexagonales et par le relief et la fermeté de ses dessins. Le réseau est festonné avec une telle finesse que l'on ne distingue pas le feston. Au XVIIe siècle, Alençon a été le premier centre en France de fabrication de dentelles à l'aiguille. Les premières traces du métier de dentellière apparaissent en 1656 et Colbert fonda en 1660 la première manufacture nationale, en faisant appel à vingt dentellières de Venise. En 1675, le privilège ne fut pas renouvelé et la profession devint libre. Très rapidement, la manufacture obtint de grands bénéfices.

Si le point d'Alençon est le même que celui de Venise, il est plus allégé, et sa composition plus équilibrée a subi l'influence de Le Brun. Il a donné naissance aux points d'Argentan, de Bruxelles et d'Angleterre.

**alentour** n. m. Particularité de la tapisserie française du XVIIIe siècle, où le sujet principal est encadré par une large bande richement ornée de motifs décoratifs (guirlandes, chutes, trophées) ou de représentations destinées à imiter un tableau de chevalet avec son cadre. L'alentour, imitant lui-même une pièce de tissu, était confié à des artistes spécialisés dans ce genre : G. Audran et J. B. Blain de Fontenay composèrent de 1717 à 1719 ceux de la tenture de *Don Quichotte* dessinée par Ch. A. Coypel. L'alentour est lui-même cerné par la bordure qui encadre l'ensemble de la tapisserie.

Dans les marqueteries, le mot alentour est souvent utilisé lorsqu'un motif géométrique ou floral s'interpose entre un décor central et un filet d'encadrement. Un catalogue de vente peut décrire « une rosace inscrite dans un cartouche qu'environne un alentour ornemental entre des filets d'amarante ».

**alexandrite** n. f. Pierre fine, découverte seulement au début du XIXe siècle en Oural, et ainsi baptisée en l'honneur du tsarévitch Alexandre Ier. Appelée aussi « pierre caméléon », c'est une variété de chrysobéryl qui change de couleur selon l'éclairage, allant du vert bleuté au pourpre. Pierre rare, on l'associe souvent au diamant et au rubis. Elle est censée porter bonheur.

**alidade** n. f. Règle mobile sur une graduation, pourvue d'une pinnule* à chacune de ses extrémités ou d'une lunette pour permettre la visée. Cet instrument se place sur un graphomètre, un théodolite ou un compas pour permettre le relèvement d'un astre ou d'un point.

**Alleaume** (les), dynastie d'horlogers français connue dès le dernier quart du XVIIIe siècle. Auguste Alleaume (Angers 1821 - *id.* 1895) publia en 1873 *les Brevets d'invention concernant l'horlogerie,* et, au cours de dix ans de travaux, construisit une pendule astronomique à balancier circulaire comptant quatorze cadrans. Cette pendule est aujourd'hui déposée au musée de Laval (Mayenne).

Sotheby Parke Bernet

*Autour d'une scène centrale, ici un épisode de l'histoire de Don Quichotte, l'alentour s'étend jusqu'au cadre extérieur. Cette tapisserie provient d'une suite de quatre tapisseries tissées aux Gobelins par Audran d'après Coypel. Ensemble adjugé 3 665 000 F par Sotheby, à Monaco, le 14-VI-1982.*

**alliage.** La plupart des métaux manufacturés, à l'exception du cuivre et du fer, sont utilisés en alliages, pour en améliorer la malléabilité ou la résistance. La qualité technique et artistique de l'objet dépend en grande partie de la qualité de cet alliage, qu'il s'agisse d'argent, de bronze ou d'étain. La nature de l'alliage est source de bien des fraudes : grande est en effet la tentation, pour le maître d'œuvre, de réduire le métal de valeur et d'augmenter le métal d'alliage. Pour éviter ces petites ou grandes escroqueries, des poinçons permettent de garantir la qualité de l'alliage de certains métaux (argent, or, étain) et de définir un titre légal.

Voici les titres légaux pour la France et la plupart des pays européens, depuis le Moyen Âge :

— l'argent est allié au cuivre dans la proportion de 950/1 000 (premier titre), et de 800/1 000 (second titre) ;

— l'or à 18 carats contient 18 parties d'or pur contre 6 parts de cuivre (ou 750/1 000). C'est le seul titre légal en France, mais certains pays travaillent aussi l'or à 14 carats, beaucoup moins beau ;

— l'étain s'allie au plomb dans des proportions variables : l'étain fin comporte 5 % de plomb, l'étain commun en comporte 20 % environ, la claire étoffe 30 %. Seul l'étain fin est admis pour les objets à usage alimentaire ;

— le bronze est un alliage de cuivre et d'étain, dans des proportions extrêmement variables et non réglementées qui peuvent aller de 8 à 20 % d'étain pour les bronzes d'art, et jusqu'à 30 % pour les cloches. Cet alliage peut aussi accueillir d'autres métaux comme le plomb, le zinc, le fer.

Parmi les autres alliages utilisés en mobilier et en décoration, citons encore le laiton (cuivre et zinc), le régule (plomb, étain, cuivre, antimoine), le zamac (zinc et plomb).

La composition des alliages se vérifie à la pierre de touche, à l'aide de liquides réactifs, ou par analyse scientifique. Leur connaissance permet souvent de détecter les faux (surtout en matière de bronzes), mais les experts les dépistent surtout à l'aspect de la patine.

La plupart des alliages utilisés en Asie concernent le bronze, métal utilisé pour les armes, les récipients et la décoration principalement, et parfois pour des statues. En Inde, le bronze ordinaire fut relativement peu employé. En revanche, des alliages complexes ont toujours été utilisés pour la fonte des statues des divinités. L'alliage le plus sacré, appelé « ashtadhatu » (des huit parties) était composé, en Inde du Nord, d'or, d'argent, d'étain, de fer, de plomb, de mercure, de cuivre et de zinc en proportions variables selon les ateliers des temples. Dans le sud de l'Inde, les fondeurs utilisaient plus volontiers un alliage fait de cinq métaux. Chaque atelier avait ses propres recettes et utilisait des proportions particulières.

En Chine ancienne, ce sont les alliages constituant le bronze qui prédominent. Avant la période des Han (210 av. J.-C. - 220 apr. J.-C.), les bronzes rituels (armes et vases surtout) étaient constitués principalement de 83 % de cuivre pour 17 % d'étain, avec de légères proportions de fer et de soufre. On ne trouve pratiquement pas de plomb, alors qu'après les Han ce métal y est inclus en quantité appréciable. Le laiton (alliage de cuivre et de zinc) n'aurait été inventé qu'au XV<sup>e</sup> siècle par l'empereur Xuande (1426-1436), mais il fut relativement peu utilisé.

Au Japon, où les alliages destinés à la joaillerie ou à la décoration ne furent vraiment définis qu'à l'époque d'Edo (1603-1868), on trouve le laiton (« shinchū ») et l'étain (peu utilisés), des alliages considérés comme nobles et surtout employés pour les armes et les armures, tels que le « shakudō » (un composé de cuivre avec de 3 à 6 % d'or), le « rogin » (mélange à parties égales de cuivre et d'argent), le « shibuichi » (qui comprenait théoriquement 75 % de cuivre pour 25 % d'argent), le « karakane » ou « métal chinois » (70 à 90 % de cuivre, 2 à 8 % d'étain et de 5 à 15 % de plomb). Les bronzes (« seidō ») avaient des compositions fort diverses : avec du zinc (« sentoku »), du plomb et de l'arsenic (« sawari », « shirome »), etc. Cependant ces alliages traditionnels étaient sujets à variations, chaque fondeur possédant ses propres secrets de fabrication.

À Java, on utilisait pour la confection des kriss un alliage appelé « pamor », composé de fer et de nickel, ou de fer météoritique allié à du fer ordinaire, cet alliage étant réputé avoir des propriétés magiques...

**almanach** n. m. Livre publié chaque année, comportant un calendrier et donnant, outre les divisions de l'année, les fêtes, les saisons, le cours du soleil ou de la lune, les éclipses, des indications complémentaires : observations astronomiques, prédictions météorologiques et autres notions diverses. Les premiers almanachs, parus dès la découverte de l'imprimerie, connurent un grand développement. Peu à peu, ils donnent lieu à des almanachs généalogiques, administratifs, ecclésiastiques, militaires, commerciaux, qui constituent pour les chercheurs et les curieux une mine de renseignements de tout genre. Les annuaires astronomiques, *la Connaissance des temps,* fondée en 1679, et l'*Annuaire du bureau des longitudes,* créé en 1797, sont considérés comme des almanachs. L'*Almanach royal* qui parut dès 1683 et jusqu'en 1919 sous des appellations diverses (« national », « impérial ») est le plus recherché, surtout lorsqu'il est relié aux armes de son possesseur, ou à plaque. *L'Almanach de Gotha,* publié en Allemagne en langues française et allemande (1764-1944), reste le plus fameux des annuaires généalogiques.

La lecture des almanachs fut déterminante pour les mentalités et l'art populaires. Elle entretint la croyance dans le rôle des astres et de leur action sur le destin individuel ; elle présida ainsi au choix de certains motifs décoratifs, susceptibles d'éloigner le mauvais œil ou ayant valeur de talisman (roues, rouelles, croix, soleils). Le plus répandu de ces almanachs est, au XIX<sup>e</sup> siècle, *le Grand Calendrier et compost des bergers* édité par la Bibliothèque Bleue et diffusé par les colporteurs.

**aloi** n. m. Mot dérivé de l'ancien français *aloier,* « joindre », et signifiant alliage. L'aloi désignait l'alliage légal, c'est-à-dire la proportion autorisée de métal d'alliage par rapport au métal précieux, en matière d'orfèvrerie et de monnayage : bon aloi ou mauvais aloi. Il était exprimé en carats (1/24) pour l'or, en deniers (1/12) et grains (1/24) pour l'argent. Aujourd'hui, l'aloi, que l'on appelle plutôt titre, est apprécié en millièmes.

Guérin

*Armoire alsacienne décorée dans le style de la Renaissance, deuxième moitié du XVII<sup>e</sup> siècle. Adjugée 62 000 F par M<sup>e</sup> Guérin, à St-Dié, le 2-X-1987.*

**Alsace.** Les meubles et objets alsaciens, qui s'apparentent au style germanique, sont remarquables par leur qualité d'exécution. Les bois les plus employés sont le chêne, le noyer, le pin et le sapin. L'armoire à colonnes d'aspect monumental, la crédence, les buffets à deux corps, d'inspiration Renaissance, sont ornés de sculptures puissantes et de marqueteries raffinées.

À partir de la fin du XVIII<sup>e</sup> siècle, les meubles paysans tels que les coffres, les buffets et les armoires à une ou deux portes sont ornés de motifs floraux peints en polychromie, parfois millésimés et marqués d'initiales. Les tables de salle à manger se distinguent par des pieds divergents tournés en anneaux ou en balustre qui supportent un plateau débordant muni de tiroirs. Les chaises, également à pieds divergents, ont des dossiers ajourés de cœurs ou de motifs en volutes. Les étains et les grès alsaciens sont appréciés des amateurs d'art populaire.

**alvéoles** n. f. Éléments typiques du décor architectural musulman à partir du XI<sup>e</sup> siècle. D'abord fonctionnel, le procédé qui permettait le passage du carré au cercle dans l'édification des coupoles devint ensuite un motif purement ornemental souvent utilisé en frise : fronton, corniche, plafond, et dans les niches. La répétition de ces motifs forme un décor très complexe, évoquant parfois les « nids d'abeilles ». Ils s'associent également (Iran, Mésopotamie, Maghreb) à des éléments prismatiques comparables à des stalactites *(muqarna).* Selon sa destination, cette ornementation est réalisée en bois, en stuc, ou en céramique (par exemple à Brousse, en Turquie, au XV<sup>e</sup> siècle).

**Amand** (Henri), menuisier français. Reçu maître en 1749, il fut spécialiste de sièges en bois naturel ou canné.

**Amant** (les), dynastie d'horlogers français connue dès le début du XVIII<sup>e</sup> siècle. Louis Amant inventa aux alentours de 1741 l'échappement à cheville pour les horloges.

**amarante** n. f. Bois exotique très dur d'une teinte tirant sur le rouge vineux, très employé en ébénisterie (notamment par Cressent et Riesener). De la famille du « mahogany », nom anglais de l'acajou, il provenait à l'origine surtout de la Guyane.

**amatir** v. tr. En orfèvrerie, rendre mates certaines parties d'un objet, par des procédés chimiques ou mécaniques, notamment à l'aide d'un outil appelé le matoir.

Les fonds amatis ont été largement utilisés à l'époque de la Régence ; ils permettent d'obtenir un décor presque linéaire, par simple opposition des surfaces mates et brillantes : ainsi décrit-on un décor de rinceaux sur fond amati. (Syn. : matir, mater.)

**amboine** n. m. Bois dur, en provenance d'Asie, utilisé en marqueterie au XVIII^e^ siècle et sous Charles X. Les loupes d'amboine dont le veinage donne des effets décoratifs ont été également employées par les ébénistes de l'époque Art déco.

*Cafetière en argent à côtes torses, couvercle et graine bordés de décor amati. Paris, vers 1742. (H. 20 cm.).*

Ader-Picard-Tajan

Christie's

*Ambrotype de Beard (v. 1860). Vendu par Christie's, à Londres, le 20-III-1980.*

**ambre** n. m. Résine fossilisée d'origine végétale qui se présente en fragments plus ou moins importants et dont la couleur varie du jaune pâle à l'ocre sombre ; translucide, l'ambre contient des inclusions et dégage, lorsqu'on le frotte, une odeur agréable. Dans l'Antiquité et au Moyen Âge, l'ambre était réputé et considéré comme une matière précieuse, presque mythique. L'ambre est traité de la même manière qu'une pierre : on le taille, on le tourne, on le polit à la meule. On sculptait autrefois des objets précieux avec de l'ambre : coupes, sculptures, coffrets, cadres de miroirs, vases décoratifs, objets de piété. Depuis le XVIII^e^ siècle, il n'est plus utilisé que pour des colliers et de menus bibelots.

Un verre est « ambré » lorsque l'adjonction d'un oxyde métallique lui donne la teinte de l'ambre. Ce procédé a notamment été employé en Chine pour les tabatières.

**ambrotype** n. m. Procédé photographique inventé en 1851 par le sculpteur anglais Frederik Scott Archer. Dérivé du collodion humide, l'ambrotype est un négatif sur verre, blanchi à l'acide nitrique et collé sur un fond noir, ce qui lui donne l'aspect d'un positif. Beaucoup de portraits furent tirés par ce procédé.

**ambulant** n. m. Brocanteur sans boutique qui vend en se déplaçant d'une foire à l'autre.

Les « ambulantes » désignaient au XVIII^e^ siècle des tables légères, sans destination fixe.

**âme** n. f. Pièce de bois cylindrique ajustée et serrée verticalement entre la table et le fond des instruments à archets. Par sa bonne position, elle joue un rôle fondamental dans l'équilibre de la transmission des vibrations.

**améthyste** n. f. Variété de quartz allant du mauve clair au violet foncé (densité : 2,65 ; indice de réfraction : 1,55). Depuis l'Antiquité, l'améthyste était utilisée pour la fabrication d'objets décoratifs : coupes, vases, statuettes. On l'utilisait aussi beaucoup en glyptique. On lui attribuait le pouvoir de préserver de l'ivresse. Elle doit à sa couleur d'être la pierre des évêques.

**Amlash.** On parle de la « civilisation d'Amlash », bien que cette cité des bords de la Caspienne ne soit pas une capitale antique. Cette expression vient du site archéologique très important qui l'entoure, et dont les témoins les plus anciens remontent au III^e^ millénaire avant notre ère : cylindres-sceaux, céramiques aux formes étrangement stylisées — comme ces chevaux et taureaux à panse renflée dont les formes seront reprises bien plus tard par les dessins de Picasso —, bronzes (armes, haches, mors, statuettes).

**Amol.** Cette ville de la province de Māzanderān, au nord-est de l'Iran, a donné son nom à une production de céramique musulmane, créée sur place et dans les environs, dès la période archaïque (XI^e^-XIII^e^ s.). Cette provenance définit plus une technique (incisions et glaçures vertes) et un décor particuliers qu'une fabrication propre à une région, même si la majorité des pièces sont exhumées à cet endroit. Ce sont surtout des coupes, des bols, des bassins à parois obliques et de grands plats. Le décor, qui exclut les personnages, reflète tantôt l'équilibre conventionnel de l'art sassanide, tantôt une exubérante fantaisie : faune irrationnelle, volatiles extravagants.

**amourette** n. m. Bois de placage d'un brun-rouge au grain serré en provenance des Antilles.

**amphore** n. f. Vase de forme ovoïde, reposant sur un petit pied bas et s'ouvrant par un col évasé flanqué de deux anses latérales verticales. L'amphore est un des grands vases grecs archaïques et classiques. Les plus belles sont les amphores athéniennes du VIe au IVe siècle av. J.-C. On doit distinguer les belles amphores ornées de thèmes peints à figures noires ou à figures rouges, objets décoratifs qui avaient un caractère généralement religieux, des amphores plus grossières, utilitaires, et consacrées au transport ou à la conservation des liquides.

Les amphores romaines étaient de grands récipients utilitaires au corps très allongé, au col évasé fermé par un bouchon hermétique, que l'on empilait dans les cales des navires ou que l'on alignait dans les entrepôts.

En raison de son extrémité en pointe, l'amphore romaine ne pouvait tenir debout que fichée dans le sable ou posée sur un trépied. Elle servait à la conservation et au transport en gros des vins, des grains, de l'huile. On en retrouve beaucoup dans les épaves antiques découvertes en Méditerranée, et elles donnent lieu à un suspect trafic clandestin : aussi convient-il de se méfier des faux vendus avec quelques traces de végétation marine.

*Amphore datée entre 520 et 510 av. J.-C., représentant Héraclès et Géryon, à décor noir sur fond crème. Vente Castle Ashby, par Christie's, le 2-VII-1980.*

Christie's

*Les masques ibos en bois sculpté de la société « mau » représentent les ancêtres morts : visages squelettiques aux orbites creuses, peints en blanc. Nigeria. Galerie Kamer-Lelouch.*

**amulette** n. f. Le mot « amulette » tire son origine d'un verbe latin signifiant « écarter ». Dans les civilisations antiques comme dans les sociétés primitives où la superstition imprègne l'existence quotidienne, le rôle de l'amulette est effectivement de protéger contre le mauvais sort.

Dans l'Antiquité, c'est sans doute la civilisation égyptienne qui nous offre le plus grand choix d'amulettes : oiseaux, serpents, croix ansée (nœud d'Isis), œil fardé (oudjat), papyrus, et surtout le scarabée, c'est-à-dire une grande partie du répertoire hiéroglyphique interprétée en breloques légères d'or, de bronze, de pâte de verre, et surtout de céramique colorée, ayant chacune une vertu précise. On trouve ces breloques en grand nombre dans les tombes, et elles apparaissent très fréquemment sur le marché, donc à des prix assez modestes, excepté celles de métal précieux.

La croyance à l'efficacité de l'amulette a survécu dans la civilisation occidentale chrétienne, mais le terme ne saurait être appliqué à l'emploi de la médaille pieuse ou de la croix; dans les sociétés rurales du XIXe siècle, l'usage de l'amulette est fréquent. Contre la peste, le paysan porte la « pierre de peste » en terre cuite, symbolisant le bubon du pestiféré ; contre l'ophtalmie, il ne quitte pas l'amulette de sainte Claire en forme de paire d'yeux (Claire : voir clair). Les femmes, lors de l'accouchement, glissent sur elles les « sachets accoucheurs » renfermant des prières bénéfiques. Quant aux animaux des régions pyrénéennes, ils sont protégés de la foudre par leur magnifique surjoug dressé vers le ciel.

**Anatolie.** On désigne sous le nom de tapis d'Anatolie un groupe très important de tapis de fabrication turque, réalisés sur le grand plateau anatolien (Anadolu) et en Asie Mineure. En soie ou en laine, exécutés en « nœud turc », les tapis anatoliens sont souvent très fins et leurs coloris très vifs. La forte empreinte de l'islām explique une production importante et variée de tapis de prière, décorés soit par un seul « miḥrāb » (niche), soit par plusieurs. Les centres les plus connus sont Ghiordès, Brousse, Ladik, Hereke, Koula, Ouchak, Melas, Kayseri (Césarée), Konya, Bergame, Izmir (Smyrne), Isparta, Panderma, Kircheir, Mondjour, Koum Kapou.

**Ancellet** (Denis-Louis), ébéniste français (1735-1823). Reçu maître en 1766, il a réalisé de nombreuses tables en acajou et des commodes en marqueterie dont certaines furent des commandes de Louis XVI.

**ancêtres.** Dans toutes les civilisations dites primitives, le culte des ancêtres représente la forme la plus évidente de la manifestation de la foi en une vie future et dans la résurrection. En honorant les ancêtres, l'homme primitif s'assure non seulement leur bienveillance nécessaire mais aussi la continuité de la vie par la chaîne ininterrompue des vivants et des morts. Il n'y a donc aucune rupture. L'homme africain sait ainsi qu'il appartient à un lignage.

G. Meguerditchian

Le culte des ancêtres — parmi d'autres données — explique que la sculpture africaine ne réponde jamais à un besoin purement esthétique gratuit. Ainsi, masculines ou féminines, les statues d'ancêtres sont tantôt asiles temporaires pour les esprits des défunts, tantôt simples images à but commémoratif. Gardées chez le doyen du lignage, dont l'habitation abrite le culte familial, ces statues doivent être différenciées des « fétiches » proprement dits qui ont pour rôle de défendre leur possesseur contre un malheur imprévisible et contre la volonté mauvaise d'un ennemi redoutable.

Dans le Sud-Est asiatique, le culte des ancêtres atteint un très grand développement. Ces ancêtres étaient représentés le plus souvent par des figures en pierre ou en bois d'un homme accroupi, et cette manière s'est perpétuée jusqu'à nos jours. Cette position de l'« ancêtre accroupi » est caractéristique à la fois du fœtus et de la mère qui donne la vie ; elle exprime également les premières préoccupations relatives à l'agriculture : la fertilité et la vie après la mort. Le Sud-Est asiatique (Birmanie, Thaïlande, Viêt-nam, Laos, Cambodge), l'Indonésie, les Philippines et la Mélanésie jusqu'aux îles Salomon sont les lieux où l'on trouve le plus fréquemment les figures d'ancêtres accroupis (en anglais « squatting figures »). Cependant cette forme s'étendit encore bien plus loin et se retrouve sur la côte ouest de l'Amérique, particulièrement au Mexique, au Guatemala, au Costa Rica, en Colombie et au Venezuela. En Polynésie, le thème présente une variante sous la forme des figures d'ancêtres aux « genoux pliés » (en anglais « bent knees figures ») dont les statuettes d'Hawaii fournissent le meilleur exemple. Cette forme est également présente en Indonésie chez les Bataks, les Igorots.

**anche** n. f. Dans les instruments de musique, fine languette dont l'une des extrémités est mobile au passage de l'air. Elle est métallique et libre dans l'accordéon, l'harmonium, le cécilium ; en roseau et battante dans les instruments à souffle humain. L'anche est double quand elle est pincée entre les lèvres (hautbois, cor anglais, basson, bombarde, sarusophone, etc.), ou incorporée dans l'instrument (cromorne, musette, cornemuse, etc.), et simple lorsqu'elle est fixée à un bec (chalumeau, clarinette, saxophone). Face à la fabrication standardisée actuelle, les amateurs de musique ancienne sont très sensibles à la découverte de modèles d'anches originales, leur permettant d'utiliser leurs instruments dans les meilleures conditions.

**ancien.** L'adjectif « ancien » appliqué à des meubles et des objets n'a qu'une valeur indicative, dépourvue de toute implication juridique. D'une façon générale, les marchands considèrent comme « anciennes » les antiquités de plus de cent ans d'âge. Cette notion correspond à une catégorie douanière. Toutefois, depuis le décret du 30 octobre 1975, destiné à empêcher l'exportation des meubles et des objets de l'époque 1925-1930, toute œuvre d'art de plus de vint ans d'âge (d'une valeur de plus de 5 000 F), appelée hors de France, doit être soumise, au même titre que les antiquités de plus de cent ans d'âge, au Bureau central des douanes où un représentant des Musées nationaux peut s'opposer à la sortie de l'œuvre en question. Il est donc possible d'accorder le qualificatif « ancien » à des objets relativement récents à partir du moment où ils présentent un style caractérisé et où ils se négocient chez les antiquaires.

**ancre** n. f. Pièce en forme d'ancre utilisée en horlogerie dans un système d'échappement, et permettant la régulation du mouvement des montres dont l'invention est attribuée à William Clément (1666).

**Andrieu** (Bertrand), médailleur français (Bordeaux 1761-Paris 1822). Célèbre pour ses médailles de la Révolution, du Consulat et de l'Empire, Andrieu conquiert la célébrité en 1789 grâce à sa fameuse médaille de la prise de la Bastille qui fut si souvent copiée. Ensuite, il grava la médaille de la paix de Lunéville, celle de la bataille de Marengo, puis un très grand nombre de médailles impériales, dont un célèbre profil de l'Empereur pour son couronnement (1804) et le grand médaillon du mariage avec Marie-Louise en 1810. Son œuvre comprend plus de 200 médailles.

**androïde** n. m. Automate* ayant l'aspect de l'homme. Des automates qu'il créa et anima, l'homme eut une prédilection pour ceux qui prenaient son aspect et imitaient quelques-uns de ses actes. Les androïdes les plus fameux sont nés au XVIII^e^ siècle. Le Grenoblois Jacques de Vaucanson créa le *Joueur de flûte,* qui jouait effectivement de la flûte, et un berger provençal jouant d'une main d'un tambourin et de l'autre du galoubet. Ces deux pièces exceptionnelles furent exposées en 1738, en même temps qu'un canard non moins fameux. Autres horlogers mécaniciens célèbres, les Jaquet-Droz, qui firent voir le jour à trois pièces célèbres, aujourd'hui exposées au musée de Neufchâtel : un dessinateur, un écrivain et une musicienne, seule poupée au monde dont la poitrine s'élevait et s'abaissait au rythme d'une respiration parfaitement simulée. Ces admirables pièces firent le tour de l'Europe où elles déclenchèrent l'enthousiasme des curieux, parmi lesquels les princes et les rois ne furent pas les moins intéressés. C'est ainsi que Marie-Antoinette acheta à l'horloger mécanicien Kintzing* et à l'ébéniste Roentgen la *Joueuse de tympanon,* aujourd'hui au Conservatoire des arts et métiers.

Le XIX^e^ siècle fut particulièrement fécond en androïdes, certes de qualité inférieure aux pièces du XVIII^e^ siècle, mais qui connurent une bien plus grande diffusion en raison de leur prix plus abordable. C'est ainsi qu'on vit se multiplier d'innombrables androïdes écrivains, musiciens (violonistes, pianistes, joueurs de mandoline) ; les personnages de cirque (clowns, funambules, illusionnistes, magiciens, escamoteurs, acrobates, magnétiseurs) furent particulièrement appréciés, de même que les poupées mimant les gestes de la nourrice et de la tricoteuse, ou encore certains personnages exotiques comme le fumeur de narghilé. Les plus grandes marques du XIX^e^ siècle, Roullet, Lambert, Phalibois, Vichy ou Bontemps, fabriquèrent des androïdes que l'on trouve fréquemment sur le marché de l'antiquité.

Rappelons que les automates qui marchent réellement sur leurs jambes — la plupart se déplacent à l'aide de roulettes masquées par les vêtements — sont plus recherchés que les autres. Les prix s'échelonnent selon les critères habituellement retenus pour les automates, entre 20 000 et 150 000 F (en 1988).

**âne** n. m. Petite presse mobile utilisée par les coffretiers et les travailleurs de petits bois. Chez l'ébéniste, l'âne est aussi une selle permettant la découpe à la scie.

**anémomètre** n. m. Instrument qui sert à mesurer la vitesse ou la force du vent. Il existe en plusieurs modèles selon la technique de mesure adoptée : pression exercée par le vent, vitesse du vent ou refroidissement provoqué par ce vent. Les anémomètres servent en navigation, dans les mines, les aérodromes et les stations météorologiques.

**anglais** (meubles et styles). V. TABLEAU page 20.

| dynasties | styles | traits généraux | meubles caractéristiques |
|---|---|---|---|
| **dynastie Tudor**<br>Henri VII<br>1457-1509<br>Henri VIII<br>1491-1547<br>Édouard VI<br>1537-1553<br>Marie I^re^<br>1516-1558<br>Élisabeth I^re^<br>1533-1603 | style Tudor<br>Elizabethan<br>1500-1600 | Emploi du chêne.<br>Meubles de huchiers aux lignes simples ;<br>riches sculptures et incrustations. | Coffres, « crédences de cour »,<br>cabinets de cour dérivés du dressoir.<br>Tables à pieds moulurés.<br>Ornementation de « strap-work ». |
| **dynastie Stuart**<br>Jacques I^er^ Stuart<br>1566-1625<br>Charles I^er^<br>1600-1649<br>République<br>de Cromwell<br>1649-1660 | style Jacobean<br>1600-1625<br>style Carolean<br>1625-1649<br>style Cromwellian<br>1649-1660 | Emploi du chêne.<br>Influence de l'architecte Inigo Jones.<br>Époque dite « de transition » : réminiscences<br>élisabéthaines espagnoles ou flamandes. | Peu d'innovations. « Gate-leg* table ». |
| **époque dite « Restauration »**<br>Charles II<br>1630-1685<br>Guillaume III<br>d'Orange-Nassau<br>1650-1702<br>Queen Ann<br>1665-1714 | style<br>« William and Mary » ;<br>style « Queen Anne »<br>(son influence s'étend<br>de 1660 à 1714) | Emploi du noyer (walnut).<br>Diversification du mobilier.<br>Apparition de marqueteries<br>« à la manière de Hollande »,<br>de laques orientales et de bois exotiques. | Secrétaires et secrétaires-bibliothèques<br>(« writing-cabinet »).<br>Meubles et sièges aux pieds « claw and ball ». |
| **époque Géorgienne**<br>George I^er^<br>1660-1727 | Early Georgian<br>1714-1760<br>style Chippendale | Emploi de l'acajou.<br>La ligne courbe domine dans les décors rocaille,<br>gothique ou chinois. | Chaises à dossier ajouré (« book-case* »),<br>nombreuses tables à fonction spécialisée,<br>commodes à 2 vantaux masquant les tiroirs. |
| George II<br>1683-1760<br><br>George III<br>1738-1820 | Late Georgian<br>1760-1790<br>style Adam | Néoclassicisme un peu pompeux d'Adam<br>tempéré par les ébénistes Hepplewhite<br>et Sheraton.<br>Similitudes avec le Louis XV.<br>Emploi de l'acajou, du citronnier, de placage<br>de bois et de motifs peints. | Bibliothèques incorporées aux murs ;<br>« side-board », « dumb-waiter », sofa-table,<br>chaise-lyre, cabinet, « rent-table »,<br>meubles de salle à manger très soignés. |
| George IV<br>Régent,<br>de 1811 à 1820,<br>roi<br>de 1820 à 1830 | style Regency<br>1790-1840 | Sévérité et massivité des meubles (Hope).<br>Éléments décoratifs d'inspiration égyptienne<br>et gréco-romaine (piétement « jarret de fauve »).<br>L'ameublement se spécialise et devient fonctionnel.<br>Emploi du palissandre, de l'ébène, de l'acajou<br>et du satiné. | Meubles de bibliothèque : « Pembroke table* »,<br>table-bureau (type « ministre »),<br>meubles à transformation canterbury,<br>sofa-table, tabouret. |
| **Victoria**<br>1819-1901 | style Victorian | Accumulation et diversité des meubles et bibelots.<br>Recherche du confort.<br>Éclectisme : retour au mobilier néogothique,<br>Renaissance, rococo, et oriental.<br>Utilisation du papier mâché, du métal, du bambou ;<br>importance de l'étoffe. Ornementation sculptée,<br>incrustée de nacre, laquée, plaquée. | Sièges longs, bas, capitonnés ;<br>tabourets de pieds, ottomanes* « Whatenot »,<br>« Davenport* », nombreux guéridons (« teapoy »). |

**anneau** n. m. *Anneau solaire ou horaire.* Il a la forme d'une bague de 1 à 3 cm de diamètre et est suspendu par une bélière de façon à être orienté dans le plan vertical dirigé vers le Soleil. Ces anneaux sont en général gravés pour une latitude donnée et manquent de précision. Déjà connus à Rome au début de notre ère, ils ont été très appréciés des Anglais et ont connu leur heure de gloire au XVIII^e^ siècle. Ils sont fabriqués en métal et quelquefois en ivoire. Ces pièces assez rares en ventes publiques ont une cote assez élevée.

*Anneau astronomique ou équinoxial.* Il est constitué de trois ou de deux anneaux concentriques, se plaçant l'un dans le plan du méridien, l'autre dans celui de l'équateur, qui se rabattent en un disque plat pour le transport. Une

Christie's

*Fauteuils anglais d'époque George III. Vente par Christie's, à Londres, le 31-V-1978.*

Cooper Bridgeman Library

*Table de jeu d'époque George II vers 1735, pieds « claw and ball ». Mallett and Son Ltd. Cooper Bridgeman Library.*

plaquette traverse diamétralement le cercle méridien et figure l'axe de la Terre. Elle est évidée et porte les signes du zodiaque, les mois. Ce cadran solaire permet d'éviter l'emploi d'une boussole, sans cependant indiquer l'heure à midi. À cette fin, on a imaginé un anneau universel dans lequel un troisième cercle tient lieu de style-axe.

Héritiers de la sphère armillaire de Ptolémée, ces anneaux apparurent sous cette forme dès le début du XVIIe siècle et eurent beaucoup de succès jusqu'au XVIIIe en raison de leur solidité et de leur faible encombrement. En métal, le plus souvent en laiton, ils ont été fabriqués dans toute l'Europe et particulièrement en Angleterre. Un anneau astronomique équatorial universel en laiton et acier par Baradelle l'Aîné vers 1765 s'est vendu 400 000 F au Nouveau Drouot, le 7-IV-1987, chez Me Renaud. Des anneaux en cuivre plus courants valent de 30 000 à 50 000 F en 1988.

Vauthey-Sygma

*Anneau équinoxial de fabrication française. Vers 1680. Par son style, cet instrument peut être comparé aux œuvres de Pierre Sevin, ce qui laisse penser qu'il provient du même atelier.*

**anneaux chinois.** Disques plats « bi » qui, dès la période néolithique, furent utilisés en Chine dans le rituel de vénération de la Terre et du Ciel. Ils symbolisaient peut-être le Ciel, divinité suprême. Ces disques étaient percés en leur centre d'un trou rond plus ou moins grand, et montraient parfois un bord extérieur plus ou moins dentelé. Il en existait de plusieurs sortes, généralement taillés dans du jade ou des pierres dures. Leur destination exacte et leur mode d'utilisation sont mal connus. Peut-être servaient-ils d'instruments de visée astronomique.

À l'époque des Han, ils semblent avoir été des insignes de fonction, comme pendant l'époque des Zhou. Par la suite, leur fonction ne fut plus que décorative. Aux époques Ming et Qing, ils prirent une forme bombée et furent décorés de dragons et autres symboles. Concrétisant les puissances célestes, ces « anneaux chinois », placés sur des sortes d'autels en position verticale, étaient à la fois des objets de vénération et de décoration.

**anneaux suspendus.** Éléments de décoration typiques des verres vénitiens aux XVIe et XVIIe siècles. On les retrouve dans la production « façon Venise », en France par exemple, particulièrement à Nevers. L'« anneau bleu » de Venise est également un type de décor très particulier à cette production. Ce sont des frises d'anneaux pris dans la masse du verre qui composent l'ornementation. Les anneaux ne sont pas appliqués.

**annelé** (verre). Le décor composé de filets appliqués autour du corps d'une pièce se rencontre plus fréquemment dans les répertoires vénitien et allemand. On dit volontiers que, en Allemagne, les verres à boire subissent ce genre de décor pour une raison bien pratique : les anneaux déterminent des niveaux et ainsi la quantité de boisson que chaque buveur est autorisé à prendre...

**annuaire** n. m. Titre donné aux publications qui paraissent chaque année, accompagnées d'un calendrier et de renseignements historiques, géographiques et statistiques. Ce mot s'est d'abord substitué à ceux d'almanach ou de calendrier à la suite de la réforme du calendrier à la fin de 1793. La première publication qui porta ce nom fut *l'Annuaire de la République* (1793) édité par Millin.

**annuaire Berry de la carte postale illustrée et du timbre-poste.** Publié en 1904 (19 × 13 cm), il se présentait comme « l'intermédiaire international des échangistes, amateurs, collectionneurs, éditeurs et marchands » auxquels il offrait, sur 550 pages, de nombreux articles, renseignements et informations pratiques. L'annuaire Berry cessa de paraître après l'édition de 1905, de qualité inférieure à celle de la précédente.

**Antico** (Pier Alari Bonacolsi, dit L'), bronzier et orfèvre italien (Mantoue v. 1460-Gazzuolo 1528). Attaché à la cour des Gonzague de Mantoue, L'Antico fut envoyé à Rome en 1497 par ses protecteurs, afin d'acheter des statues antiques et d'exécuter des réductions en bronze de celles qu'il ne pouvait acquérir. À partir des œuvres les plus connues : *Hercule et Antée* (seule œuvre signée), l'*Apollon du Belvédère,* il put tirer lui-même plusieurs exemplaires en bronze.

**antidaté** adj. Se dit d'un meuble, outil, ou objet d'art populaire en bois comportant un millésime, gravé ou peint, antérieur à la date réelle de fabrication, afin de laisser croire à une plus grande ancienneté du meuble ou de l'objet.

La volonté de tromperie peut être décelée en recherchant le manque de concordance entre la date mise en évidence et les divers éléments stylistiques du meuble.

Il arrive aussi que les meubles anciens soient au contraire postdatés par leurs propriétaires pour marquer la date mémorable d'un événement familial (naissance, baptême, mariage) survenu après l'époque de fabrication du meuble en question.

**antiphonaire** n. m. Livre contenant les chants liturgiques des offices catholiques, avec musique notée, de format in-folio. Posé sur l'ambon et solidement relié, il servait au prêtre ou au chantre au cours de l'office religieux.

A. de Andrade Magnum.

*Boutique d'antiquaire sur le boulevard Saint-Germain.*

**antiquaire** n. m. Commerçant en meubles et objets anciens. L'amateur du XXe siècle désigne sous le nom d'antiquaire le marchand qui prend la responsabilité d'authentifier ce qu'il vend, par opposition au brocanteur qui revend des objets d'occasion sans garantir ni leur ancienneté, ni leur provenance, ni leur qualité.

Jusqu'à la fin du siècle dernier, le mot « antiquaire » était compris dans un sens différent : il s'appliquait à tous ceux qui recueillaient et étudiaient les témoignages de l'antiquité, autrement dit aux « archéologues ». Dans son *Grand Dictionnaire du XIXe siècle* (1866), Pierre Larousse ne considère à aucun moment les « antiquaires » comme des négociants. L'antiquaire est alors « celui qui est versé dans la connaissance des monuments de l'Antiquité ».

Dans le langage courant, l'antiquaire est considéré avant tout, depuis le début du XXe siècle, comme un marchand de meubles anciens, d'objets d'art ou de curiosités. La loi du 15 février 1898 définissait le brocanteur (et par assimilation l'antiquaire) comme revendeur de « vieux meubles »... et « autres objets et marchandises de hasard ». Ce texte a été abrogé par la loi du 30 novembre 1987 qui s'applique à « toute personne dont l'activité professionnelle comporte la vente ou l'échange d'objets mobiliers usagés ». Cette loi a pour but essentiel la prévention et la répression du recel. Elle confirme l'obligation de tenir au jour le jour un registre (« livre de police ») décrivant les objets acquis et permettant l'identification des personnes qui les ont vendus. Elle aggrave fortement les peines en cas d'infraction. De plus, la loi de 1987 étend l'obligation de tenir à jour un livre de police, aux organisateurs de manifestations en vue de la vente d'antiquités. En cas de recel, la loi prévoit (en modifiant le Code pénal) un emprisonnement de trois mois à cinq ans et une amende de 10 000 F à 2 500 000 F. L'amende pourra être élevée jusqu'à la moitié de la valeur des objets recelés. En l'absence d'une loi plus précise, les services fiscaux et l'administration des douanes n'ont longtemps considéré comme antiquaires que les négociants qui vendaient des meubles et objets « de plus de cent ans d'âge ». Mais un arrêté du 30 octobre 1975 a assimilé aux antiquités soumises à contrôle douanier « les objets de plus de vingt ans d'âge d'une valeur supérieure à 5 000 F », afin d'empêcher les créations artistiques des époques 1900 et 1925 de sortir de France, notamment vers les États-Unis et le Japon, sans l'agrément des Douanes.

La distinction qui s'est progressivement établie entre l'antiquaire et le brocanteur ne relève que de certaines pratiques commerciales. Si l'on admet que le brocanteur vend n'importe quel objet de seconde main, et dans n'importe quel état, il n'en est pas de même pour l'antiquaire qui propose des meubles de qualité restaurés avec soin. Enfin, l'antiquaire prend la responsabilité de garantir l'authenticité de ce qu'il vend, alors que le brocanteur préfère ne pas courir ce risque et qu'il négocie couramment des copies de style de fabrication récente, ou des meubles « remontés » avec quelques éléments anciens. C'est pourquoi l'acheteur qui s'adresse à un antiquaire est en droit d'exiger un certificat d'authenticité, ou tout au moins une description sur facture qui doit notamment préciser l'époque de fabrication et les restaurations éventuelles. Mais, en l'absence de définition légale, n'importe qui peut se prévaloir du titre d'antiquaire.

**antique** n. m. Ce mot est, aujourd'hui, généralement employé au pluriel (les antiques). C'est un substantif, issu d'un adjectif par raccourcissement d'une expression — un marbre, un bronze, une médaille antiques —, d'où une certaine hésitation sur son genre. Le terme est employé dès le XVIe siècle pour désigner une œuvre d'art grecque ou romaine ou, plus largement, tout objet hérité de

Christie's

*Figurine en terre cuite du début de l'âge de bronze. Syrie, IIe millénaire av. J.-C. (H. 13 cm.)*

l'antiquité préchrétienne. D'abord appliqué aux civilisations grecque et romaine, puis à l'ensemble du bassin méditerranéen, le terme s'étend aujourd'hui à toute l'Europe occidentale et orientale, aux pays d'Afrique du Nord, au Proche- et au Moyen-Orient jusqu'à l'Iran occidental préislamique. En revanche, il ne s'applique pas aux objets d'Extrême-Orient, ni à ceux d'Amérique précolombienne.

Les collections d'antiques remontent à la Renaissance. Seules étaient alors connues les antiquités romaines et, dans une moindre mesure, les œuvres grecques découvertes sur le sol italien. Les motivations des collectionneurs étaient d'ordre plus artistique qu'archéologique : on s'intéressait essentiellement aux médailles, à la glyptique, aux petits bronzes et, bien sûr, à la grande statuaire de marbre.

Les découvertes archéologiques et les progrès de cette science élargirent le champ des antiques. C'est au XVIIIe siècle que l'on commence à s'intéresser aux vases grecs, découverts dans les sols toscan et napolitain. L'expédition de Bonaparte (1798-99) révèle les antiquités égyptiennes ; la découverte, à la fin du XIXe siècle, de la nécropole de Tanagra, en Béotie, entraîne l'apparition de

Galerie Samarcande

*Masque égyptien en bois peint de l'époque ptolémaïque, Ier siècle av. J.-C. (H. 8 cm.) Galerie Samarcande.*

Christie's

*Tête de jeune femme en marbre blanc à la chevelure bouclée. Rome, IIe siècle apr. J.-C. (H. 12,6 cm.)*

Galerie Samarcande

*Tête de Sérapis en albâtre blond. (H. 13 cm.) Art d'Alexandrie, époque romaine, Ier siècle apr. J.-C. Galerie Samarcande.*

Dragu

*Tête de cheval en marbre blanc de l'époque hellénistique, Ier siècle av. J.-C. (H. 24 cm.) Exposition* Equus, *Louvre des antiquaires.*

Christie's

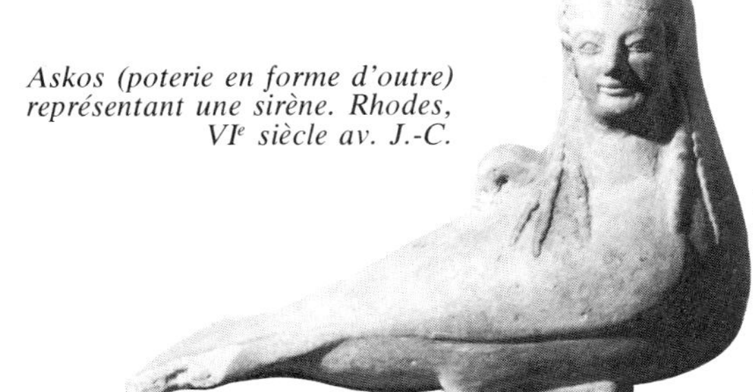

*Askos (poterie en forme d'outre) représentant une sirène. Rhodes, VIe siècle av. J.-C.*

statuettes de terre cuite sur le marché ; vers 1930, l'exhumation des premiers bronzes du Luristān enthousiasme les collectionneurs.

Aujourd'hui, le domaine des antiques est donc extrêmement vaste et ne se limite plus aux objets à caractère purement artistique. Ils forment une section importante du marché de l'art, qui s'étend sur environ 5 000 km d'est en ouest, sur près de cinq millénaires, et sur des dizaines de civilisations très différentes les unes des autres. C'est, toutefois, un marché assez étroit, s'adressant à une clientèle érudite et spécialisée.

Les plus anciens de ces antiques ont été découverts sur le sol de la Mésopotamie, et à l'ouest du plateau iranien : ce sont des cachets et des cylindres de pierre dure, gravés en intaille, dont certains remontent au Ve millénaire av. J.-C. ; les céramiques : vases, coupes, pichets, ont des formes élégantes et un décor géomé-

*Un collectionneur d'antiquités au XVIIIe siècle : Charles Towneley, dans sa galerie de sculptures. Gravure de Worhinpton, d'après le tableau (1782) de John Zoffany. Londres, British Museum.*

trique peint. À partir du IIIe millénaire apparaissent, dans ces mêmes régions, des objets de bronze : haches, outils, récipients ; mais la grande époque des bronzes du Louristan se situe beaucoup plus tard, du IXe au VIIe siècle av. J.-C., de même que les poteries dites d'Amlash.

Des IIIe et IIe millénaires, les objets nous sont parvenus en assez grand nombre, plus diversifiés et plus prestigieux : rares bas-reliefs de terre cuite sumériens, poteries, statues de basalte mésopotamiennes, belles idoles de marbre des Cyclades et, bien entendu, tous les témoignages égyptiens de l'Ancien et du Moyen Empire (statues, bijoux, objets funéraires). La majorité des « antiques » demeure constituée par les objets grecs et romains du VIIe siècle av. J.-C. au IVe siècle de notre ère. La grande statuaire, autrefois si prisée des collectionneurs, est rare sur le marché ; de temps à autre, on propose dans une vente londonienne une statue égyptienne de pierre ou de bois de l'Ancien ou du Moyen Empire, une tête mésopotamienne ou un bas-relief assyrien, voire un marbre grec (tête ou torse), mais la principale ressource demeure la statuaire romaine ou gallo-romaine, très appréciée en décoration, tandis que les amateurs d'art égyptien peuvent découvrir des masques ou des sarcophages de bois polychromes pour des sommes très élevées. Les statuettes de moyenne et petite dimension sont moins rares : bronzes égyptiens de Basse Époque (chats saïtes), petits bronzes romains ou gallo-romains, terres cuites de Tanagra et de Myrina.

Malgré sa fragilité, la céramique est la production la plus représentée, depuis les poteries mésopotamiennes des IVe et IIIe millénaires, jusqu'aux lampes et amphores gallo-romaines en passant par les « faïences » égyptiennes à glaçure bleue (v. BRILLANTE), les vases persans à décor de cervidés, et bien sûr, les précieux vases grecs à figures noires et rouges.

De nombreux bijoux ont été exhumés des tombes ; certains réapparaissent dans les ventes : amulettes d'or, parures en or filigrané, ciselé, ajouré, intailles ou camées, colliers de pacotille en perles de verre colorées. L'orfèvrerie domestique, en revanche, est presque totalement absente du commerce des antiquités.

Parmi les antiques, il faut aussi compter les objets usuels, les bibelots auxquels les siècles passés n'accordaient pas de valeur artistique, mais que notre époque, soucieuse de curiosité et d'anecdote, apprécie beaucoup : outils, objets de toilette, ustensiles culinaires, flacons de verre, fibules, armes, lampes à huile, et même fragments de poteries, de verreries, de bronzes, de marbres, que l'on collectionne pour leur caractère artistique et documentaire.

Le marché des antiques ne se renouvelle plus. Le produit des fouilles régulières n'est plus commercialisable nulle part, et les pays d'origine — Italie, Grèce, Égypte, Iran ou États du Moyen-Orient — ne laissent rien sortir officiellement. Quant aux objets qui sortent en fraude, et à ceux retrouvés au cours de fouilles clandestines, leur part, sans être négligeable, est difficilement évaluable.

Le problème des faux existe pour les antiques comme pour les autres domaines. À part les escroqueries grossières à l'adresse d'une clientèle touristique naïve, les faux en archéologie ne sont ni plus ni moins redoutables que pour les autres catégories du marché.

**antoninien** n. m. Monnaie romaine en argent créée en 215 apr. J.-C. par l'empereur Caracalla (dont le patronyme était Antoninus) pour une valeur d'un double denier. La pièce pesait environ 5,18 g et contenait un poids d'argent équivalent en fait à 1,5 denier ; elle était aisément reconnaissable par sa taille et par la représentation de la tête de l'empereur, non pas laurée comme sur les deniers mais ornée d'une couronne radiée. L'antoninien se dévalua irrémédiablement et ne fut plus sous Gallien qu'une petite pièce de bronze recouverte ou non d'une pellicule d'argent. Dès le règne de Gordien III (238-244) l'antoninien devient très abondant et beaucoup plus courant que le denier. On trouve aujourd'hui de ces pièces, dans le commerce, pour quelques centaines de francs.

**Anvers.** Cette grande ville de Belgique connut une extrême prospérité au Moyen Âge et à la Renaissance. Spécialisée dans la production de tapis aux motifs floraux et de verdures, elle devint, avec Bruxelles, Audenarde, Lille, Valenciennes, un des grands centres de la tapisserie flamande et supplanta Bruges. Au XVIIe siècle, Rubens et Jordaens donnèrent à Anvers des cartons de tapisserie.

**appelant** n. m. Objet d'art populaire imitant un oiseau, le plus souvent un canard, servant à attirer les animaux dans

*Appelant. Galerie 13 rue Jacob.*

E. Lessing-Magnum

*Affiche d'Alphonse Mucha pour le Salon des Cent. Estimée 50 000 F en 1988. Paris, musée des Arts décoratifs.*

N. Marchand

*Affiche de Paul Colin pour la Compagnie générale transatlantique représentant le paquebot* Normandie. *Collection particulière.*

*Affiche d'Alexandre Steinlen pour la Compagnie du Chat noir avec Rodolphe Salis (1896). Collection Mme Salis. Une affiche semblable s'est vendue 2 310 $ (16 000 F) à New York le 1-VI-1986.*

J. Guillot-Édimedia

Ader-Picard-Tajan

*Masque ashanti (Ghāna) de dimensions exceptionnelles (h. 14,5 cm ; l. 10 cm) en or. Exécuté à la cire perdue, il représente sans doute la tête d'un chef battu ou tué et était destiné à orner le pommeau d'un sabre du prince vainqueur. Adjugé 33 000 F par M[es] Ader-Picard-Tajan, à Drouot, le 24-III-1981.*

G. Meguerditchian

## AFRIQUE

Werner Forman

*Sculpture en terre cuite de la tribu Mopti représentant un guerrier. Mali, région de Djenne.*

*Masque pendé (Zaïre). Galerie Hélène Kamer-Lelouch.*

G. Meguerditchian

*Objets africains en ivoire. Main sculptée de la tribu Attie (Côte-d'Ivoire) ; statuette yorouba (Nigeria) ; peigne du Ghāna. Galerie Hélène Kamer-Lelouch.*

*Plaque de bronze du Bénin représentant des gardes à l'entrée du palais de l'Oba (titre porté par les rois du Bénin). Bénin (Nigeria), XVI^e siècle. Londres, British Museum.*

Werner Forman

Ader-Picard-Tajan

*Statuette phembo des Yombe, en bois dur et coloré, dite « mère et enfant » représentant une femme au torse nu assise en tailleur, tenant un enfant. Mayombe, Afrique équatoriale. Adjugée 90 000 F par M^es Ader-Picard-Tajan, le 24-III-1981.*

Christie's

*Statuette égyptienne en bronze représentant la déesse Bastet. Époque Saïte.*

Christie's

*Statue en marbre des Cyclades. 2 500 av. J.-C. (H. 19 cm.) Adjugée 20 000 £ par Christie's, le 31-V-1979, à Londres.*

Christie's

*Oushabti d'Amenemope, prêtre d'Amon, en céramique brillante bleue, portant une inscription en noir sous couverte. (H. 11 cm.) Égypte, XXI$^{e}$ dynastie. À droite, statuette égyptienne en céramique brillante bleue, représentant une déesse à tête de lion, assise sur un trône aux côtés ajourés. Égypte, période romaine.*

Galerie Koutoulakis

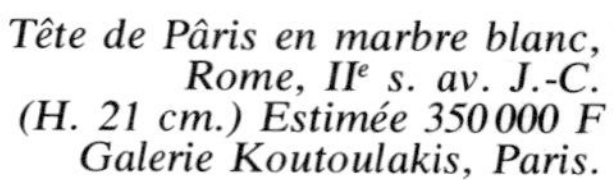

*Tête de Pâris en marbre blanc, Rome, II$^{e}$ s. av. J.-C. (H. 21 cm.) Estimée 350 000 F Galerie Koutoulakis, Paris.*

Sotheby Parke Bernet

*De gauche à droite, vase romain à décor de bandes torses de couleur argent et aubergine piquée de vert. (H. 8,2 cm.) Flacon en verre translucide bleu roi de forme ovoïde, orné de deux anses en verre opaque blanc. (H. 14,6 cm.) Rome, Ier siècle apr. J.-C. Coupe en verre à décor de mille fleurs. (H. 3,4 cm ; diam. 9,5 cm.) Rome, fin du Ier siècle av. J.-C. - début du Ier siècle apr. J.-C. Jarre à panse globulaire en verre bleu roi, col entouré d'un décor ajouré de forme dentelée. (H. 11,4 cm.) Rome, IVe-Ve siècle apr. J.-C. Bouteille en verre brillant bleu de forme allongée, décorée d'une ligne incisée. (H. 9,7 cm.) Rome, Ier siècle apr. J.-C.*

Sotheby Parke Bernet

*Statuette de jeune femme en terre cuite à décor peint en bleu, rose et blanc. (H. 31,5 cm.) Myrina, IIe siècle av. J.-C. Estimée 15 000 F en 1988.*

*Amphore grecque en terre brun-rouge à glaçure orange, décorée sur une face d'une fantaisie florale et sur l'autre de Dionysos entouré de satyres. (H. 32,4 cm.) Grèce, environ 540 av. J.-C. Adjugé 190 000 £ par Christie's, le 2-VII-1980 (vente Castle Ashby).*

Christie's

Christie's

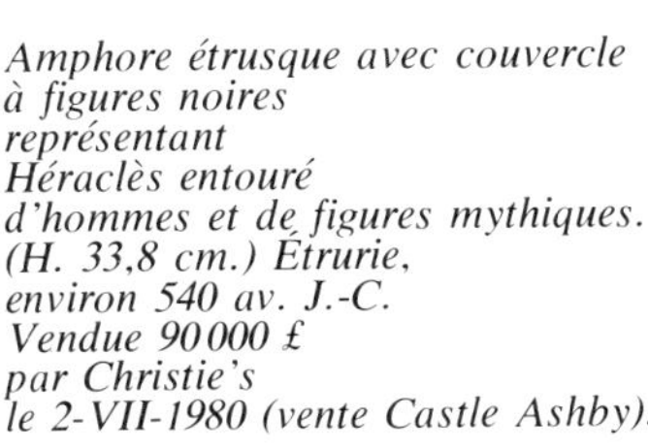

*Amphore étrusque avec couvercle à figures noires représentant Héraclès entouré d'hommes et de figures mythiques. (H. 33,8 cm.) Étrurie, environ 540 av. J.-C. Vendue 90 000 £ par Christie's le 2-VII-1980 (vente Castle Ashby).*

Ader-Picard-Tajan

Table d'Émile Gallé,
dite « aux quatre libellules »,
de style 1900. (H. 76 ; l. 57 cm.)
En guise de pieds,
quatre insectes, aux corps dressés
et aux ailes déployées,
supportent deux plateaux
rectangulaires.
Adjugée 145 000 F
par M^es^ Ader-Picard-Tajan,
à Drouot le 23-XI-1981.

Lampe de Louis Comfort Tiffany,
montée sur pied de bronze
avec un abat-jour en vitrail.
Adjugée 42 900 $ par Christie's,
à New York, le 3-IV-1982.

Christie's

Couturier-Nicolay.

Cabinet en acajou clair
de John Moffetand,
ébéniste britannique,
muni d'un tiroir
dans sa partie haute,
et ouvrant à sa partie basse
à deux portes,
décoré de médaillons
et d'émaux
dans le goût de Mucha.

*Plaque de collier de chien de René Lalique (1860-1945). Objet en forme de sirène, dont la queue est ornée d'émaux « en plique à jour ». Adjugée 222 800 F par Mes Ader-Picard-Tajan, à Drouot, le 18-XII-1978.*

Ader-Picard-Tajan.

*Verres d'Émile Gallé. De gauche à droite,* Orchidée Dactylorhiza, *calice en verre opalescent dont le décor est obtenu par introduction d'oxydes bleus et verts dans la couche principale, par ciselure. Signature manuscrite à la pointe. (H. 16 cm.) Adjugé 30 000 F.* Poulpe de mer, *urne miniature avec inclusion de feuilles d'or et décor gravé à la roue. Signature au stylet. (H. 11 cm.) Adjugé 36 000 F.* Edelweiss, *vase rectangulaire de tons ambrés et roses, en verre multicouche et gravé à la roue, qui porte, d'un côté, un edelweiss et, de l'autre, un paysage montagneux. (H. 15 cm). Adjugé 85 000 F.* Rose languissante, *de la série « Roses de France ». Flacon de forme chinoise, en cristal vert, martelé, gravé. Fleurs en camaïeu rose, en application. Adjugé 150 000 F.* Fleurs de pêcher, *vase-boule en verre multicouche, sur lequel une branche est ciselée à la roue. Adjugé 28 500 F. Ensemble vendu par Mes Ader-Picard-Tajan, à Drouot, le 12-XII-1982.*

*Collier de chien de Lalique (1900), formé de 23 rangs de semences de perles, entrecoupées de deux barrettes et d'une plaque en or, ciselée et repercée ; branchage partiellement émaillé bleu, feuilles émaillées en « plique à jour », fruits en perles baroques. Adjugé 61 000 F par Mes Ader-Picard-Tajan, à Drouot, le 28-V-1980.*

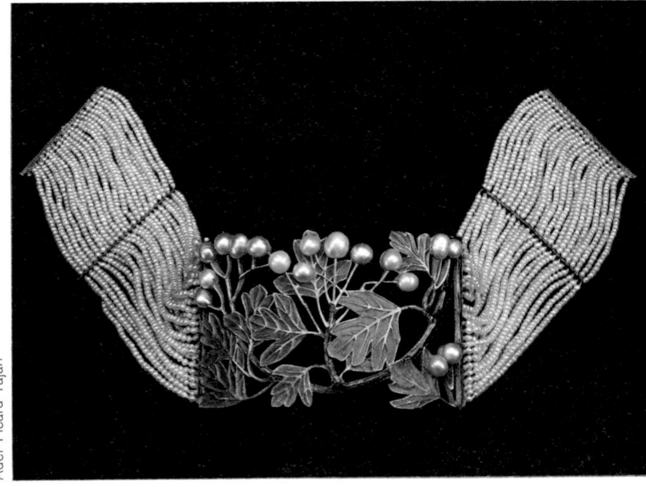

Ader-Picard-Tajan

Le Prestidigitateur, *automate de la firme Martin (XIX^e siècle). Collection Ozanne.*

G. Meguerditchian

Ader-Picard-Tajan

*Cadran de régulateur de parquet, en laiton, de J.-M. Weggel, à Amsterdam, indiquant les secondes, les quantièmes, les jours, les mois et les phases de la lune, avec, à la partie inférieure, une scène animée d'automates : moulins à vent, bateaux et pêcheur en tôle peinte. Hollande, XVIII^e siècle. (H. environ 3 m.) Adjugé 41 000 F par M^es Ader-Picard-Tajan, à Drouot le 9-III-1981.*

Fotogram

*Pendule ornée d'un automate prestidigitateur exécutant le « tour des gobelets ». Époque Napoléon III.*

un piège pendant une chasse. Appelés parfois improprement « appeaux » (l'appeau est un sifflet imitant le cri de l'animal), ces appelants sont très recherchés des collectionneurs pour leur forme élégante, leurs bois polychromes. Pour satisfaire la demande, des canards et des perdrix de bois, de terre cuite ou de carton sont fabriqués industriellement. Un appelant ancien du XVIIIe ou du XIXe siècle peut atteindre en 1988 une somme variant entre 1 000 et 1 500 F.

**application.** V. APPLIQUE (DÉCOR D').

**application à chaud.** En verrerie, procédé par lequel un morceau encore incandescent est appliqué à même température sur une autre partie de verre. Assez hardie, cette technique a connu un brillant développement depuis l'Antiquité, offrant de nombreuses possibilités décoratives : fils, cordons pincés, médaillons cabochons, gouttes ou larmes, nervures, filets.

Ce procédé est très employé par les verriers Art nouveau. Gallé applique sur ses verres de simples cabochons ou, au contraire, des décors en haut-relief, tels fleurs, escargots, apportant une plus-value à l'œuvre. Chez les frères Daum, le volume des applications sur certaines pièces peut être quelquefois étonnant, comme ces fameuses coloquintes jaunes aux larges feuilles charnues (1900-1914).

**application d'Angleterre.** Dentelle (exécutée surtout en Belgique) qui consiste en des fleurs faites aux fuseaux ou à l'aiguille, appliquées ensuite sur un tulle*. Ce réseau est exécuté en fil de lin en bandes étroites réunies ensuite pour obtenir différentes largeurs.

**applique** n. f. Sorte de candélabre à une ou plusieurs branches qui s'applique contre un mur. En bois sculpté, en faïence, en argent, en tôle peinte, mais le plus souvent en bronze ciselé et doré, les appliques, généralement utilisées par paires, étaient à l'origine destinées à recevoir des chandelles, puis des bougies, dont la cire fondue était recueillie dans des bobèches.

*Applique à trois lumières en bronze ciselé et doré à décor de feuillage, fleurettes et rocaille, d'époque Louis XV. Paire adjugée 24 000 F, par Mes Ader-Picard-Tajan, à Drouot, le 12-XII-1980.*

Ader-Picard-Tajan

Ce mode d'éclairage est décrit sous le nom de « plaque » dans l'inventaire de Gabrielle d'Estrées (1599). On dira par la suite « bras de lumière » ou « branche de lumière ». Exécutées par les chaudronniers ou les dinandiers, les plus anciennes sont en bronze ou en laiton fondu, tourné ou repoussé. Au XVIIe siècle — et plus précisément à l'apogée du règne de Louis XIV —, la mode des « bras d'argent » relève davantage de l'orfèvrerie. Les appliques les plus courantes, ornées de mascarons et parfois de miroirs, sont en bronze ciselé et doré. Sous Louis XV, le style rocaille permet toutes les fantaisies, et des maîtres bronziers tels que Meissonnier, Thomas Germain, Caffieri, rivalisent de virtuosité. Parmi les plus habiles bronziers de l'époque néoclassique, citons encore Gouthière et Thomire.

On distingue les appliques anciennes des moulages industriels par la nervosité de la ciselure.

*Meuble d'applique.* Se dit de certains meubles dont une partie s'applique contre un mur ou une boiserie. Un lit dont le chevet et un flanc prennent appui dans l'angle d'une pièce est un lit d'applique. Dans le commerce, on appelle meuble d'appui un meuble mis en place contre un mur. Cette expression incorrecte peut entraîner une confusion avec les meubles à hauteur d'appui, dont la taille relativement élevée permet à une personne debout de poser le coude. Un buffet à hauteur d'appui mesure couramment 1,20 m à 1,30 m de haut.

*Pendule d'applique.* Les pendules désignées de cette manière dans les catalogues sont posées sur un socle lui-même appliqué au mur. Ainsi peut-on citer un « cartel d'applique de style rocaille ».

**applique** (décor d'). Ornement d'orfèvrerie fondu à part et rapporté ensuite, par soudure ou par vis, sur le corps de l'objet. Sur les pièces d'argenterie Régence, les « feuilles d'appliques », qui se détachent sur fond amati (v. AMATIR), sont toutefois obtenues par repoussé*, et non appliquées ensuite. On leur donne ce nom car elles semblent collées une par une sur la base de l'objet. Les pièces d'applique habituelles sont les anses, les pieds, les becs verseurs, les prises de couvercle, ainsi que tous les ornements en ronde bosse, nécessairement fondus, que le style rocaille utilisa à profusion.

Jusqu'à la fin du XVIIIe siècle, ces pièces rapportées étaient fixées sur l'objet par une soudure à l'argent ; mais cette technique n'est pas parfaite : la soudure est toujours un point faible, qui finit par céder plus ou moins vite, et crée toujours au point d'attache un léger empâtement qui nuit à la nervosité du relief. À partir du début du XIXe siècle, Odiot fixa ses ornements d'applique par de petites vis quasi invisibles, qui assurent une meilleure solidité et un relief impeccable.

Il faut savoir que certains motifs d'applique ont été ajoutés à des objets anciens jugés trop simples, en vue de leur donner une valeur marchande plus grande. Mais les éléments rapportés doivent porter un poinçon, de la même manière que l'objet lui-même.

**Aprey.** Manufacture de faïence de grand feu*, au décor inspiré par le style de Rouen, située près de Langres (Haute-Marne) et fondée par Jacques Lallemant en 1744. Le frère de celui-ci, Joseph Lallemant de Villehaut, en 1760, introduit la technique de petit feu, et de nombreuses expérimentations sur les terres, les couleurs (premiers essais de rouge), les formes, améliorent la production qui se rapproche de celle de Strasbourg ou de Niderviller. C'est l'époque du « type large », illustré par le peintre suisse Protais Pidoux : des fleurs réparties en gros bouquets, des oiseaux forment le décor, tandis que les

*Plat ovale à décor polychrome « fleurs fines » en faïence d'Aprey du XVIIIe siècle. Adjugé 15 500 F par Mes Ader-Picard-Tajan, à Drouot, le 5-XI-1982.*

bords sont soulignés de teintes chaudes. À partir de 1766 se développe parallèlement le « type fin », élégant mais moins réaliste. Les rayures des ailes sur lesquelles se détachent des cartouches en réserve imitent les tissus de cette époque.

Sous la direction de François Ollivier (1762-1781), faïencier nivernais, de nombreux décorateurs séjournent à Aprey : Mège vient de Moustiers, Jacques Jarry est présent de 1772 à 1781 ; si les œuvres de ce dernier sont identifiables par la présence de fleurs rouges dans les feuilles des arbres, elles ne sont jamais signées. Les chinoiseries et les grotesques abondent dans la vaisselle de type « paysan », d'un usage courant. Après la fermeture de 1781 à 1806, la production d'Aprey reprend les modèles du XVIIIe siècle, et la distinction est parfois difficile à établir. La marque des faïences est soit AP, soit APR, soit Aprey en toutes lettres.

**Apt.** Manufacture de faïence du Vaucluse, d'abord installée au Castellet, fondée en 1728 par César Moulin. D'une teinte beige, recouvertes d'un vernis plombifère jaune paille sujet aux craquèlements, les écuelles, soupières, jardinières furent à l'origine surmoulées sur des pièces d'orfèvrerie. Figurines et arabesques sont empruntées au répertoire de Watteau. On attribue à l'influence de Wedgwood la sobriété des lignes caractéristique de 1780 à la fin de l'époque Directoire, et mise en valeur par la technique dite « jaspée », imitant les effets du jaspe. D'une grande qualité, les productions d'Apt sont recherchées par les amateurs.

**aquafortiste** n. m. Graveur pratiquant le procédé de l'eau-forte*.

**aquamanile** n. m. Nom emprunté relativement récemment à l'italien, que l'on donne aux aiguières* médiévales, destinées aux ablutions du prêtre pendant la messe ; à table, l'aquamanile permettait de verser de l'eau sur les mains des convives. Ces vases adoptent d'étonnantes formes d'animaux : lions, chevaux, oiseaux, cavaliers même. La gueule sert de bec verseur et la queue recourbée forme l'anse. Ces aquamaniles, qui étaient parfois de précieuses pièces d'orfèvrerie, ont disparu, et les exemplaires parvenus sont la plupart du temps en bronze, n'apparaissant qu'exceptionnellement sur le marché, même sous la forme de copies du XIXe siècle.

Les aquamaniles musulmans, chefs-d'œuvre de bronze introuvables sur le marché, conservés comme objets décoratifs depuis plusieurs siècles, figurent dans quelques musées (*Griffon* du musée de Pise ; *Paon* du musée du Louvre). On les date du XIe au XIIIe siècle, mais leur origine n'est pas toujours établie : Espagne arabe, Sicile ou Égypte fâtimide. Il existe également des aquamaniles islamiques en céramique.

**aquatinte** n. f. Délicat procédé de gravure sur métal visant à valoriser les teintes. Un grainage préalable de la plaque est obtenu par pulvérisation à la poussière de résine ou de bitume, ou par vaporisation d'un vernis. Les grains ainsi répartis sont fixés par chauffage. La plaque est ensuite mordue à l'acide (acide nitrique ou chlorure de fer) : celui-ci n'attaque que les parties non protégées. Le résultat laisse une certaine place au hasard. L'aquatinte peut se combiner avec l'eau-forte et la pointe sèche.

**aquilaphilie** n. f. Collection groupant les objets de toute nature se rapportant aux aigles (estampes, pièces héraldiques, timbres, objets divers).

**arabesque** n. f. Motif décoratif composé de rinceaux de feuillage, peuplés ou non de figures réelles ou imaginaires, enroulés capricieusement en de gracieuses courbes (alors que le rinceau est une suite d'enroulements réguliers). Déjà utilisée dans le répertoire gréco-romain, l'arabesque réapparaît dès le IXe siècle sous les 'Abbâssides ; dans l'Espagne musulmane elle prédomine sur toute autre forme de décoration, et pénètre au XVe siècle, sous le nom de « moresque », dans les pays chrétiens. Utilisée dans la décoration architecturale, la plastique, la céramique, le verre, le métal et surtout l'enluminure, l'arabesque prend à la Renaissance, en France, une élégance et une richesse incomparables. Uniquement végétale dans l'ornementation arabe, l'arabesque se combine avec d'autres motifs géométriques (entrelacs, polygones, étoiles) ou de la calligraphie. (V. HATAYI et ROUMI.)

*Décor d'arabesques figurant sur un carreau en terre cuite. Iran, XIXe siècle. Vendu par Christie's, à Londres, le 30-IV-1982.*

**araignée** n. f. Pièce de l'astrolabe, ronde et finement ajourée. Elle représente sur un plan la sphère céleste avec d'une part le parcours annuel du Soleil, ou écliptique, selon les douze signes du zodiaque, et d'autre part les étoiles dont la position est indiquée par un index. En faisant tourner l'araignée autour d'un clou, on imite le mouvement apparent des étoiles. La finesse de la gravure de cette pièce donne toute sa valeur à l'astrolabe.

**Arak.** Important centre iranien (autrefois appelé Sulṭānabād) de production de tapis, où se sont installées, à la fin du XIXe siècle, des firmes étrangères telles que la manufacture anglaise Ziegler. Les modèles exécutés en nœud persan à Arak et dans sa région sont très variés. À côté de la fabrication traditionnelle réalisée d'après les cartons du Sarouk (tapis très serré), du Mir, aux motifs minuscules (boteh miri), du Mahal, du Mouchkabad, du Vis, sont réalisées des œuvres originales commandées par les marchands.

**arbalestrille** n. f. (du vieux français *arbalestre*). Règle ou flèche de section carrée, graduée, mesurant de 100 à 130 cm, sur laquelle peuvent se déplacer deux ou trois curseurs ou marteaux transversaux de longueurs différentes, à la façon d'une croix de Lorraine ; elle est appelée aussi « bâton de Jacob » et plus rarement « arbalète ». Par sa visée directe, elle était d'un emploi difficile et fatigant pour les navigateurs qui la délaissèrent au profit du quartier de Davis. Décrite dès 1342, elle était un instrument de topographie à la fin du XVe siècle et fut utilisée par les marins jusqu'au XVIIIe siècle. En bois (poirier et ébène), parfois en ivoire, elle ne se rencontre plus sur le marché des objets d'art.

**arbalète** (en). Se dit d'un profil qui caractérise certaines commodes dont la façade (et le bord du plateau) suit une ligne sinueuse où s'enchaînent courbes et contre-courbes, évoquant la forme d'un « arc d'arbalète ». Ce profil particulier, que l'on peut également comparer à une accolade, se retrouve souvent dans le découpage chantourné de la traverse inférieure du meuble.

Charles Cressent, l'ébéniste du Régent, serait à l'origine de ce genre de commodes typiques qui ont connu un grand succès pendant tout le XVIIIe siècle. Elles sont généralement en bois massif (noyer, orme, merisier, plus rarement en acajou). Elles sont présentes dans toutes les provinces françaises jusqu'à la moitié du XIXe siècle, notamment dans le Val de Loire, le Lyonnais, la Bresse, la vallée du Rhône, la Provence et le Languedoc.

**arbalète** n. f. Arme de trait composée d'un arc d'acier monté sur un fût. Inventées à la fin du Moyen Âge (et considérées comme l'œuvre du diable), les arbalètes se développent sous la Renaissance et au XVIIe siècle. Elles servent d'abord d'armes de guerre, se révélant d'une redoutable efficacité car leurs projectiles traversent les meilleures armures, et sont bandées à l'aide de systèmes divers, très puissants. Au XVIIe siècle — période pendant laquelle les armes à feu se généralisent rapidement —, elles ne sont utilisées que pour la chasse et s'ornent, principalement dans les pays germaniques, de nombreux motifs décoratifs en os et en ivoire. La tradition du tir à l'arbalète se maintient jusqu'au XXe siècle dans le nord de la France et en Belgique (Liège), où elle fait partie de nombreux concours sportifs, comme le « tir à l'oiseau ».

Armes de jet — comme les arcs —, les arbalètes utilisent divers systèmes : à crochet, à pied de biche, à tour (ou à moufle), ou à cric. Elles expédiaient des projectiles appelés carreaux. L'arbalète à jalet, légère, destinée à la chasse, envoyait des balles rondes de pierre ou d'argile, appelées « jalets ». Quel que soit leur système, toutes les arbalètes comportent un arc — fait de corne, de nerf ou de métal —, un arbrier ou corps de bois destiné à fixer l'arc et à recevoir le projectile, et une noix avec sa détente.

C. A.

*Commode provençale en noyer à « double arbalète ». (Estimée 60 000 F en 1983.)*

*Détail du* Martyre de saint Sébastien, *de Hans Holbein, montrant un arbalétrier chargeant son arme. Munich, Alte Pinakothek.*

Photo du musée

**Arbus** (André), décorateur et sculpteur français (Toulouse 1903 - Paris 1969). Inspiré par les styles Louis XVI et Directoire aux lignes pures et rigoureuses, Arbus exécute des meubles décorés de figures ciselées et de marqueterie, et continue la tradition classique chère à Ruhlmann, Leleu, Süe et Mare, s'opposant aux sévérités du fonctionnalisme prôné par Le Corbusier.

**Arbus** (Diane), photographe américaine (1923-1971). Après une carrière conventionnelle, elle commença à explorer le petit peuple des marginaux et des déshérités dont elle a laissé de poignantes images. Elle se suicida.

**arc** n. m. Terme désignant, en architecture, la courbe que décrit une voûte ou la partie supérieure d'une baie. L'arc est formé habituellement d'une ou de plusieurs portions de cercle diversement raccordées. En art décoratif, le motif de l'arc est souvent employé tant dans le mobilier que dans les objets d'orfèvrerie, les ivoires, la céramique, sur le fond des tapisseries, des tableaux, notamment aux époques médiévale, renaissante et néogothique.

On distingue suivant leurs formes : l'arc en accolade ou à talons, caractéristique du gothique flamboyant ; l'arc angulaire ou en fronton, appelé aussi arc en mitre ; l'arc en anse de panier ou surbaissé ; l'arc en arceaux, agrémenté de filets en forme de trèfle ; l'arc aplati ; l'arc bombé ou segmentaire ; l'arc brisé, synonyme d'arc en ogive ; l'arc en chaînette renversé ; l'arc à crossettes ; l'arc déprimé ; l'arc à double rouleau ; l'arc en doucine ; l'arc elliptique, inventé au XVIe siècle ; les arcs entrelacés ; l'arc exhaussé, ou surhaussé ; l'arc extradossé ; l'arc en fer à cheval ou outrepassé, caractéristique de l'architecture arabe ; l'arc festonné ourlé de petits lobes ; l'arc lancéolé, en forme de fer de lance ; l'arc polylobé, fait de plusieurs arcs de cercle ; l'arc en plein cintre ; l'arc rampant ; l'arc tribolé ou tréflé, fait de trois portions de cercle ; l'arc Tudor, spécifique au gothique anglais ; l'arc zigzagué.

Très peu utilisé en Chine, en Corée ou au Japon, cet élément de décor tient en revanche une certaine place en Inde ou en Asie du Sud-Est, mais est profondément altéré. En Asie méridionale, l'arc symbolise le passage d'un état à un autre pour qui le franchit et est donc d'abord utilisé dans l'encadrement des portes et des fenêtres. Arc en fer à cheval (« kudu ») dans l'art indien, il surmonte les linteaux ou les frontons dans l'art khmer ; il est décoré de flammes dans le « clec » birman ou auréole le haut des statues des divinités en Inde (statues de Çiva dansant) ou la partie supérieure d'une niche à divinité.

*Plaque d'ivoire sculpté à décor d'arcs soutenus par des colonnes figurant le voyage à Bethléem. Italie du Sud vers 1100. (16,5 × 11,5 cm.)*

Sotheby Parke Bernet

**arc** n. m. Arme de jet qui se compose d'une verge de bois ou de métal, tenue courbée au moyen d'une corde ou d'un fil d'acier tendus avec effort, et sert à lancer des flèches. L'arc occidental est le grand arc droit, connu à tort sous le nom d'« arc anglais », dont le bois était généralement d'if. La corde est en chanvre ou en boyau. L'arc disparaît de France à la fin du XVe siècle. Certains arcs étaient plus grands que l'homme qui les utilisait : on cite des arcs de deux mètres.

En Orient, on fit usage de l'arc dit « turquois » ou « turquin », à double courbure accentuée, construit à contre-courbes et fait généralement de matières résistantes et élastiques donnant à son ressort une extraordinaire raideur. Ce type d'arc était encore utilisé en Orient au XIXe siècle. Il était souvent décoré de peintures.

**archebanc** n. m. Banc médiéval à dossier construit sur un coffre (arche). Les archebancs présentent un siège monté sur charnière entre des accotoirs formés par le prolongement des côtés du coffre. Courants au XVe siècle et souvent ornés de sculptures en « plis de serviette », les archebancs restent en usage jusqu'à la Renaissance. Ces sièges sont assez rares sur le marché des antiquités. Les copies du XIXe siècle sont reconnaissables à la fraîcheur et à l'excès de l'ornementation d'inspiration gothique.

**archelle** n. f. Étagère que l'on ne trouve qu'en Flandre (belge et française), équivalente à la potière picarde ou barre à pots. Composée d'une planche à dosseret pour poser les objets et d'une série de crochets pour suspendre les cruches et les pichets, elle constitue l'indispensable complément de la traite ou de la dresse, sa longueur s'adaptant à celle du meuble qu'elle surplombe. L'archelle en bois massif, ornée parfois de fortes consoles à têtes de lions ou à têtes d'anges, et d'une corniche à godrons comme le « ribbank », est un meuble bourgeois et raffiné. Plus modeste, même si sa facture est très soignée, l'archelle de fer poli ou de cuivre est surmontée de beaux motifs à fleurs de lis.

**archéologie** n. f. Étymologiquement, l'archéologie est la science de l'ancien, science qui débute avec la redécouverte de l'Antiquité classique au début du XVIe siècle et qui s'est élargie ensuite aux antiquités orientales, extrême-orientales et précolombiennes. L'archéologie, c'est en somme l'étude des vestiges matériels des civilisations disparues ; le terme, réservé d'abord aux civilisations antiques, s'est peu à peu appliqué aux civilisations médiévales. Plus concrètement, l'archéologie, ce sont aussi les fouilles archéologiques et les objets provenant de ces fouilles : c'est ainsi que l'on a des « experts en archéologie » et des ventes d'objets archéologiques.

**archet** n. m. Baguette de bois tendue en arc par une mèche de crins attachée ou frettée à ses deux extrémités. Il est utilisé par frottement, généralement sur les instruments à cordes (vielles, violes, quatuor à cordes, instruments non européens). En Occident, la tension de la mèche, fixée entre la tête et la hausse coulissante munie d'un écrou, est réglée au moyen d'un bouton solidaire d'une vis. En dehors des archets anciens dont l'intérêt tient à la rareté, les instrumentistes et les collectionneurs recherchent les baguettes de l'école française pour leur finition et leur élégance. À Drouot s'est vendu, le 12-V-1981, un Nicolas Eury pour 20 000 F et un François Tourte pour 60 000 F. Lorsqu'un catalogue décrit un archet « monté or ou argent », il s'agit des parties métalliques de la hausse et du bouton qui sont le plus souvent en maillechort* ; généralement, la hausse est en ébène mais il en existe aussi en écaille ou ivoire.

Sotheby Parke Bernet

*Archet monté sur or et écaille de tortue, par Eugène Sartory, Paris, 1905. (56 g.) Adjugé 4 600 £ par Sotheby, à Londres, le 19-V-1981.*

**arcimboldesques** (cartes postales, dites). Composées à la manière des tableaux du peintre italien Giuseppe Arcimboldo (1527-1593), ces cartes postales recomposent des portraits étranges, souvent de profil, en juxtaposant des éléments hétéroclites (fleurs, fruits, ustensiles de cuisine, danseuses). Attirés par le bizarre, les surréalistes remirent à l'honneur ce procédé, et Paul Eluard, amateur de cartes postales, en possédait plusieurs séries.

**Ardébil.** Dans la région d'Ardébil, en Azerbaïdjan, sont fabriqués des tapis qui rappellent les créations de Chirvan*, dans le Caucase proche. En laine d'excellente qualité, utilisant un nœud turc très serré, les tapis d'Ardébil sont caractérisés par leur forme allongée et leurs nombreux motifs floraux, d'une stylisation moins grande, cependant, que ceux de Chirvan. Les pièces anciennes sont très rares sur le marché. Un « Ardébil » s'est vendu 15 000 F à Drouot, le 19-I-1988.

**argent** (meubles d'). Les premiers meubles d'argent sont apparus en France à la fin du XVIe siècle. Sully cite dans ses *Mémoires* le contrôleur général Castille dont les meubles « qui dans toutes les autres maisons ne sont que de fer et de bois, étaient d'argent dans la sienne ». Le cardinal Mazarin possédait également dans ses appartements plusieurs meubles en métal précieux, notamment des flambeaux, des torchères et des chenets. Mais c'est l'exemple de Louis XIV qui mit les meubles d'argent à la mode lorsqu'il commanda aux ateliers des Gobelins des tables, guéridons, lustres, caisses d'oranger et vases en tout genre destinés aux grands appartements de Versailles. Dans l'inventaire du mobilier de la Couronne de 1663 sont mentionnés plusieurs meubles d'argent réalisés par Claude Ballin, un des plus grands orfèvres de l'époque. Voici ce qu'écrit à propos des meubles d'argent de Versailles le *Mercure galant* en décembre 1682 : « Il n'y a point un morceau d'argenterie qui ne soit historié... Des chandeliers représentent les douze mois de l'année. On fait les *Saisons* sur d'autres et les *Travaux d'Hercule* en composent une autre douzaine... » (il s'agit des grandes torchères de la galerie des Glaces). Au milieu de la Chambre du trône, le grand meuble destiné à éblouir les ambassadeurs est ainsi décrit : « un trône d'argent de huit pieds de haut (2,60 m), quatre enfants portant des corbeilles de fleurs soutiennent le siège et le dossier ».

Tous les meubles d'argent de Versailles ainsi que toute la vaisselle d'argent ont été fondus en deux fois en 1689 et en 1709, ce qui a fourni un poids total de 25 tonnes de métal précieux. Voltaire écrit à ce propos dans *le Siècle de Louis XIV (1751)* : « Le roi donna l'exemple, il se priva de toutes ces tables d'argent, de ces candélabres, de ces grands canapés d'argent massif et de tous ces autres meubles qui étaient des chefs-d'œuvre de ciselure des mains de Ballin, homme unique en son genre, et tous exécutés sur les desseins *(sic)* de Le Brun. »

En dehors de France, de nombreux souverains ont voulu leurs meubles d'argent, mais, plus soucieux d'économie, ils les firent réaliser en bois recouvert de feuilles d'argent. Il en est ainsi du trône exécuté pour le couronnement de la jeune Christine de Suède en 1632, par Abraham Drentwett, membre d'une célèbre famille d'orfèvres établie à Augsbourg à la fin du XVIe siècle.

Les meubles d'argent massif ou plaqué disparurent au cours du XVIIIe siècle, mais leurs formes exubérantes marquèrent fortement le style des meubles sculptés qui les remplacèrent. Les sculpteurs sur bois mirent tout leur talent à imiter les ornements ciselés dans le métal, tels que feuilles d'acanthe, rinceaux, coquilles et autres motifs chantournés, déchiquetés et parfois même ajourés. Les tables de salon, les consoles, les sièges, les torchères en bois doré des styles Régence et Louis XV constituent en quelque sorte le fastueux héritage des meubles d'argent du Grand Siècle.

**Argentan.** La dentelle apparut à Argentan par une représentante d'Alençon et on broda une maille plus large en mélangeant à cette dentelle le point de France à maille large et le point d'Angleterre à maille fine. Perdu à la Révolution, le secret de la fabrication est retrouvé en 1873 dans les combles de l'hospice Saint-Jean d'Argentan.

Ce sont des dentelles à prix élevés, car chaque dentellière a sa spécialité : les mailles, le réseau, les jours, les remplis de fleurs, et chaque ouvrage passe de main en main selon le travail à faire.

**argenterie** n. f. Ensemble des objets d'argent à usage domestique ou décoratif ; plus particulièrement la vaisselle mais aussi les objets de toilette, d'éclairage, etc. Depuis l'Antiquité, le fait de posséder une belle et abondante argenterie est source d'orgueil et signe de réussite financière et sociale. L'argenterie fut longtemps un moyen essentiel de thésaurisation, une réserve de métal presque immédiatement disponible en cas de besoin.

De l'argenterie antique, quelques très rares pièces échouent parfois sur le marché ; de la somptueuse orfèvrerie médiévale, seuls quelques musées et quelques trésors d'églises peuvent présenter des témoignages. À cette époque, d'ailleurs, l'argenterie n'était pas courante en dehors des demeures princières.

*Pêches dans une corbeille d'argent, par François Desportes (1661-1743), œuvre représentative du style de l'époque Régence. Stockholm, Musée national.*

Photo du musée

C'est avec les découvertes des mines d'argent du Nouveau Monde, au XVIe siècle, que le métal précieux commence à pénétrer dans les demeures bourgeoises. Les heurs et malheurs de l'argenterie civile, périodiquement envoyée au creuset dès qu'arrivaient des temps difficiles, sont connus ; l'Histoire a surtout conservé le souvenir des grandes fontes louis-quatorziennes de 1689 et 1709, qui virent périr la plus fabuleuse orfèvrerie jamais réalisée et produisit 25 tonnes d'argent pour la seule argenterie royale.

Pour l'amateur et le collectionneur, l'argenterie « ancienne » ne commence donc guère avant le XVIIIe siècle. Le plus célèbre orfèvre du XVIIe siècle était Ballin ; ceux de la Régence avaient nom Besnier et Delaunay. De cette époque subsistent de très belles aiguières balustres, des saupoudreuses, des flambeaux, des plats à pans

Christie's

*Cafetière d'époque George II en argent, par Thomas Whipham et Charles Wright, Londres, 1759. Adjugée 3 300 $ par Christie's, à New York, le 14-VI-1982.*

Ader-Picard-Tajan

*Coupe ronde et son couvercle en vermeil, ornée en appliqu à mi-corps de feuilles d'acanthe amaties. Poinçon de la veuve du maître orfèvre J.-C. de la Boissière, Paris, 1676. Adjugée par Mes Ader-Picard-Tajan, 580 000 F à Drouot, le 14-XII-1987.*

Christie's

*Rafraîchissoir en argent, de Jean-Baptiste Odiot, Paris, 1809-1819, orné d'un centaure portant Éros sur son dos, anses en forme de sirène. (H. 36,9 cm.) La paire a été adjugée 330 000 $ par Christie's, à New York, le 14-VI-1982.*

Ader-Picard-Tajan

*Plat ovale en argent à contours et moulures de filets. Maître orfèvre Marc Bazille, Montpellier, 1756. Adujgé 8 500 F par Mes Ader-Picard-T à Drouot, le 14-XII-1987.*

coupés, des gobelets, décorés de godrons et de feuilles d'eau en applique sur fond amati, des écuelles à bouillon, mais encore fort peu de cafetières et de théières. L'orfèvrerie Louis XV rocaille fait preuve, avec des maîtres comme Meissonnier et Thomas Germain, d'une étourdissante virtuosité, du moins pour les pièces d'apparat, la vaisselle bourgeoise demeure assez sage et ses formes semblent si bien adaptées à leur usage qu'elles ont été répétées sans relâche jusqu'à nos jours : plats et assiettes chantournés, théières et cafetières balustres à côtes torses, soupières, timbales tulipes, sucriers, salerons, flambeaux en balustre, couverts violons, sont des objets qui figurent chez tous les bons antiquaires spécialisés, les objets plus prestigieux ayant généralement subi le sort habituel.

On a pourtant conservé presque en totalité le service commandé de 1770 à 1775 par Catherine II pour son favori Grégoire Orloff, et exécuté par Roettiers. Cet ensemble constitue un des premiers témoignages du style Louis XVI qui triomphe dorénavant, avec ses cannelures, ses piastres, ses guirlandes de roses et de lauriers, etc., mais sans types d'objets réellement nouveaux. Par rapport à la surcharge décorative du service Orloff, on est frappé par l'élégante sobriété du nécessaire de voyage commandé par Marie-Antoinette peu avant la Révolution, et conservé au Louvre. Il est représentatif d'un style Louis XVI plus dépouillé.

Les deux grands maîtres de l'époque napoléonienne sont Odiot et Biennais qui, grâce aux commandes impériales, rendent à l'orfèvrerie un certain apparat et la dotent de lignes nouvelles, de victoires ailées et drapées, directement inspirées de l'Antiquité. À cette époque apparaît le service « quatre pièces » à thé et à café, que le XVIIIe siècle n'avait pas connu, et les nécessaires de voyage en boîte d'acajou, que les officiers emportaient en campagne.

L'orfèvrerie bourgeoise du XIXe siècle nous est parvenue en grande abondance ; elle est marquée par l'éclectisme stylistique cher à l'époque, donnant la préférence au Louis XV et au Louis XVI : services à thé, ménagères de couverts, séries de plats, saucières, soupières, verseuses, etc. Sans oublier une superbe orfèvrerie d'apparat illustrée à la cour de Napoléon III par Froment-Meurice, tandis que Charles Christofle donne ses lettres de noblesse au métal argenté, la grande « invention » du siècle.

L'Art nouveau a produit, en assez faible nombre, quelques pièces d'argenterie intéressantes. Le style 1925, crée au contraire, avec Jean Puiforcat, de belles formes nettes et sobres.

*L'argenterie britannique.* Elle occupe une place à part et particulièrement importante dans l'histoire de l'orfèvrerie européenne, ne serait-ce que par la surprenante abondance des objets conservés, qui en fait une des catégories les plus intéressantes à « chiner » en Grande-Bretagne. Les Anglais ont hérité une argenterie beaucoup plus abondante et plus ancienne que celle des Français. La nature des objets et l'évolution des styles y sont différentes, malgré l'influence très sensible, à la fin du XVIIe siècle, des orfèvres français huguenots émigrés.

Avant cette époque, l'argenterie des Anglais se compose de chopes à bière cylindriques (« tankards »), de pichets, de gobelets, de ces grandes salières d'apparat qui trônaient déjà sur les tables médiévales. Avec l'apparition de nouvelles habitudes dans le mode de vie, les Français renouvellent des modèles, qui prennent, outre-

Manche, un aspect très caractéristique : cafetières hautes tronconiques et sans pieds, théières plus basses mais assorties ; autour de ces pièces, on trouve la bouilloire, le crémier, le sucrier poudreur et de nombreuses boîtes à thé droites à pans coupés. Au début du XVIIIe siècle, l'ornementation assez réduite est surtout linéaire. Cette sévérité cède vers 1730 devant le style rocaille, une rocaille à l'anglaise, bien que représentée essentiellement par Paul de Lamerie, fils de huguenot émigré. À la fin du XVIIIe siècle, Paul Storr et Robert Adam se font les interprètes du langage néoclassique, un style Louis XVI adapté, lui aussi, au tempérament britannique, tandis qu'à l'aube du XIXe siècle, sous le « Regency », refleurissent pampres, guirlandes et feuillages enchevêtrés sur les formes ondoyantes des plats, des légumiers, des rafraîchissoirs et de légères corbeilles décoratives.

Sous le règne de Victoria, l'orfèvrerie, diffusée avec une vogue sans précédent, devient accessible à toutes les classes de la société, sous la forme de métal plaqué (fabriqué à Sheffield et à Birmingham), et surtout après l'invention, par Elkington, du métal argenté par électrolyse.

Ces objets, massifs ou plaqués, restent abondants sur le marché anglais, pour la grande joie des touristes et des chineurs.

Française ou étrangère, l'argenterie se reconnaît à ses poinçons*, qui permettent à la fois de la situer et de la dater, et dont la connaissance est essentielle au collectionneur comme au professionnel.

*L'argenterie européenne.* Dans les autres pays d'Europe, l'orfèvrerie connaît son plein épanouissement aux XVIe et XVIIe siècles. Dans l'Italie de la Renaissance, l'art de l'orfèvre était aussi considéré que celui du sculpteur, et la salière exécutée par Benvenuto Cellini en 1542, conservée au musée de Vienne, en est un exemple. Les natures mortes des peintres hollandais et allemands nous conservent le souvenir de grands plats à décor repoussé, de magnifiques aiguières, de coupes d'apparat, exécutées par les orfèvres d'Augsbourg et de Nuremberg, et dont quelques rares exemples apparaissent parfois sur le marché : statuettes grimaçantes, coupes à pied caryatide, nautiles, noix de coco enchâssées dans des montures de vermeil, coupes en forme de pommes de pin, hanaps parsemés de pièces de monnaie, etc. Au XVIIe siècle se développe aux Pays-Bas l'étrange style auriculaire, composé d'enroulements pâteux et bizarres, entourant des caricatures grimaçantes.

Bien que la déplorable habitude de fondre l'argenterie ait été moins répandue ailleurs qu'en France, la rare orfèvrerie d'apparat qui a échappé à la destruction se trouve dans les musées et chez les spécialistes de la Haute Époque. Quant à l'orfèvrerie bourgeoise, elle se développe dans tous les pays à partir du XVIIIe siècle, et ses formes s'inspirent généralement de l'orfèvrerie française, sans en avoir peut-être le brio.

**argentier** n. m. Grand buffet à deux corps destiné à ranger et à présenter la vaisselle d'argent. Ce meuble d'apparat s'est substitué, au début du XVIIe siècle, au dressoir du Moyen Âge et au buffet de la Renaissance. L'argentier repose sur un socle massif fermé par deux portes ; il est surmonté d'un corps supérieur de proportions imposantes dont les deux vantaux moulurés et sculptés s'ouvrent largement et se rabattent sur les côtés grâce à une double rangée de gonds. Les plus beaux argentiers datent de l'époque Régence. Leurs prix dépassent largement ceux des armoires et des autres buffets à deux corps.

**argenture** n. f. Le métal argenté est une invention très ancienne dont la technique a progressivement évolué au cours des siècles. Elle fut longtemps suspecte, d'ailleurs : ne pouvait-elle pas faire passer pour bon argent ce qui n'était que faux-semblant? C'est pourquoi un édit de Henri III de 1577 l'interdit... « si ce n'est pour les princes » ! Un siècle plus tard, Louis XIV, lui aussi, s'oppose à la fabrication du métal argenté. Il faut attendre le XVIIIe siècle pour que cet argent « trompe-l'œil » entre enfin dans les usages. On l'obtient par la technique du plaqué, ou du « fourré », selon l'expression de l'époque, qui consiste à laminer ensemble un lingot de cuivre et un lingot d'argent ; on obtient ainsi une plaque de métal double face, que l'on monte au marteau et à la bigorne, de la même manière qu'une plaque d'argent. Dans le dernier quart du XVIIIe siècle, on substitue à ce procédé une autre technique venue d'Angleterre : le doublé, qui consiste à souder une feuille d'argent sur une plaque de cuivre.

Des privilèges sont accordés : l'un à un certain Huguet, en 1781, dont la fabrique se trouve rue Beaubourg ; l'autre à Tugot et à Daumy en 1785, pour exploiter le procédé rue de la Verrerie, dans l'hôtel de Pomponne. Ceux-ci pratiquaient aussi la dorure sur cuivre, à laquelle demeura attaché le nom de Pomponne.

Cette technique est abandonnée après l'invention en 1836, par Elkington en Angleterre et par le comte de Ruolz en France, de l'argenture par galvanoplastie, dite aussi « par électrolyse » : l'argenture se fait alors sur l'objet achevé, qui est plongé dans une solution de chlorure d'argent, reliée à un courant électrique. Le phénomène électrolytique provoque le dépôt d'une pellicule d'argent sur l'objet immergé, plus ou moins épaisse selon le temps d'immersion. Il ne reste plus ensuite qu'à brunir la pièce pour lui donner son brillant. De l'épaisseur de la couche d'argent dépendent la solidité et la qualité de l'argenture, garantie par un poinçon dit « de grammage ».

Dans la fabrication des glaces et des miroirs, l'argenture au plaqué, réalisée pour la première fois par Liebig en 1830, a remplacé l'étamage au mercure.

**argileux.** Se dit de tout produit céramique dont la pâte contient un important pourcentage d'argile, qu'il soit recouvert ou non d'un produit vitreux (à l'exception de la faïence). Dans la terminologie des céramiques musulmanes, ce qualificatif permet d'établir la distinction avec les grès, les porcelaines et surtout les céramiques siliceuses.

**Argy-Rousseau** (Joseph-Gabriel Rousseau, dit), céramiste et maître verrier français (La Ferté-Vidame 1885-1953). Après son diplôme à l'école de céramique de Sèvres, Argy-Rousseau consacre toutes ses recherches aux pâtes de verre et de cristal. Il est un des rares maîtres verriers qui, dans les années 20, ne délaisse pas les effets polychromes de l'Art nouveau. Il invente même un procédé de coloration en surface : les œuvres, déjà cuites, sont badigeonnées d'une poudre d'oxyde, puis subissent une seconde cuisson à basse température. Les motifs floraux supplantent toute autre ornementation pour la pâte de verre ; en revanche, avec la pâte de cristal, Argy-Rousseau préfère fabriquer des statuettes.

Outre des vases, des lampes et des coupes, Argy-Rousseau expérimente, avec M. Bouraine, la sculpture. Il expose en 1934 des pièces exécutées selon un autre procédé : le verre est orné à l'argent, à l'or, au platine et à l'émail. Les lampes d'Argy-Rousseau sont assez rares et recherchées, faisant ainsi des enchères généralement fortes, telle la lampe « aux biches » à l'abat-jour conique en pâte de verre mauve et orange, au support à trois griffes et pied en bronze simulant une tige à motifs en corolle (h. : 42 cm), enlevée 105 000 F, le 13-XI-1981, à Paris.

**aria** n. m. Nom donné à certaines assiettes en faïence de Rouen du XVIIIe siècle, qui présentent un décor fait d'une portée et de notes de musique.

**aristoloche** n. f. Motif décoratif inspiré de la plante du même nom, caractérisé par de larges feuilles dentelées, formant des volutes. Les feuilles d'aristoloche, également appelées « feuilles de chou », figurent dans les tapisseries des Flandres de la fin du XVIe siècle et du début du XVIIe siècle, au cœur d'une végétation très dense, agrémentée de divers animaux. Toutefois, les tapisseries à « feuilles de chou » comportent souvent des paysages et des châteaux qui se détachent au loin sur un fond de ciel. Des tapisseries à feuilles d'aristoloche, désignées plus communément sous le nom d'« aristoloches » ont été tissées à Audenarde*, Enghien, Grammont et Tournai*. Elles évoluent au cours du XVIIe siècle vers de simples « verdures », dont elles ne sont plus qu'un motif accessoire.

**Arita.** District du nord de l'île de Kyūshū au Japon où, à partir de 1605, un potier coréen créa la véritable porcelaine avec un décor bleu sous couverte (« sometsuke »). Vers le milieu du XVIIe siècle, d'autres potiers inventèrent la décoration émaillée sur porcelaine avec cinq couleurs traditionnelles, bleu-vert, rouge-brun, jaune, bleu et or. Les potiers de la région d'Arita (appelée aussi Imari du nom du port voisin par lequel les porcelaines d'Arita étaient exportées en Europe) utilisèrent parfois un four commun (jusque vers 1830) mais ne distinguaient pas leur production par des marques particulières. Chaque atelier avait sa propre spécialité et son style de décoration. Les potiers de Nabeshima réalisaient des bols à pied relativement épais, en céladon (« seiji »), en porcelaine décorée sous couverte ou blanche à décor rapporté consistant le plus souvent en trois fleurs disposées sur la surface intérieure du bol, l'extérieur étant décoré de pièces de monnaie. Les ateliers d'Okochi préféraient représenter des chrysanthèmes ou des orchidées. Ceux d'Hirado produisaient une porcelaine très fine décorée de personnages sous des branches de pin, de motifs animaux ou floraux en bleu pâle sous couverte. Après 1858, la plupart des porcelaines dite « de Nagasaki » furent faites dans la région d'Arita pour l'exportation.

**armes.** V. ARMOIRIES.

**armes.** V. BLANCHES (ARMES), ÉPÉE, FEU (ARMES À), JAPON, HAST (ARMES D'), REVOLVER.

**armet.** n. m. Casque à visière du XVe au XVIIe siècle.

**armilles** n. f. pl. Instrument formé de cercles et servant aux observations de la Lune et du Soleil par l'examen des ombres et des cercles les uns par rapport aux autres. Peu précis, il a été employé par Hipparque, l'astronome grec du IIe siècle av. J.-C., et par les anciens astronomes jusqu'à la fin du XVIe siècle.

**armoire** n. f. Meuble de rangement à deux portes. L'étymologie latine du mot, *armarium,* atteste les origines romaines de ce meuble : comme le nom l'indique, l'armoire était d'abord destinée à conserver les armes ; elle avait également un caractère sacré : on y enfermait les représentations des dieux protecteurs du foyer, les dieux lares.

Lorsque l'armoire à deux vantaux apparaît en France au Moyen Âge, elle est essentiellement destinée à conserver aussi bien les instruments du culte et les livres saints que la vaisselle et les vêtements liturgiques. L'armoire n'est pas encore un meuble de château, dans lequel l'élément essentiel du mobilier est alors le coffre, meuble nomade qui permet à tout instant d'emporter loin du danger tous les biens mobiliers des seigneurs errants.

L'armoire la plus ancienne parvenue jusqu'à nous est aussi le plus vieux meuble français connu : elle est toujours installée dans la sacristie de l'église d'Aubazines en Corrèze. En chêne massif, datée de la fin du XIIe siècle, elle comporte des panneaux décorés d'arcs romans séparés par des colonnettes. Les assemblages des montants du bâti sont déjà à tenon et mortaise, mais les planches de la façade sont à joints vifs sans rainure, retenus par des pentures en fer forgé. Une mouluration en dents de loup, elle aussi inspirée par l'architecture romane, orne la corniche.

Ce meuble de charpenterie taillé par les huchiers s'allège peu à peu jusqu'à la Renaissance, notamment grâce aux assemblages à rainure et à languette et aux raccords des panneaux en coupe d'onglet qui affinent les moulures. L'armoire — qui devient alors un meuble d'apparat — est constituée de tous les éléments qui vont assurer sa continuité jusqu'à la fin du XIXe siècle. Pendant la Renaissance, les colonnes et les pilastres empruntés à l'architecture encadrent les décors en trompe-l'œil des armoires. Jacques Androuet Du Cerceau en Île-de-France et en Touraine, Hugues Sambin en Bourgogne, établissent la renommée du meuble français grâce à leurs armoires sculptées. On donne aussi le nom d'armoire aux bahuts à quatre portes, parfois séparées par des tiroirs en ceinture.

Sous Louis XIII, les façades s'ornent de pointes de diamants, notamment dans le Sud-Ouest et en Bourgogne. À la fin du XVIIe siècle, André Charles Boulle applique à l'armoire une technique originale de marqueterie en feuilles de cuivre découpée sur fond d'ébène.

Au siècle suivant, l'armoire se caractérise par de plus petites dimensions ; la ligne générale s'assouplit, s'incurve et les marqueteries de toutes formes enrichissent les façades, sous un couronnement en retrait ; en province, les traverses et les corniches adoptent des formes chantournées qui encadrent les médaillons sculptés entre des moulures sinueuses. Les armoires ont un caractère régional dans lequel les éléments décoratifs du style Louis XVI (rubans, godrons, cannelures, guirlandes

*Armoire en noyer sculpté de pointes de diamant, corniche et plinthe à gradins. Périgord. Époque Louis XIII. Adjugée 20 000 F par Mes Ader-Picard-Tajan, à Drouot, le 1er-XII-1987.*

de perles) se juxtaposent aux ornements d'inspiration Louis XV, avec persistance des pieds galbés.

Au XIX^e siècle apparaît une nouveauté : un grand miroir enchâssé dans les vantaux. L'armoire à glace triomphe dans les chambres des appartements citadins. Théodore de Banville la désigne comme « le plus platement hideux... le plus ignoblement canaille de tous les meubles ». Tandis que Barbey d'Aurevilly avoue sa faiblesse pour « ce grand lac au bout de ma chambre où je vois flotter mes idées avec mon image ».

Depuis 1960, les armoires en bois naturel comptent parmi les meubles qui ont connu les plus fortes augmentations, phénomène lié à la multiplication des résidences secondaires où elles ont pris une place de choix. Les armoires de mariage, richement sculptées, sont les plus recherchées : leur prix, en 1988, est de l'ordre de 50 000 F.

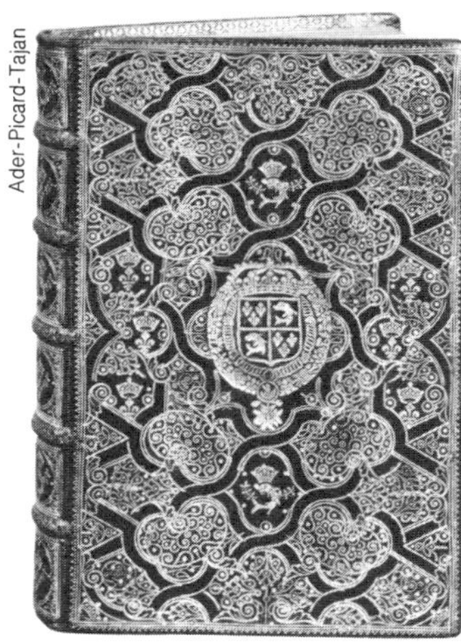
Ader-Picard-Tajan

Office de la semaine saincte, *Paris, Anthoine Ruette, 1661, in-8°, maroquin rouge décor à la fanfare, aux armes du Grand Dauphin, Vendu 23 000 F par M^es Ader-Picard-Tajan, à Drouot, le 20-V-1980.*

**armoires asiatiques.** Principalement chinoises, japonaises et coréennes, elles sont dérivées des coffres. Les « tansu » japonais sont souvent réalisés en bois de paulownia (« kiri no ki ») et en bois durs (orme ou cerisier). Certains étaient inséparables du trousseau de la jeune mariée : ils servaient à contenir, dans de larges et profonds tiroirs, les kimonos de dessus et de dessous. Ces « armoires », n'ayant pas de portes, étaient surtout des « commodes ». Les diverses armoires japonaises (« sashimono »), notamment les « tansu », portaient des noms inspirés par leur forme : à roues (« kuruma-dansu »), à quatre pieds rapportés (« yonshaku-dansu »), de petite taille (« kodansu ») ; ou par leur destination : pour renfermer l'argent (« zeni-dansu »), pour servir à la comptabilité (« choba-dansu »), pour les instruments de marine (« funa-dansu »). Certaines, de petite taille, possédaient des portes. Les petites armoires à pharmacie que possédait chaque famille (« kusuri-dansu ») comportaient de très nombreux petits tiroirs sur lesquels une mention au pinceau indiquait les médecines renfermées. Certaines de ces armoires étaient en bois nu, d'autres, surtout à l'époque d'Edo (1603-1868), remarquablement décorées de ferrures et souvent laquées.

Les armoires coréennes, beaucoup plus importantes, hautes, profondes et larges, comportaient un grand nombre de petits tiroirs et d'abattants, et étaient souvent munies de portes à deux battants. La plupart d'entre elles sont incrustées de nacre et de bronze, parfois de pierres dures, tout comme les armoires chinoises. Ces dernières, de même type, sont parfois laquées en noir ou en rouge et décorées de peintures. Construites en bois de rose (« huali ») ou en santal rouge (« zitan »), ou encore en bois de camphrier (armoires à vêtements), sans vis ni clou et avec très peu de colle, elles sont souvent renforcées par des ferrures imposantes et délicatement ciselées. Certaines ont des tiroirs « à secret ». Le bois nu ou laqué est souvent incrusté de métaux et de nacre. La plupart de ces armoires (appelées aussi « cabinets ») datent du XIX^e siècle, bien qu'il soit parfois possible d'en trouver datant du XVIII^e siècle.

**armoiries** n. f. pl. En terme de blason et de collection, on dit plutôt « les armes » : on parle d'une reliure aux armes (et non d'une reliure armoriée). En bibliophilie, les armoiries constituent une marque de possession du livre. À partir de Charles VIII, les bibliophiles ont orné leurs livres d'armoiries. Gravées sur un bloc de laiton, les armoiries sont frappées à froid (sans or) ou dorées, généralement sur les plats ou sur le dos du volume.

Pour un objet (pièce d'orfèvrerie, bibelot, boîte, livre, tapisserie, voire meuble), le fait d'être armorié est une qualité qui peut être source d'une légère plus-value. Un blason, surmonté d'une couronne de comte ou de marquis, flatte toujours la vanité de son propriétaire. Critère moins frivole, la présence d'armes est souvent signe de qualité et permet d'établir la provenance d'un objet, à condition toutefois de se livrer à une recherche héraldique.

**armure** n. f. Ensemble des défenses destinées à protéger le corps des hommes de guerre. Au milieu du XIII^e siècle, on ajoute aux cottes de mailles des plaques de renfort pour assurer la protection de certaines parties du corps particulièrement exposées. C'est ainsi que sont créés les ailettes, sur les épaules, les genouillères, les grèves ou jambières, les brassards, la demi-cuirasse. À la fin du XIV^e siècle, on met au point l'armure articulée, qui couvre la totalité du corps ; sous la cuirasse, on continue de porter un gilet de mailles. Au XV^e siècle, l'armure atteint

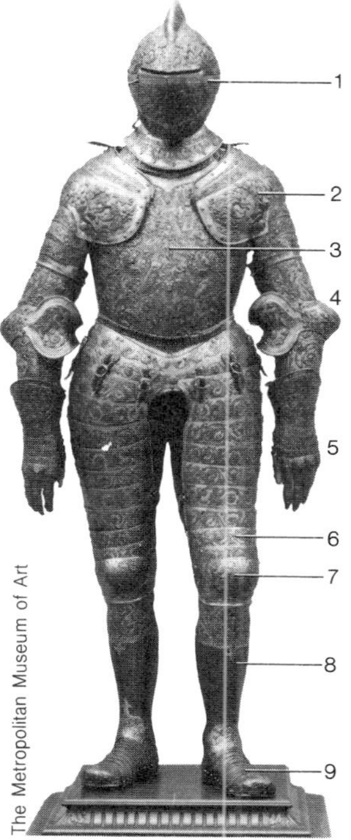

The Metropolitan Museum of Art

*Armure d'apparat exécutée vers 1550 au Louvre, dans l'atelier des armures royales, et destinée à Henri II. The Metropolitan Museum of Art, Harris Brisbane Dick Fund, 1939.*
*1. Armet (casque)*
*2. Épaulière*
*3. Plastron*
*4. Cubitière*
*5. Gantelet*
*6. Cuissot*
*7. Genouillère*
*8. Jambière*
*9. Soleret*

la perfection. Un arrêt de cuirasse, destiné à maintenir la lance, est fixé sur le plastron. Il existe deux séries d'armures, avec de nombreuses variantes : les armures blanches, dites « au clair », c'est-à-dire en acier sans aucun décor, et les armures en acier bruni et damasquiné ou doré, avec des ornements et de nombreux dessins. Au XVe siècle, le poids moyen des armures est de 25 kg. Au XVIe siècle, l'armure atteint son apogée, mais l'utilisation de l'arbalète et des armes à feu entraîne son déclin.

L'influence du costume civil se fait de plus en plus sentir. Au début du XVIe siècle, l'imitation des plis du vêtement donne naissance à l'armure à cannelures. Le goût de la Renaissance s'impose et des formes nouvelles, à l'antique, deviennent à la mode, en particulier en Italie. Des décors par ciselure, repoussé, damasquinage et eau-forte recouvrent les aciers. L'armure n'est plus seulement un instrument de défense, mais également et surtout un élément de prestige, destiné à la parade. Certaines pièces relèvent véritablement de l'orfèvrerie. Les armures dites « de demi-épreuve » résistent au tir du pistolet, et celles qui sont dites « à toute épreuve », à la balle du mousquet grâce à un plastron de renfort placé sur l'armure. Les armures à pièces de renfort étaient d'ailleurs déjà utilisées pour les joutes et les tournois. Au XVIIe siècle, l'armure disparaît au profit de la cuirasse. Seuls le roi ou des maréchaux continuent de la porter — dans de rares occasions — pour le prestige du commandement. Il n'en sera pas de même en Orient où les armures — de types souvent très particuliers — continueront d'être portées, en Iran et en Turquie notamment. Tous les pays européens ont fabriqué des armures, destinées à l'aristocratie, c'est-à-dire pour la chevalerie : l'Allemagne, la France, l'Angleterre, l'Italie, la Bohême, etc. Les armures médiévales sont devenues fort rares. Par contre, on rencontre encore de belles armures « de style », réalisées sous Napoléon III et destinées à décorer les châteaux, sous l'influence de l'architecte Viollet-le-Duc. Ces armures de belle qualité n'ont rien à voir avec la production de bazar, fabriquée à Tolède de nos jours et proposée aux touristes...

*Armures d'Extrême-Orient.* V. JAPON.

**aronde** (assemblage en queue d'). Mode d'assemblage*, utilisé pour réunir à angle droit deux parties d'un meuble ou la façade et les côtés d'un tiroir. La queue d'aronde est un tenon de forme trapézoïdale qui ressemble davantage à une clef de voûte qu'à une queue d'hirondelle (en vieux français, aronde). Cette forme saillante qui s'insère dans une encoche découpée selon le même contour assure un blocage susceptible de résister à une forte traction. Ce mode d'assemblage est apparu en France au XIVe siècle; un règlement corporatif des menuisiers-huchiers de Paris de 1382 mentionne des coffres à queue d'aronde. À l'origine, les tenons formaient un angle ouvert, presque droit, et l'assemblage était souvent consolidé par un gros clou en fer forgé. De siècle en siècle les queues d'aronde se sont affinées, les tenons affectant la forme d'un trapèze très allongé d'aspect triangulaire. Cette évolution dans les formes et leur multiplication sur les côtés des tiroirs constituent des indices permettant de dater l'époque de fabrication d'un meuble.

Certaines queues d'aronde dans les meubles de qualité sont dissimulées dans l'épaisseur du bois ou recouvertes par une baguette. On appelle cet assemblage « à queues perdues » ou « à queues couvertes ».

*Détail de la planche figurant les différents types d'assemblages en queue d'aronde (à droite, à queues recouvertes). D'après Roubo,* Art du menuisier *(1769). Paris, Bibliothèque nationale.*

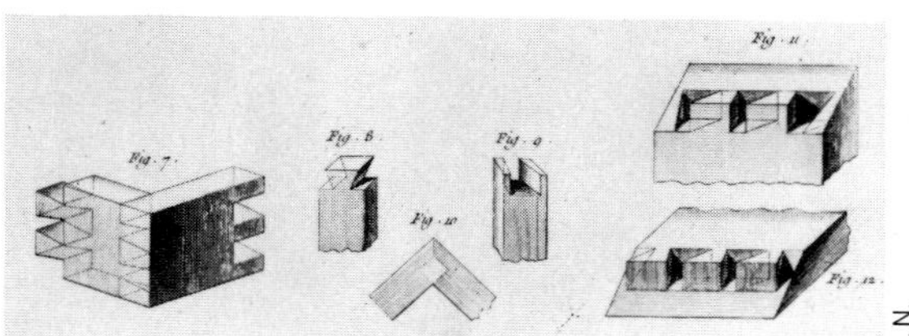

B.N.

**arpentage** n. m. Art de mesurer la superficie des terres à l'aide de l'équerre d'arpenteur, du graphomètre, de la boussole ou d'un théodolite. Ce procédé était déjà connu des Égyptiens.

**arquebuse** n. f. Ancienne arme à feu que l'on faisait partir à l'aide d'une mèche ou d'un rouet se bandant avec une clef. Elle descend du baston à feu ou bâton à crochet, portant le nom de Hakenbüchse en allemand (de « Haken », crochet, et « Büchse », canon). En fait, l'arquebuse est la première arme à feu d'épaule, munie d'une crosse, d'une efficacité réelle, à la différence de l'antique « baston à feu »... C'est la platine à mèche, puis la platine à rouet, qui consacre le rôle de premier plan de l'arquebuse, véritable arme individuelle permettant la création de régiments d'arquebusiers. Il faut cependant tout un attirail pour manipuler l'arquebuse : une fourche, appelée fourquine, permettant de faire reposer le canon lors du tir, une mèche, une poire à poudre, un pulvérin, une bourse porte-balles et une bandoulière contenant de petits étuis de bois pour y placer des charges de poudre. L'arquebuse se perfectionne rapidement et demeure toujours moins lourde que le mousquet, au gros calibre. Une arme fine, de petit calibre, apparaîtra au XVIe siècle, pour la chasse des petits animaux et pour le sport, en Allemagne et surtout en Bohême : la Tschinke, dont le nom dériverait de la ville de Teschen. À la différence des mousquets, les arquebuses, plus luxueuses, sont souvent décorées d'incrustations de toutes sortes : nacre, écaille, ivoire recouvrent les garnitures de bois fin. Les arquebuses germaniques sont probablement les plus belles.

**Arras.**

*Tapisserie.* Dès le Moyen Âge, Arras fut renommée pour la qualité de ses tapisseries. Son prestige fut si durable et si étendu que les Italiens appellent depuis ce temps « arrazzi » leurs tapisseries et les Anglais « arras ».

Son essor prit naissance au XIVe siècle avec le mécénat de Mahaut d'Artois qui entreprit de faire rivaliser sa bonne ville avec Paris, alors florissant, en y implantant plusieurs métiers de « haulte liche ». La politique de faste des ducs de Bourgogne fit affluer à Arras les plus nombreuses et les plus fastueuses commandes de tapisseries du XVe siècle : de Philippe le Hardi à Charles le Téméraire, la cour de Bourgogne n'eut de cesse de couvrir ses murs de ces somptueuses murailles de laine qui narraient ses exploits guerriers. La beauté exceptionnelle des tentures arrageoises tenait à l'éclat exceptionnel de ses rouges et à l'extraordinaire finesse des fils de laine, mêlés aux fils d'or, d'argent, de soie qui leur donnaient une somptuosité incomparable. Les lissiers d'Arras firent école et essaimèrent dans les villes avoisinantes comme Lille, Valenciennes, Bruges et surtout Tournai qui l'égala bientôt. La chute de la maison de Bourgogne en 1477, suivie de la faveur manifestée par la cour de France et par le pape à la ville de Bruxelles, acheva la ruine des ateliers d'Arras. Seules quelques tapisseries témoignent encore de sa splendeur passée. Fondues pour en récupérer l'or et l'argent, découpées, brûlées, oubliées, ces fabuleuses tentures ont pratiquement toutes disparu. Ne demeurent que quelques pièces somptueuses, jalousement conservées dans les musées ou les collections privées. Leur valeur est donc inestimable.

*Porcelaine.* La porcelaine tendre d'Arras apparaît vers 1770 et disparaît vers 1790. La production, destinée à limiter l'importation trop grande de porcelaine de Tournai, est surtout constituée de vaisselle de table, rappelant celle de Chantilly. Elle est décorée de motifs monochromes, bleus ou rouges : fleurs, blasons, festons. Les rares objets traités en polychromie et inspirés de Sèvres sont des œuvres exécutées au XIXe siècle. Les marques en majuscules, AR ou AA, sont en bleu ou en carmin ; elles sont accompagnées de la signature du propriétaire et d'une date.

**arrhes** n. f. pl. Somme remise au moment de la conclusion d'un accord en vue d'un achat définitif. Si un reçu mentionne « à titre d'arrhes », il doit indiquer une date limite. Si le vendeur se dédit, il doit en principe rembourser le double des arrhes (ce qui limite la tentation de vendre plus cher à un tiers qu'au premier acheteur). Mais si l'acheteur laisse passer la date convenue, il perd tous ses droits ainsi que les arrhes. Contrairement à l'acompte, les arrhes ne confèrent pas la propriété de l'objet.

**arsenal** (sculptures d'). La tradition d'orner de sculptures la coque des navires est liée aux débuts des grandes aventures maritimes du XVIe siècle. Mais les ateliers de sculpture des chantiers de construction navale se développent surtout dans la seconde moitié du XVIIe siècle, et le plus connu est celui de l'arsenal des galères de Toulon. L'imagerie et les maquettes* ont popularisé le noble aspect des vaisseaux louis-quatorziens, et leur surcharge de dorures baroques qui devaient handicaper la bonne marche et la stabilité des bateaux. Au ciseau du sculpteur sont abandonnés l'étrave avec sa figure de proue, le château arrière où se tient l'état-major et sur lequel s'enchevêtrent entrelacs et rinceaux autour de tritons joufflus soufflant dans les cornes, de sirènes échevelées, le tout couronné d'une délicate balustrade.

L'application de la plastique à la navigation est brillament illustrée par Pierre Puget, directeur de l'atelier de Toulon, auquel succéda ensuite Pierre Toro. La sculpture d'arsenal exerça une influence non négligeable sur les arts décoratifs contemporains : les consoles sculptées, les torchères, les guéridons sont nés d'abord dans l'atelier de Toro. Dans la seconde moitié du XVIIIe siècle, la décoration des navires se réduisit progressivement, et le seul élément sculpté resta la figure de proue. Ces œuvres ont évidemment mal traversé le temps et les intempéries. Extrêmement décoratives, elles sont aujourd'hui très rares et très convoitées.

**Arsénius** (Gualterius), astronome hollandais (Louvain 1552 - *id.* 1579). Neveu de Gemma* Frisius, il prit en 1552 la direction de l'atelier créé sous l'impulsion de son oncle, professeur de médecine à Louvain. La production de cet atelier se composait de globes, cadrans solaires, anneaux, astrolabes et bâtons de Jacob.

**Art déco.** L'Exposition internationale des arts décoratifs, qui se tint à Paris en 1925, a laissé son nom au style qui s'étend, en résumé, de la Première Guerre mondiale à 1938. En fait, cette exposition était en projet dès avant 1914, et la réaction contre les maniérismes outranciers de l'Art nouveau avait été sensible dès les années 1910. La Grande Guerre et les bouleversements sociaux et économiques qu'elle entraîna dirigèrent ensuite le mouvement vers la conception d'un autre art de vivre.

L'Art déco est la parfaite antithèse de l'Art nouveau. Aux surcharges décoratives, aux sinuosités, aux couleurs troubles chères aux théoriciens du « 1900 », les adeptes du « Déco » opposent la ligne droite, les volumes cubiques, le dépouillement extrême et les oppositions franches de couleurs. La vulgarisation bien intentionnée de l'Art nouveau avait conduit à des résultats contestables : l'Art déco se veut au contraire élitiste. Les artistes, les ébénistes mettent un point d'honneur à travailler d'une manière

Sotheby Parke Bernet

*Paire de chaises de Ruhlmann décorées par Marie Laurencin, en ébène de Macassar ornée d'incrustations d'étain et de Celluloïd peint. Vers 1930. Vendue 7 000 dollars par Sotheby, à New York, le 14-VI-1980.*

Ader-Picard-Tajan

*Camille Faure : vase boule en métal émaillé, à décor géométrique orange, noir, blanc et argent, en léger relief. Signé Faure, Limoges.*

impeccable des matériaux rares et choisis. Dépouillement de lignes, raffinement des matériaux sont les termes d'une définition de l'Art déco, qu'il faut distinguer des objets et des tissus vulgarisés qui s'en inspirent plus ou moins heureusement.

Le style 1925 se développe sous l'influence des mouvements artistiques du début du XXe siècle. Le Bauhaus dicte le fonctionnalisme, le fauvisme suggère les couleurs pures, le cubisme les formes abruptes, l'art nègre le goût de la stylisation ; la rutilance et les ors des Ballets russes de Diaghilev, vers 1910, apportent une touche orientale à la sévérité « Art déco ».

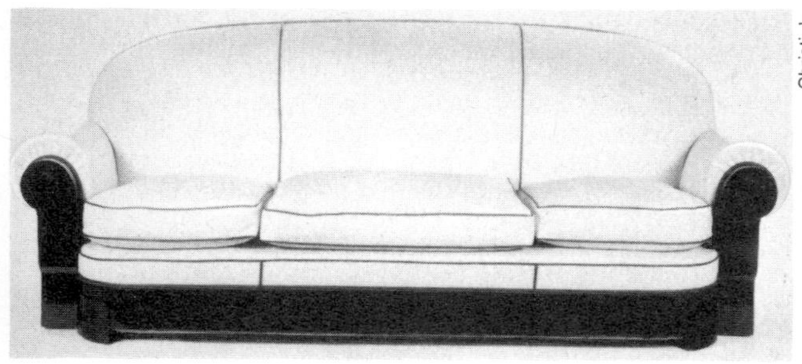

Christie's

*Sofa en acajou et cuir de Süe et Mare, faisant partie d'un salon. Adjugé 9 350 dollars, avec les deux fauteuils qui l'accompagnent, par Christie's, à New York, le 3-IV-1982.*

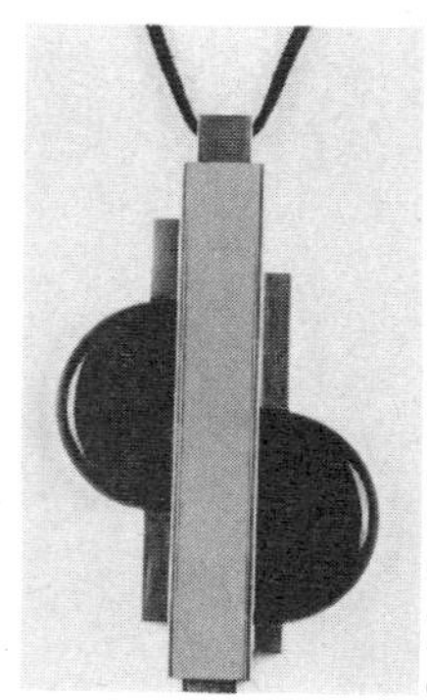

Sotheby Parke Bernet

*Pendentif en or, aventurine quartz et onyx, de Gérard Sandoz, vers 1928-1930. (10,6 cm.) Adjugé 260 000 F par Sotheby, à Monte-Carlo, le 10-XI-1980.*

Le fonctionnalisme, qui s'accorde à l'élitisme, correspond au complet bouleversement des styles de vie, dont la mode est elle-même le reflet. Les particuliers privilégiés ne sont plus les seuls commanditaires ; de moins en moins nombreux, ils sont remplacés par les collectivités. Un terme est créé pour désigner une activité nouvelle, celle des « ensembliers », qui travaillent désormais pour les sociétés, les ambassades et les grands paquebots, palaces flottants. L'ensemblier se charge à la fois de la conception du décor et de l'intégralité de l'exécution, menée soit dans ses propres ateliers, soit avec la collaboration d'autres artistes et artisans hautement spécialisés. Il aborde ainsi tous les aspects et toutes les techniques de la décoration.

Le principal domaine est le mobilier, représenté par des ébénistes très qualifiés qui entendent renouer avec la tradition de l'ébénisterie du XVIIIe siècle : Chareau, Coard, Dufrène, Follot, Groult, Jallot, Leleu, Clément-Mère sont quelques noms que domine la forte personnalité de Ruhlmann qui s'intitule lui-même « meublier ». Ils exploitent les lignes droites et les lignes pures, les volumes dépouillés, les bois précieux (sycomore, amboine, macassar, palissandre, amarante), jouent sur les matières insolites et luxueuses : laques noires et or, galuchat, cuirs repoussés, marqueteries de paille, de coquille d'œuf, incrustations d'ivoire, jetés de nacre, des décors somptueux qui contrastent avec la sobriété des volumes. Vers 1928 apparaissent les premiers meubles de métal chromé, souvent de structure tubulaire, qui, eux, rompent totalement avec l'ébénisterie traditionnelle. Ce sont surtout des sièges, des bureaux, des tables basses, des éléments de rangement ; le verre est employé un peu plus tard, vers 1930.

Parmi les autres techniques artistiques préférées de l'Art déco, la laque est illustrée par Dunand, l'orfèvrerie est renouvelée par Puiforcat, le bijou par Templier et Cartier à qui on doit aussi des bibelots et des pendulettes d'un extrême raffinement. René Lalique, virtuose du bijou « Art nouveau », se reconvertit dans la verrerie « Art déco ». Derain dessine pour la maison Bianchini et Ferrier de superbes tissus d'ameublement, Brandt conçoit des luminaires d'un genre nouveau, et la reliure retrouve rang d'œuvre d'art avec Legrain, Rose Adler et Paul Bonet.

La redécouverte du style Art déco s'est faite en 1972, avec la vente Doucet. Le démarrage fut assez difficile et, malgré l'ascension vertigineuse de ces dernières années, le marché demeure très restreint, animé seulement par une clientèle étroite d'amateurs exigeants (marchands pour la plupart), qui n'hésitent pas à payer un prix élevé pour une belle pièce, sachant qu'elle est exceptionnelle sur le marché.

**artisanat de bord.** Objets fabriqués par les matelots pendant les loisirs que leur laissaient les périodes d'accalmie. Ces objets n'ont pas forcément de rapport direct avec la navigation, mais leur décor, la matière dont ils sont faits, la manière dont ils sont œuvrés avec l'outillage très rudimentaire du marin (un simple couteau parfois) leur confèrent un cachet particulier.

Les matériaux mis en œuvre sont d'abord le bois (il ne manque pas à bord), mais aussi ceux que l'on trouve en mer ou que l'on ramasse aux escales : os et ivoire de cétacés, becs d'oiseaux, vertèbres de requins, noix de coco.

De l'ivoire ou de l'os marin, le matelot tire, outre les « scrimshaw », de délicats objets : étuis à aiguilles, roulettes de pâtisserie, dévidoirs, manches d'outils, petites boîtes, cannes et poignées de cannes en bec d'albatros. Dans le bois, on confectionne des sculptures, des tabatières et râpes à tabac, des boîtes, des moules à beurre, on sculpte sa propre tabatière ou le manche de son couteau, on confectionne des petits meubles, des coffres, des tabourets. On fait aussi, avec du filin, des paillassons tressés. Le matelot ne dédaigne pas, à l'occasion, les travaux de broderie ! Il confectionne des sacs, des bourses, des pelotes à épingles, et même de délicats tableaux de laine. Tous ces objets variés nés des mains des marins sont très recherchés des collectionneurs, certains ayant un véritable caractère artistique, comme les maquettes* de bateau, ex-voto ou non, et ces curieuses bouteilles emplies de sables colorés dont les couches successives dessinent d'étranges paysages, des montagnes, des clochers, obtenus selon un procédé qui demeure assez mystérieux.

**Art nouveau.** Nom donné en France au mouvement artistique qui, à la fin du XIXe siècle, part en guerre contre le pastiche, l'académisme et le manque d'imagination qui caractérisaient les arts décoratifs depuis l'époque de Louis-Philippe.

L'Art nouveau cherche des sources d'inspiration nouvelles dans l'observation directe de la nature. Ses thèmes de prédilection sont la fleur et la femme. Thèmes classiques, mais entièrement renouvelés grâce à une vision radicalement différente de celle des artistes classiques : les fleurs ne sont plus des roses et des marguerites, mais des lianes, des iris, des orchidées, des nénuphars, et la beauté plastique de la femme fait place à une grâce d'une souplesse harmonieuse parmi des chevelures longuement déroulées.

L'Art nouveau est né à Nancy, entre 1880 et 1890, mais il est la manifestation française d'un mouvement européen qui couvait déjà depuis longtemps, et se fait jour aussi en Belgique, en Allemagne sous le nom de « Jugendstil », et en Italie sous le nom de « Floreale Stile ». En France, son représentant le plus actif est Émile Gallé, qui s'attaque à peu près à tous les domaines de l'art décoratif, et plus particulièrement à la verrerie et à l'ébénisterie. L'école de Nancy commence son existence officielle en 1901, sous la direction d'Émile Gallé. À la mort de Gallé, en 1904, c'est son gendre, le peintre Victor Prouvé, qui lui succède.

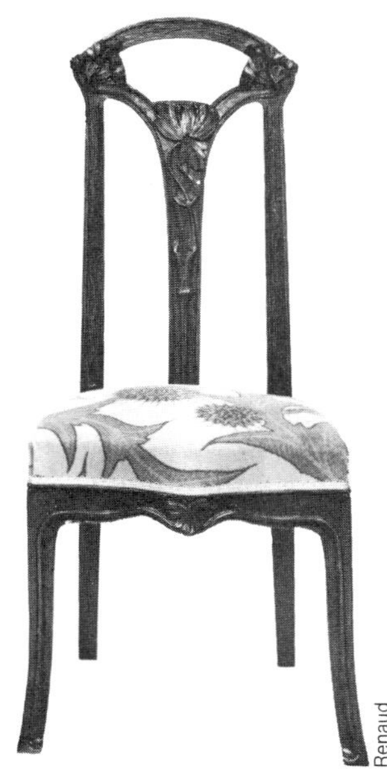


*Majorelle : une des deux chaises faisant partie du salon aux ombelles (canapé, deux fauteuils, deux chaises).*

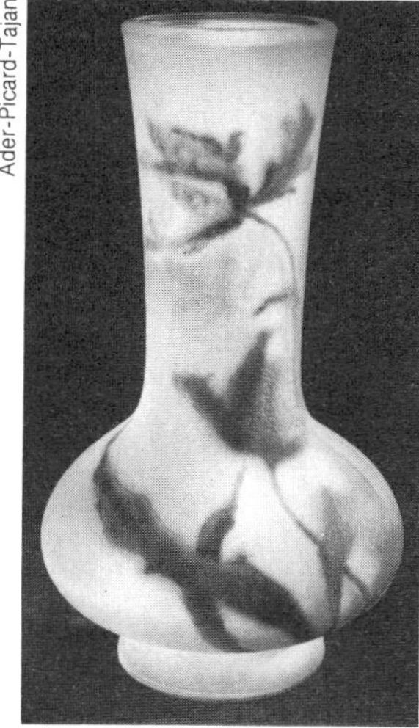


*Daum :* Tulipes dans la brume, *bouteille en verre opalescent bleuté, à décor tournant de tulipes perroquet. 1900. (H. 40 cm.) Vendu par Mes Ader-Picard-Tajan, à Drouot, le 17-IV-1982.*

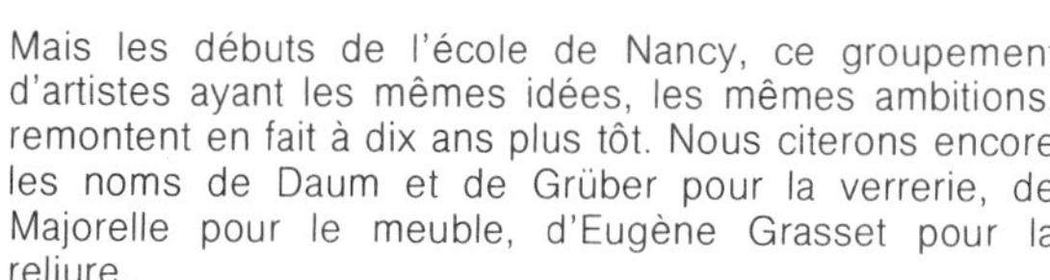

*René Foy : pendentif « aux paons » en or ciselé, rehaussé d'émaux verts « eaux du Nil » et d'opales, chaîne en or à maillons doubles. Vendu par Mes Couturier-Nicolay, à Drouot, le 28-V-1980.*

Mais les débuts de l'école de Nancy, ce groupement d'artistes ayant les mêmes idées, les mêmes ambitions, remontent en fait à dix ans plus tôt. Nous citerons encore les noms de Daum et de Grüber pour la verrerie, de Majorelle pour le meuble, d'Eugène Grasset pour la reliure.

La verrerie est la meilleure expression de l'Art nouveau. Il s'agit même presque d'un « nouvel art », d'une technique totalement « repensée » en tout cas, tant par les recherches chimiques effectuées sur la matière même et la cuisson, que sur les formes elles-mêmes, la façon de jouer avec les couleurs. Le nouveau style s'est exercé avec moins d'évidence sur le bronze et la céramique : deux formes d'expression qui étaient déjà en pleine activité et en plein renouveau avant 1880. Pour le meuble, en revanche, les pionniers de l'école de Nancy apportent véritablement une révolution dans les lignes, dans la conception des meubles, davantage que dans les techniques et les matériaux, qui restent ceux utilisés depuis des siècles : bois fruitiers, marqueteries, rehauts de bronzes dorés.

Les autres domaines dans lesquels l'Art nouveau a poussé d'intéressantes recherches sont le bijou avec Lalique, Gaillard, Vever, l'orfèvrerie avec Falize, l'affiche avec Mucha, la reliure, la typographie, etc. Le luminaire « Art nouveau » apporte également des solutions nouvelles à ce nouveau mode d'éclairage qu'était l'électricité, la première lumière sans flamme, donc sans impératif de verticalité du support.

L'Art nouveau a eu une existence assez brève : dès avant la guerre de 1914, il était démodé. Après un purgatoire de près de cinquante ans, le marché de l'Art nouveau a repris son essor au début des années 60, sous l'impulsion de collectionneurs américains et de quelques amateurs précurseurs français, avec les verres de Gallé d'abord, puis les bijoux, l'orfèvrerie et, plus récemment, le meuble et l'affiche. Vingt ans plus tard, ce marché persiste, avec des records continuellement battus en France, en Europe, en Amérique.

**Art pauvre.** Expression traduite de l'italien (« Arte del povero » ou « Industria povera ») caractérisant un procédé de décoration du mobilier qui permet d'obtenir à peu de frais — d'où le nom — certains effets artistiques coûteux. Cette technique est également appelée « art scriban » ou

*Étagère d'angle à trois plateaux et deux portes, en bois laqué vert, orné de papier collé, gravé de décors en polychromie, selon le procédé de l'Art pauvre. XVIIIe siècle. La paire fut vendue 18 000 F par Mes Ader-Picard-Tajan, le 9-XII-1981.*

encore décor de « laque pauvre » ; elle consiste à coller des gravures en couleurs sur les surfaces disponibles du meuble pour simuler des œuvres originales peintes à la main à la façon des laques chinois qui connaissaient un grand succès en Italie du Nord au début du XVIIIe siècle. En fait, les décors étaient à l'origine exécutés à la détrempe sur un enduit plâtreux puis recouverts d'une résine transparente, la sandaraque, qui rehaussait les couleurs et leur donnait une brillante glaçure.

Au lieu de faire appel à des artistes réputés, les décorateurs italiens ont eu l'idée d'utiliser des gravures en les coloriant à la main et de les appliquer directement sur le bois en les fixant par une couche de sandaraque.

**Arts and craft.** Société britannique fondée en 1888 pour favoriser le Modern Style dans les arts et l'artisanat.

**aryballe** n. m. Petit vase à parfum utilisé en Grèce, comme l'alabastre, depuis l'époque de la céramique corinthienne (VIIe-VIe s. av. J.-C.). De forme sphérique, muni d'une petite anse latérale et d'un col cylindrique, il contenait la dose d'huile nécessaire à l'athlète pour s'enduire le corps avant la compétition, ou des huiles parfumées que le goulot plat permettait d'utiliser jusqu'à leur dernière goutte.

Dans la civilisation inca, l'aryballe était un vase à eau. Une corde passée dans les anses latérales du vase permettait au porteur de le fixer sur son dos.

**as** n. m. Pièce romaine de bronze ou de cuivre. La forme, la nature et la valeur de l'as ont varié au cours des âges. L'ancêtre des monnaies romaines est l'« as signatum », apparu vers le début du IIIe siècle av. J.-C., qui est un grand lingot rectangulaire de bronze coulé portant l'image stylisée d'un bœuf : l'as fut créé pour remplacer les paiements en têtes de bétail par des paiements en bronze (le mot « pecunia », argent, vient de « pecus », bétail). Puis, vers 245 av. J.-C., apparut l'« as grave », émis par la République romaine : c'est une monnaie de bronze coulée au poids de la livre romaine (12 onces), soit environ 275 g. Elle est divisée en sous-multiples (semis, triens, quadrans, sextans et uncia) qui portent tous au revers le type de la proue de navire et à l'avers la tête d'un dieu. Ce système subit des altérations successives affectant chaque fois le poids de l'as qui, du poids de 12 onces à sa création, arrive en 89 av. J.-C. à celui d'une demi-once ! Sulla suspendit alors à Rome l'émission du bronze qui reparut sous Marc Antoine avec le système du sesterce et de ses divisions, système qui devait s'affermir lors des réformes monétaires d'Auguste, puis durer en fait jusqu'au Bas-Empire.

**Ashantis.** Les Ashantis appartiennent au groupe Akan et sont installés dans le Ghāna méridional. Ils formèrent une puissante confédération animiste et guerrière à partir du XVIIe siècle, avec le développement commercial des comptoirs européens établis sur la côte. La confédération dura jusqu'au milieu du XIXe siècle ; sa capitale était Kumasi. La puissance commerciale des Ashantis reposait essentiellement sur le trafic de l'or et des esclaves.

À l'inverse de la plupart des peuples africains, les Ashantis travaillent fort peu le bois : on ne peut pratiquement citer que les petites poupées de fertilité dites « akua ba » au curieux visage lunaire rappelant les miroirs égyptiens antiques. En revanche, ce sont de remarquables orfèvres — comme par ailleurs les Baoulés — qui réalisent en or des bijoux filigranés d'une grande finesse. Les bronzes sont aussi une des spécialités des Ashantis, en particulier les grands chaudrons, à décor gravé et moulé, appelés « koudouo ».

**Asie centrale.** On désigne sous le nom de « tapis d'Asie centrale » toute une série de productions provenant du Turkestan russe et comprenant les actuelles républiques musulmanes du Kirghizistan, du Tadjikistan, du Kazakhstan, de l'Ouzbékistan et du Turkménistan. On y rattache aussi les tapis dits « afghans ». Ces tapis, en laine, utilisant le nœud persan, sont fabriqués dans les oasis. Ils se caractérisent par la prédominance des fonds rouges et par leur composition géométrique. Les plus cotés sont ceux de Boukhara à motifs octogonaux, dits « gül », ou à pattes d'éléphant.

**aspersoir** n. m. (« qumqum », en arabe). Petit flacon piriforme, reposant sur une base et surmonté d'un long bec effilé, en métal (bronze, cuivre, argent), en céramique ou en verre. Ustensile de la vie quotidienne dans les pays musulmans, il servait à contenir une eau parfumée, le plus souvent à base de pétales de roses, pour rafraîchir les mains ou parfumer les mets ; il était également utilisé, à des fins rituelles, dans certaines cérémonies religieuses. Les aspersoirs les plus courants sur le marché sont en verre, en opaline ou en argent et proviennent surtout des pays qui furent sous domination ottomane.

Il inspira en Europe le vase en verre à quatre becs, très apprécié aux XVIIe et XVIIIe siècles à Venise ou en Espagne (appelé « almorratxa » ou « morratxa »), mais méconnu aujourd'hui.

**aspron** ou **aspre** n. m. Monnaie d'argent propre à l'empire de Trébizonde, en Asie Mineure. Les aspres sont des pièces plates pesant environ 2,9 g et d'un diamètre de 21 à 22 mm. Ils ont été créés en 1204.

**assemblage** n. m. Système de jonction de différentes parties d'un objet ou d'un meuble. On sait, par des dessins relevés à l'intérieur des tombes, que, dès le XVe siècle avant notre ère, les Égyptiens connaissaient les principaux types d'assemblages réinventés par les charpentiers et les menuisiers du Moyen Âge.

L'assemblage à grain d'orge réunit deux pièces de bois taillées l'une en angle aigu et saillant, l'autre en angle rentrant. C'est le plus rudimentaire et sans doute le plus ancien.

L'assemblage à tenon et mortaise, que l'on peut remarquer dans l'armoire d'Aubazines, le meuble français le plus ancien, qui date de la fin du XIIe siècle, consiste en une partie saillante qui s'emboîte au carré dans une entaille en plein bois. L'assemblage à tenon et mortaise peut être consolidé par des chevilles transversales qui en assurent le blocage.

L'assemblage à trait de Jupiter réunit deux pièces dans le prolongement l'une de l'autre par des encoches en forme de Z (figurant un éclair brisé).

L'assemblage par « embrèvement » ou par rainure et languette réunit étroitement un panneau taillé en biseau enfoncé dans une gorge étroite creusée dans un montant. Cet assemblage par embrèvement, apparu au XIVe siècle, permet au bois d'opérer des contractions et des dilatations sans risque d'éclatement par blocage.

L'assemblage en queue d'aronde (également apparu au cours du XIVe siècle) réunit deux pièces à angle droit au moyen de pièces en saillie évoquant la forme trapézoïdale d'une queue d'hirondelle. La solidité de l'ensemble est assurée par des dents en trapèze qui alternent avec des encoches de même forme.

L'assemblage en coupe d'onglet (ou à onglet) permet de raccorder deux pièces coupées à un angle de 45 degrés. Ce mode d'assemblage, qui date de la Renaissance, assure solidité et continuité aux bordures des cadres.

d'un tenon dans une mortaise en biseau à mi-bois à 45 % avec réception par enfoncement symétrique du tenon dans l'autre pièce.

L'assemblage à tourillon est obtenu par l'enfoncement d'une ou de plusieurs chevilles arrondies dans des logements de même calibre. Rendu d'une exécution facile par les machines à bois, il est surtout employé à partir du milieu du XIXe siècle pour fixer le dossier d'une chaise aux montants latéraux.

**assignat** n. m. Papier-monnaie créé sous la Révolution française. Les assignats restent le symbole du papier-monnaie à cours forcé dont la valeur s'effondre avec une rapidité étonnante (trois mille francs d'assignats en 1791 ne valaient plus qu'un franc en 1797 !). Ils naquirent d'un décret du 19 décembre 1789 créant des assignats gagés sur la vente des biens nationaux, portant intérêt, et dont la valeur globale devait correspondre à celle des biens royaux et ecclésiastiques mis en vente. Puis, le 17 avril 1790, l'État ordonne la mise en circulation de billets de la Caisse d'escompte (elle-même fondée en 1776) et la fabrication des assignats.

Enfin, le 29 septembre 1790, la Constituante décide de rembourser la dette exigible de l'État par une émission de 1 200 millions d'assignats-monnaie : c'était le départ de la course folle de la planche à billets qui allait entraîner le pays dans une inflation démesurée. La Législative développe la politique de la Constituante : 100 millions sont émis le 28 septembre 1791, 100 autres le 11 novembre et 300 millions le 16 décembre ! Quant à la Convention, elle fit l'usage qu'on sait de la planche à billets : quand le Directoire prit le pouvoir, la dépréciation était telle que les besoins journaliers de l'État dépassaient les possibilités journalières de fabrication du papier-monnaie (environ 72 millions contre 70 imprimables par jour). Après des essais malheureux d'emprunts forcés et de « mandats territoriaux », le Directoire dut se résoudre à officialiser par un décret la banqueroute de l'État : le 16 pluviôse an V (4 février 1797), les mandats territoriaux étaient démonétisés.

La plupart des assignats ont été imprimés en typographie noire sur papier blanc ; filigranes, timbres secs, signatures imprimées ou manuscrites apportent de nombreuses variétés à ces papiers qui nous ont été conservés en très grand nombre, individuellement ou par planches entières. Cependant, toutes les émissions de 1790 sont devenues rares sur le marché et, d'une manière générale, les valeurs nominales les plus élevées sont les moins courantes. Il existe aussi de très nombreux faux d'époque, portant souvent des mentions d'annulation ou des cachets « assignat certifié faux », qui sont considérés comme des documents intéressants par les collectionneurs. Enfin le chercheur a parfois la chance de trouver les très rares « assignats vérificateurs » qui, à partir de la fin de 1792, étaient envoyés par l'État à chaque district pour servir de référence lors d'une nouvelle émission.

**astragale** n. m. Terme d'architecture s'appliquant à la moulure située entre le fût d'une colonne et le chapiteau, et qui désigne également une fine moulure de séparation entre la partie principale d'un meuble et sa partie supérieure. Certaines commodes Louis XVI et leurs copies ultérieures comportent un astragale sous forme d'une baguette de cuivre demi-ronde qui court sur la façade et sépare le corps principal de la ceinture.

**astrolabe** n. m. Inventé par le Grec Hipparque au IIe siècle av. J.-C., l'astrolabe doit à Ptolémée (IIe s. apr. J.-C.) sa forme planisphérique et son nom à sa fonction : il doit simuler le mouvement quotidien de la sphère céleste mobile, par rapport à la sphère céleste immobile. Au dos figure un calendrier zodiacal pourvu d'une règle diamétralement mobile (alidade).

Christie's

*Un astrolabe planisphérique français de la fin du XVIe siècle s'est vendu 287 000 F à La Rochelle, le 19-V-1984.*

En Occident, on ne connaît qu'une quarantaine d'astrolabes appartenant à trois périodes : gothique (les plus rares), Renaissance et XVIIe siècle. La plus importante collection d'astrolabes, rassemblés par M. Linton, a été vendue à Drouot les 9 et 10-X-1980. L'un d'eux, exceptionnel, provenant des ateliers d'Arsénius, daté de 1556, aux armes de Philippe II d'Espagne, a atteint 1 210 000 F. Un astrolabe français de la fin du XVe siècle s'est vendu 250 000 F à Drouot, le 4-VI-1987.

En Islām, l'astrolabe planisphérique fut amélioré par l'invention de la « safiha » ou « plateau universel » qui sert à résoudre par simple observation une variété de questions astronomiques, astrologiques et topographiques. Utilisé dans l'enseignement de l'astronomie, il joua un rôle primordial dans la navigation à l'époque des grandes découvertes. Objet scientifique mais aussi objet d'art, il porte souvent la signature de l'artiste et le nom du commanditaire.

**atelier de.** Expression qui, suivie d'un nom d'artiste, indique que l'œuvre a été réalisée dans son atelier ou sous sa direction.

**atelier monétaire.** Lieu où l'on fabrique les monnaies. L'organisation des ateliers monétaires a, de tout temps, requis l'attention du pouvoir et nombreux sont les monnayages (antiques ou plus récents) portant, en clair ou en code, l'indication de l'atelier émetteur.

En France, un des premiers textes royaux sur ce sujet est le fameux édit de Pitres, promulgué par Charles le Chauve en 864, qui limite à neuf le nombre des ateliers monétaires du royaume. Plus tard, lorsque la royauté se sera affermie, on comptera beaucoup plus d'ateliers (on parle alors d'« hôtels des Monnaies ») et jusqu'à une trentaine sous Louis XIV. Ces hôtels des Monnaies ont une juridiction propre et ressortissent à l'une des deux cours des monnaies du royaume (Paris et Lyon). L'indication du lieu d'émission qui avait été décrétée par Charles VI (v. DIFFÉRENT), sous la forme du point secret, était, depuis François Ier, matérialisée par la « lettre d'atelier » figurant sur toutes les monnaies (citons A pour Paris, B pour Rouen, C pour Caen). Seuls les ateliers de Rennes, Metz, Strasbourg, Aix, Pau et Besançon utilisèrent des symboles autres qu'une seule lettre, à savoir : 9 pour Rennes, AA pour Metz, BB pour Strasbourg, & pour Aix, une vaquette pour Pau et CC pour Besançon.

Limité à sept sous le second Empire, le nombre des ateliers monétaires fut réduit à deux (Paris et Bordeaux) au début de la IIIe République. Le 1er janvier 1878, l'atelier de Bordeaux ferma ses portes et Paris demeura le seul lieu de fabrication des monnaies de la République jusqu'en 1973, date à laquelle les presses monétaires de l'hôtel des Monnaies du quai Conti ont été transférées dans un atelier plus moderne à Pessac près de Bordeaux. Outre l'attachement affectif que peut signifier la possession d'une monnaie frappée dans sa ville, c'est la rareté de certains ateliers qui guide le collectionneur, et cette recherche suppose une bonne connaissance des données de frappe, car certains ateliers peuvent avoir frappé en très petite quantité pendant une période donnée et abondamment à d'autres époques. Parmi les ateliers royaux les plus souvent recherchés, on peut citer Troyes (V), Besançon (CC), Grenoble (Z), Bourges (Y), etc.

Notons l'intérêt des ateliers temporaires qui ont été ouverts pendant de courtes périodes lors d'événements graves survenant dans l'histoire du pays ; l'exemple le plus fameux en est la pièce de 1 F (type Roty) frappée en 1914 uniquement à l'atelier de Castelsarrasin (différent C au-dessus de la date). Alors que les pièces de 1 F Roty courantes valent seulement leur poids d'argent, la pièce de Castelsarrasin vaut en 1988 plus de 4 000 F si elle est en bel état.

**Atget** (Eugène), photographe français (Libourne 1856-Paris 1927). Venu tardivement à la photographie, Eugène Atget, d'abord acteur, a constitué, en parcourant les rues de Paris, une collection inestimable de quelque dix mille clichés : rues, devantures de boutiques, porches, monuments, petits métiers parisiens. Ses archives comprennent également des vues des grands parcs de la banlieue ouest, des intérieurs d'hôtels particuliers et des photographies faites en d'autres villes comme Rouen et Beauvais. La France et les États-Unis se partagent le fonds Atget. Le musée d'Art moderne de New York détient pour sa part 4 000 tirages et 1 280 négatifs remis par Berenice Abbott. À Paris, la collection se trouve répartie entre les archives photographiques de la Direction de l'architecture qui possède 4 600 plaques au gélatino-bromure d'argent de format 18 × 24 cm, la Bibliothèque nationale, le musée Carnavalet, la Bibliothèque historique de la Ville de Paris et quelques rares collectionneurs privés. Un catalogue général de l'œuvre d'Eugène Atget est en cours d'élaboration. Les photographies d'Eugène Atget sont rares en salle des ventes : un *Marchand de vin, rue Boyer* (1907) [21,7 × 18 cm] a été adjugé 54 800 F à Drouot, le 24-IV-1987. Une série de cartes postales consacrée aux petits métiers de Paris, très recherchée par le collectionneur, se négocie à plus de 1 000 F pièce en 1988.

**athénienne** n. f. Meuble tripode créé à l'imitation des trépieds gréco-romains ; dès 1762, la gravure en répandit le modèle, diffusé par les journaux de mode édités par Ébert dès 1773. Reliés par des tablettes d'entretoise, les trois pieds des athéniennes, le plus souvent en bronze, s'évasent à la partie supérieure pour soutenir un plateau circulaire formant guéridon, table à ouvrage ceinturée d'une galerie, table de toilette garnie d'une cuvette, jardinière, ou brûle-parfum. Sous l'Empire, les pieds de l'athénienne en acajou sont ornés de griffes de bronze doré et surmontés de motifs d'inspiration égyptienne.

**Attique.** Région de Grèce située entre la mer Égée, la Béotie, et la Mégaride, et dont la capitale est Athènes.

On utilise l'adjectif « attique » pour désigner les créations artistiques d'Athènes et des environs, à l'époque de la plus grande activité de cette région (VIe-IVe s. av. J.-C.). Dans les catalogues de ventes le mot attique s'applique aussi bien aux céramiques (coupes et vases) qu'aux statuettes en bronze.

**attrape** n. f. Grande pince coudée servant au fondeur pour retirer les creusets du four.

**attribué à.** Expression qui, suivie d'un nom d'artiste, garantit que l'œuvre a été réalisée du vivant de l'artiste mentionné et que de sérieuses présomptions permettent de soutenir qu'il en est bien l'auteur. Toutefois seule l'expression « œuvre de » donne la certitude incontestable que l'œuvre en question est de la main de l'auteur désigné. Les expressions « style de », « manière de », « dans le goût de », « façon de » ou « d'après » ne confèrent aucune garantie sur l'identité de l'artiste ou l'attribution à son école.

L'emploi des diverses expressions utilisées par des professionnels pour décrire une œuvre et préciser son origine a été réglementé par le décret du 3 mars 1981 sur la répression des fraudes en matière de transactions d'œuvres d'art et d'objets de collection. (V. PROTECTION DES ACHETEURS.)

**aubier** n. m. Partie située entre le cœur du bois et l'écorce, où les tissus ligneux sont peu compacts. Plus l'arbre a poussé rapidement, plus l'aubier est épais, et c'est le cas pour les bois tendres, tels que le peuplier, le saule et le tremble. Les parasites du bois pénètrent le plus souvent dans l'aubier en raison de sa faible résistance.

Au XIVe siècle, les règlements corporatifs des menuisiers-huchiers interdisaient d'utiliser l'aubier pour les coffres, les dressoirs, les armoires et les bancs. Les meubles de qualité doivent être sans aubier.

**Aubry** (Louis), ébéniste français (1741-1814). Reçu maître en 1774, il a laissé de nombreuses commodes ainsi que des secrétaires à marqueteries géométriques.

**Aubusson.**

*Tapisserie.* L'art de la basse* lisse est pratiqué depuis des siècles dans cette ville de Creuse, sans que l'on puisse exactement en préciser la date. Selon une tradition lointaine, les sarrasins auraient fondé au VIIIe siècle la

Ader-Picard-Tajan

*Athénienne de l'époque Louis XVI formant brûle-parfum en bronze patiné et doré. Couvercle ajouré, pieds griffes à entretoise. (H. 90 cm.) Attribuée à Gouthière. Drouot, 14-VI-1977.*

*Tapisserie d'Aubusson du XVIIe siècle à décor d'animaux parmi des fleurs et des feuillages, avec un arrière-plan de château. (H. 2,55 m, l. 3,20 m.) Adjugée 40 000 F par Mes Ader-Picard-Tajan, à Drouot, le 4-XII-1981.*

Ader-Picard-Tajan

première manufacture de tapisserie. Il est sûr en revanche qu'Aubusson possède dès le XIVe siècle des ateliers de basse lisse. Le nom même d'Aubusson est utilisé pour parler d'une tapisserie exécutée dans cette ville : un bel Aubusson du XVIIe.

La production d'Aubusson fut toujours abondante sinon originale. Le travail en basse lisse permet en effet d'avancer l'ouvrage rapidement, donc de vendre moins cher à une clientèle locale de hobereaux, de bourgeois, de gens d'Église. L'utilisation d'une chaîne assez grossière et d'une laine épaisse engendre une simplification très typique du dessin et de la coloration d'un Aubusson. Aux XVIe et XVIIe siècles, les sujets se limitent aux « feuilles de chou », aux verdures peuplées d'un bestiaire réel ou imaginaire, sur fond d'architecture, comme alors dans les Flandres. Cette influence s'explique par la présence de nombreux lissiers flamands qui arrivèrent à Aubusson au XVIe siècle après la dispersion de leurs ateliers. Ce style réaliste et vigoureux est ici cependant tempéré par un rythme et une sensibilité bien français.

L'activité d'Aubusson est encore stimulée par les mesures prises par Henri IV qui, en 1601, pour protéger les productions françaises, exempte de douane à l'entrée de Paris les tapisseries d'Aubusson. Cette prospérité est renforcée par Colbert qui donne en 1665 à Aubusson le titre de manufacture royale. Après l'arrivée de nombreux lissiers flamands, les artisans sont environ 2 000, chiffre très élevé. La production s'améliore nettement malgré l'absence, jusqu'en 1750, d'un peintre créant des cartons originaux.

En 1685, la révocation de l'édit de Nantes entraîne l'émigration des excellents lissiers calvinistes, et les conséquences de cet événement sont désastreuses pour l'activité d'Aubusson jusqu'au milieu du XVIIIe siècle. À ce moment-là enfin, Louis XV fait envoyer des peintres comme Dumons et Juilliard qui redonnent vie à Aubusson en faisant tisser à de nombreux exemplaires les fameuses *Fables* de La Fontaine d'après Oudry ou les chinoiseries d'après Boucher. Puisant dans les sujets à la mode — thèmes champêtres, galants, exotiques, grotesques —, Aubusson n'innove pas mais se contente de reproduire avec succès les créations des Gobelins ou de Beauvais.

Après l'éclipse générale que connaît la tapisserie au XIXe siècle, la renaissance d'Aubusson se situe vers 1920, liée à l'effort de rénovation de Marius Martin. Cependant, même s'il connaît les lois fondamentales de la tapisserie (limitation de la palette, tissage par hachures, muralité) et s'il saisit le moment propice à un nouvel essor, il se heurte à l'incompréhension des cartonniers qui ôtent toute liberté d'interprétation aux lissiers, privant ainsi l'œuvre de sa saveur essentielle. Après lui, Lurçat redonne enfin à Aubusson la place prépondérante qu'elle tenait depuis si longtemps dans la tapisserie.

Les Aubusson sont encore nombreux sur le marché de l'art car la production fut toujours féconde. Les « verdures » du XVIIIe siècle sont très recherchées pour leur valeur décorative et leurs teintes vertes et bleutées ; elles obtiennent des enchères de 70 000 à 100 000 F (en 1988) pour des tentures en bon état de grandes dimensions (2,5 × 3,5 m). À partir du XVIIe siècle, les lissiers d'Aubusson tissent dans la lisière bleue leurs initiales ainsi que le nom de la ville, mais les faussaires ont imité très habilement ces marques.

*Tapis.* C'est en 1743 qu'apparut la fabrication des tapis, « à l'imitation des tapis de Turquie ». Une des toutes premières commandes fut passée par le cardinal de

Rohan pour sa résidence épiscopale de Strasbourg. Aubusson est, aujourd'hui, un « atelier sous le contrôle de l'État ». Les tapis sont ras et ils utilisent une trame et une chaîne en laine. Le métier est de haute lisse. Les décors d'Aubusson — toujours foisonnants — furent « en treillis » sous le Directoire et rocaille sous Napoléon III, avec des fleurs, des rinceaux, des guirlandes et parfois des armoiries.

**Audenarde.** Ville de Belgique, appelée en Néerlandais Oudenaarde. À la suite d'Arras, ce centre flamand connaît la prospérité aux XVe et XVIe siècles, grâce à ses ateliers de haute et de basse lisses*. Audenarde se fait alors une spécialité des belles verdures à feuilles de chou, ou aristoloches*, aux teintes bleutées, au dessin gras et lourd. Mais, dans le courant du XVIe siècle, la faveur dont jouit Bruxelles et la politique de confiscation du duc d'Albe dans les Pays-Bas espagnols provoquent la dispersion des ateliers et la fuite des lissiers vers la France (Aubusson, Beauvais), la Hollande ou le Palatinat. L'activité d'Audenarde se ralentit donc soudain, mais on continue doucement d'y créer aux XVIIe et XVIIIe siècles des tapisseries d'assez belle qualité, dont les compositions sont influencées par la peinture : perspectives de parcs et de jardins encadrées d'arbres, lacs peuplés d'oiseaux.

Très recherchées des collectionneurs, les tapisseries flamandes en général, et d'Audenarde en particulier, atteignent des sommes importantes, même pour les œuvres assez fades du XVIIIe siècle (80 000 à 150 000 F).

**Audran** (les), famille de graveurs français. Les premiers membres de cette famille, Charles (1594-1674) et Claude (1597-1675), furent des graveurs de reproduction. Parmi les trois fils de Claude, Germain (1631-1710), Claude (1639-1684) et Gérard Ier (1640-1703), ce dernier surtout se rendit célèbre. Pensionnaire du roi, logé aux Gobelins, il grava les grands décors peints des demeures royales et révéla une grande maîtrise du métier par l'emploi du burin mis en valeur par l'eau-forte. La réputation de la famille fut encore confirmée par les cinq neveux de Gérard, notamment par Benoît Ier (1661-1721) et Jean (1667-1756), oncle et maître de Benoît II qui participa au célèbre recueil gravé des œuvres de Watteau, le *Recueil Jullienne*.

Peintre et graveur, Claude III (1658-1734), autre neveu de Benoît Ier, joua un rôle prépondérant dans le renouvellement du répertoire décoratif au début du XVIIIe siècle. Auteur de cartons de tapisseries *(Mois grotesques, Portières des dieux),* il introduit arabesques et chinoiseries largement diffusées, comme celles de son rival Berain, par le dessin et la gravure.

**Augsbourg.** Ville de Bavière située sur le Lech, étape commerciale entre les pays du Nord et l'Italie, Augsbourg constitue dès le haut Moyen Âge un centre économique et culturel important. Siège financier dominé par la dynastie banquière des Fugger du XIVe au XVIIe siècle, patrie du célèbre peintre Holbein le Vieux (1465-1524), Augsbourg est avec sa grande rivale Nuremberg le principal foyer de la Renaissance en Allemagne. Ruinée au cours de la guerre de Trente Ans (1618-1648), elle reprend son essor à la fin du XVIIe siècle et au XVIIIe siècle, subissant, comme le reste de l'Europe, une profonde influence française. Au XVIIe siècle, Augsbourg produit des cabinets d'ébène incrustés d'écaille, d'ivoire et de nacre, et des tapisseries grâce à l'arrivée de lissiers néerlandais réfugiés.

Orfèvres, horlogers et arquebusiers font beaucoup pour la réputation d'Augsbourg, notamment au cours de la Renaissance, puis au XVIIIe siècle. Parmi les dynasties d'orfèvres les plus connues, on compte les Biller, les Busch, les Drentwett, les Meitnacht, les Pfeffenhauser et les Thélot. Les plus riches familles d'Europe possèdent des pièces marquées de la pomme de pin, poinçon en usage à Augsbourg de 1529 à 1735. Au XVIIIe siècle, on dénombre près de trois cents orfèvres. Important centre horloger, Augsbourg fabrique des pendules à ressort aux XVe et XVIe siècles, des scènes animées d'automates représentant des nativités et des tours de Babel aux XVIe et XVIIe siècles, ainsi que des pendules-crucifix ou à sujets de calvaires, et crée de complexes horloges astronomiques au XVIIIe siècle.

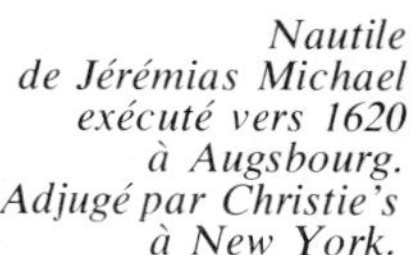

*Nautile de Jérémias Michael exécuté vers 1620 à Augsbourg. Adjugé par Christie's à New York.*

Christie's

**augustale** n. f. Monnaie d'or créée en 1231 par l'empereur Frédéric II pour le royaume de Sicile. Les augustales, qui illustrent la renaissance du monnayage d'or en Europe au début du XIIIe siècle, sont souvent considérées comme les pièces les plus parfaites du Moyen Âge. Renouant avec l'inspiration romaine, l'augustale emprunte à l'aureus son haut relief et la représentation de l'empereur à l'avers. Toutefois le portrait de Frédéric II reste un portrait idéalisé et non un portrait réaliste comme l'était celui de l'empereur romain.

**Auguste** (les), famille d'orfèvres français.

*Robert Joseph* (Mons 1723-? 1805) fut l'un des meilleurs interprètes du style Louis XVI. Reçu maître à Paris en 1757, il fournit à partir de 1778 la cour de France et certains souverains étrangers. Il exécuta notamment, de 1776 à 1785, un service de table pour George III d'Angleterre (aujourd'hui au Louvre), dont de nombreuses pièces complémentaires ont été dispersées en ventes publiques. Sa renommée était alors comparable à celle des Germain.

*Henri* (Paris 1759 - Port-au-Prince, Haïti, 1816) connut aussi des temps glorieux et fut l'un des créateurs du style Empire. La faveur qu'il avait su se ménager auprès du nouveau maître et de son entourage ne lui apporta pas la fortune. Poursuivi par ses créanciers, il dut déposer son bilan en 1809 et mourut, quelques années plus tard, oublié de tous.

**Aumale** (Henri Eugène Philippe d'Orléans, duc d'), général et historien français, quatrième fils de Louis-Philippe (Zucco, Sicile, 1822 - Paris 1897). Collectionneur et bibliophile éclairé, il légua ses collections à l'Institut, ainsi que sa bibliothèque. *Les Très Riches Heures du duc de Berry* sont le plus beau fleuron de cet ensemble aujourd'hui conservé au musée de Chantilly.

**aureus** n. m. Pièce d'or romaine. Le monnayage d'or romain, extrêmement rare aux premiers temps de la République, devient plus abondant à la période préaugustéenne puis est émis de façon régulière à partir d'Auguste.

Les premières pièces d'or romaines apparaissent vers 218 av. J.-C., sous la forme de « denarii aurei » frappés par des généraux, et il faut attendre Jules César et les triumvirs pour que la frappe de l'or se fasse de manière assez abondante. Octave Auguste reprendra le système de l'aureus républicain, d'un poids d'environ 8 g et valant 25 deniers d'argent. Dès lors, l'aureus sera frappé sans interruption jusqu'à Constantin qui lui substitue le solidus*.

Parmi les divisionnaires de l'aureus, on connaît le quinaire d'or ou demi-aureus, qui appartient au monnayage régulier malgré sa rareté, et, parmi les multiples, de nombreux médaillons d'or sont des pièces exceptionnelles qui n'ont jamais eu d'existence permanente dans le système monétaire impérial. De petite taille (diam. : 18 mm env.) mais de haut relief, les aurei sont souvent des chefs-d'œuvre d'art monétaire par la qualité des portraits impériaux qui y figurent. Ils ont de tout temps attiré les amateurs et de nombreuses collections célèbres leur ont été totalement ou partiellement consacrées : au XIXe siècle, le vicomte Ponton d'Amécourt réunissait plus de 600 aurei qui furent vendus en 1887, tandis qu'au début du siècle le grand ténor italien Enrico Caruso en amassait près de 500 qui connurent aussi, en 1923, le feu des enchères publiques.

**authentique.** On considère comme authentique tout meuble, objet ou œuvre d'art qui possède les qualités propres à l'époque où il a été conçu et réalisé.

Un meuble authentique se reconnaît à la fois par ses caractéristiques de style, par les matières employées, par les techniques de façonnage et d'assemblage pratiquées à l'époque même de sa fabrication. Cette référence à une période historique déterminée enlève toute authenticité aux copies* réalisées postérieurement, même s'il s'agit d'imitations fidèlement exécutées.

Pour une œuvre plastique, on dit qu'elle est authentique s'il est certain qu'elle est de la main même de l'artiste qui l'a réalisée. Toutefois, une peinture peut être considérée comme authentique si elle est exécutée dans l'atelier d'un maître et sous sa direction, même s'il a confié certains détails à ses propres élèves — ce qui peut être le cas, par exemple, de tableaux de Bruegel, Cranach, Rubens. C'est l'authenticité qui confère aux œuvres l'essentiel de leur valeur.

S'il existe la moindre réserve sur l'authenticité d'une œuvre, l'expert doit faire part de ses doutes en indiquant « attribué à ». (V. COPIE, EXPERT, FAUX, PROTECTION DES ACHETEURS.)

**autochrome** n. m. Premier procédé commercialisé de photographie en couleurs (1908), inventé par les frères Lumière. Le film panchromatique était impressionné à travers un réseau de grains de fécule de pomme de terre teints dans les trois couleurs primaires : rouge, vert, bleu, et traité ensuite par inversion.

**autographe** n. m. Écrit émanant d'un personnage célèbre à un titre quelconque et, de ce fait, recueilli pour entrer dans une collection. Lettres, notes, papiers, manuscrits autographes, signés ou non, sont recherchés depuis le milieu du XIXe siècle. Le champ des recherches est immense et les collections sont d'une très grande variété, car chacune peut avoir un thème personnel : autographes d'écrivains, de musiciens, de savants. Les littérateurs, acteurs, poètes, si prisés au XIXe siècle, ont une cote moins élevée en cette fin de XXe siècle, alors que monte celle des musiciens, des peintres, des savants du monde entier. Texte et signature sont importants, mais, parce qu'il révèle, souvent de façon indiscrète, la personnalité de son auteur, un autographe est d'autant plus recherché que, dans la majorité des cas, il n'a pas été destiné à la publication.

La valeur d'une lettre dépend du personnage, mais aussi du contenu : une lettre de Pasteur répondant à une invitation à déjeuner est d'un intérêt limité ; cependant, s'il parle de la rage, la valeur décuple. La lettre d'un maréchal d'Empire faisant allusion à la bataille d'Austerlitz ne vaudra jamais, même si elle présente un intérêt certain, la lettre d'un grognard, mal écrite et pleine de fautes, parlant de ladite bataille. Le marché international des autographes est vivant, animé par une dizaine de spécialistes dans le monde occidental et par les ventes aux enchères.

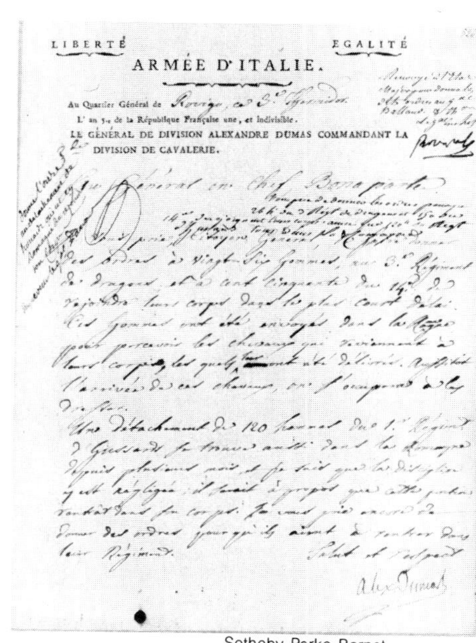
LIBERTÉ ÉGALITÉ

ARMÉE D'ITALIE.

Au Quartier Général de

L'an 5e de la République Française une, et indivisible.

LE GÉNÉRAL DE DIVISION ALEXANDRE DUMAS COMMANDANT LA DIVISION DE CAVALERIE.

Au Général en Chef Bonaparte

*Lettre autographe du général Dumas, le père de l'écrivain, à Bonaparte. Apostille signée Bonaparte. Adjugée 3 000 F par Sotheby, à Monte-Carlo, le 14-VI-1982 (vente Alexandre Dumas).*

Sotheby Parke Bernet

**automate** n. m. Machine imitant le mouvement d'un corps animé, équipée d'un mécanisme plus ou moins complexe de cames et de leviers mus par restitution d'énergie mécanique, hydraulique, calorique ou électrique. Les automates sont nés de la volonté de l'homme de créer la vie et, dans un premier temps, d'en imiter les manifestations. Cela fut possible dès qu'il sut emmagasiner de l'énergie, puis la restituer.

Les premiers automates sont apparus au cours de l'Antiquité. Certaines statues égyptiennes articulées prouvent que des prêtres les utilisaient au cours de cérémonies religieuses. Plus tard, au Ier siècle apr. J.-C., un Grec, Héron d'Alexandrie, rédige des ouvrages théoriques sur ce thème et décrit précisément certaines réalisations. Byzance, puis les royaumes arabes produisent également, si l'on en croit les chroniques, de nombreux automates, chefs-d'œuvre de mathématiciens-mécaniciens et amusements des princes.

En Europe, dès le XIIIe siècle, les jaquemarts, grands personnages de bois, de fer ou de fonte armés de marteaux dont ils frappent les cloches, rythment le temps

Giraudon

*Automate de Robert-Houdin,* la Leçon de musique, *1844. Toulouse, musée Paul Dupuy.*

des hommes, du haut des clochers et des cathédrales. À la Renaissance, les automates, intégrés à des pièces d'orfèvrerie de grand prix exécutées à Augsbourg et à Nuremberg notamment, représentent des scènes mythologiques, bibliques, des chars de triomphe et... des danses macabres. Les progrès techniques, la miniaturisation des mécanismes et le travail de quelques horlogers de génie comme le Grenoblois Jacques Vaucanson ou les frères suisses Jaquet-Droz font du XVIIIe siècle un siècle capital, marqué par la réalisation de quelques androïdes* fameux, chefs-d'œuvre inégalés. Ces automates, aux mécanismes d'autant plus complexes que le nombre de mouvements augmente, sont présentés lors de tournées européennes ; couronnant divers spectacles, ils obtiennent un grand succès autant dans les cours d'Europe qu'auprès du grand public. Ces androïdes constituent également un produit de prestige permettant de promouvoir la production plus courante des horlogers qui les ont conçus. À la même époque se répand la mode des oiseaux chantants qui succèdent aux serinettes — boîtes à musique répétant une phrase musicale destinée à être apprise et rechantée par un serin. La plupart des automates alors créés sont associés à des boîtes à musique, à des pendules dotées de groupes animés appréciés en Europe et même en Extrême-Orient.

On compte aussi bon nombre de tableaux mécaniques dont les premiers exemplaires datent de la fin du XVIe siècle. Ces scènes animées représentent des épisodes de la vie rurale ou artisanale, des paysages ornés de moulins dont les ailes tournent, de lacs où naviguent les bateaux. La mode s'empare de la France, de la Suisse et de l'Angleterre mais aussi de la Hollande et de l'Allemagne. La miniaturisation des automates progresse, et on assiste à la création de bijoux équipés d'automates, de tabatières, de pistolets à oiseaux chanteurs, de montres à jaquemart, de bagues dont le chaton est animé, de flacons à parfum, de miroirs, de faces-à-main, de pommeaux de canne, de lorgnettes de théâtre. Tout est prétexte à animation. Tous ces objets se développent intensément de 1780 à 1830.

Au XIXe siècle, la production d'automates se développe mais la qualité baisse. Les modèles créés par Jaquet-Droz restent les plus recherchés et les plus chers en salles des ventes. Les automates devins, clowns et musiciens se multiplient et constituent une des attractions des expositions universelles. Ainsi, le magicien et illusionniste Robert-Houdin, fils d'horloger, crée et utilise des automates dans ses spectacles. De grandes maisons naissent et prospèrent, Roullet, Vichy, Bontemps, Phalibois, Lambert. Créés jusqu'au début du XXe siècle, ils sont utilisés dans les années 1920-1930 notamment pour animer les vitrines des grands magasins, et inaugurent une nouvelle génération : celle des automates mus par l'électricité. Cette tradition a été conservée jusqu'à nos jours ; la micro-informatique permet la création de modèles aux mouvements d'une complexité extrême qui échappent — mais pour combien de temps ? — au domaine de la collection.

Aux principaux critères de valeur communs aux objets d'art et de collection — l'ancienneté, la rareté, l'état, la qualité d'exécution — s'ajoutent quelques critères plus spécifiques : le nombre et la complexité des mouvements, leur degré de souplesse et de « liant », l'ingéniosité de la conception du thème. Les amateurs recherchent de préférence les exemplaires dont le mécanisme n'a pas été restauré, en l'état, portant habits et accessoires d'origine. Un mouvement trop parfait ou trop neuf est souvent révélateur d'une copie habilement exécutée. Les pièces du XVIIIe siècle sont très rares sur le marché et sont conservées dans les musées. En revanche, les automates du XIXe siècle, anonymes ou de marques Bontemps, Decamps, Lambert, Phalibois, Roullet ou Vichy, notamment, ne sont pas rares et atteignent des prix situés entre 20 000 et 100 000 F. Les automates les plus recherchés sont les androïdes. Un automate à musique de piano par Vichy s'est vendu 210 000 F le 20-IV-1986 par Me Poulain.

Un oiseau chanteur de la fin du XVIIIe siècle par Droz et Leschot a été adjugé 285 000 F à Drouot, le 8-VII-1986 (M[es] Rieunier-Bailly-Pommery).

*Autobus miniature de Bing, vers 1915. (L. 29,2 cm.) Adjugé 1 700 £ par Sotheby, à Londres, le 15-V-1981.*

Sotheby Parke Bernet

**automobilisme** n. m. Nom générique de collections se rapportant à l'automobile : automobiles anciennes, modèles réduits, bouchons de radiateurs, calandres, accessoires divers, jouets, plaques, affiches, estampes, livres spécifiques.

**autopanphone** n. m. Système de la bande carton que l'on trouve sur les orgues de Barbarie ou de manège. Ce système fut inventé par Seytre en 1842. Un carton perforé défile sur la boîte à touches de l'instrument. Lorsqu'une ouverture apparaît, la touche correspondante se dégage en actionnant une soupape, par l'intermédiaire d'un pilote, afin de libérer l'air nécessaire pour mettre en vibration une lame ou faire sonner un tuyau d'orgue.

**Auvergne.** Dans son ensemble, le mobilier auvergnat reste fidèle au style Louis XIII jusqu'au XIXe siècle. Les bois employés sont le chêne, le noyer et le châtaignier pour les buffets et les armoires, le hêtre pour les sièges. Les motifs géométriques, souvent sculptés au couteau, sont en étoiles, en pointes de diamant ou en cercles concentriques. Les poignées de tirage en fer forgé sont en forme de « goutte d'eau » ou d'anneau à prise renflée.

Les meubles les plus caractéristiques sont les buffets-bahuts à corps supérieur en léger retrait, les bancs-coffres à deux places ou « cantous », les lits d'alcôve à demi clos et les sièges à dossiers ajourés de motifs symboliques (étoiles, cœurs, rouelles).

**Auxerrois.** Les faïences au grand feu* de l'Auxerrois sont mal connues, et souvent confondues avec celles de Nevers. Parmi les centres mis en évidence par les recherches de Paul Huillard (Montigny-sous-Perreux, Arthé, Vausse, Chevannes), les plus importants sont ceux d'Ancy-le-Franc (fabrique du château, v. 1725-v. 1844) et d'Auxerre (faïencerie des Capucins, 1798-1809), tous deux dominés par la personnalité de Claude Boutet, originaire de Nevers. Le décor de la vaisselle destinée à un usage courant relève d'une inspiration populaire : motifs floraux, patronymes, sujets patriotiques (empruntés à la Révolution française).

**Auzière** (les), famille d'horlogers genevois.

*Jean Léonard* (1732-1762) était spécialisé dans l'exécution de cadrans et notamment dans la peinture sur émail.

*Georges* (? - 1799), monteur de boîtes, quitta la Suisse pour s'établir à Besançon en 1794 où, associé à Lemaire, il produisit une horlogerie de luxe. On lui doit notamment une montre-bague à répétition offerte en guise de prix lors des festivités qui marquèrent le 1er vendémiaire an VII (1798). Son fils lui succéda à sa mort.

**avant la lettre.** Se dit d'une épreuve d'essai imprimée avant le tirage définitif de l'estampe. Elle ne comporte ni la signature ni les textes ou titres éventuels. Elle est très recherchée pour sa finesse et sa rareté.

**aventurine** n. f. Pierre fine utilisée en joaillerie. C'est un quartz irisé de multiples paillettes d'or, prenant, selon la lumière, des couleurs multiples : vert, bleu, brun, rouge. On en fait des bijoux, des perles de collier, des bagues cabochons, et aussi de petits objets.

Il ne faut pas confondre l'aventurine avec le verre aventuriné, mis au point à Venise en 1720, obtenu par cristallisation du verre en fusion semé de limaille de cuivre. Cette matière artificielle a été aussi utilisée pour des bijoux, des tabatières, de petits objets ; elle était particulièrement appréciée par les Anglais. La laque aventurinée, utilisée au XVIIIe siècle sur des meubles et des coffrets, était un vernis noir semé de paillettes de mica.

**avers** n. m. Nom désignant le côté de la pièce de monnaie portant le type monétaire principal : portrait du chef de l'État (roi, empereur, prince...), représentation symbolique du pouvoir (armoiries, allégories). Toutefois, pour les monnaies antiques et en particulier pour les monnaies grecques, il existe une définition différente de l'avers fondée sur un critère technique et non plus typologique : l'avers désigne alors le côté de la pièce qui a reçu l'empreinte du coin* fixe.

**Avisse** (Jean), menuisier français (1723-1796). Reçu maître en 1745, il a produit de nombreux sièges sous Louis XV et sous Louis XVI, remarquables par l'harmonie des proportions et la qualité de la sculpture.

**Avril** (Étienne), ébéniste français (? 1748 - Paris 1791). Reçu maître en 1774, il était réputé pour la qualité des bois de placages (acajou satiné, bois de violette) qu'il appliquait en panneaux encadrés de baguettes de bronze doré sur des meubles d'une élégance raffinée : commodes (notamment en demi-lune), secrétaires, bonheurs-du-jour, tables de chevet fermant à coulisse par des lames verticales dites « en dos de livre ».

Étienne Avril a reçu de nombreuses commandes pour le château de Saint-Cloud, domaine privé de Marie-Antoinette ; il travaillait également pour de grands marchands, notamment F. Thomas, tapissier en titre du comte de Provence. Selon Jean Nicolay, « il circule en assez grand nombre des meubles marqués d'une estampille "Avril" manifestement fausse » (lettres plus hautes et plus minces). Étienne Avril était dit « l'Aîné » pour le distinguer de son frère Pierre, artisan libre qui participa à la prise de la Bastille en 1789 et mourut en 1806.

**Azandé.** Sous le nom de « Azandé » — au singulier, Zandé — sont regroupées des populations qui furent baptisées Nyam-Nyam par les explorateurs du siècle dernier. Les tribus Azandé sont établies au Soudan, dans la République centrafricaine et au Zaïre.

Leurs statuettes en bois ou en terre séchée recouverte de chiffons semblent venir d'un monde étrange. Les formes expressionnistes sont simplifiées à l'extrême : le visage et le torse sont souvent démesurés ; les figurines, aux arêtes vives, semblent animées d'un rythme vigoureux ; les bras et les jambes, souvent rudimentaires, sont indiqués parfois par des entailles ou sont tout simplement omis. Lorsque les bras sont représentés, ils sont soit réduits à des moignons, soit levés au-dessus du corps : ils sont alors l'expression éloquente d'une supplication adressée aux forces célestes. Les visages peuvent être de deux types. Dans le premier type, ovale ou rond, la bouche est esquissée et les yeux sont marqués par des cauris* incrustés, ou taillés en forme de cauris, ou rendus par des points-cercles. Certaines figures sont entourées de franges de barbe ou de fibres de raphia. Dans le second type, le visage est triangulaire et comme violemment écrasé et simplifié à l'extrême ; seuls sont visibles des yeux en amande ou en grain de café, un nez très droit et une frange de cheveux. Toutes ces statuettes appartiennent à la société secrète *mani*. Chez les Azandé, comme chez les Mangbétous, la harpe à cinq ou sept cordes, caisse de résonance ovoïde ou rectangulaire, parfois anthropomorphe, accompagne les chants improvisés des poètes.

Les Azandé sont de bons métallurgistes et leurs armes, particulièrement les couteaux de jet à décor pyrogravé, sont réputées.

**Aztèques.** Les Aztèques qui se nommaient « Mexica » étaient de redoutables guerriers qui s'imposèrent d'abord sur le plateau central du Mexique avant de conquérir l'ensemble du pays. En 1325, ils fondèrent la ville de Tenochtitlán. La qualité de leur civilisation et l'importance

Kamer-Lelouch

*Statue aztèque. (H. 64 cm.) Galerie Hélène Kamer-Lelouch.*

*Panneau composé de carreaux en faïence (azulejos) « bleu et blanc ». Travail portugais du début du XVIII^e^ siècle. La paire dont il fait partie a été adjugée 12 000 F par M^es^ Ader-Picard-Tajan, à Drouot, le 24-X-1980.*

de leur urbanisme firent l'admiration des Espagnols à leur arrivée. Les sculptures en basalte ou en andésite sont violentes et expressives. Elles représentent un grand nombre de dieux et de déesses (dont la célèbre déesse du Maïs et le serpent à plumes). Il existe également de nombreuses œuvres en mosaïque de turquoise, jade, corail et coquillages, figurant des masques humains ou des serpents. De somptueux codex, avec de belles illustrations — peut-être l'œuvre des Mixtèques —, ont été conservés.

À Tenayuca, site proche de Tenochtitlán, la céramique est à décor géométrique ou à motifs floraux réalistes. La région de Texoco a produit des écuelles, des vases évasés à pied conique, à motifs linéaires, et de nombreuses statuettes moulées de divinités, identifiables grâce à leurs attributs. Il existe également des encensoirs, des pipes et des instruments de musique ainsi que des « pintaderas » (sortes de cachets) en céramique à décor varié.

En 1521, Hernán Cortés met un terme à la civilisation aztèque et s'installe dans l'ancienne capitale, rebaptisée Mexico.

**azulejo** n. m. Nom espagnol dérivé de l'adjectif « azul », bleu, donné aux carreaux de faïence émaillée bleue. De taille variable, ils sont utilisés en Afrique du Nord, en Espagne et au Portugal pour le revêtement des sols et la décoration des façades. La technique des céramiques vernissées, employée dès la haute Antiquité, est importée par les Arabes en Espagne à partir du XIII^e^ siècle.

Les plaques de faïence, peintes en bleu et blanc, sont vernissées et cuites pour être découpées en petits carreaux — « alicatados » — composés et réunis par un mortier. Les sujets, d'abord géométriques, se compliquent rapidement d'animaux fantastiques et de feuillages, s'enrichissent d'armoiries et d'autres motifs étrangers à l'art musulman. Séville, comme en témoigne la décoration de l'alcazar (1330-1360), est un des tous premiers ateliers de production, bientôt imité par Valence, Barcelone, Talavera.

Le succès de ces faïences est tel qu'elles sont exportées jusqu'aux Indes et au Mexique ; dans cette colonie est d'ailleurs fondée à Puebla la première fabrique d'azulejos du Nouveau Monde.

Au XVIII^e^ siècle, les plus fameux azulejos sont ceux fabriqués à Alcora. L'Andalousie, la Castille et la Catalogne sont les provinces où ce type de faïence a eu le plus de faveur.

Ader-Picard-Tajan

*L'esprit baroque français, à la fois exubérant et équilibré, s'exprime dans ce dessin du sculpteur Bernard Toro, pour une table en console destinée au Palais-Royal vers 1720. Paris, musée des Arts décoratifs.*

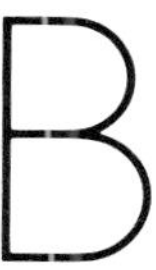

**Baccarat.** En 1764, Mgr de Montmorency-Laval, évêque de Metz et propriétaire de la Chatellane à Baccarat (auj. en Meurthe-et-Moselle), adressait à Louis XV une requête en vue de fonder une verrerie d'art. Les arguments ne manquaient pas : il y avait là l'occasion de donner du travail aux bûcherons en chômage de la forêt vosgienne et de réduire aussi le déficit de la balance commerciale de la France, affaiblie par la guerre de Sept Ans, et pourtant obligée d'importer les produits de Bohême. C'est ainsi que naissaient les Verreries royales de Sainte-Anne

*Paire de vases en cristal de Baccarat taillé en fines pointes de diamant. (H. 35 cm.) Estimée 10000 F en 1988.*

à Baccarat, dont la prospérité réussit à triompher des bouleversements de la Révolution. Pendant longtemps, les Verreries de Sainte-Anne ne fabriquèrent que du verre blanc de Bohême, comme d'ailleurs partout en France. Le cristal au plomb, qui s'introduisait lentement dans le pays, ne fut mis au point qu'après bien des tâtonnements. En 1816, l'affaire fut rachetée par M. d'Artigues, propriétaire d'une cristallerie à Vonèche, petite ville devenue belge entre-temps.

Commença alors à Baccarat la fabrication du verre de cristal. Contrairement à un grand nombre de fabriques de verres utilitaires, cherchant à s'installer à proximité des bassins houillers, des réseaux de canaux et chemins de fer, Baccarat comme Saint-Louis demeurèrent dans l'Est, où se recrutaient encore les meilleurs ouvriers. Sur ce point comme sur ceux de la qualité et de la pureté des matières qui entraient dans la composition de son cristal, la maison Baccarat veilla à ne jamais faillir. Habilement gérée, ayant à sa tête des directeurs techniques de haut niveau (MM. Toussaint ou de Fontenay), la cristallerie profita aussi du contexte particulièrement favorable qu'offrait le XIXe siècle, riche de recherches et d'inventions à l'origine de l'apogée de l'art du verre.

La production de Baccarat fait appel à toutes les techniques traditionnelles qui participent à la mise en forme du cristal et à son décor (soufflage à la bouche, travail à la pince, taille, gravure à la roue, peinture et dorure). D'autres procédés mis au point par les savants contemporains sont également exploités (dépolissage au sable ou à l'acide, verres colorés à plusieurs couches jusque-là réservés aux verreries de Bohême), ainsi que les compositions nouvelles dérivées du cristal : agate, albâtre, pâte de riz, opaline.

Pour se maintenir à la pointe du progrès, la cristallerie achète les brevets des machines les plus perfectionnées : le four Siemens puis le four Boetius inaugurent un procédé ensuite adopté par toutes les fabriques qui utilisaient encore le bois pour la fusion du verre. Robinet, un des ouvriers de Baccarat, inventa en 1824 une pompe qui conduisit à la mécanisation du soufflage. Les nombreux services de table en cristal taillé, gravé ou moulé répondent alors à la demande d'une bourgeoisie nouvellement enrichie, soucieuse de manifester son opulence et aimant aussi célébrer un art de la table.

L'inspiration des modèles du passé (en particulier Venise), gravés à la roue ou délicatement travaillés à la pince, côtoie de monumentales productions : candélabres, coupes, vases, lustres, guéridons, dont, avec Saint-Louis, Baccarat s'était fait une spécialité. Un vase en cristal taillé du XIXe siècle peut valoir de 5 000 à 10 000 F. Une boule presse-papiers à décor de millefleurs s'est vendue 4 180 livres (environ 40 000 F) chez Christie's, à Londres, le 2-VI-1987. Mais les collectionneurs connaissent aussi ses ravissants objets en opaline, les presse-papiers au décor de millefiori ou bien encore les verres à incrustations. Le musée Baccarat, installé rue de Paradis à Paris, offre aux visiteurs un panorama prestigieux de son histoire.

**bachelor chest.** Petite commode anglaise du début du XVIIIe siècle, destinée, dans les collèges, aux étudiants qui préparaient le grade de « bachelor ».

**Badier** (Florimond), relieur français. Reçu maître en 1645, il se spécialisa dans les reliures en maroquin à décor doré, aux fers pointillés. On connaît de lui trois reliures signées.

**Bagas.** Venus du Nord, les Bagas (Landoumans, Nalous ou Bagas) occupent, sur les côtes de la Guinée, un curieux pays, marécageux, propice aux rizières. Le Simo, société secrète, assure les liens sociaux entre les différents groupes tribaux. L'activité du Simo se manifeste après la récolte du riz et lors des funérailles. Les initiés dansent autour de sculptures comme l'oiseau au long bec, « anok », sur lequel sont plantées des cornes contenant de la poudre magique.

Le basonyi, lié à l'initiation virile, est constitué d'une planche découpée et peinte dépassant 6 m de haut, terminée par une plume ou un morceau de tissu. Le danseur qui le porte est enveloppé dans un costume en feuilles de palmier. Le banda est une tête de crocodile stylisée et humanisée, cornue et violemment polychrome — mesurant parfois plus de 1,50 m —, dont la vue pouvait entraîner la mort du non-initié. La déesse de la Fécondité, Numba, ou Nimba, est représentée sous la forme d'un immense buste féminin — bien plus grand que nature — à la tête étroite (dite « en encorbellement »), au menton horizontal, au nez fortement crochu, aux cheveux en une seule crête centrale, aux joues scarifiées rituellement et à la poitrine pendante — symbole de fécondité en Afrique noire —, dont les seins sont percés de deux trous pour permettre au porteur de voir. En outre, les Bagas réalisent des statuettes anthropomorphes — debout sur un socle et le menton entre les mains —, de très beaux tambours portés par un personnage agenouillé et des panneaux de bois où est figuré le thème de l'oiseau « qui vit dans les marais et mange les petits poissons ».

**Bagdad.** Fondée au VIIIe siècle par le calife 'al-Manṣūr sur les deux rives du Tigre, capitale du califat 'abbāsside jusqu'à sa chute (1258), Bagdad resta néanmoins pendant des siècles la métropole culturelle du monde musulman. Dès la fin du VIIIe siècle, sous Hārūn al-Rachīd, la ville connaît un essor considérable, à la fois commercial, scientifique et intellectuel. Mais, après l'invasion mongole (1258), il reste peu de chose des palais, mosquées, bibliothèques qui ornaient Bagdad. C'est avec les Djalāyirides (1339-1410) qu'elle redevient l'un des grands centres du Moyen-Orient.

L'art de la miniature fut très brillant — les colophons* des manuscrits le confirment —, tant aux environs de 1200 sous les 'Abbāsides qu'au XIVe siècle sous les Djalāyirides. C'est ainsi que se constitue l'école de Bagdad, très marquée par l'influence des manuscrits byzantins et des évangiles syriaques. Ses expressions sont diverses et de grande qualité : les *Séances de Hariri* relatent les scènes de la vie quotidienne, le *Livre des antidotes* témoigne de l'évolution de la médecine arabe ; les fables de *Kalila et Dimna* seront plus tard une des sources de La Fontaine. Puis, sous l'influence des souverains asiatiques — ceux de la Chine en particulier —, la peinture évolue. L'œuvre dominante de la production de cette époque est sans conteste le *Chāh nāmè* dit « de Demotte », une des plus grandes réussites inspirée de l'épopée iranienne. Ainsi, les souverains tīmūrides, en prenant à leur service les peintres de Bagdad et en les emmenant à la cour de Harāt (Hérat), favorisèrent l'éclosion de la peinture persane.

**bague** n. f. En bijouterie, anneau que l'on porte au doigt. En verrerie, cordon ornant le col d'un flacon ou d'une bouteille.

De tous les bijoux, la bague est le plus chargé de symbolisme : talisman bénéfique ou maléfique selon la pierre qu'elle porte, gage d'amour et de fidélité, bague souvenir contenant des cheveux d'un disparu, bague à poison, bague liturgique des évêques et des cardinaux, sceau personnel ou marque d'appartenance à une lignée, comme la chevalière...

Avant le XVIIe siècle, le terme « anneau » ou « annel » est utilisé ; le mot « bague » signifie alors l'ensemble des joyaux, objets et étoffes précieuses. C'est à la fin du XVIIe siècle que le mot prend le sens actuel, dans le dictionnaire de Richelet : « Anneau d'or ou d'argent au-dessus duquel il y a quelque pierre précieuse ou quelque diamant enchâssé. »

Les bagues anciennes proposées par les antiquaires spécialisés ont beaucoup de charme et de variété. Elles sont très souvent de la fin du siècle dernier, en or ou en argent, garnies d'un chaton rond ou fantaisie qui dessine des entrelacs, des losanges, des marguerites enrichies de turquoises, de perles fines, de grenats et d'éclats de rose. La bague « marquise » est en forme de navette, pavée de petits brillants, dont un plus gros au centre, ou ornée d'un motif d'émail. Marquise et marguerite sont montées sur une corbeille, chaton exhaussé sur le doigt par une fine galerie d'or ajourée. La bague « toi et moi » est formée d'un motif en S serti de deux brillants, deux perles, ou deux pierres de couleurs différentes ; elle peut être, selon la grosseur des pierres, un riche joyau ou un menu bijou. La bague « serpent » remonte à l'Antiquité, mais fut très copiée au XIXe siècle, la tête souvent ornée d'un saphir ou d'un rubis. Sont très appréciées aussi les bagues camées avec profil de femme en pierre dure. Les bagues plus anciennes sont beaucoup plus rares, mais on en trouve cependant, du XVIIIe siècle, en émail uni ou décoré, ou ornées d'une rose à fond plat.

**baguenaudier** n. m. Jeu de patience composé de neuf anneaux que le joueur doit enfiler puis désenfiler dans un ordre précis sur un bâton d'ivoire ou de métal percé de trous où sont passés des fils tenant les anneaux. Les plus anciens baguenaudiers sont apparus à la Renaissance et sont rarissimes ; on trouve assez souvent, en revanche, chez les antiquaires spécialisés ou dans les ventes, des baguenaudiers du XIXe siècle, dont les plus beaux exem-

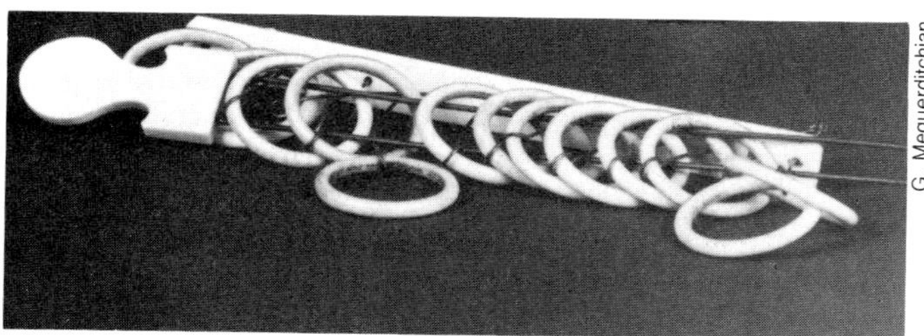
G. Meguerditchian

*Baguenaudier en ivoire très finement sculpté du XIX^e siècle. Galerie 13 rue Jacob.*

plaires, à manche d'ivoire finement sculpté, sont très recherchés des collectionneurs d'ivoire et d'objets de vitrine.

**baguette** n. f. Petit bâton terminé en forme d'olive à l'aide duquel on frappe les instruments à percussion (tambour, caisse claire, cymbale, etc.), ou bâton du chef d'orchestre servant à battre la mesure. En ébène et argent ciselé, la baguette du chef d'orchestre tient surtout sa valeur du nom plus ou moins prestigieux du chef qui l'a utilisée.

**baguette** n. f. Diamant taillé en table de forme allongée. Cette taille, qui n'est pas des plus valorisantes pour la pierre, est utilisée pour des diamants de dimensions modestes et de faible qualité, que l'on utilise en lignes ou en entourage, associés avec d'autres pierres. La joaillerie 1925-1930 a beaucoup utilisé le diamant baguette.

**bahut** n. m. Meuble de rangement lourd et massif. D'origine celtique, le mot « bahut » désigne d'abord un coffre à couvercle bombé. Il a pour fonction d'enfermer tentures et vêtements pour les « transbahuter » d'un lieu à l'autre. À partir du XVI^e siècle, lorsque les meubles ont cessé de voyager, le bahut est devenu un buffet à quatre portes ou une armoire. Le mot « bahut » est encore employé pour désigner certains meubles de rangement régionaux, mais il est préférable de les nommer pour ce qu'ils sont : buffet à quatre portes (symétriques) ou buffet à deux corps dont la partie supérieure comporte deux grandes portes.

**baignoire** n. f. Les Romains utilisaient des baignoires en marbre. Au Moyen Âge, les baignoires sont de simples cuves en bois fabriquées par les tonneliers. La Renaissance remet à l'honneur les cuves de marbre entourées de rideaux suspendus à un baldaquin. Les baignoires individuelles, en cuivre ou en zinc, se généralisent au XVIII^e siècle. On trouve encore parfois sur le marché des antiquités des baignoires en cuivre recherchées comme éléments décoratifs. Une baignoire de campagne en zinc, accompagnée d'une chaudière, était proposée à 85 000 F en 1982 au Salon de la curiosité. Il est vrai qu'elle avait appartenu à Napoléon I^er, seule justification d'un prix aussi élevé.

**Baillon** (les), dynastie d'horlogers français. Originaire de Rouen, cette famille s'installa à Paris au début du XVIII^e siècle.

*Jean-Baptiste Albert* (? - 1770) est horloger de Marie Leszczyńska, puis de la Dauphine Marie-Antoinette. Sa production de montres et de pendules est une des plus importantes de l'époque. Malgré ce grand nombre et la présence de « faux », les œuvres présentées sur le marché atteignent de hauts cours. C'est ainsi qu'en 1973 une pendule d'époque Louis XV formée de deux personnages chinois soutenant le mouvement circulaire, surmonté d'une statuette d'enfant, au cadran signé Baillon, a atteint 80 000 F. Pour cette œuvre, J.-B. Baillon était associé à l'un des meilleurs bronziers du moment, Saint-Germain.

Les pendules et les cartels qui peuvent être attribués en toute certitude à un horloger de cette famille n'ont cessé de se valoriser depuis 1980.

*Pendule à musique en marbre blanc et plaque de Sèvres, ornée de bronze ciselé et doré. Cadran de Baillon. (H. 55 cm, l. 45,5 cm.) Adjugée 102 000 F par M^es Couturier-Nicolay, à Drouot, le 18-XI-1981 (vente Bensimon).*

Couturier-Nicolay

**baillotte** n. f. Petit baquet en bois (ou, selon son étymologie, petite baille), appelé aussi cambrenotte, qui servait à maintenir un petit enfant en station verticale. La baillotte était formée rustiquement d'un fragment de tronc d'arbre évidé, munie de deux poignées et stabilisée par une large base circulaire ou par deux planches croisées. Utilisée dans les campagnes au XVIII^e et au XIX^e siècle, elle est en quelque sorte l'ancêtre du parc, protégeant l'enfant des explorations hasardeuses et libérant la mère occupée à des tâches ménagères ou aux champs.

**Bailly** (les), famille d'horlogers français dont les plus connus furent Joachim, qui exerça dans le dernier quart du XVIII^e siècle, et Claude Alexis fils (? - 1821), qui produisit de la petite et de la grosse horlogerie au début du XIX^e siècle.

Un Jean-François Bailly, natif de Morez, exerça dans la seconde moitié du XIX^e siècle, déposant de nombreux brevets intéressant aussi bien l'ornement des cadrans que les remontoirs et les balanciers.

**baïonnette** n. f. Couteau ou poignard pouvant se fixer à un fusil et transformant celui-ci en arme d'hast, c'est-à-dire en pique. Avec les anciens fusils se chargeant par la bouche selon des opérations compliquées, la nécessité de la baïonnette est vite apparue.

La création de la baïonnette est attribuée à Vauban et les premières auraient vu le jour à Bayonne. Les baïonnettes s'introduisaient dans l'âme du canon du fusil. Rapidement fut conçue la baïonnette à douille, munie d'une virole et se fixant parallèlement au fût du fusil, n'empêchant pas ainsi le tir. Jusqu'au milieu du XIX^e siècle, les baïonnettes militaires à douille demeurèrent pratiquement inchangées, avec leur fer de forme triangulaire. Durant la seconde moitié du siècle, on adapta des baïonnettes-sabres (« yatagan » du chassepot) ou épées (celle du fusil Gras ou la célèbre Rosalie du lebel) pour aboutir à la baïonnette-couteau, contemporaine, ou poignard.

Il existe des baïonnettes pour les anciens fusils de chasse du XVIIe et du XVIIIe siècle : elles servaient d'épieu pour le gibier. Les collectionneurs de baïonnettes sont nombreux, car il s'agit d'un style de collection populaire, les prix étant encore raisonnables. En outre, les modèles sont presque infinis.

**Bakhtiar.** Tapis de tribus sédentaires d'origine turque (non Bakhtiyāris malgré leur nom), établies en Iran dans la région de Chahal Mahal et d'Ispahan. Ce tapis, à nœud turc, possède un velours de laine et une chaîne de coton le plus souvent. Robuste et de bonne qualité, il est de densité moyenne. Le Bakhtiar se caractérise par un champ divisé en losanges ou rectangles formant une mosaïque où s'insèrent des motifs floraux ou végétaux, d'où son appellation de tapis-jardin. On rencontre également des Bakhtiars à grand médaillon central et écoinçons. Les tons sont multicolores et gais.

Les plus beaux Bakhtiars, les plus serrés, sont les Chalchotors.

**balalaïka** n. f. Instrument de musique à plectre, populaire en Russie. La balalaïka est formée d'une caisse triangulaire prolongée d'un manche supportant 3 cordes.

**balance** n. f. Appareil qui sert à comparer des poids. La balance existe depuis longtemps et est représentée sur les monuments de l'ancienne Égypte, de la Grèce et de l'Étrurie. Le modèle le plus ancien est à deux plateaux suspendus à un fléau maintenu par le milieu. Il peut avoir plusieurs dimensions selon son utilisation. Le deuxième système est celui de la balance romaine, à un plateau et un poids coulissant, suspendus aux bras inégaux d'un fléau gradué. Ces deux modèles sont à la base des balances actuelles qui portent un nom spécifique selon leur emploi.

La balance de Roberval, ou « de ménage », est la plus répandue. Elle est à deux plateaux en cuivre reposant sur un piétement. La balance de contrôle de monnaies est une boîte en bois contenant une balance légère et les déneraux (les poids). Ceux-ci sont au nombre de 40 et sont poinçonnés comme les pièces de monnaie, dont ils étalonnent le poids.

Le peson, ou dynamomètre, est une petite balance à levier ou à ressort que l'on tient par l'un des côtés, l'autre possédant un crochet auquel on suspend une masse. Le poids se lit sur un cadran.

Le trébuchet est une petite balance très sensible pour peser des corps légers. Il est composé de deux plateaux suspendus par un pied reposant sur une boîte en bois à un tiroir, dans lequel sont rangés les poids.

Les déneraux, les pesons et les trébuchets intéressent les amateurs de curiosités, et leurs prix, très abordables, varient en fonction des poids, qu'ils doivent posséder au complet. On peut même trouver les balances « de ménage » chez les brocanteurs.

*Trébuchet du XIXe siècle muni de nombreux poids.*

Blache

**balancier** n. m. Machine servant à frapper les monnaies. Le balancier a été inventé en Allemagne vers 1550 : c'est à Augsbourg qu'un orfèvre du nom de Max Schwab met au point un procédé révolutionnaire du monnayage. Le principe du balancier monétaire est simple ; un bâti métallique comporte à son sommet un écrou dans lequel peut tourner une vis. Dans la tête de la vis est encastré un bras horizontal, muni à ses extrémités de deux masses métalliques : c'est le balancier proprement dit. Sous la partie inférieure de la vis, on présente le flan encastré dans les deux coins monétaires, puis on imprime au balancier un mouvement de rotation ; ce mouvement fait descendre la vis jusqu'au moment où sa partie inférieure vient percuter le coin monétaire supérieur.

Ce procédé présente l'avantage d'améliorer considérablement la qualité des pièces frappées : on peut enfin obtenir des monnaies au contour régulier, qui ne sont pas susceptibles d'être « rognées » par les fraudeurs. Le roi de France Henri II, conscient de l'importance de cette découverte, envoya à Augsbourg une mission pour en négocier l'achat. Un nouvel atelier monétaire, la Monnaie du Moulin, fut alors installé à Paris sous la direction d'Aubin Olivier. Ce dernier réalisa des frappes de qualité exceptionnelle, grâce à sa propre maîtrise technique et au talent du graveur général Marc Béchot. Mais la supériorité même des résultats obtenus suscita la jalousie de l'ancienne Monnaie de Paris, qui, après des années de lutte, finit par l'emporter. La Monnaie du Moulin, créée en 1551, disparut presque complètement en 1585, époque à laquelle elle fut condamnée à ne frapper que des pièces de plaisir, des jetons, des médailles et des pièces de cuivre.

Il faut attendre Jean Warin pour que triomphe à nouveau, et cette fois définitivement, le balancier. Ce grand artiste, graveur et monnayeur, assura la suprématie de cette technique et fit installer en 1660 (plus de cent ans après leur invention !) des balanciers à la Monnaie de Paris.

Les balanciers furent perfectionnés au cours des temps et restèrent en activité jusqu'à la fin du règne de Louis XVIII, époque à laquelle ils furent remplacés par des presses Thonnelier. (V. FRAPPE.)

**balancier** n. m. Poids dont le mouvement oscillatoire alternatif assure la marche des aiguilles d'une pendule. C'est dans le dernier quart du XVIIe siècle que Huygens, grâce à un petit ressort contrebalançant le mouvement du balancier, augmente la régularité du mouvement et la précision du déplacement des aiguilles. En plomb ou en étain à l'origine, souvent en forme de poire, le balancier devient une lentille de laiton, qui parfois prend forme de soleil, de bouquets fleuris, d'attributs de la guerre ou de la musique ou qui porte des scènes variées. Sur les horloges dites « comtoises », le balancier, en laiton repoussé ou estampé, prend des dimensions de plus en plus importantes, notamment à la fin du XIXe siècle quand il se couvre de motifs décoratifs de plus en plus amples reflétant des scènes de la vie rurale, religieuse ou politique.

**baldaquin** n. m. Tissu tendu sur un cadre horizontal et dressé au-dessus d'un autel, d'un trône ou d'un lit. Ce mot tiendrait son origine du nom italien de la ville de

*Dessin d'un lit à baldaquin « à la chinoise », mis à la mode par le goût pour les chinoiseries du XVIII<sup>e</sup> siècle. Exécuté par François Boucher le Jeune et gravé par Dupin. Paris, Bibliothèque nationale.*

Bagdad (Baldacco) d'où venaient les étoffes tissées d'or et de soie servant à la confection de ces draperies décoratives. Dans les appartements privés, les baldaquins, suspendus au-dessus du lit et d'où retombaient des rideaux, avaient un caractère honorifique ; ils étaient réservés aux prélats, aux ambassadeurs et aux seigneurs. En France, à partir de la Renaissance, le lit comporte un « ciel » dressé sur quatre colonnes qui supportent à la fois le baldaquin et les rideaux. Sous Louis XV, selon la disposition du baldaquin, le lit reçoit différentes appellations. Le baldaquin repose sur quatre colonnes au-dessus du lit « à la française » ; il est fixé à l'équerre du chevet, sans colonnes, au-dessus du lit « à la duchesse ». En forme de dôme sur une armature, il couronne le lit « à la polonaise ». Le lit « à la turque » est fixé sous un baldaquin fixé au mur. En forme de toit prolongé par des rideaux, le lit est dit « à l'italienne » ou « à la romaine ».

Les baldaquins sont passés de mode au XIX<sup>e</sup> siècle. Rares sont les lits à baldaquin conservés sur place dans les châteaux, à cause de la fragilité de leurs supports et de leurs étoffes.

**Baldus** (Édouard Denis), photographe français (Paris 1813 - Paris ? 1882). Peintre de formation, il a été l'un des pionniers de la photographie, se consacrant essentiellement aux monuments historiques, à l'architecture, au paysage : il a laissé des documents importants sur le Louvre, Fontainebleau, la Bourgogne, le Dauphiné, Arles, Nîmes et Avignon. À la demande du baron James de Rothschild, il réalisa deux *Albums* montrant les lieux traversés par les chemins de fer du Nord et du Midi (1855-1859). Baldus fut l'un des fondateurs de la Société héliographique (1851). Ses tirages ne se rencontrent pas fréquemment. Les prix sont variables : *Vue de Paris,* montée sur carton (508 × 393 mm), vendue 3 000 livres sterling ; *Amphithéâtre de Nîmes* (1853 ; 215 × 285 mm), vendue 65 livres sterling chez Christie's (Londres, 26-VI-1980).

**Balkans.** Les tapis des Balkans tirent leur origine dans les tapis d'église qui apparaissent lors de la domination turque dans cette région (1526-1699). De nos jours, et particulièrement depuis la Seconde Guerre mondiale, sont classés sous le nom de « tapis des Balkans » toute une gamme de tapis qui proviennent de la Grèce du Nord, de Yougoslavie, de Hongrie, de Bulgarie, de Roumanie. Ce sont soit des copies de bonne qualité de tapis turcs ou iraniens, soit des tapis aux couleurs très vives et gaies et au décor géométrique.

**balle forcée** (système à). Système de chargement consistant à enfoncer de force avec un maillet une balle dans un canon rayé. Ce système avait pour but d'assurer une plus grande précision au tir des armes à feu. L'écrasement de la balle en plomb venait épouser soigneusement les rayures qui devaient conduire le projectile lors de la mise à feu. Il fallait ensuite couvrir la balle d'un morceau de peau ou d'étoffe enduite de graisse dit « calpin ». Les carabines « à balle forcée » les plus célèbres sont celles fabriquées à Versailles, pour les officiers, à partir de 1793.

Pour les paires de pistolets de gousset, on avait simplifié le chargement en adaptant des canons rayés démontables, grâce à une clef de vistemboire introduite dans les créneaux de la bouche. Le système de mise à feu était enfermé dans un coffre.

Les armes « à balle forcée », toujours très soignées, sont très recherchées des amateurs et atteignent des prix considérables, surtout si, en plus, elles portent une signature célèbre, Boutet ou Lepage par exemple.

**Ballin** (les), dynastie d'orfèvres français.

*Claude I<sup>er</sup>* (Paris 1615 - *id* 1678) est le plus connu. Orfèvre du roi et logé au Louvre comme beaucoup d'artistes « privilégiés », il était le principal artisan de la fabuleuse orfèvrerie que Louis XIV fit exécuter au moment de l'installation de la Cour à Versailles, et qui comprenait, non seulement une vaisselle d'apparat comme on n'en avait jamais vu auparavant, mais un complet mobilier d'argent. Ces objets, exécutés sur des projets de Le Brun, étaient abondamment décorés d'allégories mythologiques et d'allusions aux hauts faits du Grand Roi. Ces morceaux de bravoure valurent à Ballin une réputation internationale ; Perrault n'écrivait-il pas de lui : « Claude Ballin a porté la beauté de son art à un degré de perfection où personne avant lui n'était peut-être jamais arrivé. » Son œuvre fut détruite lors de la grande fonte de 1689. Il ne reste donc rien de ces merveilles, qui nous sont cependant connues par les tapisseries de Le Brun *(Maisons royales* et *Histoire d'Alexandre),* par les dessins de Delaunay et par certains tableaux de Poussin.

*Claude II* (Paris 1661 - *id.* 1754) était le neveu du grand Ballin. Orfèvre de grand talent et de grande renommée, il est auteur de la couronne du sacre de Louis XV, et travailla pour toutes les cours européennes, du roi de Portugal au tsar de Russie ; ces pays conservent quelques œuvres de lui.

**ballon** n. m. Verre à boire dont la coupe est en forme de ballon. On rencontre cette forme plus fréquemment dans la production XIX<sup>e</sup> siècle. Aux XVII<sup>e</sup> et XVIII<sup>e</sup> siècles, ce verre à coupe « ballon » semblait réservé à la consommation de l'hydromel, boisson à base de miel, de malt et de levure. (V. COUPES.)

*Pendule « à la montgolfière » en marbre blanc et bronze ciselé et doré, inspirée par l'ascension en ballon du duc d'Orléans à la Muette. Cadran de Bréant. Paris, fin XVIII^e siècle. (H. 57 cm, l. 38 cm.) Vendue 160 000 F par M^e Delorme, à Drouot, le 22-VI-1982.*

**ballon** (motif au). Les expériences des frères Montgolfier, puis le premier vol d'un ballon (le 21 novembre 1783) ont eu un tel retentissement que les décorateurs se sont inspirés de ces événements pour en tirer un motif ornemental. C'est ainsi que les dossiers de certaines chaises d'époque Louis XVI présentent des sculptures ajourées en forme de ballon, et que nombreuses assiettes de faïence (de Nevers, notamment) ont pour motif un ballon avec sa nacelle. La vogue de ce motif a duré de 1783 à 1788 environ, ce qui permet de dater les meubles ou objets qu'ils ornent.

**ballon monté.** Système utilisé pendant le siège de Paris en 1870 pour l'envoi de messages de caractère exclusivement familial. Le message était porté sur un carton de 11 × 7 cm ne devant pas excéder un maximum de 3 g, et affranchi à 10 centimes. Fixé sur un ballon libre, il parvint rarement à son destinataire. Il en fut de même des dépêches-réponses, porteuses d'un questionnaire familial et codé. Là encore, l'affranchissement était obligatoire (5 centimes). Seul, aujourd'hui, cet affranchissement confère une certaine valeur cartophilique à ces messages.

**balsamaire** n. m. Flacon de verre de forme allongée qui figure parmi les objets de toilette, destiné à contenir les parfums et les baumes, à l'époque romaine. Les uns ont une forme ovoïde allongée, presque tubulaire ; d'autres, une forme de tulipe renversée surmontée d'un long goulot cylindrique. C'est un grand classique des collections de verres antiques.

**Balthasard** (les), dynastie d'horlogers parisiens connue dès la fin du XVII^e siècle. Parmi les plus célèbres figurent, au XVIII^e siècle, Henry, horloger de Mesdames Filles de France (1724-1745), Melchior Bonaventure, connu pour son appartenance à la franc-maçonnerie et qui exécute de nombreuses montres en or, Michel-Antoine, fabricant de ressorts et de boîtes, et Noël, horloger de Mesdames Filles de France en 1769.

**balustre** n. m. En architecture, petit pilier en forme de colonnette. Certaines parties du siège telles que les pieds ou les consoles d'accotoir, ainsi que les supports de plateaux de table ou de console sont dits « en balustre » lorsqu'ils comportent un pilier vertical plus ou moins renflé.

L'expression « en balustre » s'applique également aux aiguières* et aux pichets d'étain légèrement pansus, comme on en trouve en Alsace dès le XVII^e siècle, puis en Normandie, en Bretagne, en Champagne, en Lorraine et en Languedoc.

Comme le mobilier, l'art du verre a emprunté au vocabulaire architectural sa terminologie. C'est ainsi que les verres dits « à balustre » désignent couramment la production des premiers verres à boire anglais (de 1670 à 1730 environ). La jambe du verre présente un renflement, qui, selon sa forme, est un balustre simple ou un balustre inversé. Les jambes balustres sont souvent associées à des boutons et à d'autres ornements soufflés ou moulés, ce qui nécessitait une fabrication du verre en trois temps, parfois plus.

Le balustre se rencontre fréquemment sur les jambes des coupes à friandises, en France sur certains verres à pied XVIII^e siècle et dans la production hollandaise, qui importa en grande quantité les verres anglais.

**Balzac** (Edme Pierre), orfèvre français (? - 1781). Reçu maître en 1739, « orfèvre privilégié suivant la cour », Balzac fut un des virtuoses de la rocaille, dans un style assez proche de celui de Thomas Germain. Il est aussi, dit-on, l'inventeur d'un procédé « pour travailler sur le tour, sans soudure, la vaisselle plate d'argent à contours ». Son poinçon confère une plus-value appréciable aux objets (flambeaux, terrines, salières...) que l'on trouve parfois sur le marché.

**Bambaras.** Les Bambaras, ou Banmanas, forment la plus grande part du groupe mandé. Ils ont fondé autrefois de

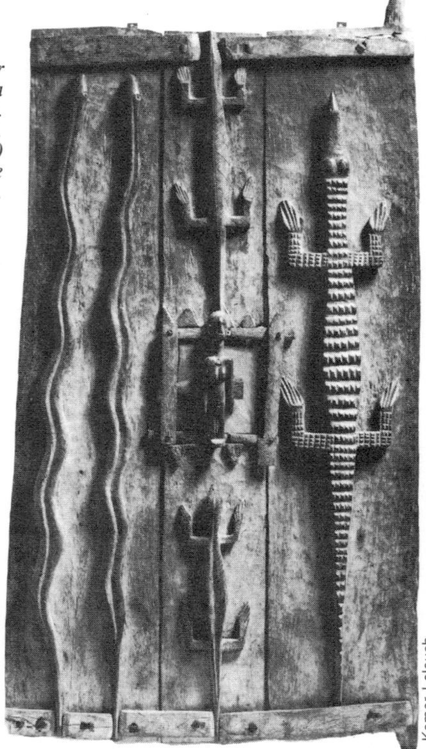


*Porte de grenier bambara en bois sculpté. Mali. (185 × 90 cm.) Galerie Hélène Kamer-Lelouch.*

grands empires, tout en étant pourtant des agriculteurs plus que des guerriers. Installés au Mali, ils ont résisté à l'islām, comme l'indique leur nom : Bambaras, « les infidèles »... Le travail du bois est effectué par la caste des forgerons ; ceux-ci utilisent des bois tendres, tels le fromager ou le kapokier. Les sculptures sont rehaussées de traits incisés ou pyrogravés formant des arabesques géométriques, et également de feuilles métalliques, de cauris, de perles et même de petits miroirs. On trouve des statuettes d'ancêtres, des marionnettes, des poupées, des statuettes de jumeaux (à rôle funèbre et prophylactique) et surtout des masques. Le masque du *ntomo* — groupement initiatique des jeunes garçons — offre un visage humain garni de cauris et surmonté de cornes et quelquefois d'une figure féminine nue. Les masques zoomorphes (figurant singe, lion...) sont destinés à l'une des associations secrètes de chaque village : komo, dans la région de Ségou ; koré, dans la vallée du Bani ; nama, dans le Bélédougou... Les masques sortent en saison sèche et célèbrent l'arrêt des pluies, une chasse ou une pêche collective ; ils apparaissent aussi lors des initiations. Particulièrement célèbres sont les grandes antilopes stylisées, sommets de coiffures et principaux attributs des travestis tyiwara, les « grands cultivateurs », qui appartiennent à la société des initiés flankuru ayant ses assises dans les travaux agricoles. Les danseurs imitent les bonds de l'antilope dont ils portent l'image audacieusement schématisée et ajourée. Les serrures en bois s'ornent à la partie centrale d'un motif anthropomorphe ou zoomorphe.

**bambou** n. m. Cette plante à tige cylindrique dure et légère a été employée pour confectionner des meubles, d'abord en Chine, dès l'époque des Han (206 av. J.-C. - 220 apr. J.-C.), puis en Grande-Bretagne à la fin du XVIII^e siècle, aux États-Unis et en France. Les sièges et les tables en

Couturier-Nicolay

*Fauteuil de bambou exécuté par Jacob. Appartient à une paire adjugée 180 000 F par M^es Couturier-Nicolay.*

bambous peints ou vernis dans le goût chinois ont été mis à la mode sous Napoléon III pour les jardins d'hiver. Certaines chaises dites « bambou » sont en réalité en bois tourné à l'imitation du bambou.

**Bamilékés et Bamouns.** Une zone de hauts plateaux herbeux, d'altitude variable, s'élève au sud-ouest de l'Adamaoua et jusque dans les galeries forestières qui prolongent la forêt dense. Les sociétés d'agriculteurs et éleveurs qui y sont installées présentent une réelle homogénéité culturelle.

Les Bamilékés occupent sur les hauts plateaux un territoire relativement petit. Ils s'y organisent en chefferies. Tout leur art découle de ce fait politique. Dès son intronisation, le chef fait exécuter son effigie et un trône à haut dossier. Taillé en bois, curieusement recouvert de perles fixées sur un tissu étroitement ajusté au meuble, le siège repose sur une statue de femme ou d'animal, et une figure d'ancêtre forme le dossier. La structure et l'ornementation du trône dépendent du rang social de son propriétaire. Il en est de même pour les demeures : seuls, les notables sont autorisés à faire sculpter les encadrements de leurs portes — montants, linteaux — et à placer des poteaux sculptés autour de leur case — formant une colonnade — qui paraissent soutenir le toit mais qui n'ont en fait aucune utilité dans l'architecture.

Venus du nord, les Bamouns (ou Bamoums) s'établirent, il y a environ trois siècles, dans la savane de haute altitude du Cameroun, les Grasslands. Ils organisèrent solidement un puissant royaume, bien unifié, à partir de Foumban, la capitale. Un homme exceptionnel, Njoya, apparaît, et son règne commence à Foumban à partir de 1895. Esprit cultivé, il invente une écriture, crée des écoles et... un musée. La riche société des Bamouns comportait un groupe d'artisans professionnels, sculpteurs sur bois et fondeurs à la cire perdue, notamment. Les sculpteurs sur bois réalisaient — comme leurs voisins Bamilékés — des éléments architecturaux, des statues, des masques et des trônes. Le somptueux trône de Njoya est une œuvre curieuse : il est entièrement recouvert de perles multicolores ; le siège est en forme de tambour orné d'un serpent à multiples têtes ; le dossier est formé de deux personnages, l'un joue du tambourin et l'autre tient une coupe ; le marchepied, décoré de sujets prosternés, est surmonté de deux soldats armés de fusils à piston.

Les masques ne sont pas moins étonnants : de grandes dimensions, ils apparaissent grotesques avec leurs grosses joues boursouflées, leur front exagérément bombé, leur bouche entrouverte et leurs grands yeux interrogateurs.

Les pipes en terre cuite ou en laiton, de forte taille, ne sont pas destinées à être fumées : ce sont des insignes de souverains, portés par leurs serviteurs. Les fourneaux sont ornés de visages humains, aux joues démesurément gonflées — comme sur les masques —, ou de têtes d'éléphant.

**banc** n. m. Le plus simple et sans doute le plus ancien des sièges. Il est à 2 pieds taillés dans une seule planche ou à 4 pieds carrés, avec ou sans dossier, à deux, trois ou quatre places suivant sa longueur. D'après des manuscrits du XII^e siècle, le banc est parfois décoré d'éléments en bois tourné, et garni de coussins pour lui donner plus de confort. Au XV^e siècle, le banc se place devant la cheminée, et les hôtes d'honneur tournent le dos au feu tandis qu'on leur sert les repas sur une table dressée devant eux. À cette époque, une barre pivotante formant dossier permet, sans déplacer le banc, de venir s'asseoir face au foyer. Le banc à barre dorsale, ou « reigle », basculant sur un axe, prend le nom de « banc tourné ».

Le banc traditionnel, solide et sans dossier, demeure, jusqu'à la fin du XIX^e siècle, un élément essentiel du mobilier paysan. On trouve encore sur le marché des bancs de chêne anciens qui, d'un prix relativement modique, prennent place dans les résidences secondaires, près de la cheminée ou de chaque côté de la table dans la salle commune. Quelques coussins suffisent pour rendre un peu moins durs ces sièges rustiques.

**bancelle** n. f. Appelée également « bancquier » ou « banquette », la bancelle utilisée aux XV$^{e}$ et XVI$^{e}$ siècles est un petit banc dont les deux pieds sont formés de simples planches verticales. Des accotoirs sont placés dans le prolongement de ces pieds.

**Ban Chieng.** Terme donné à la céramique néolithique de la région d'Udon Thani en Thaïlande, caractérisée par des décors peints de spirales en rouge foncé sur une pâte chamois, datée d'environ 3 000 ans avant notre ère. Découvert en 1972, le site de Ban Chieng fut pillé, et de nombreuses pièces apparurent alors sur le marché où elles atteignirent vite des prix considérables. Elles se font cependant de plus en plus rares, en raison des mesures prises par le gouvernement de Thaïlande pour empêcher leur exportation. Ces céramiques seraient apparentées à celles de certaines poteries chinoises néolithiques.

**bande dessinée.** La collection de la bande dessinée est le prétexte d'un marché des plus actifs, comprenant à la fois les « B. D. » anciennes et les productions actuelles. Les unes et les autres bénéficient d'une cotation établie en France et en Belgique par l'Uneco (Union internationale des experts en collections spécialisées) et publiée dans un argus paraissant tous les deux ans : *les Trésors de la bande dessinée* (Éditions de l'Amateur). La collection de B. D. est aussi ancienne que la bande dessinée elle-même, et heureusement, parce que, sans les collectionneurs, nombre de pièces auraient définitivement disparu, les bibliothèques n'encombrant pas leurs rayons d'un genre longtemps considéré comme mineur. La mentalité s'est modifiée lorsque le Centre d'études des littératures d'expression graphique (C. E. L. E. G.) est parvenu à faire prendre conscience que la bande dessinée, moyen d'expression spécifique et contemporain, était digne d'intérêt. Le couronnement de cet effort fut l'entrée de la bande dessinée au musée des Arts décoratifs de Paris et l'organisation, dans celui-ci, au mois d'avril 1967, d'une grande exposition, qui n'a pas peu contribué à l'éclatement du phénomène B. D. des années 70.

Qu'ils soient attachés aux journaux illustrés qui leur restituent « dans leur jus » les histoires préférées de leur enfance ou qu'ils soient passionnés d'albums anciens ou actuels, les collectionneurs constituent aujourd'hui une cohorte nombreuse, pouvant s'approvisionner dans des boutiques spécialisées (et dans les brocantes et les marchés aux puces). Ils ont aussi à leur disposition, chaque année, deux manifestations de caractère national : le rendez-vous d'Angoulême, sorte de festival de Cannes de la bande dessinée, où les éditeurs présentent leurs vedettes, leurs créations, leurs promotions ; la convention de la Bastille, à Paris, où les amateurs peuvent se livrer, dans une atmosphère de brocante, aux plaisirs de la recherche.

C'est en Europe, et en France notamment, que la bande dessinée a ses racines les plus profondes, dans l'imagerie populaire, dont elle eut d'ailleurs beaucoup de mal à se détacher. En France, l'introduction de la bande dessinée contemporaine date de 1889, avec la parution dans *le Petit Français illustré,* journal destiné aux enfants, des « Aventures de la famille Fenouillard à l'Expositon universelle ». Nous devons cette « première » au normalien Georges Colomb, alias Christophe, condisciple de Jaurès et de Bergson. Colomb est également le père du fameux Sapeur Camembert. Parmi les précurseurs de la B. D. on ne saurait omettre l'importance d'un Benjamin Rabier. Mais c'est entre 1900 et 1910 que la bande dessinée connut son premier âge d'or, avec des personnages aussi dissemblables que Bécassine ou les Pieds Nickelés. Bécassine, née en 1905 sous le crayon de Pinchon, parut dans *la Semaine de Suzette,* un illustré pour les petites filles de la bourgeoisie. Les Pieds Nickelés (Croquignol, Ribouldingue et Filochard), d'essence beaucoup plus populaire, verront le jour en 1908. Leur épopée, commencée par Louis Forton, sera ultérieurement reprise par cinq autres dessinateurs. Mais la bande dessinée de cette époque est d'abord une histoire en images, soulignée d'un texte. C'est un récit amusant qui s'adresse exclusivement aux enfants. Or, il faut noter que, dès 1897, aux États-Unis, paraît, dans le supplément dominical du *Sunday World,* journal d'adultes, une histoire en bandes dessinées : *Yellow Kid.* C'est aux États-Unis encore qu'en 1921 une bande dessinée fait son apparition quotidienne dans le *Daily Sketch,* avec les aventures de *Pop,* de J. Millan Watt. Huit années plus tard, la naissance de Tarzan, imaginé par Edgar Rice Burrough et dessiné en premier par Harold Foster, consacre l'irruption d'un style résolument moderne, dont s'inspirera le cinéma, et marque l'incontestable avance des Américains dans ce domaine.

1929 est une année charnière dans l'histoire de la bande dessinée. Apparaissent en même temps la première bande de science-fiction par Dick Calkins et le célèbre Popeye d'Elsie Segar. C'est en 1929, mais en Belgique cette fois, que se signale, dans le supplément hebdomadaire du quotidien bruxellois *le Vingtième Siècle,* un jeune dessinateur, Georges Rémi, promis à un riche avenir sous le nom de Hergé. Son personnage, qui reprend le physique d'un scout inventé par lui quelques années auparavant, s'appelle Tintin. C'est *Tintin au pays des Soviets,* une histoire qui s'inspire largement d'un pamphlet de Joseph Douillet paru en 1928 sous le titre *Moscou sans voile. Tintin au pays des Soviets* fait partie des « trésors » de la bande dessinée. Son édition numérotée (de 1 à 500, signée Tintin et Milou) atteignait, en 1987, la somme de 20 000 F à l'argus de la bande dessinée. *Les Aventures de Tintin et Milou* reprises avant la guerre dans le journal *Cœurs vaillants* feront l'objet, chez Casterman, de rééditions successives, après avoir été « piratées ». Ces éditions pirates sont d'ailleurs, elles aussi, recherchées par les collectionneurs. Celle de 1972 de *Tintin au pays des Soviets* se présente dans un format 15 × 22 cm, sous une couverture semblable à celle de l'album original. Elle atteignait, en 1987, la cote de 3 500 F.

Le grand succès d'Hergé et de Tintin n'est intervenu qu'après la guerre, la première place ayant, pendant longtemps, été détenue par *Zig et Puce* et leur pingouin Alfred, une histoire créée en 1925 par Alain Saint-Ogan, un novateur à qui l'on doit l'usage du « ballon » dans la bande dessinée française. Mais nous étions bien loin, à la fin des années 30, de la vitalité de la bande dessinée américaine, du *comic strip.* Celui-ci, sous une forme plus ou moins affadie, va se répandre dans la presse enfantine européenne. La série de Geo McManus *Bringing up Father* est adaptée en France sous le titre de *la Famille Illico. Brick Bradford* de C. Cray garde son nom dans *Hurrah,* mais devient *Luc Bradefer* dans *Robinson. Flash Gordon,* d'Alex Raymond, se transforme en *Guy l'Éclair* dans *Robinson. Bicot,* figure typiquement américaine née en 1922 sous le crayon de Martin Branner, devient, dans *le Dimanche illustré* et *Coq hardi,* un petit garçon facétieux bien de chez nous. *Mickey,* sorti des studios de Walt Disney en 1928, est remonté en France avec des textes n'ayant qu'un rapport lointain avec ceux d'origine. *Félix le Chat* (Sullivan) et *Mandrake* (P. Davis et Lee Falk) sont également importés des États-Unis. La liste est loin d'être close. Rappelons que ce n'est qu'en 1934, soit 27 ans après les États-Unis et 13 ans après la Grande-Bretagne, qu'une bande dessinée quotidienne vit le jour dans la presse française : *les Aventures du professeur Nimbus,* apportée au *Journal* par André Daix.

Pendant la guerre, les héros des bandes dessinées furent, outre-Atlantique, enrôlés sous la bannière étoilée. L'armée américaine utilisa la formule des *comic books* comme manuels d'instruction militaire. Les scénarios furent adaptés aux circonstances. En 1942, Milton Caniff créa Miss Lace, sorte de Madelon américaine à l'usage des G.I. Superman, fameux personnage inventé par Siegel et Shuster en 1938, fut dénoncé comme juif par le Dr Goebbels. Interrompue en France pendant l'Occupation, la publication des journaux pour enfants reprit en 1946. *Coq hardi* et *Vaillant* furent les premiers à paraître, le premier proposant à ses jeunes lecteurs *les Aventures de Jim Boum, les Mousquetaires du maquis, Capitaine Fantôme* (par Jacques Dumas, alias Marijac), tandis que *les Pionniers de l'espérance,* de Roger Lécureux et Raymond Poivet, assuraient le succès de *Vaillant* (ancêtre de *Pif-Gadget*). La loi sur le contrôle des publications destinées à la jeunesse, en 1949, contraignit les scénaristes et dessinateurs de B.D. à élargir leur champ d'action. De nouveaux talents surgissent alors, qui donnent à la bande dessinée son second souffle et lui gagnent des lecteurs adultes. Qui oserait prétendre, par exemple, qu'aux lecteurs jeunes d'*Astérix le Gaulois,* d'Uderzo et Gosciny, ne se mêlaient pas déjà de nombreux parents ? Parues en 1961 dans *Pilote,* les premières éditions d'*Astérix* (Éd. Dargaud) sont devenues rares et vont chercher des prix élevés (de l'ordre de 2 500 F en 1987). On achète aussi relativement cher aujourd'hui les premiers albums du sympathique *Lucky Luke* (dessiné par Morris, alias Maurice de Bévère), qui apparut pour la première fois dans *l'Almanach de Spirou* (Éd. Dargaud, 1947). Très recherchés encore de certains collectionneurs sont les luxueux albums de *Barbarella* (Éd. Terrain vague), l'héroïne pulpeuse de Jean-Claude Forest, portée à l'écran par Vadim. Lors de sa parution en 1964, cet album, jugé licencieux, fut promptement interdit et retiré des vitrines, ce qui aujourd'hui ne lui confère que plus de valeur. On ne saurait passer sous silence le personnage, bien moins scandaleux bien sûr, de *Bob Morane,* dont les aventures épiques, créées il y a plus de vingt ans dans *Femmes d'aujourd'hui* par Henri Vernes, enflammèrent les imaginations. Citons encore *Corto Maltesse,* de Hugo Pratt (Éd. Castermann) apparu en 1967 en Italie dans la revue *Sergent Kirk,* puis en France en 1970 dans *Pif-Gadget* et qui continue sa carrière, *Michel Vaillant,* célèbre pilote de course lancé par Jean Graton dans *Tintin* en 1957 (Éd. Lombard-Dargaud).

Dès cette époque, la bande dessinée commence à être prise en considération. En 1965 se tient à Bordhighera (Italie) le premier congrès international de la bande dessinée, organisé sous l'égide de l'Institut pédagogique de l'université de Rome et du Centre de sociologie des communications de masse, avec la collaboration du C.E.L.E.G. La bande dessinée aborde tous les sujets. Aucun ne lui est interdit : politique, philosophie, psychanalyse, érotisme s'ajoutent à l'aventure sous toutes ses formes, à la guerre, à la science-fiction. La Commune de Paris de 1871, le *Capital* de Karl Marx, *Carmen* de Bizet ont été racontés en bandes dessinées. Et même, par la Librairie Larousse, l'histoire de France. C'est dire les possibilités immenses de la collection contemporaine et sa complexité, la nécessité où se trouve le collectionneur de faire un choix draconien pour ne pas être envahi par le papier et pouvoir contrôler sa collection. Aux éditions courantes (albums, journaux illustrés) s'ajoutent, comme nous l'avons signalé, des éditions spéciales numérotées

Jacqueline Guillot-C. D. A. Edimedia

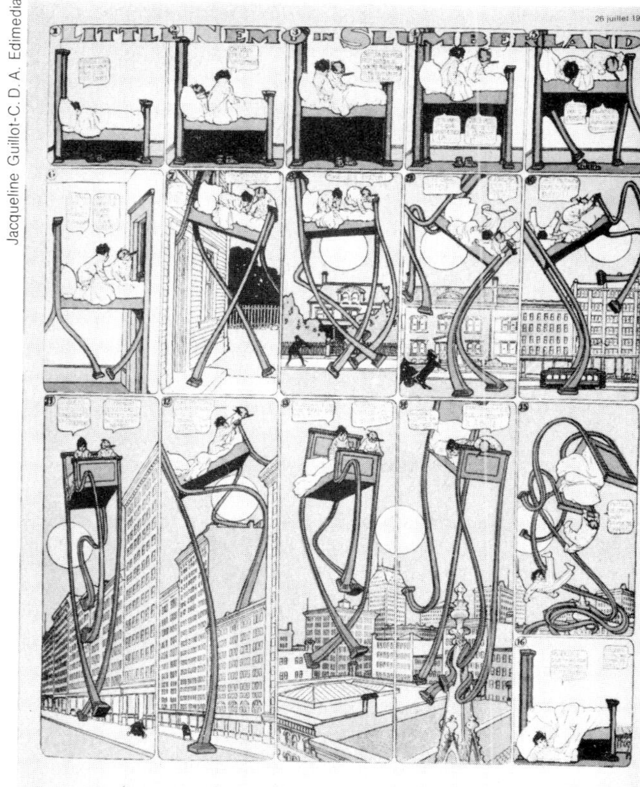


*Bande dessinée de Winsor McCay :* Little Nemo in Slumberland ; *parue en Grande-Bretagne en 1908, date de la publication des Pieds Nickelés en France.*

à l'intention des collectionneurs. Les éditeurs procèdent également à la réédition d'ouvrages anciens devenus pratiquement introuvables. C'est là une bonne chose, dans la mesure où elle coupe les ailes aux éditions pirates éventuelles et donne, en même temps, un relatif coup d'arrêt à la spéculation sur les ouvrages originaux.

**bandoura** n. f. Instrument de musique à plectre, populaire en Russie. Munie à l'origine de 12 à 25 cordes, la bandoura peut en comprendre jusqu'à 50. Apparenté au luth, c'est un des rares instruments à cordes dont le manche soit désaxé par rapport au corps.

**bandouria** n. f. Instrument de musique d'origine espagnole, possédant 6 paires de cordes que l'on fait vibrer au moyen d'un médiateur.

**banjo** n. m. Instrument de musique populaire aux États-Unis, composé d'une caisse de résonance, en bois ou en métal, tendue d'une peau et d'un manche. La longueur des cordes ainsi que leur nombre permettent de l'identifier : 4 cordes pour l'alto, 5 pour l'américain, 6 pour le banjo-guitare, 8 pour le banjo-mandoline, 12 pour le folk. Le modèle le plus recherché reste le banjo américain.

**banlit** n. m. Coffre qui servait de lit de repos aux courriers, aux gardes et aux domestiques.

**Bantous.** Les Bantous forment un ensemble de peuples aux langues étroitement apparentées, qui occupent la plus grande partie de l'Afrique équatoriale et de l'Afrique australe. Leur désignation globale dans la littérature est tirée de l'expression *ba-ntu,* qui veut dire tout simplement « les hommes » dans ce groupe de langues.

Les Zoulous sont le produit de l'amalgame par le conquérant Chaka de différents clans ngunis du Transvaal et du Natal. Les Ngunis sont des Bantous probablement venus de la région des sources du fleuve Zaïre. Cafres, ou Zoulous (ou encore *Zulu*), c'est-à-dire *Ama-Zulu,* « Ceux du ciel », serait le nom donné par Chaka (1787-1828), le « Napoléon des Bantous », à l'ensemble des tribus qu'il réunit en un empire guerrier puissant et redouté.

Très préoccupés par la guerre, les Zoulous eurent cependant une activité artistique. Il subsiste un bon nombre de statues zoulous, mais celles-ci sont mal connues. Elles appartiennent à ce qu'il est convenu d'appeler le style « poteau », assez raide, avec parfois un réel sens de l'invention, où, parfois, les bras et les jambes, à angle droit, sont traités géométriquement en deux rectangles superposés. On trouve des statuettes de personnages aux formes très étirées, aux bras collés le long du corps et vêtus d'un pagne en forme de tablier. Mais c'est surtout dans la fabrication des récipients ou des appuis-tête en bois patiné, engobé ou peint, que le sens de l'invention est le plus brillant. L'influence des Barotse du Zambèze a probablement joué un grand rôle.

Les armes zoulous sont belles : grands boucliers, bâtons et massues en bois poli.

**Baoulés.** Les Baoulés, comme les Ashantis, forment un peuple de langue akan. Leur situation le long de bonnes routes marchandes et le commerce de l'or leur procurèrent la puissance. Les Baoulés sont installés en Côte-d'Ivoire, à la hauteur de Bouaké. Une antique légende rapporte qu'ils sont arrivés de l'est sous la conduite d'une reine héroïque, la mythique reine Pokou, sœur d'un prétendant vaincu à la succession d'Osaï Toutou, fondateur du royaume ashanti.

Les objets usuels à décor sculpté sont nombreux : cuillers, bobines de tissage, peignes, épingles, tabourets et portes sont souvent ornés d'une représentation humaine ou animale. Chez les Baoulés, la sculpture semble être appréciée pour sa valeur décorative ou esthétique. Les statuettes de personnages aux lignes minces, aux traits fins, aux élégantes coiffures sont en bois poli et appartiennent aux jeunes filles, qui les habillent et les traitent comme des poupées. Un vase en bois, le fa, souvent orné d'un personnage assis et pensif, sert à la divination par les souris. Le récipient où sont enfermés les petits rongeurs se compose de deux étages communicants. On dépose de la farine sur des bâtonnets, et les souris, affamées, les piétinent et les déplacent. Il suffira ensuite d'interpréter la nouvelle disposition des bâtonnets. Les masques baoulés, en bois noir bien poli et luisant, sont des visages presque sans relief (qui ne sont pas sans rappeler le travail de bijoux d'or, les pendentifs particulièrement), à l'expression calme et recueillie, aux sourcils en parfait arc de cercle et aux paupières à demi fermées, ne laissant apparaître qu'une mince fente pour les yeux. Certains exemplaires seraient des figurations de Gu, souffle intermédiaire du grand dieu Alouroua.

**Bapst** (les), dynastie de joailliers orfèvres d'origine autrichienne, installée en France depuis le XVIIIe siècle. Le plus célèbre est *Évrard Bapst,* qui, sous la Restauration, travailla notamment pour les duchesses d'Angoulême et de Berry : parure de rubis pour la première, épée du sacre de Charles X, bouquet de joaillerie offert à la seconde pour la naissance de son fils le duc de Bordeaux. *Alfred Bapst,* quelques décennies plus tard, fournit des bijoux à l'impératrice Eugénie, une broche-pendentif en diamants notamment. À la fin du siècle, *Germain Bapst* (1853-1921) s'associa avec Falize et publia une *Histoire des joyaux de la Couronne.*

**Baradelle** (les), famille de fabricants d'horloges français. Établi en 1752 à l'enseigne de « l'Observatoire », quai de l'Horloge à Paris, *Jacques* (1752-1794) est l'auteur de cadrans solaires, de globes et d'instruments de navigation. On le distingue parfois difficilement de *Nicolas-Éloi* (connu de 1774 à 1814), son fils, qui lui succéda en 1774 et s'illustra surtout dans les instruments de mathématiques. Il fut un des premiers à obtenir de l'Académie, en 1787, le brevet d'« ingénieur en instruments de mathématiques ». Le Conservatoire national des arts et métiers possède une méridienne signée « Baradelle fils 1774 ».

Baradelle inventa une écritoire qui porte son nom. La baradelle est contenue dans un petit tube d'or, d'argent, de pomponne ou de galuchat. La base élargie sert d'encrier, et la plume de métal est contenue dans la tige sur laquelle viennent se visser différents accessoires : cachet, poudrier, boîte à cire.

**Barbedienne** (Ferdinand), sculpteur et fondeur français (Saint-Martin-de-Fresnay, Calvados, 1810 - Paris 1892). Il est spécialisé dans les bronzes de grande série. La création de l'atelier de fonderie correspond à l'invention, en 1839, du réducteur mécanique par Achille Collas, avec lequel Barbedienne s'associe. Ce procédé permet l'édition en grande quantité et en différentes tailles de statues célèbres de l'Antiquité ou d'un passé plus proche, ou d'œuvres contemporaines. Les catalogues édités chaque année par la maison nous renseignent sur les tirages et sur les prix. Barbedienne a également travaillé avec de célèbres sculpteurs de son temps, comme Mêne et Barye. Pour être industrielles, ses fontes n'en demeurent pas moins d'une bonne qualité ; il leur manque cependant tout le travail de reparure par l'artiste lui-même, qui affine les reliefs, supprime les imperfections ; il leur manque aussi les patines étudiées que l'artiste ne peut offrir qu'à des œuvres individuelles.

**Barbie** n. f. Poupée américaine créée en 1960 par la Société Mattel. En caoutchouc et de forme élancée, elle a connu un succès mondial. Les collectionneurs recherchent aujourd'hui les premiers modèles, ainsi que son complément masculin baptisé « Ken ».

**Barbier** (Georges), peintre et illustrateur (Nantes 1882-Paris 1932). Il travailla beaucoup pour le théâtre et illustra de nombreux ouvrages, parmi lesquels *On ne badine pas avec l'amour* d'Alfred de Musset. Son style est représentatif de l'Art déco.

**barbière** n. f. Meuble de toilette pour homme, dont le plateau pivotant forme miroir et dégage les accessoires nécessaires pour se faire la barbe. Les premières barbières, apparues à la fin du XVIIIe siècle, étaient des commodes hautes et étroites, dont les tiroirs formaient le socle. Sous Louis-Philippe, les barbières prennent la forme d'une colonne sur des pieds à roulettes surmontée d'un miroir pivotant.

**barbotine** n. f. Bouillie de pâte argileuse plus ou moins épaisse utilisée en céramique, soit pour faire adhérer deux morceaux (assemblage de pièces moulées ou décor d'application), soit comme décor proprement dit ; celui-ci s'applique à l'aide d'une poche à douille.

**bardelle** n. f. Banc à deux bras sur lesquels le verrier roule sa canne de manière à façonner une pièce.

**bargueño** ou **vargueño** n. m. Meuble espagnol à deux corps dérivé du coffre de mariée, le plus souvent d'époques Renaissance et baroque, équivalent du cabinet français. La partie supérieure prend la forme d'un coffre à poignées latérales ; la façade s'ouvre par un abattant ou des portes démasquant des tiroirs et des casiers. La partie inférieure est de deux types : soit en forme de coffre surélevé par des colonnettes ou « pile de pont », soit en forme de crédence à quatre tiroirs, ou « conventuelle ».

**barillet** n. m. Boîte de bois ou de métal, généralement circulaire, où est logé le ressort-moteur qui entraîne le mouvement d'une horloge, d'une pendule ou d'une montre.

Le barillet d'une arme à feu se compose d'un cylindre foré de chambres pour les cartouches. Il s'agit, en fait, d'un magasin rotatif caractérisant les revolvers. Au début, les premiers barillets n'étaient pas forés de part en part, en raison du fameux brevet Rollin-White qui appartenait à Smith and Wesson.

**baromètre** n. m. Instrument servant à mesurer la pression atmosphérique. Son principe, découvert par les expériences de Torricelli (1643) et de Pascal (1647), a été rapidement mis en application. Sa fabrication, assez sommaire (un simple tube rempli de mercure), ne demandait pas l'intervention d'un ouvrier spécialisé. Le baromètre à tube coudé, dû au physicien anglais S. Morland, connut un grand succès au début du XVIII^e siècle. Le baromètre à cadran est le plus répandu, bien qu'il soit le moins précis. Il est utilisé surtout pour la prévision du temps. Généralement en bois doré, il figure parmi les objets d'ameublement dans les ventes publiques, ayant souvent pour pendant un thermomètre.

Ader-Picard-Tajan

*Baromètre-thermomètre en bois sculpté et doré. Adjugé 7800 F par M^es Ader-Picard-Tajan, à Drouot, le 10-VI-1982.*

Le baromètre enregistreur, ou barographe, sert à enregistrer la pression atmosphérique, dont il étudie les variations.

**baroque** n. m. ou adj. Le mot a pour origine un terme de joaillerie portugais, *barroco,* s'appliquant à des perles irrégulières. Par extension, baroque devient synonyme de bizarre, curieux, ridicule.

La spécialisation du terme dans le domaine artistique remonte à la seconde moitié du XIX^e siècle. Le mot reçoit trois acceptions successives : il désigne tout d'abord l'époque qui s'étend de la fin de la Renaissance jusqu'au néoclassicisme (fin du XVIII^e s.), puis le mouvement artistique qui touche les arts plastiques à la fin du XVI^e siècle et durant le XVII^e siècle en Europe méridionale et en Europe centrale ; enfin les styles divers qui, quelles que soient leur époque et leur origine, s'éloignent d'une référence classique donnée. Cette dernière extension du terme baroque tend à faire resurgir la notion péjorative de ses origines ; aussi l'adjectif est-il rarement utilisé dans les catalogues de ventes.

**Le style baroque**

Art dynamique, monumental, pathétique, le baroque est un art de l'apparence où ressort la volonté d'impressionner les sens par une profusion décorative et une grande richesse. Il s'oppose à la pureté « classique » dont il garde

Ader-Picard-Tajan

*Art baroque vénitien : lion en bois sculpté peint et doré. (16 × 20 cm.)*

cependant les structures fondamentales, telles que la composition solide et équilibrée. Certains considèrent d'ailleurs le baroque comme une dégénérescence du classique. De la même manière, le style rocaille du début du XVIII^e siècle, qui s'évade du cadre de la composition structurée et symétrique du baroque, pour ne reprendre que l'idée du décor, est compris comme le dernier développement du baroque.

Le foyer d'éclosion du mouvement baroque est l'Italie, et particulièrement Rome où souffle dans le dernier tiers du XVI^e siècle l'esprit nouveau de la Contre-Réforme. La diffusion du baroque dans les pays catholiques et dans leurs colonies américaines se comprend par la volonté de l'Église d'utiliser cet art comme véhicule de la religion et comme expression de la sublimation de la foi catholique, afin d'attirer et de conforter les fidèles tout en les éloignant du schéma rationaliste et sceptique du protestantisme.

La France du XVII^e siècle apparaît comme un cas particulier, réticente à l'égard d'un mouvement dont l'origine étrangère lui semble néfaste pour son prestige. Cependant les conceptions qui président à l'art de Vaux-le-Vicomte et de Versailles relèvent aussi d'une vision baroque de l'architecture et de la décoration. De la même manière, les pays protestants de l'Europe du Nord adaptent avec une certaine sévérité, il est vrai, des éléments baroques.

Certains traits spécifiquement baroques peuvent être

dégagés dans le traitement des éléments décoratifs : emploi presque exclusif de la ligne courbe, recherche de jeux de volumes permettant d'accrocher la lumière, combinaison de différents matériaux grâce aux techniques de marqueterie, de placage, d'incrustation alors à leur apogée, utilisation importante de la peinture dorée. Les éléments ornementaux empruntent largement au répertoire de la Renaissance classique : motifs végétaux, volutes, coquilles, thèmes mythologiques et religieux interprétés avec un accent dramatique nouveau.

Ainsi le baroque privilégie l'aspect visuel par rapport à l'aspect fonctionnel de l'objet qui doit être « lu » dans un ensemble harmonieux.

**barque** n. f. Large cuve en bois rectangulaire servant à contenir la teinture où l'on trempe les laines, dans les ateliers de lissiers.

**Barre** (les), famille de graveurs français. Trois membres de cette famille furent graveurs généraux des monnaies : *Jean-Jacques* (Paris 1793 - *id.* 1855) le fut de 1843 à 1855, son fils *Albert Désiré* (1818-1878) de 1855 à 1878 et son second fils, *Auguste,* de 1878 à 1879. Les différents* de ces trois graveurs généraux sont, respectivement, une tête de levrette, une ancre, une ancre avec une petite barre traversant l'anneau supérieur.

Le plus connu des Barre est sans conteste Jean-Jacques Barre qui, outre ses activités officielles de graveur général, a laissé derrière lui une œuvre de médailleur très importante ; il fut l'élève de Thiolier et dessina les types monétaires pour la pièce de 5 F de Louis Napoléon Bonaparte, puis pour celle de Napoléon III à la tête laurée. Il grava également les cuivres de nombreux billets de banque et les sceaux de l'État et de l'Assemblée nationale en 1848. Parmi ses médailles les plus connues, on peut citer celle du sacre de Charles X (29 mai 1825), pour laquelle il réussit la prouesse de graver les coins en quinze jours, celle du baptême du duc de Bordeaux (1er mai 1821), de nombreuses médailles médicales, dont celle de la vaccination sous Napoléon III, et la fameuse médaille de la visite à la Monnaie, en 1833, de la famille royale (Louis-Philippe et Marie-Amélie).

**barre** n. f. Pièce de bois collée sous la table d'harmonie des instruments de musique, destinée à la renforcer aux endroits qui subissent la pression du chevalet, causée par la tension des cordes.

**barre aux chats.** Entretoise d'une table de ferme reliée aux quatre pieds par un assemblage en double T. C'est la barre transversale où l'on pose les pieds pendant le repas et... où trotte le chat (en Normandie, le « trot'cat »).

**Barrère** (Adrien), peintre et lithographe français (1871-1931). Il se fit connaître en 1902 en publiant dans *Fantasia,* journal léger de la Belle Époque, sa série des *Têtes de Turcs.* Barrère campa, dans une affiche célèbre, la silhouette du chanteur Dranem et se spécialisa aussi dans l'affiche du spectacle d'horreur. Mais on retient surtout ses planches humoristiques sur les professeurs de la faculté de médecine et de l'école de droit, qu'il connaissait pour avoir étudié un peu dans l'une et dans l'autre.

**barrette** n. f. Forme de broche, très classique vers les années 1930. Il était alors de bon ton de posséder une barrette de brillants que l'on fixait au revers, voire au chapeau, ou avec laquelle on fixait un foulard. Ce bijou est formé d'une simple rangée de pierres, soit d'égales dimensions, soit de tailles dégradées à partir du centre, ce qui lui donne la forme d'une navette.

**Barrias** (Louis), sculpteur français (Paris 1841 - *id.* 1905). Prix de Rome en 1865, il fut popularisé par ses bronzes. Son art demeure fidèle à un classicisme sans académisme, même quand, à la fin du siècle, il se rapproche de l'Art nouveau. L'œuvre que l'on rencontre le plus souvent sur le marché est *la Nature se dévoilant devant la Science,* en marbre, bronze patiné et bronze doré ; elle a aussi été tirée en bronze patiné.

**Barye** (Antoine Louis), sculpteur et bronzier français (Paris 1796 - *id.* 1875). Il est le fondateur et le plus éloquent représentant de l'école animalière du XIXe siècle. Barye était le fils d'un orfèvre parisien, et il reçut la double formation d'orfèvre et de sculpteur ; il réalisa d'ailleurs un surtout de table pour le duc d'Orléans, sur le thème de la chasse. C'est au Jardin des Plantes que Barye allait l'observer, avec un œil d'artiste et de naturaliste, avant de l'interpréter avec un saisissant réalisme. Il aime à représenter l'animal en action, dans l'effort de sa musculature et la cruauté de son combat. Autre thème favori : le cheval, que Barye étudie sur les champs de courses, mais il renoue aussi avec le genre classique de la statue équestre, ainsi qu'avec les allégories mythologiques de la Renaissance (Thésée et le centaure Biénor).

Coll. part.

*Chien de meute. Bonze de Barye, signé sur le socle. L'artiste atteint le même naturalisme dans les sculptures monumentales que dans les petites pièces destinées à orner les intérieurs.*

Barye fondait lui-même ses bronzes, en cire perdue ou au sable ; ces tirages originaux sont de grande qualité. Il n'en est pas de même des tirages en série qui ont été faits ensuite par Barbedienne.

**baryton** n. m. Instrument de musique à cordes en vogue au XVIIIe siècle. Construit sur les mêmes principes que la viole d'amour dont il est la basse, il possède, en dehors des cordes frottées par l'archet, un certain nombre d'autres cordes, dites « sympathiques », c'est-à-dire vibrant par résonance. Un instrument en cuivre inventé par Sommer en 1843 porte ce nom, mais il est appelé aussi euphonium.

**basalte** n. m. Roche noire et dure utilisée notamment par les sculpteurs de l'Égypte ancienne.

**basane** n. f. Peau de mouton préparée par tannage végétal, utilisée en reliure. La basane est la plus employée des peaux utilisées par les relieurs. En raison de son prix modique, elle est moins considérée que le maroquin et le veau, et recouvre les ouvrages usuels de piété, les livres de prix, etc. Ellle est couramment employée du XVIe au début du XIXe siècle. (Abréviation : bas.)

**Basch** (Arpad), illustrateur hongrois (1873-?). Il fit ses études de peinture à Budapest, puis vint à Paris où il travailla chez Bonnat et Jean-Paul Laurens, collaborant ensuite aux revues illustrées du début du siècle. Ses cartes postales de style Art nouveau bénéficient d'une cote élevée.

**bascule** n. f. Instrument de perçage utilisé en serrurerie. Certaines bascules, finement ouvragées, sont très recherchées des collectionneurs.

**Baskerville** (John), imprimeur anglais (Wolverley 1706-Birmingham 1775). Il est célèbre par la beauté des caractères typographiques qu'il a créés.

**basse lisse.** Tapisserie tissée sur un métier dont le plan de chaîne est horizontal. Elle est l'œuvre du basse-lissier ou « marcheteur », ainsi appelé à cause des pédales en bois (les marches) qui permettent d'abaisser l'une ou l'autre des nappes de chaîne.

Le meilleur des spécialistes a encore aujourd'hui des difficultés à reconnaître une tapisserie de basse lisse d'une tapisserie de haute lisse, tant leur aspect est semblable. On sait cependant que les centres de Felletin et d'Aubusson furent les seules manufactures à se consacrer uniquement à l'art de la basse lisse car ce métier plus rapide et plus léger offrait la possibilité de produire à meilleur marché des ouvrages de qualité. Le contrôle du dessin et de la couleur est cependant moins rigoureux qu'en haute lisse : le lissier ne voit que l'envers de l'ouvrage, car le carton est glissé et fixé sous la nappe de chaîne. Mais, peu encombrant et maniable, ce métier présente l'avantage de pouvoir être déplacé facilement. Les tapissiers nomades qui parcouraient la France au Moyen Âge et à la Renaissance pouvaient donc offrir leurs services et créer leurs œuvres sur les lieux mêmes où les appelaient leurs commanditaires. Cela expliquerait la floraison des « mille-fleurs » dans des provinces aussi éloignées les unes des autres que la Flandre et les bords de la Loire.

**basset** n. m. Buffet bas, notamment dans le Maine et le Val de Loire, ainsi nommé par opposition au bahut à deux corps. Les plus anciens remontent au milieu du XVIII^e siècle.

**bassin** n. m. Les grands bassins d'orfèvrerie furent, du Moyen Âge au XVII^e siècle, une des pièces principales de la vaisselle d'apparat. Accompagnant le plus souvent l'aiguière, ils servaient à recueillir l'eau versée sur les mains des convives au début et en cours de repas. Mais cet ustensile était aussi un objet décoratif mis volontiers en valeur sur les dressoirs. Les bassins très plats et circulaires de la Renaissance sont en argent, en vermeil, en ivoire sculpté, couverts d'un abondant décor en relief à motifs allégoriques et végétaux, parfois même en jaspe ou en cristal, mais aussi en étain ou en cuivre. Ils servaient aussi à dresser les pyramides de viandes ou de fruits que l'on présentait lors des repas de fête. Parmi les fabuleuses pièces d'orfèvrerie de Louis XIV, on trouvait de très grands bassins décorés d'allégories et des faits d'armes les plus glorieux du règne. Les bassins du XVIII^e siècle sont plus modestes : ovales et en forme de cuvette, ils accompagnent également l'aiguière, mais ce sont plutôt des objets de toilette, qui deviennent au siècle suivant la simple cuvette accompagnée de son broc, en faïence plus ou moins décorée. Dès le XVIII^e siècle, on a d'ailleurs fait des aiguières et bassins en faïence décorative de Moustiers, Marseille, Paris, Saint-Omer ou Strasbourg.

Récipient circulaire, le bassin persan est destiné aux ablutions ; il est en cuivre repoussé et incrusté d'or et

Ader-Picard-Tajan

*Grand bassin en cuivre ciselé. Calligraphie en « tuluth » à la gloire du sultan Mohammed Ibn Qalawun (1293-1341). Égypte, XIV^e siècle (45 × 19,5 cm.) Adjugé par M^es Ader-Picard-Tajan, à Drouot, le 31-V-1979.*

d'argent ; le décor présente fréquemment une alternance de cartouches épigraphiques et de rondeaux sur fond tapissé de fleurons. Au centre du rondeau s'inscrit une scène figurative : cavalier, scène de vénerie ou de festin. Sur le marché, la qualité du décor, la qualité de conservation et la « dédicace » déterminent le prix. Au XIII^e siècle, l'école mésopotamienne de Mossoul reprend les modèles iraniens.

Les croisés commandaient à leur usage des pièces qu'ils rapportaient en Europe. Les exemplaires les plus célèbres sont celui d'Hugues de Lusignan, roi de Chypre, et celui dit « baptistère de Saint Louis » (tous deux conservés au Louvre). Peu fréquents mais encore abordables sont les bassins séfévides, en bronze à fond plat et à large rebord légèrement convexe ; le décor s'inspire du répertoire des enlumineurs : rosaces ornées d'arabesques lobées et de pendentifs.

**bassinoire** n. f. Récipient destiné à recevoir des braises pour chauffer les lits. Elle peut être confectionnée en cuivre rouge, en laiton, en bronze, ou, plus exceptionnellement, en argent. Elle se compose d'une cuve coiffée d'un couvercle plat, qui peut aussi être légèrement bombé. Ce couvercle s'orne de motifs, obtenus par gravure au burin, martelé ou repoussé. Il est à noter que les motifs sont toujours repercés afin de permettre une bonne aération de la braise. Ledit couvercle est monté sur une charnière façonnée pour recevoir un manche en bois plus ou moins long. Il existe un modèle provençal ne comportant pas de couvercle : deux fers travaillés en « U » inversés sont fixés en croix sur les parois de la cuve ; ce montage évite aux draps d'être mis en contact avec de la braise. Si la bassinoire est connue dès le XV^e siècle, son usage lié au goût du confort se répand au XVIII^e. Autrefois objet utilitaire, la bassinoire est devenue un objet décoratif recherché.

**basson** n. m. Instrument de musique à vent et à anche* double. Afin d'en faciliter le jeu, il est formé de deux parties de bois parallèles et mesure environ 1,35 m pour une colonne d'air de 2,59 m. Le regain d'intérêt pour la musique baroque influence favorablement le marché international des instruments anciens. Le basson, compte tenu de sa rareté, fait l'objet d'un intérêt croissant de la part des collectionneurs et des musiciens qui n'hésitent pas à le payer un prix élevé.

**basson russe.** Instrument de musique à vent et à embouchure. De fabrications et formes diverses, il peut être de métal, mais plus couramment le corps est en bois, terminé par un pavillon ou une tête de serpent en cuivre. Étant donné leur fragilité et le peu de temps pendant lequel ils ont été utilisés, ces instruments sont devenus assez rares.

*La déesse égyptienne Bastet est représentée sous la forme d'une chatte. Paris, Bibliothèque nationale.*

B. N.

**Bastet.** Déesse égyptienne, représentée comme une chatte, que l'on honorait particulièrement dans la ville de Bubastis où se trouvait son sanctuaire. Le culte de Bastet donnait lieu chaque année à des fêtes grandioses auxquelles Hérodote a pu assister encore au Ve siècle av. J.-C. C'est sur ce site que l'on a découvert les nombreux chats de bronze égyptiens, qui n'étaient autres que des ex-voto offerts à la déesse, et que l'on trouve relativement souvent sur le marché des antiques.

**baston à feu.** Arme rustique, constituée d'un simple tube prolongé par une tige de bois que l'on posait sur l'épaule ou que l'on passait sous l'aisselle du tireur. Le baston à feu est la première arme individuelle utilisant la poudre. Le tube contenait la poudre, une balle, une pierre, un petit boulet ou un carreau d'arbalète. Il était percé d'un orifice appelé lumière d'où le tireur approchait un charbon ardent ou un fer chaud, qui sera, par la suite, remplacé par une mèche enflammée. Les bastons à feu du XVe siècle ne se rencontrent que fort rarement sur le marché des antiquités.

**bastringue** n. f. Outil de coupe utilisé en menuiserie et en tonnellerie, constitué d'un fer plat acéré. Le taillant long et à un seul biseau est monté, à retour d'équerre, sur un fût à deux manches.

**bateau** n. m. Parmi les jouets les plus anciens, les bateaux figurent en bonne place comme en témoignent les objets retrouvés sur les sites archéologiques les plus divers.

*Bateau à vapeur par Jean Schoenner, coque peinte à la main, ornements en laiton. Allemagne, vers 1902. (L. 47 cm.) Adjugé 2 200 £ par Sotheby, à Londres, le 30-IX-1982.*

Sotheby Parke Bernet

Bouts de bois grossièrement taillés, simples coquilles de noix ou barques d'osier fragiles, ces modestes embarcations étaient fabriquées par les enfants ou leurs parents, comme cela se fait encore dans de nombreux pays. Les enfants royaux ou privilégiés recevaient en cadeau de splendides navires de bois, véritables modèles réduits dont les rares exemples sauvegardés sont aujourd'hui conservés dans les musées ou les collections particulières.

À la fin du XIXe siècle et surtout au début du XXe s'épanouit l'âge d'or des modèles de bateaux de toutes sortes. D'abord faits à la main, comme les premiers navires mécaniques de Märklin vers 1890 ou les bateaux de fer-blanc américains des années 1870, ces jouets possèdent encore, avec leurs couleurs vives, leurs petits personnages aux gestes maladroits, tout le charme des objets artisanaux d'autrefois. Vers 1895-1905, Bing, Märklin, Carette, Schoenner, Plank se mettent à construire en série toutes sortes de bateaux mécaniques ou à vapeur, dont la finesse d'exécution, la délicatesse des décors peints à la main sont inimitables. Aux environs de 1900, les détails seront peu à peu appliqués par décalcomanie, puis plus tard encore imprimés à l'aide d'un tampon de caoutchouc. Märklin est considéré à juste titre par les collectionneurs actuels comme le plus grand fabricant de jouets nautiques : ses yachts impériaux, ses torpilleurs, ses canonnières peuvent atteindre des prix élevés (120 000 F). Les bateaux Bing, Radiguet et Massiot sont aussi très recherchés. À côté de ces productions en série existent aussi certains fabricants artisanaux (notamment sur le littoral) qui construisent de petites maquettes de voiliers ou des barques de pêcheurs, jouets modestes qui cotent entre 3 000 F et 5 000 F en 1988. Quant aux yachts de bois peints, finement décorés et actionnés mécaniquement, ils sont beaucoup plus rares (50 000 F).

De 1900 à 1940, les bateaux de fer-blanc se modifient très peu soit dans leur ligne, soit dans leur procédé de fabrication. Le *Jolanda* de Märklin se construit pendant trente ans, mais le souci de réalisme, le respect trop strict de l'échelle ôtent aux bateaux plus récents un peu de leur charme naïf. Leur qualité de fabrication reste cependant excellente : grands paquebots des années 20, sous-marins dont le mécanisme à ressort permet la plongée, cuirassés, torpilleurs.

Longtemps absents du marché, les bateaux de fer-blanc sont maintenant recherchés. Certains modèles français et allemands sont vendus plusieurs dizaines de milliers de francs, surtout sur les marchés américains. Les petits bateaux mécaniques des années 20 sont heureusement accessibles pour quelques milliers de francs et permettent de former une collection amusante et colorée.

Maquette de bateau. V. MAQUETTE, MODÉLISME.

**bateau** (meubles de). À l'origine, ces meubles typiquement anglais étaient récupérés lors de la mise au rebut des navires hors d'usage. Le plus souvent en acajou, avec des renforts et des poignées en cuivre, ils ont l'avantage de présenter un volume restreint pour une grande capacité de rangement. Les bureaux à caissons, les lits, les étagères, les lavabos et surtout les commodes (baptisées également *military-chest*), dont le tiroir supérieur comporte un abattant formant pupitre, sont très appréciés des amateurs de meubles anglais. Les meubles de bateau du début du XIXe siècle sont de bonne qualité, à la différence des meubles du XXe siècle fabriqués en grande série.

**batik** n. m. Technique artisanale d'impression polychrome utilisant la cire. L'origine du mot est incertaine (en malais, il signifie « ligne », « dessin»), mais remonte probablement à l'ancien turc *batik*, qui désigne le dessin et l'écriture. Il est donc vraisemblable que cette technique ait été inventée par les Turcs d'Asie centrale ; si les Turcs d'Asie Mineure employèrent peu cette technique même, ils produisirent des textiles décorés selon un procédé similaire et entrant dans la catégorie des *yazma**.

La technique du batik consiste à recouvrir de cire chaude les parties du coton qui ne doivent pas être touchées par la teinture. En séchant, la cire se craquèle, les formes principales du dessin étant ainsi reliées par un très fin réseau de lignes colorées. On peut appliquer la cire chaude soit avec une sorte de petit pot à bec fin, soit à l'aide de blocs de bois sur lesquels le dessin à reproduire est figuré en relief avec des fils de cuivre. La teinture obtenue par des pigments végétaux ou minéraux est alors appliquée lorsque la cire est refroidie.

En Extrême-Orient, le batik est traditionnellement fabriqué en Inde et dans toute l'Asie du Sud-Est, principalement en Indonésie. Les plus réputés sont principalement ceux de Solo et de Jakarta en Indonésie, ainsi que ceux de Bali. L'Inde et le Japon réalisent également des batiks polychromes et quelques artistes ont utilisé ce procédé artisanal pour réaliser des tableaux. Les batiks javanais les plus anciens, très recherchés, sont uniquement teints avec des couleurs végétales et sont généralement monochromes, le dessin apparaissant en blanc sur un fond indigo. Plus tard, vers le XVIIe siècle, on utilisa les couleurs indigo, brun-rouge et blanc. Le rouge n'a été introduit à Java qu'au XVIIIe siècle, par des Indiens. Les motifs sont toujours extrêmement décoratifs. Chez les Torajas des Célèbes, on réalise également une sorte de batik dans lequel la cire est appliquée en gouttes séparées, ce qui fait apparaître le dessin non coloré sur un fond monochrome. Cependant, on ne trouve plus de batiks antérieurs au XVIIe siècle.

**batiste** n. f. Toile de lin fine et serrée. Le mot viendrait soit du prénom de l'inventeur, Baptiste Chambray, un fabricant du XIIIe siècle, soit du nom d'une étoffe indienne appelée « bastas » à laquelle ressemblait cette toile. Les plus belles batistes sont obtenues à partir d'une espèce particulière de lin, appelée « rame », qui poussait très bien dans le Hainaut français. Le fil de la batiste est lustré à la main, et la toile a un aspect soyeux et un toucher doux. La batiste était utilisée pour toute la lingerie fine : mouchoirs, bien sûr, mais aussi chemises, nappes, serviettes, draps... Les pièces anciennes sont aujourd'hui très recherchées des amateurs, sans aucun doute à cause de l'incomparable qualité de ce qui est entièrement fait à la main.

**bâton** n. m. En tapisserie, ancienne unité de surface encore utilisée et correspondant à 1/10 de mètre carré :
— le bâton de croisure, ou d'entre-deux, est en haute lisse une sorte de règle en bois permettant de séparer les fils de chaîne en deux nappes d'avant et d'arrière ;
— le bâton de lame est en basse lisse une réglette de 50 cm de long servant à fixer les lisses commandant une lame, c'est-à-dire une portion de chaîne de 40 cm.

Le bâton de lit sert à faire un lit placé dans une alcôve. Grâce à lui, on peut ramener draps et couvertures. Toujours en bois, c'est un bel objet d'art populaire, souvent orné de beaux motifs géométriques, floraux ou religieux. Il constituait le cadeau traditionnel du berger d'une ferme à la fille de son maître lors de son mariage.

En architecture, les bâtons rompus sont des ornements de bandeaux ou d'archivoltes, composés de frettes, de baguettes ou de boudins interrompus et se brisant de diverses manières. Lorsqu'ils ont une disposition angulaire, on les appelle chevrons et on les retrouve souvent en marqueterie sur les meubles d'époque Louis XV.

Christie's

*Fauteuil en acier chromé et cuir de Mies van der Rohe, qui en 1930 a succédé à Gropius à la tête du Bauhaus. Adjugé 1 540 £ par Christie's, à New York, le 3-IV-1982.*

**bâton de Jacob.** V. ARBALESTRILLE.

**battoir à linge.** En art populaire, le battoir à linge a servi de support à de beaux décors gravés et taillés. Destiné à frapper le linge pour en extraire l'eau sale, le battoir prend, selon les régions, diverses formes et s'orne toujours de motifs gravés au couteau. C'est un objet que l'on offre lors des fiançailles.

En Alsace, il a perdu son rôle utilitaire et n'a plus qu'une fonction décorative et symbolique : le battoir est là pour rappeler à l'épouse qu'elle doit désormais assurer la propreté corporelle de sa famille et de son foyer. Les battoirs alsaciens se reconnaissent à leur forme très allongée et à leur décor soigné. En Camargue, le gardian dessine au compas, au couteau, des motifs particulièrement harmonieux, inspirés du paysage, de la mer. Les régions d'élevage et les régions littorales ont vu naître les plus beaux battoirs.

**battre.** Frapper (la monnaie), dans la technique de production des monnaies par la frappe au marteau. (V. FRAPPE.)

**Bauhaus.** D'origine allemande, le mot désigne l'établissement d'enseignement de l'architecture et des arts appliqués. Les conceptions architecturales modernes se dégagent progressivement au début du XXe siècle. L'Allemagne en devient le foyer de diffusion qui va bouleverser les fondements de l'architecture traditionnelle.

Walter Gropius (Berlin 1883 - Boston 1969) est l'assistant, de 1907 à 1909, de l'architecte Peter Behrens qui, dans ses œuvres, préconise un style géométrique de plus en plus dépouillé. Nommé directeur de l'école d'art appliqué de Weimar, Gropius en fait alors en 1918 le Bauhaus, centre officiel d'architecture moderniste qui va exercer une profonde influence à travers le monde. Le plan du Bauhaus, transféré à Dessau en 1925, illustre d'ailleurs le nouveau style avec tout son rationalisme scientifique : l'édifice n'est plus une masse, mais un volume composé d'une enveloppe transparente de verre, d'acier et de béton. Klee, Kandinsky, Mucha, Meyer, Oskar Schlemmer, Moholy-Nagy, etc., enseignent dans le cadre d'une architecture fonctionnelle l'union de tous les arts, privilégiant toutefois les besoins de l'industrie et les nécessités de la technique : ces recherches d'esthétique industrielle sont immédiatement exécutées dans l'ameublement — sièges en tube d'acier de M. Breuer, meubles de J. Albers —, dans l'impression sur étoffes-tissus de Otte. En 1930, Mies van der Rohe devient le directeur du Bauhaus.

Après 1932, la montée du nazisme en Allemagne incite la plupart des membres du Bauhaus à émigrer aux États-Unis : Gropius y dirige l'école d'architecture à l'université de Harvard (1938) ; Moholy-Nagy fonde à Chicago le New Bauhaus, y ajoutant des cours d'*intellectual integration,* destinés à élargir l'horizon des élèves.

**Baumhauer.** V. JOSEPH.

**Bauve** (Mathieu de), menuisier français. Reçu maître en 1754, il a signé des sièges imposants d'une grande perfection d'exécution.

**Bauzonnet.** Relieur français (1788 - apr. 1879). Il se distingua, au milieu de ses confrères spécialistes de l'impeccable pastiche des temps passés, par une grande originalité dans l'exécution des reliures, en particulier par des jeux de filets droits dorés à la perfection.

Fotogram

*Autoportrait de Bayard.*
*Société française de la photographie.*

**Bayard** (Hippolyte), photographe français (Breteuil, Oise, 1801 - Nemours 1887). Pionnier de cet art, il fut présent sur les barricades de 1848. Il estima avoir devancé Daguerre et contesta la primauté de celui-ci dans la réalisation d'images positives sur papier. En échange d'une petite gratification du gouvernement, il ne fit pas de procès public à Daguerre mais resta ignoré du grand public. Le Comité des monuments historiques lui passa commande de photographies sur les monuments de Normandie. Organisateur de la première exposition de photographies sur papier (24 juin 1839), il fut aussi membre fondateur de la Société héliographique (1851) et de la Société française de photographie (1854). Ses tirages d'origine sont très rares.

**Bayeux.** En 1793, une manufacture de porcelaine fut créée à Valognes par Le Tellier de la Bertinière et fut reprise par Le Masson vers 1794. Vers 1802, Joachim Langlois prit la direction de cette fabrique qu'il transféra, à la suite de problèmes financiers, à Bayeux en 1810. La marque est constituée par le nom de la ville en toutes lettres, le « B » dans un cartouche chinois et quelquefois « VL » pour Valognes, le plus souvent en bleu. Les décors les plus appréciés des amateurs sont inspirés des porcelaines japonaises connues sous le nom de porcelaines d'Imari (ou Arita), particulièrement du temps de Langlois. L'influence anglaise est aussi très forte dans le style de la production de plus en plus recherchée par les collectionneurs, surtout en Normandie.

**Bayreuth.** Johann Kaspar Ripp de Hanau, formé à Delft, est probablement à l'origine de la création de la première faïencerie de Bayreuth en 1714. De 1720 à 1745, un certain Knoller dirigea l'usine. L'influence de Delft est, à cette époque, considérable, notamment pour les motifs extrême-orientaux, même si les motifs européens, les scènes mythologiques, les armoiries et surtout les décors floraux, comme les « fleurs à l'allemande » *(deutsche Blumen),* sont représentatifs de l'art de Bayreuth, comme l'est le traitement en camaïeu bleu vif superposé à un fond d'émail bleu pâle. La production — parfois marquée « B. K. » — n'est pas toujours aisée à reconnaître.

Vers 1745, la manufacture est reprise par deux nouveaux propriétaires — Franckel et Schreck — et, entre 1788 et 1806, passe entre les mains d'un certain Wentzel.

La faïence de Bayreuth est très recherchée dans les pays germaniques en général et en Bavière en particulier. Toutefois, les pièces à décor rococo de très belle qualité trouvent des amateurs à Paris, Bruxelles et New York.

**Bazor** (Lucien), graveur de monnaie français (1889-1974). Graveur général des monnaies de 1931 à 1958 (différent* : une aile), il fut l'élève de Patey et obtint le grand prix de Rome en 1929. Il remporta cette même année le concours instauré pour la dernière pièce d'or française : cette pièce de 100 F or dite « Bazor » fut frappée quelques années plus tard, en 1935 et 1936, mais elle fut aussitôt démonétisée et est aujourd'hui très rare. Bazor est également connu des numismates pour avoir gravé la plupart des types monétaires de l'État français (1940-1944), notamment les pièces à l'effigie du maréchal Pétain.

**Beauvais.** Dès le XVIe siècle, la réputation des tapisseries de Beauvais est excellente. En 1664, Colbert fonde une manufacture placée sous la protection du roi, mais qui demeure une entreprise privée. Sous la direction de Louis Hinart et avec les cartons de Fouquières, Beauvais crée alors de magnifiques tentures telles que *les Noces picardes,* puis avec le Tournaisien Béhagle, *les Actes des Apôtres, les Conquêtes du roi.*

L'influence des décors « à la Berain » insuffle à Beauvais une inspiration et un style nouveaux : la tenture des *Grotesques* à fond jaune, inspirée de l'antique à travers Raphaël, connaîtra un succès foudroyant malgré une technique hésitante, « des coloris mal distribués, un grain changeant, grenu, inégal, ses laines pleines de poil et ses couleurs d'usage de peu de durée ».

Si, à partir de 1726, la direction du peintre animalier Oudry donne à la manufacture un grand dynamisme, elle marque aussi la fin de l'autonomie de la tapisserie et des lissiers par rapport à la peinture et aux cartons auxquels elle est désormais soumise. Les « tableaux en tapisserie » l'emportent, et les « petits teints » remplacent les « grands teints » solides imposés par Colbert. Si l'on compte 40 couleurs sur une tapisserie médiévale, 75 sous Colbert, on en relève 364 en 1740.

Malgré la grande virtuosité de Boucher, la tapisserie originale a disparu, et Beauvais se spécialise dans les

*«Le Prince en voyage», Tapisserie de Beauvais vers 1720, (360 × 385 cm), présentée à la Biennale des antiquaires en 1986 par Jacqueline Boccara. Deux tapisseries tissées à Beauvais d'après les mêmes cartons se sont vendues 850 000 F, à Monte-Carlo, par M^es Ader-Picard Tajan le II-XI-1984.*

tapisseries de sièges et les tableaux de laine agrandis pour être encadrés et figurer dans les salons contemporains.

Quand Jean-Baptiste Le Prince, revenant de Moscovie, lance les «jeux russiens» à Beauvais (1767-1770) pour répondre aux chinoiseries et turqueries des Gobelins, ce sera encore un succès. Raffinées, sensibles, élégantes, les tapisseries de Beauvais correspondent au goût du XVIII^e siècle. Abondantes encore sur le marché actuel, essentiellement décoratives avec leurs médaillons ornés de rubans, d'amours, les tapisseries du XVIII^e siècle n'ont pas la vigueur et la beauté décorative des tentures historiques du XVII^e siècle, beaucoup plus rares et donc plus chères.

Les ateliers de Beauvais sont installés aux Gobelins depuis 1940.

**bébé caractère.** Poupée de collection représentant un bébé dont l'expression du visage est caractérisée (pleureur, boudeur, rieur, tireur de langue, «poulbot», etc.). Ces jouets sont à l'origine de la S. F. B. J.* qui numérote les expressions sur ses catalogues. Les plus recherchés sont les 226 (triste), 247 (faux boudeur) et 251 (tireur de langue). Il y a chez ces poupons beaucoup de réalisme et d'humour. Bru et Jumeau font aussi leurs bébés caractère (rageur) comme les fabricants allemands (bébé double-face) et américains. Autrefois délaissés des collectionneurs, ces bébés ont aujourd'hui leurs fidèles amateurs qui ont fait rapidement augmenter les prix en dix ans. Un bébé «jumeau triste», tête en porcelaine, a été adjugé 131 500 F à Lyon, le 21-V-1987. Les bébés caractère valent de 6 000 à 8 000 F en 1988.

**bec** n. m. Partie de certains instruments de musique à vent. Placé entre les lèvres afin d'émettre le son, dans la flûte, il comprend un conduit qui achemine l'air vers le biseau; dans la clarinette et le saxophone, il est muni d'une anche battante. La disparition du bec original diminue sensiblement la valeur des clarinettes.

Le terme désigne aussi la plume de corbeau fixée au sautereau des instruments à clavier à cordes pincées.

Sotheby Parke Bernet

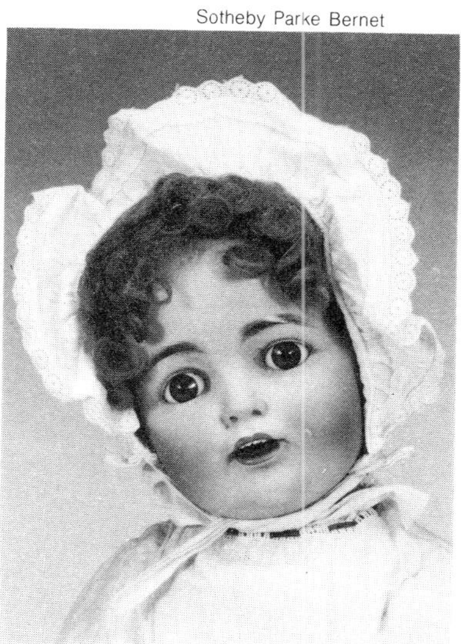

*Cette poupée de porcelaine aux yeux expressifs appartient à la famille des poupées ou bébés caractère. Adjugée 308 £ (environ 3 300 F) par Sotheby, à Londres, le 30-IX-1982.*

**bec de corbin.** En architecture, moulure saillante selon une courbe crochue à la manière d'un bec de corbeau. À la Renaissance, on nomme vase à bec de corbin une aiguière avec un bec verseur effilé et recourbé. Les cannes des XVIIe et XVIIIe siècles ont quelquefois des poignées en bec de corbin.

**Béchot** (Marc), médailleur français (1520-1557). Sous le règne de Henri II, il a gravé des jetons, des médailles et des monnaies d'une qualité rare, qui marquent le renouveau de l'art monétaire en France, lié à l'influence artistique de la Renaissance italienne et à la révolution technique introduite par le balancier*. C'est à Béchot que revint l'honneur d'occuper pour la première fois la charge de « tailleur général des monnaies », créée par Henri II en 1547 : il y fit preuve de son génie en gravant, à la Monnaie du Moulin, de superbes *testons* d'argent et de célèbres essais en or dont le fameux *henri d'or à la Gallia* inspiré de l'antique.

**Becker** (Carl Wilhelm), numismate et faussaire allemand (Spire 1772 - ? 1830). L'un des plus fameux faussaires de l'histoire numismatique, Carl Wilhelm Becker s'installa comme orfèvre à Mannheim et ouvrit ensuite à Offenbach, près de Francfort, une affaire d'antiquités, où il mit en vente des fausses monnaies qu'il fabriquait lui-même. Sa réputation de connaisseur et de marchand grandit rapidement; il vendit ses faux d'une part aux célébrités contemporaines, d'autre part à des musées. Il devint peu à peu le protégé du prince Charles d'Isenburg et connut entre 1815 et 1825 une période particulièrement faste en affaires. Pendant ces dix années, il grava la majorité des coins des 330 fausses monnaies que l'on connaît de lui. D'une habileté prodigieuse, il se spécialisa surtout dans les pièces grecques et romaines, mais n'hésita pas à aborder aussi la numismatique wisigothique ou carolingienne. Frappés au marteau, souvent avec du métal ancien, ses faux ont trompé pendant plus d'un siècle de nombreux amateurs et l'on retrouve encore parfois de nos jours des exemplaires de sa production dans certaines collections.

**bédane** n. m. Ciseau à un seul biseau, plus étroit que large, utilisé en menuiserie pour creuser les mortaises.

**bélière** n. f. Sorte d'anneau fixé à la tranche d'une médaille et permettant de porter celle-ci ou de l'attacher par l'intermédiaire d'un ruban, d'une ficelle ou d'une chaîne.

**Bellesteste** (les), dynastie d'ivoiriers dieppois et parisiens connue dès le début du XVIIIe siècle. *Jean-Antoine* s'installa à Paris où il travailla notamment pour la cour en exécutant aussi bien de petites statues, comme celles des quatre saisons d'après celles de Versailles, que des boîtes, étuis, tabatières, navettes, figures saintes, jeux d'échecs et éventails. Son petit-fils, *Louis Charles Vincent,* fut rendu célèbre par le bateau qu'il fabriqua pour Napoléon Ier et qui se trouve aujourd'hui au musée de la Marine.

**beloio** n. m. Terme provençal signifiant « bijou ».

**béloutches.** Tapis d'anciennes tribus nomades qui se sont fixées dans la région de Mechhed (est de l'Iran) et dans celle d'Hérat (ouest de l'Afghānistān).

Les tapis béloutches noués à Hérat* sont appelés Hérat-béloutches ou Hérat-afghans et sont de plus petits formats que les Mechhed-béloutches. Les béloutches sont de qualités variables et d'un tissage peu serré, la trame et la chaîne sont en poils de chèvre ou en laine ; noués au nœud persan, ces tapis sont bordés d'un *kilim* (lisière tissée) souvent important (15-20 cm). Les tons, peu nombreux, varient des bruns aux jaune ocre, rouges et noirs. Le décor géométrique domine (losanges, crochets, *gül*) et rappelle certains décors turkmènes.

**Bénin.** Le puissant royaume du Bénin s'étendait dans les régions boisées du Nigeria, à 170 km à l'est d'Ife, capitale religieuse des Yoroubas. L'expansion du royaume du Bénin, politiquement et culturellement, ne commence qu'à la fin du XIVe siècle et doit beaucoup à Ife. Le royaume du Bénin fut l'un des premiers, sur la côte de Guinée, à nouer des relations diplomatiques avec une puissance européenne, le Portugal, à la fin du XVe siècle.

La tradition rapporte que la connaissance des techniques du bronze a été introduite au Bénin sous le roi *(oba)* Oguola, vers 1280, par l'artiste fondeur Ighé-Igha, envoyé à cette époque par Ife, et qui est encore de nos jours vénéré par les forgerons du Bénin. La production des bronzes au Bénin fut intensive et était essentiellement destinée à la vie de la cour. Le procédé de fabrication est toujours celui de la cire perdue : le modèle de cire est façonné autour d'un noyau de glaise, puis recouvert d'une mince chape de plâtre et de brique pulvérisée. D'après von Lushan et B. Struck, on pourrait distinguer quatre périodes :

— XIIe-XVe siècles : influence d'Ife, où les premiers artistes du Bénin auraient appris la technique de la fonte à cire perdue ;
— XVe-XVIIe siècles : épanouissement de l'art ; représentations dans les bas-reliefs de personnages européens ;
— XVIIIe siècle : début d'une décadence toute relative ;
— XIXe siècle : œuvres à caractère nettement plus expressionniste, exécutées en bronze en même temps que les sculptures sur bois recouvertes de feuilles de laiton, ne rappelant pas les styles anciens.

Les formes essentielles des bronzes du Bénin sont des statues à figuration humaine ou animale (panthère), des effigies commémoratives, des groupes, des plaques à

*Plaque de bronze du Bénin. Galerie Hélène Kamer-Lelouch.*

Bibliothèque nationale

*Gravure de Berain. Paris, Bibliothèque nationale.*

reliefs commémorant des faits importants ou des batailles, des cloches et des heurtoirs, des petits masques ou des plaquettes portées à la ceinture comme insignes de dignité, des montures d'épées, des coffrets en forme de palais, d'animaux, des objets de culte royal et enfin des bijoux. Toutes ces représentations servaient à glorifier le roi, la reine mère, les princes, la cour et les chefs d'armée avec leurs chasseurs et leurs musiciens ; les rois se faisaient représenter en grand costume d'apparat, brandissant fréquemment une lance ainsi qu'une épée cérémonielle, dite *ebe,* parfois avec des jambes en forme de poisson, permettant de s'identifier avec Olokun, dieu de la mer.

La plupart des bronzes ont une composition assez sereine et parfaitement symétrique. Les dimensions respectives sont en général fonction du rang. Il y a cependant des plaques — toutes décoraient la ville de Bénin — avec des groupes de figures asymétriques où les personnages s'enchevêtrent dans un tumulte assez violent. Un motif de rosette garnit le fond du champ. On trouve des animaux de toutes sortes, toujours fortement expressifs : des léopards, des crocodiles, des serpents, des oiseaux et des poissons. Des Portugais, en morion, en armure, et tirant à l'arbalète, sont souvent représentés. Au XIXe siècle, les pièces deviennent plus massives et plus disproportionnées et la recherche de l'effet saisissant est évidente. C'est de cette époque que datent les grandes et lourdes têtes de bronze avec ailes de perles, surmontées de défenses d'éléphant sculptées, posées au sommet du crâne. Ces têtes portent le nom d'*uhumwelao* et étaient destinées à orner les autels du culte des ancêtres royaux *(aru-erha).* Il faut également noter que des surmoulages de pièces anciennes ont été faits au XIXe siècle.

Les ivoires du Bénin sont particulièrement somptueux : grandes coupes ciselées, panthères, parfois par couples, et bijoux raffinés rehaussés de clous de cuivre.

**Berain** (Jean Ier Berain), ornemaniste français (Saint-Mihiel 1640 - Paris 1711). Il travailla au service de Louis XIV comme « dessinateur de la chambre et du cabinet » du roi. S'inspirant des grotesques antiques remis à la mode par Raphaël, Berain donne son nom à un décor fait de légères architectures montées sur des colonnettes soutenant des voûtes de feuillages aériennes, peuplées d'oiseaux, de bouquets, de trophées et de guirlandes. Au premier plan évolue un monde fabuleux et raffiné de petits singes, de personnages de la commedia dell'arte, gracieux et colorés. Ce fameux décor « à la Berain » se retrouve sur les faïences (en particulier, celles de Moustiers), les tapisseries, les boiseries, les bronzes des meubles. La collaboration de Jean Ier Berain avec Béhagle à la manufacture de Beauvais annonce dès 1690 le style léger et fantaisiste du XVIIIe siècle.

**Béraldi** (Henri), bibliophile et écrivain d'art français (Paris 1849 - *id.* 1931). Possesseur d'une superbe bibliothèque, il a laissé une œuvre importante sur l'histoire et l'art du livre. Il fut l'un des pionniers du renouveau du livre moderne et opposa à la « bibliophilie vénérante » du passé la « bibliophilie créatrice ».

**berceau** n. m. Petit lit d'enfant construit de telle sorte qu'on puisse lui donner un mouvement de balancement. Les berceaux sont aussi bien des caisses rudimentaires en forme d'auge que des nacelles en osier ou de petits lits d'apparat à barreaux tournés. La partie mobile peut être suspendue entre deux montants ou fixée à un soubassement sur patins incurvés.

**berceau de graveur.** Outil dont la lame convexe est hérissée de petites pointes et servant à préparer la planche pour obtenir des teintes veloutées.

**Bercy.** La fabrique de verre installée par Jean Alexandre Paris près de la gare de Bercy est mentionnée pour la première fois en 1827. Ce bijoutier-joaillier fut amené à la fabrication du verre et du vitrail par sa spécialité, l'émail, avec lequel il réalisa des motifs destinés à être incrustés dans le cristal. Parallèlement à ces ouvrages décoratifs, il créa alors une gobeleterie en cristal transparent et coloré ainsi que des opalines appréciées pour leurs couleurs délicates. Sous la direction de son fils qui lui succéda après sa mort, l'usine s'engagea dans une production plus industrielle ; transférée au Bourget en 1867, l'usine ferma ses portes en 1935.

**Bergame** ou **Pergame.** Haut lieu de la civilisation antique et très ancien centre de production de tapis avant même l'ère chrétienne, Bergame a été célèbre en Occident pour ses tapis dès le XVI^e siècle.

Exécutés en laine brillante, au nœud turc, les tapis de Bergame, le plus souvent de petit format et de forme carrée, sont robustes malgré leurs points peu serrés et leur velours assez haut.

Le décor souvent irrégulier ou asymétrique se compose essentiellement d'éléments géométriques (carrés, polygones, crochets) ou d'éléments floraux très stylisés. Les couleurs variées et gaies (bleu roi, jaune, orangé) se détachent sur un fond principalement rouge foncé. Très décoratifs, ces petits tapis sont très recherchés par les amateurs.

**bergamote** n. f. Petite bonbonnière en usage au XVIII^e siècle, les premières apparaissant même à la fin du règne de Louis XIV. Elle tient son nom de sa doublure en écorce d'orange qui parfume agréablement les confiseries qu'elle contient. Quant à l'extérieur, il est généralement de papier mâché, décoré au pinceau de motifs rocaille et de personnages. Malgré son ancienneté, la bergamote n'est pas une boîte rare, ni chère, car elle n'est jamais en matière précieuse. On en trouve chez l'antiquaire entre 2 500 et 4 000 F.

**bergère** n. f. Fauteuil à joues pleines dont les côtés sont garnis d'étoffe (plus rarement de cuir ou de cannage) entre les accotoirs et la ceinture. Ce siège confortable apparaît vers 1720. Il succède au fauteuil « en confessionnal » de la fin du règne de Louis XIV mais s'en distingue par la disparition des oreilles (ou orillons) en haut du dossier, par la présence d'un coussin mobile placé sur le siège et d'un dossier plus court, ainsi que par des pieds cambrés dépourvus de croisillon d'entrejambe.

*Bergère en gondole en bois relaqué gris mouluré, pieds cambrés à nervures. Époque Louis XV. Adjugée 20 000 F par M^es Ader-Picard-Tajan, à Drouot, le 18-XII-1987.*

Ader-Picard-Tajan

Dans les *Mémoires* de M^me Campan, on peut lire que la bergère a « sauvé du couvent » M^me Victoire, fille de Louis XV, c'est-à-dire que celle-ci a préféré le confort à l'ascétisme.

Vers 1750, la *bergère-voyeuse* présente un dossier surmonté d'un accoudoir. La bergère se transforme selon les styles. Son règne s'achève sous la Restauration lorsque apparaissent les ressorts, qui rendent inutiles les coussins rembourrés.

**berle** n. f. Sorte d'armoire primitive creusée dans un tronc d'arbre dont elle conserve la forme générale. Souvent en mélèze, ce « meuble-tronc » se rencontre dans les Cévennes, en Auvergne et dans les Alpes.

**Berlin.** En 1751, la petite manufacture berlinoise de porcelaine « à pâte dure », créée par Wilhelm Kaspar Wegely en 1751, fut placée sous le patronage de Frédéric, roi de Prusse. Cette fabrique, qui utilisait une argile venue de Saxe, n'a existé que six ans environ ; en 1761, la manufacture ainsi que le brevet de fabrication de Wegely furent rachetés par un homme d'affaires, Johann Ernst Gotzkowski, qui introduisit des ouvriers spécialisés venus de Saxe (Meissen). En 1763, la manufacture de Berlin fut reprise par l'État prussien (« Manufacture royale de porcelaine ») et est toujours propriété de l'État. On raconte qu'à cette époque Frédéric le Grand tenta même, vainement, de dissoudre la manufacture de Meissen et de transférer le tout à Berlin.

*Soupière en porcelaine de Berlin à décor polychrome. XIX^e siècle. Adjugée 2 100 F par M^e H. Martin à Angers.*

Martin

Au XVIII^e siècle et au début du XIX^e, techniques, motifs et même couleurs sont très influencés par Meissen et par Sèvres. La porcelaine est d'un blanc éclatant et les pièces les plus recherchées de nos jours rappellent beaucoup la technique de Sèvres (vaisselle de table et surtout services à thé), bien que les motifs soient surtout des scènes de rue et des architectures qui évoquent la porcelaine viennoise.

Moins recherchées hors des pays germaniques que les belles pièces de Meissen et de Vienne, ces porcelaines atteignent toutefois de nos jours des prix très honorables. Elles sont marquées par un « W » pour Wegely et un « G » pour Gotzkowski, ainsi que par un sceptre de couleur bleuâtre après 1763. Les pièces du XIX^e siècle sont parfois marquées d'un « K. P. M. » (Koninzliche Porzellen Manufaktur) couronné ou portant l'aigle royal de Prusse.

**Berliner** (Émile), inventeur du phonographe, américain d'origine allemande (1851-1921). Il invente en 1889 le premier appareil à disque qu'il appelle le *Gramophone.* Les collectionneurs désignent sous le nom de *Berliner* le phonographe à manivelle verticale qui servit de modèle au peintre Francis Barraud dans le tableau où figure le célèbre chien attentif écoutant « la voix de son maître ».

**Bernardel,** famille de luthiers français du XIX^e et du XX^e siècle. Auguste Sébastien Philippe (1798-1870) est employé chez Nicolas Lupot et chez Gand père, à Paris. Brillant élève, il se présente à divers concours et obtient les plus hautes récompenses dans les expositions. En 1859, il s'associe avec ses fils Gustave Adolphe et Ernest Auguste et se retire en 1866. Ses fils s'associent à leur tour avec Eugène Gand pour former la célèbre maison Gand et Bernardel. Aujourd'hui, tous les luthiers et musiciens apprécient le talent de ces noms qui ont dominé la lutherie française et dont les instruments atteignent des prix encore accessibles, compte tenu de leur qualité.

**Berthon** (Paul), affichiste français (1848-1909). Très influencé par Grasset, il a été l'un des meneurs de l'Art nouveau, créant une cinquantaine d'affiches et quarante panneaux décoratifs : célébrités de son époque, affiches de chemin de fer. Dans le domaine de la carte postale, la série sur la musique est recherchée. En vente publique à New York, ses affiches avoisinent 1 000 dollars en 1982.

**Berthoud** (les), dynastie d'horlogers actifs à Paris aux XVIII^e et XIX^e siècles.

*Ferdinand* (Plancemont, Suisse, 1727 - Groslay, Val-d'Oise, 1807). Installé à Paris à l'âge de 20 ans, il accéda à la maîtrise en 1754. Il s'intéressa à l'isochronisme (égalité de durée), utilisa avec succès un spiral conique, fit connaître entre 1760 et 1770 les premières construc-

Chayette

*Montre astronomique en argent de Ferdinand Berthoud, ayant appartenu au chimiste Chaptal. Adjugée 280 000 F par M^e Chayette, à Drouot, le 10-XI-1982.*

tions des échappements pour chronomètres, travailla à l'amélioration du ressort timbre et fabriqua des montres à équation du temps qui indiquent à la fois le temps solaire vrai et le temps solaire moyen. Horloger, pensionnaire du roi dès 1786, inspecteur général des machines pour la Marine, il écrivit de nombreux traités théoriques et pratiques et fut élu à l'Institut.

*Pierre Louis,* neveu de Ferdinand (Plancemont 1754-*id.* 1813), fut élève mécanicien de la Marine et remporta plusieurs prix et distinctions pour ses réalisations.

Les montres ou pendules aux mouvements réalisés par Ferdinand Berthoud ou sous sa direction sont très cotées comme le prouvent les 1 159 600 F donnés à Drouot le 3 juin 1987 pour un chronomètre de poche en or du début du XIX^e siècle. Des modèles moins rares se vendent de 50 000 à 100 000 F selon le nombre des complications. Les chronomètres en argent à répétition des quarts sont accessibles de 10 000 à 20 000 F.

La signature de Ferdinand Berthoud attire dans les ventes les collectionneurs les plus exigeants.

**béryl** n. m. Pierre précieuse qui recouvre plusieurs variétés, comme l'émeraude ou l'aigue-marine. Il existe aussi des béryls blanc dont on faisait jadis des verres de loupes et de lunettes, et qui ont donné naissance aux « béricles », devenues ensuite les bésicles.

**besaiguë** n. f. Long fer plat à douille transversale, sans manche, servant aux charpentiers pour parer les mortaises. L'une de ses extrémités est taillée en bédane, l'autre en ciseau.

**besant** n. m. Le terme de « besant » (ou « bezant ») a désigné en France, jusqu'au XIX^e siècle, toutes sortes de monnaies d'or byzantines. Le mot figure fréquemment dans l'histoire ou la littérature française : ainsi parle-t-on dans *le Roman de la Rose* d'une « grande bourse pesant, toute farcie de bezants ». Il apparaît même dans le cérémonial du sacre des rois de France où il désigne les treize pièces d'or portées à l'autel en offrande par le souverain.

Le besant désigne aussi un disque aplati utilisé dans l'ornementation de l'architecture romane aux archivoltes ou un bandeau.

**bésicles** n. f. pl. Ancêtres des lunettes, elles existent depuis le XII^e-XIII^e siècle. On disait alors « béricles », du fait que certaines étaient taillées dans du béryl blanc. Au cours du XV^e siècle, en vertu d'une mode bizarre qui consista un temps à prononcer les « R » en « S », les béricles se sont transformées en bésicles et le sont restées. Elles deviennent objets de collection lorsque leur monture ou leur étui sont faits de matières précieuses artistement ouvragées (vermeil, or, émail, nacre, etc.) ou quand elles ont appartenu à quelque personnage historique.

**Besnier** (Nicolas), orfèvre français (? - Paris 1754). Reçu maître en 1714, orfèvre du roi, logé aux galeries du Louvre, Nicolas Besnier fut un des meilleurs représentants de l'orfèvrerie Régence : pans coupés, décors de feuilles d'appliques, frises d'oves, de postes, d'entrelacs, bassins, aiguières, flambeaux, pots à oille, etc. Quelques-unes de ses œuvres ont été conservées, mais il ne reste évidemment rien de la vaisselle exécutée pour le roi. Le talent de Besnier fut récompensé par des marques de distinction, puisqu'il fut échevin de Paris en 1729, nommé administrateur de la manufacture de Beauvais aux côtés d'Oudry, et anobli quelques années plus tard.

**Bettini** (Gianni), fabricant de phonographes italien. Il est surtout connu pour la qualité de ses diaphragmes, résultat de ses recherches acoustiques. La production portant le nom de ce constructeur est rare, et est très appréciée des amateurs qui n'hésitent pas à accepter des prix élevés.

**Beurdeley** (Alfred), ébéniste et bronzier français (Paris 1808 - *id.* 1882). D'origine bourguignonne, Alfred Beurdeley avait hérité de son père Jean (1772-1853), marchand de tableaux, d'estampes et de curiosités, d'une boutique

*Estampille d'Alfred Beurdeley.*

C. A.

*Meuble d'entre-deux de style Louis XVI en placage d'ébène, décoré de laque du Japon exécuté au XIXe siècle par Beurdeley.*

d'abord installée rue Saint-Honoré et qu'il réaménagea dans le pavillon de Hanovre, 32-34 rue Louis-le-Grand, près de l'Opéra, à Paris. Il se consacra à la fabrication de meubles fidèlement copiés sur des modèles du XVIIIe siècle, de préférence de style Louis XVI. La qualité d'exécution lui valut des commandes du duc de Nemours et de Napoléon III. Appelé « ébéniste privilégié des têtes couronnées », il reçut une médaille d'or à l'Exposition universelle de 1867. Son fils Alfred II (1847-1919) suivit les mêmes voies. Ses copies de modèles de Cressent et de Weisweiler sont particulièrement remarquables.

Depuis la vente des collections familiales, le 16-V-1979, les prix n'ont cessé de monter. Une paire de table en bronze doré de style Louis XVI s'est vendue 160 000 $ (1 120 000 F) à New York, le 13-IX-1986.

**bibelot** n. m. Objet de vitrine fragile, délicat et généralement précieux. Ce mot est pourtant une déformation de « bimbelot », qui désignait au contraire, aux XVIIe et XVIIIe siècles, un petit jouet de peu de valeur. Les mots « bimbeloterie », « bimbeloter » sont demeurés longtemps en usage pour désigner la fabrication de ces sortes d'objets. Proust, en revanche, invente le mot « bibeloter » comme synomyme de « chiner ».

Citons comme exemples de bibelots précieux les boîtes et tabatières anciennes, les étuis à cire, les carnets de bal, les ivoires de Dieppe, tous les menus objets de pierre dure, d'or, d'argent, de porcelaine, bref tout ce qui se loge dans une vitrine pour y être admiré.

**biberon** n. m. Le biberon en verre a souvent emprunté à la céramique ses formes, en particulier cette forme oblongue au goulot étroit avec sur le côté un orifice de remplissage, courante vers 1840. On rencontre aussi des biberons de forme conique d'après les modèles allemands, ou bien encore ronde et aplatie.

**bible** n. f. Livre contenant l'Écriture sainte, l'Ancien et le Nouveau Testament. C'est probablement le premier livre imprimé, à l'aide de caractères mobiles, par Gutenberg. La *Bible de Gutenberg* comporte 1 200 pages en deux volumes in-folio. Des cent exemplaires édités en 1455, il ne subsiste que quarante-huit volumes, dont l'estimation est impossible à donner. Un exemplaire a été vendu 4 000 livres (100 000 F or) en 1897. En 1926, la *Bible* de la bibliothèque de Melk a été achetée 105 000 dollars par un acquéreur américain qui en a fait don à l'université Yale aux États-Unis. Une Bible de Neuchâtel (1535), sous reliure de maroquin rouge, du début du XVIIIe siècle, s'est vendue 1 082 700 F à Drouot, le 13-V-1987.

**bibliographie** n. f. Ensemble des connaissances constituant la science du livre en lui-même et par lui-même : sa description matérielle et physique ainsi que le compte rendu, l'analyse et la critique de son contenu. Indispensables à l'amateur et au professionnel, les bibliographies sont innombrables. Outre les bibliographies raisonnées générales (*Manuel du libraire,* de Brunet) il existe des bibliographies sur tous les sujets : livres romantiques (Carteret), chasse (Thiébaut), gastronomie (Vicaire), jusqu'à... la bibliographie des bibliographies, qui donne le catalogue complet des bibliographies existantes sur les sujets les plus divers, des almanachs aux voyages.

**bibliophile** n. m. Personne qui aime, qui recherche les livres rares et précieux. Le bibliophile est né avec le livre, qu'il soit manuscrit ou imprimé, et dès les origines les livres ont été collectionnés avec passion. Au Moyen Âge, Richard de Bury ; au XVIe siècle, Grolier ; au XVIIe, le président de Thou, Mazarin, le ministre Colbert ; au XVIIIe siècle, le comte d'Hoym, le duc de La Vallière, de Bure ; au XIXe, Charles Nodier, Firmin-Didot, Yemeniz, le duc d'Aumale, Eugène Paillet, le baron Pichon ; au XXe siècle, Henri Béraldi, le président Barthou, Victor Mercier et, plus près de nous, Raphaël Esmerian, furent de célèbres bibliophiles.

Les sociétés de bibliophiles, nées au XIXe siècle, se sont considérablement développées et ont contribué, surtout à partir d'Henri Béraldi, au renouveau du livre. C'est grâce à elles que sont nés les « livres de peintres » et toute la floraison des livres illustrés modernes, où le texte, s'il se marie souvent parfaitement avec l'illustration, n'est quelquefois qu'un prétexte. Parmi les principales sociétés de bibliophiles, citons « les Amis bibliophiles », « Bibliophiles de France », « la Société de la reliure originale ».

**bibliophilie** n. f. Amour des livres et, par extension, amour du livre rare, pouvant aller jusqu'à la bibliomanie. Cette passion, relativement récente, ne concerne pas seulement l'amour des livres : un érudit ou un savant peuvent posséder de nombreux livres et n'être pas bibliophiles.

Outre ce que les livres représentent au point de vue littéraire, artistique, historique et sentimental, tout doit entrer en ligne de compte dans le choix du bibliophile : texte, illustration, état, reliure, provenance, suivant des critères qui peuvent varier selon les individus. Charles le Chauve, Saint Louis, Jeanne de Navarre faisaient exécuter à grands frais livres de prières et missels enluminés, plus par goût du faste et grande piété que par amour des beaux livres ; certains critères de la bibliophilie se dessinent, mais il faudra arriver au XIVe siècle pour que se révèlent les grands amateurs et la véritable passion du livre. Jean le Bon avait constitué un embryon de bibliothèque, que continuèrent deux de ses fils, Charles V et le duc de Berry. La « librairie » de Charles V comportait plus de mille manuscrits, dont la liste fut dressée en 1373 par son bibliothécaire, Gilles Malet. La bibliothèque du duc de Berry ne comportait que trois cents volumes, mais illustrés par les plus grands peintres de l'époque, et reliés d'or, d'argent ou d'étoffes précieuses. L'exemple royal ou princier sera suivi : financiers, commerçants, grands bourgeois veulent imiter leurs maîtres. Étienne Chevalier fit enluminer par Jean Fouquet son livre d'heures.

La découverte de l'imprimerie, l'essor de la reliure, les influences venues d'Italie vont amener une floraison de bibliophiles au sens exact du terme, dont les deux plus célèbres sont Grolier et Mahieu. Jean Grolier choisissait de rares éditions qu'il faisait relier à sa devise : un volume ayant appartenu à Grolier vaut actuellement entre 100 000 et 200 000 F. À la fin du XVI^e siècle, les grands parlementaires et hommes d'État prennent la place des financiers : Jacques Auguste de Thou (1553-1617) se constitue une superbe collection de livres, tous reliés à ses armes ; le chancelier Séguier (1588-1672) fit de même. Mazarin, grand amateur, le plus grand peut-être, eut une bibliothèque de qualité comparable à celle de ses objets d'art (bibliothèque Mazarine). Colbert, le ministre, voulut surpasser son maître et réunit, sans compter les imprimés, plus de 15 000 manuscrits ; tous ces volumes, reliés en maroquin, portaient ses armes : une couleuvre (en latin, *coluber*).

Au XVIII^e siècle, le virus de la bibliophilie atteint l'aristocratie et les femmes ; la comtesse de Verrue, la marquise

*Ex-libris d'un bibliophile, le représentant dans sa bibliothèque. Paris, Bibliothèque nationale.*

Bibliothèque nationale

Ogier le Dannoys duc de dânemarche : qui fut lũg des douze pers de france/lequel auec layde du roy Charlemaigne chassa les payẽs hors de Rõme & remist le pape en son siege. Et conquist troys terribles geans sarrazins en champ de bataille/cestassavoir Brunamont roy Degypte deuant Romme/Brehier souldan de Babylone deuãt Laon/et Justamont son frere deuant Acre. Et fut couronne roy Dangleterre & roy Dacre/& cõquist Hierusalem et Babylone/& plusieurs autres vaillances feist ledict Ogier. Et fut long temps en faerie/puis reuint cõme vous pourrez lire cy apres en ce present liure.

1525

On les vend a Lyon sur le Rosne en la maison de Claude nourry/ dict le Prince : pres nostre dame de Confort.

Ader-Picard-Tajan

*Roman d'Ogier le Dannoys, duc de Danemarche, édité à Lyon (1525) par Claude Nourry. Adjugé 60 000 F par M^es Ader-Picard-Tajan, à Drouot, le 20-V-1980.*

de Pompadour furent d'ardentes bibliophiles. Le duc de La Vallière inaugure sa carrière de bibliophile en achetant, en 1738, à la vente du comte d'Hoym, ambassadeur de Saxe à Paris, plus connu comme amateur passionné de livres que comme diplomate. Lorsque le duc mourut en 1784, sa bibliothèque fut vendue aux enchères. La vente dura 81 jours, attirant tous les bibliophiles européens, et rapporta 465 000 livres. La seconde partie de la bibliothèque fut achetée en bloc par le marquis d'Argenson. La Révolution et les troubles qui en découlèrent furent fatals à la bibliophilie.

Elle ne renaîtra de ses cendres qu'au début du XIX^e siècle, grâce à des libraires comme Brunet, de Bure, Renouard, et à des amateurs comme Charles Nodier. Ce fut l'âge d'or de la bibliophilie, des occasions extraordinaires, des découvertes quotidiennes chez les bouquinistes, époque heureuse où, avec peu d'argent, beaucoup de connaissances et de flair, l'on pouvait se constituer une bibliothèque. Cette heureuse période prit fin au milieu du XIX^e siècle et les goûts changèrent. Ce ne sont plus rois et princes qui donnent le ton, à l'exception du duc d'Aumale qui légua à l'Institut sa superbe bibliothèque, dont *les Très Riches Heures du duc de Berry* et *les Heures d'Étienne Chevalier,* quinze volumes reliés pour Grolier, étaient les plus beaux fleurons. Yemeniz, Firmin-Didot, Eugène Paillet, le baron Pichon furent les plus grands bibliophiles parmi une pléiade de collectionneurs dont les catalogues de vente montrent les richesses.

Le XX^e siècle ne le cède en rien au XIX^e et les bibliophiles sont légion, se recrutant notamment parmi les professions libérales, les libraires, les universitaires, certains grands commerçants, et les thèmes de collections augmentent : l'un ne fait que les grands illustrés du XVIII^e siècle, l'autre les livres romantiques, le troisième les éditions originales, etc. Livres de botanique, d'histoire naturelle, de chasse, érotiques, constituent des bibliothèques spécialisées. Par contre, les éditions des textes classiques, Alde, Plantin, Elzevir, splendidement imprimés, ne tentent plus guère. Henri Béraldi, Édouard Rahir, Descamp-Scrive, le président Barthou, Daniel Sickles, Raphaël Esmerian sont les noms les plus marquants de notre bibliophilie contemporaine.

**bibliothèque** n. f. Ensemble des livres qui constituent un dépôt public ou privé (ex. : bibliothèque Mazarine, bibliothèque de M^me de Pompadour). Parmi les bibliothèques publiques les plus célèbres, on peut citer : en France, la Bibliothèque nationale ; à Londres, le British Museum ; à Washington, la bibliothèque du Congrès ; à Rome, la bibliothèque Vaticane ; à Vienne, la Bibliothèque nationale.

Les bibliothèques privées ont été souvent dispersées au cours des âges ; les plus célèbres d'entre elles portent le nom de leur propriétaire.

Les livres provenant de ces bibliothèques sont très recherchés et leur valeur peut augmenter considérablement par rapport à un exemplaire identique, mais sans pedigree. Les *Contes* de La Fontaine, édition des Fermiers-Généraux (1762), reliés en maroquin d'époque peuvent être estimés, en 1988, de 30 000 à 50 000 F. En maroquin aux armes de la comtesse du Barry, ils vaudraient plus de 200 000 F.

**bibliothèque** n. f. Meuble ou ensemble fonctionnel permettant de ranger et de conserver les livres. Les premiers meubles désignés sous le nom de bibliothèque (*biblion,* livre ; *theké,* armoire) sont, à partir du XVI^e siècle, de grandes armoires garnies de tablettes. Un inventaire dressé après l'incendie des ateliers de Boulle mentionne « une armoire de quatre pieds de haut (...) en forme de bibliothèque ». On dit aussi « bibliothèque en bas d'armoire ». Il s'agit alors d'un meuble à hauteur d'appui fermé par deux portes grillagées. À la fin du XVIIIe siècle, on dit encore une « armoire grillée de fil de fer servant à bibliothèque » (inventaire du château de Bienassis, 1766). L'expression « armoire en bibliothèque » est enfin remplacée par le mot lui-même qui désigne le meuble formé d'un bas d'armoire à deux portes surmonté d'un corps de grandes dimensions avec ou sans portes. Les tablettes reposent sur des tasseaux dont on peut régler la hauteur entre des crémaillères. Ce schéma de construction permet différentes combinaisons par l'adjonction de corps latéraux plus ou moins volumineux, proportionnés à l'espace disponible : la bibliothèque de boiserie, qui repose sur un petit socle mouluré, est construite en fonction de la longueur du mur contre lequel elle s'appuie. Au XVIIIe siècle, les grillages font place à des portes vitrées.

Les bibliothèques de style Empire, généralement en acajou, sont souvent ornées de demi-colonnes détachées et baguées de bronzes dorés. Les bibliothèques contemporaines tendent à se réduire à de simples rayonnages qui prennent appui sur des montants fixés aux murs.

**bibus** n. m. Petit meuble de rangement composé de rayonnages et de casiers ouverts, apparu sous le second Empire. Le mot « bibus » désignait autrefois — Voltaire l'emploie — une babiole, une chose de peu de valeur. Le bibus, au sens où l'entendent les antiquaires, est en fait une bibliothèque mobile, sur pied fixe ou tournant, surtout destinée à recevoir des livres, des revues, des journaux et parfois des bibelots.

Curieusement, ce genre de petit meuble, redevenu à la mode vers 1925, a parfois pris le nom de « bibol ». Il trouvait sa place dans les salons, les chambres ou les studios à côté du cosy.

**bidet** n. m. Meuble de toilette en forme de siège à quatre pieds, comportant une cuvette sur laquelle on peut se mettre à califourchon. Certains bidets sont estampillés de maîtres ébénistes connus. Les plus recherchés sont garnis d'une cuvette en faïence de forme violonnée, ornée de motifs polychromes ou d'un décor « à la Berain ».

Wolber

*Cuvette de bidet en porcelaine de la Compagnie des Indes, au chiffre et aux armes du roi de France, à décor polychrome et or d'époque Kien-long. Exposition « Les cinq jours de l'objet extraordinaire » au Carré Rive Gauche (1982).*

**bidong** *(pi-t'ung).* Pot cylindrique en céramique, ivoire, jade ou bambou servant, en Chine, à contenir les pinceaux utilisés pour la calligraphie ou la peinture. Certains de ces *bidong,* remarquablement décorés, sont très recherchés par les collectionneurs et leur prix varie en raison de leur ancienneté, de la matière dans laquelle ils ont été faits, ainsi que de leur décoration.

**bidri.** Objets en métal (alliage de zinc, cuivre et plomb), ornés d'inscrustations d'argent et parfois de cuivre, spécifiques de l'Inde musulmane. Ce nom dérive de la ville de Bidar, près de Hyderābād, dans le Deccan, capitale musulmane au XVIe siècle. Cette technique remonterait au XVe siècle, mais on connaît surtout ces objets à travers l'art des Moghols et des sultans du Deccan. La fabrication se fait en plusieurs étapes : fonte, polissage, gravure, incrustation, noircissage. L'alliage est fondu dans un moule ; puis l'objet, solidifié, est retiré et soigneusement poli. Les motifs (floraux ou géométriques) sont ensuite gravés à la surface à l'aide d'un burin, de manière à former des rainures aux parois en biseau. On applique sur ces rainures des feuilles d'argent par martelage. La pièce est ensuite chauffée, puis enduite d'une pâte de chlorure d'ammonium, de nitrate de potassium et de chlorure de sodium, qui noircit le fond et met en valeur l'inscrustation d'argent.

Ces objets sont essentiellement destinés à la vie quotidienne : coupes, aiguières, bassins, narghilés ; les formes épurées, typiquement séfévides et mogholes, contrastent avec la richesse opulente des incrustations. Ils sont rarement signés et ne peuvent être datés que par comparaison avec les peintures et ornements architecturaux. Les exemplaires les plus abondants se situent aux XVIIIe et XIXe siècles, et sont, pour la plupart, fabriqués à Lucknow et dans le Bihār.

**Biedermeier.** Le mot vient de la contraction des noms Biederman et Bummelmeïer utilisés par Victor von Scheffel et Ludwig Eichrodt pour désigner deux personnages de la bourgeoisie allemande en 1848. D'abord péjorative, cette appellation s'applique au premier style créé par la bourgeoisie, qui renonce en quelque sorte à la rigueur du style Empire pour s'entourer d'une atmosphère chaleureuse au service de la vie intime ou sociale, comme en France sous Charles X et sous Louis-Philippe. Le Biedermeier couvre en Autriche et en Allemagne la période s'étendant de 1815 à 1848.

Si l'architecture et la peinture contribuent à définir ce style, c'est dans la forme des meubles et dans le décor que s'expriment le mieux les caractères de l'époque. La forme des sièges se diversifie pour répondre aux exigences fonctionnelles, les divans capitonnés se multiplient ; le goût est aux matériaux légers (sapin, merisier, frêne, bouleau, érable), aux teintes claires. Dans la technique du verre, l'artisan allemand Samuel Mohn met au point une technique nouvelle de couleurs transparentes. Les ateliers viennois, notamment celui d'Anton Kothgesser, auteur de coupes de cristal, en donnent les plus belles applications.

Dans la « maison d'ameublement », création de l'époque, on peut acquérir tout ce qui est nécessaire à l'intérieur d'un appartement. À Vienne, Josef Danhauser joue un rôle important et ouvre en 1814 un de ces magasins.

**Biennais** (Martin-Guillaume), orfèvre français (Lacochère, Orne, 1764 - *id.* 1843). Orfèvre le plus célèbre du premier Empire, il avait pourtant, à l'origine, une formation de tabletier. Il fut l'un de ceux qui profitèrent de l'abolition des corporations pour changer de métier. Son entreprise, « le Singe Violet », 283, rue Saint-Honoré, qui emploie quelque six cents ouvriers, illustre aussi le passage de l'artisanat familial de l'Ancien Régime à une production presque industrielle, sans que les mérites de l'artiste

Christie's

*Saucière en argent signée « Biennais, orfèvre à Paris » vers 1810. (H. 25,7 cm.) Adjugée 6600 F par Christie's, à New York, le 14-VI-1982.*

soient touchés. Orfèvre attitré de la cour impériale, Biennais exécuta toute la vaisselle des Tuileries, ainsi que les orfèvreries privées des grands dignitaires de l'Empire : verseuses ovoïdes sur trépieds, grands confituriers entourés de leurs douze cuillers, flambeaux et pièces de forme soutenues par des caryatides à l'antique, figures drapées, plus raides cependant que celles de son rival Odiot. Plusieurs pièces d'orfèvrerie, somptueuses ou modestes, nous sont restées de lui, parmi lesquelles deux grands flambeaux à sept lumières avec abat-jour, aujourd'hui sur le bureau du président de la République.

Biennais a continué d'exploiter ses talents de tabletier dans la confection de ces précieux nécessaires de campagne que l'Empereur offrait à ses grands officiers, contenant tous les ustensiles de toilette ingénieusement disposés dans une mallette d'acajou. Comme ses grands prédécesseurs, Biennais travailla pour diverses cours européennes, notamment celle de Russie.

**Bigonnet,** serrurier français. Actif dans la seconde moitié du XVIIIe siècle, il est l'auteur de la grille du Palais de Justice dans l'île de la Cité à Paris.

**bigorne** n. f. Petite enclume possédant une extrémité carrée, l'autre ronde. La bigorne de l'orfèvre peut laisser des traces sur la pièce.

**bijoux.** En Europe, les bijoux concernent trois catégories d'amateurs : ceux qui les portent, ceux qui les collectionnent à titre d'objets d'art, ceux qui y voient une valeur de placement. Si les bijoux ont toujours existé, toutes les époques du bijou sont loin d'être également représentées dans le négoce des objets de collection. Les pierres précieuses sont inaltérables, mais les montures de bagues, les chaînes, les colliers, les bracelets d'or finissent par être usés ; et surtout, les modes passent qui relèguent au rang de vieilleries les joyaux de la grand-mère. La tentation est grande alors de récupérer une belle pierre, de négocier sa monture au prix du métal précieux, et de la faire ressertir sur un bijou au goût du jour.

Voilà qui explique la pénurie, sur le marché, des bijoux anciens de réelle valeur intrinsèque. Ceux qui ont le mieux résisté relèvent de l'art de l'orfèvre avant celui du lapidaire. Il subsiste très peu de nœuds de joaillerie, de diadèmes, de rivières, de bouquets de diamants et de multiples rangs de perles, portés sous Louis XIV et sous Louis XV. En revanche, il arrive de rencontrer, encore que très rarement, quelque précieuse broche ou pendentif de la Renaissance en forme de triton, de nef d'orfèvrerie, travaillés autour d'une grosse perle baroque. Au XVIe siècle, les mêmes hommes étaient souvent sculpteurs et orfèvres. Cellini, Androuet Du Cerceau ont aussi créé des bijoux : bagues, broches, pendentifs, ceintures et côtière assortie que l'on portait autour du buste, sont des bijoux Renaissance en or finement ciselé, enrichis de fins motifs d'émail, de figurines en ronde bosse ; les pierres y occupent peu de place. Ces bijoux ont été copiés, avec beaucoup d'art, au XIXe siècle, mais ces imitations sont elles-mêmes assez rares et recherchées.

Les beaux joyaux d'orfèvrerie de l'époque gothique sont pratiquement absents des collections privées. Les bijoux antiques sont, paradoxalement, beaucoup plus abondants, car de nombreuses pièces ont été trouvées dans les tombeaux. Malgré le caractère très moderne de certains de ces bijoux, ce sont des objets de collection que l'on ne porte pas : amulettes égyptiennes d'or ou de pierre dure, intailles grecques ou romaines, bagues, bracelets, pendants d'oreilles, sans compter les volumineux torques, diadèmes, pectoraux. La plupart sont en or très finement travaillé, ciselé, filigrané, ajouré, les plus raffinés de tous étant les bijoux grecs et étrusques. Quant aux pierres dont on les rehaussait, ce sont surtout des pierres fines ou dures comme le lapis, le grenat, l'amé-

*À gauche, de haut en bas : broche en or en forme de montgolfière, sertie d'une perle japonaise et d'un brillant brun, adjugé 4000 F ; bague marquise sertie de petits brillants qui entourent un diamant table, en partie du XVIIIe siècle, adjugée 16500 F. Au centre : collier en or, supportant 29 citrines de forme ovale, adjugé 6200 F ; et, de haut en bas : bracelet en or uni noué d'une tête de serpent sertie de diamants brillantés ou taillés en rose, adjugé 17000 F, montre à remontoir et sa châtelaine en or, le double boîtier de la montre gravé « Claude Hger de la Marine de l'état, 35 Palais Royal Paris », daté 9 août 1876, adjugé 23000 F. À droite, de haut en bas : épingle en or et argent, ornée d'une perle et de diamants taillés en rose, adjugée 2100 F ; pendentif en argent et or, formé d'un motif repercé, serti de brillants et de diamants taillés en rose, adjugé 6000 F. Bijoux adjugés par Mes Ader-Picard-Tajan, à Drouot, le 22-III-1982.*

Ader-Picard-Tajan.

thyste, les calcédoines (cornaline, onyx, jaspe, agate), traitées le plus souvent en intailles ; comme pierre précieuse proprement dite, on ne connaît guère que l'émeraude, que l'on taille en cabochon.

Autre catégorie très prisée, le bijou « Art nouveau », pour lequel la préférence encore donnée au travail d'orfèvrerie par rapport au prix de la pierre en fait une œuvre d'art à part entière. Le bijou de la Belle Époque tel que le concevaient Lalique, Vever, Falize, Gaillard, etc., ne recourt pas aux gemmes précieuses, si ce n'est à de tout petits brillants, mais à de simples pierres fines comme l'améthyste, et surtout l'aigue-marine très pâle. Comme au XVIe siècle, l'orfèvre devient sculpteur, il imagine ces profils de femmes aux longs cheveux enroulés des corps de sirènes, des libellules, en or enrichi d'émaux translucides où dominent le bleu pâle et le vert jade ; ce sont des peignes de coiffure, des pendentifs, des broches, des bracelets, parfois extravagants comme le bracelet-bague créé par Mucha pour Sarah Bernhardt. Le caractère rare et coûteux du bijoux « Art nouveau », son extrême fragilité surtout, en font presque exclusivement un objet de vitrine.

Le bijou à porter est choisi dans la grande production du XIXe siècle de Louis-Philippe à la IIIe République : petites bagues, broches de brillants en fleurs ou en plaques, rivières de diamants, bracelets lignes ou joncs, ou gros bracelets rigides souvent enrichis d'émail et de pierres précieuses. Le diamant est, dans la seconde moitié du XIXe siècle, très abondant en raison de la découverte des mines d'Afrique du Sud. Il n'est pas toujours de première qualité et sa taille « ancienne » est encore assez empirique ; de nombreux bijoux ont ainsi conservé des pierres qui ne sont plus au goût moderne. Le bijou XIXe siècle est très classique, mais joli, d'excellente fabrication, beaucoup plus varié que le bijou moderne, beaucoup plus abordable et très facilement portable.

Depuis quelques années, les femmes ont redécouvert le bijou « Art déco », ses lignes sobres, les couleurs franches de ses émaux et de ses pierres. Les créations de Fouquet, Cartier et Templier sont aujourd'hui prisées à leur juste valeur. On redécouvre même des charmes aux bijoux des années 40-50, pourtant peu imaginatifs, mais qui ont le mérite de demeurer encore à des prix accessibles.

*Les bijoux musulmans.*
Les bijoux anciens de l'Égypte et de la Syrie fāṭimide, de l'Iran seldjoukide et de l'Espagne omeyyade sont aujourd'hui peu nombreux et conservés dans les musées. La joaillerie de haute qualité est essentiellement représentée par des boucles d'oreilles, des pendants et des bracelets. La plupart de ces bijoux sont filigranés et ajourés, à l'occasion relevés d'émail. Le croissant, les oiseaux affrontés sont des thèmes du décor.

On trouve plus facilement sur le marché des bijoux iraniens de l'époque kadjar et de l'Inde moghole des XVIIIe et XIXe siècles : pendentifs, boucles d'oreilles, boucle de ceinture, ornements de turbans (*sarpech* ou *jiqa,* en forme d'aigrettes) en or sertis de pierres précieuses, de perles ou ornés d'émaux polychromes. Les bijoux moghols sont caractérisés par l'usage du cristal de roche et du jade gravé.

Quant aux bijoux maghrébins des XVIIIe et XIXe siècles, ce sont les plus accessibles sur le marché. Chaque pays, Maroc, Algérie, Tunisie, a un style propre, une sorte de marque de clan, mais difficile à distinguer pour le profane. Les bijoux sont exécutés en argent, plus rarement en or. Les parures complètes comprennent : fibules, chaîne, diadème, boucles d'oreilles, plusieurs bracelets, bagues, paire d'anneaux aux chevilles, pendentifs circulaires à pendeloques, temporaux, colliers, etc. Les bracelets, massifs, ont un décor gravé « tapissant » et des pierres enchâssées. Colliers et fibules s'ornent de plaquettes géométriques rehaussées d'émaux, de nielle, de perles ou de cabochons de pierre semi-précieuses ou de verre coloré. Souvent, des amulettes, des pendeloques et des porte-talismans les complètent.

*Les bijoux africains.*
Les peuples akans furent de remarquables orfèvres et les maîtres de l'or et de son commerce, établissant ainsi leur puissance politique. Les Ashantis et les Baoulés réalisèrent de véritables chefs-d'œuvre de bijouterie.

Pour la fabrication des bijoux en or du Baoulé, on a employé le procédé dit de la « cire perdue ». L'objet que l'on veut obtenir est d'abord réalisé en cire ordinaire et terminé par un prolongement également en cire qui servira plus tard de conduite au métal fondu. Quand elle est sèche et durcie, l'artiste la recouvre avec précaution d'argile pulvérisée et mouillée, afin qu'elle épouse toutes les sinuosités du modèle. Au-dessus de la première couche, il ajoute de la glaise moins fine dans laquelle est incorporée de la bourre de kapok. Ainsi est constituée une sorte de moule à gorge qui renferme le modèle. Lorsque l'ensemble ne présente plus aucune trace d'humidité, on chauffe et la cire fondue est versée hors du moule. À ce moment, le forgeron prend la quantité de poudre d'or ou de pépites qu'il juge nécessaire, la place dans le creuset qu'il adapte à la gorge du moule en lutant — c'est-à-dire en recouvrant d'un enduit — soigneusement les deux parties avec de la glaise. Après cette opération, il plonge le tout, le creuset en bas, dans le foyer ardent. Quelque temps après, le métal est en fusion dans la partie intérieure du moule, qui est alors retourné à l'aide d'une pince. Le métal s'écoule dans le vide laissé par la cire. Il ne reste plus qu'à briser le moule lorsqu'il est refroidi, pour dégager l'objet fondu ; celui-ci est ébarbé au ciseau et séparé du pédoncule.

Cette technique ancestrale de la « cire perdue » se pratique encore en Côte-d'Ivoire, comme a pu le constater lui-même l'amateur René Gardi, dans l'échoppe de Dibbi Kofi, orfèvre baoulé, natif de Bamboussou, habitant actuellement la ville de Bouaké.

Sur un fond de minces fils d'or enroulés en spirales, pendentifs ou bijoux d'applique aux formes et aux dimensions variables présentent chevrons, losanges, cercles, étoiles, torsades, visages humains ou d'animaux, dont les multiples combinaisons engendrent de nouveaux motifs. Les bijoux figurent souvent des portraits de chefs vaincus et ils étaient portés par les dignitaires lors de cérémonies officielles.

Chez les autres peuples, particulièrement ceux d'Afrique centrale, on trouve de lourds anneaux en cuivre ou en argent : certains sont curieux, tels les anneaux de cheville à grelots des Dans.

Chez les Masaïs, les bijoux en fils de laiton apparaissent comme de surprenantes réalisations avec leurs multiples spires concentriques formant une véritable armure.

Les colliers de perles multicolores (ils furent en grand nombre fabriqués en France à Briare) ou constitués de cauris se rencontrent sur tout le continent.

Les bijoux d'ivoire existent surtout au Bénin et chez les Pendés du Zaïre sous forme de petits masques mortuaires.

**bilboquet** n. m. Jouet composé d'un bâton pointu relié par une fine corde à une boule percée d'un trou. Le jeu consiste à enfiler la boule sur le bâton grâce à un mouvement du poignet. Il connut son heure de gloire à la Renaissance et surtout sous Henri III. C'est un divertissement d'adulte jusqu'à la Révolution. Très à la mode au XVIIe et au début du XVIIIe siècle, il fut ensuite abandonné aux enfants. Au XIXe siècle, cercles et académies de jeux

*Modèles de bilboquets, dont un exemplaire démontable de forme inhabituelle.*

font alors fureur; il y aura donc des « académies de bilboquet », des championnats où l'on apprécie la difficulté de certaines figures comme la « pichenette », la « valse », l'« omelette ».

Les bilboquets anciens sont très beaux, qu'ils soient en bois vernis ou en ivoire. La forme du bâton, semblable aux pieds tournés des meubles, indique l'époque de fabrication de l'instrument : cannelé, torsadé, en balustre, etc. Fort recherché des amateurs de jouets anciens, d'ivoire, de beaux objets, le bilboquet atteint souvent des prix élevés. La vente de la collection Lehmann à Paris en 1978 donne quelques indications : 13 650 F pour un modèle à combinaison dans sa boîte d'origine du « Singe Vert » ; 9 750 F pour un bilboquet d'ivoire du XVIe siècle ; 2 500 F pour de beaux bilboquets du XVIIIe siècle.

On nomme aussi bilboquet un outil de doreur consistant en un morceau de bois dont la surface unie est recouverte d'écarlate et que l'on utilise en haletant dessus pour dorer les parties droites ou pour enlever des filets d'or.

**Bilibine** (Ivan Jacolevitch), peintre et dessinateur russe (1876 - ?). Illustrateur de contes et légendes russes, il traite ses paysages typiques en aplats de couleur tranchés et contrastés. Il illustra aussi *la Petite Sirène* d'Andersen et dessina des costumes russes. Les cartophiles recherchent ses cartes postales de la Croix-Rouge.

**billard** n. m. Introduit en France au XVIe siècle, le jeu de billard a donné naissance au meuble qui porte ce nom. Dérivé des jeux de boules qui, dans toutes les provinces, se jouaient à terre, le billard offre le double avantage de se pratiquer dans un salon sans avoir à se courber en deux. Les premiers billards, tels qu'ils figuraient sur les gravures du XVIIe siècle, ont tout de suite connu un grand succès à la cour. Louis XIII et Louis XIV ont été des passionnés de ce jeu. Ces meubles imposants, ornés de nombreuses sculptures, comportaient un grand plateau rectangulaire, fait de panneaux de chêne assemblés, de « 11 à 12 pieds de long, sur 6 de large », selon Roubo (3,50 à 4,20 × 2,10 m). Cette « table » recouverte d'un drap était percée de six trous appelés « blouses », quatre aux angles et deux au milieu des bandes, destinés à recueillir des billes d'ivoire poussées par des queues, ou « crosses », de 4 pieds (1,40 m).

Au XIXe siècle, un marbre puis une dalle d'ardoise se sont substitués à la table en bois. De nouvelles règles ont fait prévaloir la table pleine à la française sur le jeu « à blouses » encore pratiqué dans les pays anglo-saxons.

Les billards d'époque Charles X et Napoléon III, toujours d'excellente qualité, sont recherchés par des antiquaires spécialisés qui en assurent la rénovation. L'ébénisterie et les sculptures, souvent remarquables, ne sont pas les seuls critères d'achat d'un billard ancien : il convient d'examiner l'état de la table, la qualité du drap, la bonne élasticité des bandes. Les billards remis en état à l'intention des joueurs passionnés se vendent à peu près aux mêmes prix que les neufs (de 25 000 à 50 000 F en 1988), mais ils ont l'intérêt de prendre davantage de valeur avec les années.

**bille** n. f. Le jeu de billes a été pratiqué très tôt. Faites de pierre, d'osselets, de bois, les billes vraiment rondes apparaissent au XVIIIe siècle. Elles sont en terre colorée, en marbre, en pierre, en agate, en verre irisé. Accessoire indispensable à de nombreux jeux comme le solitaire, les jongleurs, le toboggan, le labyrinthe, voire le flipper, la bille présente aussi l'originalité d'être à la fois l'objet et l'enjeu d'une partie, que ce soit dans la « bloquette », le « pot », la « poursuite », ou la « tapette ».

**billet** n. m. Le billet (de banque) est la variété la plus répandue des formes possibles de papier-monnaie. C'est à la Chine que revient l'honneur d'avoir inventé la monnaie fiduciaire en papier : Marco Polo a décrit les billets chinois et l'usage qui en était fait, mais ses contemporains ne le crurent pas. Si les billets de cette époque (XIIIe s.) ont disparu, on connaît encore de nombreux spécimens du début de la dynastie Ming (XIVe s.), notamment le plus grand et le plus ancien billet du monde, une coupure de 1 000 sapèques, mesurant 23 cm sur 34,4, et portant l'inscription : « Un *kuan* émis par le bureau des recettes. Le précieux papier-monnaie Grand Ming de valeur universelle aura cours avec la monnaie de bronze. Les contrefacteurs seront décapités. »

En Europe, le billet de banque apparut en 1656 lors des émissions de la Banque de Stockholm, et la France ne le connaît qu'à partir de 1701, quand les « billets de Monnoye » donnés en reçu de versement d'espèces aux hôtels des Monnaies auront cours forcé.

Pendant la Régence, le célèbre John Law créa la Banque générale qui fut transformée en 1718 en Banque royale. Cette dernière fit faillite en 1720, entraînant la perte de la réputation des billets dans notre pays. En 1776 réapparaît la monnaie fiduciaire de papier avec les billets de la Caisse d'escompte qui seront mis en circulation forcée en 1790, précédant de peu les *assignats*. Enfin, les premiers billets de la Banque de France furent émis dès sa création, sous Bonaparte, en 1800, avec des coupures de 500 et 1 000 F.

Comme pour les monnaies, les prix des billets de collection tiennent compte non seulement de leur rareté mais aussi de leur état de conservation : les déchirures, pliures, mouillures, taches et trous d'épingles sont, quoique souvent inévitables, des facteurs de moins-value. Les billets les plus recherchés sont ceux du XVIIIe siècle et les billets monochromes émis par la Banque de France dans la première moitié du XIXe siècle ; malheureusement ce sont des pièces quasi introuvables. Des particularités comme des filigranes inversés ou des surcharges (par exemple, les contre-valeurs en nouveaux francs de 1958) apportent un intérêt supplémentaire aux spécimens. Enfin, certaines catégories spéciales de billets, comme les billets de nécessité émis pendant la Révolution française, en 1870, ou — abondamment — pendant et après la guerre de 1914-1918, sont assez vastes pour former à elles seules des thèmes de collection.

G. Meguerditchian

*Billet doux. Galerie 13 rue Jacob.*

**billet doux.** Étui cylindrique, long de 20 cm environ, qui, dit-on, servait au XVIIIe siècle, à se transmettre discrètement des messages galants, ou secrets. Les plus précieux sont en or repoussé, en pomponne, en vernis* Martin ; d'autres sont décorés d'émail.

**billette** n. f. En architecture romane, motifs d'ornementation de moulures, formés de tores ou de boudins tronçonnés et séparés les uns des autres par un vide. Les billettes sont en général placées en damier sur plusieurs rangs.

**billon** n. m. Terme employé dans le langage numismatique jusqu'à la fin du XVIIIe siècle et désignant, dans le sens le plus général, un alliage d'or ou d'argent avec du cuivre, dans lequel la proportion de cuivre dépasse 50 pour 100. On nommait aussi « billon » la petite monnaie, celle des divisionnaires fabriqués avec du cuivre mêlé d'une faible quantité d'argent. Enfin, ce terme pouvait désigner toutes les monnaies dont le cours était défendu (notamment pour un titre trop bas et illégal), ou indiquait l'endroit où il était prescrit de porter cette monnaie défectueuse afin qu'elle soit fondue : en ce sens, on disait « porter » ou « envoyer au billon ».

**Bilordeaux** (Adolphe), dessinateur français. Il commença vers 1850 à s'adonner à la photographie. Ses thèmes favoris sont les portraits, les fleurs, les monuments.

**binet** n. m. Partie supérieure d'un bougeoir ou d'un chandelier en forme de douille permettant de fixer la chandelle.

**Bing.** Marque d'une fabrique de jouets allemands (1863-1952) dont le succès est lié à la fabrication des jouets de fer-blanc. Trains, voitures, bateaux mécaniques et à vapeur sont peints à la main jusque vers 1900, puis ornés de décalcomanies ou imprimés de tampons de caoutchouc dès 1905. Les reproductions sont très fidèles, très

Sotheby Parke Bernet

*Locomotive électrique de Bing vers 1913. Adjugée 1 800 £ par Sotheby, à Londres, le 15-V-1981.*

techniques, plus sèches peut-être que chez le concurrent principal Märklin, mais ces jouets offrent une image passionnante de l'évolution de l'histoire du rail, de la marine, de l'automobile. La marque « Bing » apposée sous un modèle (feuille de métal fixée sous le jouet) lui apporte une valeur supplémentaire. Les prix sont actuellement en hausse, vu le nombre d'amateurs qui viennent à la fois d'Amérique et du Japon.

**Bing** (Siegfried, dit Samuel), théoricien et collectionneur français d'origine allemande (Hambourg 1838 - Vaucresson 1905). Il est surtout le créateur du vocable « Art nouveau ».

Bing s'installe à Paris en 1871, puis voyage en Chine et au Japon (1875), en rapportant une telle quantité d'objets qu'à son retour il ouvre une boutique et dès lors est vu comme le plus grand marchand français d'art asiatique. À l'Exposition internationale de Paris, Bing présente en 1878 sa collection d'objets d'Extrême-Orient.

Prônant la recherche et la mise à jour de formes adaptées à la vie de son époque, Bing est aussi le représentant parisien des orfèvres américains Moore et Tiffany, tandis qu'il fonde vers 1880 une succursale à New York. Il introduit le « japonisme » en France : Louis Gonse publie en 1883, dans *la Gazette des beaux-arts, l'Art japonais,* illustré d'objets appartenant à Bing et à Vincent Van Gogh. Bing est également le rédacteur en chef d'une revue, *le Japon artistique,* éditée en français, en anglais et en allemand (mars 1888), avec éditions spéciales pour Londres et New York ; ses collaborateurs sont Edmond de Goncourt et Roger Marx. Bing organise même une exposition d'art japonais (1890) à l'École des beaux-arts de Paris.

En 1895, Bing ouvre le premier « Salon de l'art nouveau », établissement créé au Champ-de-Mars pour la « rencontre des esprits, jeunes et ardents, anxieux de manifester la modernité de leurs tendances » : vitraux de Tiffany d'après des œuvres de Toulouse-Lautrec, Bonnard, Sérusier, Vuillard, Grasset, Vallotton et Ranson ; sculptures de Rodin, Bourdelle et Meunier.

À l'Exposition universelle de 1900, l'ouverture du pavillon « Art nouveau » consacre l'entreprise de Bing ; les meubles de De Feure, de Colonna et de Gaillard paraissent des créations parmi les plus significatives du *modern style.*

**Bion** (Nicolas), fabricant d'instruments de précision français (1652-1733). Il reçut la charge d'« ingénieur du Roy pour les instruments de mathématiques ». Son atelier, très connu — « Au Soleil d'Or », quai de l'horloge —, n'était pas spécialisé. Il pouvait fabriquer n'importe quel instrument avec une égale maîtrise. Les instruments signés de son nom sont recherchés. Il est l'auteur de plusieurs ouvrages, notamment du *Traité de la construction et des principaux usages des instruments de mathématiques,* paru en 1725.

**Bircklé** (Jean-Baptiste), ébéniste français. Reçu maître en 1764, il a produit des meubles originaux ornés de marqueteries, à tons opposés d'une grande richesse de composition.

**Birmanie.** L'art birman est relativement peu représenté sur le marché européen, peut-être parce qu'il est moins connu que celui d'autres pays de l'Asie du Sud-Est. Les principaux objets que l'on peut trouver sont des laques polychromes de Pagan (bols, boîtes) sur âme de bambou tressé ou de crins tissés, des statuettes bouddhiques en bois doré — représentant soit le Bouddha, soit des « orants » (dévots agenouillés avec les mains jointes) —, ou en albâtre (ces dernières effigies provenant surtout d'Ava et datant du XIXe siècle, caractérisées par des yeux soulignés de noir et d'or). Les boîtes à chaux et à bétel en argent repoussé et gravé (spécialité de Pagan) sont également remarquables. La plupart des objets de brocante datent du XIXe et du début du XXe siècle. Les autres, beaucoup plus rares, sont des objets « archéologiques » (bas-reliefs en terre cuite de Pagan [XIIe-XIIIe s.] ou de Mōn [VIIIe-Xe s.]), très rares sur le marché.

**biscuit** n. m. En céramique, le biscuit est obtenu par une cuisson complète. Le biscuit de porcelaine est fabriqué avec des pâtes de premier choix donnant à l'objet façonné

Ader-Picard-Tajan

*Paire de groupes en biscuit blanc :*
le Baiser donné *et* le Baiser reçu, *d'après Houdon.*
*Socle en marbre turquin et bronze doré.*
*Époque Louis XVI.*

l'apparence d'un marbre blanc. En général le biscuit n'est pas recouvert d'émail, le cas bien connu en France est celui de Sèvres. Cependant, le biscuit, n'étant pas couvert, peut se graisser, se tacher et tout simplement se salir. Ces inconvénients, ainsi que l'absence de couleurs, expliquent que les biscuits se vendent souvent mal et que les amateurs de ce type de céramique sont assez peu nombreux.

**biseautage** n. m. En verrerie, taille d'un décor en biseau s'appliquant essentiellement aux verres plats et aux verres à glace. Le biseautage est aussi le décor le plus simple de la taille à facettes, mise au goût du jour en Angleterre au milieu du XVIIIe siècle.

**Bisson Frères,** photographes français. Louis Auguste (1814-1876) et Auguste Rosalie (1826-1900), son frère, sont bien connus pour leurs vues des Alpes. Louis Auguste accomplit en juillet 1860 la première expédition photographique au sommet du mont Blanc. Les frères Bisson avaient ouvert à Paris, en 1841, l'un des premiers studios de daguerréotypes. D'esprit inventif, ils apportèrent divers perfectionnements à la photographie, préconisant notamment l'emploi de filtres. Ils déposèrent un brevet pour la photographie sur papier transparent pour la fabrication d'abat-jour et autres applications. Vers 1852-53, ils procédèrent à la reproduction photographique de l'œuvre gravé de Rembrandt et de Dürer, et s'intéressèrent également à la photographie aérienne panoramique. Une *Vue de la Crevasse* au mont Blanc (1860) fut adjugée 600 dollars (Sotheby, New York, 19-V-1980). Les daguerréotypes et calotypes des frères Bisson sont beaucoup plus rares que les tirages ultérieurs.

**bitume de Judée,** dit aussi de Syrie. Corps naturel résultant de la combinaison d'hydrocarbures. Sa propriété de durcir sous l'effet de la lumière le fit utiliser par Joseph Nicéphore Niepce pour l'obtention de sa première image photographique.

**Bizen.** Cette ancienne province (parfois appelée Hizen) du sud-ouest de l'île de Honshū (Japon), qui donna son nom à un type de céramique cuite à très haute température (grès) de couleur brune, sans glaçure, faite pour l'usage ordinaire et la cérémonie du thé, principalement aux XVe et XVIe siècles. Les fours de Karatsu produisirent des grès avec dessins schématisés en gris fer sous couverte grise, au XVIIe siècle. Certaines poteries de Bizen sont de couleur brun-rouge et sont recouvertes d'une glaçure tachetée de cendre. Certaines des poteries faites à Bizen furent destinées à des usages rituels ou funéraires : elles sont alors appelées *inbe-yaki*. Le nom de Bizen fut également donné à quatre écoles d'armuriers de la région : Bizen (Xe-XIIIe s.), Ichimonji (XIIIe et XIVe s.), Yoshii (XIVe-XVIe s.) et Osafune (XIIIe-XIXe s.). [V. JAPON.]

**Blaeu** (Willem Janszoon), géographe hollandais (Alkmaar 1571 - Amsterdam 1638). Auteur d'instruments scientifiques (sphères, planétaires, sextants, quarts de cercle), il est surtout apprécié pour ses cartes géographiques qui atteignent des cotes très élevées. En 1605, il publia une grande carte du monde et en 1619 son premier atlas. Un de ses atlas a été vendu 110 000 livres à Londres, chez Sotheby's, le 25-VI-1987.

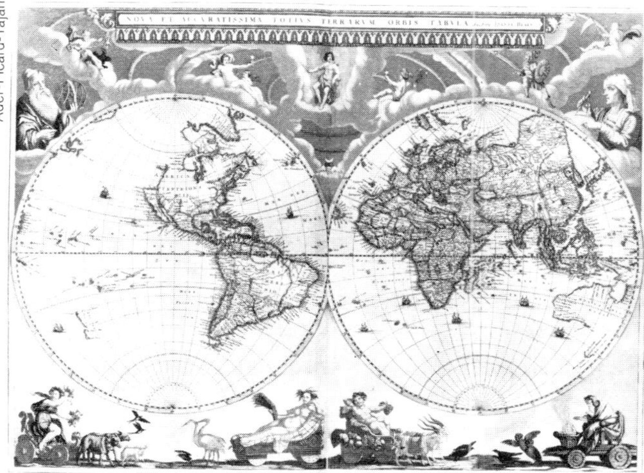

Ader-Picard-Tajan

Le Grand Atlas ou Cosmographie Blavianne, *par Willem Blaeu, Amsterdam, 1667, 12 vol. grand in-folio, reliure de l'éditeur. Adjugé 670 000 F par Mes Ader-Picard-Tajan, à Drouot, le 20-III-1981.*

**blanc** n. m. Nom couramment utilisé au Moyen Âge pour désigner de nombreuses monnaies dont la teneur d'argent était assez élevée, donnant ainsi un aspect « blanc » aux pièces (par opposition à la monnaie « noire » en *billon*). Existent ainsi le blanc dit *patte d'oie* de Jean le Bon, le blanc *guénar* de Charles VI, le blanc *aux coronelles* de Charles VIII, etc.

**blanc-bleuté** *(qingbai).* Type de céramique chinoise de la dynastie des Song (Xe-XIIIe s.), en porcelaine émaillée blanche, avec une couverte de ton bleuté laissant parfois apparaître en transparence un décor floral gravé dans la pâte. Ce type de céramique est relativement rare.

**blanc de Chine.** On désigne généralement sous ce nom des statuettes en biscuit émaillé de blanc pur ou de blanc crémeux, faites en Chine à la fin de l'époque Ming (début XVIIe s.) et pendant l'époque des Qing (XVIIIe s.). Des vases ont été également recouverts d'un émail blanc uniforme, vases décorés en relief de paysages ou d'animaux, principalement à la fin des Ming. Les sujets le plus souvent réalisés en céramique « blanc de Chine » consistent en représentations de Guanyin, de sages *(luohan)* et du dieu Putai (Bouddha obèse). Nombre d'amateurs collectionnent les céramiques de ce type, qui sont relativement rares et atteignent des prix assez élevés dans les ventes publiques. (V. CHINE.)

**blanc de lait.** Procédé d'opacification du verre à l'oxyde d'étain. Les verriers du XVIIIe siècle ont rapidement reconnu dans ce procédé ancien (technique du *latticino,* Venise, XVIe s.), déjà mis au point par un grand nombre de fabriques européennes avant 1700, un moyen efficace pour lutter contre la concurrence redoutable de la porcelaine. Ce verre opacifié à l'oxyde d'étain imite à meilleur marché la porcelaine, et son décor était d'ailleurs confié à des artistes spécialisés dans la peinture sur céramique.

Les productions des verreries anglaises (Bristol ou Newcastle) et des ateliers de Bohême (Potsdam) ont été particulièrement abondantes et comptent parmi les plus connues au XVIIIe siècle. La France allait, au XIXe siècle, affirmer sa suprématie avec ses célèbres opalines*.

Ader-Picard-Tajan

*Gobelet en opaline laiteuse (verre de lait à filets dorés et décor de scène de chasse). [H. 10 cm.] XVIIIe siècle.*

**Blanchard** (les), menuisiers français. Sylvain Nicolas, reçu maître en 1743, et Jean Nicolas, son frère, reçu maître en 1771, ont souvent fourni à la cour de Versailles des sièges harmonieux, ornés de sculptures d'une grande qualité.

**blanche** (arme). Arme n'utilisant pas la poudre. Les armes blanches sont, la plupart du temps, en acier, d'où le nom d'armes « blanches », et se regroupent en plusieurs grandes catégories : *les armes défensives* (casques, cuirasses, armures, caparaçons, chanfreins) ; *les armes d'hast,* c'est-à-dire composées d'un fer emmanché sur une hampe de bois, fixé par des attelles (piques, hallebardes, pertuisanes, couteaux de brèche, guisarmes) ; *les armes de choc* (lance, marteau, hache ou fléau d'arme, masse) ; *les armes de poing,* longues ou courtes (épées, sabres, estocs, poignards, couteaux, stylets, dagues) ; *les armes de jet* qui n'utilisent pas la poudre (arc, javelot, arbalète, fronde).

*Deux épées espagnoles, fin XVIe-début XVIIe siècle. (L. 1,23 m et 1,20 m.) Lames gravées d'inscriptions. Drouot, 5-V-1982.*

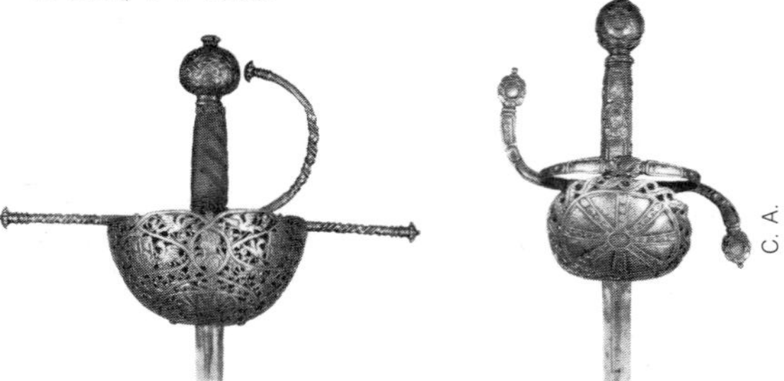

C. A.

Toutes les armes blanches intéressent les amateurs ; leur nombre et leur variété sont immenses.

Les armes blanches africaines remplissent de nombreux rôles magiques, religieux, symboliques en dehors de ceux pour lesquels elles ont été conçues, c'est-à-dire la chasse et la guerre.

Presque tous les matériaux que l'on trouve en Afrique concourent à la fabrication des armes blanches : le bois pour les massues, les arcs, les arbalètes, les flèches, les hampes de lance, les montures des armes de poing et même certains boucliers ; l'écorce pour des petites rondaches, des targes et des fourreaux ; la vannerie pour les grands pavois de défense et la fusée des poignées de couteaux ; la corne et l'ivoire pour les massues et les manches ; la pierre pour certaines pointes de flèches ; le cuir et les peaux de toutes sortes pour les défenses corporelles, les carquois et les fourreaux ; les tissus pour les surcots de guerre et les caparaçons des chevaux ; et surtout les métaux pour les lames : fer généralement, plus rarement acier, cuivre — surtout sur les armes du Zaïre, en raison des mines d'une prodigieuse richesse de ce pays —, aluminium (sur des armes plus récentes) et or (employé principalement comme revêtement des montures sur les beaux sabres baoulés cérémoniels). Des cordes, des fibres de rotin, des tiges végétales et même des tendons d'animaux sont utilisés pour bander les arcs.

En dehors de l'arc, les armes les plus utilisées en Afrique sont les sagaies — de l'arabe *az-zaghaya* —, sortes de javelines, bien équilibrées, souvent tout en fer, portées par groupe de cinq ou six par le guerrier qui les utilise. Les pointes — de formes très diverses — sont souvent barbelées.

Les couteaux présentent une infinie variété de formes, particulièrement ceux du Zaïre : lames droites ou courbes, à un ou deux tranchants, pointes effilées ou arrondies ou entièrement en demi-lune. Les couteaux de jet à multiple pointe et à décor pyrogravé sont tout à fait étonnants : parfois ils servent de monnaie.

En Afrique centrale, on trouve de grands sabres en forme de faucille qui ne sont pas sans rappeler le *khepesh* égyptien (*kopis* des Grecs) ou le *shotel* abyssinien. Les sabres de l'Afrique de l'Ouest — connus sous le nom de *goubasa,* en l'honneur du dieu de la Guerre, Gu —, sont raffinés dans leur morphologie et leur décor avec les ajours géométriques de leur lame.

**Blanquart-Évrard** (Louis-Désiré), photographe français (Lille 1802 - *id.* 1872). Chimiste, peintre miniaturiste sur ivoire, il s'intéressa aux travaux de Daguerre et surtout à ceux de l'Anglais William Fox Talbot sur la photographie, qu'il entreprit de perfectionner. En 1850, Blanquart-Évrard mit au point un procédé permettant le tirage en grand nombre des épreuves positives et exploita cette technique dès 1851 dans l'imprimerie photographique qu'il ouvrit à Loos-lès-Lille. Cet établissement employait une quarantaine de femmes et assura en cinq ans le tirage de milliers d'épreuves positives et d'une vingtaine d'albums photographiques. Sous le titre *Album photographique de l'artiste et de l'amateur,* ces derniers comportaient, avec des textes, un choix de photographies rapportées de voyages, notamment d'Orient. Ainsi parurent les ouvrages de Maxime Du Camp (Égypte, Nubie, Palestine et Syrie), de John B. Greene (monuments, paysages, explorations photographiques du Nil), Auguste Salzmann (Jérusalem). Blanquart-Évrard était attentif à la qualité des tirages et à leur conservation. Après la fermeture de son imprimerie photographique de Lille, en 1855, Blanquart-Évrard renouvela son expérience à Jersey avec Thomas Sutton. Remarquable technicien et historien de la photographie, il publia en 1869 un ouvrage qui fait autorité.

**Blard** (les), famille d'ivoiriers dieppois connue dès la fin du XVIII<sup>e</sup> siècle. L'un des plus célèbres, Théodore Jacques Nicolas (1795-?), étudia à Paris, puis retourna à Dieppe. Son atelier, qui fut particulièrement florissant au milieu du XIX<sup>e</sup> siècle, comptait une quarantaine d'ouvriers, et de nombreux élèves y apprirent les rudiments du métier. Objets religieux, coffrets profanes, navires, plaques de livres, branches d'éventails, manches d'ombrelles, etc., constituaient l'essentiel de la production de cette famille.

**blason** n. m. Motif sculpté placé en façade au milieu de la ceinture d'un siège. Le blason comporte parfois des armoiries mais le plus souvent un ornement floral, une coquille ou une grenade.

**bleu et blanc.** Type de céramique chinoise des époques Ming et Qing, caractérisé par des porcelaines blanches à décor peint en bleu de cobalt sous couverte. L'âge d'or du bleu et blanc est l'ère Xuande (1426-1435). Ces céramiques, souvent ornées d'un décor en médaillon, furent plus particulièrement exécutées à la fin des Ming (1600-v. 1644) et à l'époque de Kangxi (1662-1722). Certaines pièces de porcelaines ainsi décorées de fleurs, de fruits et de petits animaux étaient réservées à l'usage impérial. Ces pièces font l'objet de collections « bleu et blanc ».

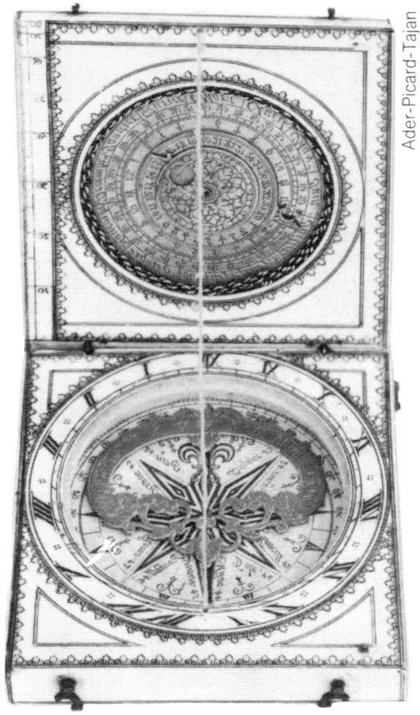
Ader-Picard-Tajan

*Cadran solaire diptyque magnétique en ivoire et métal, fabriqué par Charles Bloud à Dieppe, vers 1666. (7,7 × 8 cm.) Adjugé 40 000 F par Mᵉ Libert à Drouot, le 9-X-1980. Coll. Linton.*

Sotheby Parke Bernet

*Vase bleu et blanc en porcelaine de la fin de l'époque Ming.*

**bleu mahométan.** Émail bleu, coloré à base d'oxyde de cobalt, découvert au Moyen-Orient. Il apparaît d'abord sur les faïences de Mésopotamie ; on le retrouve dans le décor des céramiques siliceuses au XII<sup>e</sup> siècle (fin de la période seldjoukide) puis en Afrique du Nord, et enfin il atteint l'Espagne, où les potiers de Málaga l'adoptent pour en faire une de leurs spécialités. Ce bleu participe aussi au décor des céramiques chinoises dites « bleu et blanc », dans lequel l'oxyde de cobalt bleu est appliqué sur la céramique blanche.

Il se maintiendra en Orient jusqu'au XIX<sup>e</sup> siècle. Ainsi, cette production est fabriquée en abondance, avec de nombreuses variantes dans la forme et le décor (influences chinoises), dans un grand nombre de localités, sur tout le territoire iranien (XII<sup>e</sup>-XIII<sup>e</sup> s. : Gorgān, Kachan ; XIV<sup>e</sup> s. : Sultanabad ; XVI<sup>e</sup>-XVII<sup>e</sup> s. : Mechhed, Kirmān, par exemple), en Anatolie orientale, en Syrie, en Égypte, en Iraq, en Afghānistān et en Asie centrale.

**block-front** n. m. Meuble à corps pleins *(block-front)*, caractéristique de l'Amérique du Nord, dont la partie centrale est légèrement concave entre deux panneaux convexes. Les tiroirs sont parfois sculptés en plein bois et séparés par des traverses reliées au bâti même. Un des premiers exemplaires connus est un bureau-bibliothèque, œuvre de l'ébéniste Job Coit (1738), originaire de Boston.

Les ébénistes Goddard et Townsend de Newport sont aussi très renommés pour la fabrication de ces meubles dont le type le plus courant est la commode *block-front* souvent décorée de vastes panneaux, compartimentés et surmontés chacun d'une coquille sculptée.

**Bloud** (Charles), tabletier dieppois de la fin du XVII<sup>e</sup> siècle. Il est l'inventeur du cadran solaire magnétique de poche en ivoire.

**Bobos.** Les Bobos — à cheval sur le Mali et la Haute-Volta — forment la population de la région de San, Bobo-Dioulasso, Diebougou et Dedougou. De vocation agricole, ils portent un nom signifiant « bègue » en langue mandé, et se divisent en trois groupes : les Bobos Fing (Bobos « noirs »), les Bobos Gbe (Bobos « blancs ») et les Bobos Oulé (Bobos « rouges »).

Les Bobos Fing, près de Bobo-Dioulasso, réalisent des tabourets à quatre pieds et à poignée, à décor anthropomorphe. Les masques sont exécutés par les forgerons dans le bois de fromager, ou de caïlcédrat. Lorsqu'un masque, personnifiant les *do,* génies protecteurs du village, se brise au cours d'une danse, son porteur est traité en coupable et doit offrir des sacrifices dans le bois sacré, tandis que le *do* est enterré comme un humain. Les *do,* portés par des jeunes gens entièrement revêtus d'un costume en fibres, tenant des bâtons, interviennent lors des funérailles et ont pour rôle d'exorciser le village. Violemment polychromes, ils symbolisent des animaux ou des individus (coq, buffle, antilope ou « jeune fille peul ») et sont souvent surmontés d'une grande planche ornée d'un décor à damier rappelant la « maison à étage » des Dogons : dans ce cas, les faces sont plates et circulaires, d'où un bec ou un nez recourbé se détache.

**bocal** n. m. Récipient de forme cylindrique, doté d'un col court plus ou moins étroit. Le bocal a été produit abondamment par toutes les fabriques de verres utilitaires. La couleur du métal, très caractéristique de certaines fabriques, peut aider à en déterminer l'origine. Quand il était soufflé à la bouche, la forme obtenue présentait des irrégularités qui lui conféraient tout son charme.

Son métal plutôt rustique est souvent bullé, de couleur assez foncée pour dissimuler les denrées, les onguents ou les produits médicinaux qu'il était destiné à contenir.

Au début du XIXe siècle, la mode des vitrines l'introduit comme élément de décor. Il est alors transparent et rempli de liquide ou de boules colorées. Il s'agrandit plus tard, s'adaptant aux dimensions de plus en plus importantes des vitrines. Bouchons et étiquettes font l'objet de soins tout particuliers. Les brevets anglais et américains dans cette production sont très abondants.

*Bronze népalais figurant le bodhisattva Manjuçrī assis dans l'attitude de la méditation. XVIe s. (H. 13 cm.)*

Christie's

**bodhisattva.** Dans l'iconographie du bouddhisme, être céleste ayant volontairement renoncé à l'état de bouddha afin de « sauver » tous les êtres vivants, humains ou autres. C'est un intercesseur entre ceux-ci et la divinité suprême. Les *bodhisattva* sont très nombreux, mais c'est surtout Avalokiteçvara (en chinois : Guanyin ; en japonais : Kannon) qui fut le plus souvent représenté. Il est assis ou debout sur un lotus épanoui, et tient toujours une tige de fleur de lotus dans une main, l'autre tenant parfois un vase à eau *(kundikā)*. En Chine et au Japon, l'effigie d'Avalokiteçvara, considérée comme « donneuse d'enfant », est parfois représentée avec un enfant sur le genou ou dans les bras. Les autres *bodhisattva* le plus souvent représentés en Chine et au Japon sont Manjuçrī (reconnaissable aux chignons multiples de sa chevelure), appelé Wenshū en Chine et Monju au Japon, et Maitreya (le Bouddha à venir, Miluo Fo en chinois et Miroku ou Hotei en japonais). En Chine, les *bodhisattva* sont généralement désignés sous le nom de *pusa,* alors qu'au Japon on les nomme *bosatsu.* En Corée, ils sont désignés sous le nom de *bo-sal.* On trouve également des représentations d'Avalokiteçvara (sous le nom de Lokeçvara) au Cambodge et dans l'art cham — ils ont alors plusieurs bras —, ainsi que dans les peintures et sculptures du Japon et de Chine. Mais, en Chine, on les représente surtout en sculpture et céramique, avec deux bras seulement.

**Bodoni** (Giambattista), imprimeur italien (Saluces 1740-Parme 1813). À partir de 1768, il travailla pour le duc de Parme et créa un caractère romain, sortant de ses presses de nombreuses éditions, célèbres pour la beauté de leurs caractères.

**Bohême.** V. CRISTAL.

**Böhm** (Théobald), flûtiste et compositeur allemand (Munich 1794-*id.* 1881). Vers 1828, il fait les premiers essais de modification de son instrument, afin de le perfectionner, d'en faciliter le jeu et d'en améliorer l'uniformité des sons. Partagé entre sa carrière de flûtiste et son esprit inventif, c'est en 1831 qu'il met en circulation ses modifications, en les présentant à divers facteurs de Londres et de Paris. En 1832, il achève son principe, qui permet de répondre, dans la perce des trous, aux lois de l'acoustique, en réalisant, pour la facilité du jeu, un système d'anneaux reliés par une tige. C'est avec une flûte fabriquée en 1847 que son travail aboutit. En dehors de la flûte, encore aujourd'hui, l'ensemble des bois de l'orchestre, ainsi que les saxophones, possèdent un système de clés qui portent son nom.

**Boin-Taburet.** Maison d'orfèvrerie très réputée à la fin du XIXe siècle, qui a produit des œuvres de grande qualité fidèlement inspirées de l'argenterie classique de style Louis XV et de style Louis XVI. L'entreprise se fit remarquer notamment au Salon de 1878, par un ensemble de toilette copié d'une œuvre de Germain. Boin-Taburet devint ainsi le spécialiste de l'argenterie « de style », mais présenta cependant, lors de l'Exposition des arts de la femme, en 1892, des pièces à décor de chrysanthèmes d'inspiration très nouvelle.

**bois** n. m. Matériel privilégié de la menuiserie et de l'ébénisterie, le bois est à l'origine de la plupart des meubles anciens. Son abondance, sa résistance, sa souplesse lui permettent de prendre toutes les formes voulues sous le fer d'outils tranchants.

Les menuisiers attachaient autrefois une grande importance à l'époque de l'abattage des arbres pour éviter par la suite tout effet de gauchissement. Les arbres étaient coupés de préférence « à sève au repos » (janvier et février) et à pleine lune (les effets de la Lune sur la conservation des bois semblent aujourd'hui contestés). De plus, les arbres, une fois coupés et débités en planches, devaient être séchés pendant plusieurs années. Les bois bien traités résistaient à l'attaque des vers. Le débit des troncs d'arbres (ou « grumés ») se faisait « sur le champ », de telle sorte que la scie découpe des tranches parallèles à l'axe du tronc.

Un autre système de coupe dit « sur la maille », ou « à la hollandaise », consistait à attaquer les troncs avec un fer en forme de coin, enfoncé en force suivant les rayons médullaires, de l'aubier vers le cœur.

*Bois de merrain :* on appelle ainsi les planches refendues sur la maille. Il en est ainsi des douves de tonneaux qui restent étanches sans subir de gauchissement.

*Bois de flottage :* la pratique de flottage des bois à la surface des fleuves permettait un transport économique à grande distance. De plus, les bois flottés et longuement séchés ensuite étaient rendus pratiquement imputrescibles par élimination complète de la sève.

*Bois de fil :* on désigne ainsi toutes les planches obtenues en débitant le tronc dans le sens de la longueur.

*Bois de bout :* pièce de bois obtenue en coupant un tronc d'après un plan perpendiculaire à l'axe du fût.

*Bois de travers :* pièce de bois sciée en oblique par rapport à l'axe du tronc. Cette coupe permet d'obtenir des effets décoratifs utilisés en marqueterie en jouant sur la disposition des veines : ellipses concentriques, ailes de papillon.

Selon le dessin des veines, le bois est dit « ondé, flammé », « moucheté » ou « chenillé ».

*Bois maillé :* se dit d'un bois traversé par des réseaux

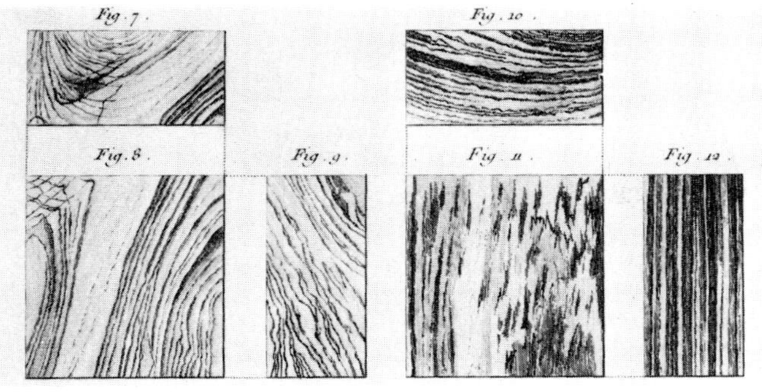


*Détail d'une planche de différents bois tirée de* l'Art du menuisier, *par Roubo. Bois veinés irrégulièrement présentés à bois de bout et en coupe diagonale (à gauche) et bois à couches concentriques régulières coupé parallèlement au fil et selon la direction des rayons (à droite).*

de veines qui recoupent le fil. Les mailles sont d'aspect plus serré au niveau du cœur du bois. Les planches de chêne maillé sont souvent striées de petites veines claires faciles à reconnaître.

*Bois propres à la menuiserie :* selon Roubo (*l'Art du menuisier,*. 1769), « les bois propres à la menuiserie sont le chêne, le châtaignier, le noyer, l'orme, le hêtre, le sapin, le tilleul et le peuplier ».

*Bois de marqueterie :* utilisés en placage, ce sont, toujours selon Roubo, « les bois des Indes, acajous de toutes espèces, bois satinés, cèdre, olivier, laurier, bois de Sainte-Lucie, bois violet, pernambouc et ébène ».

*Bois des îles :* appelés également bois des Indes, ils désignent toutes les essences d'origine exotique utilisées en ébénisterie : bois de rose (fourni surtout par le Brésil), qui tient son nom davantage de son parfum que de sa couleur, amboine, clairembourg (variété de satiné), ébène de Madagascar, palissandre, santal (de Coromandel) et bois violet sont les plus fréquemment employés au XVIII$^{e}$ siècle. D'autres essences apparaissent au XIX$^{e}$ siècle, notamment le thuya à veinures rouges, le pitchpin d'Amérique, le bouleau du Canada, l'ébène de Macassar (noir veiné de rouge) qui, en provenance d'Indonésie, devient le bois de prédilection des ébénistes de l'époque « Art déco ».

*Bois de meuble :* ensemble des pièces débitées qui constituent la structure d'un lit ou d'un siège. Les bois de meuble ou de siège dépourvus de garniture sont parfois vendus sous cette forme, évidemment à moindre prix. En les confiant à un tapissier, il est possible de les faire recouvrir d'une étoffe assortie à un décor choisi.

*Bois dorés.* V. DORURE.

*Bois en Afrique.* V. AFRIQUE.

*Dans les pays islamiques* (hormis la Syrie, la Kabylie, l'Anatolie et l'Espagne), la rareté du bois a conduit à le considérer comme un matériau précieux et noble. Il est importé de loin (teck, ébène, sumac) ; cependant, le travail du bois a été largement répandu dans ces pays, s'insérant dans l'architecture des palais ou des mosquées : corbeaux, linteaux, balustrades, plafonds, vantaux de portes et de fenêtres, grilles ajourées des maisons particulières moucharabieh ou loge à l'intérieur des salles de prières *(maqṣūra).* D'autre part, il est considérablement employé dans le mobilier des lieux de culte : *minbar* (chaire à prêcher), *dakka* (tribune à lire le Coran), *rahle* (support de Coran) et dans les cénotaphes.

C'est en Égypte, principalement, qu'ont été préservées, grâce au climat, le plus grand nombre de ces réalisations séduisantes, aux époques fāṭimide et ayyūbide. Les techniques en usage étaient soit la sculpture en plein bois, soit l'assemblage de petits panneaux insérés dans des baguettes à rainures, suivant la technique du *kassetenstyl.* Les représentations figurées sont rares ; généralement, il s'agit d'un décor abstrait géométrique, d'arabesques ou de motifs épigraphiques. Actuellement, c'est en Égypte, au Maroc, ainsi qu'en Turquie que l'on peut admirer les réalisations les plus parfaites dans ce domaine. Dans l'évolution du décor apparaissent, à partir du XIV$^{e}$ siècle, des incrustations de nacre, d'ivoire, d'écaille, de marqueterie de bois de diverses essences ; décor riche qui connaîtra son apogée sous la dynastie ottomane, ainsi qu'en témoigne au Topkapı Saray le trône d'Ahmed I$^{er}$.

En Extrême-Orient, les bois les plus utilisés pour les meubles sont le palissandre, le teck, l'ébène, le macassar ainsi que d'autres essences moins connues telles que le ramin, l'amboine, les bois d'Inde. Les bois provenant des forêts d'Indonésie, de Malaisie et des Philippines portent des noms très divers selon l'usage auquel on les destine et les firmes qui les exportent. Le bois de fer, très dur et très pesant (il coule dans l'eau), peut appartenir à de nombreuses variétés d'arbres, de même que le bois de rose et le bois de violette ou autres variétés d'arbres exotiques. On utilise également en ébénisterie (en Asie, principalement en Chine et au Japon) du bois de camphrier qui a la propriété d'éloigner les insectes. Au Japon, on utilise le bois du paulownia *(kiri no ki),* très léger, pour faire des armoires *(tansu),* des cabinets et des boîtes. Le bois de cryptomeria est également utilisé pour certains meubles japonais. Pour la sculpture, ce sont les bois de camphrier et surtout de santal (rouge ou blanc) qui sont utilisés, en raison de leur grain très fin permettant la réalisation des détails. Le bois de pin fut parfois utilisé au Japon pour la sculpture, notamment au XVII$^{e}$ siècle par Enkū.

**bois de bout.** Technique de gravure sur bois apparue à la fin du XVIII$^{e}$ siècle, dans laquelle on travaille le bois scié de façon transversale et non pas dans le sens du fil. (V. GRAVURE et MARQUETERIE.)

**boiserie** n. f. Revêtement appliqué aux murs intérieurs d'une habitation. Destinées à l'origine à protéger du froid et de l'humidité, les boiseries formées de panneaux assemblés (par rainures et languettes) servent également de support à des éléments décoratifs : plis de serviette au Moyen Âge, coquilles et lambrequins sous Louis XIV, moulures chantournées et arabesques sous Louis XV, pilastres, perles et rubans sous Louis XVI.

Comme le nom l'indique, les boiseries sont constituées essentiellement de panneaux de bois (souvent en chêne) à l'inverse des lambris* qui peuvent être de bois, mais également en stuc ou en marbre. Les boiseries complètes comportant, outre les panneaux, des encadrements de portes, de fenêtres et de miroirs et parfois des meubles du même style, tels qu'armoires et buffets provenant de demeures anciennes en démolition, passent parfois en ventes publiques. Elles atteignent des prix élevés si elles comportent des ornements intéressants et que leur bon état de conservation permet de les replacer dans un nouvel intérieur.

**boiserie** (meuble de) n. m. On appelle meuble de boiserie le meuble intégré à l'ensemble du revêtement mural formé par la boiserie. Ces meubles se distinguent des autres meubles tels que armoires, buffets ou vaisseliers par un piètement en forme de plinthe, assorti à l'ensemble de la boiserie et qui ceinture tout le bas du meuble.

Détachés de leur encadrement, les meubles de boiserie, qui faisaient souvent partie d'un décor somptueux, sont toujours de grande qualité. Un buffet de boiserie à deux corps du XVIIIe siècle s'est vendu 45 000 F à l'hôtel Drouot le 27-III-1981.

**boîte** n. f. Parmi l'infinie variété de boîtes et leurs multiples usages, les boîtes de poche ou de vitrine sont définies par leur petite taille, leur matière plus ou moins précieuse et leur caractère essentiellement décoratif.

Les textes nous apprennent que, dès le XVe siècle, toutes sortes de boîtes à poser sur des meubles ou à mettre dans sa poche étaient utilisées pour les médicaments, les poudres, les fards, les menus objets de toilette. Elles peuvent être en bois peint, en cuir, en ivoire, mais aussi en or, en argent ou en cristal de roche ; ce sont déjà des objets précieux que l'on offre en cadeau, mais elles ne figurent presque jamais chez les antiquaires.

À partir du XVIIe siècle, la vogue de la boîte s'étend et celle-ci joue un rôle social sans précédent, lié à deux modes nouvelles : celle des mouches de velours sur le visage des dames, et celle du tabac à priser. Toutefois, les plus anciennes tabatières* et boîtes à mouches que l'on achète ne remontent guère au-delà de l'époque Régence, mais leur abondance, leur variété, leur invention sont alors remarquables. Fabriquées à Paris, à Genève, à Londres, à Naples, à Spa, à Dresde, à Brunswick, à Vienne, ou à Saint-Pétersbourg, elles circulent d'un pays à l'autre sous forme de cadeaux diplomatiques ou dans les corbeilles de noces des princesses, et leur diversité rend très difficile une classification rigoureuse. On a coutume de distinguer les « boîtes en or », de grand prix, enrichies de diamants et de matières précieuses, et les boîtes plus modestes, mais souvent plus originales. Elles sont analysées selon leur décor et leur époque, et non selon leur usage, souvent difficile à établir.

Ader-Picard-Tajan

*Boîte en argent et vermeil, ciselée par Charles Perrurier. Paris, 1742.*

*Boîte à cigarettes en argent, Art nouveau. Poinçon GAS (Georg Anton Scheidt). Adjugée 129 £ par Christie's, le 16-III-1982.*

Christie's

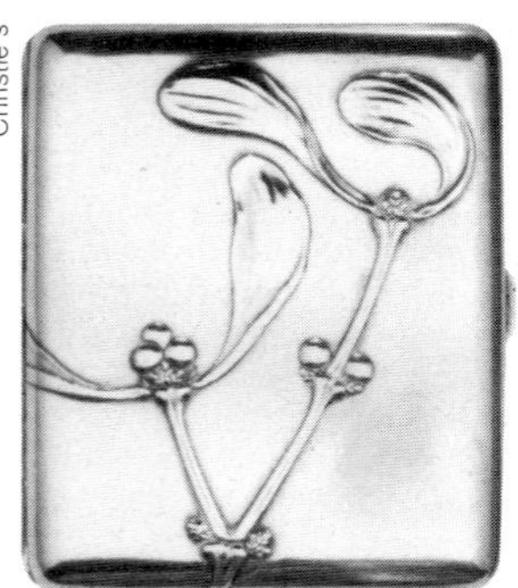

Les boîtes du début du XVIIIe siècle ont souvent une forme de coquille, en or repoussé de plusieurs couleurs, en nacre gravée ou mosaïquée, ou encore en pierre dure (agate, jaspe sanguin), montée dans un entourage d'or ciselé dans le goût rocaille. Sous Louis XV, beaucoup de tabatières ont une forme rectangulaire ou rocaille, en or repoussé, souvent de plusieurs couleurs, enrichies d'émail : portraits miniatures ou tableaux de fleurs, nature morte, trophée dans un médaillon central, etc. Certaines de ces boîtes sont d'une fabuleuse richesse, enrichies de perles ou même de diamants. Le portrait d'un monarque ou d'un prince régnant qui ornait les boîtes diplomatiques confère à ces objets un caractère de souvenir historique qui augmente considérablement leur valeur.

Les boîtes se modifient et se diversifient encore à la fin du XVIIIe siècle, pour s'adresser à une clientèle plus vaste, mais les boîtes de grand prix et de superbe qualité artistique subsistent. Vers 1770-1780 prévaut la forme ovale, en or légèrement repoussé ou, mieux, enrichi d'un délicat décor d'émail et d'un portrait en médaillon, généralement une miniature sur ivoire protégée par un verre, sertie de perles ou de pierres. La forme circulaire est également très à la mode : petites boîtes d'or sobrement guilloché, boîtes d'écaille cerclées d'or et décorées d'une miniature centrale, ou encore en écaille blonde transparente, délicatement « piquées » de légères étoiles d'or. Boîtes d'ivoire aussi, à miniatures et cercles d'or, grandes, petites, minuscules même.

La Révolution ne met nullement fin à cette prolifération ; les boîtes de l'Empire et romantiques sont toujours d'un extrême raffinement, émaillées, décorées d'un portrait et empierrées à souhait, mais plutôt de forme ronde, ou rectangulaire, et assez plates. Les tabatières servent toujours de cadeaux diplomatiques, et cette coutume se conservera jusqu'au second Empire : les boîtes décorées d'un portrait de Napoléon ou du tsar connaissent l'habituelle cote d'amour des objets historiques.

Le goût des boîtes précieuses ne disparaît pas avec le second Empire. À la fin du XIXe siècle, Carl Fabergé éclaire de son talent les dernières décennies de l'Empire russe. Les « fabergophiles » recherchent avec passion ces exquises petites boîtes d'émail ou de pierre dure. Quelques années plus tard, le luxe sophistiqué des années 1925 redonne une vie nouvelle à la boîte décorative et utilitaire à la fois : les coffrets à cigares, les étuis à cigarettes de chez Cartier sont en pierre dure (quartz, agate, jadéite, néphrite), montées sur or, enrichies de diamants, turquoises, saphirs, corail, dont la somptuosité s'oppose à la volontaire sobriété des formes. Ces objets coûtent aussi cher sinon plus que les boîtes en or du XVIIIe siècle, et sont d'ailleurs moins nombreux.

À côté de ces boîtes de grand prestige, il ne faut pas mésestimer les petites boîtes d'usage courant, parfois très anciennes, et souvent d'une plus grande originalité que les boîtes précieuses.

Le prix de l'or incitait à choisir le pomponne, sorte de cuivre doré qui, au XVIIIe siècle, sert parfois à cercler des boîtes d'émail, d'écaille ou d'ivoire ; beaucoup de boîtes ovales d'époque Louis XVI à décor repoussé sont exécutées entièrement en pomponne.

À la fin du XVIIIe siècle et au début du XIXe, les boîtes de bois clair décorées au pinceau d'un petit sujet, ou d'un paysage, ont été une spécialité de Spa. Les boîtes en ivoire de Dieppe peuvent être simplement unies ou finement sculptées et repercées de fleurs et de figurines. Les boîtes de papier mâché incrustées de nacre datent surtout du XIXe siècle, de même que les boîtes légères à fixé sous verre, cerclé de cuivre ou de carton doré.

Sous Louis XV et sous Louis XVI, on fit aussi des boîtes de faïence et de porcelaine, d'autres en vernis Martin, papier mâché, nacre incrustée d'argent, sans oublier les innombrables petites boîtes d'argent, à pilules, à fard, à mouches ou autres. Non précieuses, ces boîtes présentent une amusante variété de formes et d'usages, définis par des noms pittoresques : bergamotes doublées d'écorce d'orange pour parfumer les bonbons, boîtes à mouches à compartiments et petit miroir, vinaigrettes munies d'une petite grille pour protéger l'éponge imbibée du mélange revigorant, boîtes à jetons, mini-coffrets à ouvrage, étuis à cire ou à message, « baradelles » (v. BA-

RADELLE) [nécessaires à écrire contenus dans un tube]. On a même fait des boîtes de deuil décorées, en cheveux, d'un motif symbolique ; elles furent nombreuses sous la Révolution, notamment celles où l'on devine, de part et d'autre d'une urne funéraire, les profils de Louis XVI et de Marie-Antoinette.

**boîte à musique.** Mouvement de musique mécanique placé dans un coffret ou un boîtier servant à en amplifier le volume sonore. Issue de l'horlogerie, elle apparaît au XVIII^e siècle dans les pendules sous forme de carillon. Composée de trois parties parallèles, elle comprend : un mécanisme à fusée imprimant un mouvement de rotation au cylindre porteur de picots ; un peigne à lames flexibles identiques, chacune solidaire d'un marteau et une série de timbres. Au passage du picot, la lame est soulevée puis libérée, le marteau vient alors frapper le timbre afin de le faire sonner. En 1796, Antoine Favre dépose un brevet concernant « un carillon sans timbres ni marteau ». Dès 1802, les musiques prennent place dans les montres, cachets et tabatières, mais relèvent de l'horlogerie. Très vite, la boîte à musique devient objet. Elle comprend deux parties principales : le cylindre mû par le ressort, qui reste le même ; les lames du peigne, de différentes longueurs, elles-mêmes accordées pour résonner au passage des picots. Pour assurer une netteté de timbre, la lame est souvent munie d'un étouffoir. Avec le temps, l'industrie prit le pas sur l'artisanat et la présentation de la boîte sur la musique, à laquelle on adjoint différentes percussions et voix célestes. En 1885, Oscar-Paul Lochman présente la première pièce à disques. Ces musiques offrent un répertoire impressionnant dû à l'interchangeabilité des disques. Pour répondre à toutes les bourses, elles apparaissent sous différents diamètres ; les plus grandes prennent place dans les lieux publics, donnant naissance, grâce au monnayeur, au principe du juke-box. La diversité des modèles de boîtes à musique répond à différents critères d'appréciation — rareté des mouvements anciens, esthétique du coffre, complexité des accessoires, dimensions de la boîte elle-même, mais surtout musicalité —, et les rend, encore aujourd'hui, accessibles à toutes les bourses. L'amateur ne doit cependant pas oublier, lors de sa découverte, que le prix d'une restauration peut dépasser le montant de son achat initial et que les réparateurs sont rares.

G. Meguerditchian

*Album de photos formant boîte à musique, exécuté au XIX^e siècle. On devine, à gauche, le portrait du pianiste et compositeur polonais Ignacy Jan Paderewski (1860-1941). Collection Muflarz.*

**boîte à sel.** Produit indispensable à tous, soumis à l'impôt, le sel est précieusement conservé dans des pots de terre ou des boîtes à sel en bois que l'on place bien à l'abri de l'humidité, près de l'âtre. Sa valeur propitiatoire, qui persiste encore dans le rite du baptême catholique, est affirmée par le décor gravé sur ces boîtes : rouelles, rosaces, ayant le pouvoir, selon certaines croyances, d'écarter le mal, la maladie, le diable. Les boîtes à sel sont particulièrement jolies en Provence où elles prennent la forme d'un petit meuble aux pieds cambrés ou en miche, à la façade moulurée ornée d'un cœur, d'un svastika ou d'une rouelle. Un couvercle en abattant et un tiroir qui contient le poivre complètent ce *saliero* (terme provençal).

**bol arménien.** Ancienne appellation occidentale dérivée de « terre bolaire », argile à usage pharmaceutique utilisée comme antidote depuis l'Antiquité. Parmi les « bols » fabriqués dans cette argile, les plus appréciés étaient d'origine arménienne.

Par extension, ce terme désigne aujourd'hui, pour la céramique, un engobe rouge, contenant de l'oxyde de fer et de la chaux, posé sous glaçure incolore, donnant l'effet d'un émail rouge. Le ton vire parfois au brun. On le dénomme aussi, mais plus rarement, *rhodian red* (rouge de Rhodes). Utilisé en Orient depuis l'Antiquité, puis en Europe par les Byzantins, il sera repris, avec plus ou moins de réussite selon l'époque et les régions, par les potiers musulmans, plus particulièrement en Transoxiane au X^e siècle, et dans le Proche-Orient médiéval, avant de devenir, par la perfection de son emploi, l'une des caractéristiques des ateliers ottomans d'Anatolie (Iznik).

**bolduc** n. m. Morceau de tissu cousu sur l'envers de la tenture, en tapisserie contemporaine, et qui porte le nom de l'auteur du carton, celui du lissier, du lieu de fabrication, le numéro de l'œuvre et son nombre de répliques. Ces précautions pour déjouer les faussaires n'empêchent pas ces derniers de poser de faux bolducs sur des tapisseries de fabrication récente.

**bonbonne** n. f. Grosse bouteille ventrue, à goulot très court, que l'on rencontre en grès comme en verre, et qui servait en particulier à transporter des liquides, huiles ou essences.

**bonbonnière** n. f. Si le mot n'apparaît que vers 1770, l'usage de la boîte à friandises était connu depuis le Moyen Âge : on disait alors un « drageoir ». La bonbonnière de poche ne correspond pas à un modèle déterminé. Parmi l'infinie variété de boîtes que nous ont léguées le XVIII^e et le XIX^e siècle, il n'est guère possible de faire la part de celles que l'on destinait plus particulièrement aux sucreries. On en fit en or, en écaille, en émail, en papier mâché, en argent ciselé ou niellé, en pomponne, etc. (V. BOÎTE.)

**Bonet** (Paul), relieur français (Paris 1889 - *id.* 1971). Il est le créateur de reliures très originales, pour lesquelles il emploie, outre les matières traditionnelles, le métal, ainsi que des jeux de fers donnant une impression de relief. La librairie Gallimard créa des cartonnages à partir de ses dessins, sur des ouvrages d'auteurs contemporains. Une reliure de Paul Bonet pour une édition des poèmes d'Apollinaire s'est vendue dans un coffret en box mosaïqué 664 800 F à Drouot, le 10-IV-1987.

**Bonheur** (Isidore), sculpteur animalier français (Bordeaux 1827-1901). Il réalisa, surtout pour le bronze, des statuettes et des groupes d'animaux de petite taille. Ses œuvres les plus célèbres sont : *Cheval et Groom, le*

*Prince de Galles,* et la remarquable étude anatomique de son *Cheval écorché.*

*Rosa,* sa sœur (1822-1899), fut aussi une spécialiste de l'art animalier, mais plus en peinture qu'en sculpture ; elle a cependant laissé quelques bronzes.

**bonheur-du-jour** n. m. Bureau de proportions réduites, comportant, en retrait sur le plateau, un gradin à casiers ouverts au-dessus de petits tiroirs. Ce petit bureau doit son nom à une vogue secondaire au moment de son apparition sur le marché, au milieu du XVIIIe siècle.

Les premiers « bureaux de dame à gradin » sont encore de style Louis XV, mais il ne leur manquait qu'un nom de baptême. Lorsque le style à la grecque commence à redresser les lignes du mobilier, vers 1760, un modèle de style « transition » attribué à Claude-Charles Saunier prend le nom charmant de « bonheur-du-jour ». Ce meuble féminin, facile à transporter, tend alors à se substituer, dans les salons, les boudoirs ou les chambres à coucher, aux lourds secrétaires à panse, bureaux à dessus brisé est autres dos-d'âne.

Ader-Picard-Tajan

*Bonheur-du-jour en marqueterie, d'époque transition Louis XV-Louis XVI. Adjugé à Drouot le 17-VI-1980.*

Les plus caractéristiques de ces tables à écrire sont munies d'un guichet servant de serre-papiers, à casier central ouvert, flanqué de deux petites portes grillagées ou vitrées.

D'autres modèles, de style Louis XVI, comportent un corps central en forme de petite bibliothèque, fermant à deux vantaux à charnières ou à porte coulissante articulée par de fines lattes verticales. Certains casiers sont ornés de plaques de porcelaine de Sèvres et couronnés d'une galerie cuivre ajourée. D'autres enfin ont l'apparence d'un bureau à cylindre de dimensions étroites, toujours surmonté d'un casier ou de tiroirs servant à serrer lettres et papiers personnels. Les ébénistes Léonard Boudin — qui, sous Louis XV, fait figure de précurseur —, Martin Carlin, Topino, Riesener, Weisweiler ont créé des modèles particulièrement réussis.

Le bonheur-du-jour évolue avec les divers styles successifs au cours du XIXe siècle. On en trouve encore sous le second Empire, imités des styles antérieurs. L'Art nouveau impose ensuite ses lignes sinueuses, mais ce secrétaire de dame, au charme un peu mièvre, se prête mal à la rigueur du style Art déco et des styles contemporains, qui préfèrent le fonctionnalisme des bureaux à caissons garnis de tiroirs superposés.

**Bonnard** (Pierre), peintre français (Fontenay-aux-Roses 1867 - Le Cannet 1947). Connu surtout pour son œuvre peint, l'artiste gagna d'abord sa vie grâce à la lithographie et à l'affiche. Et même quand la peinture prit une place dominante dans sa carrière, il ne renonça jamais à ces moyens d'expression. Il nous a laissé quelques illustres compositions, parmi lesquelles il convient de rappeler ses créations pour *France-Champagne* (1891), *la Revue blanche* (1894), le *Salon des Cent, les Peintres-Graveurs, l'Estampe et l'Affiche.* Bonnard se fit aussi illustrateur pour Verlaine (*Parallèlement)* et Jules Renard (*Histoires naturelles,* 1904). En 1910, à la demande de George Besson, il dessina la première page de l'*Almanach de l'Humanité :* un groupe de femmes et d'hommes descendant la rue Caulaincourt, à Paris, avec des banderoles.

Les affiches de Bonnard passent parfois en vente publique. *La Revue blanche* (1894) a été adjugée 3 575 dollars (25 000 F) à New York, le 1-VI-1986. Ses livres illustrés sont également très recherchés par les bibliophiles.

**bonnetière** n. f. Armoire à une seule porte, comportant une étagère à mi-hauteur. Le meuble et le mot sont sans doute venus de Normandie où l'importance de belles coiffes en dentelle méritait qu'on les rangeât ailleurs que dans la grande armoire, toute remplie du trousseau.

On trouve des bonnetières dans la plupart des provinces françaises où ce petit meuble de rangement s'est répandu à partir du XIXe siècle ; elles sont le plus souvent d'inspiration Louis XV avec des portes moulurées et des traverses intérieures chantournées. Dans le Périgord et l'Aquitaine, les meubles de rangement à une porte s'apparentent au cabinet à une porte à décor en pointes de diamant. Enfin, on rencontre en Poitou, en Charente, en Vendée ainsi qu'en Dauphiné des meubles de même structure et de mêmes proportions, mais avec deux portes superposées, séparées par un tiroir central ; les antiquaires lui donnent alors le nom d'« homme-debout ».

La vogue des bonnetières s'est développée avec la multiplication des résidences secondaires et les prix ont en moyenne décuplé entre 1970 et 1980. En même temps sont apparues sur le marché de fausses bonnetières, constituées d'une vieille porte d'armoire remontée dans une carcasse de fabrication récente, taillée à la mesure voulue. Les bonnetières authentiques, qui se caractérisent par une porte généralement plus large qu'une porte d'armoire, mesurent de 2,30 m à 2,50 m de haut, avec une largeur de porte d'environ 1 m. Les bonnetières dont la serrure est située sur le côté droit (au lieu du côté gauche) sont fabriquées à partir de la porte gauche d'une armoire... mais les fausses bonnetières reconstituées à partir de la porte droite sont plus difficiles à reconnaître. On y parviendra en observant l'usure des pieds ainsi que d'autres marques révélatrices d'un travail récent (v. FAUX).

**Bontemps** (les), famille de fabricants d'automates établie à Paris au milieu du XIXe siècle. Blaise Bontemps confectionne vers 1863, pour le tsarévitch de Russie, une pendule surmontée d'un œuf précieux qui s'ouvrait toutes les demi-heures pour laisser apparaître un oiseau chanteur. Il produit aussi, entre autres, des tableaux mécaniques et un joueur de flûte. Il est le premier à construire à Paris des oiseaux chantants. Certains, dans des cages,

Laurin-Guilloux-Buffetaud-Tailleur

La Petite Vachère,
*automate en état de marche du milieu du XIX^e^ siècle, probablement de Lucien Bontemps. (H. 37 cm.)*

imitent le chant de canaris, de chardonnerets, de fauvettes, de merles, de pinsons et de rossignols. Charles, puis Lucien succèdent à Blaise Bontemps. Lucien est le seul de son époque, à Paris, à fabriquer des oiseaux qui tournent la tête en chantant, à l'image des réalisations du XVIIIe siècle et du début du XIXe. Les automates Bontemps actuellement sur le marché se négocient entre 20 000 et 80 000 F, selon la pièce et son état.

**book-case** n. m. Bibliothèque anglaise dont le modèle très populaire de la fin du XIXe siècle se compose de deux corps, la partie supérieure étant à claire-voie ou vitrée et surplombée d'une corniche ou d'un fronton.

**Borda** (Charles de), mathématicien et marin français (Dax 1733 - Paris 1799). Entré au génie militaire, il publie des mémoires sur la résistance des fluides. En 1767, il passe dans la marine et essaye les montres marines. En 1775, il est chargé de déterminer la position des îles Canaries et à cette occasion remplace les anciennes méthodes par celle du relèvement astronomique, faisant exécuter son cercle à réflexion par Lenoir.

**Bordeaux.** Créée en 1711 par Jacques Hustin, originaire de Douai, et Jacques Fautier, dans le faubourg Saint-Sevrin, la première faïencerie dite « de Bordeaux » a produit de très belles pièces de formes variées : pièces de formes (vases de pharmacie), vaisselle (plats et assiettes aux armoiries de la Chartreuse de Bordeaux). Dès 1714, la fabrique est uniquement dirigée par Hustin, qui reste, en 1721, le seul propriétaire, après un procès éclatant contre ses associés. Dès 1714, il avait obtenu le privilège exclusif de fabriquer de la faïence à Bordeaux et ses environs, privilège renouvelé jusqu'en 1762, avec le droit d'utiliser le titre de « manufacture royale ». À la mort d'Hustin (1749), son fils lui succède. Ce dernier meurt en 1778 et la fabrique — déjà mise en difficulté par la création de manufactures expérimentant les faïences fines — est reprise par Monsau.

La production de la fabrique de Hustin rappelle celles de Rouen, Nevers, Montpellier, Moustiers, et même quelquefois les pièces les moins fines de Delft. Tandis que les meilleures pièces d'Hustin sont facilement reconnaissables, définir aujourd'hui l'origine bordelaise des pièces sorties des autres fabriques de la région est une difficulté à laquelle se heurtent le grand nombre d'amateurs — surtout du Sud-Ouest — qui cherchent « la pièce rare bordelaise ».

Au XIXe siècle, Bordeaux devient un important centre de production de faïences fines dites « à l'anglaise », sous les directions successives de Boudon de Saint-Amans, Lahens-Rateau, David Johnston et Jules Vieillard. Les décors utilisent le plus souvent la technique britannique du *transfer printing,* ou décalcomanie, et s'inspirent du style anglais. Un service de table très célèbre est connu sous le nom de « décor turc ». Les pièces de Bordeaux du XIXe siècle sont très recherchées à Bordeaux, ainsi que la production de Caranza — qui travailla également à Longwy —, en émaux cloisonnés d'inspiration japonaise.

**bordereau** n. m. Facture descriptive remise à l'acquéreur après un achat en salle des ventes. Le bordereau doit mentionner la nature de l'objet, son époque de fabrication, ses dimensions, ses caractéristiques principales ainsi que le prix et le montant des frais. Il constitue un certificat de garantie conforme au procès-verbal de vente, et sert de justificatif en cas de contestation ou en vue d'une assurance. Le bordereau n'est généralement pas délivré immédiatement après l'adjudication. Une fois l'enchère prononcée, le crieur remet à l'adjudicataire un simple ticket numéroté, appelé également « billet », qui permet d'identifier l'objet vendu et de le retirer du magasin après règlement.

**bordure** n. f. Motif décoratif plus ou moins large (15 à 50 cm) encadrant la scène principale de certaines tapisseries. Tissée sur la même chaîne, la bordure fait partie intégrante de la tenture. Elle est souvent formée d'une frise médiane limitée par deux galons. Dans quelques tapisseries contemporaines, la bordure est formée de plusieurs bandes monochromes. L'alentour et la bordure sont deux parties distinctes.

**borne** n. f. Siège circulaire, garni de capitons et bâti autour d'un dossier central en forme de borne. La borne a fait son apparition en Angleterre au début du XIXe siècle (un tableau de John Nash montre une borne au Pavillon royal de Brighton en 1826). Ce siège est devenu à la mode sous Napoléon III où il était placé au centre des salons. La borne est composée alors de trois canapés incurvés à deux places qui, placés bout à bout, encerclent un socle triangulaire supportant des sculptures en bois doré, en bronze ou en céramique. Toute la menuiserie est dissimulée par le capitonnage lui-même, garni de franges qui descendent jusqu'au sol.

**Bossuit** (Francis), sculpteur flamand (Bruxelles 1635-Amsterdam 1692). Rendu célèbre grâce à ses travaux sur ivoire, il fut influencé par un long séjour romain. Il exécuta de nombreuses œuvres, notamment des figures d'enfants et de femmes, inspirées de l'Antiquité.

**boteh** n. m. Motif ornemental (dont le nom vient du persan *boûté*) fréquemment employé en Inde et en Perse sur les tissus et sur les métaux. Les Turcs l'utilisent surtout pour les tapis et l'appellent *selvi* (cyprès) ou *bādem* (amande). Selon les auteurs, il représente soit une flamme, soit une pomme de pin, soit une graine, soit le cours sinueux de l'Indus ou du Gange. Pour d'autres, le boteh serait d'origine chinoise ; il dériverait du *taï-ki,* cercle divisé en deux parties figurant le yin et le yang, principe de la dualité et symbole de vie. L'intérieur du motif est parfois garni d'éléments floraux disposés en bouquets ou rempli de lignes obliques parallèles à une ligne centrale, à l'imitation des nervures d'une feuille.

**Boubat** (Édouard), photographe français (Paris 1923). Son tempérament de photographe s'affirma après la Seconde Guerre mondiale. Artiste sensible, attentif aux scènes maternelles, il effectua des reportages en France, en Chine, en Inde, au Portugal, en Italie, en Afrique, en Amérique. Une *Scène de village en Inde* (1954 ; 23,5 × 35 cm) fut adjugée 600 dollars (Sotheby Parke Bernet, New York, 19-V-1980).

**Boucher** (François), peintre et graveur français (Paris 1703 - *id.* 1770). Premier peintre du roi Louis XV, protégé de Mme de Pompadour pour laquelle il décora de nombreuses résidences, il eut également une grande influence sur les arts décoratifs de son temps. En tapisserie notamment, il fournit des cartons pour la manufacture de Beauvais à partir de 1734, et fut surinspecteur des Gobelins de 1755 à 1765 (*les Amours des dieux,* 2 séries ; *Aminte,* 1755-56). Ses motifs et ses modèles se propagèrent très vite grâce aux dessins (dessins d'ornements pour la manufacture de Sèvres de 1757 à 1767), aux tissus, aux marqueteries et aux estampes très nombreuses.

Son fils *Jules-François* (1736-1782) est connu pour avoir publié 65 cahiers (60 datés de 1770) de projets de meubles, élaborés dans le style « à la grecque » qui s'imposait à cette époque.

Boucheron

*Pendulette de Boucheron : « Deux grues Antigone » en cristal de roche et corail, bec en quartz, yeux en émeraudes et or.*

**Boucheron.** Célèbre maison de joaillerie parisienne, fondée en 1858 par Frédéric Boucheron au Palais-Royal, transférée depuis 1893 au 26, place Vendôme. C'est surtout dans la première moitié du XXe siècle que Boucheron affirme sa réputation, grâce à une brillante clientèle étrangère, parmi laquelle le shāh d'Iran qui, en 1930, fit appel à Louis Boucheron pour estimer la valeur du fabuleux trésor de Téhéran. Dirigée par l'arrière petit-fils du fondateur, la maison Boucheron fait partie des « grands » de la joaillerie parisienne ; ses créations sont des bijoux très classiques de grande qualité, plus remarquables par la beauté des pierres et la finesse de la monture que par l'originalité de leur inspiration.

**bouchon** n. m. Les bouchons des bouteilles étaient soit en verre, soit en liège. Ceux qui accompagnent les carafes ou les flacons présentent des formes et des décors beaucoup plus élaborés. En Angleterre, par exemple, ils sont ronds ou en forme de poire durant le XVIIIe siècle, souvent taillés de motifs à facettes ou en pointe de diamant. À la fin du XVIIIe siècle, ils sont en forme de champignon et s'adaptent d'ailleurs à des carafons plus trapus.

Les catalogues des cristalleries françaises démontrent la variété des formes en vigueur durant le XIXe siècle dans les services en cristal taillé, moulé, ou gravé.

**boucles d'oreilles** n. f. Cette appellation est d'un usage relativement récent. Jusqu'aux années 1925, on disait plutôt des « pendentifs », des « pendants », et même des « girandoles », car ces bijoux se suspendaient à des oreilles percées. L'habitude de percer les oreilles remonte à des temps très antiques et prend parfois une valeur symbolique. Ainsi, en Inde, les gens de qualité se reconnaissaient à leurs lobes démesurément allongés par les joyaux volumineux qu'on y suspendait (v. les représentations du Bouddha). Les pendants d'oreilles en or ciselé des Grecs, des Étrusques, des Romains ou des Scythes se signalent souvent, eux aussi, par leur dimension imposante autant que par leur extrême raffinement.

Dans nos civilisations occidentales, le pendant d'oreille se fait plus discret : de la Renaissance au XVIIIe siècle, c'est le plus souvent une simple (mais coûteuse) perle poire, ou une pierre précieuse taillée en forme de poire, ou encore un motif d'émail. Le pendant d'oreille reste très porté jusqu'aux « années folles », où il accompagne fort bien les coiffures courtes. C'est plus tard, vers 1930, que la pratique des oreilles percées passe de mode et devient même « mauvais genre » ; les pendants sont abandonnés au profit des *clips,* qui adoptent une forme ronde très différente. C'est seulement à la fin des années 60 que réapparaissent des pendants « fantaisie » aux oreilles de très jeunes filles ; puis la mode a fait ressortir de leurs écrins les pendants d'autrefois.

**bouclette** n. f. En tapisserie, point formé par l'attache de la ficelle des lisses à celle plus mince qui la continue. Dans les tapisseries coptes et péruviennes, la bouclette est une boucle de laine qui pend entre deux fils de trame. Elle est tenue en place par un tassement serré des duites.

**bouclier** n. m. Le bouclier dérive de l'écu du chevalier. Il est une des rares survivances de l'armure, l'écu faisant partie de celle-ci. La morphologie du bouclier peut être très variée et prendre de ce fait des noms différents : targes, pavois pour les fantassins — la « piétaille » de l'époque médiévale —, rondaches à partir du XVIe siècle, appelées *kalkan* en Turquie et *sipar* en Iran, qui se maintiendront en Orient jusqu'à la fin du XIXe siècle.

Les targes et les pavois du XVe siècle, en bois, d'une grande taille, étaient souvent peints. Les rondaches n'apparaissent en Italie qu'au XVIe siècle : en acier, elles sont richement décorées de ciselures, de damasquines ou de gravures à l'eau-forte, et sont souvent l'œuvre de grands artistes. Les clans écossais utilisèrent jusqu'au XVIIIe siècle des rondaches en cuir ou en bois, renforcées de clous de fer. Un ombilic, avec ou sans pointe, ou « umbo », renforce le centre. Un coussinet et des énarmes de cuir, à l'intérieur, permettent de tenir aisément cette arme défensive. En Orient, les plus anciennes rondaches sont en osier tressé ou en rotin avec un ombilic métallique. Au XIXe siècle, les rondaches sont en acier et souvent n'ont plus de valeur militaire, en particulier en Perse où elles sont un accessoire du théâtre chī'ite *tazieh.*

**boudeuse** n. f. Siège d'époque Napoléon III comportant deux coussins capitonnés séparés par un seul dossier, ce qui oblige les occupants à s'asseoir dos à dos.

**Boudin** (Léonard), ébéniste français (Paris 1735 - *id.* 1804). Élève de Pierre II Migeon, reçu maître ébéniste en 1761, il a laissé des meubles en marqueterie d'une grande variété de composition, ainsi que des tables et des bureaux à transformation munis d'ingénieux mécanismes.

**boudine** (verre à). Le procédé de fabrication de verre à vitres a été mis au point en Normandie au XIVe siècle. Le verrier « cueillait » une certaine quantité de masse vitreuse (paraison) de la taille d'une citrouille, qu'il mettait au pontil et détachait de la canne. Par rotation du pontil, il la transformait en disque d'environ un mètre de diamètre. Au point d'attache, le centre du disque, le verre était plus épais et formait ce qu'on appelle la « loupe » ou « boudine ».

**bougeoir** n. m. En orfèvrerie, nom généralement réservé au bougeoir à main, muni d'une large cuvette et d'un manche en spatule, ou encore d'une anse à anneau. Ceux du XVIIIe siècle sont de délicats objets d'orfèvrerie, très appréciés aujourd'hui des collectionneurs, et aussi chers, sinon plus, que les hauts flambeaux de table, en raison de leur rareté.

En verrerie, V. CANDÉLABRE, FLAMBEAU.

Christie's

*Bougeoir de chambre à coucher en argent, muni d'un étouffoir et gravé d'armoiries. Londres, 1807 ; probablement du maître orfèvre Stroud. (H. 8,9 cm.) Adjugé 2 530 dollars par Christie's, à New York, le 14-VI-1982.*

**Bouilhet** (les), famille d'orfèvres français de la première moitié du XIXe siècle. Joseph Albert Bouilhet était le beau-frère de Charles Christofle, avec lequel il s'associa en 1830. Son fils Henri demeurera lui-même associé à son cousin Paul Christofle, à partir de 1863. Ses descendants se trouvent toujours à la tête de la célèbre maison d'orfèvrerie de la rue Royale.

**bouilloire** n. f. Récipient en métal pour faire bouillir de l'eau, portant un bec verseur latéral. Elle est manipulée à l'aide d'une anse, plus rarement une poignée. Exclusivement utilitaire, réservée à la cuisine, la bouilloire est rarement décorée. Seules sa forme quelquefois élégante ou sa qualité de témoin d'une époque en font un objet de collection.

**bouillotte.** V. LAMPE, TABLE.

**Bouisset** (Firmin), peintre et graveur français (Moissac 1859 - Paris 1925). Il fut élève de Garrepuy puis de Cabanel à l'École des beaux-arts de Paris. Portraitiste, illustrateur d'albums pour enfants et de nouvelles, lithographe, il a créé de très nombreuses affiches : *Lefèvre-Utile, Papier Job, Chocolat Menier,* etc.

**Boukhara.** Cette ville, située en Ouzbekistan, l'antique Sogdiane (ou Transoxiane), était un grand centre caravanier de la route de la soie. Conquise par les Arabes dès la fin du VIIe siècle, elle devient, avec les Sāmānides (874-999), un centre prospère de la culture islamique ; elle connaît une éclipse avec l'invasion de Gengis khān, puis un nouvel essor sous Timur Lang qui fit de la Transoxiane un tremplin pour ses conquêtes vers l'ouest. Au XVIe siècle, les Shaïbanides de la tribu des Ouzbeks feront de Boukhara leur capitale.

Boukhara s'est illustrée dans plusieurs domaines : peinture, céramique, textile et tapis. Le XVIe siècle est une période florissante, surtout pour la peinture qui hérite du style de Behzād, le grand maître de l'école de Hérat.

En céramique, la production des XVe et XVIe siècles commence seulement à être répertoriée (il s'agit, dans la majorité des cas, de panneaux muraux). Celle des XVIIIe et XIXe siècles, connue grâce aux voyageurs qui ramenèrent des exemplaires de vaisselle, n'atteint pas des prix élevés sur le marché. Elle se compose de grands plats lourds, au dessin peint en noir sur fond blanc, avec rehauts de glaçure vert bleuté, aubergine et parfois ocre et, d'autre part, de plats, bouteilles, vases, coupes, vasques, recouverts d'une épaisse glaçure monochrome bleu turquoise, agrémentés d'un décor en relief à la barbotine (cabochons pastillés ou cordelettes). Boukhara, ville de nomades, a également produit de nombreux textiles : ceintures, robes, coiffes, ikats, et surtout des tentures très décoratives connues sous le nom de suzani, qui atteignent des prix élevés.

Les tapis de Boukhara sont noués par les tribus nomades du Turkestan, principalement celle des Tékkés, la ville de Boukhara étant un marché plus qu'un centre de fabrication des tapis.

Deux caractéristiques distinguent le Boukhara : son motif géométrique et sa couleur rouge. Le champ se compose d'un décor de trois ou quatre rangées verticales du motif octogonal appelé *gül,* lui-même divisé en quatre parties où s'insèrent soit un autre octogone, soit un rectangle, ou encore des étoiles ou triangles. Entre les rangées de *güls* figurent des motifs géométriques divers plus discrets.

La couleur rouge du fond varie du rouge sang de bœuf au corail, tandis que le fond des octogones est ivoire, blanc, orange ou vert ; les graphiques sont noirs ou bleus. Les nombreuses bordures s'ornent de motifs très fins et nets. Le velours très ras, de belle laine brillante, le nœud persan très serré assurent au Boukhara tékké (appelé aussi Tékkin) une grande qualité de robustesse.

Le très grand succès du Boukhara a incité certaines tribus afghanes à imiter ce tapis sans en atteindre la qualité (Boukhara-afghan).

**Boulard** (Jean-Baptiste), menuisier français (Paris v. 1725 - *id.* 1789). Reçu maître en 1754, fournisseur de la Couronne à partir de 1777, il réussit aussi bien les sièges aux lignes souples héritées du style Louis XV que les chaises et les fauteuils en acajou du style Louis XVI « à la grecque ». Sur commande de Louis XVI, il réalisa les lits royaux de Versailles et de Fontainebleau.

**boule** (à éponge, à savon) n. f. Boîte sphérique sur petit socle destinée à l'éponge ou au savon. Les grandes garnitures de toilette du XVIIIe siècle comprennent toujours deux boules, l'une à couvercle ajouré, destinée à l'éponge, la seconde au savon (que l'on vendait alors en boule). Ces

Ader-Picard-Tajan

*Boule à éponge en argent uni repercé de motifs décoratifs. Paris, 1786 ; travail du maître orfèvre Antoine Boullier. (H. 10,1 cm.) Adjugée par Mes Ader-Picard-Tajan à Drouot, le 27-V-1982.*

délicats et amusants objets sont toujours d'une facture très soignée, enrichis de moulures, de fines ciselures, d'ajours artistement découpés. Ils sont de ce fait des objets de collection appréciés... mais où se glissent de nombreux faux. (V. BRÛLE-PARFUM.)

**boule serre-papiers.** V. PRESSE-PAPIERS.

**Boulle** (André Charles), ébéniste français (Paris 1642 - *id.* 1732). Fils et petit-fils d'ébénistes, d'origine protestante, André Charles Boulle reçoit sa maîtrise d'ébéniste en 1664 et s'impose par ses talents de dessinateur, peintre, sculpteur, architecte, qui font de lui un des plus grands artistes créateurs du XVIIe siècle. Remarqué par Colbert qui le signale au roi comme « le plus habile ouvrier de Paris dans son métier », il reçoit, avec le titre de premier ébéniste, le droit d'établir son atelier et son logement dans les galeries du Louvre, ce privilège lui permettant de cumuler les professions de bronzier, de sculpteur et d'ébéniste, sans se soucier des règlements corporatistes, qui interdisent ce cumul.

André Charles Boulle est le maître incontesté de l'ébénisterie d'écaille et de cuivre, que pratiquaient déjà, depuis 1640 environ, les artisans hollandais. Mais il perfectionne cette technique et donne libre cours à son sens de l'ornementation en dessinant lui-même les compositions qu'il transpose dans les matières les plus diverses, quand il ne s'inspire pas des œuvres de Jean Berain, son voisin d'atelier au Louvre. Pour reproduire les graphismes qui lui servaient de modèles, il sciait en même temps une feuille de cuivre et une feuille d'écaille collées l'une contre l'autre. La lame d'écaille, dite « en première partie », servait de fond aux arabesques de cuivre qui s'inséraient ensuite dans les vides correspondants. Le fond de cuivre obtenu « en contrepartie » recevait à son tour les ornements découpés dans l'écaille, et cet arrangement recomposait un décor identique au premier. Cette technique d'intervention de l'écaille et du cuivre permettait de réaliser pour des meubles jumeaux, tels que cabinets, commodes, gaines, coffrets ou médailliers, des décors inversés et complémentaires.

Avec une verve pleine de fantaisie, mais toujours dans des compositions équilibrées, Boulle agrémentait ses décors d'écaille et de cuivre de petits ornements qui en rehaussaient l'éclat : fleurons de nacre, feuillages d'étain, oiseaux de corne teintée ou petits motifs d'ivoire. Notons qu'il ne s'agissait pas d'incrustations mais de compositions traitées à plat sur le bâti, caractère propre à la marqueterie. Malgré une immense production et des commandes pour la décoration des appartements du Grand Dauphin à Versailles, on ne peut attribuer à André Charles Boulle — qui ne signait pas ses œuvres — que quelques meubles répertoriés.

Contrairement à une légende, Boulle n'est pas « l'inventeur » de la commode, qui, venue d'Italie, existait depuis le milieu du XVIIIe siècle. Mais il a donné à ce meuble — qui ne portait d'ailleurs pas ce nom — la forme classique qui s'impose au début du XVIIIe siècle. Malgré une activité intense, Boulle était incapable de tenir ses engagements ; il achetait sans compter les matières les plus précieuses et s'endettait en achats d'œuvres d'art. Il négligeait parfois de rémunérer ses ouvriers et à ce titre reçut une condamnation de la prévôté en 1685, ainsi qu'une menace de contrainte par corps — levée par le roi en 1704 — pour n'avoir pas livré des meubles commandés.

Le 30 août 1720, l'atelier de Boulle fut la proie des flammes : toutes ses collections, tous les meubles achevés ou en cours de fabrication furent entièrement consumés. Le grand ébéniste eut une fin de vie pénible, sans cesse harcelé par ses créanciers. Ses quatre fils poursuivirent en fidèles exécutants son œuvre, mais sans le génie inventif qui avait assuré la renommée de leur père. Jean Philippe, l'aîné (1680-1744), Pierre Benoît (1682-1741), André Charles (1685-1741) et Charles Joseph (1688-1754) occupèrent à tour de rôle les ateliers du Louvre mais délaissèrent les marqueteries de cuivre et d'écaille qui n'étaient plus à la mode.

Sotheby Parke Bernet

*Table de milieu en marqueterie de Boulle, en écaille, cuivre, étain et bois de placage marqueté de fleurs, ornementation de bronze ciselé et doré. Époque Louis XIV.*

Cependant les ébénisteries « dans le genre de Boulle » ne furent jamais complètement abandonnées, et elles connurent une nouvelle vogue sous Louis XVI. Enfin, sous Napoléon III, les marqueteries découpées mécaniquement furent appliquées sur de nombreux meubles, mais elles avaient perdu ce jaillissement, cette fécondité, cette harmonie, cette précision à la fois souple et rigoureuse qui distinguent les œuvres de l'ébéniste de Louis XIV.

De nombreux meubles en marqueterie « dans le goût » ou « dans le genre » de Boulle passent souvent en salles des ventes où ils atteignent les enchères les plus élevées pour des pièces d'ébénisterie. Certains meubles en placage d'écaille marqueté de cuivre, particulièrement caractéristiques, sont parfois présentés sous l'appellation : « Atelier d'André Charles Boulle, début XVIIIe siècle ». Tel est le cas d'une paire de cabinets en ébène de la fin du XVIIe siècle provenant de la collection Patino, vendue à New York, par Sotheby's, 795 500 dollars (5 500 000 F), le 1-XI-1986.

**bouquet de moissons.** Objet de procession en paille et épi de blé tressé à l'occasion des fêtes de Pâques, dans le Pas-de-Calais. Souvent en forme d'ostensoir, il est fait, en son centre, de croisillons entourés de tresses torsadées.

**bouquetier** ou **bouquetière** n. m. ou f. Vase en céramique à plusieurs orifices dans lequel on arrangeait des fleurs coupées. Le bouquetier apparaît vers la fin du XVII^e siècle et au XVIII^e siècle. On peut le rapprocher de la tulipière, fabriquée à Delft à cette époque. Le bouquetier fait aussi partie des productions courantes de toutes les fabriques de verres à partir du XVIII^e siècle.

**bouquin** n. m. Vieux livre de peu de valeur, en mauvais état de conservation. Ce terme péjoratif n'est pas employé par le bibliophile.

**bourdaloue** n. m. Vase en forme de saucière faisant office de pot d'aisance. Selon une aimable légende, ces récipients seraient ainsi nommés en souvenir de l'attente des dames pendant les sermons du père Bourdaloue qui obligeait celles-ci à prévoir les exigences de la nature.

Toutefois, les bourdaloues proprement dits n'apparaissent que vers 1725 (environ 20 ans après la mort du célèbre prédicateur) et toutes les fabriques de céramique d'Europe en produisent jusqu'à la fin du XIX^e siècle, en faïence ou en porcelaine.

Le bourdaloue se présente comme un vase oblong légèrement concave, prolongé d'une anse et parfois recouvert d'un couvercle assorti ; il mesure environ 25 cm.

De provenances diverses (France, Italie, Allemagne, Hollande, Angleterre), les bourdaloues adoptent le style de la manufacture où ils ont été créés, et certains sont très richement ornés de dessins polychromes d'oiseaux, de fleurs, de paysages ou de scènes galantes, alors que l'anse est à décor de vanneries, d'oiseaux ou de visages féminins.

Parmi ceux qui ont un décor intérieur, certains sont grivois, avec un œil peint au fond ou encore un miroir entouré de l'inscription « au plaisir des dames ». Il en existe également en forme d'oiseau, de cygne par exemple, le cou de l'animal figurant l'anse. Enfin, les bourdaloues en porcelaine de la Compagnie des Indes ont souvent un couvercle au décor raffiné. Les critères qui dirigent le choix des amateurs sont, outre la beauté de la pièce et son ancienneté, sa rareté (certaines manufactures comme celles de Moustiers en ont fort peu fabriqué, ce qui donne bien sûr une plus-value à leur production) et l'originalité des motifs.

Enfin, il convient d'être circonspect quant à l'authenticité de l'objet, car on a parfois ajouté des décors inspirés du XVIII^e siècle à des bourdaloues du XIX^e siècle, et de se méfier des inscriptions libertines souvent tardives.

**Bourg-la-Reine.** Cette manufacture de porcelaine tendre créée assez tardivement (1772-73) n'est qu'un satellite de Mennecy et même de Sceaux et de Saint-Cloud. Des deux propriétaires, Joseph Julien et Symphorien Jacques, le second était originaire de Mennecy, dont, au début, Bourg-la-Reine a poursuivi la tradition dans le domaine des pièces de vaisselle de table. Les formes rappellent beaucoup les modèles de Sèvres tandis que les décors s'inspirent, de plus en plus, des faïences de Sceaux.

Dès 1785, Bourg-la-Reine ne fabrique plus de porcelaine mais une faïence médiocre. En 1804, le fils de Jacques Symphorien reste le seul propriétaire de la fabrique, et est obligé de tout vendre. Les pièces de Bourg-la-Reine sont surtout marquées avec les lettres « BR », sous différentes formes.

**Bourgogne** (à la). Se dit d'un meuble à transformations qui, par le jeu de mécanismes commandés par une manivelle, font apparaître des casiers ou des écritoires. Certains sièges mécaniques ont été dits « à la Bourgogne » par allusion au fauteuil transformable créé en 1760 par Œben, pour le jeune duc de Bourgogne.

*Table à la Bourgogne en bois de placage marqueté toutes faces : le dessus s'ouvre en deux parties formant écritoire d'un côté et casier de l'autre. Attribuée à Jean-François Œben.*

Sotheby Parke Bernet

**Bourgogne.** Cette riche province a donné naissance au XVI^e siècle à un mobilier régional caractérisé par l'abondance des sculptures, sous la double influence des Flandres et de l'Italie. Le menuisier-sculpteur Hugues Sambin (1518-1601) donne à l'école bourguignonne son impulsion. Ses meubles aux vigoureuses proportions sont couverts de magnifiques sculptures.

Les armoires et les buffets sont supportés par des pieds en boules plus ou moins aplaties, appelées « pieds-miches » ou « flamusses ».

**bourguignotte** n. f. Casque porté par les Bourguignons au XV^e siècle comportant des plaques de protection latérales mais sans visière.

**bourrage** n. m. Artifice employé par les commissaires-priseurs pour faire monter les enchères, même s'il n'y a pas d'amateur dans la salle. Le commissaire-priseur « bourre » un objet mis en vente lorsqu'il pointe son marteau d'un côté et d'autre du public en annonçant des enchères fictives.

Un commissaire-priseur habile peut ainsi faire monter les prix avec un seul amateur qui, croyant à une rivalité d'enchères continue, se laisse entraîner jusqu'à une adjudication beaucoup plus forte que si les enchères avaient été régulières. Les commissaires-priseurs sont tentés de « bourrer » lorsque les vendeurs ont exigé des prix de réserve trop élevés.

**boussole** n. f. Boîte ronde (du sicilien *bussola,* petite boîte) recouverte d'un verre, à l'intérieur de laquelle une aiguille aimantée repose librement sur un pivot au-dessus d'une rose des vents, dont les extrémités se dirigent vers les pôles magnétiques de la Terre. On ignore qui est l'inventeur du principe de la boussole, mais les Chinois connaissaient l'action de l'aimant (dictionnaire de Chone Wey, v. 120), et utilisaient l'aiguille aimantée sur leurs navires aux VIIe et VIIIe siècles. En 1294, l'inventaire de bord du *Saint-Nicolas* (navire sicilien) porte une *bussula de ligno.* Christophe Colomb, au cours de ses voyages, a constaté que les aiguilles ne prennent pas exactement la direction du nord. Il fallut attendre Robert Norman, physicien anglais, à la fin du XVIe siècle, et ses travaux sur l'inclinaison pour obtenir une boussole de déclinaison, ou boussole ordinaire. Rarement utilisée seule, elle complète d'autres instruments.

*Boussole de marine :* V. COMPAS DE MARINE.

La *boussole de mine* sert aux XVIe et XVIIe siècles pour détecter les veines de minerais et relever leur orientation. Elle est en bois ou en ivoire, et souvent de fabrication allemande. La plus importante collection se trouve au musée d'Histoire des sciences d'Oxford.

**bout de pied** n. m. Petit siège qui se place contre la ceinture d'un fauteuil, le transformant ainsi en chaise longue.

Le bout de siège, apparu sous Louis XV, a la forme d'un simple tabouret garni d'une tapisserie, ou d'une petite bergère à dossier bas.

**bouteille** n. f. Au XVe siècle, la bouteille était le plus souvent en cuir, selon le modèle anglais ou allemand ; cependant, en France, les bouteilles en verre existent, généralement garnies de clisses, ou en forme de gourde.

Tout au long des XVIe et XVIIe siècles, cette industrie est particulièrement florissante en Angleterre, et la France adopta ses formes et ses procédés. Au début du XVIIe siècle, les premiers modèles se caractérisent par un corps en bulle et un long goulot en haut duquel un rebord prononcé permettait d'attacher la ficelle maintenant le bouchon. Jusqu'à la fin du XVIIe siècle, le corps s'élargit progressivement et le col se rétrécit de plus en plus, la bague étant toujours bien en relief.

Mais l'utilisation de la bouteille pour le transport et la conservation du vin, à l'origine de son rôle économique, ne sera possible qu'après une série de progrès : à la fin du XVIIe siècle, l'invention du tire-bouchon permit de fermer hermétiquement la bouteille. En France, l'adoption, au début du XVIIIe siècle, de la bouteille en verre noir épais permit d'abandonner le clissage. Peu à peu, les bouteilles cylindriques, plus faciles à mettre en casier, supplantèrent au cours du XVIIIe siècle les bouteilles larges et plates. C'est au tout début du XIXe siècle que se définissent les formes particulières des bouteilles de la viticulture française (« bourgogne », « bordelaise », « champenoise », « alsacienne »). À cette époque, la fabrication s'effectue par soufflage mécanique dans des moules ouverts qui ne formaient que la partie inférieure. À partir de la seconde moitié du XIXe siècle, les bouteilles sont entièrement moulées dans des moules à charnières. Les bouteilles de cette époque se reconnaissent aisément : le moule laisse visibles les traces de ses jointures, sortes de petits bourrelets verticaux et symétriques ; la marque du pontil a disparu puisque l'on encastre la bouteille sur un sabot de fer pour la maintenir ; enfin le goulot, formé à l'aide d'un fer spécial, est régulier.

Le commerce des eaux minérales et des sodas fut à l'origine de bouteilles aux formes originales : bouteille en forme d'œuf qui obligeait à la maintenir couchée, le bouchon de liège s'humidifiant ainsi constamment ; bouteille à bouchon vissé à l'intérieur ou à bouchon basculant, lorsque les contenances étaient importantes, etc. Tous ces exemples sont d'ailleurs des brevets anglo-saxons.

**bouteille** (bateau en). C'est seulement au milieu du XIXe siècle que commence à se pratiquer l'art du bateau en bouteille. Avant cette époque, en effet, les bouteilles de verre, de couleur vert foncé, pouvaient difficilement servir de vitrines d'exposition. La technique du bateau en bouteille est bien connue : on coule d'abord la mer en plâtre ; avant séchage, on y fixe la coque de bois, généralement assez grossière. L'exercice de virtuosité est réservé au gréement : il est introduit tout établi, mâts couchés, tout l'art du matelot bricoleur consistant alors à redresser la mâture, les haubans et les drisses, et à les fixer par de discrets points de colle, le tout à l'aide de pinces et de bâtonnets. Les bateaux en bouteille anciens se signalent généralement par la qualité et la précision de leur gréement, aux cordages exacts et bien différenciés, alors que ceux que l'on fabrique actuellement sont assez sommairement traités.

**bouteillé** (verre). Verre dont la masse laisse voir des bulles d'air.

**bouterolle** n. f. Verge d'acier terminée en boule servant au serrurier et au maréchal-ferrant pour arrondir les têtes de rivet. Chez l'orfèvre, la bouterolle sert à exécuter les chatons de pierres fines ; chez le graveur, c'est un outil à polir les camées.

**Boutet** (Henri), graveur français (Vendée 1851 - Paris 1920). Pratiquant l'eau-forte, la lithographie, le pastel, il s'est attaché à l'illustration des trottins et des « Mimi Pinson » de la capitale, révélant un tempérament plus affirmé lorsqu'il dessine les ouvrières de Cancale. L'exposition de ses œuvres, au Salon des Cent en 1895, fut l'occasion pour la revue *la Plume* de lui consacrer un numéro spécial (no 146, 15 au 31 mai 1895). Ses cartes postales, d'un trait agréable, sont appréciées des amateurs et restent de prix modérés.

**Boutet** (Nicolas-Noël), arquebusier français (1761-1833). Le nom du plus célèbre arquebusier français est lié à la manufacture de Versailles dont il fut le « directeur-artiste » — comme il se présentait lui-même — à partir de 1792. Il possédait un dépôt à Paris, rue de Richelieu. La concession de la manufacture de Versailles à Nicolas-Noël Boutet expirant en 1818, il continua son œuvre à Paris entre 1818 et 1831.

Le style des armes sortant de ses ateliers est caractéristique : les lignes d'esprit néoclassique, rappelant le goût du temps de Louis XVI, sont sobres ; en revanche la décoration est somptueuse, utilisant des incrustations de motifs d'or et d'argent sur les montures et garnitures, et bleuissant et damasquinant canons et platines.

Les armes de Boutet sont très recherchées, aussi les prix en sont-ils élevés. Une paire de pistolets de duel à silex (1815), signée Boutet, s'est vendue 177 600 F à Monte-Carlo, le 7-XII-1987 (collection Charles Draeger).

*Armure de Giovanni Paolo Negroni réalisée pour le roi de France Henri II. 1540. Adjugée 22 815 000 F par Sotheby, à Londres, le 5-V-1983.*

*Heaume de l'armure d'Henri IV. France, fin du XVIe s. Ancienne collection Pauilliac. Paris, musée de l'Armée.*

C. d. A. Edimédia. Guillemot.

Sotheby Parke Bernet

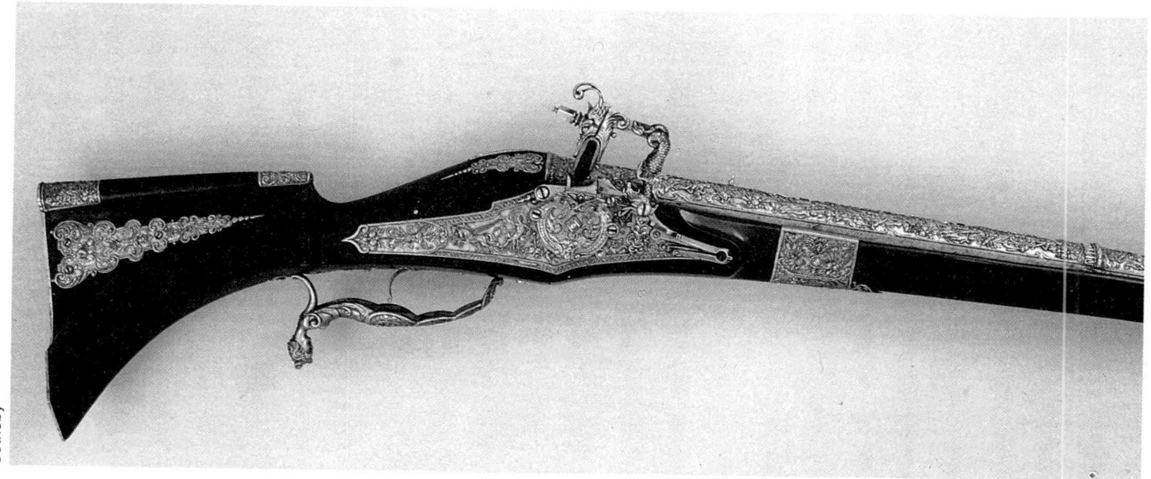

Sotheby

*Arquebuse à rouet faite pour le roi Louis XIII. Platine, canon et garnitures finement ciselés, dorés et gravés, avec silhouettes de personnages et animaux. Œuvre d'un artisan italien à la cour de France. Adjugé 500 000 F par Sotheby, à Monaco, le 7-XII-1987.*

*Table à quatre éléments amovibles en acajou formant quatre petites tables servantes carrées, par Sornay. Adjugée 35 000 F par Mes Ader-Picard-Tajan, à Drouot, le 7-XII-1987.*

Sotheby Parke Bernet

*Bureau secrétaire dessiné en 1902 par Kolomoser (1868-1968), qui fonda avec Josef Hoffmann les Ateliers viennois. Adjugé 1 500 000 F par Sotheby, à Monte-Carlo, le 19-IV-1982.*

Christie's

*Groupe de Chiparus représentant un couple de danseurs de tango, en ivoire et en bronze doré, argenté, et peint, signé et portant la mention « Made in France ». (H. 61,5 cm.)*

*Meuble secrétaire en sycomore, partiellement gainé de cuir rouge, par Dupré-Lafon. Adjugé 40 000 F par Mes Ader-Picard-Tajan, à Drouot, le 7-XII-1987.*

Ader-Picard-Tajan

Cartier

*Nécessaire de dame par Cartier, en émail noir sur or jaune orné de diamants taillés en rose, anneau de pouce en onyx, gland en soie. Coll. Cartier.*

C. d. A. Edimedia

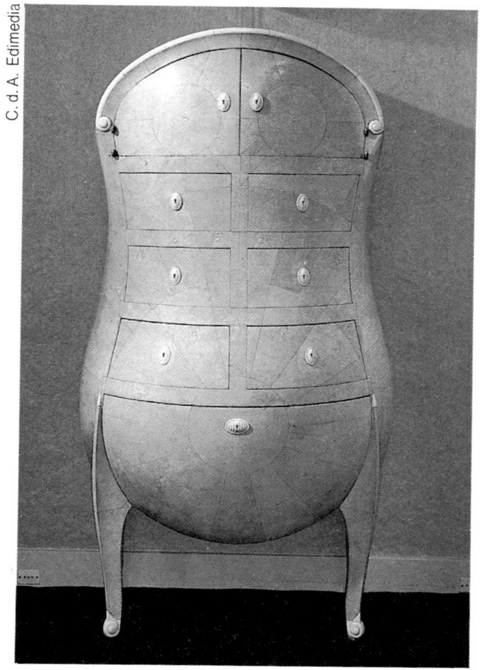

*Meuble de Groult à tiroirs, gainé de galuchat blanc gris, avec des entrées de serrure en ivoire. 1925. Paris, collection Manoukian*

Sotheby Parke Bernet

La Toilette, *peinture à l'huile de Kees Van Dongen. Vers 1918. (110 × 80 cm.) Adjugée 280 000 £ par Sotheby, à Londres, le 30-III-1982.*

Sotheby Parke Bernet

*Maquette d'un décor de salle à manger par Erté. 1925.*

Ader-Picard-Tajan

Page d'un évangéliaire arménien
copié par le scribe Arak'el en 1587,
manuscrit sur papier
composé de trois cent soixante-trois feuillets
et orné de quarante-cinq miniatures pleine page.

Ader-Picard-Tajan

*Heures à l'usage de Rome (diocèse de Troyes), manuscrit enluminé du premier quart du XVe siècle, orné de trente-cinq miniatures en grisaille et d'une en couleurs représentant saint Jean-Baptiste dans le désert conversant avec l'agneau* (ci-dessus). *Ouvrage à la reliure de type lyonnais à motifs azurés, XVIe siècle. Adjugé 205 000 F par Mes Ader-Picard-Tajan, à Drouot, le 19-XII-1980.*

*Livre d'heures,*
*manuscrit in-8 du XV$^{e}$ siècle,*
*sur peau de vélin,*
*décoré de 19 miniatures*
*rehaussées d'or et d'argent.*
*Manuscrit de 107 feuillets, incomplet.*
*Reliure du XVIII$^{e}$ s.*
*Adjugé 39 000 F*
*par M$^{es}$ Pescheteau-Badin-Ferrien,*
*à Drouot, le 9-XI-1987.*

Ader-Picard-Tajan

*Dessin original d'Oudry*
*pour les* Fables *de La Fontaine,*
*encadrement au lavis bleu,*
*dessins à l'encre de Chine,*
*au lavis et au blanc de Chine*
*sur papier bleu-gris.*
*Deux volumes in-folio (1729-1734).*
*Vente Esmerian, 6-VI-1973.*

C. d. A. Edimedia Hinous

*Reliure à plaque*
*représentant Gavarni.*

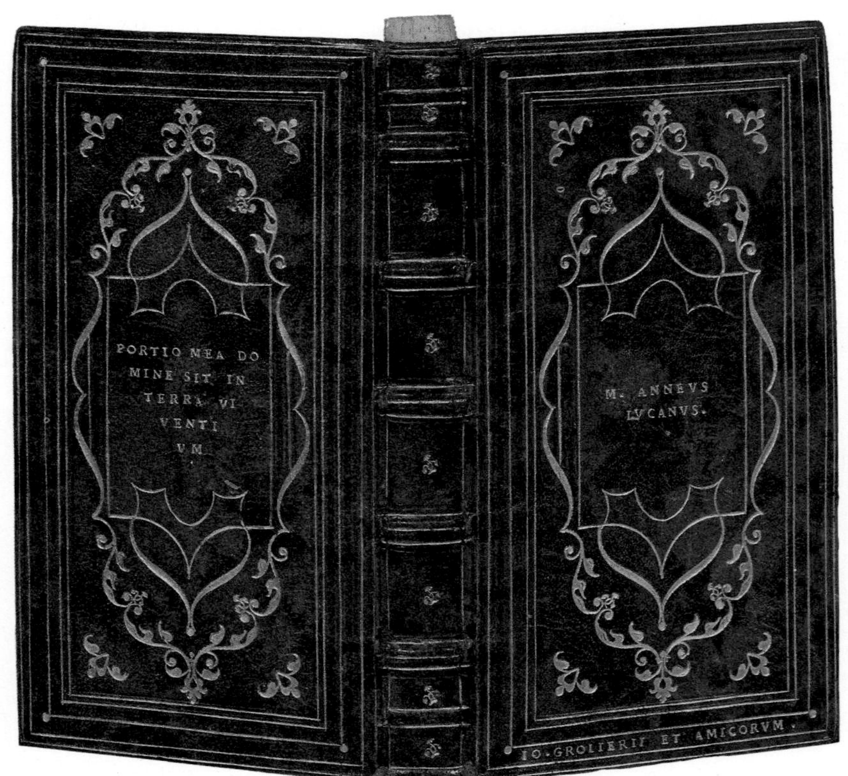


Ader-Picard-Tajan

*Très élégante reliure exécutée par Claude de Picques pour Jean Grolier dont elle porte l'ex-libris « Io Grolierii et amicorum » sur le premier plat, et la devise « Portio mea Domine sit in terra viventium » sur le second plat. XVIe siècle. Ader-Picard, vente Esmerian, 6-VI-1973.*

Ader-Picard-Tajan

*Deux volumes in-folio publiés par Fagnani en 1729-1730, dans leur reliure d'époque en maroquin rouge doré au fer aux grandes armes de la marquise de Pompadour, contenant des gravures de Jacques Callot. Adjugés 210 000 F par Mes Ader-Picard-Tajan, à Drouot, le 18-VI-1982.*

Ader-Picard-Tajan

*Reliure en maroquin rouge ornée d'une large dentelle à l'oiseau, dos orné à l'oiseau, dentelle intérieure, in-4. Exécutée par Derôme Le Jeune. XVIIIe siècle.*

Laurin-Guilloux-Buffetaud-Tailleur

*Reliure mosaïquée de Paul Bonet (1921) pour le livre de Max Jacob* Ne coupez pas mademoiselle, *illustrée de quatre lithographies de Juan Gris.*

Ader-Picard-Tajan

*Reliure mosaïquée à plaque signée de Thouvenin, pour les poésies de Mme Amable Tastu. Époque romantique.*

*Almanach royal de l'année 1755, Paris, Le Breton, in-8, reliure mosaïquée en maroquin blanc. Travail de Jacques Antoine Derôme ou de Nicolas Denis Derôme le Jeune. XVIIIe siècle. Adjugé 72 000 F par M[es] Ader-Picard-Tajan, à Drouot, le 6-XI-1980.*

*Almanach de Kate Greenaway pour l'année 1884. Coll. M. R.*

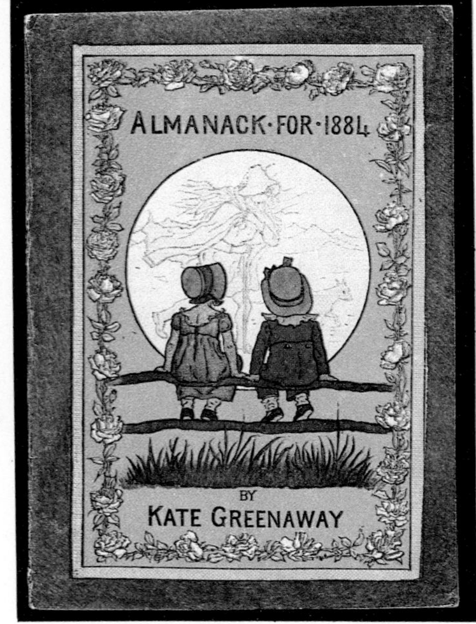

Office de la quinzaine de Pâques, *Paris, les Libraires associés, 1753 ; petit in-12, en maroquin rouge.*

*Calendrier de la Cour pour l'année 1770, Paris, Herissant, in-16, reliure en maroquin rouge.*

Étrennes de l'hymen ou portefeuille d'un homme de goût, *répertoire, Paris, Desnos 1783, in-18, en maroquin.*

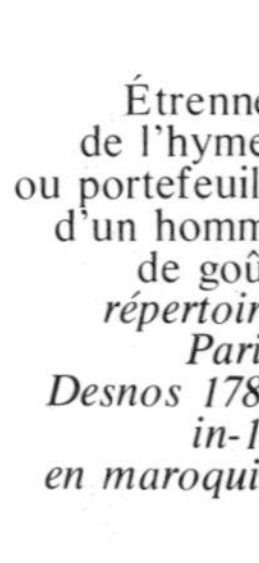


Étrennes mignonnes pour l'an 1782, *Liège, Vve Dessain ; in-16, soie blanche, plats et dos couverts de broderie en fils d'or.*

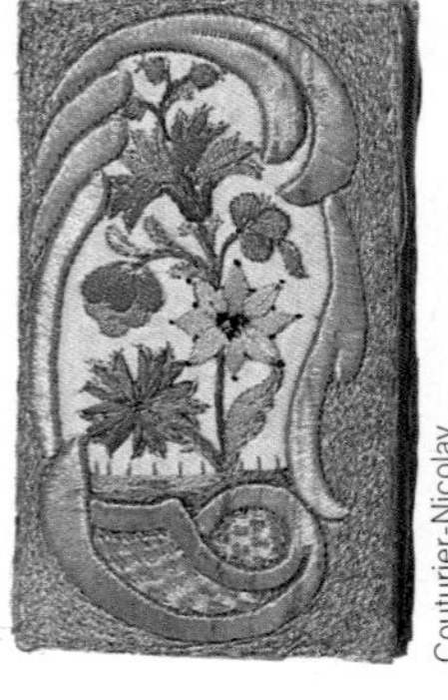

*Reliure d'agenda du XIXe siècle, petit in-16, en chagrin violet, orné d'une gouache peinte sous-verre dans un cadre en métal doré.*

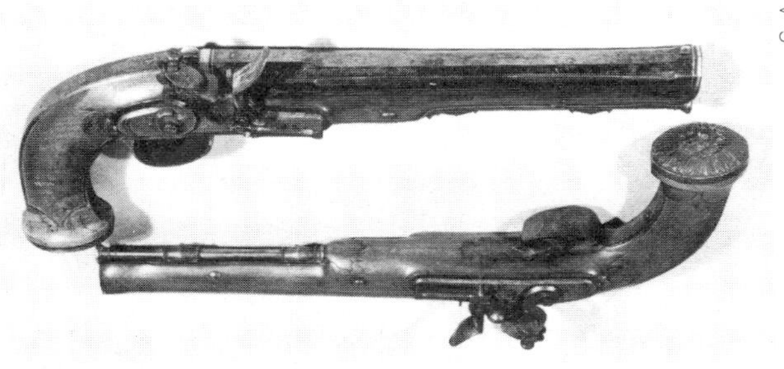
C. A.

*Paire de pistolets à canons bleuis, signés Nicolas Boutet, Versailles, vers 1800. Estimée de 160 000 à 200 000 F en 1988.*

**boutis** n. m. (En provençal.) Grand couvre-lit de coton blanc entièrement surpiqué à la main de rosaces et de guirlandes petites et serrées. Les prix actuels de ces boutis anciens (1 500-3 000 F) paraissent peu élevés, si l'on considère le nombre d'heures passées à ces ouvrages minutieux.

**bouton** n. m. Sorte de petit renflement ornant la tige (ou jambe) d'un verre ou d'une coupe à pied. On a exploité les effets décoratifs du bouton durant toute l'histoire du verre. On reconnaît l'influence de Venise lorsque le bouton est soufflé, notamment dans toutes les productions « façon Venise » (France, XVI^e^-XVII^e^ s.). Cette influence se prolongea d'ailleurs fort tard dans la production du verre à boire anglais qui pourtant, très rapidement, affirme sa personnalité.

L'influence des modèles de Bohême incite au contraire à choisir un bouton massif (France, seconde moitié du XVIII^e^ s.). Pour les verriers de Bohême, ce parti tenait à la nature de leur métal plus dur et plus épais, apte à recevoir la taille et la gravure. Les formes des boutons, leurs différents modes d'association ont fait l'objet d'interprétations les plus diverses. Le bouton « en toupie » est sans doute le plus répandu. Au contraire, les boutons ovoïdes ornent des verres maintenant devenus très rares. Il faut encore citer le bouton en balustre renversé, cylindrique, annelé, en chapelet, en gland, à renflement, carré ou aplati. Cependant, quand apparaissent en Angleterre les verres à jambe droite vers 1730, le bouton est moins fréquent. Il semble laisser la primauté aux autres formes de décor alors en faveur (torsades d'air, spirales émaillées puis taille à facette).

Vers 1800, en France, les verres à boire présentent de préférence des tiges élancées, parfaitement droites.

**bouton** n. m. Le bouton vestimentaire fait partie des collections insolites et demeurées confidentielles jusqu'à une époque assez récente. Seuls, pratiquement, étaient collectionnés, par les amateurs de vénerie, les boutons d'équipages de chasse à courre, qui n'apparaissent que dans les dernières décennies du XIX^e^ siècle ; ils sont en laiton doré, avec un motif d'applique en métal argenté, cerclé du nom de la meute. Depuis quelque temps pourtant, et grâce à une série de ventes spécialisées à l'hôtel Drouot, il se crée aussi un marché pour les boutons « civils » qui, eux, sont plus anciens puisque certains datent de l'époque Louis XV. Le bouton n'est pas uniquement destiné à fermer le vêtement, mais à le parer, à la manière d'un bijou ; aussi le bouton du XVIII^e^ ou du XIX^e^ siècle est-il d'un diamètre assez important : 2 à 4 cm. Certains sont de délicates miniatures cerclées d'or ou de métal doré : portraits, paysages, fleurs, sur émail, ivoire ou porcelaine, ou fixés sous verre ; d'autres sont en nacre décorée, en écaille incrustée de nacre ou d'argent, ou de simple métal estampé. Les boutons se classent par thèmes : portraits, animaux, personnages, monuments, jeux, etc. Ils se négocient à des prix relativement modestes qui font le bonheur des collectionneurs sans fortune, puisque les plus beaux et les plus anciens n'excèdent pas 2 000 à 3 000 F, la grande majorité se situant au-dessous de 1 000 F en 1988.

**bouvet** n. m. Rabot dont le fer permet de faire soit des rainures (en creux), soit des languettes (en relief), afin de réaliser des assemblages. Il peut être à deux pièces, ce qui permet de varier la distance d'intervention par rapport au premier corps, et à pompe pour régler la profondeur de la rainure.

**Bow.** La manufacture de porcelaine de Bow a été fondée en 1744 dans la commune anglaise de West Ham. Au début, elle produisait en grande série des pâtes tendres surtout décorées en « bleu sous-couverte » et de simples figures blanches. Les belles statuettes raffinées et les « pots-pourris » rococo, à l'origine de la renommée mondiale de Bow (très recherchés, surtout par les amateurs anglo-saxons), n'ont été fabriqués qu'à partir de 1755-1760.

On retrouve d'ailleurs plus tard les mêmes formes dans les fabriques de Bristol et Worcester, mais celles de Bow portent heureusement la marque « To », du nom du créateur, « Monsieur Tebo », et sont donc facilement identifiables. Les groupes de figurines issues vers 1760 des ateliers de Longton Hall peuvent être confondues avec les pièces de Bow. Toutefois, les porcelaines de Bow sont pratiquement toujours marquées d'une ancre et (ou) d'une dague, et quelquefois d'un arc stylisé.

Bow s'est aussi spécialisée plus tard dans la création de services de table et d'autres pièces utilitaires décorées dans le style « famille rose », et vers 1770 des assiettes à fond coloré qui imitent le très joli bleu dit « bleu Mazarin », originellement utilisé à Chelsea. La manufacture de Bow a cessé d'exister en 1775, quand elle fut transférée à Derby.

**Bozérian,** relieur français. Sous le Directoire et l'Empire, il exécuta avec son frère Bozérian le Jeune des reliures reflétant exactement le style de son époque : le goût de l'Antiquité cher à l'Empire, avec des encadrements à la roulette de motifs inspirés de Percier. Ses reliures sont toujours d'une grande qualité d'exécution et de décors.

**bracelet** n. m. Comme pour l'ensemble des bijoux, les seuls bracelets anciens que l'on puisse acquérir, pratiquement, sont ceux du XIX^e^ siècle. N'évoquons donc que pour mémoire les fastueux bracelets dont se paraient les

G. Meguerditchian

*Bracelet d'argent du XIX^e^ siècle, exécuté en Afrique du Nord. Paris. Galerie Argile.*

bras laissés nus par les tuniques antiques : bracelets serpents enroulés sur le gras du bras, tresses de fils d'or, bracelets rigides à filigranes ou granulations, bracelets joncs, bracelets ouverts aux extrémités terminées en têtes de serpents, béliers, tritons.

La vogue du bracelet dépend beaucoup de la mode féminine : du XIIe au XVe siècle, les manches sont longues et le bracelet apparaît peu. Le lourd costume du XVIe siècle, avec ses manchettes bien resserrées sur le poignet, ne le favorise pas non plus, mais les avant-bras dénudés du temps de Louis XIV sont généralement laissés sans parures. Il faut attendre le XVIIIe siècle pour voir apparaître quelques rangs de perles, portés généralement en paires, ou un ruban piqué d'un médaillon. C'est le Directoire et ses audaces vestimentaires qui réhabilite définitivement le bracelet, complément indispensable des robes à la grecque et des bras généreusement dénudés : bracelets souples généralement, allant par paires, composés de plusieurs rangs de perles, de chaînes, de pierres précieuses, fermés par un gros médaillon ; certaines « merveilleuses » aiment à les porter haut sur le bras. Les modes du XIXe siècle varient étonnamment d'une époque à l'autre, mais toutes mettent en valeur de beaux bras blancs chargés de bracelets. Le bracelet serpent devient en vogue à partir de 1830 ; il est en or, en émail, en brillants. L'époque romantique a aimé aussi les gros bracelets rigides formés de plaques d'émail foncé, enrichi parfois de diamants, terminés par un gros motif saillant. Le bracelet « ligne » est plus facilement portable, qu'il soit composé d'une file de motifs de joaillerie, alliant par exemple brillants et rubis ou de chaînons d'or à maille fantaisie.

Mais le plus étonnant de tous les bracelets, c'est celui qu'a créé Mucha pour Sarah Bernhardt, en or, émail et opale : un serpent enroulé dont la tête vient mordre une chaînette qui le rattache à la bague assortie. Ce bijou unique fut porté par l'actrice dans le rôle de Cléopâtre ; il s'est vendu à l'hôtel Drouot il y a quelques années.

**bracket-clock** n. f. Horloge portative anglaise née au XVIIe siècle, et dont la fabrication se poursuivit jusqu'à la fin du XVIIIe siècle. Munie d'un mouvement à ressort robuste, elle est souvent équipée d'une fusée et d'une chaînette. Le plus souvent, la *bracket-clock* possède un mouvement à huit jours, une sonnerie, généralement à répétition, l'indication des quantièmes, quelquefois des phases de la Lune, moins fréquemment des automates. Le cabinet, fort austère à l'origine, en ébène ou bois teinté en noir, épousera les styles et les modes qui traversèrent la société anglaise. Le fronton adopte des formes variées selon le nombre des sonneries ou même des carillons. Au sommet de l'horloge, on trouve souvent une poignée permettant son déplacement. Le cadran porte des décors, des gravures et parfois des appliques d'angle appelées *spandrels.* Parmi les plus fameux constructeurs de *bracket-clocks,* on compte Claudius Du Chesne, Johanness et Ahasuerus Fromantel, George Graham, inventeur de l'échappement à ancre à repos, William Holloway, Joseph Knibb et Eardly Norton. Naturellement moins nombreuses et moins recherchées en France que dans les pays anglo-saxons, les *bracket-clocks* se négocient dans un éventail de prix s'inscrivant entre 20 000 et 80 000 F.

A. P. T.

*Bracket-clock en bois laqué rouge et or d'Edward Pistor à Londres. XVIIIe s. À carillon, elle indique les jours.*

**Bracquemond** (Félix), peintre et graveur français (Paris 1833 - *id.* 1914). Apprenti en 1848 dans une imprimerie lithographique, Félix Bracquemond fit ses débuts en participant au Salon de 1852. Encouragé à pratiquer l'eau-forte, il se lance seul dans cette discipline et, après des années difficiles, devient un aquafortiste en renom. Graveur original et artiste d'interprétation, il a gravé près de 900 pièces, abordant tous les thèmes : animaux, portraits, paysages. Son *Portrait d'Edmond de Goncourt* constitue l'une des plus belles pièces de son œuvre. Prosélyte ardent de l'art de la gravure, il l'enseigna à Corot, Théodore Rousseau et Manet, et fut l'un des premiers artistes à s'intéresser à l'estampe japonaise.

**bractéate** n. f. Monnaie d'argent très mince frappée seulement sur une face. Ce type très particulier et très fragile de pièce a été en usage en Alsace, en Suisse et dans de nombreux États allemands au Moyen Âge.

**Bradel** (les), famille de relieurs parisiens qui exercèrent du XVIe au XIXe siècle. Le plus célèbre, Alexis Pierre Bradel, neveu et successeur de Derôme le Jeune, exerça à la fin du XVIIIe siècle et au début du XIXe. Il inventa la reliure qui porte son nom.

Dans la *reliure à la Bradel,* les cahiers formant le livre sont emboîtés dans une couverture cartonnée, simplement rattachée au livre par une mousseline collée et non par de la ficelle ; on le remarque par la rainure, séparant le dos des plats. Alexis Pierre Bradel créa cette reliure bon marché au moment de la Révolution, lorsque, sous l'influence du temps, les reliures se démocratisèrent.

**Bradley** (William H.), illustrateur et affichiste américain (Boston 1868 - *id.* 1962). Peintre et affichiste très brillant, il réalisa nombre d'affiches pour les journaux littéraires *The Chap Book* (1895), avec Beardsley et Toulouse-Lautrec, et *His Book* (1896). Certaines de ses œuvres ont été adjugées entre 1 300 et 7 500 dollars chez Phillips, à New York, en 1980.

**Brady** (Matthew), photographe américain (Lake George, près de New York, 1823 - New York 1896). Il ouvrit un studio à New York en 1844 puis un autre à Washington. Son nom reste attaché à la guerre de Sécession (1861-1865) qu'il « couvre » avec une équipe de reporters envoyés sur tous les fronts. Matthew Brady est également l'auteur de nombreux daguerréotypes et autres portraits des personnalités américaines de l'époque. Son portrait d'Abraham Lincoln fut utilisé pour figurer sur les billets de banque de 5 dollars.

**Brandt** (Bill), photographe anglais (Londres 1904). Il étudia à Paris avec Man Ray. Après s'être spécialisé dans le reportage, il changea complètement de genre pour se consacrer au nu, au portrait et au paysage. Son style très particulier plonge dans l'irréel et l'étrange par la distorsion voulue des formes humaines et des objets. Une *Étude de nu* sur carton (32,4 × 28,8 cm) a été vendue 220 livres sterling chez Sotheby, à Londres, le 27-VI-1980.

**bras** n. m. Partie d'un meuble ou d'un objet évoquant la forme d'un bras. On disait jusqu'au XVIIe siècle « chaise à bras » pour fauteuil. Les *bras de lumière* destinés à porter une torche ou une chandelle étaient en argent, en bronze, en bois doré et parfois en faïence. À partir du XIXe siècle, on les désigne sous le nom d'applique.

**Brassaï** (Gyula Halaśz, dit), photographe français d'origine hongroise (Braşov, Transylvanie, 1899). Il arrive à Paris en 1923, après être passé par Budapest et Berlin où il a étudié la peinture. Il devient le reporter du Montparnasse des « années folles » et du Paris nocturne des filles, des souteneurs et des drogués. Brassaï réalisa aussi de nombreux portraits, parmi lesquels ceux de Picasso, Matisse, Jean Genet, Giacometti, Henry Miller.

Brassaï

*Photo de Brassaï vers 1932. (22,6 × 17,8 cm.) Adjugée 880 dollars par Christie's, à New York, le 11-XI-1981.*

**brasure** n. f. Assemblage de deux pièces métalliques par interposition d'un alliage ou d'un métal fusible. La brasure de cuivre est un mélange de cuivre rouge (rosette) et de zinc, difficile à employer car il laisse des traces claires. La brasure d'argent est aussi appelée soudure d'orfèvre. La brasure d'étain est constituée d'une partie de ce métal et de deux de plomb. Jadis faite à la forge, la brasure exigeait mille précautions. Aujourd'hui, le chalumeau permet les brasures des objets de dimensions réduites.

**Braun** (Adolphe), photographe français (Besançon 1812-Dornach, Mulhouse, 1877). D'abord dessinateur sur étoffe, il devint directeur d'un atelier de dessin dans une filature de Mulhouse, il vint à la photographie en 1853 « afin de former une collection d'études destinées aux artistes qui emploient les fleurs comme éléments de décoration ». Il devint photographe officiel de Napoléon III.

**brèche.** Ce mot qualifie un marbre où les veines dessinent des formes arrondies de couleurs panachées.

**Breguet,** famille d'horlogers français d'origine suisse. Abraham Louis Breguet (Neuchâtel, Suisse, 1747 - Paris 1823), le plus prestigieux des horlogers français, arriva à Paris en 1765, y fit son apprentissage et s'installa en 1775, associé avec le frère de son maître, Xavier Gide. Ses productions sont vite appréciées et Abraham Louis Breguet recrute une clientèle de choix, dont les principales familles princières d'Europe. Après avoir quitté son associé en 1791, il doit s'exiler en Suisse pendant la période de la seconde Terreur (1793). Il revient à Paris deux ans plus tard. Ses ateliers confisqués lui sont rendus par la nation. Parallèlement à ses travaux de recherche, il reprend une production de luxe, son atelier ne comptant pas moins d'une centaine d'ouvriers à l'avènement de l'Empire. En 1815, il est nommé horloger de la Marine et membre artiste du Bureau des longitudes ; l'année suivante, il entre à l'Institut. Il meurt sept ans plus tard, comblé d'honneurs.

La succession sera assurée par son fils Antoine Louis (1776-1816), qui s'associera lui-même à son fils Louis Clément (1804-1833). Ce dernier s'illustrera en mettant au point un système d'horloges électriques qui donnaient l'heure à distance. Louis Clément s'associa ensuite avec son neveu, Antoine Louis, qui laissa la maison à son fils Louis Charles, né en 1800.

Homme de génie, Abraham Louis Breguet fut à l'origine de multiples inventions et perfectionnements qui révolutionnèrent l'horlogerie. C'est lui qui crée l'échappement à tourbillon, système éliminant les variations provoquées par les différentes positions subies par la montre lorsqu'elle est dans la poche (1797-1801). On lui doit aussi le système parachute, des études et réalisations sur le spiral, les engrenages, la compensation, les huiles, une nouvelle cadrature pour les répétitions. En 1796, Abraham Louis Breguet lance la montre de souscription qui est, dans le genre, le premier essai de fabrication en série. Le succès des montres de Breguet, dont il faisait réaliser un certain nombre par d'autres horlogers, fut tel qu'il donna naissance à de nombreux faux. Pour lutter contre eux, il fit apposer des signatures secrètes que l'on ne peut voir qu'à la lumière frisante. Montres d'homme d'une haute précision, les productions de Breguet, en or ou en argent, sont caractérisées sur le plan esthétique par une grande sobriété, qui tranche avec les productions Louis XIV ou Louis XV. Les prix varient selon de nombreux critères, dont le nombre des complications et le type du mouvement, entre 20 000 et plus de 250 000 F.

Chayette

*Montre émaillée de Breguet vers 1820 destinée au marché chinois.*

**brelan** (table de). Table circulaire servant au jeu de brelan ou au « trente et un ». La table de brelan comporte en son centre un trou rond d'environ 27 à 30 cm de diamètre, dans lequel est ajusté un corbillon (ou cassetin), compartimenté en huit cases destinées à recevoir les jeux de cartes, autour d'un flambeau ou d'une lampe.

**breloque** n. f. Bijou de peu d'importance (mais non forcément de peu de valeur), que l'on suspend à une chaîne ou un bracelet. Sonnant comme une onomatopée, le mot évoque de petits objets s'entrechoquant. Le goût de la breloque est très ancien, on peut même le rapprocher de celui des amulettes prophylactiques. Au XVIIIe siècle, on portait volontiers, suspendus à la châtelaine, des cachets miniatures en or et en pierre dure, de petites clefs de montre joliment ciselées, des médailles ou des crayons.

**Bresdin** (Rodolphe, dit Chien-Caillou), graveur et dessinateur français (Ingrandes, Maine-et-Loire, 1825 - Sèvres 1885). Il vint à Paris à 17 ans, mais ses débuts sont mal connus. Il travailla les très petits formats avec un luxe inouï du détail. Maître de l'art fantastique, visionnaire, il annonce le symboliste Félicien Rops et eut Odilon Redon pour élève, vouant un culte admiratif à Rembrandt. Ses œuvres comportent environ 150 gravures (eaux-fortes, lithographies) et des dessins principalement répartis entre le cabinet des Estampes d'Amsterdam, celui de la Bibliothèque nationale et le cabinet des Dessins du Louvre. Dans la vie, son comportement original ne manquait pas d'attirer l'attention.

Après la révolution de 1848, Rodolphe Bresdin entreprit un tour de France à pied, et, en 1870, il se montra favorable à la Commune.

**Bretagne.** Les meubles bretons les plus typiques sont les lits clos ornés de motifs d'inspiration celtique (rosaces, cercles concentriques, fleurons, spirales, petits balustres tournés). Les façades sont, à partir du XIXe siècle, ornées de clous de cuivre d'autant plus foisonnants que les meubles sont tardifs. Le chêne, le noyer, le châtaignier, le merisier sont les bois les plus employés.

En haute Bretagne (Ille-et-Vilaine), région plus sensible aux influences extérieures, les armoires, les buffets, les vaisseliers, les bonnetières comportent des traverses chantournées d'esprit Louis XV, ornés de motifs floraux.

**bretture** n. f. Ornement formé de sillons sinueux et parallèles qui courent le long d'un panneau de meuble ou en bordure d'un cadre. Ce décor représentatif du style Louis XIII a été employé jusqu'au XIXe siècle sur les armoires et les buffets, notamment en Bretagne, en Bourgogne et dans la vallée du Rhône. Ces sillons réguliers étaient taillés dans le bois par un « sabot à ondes » tiré le long d'un guide en bois dont il reproduisait les ondulations.

**bréviaire** n. m. Livre liturgique contenant les offices et les oraisons que les prêtres étaient tenus de lire tous les jours. Certains bréviaires manuscrits sont ornés de peintures et d'enluminures. Les bréviaires sont divisés en quatre volumes, un par saison.

**Brewster** (sir David), physicien écossais (Jedburgh, comté de Roxburgh, 1781 - près de Melrose, comté de Roxburgh, 1868). Ce fut un pionnier de la stéréoscopie dont le procédé fut présenté pour la première fois à Londres, à l'Exposition universelle de 1851.

**brillant** n. m. Abréviation de « diamant taille brillant ». On utilise parfois l'expression « diamant brillanté », car c'est la manière de tailler le diamant qui valorise le plus son éclat et sa pureté, en exploitant au maximum son pouvoir de réfraction de la lumière.

**brillante** (céramique). Les Égyptiens qualifiaient ainsi cette céramique raffinée appelée parfois à tort « faïence », car elle ne contient pas d'argile. La brillante est constituée d'une pâte formée de cailloux et de silex réduits en poudre, amalgamés par un ciment, et travaillée ensuite au tour, comme l'argile. Les objets sont ensuite couverts d'une glaçure verte ou turquoise à base d'oxyde de cuivre, décorés de motifs et de symboles noirs. Les objets réalisés ainsi avaient une fonction plus votive qu'utilitaire : coupes, vases, amulettes, statuettes (oushabti), animaux en tous genres, hippopotames, que l'on plaçait dans les tombes.

Christie's

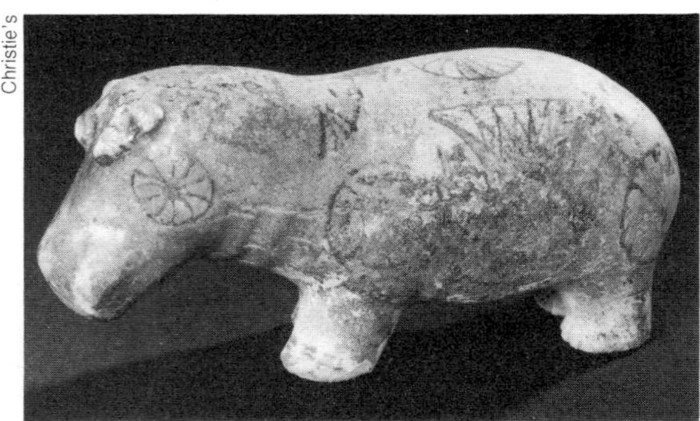

*Hippopotame en céramique brillante. Égypte. XIIe dynastie. Adjugée 234 000 FF par Christie's à Genève, le 18-XI-1977.*

**Briot** (les), famille d'orfèvres et de graveurs français. *François* (Damblain v. 1555 - v. 1616) est le fils de Didier Briot, protestant, maître de la Monnaie de Sedan. Il se fixe d'abord à Montbéliard, dont le duché appartenait à Frédéric de Wurtemberg, amateur d'art, protecteur des huguenots. Nommé en 1586 « graveur de Son Excellence », il exécute des médailles, mais également des moules destinés à la fonte des pièces d'étain. François Briot doit sa célébrité à un ensemble formé d'une aiguière et de son bassin, dits « de la Tempérance » (musée de Dresde), où figurent autour du médaillon central de la Tempérance de nombreuses allégories, d'une étonnante finesse *(les Quatres Éléments, les Arts libéraux, la Foi, l'Espérance* et *la Charité).* Ce chef-d'œuvre sorti du moule sans reprise de ciselure a été imité par de nombreux fondeurs d'étain, notamment Caspar Enderlein*, et d'autres orfèvres de l'école de Nuremberg.

*Nicolas* (Damblain 1579 - Oxford 1646), frère du précédent, fut un des plus célèbres graveurs de monnaies du début du XVIIe siècle. Il connut une carrière internationale, employé successivement par les Français et les Lorrains, les Anglais, les Écossais. Nicolas Briot succéda en 1606 à Philippe Danfrie au poste de graveur général des monnaies à la Monnaie de Paris, où il resta jusqu'en 1625. Durant cette période, il réalisa de magnifiques essais de francs en argent pour Henri IV puis pour Louis XIII. Il essaya également de faire adopter des innovations techniques mais il ne fut pas suivi, et, déçu par le peu d'intérêt qu'il suscitait, s'exila en Angleterre. Là il connut également une brillante carrière, étant nommé graveur général de la Monnaie royale, après avoir gravé les coins des monnaies de Charles Ier. Puis il partit pour l'Écosse où il occupa les fonctions de maître de la Monnaie entre 1635 et 1639 ; pendant la guerre civile, il se retira à Oxford où il mourut.

Nicolas Briot a eu de nombreux élèves, parmi lesquels deux médailleurs célèbres : Blondeau et Thomas Simon.

**briquet** n. m. Petite charnière en métal courte et plate, vissée dans le haut des portes ou sur le côté des abattants. La tête du briquet forme une saillie cylindrique qui, engagée dans le montant d'un meuble, maintient la porte et lui permet de pivoter.

**Broadwood** (John), facteur de pianos anglais (1732-1812). Fondateur de la firme de piano-forte qui porte son nom. Un piano-forte signé « John Broadwood and Sons » est estimé de 8 000 à 12 000 livres en 1988.

**broc** n. m. Grand vase de bois ou de métal à anse et à bec évasé. Le métal le plus souvent utilisé pour sa fabrication est l'étain, mais on emploie aussi le cuivre. On s'en servait pour tirer et transporter du vin ou d'autres liquides. Le broc pouvait également servir de mesure. À Paris, on l'appelait la « quarte » et ailleurs le « pot ». Sa contenance était d'environ de sept à huit litres.

Les brocs que l'on trouve chez les antiquaires et en ventes publiques sont le plus souvent en étain. Ils sont quelquefois décorés et leur valeur varie entre quelques centaines de francs et de 5 à 6 000 F pour les pièces des XVIIe ou XVIIIe siècles, en parfait état et portant des poinçons bien identifiés.

**brocante, brocanter, brocanteur.** Ces mots ont sans doute pour origine le verbe allemand *brechen (brach, gebrochen)* qui a donné *Brocko,* morceau, d'où l'idée de négoce d'objets cassés ou usagés. En Suisse, *Brockenhaus* veut dire « magasin de vêtements d'occasion ». En anglais, *broker* signifie « fripier », marchand d'objets de seconde main.

Le verbe « brocanter » et le mot « brocanteur » sont apparus en France au XVIIe siècle avec le sens — qui s'est maintenu — de revendeur d'objets d'occasion. Le brocanteur achète ce qu'il trouve au hasard de la « chine », et revend les objets ou les meubles « dans leur jus », sans aucune garantie de provenance ni d'époque. Il convient d'établir une distinction entre brocanteur et antiquaire*.

**brocart** n. m. (de l'italien *broccato,* tissu broché). Ancienne appellation qui désigne des tissus « façonnés » (tissus dont la décoration s'effectue en même temps que l'exécution sur un « métier à tire », utilisé jusqu'à l'invention du métier de Jacquard) dont certains éléments de décor utilisent des fils d'or, d'argent ou de soie. Aujourd'hui, on emploie les termes « broché » et « lamé » : le tissu broché est obtenu par des trames limitées aux dimensions du décor ; celles-ci peuvent être en soie, en fils d'or et d'argent et se superposent à une chaîne de fond formant la base du tissu. Dans le tissu lamé, c'est la chaîne elle-même qui est métallisée par l'emploi de fils d'or et d'argent.

**brocatelle** n. f. (de l'italien *broccatello*). Tissu présentant des effets de satin en fort relief, se détachant sur un fond de sergé plat ; il est produit au moyen de deux chaînes et de deux trames qui « bossellent » l'étoffe, et donnent ainsi du relief au décor.

**brocatelle d'Espagne.** Marbre à dominante lie-de-vin parsemé de veines plus claires.

**brocatelle de Sienne.** Marbre tacheté à dominante jaune.

**broche** n. f. La broche est peut-être le plus ancien des bijoux, bien qu'elle ne soit pas, comme la bague, chargée de valeur symbolique. Elle procède, au contraire, d'une fonction utilitaire : l'antique fibule n'est à l'origine qu'une simple épingle destinée à retenir les plis du péplum ou de la toge. On la retrouve à profusion dans le costume barbare. Au Moyen Âge, elle est devenue le fermail, qui permet de ramener le manteau sur la gorge ou sur l'épaule. C'est un joli bijou d'or émaillé, serti de pierres précieuses ou de perles fines, d'une dimension assez modeste (3 à 5 cm).

La mode de la Renaissance paraît se désintéresser des fermails, broches et agrafes, très utilisés au contraire dans le costume Louis XIII et Louis XIV : outre le nœud de joaillerie qui s'épanouit sur le devant du corsage, les élégantes retiennent les crevés de leurs manches par quatre ou six petites broches assorties ; les hommes, eux, portent volontiers au chapeau une agrafe formée de pierres précieuses.

Christie's

*Broches sassanides en bronze en forme d'animaux. IVe ou Ve siècle. Estimées de 850 à 1 200 F.*

Sous Louis XV apparaissent les délicats bouquets de joaillerie, formés de roses et de brillants que l'on colore parfois en glissant sous la monture un paillon de couleur ; la fleur principale est souvent montée en trembleuse, sur un petit ressort qui l'anime d'un mouvement continuel. Au XVIIIe siècle, et, plus encore, au XIXe, la broche est souvent à transformation : motif de joaillerie, médaillon d'émail ou de camée, une bélière permet aussi de l'intégrer en pendentif au bout du collier de la parure. Les broches du siècle dernier sont évidemment les plus nombreuses sur le marché ; elles sont en forme de bouquets, d'étoiles, de fleurs, ou de motif plus ou moins géométrique. Celles de la fin du siècle utilisent surtout des brillants et des roses de différentes tailles, agrémentés parfois de perles poires en pendants.

La broche devient le bijou favori des années 30, sous forme de plaques pavées de brillants (ou de strass), sans grand intérêt artistique, qui cèdent ensuite la place aux *clips* de corsage des années 50.

**broche** (système à). Dans les armes, le système à broche, perfectionné par l'arquebusier français Casimir Lefaucheux en 1836, est lié aux premières cartouches métalliques. Une petite barre d'acier — la broche — est placée verticalement dans le petit cylindre de laiton de l'étui : cette aiguille effleure, dans l'étui, une capsule de fulminate placée à l'intérieur d'une cavité de carton pressé ; le chien frappant perpendiculairement l'aiguille, qui ressort de quelques millimètres de l'étui, provoque le départ du coup. Sur ce système, des milliers de revolvers et de fusils de chasse seront fabriqués.

**brocher.** Réunir les différents cahiers d'un livre et les assembler par une légère couture. Le livre ainsi réuni est recouvert d'une couverture en papier soit « muette » (sans inscription), soit imprimée du nom de l'auteur, du titre de l'ouvrage, du nom de l'éditeur, de la date et quelquefois agrémentée d'une vignette. Dans cet état, le livre est dit « broché ».

**brochure** n. f. Écrit imprimé n'excédant pas un certain nombre de pages. Revêtu d'une couverture muette ou imprimée, il est souvent synonyme de « plaquette ». Reflet fugace d'un événement politique ou historique, comme le pamphlet, la brochure est destinée à disparaître, malgré son intérêt évident, en raison de sa fragilité et de ses difficultés de conservation. Les époques troublées comme la Fronde (mazarinades) ou la Révolution en ont vu une floraison.

**broderie** n. f. Motif à l'aiguille ou au crochet, en fil de coton, de laine ou de soie, plus rarement d'or ou d'argent, sur un support d'étoffe. Les broderies anciennes exécutées à la main valorisent, par leurs ornements variés et de diverses couleurs, les tissus utilisés pour les vêtements (parfois ecclésiastiques), les rideaux ou les nappes. Les broderies à fils tirés ou à jours ménagent des motifs en bordure des nappes ou des draps. Les broderies de fantaisie utilisent des fils de métal, des perles ou des paillettes.

À la fin du XIXe siècle, la broderie mécanique a peu à peu relayé la broderie à la main, notamment pour les draps et les nappes. Les broderies anciennes connaissent une nouvelle vogue depuis 1987. Un corsage brodé du XVIIe siècle à fils d'or et d'argent s'est vendu 38 500 £ (plus de 400 000 F) chez Sotheby's, à Londres, le 29-IX-1987.

**bronze** n. m. *Numismatique.* Alliage de cuivre et d'étain. Depuis l'Antiquité, le bronze a été utilisé comme métal monétaire à côté de l'or et de l'argent : c'est un alliage plus dur, plus résistant et plus facile à travailler que le cuivre pur. Il existe de nombreuses variétés de bronze qui peuvent contenir, outre l'étain, de petites quantités de plomb ou de zinc. Le pourcentage de cuivre dans les bronzes est généralement supérieur à 90 %, sauf pour les bronzes des cloches (v. MÉTAL DE CLOCHE) qui renferment seulement 80 % de cuivre ou même moins. On a également utilisé pour fabriquer les monnaies des bronzes de nickel ou d'aluminium (pièces actuelles de 10 et 20 centimes). Il faut enfin noter une autre signification du mot, propre à la numismatique romaine et aujourd'hui tombée en désuétude : on désignait par petit, moyen et grand « bronze » les divers types de monnaies impériales faites de métal non noble (« un grand bronze de Vitellius » ; on dirait aujourd'hui « un *sesterce* de Vitellius »).

*Sculpture.* Pour le collectionneur, « un bronze » désigne un objet de bronze à vocation décorative : grands bronzes ornant les places publiques, petits bronzes « de cabinet », enfin bronzes dorés qui font partie des objets d'ameublement (chenêts, flambeaux, vases d'ornement, pendules).

Les petits bronzes qui retiennent surtout l'attention des collectionneurs peuvent se diviser en trois catégories : les antiques, les classiques et ceux du XIXe siècle.

Le domaine des bronzes antiques est vaste, géographiquement et chronologiquement. Parmi les plus anciens qui soient à la portée des collectionneurs, il faut citer les fameux bronzes du Luristān, entre le IXe et le VIIe siècle av. J.-C. : plaques de mors, enseignes, épingles, étendards, etc. Les chats saïtes (VIIe-VI[e] s. av. J.-C.), découverts en grande quantité sur le site du sanctuaire de la déesse-chat Bastet, se rattachent aux bronzes votifs égyptiens ; ils apparaissent assez souvent dans les ventes d'archéologie.

En revanche, les petits bronzes grecs classiques (IVe-III[e] s. av. J.-C.), qui atteignent une sorte de perfection du genre, sont exceptionnels sur le marché. L'amateur peut

Sotheby

*Statuette grecque en bronze représentant Apollon. Ve siècle av. J.-C. (H. 12 cm.) Adjugée 7 500 000 F par Sotheby, à Monaco, le 5-XII-1987.*

donc choisir parmi les bronzes étrusques (rares aussi), campaniens, romains, gallo-romains. Mais même d'époque romaine, les bronzes antiques de qualité ne sont pas très nombreux. Outre les statuettes, il faut aussi compter parmi ces pièces les différents objets de la vie quotidienne : vases, objets de toilette, miroirs, etc., dont certains remontent à trois ou quatre millénaires avant J.-C.

Les bronzes « classiques » apparaissent à la Renaissance, après une certaine éclipse de cet art durant les époques médiévales, qui n'ont cependant pas ignoré le bronze d'art. Quant aux bronzes florentins et padouans des XVe et XVIe siècles, qui sont les plus beaux des bronzes Renaissance, ils sont, eux aussi, de coûteuses exceptions sur le marché de l'art, si ce n'est sous la forme des fontes postérieures exécutées après la mort de Giambologna par son élève Susini.

Le choix est plus abondant à partir du XVIIe siècle, la grande époque du bronze français qui, jusque-là, était resté loin derrière l'Italie. Ces bronzes sont souvent des sujets mythologiques traités à l'antique, imités de l'Italie, et en particulier de Giambologna : groupes, « enlèvements », réductions de statues royales équestres destinées aux places publiques.

Après quelques décennies sans grand éclat, de la fin du XVIIIe au début du XIXe siècle, le bronze artistique connaît en France un renouveau, à partir de 1830 environ. Les sculpteurs animaliers, Barye le premier, suivi de Mène, Fratin, Frémiet, Bonheur, Moigniez, et, à la fin du siècle, Rembrandt Bugatti et Pompon illustrent cet art. Le bronze de la Belle Époque s'inspire surtout de la femme ou de scènes de genre, avec Dalou, Larche, Hippolyte Moreau, Barrias.

Dans ce domaine, le marché d'art est riche et la difficulté ne réside pas dans la découverte mais dans la distinction entre bronzes de bonne qualité et bronzes de mauvaise qualité, car celle-ci dépend non seulement du talent de l'artiste, mais aussi du soin de la fonte, à laquelle il faut prêter la plus grande attention, afin d'éviter les fontes industrielles de grande série qui constituent la majorité des œuvres disponibles sur le marché. Il convient également de se méfier de nombreux faux en circulation, portant essentiellement sur des œuvres supposées de qualité, signées d'artistes réputés. Les techniques modernes de « surmoulage » permettent de reproduire fidèlement tous les bronzes, dans les moindres détails, y compris la signature en creux de leur auteur présumé.

*Extrême-Orient.* On donne généralement le nom de

« bronze » à des alliages très divers (V. ALLIAGES) dans lesquels entrent du cuivre et d'autres métaux. Les bronzes peuvent être coulés dans des moules (en pierre ou en terre réfractaire) ou bien être réalisés par le procédé « à cire perdue ». Ils sont soit laissés à l'état brut, soit patinés aux acides et au feu, soit encore dorés (à la feuille ou au mercure). Ils peuvent être incrustés d'émaux (en champlevé) ou décorés d'émaux cloisonnés. En Asie (V. CHINE, INDE), l'utilisation du bronze fut très diverse : armes, objets d'utilité courante, sculpture. Dans ce dernier cas, c'est surtout le procédé à cire perdue qui fut utilisé.

**Brousse.** Ville située au sud-est de la mer de Marmara, près du mont Olympe, en Turquie (en turc, *Bursa*). Déjà connue des Byzantins, elle a été la première capitale des Ottomans (début XIVe s.) et resta un grand centre caravanier sur la route reliant Edirne puis Istanbul aux provinces de l'Empire ottoman. Elle est surtout un centre important de tissage (soieries et velours), dont les ateliers, placés sous contrôle d'État, sont avec ceux d'Istanbul les plus grands fournisseurs des sultans et de leur cour. Ils produisent des bandes d'étoffes qu'on déroulait sous les pas du sultan, de somptueux vêtements de cour : *antari* (robes longues), casaques, cafetans. Le tissu le plus employé à Brousse est le lampas*, à décor essentiellement floral. Les velours ont le fond lamé or ou argent, le décor broché aux tonalités de rouge et de vert dominant sur un fond de velours « coupé » rouge. Ils servaient à confectionner soit des manteaux d'apparat, soit des chapes, des dalmatiques et devants d'autel pour les églises chrétiennes. Au XIXe siècle, les ateliers se déplacent à Beledjik, à Amassia et à Scutari pour une fabrication courante (divans et sofas). Les soieries et les velours, rares sur le marché, atteignent toujours des prix élevés. Plus abordables sont ceux fabriqués à Scutari.

Brousse produisait aussi de très beaux tapis de soie d'une extraordinaire finesse, le plus souvent tapis de prière, rappelant les tapis de Ghiordès*. À côté de cette production de qualité, très recherchée et fort rare aujourd'hui, il existe une fabrication de tapis utilisant du coton mercerisé ou de la bourre de soie, au velours très ras et peu solide.

**Bru.** La poupée Bru de fabrication française connaît un énorme succès, entre 1868 et 1899. Les plus anciennes ont un corps en cuir, des membres de porcelaine, de bois ou de peau. La plupart sont en peau, en porcelaine, bois et caoutchouc. Les bébés articulés les plus anciens et les plus beaux ont la bouche fermée. La tête des poupées de porcelaine Bru, discrètement colorée, est animée par des yeux entourés de cils naturels qui font leur originalité et leur finesse. La solidité de leurs articulations, la beauté de leur expression, l'élégance de leur trousseau donnent à ces poupées des cotes élevées. Une poupée Bru, taille 12, à tête en porcelaine bouche fermée, avec une petite malle de vêtements, s'est vendue l'équivalent de 260000 F à Londres, chez Christie's, le 20-V-1986.

Loudmer-Poulain

*Poupée Bru, dans sa robe d'origine. Des modèles de ce type ont été fabriqués entre 1860 et 1890.*

**brucelles** n. f. pl. Petites pinces à ressort d'horloger et de bijoutier.

**Bruges.** *Tapisserie.* Cet important centre de tapisserie flamande connut la prospérité au XVe et au début du XVIe siècle, et subit, à la suite de Bruxelles, l'influence de la Renaissance italienne, qui réduisait la tapisserie à l'imitation de plus en plus fidèle de la peinture. Magnifiques de vigueur, de couleurs, de richesse, les tentures brugeoises des XVe et XVIe siècles sont très rarement parvenues jusqu'à nous. La décadence des lissiers commence à la fin du XVIe siècle quand, accablés de commandes, forcés de travailler trop vite, négligeant la technique et se répétant sans cesse, ils tentent de s'adapter à la mode italienne. L'activité de Bruges cessera, comme dans tous les Pays-Bas espagnols, au début du XVIIe siècle, lorsque les lissiers se réfugieront chez le prince d'Orange.

*Dentelle.* La dentelle de Bruges est à classer parmi les guipures* des Flandres aux fuseaux, de même que les duchesses et la dentelle de Binche. Exécutée en deux temps (tout d'abord les fleurs puis les barrettes picotées ou réseau), elle permet de faire de grandes pièces d'une rare beauté. Elle est souvent mélangée de médaillons de point à l'aiguille. Les dessins des dentelles ont souvent été fournis par des artistes français et inspirés par des fabricants français.

**brûle-parfum.** n. m. Récipient composé de deux parties, l'une très creuse, destinée à recevoir les produits aromatiques, l'autre servant de couvercle, et percée d'ouvertures permettant à la fumée odoriférante de s'élever dans l'air.

Désigné en Iran sous le terme *oudsouz*, il répond à l'usage antique de faire brûler de l'encens dans la demeure. Les brûle-parfum iraniens sont assez rares sur le marché, alors que l'on rencontre plus fréquemment des brûle-parfum turcs de la période ottomane, sous la forme d'une boule tripode, surmontée d'un dôme articulé à décor ajouré d'arabesques *roumi**. Il existe également un type de brûle-parfum sphérique (déjà connu en Syrie au XIIIe s.) à décor ajouré avec incrustations d'or et d'argent ; au XVe siècle, ce genre d'objet a été repris par Venise et utilisé comme chauffe-mains.

Tous les pays asiatiques ont utilisé cet accessoire, soit dans la liturgie, soit pour parfumer l'intérieur des maisons. Les brûle-parfum existent dans toutes les matières, (bronze, argent, céramique et parfois pierre dure), et sous toutes les formes : vases à pied, formes zoomorphes, etc. Le couvercle, généralement, est le plus décoré de sculptures en relief (montagnes, lions). Certains brûle-parfum en céramique sont renforcés, à l'intérieur, d'une cassolette en métal. Enfin, et plus particulièrement dans le culte bouddhique, existent des brûle-parfum à long manche, utilisés dans les cérémonies de vénération.

Cependant, les plus beaux brûle-parfum sont chinois ou japonais. D'autres ustensiles, apparentés, sont les supports de bâtonnets d'encens. Ils sont généralement de petites dimensions, assez lourds, et bien que creux, d'une seule pièce, la partie supérieure étant percée de petits trous. Les « boules à parfum », typiquement chinoises, sont formées de deux parties creuses en métal repoussé ou en bronze, dans lesquelles on enfermait des plantes aromatiques telles que du vétiver. Les trous dont sont ornées les parois de ces boules creuses donnent souvent lieu à des gravures très décoratives. Certaines comportent à leur sommet un anneau permettant de les suspendre.

**Brunel** (les), famille de tourneurs sur ivoire de Lille. On connaît également un Louis Raymond Brunel (1818-1882), originaire de Dieppe, qui exécuta des sculptures en ivoire originales ou, notamment, d'après des œuvres de Barré ou Falconet. Dans sa production, on peut aussi citer des bustes, des bas-reliefs et des plaques utilisées pour couvrir des livres.

**Brunelleschi** (Umberto), artiste italien qui s'établit à Paris dans les premières années du XX^e^ siècle et se lia à la jeunesse du Quartier latin. Artiste moderne nourri de culture florentine, il fit des panneaux-réclames pour les grands magasins, exposa dans les Salons, se fit illustrateur pour *Werther* de Goethe, *la Nuit vénitienne* de Musset. Parmi les cartes postales, ses portraits de femmes des années 20 sont les plus recherchés.

**Brunet** (Jacques-Charles), bibliographe français (1780-1867). Il écrivit le *Manuel du libraire* dont la première édition date de 1810, et la meilleure de 1860-1880. Le « Brunet » eut une influence capitale sur la bibliophilie : pour la première fois était donnée une description détaillée de la littérature susceptible d'être collectionnée, des livres rares et d'une valeur spéciale, depuis les incunables jusqu'aux éditions du XVIII^e siècle. Pour une grande part, c'est au *Manuel du libraire* que l'on doit le renouveau de la bibliophilie au XIX^e, mais à orientation historique, si bien mise en œuvre par Charles Nodier.

**brunissoir** n. m. Agate montée sur un manche à longue virole, permettant au relieur de polir les ors. Le brunissoir est également un outil à aplanir du graveur, et un outil d'orfèvre pour donner du luisant à un décor.

**Bruxelles.** *Tapisserie.* Cette ville de Belgique connut du XV^e au XVIII^e siècle une renommée européenne grâce à ses tapisseries. Succédant à Arras et à Tournai, ruinées par les guerres, Bruxelles prend la tête de la tapisserie flamande dans le courant du XV^e siècle. Les lissiers bruxellois excellent alors dans les tapisseries « à tabernacles » ou « à la tabernacle », où la scène principale est solidement encadrée par une architecture compliquée. Ce parti pris d'encadrement architectural va pousser peu à peu les Bruxellois à entourer leurs tapisseries d'une bordure tissée à la façon du cadre d'un tableau. Cette « déviation » apparaît au début du XVI^e siècle et amène la tapisserie, art indépendant, à l'imitation progressive et de plus en plus fidèle des œuvres peintes. Désormais, les pittoresques tentures des lissiers gothiques sont abandonnées au profit des vastes compositions picturales à l'italienne.

L'esprit de la Renaissance sera, en effet, répandu par un Bruxellois, Pieter Van Aelst, chargé en 1516, par le pape Léon X, de l'exécution en tapisseries de cartons de Raphaël, *les Actes des Apôtres.* Cette nouvelle mode, qui prône l'imitation de la peinture, connaît un énorme succès malgré les réticences de certains lissiers flamands qui continueront longtemps d'interpréter à leur guise les cartons des peintres italiens. Les commandes des mécènes les plus fastueux de l'époque vont alors affluer : Charles Quint, François I^er^, Léon X, Sigismond-Auguste de Pologne font tisser de grandes tapisseries, à sujets bibliques pour la plupart, aujourd'hui conservées en partie dans les musées de Vienne et de Cracovie. Pour éviter les contrefaçons qui commencent à se multiplier, un édit de 1528 oblige les lissiers à apposer sur les tentures bruxelloises deux « B » tissés en laine plus claire que le fond et séparés par un écusson rouge, et exige une marque particulière pour distinguer l'œuvre de chaque lissier.

Le peintre flamand Bernard Van Orley propose alors aux métiers bruxellois des cartons raffinés, aux paysages réalistes et puissants, typiquement flamands, inclus dans des scènes mythologiques ou religieuses idéalisées. La décadence de Bruxelles, comme celle de toutes les villes de Flandre, apparaît à la fin du XVI^e siècle avec la politique de confiscation et de proscription du duc d'Albe dans les Pays-Bas espagnols. Les lissiers bannis essaimeront dans l'Europe entière, à Delft, dans le Palatinat, en Italie, en Angleterre.

Le marché est encore riche en tapisseries bruxelloises des XVII^e et XVIII^e siècles, qui s'inspirent des cartons de Teniers ou de Rubens. Leur beauté décorative, leur frais coloris les font rechercher de nombreux amateurs qui se les disputent pour quelques millions anciens (entre 100 000 et 300 000 F pour une tapisserie en bon état).

*Céramique.* Au XVIII^e siècle, deux manufactures de faïence émaillée de grand feu sont connues à Bruxelles, appartenant à la famille Mombaers. Corneille Mombaers a fondé en 1705 une faïencerie, reprise par son fils Philippe en 1724. Une seconde manufacture fut créée en 1754 par le gendre de Mombaers, Jacques Antoisonet, et son fils — Joseph d'Antoisonnes — regroupa en 1766 sous sa direction les deux fabriques. Elles sont surtout connues pour des terrines, des daubières et des faïences en trompe-l'œil de bonne qualité, qui ont adopté la forme de volatiles, de légumes (choux), de noix, d'olives, etc. Certaines pièces rappellent des productions analogues de Delft, Saint-Omer, Sceaux ou Strasbourg. Comme pour d'autres fabriques du nord de l'Europe, le motif très courant du lambrequin delftois ou rouennais est repris. De nombreuses assiettes — assez populaires — sont ornées d'oiseaux posés sur une haie fleurie. Les trompe-l'œil de Bruxelles sont aujourd'hui des pièces rares et recherchées, particulièrement lorsqu'elles sont de l'époque des Mombaers père et fils.

La création d'une manufacture à Bruxelles-Tervuren est attribuée à Charles IV, duc de Lorraine et gouverneur des Provinces-Unies, mais sa production est très peu connue de nos jours.

Ce sont des collectionneurs bruxellois qui recherchent les pièces de la fabrique de Cretté, en activité à la fin du XVIII^e siècle et au début du XIX^e ; elles sont signées des initiales du nom du propriétaire : « L. C. ».

**buccin** n. m. Trombone à coulisse dont le pavillon a la forme d'une gueule de serpent. Son ancêtre serait la *buccina.*

**Buen Retiro.** On ne peut séparer l'évolution de la manufacture de porcelaine tendre de Buen Retiro en Espagne de celles de Capodimonte et Naples-Portici en Italie : l'histoire des trois manufactures est étroitement liée et rejoint également l'histoire des Bourbons des Deux-Siciles. Charles VII des Deux-Siciles, devenu en 1759 Charles III d'Espagne, installa à Buen Retiro la manufacture de Capodimonte. Les premières pièces de qualité exécutées sont celles du salon de porcelaine du palais d'Aranjuez (1760-1763) — copie conforme de celles du salon de porcelaine du palais de Portici — et de celui de Madrid (1765-1770).

Il est difficile actuellement, même pour de bons connaisseurs, de reconnaître à première vue la différence

*« L'Éléphant », tapisserie de Bruxelles vers 1560. Collection privée. Les tapisseries de ce type peuvent valoir 500 000 F.*

entre les pièces de la fin de la période de Capodimonte et celles des débuts de Buen Retiro ; la seule distinction nette étant due à l'argile utilisée qui donne aux pièces espagnoles une coloration plus verdâtre. Vers 1770, les scènes italianisantes sont peu à peu remplacées par des motifs historiques, l'influence de Sèvres étant sensible (décors et finitions). Vers 1790, la vente de la porcelaine de Buen Retiro au public est autorisée, et cette production en série contribue à la baisse de qualité. La manufacture fut pillée et détruite en 1808.

La marque de Buen Retiro est semblable à celle de Capodimonte : la fleur de lys stylisée ou non, de couleur bleuâtre, emblème de la maison des Bourbons. Les collectionneurs internationaux intéressés par les porcelaines de Capodimonte et de Buen Retiro sont aussi presque toujours les mêmes.

**buffet** n. m. Nom donné au coffre de l'orgue.

**buffet** n. m. Meuble à deux ou quatre portes servant à ranger la vaisselle ou à enfermer les provisions.

Au XV^e siècle, le buffet-dressoir, dont le corps supérieur est supporté par des colonnes, est un meuble d'apparat destiné à présenter les pièces d'orfèvrerie pour l'usage de la table. À la Renaissance, le buffet évolue vers un meuble à quatre portes qui prend place dans les antichambres des maisons aristocratiques et bourgeoises. Il reste encore un meuble de caractère décoratif jusqu'au XVII^e siècle, comme l'indique le dictionnaire Richelet (1680) qui en donne cette définition : « table que l'on met dans les salles à manger, où l'on étale la vaisselle d'argent lorsqu'on est prêt à dîner ou à souper ».

Le buffet bas que l'on place à l'office ou à la cuisine apparaît au XVIII^e siècle comme en témoignent certains tableaux de Chardin. Il comporte alors deux portes moulurées surmontées de tiroirs en ceinture. C'est sous cette forme qu'il se répand dans les provinces françaises, souvent agrémenté de sculptures telles que rosaces, fleurettes, épis, coquilles ou éventails. Selon les régions, il prend parfois des noms prêtant à confusion tels que « commode » (Normandie), « commoda » (Béarn), « armoire » (Bretagne), « trois-quarts », « Saint-Jean », « enfilade » (à plusieurs portes) ou « jeannot » (les plus simples). En Picardie, la « traite » évoque encore une fonction de présentation, comme l'indique l'origine du mot : *dresse, dresche, dreschoir* (de *dressoir*).

Les buffets bas à la fois utilitaires et décoratifs sont très recherchés pour les résidences secondaires. Les plus beaux sont d'inspiration Louis XV, avec des moulures chantournées et de fines sculptures. Les buffets bas en

*Buffet alsacien à deux corps en chêne mouluré, XVIII^e siècle. Adjugé 46 000 F par M^e Guérin, à St-Dié, le 2-X-1987.*

vente sur le marché bénéficient d'une forte plus-value lorsqu'ils sont du XVIII^e siècle, par rapport aux meubles qui ont été fabriqués par des menuisiers de village tout au long du XIX^e siècle. Comme les buffets à deux corps, les buffets bas ont triplé de valeur entre 1970 et 1980. Cet engouement a favorisé la multiplication des copies vendues comme telles et vieillies artificiellement. De nombreux buffets qualifiés de « rustiques » sont fabriqués à partir de portes plus ou moins anciennes, remontées sur une carcasse récente.

Hérités du « cabinet à diminutif », c'est-à-dire avec une partie supérieure en retrait, les buffets à deux corps et à quatre portes atteignent des prix qui se rapprochent des cotes des plus belles armoires.

Plus campagnards, les buffets-vaisseliers sont des meubles bas à deux portes surmontées d'étagères à barrettes entre deux montants, couronnés par une galerie festonnée. Cette construction se complique parfois de portes latérales et même d'une horloge centrale incorporée, comme c'est le cas notamment en Bresse.

**bufflage** n. m. Terme d'ébénisterie signifiant « polissage ». Cette opération de finition consiste à frotter les meubles avec un tampon en peau de buffle garni de ponce et d'huile.

**Bugatti** (les), famille d'artistes italiens.

*Carlo* (Milan 1855 - Molsheim 1940), élève aux Académies des beaux-arts de Milan et de Paris, se consacre à l'ébénisterie d'art, obtenant en 1888 un diplôme d'honneur pour son mobilier d'art (Londres) et en 1900 une médaille d'argent (Paris). Les meubles de Carlo bénéficient de l'engouement actuel pour l'Art déco : un bureau en bois gainé de parchemin teinté, à décor d'insectes stylisés, avec applications de cuivre martelé à motifs géométriques, dans le goût islamique cher à l'ornemaniste, a été emporté pour 120 000 F, à Paris, le 10-XII-1980.

*Rembrandt* (Milan 1884 - Paris 1916), fils de Carlo et frère d'Ettore, le constructeur d'automobiles, doit son prénom à son parrain, le sculpteur Ercole Rosa « comme pour encourager le sort ». Ses premières œuvres exposées par la galerie Hébrard témoignent d'un naturalisme acquis dans les jardins zoologiques. Son succès est tel que la galerie Hébrard lui réclame sans cesse de nouveaux modèles : environ une dizaine d'exemplaires sont reproduits selon le modèle.

Artiste trop tôt disparu, Rembrandt s'est suicidé dans son atelier de Montparnasse ; ses bronzes animaliers sont spécialement recherchés, comme ce *Singe cynocéphale* (43 × 45 cm), fonte Hébrard, adjugé 180 100 F (Paris, 18-VI-1982), ou un *Gnou se grattant,* qui a obtenu une enchère de 499 900 F (Rambouillet, le 30-XI-1986).

**bugle** n. m. Instrument de musique à vent à embouchure. Sorte de trompette à clés au début, à piston ensuite, il se classe dans la famille des saxhorns.

**Buhot** (Félix), peintre et graveur français (Valognes, Manche, 1847 - Paris 1898). Il renonça à la peinture pour se consacrer à l'eau-forte et contribua, dès l'Exposition de 1889, à faire reconnaître la gravure comme art majeur, au même titre que la peinture.

**bulle d'air.** En verrerie, la bulle d'air est d'abord un accident technique, mais elle peut être provoquée volontairement par le verrier en piquant un trou dans la masse vitreuse encore molle. Introduite dans la jambe du verre, à l'intérieur d'un bouton mais aussi dans le fond épais de sa coupe ou encore au niveau du pied, la bulle d'air fut le prétexte d'un procédé de décor largement exploité par l'Angleterre (et la France) dans sa production de verres à boire jusqu'à la première moitié du XVIII^e siècle. Des effets décoratifs multiples étaient tirés aussi bien du choix de l'emplacement que de la forme de la bulle d'air : plus ou moins sphérique, ou étirée, en forme de poire, étranglée, en amande.

Plusieurs bulles d'air étirées en hauteur, incorporées ensemble dans une partie de la tige du pied, seraient à l'origine d'un autre procédé de décor qui fit son apparition en Angleterre vers les années 1740 : les spirales ou les torsades creuses.

Ader-Picard-Tajan

*Bureau Mazarin en placage de noyer marqueté « à l'italienne » Début XVIII^e siècle. Adjugé 98 000 F ; par M^es Ader-Picard-Tajan, à Drouot, le 1^er-XII-1987.*

**bureau** n. m. À l'origine, la « bure » désigne un drap de laine que l'on place sur les coffres ou les tables pour faire les comptes ou autres écritures. Au XVI^e siècle, l'étoffe donne son nom au meuble qui la supporte, comme en témoigne l'inventaire de Marguerite d'Autriche (1524) qui mentionne « un petit bureau de drap vert ». D'après les *Mémoires* de Sully, Henri IV lui demanda de faire construire « une espèce de cabinet ou grand bureau proprement travaillé et entièrement garni de tiroirs, de layettes, de caissettes fermant à clef ».

Le bureau se distingue dès lors des autres tables par la présence de tiroirs. Au XVII^e siècle, les *bureaux de changeur* sont composés d'un plateau soutenu de chaque côté par deux caissons munis de tiroirs superposés,

Couturier-Nicolay

*Bureau plat galbé en amarante massif, décoré sur toutes ses faces et orné de bronzes ciselés et dorés. Estampille de J. Dubois, époque Louis XV. Adjugé 150 000 F par M^es Couturier-Nicolay à Drouot, le 11-XI-1981 (vente Bensimon).*

reposant chacun sur quatre pieds courts reliés par des entretoises. À partir de 1650 environ, les plus luxueux sont en marqueterie d'écaille et de cuivre, qui, par la suite, prennent le nom de *bureaux Mazarin,* sans doute parce que le cardinal en possédait dans ses riches collections. Ces petits bureaux à huit pieds se caractérisent par une cavité centrale entre les deux rangs de tiroirs, permettant de loger les genoux sous le plateau.

À la fin du XVII^e^ siècle, ce meuble donne naissance d'une part aux commodes à tiroirs superposés, d'autre part aux *bureaux plats* dont les tiroirs se placent dans une large ceinture. Le bureau plat au plateau rectangulaire souligné par une moulure de cuivre repose sur des pieds légèrement galbés et enrichis de sujets en bronze ciselé. C'est un meuble élégant, particulièrement représentatif de l'époque Régence.

Ader-Picard-Tajan

*Bureau à cylindre en bois de placage marqueté sur toutes ses faces, comportant un mécanisme à déclic, ornementation de bronze ciselé et doré. Estampille de J.-H. Riesener, époque Louis XVI.*

Sous Louis XV, la ceinture à trois tiroirs en ligne se galbe avec souplesse et les bords du plateau suivent le mouvement sinueux.

Les grands bureaux plats du XVIII^e^ siècle sont des meubles très appréciés, à la fois pour leur aspect décoratif et pour leur fonction utilitaire. Ceux de l'époque Régence, plus majestueux, et plus rares aussi, comptent parmi les meubles classiques les plus cotés. Les bureaux plats Louis XV sont parfois complétés par un petit meuble à casiers simplement posé sur le plateau ou placé sur un socle contre le côté : c'est le serre-papiers, ou cartonnier, qui donne une plus-value à l'ensemble. Les bureaux plats Louis XVI conservent la même construction, mais les lignes droites se substituent aux courbes et les bronzes dorés s'inspirent des motifs néoclassiques.

Les *bureaux en dos d'âne* apparus vers 1730 présentent un plateau incliné qui se rabat en avant pour former écritoire, en découvrant une série de casiers et de petits tiroirs (souvent à secrets). À l'époque, on les appelle *bureaux à dessus en tombeau, bureaux à dessus brisé* ou encore *bureaux de pente.* D'autres les désignent sous le nom de *secrétaire en pente,* expression le plus souvent utilisée dans les catalogues de ventes.

Le *bureau à gradin,* plus connu sous le nom de *bonheur du jour,* est une table légère sur laquelle est fixée une petite étagère à tiroirs et casiers. Ce meuble féminin connaît un rapide succès, ce qui lui vaut ce nom ; il est surtout représentatif des styles Transition (à partir de 1760) et Louis XVI.

Enfin le *bureau à cylindre* est une création tardive de l'époque Louis XV ; il s'agit d'un bureau plat comportant des casiers intérieurs découverts ou recouverts à volonté par un couvercle incurvé, d'abord fait de lattes coulissantes, puis rigide, formant un quart de cylindre, souvent orné de marqueteries. L'ouverture du cylindre fait avancer en même temps un plateau gainé de cuir servant d'écritoire. Ces bureaux plaisent moins que les bureaux plats et certains antiquaires n'hésitent pas à supprimer le cylindre et les casiers pour les ramener au premier type et en tirer parti. Tous les modèles de bureaux nés au cours du XVIII^e^ siècle se retrouvent au siècle suivant, notamment sous Napoléon III, en des imitations plus ou moins heureuses. Le *bureau ministre* apparu à la fin du XIX^e^ siècle est un meuble à caissons latéraux où se superposent plusieurs tiroirs. On appelle parfois *bureau-piano* un bureau à gradin dont le casier rectangulaire, fixé sur toute la longueur du plateau, se referme par une tablette coulissante.

**bureau-capucin** n. m. Petite table à écrire, également appelée « secrétaire à culbute », comportant un serre-papiers en quart de cercle qui bascule à volonté à l'intérieur d'un caisson.

**burgau** n. m. Nacre irisée de couleurs violentes, produite par un gros coquillage qu'on ne trouve que dans les mers d'Orient. Le burgau, la plus belle des nacres, est apprécié en décoration pour ses reflets rouges, bleus, verts, pourpres, dont on tire des effets de marqueterie tout à fait spectaculaires. Cet art fut d'abord pratiqué en Extrême-Orient, puis en Europe au XVIII^e^ siècle, et particulièrement en France, sur des boîtes, des coffrets, des objets tels que couteaux, miroirs, étuis, ainsi que sur de petits meubles.

À l'époque Napoléon III, le meuble « burgauté » est très en vogue ; ce sont généralement de petits meubles, de bois noirci ou de papier mâché : guéridons, secrétaires, chaises légères, caves à liqueurs, aux nacres réhaussées de guirlandes et de gros bouquets de fleurs multicolores. Certains antiquaires les recherchent particulièrement, et des burgaux peuvent atteindre des prix élevés dans les ventes spécialisées. On se méfiera des meubles et objets à décor de nacre fabriqués actuellement (en Italie, notamment) à l'imitation des créations de l'époque Napoléon III.

**burin** n. m. Cet outil à main du graveur est différent s'il est utilisé pour la gravure sur bois ou pour la gravure sur métal. Le mot s'applique également à la nature du travail effectué, l'estampe. (V. ESTAMPE, GRAVURE.)

**buste** n. m. Les bustes romains de marbre, et parfois de bronze, font partie des grands classiques de la sculpture antique et des rares pièces qu'un collectionneur puisse espérer trouver à peu près intactes. Ce sont des œuvres hautement décoratives, remarquables surtout par le réalisme et l'expression de leurs traits qui permettent de les identifier sans hésitation lorsqu'il s'agit d'un empereur ou d'un personnage connu.

Les bustes romains sont dérivés des bornes-colonnes des Grecs ; ce sont de simples têtes posées sur un socle triangulaire. Au I^er^ siècle après J.-C. apparaissent les épaules, puis le haut des bras, et enfin l'ensemble du torse, cuirassé ou drapé, qui caractérise les portraits du Bas-Empire. Dès le XVI^e^ siècle, les bustes ont été parmi les premiers antiques à être collectionnés et copiés (v. ANTICO). Leur vogue est passée rapidement d'Italie en France. Depuis la Renaissance, tous les souverains ont commandé des bustes à l'antique, ainsi que des hauts personnages, ou de simples particuliers : buste d'Henri II par Jean Goujon, de Louis XIV par Coysevox ou Girardon, de Louis XV par Lemoyne, etc. On avait aussi coutume d'« améliorer » les bustes antiques, en complétant, par exemple, une simple tête de bronze par un beau drapé de marbre qui la rendait beaucoup plus décorative, pratique courante du XVIe au XVIIIe siècle. Certains sujets particulièrement décoratifs, tel le portrait du bel Antinoüs, favori de l'empereur Hadrien, ont été souvent recopiés.

Aux XVIIe et XVIIIe siècles, les bustes antiques, ou à l'antique, d'hommes ou de femmes, de bronze ou de marbre, étaient le complément indispensable de toute décoration pour les pièces d'apparat : placés en série dans les niches d'une galerie, entre deux flambeaux sur la cheminée d'un salon, etc.

Au XVIIIe siècle, la vogue des bustes d'apparat donne lieu à une production plus « variée », plus bourgeoise aussi : les beaux bustes de faïence polychrome de Rouen et de Lunéville représentent des allégories ou des portraits et il en existe aussi de nombreux en terre cuite, voire en plâtre.

**Butterfield** (Michael), fabricant d'instruments de précision français d'origine anglaise (1635-1724). Il travaille à Paris dès 1677 à l'enseigne « Aux Armes d'Angleterre », rue Neuve-des-Fossés. Il a donné une forme particulière au cadran solaire de poche qui porte son nom, construisant également des anneaux astronomiques, des règles, des graphomètres, des équerres. Il est l'auteur de plusieurs traités et reçut la charge d'« ingénieur du Roy pour les instruments de mathématiques ». Il avait la réputation de savoir monter les pierres d'aimant.

**butterfly-table** n. f. Table américaine, à plateau pivotant et à rallonges, apparue à la fin du XVIIe et au début du XVIIIe siècle. Principalement utilisée dans les tavernes, son nom est suggéré par la forme de son plateau pivotant en aile de papillon ; ses supports sont parfois appelés « gouvernail ».

**buvant** n. m. Bord aminci d'un verre à boire, où se portent les lèvres.

**BVRB.** Cette signature longtemps énigmatique est celle d'un ébéniste d'origine hollandaise : Bernard Van Riesen Burgh. Reçu maître en 1733, il a réalisé de nombreux meubles pour Versailles, notamment le bureau du Dauphin. « BVRB » est un des plus grands ébénistes de tradition classique ; il a su utiliser toutes les ressources de la décoration : marqueteries à décor géométrique ou floral, laques, plaques de porcelaine, vernis noir et or, parmi des bronzes magnifiques. Ses meubles obtiennent toujours les cotes les plus élevées.

**byōbu.** Paravents japonais généralement composés de deux, trois, quatre, six ou huit feuilles. Chaque feuille est constituée par un cadre en bois léger sur lequel du papier est tendu. Ces papiers sont décorés de peintures, dessins au lavis ou de poèmes calligraphiés généralement hauts de 1,30 m à 1,80 m. Cependant, il existe des *byōbu* dont la taille est irrégulière. La langue japonaise possède des noms différents pour les désigner selons les dimensions, la destination ou encore le sujet qu'ils représentent. Ils sont rarement décorés sur les deux faces. Très appréciés par les seigneurs à partir du XVe siècle, les *byōbu* furent parfois décorés par des artistes célèbres, tels ceux de la famille des Kanō.

À l'époque d'Edo, ils servirent de décoration dans les pièces nobles des riches demeures et furent alors peints par des artistes en renom tels que Ike-no-Taiga (1723-1776), Maruyama Ōkyo (1733-1795), Sakai Hō-itsu (1761-1828) ou encore Ogata Kōrin (1658-1716). Dans la cérémonie du thé *(chanoyu),* on utilisait des *byōbu* de petite taille, en deux feuilles, hauts de 40 à 50 cm seulement, et généralement ornés de poèmes ou de sentences artistement calligraphiés. Un type particulier de *byōbu,* appelé *Nanban-byōbu* (ou encore *Nagasaki-byōbu,* ou *Kokusen-byōbu*), généralement peint à Nagasaki, représente des « Barbares du Sud » (Portugais et Espagnols, parfois Hollandais) et leurs bateaux. Ces *Nanban-byōbu,* très rares, datant de la fin du XVIe et du début du XVIIe siècle, sont très recherchés des collectionneurs. Les autres *byōbu* ne tiennent leur valeur que de la renommée des artistes qui les ont décorés. (V. PARAVENT.)

**byzantin.** Les ivoires byzantins ont connu deux « âges d'or », le premier s'étendant du IVe au VIe siècle, le second du Xe au XIIe siècle. La production de la première époque comprend des plaquettes, surtout des diptyques décorés de sujets religieux ou, le plus souvent, de sujets civils. Citons également des pyxides, petites boîtes à couvercle destinées à recevoir l'eucharistie, et des ciboires.

Le culte rendu aux images de Dieu et des saints, devenu excessif et de tendance idolâtrique, provoque aux VIIIe et IXe siècles une réaction brutale. L'empereur Léon III proclame officielle la doctrine iconoclaste, les orthodoxes sont persécutés et une lutte impitoyable contre les images religieuses se développe. Les œuvres produites lors du premier âge d'or sont en grande partie détruites. L'iconographie sacrée est remplacée par des images profanes ou par des motifs s'inspirant de la flore et de la faune. De cette période iconoclaste, il ne reste aucune pièce. Elles ont été systématiquement détruites lors de la réhabilitation des orthodoxes en 843. Toujours abondante en plaques et diptyques, la production du second « âge d'or » s'enrichit de somptueux coffrets utilisés pour garder des bijoux ou autres objets précieux. Ils sont décorés la plupart du temps de scènes de la mythologie ou du cirque. Soumis aux destructions successives, les ivoires byzantins sont particulièrement rares sur le marché.

*Plaque d'ivoire sculptée du Christ en majesté. Diptyque byzantin, Constantinople, milieu du XIe siècle.*

Sotheby Parke Bernet

*« La Tentation de saint Antoine », eau-forte de Jacques Callot. Adjugée par Christie's à Londres, le 30-VI-1982.*

**C couronné.** Un édit de mars 1745 fait obligation aux bronziers de frapper leurs ouvrages d'une petite lettre distinctive, le « C couronné » (de 4 mm de haut). Ce poinçonnage correspondait au règlement d'une taxe exceptionnelle sur les bronzes dorés, applicable aussi bien aux garnitures de meubles qu'aux candélabres, chenets, pendules ou autres objets d'art.

L'impopularité de cette taxe, à laquelle échappaient d'ailleurs de nombreux fraudeurs, en a entraîné la suppression définitive en février 1749. On découvre souvent le « C couronné » sur des meubles et des objets de grande qualité, ce qui permet de les dater avec précision. Toutefois, certains meubles de fabrication antérieure ont été frappés du « C couronné » à l'occasion de l'application d'une nouvelle couche de dorure, comme c'est le cas de la console d'André Charles Boulle d'époque Louis XIV, ornée de masques en bronze doré et ciselé, vendue 2 200 000 F chez Sotheby à Monte-Carlo le 14-VI-1982.

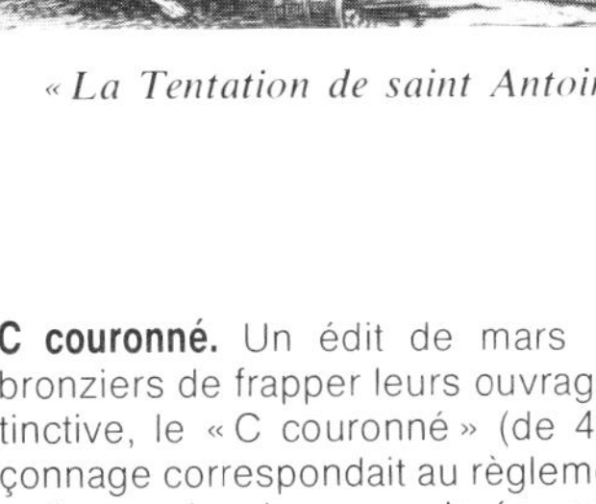

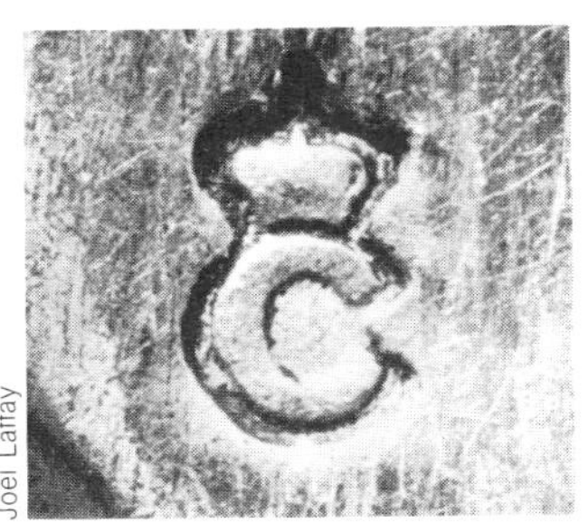

Joël Laffay

*Empreinte du C couronné sur un bronze d'ameublement. (Hauteur réelle : 4 mm.) Ce poinçon fut en vigueur de 1745 à 1749.*

**cabaret** n. m. Au début du XVII$^e$ siècle, ce mot désigne le plateau où l'on dépose les tasses, le sucrier, le pot à lait et les verseuses pour prendre le thé ou le café. À partir du XVIII$^e$ siècle, on appelle « cabaret » la table à un ou deux plateaux destinée au même usage. De nos jours, les antiquaires disent plutôt « table de cabaret » pour désigner des meubles à pieds galbés (de style Louis XV) ou droits (de style Louis XVI) dont le plateau est garni d'une bordure moulurée.

Le *cabaret à liqueur* est un ensemble de petits verres et de flacons réunis dans un coffret appelé plus couramment d'ailleurs « coffret à liqueur » ou « cave à liqueur ».

**cabinet** n. m. Meuble dont l'origine remonte au début du XVI$^e$ siècle et qui, par la suite, a donné son nom à une

*Cabinet appartenant à une paire en laque du Japon rouge et or sur fond noir, piétement en bois sculpté et doré. Époque Régence Adjugé 390 000 F par Mes Ader-Picard-Tajan, à Drouot, le 18-XII-1987*

pièce destinée à recevoir des collections (cabinet de curiosités). Venus d'Italie, les premiers cabinets sont portatifs et se posent sur une table, se refermant par deux vantaux sur de nombreux casiers et tiroirs où l'on rangeait de petits objets précieux : bijoux, médailles, chaînes, miroirs, flacons à parfum.

L'inventaire de Catherine de Médicis (1589) fait état d'un « cabinet de bois peint et doré tout rempli de portraits ». Au XVIIe siècle, ce sera la mode des cabinets en cuir doré, en ébène ou en écaille. Les cabinets « façon d'Allemagne » en chêne ou en noyer reposent sur un socle à pieds en balustre ou tournés en chapelets ou en spirales. Les cabinets « gemmés » sont ornés de pierres précieuses, de nacre ou d'ivoire. Citons encore l'inventaire des biens de Molière (1673) qui décrit « un cabinet d'ébène à deux guichets fermant à clé garni par-dedans de douze tiroirs à huit colonnes tournées ». André Charles Boulle a réalisé de nombreux cabinets d'écaille et de cuivre ornés de bronze somptueux que Louis XIV offrait parfois à des ambassadeurs.

Les cabinets dits « de la Chine », à la mode à la fin du XVIIe siècle, sont en laque à décor de personnages ou de paysages, garnis de nombreux tiroirs.

**cabinet** (fauteuil de). Siège à dossier bas et enveloppant muni de petits accotoirs, caractérisé par un pied en avant de la ceinture pour mieux assurer l'équilibre d'une personne légèrement penchée en avant, pour écrire. Certains sièges de cabinet de forme triangulaire sont à trois pieds, d'autres à quatre pieds dont un en avant, d'autres enfin à cinq pieds. Le fauteuil de cabinet, au début du XVIIIe siècle, est souvent à « fond de canne », garni d'un coussin plat en cuir ou recouvert d'une tapisserie. Vers 1750 apparaissent des fauteuils de cabinet à siège rond pivotant sur des galets en bois dur, logés dans une rainure circulaire.

**cabinet Contador** n. m. Cabinet espagnol, dit de style indo-portugais, de la fin du XVIIe siècle, formé de deux corps superposés, garnis de tiroirs. Son corps inférieur est porté par des pieds élevés. Ce cabinet est surtout recherché pour son agencement décoratif puisqu'aux structures traditionnelles du bargueño il ajoute une ornementation baroque luxuriante, le plus souvent d'inspiration exotique.

**câblé.** En architecture, moulure qui a la forme d'un épais cordage ou d'un câble (on dit aussi « moulure rudentée »).

En tapisserie, fil de coton formé de plusieurs fils retors assemblés par une torsion de deux, trois ou quatre fils pour obtenir une chaîne extrêmement solide.

**cabochon** n. m. La taille en cabochon consiste à polir la pierre fine ou précieuse de manière à obtenir une surface bombée plus ou moins accentuée (certains cabochons sont même hémisphériques). Ce type de taille fut pratiquement le seul connu dans l'Antiquité. Pour les pierres transparentes, on lui préfère aujourd'hui la taille à facettes, plus flatteuse, mais le cabochon est conservé pour les pierres opaques comme les turquoises, les grenats, les pierres translucides ou irisées comme l'opale ou la pierre de lune, et aussi pour certaines émeraudes givrées, ainsi que pour les rubis et saphirs étoilés.

Moins coûteux que la pierre précieuse, le cabochon en verre de couleur taillé était un élément de décor très courant au Moyen Âge, ornant objets, mobilier, autels. Le motif fut repris, transformé et intégré à des pièces entièrement en verre, plus particulièrement les verres à boire : ce sont les cabochons unis ou épineux, appliqués sur les verres « en trognons de choux » (*Kraustrunfk,* en allemand), modèles massifs très à la mode dans les pays germaniques à la fin du Moyen Âge. Ils ornent aussi les verres-perches *(stangen Glass),* exemples tardifs des verres-fougères *(Waldglass)* en Hollande méridionale et en Rhénanie à la fin du XVIe et au début du XVIIe siècle. On les retrouve au XVIIe siècle comme ornements de gobelets allemands *(Roëmer)* ou, en Angleterre et en Hollande, appliqués sur les pieds creux des verres et sur les coupes.

On rencontre enfin aux États-Unis des cabochons unis, en forme de framboises, tubulaires, semi-cylindriques ou à section oblique, fondus à l'aide de petits moules sur des verres soufflés.

**cabriolet** n. m. Siège de petites dimensions, caractérisé par un dossier incurvé épousant la forme du dos. Il ne figure dans les inventaires qu'à partir de 1750. Ces sièges légers ont emprunté leur nom à la voiture que Roubo appelle « chaise à deux roues » ou « chaise découverte », apparue peu de temps avant cette date. Ces voitures à une seule place avec un siège étroit à dossier cintré « ne

*Fauteuil faisant partie d'une paire à dossier cabriolet, en bois naturel mouluré. Estampille de Ph. Poirier. Une paire de ce type est estimée de 50 000 à 80 000 F en 1988.*

pouvaient convenir qu'à une seule personne... leur trop grande légèreté en rend l'usage dangereux dans les villes où elles sont trop sujettes à être renversées par le choc des autres voitures ».

Il semble que ces voitures rapides aient inspiré les chaisiers qui se mirent alors à fabriquer des chaises et des fauteuils « en cabriolet ». Ce sont, écrit Roubo en 1770, « les sièges les plus à la mode à présent ». Ces sièges faciles à déplacer dans les salons ont connu un rapide succès car ils correspondaient bien à l'esprit du temps, en rupture avec le formalisme hérité du siècle précédent ; ils contrastaient avec les lourds fauteuils d'apparat alignés le long des murs jusqu'au début du XVIIIe siècle.

Dans son *Art du menuisier*, Roubo insiste sur la difficulté de construire le dossier des cabriolets sur un plan circulaire, ce que les menuisiers appellent « faire la hotte » (par opposition au dossier plat dit « à la reine »). De plus, les montants latéraux étaient également galbés, ce qui donnait au dossier vu de face un aspect violonné bien caractéristique du style Louis XV. Les accotoirs des fauteuils étaient généralement garnis de manchettes rembourrées, signe d'une volonté de confort raffiné. Au cours de la période Transition Louis XV-Louis XVI, les consoles d'accotoirs, jusqu'alors en retrait par rapport à la ceinture-avant, se déplacent progressivement jusqu'à l'aplomb des pieds antérieurs du siège.

Sous Louis XVI, le dossier du cabriolet perd ses galbes et prend l'aspect d'un fer à cheval, d'un médaillon ovale, d'un cadre carré, ou d'un trapèze, mais reste incurvé à l'endroit où se place le dos.

Le cabriolet léger et spirituel disparaît lorsque le style s'installe dans la solennité, mais il connaît une nouvelle vogue sous le second Empire, imitateur de tous les styles royaux.

**cachalot** (dent de) ou **ivoire marin.** Sur les baleiniers des XVIIIe et XIXe siècles, entre deux chasses, les matelots désœuvrés se livraient, à partir des dents de cachalot, à d'intéressants travaux artistiques : sur la dent bien polie, à l'aide d'une aiguille à voile, ils gravaient un dessin de leur choix, copié ou inventé, simple ou compliqué : bateau sous voile, scènes de chasse à la baleine, paysages, maisons, tableaux de vie familiale, fiancée de rêve, etc., le tout abondamment enluminé ; la gravure est ensuite frottée à l'encre afin d'en faire ressortir les tailles.

Les *scrimshaws* — c'est le nom qui leur est donné — sont parmi les plus classiques souvenirs de marine, et valaient entre 3 000 et 6 000 F en 1988. Il convient cependant de se méfier des faux, particulièrement nombreux dans ce genre d'art populaire très facile à imiter. Les matelots ont réalisé aussi des objets sculptés en dents de cachalot : boîtes, manches d'outils, cachets, roulettes à patisserie (V. ARTISANAT DE BORD).

**Cachemire.** Cette province du nord-ouest de l'Inde a été conquise en 1586 par Akbar (descendant de Timūr Lang), premier empereur moghol de l'Inde. À partir de cet événement, l'architecture, l'art et l'artisanat seront influencés par les musulmans. De nombreux monuments subsistent encore à Srinagar, résidence d'été des souverains. Sites, jardins et monuments sont reproduits dans les miniatures mogholes. Au XVIIIe siècle, il existe une « école du Cachemire », qui, malgré son caractère provincial, s'inspire encore du style qui fleurissait à la Cour moghole aux siècles précédents. Ce style s'est perpétué jusqu'au XIXe siècle, mais sous une forme moins raffinée ; aujourd'hui, les collectionneurs ont une préférence pour les miniatures les plus anciennes. Les châles, tissés avec des poils de chèvre, n'ont pas moins contribué à la gloire du Cachemire ; cette production, que celui-ci exporta dès le XVIIIe siècle vers l'Inde, la Perse et l'Europe, était à l'origine une marque de noblesse. Au XVIIIe siècle, elle devient industrielle et très réglementée. Le décor à motifs répétitifs est formé de petites fleurs à la manière persane et de bouquets à la manière moghole ; ceux-ci, stylisés, deviendront des *botehs**. Réservés d'abord aux bordures, ils envahissent ensuite toute la surface du châle ; vers le milieu du XIXe siècle, ce décor devient réversible. Ces châles connaissaient un vif succès en Europe. À partir de 1840, des fabriques sont installées d'abord en Grande-Bretagne (Edimbourg, Norwich), puis en France (Lyon). Avec le métier Jacquard, les thèmes décoratifs deviennent de plus en plus élaborés. Sur le marché actuel, les châles jouissent d'un regain d'intérêt, mais il s'agit en majorité d'une production française.

Outre les châles, les miniatures et les tapis noués, le Cachemire a produit d'innombrables objets laqués : boîtes, plateaux, chandeliers, vases, cadres... Ces objets, qui étaient autrefois réalisés en papier mâché, sont aujourd'hui en bois. Le décor, peint en polychromie sur fond or, noir ou blanc, est très varié : semis de fleurs, oiseaux, personnages de la mythologie hindoue, motifs géométriques et surtout *botehs*. Signalons, enfin, à l'instar d'autres provinces de l'Inde moghole, une vaste production d'objets en fonte, incrustés d'argent, selon la technique particulière dite *bridi*.

**cachet** n. m. Objet de collection dont les plus anciens exemplaires datent de quatre millénaires avant J.-C. (V. CYLINDRE). Le cachet fut d'abord utilisé pour apposer la marque personnelle d'un personnage pour garantir le contenu d'une boîte ou d'une enveloppe, l'authenticité d'un document. Avant le XVIe siècle, on disait d'ailleurs un sceau.

Le petit cachet personnel est en effet utilisé en Europe depuis le Moyen Âge. Ce peut être une bague montée d'une intaille de pierre dure, ou un chaton d'or gravé en creux (les chevalières ne sont pas autre chose). Mais plus nombreux sont les sceaux emmanchés, formés d'une pierre dure gravée en intaille : cornaline, grenat, saphir, calcédoine, cristal de roche, agate ; certains sont même des intailles antiques. Ces petits cachets sont parfois des bijoux que l'on pend à une chaîne ou à la châtelaine ; comme les boîtes, c'est souvent un objet de cadeau. De la fin du XVIIe au début du XIXe siècle, il a donné lieu à des déploiements d'imagination pour le choix des emblèmes et des devises. Ces cachets sont de tailles variables : on en trouve de minuscules enchâssés sur de jolies montures d'or ciselé, d'autres de 1,5 à 2 cm de diamètre, montés sur une poignée d'or, de pomponne, d'argent ciselé, de nacre, d'ivoire tourné ou sculpté, de corne ou de pierre dure.

En bibliophilie, le cachet est une marque de possession faite au moyen d'une empreinte gravée sur cuivre et reproduite par pression sur les livres (couverture, titre). Il est en usage dans les bibliothèques publiques ou les cabinets de lecture, mais il est proscrit par les amateurs.

**cadenas** n. m. Petit plateau rectangulaire muni d'un compartiment fermant à clef, où l'on rangeait, pour les préserver du poison, les couverts dont se servait le souverain. Le cadenas fut en usage à la cour de France, et aussi chez certains hauts personnages, du Moyen Âge à la Révolution. Il est cité pour mémoire, car c'était toujours un objet joliment ouvragé et signé d'un grand orfèvre, mais il ne s'en trouve pas chez les antiquaires.

**cadot** n. m. En Picardie, fauteuil paillé réservé à l'ancêtre (le nom viendrait de l'expression « qu'à dos »).

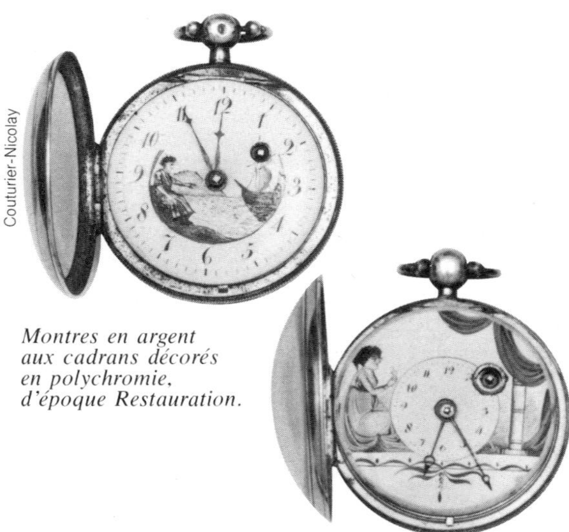
Couturier-Nicolay

*Montres en argent aux cadrans décorés en polychromie, d'époque Restauration.*

**cadran** n. m. En horlogerie, surface à l'origine carrée — d'où son nom — portant des divisions d'unités de mesure du temps, où se déplacent une ou plusieurs aiguilles. D'abord en bois ou en métal (laiton ou étain), le cadran d'horloge ou de pendule, généralement circulaire, porte des chiffres, la plupart du temps romains, pour indiquer les heures. Une particularité est due à une tradition horlogère qui impose de marquer le chiffre quatre « IIII » et non « IV ». Les chiffres indiquant les minutes sont souvent en chiffres arabes. À l'intérieur du cercle principal du cadran, un ou plusieurs autres cercles centrés ou excentrés indiquent les secondes, les quantièmes, les phases de la Lune.

On appelle *cadran treize-pièces* un cadran formé de douze pièces émaillées portant les chiffres des heures s'articulant autour d'une treizième pièce centrale elle-même émaillée. Les cadrans en métal sont fréquemment ornés de rinceaux et autres motifs décoratifs gravés ou repoussés selon les modes du temps régnant sur les arts décoratifs. L'émaillage fut vite utilisé, d'abord sous forme de simples cartouches portant les divisions horaires, puis sur la totalité du cadran, servant de support à des décors polychromes à base de fleurs, de scènes animées allégoriques ou anecdotiques. Les cadrans des montres furent également utilisés comme support de décor d'une extrême variété, peints ou en métal rapporté, figurant des scènes galantes, voire érotiques, champêtres, militaires ou historiques. Les cadrans de montre peints connurent un vif succès sous le Directoire et font l'objet de collections particulières.

**cadran** n. m. *Cadran solaire.* Instrument de mesure du temps fondé sur le principe du mouvement de l'ombre des objets provoquée par celui du Soleil. Utilisée depuis longtemps, la gnomonique devient une véritable science à partir du XVe siècle. Au XVIe siècle, les grands centres de fabrication se trouvaient notamment en Allemagne (Nuremberg, Augsbourg), au XVIIe en France (Dieppe), et, au XVIIIe siècle, ce fut le tour de Paris et de Londres. La plus importante collection de cadrans solaires est exposée au musée de la Vie wallone à Liège. Il faut distinguer deux sortes de cadrans : ceux à table verticale, parmi lesquels on compte aussi les cadrans de murs de mouvements, et ceux à table horizontale.

*Cadran lunaire.* Selon le même système que le cadran solaire, il indique l'heure pendant la nuit grâce à la lumière de la Lune. Rarement seul, on le rencontre souvent combiné avec un cadran solaire ou dans un nécessaire astronomique.

Les *montres de berger* sont des cadrans cylindriques en forme de colonnette surmontée d'un bouchon auquel est accroché un gnomon amovible. Sur le flanc de la colonne, des courbes horaires sont tracées. Ces cadrans sont en bois et très simples. Un exemplaire valait de 2 000 à 5 000 F en 1982. Le cadran de Regiomontanus est l'adaptation sur une planchette en bois de la montre de berger, mais il est rare.

Le *cadran diptyque* a connu son apogée à Nuremberg. Il est en bois ou en ivoire, s'ouvrant en deux platines reliées par un fil qui sert de style axe. Il porte un cadran vertical, un autre horizontal, un calendrier et une rose des vents. Ces cadrans sont rarement signés. Les cadrans en ivoire gravés et très ouvragés peuvent coter de 12 000 à 16 000 F, tandis que ceux en bois, plus simples, vont de 1 000 à 5 000 F selon leur état de conservation. Ces derniers ont été largement copiés.

Le *cadran équinoxial* ou *équatorial,* qui repose sur le principe horizontal, a été inventé par Rugendas à Augsbourg et a connu un grand succès par sa facilité d'utilisation. Léger, il est en laiton, en laiton argenté ou en argent, et porte une boussole. Selon leur ornementation et la signature du cadranier, ces cadrans peuvent atteindre de belles enchères. Un cadran solaire équatorial portatif, en laiton doré, à platine comportant une boussole, signé R. Rugendas, Augsbourg, époque Louis XVI, avec son écrin, s'est vendu 15 500 F à Drouot, le 16-IV-1986.

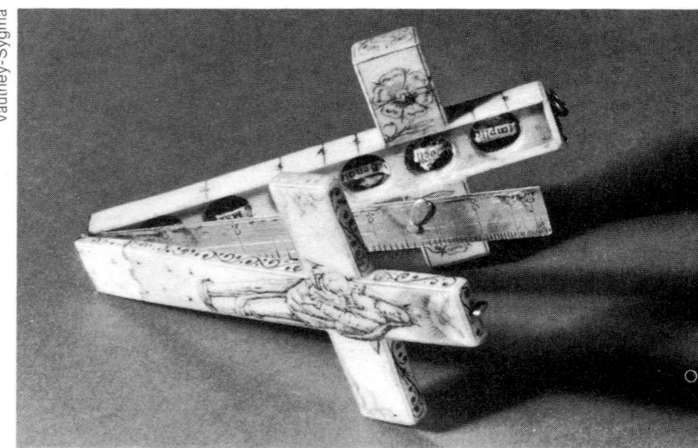
Vauthey-Sygma

*Cadran universel en ivoire et argent en forme de croix, ce qui est exceptionnel. Vente Linton, octobre 1980.*

Le *cadran multiple* est de forme polyédrique ou cubique le plus souvent. Plus décoratif que précis, c'est un cube en bois recouvert de papier imprimé, chaque face étant munie d'un gnomon. Tous les cadrans doivent indiquer la même heure en même temps. Il a été fabriqué aux XVIIIe et XIXe siècles. On l'appelle également cadran de Béringer, du nom de son principal fabricant.

Le *cadran solaire analemmatique* est un cadran horizontal dont le gnomon se déplace sur un axe marqué de repères et l'heure se lit à l'extrémité de l'ombre projetée sur l'ellipse analemmatique. Une variante de ce système est appliquée au cadran diptyque imaginé par le Dieppois Charles Bloud, à la fin du XVIIe siècle. Ce cadran en ivoire ne tient pas compte de la déclinaison magnétique, nulle à l'époque. À l'intérieur, un cadran solaire en forme d'ellipse glisse d'avant en arrière, et un calendrier marque la date, ce mouvement déplaçant le cadran elliptique. L'instrument est dirigé vers le Soleil et l'aiguille de la boussole indique l'heure. Ces cadrans décorés « aux fers », identiques à ceux des relieurs, par estampage sur un ivoire ramolli et redurci, sont très recherchés et estimés entre 10 000 et 20 000 F (en 1988).

Le *cadran horizontal* ou *universel* a été mis au point à la fin du XVII^e siècle par Butterfield. Ce cadran de poche fut très apprécié à la fois pour son élégance et pour son exactitude. De forme octogonale, en laiton ou en argent, il porte une boussole et un style triangulaire rabattable soutenu par un index caractéristique en forme d'oiseau dont le bec indique la latitude. Il fut largement reproduit par les cadraniers français. Son prix peut varier de 15 000 et 30 000 F selon la signature du cadranier, la qualité de la gravure et le métal employé.

**cadre** n. m. Élément décoratif qui cerne un espace pictural ou graphique, tant pour l'isoler et le mettre en valeur que pour l'inscrire en harmonie dans un décor ou un style.

Le cadre apparaît à la fin du XV^e siècle avec la peinture de chevalet, comme son accessoire certes, mais nécessaire à la présentation de l'œuvre.

Le matériau privilégié du cadre est le bois (chêne, noyer, tilleul, bois coloniaux ou fruitiers), nu, peint, plaqué d'écailles, mais le plus souvent doré. La tradition de la dorure est issue des fonds dorés des Byzantins et des primitifs. Le cadre en pâte ou plâtre, procédé connu dès 1765, n'apparaît qu'au XIX^e siècle. Il est alors très utilisé dans la copie de cadres anciens mais il demeure plus fragile que les cadres en bois ; il n'est pas toujours aisé de distinguer un cadre authentique en bois, lui-même enduit d'une pâte blanche et dorée, d'un cadre en pâte dorée.

Le cadre se caractérise surtout par le dessin de ses moulures et de ses reliefs, exécutés généralement sur les dessins des artistes ornemanistes (Le Brun, Lepautre, Meissonnier). L'histoire du cadre débute en Italie aux XV^e et XVI^e siècles de deux manières successives et opposées : tout d'abord, le cadre se présente comme une simple bordure de bois nu, peint ou doré, dont les canaux ou les plats ourlés sont discrètement décorés ; puis, sous l'influence maniériste, il prend des proportions importantes, véritable pièce architectonique très travaillée où apparaissent de nombreux éléments décoratifs de la Renaissance ; il est alors souvent dénommé « cadre baroque italien ». Le montage de ces cadres italiens est à embrèvement (V. ASSEMBLAGE). La France devient, dès le XVII^e siècle et jusqu'au XIX^e siècle, le lieu privilégié de l'art du cadre. Celui-ci est monté en équerre.

Le cadre Louis XIII est sobre car il s'inspire dans ses proportions des bordures italiennes. Il est élégant par le jeu répétitif des motifs naturalistes (feuilles, fruits) assez profondément sculptés dans le chêne ou le noyer doré sur fond pourpre.

Le cadre Louis XIV évolue dans un style plus décoratif et plus somptueux ; ses principales caractéristiques sont la solide symétrie tempérée par le jeu des courbes et des contre-courbes, la prédominance des volutes, des palmettes et des rubans.

Le cadre Régence, qui a plus de fantaisie que le cadre Louis XIV, se distingue par un décor naturaliste à coquilles d'où se détachent des motifs rythmés.

Le cadre Louis XV abolit la symétrie dans le mouvement des courbes mais respecte cependant un équilibre harmonieux sans rupture des ondulations. Le relief, très creusé, parfois ajouré, compose des branchages, vagues, coquilles, palmettes, motifs végétaux.

Le cadre Louis XVI supprime la ligne courbe au profit d'un retour au dessin classique : fine bordure à la manière de celles de la Renaissance, composée de canaux et de plats bordés de faibles listels, et ornée d'oves, de perles, de feuilles d'eau ou encore précieusement « reparée ». Quelques éléments tempèrent la ligne droite : rubans, guirlandes, vases antiques, etc.

Au XIX^e siècle, le cadre Empire insiste sur la rigidité géométrique du cadre Louis XVI. Les bois et les ors sont de bonne qualité. Le cadre Restauration reprend à profusion les motifs à palmettes. Les couleurs noir et or sont associées. À l'époque Napoléon III, le cadre, souvent totalement noir, est généralement surmonté d'un fronton composé d'un lourd bouquet enrubanné. Outre les cadres italiens et français, citons le cadre hollandais, dont la bordure au profil inversé assez massive est en bois noir, brun ou plaqué d'écaille. Il est assez recherché car son adaptation est aisée et peu onéreuse.

Enfin, soulignons qu'un cadre rétréci perd environ la moitié de sa valeur et que la forme ovale, plus difficile à adapter que le cadre rectangulaire, est souvent moins cotée que ce dernier.

Le cadre de miroir, tout en présentant les caractéristiques générales du cadre de tableau, s'en distingue par un fronton ou une corniche, formant un important volume dans le style des autres éléments décoratifs.

Dans les instruments de musique, le cadre est un châssis de bois ou de métal, servant à renforcer la table d'harmonie du piano afin d'éviter la déformation que sollicite la tension des cordes. Actuellement la préférence du public va au plus résistant.

**caducée** n. m. Attribut symbolique de Mercure formé de deux serpents enlacés autour d'une baguette.

**Cafaggiolo.** L'histoire de la manufacture de faïences de Cafaggiolo, près de Florence, est étroitement liée à celle de Faenza (1490-1555). Pier Francesco de Médicis, propriétaire du château de la ville de Cafaggiolo, fit venir de Faenza des faïenciers pour créer une manufacture de majoliques (mentionnée en 1485 et en 1506), et cet atelier de faïence fut pendant très longtemps confondu avec celui de Faenza. Toutefois, certaines pièces peuvent se reconnaître en raison de leur fond bleuâtre et par des coups de pinceau très visibles. En outre, l'existence de pièces bien identifiées, marquées en toutes lettres « in Cafaggiolo » et « ghafaggiollo », ne laisse subsister aucun doute. Les motifs aux armoiries des Médicis et d'autres familles de Florence permettent aussi d'attribuer tout un ensemble de pièces à cet atelier princier. En dehors de motifs typiques se rapprochant des rinceaux, et de plumes de paon encadrant des bustes romains (dits « a tirata » et « alla porcellana »), le décor le plus recherché par les amateurs est composé de grotesques dit « a candelieri » se détachant sur un fond bleu. On trouve aussi des motifs à l'antique, des cartouches portant des monogrammes et de nombreux thèmes fournis par la peinture florentine contemporaine. La fabrique ferma en 1570.

**cafetière** n. f. Récipient destiné à servir ou à préparer le café. Il n'apparaît pas dans le mobilier européen avant la fin du XVII^e siècle, époque où la consommation du café devient quotidienne à la cour et à la ville.

La cafetière est plus souvent en argent ou en métal argenté qu'en faïence ou en porcelaine. De Louis XIV à Napoléon III, sa forme a assez peu varié : silhouette en balustre reposant sur trois patins ou sur une petite batte, manche horizontal ou anse en « S », d'ivoire ou d'ébène, déversoir en bec, plus rarement en col de cygne. Seuls varient les détails du décor : pans coupés, côtes droites

Ader-Picard-Tajan

*Cafetière tripode en argent, les attaches des pieds décorées d'une tête de cheval et de palmettes, anse en bois noir. Entre 1819 et 1838. (H. 33 cm.)*

ou torses, rocailles au versoir, au couvercle et aux attaches des patins, puis, sous Louis XVI, palmettes et médaillons. La plupart des cafetières du XVIII^e siècle ont cependant un corps d'argent uni et seuls les poinçons permettent de les dater.

Au début du XIX^e siècle, les orfèvres tentèrent de substituer à la cafetière « balustre » une grande verseuse ovoïde à col de cygne, haut perchée sur ses patins ou son piédouche. Ce type, que l'on trouve jusqu'à la Restauration, fut finalement abandonné en raison de son manque de stabilité, et l'on en revint aux formes antérieures, consacrées par l'usage. Cette cafetière classique française avait d'ailleurs, dès le XVIII^e siècle, conquis l'Europe entière, à l'exception de la Grande-Bretagne qui demeura fidèle à la grande cafetière tronconique à bec oblique, assez peu gracieuse, il faut le reconnaître.

Parmi les types particuliers de cafetières, il faut encore mentionner, dès le XVIII^e siècle, la cafetière « marabout », à fond plat, ainsi nommée à cause de sa ressemblance avec la bouilloire venue d'Orient qui porte ce nom. Quant à l'« égoïste », c'est une cafetière de toute petite taille limitée à une ou deux tasses.

La cafetière d'orfèvrerie ancienne est un prestigieux objet de collection, qui s'adresse à des connaisseurs raffinés. On ne saurait en dire autant des cafetières de tôle émaillée du début du XX^e siècle, décorées de naïfs bouquets sur fond rose ou vert pâle, que certains collectionneurs en mal d'art dit populaire s'arrachent maintenant presque à prix d'or chez les brocanteurs des Puces.

**Caffieri** (Jacques), sculpteur et bronzier français (Paris 1678 - *id.* 1755). Fils du sculpteur Philippe Caffieri, il est l'un des premiers et des meilleurs représentants du bronze rocaille appliqué au meuble et aux objets d'ameublement. Ses bronzes se signalent par leur audace, leur exubérance, autant que par leur qualité d'exécution : amples volutes souples et nerveuses, d'une ciselure vigoureuse, sans mièvrerie ni fignolage excessif, guirlandes ondulantes qui épousent parfaitement les courbes et le décor du meuble, et dont l'abondance ne donne même pas une impression de surcharge. Le chef-d'œuvre de cet art est la parure de bronzes que l'artiste exécuta en 1739 pour la commode livrée à Louis XV par l'ébéniste Gaudreaux, et qui se trouve maintenant à la Wallace Collection de Londres.

**cahier** n. m. Feuille ou partie de feuille pliée, portant une signature et qui, assemblée avec d'autres cahiers, constitue un livre. Les cahiers peuvent comporter quatre pages (format in-folio), huit pages (format in-quarto), seize pages (format in-octavo) ou vingt-quatre pages (format in-douze).

**Cahier** (Jean-Charles), orfèvre français (1772-1849). Il fut le collaborateur et le successeur de Biennais : en 1819, il racheta en effet le fonds de commerce de ce dernier, avec les commandes et la clientèle. Cahier fut l'orfèvre de la cour sous la Restauration. Il travailla pour Louis XVIII, pour les duchesses de Berry et d'Angoulême, mais c'est le sacre de Charles X (1825) qui consacra à la fois sa gloire et sa ruine. Chargé de la remise en état et de la fabrication de nombreuses pièces d'orfèvrerie religieuses ou profanes, Cahier dut faire des avances de fonds considérables, qui ne lui furent remboursées qu'en partie, si bien qu'en 1828 il fut acculé à la faillite.

Son style poursuit assez fidèlement celui de Biennais : hautes verseuses ovoïdes sur piédouche, grands sucriers et confituriers, flambeaux, cassolettes, surtout décoratifs.

**calcédoine** n. f. Pierre dure de la famille des agates, très utilisée en glyptique et en décoration, qui porte des noms variés selon sa couleur : la chrysoprase est verte ; la sardoine, brune ; la plus appréciée est la cornaline, rouge orangé, dont on fait des camées et des intailles, et qui était déjà utilisée dans l'Antiquité pour les bijoux.

À l'imitation de la pierre, le verre calcédoine est obtenu par mélange de couleurs dans un creuset, technique pratiquée à Venise dès le XV^e siècle. Dans les pays germaniques, le verre marbré est appelé *Schmelz.* Le verre calcédoine connaît un regain de faveur au XIX^e siècle en Bohême, à Nevers et dans le Val de Loire.

**calebasse** n. f. Récipient fabriqué avec le fruit du calebassier, la calebasse est utilisée dans toute l'Afrique et sert d'ustensile pour la vie quotidienne. Elle est souvent décorée de teinture constituée de décoctions de feuilles. On la grave soit au fer rouge, soit au couteau, et les motifs se dégagent sur un fond plus clair. Les décorations peuvent devenir de véritables écritures.

**calendrier** n. m. (lat. *calendarium,* livre de comptes). Système élaboré pour recenser les jours, semaines, mois et années selon les phénomènes astronomiques. Il est fondé sur la révolution apparente de la Lune ou du Soleil autour de la Terre. Il a été inventé en Égypte et en Mésopotamie dès le IV^e millénaire. Le calendrier perpétuel donne des indications de dates et d'astrologie. Les plus

Ader-Picard-Tajan

*Calendrier perpétuel en forme de carnet, composé de deux feuilles d'argent finement gravé et de six feuilles d'ivoire. Allemagne, XVIII^e siècle. (83 × 48 mm.)*

anciens sont de forme ronde et de petite taille, munis en leur centre d'un index qui pivote pour donner l'indication désirée. À partir du XVIIe siècle, cet objet devient élaboré : c'est un disque percé de voyants à travers lesquels on peut lire les indications inscrites sur les disques intérieurs tournants. Ces calendriers en métal, en laiton ou en argent se font de plus en plus rares.

**calibre** n. m. Forme en bois ou en carton découpée sur mesure pour servir de patron (synonyme de gabarit, modèle en grandeur réelle). Appliqué contre une planche, le calibre permettait le traçage de la partie voulue. Le travail avec des calibres, très employés au XVIIIe siècle, facilitait considérablement la réalisation des profils des meubles ou des sièges, qu'il était alors possible de reproduire de façon identique, avec un gain de temps considérable. L'usage des calibres explique l'importance de la production des meubles et des sièges au XVIIIe siècle. L'*Encyclopédie* de Diderot présente deux planches entières de 78 calibres aux formes les plus diverses.

**calice** n. m. Haute coupe sur pied utilisée par le prêtre au moment de la consécration du vin. D'abord en bois, il fut fabriqué en verre jusqu'à la prohibition de cet usage au IXe siècle. Le corps du Christ ne devait être en contact qu'avec des métaux précieux. Cependant, comme le signale le spécialiste du verre J. Barrelet, cet ordre n'eut pas un effet immédiat partout, et certains calices en verre sont plus tardifs. Après la Révolution, l'Église revint sur cette interdiction, compte tenu des fontes innombrables dont avaient fait l'objet les pièces d'orfèvrerie.

Certains trésors d'églises conservent de superbes calices d'orfèvrerie anciens, dont certains remontent parfois aux XIIe et XIIIe siècles. Ces pièces somptueuses, de même que des calices plus récents et plus modestes, ne se rencontrent guère chez les antiquaires.

Le terme allemand *Pokal* est traduit assez couramment par le mot « calice ». C'est un grand verre à pied, muni d'un couvercle qui fut le prétexte à de splendides prouesses décoratives de la part des verriers d'Allemagne et de Bohême : taille ou gravure à la roue, plus rarement au diamant, décors à l'or, verres colorés.

**Callahan** (Harry), photographe américain (Detroit 1912). Il pratiqua d'abord la photographie comme un passe-temps. Très impressionné par les photos d'Ansel Adams, Callahan est devenu l'un des « grands » de la photographie contemporaine. Sa femme Eleanor lui sert souvent de modèle. Dans ses nombreuses photographies de plage, de ciel et de mer prises autour de sa propriété de Providence, son style dépouillé se situe aux confins de l'abstraction. « Je n'ai pas envie de photographier ce que tout le monde fait... Je me rapproche autant que possible du néant. » Ses portraits et ses plages sont cotées à New York, en 1988, de 1 000 à 2 000 dollars.

**Callot** (Jacques), graveur français (Nancy 1592 - *id.* 1635). Fils d'un héraut d'armes de la cour de Lorraine, observateur attentif des choses de son temps, Jacques Callot s'est rapidement imposé comme un artiste hors du commun. Il bouleversa l'art de la gravure qu'il pratiqua avec autant de minutie que d'audace. Sa famille le destinait à la prêtrise, et il échappa à cette destinée en se joignant à une troupe de bohémiens qu'il suivit à Florence et à Rome. Une seconde fugue le mena à Turin et sa famille ne contraria plus sa vocation artistique. Il s'en retourna à Rome et à Florence apprendre son métier de graveur et d'aquafortiste. De retour en Lorraine, sa maîtrise en imposa à tous. Son souci des plus petits détails traités dans des compositions minuscules provoqua l'enthousiasme. Jacques Callot tirait ses sujets de ses propres aventures transalpines mais aussi de l'observation de la vie quotidienne et des événements de son époque. On lui doit quelque 1 000 planches gravées et plus de 1 400 dessins. Ses vues du Louvre, du Pont Neuf, de la tour de Nesle constituent de précieux témoignages sur le Paris du XVIIe siècle. Le roi Louis XIII lui commanda une série de planches sur le siège de La Rochelle qu'il exécuta superbement (1632). En revanche, il refusa de consacrer une estampe à l'entrée des troupes de Richelieu à Nancy, lorsqu'elle lui fut demandée. Callot était jaloux de l'indépendance de sa petite patrie. C'est alors qu'il entreprit ses deux séries des *Misères de la guerre*, l'une de grand format, l'autre de petit format, sorte de « reportage » sur son pays dévasté. Recherchées des amateurs, les eaux-fortes de Jacques Callot peuvent atteindre des prix importants. Une suite complète (9 planches) de scènes de bataille, vers 1627, s'est vendue 15 000 F à Drouot, le 10-III-1986. Une gravure de carnaval de Florence de 1615 a atteint 101 000 F en Avignon, le 25-IV-1987.

**calotype** n. m. Procédé photographique permettant la multiplication d'une image à partir d'un négatif papier. Il fut inventé par l'Anglais William Henry Fox Talbot entre 1835 et 1841. Le négatif était fixé à l'intérieur d'une chambre noire et la prise de vue s'effectuait au moyen d'un objectif simple obturé d'un bouchon. Mais les épreuves obtenues manquaient de netteté, car la lumière reçue par le papier sensible se trouvait en partie diffusée par les fibres de celui-ci.

**camaïeu** n. m. En peinture, dessin, gravure ou tapisserie, le camaïeu désigne une œuvre obtenue par un dégradé de tons d'une même couleur, à l'imitation des camées (d'où le nom) et des bas-reliefs antiques. Un camaïeu de noirs, gris et blancs est plus précisément appelé *grisaille*.

Dans la gravure sur bois, ce procédé très ancien en « clair-obscur » fut inventé en Allemagne, et l'on attribue à Lucas Cranach les premiers exemples. Les gravures en camaïeu sont parfois appelées des « clairs-obscurs ».

**camée** n. m. Le mot est récent dans sa forme actuelle, mais sa racine est très ancienne. Jusqu'au XVIIIe siècle, on disait un « camayeux ». Il désigne un motif sculpté en bas relief dans une pierre dure, et plus particulièrement une pierre à strates de différentes couleurs permettant d'obtenir des effets de ton sur ton, comme l'agate ou la sardoine. Mais il y a aussi des camées monochromes taillés dans toutes sortes de pierres dures : onyx, calcédoine, améthyste, cristal de roche, etc.

Les plus beaux camées antiques ont été fabriqués par les Grecs, à partir du IVe siècle av. J.-C., puis par les Romains. Ce sont des bijoux, montés en bagues ou en colliers, mais aussi des objets décoratifs dont certains peuvent excéder 15 cm. Les camées antiques ont été très appréciés aux XIVe et XVe siècles, comme en font foi les inventaires royaux, et aussi certaines pierres demeurées enchâssées dans leurs montures médiévales.

Cette vogue parcourut aussi la Renaissance : le camée est utilisé en bijou, et aussi comme décoration de boîtes, coffrets, miroirs, et même de meubles. La mode du camée accompagne toujours le « retour à l'antique », qui se prolonge au début du XIXe siècle et connaît un regain d'intérêt sous forme de broches. Ce sont des camées en médaillons ovales que l'on trouve le plus souvent chez les antiquaires, hauts de 2 à 4 cm, généralement sertis d'un entourage de perles et représentant un profil féminin, blanc sur fond rose, bleu ou orangé.

*Vase-camée en verre de Thomas Webb and Son vers 1885.*

Il faut se méfier des faux camées, en biscuit sur fond de porcelaine (façon Wedgwood, par exemple), et des camées collés, qui ne méritent pas ce nom, même s'ils sont réellement de pierre dure.

Enfin, il ne faut pas confondre le vrai camée de pierre dure avec le camée coquillage, infiniment moins beau, taillé dans de gros coquillages à strates blanches et roses, comme il s'en fabrique encore dans la région de Naples de façon quasi industrielle.

Dans l'art du verre, le terme de camée désigne deux modes de décor différents. Le premier consiste à incruster dans le cristal des médaillons en pâte de porcelaine dite stéatite, représentant le plus souvent un portrait à la manière des camées traditionnels, de préférence de profil. Ce type de verre appartient donc à la famille plus générale des « sulfures », appellation donnée par les antiquaires en raison du givrage argenté que subit le camée de porcelaine au moment de son incrustation dans le cristal encore chaud. Le procédé était déjà pratiqué dans la Rome antique et à Venise pendant la Renaissance.

L'autre procédé, ou *cameo glass,* consiste à graver à la roue, ou à l'acide, la couche supérieure des strates de verres colorés. La difficulté de cette technique, très appréciée outre-Manche au XIX^e^ siècle, vient des inégalités de rétractation des couches de verre superposées. Les décors sont le plus souvent néoclassiques.

La manufacture du Gros-Caillou à Paris aurait fabriqué les premiers camées à incrustation — dits sulfures ou boules presse-papiers — en 1798, néanmoins les manufactures qui contribuèrent au succès de cette production furent nombreuses : Le Creusot, Clichy, Saint-Louis, Baccarat, La Villette (plus tard appelée Cristallerie de Pantin), Le Mont-Cenis. Cette diversité explique que les origines des pièces que l'on trouve sur le marché sont difficiles à déterminer. Ce sont essentiellement les portraits de familles régnantes, de généraux ou de personnalités politiques. Les doubles ou triples profils constituent un des aspects les moins répandus, qui les font particulièrement appréciés des collectionneurs.

Les camées en verre moulé répandus sur le marché dès le milieu du XIX^e^ siècle ont quelque peu déprécié le genre, occasionnellement ressuscité par des cristalleries comme Baccarat, pour commémorer certains événements de notre histoire contemporaine (couronnement d'Élisabeth II).

**Camera Work.** Célèbre magazine publié à New York par Alfred Stieglitz de 1903 à 1917. Cinquante numéros parurent, reproduisant les meilleures photographies de l'époque. Certaines de ces images n'existent plus que dans cette revue. Vers 1910, *Camera Work* fit une large place à la peinture et à la sculpture contemporaines en reproduisant des œuvres de Cézanne, Picasso, Matisse, Rodin. Les prix sont variables selon la qualité des exemplaires et des reproductions. Il est très rare de trouver la collection complète. Une série complète peut dépasser 50 000 dollars.

**Cameron** (Julia Margaret), photographe anglaise (Calcutta 1815 - Kalutara, Ceylan, auj. Sri Lanka, 1879). Julia Margaret Cameron se tourna vers la photographie en 1863, à l'âge de 48 ans, et fit de ce passe-temps sa passion. Peu préoccupée de technique, elle s'imposa par la dignité et la vie intérieure que reflétaient ses portraits, sa famille, ses amis, son entourage victorien lui servant de modèle. Ses œuvres apparaissent souvent dans les ventes à des prix variables, qui peuvent dépasser à Londres des enchères de 500 à 5 000 livres en 1988. Les portraits de personnalités connues sont les plus appréciés.

*Photographie de Julia Margaret Cameron, intitulée « le Rêve », datée 1878 et signée, portant l'inscription « From Life... Présenté à Gustave Doré ». (298 × 240 mm.) Adjugée 2 600 dollars par Christie's à New York, le 14-V-1981.*

**campêche** n. m. Bois d'Amérique à grain serré tirant sur le rouge, utilisé en placage. Il est aussi employé en teinture comme colorant rouge.

**camphrier** n. m. Nom donné aux coffres en bois de camphrier, garnis de coins de cuivre, que les voyageurs rapportèrent des Indes au XIX^e^ siècle. Ces coffres sont très décoratifs par la belle couleur blonde et l'aspect satiné du bois, qui demeure à l'abri des vers et dégage en outre un agréable parfum.

**Canabas** (Joseph Gegenbach, dit), ébéniste français. Reçu maître à Paris en 1766, il a acquis sa réputation dans la réalisation de petits meubles en acajou d'une impeccable finition. Sa production est considérable : petites tables de salon, écrans de foyer, secrétaires à culbute, bonheurs-du-jour, avec des marqueteries d'une remarquable finesse. De plus, les meubles de Canabas sont d'une solidité qui leur a assuré un excellent état de conservation. Aussi obtiennent-ils les cotes les plus élevées de l'époque Louis XVI.

**canal** n. m. Évidement pratiqué dans une colonne, un triglyphe, un larmier ou une volute (le mot est généralement utilisé au pluriel). Les canaux tournants comptent parmi les motifs ornementaux les plus typiques du style Régence, notamment en orfèvrerie : les canaux tournants montent alors en spirale autour de la panse d'un vase, d'une verseuse.

**Canaletto** (Antonio Canal, dit il), peintre et aquafortiste italien (Venise 1697 - *id.* 1768). Fils d'un peintre auprès duquel il apprit les règles de la perspective, de l'anatomie et de l'eau-forte, Canaletto se spécialisa dans la représentation de l'architecture vénitienne, des rues et des canaux de la cité des Doges. À partir d'innombrables croquis à la plume, il exécuta des eaux-fortes, se servant de la « chambre-noire » pour la reproduction de certaines de ses vues. Ces images, baignées de soleil et d'une grande richesse de vie, empruntent autant à la réalité qu'à l'imagination de l'artiste. Une série complète de 30 planches de gravures à l'eau-forte reproduites sur velin, XVIIIe siècle (43,5 × 62,5 cm), a été adjugée par Christie's à Londres 93 500 livres (98 000 F).

**canapé** n. m. À l'origine, lit de repos (lat. *conopeum*, lit à moustiquaire), puis, vers le milieu du XVIIe siècle, siège à plusieurs places également appelé « sopha » ou « lit à la manière des Turcs » (selon Caillères, auteur de mots, à la mode). À six ou huit pieds, les canapés se caractérisent par de hauts dossiers et des joues pleines sur les côtés. Les canapés sont souvent assortis, par leurs garnitures, aux chaises et aux fauteuils, dont l'ensemble forme un salon. L'évolution de ces sièges à deux, trois ou quatre places suit étroitement les styles des autres fauteuils. Le canapé à « joues », c'est-à-dire à accotoirs garnis de tapisserie jusqu'à la ceinture, est parfois considéré comme l'ancêtre des bergères à joues pleines apparues vers 1725.

Ader-Picard-Tajan

*Canapé à côtés arrondis et dossier mouvementé en bois naturel mouluré et sculpté, d'époque Louis XV.*

**canard** n. m. Récipient fermé, prolongé par un long bec de canard, qui permet de boire couché sans renverser de liquide (on l'appelle aussi « biberon de malade »). En faïence, en porcelaine, en bois, en étain, cet objet d'art populaire est décoratif et pittoresque.

**candélabre** n. m. Chandelier à plusieurs branches allant parfois jusqu'à sept, en comptant celle du centre. Plus haut, plus majestueux que les simples flambeaux de cheminée à deux ou trois branches, les candélabres en argent sont décorés avec une certaine abondance : pieds torses, cassolettes, statuettes, vases d'ornement, rocailles, acanthes, guirlandes en tout genre. Si certains étaient en argent massif, la plupart des candélabres du XVIIIe et du XIXe siècle sont en bronze doré ou en métal argenté. Avec son penchant pour le décorum, le second Empire a affectionné les grands candélabres décoratifs, copiés ou inspirés des modèles Louis XIV et Louis XV.

Ader-Picard-Tajan

*Paire de candélabres en bronze ciselé et doré, socles en marbre blanc décoré de guirlandes, époque Louis XVI. (H. 80 cm.) Une paire semblable a été adjugée 330 000 F à Drouot, le 14-III-1986.*

Les candélabres, flambeaux, chandeliers en cristal taillé « façon d'Angleterre » des XVIIIe et XIXe siècles sont plus abondants sur le marché. Cherchant à imiter l'orfèvrerie, certains modèles sont revêtus intérieurement d'une couche d'oxyde de mercure.

**canéphore** n. f. Figure de nymphe portant sur la tête une corbeille.

**Canivet,** fabricant d'instruments de précision (mort en 1774). Neveu de Langlois, sa boutique se trouvait quai de l'Horloge à Paris, à l'enseigne « À la Sphère ». Il fut nommé ingénieur de l'Académie à la mort de son oncle. Sa production est assez semblable à celle de Langlois mais la facture est plus élaborée. Il construisit aussi des instruments de grandes dimensions.

**canivet** n. m. Ouvrage en papier découpé à l'aide d'un petit canif à lame fine (qui porte également le nom de canivet). Les canivets anciens (à partir du XVIIe s.) sont rehaussés de vives couleurs et comportent des scènes naïves d'inspiration religieuse.

**canne** n. f. Bâton utilisé pour faciliter la marche en soulageant une partie du corps. Barre mince et rigide, de longueur variable, la canne se compose d'une tige (fût) pourvue d'un embout à sa partie inférieure et d'une poignée, ou pommeau, à sa partie supérieure. Elle est sans doute l'un des premiers outils utilisés par l'homme. Prolongement naturel du bras, elle peut devenir une arme, un signe de reconnaissance ou un attribut hiérarchique. Du bâton de berger ou du bourdon de pèlerin à la canne-trotinette, en passant par la canne de cour, elle prit mille et un visages au cours d'une vie riche en transformations qui en font un objet de collection type.

Sans évoquer les récits bibliques ou les œuvres d'art de l'Antiquité qui font état de l'utilisation de la canne, la

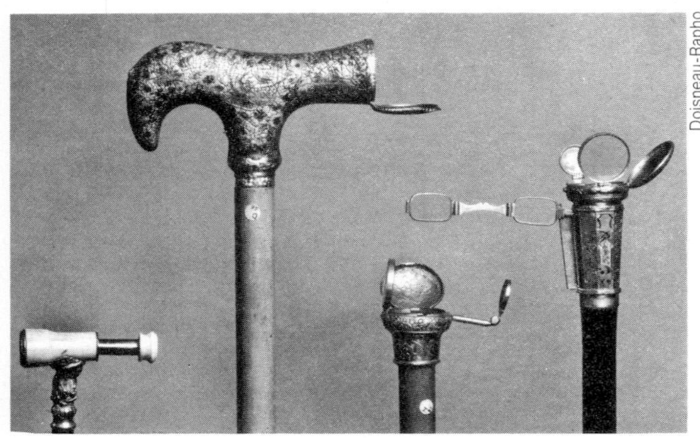


*Différents modèles de cannes à système.*

tradition rapporte que Charlemagne aurait possédé une canne au fût en bois de pommier terminé par une boule de métal précieux. Au Moyen Âge, la canne est utilisée dans les duels. Jusqu'au XVIIe siècle, elle prend des formes diverses selon l'usage auquel elle est destinée. Courte et sans décor particulier pour l'usage courant, elle s'allonge et s'orne de rubans, de sculptures et autres incrustations pour les cérémonies. Au cours du règne de Louis XIII, les familiers de la Cour, imitant le roi et son ministre, le cardinal de Richelieu, portent des cannes d'essence rare réhaussées de pierres précieuses, les femmes ornant les leurs — plus courtes — de rubans ou de dentelles. La canne voit son rôle de symbole hiérarchique s'amplifier sous le règne du Roi-Soleil. Son usage et son aspect sont soumis à l'étiquette. La canne perd ce caractère ostentatoire lors de la Régence, puis sous Louis XV, où elle ne garde qu'un rôle décoratif. La fin du XVIIIe siècle et l'harmonie entre les arts décoratifs et le néoclassicisme lui rendent un aspect moins luxueux, plus sobre et plus fonctionnel. À la mode de la bizarre canne des « incroyables », sorte de bâton tourné sans grâce ni charme, succède l'âge d'or de la canne, le XIXe siècle. Pendant toute cette période se multiplient les cannes utilitaires, décoratives, à système ou professionnelles. Pour le dandy romantique, le maquignon ou le notaire en exercice, la canne devient un attribut indispensable de l'individu. Des systèmes aussi bizarres qu'originaux, à l'existence éphémère ou connaissant le succès, se multiplient, donnant naissance à une véritable industrie. Pourtant, l'emploi de la canne autre qu'utilitaire déclinera dès la fin de la Grande Guerre, et, aujourd'hui, la canne n'a d'autres usagers que des randonneurs prudents ou des individus aux jambes malhabiles.

Les thèmes de collections de cannes offrent une diversité éclectique. Les amateurs d'objets précieux rassemblent les cannes aux pommeaux en or ou en argent ciselé, incrustés de pierres précieuses, véritables chefs-d'œuvre d'orfèvrerie, ou aux pommeaux en faïence ou en porcelaine, voire en jade ou en ivoire sculpté. Le XVIIIe siècle, puis la période romantique ont créé de nombreux exemplaires de ce type. D'autres collectionneurs recherchent des modèles aux fûts faits de bois les plus divers, parfois même en vertèbres de serpents ou de poissons. Une catégorie de collectionneurs s'attache aux exemplaires dont les pommeaux représentent des têtes d'animaux, qu'ils soient familiers, sauvages ou mythiques. D'autres préfèrent les cannes aux pommeaux figurant des personnages célèbres (artistes, hommes politiques) ou des scènes religieuses, macabres, démoniaques ou érotiques, ces dernières étant les plus prisées. Dans d'autres modèles, la poignée n'est pas un pommeau, mais une béquille, le plus souvent sculptée, ou un bec de corbin (pointe recourbée), figurant vers les années 1900 la fameuse femme-fleur chère à l'Art nouveau.

Les cannes de compagnons, chargées de symboles et d'inscriptions rituelles, et les modèles en verre, dont on ne sait s'il s'agit d'ouvrages de maîtrise ou de cannes de conscrits, connaissent un grand succès. Mais les vedettes sont sans nul doute les cannes à système, dont on a produit une profusion de modèles, témoignages de l'originalité, quelquefois bizarre, parfois heureuse, de l'esprit humain. Parmi celles-ci figurent les cannes de défense, dont la fameuse canne-épée, inventée à la fin du XVIIIe siècle et dont la fabrication, interdite en 1834, ne cessa pas pour autant. On compte également des cannes-fusils, des cannes-pistolets, des cannes-mitrailleuses, sans oublier les « redoutables », « diaboliques » ou « terribles » cannes qui recèlent des lames de rasoir.

Parmi les cannes à système célèbres, citons la « Toulouse-Lautrec », qui peut contenir une dose d'alcool et un petit verre pour boire, la « pisseuse », canne lance-eau, ou la « douairière », canne-ombrelle. Il y a aussi les multiples cannes-sièges, cannes optiques, loupes ou photographiques et les fameuses cannes-instruments de musique, dont la très célèbre canne-violon, inventée au milieu du XVIIIe siècle par l'Allemand Johann Wilde, musicien à la cour de Saint-Pétersbourg. Les cannes de métier, comme les cannes de notaires, abritant un nécessaire à écrire, les cannes de maquignons, pour mesurer les encolures, les cannes de bottiers ou autres cannes que l'on pouvait utiliser en guise de sondes à beurre ou à fromage peuvent être un autre thème de collection.

La canne de marin se distingue de la canne de bourgeois par l'origine de son matériau : ce peut être un os de baleine artistement torsadé et surmonté d'un pommeau sculpté ou d'un bec d'albatros, ou bien toute une colonne vertébrale de requin, enfilée sur une tige métallique, et d'un effet très spectaculaire.

Fort nombreuses sur le marché, présentant un éventail de thèmes de collections des plus larges, les cannes ont beaucoup d'amateurs. Les prix varient, pour les plus courantes, entre 1 200 et 4 000 F. Les exemplaires précieux appartenant au domaine de l'orfèvrerie et ceux d'une extrême rareté, considérés comme des objets de haute curiosité, à l'image de certaines cannes-violons, dépassent des prix à cinq chiffres.

**canne** n. f. Tige en fer creuse de 1 à 3 m de long, avec laquelle le verrier « cueille » et souffle le verre. L'extrémité qui reçoit la paraison* est munie d'un mors renflé ; l'autre extrémité est munie d'un manche en bois lorsqu'il s'agit de cannes destinées à des pièces importantes.

**canne** ou **channe** n. f. Récipient à lait ayant la forme d'une boule de cuivre jaune à une ou deux anses, ornée de petits motifs guillochés. On reconnaît les cannes anciennes (XVIIIe s. et début XIXe s.) par les petites échancrures qui s'emboîtent les unes dans les autres à mi-corps, là où s'ajustent les deux hémisphères. Rares sont les cannes complètes, c'est-à-dire possédant encore leur couvercle à anse qui s'enfonçait dans le col comme un bouchon.

**canne** n. f. Écorce de rotin, qui, découpée en lanières, est employée sous forme de treillis pour garnir les sièges. Les chaises, fauteuils et tabourets sont dits « foncés de canne » ou cannés lorsqu'ils comportent ce genre de garniture venue des Pays-Bas au XVIIe siècle. Le « cannage » présente, par rapport au « paillage », l'avantage de l'élégance et de la légèreté.

**cannelure** n. f. En architecture, moulure profonde, creusée verticalement ou en hélice à intervalles réguliers sur le fût d'une colonne ou d'un pilastre. Les artistes de la Renaissance, appliquant au mobilier les règles de l'architecture gréco-latine, ont largement employé les cannelures sur les colonnes qui ornent les buffets et les bahuts Henri II. Le style Louis XVI, qui a lui aussi puisé dans le répertoire antique, a privilégié les cannelures qui décorent les pieds des meubles. On peut distinguer les cannelures câblées, dont le creux est garni d'un câble ; les cannelures chevronnées ; les cannelures en gaine ou en carquois, qui se rétrécissent vers le bas ; les cannelures ornées de motifs variés (fleurs, feuillages, coquilles, rinceaux, perles, olives) ; les cannelures plates creusées en pans coupés ; les cannelures rudentées dont le creux est occupé par une baguette plate ou convexe ; les cannelures torses, pratiquées en spirale autour des fûts des colonnes, des vases ; les cannelures en zigzag creusées suivant une ligne brisée.

Les cannelures plus ou moins larges, associées à d'autres motifs (médaillons circulaires, cabochons en relief ou en creux, pointes de diamant, festons, côtes, gradins ou étoiles), constituent l'un des décors les plus courants du cristal taillé.

**canon** n. m. Tube en fer, bronze ou laiton, qui reçoit une charge et que l'on dirige sur l'objectif désigné. Le canon désigne aussi bien la lourde pièce d'artillerie qu'un élément composant l'arme portative : fusil ou pistolet. L'âme du canon est le creux intérieur ; la bouche est l'ouverture par laquelle on introduit la charge ; le tonnerre (à l'extérieur), ou chambre ardente (à l'intérieur), est la partie renforcée qui la contient ; la lumière est le petit trou cylindrique qui communique le feu de l'amorce dans l'intérieur du canon ; le bouchon de culasse ferme l'extrémité arrière et, enfin, le tenon — lorsqu'il est prévu — est le petit parallélépipède brasé au-dessous du canon pour fixer la baïonnette. Il peut porter des instruments de visée : guidon vers la bouche et hausse. La forme du canon est variable : il peut être cylindrique, à pans, ou mixte. La bouche peut devenir évasée sur les tromblons. Deux canons peuvent être juxtaposés en table sur les fusils de chasse. Dès le XVIe siècle, on pensa à rayer les canons pour assurer une meilleure précision de tir. Cependant, les armes réglementaires gardèrent l'âme lisse durant longtemps, à l'exception des carabines, comme celles de Versailles. Au milieu du XIXe siècle, les fusils réglementaires furent dotés de canons rayés. Par contre, les armes de chasse gardèrent des canons lisses pour assurer une meilleure dispersion des plombs.

**canope** n. m. Urne funéraire de l'Égypte pharaonique. Le canope tient son nom (pour « vase canope ») du port de Canope (auj. Aboukir) en Égypte où on a mis au jour, notamment, de grandes urnes d'albâtre ou de terre cuite, à bouchon anthropomorphe ou thériomorphe (à tête d'animal). Ces vases servaient, dans l'Égypte pharaonique, à renfermer les viscères du mort, ôtées du corps du défunt pour les nécessités de l'embaumement.

**cántaro** ou **chevrette à deux becs.** Version espagnole de la cruche à eau dont les détails formels et décoratifs sont parfaitement originaux : double bec verseur, poignée en anneau surmonté d'une fleur ou d'un animal stylisés. Pour la plupart des modèles, le verre incolore est orné de verre filé travaillé à la pince, ou encore de filets blancs spiralés.

On rencontre encore sur le marché de superbes exemplaires à des prix raisonnables, compte tenu de leur époque (XVIIe et XVIIIe s.). Les régions du sud de la France, influencées par l'Espagne, ont également repris ce modèle de forme si particulière.

**canterano** n. m. Secrétaire baroque espagnol, le plus souvent marqueté et à abattant incliné. Ce meuble ressemble beaucoup aux secrétaires des Flandres à la marqueterie foisonnante.

**canthare** n. m. Dans la céramique grecque antique, haute et profonde coupe sur pied, munie de deux hautes anses verticales, qui entre dans la catégorie des vases à boire.

**Canton.** Ville de la côte sud-est de la Chine, d'où furent exportées en grandes quantités des céramiques à destination du Sud-Est asiatique et de l'Europe, transitant souvent par le port de Macao, surtout à partir de 1557. On a abusivement donné le nom de « porcelaine de Canton » à de nombreux types de céramiques exportés par ce port, et principalement aux céramiques faites particulièrement pour l'exportation.

On donne également parfois ce nom à des céramiques chinoises de la « famille rose », faites à l'imitation d'émaux sur cuivre peints, tels qu'on les réalisait à Canton et à Pékin au XVIIIe siècle, peut-être à l'imitation des émaux peints de Limoges et de Battersea. (V. CHINE.)

**cantoniero** ou **cantouniero** n. m. Buffet provençal à façade arrondie et dont les côtés se rejoignent à angle droit pour se placer dans le coin d'une pièce. Certains de ces buffets d'angle comportent un corps supérieur très élevé.

**cantonnière** n. f. En tapisserie, tenture qui couvre le haut des rideaux au-dessus d'une fenêtre ou d'un lit à courtines.

Robert Capa

*Photographie de Robert Capa représentant Picasso et Françoise Gilot.*

**Capa** (Andrei Friedmann, dit Robert), photographe américain d'origine hongroise (Budapest 1914 - Thai Binh, Viêtnam, 1954). Grand reporter, Robert Capa trouva la mort au cours d'un reportage en Indochine. Il avait fondé l'agence Magnum avec Cartier-Bresson et David Seymour, et s'illustra pendant la guerre civile espagnole par des reportages de grande classe, principalement pour le magazine illustré *Regards*.

**caparaçon** n. m. Housse protectrice du cheval. À la fin de l'époque médiévale, elle est composée de lamelles d'acier, de bardes articulées, posées sur une matelassure, et protège le destrier au combat. Les anciens caparaçons étaient souvent somptueusement ornés.

Ils sont très rares aujourd'hui sur le marché des antiquités et, lorsque l'on a la chance d'en rencontrer, ils sont le plus souvent incomplets. La cote des anciens caparaçons suit celle des armures d'époque.

**capiton** n. m. À l'origine (au début du XVII^e s.), étoffe soyeuse utilisée en tapisserie pour recouvrir un matelas et le fixer par une série de petits nœuds. Par la suite, les nœuds du capiton ont été remplacés par de petits boutons retenus par des fils. Les sièges capitonnés ont été très en vogue sous Louis-Philippe et Napoléon III.

**Capodimonte.** La création de cette manufacture de porcelaine a été suggérée en 1743 à Charles VII des Deux-Siciles, par la présence, dans la dot de sa femme Marie-Amélie, fille d'Auguste II de Saxe-Cobourg, de porcelaine de Saxe. N'ayant pas trouvé de kaolin sur place, les chimistes Livio et Schepers réussirent à fabriquer une porcelaine tendre à base de terre de Calabre.

Capodimonte est aujourd'hui surtout célèbre pour ses figurines et ses statuettes. Outre ces pièces typiques, la manufacture a aussi fabriqué de la vaisselle et d'autres pièces d'utilisation courante à motifs fleuris, exotiques, et inspirées par la commedia dell'arte. La manufacture connut sa meilleure période entre 1755 et 1759, lorsque Charles VII, devenu roi d'Espagne, décida le transfert de la totalité des activités de la fabrique (moules, machines, archives et personnel) à Buen Retiro (Espagne). Quelques-uns des ouvriers qui, en 1759, avaient décidé de rester ont continué à fabriquer et à vendre pour leur compte des pièces typiques sous le nom de Capodimonte. Notons d'ailleurs que beaucoup de pièces — surtout des figurines — trouvées aujourd'hui sur le marché et vendues sous l'appellation Capodimonte sont des copies plus ou moins réussies du XIX^e siècle. Il est néanmoins assez facile de les reconnaître ; elles sont nettement plus lourdes et la finition générale est plus grossière et imprécise.

En 1771, le roi Ferdinand IV des Deux-Siciles crée à Portici (Naples) une nouvelle manufacture de porcelaine, faisant appel aux rares collaborateurs de l'ancienne manufacture de Capodimonte qui étaient restés en Italie ; ainsi Portici-Naples s'inscrit dans la ligne droite de Capodimonte et de Buen Retiro. Cette manufacture a créé dès 1772 de belles porcelaines dures, poursuivant son activité jusqu'en 1806, date de la deuxième fuite du roi Ferdinand. Les pièces de Portici-Naples sont marquées d'un « R.F. » couronné — des initiales du roi — ou d'un « N » couronné, pour Naples. De moins bonne qualité que les Capodimonte et les Buen Retiro, les porcelaines de Naples ont toutefois un intéressant marché italien et surtout napolitain. En 1821, Carlo Leopoldo Ginori de Doccia racheta les modèles et produisit des pièces en série, production définitivement arrêtée en 1834.

Les pièces marquées à la fleur de lys et d'un « R.F. » sont recherchées sur le marché parisien, tandis que les pièces napolitaines tardives au « N » couronné (« Napoli ») ne trouvent preneurs qu'à des prix assez bas.

**Cappiello** (Leonetto), peintre, dessinateur et affichiste français d'origine italienne (Livourne 1875 - Cannes 1942). D'abord caricaturiste dans les journaux parisiens de la Belle Époque après son arrivée dans la capitale, Leonetto Cappiello s'est imposé comme le père spirituel de l'affiche moderne. Il a réussi à unir la beauté et l'efficacité, permettant ainsi à l'affiche de remplir son véritable rôle publicitaire. Les affiches pour le *Chocolat Klaus,* le *Bouillon Kub* ou le *Gramophone* sont des classiques du genre. Les prix auxquels on trouve les affiches de Cappiello sont de l'ordre de 4 000 à 15 000 F en 1988.

Ader-Picard-Tajan

*Affiche publicitaire de Cappiello, datée de 1938. Adjugée 450 F suisses (1 650 F) à Bâle, le 18-V-1985.*

**capucine** (à la). Expression qui désigne en général, à la fin du XVII^e siècle, tout mobilier simple et un peu fruste. Puis ces termes s'appliquent plus particulièrement aux sièges paillés à montants en bois tourné, sans aucun ornement.

Secrétaire à la capucine : V. CULBUTE.

**caquetoire** n. f. Type de siège du XVI^e siècle, appelé également « chaise à femme », comportant un dossier bas plus ou moins sculpté et reposant sur des pieds antérieurs en colonnettes. C'est par erreur que l'on baptise parfois « caquetoire » un haut dossier muni d'accotoirs, car, à cette époque, les jupes à vertugadin munies de cerceaux d'osier n'auraient pu prendre place entre les bras d'un tel fauteuil.

**Carabin** (François-Rupert), sculpteur, orfèvre et ornemaniste français (Saverne 1862 - Strasbourg 1932). Élève de Perrin, Carabin exécute des statuettes en cire, en bronze ou en bois, fabrique aussi des pièces en grès, mais essaie surtout de restaurer l'art de la sculpture industrielle en réalisant des meubles qui lui donnent une place de choix au sein des créateurs « Art nouveau ».

Carabin refuse le pastiche et le *modern style* et veut, en sculpteur, élaborer un style original ; au lieu de superposer l'ornement à la structure du meuble, Carabin affine l'unité des deux : un fauteuil, fabriqué en 1890-91, repose sur une femme accroupie en guise de pied. La figure représentée est alors très loin de la fragile « femme-fleur » « Art nouveau » : portant de lourdes charges, elle a une puissante anatomie.

Les meubles de Carabin sont très rares en ventes publiques ; en revanche, les œuvres en métal ou en émail apparaissent plus souvent, et atteignent, selon le matériau employé, des prix plus ou moins élevés : une bonbonnière de 30 cm de haut, en terre cuite émaillée rouge aubergine, avec monture en fer forgé, fut adjugée 6 300 F à Paris, le 13-III-1979. Une vitrine ornée de sculptures de femmes a été adjugée 1 544 600 F à Enghien, le 29-III-1987.

**carabine** n. f. Arme d'épaule portative à canon rayé, le plus souvent d'un calibre plus faible que l'arquebuse ou le mousquet. Le chargement se faisait à balle « forcée ». À la fin du XVIII^e siècle, on en dota les officiers : ce sont les célèbres carabines de Versailles. Dans les temps modernes, les fusils devenant tous rayés (à l'exception des fusils de chasse), la carabine ne devint plus qu'une arme plus courte, plus légère et maniable, munie d'un système de suspension permettant d'en faciliter le port « à la grenadière ».

Toutes les carabines sont recherchées des amateurs, depuis la petite *Tschinke* de Bohême, de petit calibre pour la chasse, à la carabine dite « de salon » du système « Flobert ».

*Carabine d'officier de cavalerie de la manufacture de Versailles, fin du XVIII^e siècle.*

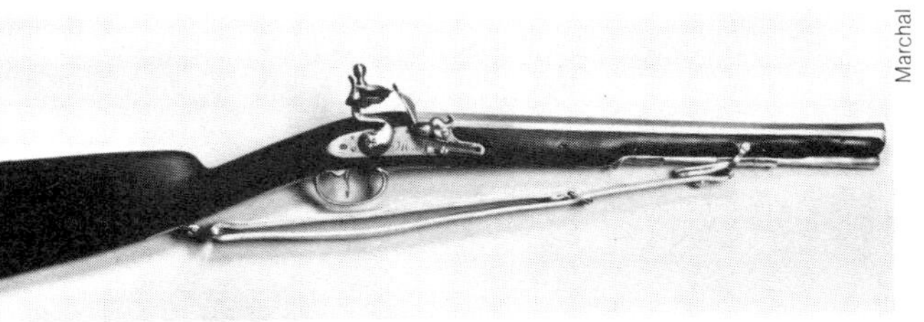

Marchal

**caractère** n. m. Petit parallélépipède en métal, dont l'une des extrémités porte la gravure d'une lettre servant à l'impression. Les premiers imprimeurs ont utilisé des caractères mobiles, leur donnant tout naturellement la forme des lettres utilisées dans les xylographies et dans les manuscrits. La *Bible* de Gutenberg est imprimée en caractères gothiques et tous les incunables suivent son exemple, à l'exception du premier livre imprimé à Paris en 1470, en lettres rondes.

À la fin du XV^e siècle, imprimeurs allemands et vénitiens, Alde Manuce le premier, perfectionnent les caractères en leur donnant plus de lisibilité : le romain, perpendiculaire à la ligne, ou l'italique, caractère cursif légèrement penché. Autrefois classés en quatre catégories : didot, elzévir, antique et égyptienne d'où a dérivé la normande, les caractères d'imprimerie se sont multipliés. Bien souvent, une série porte le nom de l'imprimeur qui l'a créée. Les caractères de civilité, nés au XVI^e siècle, sont des caractères d'imprimerie imitant l'écriture ordinaire.

**Caradosso** (Cristoforo Foppa, dit), orfèvre et médailleur italien (Mondonico, Côme v. 1445 - ? v. 1527). Il a surtout travaillé pour les ducs de Milan et pour les papes Jules II, Léon X et Clément VII. On lui attribue la gravure des coins monétaires des testons de Ludovico Maria Sforza (Ludovic le More) et de Giangaleazzo Maria Sforza, ainsi que de ceux du premier teston français, le teston milanais de Louis XII.

**carafe** n. f. Avec ou sans anse, la carafe en verre remplace peu à peu l'aiguière dans les usages, à partir du XVII^e siècle. Comme le carafon de taille plus modeste, elle sert à contenir aussi bien l'eau que les vins et les liqueurs. Pour les collectionneurs de verres anglais, l'évolution des proportions et des motifs taillés ou gravés, d'une grande variété dans tous les centres, constituent des repères chronologiques assez précis, entre 1750 et l'époque victorienne. Le critère de qualité peut être donné, en plus de l'ancienneté, par la beauté du galbe, la juste harmonie des proportions, la précision de la gravure, la fermeté du cristal taillé de certains modèles qui ont été montés sur métal et un peu plus tard sur argent, la recherche du travail d'orfèvrerie. À un niveau inférieur, le cristal moulé par soufflage ou pressage a donné une abondante production, dont beaucoup de modèles savent refléter le charme du siècle précédent.

**Caran d'Ache** (Emmanuel Poiré, dit), peintre et dessinateur français (Moscou 1859 - Paris 1909). En 1878, après la mort de son père, Emmanuel Poiré vint vivre et travailler en France et prit, comme dessinateur, le pseudonyme de « Caran d'Ache » (crayon, en russe). Après des débuts à *la Chronique parisienne,* il collabora à divers journaux et revues de l'époque : *le Rire, la Caricature, le Chat noir, le Figaro, le Journal.* En dehors de la caricature, Caran d'Ache nourrissait une prédilection pour le dessin militaire et a découpé des silhouettes en bois (musée de l'Armée). Durant l'affaire Dreyfus, il prit fait et cause pour l'état-major et anima, avec Forain, le journal anti-dreyfusard *P'stt.* Il a participé à la Collection* des Cent.

**carat** n. m. Unité de mesure des pierres précieuses pesant 0,2052 g (soit quatre grains).

Le carat représente, d'autre part, un vingt-quatrième d'or pur (dont le poids total est de 24 carats).

**Carchi.** La céramique de Carchi, en Équateur, apparaît jusque dans le sud de la Colombie. Elle se caractérise par de grands vases en forme d'amphore, à décor en peinture négative, par des coupes dites *compoteras,* et par des personnages allongés mastiquant du coca, les *coqueros.*

**Cardheilhac.** Cette maison d'orfèvrerie de la fin du XIX^e siècle constitue une des meilleures signatures de l'époque. Ernest Cardheilhac fut aussi, avec Falize, un de ceux qui tentèrent d'appliquer à l'orfèvrerie les lignes souples et les décors floraux de l'Art nouveau. L'Exposition universelle de 1 900 consacra son succès.

**carillon** n. m. Dispositif mécanique permettant de produire périodiquement une mélodie musicale en faisant résonner alternativement des cloches, ou timbres d'horloge, sur lesquels frappent des marteaux. On fait état de l'existence des carillons depuis le XII^e siècle. Ils équipèrent notamment les horloges monumentales qui rythmaient la vie sociale, puis les pendules et les horloges de salon. En améliorant le système et en multipliant le nombre des cloches, ou des clochettes, on put créer d'une part des mélodies de plus en plus complexes, achevées, d'autre part, plusieurs mélodies différentes — jusqu'à sept, une pour chaque jour de la semaine. La présence de carillons en état de marche sur les horloges et pendules est une source de plus-value non négligeable.

Dans les orchestres, cet instrument de musique à percussion est composé de tubes de différentes longueurs, mis en vibration à l'aide d'un maillet.

**Carjat** (Étienne), photographe français (Fareins, près de Villefranche, Ain, 1828 - Pons 1906). Étienne Carjat, qui était également dessinateur, caricaturiste, comédien et auteur dramatique, s'adonna d'abord à la photographie en amateur. Devenu professionnel, il ouvrit un atelier en 1860. Il était apprécié pour ses portraits classiques, tout autant que pour ses « portraits-charges » *(Galerie contemporaine).* Ses tirages ne sont pas exceptionnels. Ils sont estimés de 3 000 à 5 000 F.

**carlin** n. m. Petite monnaie d'argent du royaume de Naples et de Sicile. Ce nom fut d'abord employé pour désigner les nouvelles monnaies d'or et d'argent créées en 1278 par Charles Ier d'Anjou pour le royaume de Naples.

**Carlin** (Martin), ébéniste français (Fribourg-en-Brisgau v. 1730 - Paris 1785). Reçu maître en 1765, ce fut un ébéniste d'un talent très inventif. Il a produit aussi bien des tables que des secrétaires et des commodes d'une grande élégance de lignes, rehaussés de marqueterie de fleurs, de cubes ou « à la reine », et enrichis de bronzes ciselés et de plaques de porcelaine (commandes de Mme Victoire pour le château de Bellevue). Ses plus belles commodes sont d'une sobriété classique avec des pieds en toupie et des bronzes somptueux. Un secrétaire en tulipier et amarante, orné de bronzes dorés et de plaques en porcelaine de Sèvres datées de 1778, a été adjugé 2 090 000 dollars (14 millions de F) chez Sotheby's, à New York, le 31-X-1986.

**Carlu** (Jean), affichiste français (Bonnières-sur-Seine 1900). Issu d'une famille d'architectes, Jean Carlu fait partie de « la Bande des 4 » composée en outre de Cassandre, Loupot et Paul Colin. Accidenté et amputé du bras droit à 18 ans, il apprit à dessiner de la main gauche et s'imposa comme un affichiste de talent et d'idées. Instruit de son art par le cubisme, il contribua à la modernisation de l'affiche. Parti aux États-Unis en 1940, Carlu participa, par son travail créateur, à l'effort de guerre anti-hitlérien. L'affiche *Perrier-Pschitt* pour les eaux Perrier figure parmi ses plus intéressantes trouvailles. Il a réalisé des affiches pour les éditions Larousse.

**carnet de bal** n. m. Petit étui contenant des plaquettes d'ivoire sur lesquelles la jeune fille écrivait le nom des cavaliers qu'elle avait acceptés au cours des différentes danses de la soirée ; le carnet de bal, en usage au XVIIIe et au XIXe siècle, jusqu'à la Première Guerre mondiale, est aujourd'hui objet de vitrine. Les plus gracieux sont ceux du XVIIIe siècle, contenus dans un petit étui trapézoïdal d'ivoire ou d'or émaillé, souvent orné d'une miniature sur un côté, du chiffre de l'intéressée de l'autre ; il porte aussi l'inscription « souvenir d'amitié », qui prouve que ce délicat accessoire était aussi un tendre cadeau. Les carnets de bal du XIXe siècle sont plus sobres, les plaquettes étant reliées par un rivet à deux plaques d'ivoire ou d'écaille aux initiales de la jeune fille. Les carnets de bal font partie de ce que les Anglais appellent les « objets de vertu ».

**Caron** (les), famille d'horlogers français. Originaires d'Amiens, ils s'installèrent à Paris.

André Charles fut horloger de Louis XV et sa fille épousa en 1756 un autre horloger célèbre, Jean-Antoine Lépine. Pierre Augustin, fils d'André Charles et plus connu en littérature et aventures diverses sous le nom de Beaumarchais, commença son apprentissage chez son père, écrivit un mémoire et revendiqua en même temps que Amant et Lepaute l'invention de l'échappement à cheville. Étant donné la célébrité, indépendante de l'horlogerie, que Beaumarchais donna au nom de Caron, les pièces signées de ce nom — parfois faussement — sont très recherchées et atteignent des prix importants, peu accessibles aux collectionneurs moyens.

**carreau** n. m. Coussin d'étoffe, ou parfois de cuir, garni de plumes, de duvet ou de crin. Carrés, rectangulaires ou ronds, les carreaux servent de sièges aux seigneurs et aux courtisans qui entourent les souverains lors des cérémonies, du XVe au XVIIIe siècle. Le droit au carreau faisait l'objet de rivalités et de contestations. Selon Saint-Simon, les filles des maréchaux de France avaient « droit » aux carreaux et les duchesses aux tabourets. Le carreau était également employé dans les églises pour s'agenouiller.

*Carreau de dentellière.* Petit coussin en toile bariolée que les dentellières plaçaient sur leurs genoux en y piquant les épingles que retenaient les fuseaux.

**Carrier-Belleuse** (Albert Ernest Carrier de Belleuse, dit), sculpteur français (Anizy-le-Château 1824 - Sèvres 1887). Surnommé le « Clodion du XIXe siècle », modeleur et dessinateur exceptionnel, Carrier-Belleuse, dont E. Lockroy a pu écrire dans *l'Artiste* (1865) : « C'est presque une machine à sculpter », réalisa une œuvre abondante.

Élève de David d'Angers, il débute au Salon de 1851 ; ses collaborateurs, tel Rodin à ses débuts, contribuent à la popularité de ses productions. Parallèlement à son œuvre officiel abondant, Carrier-Belleuse crée aussi des statuettes délicates, parfois érotiques *(Léda et le Cygne, les Quatre Saisons).* Attaché à la manufacture de Sèvres comme directeur des travaux d'art, Carrier-Belleuse fournit aussi des modèles pour les industries d'art et remet à la mode l'usage du biscuit.

**Carrière** (Eugène), peintre et lithographe français (Gournay-sur-Marne 1849 - Paris 1906). Eugène Carrière occupe une place un peu à part dans le monde de l'art où il se tint à l'écart des écoles et des grands courants. Il s'attacha aux scènes d'intimité familiale, et on lui doit notamment des maternités qu'il traitait d'une palette sensible, dont les effets rivalisaient avec ceux du camaïeu. Des thèmes identiques se retrouvent dans ses lithographies.

**Carriès** (Jean Joseph Marie Cariès, dit), sculpteur et céramiste français (Lyon 1855 - Paris 1894). L'Exposition universelle de 1878 lui fait découvrir la céramique d'Extrême-Orient, notamment les grès japonais. Dès lors, Carriès crée son propre matériau et se fixe en 1888 à Saint-Amand-en-Puisaye pour y apprendre la technique du grès nivernais. Il acquiert aussi le château de Montriveau, à côté de Nevers, et y installe un autre four.

De façon un peu arbitraire, trois catégories principales définissent sa production : la famille « grise », à base de scories de four ; la famille des « cendres » du bleu au gris ; la famille des « cires », blanchâtres ou nuancées dans les tons de brun.

Ses sculptures figurant des masques, des montres et parfois même des animaux insolites, proches du surréalisme, sont particulièrement prisées des amateurs, tel ce *Gnome au crapaud* en grès enlevé 50 000 F (Paris, 17-XII-1980). Les pièces sont signées « Carriès » en toutes lettres dans la matière, signature accompagnée de numéros correspondant à des formules compliquées.

Autour de lui se groupent plusieurs céramistes composant l'école de Saint-Amand-en-Puisaye : Georges Hoentschel (1855-1915), Paul Jeanneney (1861-1920), Émile Grittel (1870-1953), André Metthey (1871-1920), Émile Lenoble (1875-1940), Émile Decœur* et Fernand Rumèbe (1875-1952).

**Carroll** (Charles Dodgson, dit Lewis), mathématicien et écrivain anglais (Daresbury, Cheshire, 1832 - Guildford 1898). L'auteur de *Alice au pays des merveilles* se passionna dès 1856 pour la photographie, prenant principalement pour modèles les enfants, et surtout les petites filles dont il fit de délicats portraits. Certains tirages peuvent atteindre des prix élevés.

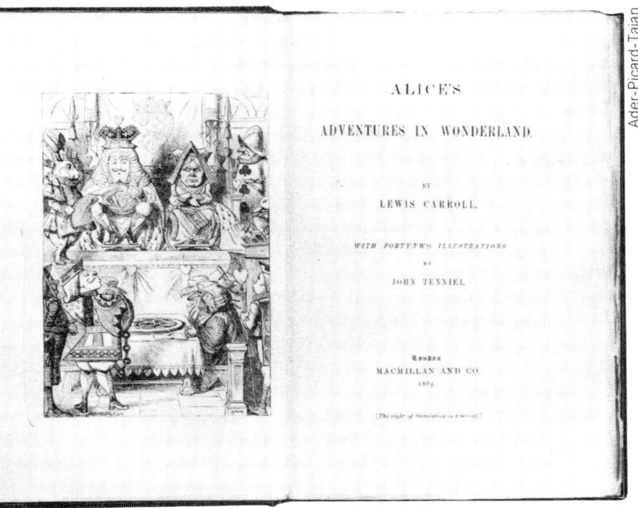
ALICE'S

ADVENTURES IN WONDERLAND.

BY

LEWIS CARROLL.

WITH FORTY-TWO ILLUSTRATIONS

BY

JOHN TENNIEL.

London

MACMILLAN AND CO.

Ader-Picard-Tajan

*Exemplaire de l'édition originale de* Alice au pays des merveilles *de Lewis Carroll, enrichi d'une dédicace autographe de l'auteur. Adjugé 220 000 F par Mes Ader-Picard-Tajan, à Drouot, le 20-V-1980.*

**carte** n. f. L'origine de ce jeu si connu demeure cependant incertaine. Venues d'Orient ou d'Occident, les cartes n'ont pas été l'invention d'un seul homme ni d'une civilisation, mais sont apparues parallèlement en Inde, en Perse, en Chine, en Italie. Une chose est sûre : les Européens jouaient aux cartes dès le XIIIe siècle. D'abord réservée aux rois et aux seigneurs (le jeu est peint et doré par les enlumineurs), la passion des cartes touche toutes les couches de la société, au point qu'elles seront dénoncées comme un fléau et une diablerie par les autorités.

Les jeux les plus anciens qui nous soient parvenus datent de 1450 environ : imprimées avec des moules de bois gravés en relief, ces cartes rarissimes sont conservées dans les musées, le musée Fournier de Vitoria (Espagne) recelant les pièces les plus rares et les plus anciennes.

Au XVe siècle, l'apparition de l'imprimerie permet une reproduction plus facile et plus rapide, mais les figures varient encore considérablement. Au milieu du XVIIe siècle, en France, les canons sont précisés, et les piques, cœurs, carreaux, trèfles supplantent les épées, bâtons, coupes et deniers. Gravé sur cuivre, le jeu ne changera plus guère jusqu'à nos jours. Au début du XVIIIe siècle, le portrait régional est rendu obligatoire (il existe neuf régions), mais seul le portrait de Paris subsiste au XIXe siècle.

Le jeu de tarots est à l'origine confondu avec le jeu de 52 cartes, et il est directement issu des « naibi » espagnols. Rendu très complexe par la multiplicité des figures, le jeu de tarots est réservé à la divination et il est donc peu répandu.

Pour mieux dater les cartes anciennes, il faut savoir qu'à partir de 1815 le dos des cartes est « taroté », c'est-à-dire recouvert de papier de couleur. Héliogravure, typogravure, offset donnent la possibilité de reproduire les jeux et d'améliorer leur lisibilité. L'industrialisation de la production permet aussi, vers 1850, d'inclure une *étresse* (feuille de couleur intermédiaire entre les deux faces, donnant une meilleure opacité) et d'arrondir les angles pour les rendre moins fragiles.

Les jeux antérieurs au XIXe siècle sont très difficiles à trouver, mais il est encore possible d'en découvrir entre 400 et 1 000 F ; cependant, les prix peuvent s'élever en raison de la beauté des gravures, de leur originalité, de leur signification.

Politiques, historiques, éducatives, érotiques, les cartes témoignent souvent de l'esprit d'une époque. À côté des cartes classiques et des tarots, il a toujours existé d'innombrables jeux locaux (alluette), pédagogiques (cartes historiques, géographiques, religieuses) ou d'actualité, notamment à la Révolution (jeu dit « des génies », 32 cartes, signé Manue, Bibliothèque nationale) et sous le second Empire (« Jeu impérial », 1858, signé Hoffman).

**carte de visite.** Popularisées en 1860 par André Adolphe Disdéri, les photographies format cartes de visite tirées par planches de huit ou dix unités obtinrent un grand succès qui se prolongea jusqu'au début du XXe siècle.

**carte géographique.** Les cartes anciennes sont recherchées pour leur valeur décorative, mais aussi pour leur intérêt scientifique et historique ; les cartes marines en particulier qui, du XVe au XIXe siècle, permettent de suivre la progression de la découverte de la Terre. Les premières furent établies de manière empirique par les navigateurs eux-mêmes, qui les tenaient plus ou moins secrètes : c'est pourquoi les cartes antérieures au XVIIe siècle sont rares ; on peut tout de même trouver des planches de Mercator, vers 1560, et à des prix raisonnables. À partir du XVIIe siècle, au contraire, grâce aux services de cartographie des compagnies de navigation, sont diffusées les premières cartes de navigation imprimées en séries, que l'on trouve assez facilement chez les antiquaires : les plus connues sont les planches de l'*Atlas Major* de Blaeu (v. 1660-1670), qui cotent de 1 200 à 3 000 F.

Les cartes terrestres sont d'autant plus cotées qu'elles présentent un intérêt touristique et anecdotique, donc qu'elles concernent une région fréquentée. Mais le critère essentiel demeure avant tout leur valeur décorative : les cartes des XVIIe et XVIIIe siècles sont finement gravées à la planche, enjolivées de cartouches rocaille, de vignettes documentaires savoureuses, de monstres marins, rehaussées de touches d'aquarelle qui en font d'authentiques œuvres d'art.

**carte postale.** La carte postale de collection connaît depuis 1970 environ un renouveau de faveur et même de ferveur,

*Une boutique parisienne de cartes postales vers 1900.*

Roger-Viollet

presque à l'égal de la philatélie. La carte postale ancienne se collectionne principalement aujourd'hui pour ses vues régionales et locales. La collection thématique et de prestige rassemble beaucoup moins d'amateurs. L'origine de la carte postale illustrée remonte aux années 1870. Son point de départ se situe dans les Empires centraux. Le 1er octobre 1869, à l'initiative du Dr Emmanuel Hermann et de M. de Marly, directeur des Postes d'Autriche-Hongrie, était imprimée et diffusée la première carte officielle.

En France, des cartes discrètement illustrées d'une « croix rouge » font leur apparition pendant le siège de Strasbourg par l'armée allemande en 1870. Le nom de Léon Besnardeau est souvent cité pour avoir mis à la disposition des troupes françaises du camp de Conlie, en 1871, dans la Sarthe, deux types de cartes postales illustrées qui feraient figures de précurseurs. Cette information, apparue trente ans plus tard, pendant l'âge d'or de la carte postale, tendait surtout à présenter la France comme le berceau de la carte postale, dans une intention uniquement patriotique. L'hypothèse la plus vraisemblable est que les cartes Besnardeau n'étaient pas des cartes postales dans la réelle acception du terme, mais des cartes de visite, destinées à la correspondance. Si la carte postale illustrée se répand rapidement chez les voisins immédiats de la France, il faut attendre 1889 et l'Exposition universelle pour qu'elle connaisse, en France même, un succès en rapport avec l'usage auquel elle est destinée. La carte de la nouvelle tour Eiffel, gravée par Léon Libonis, se voit diffusée à 300 000 exemplaires. C'est vraiment le point de départ de la carte postale illustrée.

Avec la phototypie, la carte postale connaît un développement prodigieux. Moyen de communication souple et rapide, elle constitue également un exceptionnel support de l'information dont on apprécie aujourd'hui toute la valeur documentaire. Aucun événement ne lui échappe, quels qu'en soient le lieu ou la nature. La vie quotidienne, l'actualité sociale, politique, religieuse, la mode, le folklore, l'aspect des villes et des villages, l'architecture, la fête, les marchés, l'activité des villes d'eau comme celle des ports ou des usines sont reflétés fidèlement ou avec fantaisie, sans insister sur le message publicitaire dont la carte se révèle un vecteur agréable et efficace.

L'art, également, est diffusé par la carte postale, soit par la création d'œuvres originales auxquelles des artistes de talent associent leurs noms, soit par la reproduction d'affiches et d'illustrations parues dans la presse. Pour ce genre de cartes, c'est plus à la lithographie qu'à la phototypie que l'on continue de faire appel.

À son âge d'or, la carte postale de collection a déjà ses clubs et ses revues. La première d'entre elles, *la Carte postale illustrée,* fondée par Émile Strauss, paraît mensuellement de 1899 à 1908. Dès l'année 1900, « la Phototypie d'art Bergeret » à Nancy, maison fondée en 1898, annonce la production de 25 millions de cartes postales, soit environ la moitié de toute la production française. La France est sillonnée par un réseau de photographes ambulants travaillant uniquement pour la carte postale. Des communes de 1 500 habitants, et même moins, possèdent jusqu'à 150 cartes postales différentes. C'est dire combien il est difficile, sinon impossible, aujourd'hui d'en effectuer un recensement complet, d'autant plus que très peu d'imprimeurs et d'éditeurs se soumettaient à la loi du dépôt légal. Mais cette inconnue est pour le collectionneur une source, jamais tarie, de découvertes.

La guerre de 1914 met un terme à cet essor. La carte postale est mobilisée, dans tous les pays en guerre, pour servir à leur effort de propagande. Une fois le conflit terminé, elle n'assume plus, à quelques exceptions près, qu'une fonction touristique. Massive, certes, mais sans rapport aucun avec son passé.

Les collectionneurs se font rares. Ils réapparaissent vers les années 60. En 1966 paraît à Paris le premier numéro du *Cartophile,* bulletin du Cercle français des collectionneurs de cartes postales. La carte ancienne est alors sans cotation et s'offre à qui veut la prendre dans les boîtes des bouquinistes et des brocanteurs. Sur ce point, les Américains sont en avance sur les Français puisque, dès 1967, paraît à New York, aux éditions Nostalgia, un catalogue-guide de cartes postales américaines de collection avec leurs cotes. En 1972, à Hambourg, Irma et Willi Bernhard éditent à leur tour leur *Bildpostkartenkatalog,* suivis, trois années plus tard en France, par Joëlle et Gérard Neudin, puis par André Fildier.

Dès lors, le mouvement n'a cessé de s'étendre, caractérisé par la prolifération des « bourses d'échanges », des ventes publiques, des salons internationaux et des foires-expositions. Clubs, revues et ouvrages spécialisés se sont multipliés et plusieurs associations locales ont même décidé, en 1982, de se fédérer. La vente des cartes anciennes, qui fut jadis la seule affaire des brocanteurs, est devenue celle de professionnels répartis dans toute la France.

Les prix se sont « envolés ». Certaines cartes (Villon, Toulouse-Lautrec) ont franchi la barre des 5 000 F. On achète aussi très cher des cartes de Steinlen, Mucha, Vallotton, Privat-Livemont, du Bauhaus, du Wiener Werkstätte, des voitures à chien, des types toulousains ou bordelais, des départs de ballons, des scènes de travail, les *P'tits Métiers parisiens* d'Atget. Mais les prix élevés pratiqués pour les documents exceptionnels ou de réelle valeur n'impliquent pas l'alignement généralisé auquel se livrent certains marchands peu scrupuleux.

Le renouveau d'intérêt pour la carte ancienne n'a pas été sans bénéficier à la carte postale moderne qui a maintenant ses dessinateurs, ses éditeurs, ses collectionneurs qui manifestent un grand dynamisme.

**cartel** n. m. Pendule murale directement fixée au mur ou portée par un socle (ou console) lui-même fixé au mur, équipée d'un mouvement à ressort à huit jours avec un pendule court et une sonnerie. Les cartels directement fixés au mur sont des « cartels d'applique ». Leurs dimen-

Ader-Picard-Tajan

*Cartel et son socle en bois de placage marqueté en feuilles, mouvement du Mangeant à Paris, ornements de bronzes rocailles. Époque Régence. Adjugé 46 000 F par Mes Ader-Picard-Tajan, à Drouot, le 18-XII-1987.*

sions varient entre 45 et 130 cm, les plus petits étant appelés cartels d'alcôve. Les cartels avec console en cul-de-lampe connurent un important succès au cours du règne de Louis XIV et sous la Régence. Leurs boîtes, suivant la mode du temps, furent souvent marquetées, à la manière de Boulle, avec de l'écaille, de l'étain, de la corne ou de la laque rehaussée de bronzes ciselés et dorés à motifs rayonnants et de lambrequins. Des statuettes telles que celle de Chronos armé de sa faux ou celle de la Renommée couronnent leur sommet.

Les cartels d'applique leur succédèrent sous le règne de Louis XV. Les premiers furent dessinés par Oppenordt et Meissonnier dans le style rocaille, qui assure le triomphe des bronzes ciselés et dorés, du baroque, des volutes et contre-volutes et de la dissymétrie. Les plus beaux sont exécutés par les grands bronziers du moment : Saint-Germain, Caffieri, Berthier. Les boîtes sont surmontées de statuettes figurant des scènes champêtres ou de chasse, de motifs floraux. Certains boîtiers sont rehaussés ou totalement réalisés en porcelaine, les plus beaux modèles étant originaires de Saxe ou de la manufacture de Sèvres.

Le style Louis XVI consacre la revanche des lignes droites et de la symétrie, chères au néoclassicisme, avec l'apparition d'urnes et de vases antiquisants, d'allégories.

Vers 1800, le cartel cède la place à l'œil-de-bœuf, puis connaît un nouveau succès sous le second Empire, sous ses deux formes (avec ou sans console), dans des pièces créées dans le goût de celles des XVII<sup>e</sup> et XVIII<sup>e</sup> siècles. Plus que la qualité des mouvements et la notoriété des horlogers qui les ont confectionnés, c'est la nature et la beauté des bronzes qui font la valeur des cartels. Les prix varient entre 15 000 et 100 000 F, certaines pièces nées du talent de bronziers fameux tels Caffieri, Berthier ou Saint-Germain pouvant dépasser 250 000 F.

**cartibulum** n. m. Table d'origine romaine à grand plateau rectangulaire reposant sur un piètement transversal en volute, souvent sculpté d'animaux adossés.

**Cartier,** famille de joailliers français. Si Cartier fut le joaillier en vogue des années 1925, l'histoire de la maison remonte à 1847, et sa renommée était déjà enviable aux temps du second Empire, puisque François Cartier, installé alors boulevard des Italiens, fut le fournisseur attitré de la princesse Mathilde. Mais c'est surtout la Belle Époque, puis les fastes retrouvés de l'après-guerre, qui consacrent le talent de Louis Cartier, qui s'installa en 1898 au 13, rue de la Paix.

Cartier est l'un des créateurs du bijou « Art déco ». C'est lui qui, le premier, utilise le platine en joaillerie ; il règne non seulement sur la parure, mais aussi sur l'accessoire. Louis Cartier est l'inventeur du bracelet-montre féminin et masculin et crée, pour la femme des « années folles », de ravissants poudriers d'or, d'émail et de pierres dures, enrichis parfois de diamants ; des pendulettes suprêmement raffinées où le cristal de roche s'allie au lapis, à l'onyx, au corail, etc. ; des boîtes, des coffrets.

Un clip ayant appartenu à la duchesse de Windsor, représentant un flamant en diamants, émeraudes, saphirs et citrines, a été adjugé 1 210 000 F suisses (4 800 000 F) par Sotheby's, à Genève le 2-IV-1987.

La célèbre maison de la rue de la Paix tend à abandonner la grande joaillerie au profit des fameux *must* : montres, briquets, stylos, uniforme « obligatoire » (*must*, en anglais) d'un certain snobisme international.

**Cartier-Bresson** (Henri), photographe français (1908). Son nom est devenu le symbole même du grand reportage

*Photographie de Henri Cartier-Bresson. Ctésiphon (Iraq), les vestiges de la salle d'audience royale (Le Divan).*

H. Cartier-Bresson-Magnum

international. Ses documents instantanés sur la guerre civile en Espagne, en Chine, sur l'Union soviétique, l'Inde de Gandhi, les Européens, font partie des archives historiques de la photographie. Si ses tirages récents se rencontrent fréquemment, les épreuves anciennes et d'origine sont beaucoup plus rares. Certains tirages ont trouvé preneur à 2 000 dollars.

**cartoliste.** n. f. Néologisme par lequel les cartophiles désignent les cartes postales appartenant à une même série.

**carton** n. m. En peinture, étude préparatoire faite par l'artiste avant d'entreprendre une œuvre de grande dimension, une fresque le plus souvent. La peinture à fresque est en effet exécutée sur un plâtre frais, qui ne permet pas les retouches. Le peintre fait alors des dessins en grandeur d'exécution sur du papier fort (*cartone,* en italien) qu'il décalque ensuite sur l'enduit.

En tapisserie, « patron » très précis exécuté par le cartonnier sur lequel sont indiqués les coloris, les dessins, que le lissier du Moyen Âge interprète à sa guise. Peu à peu, les instructions des cartonniers sont plus détaillées et exigeantes. Les couleurs sont indiquées sur le carton, ou, comme cela se pratique actuellement, numérotées (chaque couleur correspond à un numéro précis), selon une technique mise au point par Lurçat.

En bibliophilie, feuille d'impression supplémentaire, destinée à remplacer des pages supprimées, en raison de corrections ou de censure.

**cartonnage** n. m. Reliure dont la couverture est revêtue de papier ou de toile, principalement de percaline, à l'exclusion de la peau. Réservé aux éditions populaires et bon marché au XVIII<sup>e</sup> siècle, le cartonnage connut un très grand essor vers les années 1820-1830. Exécuté de façon industrielle par les éditeurs, avec des plaques dorées dont les motifs rappellent le sujet du livre, le cartonnage romantique connut un extraordinaire succès, qui dura tout au long du XIX<sup>e</sup> siècle, avec livres de prix et livres d'enfants. Les cartonnages de l'éditeur Hetzel contribuèrent au succès de Jules Verne. Parmi les relieurs industriels qui exécutèrent ces cartonnages, on peut citer Lenègre et Engel.

**cartouche** n. m (it. *cartoccio,* cornet de papier). Motif d'ornementation peint, sculpté ou tissé en forme de feuille de papier enroulée aux deux extrémités et laissant en son centre un espace vide destiné à recevoir un chiffre, un signe ou une inscription. Par extension, un cartouche désigne tout décor entourant un espace vide destiné à recevoir une inscription.

En horlogerie, on appelle « cartouche » les plaques d'émail blanches où sont gravés les chiffres horaires. Le graphisme des chiffres permet de dater les horloges et les pendules.

**casque** n. m. Le casque est une défense de tête dont l'origine est très ancienne. À l'époque médiévale, il est inséparable de l'armure. Aussi ne peut-on parler de casque que pour la piétaille qui portait des cervelières, des salades ou des chapeaux. À la Renaissance, le *morion* à large visière en forme de croissant de lune se généralise. Au XVIIe siècle, le casque disparaît au profit du chapeau — parfois en fer — ou de la capeline « à la polonaise », à nasal mobile et protège-nuque en écrevisse. Sous Louis XIV, on adoptera le *tricorne.* Il faudra attendre le règne de Louis XV pour voir apparaître le casque dit « à la Schomberg », à crinière et à cimier, équipant les dragons et les uhlans. Sous l'Empire naissent les casques à chenille ou à crinière de modèles variés, aux bombes d'acier couvertes de veau marin ou de panthère. Les plus beaux possèdent un cimier à l'antique dit « à la Minerve ». Les deux Restaurations, la monarchie de Juillet et le second Empire continuent la tradition. La IIIe République ne maintient le casque que pour les cuirassiers et les dragons. Durant la guerre de 1914 apparaît le casque *Adrian* remplaçant les fragiles képis. Les Allemands, d'abord équipés de casques à pointe en cuir ou en carton bouilli, adoptent un lourd armet en acier : le *Stalhelm*.

En Turquie, les casques ottomans sont somptueux et adoptent parfois la forme d'un turban (casque de Bajazet) et en Iran le *kulahkhud* est à timbre en forme de bol, surmonté d'aigrettes et d'une grande pointe, prolongé d'un camail d'acier.

Les casques sont très appréciés des collectionneurs en raison, souvent, de leur beauté. Les prix sont très variés.

**Cassandre** (Adolphe Mouron, dit), affichiste français (Kharkov, Russie, 1901 - Paris 1968). Chef de file des affichistes de l'entre-deux-guerres, il est résolument moderne, témoin de son temps comme le prouve le graphisme direct, presque gestuel, de ses compositions : *l'Étoile du Nord, Normandie* sont des modèles de cet art. Mais l'affiche célèbre entre toutes est celle dessinée pour l'apéritif Dubonnet et qui se décomposait en *Dubo-Dubon-Dubonnet* (1932) dans les souterrains du Métropolitain. Dans les ventes publiques, ses affiches atteignent souvent des prix exceptionnels : *Dubo... Dubon... Dubonnet,* 32 000 F, le 25-V-1986, à Orléans par Me Savot. *L'Étoile du Nord* (Chemins de Fer du Nord, 1927), 23 000 F, à Lyon, le 5-VI-1986.

**Cassatt** (Mary), peintre et graveur d'origine américaine (Pittsburgh 1844 - château de Beaufresnes, Oise, 1926). Après des études à Philadelphie, Mary Cassatt entreprit un voyage d'études en Europe et, en 1872, se fixa à Paris. Fortement impressionnée par Degas et Manet qui devinrent ses amis intimes, elle fut attirée par le pastel, la gravure, l'aquatinte, pour laquelle elle eut une grande prédilection. Mais elle produisit également de très belles gravures à la pointe sèche. Mary Cassatt privilégia le thème « mère-enfant ». À l'instar des impressionnistes, elle eut un vif intérêt pour l'estampe japonaise, dont elle s'inspira également. L'artiste ne connut pas le succès de son vivant et, devenue aveugle, en 1914, elle dut abandonner toute création.

Aujourd'hui, ses œuvres atteignent des prix très élevés : *Margot en costume rouge,* pastel (64,8 x 54 cm), adjugé 600 000 dollars (près de 4 millions de F) à New York, chez Christie's, le 29-V-1987. Prix décuplé en dix ans.

**casserole** n. f. Récipient à long manche destiné à la cuisson des aliments. Cet ustensile utilitaire en fer, en aluminium, peut aussi être objet de collection, comme les casseroles de cuivre anciennes qui, bien astiquées, sont très décoratives et se trouvent chez les brocanteurs à assez bas prix (cependant les copies sont nombreuses). Les casseroles antérieures au XXe siècle se reconnaissent à l'épaisseur du cuivre et à leur poids élevé. Mais la casserole est parfois aussi un délicat objet d'argent massif : casserole à sauce ou à bouillie, elle est alors de petite taille, et on la fait réchauffer à table, sur un réchaud à alcool, qui peut être, lui aussi, d'argent massif. Les casseroles d'argent que l'on trouve chez les antiquaires sont généralement poinçonnées au coq* ou au vieillard*, du Directoire à la Restauration.

**cassetin** n. m. Sorte de sébille en bois, de forme ronde, placée au centre d'une table à jeux pour recevoir des mises. Syn. CORBILLON.

**cassolette** n. f. (anc. provençal : *casoleta*). Motif représentant un réchaud servant à brûler les parfums. Vulgairement appelé « soupière », cet ornement néoclassique, inspiré par les antiquités gréco-romaines, figure sur de nombreux meubles provençaux.

**cassone** n. m. Coffre de mariage d'origine italienne de la Renaissance, correspondant à la « corbeille de mariage » moderne. Pour l'orner, les artistes emploient indifféremment la peinture *a tempera,* la sculpture peinte et dorée, la gravure en relief, l'*intarsia** ; prenant souvent la forme « tombeau », il est orné tantôt de figurines sculptées avec pilastres à grotesques, tantôt de personnages allégoriques, de colonnes et de cariatides. La décoration la plus courante est *a sgraffito,* c'est-à-dire d'un graphisme réalisé par des hachures, tracées sur un enduit blanc, appliqué sur fond de stuc noir. (V. COFFRE.)

Ader-Picard-Tajan

*Cassone de mariage en bois peint et sculpté ; poignées latérales en fer forgé. Florence, fin du XVe siècle. Adjugée 25 000 F par Mes Ader-Picard-Tajan, à Drouot, le 5-III-1982.*

**cassotte** n. f. Nom donné dans l'ouest de la France à une louche en bois, en fer ou en cuivre dont le manche tubulaire permet de faire écouler l'eau pour boire ou se laver les mains.

**castagnettes** n. f. Instrument de musique à percussion. Objet d'art populaire d'origine espagnole, il est composé de deux morceaux de bois ou d'ivoire identiques taillés en coquilles et reliés entre eux par une cordelette.

**Castel Durante.** Dès 1361, on trouve la mention d'un potier renommé à Castel Durante, Giovanni dei Bistugi. Ce n'est qu'au XVIe siècle que la production de majoliques à Castel Durante devint importante et à cette époque ce centre rivalisa avec Faenza et Urbino. Deux maîtres faïenciers ont marqué la production des majoliques : Giovanni Maria et Niccoló Pellipario. Ils furent à l'origine de décors particulièrement somptueux comportant en abondance des *putti*, des chimères, des griffons et autres motifs empruntés à l'Antiquité classique, ainsi que des thèmes bibliques. On trouve aussi de très beaux vases d'apothicairerie.

La production de Castel Durante — tout autant que celle de Faenza — est très appréciée des collectionneurs du monde entier, et les belles pièces de la Renaissance peuvent atteindre des cotes considérables.

Christie's

*Coupe en céramique à fond bleu de Castel Durante, datée 1533. (Diam. 22,9 cm.) Adjugée par Christie's le 14-IV-1980.*

**Castelli.** De la fin du XVIe au XVIIe siècle, deux régions italiennes ont dominé la production des majoliques : les Abruzzes et la Ligurie. À Castelli, dans les Abruzzes, se regroupent du XVIe au XIXe siècle une trentaine de fabriques plus ou moins importantes, dominées par la dynastie Grue, particulièrement Carlo Antonio Grue (1655-1723) et sa descendance, puisque sous Ferdinand IV Saverio (1731-1799) fut directeur, de la manufacture des Bourbons à Naples, (à partir de 1771).

La production du XVIIe siècle est caractérisée par les *bianco sopra bianco* (« blanc sur blanc »), les jaunes pâles et les bruns, ainsi que par des pièces « de forme », surtout des vases typiques aux anses torsadées. Les décors polychromes de la seconde moitié du XVIIe siècle sont souvent rehaussés de dorures qui nécessitaient une deuxième cuisson au petit feu. Les décors employés comportent des thèmes mythologiques et historiques (décor historié) qui rappellent la galerie Farnèse à Rome, ainsi que des scènes de chasse d'après Tempesta. Le XVIIIe siècle est caractérisé par les paysages, les scènes galantes ou mythologiques, les *putti* et les motifs rococo.

La production de Castelli intéresse les collectionneurs du monde entier et ses cotes demeurent raisonnables, ce qui n'est pas toujours le cas des majoliques du XVIe siècle.

**catalogue de vente.** Les meubles ou objets qui composent une vente publique sont examinés et décrits par les experts qui assistent les commissaires-priseurs ; ces descriptions reportées dans un catalogue imprimé sont précédées chacune d'un numéro qui correspond à l'ordre de la vacation. Alors que les ventes courantes sans catalogue ne donnent d'autre définition que la brève présentation faite oralement par le commissaire-priseur, les catalogues imprimés constituent des références qui permettent d'authentifier les meubles présentés. Toutefois, il est possible qu'au moment de la « mise sur table » (lorsque l'objet mis en vente est montré au public par le commissionnaire), l'expert ou le commissaire-priseur ajoute une précision supplémentaire (réparations, accidents) ne figurant pas dans le catalogue. Ces indications de dernier moment doivent être portées sur le procès-verbal de la vente.

Les catalogues sont envoyés aux clients habituels des commissaires-priseurs une quinzaine de jours avant la vente, ou sont vendus lors de l'exposition qui la précède. Dans certaines études importantes, il est possible de souscrire un abonnement à ces catalogues. À Paris, les services des catalogues du Nouveau-Drouot offrent la possibilité de s'abonner aux catalogues de toutes les ventes ou uniquement à ceux de certaines spécialités (argenterie, faïences, meubles, tableaux, etc.). Les catalogues permettent de prendre connaissance des caractéristiques de toutes les pièces décrites et constituent un véritable guide de la vente. Certains d'entre eux comportent, numéro par numéro, une liste des évaluations indicatives des meubles et objets, cet aspect facilitant les décisions d'achat.

En bibliophilie, le catalogue est une liste énumérative et descriptive des ouvrages proposés. Les catalogues de libraires à prix marqués apparurent très tôt. Dès 1498, Alde Manuce en envoyait avec prix imprimés, ainsi que Robert Estienne, en 1542. Au XVIIe siècle, les libraires parisiens publient des catalogues, comprenant leurs propres publications et des livres d'occasion. Dès la fin du XVIe siècle, grâce aux Hollandais, apparaissent les catalogues de ventes aux enchères avec description des livres et abréviations, encore en usage aujourd'hui. Durant tout le XIXe siècle, les catalogues à prix marqués des libraires d'occasion coexistent avec ceux des ventes publiques. Leurs illustrations datent du troisième quart du XIXe siècle. Ce sont des sources précieuses pour la bibliographie et la documentation.

**cathédrale** (à la). Le décor « à la cathédrale » fut à la mode sous la Restauration et Louis-Philippe, parallèlement à l'engouement des arts et des lettres pour le style néo-gothique et le genre troubadour : dossiers de siège ajourés en ogive et coiffés de clochetons, bibliothèques

Ader-Picard-Tajan

*Veilleuse-tisanière en porcelaine de Paris décorée « à la cathédrale ». Première moitié du XIXe siècle. (H. 31 cm.)*

ornées de fenestrages gothiques, cadrans des pendules décorés de rosaces, les opalines de fines arcatures, les porcelaines de scènes moyenâgeuses (du Guesclin, Jeanne d'Arc).

Les reliures de Simier et de Thouvenin sont estampées sur les plats et les dos d'ogives, de colonnettes et d'arcatures.

**Caucase.** Le Causase, région située entre l'Europe et l'Asie, la mer Noire et la mer Caspienne, est souvent considéré comme le berceau du nouage et de la teinture du tapis d'Orient. Malgré l'extrême diversité des ethnies qui se côtoient, malgré la situation même de cette région ouverte aux influences turques, persanes, mongoles, les divers tapis du Caucase ont gardé au cours des siècles de nombreux traits communs tout en conservant un caractère original propre à chaque famille. Les familles des tapis du Caucase comprennent : le Kazak*, le Chirvan*, les tapis du Daguestan*, le Tchi-Tchi, le Kabistan, le Derbent*, le Karabagh*, le Gandja, le Sheikour, le Koula* ainsi que le Soumak* le Sileh et le Verneh, ces 3 derniers étant des tapis tissés ou brodés.

Tapis rural ou nomade, le tapis caucasien est d'un format généralement modeste, mais se présente parfois sous la forme d'une étroite galerie de 4 à 5 m de long. Il est exécuté au nœud turc, avec une très belle laine épaisse et brillante ; la chaîne et la trame sont en laine, parfois mélangée de coton ou de poils de chèvre.

Le décor est dominé par une géométrie très rigoureuse, où la stylisation animale et florale est poussée à l'extrême : polygones variés, bordés de contours en escalier ou à crochets ; étoiles à 4, 6 ou 8 branches ; scorpions, aigles, chiens très stylisés ; bordures de « verre à vin », frises de « chien qui court ». Les couleurs très franches, où dominent le bleu et le rouge à côté des bruns, des ivoires orangés, des verts, sont réparties en un rythme contrasté qui apporte tout à la fois vigueur et gaieté presque naïve. À l'écart de ce schéma général, on trouve des tapis caucasiens qui résultent d'une interprétation originale et plutôt confuse des tapis européens.

**Caumont** (Jean), ébéniste français. Reçu maître en 1744, il a laissé une production abondante de commodes, secrétaires, coiffeuses, tables à jeux, à décors variés.

**cauris** n. m. Coquillage se présentant sous deux formes : « Cypraea moneta » et « Cypraea annulus », qui servait jadis de monnaie dans presque toute l'Afrique noire. Le cauris sert souvent d'ornement, soit comme bijou, soit pour rehausser les masques ou les fourreaux d'armes. Certains yeux de statuettes sont formés de deux cauris.

**causeuse** n. f. Grande bergère à deux places, au siège assez bas, apparue à la fin du XVIII^e^ siècle.

**Cavalier** (Jean), ivoirier français. Il voyagea beaucoup en Europe et excella notamment dans l'exécution de portraits sur médaillon dont de nombreux exemplaires sont conservés dans les musées européens.

**cave** n. f. Cavité en forme de guichet aménagée dans certains meubles. La cave s'ouvre librement entre les montants ou comporte soit un vantail, soit un panneau à lattes coulissantes, comme c'était le cas dans certaines tables de chevet. Dans la « toilette », les caves latérales sont des caissons recouverts d'un volet qui se rabat sur les côtés.

**cave à liqueur** n. f. Petit coffret d'ébénisterie renfermant un service de verres à liqueur et de flacons.

Considéré récemment encore comme un objet de brocante (au moins pour les exemplaires de la fin du XIX^e^ s.), ce meuble large de 40 cm de façade est devenu une antiquité raffinée, à juste titre. (V. CABARET.) Ceux que l'on trouve sur le marché sont généralement du XIX^e^ siècle. Ils sont en marqueterie de bois précieux, ou incrustés de burgau* sur fond noir, et s'ouvrent à la fois par leur partie supérieure et sur les côtés, afin de dégager le support de bronze doré où sont suspendus quatre flacons de cristal et une douzaine de verres.

**Caxton** (William), imprimeur anglais (1422-1491). Après deux séjours en France et en Allemagne, il établit une presse à Westminster et publia, le 18 novembre 1477, le premier livre imprimé en Angleterre. On lui doit six types de caractères.

**cécilium** n. m. Instrument de musique du XIX^e^ siècle, en forme de poire, composé d'un clavier intégré à son manche et d'un soufflet que l'on actionne avec une poignée en forme d'archet. Appartenant à la famille de l'accordéon, on en joue néanmoins comme d'un instrument à cordes. Il en existe de différentes tailles allant jusqu'à celle de la contrebasse. Malgré son jeu hybride, c'est un instrument qui trouve place comme curiosité dans les collections.

**ceinture** n. f. Élément important de la structure d'un meuble, apparu à la fin de l'époque gothique (vers 1450), formant un cadre horizontal où sont fixés les pieds, sous le plateau d'une table, d'un buffet ou d'un siège. Dans les emplacements découpés à cet effet, la ceinture reçoit un ou plusieurs tiroirs. Elle présente une ligne inférieure rectiligne (jusqu'à la fin du XVIII^e^ s.) ou chantournée (à partir du début du XVIII^e^ s.).

**céladon** n. m. Nom d'une couleur allant du gris-vert au vert olive, s'appliquant par extension à un type de céramique, produite en Chine, au Japon, en Corée et dans le nord de la Thaïlande. Cette céramique fut tout d'abord dénommée *Martabani* (du nom du port de Martaban, en Birmanie, d'où elle était exportée), puis, à partir du XVII^e^ siècle, *céladon,* du nom d'un berger du roman de *l'Astrée* qui portait sur scène des rubans de couleur verte.

Les céladons, produits par oxydation d'un pigment à base de fer dans un four à réduction, peuvent présenter des nuances très variées : certains sont bleutés (ce sont les plus recherchés), d'autres tirent sur le brun en raison de la couleur même de la terre utilisée et du nombre de couches d'émail appliquées. L'adjonction éventuelle de cobalt ou de cuivre permet également de varier les couleurs.

Les céladons chinois furent surtout produits à partir de l'époque des Song, et connurent une grande vogue sous les Yuan et les Ming. En Corée, ils furent fabriqués à partir du X^e^ siècle, tandis que leur production commença en Asie du Sud-Est vers la fin du XIII^e^ siècle.

Les céladons montrent une teinte généralement dense et lisse, d'une opacité nuageuse. L'émail, translucide, laisse apercevoir les gravures faites dans la pâte avant la glaçure, ou encore des dessins tracés en noir. Les plus anciens céladons seraient les céramiques Yue de l'époque des T'ang, bien qu'on ne les considère pas comme de véritables céladons.

**Cellini** (Benvenuto), sculpteur et orfèvre italien (Florence 1500-*id.* 1571). Artiste très complet, Cellini rédigea d'intéressants *Mémoires* (1558-1566) ainsi qu'un traité d'orfèvrerie (1568) dans lequel sont décrits des procédés d'orfèvrerie, de glyptique, de joaillerie, d'émaillage, de ciselure et de décoration des vases d'argent, ainsi que la difficile technique de la fonte à la cire* perdue. Appelé à la cour de France de 1540 à 1545, il exécuta pour François Ier la fameuse *Salière* (1543, musée de Vienne).

**centenionalis** n. m. Monnaie romaine en bronze créée vraisemblablement vers 342 apr. J.-C. Après l'institution du follis par Dioclétien, le monnayage de bronze entra dans une période très complexe, et il est difficile au numismate d'aujourd'hui de se faire une image claire des étalons monétaires et même des noms utilisés pour les monnaies de bronze du IVe siècle.

**céramique** n. f. Terme générique (du grec *keramos,* « argile ») regroupant tous les objets en terre ayant acquis, pendant une cuisson à température plus ou moins élevée, une certaine dureté.

L'art de la céramique comporte de multiples variétés et on peut aisément classer les grandes familles : la poterie mate, à l'état brut, séchée au soleil ; la poterie vernissée, imperméable grâce à un vernis dit plombifère ; la faïence traditionnelle, recouverte d'un émail dit stannifère ; la faïence fine (terre de pipe, cailloutage, terre de Lorraine, terre anglaise), caractérisée par une pâte blanche à texture fine, recouverte d'un vernis plombifère transparent ; la porcelaine dite « opaque », en réalité produit mixte entre la faïence fine et la porcelaine, car elle contient un peu de kaolin, du silex broyé, mais n'est pas translucide ; le grès, cuit à haute température, amenant une vitrification et donnant une matière très dure ; la porcelaine dite en « pâte tendre » *(Ersatzporcelein),* imitant la pâte dure au kaolin. Elle est faite à partir d'une fritte, mélange de sable et de soude ; la porcelaine dure, translucide, faite de kaolin mêlé à du feldspath, utilisée pour la première fois par les Chinois puis redécouverte par l'Allemand Böttger en Saxe. En France, l'exploitation du gisement de Saint-Yriex a donné son essor à la porcelaine de Limoges.

Photo du musée

*Vase athénien à figures rouges montrant l'atelier d'un potier. Oxford, Ashmolean Museum.*

**cercle** n. m. Instrument de mesure en laiton ou en cuivre, monté sur une articulation centrale. Plus ou moins décorés, les cercles sont souvent conservés dans leur boîte de bois.

Le *cercle d'arpentage,* ou *cercle hollandais,* est un instrument de géodésie apparu à la fin du XVIe siècle en Hollande et employé au XVIIe siècle. Il est utilisé horizontalement, et se compose d'un cercle gradué tout au long de son limbe, de pinnules de visée aux extrémités de ses diamètres, d'une alidade également à pinnules pivotant sur son centre. Il est à l'origine du cercle de Borda.

Le *cercle à réflexion,* ou *cercle de Borda**, sert à mesurer en mer un angle entre deux directions déterminées, situées toutes deux dans un plan horizontal. Le premier cercle à réflexion fut construit en Angleterre en 1772. Repris par Charles de Borda, il fut fabriqué par Lenoir en 1777. Très utilisé au XIXe siècle, il mesure 26 cm de diamètre.

Le *cercle répétiteur* construit par Lenoir en 1784 est une variante du cercle de Borda.

Ces instruments, très recherchés par les collectionneurs, se trouvent difficilement.

**cerisier** n. m. Bois fruitier au grain serré tirant sur le rouge, de la même famille que le merisier sauvage d'une teinte plus blonde. Il est employé en marqueterie, mais surtout en massif pour la réalisation de nombreux meubles régionaux.

**cervalobélophilie** n. f. Collection de sous-bocks de bière.

**cervelas** n. m. Instrument de musique à vent et à anche double de la famille du basson, en usage au XVIIe siècle. Son corps, percé de douze trous, ne dépasse pas 21 cm, mais renferme un tube de 1,20 m, ce qui lui donne un son grave. Instrument assez rare chez les marchands et dans les salles de vente, il est recherché par les collectionneurs.

**chadburn** n. m. Mot anglais qui désigne un appareil transmettant les ordres de la passerelle aux machines sur un navire. Il a l'aspect d'une colonne de cuivre surmontée d'un cadran où sont inscrites les principales manœuvres à effectuer. Ces appareils doivent à leur ornementation d'être très recherchés par les amateurs de curiosité de marine.

**Chagall** (Marc), peintre français d'origine russe (Vitebsk 1887-Saint-Paul-de-Vence 1985). L'universalité artistique de Marc Chagall embrasse largement la gravure, à laquelle il s'initie en 1922-23, et la lithographie. Son œuvre d'illustrateur s'attache à de grandes œuvres classiques comme « les *Fables* de la Fontaine » (100 eaux-fortes, 1926-1931) ou *les Âmes mortes* de Gogol (118 eaux-fortes, 1924-25), aux légendes comme celle des *Mille et Une Nuits,* ainsi qu'à tous les thèmes religieux qui lui sont chers, à commencer par la Bible (105 eaux-fortes, 1931-1939 ; puis 1952-1956), auxquels Marc Chagall confère cette féerie céleste, naïve et colorée qui lui est propre. Ses lithographies atteignent des prix élevés, en hausse constante depuis 1980. Une série de 42 planches, *Daphnis et Chloé,* s'est vendue 264 000 dollars chez Christie's, à New York, le 11-V-1987.

**chagrin** n. m. Cuir grenu, fait de peau de chèvre. Utilisé dès les origines dans la reliure, le chagrin est en grande faveur au XVIIe siècle, surtout noir, pour relier les livres de piété. Moins onéreux que le maroquin, il est très employé au XIXe siècle dans les reliures romantiques et en demi-reliure pour les ouvrages n'ayant pas un grand intérêt bibliophilique.

**Chāh-nāmè** (« Livre des Rois »). Sorte de *Légende des siècles* iranienne. Dans cette immense épopée, le poète Abu al-Qāsim Firdūsī (934-1020), au service du roi Mahmūd de Rhazna, relate en 60 000 distiques toute l'histoire de l'Iran, de ses origines mythiques à la conquête arabe. Ce récit fameux est un des ouvrages littéraires les plus diffusés en Iran ; il a fourni aux miniaturistes de nombreux thèmes d'inspiration : scènes de cour, évocations mythologiques, affrontements d'armée, combats de héros légendaires.

Photo du musée

*Firdūsi, l'auteur du* Chāh-nāmè *et les poètes de la cour de Rhazna. Miniature du manuscrit Houghton, attribuée à Aga Mirak. Perse, école séfévide, XVI^e siècle. The Metropolitan Museum of Art, don Houghton.*

**chaîne** n. f. Ensemble de fils, généralement écrus, tendus parallèlement sur le métier à tisser. Horizontale en basse lisse, verticale en haute lisse, la chaîne n'est pas visible sur une tapisserie terminée. Jadis en laine ou en lin, la chaîne est actuellement en coton.

**chaîne** n. f. Bijou de longueur variable, composé d'anneaux de métal (or, le plus souvent), accrochés les uns dans les autres. C'est le plus simple des bijoux, peut-être aussi le plus ancien, porté indifféremment par les hommes ou par les femmes. Le rôle le plus ancien de la chaîne est de suspendre les amulettes, médailles, pendentifs et autres breloques, puis les décorations telle celle de la Toison d'or, qui se portait en sautoir. On trouve des chaînes à mailles fantaisie (torsades ou anneaux), dans les décolletés médiévaux, et les femmes de la Renaissance en portent, rehaussées d'émail et de pierres précieuses. La chaîne classique se compose de mailles ovales régulières, mais l'orfèvre peut, à sa fantaisie, changer la forme des maillons : chaînes à maillon aplati, dites « chaînes forçat » ; gourmettes formées de motifs étroitement imbriqués les uns dans les autres ; « maillons olives » à l'ovale fantaisie allongé ; « maillons navette » plus pointus, avec des torsades présentant un aspect de cordelière.

Les chaînes sont de longueur et d'épaisseur variables, de la mince chaînette à 2 ou 3 g d'or, jusqu'au grand sautoir vingt fois plus lourd. Il est rare de découvrir des chaînes ultrafines anciennes, car leur solidité n'a pas résisté à l'épreuve du temps.

Très appréciés et présents sur le marché sont, en revanche, les sautoirs du siècle dernier, où l'on suspendait la montre ; ils présentent une grande fantaisie de mailles : olives torsades, rehauts d'émail, de même que les chaînes giletières, que l'on porte en « ras du cou ». Le prix est fonction du poids.

**cha-iré.** Nom japonais donné aux pots à thé avec couvercle. Ils furent fabriqués en céramique (grès) pendant et après la période de Muromachi notamment à Seto, à l'imitation de pièces chinoises. (V. JAPON.)

**chaire** n. f. Siège noble à haut dossier dont les panneaux latéraux forment le piétement qui se prolonge en accotoirs (XIV^e-début du XVI^e s.). Le décor des panneaux et du dossier est sculpté en plis de serviettes, en fenestrages, en rinceaux, en feuillages, avec parfois des personnages en léger relief.

**chaise** n. f. Siège apparu sous ce nom à la fin du XIV^e siècle.

*Chaise de commodité.* Large fauteuil dont le dossier est muni d'« oreillons » servant d'appuis-tête latéraux.

*Chaise longue.* Fauteuil large et confortable dont le siège forme une avancée permettant d'étendre les jambes. Apparue à la fin du XVII^e siècle, la chaise longue prend des formes diverses qui reçoivent des noms particuliers selon les modes : duchesse, marquise, ottomane. (V. CANAPÉ.)

*Chaise nécessaire, chaise d'affaire, chaise de retrait, garde-robe.* Appellations diverses de la « chaise percée » qui indiquent clairement sa fonction. Au XVII^e siècle, les chaises percées se composaient d'un siège à ouverture qui communiquait avec un bassin ou un pot de chambre placé sur un plancher ; elles comportaient souvent un dossier et des accotoirs rembourrés. En 1753, le mercier Lazare Duvaux fournit à M^me de Pompadour « une chaise percée à dossier plaqué en bois de rose à fleurs, garnie de bronze doré d'or moulu » pour la forte somme de 1 650 livres.

*Chaise d'époque Louis XIII avec garniture en tapisserie.* À droite, *chaise faisant partie d'une paire en bois naturel mouluré et sculpté, pieds cambrés à entretoise, fond de canne. Époque Régence. La paire adjugée 12 000 F par M^es Ader-Picard-Tajan, à Drouot, le 18-XII-1987.*

Ader-Picard-Tajan

Certaines chaises percées dites « à la marseillaise » ont l'aspect d'une table de nuit cylindrique dont le couvercle forme le dessus. Les chaises percées « à layettes » comportent une fermeture à rideau coulissant fait de petites lattes mobiles. Les chaises percées de voyage sont à couvercle et à charnière formant dossier.

*Chaise paillée.* Siège à dossier droit dans le prolongement des pieds arrière tournés, apparu dès le début du XVIIe siècle aux Pays-Bas, comme en témoignent de nombreux tableaux, notamment de Jordaens (*la Fête des rois,* musée de Vienne) et de Pieter Janssens (*la Liseuse,* Pinacothèque de Munich).

*Chaise à porteurs.* Anciennement appelé chaise à bras (début du XVIIe s.), ce siège était muni de crochets en fer où l'on passait de longs bâtons que soulevaient deux porteurs pour déplacer un passager. Ces chaises étaient le plus souvent entourées d'une structure en forme de guérite, avec des vitres sur les côtés et une porte sur le devant. Elles étaient ornées des blasons de leurs propriétaires ou de peintures diverses parfois exécutées au vernis Martin. L'intérieur était garni d'étoffes matelassées. Les chaises à porteurs en bon état sont assez rares.

*Chaise volante.* Chaise fixée à une plate-forme mobile installée dans une cage d'escalier ou entre des murs, et permettant, grâce à un système de contrepoids, d'élever des personnes d'un rez-de-chaussée à un étage supérieur. Elle fut employée à Versailles au cours du XVIIIe siècle, et dans d'autres demeures royales. Louis XV se servait, dit-on, d'une chaise volante pour rejoindre l'appartement de Mme du Barry.

Le nom de chaise volante est aussi donné à une chaise légère, caractéristique du style Napoléon III, à dossier garni de barrettes, de fuseaux ou de motifs contournés.

**chalcographie** n. f. Terme d'abord utilisé pour désigner une gravure sur cuivre (*khalkos* en grec), puis plus généralement sur métal, puis devenu synonyme de *taille-douce.* Par extension, le mot s'applique également à la collection d'estampes gravées et à l'endroit où celle-ci est conservée.

**chambourin** n. m. Petit verre à boire en verre commun. On peut trouver ces verres sous l'appellation « verres-fougères » bien que n'entre plus dans la composition du verre un alcali à base de potasse produit par la forêt, mais un alcali à base de soude issu de la combustion de plantes marines.

**chambre noire.** À l'origine, la chambre noire *(camera oscura)* est une pièce plongée dans l'obscurité et dont l'une des parois est percée d'un orifice laissant passer la lumière et renvoyant sur le mur opposé l'image des objets extérieurs compris dans un faisceau lumineux donné. Inventée au XIIe siècle, la chambre noire devient plus tard un appareil portatif que Léonard de Vinci et Jérôme Cardan perfectionnent en le dotant d'une lentille biconvexe. Les peintres de la Renaissance utilisèrent la chambre noire pour les effets de perspective de leurs tableaux. Elle recevra par la suite d'autres perfectionnements et sera la forme primitive de l'appareil photographique.

**champ** n. m. Surface de la monnaie non recouverte par les empreintes laissées par le coin (type monétaire ou légendes).

**champlever.** Enlever le champ autour d'un motif que l'on réserve. En émaillerie, champlever signifie creuser le champ d'une plaque pour introduire la pâte d'émail dans les alvéoles. L'émail champlevé s'oppose à l'émail cloisonné (V. ÉMAIL).

En céramique, champlevé se dit d'un décor sur lequel la paroi est grattée autour du motif qui, ainsi, se détache. Les céramiques musulmanes de Garrus (Iran) et certaines productions médiévales en sont de bons exemples.

**Chanaux** (Alfred), décorateur et ébéniste français (1887-1965). Artiste « Art déco », il dessine pour des décorateurs célèbres comme A. Groult (v. 1920), J. E. Ruhlmann (1925) et E. Printz. Associé avec le décorateur J.-M. Franck, Chanaux conçoit des meubles présentant des formes simples et un décor dépouillé.

Un petit bureau plat en sycomore de Franck et Chanaux a été adjugé 14500 F à Drouot, le 28-II-1986.

**chancellerie** n. f. Tapisserie armoriée aux armes de France sur un fond fleurdelisé, que le roi offrait au chancelier à son entrée en charge.

Ader-Tajan-Picard

*Tapisserie de Bruxelles de la fin du XVIe siècle. Elle est armoriée par un blason surmonté d'un heaume de chevalier, d'un bras armé, et entouré par des volutes feuillagées. Au premier plan, la châtelaine inspecte les travaux des champs. Adjugée par Mes Ader-Tajan-Picard, le 24-VIII-1982.*

**chandelier** n. m. Dans la civilisation musulmane, le chandelier est, comme le bassin, un objet de prestige. Exécuté en bronze ou en cuivre, il est essentiellement destiné à la mosquée. Les premiers exemplaires, originaires de l'Iran occidental, sont datés du XIIIe siècle. La forme varie peu : un corps légèrement tronconique reposant sur un socle bas et surmonté d'une plate-forme en débord. Au centre s'élève un col cylindrique supportant la bobèche. Cette forme se perpétue, avec quelques variantes, sous les Mamelouks. Sous les Séfévides, le chandelier prend l'aspect d'un flambeau-colonne.

Le décor du XIIIe siècle est souvent gravé, incrusté d'argent et de pâte bitumeuse noire. Puis il se développe

*Chandelier en argent fabriqué au XVIII^e siècle à Augsbourg.*

C. A.

H. Fournier

*Chandelier en faïence de Nevers. Paris, collection Hélène Fournier.*

en motifs divers présentés sur fond tapissant : signes du Zodiaque, personnages, épigraphies. Au XVI^e siècle, sous les Séfévides, l'ornementation, divisée en registres, reprend les thèmes des enlumineurs : arabesques lobées, fleurettes répétitives. Certains modèles plus tardifs (XVII^e-XVIII^e s.) ont des cannelures torsadées modelant le fût central. Les inscriptions qui complètent ce décor reproduisent souvent des distiques de poètes célèbres. Citons, enfin, les modèles ottomans (XV^e-XVIII^e s.) qui, en revanche, sont rarement décorés ; certains d'entre eux sont d'une taille impressionnante.

**chanfrein** n. m. Terme de menuiserie désignant une coupe destinée à supprimer l'arête vive d'une pièce de bois. Le chanfrein peut s'exécuter au rabot ou à la lime. Les pieds des tables de ferme sont souvent « chanfreinés ».

**channe.** V. CANNE.

**Chanot** (les), famille de luthiers, originaires de Mirecourt.

*Francis* (1787-1823), ingénieur de la Marine, se préoccupa particulièrement des principes de l'acoustique. C'est à lui que nous devons le violon sans coins, à volutes renversées et aux ouïes parallèles aux bords. Appelés aussi violons-guitares, ces instruments furent pour la plupart construits par Georges, son frère.

*Georges* (1801-1883), réparateur et expert, fut aussi un éminent luthier de l'école française. À la fin de sa vie, son nom se trouva associé à celui de son beau-fils, Joseph Chardon.

**Chantilly.** En 1725, Louis Henri de Bourbon, prince de Condé, installe à Chantilly une manufacture de porcelaines qui est dirigée par Ciquaire Cirou, ouvrier faïencier originaire de Saint-Cloud, jusqu'à sa mort en 1751. L'autorisation de fabriquer et vendre de la porcelaine tendre (c'est-à-dire sans kaolin) n'a été accordée qu'en 1735. Dirigée par Buquet de Montvallier jusqu'en 1760, puis par la famille Gravant de 1776 à 1792, l'usine est rachetée par un Anglais, Christopher Potter, qui abandonne la fabrication de la porcelaine pour celle de la faïence fine, peu coûteuse.

Les pièces fabriquées à Chantilly sont le plus souvent marquées d'un cor de chasse stylisé, peint en rouge. Saint-Cloud a sans nul doute influencé Chantilly. Les décors — très raffinés — s'inspirent de l'Extrême-Orient, principalement d'Imari, au Japon (décor dit *kakiemon,* aux couleurs très vives). En dehors de ce décor luxueux, une production plus simple est traitée en camaïeu bleu, au motif dit « à l'œillet », ou de semis dits « à l'épi » ou « à la brindille » (1760-1780).

Les « décors coréens », les plus chers, sont aussi les plus recherchés, tandis que les décors « à la brindille » demeurent très bon marché.

Parmi les peintres décorateurs actifs à Chantilly, il faut retenir les frères Dubois, plus tard responsables de la création de la manufacture de Vincennes, et François Favant. Aussi note-t-on une certaine ressemblance entre les pâtes tendres produites à Chantilly, Vincennes et Sèvres.

Au XIX^e siècle est apparue une manufacture de porcelaine dure marquée « Chantilly » ou du monogramme « B C ».

J. et M. Wolber

*Sucrier en porcelaine tendre de Chantilly, à décor coréen, XVIII^e siècle. Biennale des antiquaires de Cannes.*

**chantournement** ou **chantourné** (de *chant,* face, et *tourner*). Termes de menuiserie désignant la façon de tailler le bois en une succession de courbes et de contre-courbes. Les menuisiers obtenaient ces profils avec des scies à lame fine, appelées « scies à chantourner ». Au XIX^e siècle, un mécanicien du nom de Perrin inventa la scie à chantourner mécanique, qui débitait des profils sinueux en grande série. L'apogée du meuble chantourné se situe à l'époque Louis XV, dont les courbes sont la caractéristique.

L'adjectif *chantourné* possède de nombreux synonymes : infléchi, flexueux, galbé, sinueux, courbé, ondoyant, ondulé, serpentin, mouvementé.

**chapeau** n. m. Arc de cercle coiffant certains meubles ou certains sièges. Cette forme convexe est parfois baptisée « en chapeau de gendarme » ; elle caractérise notamment les corniches d'armoire ou de buffet ainsi que les traverses supérieures des dossiers de certains sièges de style Louis XVI.

**chapeau chinois.** Instrument de musique à percussion servant à marquer la mesure dans les fanfares. Il comprend une ou plusieurs calottes de cuivre à la périphérie desquelles sont fixés des *grelots.*

**chapelière** n. f. Meuble provençal à deux portes surmonté d'un tiroir large et profond permettant de ranger coiffes et chapeaux.

**Chaplain** (Jules-Clément), médailleur français (Mortagne 1839 - Paris 1909). Élève d'Oudiné, il reçut le premier grand prix de Rome de gravure en médaille en 1861, et exécuta un grand nombre de médailles connues, notamment celle de l'Exposition universelle de 1867, celles relatives à l'entente franco-russe (visite de Nicolas II, de l'escadre russe à Toulon, etc.), ou encore celles relatives à la médecine, parmi lesquelles l'extraordinaire hommage à Alfred Fournier. Enfin, Chaplain est connu de tous les numismates et boursiers français pour avoir créé les types monétaires, des pièces d'or de 10 et 20 F de la III^e^ République, frappées entre 1899 et 1914.

Ces « louis d'or » au coq, élément fondamental du bas de laine des épargnants jusqu'à une période récente, ont été officiellement refrappés pour le compte de la Banque de France en 1921 et de 1951 à 1960.

**Chaplet** (Ernest), céramiste français (Sèvres 1835-Choisy-le-Roi 1909). Il entre à la manufacture de Sèvres dès 1848 comme apprenti décorateur. De 1860 à 1874, Chaplet s'associe à Laurin, fabricant à Bourg-la-Reine, pour réaliser de la faïence décorée sur cru au grand feu. À la fin de 1874, il entre dans la fabrique Haviland-Auteuil, alors sous la direction du graveur Félix Bracquemond, passionné des arts d'Extrême-Orient. L'artiste initie ainsi Chaplet au « japonisme », puis au naturalisme, lui faisant connaître les vases flambés de la Chine. Au cours d'un séjour en Normandie, Chaplet s'intéresse aux poteries locales fabriquées en grès, matière à laquelle désormais le céramiste consacre tous ses efforts.

En collaboration avec les frères Dammouse, Kalt Hexamer et le sculpteur Aubé, Chaplet crée dans son atelier de la rue Blomet de simples pièces en grès.

Il signe jusqu'en 1886 le fond de ses pièces « H & Co », entouré d'un chapelet rond imprimé en creux. Puis, à la suite de la cession des droits de la fabrique à Chaplet, les vases sont le plus souvent signés d'un rosaire vide entourant la lettre « E » (1886).

Chaplet s'intéresse aussi aux recherches sur le rouge de cuivre des porcelaines chinoises — les « sang-de-bœuf » — puis, à partir de 1886-87, collabore avec Gauguin, cuisant avec lui des pièces portant sa marque en creux et la signature « P.Go ».

En 1887, Chaplet cède son atelier à Auguste Delaherche et se fixe à Choisy-le-Roi pour s'adonner à ses expériences personnelles sur les émaux et les supports, jusqu'à atteindre une perfection technique et esthétique inégalable. À l'Exposition de 1900, il connaît un triomphe, mais, devenu aveugle, il cède la direction de son atelier à son gendre Émile Lenoble.

**Chapotot,** fabricant français d'instruments scientifiques, actif de 1670 à 1686. Il fait partie des « mécaniciens » qui travaillaient entre 1675 et 1680 pour l'Observatoire. Il invente un niveau à lunette et plusieurs de ses instruments font partie de l'inventaire de l'Académie. Il publie plusieurs ouvrages et signe « Chapotot, faiseur d'instruments de mathématiques, Paris, sur le quay de l'Horloge, À la Sphère ». Son fils reprend l'atelier, et on trouve trace de ses travaux après 1720, avec un quart de cercle en 1721 pour l'Académie des sciences de « 4 pieds de rayon ». Sa fabrication est très variée.

**Chareau** (Pierre), dessinateur, architecte et décorateur français (Le Havre, 1883 - New York 1950). Membre fondateur de l'Union des artistes modernes, il est un des promoteurs des « formes utiles » dans le décor de la vie. Des formes pures et rationnelles définissent les meubles fabriqués par Chareau, qui ne néglige toutefois pas la préciosité des placages.

Après des études d'architecture, Chareau se fait remarquer par l'austérité de ses meubles qui ne sont pas appréciés de tous. En 1925, il réalise avec Lipchitz, Jean Lurçat et Hélène Henry le bureau-bibliothèque d'« Une ambassade française » pour l'Exposition des Arts décoratifs.

À partir de 1932, Chareau se consacre à l'étude d'un mobilier rationnel. Préoccupé aussi par l'éclairage et la disposition des plafonds, il projette ses meubles d'après l'espace dans lequel ils s'intègrent. En 1939, il réalise à East Hampton (États-Unis) la maison à pièce unique.

La production de Chareau, comme celle de tous les autres décorateurs « Art déco », atteint des prix élevés, car les meubles, très fonctionnels, correspondent bien aux normes actuelles. Ainsi, une console en acajou a été adjugée 35 500 F à Drouot, le 1-VI-1986.

**charivari** n. m. Chaise de la seconde moitié du XIX^e^ siècle avec un siège en vannerie fabriquée, à l'origine, à Schiavari (Italie), d'où le nom déformé à la française. Nom d'une revue satirique célèbre à la fin du XIX^e^ siècle.

**Charles X.** V. STYLES FRANÇAIS.

**Charpentier** (Louis Charles), menuisier français. Reçu maître en 1752, il fut fabricant de sièges des époques Louis XV, Transition et Louis XVI, et fut le menuisier des princes de Condé.

**châsse** n. f. Au Moyen Âge, coffret précieux destiné à conserver des reliques, souvent en forme de petite chapelle ogivale.

**chasse** (armes de). Le bâton pointu et durci au feu de la préhistoire fut probablement le premier épieu de chasse, qui, à l'époque médiévale, est muni d'un fer doté, à la base de la lame, d'un arrêt transversal, fixe ou mobile. L'épieu de chasse disparaît à la fin du XVII^e^ siècle, remplacé par le couteau-baïonnette dont le manche s'engage dans le canon de l'arquebuse et ensuite du fusil, les quillons formant arrêt.

Les cavaliers préféraient l'épée de vénerie dont le fer s'évasait en forme de feuille de myrte. À la base de l'élargissement se trouvait un arrêt à deux barrettes latérales qui se rabattaient contre la lame. Le couteau, ou dague, de vénerie — destiné à servir l'animal — a toujours été utilisé : ceux du XVIII^e^ siècle sont particulièrement somptueux avec leur lame gravée et leur monture en argent ciselé.

L'arc et l'arbalète furent successivement employés dans l'art cynégétique. L'arbalète à jalet, de construction légère avec corde à deux brins écartés par deux cylindres, ne servait que pour la chasse aux petits oiseaux tels que grives, perdrix, cailles, alouettes, ortolans. Au milieu, fixée aux brins, se trouvait une bourse : la fronde, avec une petite boucle appelée l'œillet, servant à l'accrocher à la noix lorsque la corde était bandée. Dans la fronde, le chasseur plaçait le projectile, un boulet de terre cuite ou de plomb.

Avec l'apparition de l'arquebuse, la chasse évolua. La petite arquebuse à rouet, à canon rayé, de petit calibre, dite « Tschinke », fabriquée en Bohême, était destinée au tir du petit gibier à poil ou à plume. Avec le fusil à silex apparaissent des armes à deux canons soit juxtaposés, soit tournant sur leur axe. Ces armes, souvent luxueuses, possédaient des garnitures d'argent. En Allemagne, le « Jaeger » à canon rayé était une carabine de précision. Au XIXe siècle, en dehors de l'emploi de la percussion, le système à clef dit « Lefaucheux » démocratise le fusil de chasse à broche. À la fin du siècle dernier apparurent les fusils de chasse de conception moderne, à chiens incorporés, improprement appelés *hammerless* (« sans chiens »), qui s'imposent parallèlement aux fusils à chiens extérieurs. Les plus grands arquebusiers de l'époque sont anglais : Purdey, Holland and Holland, Coggs and Harrisson, Westley-Richards, etc. Ils sont concurrencés par la France, la Belgique (Liège) et l'Italie.

Les armes de chasse ont toujours été collectionnées. Leur cote est soutenue. Il faut noter une prédilection pour les armes de luxe anglaises du début du XXe siècle et pour les *drilling* germaniques à trois canons (deux lisses et un rayé).

**châtaignier** n. m. Bois à larges veines foncées assez tendre, mais qui possède la propriété, grâce à son tanin, de chasser les araignées, les insectes et les vers. Le châtaignier est souvent employé comme bois de charpente, mais aussi pour la fabrication des meubles, notamment en Bretagne, dans le Poitou, le Massif central et les Cévennes.

**châtelaine** n. f. Sorte de longue plaque, formée d'éléments articulés, montée sur une grande languette que l'on passe dans la ceinture. L'apparition de la châtelaine, à mi-chemin entre le bijou et l'accessoire du costume, est presque contemporaine de celle des montres de dames. Elle est munie de plusieurs chaînettes et mousquetons. Le principal, celui du centre, porte la montre ; aux autres, on suspend une clef de montre assortie, un petit cachet, un flacon, et diverses pendeloques. La châtelaine était assortie à la montre et vendue en même temps ; celles qui présentaient un précieux travail de joaillerie ont été détruites, lorsque la mode en fut passée, pour récupérer les pierres ; celles d'or ont souvent subi le même sort. Il reste donc les châtelaines de pomponne, celles d'émail, et celles serties de pierres moyennement précieuses. Les plus petites peuvent se porter en broche, lorsqu'on remplace la languette par une épingle ; les autres, qui mesurent parfois 12 à 18 cm, font de très beaux objets de vitrine.

**chaton** n. m. Motif central qui sert d'ornement à la bague, et, par extension, manière dont est monté cet ornement, qui évolue selon les techniques de joaillerie. Le chaton plein est celui qui enchâsse complètement la pierre, ne faisant apparaître que sa face supérieure. Cette technique fut pratiquement la seule connue de l'Antiquité à la Renaissance : la monture est alors très apparente, aussi la décore-t-on d'émail, de ciselures, de filigranes. La monture en chaton plein présente l'inconvénient d'éteindre la transparence, donc la brillance de la pierre. On pare à cet inconvénient en glissant sous la pierre un petit paillon d'or.

La monture à jour apparaît au XVIIe siècle, avec les premières tailles en brillant, dont la culasse ne peut évidemment pas s'accommoder du chaton plein. Afin de moins apparaître sur la transparence du diamant, les griffes, jusqu'au XIXe siècle, sont le plus souvent en argent (on ne connaissait pas le platine). Enfin, le chaton des bagues du XIXe siècle, à motif composé, se présente comme une petite corbeille évasée finement ajourée.

**chaudron** n. m. Récipient cylindrique profond en cuivre ou en fonte, portant une anse mobile pour l'accrocher dans la cheminée à la crémaillère. Les chaudrons d'autrefois sont très souvent utilisés en guise de jardinière.

**chaudronnerie** n. f. Industrie ou artisanat de la construction d'ouvrages métalliques obtenus par repoussé, emboutissage, estampage, assemblage, soudure ou rivetage. On distingue les chaudronniers sur fer et les chaudronniers sur cuivre.

Au XIXe siècle, on différenciait les chaudronniers grossiers, portant aussi le nom de chaudronniers proprement dits, qui confectionnaient la grosse chaudronnerie, les chaudrons et autres ustensiles d'usage domestique en cuivre rouge ou en laiton ; les chaudronniers planeurs qui dressaient, planaient et brunissaient les planches de cuivre destinées à la gravure ; les chaudronniers fabricants d'instruments de musique, qui confectionnaient les cors, trombones et autres instruments à vent ou à percussion en cuivre ou en laiton. Les chaudronniers « à sifflet » étaient des ouvriers ambulants signalant leur arrivée avec un sifflet (sorte de flûte de Pan), qui vendaient et réparaient les cuivres et étains brisés. En général, ils vendaient leurs cuivres et étains à des « merciers » qui les revendaient au détail.

Larousse

*L'atelier d'un chaudronnier.*
*Les chaudronniers confectionnent des trompes de chasse.*
*Planche IV de l'*Encyclopédie de Diderot.

La chaudronnerie a succédé à la dinanderie pour la confection d'ustensiles de ménage tels que brocs, louches, écumoires, chaudrons, bouilloires, poissonnières, pichets, moules à gâteaux, braseros, marmites, chauffe-plats. Tous ces ustensiles participaient ensuite à la décoration des cuisines, lieu de rassemblement de la famille pour les repas.

**chaufferette** n. f. Petit récipient de terre ou de métal contenant de la braise, qui servait à tenir au chaud les pieds des personnes assises. Munies d'une poignée pour les porter, d'un couvercle pour les remplir, et ajourées, les chaufferettes de cuivre sont particulièrement soignées et esthétiques.

**chauffeuse** n. f. Fauteuil que l'on plaçait près d'une cheminée, à siège bas et haut dossier, apparu au milieu du XVIIe siècle. Les premières chauffeuses ont un dossier légèrement incliné et des petits pieds en balustre. Les chauffeuses d'époque Napoléon III, de nouveau en vogue, sont rembourrées et capitonnées.

**Chaumet.** Maison de joaillerie parisienne. En 1980, Chaumet a fêté ses deux siècles d'existence et de tradition.

C'est en effet en 1780 que le joaillier Nitot ouvrait boutique à Paris ; vingt années plus tard, il eut l'heureuse inspiration d'arrêter les chevaux de la voiture du Premier Consul, qui s'étaient emballés devant chez lui. Bonaparte s'enthousiasma à son tour pour les créations de Nitot, et en fit son joaillier attitré. Il confectionna notamment l'épée et la couronne du sacre, et l'on voit aujourd'hui, dans les salons du 12, place Vendôme, un portrait de Marie-Louise portant une parure de chez Nitot. La cour de la Restauration conserve sa faveur au joaillier de l'Empereur. Descendant direct de Nitot, Joseph Chaumet conquiert, dans la seconde moitié du XIXe siècle, la pratique des familles régnantes européennes et de leur brillant entourage. Jacques et Pierre Chaumet, ses petits-fils, perpétuent jusqu'en 1987 la tradition qui avait été la leur.

**chawan.** Nom donné au Japon aux bols utilisés principalement dans la cérémonie du thé. (V. JAPON.)

**chayère** n. f. Siège bas des XIVe et XVe siècles, formé de panneaux verticaux — parfois sculptés — qui soutiennent un simple plateau.

**Chelsea.** Cette manufacture fut fondée en 1742, et c'est certainement le premier atelier du genre en Angleterre. Une pièce bien identifiée et marquée « Chelsea 1745 » indique les origines anciennes de cet atelier. Les pièces fines, élégantes et merveilleusement peintes (horloges, figurines, assiettes, etc.) ont concurrencé sur le marché de Londres, dans les années 1750-1760, les plus belles productions importées du continent. Cette période dite de « l'ancre rouge », d'après la marque figurant sur les pièces, est certainement la meilleure époque de Chelsea. Les motifs européens (groupes représentant des scènes agricoles, des pêcheurs, des femmes, des motifs rococo, etc.) mis à part, les décors les plus intéressants sont souvent japonais *(kakiemon)* et allemands (Meissen) ; sobres de couleur, librement adaptées, de moulages très raffinés, ces porcelaines à pâte tendre sont d'une apparence plus fine que les pièces comparables de Meissen en pâte dure. Outre les figurines et les pièces de vaisselle (assiettes, bols, etc.), Chelsea est surtout connue pour une importante production de pièces utilitaires, telles que horloges, bonbonnières, flacons de différentes tailles, terrines, pots-pourris, etc.

Vers 1758, la pâte utilisée à Chelsea fut modifiée par l'adjonction de cendres d'os *(bone china)* et il est ainsi devenu plus facile pour les artisans de créer des pièces plus grandes et plus élaborées. Les marques sur les pièces de Chelsea rappellent celles de Bow (ancres et stylets). La manufacture de Chelsea fut transférée à Derby en 1769 et ceux qui collectionnent aujourd'hui les Chelsea sont en général les mêmes qui collectionnent les Derby et les Bow (manufacture également transférée à Derby en 1775). Le grand intérêt historique de Chelsea est le fait que ses fondateurs ont tous été d'origine continentale : Thomas Briand, un chimiste ayant apparemment ses origines à Saint-Cloud, est le vrai père de la porcelaine tendre en Angleterre ; Charles Gouyn, son successeur, était un huguenot, et Nicholas Sprimont était d'origine liégoise.

**cheminée** n. f. Élément de décoration que l'on peut acheter, au même titre qu'un meuble, chez les antiquaires spécialisés.

Les cheminées sont utilisées de manière plus générale en Europe à partir du XIIe siècle, et c'est seulement à partir du XIVe siècle qu'elles deviennent partie intégrante du décor ; elles sont alors composées de deux piliers qui supportent un manteau de pierre monolithique appelé « linteau », surmonté d'une hotte pyramidale. Dans les grandes salles des châteaux, elles sont monumentales et richement sculptées. Jusqu'alors réservée à des privilégiés, la cheminée se généralise à partir du XVIIe siècle, et des modèles rustiques, à linteau de bois ou de pierre, apparaissent, puis vont se perpétuer dans toutes les campagnes françaises jusqu'au XIXe siècle.

Sous Louis XIII, la cheminée prend un aspect rectiligne, au décor très simple, animé de moulures sur le bandeau et aux extrémités des piliers ; la grande hotte pyramidale s'amenuise et laisse place à une tablette. À la fin du XVIIe siècle, le décor reprend de l'importance et met en valeur des marbres de couleurs. Sous la Régence, les angles s'arrondissent et les piliers, légèrement cambrés, sont sculptés de volutes, de rinceaux, de feuilles d'acanthe..., tendance qui se confirme et s'accentue pendant l'époque Louis XV. Dans les villes, la pierre est de plus en plus délaissée au profit du marbre, et les grands trumeaux permettent l'accrochage de tableaux ou de glaces aux cadres de bois sculpté de motifs rocaille et doré, ou encore d'appliques en bronze doré. À l'époque Louis XVI, la cheminée en marbre blanc ou gris s'adapte au style néoclassique avec retour aux angles droits ; le bandeau est décoré d'une simple frise et d'une rosace inscrite dans un carré à chaque extrémité, et souligné de décors en bronze doré.

Au siècle suivant, la forme générale et le matériau sont les mêmes, mais, sous l'Empire, les décors de bronze sont des couronnes de lauriers, des abeilles, des sphynx, des lions ailés, etc. Le XIXe siècle se contente de copier les styles précédents. L'Art nouveau suscite quelques modèles aux formes originales et exubérantes, dans des matériaux divers (bois, grès, faïence ou marbre coloré).

Les belles cheminées des XVIe, XVIIe et XVIIIe en pierre ou en marbre sculptés ne peuvent se dévaloriser si elles sont en bon état, car on en trouve de moins en moins. Les plus courantes sont celles de l'époque Louis XIII, simples et droites, et les plus demandées sont celles du Grand Siècle, en pierre à trumeau assorti, et les Louis XV, également en pierre mais plus basses. Les styles Louis XVI et Directoire semblent moins appréciés.

Les prix s'échelonnent dans une gamme très large : de 5 000 F pour les cheminées du XIXe siècle à plus de 100 000 F pour les plus belles œuvres de la Renaissance, du XVIIe ou du XVIIIe siècle.

**chenapan** (armes du système dit à). Au XVIIe siècle — après le système dit « à rouet » — apparut un modèle d'arme « sans roue », c'est-à-dire avec platine à silex « à chenapan », du mot hollandais *schnapp-hahn* ou « coq picorant », nommé par les Anglais *snaphaunce* ou *snaphance.* À l'inverse du rouet, la mise à feu de l'arme se faisait à l'aide d'un chien qui s'abattait sur une pièce

*Pistolet à chenapan. Italie, XVIIIe siècle. La pièce mobile qui tient le silex évoque la forme d'une tête de coq.*

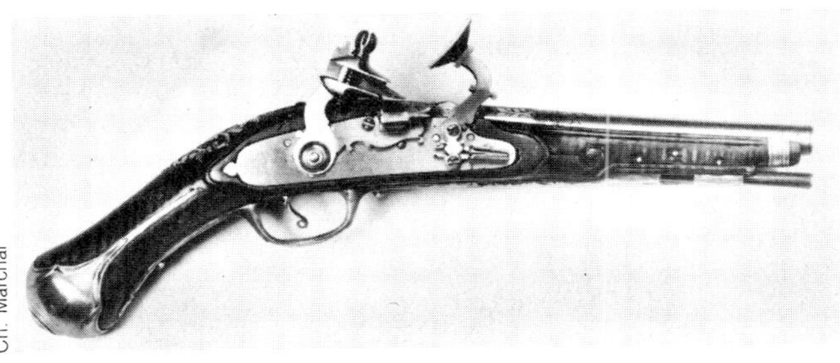

Ch. Marchal

d'acier — la batterie — qui se redressait sous le choc en découvrant un bassinet — protégé par un bouclier —, dont la poudre d'amorce s'enflammait au contact des étincelles. D'abord utilisé dans les pays nordiques et germaniques, le nouveau système se répand dans toute l'Europe avec parfois de légères variantes : platine dite « anglo-hollandaise », très forte, avec un grand pied de chien, ou platine écossaise, par exemple. Le chenapan est détrôné par l'apparition de la platine à silex « à la française » et par le « miquelet » méditerranéen. Elle ne disparaît pourtant jamais tout à fait car, en plein XIXe siècle, les Liégeois en fabriquaient pour les fusils (dits *moukallas*) d'Afrique du Nord et pour ceux du Levant.

Les armes à chenapan du XVIIe siècle sont très cotées et plutôt rares. Par contre, les platines du XIXe siècle — fort intéressantes — demeurent à la portée de toutes les bourses et constituent un curieux sujet de collection.

**chêne** n. m. Bois dur à veines apparentes, le plus souvent employé pour les meubles jusqu'au XVIIe siècle, époque à laquelle on lui préfère le noyer, plus facile à sculpter. Le chêne reste cependant très apprécié dans les pays de l'est de la France. Coupé selon les rayons médullaires, il donne le « chêne maillé », reconnaissable à ses stries vermiculées. Le chêne massif sert à la réalisation de nombreux meubles régionaux, notamment dans le Nord, l'Est, en Normandie et en Bretagne. En raison de sa solidité, il est également utilisé comme bâti des plus beaux meubles en marqueterie, aux XVIIIe et XIXe siècles.

En Grande-Bretagne, l'« âge du chêne » dure des origines jusqu'à la fin du XVIIe siècle, lorsque commence l'« âge du noyer » avec le style William and Mary (1689-1702).

**chenet** n. m. Barre métallique servant à supporter les bûches dans les cheminées, et dont la forme évoque un petit chien accroupi, d'où son nom. Dans certaines régions, ce sont les « chiens de feu », les chenets ayant parfois l'aspect de cet animal. Jusqu'au XVIe siècle, cependant, les chenets ne furent guère que des ustensiles utilitaires en fer forgé ; c'est seulement à la fin du XVIe siècle et sous Louis XIII qu'ils sont conçus comme des éléments décoratifs, les têtes surélevées s'ornant de boules de cuivre. Plus tard, on fabriqua même des chenets d'argent massif ; au temps de sa splendeur, Louis XIV en possédait plusieurs dizaines de paires, richement ouvragées et hautes de plus d'un mètre, qui furent sacrifiées lors des grandes fontes de 1689.

Le bronze ciselé et doré a donné, lui aussi, de purs chefs-d'œuvre dont certains nous ont été conservés ; à l'époque rocaille notamment, les chenets sont assez bas, mais ornés d'amours juchés sur des feuillages ou des vagues, de têtes de faunes ou de divinités. Les sphinx et les cassolettes apparaissent avec le goût néoclassique. Le chenet de bronze doré fait partie des objets d'ameublement classiques que l'on trouve parfois dans les ventes de qualité. Peu recherchés en ce moment, ils ne sortent donc pas beaucoup sur le marché, mais peut-être profiteront-ils un jour d'un retour de mode, comme ce fut le cas pour les pendules.

*Chenets en fer forgé des XVII et XVIIIe siècles.*

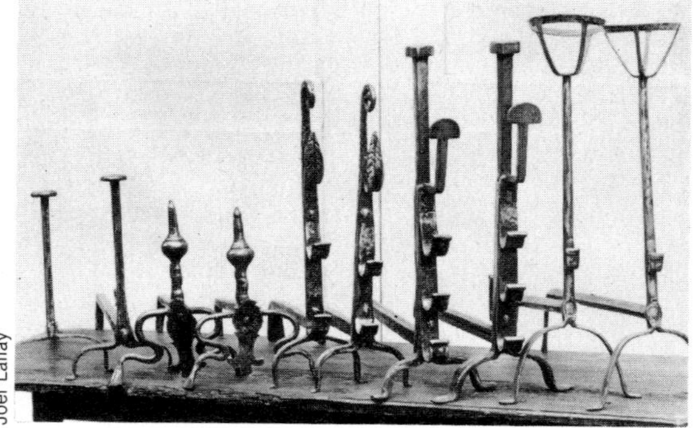

Joël Laffay

**chenillé.** Se dit du veinage de certains bois, notamment de l'acajou, donnant un effet évoquant des entrelacs.

**Chéret** (Jules), peintre, dessinateur et affichiste français (Paris 1836 - Cannes 1932). En 1866, Jules Chéret rapporta d'Angleterre, où il avait vécu et travaillé pendant dix ans, une technique lithographique nouvelle, la chromolithographie, qui révolutionna l'art de l'affiche en couleurs. Il fit de celle-ci une véritable fête pour les yeux par la verve, l'élégance, la gaieté de ses compositions. De ses ateliers de l'imprimerie Chaix sortirent des centaines de chefs-d'œuvre qui font la joie des collectionneurs. Les affiches de Jules Chéret sont souvent présentes dans les ventes publiques, tels *le Palais des glaces, les Montagnes russes au boulevard des Capucines, la Saxoléine, le Bal du Moulin-Rouge, la Loïe Fuller.* Les prix rencontrés sont très variables, allant de 1 500 à 1 605 dollars (11 235 F), enchère atteinte à New York, le 1-VI-1986, pour le papier à cigarettes Job, 1895.

**chest of drawers.** Expression anglaise qui signifie couramment « commode ». Les premiers chests of drawers connus datent du XVIIe siècle ; ce sont des coffres à plusieurs tiroirs supportés par des tables d'appui, qui parfois ont elles-mêmes un tiroir. Généralement, ils sont en placage de noyer, mais il en existe quelques-uns en laque ou inspirés des modèles de Boulle. Au milieu du XVIIIe siècle, Chippendale crée quelques modèles originaux en acajou ; un peu plus tard, Hepplewhite et Sheraton s'inspirent directement de la commode française, mais, dans les provinces, on fabrique encore longtemps des chests of drawers, souvent en chêne.

**chétron** n. m. Petit tiroir placé sur le côté d'une commode ou d'une table à écrire, en vogue à l'époque Louis XV.

**chevalière** n. f. Bague à large chaton, d'or ou de pierre dure, gravée au sceau ou aux initiales de son propriétaire. Elle se porte en principe au petit doigt de la main gauche. La chevalière est peut-être la plus ancienne de toutes les bagues, insigne de reconnaissance portant une marque particulière. Le premier type de chevalière est la bague sigillaire, bague-cachet personnelle, connue depuis l'Antiquité égyptienne. Les souverains mérovingiens, hommes ou femmes, étaient toujours enterrés avec leur anneau sigillaire, ce qui permet aux archéologues de les identifier. Ce type de bague adopta plus tard le nom de chevalière, parce qu'elle fut surtout portée par les familles nobles ; le blason y est gravé en creux, soit dans l'or, soit dans la pierre dure ou précieuse ; cette intaille sert à l'occasion de sceau personnel pour cacheter une lettre.

**cheveu** n. m. En céramique, fine fêlure qui parcourt la pièce. Ce défaut peut faire perdre à la pièce 25 à 50 p. 100 de sa valeur.

**cheveux.** Depuis le XVIe siècle, on a fabriqué, à titre de souvenirs, des bijoux et des objets utilisant les cheveux d'un « cher disparu » : on trouve ainsi des bagues, des bracelets ornés d'une mèche tressée serré, emprisonnée dans une monture d'orfèvrerie ; on trouve aussi, du siècle dernier, des médaillons garnis d'une boucle. Mais les plus curieux sont les tableautins composés de cheveux finement hachés et collés un à un comme autant de traits de plume. Ils devinrent très en vogue, sur des médaillons ou des tabatières, à partir de la fin du XVIIIe siècle, et l'usage intensif de la guillotine accéléra leur diffusion : on rencontre ainsi des motifs de saule pleureur et d'urne funéraire dans les contours desquels on reconnaît les profils du roi, de la reine et du dauphin.

**Chevigny** (Claude), menuisier français. Il créa des sièges d'un style sobre, sans décor superflu, mais toujours de bonnes proportions et harmonieusement moulurés. On connaît de lui, dans sa première période de production, vers 1768, des sièges Louis XV d'une ligne élégante, mais il excelle surtout dans le style Louis XVI jusqu'en 1789.

**cheville** n. f. (lat. *clavicula*). Petit morceau de bois cylindrique permettant d'immobiliser un assemblage entre deux pièces. Pour donner par exemple plus de solidité à l'assemblage à tenon et mortaise, on bloque par une cheville enfoncée dans les deux trous correspondants les deux pièces ajustées l'une dans l'autre.

Dans les instruments de musique, axe de bois ou de métal autour duquel s'enroule la corde que l'on veut tendre sur la table.

*Chevrette en faïence de Lyon, XVIe siècle. Musée de Sèvres.*

**chevrette** n. f. Grand vase d'apothicairerie, à piédouche le plus souvent, muni d'un goulot, d'un bec verseur allongé, et dont l'anse se trouve prise de part et d'autre de l'ouverture. La chevrette est apparue en Europe (Espagne et Italie) au XVIe siècle, destinée à recevoir des sirops, à la différence de l'albarello qui conserve des produits secs.

**chevron** n. m. Motif décoratif typique de l'art roman, comprenant un tore, ou une baguette, courant en zigzag. Sous Louis XV, les décors géométriques tels que damiers, cubes et chevrons se rencontrent souvent sur les marqueteries des meubles.

**Chibchas.** Les Chibchas ont formé l'État le plus puissant et le mieux organisé de Colombie, leur territoire s'étendant sur le plateau de Bogotá, plus précisément dans la savane, entre Bogotá et Tunja. Les Chibchas se donnaient le nom de *Muiscas* (« hommes »).

La céramique des Chibchas est beaucoup moins raffinée que celle des Quimbayas du Río Cauca. Leur céramique, au tesson gris clair, n'est jamais polie et se présente sous la forme de récipients et de figurines. Les figurines anthropomorphes, au travail relativement grossier mais qui ne manque pas de vigueur, représentent très probablement des caciques assis, figurés frontalement, le cou paré de grands colliers. Les yeux sont indiqués par deux paupières parallèles — non sans évoquer des grains de café — et la bouche est souvent cachée par une grande *nariguera,* ou anneau de nez, en or, reproduction fidèle en terre cuite des anneaux funéraires. Les coiffures sont complexes : ce sont toujours de grandes tiares royales indiquant le rang élevé du personnage représenté. Les ornements accessoires rappellent le travail de l'or.

Les récipients comprennent des vases à piédouche, parfois ornés de serpents, et des vases anthropomorphes dont la panse figure le corps, et le goulot, la tête. Dans certains, de petites figurines en or connues sous le nom de *tunjo* ont été retrouvées.

**chicorée** n. f. Feuille ornementale le plus fréquemment employée dans le décor rocaille. C'est au marquis de Marigny, frère de Mme du Barry et administrateur des Bâtiments du roi, que l'on doit la célèbre formule, illustrant l'évolution du goût dans la seconde moitié du XVIIIe siècle : « Je ne veux ni de la chicorée moderne, ni de l'austère antique, mezzo l'uno, mezzo l'altro. »

**chien** n. m. Élément de mécanisme de mise à feu d'une arme fixé sur une platine. Actionné par une queue de détente, il vient s'abattre sur une batterie ou une cheminée, provoquant une étincelle mettant le feu à la poudre du bassinet ou de la chambre ardente. Dans le cas d'une platine à silex, le chien — en forme de col de cygne ou ajouré en cœur — comporte deux mâchoires pour enserrer le silex ou la pierre à fusil. La tête du chien est plate ou en cavité pour les armes à percussion ou à broche. Dans le cas des fusils de chasse improprement appelés *hammerless* (« sans chiens »), les chiens sont à l'intérieur du corps de la platine.

**chiens de Fo.** Statuettes représentant, en Chine principalement, des sortes de chiens-lions aux poils longs et bouclés, considérés comme des gardiens de la foi bouddhique et du Bouddha (*Fo* en chinois). Réalisés surtout à partir de l'époque des Ming (1368-1644), ils sont disposés par paire, les animaux se faisant face. La gueule est ouverte, tenant parfois une boule, symbole des « trésors » bouddhiques. Ils sont généralement en céramique émaillée bleue, blanche ou céladon gris-vert. Ces statuettes ont perdu toute valeur religieuse et ne sont plus que des objets décoratifs placés à l'entrée des demeures.

**chiffonnier** n. m. Commode (apparue vers 1745) aux nombreux tiroirs (jusqu'à 16), parfois de hauteurs inégales, servant à ranger le linge. Construit sur le même principe de tiroirs superposés, le semainier* ne comporte que sept tiroirs, un pour chaque jour de la semaine.

**chiffonnière** n. f. Commode légère comportant un plateau coulissant formant écritoire et un tiroir latéral appelé chétron*. Certains modèles de ce petit meuble féminin sont munis d'un écran coulissant que l'on peut dresser verticalement pour se protéger de la trop vive chaleur d'un foyer.

**chimú** (art). Au nord du Pérou, vers 1300, la civilisation chimú se développe et crée une orfèvrerie somptueuse d'or et d'argent (vases, gobelets, masques, pectoraux, colliers). La céramique, moulée, dépourvue d'engobe, laisse apparaître la couleur naturelle de la terre. Certains vases très caractéristiques sont de teinte gris-noir.

## Chine.

### Les dynasties chinoises :

— les Shang et les Yin (env. XVIIIe siècle av. J.-C.- v. 1100 av. J.-C.) ;
— les Zhou (v. 1100 av. J.-C. - 221 av. J.-C.) ;
— les Qin (221 av. J.-C. - 206 av. J.-C.) ;
— les Han antérieurs (206 av. J.-C. - 8 apr. J.-C.) ;
— les Xin [Wang Mang] (8 apr. J.-C. - 25 apr. J.-C.) ;
— les Han postérieurs (25-220) ;
— les « Trois Royaumes » [Sanguo] (220-316) ;
— les « Six Dynasties » [Liu Chao] (v. 317-589) ;
— les Wei (386-556) ;
— les Sui (581-618) ;
— les Tang (618-907) ;
— les Liao (907-1125) ;
— les Jin (1125-1234) dans le nord ;
— les Song du Nord (960-1127) ;
— les Song du Sud (1127-1279) ;
— les Yuan mongols (1279-1367) ;
— les Ming (1368-1644) ;
— les Qing (Mandchous, 1644-1912) ;
— la République (1912-1949) ;
— la République populaire (à partir de 1949).

### Les bronzes

Ils consistent principalement en vases rituels, généralement décorés en creux de décors géométriques ou

Christie's

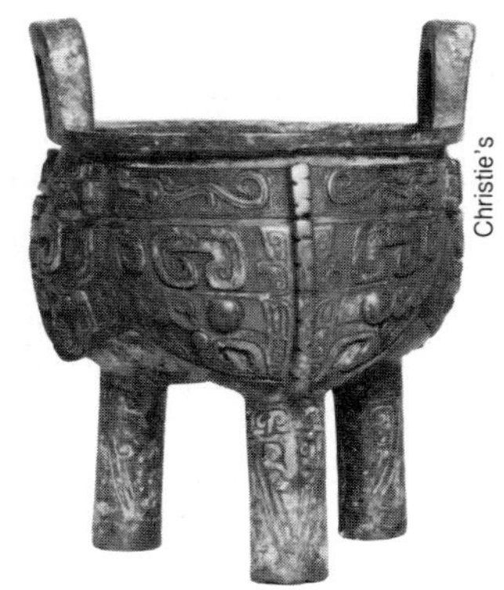

*Vase archaïque tripode en bronze. Chine, dynastie des Shang, première phase. (H. 21,5 cm.) Adjugé 40 000 £ par Christie's, à New York, le 6-XI-1980.*

d'animaux stylisés. Leur séjour plus ou moins long dans la terre les a recouverts d'une patine qui peut varier du gris-vert au vert vif, recherchée des collectionneurs. Les plus anciens (période des Shang, fin XVIIIe siècle av. J.-C.- 1100 av. J.-C.) sont évidemment les plus rares, alors que ceux des dynasties Zhou (1100 av. J.-C. - v. 221 av. J.-C.) et Han (206 av. J.-C. - 220 apr. J.-C.) le sont moins. À ces dates existent également des objets divers tels que pointes de hallebardes, cloches *(zhong)* faisant partie d'ensembles musicaux, ou *bozhong* (grandes cloches rituelles), miroirs, agrafes, et parties de meubles ou de harnachement. De la période des Han proviennent surtout des miroirs, des poignards et divers accessoires. Sous les

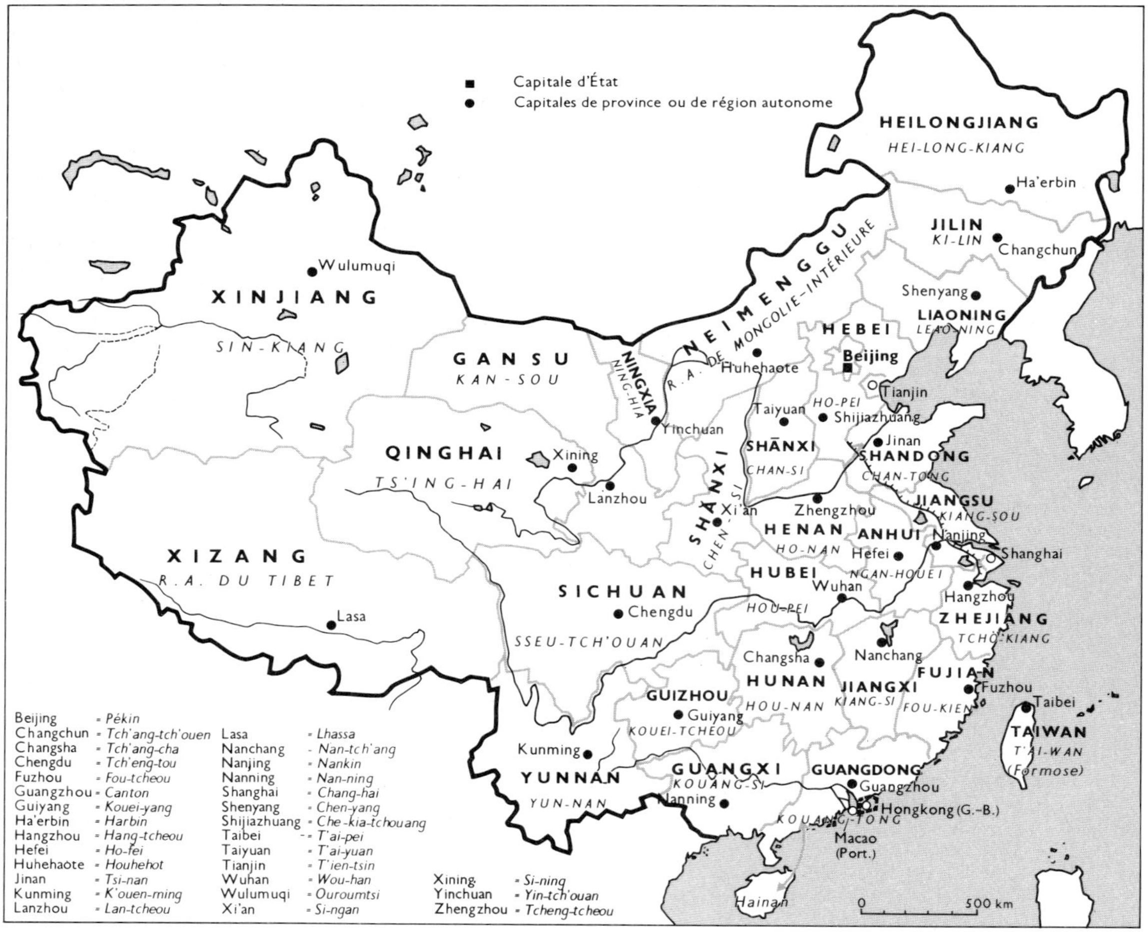

Capitale d'État
Capitales de province ou de région autonome
HEILONGJIANG
HEI-LONG-KIANG
Ha'erbin
JILIN
KI-LIN
Changchun
Shenyang
LIAONING
NEIMENGGU
R.A. DE MONGOLIE-INTÉRIEURE
Wulumuqi
XINJIANG
SIN-KIANG
GANSU
KAN-SOU
NINGXIA
NING-HIA
HEBEI
HO-PEI
Beijing
Huhehaote
Tianjin
Taiyuan
Shijiazhuang
Yinchuan
Jinan
SHANDONG
CHAN-TONG
QINGHAI
TS'ING-HAI
Xining
Lanzhou
SHĀNXI
CHAN-SI
SHǍNXI
CHEN-SI
Xi'an
Zhengzhou
HENAN
HO-NAN
JIANGSU
KIANG-SOU
ANHUI
NGAN-HOUEI
Nanjing
Hefei
Shanghai
XIZANG
R.A. DU TIBET
Lasa
SICHUAN
SSEU-TCH'OUAN
Chengdu
HUBEI
HOU-PEI
Wuhan
Hangzhou
ZHEJIANG
TCHÖ-KIANG
Changsha
Nanchang
HUNAN
HOU-NAN
JIANGXI
KIANG-SI
FUJIAN
FOU-KIEN
Fuzhou
Taibei
TAIWAN
T'AI-WAN
(Formose)
GUIZHOU
KOUEI-TCHEOU
Guiyang
Kunming
YUNNAN
YUN-NAN
GUANGXI
KOUANG-SI
Nanning
GUANGDONG
KOUANG-TONG
Guangzhou
Hongkong (G.-B.)
Macao (Port.)
Hainan
0
500 km
Beijing = Pékin
Changchun = Tch'ang-tch'ouen
Changsha = Tch'ang-cha
Chengdu = Tch'eng-tou
Fuzhou = Fou-tcheou
Guangzhou = Canton
Guiyang = Kouei-yang
Ha'erbin = Harbin
Hangzhou = Hang-tcheou
Hefei = Ho-fei
Huhehaote = Houhehot
Jinan = Tsi-nan
Kunming = K'ouen-ming
Lanzhou = Lan-tcheou
Lasa = Lhassa
Nanchang = Nan-tch'ang
Nanjing = Nankin
Nanning = Nan-ning
Shanghai = Chang-hai
Shenyang = Chen-yang
Shijiazhuang = Che-kia-tchouang
Taibei = T'ai-pei
Taiyuan = T'ai-yuan
Tianjin = T'ien-tsin
Wuhan = Wou-han
Wulumuqi = Ouroumtsi
Xi'an = Si-ngan
Xining = Si-ning
Yinchuan = Yin-tch'ouan
Zhengzhou = Tcheng-tcheou

Tang (VIIe siècle apr. J.-C.), l'épanouissement de l'art du bronze est remarquable et des imitations parfaites de formes archaïques sont réalisées. Des brûle-parfum* décorés sont produits à toutes les époques, mais surtout sous les Qing (XVIIe-XXe s).

PRINCIPAUX TYPES DE DÉCORS DE LA CÉRAMIQUE SONG

| yao | localisation | caractéristiques | formes |
|---|---|---|---|
| Ju-yao | Henan | pâte cuite à haute température (grès), glaçure gris-bleu, fines craquelures | bols destinés à la cour impériale |
| Guan-yao | Hangzhou | pâte dure, engobe brun, glaçure bleu lavande ou vert pâle parfois craquelée | céramique officielle |
| Ge-yao (variante) | | pâte gréseuse, glaçure blanc-gris | |
| Ding-yao | Chine du Nord | pâte blanche ou crème, glaçures formant gouttelettes, bord de l'objet sans glaçure, recouvert d'une feuille de cuivre à la cuisson | assiettes, bols |
| Longquan | Zhejiang | pâte blanc-gris, décors floraux incisés, glaçure épaisse et craquelée, vert olive | coupes, bols, aiguières, vases |
| Jun-yao | Henan | pâte grise cuite à haute température (grès), couverte bleu lavande, taches pourpres obtenues par réduction d'oxyde de cuivre | bols, plats, jardinières (imitations au XVIIIe siècle) |
| Jian-yao | Fujian | glaçure très foncée, variante avec effets « poils de lièvre », dépôts argentés sur glaçure | bols appréciés par les Japonais et appelés *tenmoku* |
| Cizhou | Hebei | pâte grise et engobe blanc ou gravé, glaçure transparente, décoration sous couverte au pinceau pâte apparente, couverte en « poils de lièvre », premiers essais de décor peint sur couverte, motifs floraux | vases-jarres, appuis-tête |
| Ying-qing (« bleu d'ombre ») | Hebei Jiangxi | pâte chamois très fine, couverte bleu cendré, transparente | pièces destinées à l'exportation, envoyées jusqu'en Égypte |

**La céramique**

• *Période des Han (206 av. J.-C. - 220 apr. J.-C.).* Si la céramique a fait très tôt son apparition en Chine (la poterie simple comprise), les plus anciennes pièces que l'on puisse trouver sur le marché datent de ce moment. Elles imitent souvent les modèles de bronze. Les poteries funéraires sont décorées à froid de peintures et représentent des personnages, des maquettes de bâtiments, des animaux et des scènes de la vie quotidienne. La glaçure des céramiques dites « protoporcelaines » est souvent plombifère, parfois colorée en vert par des oxydes de cuivre, procédé probablement venu de l'Orient romain avec lequel la Chine se trouvait en contact grâce à la Route de la soie. Les premiers céladons* ou protocéladons furent réalisés pendant cette période, à Yuzhou, dans la province du Zhejiang, et sont connus sous le nom de *Yue*. Cette fabrication persiste pendant la période des « Six Dynasties » (317-589), parallèlement à celle des figurines peintes destinées aux tombes.

Christie's

*Statuette en grès représentant une jeune femme. (H. 37,5 cm.) Dynastie Han.*

Christie's

*Grès des Six Dynasties. (H. 26 cm.) Adjugé 748 £ par Christie's, à Londres, le 16-XII-1981.*

• *Période des Tang (618-907).* Les fonctions de la céramique se diversifient avec les amphores et les aiguières dont les formes reflètent les influences du monde hellénistique et de la Perse sassanide transmises à travers la province de Balkh en Afghānistān. Les objets sont le plus généralement modelés dans une pâte chamois, et couverts d'une glaçure monochrome appliquée à l'éponge, bleue ou bleu foncé, jaune, verte, orange, paille ou brune, parfois parsemée de taches colorées. Elle est fréquemment craquelée et ne couvre que les deux tiers environ de la surface.

• *Période des Song (960-1279).* Les œuvres de cette époque sont les plus recherchées, pour la pureté de leurs volumes et le soin apporté à la glaçure. De nombreux fours *(yao)* produisent des céramiques diverses que l'on distingue par le nom du lieu où elles furent produites (*yao* signifie four et céramique).

• *Période des Yuan (1279-1367).* La production des dynasties Tang et Song se poursuit dans les mêmes fours. Les *ying-qing* sont souvent décorés de reliefs

*Bol en céramique de Cizhou, le caractère* Hua *(« fleur ») écrit en brun foncé. (D. 10,3 cm.) Chine, dynastie des Song.*

Sotheby Parke Bernet

*Vase funéraire en céladon de Longquan. Chine, dynastie des Song du Sud. (H. 24 cm.) Adjugé 24 000 £, à Londres, le 8-IV-1981.*

Sotheby Parke Bernet

*Bol jun-yao à couverte opaque bleu pâle. (D. 15 cm.) Chine, dynastie des Song. Adjugé 12 387 £ par Christie's, à Tōkyō, le 17-II-1980.*

Christie's

*Bol en céramique bleu et blanc du début de l'époque Ming. (D. 29,5 cm.) Adjugé 37 000 £ par Christie's, à Tōkyō, le 17-II-1980.*

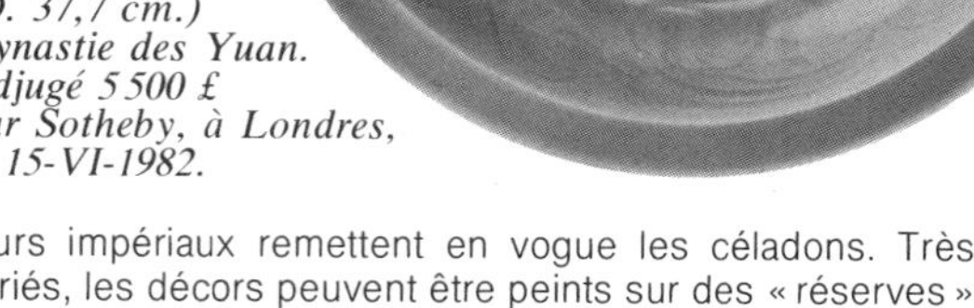

*Plat en céladon de Longquan, décoré d'un dragon et d'une frise de pétales de lotus, de couleur vert d'eau. (D. 37,7 cm.) Dynastie des Yuan. Adjugé 5 500 £ par Sotheby, à Londres, le 15-VI-1982.*

moulés à motifs floraux, avec une couverte blanche, alors que le reste du vase est légèrement bleuté. La base n'a pas de glaçure.

• *Période des Ming (1368-1644).* Les céramiques monochromes disparaissent progressivement. Sous l'impulsion de cette dynastie nationale, la manufacture de Jindezhen (dans le Jiangxi) devint prépondérante, mais d'autres — puisqu'on a recensé environ 3 000 fours — furent aussi actives, adaptant aux goûts nouveaux leurs productions : cloisonnés à « trois couleurs » de Cizhou, pots à thé appelés « boccaro » en Europe à Yixing (Jiangsu). Les porcelaines sont connues, non plus par le nom des fours, mais par celui des empereurs.

• *Période des Qing (1644-1912).* Grands amateurs d'art, les empereurs Kangxi (1661-1722), Yongzhen (1723-1735) et Qianlong (1736-1796) veillèrent au perfectionnement des techniques ; Jindezhen est le principal foyer. Si la production des porcelaines « bleu et blanc », d'un type dit « de Nankin », est constante, et exportée en grande quantité en Europe (v. CANTON), leur qualité est souvent inférieure à celle produite par les Ming. De nouvelles formes sont créées pour séduire la clientèle européenne. Parallèlement aux rouge de cuivre sous couverte ou sur engobe bleu, parfois décorés de tons verts, le bleu sous couverte est parfois utilisé, mais en poudre soufflée sur la pâte avant cuisson, d'où le nom de « bleu poudré » qu'on lui donne. Les tons « clair de lune » (bleu de cobalt très pâle) et « peau de pêche » (rose avec des taches rousses et vertes) sont très appréciés et les fours impériaux remettent en vogue les céladons. Très variés, les décors peuvent être peints sur des « réserves » ménagées sur le fond.

De nombreuses « familles » de céramiques apparaissent, qualifiées selon la couleur dominante de leur décor. La plus ancienne est celle de la « famille verte », dans laquelle les tons verts sont mis en valeur par un corail et un violet à base de manganèse. La « famille noire » doit son nom au fond lustré obtenu par un émail brun très dense, allégé par un glacis vert brillant (cinq couleurs *wucai**). La dominante de la « famille rose », le rouge d'or, est obtenue par l'emploi de chlorure d'or déjà exploité en Europe vers 1685 et utilisé en Chine vers 1725. La délicatesse des tons tendres, le choix de scènes exotiques expliquent le succès de cette production auprès de la clientèle occidentale. Cependant l'insistance décorative finit par limiter l'invention.

Parallèlement à l'épanouissement de ce style de décor, les porcelaines blanches (blanc de Chine) destinées aux statuettes et aux objets d'art, la technique du « grain de riz* » et des pièces ajourées *(open work)* sont remises à la mode. Au XIXe siècle, la diffusion de la « famille rose » se poursuit mais des porcelaines sont également décorées de peintures et de miniatures, ou de dessins « gravés » (technique du *graviata*). Les fours de l'empereur Daoguang (1821-1851) sont les plus importants et utilisent les palettes verte et rose, alors que les fours de Jindezhen ont été détruits lors de la rébellion des Taiping en 1853 et que ceux de province ne produisent plus que de faibles imitations d'œuvres précédentes. La présence de cachets anciens sur cette fabrication ne peut induire en erreur un connaisseur.

ÉVOLUTION DU DÉCOR
DE LA CÉRAMIQUE MING

| noms des empereurs | caractères du décor |
|---|---|
| Yongle (1402-1424) | la porcelaine se substitue de plus en plus au grès ; parois très fines *tuotai* (sans corps), gravées sous couverte avec décoration polychrome |
| Xuande (1425-1453) | âge d'or du « bleu et blanc », bleu foncé en vogue (cobalt souvent importé de Sumatra), apparition de céramiques rouge cuivre |
| Chenghua (1464-1487) | coupes et bols avec poussins ou poules sous couverte à dominante bleue, mais polychromie très vigoureuse ; raréfaction du « bleu et blanc » |
| Hongzhi Zhengde | réapparition du « bleu et blanc », surtout destiné aux lettrés musulmans, nombreux en Chine, décoré d'inscriptions arabes |
| Jiajing (1521-1566) | reprise des tons bleu foncé ; décor à l'or sur fond rouge de fer et à l'intérieur, surface émaillée bleu clair sous couverte |
| Longqing Wanli (1566-1620) | 1res céramiques « famille verte », dites « aux cinq couleurs de Wanli » : violet-jaune, rouge-vert, rouge-jaune ; grande exportation de « bleu et blanc » ; céramiques aux parois minces, ajouré (*guigong* : œuvres des démons) ; technique du cloisonné pour la cuisson des sancai* |

**Les émaux**

La technique des émaux cloisonnés fut introduite en Chine par l'intermédiaire de l'islām, vers la fin de la dynastie Yuan, après 1350, bien que certains érudits estiment qu'elle fut introduite dès l'époque Tang (618-907). Les premières œuvres ainsi traitées qui nous soient parvenues ne datent que de l'époque des Ming (après 1368), quand cette technique fut très appréciée. Ce sont les plus recherchées : leurs couleurs sont lustrées et translucides. À l'époque Qing (1644-1912), les cloisonnés sont opaques et ternes, même si les formes et leurs teintes sont très variées.

Les couleurs émaillées étaient parfois appliquées sur des plats en porcelaine, en cuivre ou en argent, et cette technique était appelée *yangzi,* c'est-à-dire porcelaine étrangère. Cette fabrication, notamment celle des « émaux de Canton », répondait essentiellement à une demande européenne et s'inspirait souvent de motifs occidentaux.

**Les jades**

Par ce terme, les Chinois distinguent deux catégories de pierres : les jades véritables *(yü)* et les jadéites *(feicüi),* tous deux de couleurs variées : blanc laiteux, bleu-vert, vert foncé, jaunâtre. Mais on leur rattache aussi de nombreuses autres pierres dures, telles que l'agate, le cristal de roche, le jaspe. Très difficiles à tailler en raison de leur dureté, les jades inspirèrent les artistes qui tirèrent parti de leurs veines pour mieux rendre les couleurs des objets représentés : ce sont les pièces les plus recherchées. Dans l'Antiquité chinoise, le jade était principalement employé pour la sculpture des armes et des objets rituels. Ensuite, le jade vert, réputé assurer la longévité, fut le matériau des pièces de vêtements et des accessoires funéraires, et plus simplement aussi, celui d'ornements, de boucles de ceinture, d'épingles, de crochets divers, de peignes, d'insignes de fonction, d'anneaux* *bi*

Christie's

*Deux jades du XIXe siècle figurant deux Guanyin dont l'une (à droite) chevauchant un lion bouddhique.*

et de sceaux. Incrusté, il participe au décor d'ensembles de prestige, tels que des sabres de cérémonie, et plus tard à ceux de meubles et de paravents en bois laqué. La sonorité particulière de cette matière la fit choisir pour la taille de lithophones. À partir du XVIIe siècle, le recours aux tabatières et aux flacons à parfum dans la vie quotidienne accrut la production de ces accessoires, couramment appelés « pierres dures », le mot « jade » étant réservé aux pierres vertes (jadéite et jade véritable). Le marché de ces pierres dures est très actif, tant en Chine qu'en Europe ; certains objets que leur coloris et leur facture rendent exceptionnels peuvent atteindre des prix très élevés. Le marché des jades est soumis aux caprices des collectionneurs.

**Les laques**

Connu dès l'époque des Zhou (Ier millén. av. J.-C.), le travail de la laque se développa considérablement sous la dynastie des Han (206 av. J.-C. - 220 apr. J.-C.), et la plupart des objets retrouvés proviennent du Sichuan. Les accessoires funéraires étaient souvent laqués afin de leur garantir une longue survie : boîtes, plats, tables et objets divers en bois étaient couverts d'une couche de laque rouge ou noire, ornée de dessins variés, et souvent sculptée. Cependant ce n'est que sous les dynasties des

Tang (618-907) et des Song (960-1279) que la sculpture de la laque, appelée *diaoqi* ou, si elle est rouge, *dihong,* est adoptée. Si les laques qui datent de l'époque mongole des Yuan sont raffinées, leur légèreté et leur tendance à craqueler ont nui à leur conservation. Sous les empereurs Ming, Yongle (1402-1424) et Xuande (1425-1453), cette technique se généralise et trente-six couches sont parfois superposées pour donner aux objets une résistance exemplaire. Alors que les Ming recouraient à une couleur rouge-pourpre profonde, la laque très fine des Qing est surtout d'une couleur vermillon. Plusieurs types de laques virent le jour, notamment celui des laques polychromes : les couches de laque vermillon étaient creusées et les vides remplis avec des laques de teintes différentes, ou encore avec de la poudre d'or. Le type de laque appelée *zhouzhi,* réalisé à la fin des Ming, utilisait fréquemment, pour des incrustations, des matières aussi diverses que le jade ou les pierres dures, la nacre, les perles, les écailles de tortue, l'ivoire, afin de composer des scènes ou des paysages sur des paravents* ou des meubles. Les laques de Coromandel tirent leur nom d'une région de l'Inde où les produits manufacturés en Chine étaient embarqués pour l'Europe. La technique de ces laques est proche de celle des émaux cloisonnés. Une toile fine recouverte de colle et d'ardoise pilée est posée sur le bois. Sur cette surface poncée sont étendues des couches de laque, en plus ou moins grand nombre selon l'effet désiré. L'artiste dessine son sujet et le grave en creux dans l'épaisseur des laques. La taille est emplie de couleurs gouachées et une laque protectrice recouvre toute la surface.

#### Le mobilier

Depuis le début du XVIIIe siècle, les meubles chinois (tables, chaises, armoires, paravents) ont eu la faveur des cours européennes en raison de leur exotisme et de leur raffinement. Mais ce sont surtout les meubles laqués et incrustés de pierres dures et de nacre qui sont encore les plus recherchés. Parmi ceux-ci, les paravents à deux ou plusieurs feuilles décorées de scènes ou de paysages sont fort appréciés en raison de leur fonction décorative. Les armoires sont moins communes. En revanche, on note un fort engouement pour les meubles de rangement en bois naturel, aux multiples tiroirs et décorés de ferrures ouvragées, ainsi que pour les petites tables portatives dont on fait actuellement, surtout à Hong Kong et à Taiwan, de très belles imitations. Les meubles en bois laqué du XIXe siècle, souvent ornés de petits panneaux en haut-relief laqués et dorés, peuvent atteindre des valeurs considérables et il arrive souvent, ces meubles étant parfois de taille imposante, que seuls leurs panneaux décorés soient vendus, car ceux-ci sont très recherchés pour la décoration.

Aux XVIIIe et XIXe siècles, on a également réalisé en Chine de nombreux meubles à l'usage des Européens, soit des copies d'ancien, soit des meubles imités de ceux en usage en Europe, comme des armoires, des bureaux plats ou à tiroirs, des tables gigognes. Le palissandre, le bois de rose *(huali),* l'ébène, le *hongmu* (bois rouge veiné) et parfois le teck ont été principalement utilisés pour ce propos et ne sont alors jamais laqués.

#### Les tapis

La production des tapis chinois ne daterait que du XIIIe siècle. Le style et la production de ces tapis se sont affirmés sous le règne des empereurs Kangxi et Qianlong. Les tapis chinois anciens, réservés à une élite, constituent un objet décoratif et non pas utilitaire comme la plupart des tapis d'orient. De ce fait, la production ancienne est peu abondante, et le décor plus directement lié aux symboles poétiques philosophiques et religieux (taoïsme et bouddhisme). La composition du champ central peut comporter un médaillon, élément abstrait (le plus souvent géométrique) ou figuratif (dragon, chien de Fo, Tchi, fleur ou branchage symbolique, montagne sacrée) ; ce motif est repris en totalité ou partiellement dans les écoinçons, ou encore conçu dans un esprit de composition picturale et poétique. Les bordures sont unies, ornées de symboles ou encore totalement absentes. Les jaunes, bleus, ivoires bleus sont employés dans leurs nombreuses nuances souvent utilisés tons sur tons. La laine brillante à quatre brins est nouée au point persan peu serré, mais forme un velours très dense, parfois cisaillé de façon à mettre en relief les motifs les plus importants.

Les principaux centres du tapis chinois ancien sont Pékin, Paotou, Ning-Hsia. Les tapis anciens dits « de Mandchourie » ne proviennent pas de cette région, mais furent exécutés dans les palais des empereurs mandchous. Du turkestan chinois proviennent les magnifiques tapis de soie.

La production contemporaine s'inspire non seulement des modèles anciens, mais aussi des modèles des tapis d'Aubusson et de la Savonnerie. Les principaux centres sont Ning-Hsia, Tien-Tsing, Pékin, Shanghai, Canton. La technique de nouage est normalisée dans toutes les différentes manufactures, où les artisans sont aidés pour partie dans leur travail par des machines.

**chine.** n. m. Le papier de Chine, souple et légèrement gris, est obtenu à partir de pousses de bambou. Considéré comme l'un des « grands papiers », avec le Hollande et le Japon, le chine a été utilisé par les éditeurs romantiques, Curmer le premier, et d'une façon régulière par les éditeurs du XIXe et du XXe siècle, pour les tirages de luxe, mais moins fréquemment que le hollande et le japon.

**chiner.** Plusieurs étymologies sont proposées pour ce verbe qui signifie, à l'origine, « aller de porte en porte pour vendre des marchandises ». Les marins qui revenaient de Chine au XIXe siècle rapportaient des ivoires et des pierres dures ou des tapis qu'ils essayaient de négocier à bas prix. Le dur métier de « chineur », c'est-à-dire de marchand forain, consistait à « s'échiner » en visitant les particuliers pour leur proposer des produits divers. Par la suite, dans le langage des brocanteurs, « chiner » signifie au contraire visiter les particuliers ou d'autres marchands pour leur acheter à domicile les vieux meubles et les objets qu'ils acceptent de céder.

Par extension, le mot de « chineur » s'applique aux amateurs de brocante et d'antiquités qui visitent de nombreux marchands avant de trouver le meuble ou l'objet ancien qui les intéressent.

**chinoiserie** n. f. Objet d'art ou de curiosité venant de Chine, mais aussi peinture, tapisserie, ornement s'inspirant de la Chine, soit par les costumes des personnages, soit par le paysage, soit par les thèmes ou les matières utilisées (le mot est employé le plus souvent au pluriel). La Régence et l'époque Louis XV ont raffolé des chinoiseries, que l'on retrouve sur les tapisseries de Beauvais *(la Tenture chinoise,* cartons de Boucher au musée de Besançon), d'Aubusson *(la Moulure du riz; la Cérémonie du thé),* sur les bronzes d'ameublement (dragons, pagodes), les porcelaines, les placages de laques de Chine, les vernis Martin, les soieries, les boiseries peintes, les tableaux. Sous Napoléon III, les ébénistes conçoivent des meubles à panneaux, des secrétaires, des tables revêtus de laque noir et or, qui évoquent une Chine de fantaisie.

**chintamani.** Motif ornemental dominant dans l'art turc, il est fréquemment utilisé, avec quelques variantes, comme base de décor dans la plupart des « arts appliqués ». Son origine serait chinoise. Transmis à l'Asie centrale (tribus Oghouz et turkmènes ; symbole chamanique également), il représenterait alors les « trois perles nées sur la crête d'une vague » (ou *tritratna,* « trois joyaux », en Inde) ; il est souvent accompagné de motifs en forme de vagues ou de nuages ondulés, « deux figures qui symbolisent la dualité ». Les Turcs donnèrent à ce motif le nom de *nakchi-peleng* (« tigré ») pour sa ressemblance avec la peau de tigre, ou de léopard. Selon d'autres, il représente « le cœur et les trois qualités mystiques du Bouddha ».

Mais ce motif fut utilisé à d'autres fins : comme « blason » chez les Tīmūrides, ou comme symbole traditionnel destiné à représenter les taches du manteau de léopard *(pelengi)* du héros persan Rostem. Cependant, selon la connotation chinoise originale, ce motif serait également un symbole de bonheur, destiné à préserver du « mauvais œil » : ce symbolisme a été conservé par les Ottomans *(nazarlik).* Enfin, il est parfois entouré de flammes (dites « flammes de Tamerlan ») et de nuages *(chi).*

La définition de ce motif est loin d'être définitivement fixée. Certains marchands utilisent à leur tour un vocabulaire particulier pour cette représentation : les trois perles désignent les « trois yeux du Bouddha » ou des « sequins » ; quant aux vagues, elles deviennent soit « nuages de Samarkand », soit « lèvres de Bouddha ».

**Chiparus** (Démétré), sculpteur et bronzier français d'origine roumaine (1888-1950). Il se rendit célèbre vers 1920-1925 par ses petites statuettes de danseuses et d'acrobates, dont les silhouettes et les costumes sont une parfaite synthèse de l'esprit « Art déco ». Les plus caractéristiques sont les statues chryséléphantines, qui associent l'ivoire et le bronze doré ou argenté. Les éléments de bronze sont d'abord moulés industriellement, autorisant la reproduction d'un même modèle en plusieurs exemplaires ; en revanche, les éléments en ivoire (mains, visages, pieds) sont sculptés pièce par pièce. Dans la sophistication raffinée, la somptuosité des parures, on retrouve l'influence des Ballets russes de Diaghilev, qui marquèrent tant l'époque de l'après-guerre.

Ces ouvrages ont une valeur plus anecdotique que véritablement artistique. Ils étaient, entre 1973 et 1978, montés très haut dans l'échelle des enchères. Mais les nombreux faux qui ont, depuis, envahi le marché, ont fait sensiblement baisser la cote. Dans le domaine des faux, il faut d'ailleurs faire la différence entre les surmoulages récents, plus ou moins réussis, qui sont des faux de toutes pièces, et les assemblages faits avec les nombreux éléments de bronze et d'ivoire retrouvés dans l'atelier de Chiparus après sa mort : ces demi-faux à patine récente ne reflètent pas, toutefois, la pensée de l'artiste.

Ader-Picard-Tajan

*Sculpture chryséléphantine en bronze à patine d'argent, de Chiparus, représentant Pierrot et Colombine. Adjugée 23 000 F par Mes Ader-Picard-Tajan, à Drouot, le 26-XI-1980.*

**Chippendale** (Thomas), ébéniste et décorateur anglais (Otley, Yorkshire, 1718 - Londres 1779). C'est à sa publication *The Gentleman and Cabinet Maker's Director* que Chippendale doit sa célébrité, consacrée par son entrée à la Royal Society of Arts de Londres. Cet ouvrage qui consiste en un ample recueil de dessins des meubles les plus utiles et les plus élégants, édité en 1754, 1755, 1762, fut très largement diffusé.

Ébéniste de talent, au goût très éclectique, Chippendale adapte avec originalité ses motifs décoratifs aux thèmes en vogue : gothique, chinois, rococo, puis néoclassique. Il travaille dans les années 1760 en collaboration avec le célèbre architecte Robert Adam. La production importante et de grande qualité de son atelier à Saint Martin's Lane (quelque 700 meubles ont pu être identifiés) est essentiellement en acajou ou bois de rose, alors que le noyer est utilisé pour les éléments de chambre à coucher. Conservant les proportions classiques du mobilier, il donne une importance nouvelle au bureau de bibliothèque. Les chaises au dossier ajouré d'un treillis chinois, gothique ou rocaille, sont particulièrement caractéristiques de son style.

Non estampillés, les meubles dits « Chippendale » sont aussi bien des meubles de l'atelier de l'ébéniste que ceux de ses suiveurs anglais et même américains durant la seconde moitié du XVIIIe siècle et même du XIXe siècle.

**Chirāz.** Ville située au cœur de la grande plaine qui constitue la province du Fārs, au sud-ouest de l'Iran. Fondée peu après la conquête arabe, Chirāz est déjà au Xe siècle un centre intellectuel sous les Būyides. À l'instar de Rayy*, elle devient l'un des foyers de la première « Renaissance iranienne », renouant ainsi avec le passé culturel préislamique. Sa bibliothèque attire les savants du monde entier ; ses manufactures de tissage (laine et brocart) sont également célèbres.

Mais Chirāz doit surtout sa notoriété à ses poètes : Sa'dī (XIIIe siècle) et Ḥafīẓ (XIVe s.), deux des plus grands écrivains de l'Iran, et à ses écoles de miniaturistes. Au XIVe siècle, l'école Injou se distingue par des manuscrits illustrés où se mêlent des survivances sassanides, des peintures de l'école de Bagdad et des apports étrangers sino-mongols.

À la fin du XVe siècle s'élabore un style plus typiquement « iranien » (personnages aux visages allongés chevauchant d'impressionnantes montures). Ce style persistera sous l'égide des Turcomans jusqu'au XVIe siècle. Pendant toute cette période, la réalisation de ces manuscrits devient à Chirāz une véritable institution. Cette production constitue à elle seule plus de la moitié des miniatures « persanes » connues. Elle influencera à son tour la peinture turque et indienne. Du XVIIe au XVIIIe siècle, les peintres de Chirāz s'inspirent du style de la cour voisine d'Ispahan. Enfin, sous les Zend (seconde moitié du XVIIIe s.), Chirāz, devenue temporairement la capitale de l'Iran, est le foyer d'une nouvelle école de peinture, profondément originale, où puiseront à leur tour les artistes qādjārs.

L'industrie des arts du feu n'est pas étrangère non plus à la renommée de Chirāz : à partir du XVI^e siècle, les ateliers élaborent de prestigieux objets en céramique ou en verre, destinés à l'exportation des produits précieux que Chirāz diffusait dans tout l'Orient et plus loin : eau de rose, fruits au vinaigre, et surtout son célèbre vin.

Signalons également un artisanat spécifique à la région : le décor de marqueterie miniaturisée, connu sous le nom de *khatam* chirazi.*

Très ancien centre collecteur de tapis produits par les nomades ou tribus semi-nomades de la région, le Chirāz se singularise des autres tapis iraniens par une composition géométrique très marquée qui rappelle les tapis du Caucase, où les fleurs, les animaux et parfois même des petits personnages sont figurés dans un style un peu naïf où la ligne courbe est totalement absente.

**Chirvan.** Tapis provenant du sud-est du Caucase. En laine, réalisé au nœud turc sur chaîne et trame en laine pour les anciens, trame en coton pour les plus récents, le Chirvan a pour décor une composition très géométrique et très stylisée ; ses couleurs sont variées et très vives. Le champ central se compose principalement de médaillons formés de grands polygones, rectangles, losanges, bordés de crochets, de contours en escaliers, à l'intérieur et à l'extérieur desquels sont figurés de plus petits motifs géométriques. On rencontre également des Chirvan dont le fond est divisé par un treillis, figuré ou non, dans lequel s'insèrent des petits motifs décoratifs géométriques, ou encore fleurs, animaux et personnages très stylisés.

**choc** (armes de). Sous ce nom, on range les masses d'arme, les fléaux d'arme, les haches d'arme et les marteaux d'arme. Ces armes de choc furent, en Occident, principalement utilisées à l'époque médiévale où elles servaient à défoncer les armures des chevaliers dans les corps à corps. En Europe centrale (Hongrie et Pologne), les masses et les marteaux subsistèrent jusqu'au XVIII^e siècle, et jusqu'en plein XIX^e siècle dans les pays ottomans où l'on utilisait en outre le *djokan,* instrument composite fait d'un marteau et d'un grand croc recourbé destiné à désarticuler les anneaux des cottes de mailles. Sous l'Empire, l'escadron des Mamelouks de la Garde devait être doté d'une masse d'arme à ailettes et d'une hache, réalisées à Versailles, mais elles ne furent jamais livrées.

On fit de nombreuses copies d'armes de choc médiévales à l'époque Napoléon III, sous l'influence de Viollet-le-Duc.

**chocolatière** n. f. Verseuse destinée au chocolat à boire, en usage depuis la fin du XVII^e siècle, tout comme la cafetière dont elle suit exactement les formes et les décors. Elle s'en distingue cependant par l'orifice au centre du couvercle, dissimulé par une petite graine pivotante : on y passe la queue du « moussoir » de bois que l'on fait tourner entre les paumes afin de donner au breuvage une appétissante consistance mousseuse. Les chocolatières du XVIII^e siècle sont le plus souvent d'argent, mais on en fit aussi en porcelaine.

Ader-Picard-Tajan

*Chocolatière en argent uni gravé d'armoiries. Œuvre de A. S. Durand, Paris 1754. (H. 19 cm.)*

**Choisy-le-Roi.** La manufacture de faïences fines de Choisy fut fondée en 1804 par les frères Paillart qui venaient de Chantilly où ils avaient succédé à l'Anglais Potter. En 1835, Hippolyte Hautin devient associé. L'association Valentin Paillart et Hautin durera jusqu'en 1836, date à laquelle Paillart est remplacé par Louis Boulenger jusqu'en 1863. Hippolyte Boulenger dirigera la manufacture jusqu'en 1878, date à laquelle est constituée une société anonyme sous la raison sociale « H. Boulenger & Co ». En 1920 a lieu la fusion entre les manufactures de Choisy et de Creil-Montereau. La fermeture des ateliers de Choisy interviendra en 1934. La production de Choisy est considérable et peut se confondre avec celle de Creil et de Montereau. Cependant, les motifs utilisés et les marques au tampon permettent de la reconnaître. Au début, on fabrique de la faïence fine uniquement, puis, vers 1840, de la « porcelaine opaque », ou « demi-porcelaine », suivie par la « terre de fer », d'origine lorraine. Les décors en noir, en polychromie, ou sur fond jaune, sont très variés : petits métiers, scènes romantiques, décors chinois, cavaliers d'après Carle Vernet, châteaux anglais et chemins de fer. Le grand céramiste Ernest Chaplet vint travailler à Choisy, en 1880, après avoir quitté Bourg-la-Reine et Limoges ; il se livre à des expériences sur les émaux et les supports et aboutit à une grande perfection.

Méprisées récemment encore, les faïences fines de Choisy trouvent aujourd'hui de plus en plus d'amateurs passionnés en France : aussi la cote est-elle maintenant très solide pour les bonnes pièces, produites de 1825 à 1840.

**Choubrac** (Alfred), affichiste français (1853-1902). Dessinateur prolifique, il travailla pour la presse, le théâtre et l'affiche. Il produisit environ 400 affiches, dont une trentaine au moins pour les Folies-Bergère. On trouve ses productions à des prix moyens.

**Christofle** (Charles), orfèvre français (Paris 1805 - Brunoy 1863). La célébrité de Charles Christofle, fondateur de la maison qui existe toujours au 12, rue Royale, à Paris, est due surtout à l'exploitation qu'il fit du procédé d'argenture par galvanoplastie, inventé en 1841 par le comte de Ruolz. Il bénéficia de l'appui de la cour impériale puisque, dès 1851, le futur Napoléon III, encore président de la II^e République, lui commanda un service de métal argenté. Quelque temps plus tard, Christofle obtient le titre de fournisseur de l'Empereur, et livre notamment aux Tuileries un fabuleux service de 1 200 pièces, toujours de métal argenté, dont seules quelques pièces ont échappé à l'incendie de 1871. Ces commandes impériales comptèrent beaucoup pour la promotion du métal argenté et celle de la maison Christofle, qui fabriquait d'ailleurs aussi une fort belle orfèvrerie classique d'argent massif. Paul Chritofle, qui succède à son père en 1863, associé à son cousin Henri Bouilhet, travailla lui aussi pour les célébrités de l'époque (la Païva, notamment), et donna quelque peu, à la fin du siècle, dans le naturalisme de l'Art nouveau : ainsi du surtout *la Forêt,* en argent massif, offert en 1901 à M^me Loubet. Après la guerre triomphent les rigueurs ornementales de l'Art déco. En 1935, c'est encore Christofle qui dessine les couverts et les pièces de service du paquebot *Normandie.*

**chromatrope** n. m. Jouet français, apparu à la fin du XIXe siècle, permettant d'obtenir d'amusants effets d'optique en faisant tourner en sens opposé, à l'aide d'une manivelle, deux plaques de verre rondes à décors géométriques, placées l'une sur l'autre.

**chromolithographie** n. f. Image en couleurs obtenue à partir de plusieurs impressions successives.

**chronomètre de marine** n. m. Montre de précision appelée aussi « garde-temps » car elle est chargée de garder l'heure du port de départ, permettant ainsi de calculer la longitude d'un navire en constatant la différence entre celle-ci et l'heure locale. En 1735, John Harrisson met au point sa première montre marine, mais son génie ne sera pas reconnu avant 1772. À la fin du XVIIe siècle, en France, Le Roy reprend les travaux d'Harrisson et met au point l'échappement libre. Au XIXe siècle, Breguet et Berthoud contribuent à l'industrialisation de la montre de marine. La flotte française de guerre ne sera entièrement équipée de chronomètres qu'en 1850, et en 1880 les navires de commerce. Les chronomètres mécaniques sont bien protégés dans leur boîte en bois étanche. Ils sont en cuivre et montés « à la Cardan ». De construction solide et bien entretenu à cause de sa mission, le chronomètre s'use relativement peu, ce qui explique sa rareté sur le marché. Le premier chronomètre d'Harrisson, toujours en état de marche, est exposé au Musée maritime de Greenwich.

**chryséléphantin** (grec *khrusos,* « or », et *elephas* « ivoire »). Se dit de l'emploi simultané de l'or et de l'ivoire dans la statuaire. Cette pratique est très ancienne puisqu'en Égypte et en Asie (Hittites, Phéniciens) les statues et les bijoux sont rehaussés d'or. Adoptée par les Grecs, elle se répand à l'époque archaïque dans toute la Méditerranée, de l'Asie Mineure jusqu'à l'Étrurie. Pausanias raconte par exemple que le coffret de Cypsélos, réalisé vers la première Olympiade (776 av. J.-C.), est enrichi de bas-reliefs d'or et d'ivoire. Quant à Canachos, son chef-d'œuvre est une statue colossale de *Vénus Uranie* en ivoire et en or (Sicyone). Mais à Phidias (v. 490-431 av. J.-C.) revient le mérite de porter ce genre de sculpture à un degré de perfection qui n'a jamais été atteint.

Le Moyen Âge a employé parfois l'or pour rehausser des sculptures d'ivoire (Paris, musée de Cluny). La technique, tombée en désuétude jusqu'au début du XXe siècle, réapparaît dans la sculpture « Art déco » sous forme de statuettes en bronze doré ou argenté rehaussées d'ivoire et d'incrustations, posées sur des socles géométriques en marbre ou en onyx ; les sujets les plus répandus sont des représentations féminines : danseuses orientales, odalisques, garçonnes, sportives, etc. Très en vogue entre 1920 et 1930, ces figurines sont de valeur inégale (Bouraine, Colinet, Godard, Jack, Preiss, Sosson et surtout Chiparus).

Un record a été atteint le 27-II-1981, avec une enchère de 24 000 livres sterling (269 000 F), ce qui est exceptionnel car les prix moyens s'échelonnent de 25 000 à 50 000 F en 1988. On se méfiera des faux obtenus par surmoulage, ou des demi-faux fabriqués à partir d'éléments d'époque. Les amateurs ont intérêt à demander un certificat d'authenticité, ou à consulter un expert.

**chute** n. f. Ornement de bronze descendant d'un montant ou d'un pied de meuble. Les fleurs et les feuillages en bronze ciselé et doré forment souvent les chutes des commodes de style Louis XV.

En bijouterie, type de collier formé de perles dont les dimensions diminuent à partir d'une grosse perle centrale.

**Chuzhou.** Ville de Chine, de la province du Zhejiang, qui devint célèbre pendant la dynastie des Ming pour sa production céramique de céladons.

**cinabre.** n. m. Sulfure naturel de mercure, de couleur rouge. Réduit en poudre, il a la propriété de préserver le bois de la pourriture. C'est la raison pour laquelle les piliers des constructions de bois en Chine en étaient enduits. Par la suite, la couleur vermillon, proche de celle du cinabre, en vint à symboliser la longue vie, et par extension le bonheur. Cette couleur fut largement utilisée dans la décoration chinoise.

**cire** (reliure à la). Au milieu du XVIe siècle, la reliure en cuir est égayée par des effets de couleurs, pouvant être obtenus par des maroquins de teintes variées, ou par des rehauts de cires polychromes déposées au pinceau sur le cuir, dessinant surtout des entrelacs, souvent compartimentés par des plaques dorées. Cette reliure est souvent appelée « lyonnaise », sans justification décisive.

**cire perdue.** Procédé de fonte du bronze et de l'argent, utilisé surtout pour les objets en ronde-bosse. C'est la technique la plus parfaite, celle qui restitue fidèlement le travail de l'artiste, et ne donne qu'un exemplaire unique.

Au départ, un noyau d'argile ayant déjà la silhouette de l'objet à reproduire, mais sensiblement « maigri », est enrobé d'une couche de cire d'épaisseur uniforme que l'artiste travaille commodément, selon un modèle de plâtre.

La statuette de cire, une fois terminée, est badigeonnée au pinceau d'une couche de barbotine liquide qui adhère aux moindres détails, le tout étant ensuite étroitement enveloppé dans de l'argile. Ce moule est percé de conduits judicieusement disposés : les jets, les évents et les égouts, qui permettront d'une part l'évacuation de la cire, d'autre part la jetée du bronze en fusion. En chauffant, la cire est évacuée totalement par les évents, autour du noyau qui demeure en place grâce à des broches de fer ; le moule d'argile cuit. Par les jets, on introduit ensuite la coulée de bronze qui s'insère dans la place laissée libre par la cire, entre le noyau et le moule d'argile. Ces différentes opérations qui paraissent simples sont en fait très délicates à pratiquer. Après refroidissement, le moule d'argile est brisé, le noyau extrait après broyage par une cavité ménagée sous la statue. Il ne reste plus à l'artiste et au fondeur qu'à ébarber la statue de ses jets et évents, à reprendre en ciselure quelques détails, à la polir, et à lui donner la patine désirée. Ce procédé de fonte est connu depuis l'Antiquité grecque archaïque (VIIe-VIe s. environ).

La fonte en négatif est aussi très ancienne : en ce cas, l'artiste ne modèle pas son objet sur la cire mais part d'un moule en creux préalablement exécuté sur le modèle de plâtre : la cire est appliquée au pinceau à l'intérieur du moule, et le noyau placé en dernier. On assemble les deux parties du moule et l'on procède à la jetée, comme précédemment. Ce procédé permet d'obtenir plusieurs exemplaires du même objet puisque le modèle d'origine n'est pas perdu.

La technique de la cire perdue a été perfectionnée de nos jours grâce à l'emploi de moules souples, en matières plastiques, qui peuvent être réutilisés pour des tirages de petite série. Dans le passé, la cire perdue a donné lieu à de véritables prouesses techniques, pour la fonte des grands bronzes notamment, telle la statue équestre de Louis XIV, place Vendôme, par Girardon, exécutée en 1699 par Keller, d'une seule coulée de bronze.

**cironné** ou **chironné.** Se dit d'un meuble qui a été piqué par des « cirons », nom vulgaire des vers du bois. Les antiquaires soucieux de n'offrir que des meubles de grande qualité ne souffrent pas que les bois soient cironnés ou « chironnés ».

**ciseau** n. m. En verrerie, outil qu'utilise l'artisan au cours de la seconde phase de la fabrication, lorsque la pièce a été « mise au pontil* ». Le ciseau permet de travailler la partie qui retient le verre à la canne au moment du soufflage, et notamment de couper ou de « rogner » le bord du col, ou « calotte », quand le verre est encore chaud.

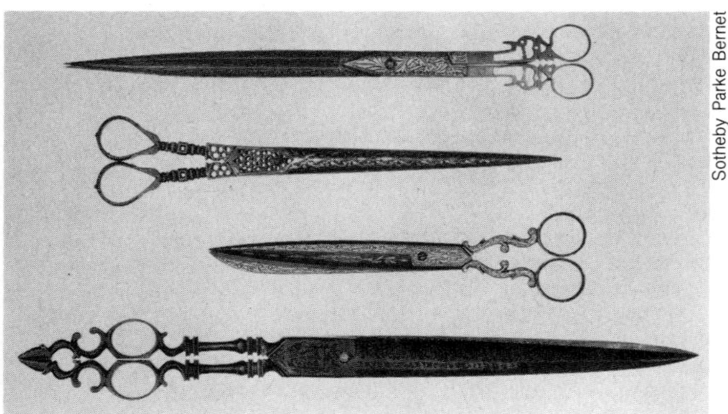

Sotheby Parke Bernet

*Employé au pluriel, le mot « ciseaux » désigne l'instrument des tailleurs. Ici, quatre paires en acier damasquiné et gravé. Espagne, XVIIIe siècle. (L. 20 à 36 cm.) Adjugés 176 £, 242 £, 165 £ et 495 £ par Sotheby, à Londres, le 24-VI-1982.*

**ciselure** n. f. Technique de décoration très utilisée dans le travail des métaux : or, argent, bronze. Contrairement à la gravure, la ciselure n'entame pas le métal, mais le repousse en creux. Elle se fait à l'aide d'un ciselet, que l'on frappe à petits coups de marteau précis et rapides. Il existe plusieurs sortes de ciselets selon le type de motif qu'on veut obtenir ; celui qui sert à mater les fonds par un effet de légères granulations s'appelle un matoir. Les pièces d'orfèvrerie, les bijoux, les bronzes dorés, sont décorés principalement en ciselure. Le type d'outil employé permet souvent de dater les bronzes — et du même coup les meubles qu'ils décorent.

**cistophore** n. m. Monnaie d'argent frappée par quelques villes d'Asie Mineure (notamment Pergame et Éphèse) au IIe s. av. J.-C., et qui fut reprise par les Romains pour certaines de leurs frappes coloniales.

Ce nom vient du fait que l'une des faces de la pièce porte, comme type monétaire, la ciste bachique entourée d'une couronne de lierre. La ciste mystique (sorte de panier tressé) faisait partie des processions lors de certaines cérémonies dédiées à Bacchus. Il faut toutefois noter que, si Marc Antoine conserva la ciste sur ces cistophores, la quasi-totalité des cistophores émis d'Auguste à Hadrien aura des revers variés et n'ayant rien à voir avec le type grec initial : ces monnaies romaines garderont toutefois le nom de « cistophore » à cause de leur poids (12 g environ) qui correspond aux cistophores grecs mais est très inhabituel relativement à la métrologie du monnayage impérial.

**cistre** n. m. Instrument de musique à cordes pincées connu depuis le Moyen Âge. La caisse de résonance plate ne répond à aucune norme précise si l'on en juge par les différentes formes que nous connaissons. Le manche comprend six à dix cordes et même plus quand il est *théorbé* (V. THÉORBE). C'est aux XVIIe et XVIIIe siècles qu'il a connu sa plus grande vogue.

**cithare** n. f. Instrument à cordes pincées originaire du Tyrol. Cet instrument populaire est courant sur le marché français, mais le public ne semble plus lui porter l'intérêt qu'il connut en France au début de ce siècle, ce qui explique son prix assez modique.

**citronnier** n. m. Bois d'origine méditerranéenne, au grain fin et serré, de couleur jaune clair, employé en marqueterie du XVIe au XVIIIe siècle et souvent en placage au XIXe siècle, notamment pour des intérieurs de secrétaires sous Charles X. On désigne parfois sous le nom de « bois de citron » certaines essences exotiques telles que le bois de jasmin ou de coco, confondues avec le citronnier à cause de leur couleur jaune.

**Cizhou.** Ville de Chine, de la province du Hebei, où étaient établis des fours céramiques importants. (V. CHINE.)

*Mortier en céramique de Cizhou, de l'époque des Song (960-1120). Adjugé par Christie's, à Tōkyō, le 17-II-1980, et aujourd'hui au musée de Hongkong.*

Christie's

**clairon** n. m. Instrument de musique à vent et à embouchure. Il est en cuivre et semblable à la trompette. Utilisé depuis le début du XIXe siècle dans les fanfares et harmonies militaires, il ne présente que des possibilités restreintes : généralement en *si* bémol, il ne donne que les harmoniques de cette note. La marque du facteur inscrite sur le pavillon mérite une attention particulière pour cet instrument que l'on trouve couramment chez les brocanteurs.

**clarinette** n. f. Instrument de musique à vent et à anche. Mise au point au XVIIe siècle par J. C. Denner, la clarinette a pour ancêtre le chalumeau. Son corps, divisé en quatre parties, se termine par un pavillon. Généralement en bois (buis, ébène ou palissandre), on la trouve plus récemment en ébonite et en métal. Elle est consolidée à ses joints par des viroles en ivoire, corne ou métal, destinées à éviter les fentes. Il en existe neuf tailles. Les plus recherchées par les amateurs sont celles du XVIIIe siècle en buis à viroles d'ivoire comportant des clés carrées. Dans la famille des clarinettes, le cor de basset est un des plus estimés.

**clavecin** n. m. Instrument à cordes à un ou deux claviers dont chaque touche, sous la pression du doigt, agit sur le sautereau, pièce de bois mobile munie d'une plume de corbeau ou d'un mince cuir de buffle, chargé dans sa course de pincer la corde afin de la mettre en résonance. Les ancêtres du clavecin sont l'échiquier, le dulcimer et l'épinette. C'est au XVIe siècle qu'il apparaît, mais c'est aux XVIIe et XVIIIe siècles que les facteurs des Flandres, de France et d'Italie, parmi lesquels nous pouvons citer les Ruckers, Taskin, Blanchet et Cristofori, lui donnent ses lettres de noblesse. En dehors de son intérêt musical, le clavecin est aussi une œuvre d'art de lutherie et d'ébénisterie, le plus souvent orné de peintures décoratives de grande qualité. Le retour à la musique baroque incite les amateurs à redécouvrir ces instruments qui, malheureusement, à travers les temps, ont souvent subi des restaurations discutables. Les prix atteints par les quelques instruments qui nous restent sont assez élevés, aussi est-ce peut-être pour cette raison qu'un nouveau marché d'instruments récents vient de naître, laissant même une place au *kit**.

**claw and ball.** Expression désignant un type de pied massif formé d'une griffe de lion serrant une boule. Ce type de pied se rencontre sur les meubles anglais du milieu du XVIIIe siècle. Il évolue à la fin du siècle vers un simple évasement : le club feet.

Joël Laffay

*Pied « claw and ball » d'une armoire hollandaise à deux corps.*

**clef** n. f. *Serrurerie.* Instrument pour ouvrir ou fermer une serrure. Dans une clef, on distingue l'anneau, l'embase, la tige et le panneton. L'anneau est la partie de la clef que l'on tient dans la main pour la faire tourner dans la serrure. On appelle bélière un anneau de suspension situé à la partie supérieure de l'anneau proprement dit qui, en particulier sur les clefs gothiques, servait à attacher les clefs à une cordelière. C'est sur l'anneau que les serruriers ont développé leur art avec le plus d'imagination et de virtuosité. La boucle, ou embase, est située à la base de l'anneau et porte la tige. Cette dernière est généralement simple. Autrefois, certaines tiges pouvaient être cannelées ou même rudentées. On nomme clé forcée celle dont la tige est creuse. Ce trou est en général rond.

Dans les serrures anciennes, on trouve des clefs dont la forme est découpée en trèfle, en pique ou lobée. Lorsque la serrure est bénarde et s'ouvre donc des deux côtés, la tige de la clé est pleine. Son extrémité est façonnée en bouton, d'où son nom de clef à bout. Le panneton est la partie de la clef qui pénètre dans la serrure. Il est souvent plat et coupé carrément. La face parallèle à la tige, ou museau, est un peu plus épaisse ou nervurée. Des pannetons courbés deux fois sur leur longueur prennent le nom de panneton en « S » ; s'ils sont courbés en trois, on les dit en « Z ». Aux XVe et XVIe siècles, on trouve des pannetons dont le museau est taillé en « peigne ». Aujourd'hui, on a renoncé à ces formes jugées trop fantaisistes ou trop coûteuses. On n'a conservé que les principales entailles du panneton correspondant aux gardes des serrures les plus usitées. Ces entailles sont de cinq sortes et portent les noms de rouets, bouterolles, râteaux, planches et pertuis.

Au XIIe siècle, confectionnées en fer forgé, elles ont des anneaux plats de formes géométriques simples. Elles ne possèdent pas d'embase, leur tige est pleine, les garnitures sont de formes simples. Au Moyen Âge, les clefs possèdent des anneaux polylobés, reprenant les principes de l'ogive. La tige est courte « bénarde », le panneton rectangulaire, à garnitures à angles droits, souvent en forme de croix disposées en quinconce. Le décor de l'anneau Renaissance tend à la symétrie : trèfle à quatre feuilles, œillet quadrilobé, chimères ailées adossées, griffons affrontés. Le panneton, plus épais, présente dans sa découpe des complications infinies.

L'esprit baroque se donne libre cours au XVIIe siècle chez les fondeurs d'objets de petites dimensions, les clefs en particulier. Le serrurier se contente parfois de travailler le panneton pour laisser le décor de l'anneau à la fantaisie de spécialistes qui s'inspirent des dessins de grands ornemanistes comme Berain. Pour les clefs des meubles, des anneaux ornés de chiffres entrelacés, de couronnes, emblèmes, arabesques, feuilles d'acanthe, lions et autres animaux stylisés sont confectionnés en laiton, en argent, en bronze. Toujours en fer, en bronze ou en acier, l'anneau s'allège sous Louis XV. Entrelacs, couronnes, rinceaux s'insèrent dans des anneaux de forme balustre ou en « cuisses de grenouille », un dessin à la mode. La clef Louis XVI, sobre, nette, annonce l'instrument fonctionnel d'aujourd'hui. L'anneau ovale ou rond de forme balustre présente une ornementation élégante et simple de perles, fleurettes, cannelures et nœuds de ruban. Cette rigueur s'accentue sous l'Empire, sauf pour les clefs de chambellan et autres clefs symboliques. La Restauration remet à la mode pour les meubles gothiques les chimères des XVe et XVIe siècles.

Ensuite, l'industrialisation permet la production en série. Les clefs constituent l'objet type de collection, accessible aux amateurs de bourse modeste. Seuls les modèles de maîtrise atteignent des sommes confortables, les autres étant vendus à partir de quelques centaines de francs et jusqu'à 2 500 F. Les prix varient selon l'âge, l'état de conservation mais surtout la qualité d'exécution et l'originalité des formes. Bien entendu, les modèles fabriqués ou « finis » à la main sont plus recherchés que les pièces fondues ou moulues.

*Horlogerie.* Jusqu'à l'invention du remontoir incorporé, les clefs accompagnent les montres dont elles retendent le ressort-moteur. Elles portent souvent des décors en harmonie avec les styles du moment ; les anneaux épousent des formes variées, parfois fort sophistiquées. Objets de collection, les clefs de montres atteignent des prix dépassant 1 000 F, surtout lorsqu'elles sont en or. Certains modèles, très curieux, véritables objets d'orfèvrerie,

*Six exemples de clefs du XVIe et du XVIIe siècle. Au centre, serrure de coffre à moraillon en fer forgé. L'ensemble a été adjugé 2 800 F par Mes Ader-Tajan-Picard, le 5-III-1982.*

dépassent 5 000 F, les amateurs pouvant se procurer des productions en argent aux alentours de 1 000 F.

*Armurerie.* Une clef est nécessaire pour tendre le ressort dont la détente assure le mouvement de la roue des armes du système dit « à rouet », apparu au XVI^e siècle. Cette clef, en acier, est munie d'un pivot à tête carrée. Les clefs des anciennes arquebuses et mousquets sont rares et, de ce fait, très prisées des collectionneurs.

**Clement** (William), célèbre mathématicien horloger qui introduisit vers 1680 le procédé d'échappement à ancre. Allié à la suspension à ressort du balancier, ce procédé apporte une amélioration à l'échappement à pendule.

**Clergue** (Lucien), photographe français (Arles 1934). Il vint à la photo à l'âge de 14 ans. Sa Camargue natale, le sable et la mer sont ses terrains de chasse favoris et le décor idéal pour ses « nus ». Il s'emploie à encourager les jeunes vocations par l'organisation du Festival de la photographie qui se tient en Arles, chaque année.

**Clichy.** La cristallerie fondée par Rouyer et Maës en 1837 à Boulogne, puis transférée à Clichy présentait dès 1844 dans les Expositions universelles une production dont la qualité allait la placer à égalité avec celle des grandes cristalleries.

Outre les classiques cristaux blancs, Clichy osa expérimenter des cristaux de fantaisie : verres doublés (rouges, mais aussi bleus et verts), cristaux colorés dans la masse (jaune dichroïde), pâtes de riz, verres noirs, verres filigranés, millefiori, opalines, sans oublier le rôle non négligeable des pièces bon marché, telles que les boules presse-papiers, qui contribuèrent pour une grande part à son renom. Sous le second Empire, la firme jouit d'une réputation sans éclipse. Succédant à leur père en 1878, les fils Maës ne donnèrent pas à Clichy une impulsion rénovatrice. En 1889, le propriétaire de l'ancienne verrerie de Sèvres racheta l'affaire, qui prit le nom de « Cristalleries de Sèvres et Clichy réunies ».

**clip** n. m. Le nom de ce bijou récent provient de l'onomatopée de son système de fixation à patte sur ressort. Le clip d'oreilles ou de corsage apparaît vers 1925, et sa vogue se poursuit jusqu'aux années 50. Par analogie, on donne aussi ce nom à une broche de joaillerie, de forme un peu ronde et massive. Le clip est un des grands classiques des joailliers de la place Vendôme ; il est souvent assorti au collier et au bracelet.

**cloche** n. f. Léger soulèvement d'une partie de placage en forme de cloche. Les changements de température et l'action du chauffage central favorisent la formation de cloches sur les meubles en placage ou en marqueterie. Les ébénistes y remédient en fendant avec une lame très aiguisée la partie soulevée et en la recollant au fer chaud.

**clochette** n. f. Petite cloche, en usage dès le Moyen Âge, pour sonner les domestiques. En argent, en bronze, en cuivre, les clochettes sont des objets de collection très recherchés. Les clochettes d'argent anciennes se vendent trois à quatre fois plus cher qu'une cafetière de même époque.

**cloisonné.** V. ÉMAIL.

**Cocteau** (Jean), écrivain et dessinateur français (Maisons-Laffitte, 1889 - Milly-la-Forêt 1963). Romancier, poète, auteur dramatique, Jean Cocteau fut aussi un peintre et un dessinateur de talent. On lui doit la première affiche des Ballets russes de Diaghilev. Ses créations sont recherchées par les collectionneurs. Ses affiches de music-hall sont cotées de 10 000 à 40 000 F, avec tendance à la hausse comme pour l'ensemble du marché.

**coffin** n. m. Petit coffre en bois, en argent, en cuir bouilli ou en osier, de forme cylindrique ou « en cornet », dont on se servait aux XV^e et XVI^e siècles pour placer des oublies, pâtisseries vendues sur la voie publique.

**coffre** n. m. Meuble de rangement essentiel dans le mobilier, du Moyen Âge au XVII^e siècle. Par la suite, le coffre disparaît des demeures citadines, mais reste utilisé dans les campagnes pour conserver le grain.

Le plus ancien des meubles connus en Europe (également appelé « arche », « bouge », « bahut » ou « huche ») est employé comme siège, mais sa fonction principale est de « serrer » vêtements, ustensiles domestiques et objets précieux pour les transporter d'une demeure à l'autre.

Jusqu'au XIII^e siècle, les coffres sont fabriqués par les charpentiers dits « de petite cognée », dans des bois fendus à la hache dans le sens du fil, assemblés à joints vifs et maintenus par des pentures en fer forgé. Les couvercles plats ou bombés sont recouverts d'étoffes ou de cuir.

À partir du XIV^e siècle, les « coffriers », ou « coffretiers », perfectionnent les techniques d'assemblage : les traverses sont fixées aux montants par tenons et mortaises,

Ader-Picard-Tajan

*Coffre en chêne dont la façade est sculptée de saints personnages, dans des niches à arcatures, séparées par des montants soulignés de balustres, décor en plis à parchemin sur les côtés. Cotentin, fin du XVI^e-début du XVII^e siècle.*

tandis que les panneaux à languettes s'insèrent dans des rainures, ce qui permet de donner plus d'importance au décor. Les motifs principaux sont les fenestrages inspirés de l'architecture ogivale et les « plis de serviettes », ou « parchemins », encore en honneur sous la Renaissance. Le noyer tend alors à se substituer au chêne, ce qui permet d'inscrire sur les façades des coffres des scènes en bas-reliefs d'une sculpture plus fine qui emprunte ses sujets à la Renaissance italienne : rinceaux, arabesques, médaillons, bustes, animaux, scènes mythologiques ou bibliques.

À la fin du XVII^e siècle, armoires, buffets et commodes prennent la place des coffres qui, légèrement surélevés et munis de tiroirs, achèvent leur lente évolution.

Les coffres antérieurs au XVII^e siècle sont rares sur le marché, mais on trouve facilement des modèles fabriqués sous Louis XIII, et, en plus grand nombre, des coffres des XVIII^e et XIX^e siècles. La plupart des coffres en vente dans le commerce comportent des parties refaites (pieds,

Ch. Marchal

*Pistolet à coffre à quatre canons. France, XVIIIe siècle. Collection Charles Marchal.*

fragments de façade sculptés). La qualité du décor constitue un élément valorisant, de même que la serrure, surtout si elle est d'origine.

*Coffre de mariage.* Particulièrement soigné et ornementé, ce meuble était destiné au trousseau de la mariée.

*Coffre-fort.* En métal, ceinturé de bandes de fer forgé, ce coffre comportait souvent plusieurs serrures aux mécanismes compliqués. Il servait à ranger l'argent et les papiers précieux. Les coffres-forts autrefois emportés à bord des navires sont parfois appelés « coffres de corsaires ».

*Coffre-marchepied.* C'est un coffre allongé que l'on plaçait le long des lits (Auvergne, où on l'appelle « marchebanc », Bretagne et Charentes) pour y monter plus facilement. Il est souvent sculpté et comporte parfois des accotoirs pleins.

**coffre** (armes du système à). Les armes munies d'une platine à silex présentent, en règle générale, une partie de leur mécanisme à l'air libre. Dans les armes dites « à coffre », « à l'écossaise », ou encore « à la Mandrin », tout le mécanisme est enfermé à l'intérieur d'une pièce de laiton ou d'un boîtier rectangulaire en acier d'où n'émerge que le chien. Il en sera de même pour les armes du système à piston, fabriquées au milieu du XIXe siècle, particulièrement pour les petits pistolets — souvent réalisés à Liège —, à détente rentrante, à la base du coffre, du type dit « coup de poing ». Le pistolet réglementaire « 1777 » est la première arme « à coffre » de l'armée française : il s'inspire des modèles anglais, particulièrement de ceux de l'époque « Queen Anne ».

**coffret** n. m. Petit coffre en bois, en paille, en cuivre, en pierre dure, en ivoire ou en laque. Les coffrets sont très variés : coffrets à bijoux, à couture, à colifichets, coffrets de mariage, en bois peint ou sculpté, offerts à la fiancée, notamment en Normandie ou en Alsace.

**coiffe** n. f. En bibliophilie, cuir rabattu, en rebord de la tête et au pied du dos des volumes reliés. Les coiffes de tête sont souvent détériorées, lorsqu'on tire sans précaution un volume d'une bibliothèque.

**coiffeuse** n. f. Meuble de toilette féminin apparu sous Louis XV, comportant des caissons latéraux et des tiroirs en ceinture, ainsi qu'un miroir pivotant formant plateau.

**Coignet** (les), dynastie d'horlogers parisiens. Ils exercèrent aux XVIIe et XVIIIe siècles, fabriquant des montres mais aussi des mouvements et mécanismes de cartels et de pendules.

**coin** n. m. En numismatique, outil gravé en creux qui sert à transmettre l'empreinte du type monétaire au *flan* métallique destiné à devenir une monnaie. Ces outils, en acier trempé, étaient aussi appelés au XVIIIe siècle « matrices » ou « carrés » : on les obtenait par enfoncement d'un *poinçon* original lui-même, en général, relevé sur le coin original créé par le graveur monétaire.

Dans l'Antiquité, les coins étaient en bronze et cassaient fréquemment, surtout pour le coin mobile tenu à la main par l'ouvrier et qui supportait les chocs répétés du marteau (V. FRAPPE).

En bibliophilie, triangle de cuir garnissant les deux angles d'un plat de reliure, du côté opposé au dos.

**coin de feu** n. m. Petit fauteuil à large siège à bois apparent que l'on plaçait à l'angle des cheminées. Il est synonyme du terme « chauffeuse », apparu au XVIIIe siècle.

**Colbert** (Jean-Baptiste), homme d'État français (Reims 1619 - Paris 1683). Grand bibliophile, il réunit une bibliothèque de plus de 30 000 volumes. Offrir quelque manuscrit rare ou quelque volume précieux au ministre était en effet un moyen de s'attirer ses faveurs. Tous ses livres étaient reliés en maroquin ou en veau à ses armes (une couleuvre ; *coluber* en latin).

**col de cygne** n. m. Motif décoratif souvent utilisé pour soutenir les accotoirs d'un fauteuil, sous le Directoire puis sous la Restauration.

**Cole** (Benjamen), fabricant anglais d'instruments de précision (1740-1782). Successeur de Thomas Wright, il est installé à la même enseigne, « The Orrery », dans Fleet Street à Londres. Il inventa un modèle de quart de cercle à réflexion. On connaît de lui des théodolites, des microscopes et des instruments de gnomonique.

**Colette** (les), famille d'ivoiriers dieppois actifs au XIXe siècle et au début du XXe. Charles Tranquille père (1825-1895), qui travailla à Dieppe après avoir voyagé en Europe, se spécialisa dans la sculpture de personnages inspirés des gravures de Callot. Il sculpta aussi des pièces néoclassiques et des allégories inspirées de la mythologie gréco-romaine, notamment de nombreuses femmes nues représentant Diane et Vénus.

**Colin** (Paul), affichiste français (Nancy, 1892-Nogent-sur-Marne 1985). Son nom est associé, entre les deux guerres, et même durant le conflit de 1939-1945, à ceux de Loupot, Carlu et Cassandre. Colin exécuta plus de 500 affiches. Celles qu'il réalisa pour la Revue nègre, au

Sotheby Parke Bernet

*Affiche de Paul Colin pour la S.N.C.F. (1947). Adjugée 1 900 F, le 25-V-1986, à Orléans.*

au music-hall des Folies-Bergère, figurent parmi les plus célèbres. Paul Colin est également l'auteur de l'affiche *Silence, l'ennemi guette vos confidences.*

**Collas** (Achille), sculpteur français (Paris 1795-1859). Il est l'inventeur du tour à réduire mécanique, qui permet la reproduction exacte, en plus petit ou en plus grand, des sculptures en ronde-bosse. Ce procédé fut surtout appliqué au bronze : à partir de 1839, en effet, le fondeur Barbedienne s'associa à Collas et exploita son brevet. Il bouleversa, au XIX^e^ siècle, le marché du bronze d'art, en permettant une diffusion presque industrielle, et à prix très réduit, des œuvres les plus célèbres, anciennes ou contemporaines. Ces copies innombrables et de qualité discutable ont fortement contribué à discréditer, à la longue, les bronzes d'appartement. Elles sont encore aujourd'hui très abondantes sur le marché de l'antiquité ; on y trouve toujours, à côté du nom du fondeur, le cachet circulaire avec le profil de l'inventeur et l'inscription : « réduction mécanique — A. Collas — breveté » ; il n'y a donc pas à s'illusionner sur la réelle originalité des bronzes portant cette marque.

**collationnement** n. m. Vérification d'un livre, pour constater qu'aucune de ses pages, ou planches, ne manque (collationner l'*Encyclopédie*).

**collection** n. f. Réunion d'objets présentant un intérêt commun : esthétique, historique, scientifique, géographique, etc. Depuis de nombreuses années, des collectionneurs rassemblent timbres, monnaies, livres, etc. Ces collections, devenues classiques, ont reçu une dénomination : philatélie, numismatique, bibliophilie, etc. Le besoin de collectionner s'est largement étendu à d'autres objets les plus divers. Des collections dont la vogue s'était estompée ont connu un regain d'intérêt (cartes postales). Certaines regroupent des objets jusqu'alors dédaignés des amateurs (cannes, automobiles, outils, clés, etc.) D'autres se concentrent sur des objets surprenants (étiquettes de boîtes de fromage, bagues de cigares, cure-dents, dés à coudre, etc.) L'importance de ce phénomène est en fait consacré par des ventes publiques spécialisées, ce qui implique l'établissement d'une cote. D'autre part, si de nombreuses collections ne sont pas encore personnalisées par une dénomination spécifique et sont toujours désignées sous le terme de « collection de... », des collectionneurs, des commissaires-priseurs, des experts ont attribué une dénomination particulière à de nombreuses autres (étiquettes de boîtes d'allumettes : philuménie ; porte-clés : copocléphilie).

**Collection des Cent.** Série de cartes postales originales de prestige éditée à partir de 1901, en pochettes de dix cartes, par le maître coloriste Gréningaire qui fit appel à de nombreux artistes (Merson, Steinlen, Léandre, Boutet, Mucha, Caran d'Ache, Grasset, Lebègue, Willette, Guillaume, Vilon, Péan, Noury, Naudin, Cappiello, Grün, Ibels, Jossot, Métivet, Orens, Robida, etc.) ; 97 cartes sont recensées pour un nombre inférieur d'illustrateurs, mais 73 cartes seulement portent un numéro.

**collier** n. m. Les ventes d'archéologie proposent souvent des colliers égyptiens, ou orientaux, vieux de trois ou quatre millénaires, qui n'en semblent pas moins très modernes avec leurs perles de verre, de lapis, de pierres dures, leurs motifs d'or délicatement travaillés, leurs collerettes de turquoise et de corail. Les écrins des Grecques et des Romaines comportaient, outre de grands pectoraux, d'élégants colliers d'or ciselé, des guirlandes filigranées agrémentées de pampilles et de breloques.

Au Moyen Âge, on portait autour du cou des chaînes d'or en sautoir, des colliers de perles aussi. Sur le lourd costume Renaissance s'étale un vaste collier fait de motifs articulés d'or émaillé, supportant un pendentif assorti. Cependant, on affectionnait toujours les perles, que l'on retrouve un siècle plus tard en collier ras de cou sur M^me^ de Sévigné et ses contemporaines, composé de perles assez grosses ; mais on porte aussi des colliers d'or émaillé agrémentés d'un pendentif. Sous Louis XV, le cou est emprisonné dans un collier-carcan monté sur un ruban de velours, ou composé de motifs d'or ou de joaillerie. Mais le XVIII^e^ siècle fut aussi le règne de la rivière de diamants, dont le plus magnifique exemple est le fameux collier de « l'Affaire ». La mode néoclassique introduisit ensuite de grands colliers de camées ou de motifs de pierres précieuses mais, hors des grandes occasions, on portait aussi de simples colliers de perles.

Les colliers que l'on voit chez les antiquaires sont rarement aussi anciens. On peut cependant trouver de charmantes collerettes festonnées d'époques Directoire et Restauration, composées de chaînettes ou de perles fines. Pour les bijoux du XIX^e^ et du début du XX^e^ siècle, le choix est vaste entre les rangs de perles fines ou de culture, les perles de jade, d'ivoire, d'opale, de corail, les chaînes et sautoirs du XIX^e^ siècle, les sautoirs « charleston » de Poiret, sans compter les rivières somptueuses ou modestes de la seconde moitié du XIX^e^ siècle, montées sur or et argent.

En art populaire, les objets de bergers en bois servent de support à d'admirables décors sculptés, comme les colliers de bovins ou d'ovins, fierté de leurs auteurs. Dans le massif pyrénéen comme en Espagne et dans le Massif central, ces colliers sont ronds, formés d'une large éclisse affinée au lissoir, puis gravée au couteau de roues, de rosaces, cloutés de cuivre et peints de couleurs vives. La forme des colliers de Provence, des Alpes, de la Suisse, est tout à fait élégante avec son éclisse relevée en deux ailes comme un chapeau de gendarme.

**collodion** n. m. En 1851, le sculpteur londonien Frederic Scott Archer imagina d'utiliser le collodion (solution de coton-poudre et d'éther servant en chirurgie militaire pour arrêter les hémorragies) comme surface sensible photographique sur une plaque de verre. Le résultat se révéla satisfaisant, tant en ce qui concerne la rapidité, bien

*Cartes postales d'Eugène Grasset (1902),* à gauche, *d'Oskar Kokoschka (1908),* à droite, *pour la Collection des Cent.*

Collection particulière

Collection particulière

supérieure à celle du daguerréotype, que la netteté de l'image. L'emploi du collodion ouvrit une voie nouvelle à la photographie industrielle et commerciale ainsi qu'au reportage. Le système comportait cependant un inconvénient majeur résultant de l'obligation d'utiliser des plaques humides et de les développer immédiatement. Les photographes, de ce fait, devaient se charger d'un matériel lourd et encombrant.

**colombe** n. f. Grand rabot de tonnelier fixé sur un trépied.

**colophon** n. m. Mention de quelques lignes, placée en fin de volume, indiquant l'auteur et le titre de l'ouvrage, le lieu et la date de l'édition, le nom de l'imprimeur. Le *Psautier de Mayence,* imprimé en 1457, est le premier ouvrage à comporter un colophon. Les premières pages de titre apparaissent vers 1480 et aboutissent, autour de 1550, à la présentation du livre telle que nous la connaissons encore aujourd'hui.

À la fin de tout manuscrit oriental, une inscription indique le nom de l'auteur, le scribe, la date et le lieu où a été exécuté le manuscrit.

**coloré** (verre). La technique du verre coloré est plus difficile à maîtriser que celle du verre blanc. La fabrication du verre coloré dans la masse est connue depuis l'Antiquité. Les procédés sont multiples, et les résultats sont autant d'aspects différents. Les principales colorations sont obtenues par l'adjonction de très faibles quantités d'oxydes métalliques (cobalt, manganèse, cuivre, fer, uranium, or, argent) soit dans la masse du verre en fusion, soit par refonte du verre blanc « en fritte ». Ces oxydes, d'ailleurs, selon la famille dans laquelle ils sont classés, subissent des réactions chimiques différentes. Les recettes mises au point au cours des siècles ont toujours poussé plus loin les limites des verriers. Parmi les productions les plus célèbres, il faut citer pour les verres colorés « monochromes » le verre noir opaque, ou hyalite (Bohême, XIXe s.), le verre rubis (Potsdam, XVIIIe s.; redécouvert en France au XIXe s.), le verre blanc opaque, les opalines.

Les verres polychromes s'obtiennent par des procédés tout aussi variés : juxtaposition, superposition ou brossage. Les verres doublés, les verres imitant les pierres dures, les verres filigranés, le latticino vénitien, les millefiori en sont les exemples variés.

Les verres colorés de Bohême illustrent parfaitement l'apogée technique à laquelle le XIXe siècle parvint en ce domaine.

**Colt** (Samuel), ingénieur américain (Hartford, Connecticut 1814 - *id.* 1882). En 1830, alors qu'il était mousse, Samuel Colt, voyant une roue de gouvernail, imagina et réalisa en bois son premier prototype de revolver. Colt n'était pas véritablement le premier; Collier l'avait précédé, mais sans succès véritable, alors que l'invention du jeune Samuel allait bouleverser l'arme traditionnelle : un homme pouvait tirer six coups de feu en quatre secondes sans recharger. Ce n'est qu'en 1835 qu'il fit breveter son invention à Paris, comme à Londres, et qu'il commença la production avec la société « Patent Arms Company », installée à Paterson, dans le New Jersey. Les brevets de Colt définissaient quatre principes fondamentaux de construction de pistolets à répétition dits « revolvers » (de l'anglais *to revolve,* tourner). Les cheminées de mise à feu étaient placées dans l'axe des chambres du barillet, ou magasin rotatif. Il y avait un cloisonnement entre les cheminées pour éviter les décharges en chaîne. La rotation du barillet est couplée avec l'armement du chien. Le barillet se bloque dans l'alignement correct lors du départ du coup et se débloque lorsque le chien est réarmé. Il s'agit donc d'une arme à simple effet *(single action)* : le chien doit être armé à la main, alors que sur les revolvers à double effet, le chien est automatiquement armé par l'action du doigt sur la détente. Les revolvers fabriqués à Paterson — très rares aujourd'hui sur le marché — sont simples et ne possèdent pas de levier de chargement. Le jeune État du Texas en dota sa marine. Grâce aux indications du capitaine Sam Walker, un revolver plus puissant apparaît, le « Colt Army, Model 1847 », doté d'un levier d'armement, d'un pontet protégeant la détente, et de calibre 44 (11,176 mm). Après un passage à Whitneyville, la fabrication des armes se fait définitivement à Hartford, dans le Connecticut, dès 1848. La même année vit naître le « Colt Dragoon » ou « Army Revolver », de calibre 44 également, au canon à sept rayures et au poids étonnant de 2,200 kg à vide... Ce fut le premier et le plus gros revolver réglementaire des États-Unis. Le célèbre « Colt Navy, Model 1851 » fut fabriqué en calibre 36, en grande quantité, et servit aux deux camps durant la guerre de Sécession. Le modèle « Army » est créé en 1860 et il est de calibre 44 : son levier de chargement est à crémaillère. De nombreuses

Christie's

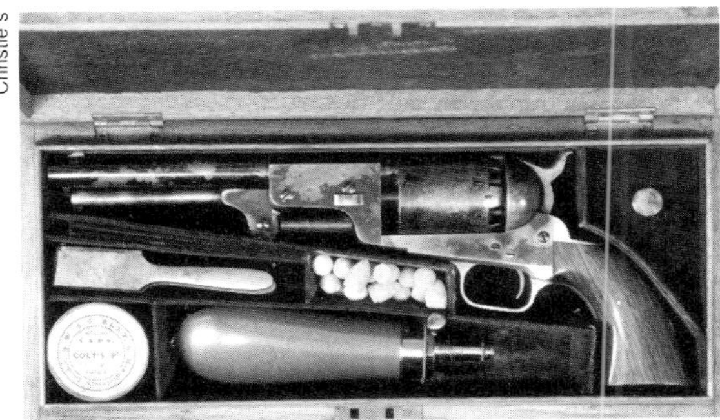

*Colt (1845) ayant appartenu à Ernest Hemingway en 1953. Vendu par Christie's, à New York.*

commandes officielles et privées consacrent Colt comme le *number one* du revolver. Les « Army » seront les derniers revolvers à percussion construits par Colt. Lorsque les revolvers étaient livrés en coffret, ils étaient accompagnés d'un moule à balles et d'une poire à poudre nécessaire pour doser la charge. Après la guerre de Sécession, la firme Colt décida d'adapter ses revolvers à la nouvelle cartouche métallique : d'où la conversion des armes selon le brevet d'Alexander Thuer, à partir de 1868. Enfin, en 1873, apparaît une arme qui allait devenir très célèbre, surtout grâce à la « conquête de l'Ouest », le Colt « Army », de calibre 45, ou « Peacemaker » (« Faiseur de paix »), ou « Frontier », de calibre 44, au mécanisme à simple effet *(single action).* Ce revolver prestigieux sera fabriqué jusqu'à une date récente.

Les armes de Colt sont très recherchées des amateurs d'armes dites *western.* Pour celles de fabrication américaine, en bon état, les prix sont élevés. En copies anciennes belges ou mexicaines, la valeur est diminuée d'au moins la moitié.

**commissaire-priseur** n. m. D'après la définition de l'ordonnance du 2 novembre 1945, le commissaire-priseur est l'« officier ministériel chargé de procéder à l'estimation (la « prisée ») et à la vente publique aux enchères des meubles et objets corporels ».

Le commissaire-priseur a le monopole des ventes publiques dans les limites de la ville de résidence où il a été nommé par le garde des Sceaux. Il existe actuellement 360 commissaires-priseurs en France, dont 76 à Paris. Ils sont groupés en huit chambres régionales coiffées d'une chambre nationale dont le siège et les archives sont situés à Paris (13, rue Grange-Batelière, 75009). Une chambre régionale de discipline contrôle le fonctionnement des études, arbitre les différends et prononce éventuellement des sanctions.

Le commissaire-priseur ne peut se livrer à aucun acte commercial ni servir d'intermédiaire pour des ventes amiables, bien que ces principes ne soient pas toujours respectés.

Les conditions nécessaires pour être commissaire-priseur sont les suivantes : un stage de trois ans chez un autre commissaire-priseur ou un notaire ; le passage d'un examen professionnel permettant de considérer « que le candidat est apte à apprécier les objets à mettre en vente sans avoir recours, sauf cas exceptionnel, à la collaboration d'un expert spécialisé ». De plus, il faut être titulaire d'une charge achetée ou héritée.

Une loi du 20 avril 1924 autorise l'accession des femmes aux fonctions de commissaire-priseur. On compte environ trente femmes commissaires-priseurs, nommées pour la plupart depuis 1975.

Lorsqu'il y a plusieurs commissaires-priseurs dans la même ville, ils sont tenus par la loi de verser la moitié de leurs honoraires (5 p. 100 payés par le vendeur et 3 p. 100 par l'acheteur) sur le montant de l'adjudication. Cette bourse commune — très contestée par les études les plus actives — est périodiquement répartie en parts égales entre tous les commissaires-priseurs de la ville.

Les ventes judiciaires (faillites, saisies) qui étaient à l'origine les plus nombreuses ne représentent plus que 20 p. 100 de l'ensemble des ventes volontaires — qui résultent de la seule décision d'un propriétaire de biens.

Une loi du 29 novembre 1966 permet la formation de Sociétés civiles professionnelles qui facilitent l'entrée des jeunes dans des études de commissaires-priseurs lorsqu'ils possèdent les compétences nécessaires sans pouvoir acquérir à eux seuls un office pour leur propre compte.

Un nouveau statut des commissaires-priseurs est à l'étude à la Chancellerie depuis 1976. Il prévoit une orientation de la profession vers une certaine commercialisation et la suppression progressive de la bourse commune, dans la perspective de l'application du traité de Rome au Marché commun en 1992. Depuis 1987 les groupements d'intérêts économiques (G.I.E.) favorisent la concentration des études.

**commission pour.** Il arrive souvent dans une vente publique que l'expert, un clerc ou un employé de l'étude participent aux enchères et obtiennent l'adjudication. En fait, le commissaire-priseur ou un des membres de l'étude a reçu un « ordre d'achat » pour un lot déterminé. En prononçant l'adjudication, le commissaire-priseur dit parfois : « à la table de l'expert », ce qui signifie que l'objet vendu revient à un particulier absent de la salle, par l'intermédiaire de l'expert ou d'un clerc de l'étude qui a reçu mandat pour pousser les enchères jusqu'à un prix convenu, ou sans limitation de prix au cas où l'amateur est absolument décidé à emporter l'adjudication.

La pratique de la « commission pour » qui donne l'impression d'une complicité entre le commissaire-priseur et le personnel à son service est souvent critiquée par les amateurs et les marchands qui se sentent ainsi frustrés.

De plus, la « commission pour » permet de dissimuler l'identité d'un acheteur qui tient à ne pas se manifester. Ce manque de transparence dans les transactions est donc contestable. Il peut laisser croire que le commissaire-priseur favorise certains achats en sous-main.

**commode** n. f. Avant de désigner le meuble que nous connaissons, l'adjectif « commode » s'appliquait à certains meubles à tiroirs. Selon le comte de Salverte, « c'est un ancien bahut du Moyen Âge auquel auraient été adaptés les perfectionnements du cabinet » (c'est-à-dire les tiroirs). D'autres auteurs font remonter l'origine de la commode soit au coffre, soit au cabinet, soit au bas d'armoire. En Italie, des coffres légèrement surélevés comportant des tiroirs sont apparus au début du XVIIe siècle, ainsi que des chasubliers qui ont l'aspect d'une commode allongée, affectée au rangement des habits sacerdotaux. À la même époque, en Angleterre, le *chest of drawers,* coffre comportant des tiroirs, fait son entrée dans l'histoire du mobilier.

En France, on a souvent attribué à André Charles Boulle l'« invention » de la commode vers 1690. D'après une description du *Journal du garde-meuble* du 17 mai 1692, « on a livré à Versailles quatre tables en bureau de bois de noyer avec deux grands tiroirs chacune ». On livre d'autre part à Marly, le 28 octobre 1695, « une grande table en bureau garnie de trois tiroirs avec un gradin à quatre tiroirs qui se pose dessus, le tout en marqueterie de cuivre et d'ébène ». Le *Dictionnaire de Trévoux,* édité en 1708, mentionne enfin « un bureau en commode ayant trois grands tiroirs ».

Pratique et élégante, la commode qui se substitue aux coffres et aux cabinets devient, au XVIIIe siècle, un des éléments de base du mobilier français, adoptée par toutes les classes de la société, de l'entourage du roi à la bourgeoisie de province. Dès les années 1730, en effet, apparaissent les commodes régionales, qui ne sont pas des meubles « rustiques » mais bourgeois.

De Louis XIV à nos jours, plusieurs types de commodes se succèdent, tous nettement individualisés.

Routhier-Studio Lourmel

*Commode de Boulle marquetée d'écaille rouge et de cuivre, à décor de rinceaux feuillagés, ornementation de bronze doré et ciselé. Époque Louis XIV. Maurice Ségoura, antiquaire.*

La *commode Louis XIV* présente trois ou quatre rangées de tiroirs ; elle est à montants et à pieds droits, la façade également droite. Le dessus est en marbre, le décor en marqueterie Boulle de cuivre et d'écaille, inspiré par Berain, en marqueterie de bois de couleur à la fleur de jasmin, ou encore en simple placage.

La *commode Régence, en tombeau,* ou *commode-*

*tombeau,* est aussi à trois rangs de tiroirs séparés par des traverses, mais les montants et la façade galbés en font un meuble ventru, rehaussé aux angles d'« espagnolettes » de bronze doré, ainsi que de riches bronzes aux pieds et aux tiroirs. Ce type, le plus classique, reste en vogue jusqu'au règne de Louis XVI.

La *commode à deux tiroirs,* dont les pieds sont élancés, apparaît vers 1730, imaginée par l'ébéniste Charles Cressent, d'abord avec une traverse séparant les deux rangs de tiroirs. Puis ce type se perfectionne, la traverse du milieu disparaît, la silhouette s'affine et la façade présente une surface unie que l'on décore d'un bouquet de marqueterie encadré de rocailles de bronzes dorés, ou encore, pour les pièces les plus riches, d'un panneau en laque de Chine sur fond noir ou rouge, orné de paysages. Chefs-d'œuvre des grands ébénistes, les commodes à deux tiroirs obtiennent les cotes les plus élevées.

La *commode-sauteuse* est également à deux tiroirs, sans traverse, mais sa caisse est portée par des pieds élevés et contribue à l'impression de gracieuse légèreté que donne ce meuble.

La *commode chiffonnière,* apparue également sous Louis XV, est une toute petite commode étroite qui conserve, entre ses trois tiroirs, les traverses traditionnelles.

Henri Martin

*Commode en noyer « en tombeau ».*
*Elle ouvre à 3 tiroirs et repose sur quatre pieds cambrés.*
*Estimée de 40 000 à 50 000 F en 1988.*

À l'époque Transition (de 1760 à 1775 environ), les montants sont redressés tandis que les pieds, toujours hauts, restent légèrement galbés. Un ressaut central rompt la monotonie de la façade trop droite, tandis que des motifs de cubes, de losanges ou de grecques remplacent les marqueteries fleuries du style Louis XV.

Avec la commode Louis XVI, l'évolution vers la ligne droite s'achève. Les pieds sont plus courts et un tiroir supplémentaire dans la ceinture abaisse l'ensemble de la caisse. Une baguette demi-ronde en bronze doré (astragale) sépare parfois les tiroirs de la traverse supérieure, et allège l'aspect du meuble. On utilise des bois de placage unis comme l'acajou, ou des marqueteries géométriques extrêmement discrètes. Les bronzes disparaissent ou se font plus sobres.

La *commode demi-lune* a vu le jour sous Louis XVI. C'est un meuble fonctionnel et décoratif. Des petits placards ou des étagères à bibelots apparaissent parfois de chaque côté de la façade bombée.

La *commode Empire* retrouve l'aplomb massif des trois tiroirs avec des pieds-griffes, des montants droits coiffés de sphinx ou en colonnes détachées. La façade est rectiligne et les traverses rétablies entre les tiroirs.

La *commode Charles X* conserve cette silhouette massive égayée par l'emploi des bois « jaunes » (loupe d'orme, érable, citronnier) rehaussés de dentelles de marqueterie sombre.

La *commode Louis-Philippe,* meuble bourgeois par excellence, prend l'aspect d'une simple caisse qu'agrémente une traverse supérieure en doucine dissimulant un tiroir. Elle est en placage d'acajou ou en merisier avec un dessus de marbre clair.

L'époque Napoléon III a imité avec plus ou moins de fidélité les commodes Louis XIV, Louis XV et Louis XVI. On trouve cependant parmi les créations originales les commodes en bois noirci rehaussées de nacre et de romantiques bouquets aux fraîches couleurs.

L'Art nouveau n'a pas créé beaucoup de commodes. En revanche, les stylistes de l'époque 1925-1930, tel Ruhlmann, ont remis à l'honneur la commode de fine ébénisterie, au coffre ventru sur des pieds élancés ; la façade lisse comporte des vantaux ou deux tiroirs sans traverse ; elle est parfois décorée d'un motif central de nacre, d'ivoire ou de marqueterie, ou encore recouverte de galuchat.

Les *commodes régionales* sont en bois massif (généralement du bois fruitier) et non en marqueterie. Elles obéissent le plus souvent au modèle Louis XV à trois ou deux rangées de tiroirs, plus rarement au style Louis XVI. L'ornement consiste en moulures ou en sculptures plus ou moins élaborées ; les bronzes d'ornement sont absents et le dessus est, non point de marbre, mais de bois. Les types régionaux les plus caractéristiques sont les suivants : la *commode provençale* à deux tiroirs galbés sur toutes ses faces et décorée d'une profusion de fleurs, et de guirlandes sculptées, une large coquille ajourée soulignant la traverse inférieure ; la *commode bordelaise,* qui reprend le type de la commode-tombeau, mais dont la silhouette est plus ventrue. Elle est en noyer ou en acajou massif, la *commode-bureau dos d'âne,* munie d'un abattant supérieur découvrant casier et tiroirs ; la *commode nantaise,* commode « de port », mais de ligne plus simple, avec montants droits et façade à arbalète.

La « commode de bateau », ou *military chest,* apparaît en Angleterre à la fin du siècle dernier. Elle est en acajou ou en érable, formée de deux coffres superposés dont les tiroirs sont agrémentés d'une simple poignée de cuivre. Parfois, le dessus contient un abattant formant écritoire.

Dérivée de l'adjectif qui implique une idée de rangement pratique, la commode désigne un buffet bas dans certaines régions, notamment en Basse-Normandie, en Sologne et au Pays basque *(commoda).*

Introduit dans la langue anglaise vers 1755, ce mot désigne soit une commode au sens français, soit un meuble ouvrant à vantaux.

**compagnies des Indes.** À la suite des échanges commerciaux avec les pays d'Extrême-Orient à partir du XVIe siècle, de nombreuses compagnies occidentales, appelées « compagnies des Indes », importèrent en Europe des porcelaines chinoises et japonaises qui furent très appréciées. Venues de Batavia par la Compagnie hollandaise des Indes orientales, ou plus directement de Chine par l'entremise des compagnies anglaises et françaises des Indes, ces céramiques provoquèrent la création, par les fours locaux, de céramiques adaptées au goût européen, souvent même décorées de motifs et d'inscriptions européennes. À partir du XVIIIe siècle, cependant, les porcelainiers européens (de Sceaux, Delft, Rouen, Nevers et

Meissen) commencèrent eux aussi à produire des porcelaines de « style chinois », afin de concurrencer les importations. La manufacture de Sèvres sortira également des « chinoiseries », ainsi que celles de Limoges, Chelsea et Vienne. On donne plus généralement le nom de « compagnie des Indes » aux porcelaines directement importées d'Asie et faites spécialement pour l'exportation.

C. A.

*Plat en porcelaine de la Compagnie des Indes à décor bleu et blanc, figurant le baptême du Christ. Début du XVIII^e^ siècle.*

**compas** n. m. Instrument servant à tracer des cercles ou à mesurer les épaisseurs, composé de deux branches articulées à une extrémité. La diversité des formes de compas est infinie et varie selon le corps de métier employant ces instruments. Les collectionneurs recherchent particulièrement les compas de fer forgé finement gravés ainsi que les compas d'épaisseur dits « maîtres à danser », ou rouannes.

Le *compas de marine* est en fait une boussole montée « à la Cardan », de façon que les mouvements du navire n'aient pas d'influence sur la boussole. Ce n'est plus l'aiguille qui tourne librement sur un pivot, mais toute la rose qui pivote autour d'un axe central, le nord étant indiqué par une fleur de lis. La rose est divisée en 32 rhumbs, ou divisions correspondant aux vents dominants et aux points cardinaux. Au début, elle est simplement posée sur un pivot : c'est le compas sec. À la fin du XIXe siècle, pour diminuer l'effet du frottement, on remplit le compas de liquide (eau et alcool), obtenant alors le compas liquide. Il existe plusieurs sortes de compas, et notamment le compas de route, qui, comme son nom l'indique, sert à donner la direction. Ce compas est placé en général dans son habitacle. Le compas de relèvement sert, lui, à faire le point ; on lui a donc adjoint des pinnules de visée.

Le *compas de proportion,* imaginé vers la fin du XVIe siècle par Galilée et Capra, est utilisé dès le début du XVIIe siècle. Il est constitué de deux règles plates réunies à l'une de leurs extrémités par une charnière plate. Quand il est complètement ouvert, il forme une règle droite. Il est en bois, en cuivre le plus souvent et porte des échelles de division, six en général. Il sert à résoudre des problèmes d'arithmétique, de géométrie, de poids et de volumes des solides.

Le *compas de réduction* sert à augmenter ou à réduire proportionnellement une mesure. Il est composé de deux jambes égales, dont chacune est garnie de deux pointes. Chaque partie centrale est évidée pour laisser le passage à une vis et porte une échelle de proportion.

**Compigné,** célèbre tabletier du XVIIIe siècle. De 1760 à 1780 environ, il tint boutique à Paris, rue Greneta, à l'enseigne du « Roi David ». Réputé pour sa qualité et grâce à ses publicités, il était spécialisé dans la confection des boîtes et tabatières d'écaille, et aussi dans un genre de décoration auquel son nom demeure attaché : de petits tableaux — à pendre ou à enchâsser sur des couvercles de boîtes — dont le sujet est estampé en léger relief sur une plaque d'étain, et rehaussé ensuite d'une pellicule d'or et d'argent. Ces ouvrages représentent généralement des paysages, des vues de villes, de châteaux, des perspectives architecturales, etc. Mais ils sont d'une grande fragilité, ce qui explique que peu d'entre eux aient survécu. On en rencontre néanmoins de temps à autre sur le marché de l'art, leur cote étant voisine de 5000 à 8000 F en 1988.

**compotier** n. m. Élément du service de table, en céramique ou en verre, qui apparaît à la fin du XVIIIe siècle et contient des fruits en compote. En verre ou en cristal, ce grand récipient peut se définir comme une grande coupe à pied, affectant parfois la forme d'une gondole et pouvant ainsi avoir des bords crénelés. Il est orné des effets décoratifs tirés de la taille ou de la gravure du verre.

**comtoise** n. f. Horloge murale à poids en fer, dont le mouvement, de huit jours et à sonnerie, est fabriqué en Franche-Comté. Appelée aussi « morbier » ou « morez » en raison de son origine géographique (le Jura), la comtoise est née, selon la tradition, à la fin du XVIIe siècle de l'imagination des frères Mayet.

À l'origine, elle se présente sous forme d'une cage en fer, fermée sur ses quatre faces avec deux portes mobiles. Le cabinet — ou caisse —, absent à l'origine, vient vite l'habiller pour protéger son mouvement de la poussière et des courants d'air. D'horloge murale, la comtoise devient horloge de parquet, et, dans le vocabulaire courant du marché de l'art, le terme de « comtoise » recouvre abusivement la plupart des horloges de parquet régionales, même celles dont le mouvement a été exécuté ailleurs qu'en Franche-Comté. Rare jusqu'à la fin du XVIIIe siècle, l'horloge est un meuble peu connu du monde rural. Les comtoises meublent les intérieurs paysans au cours du XIXe siècle, leur fabrication se poursuivant jusqu'au début du XXe siècle.

Les différents éléments composant la comtoise, excepté le mouvement, qui restera, dans son principe, pratiquement inchangé durant deux cents ans, évolueront avec les techniques et les modes. On peut connaître l'âge d'une comtoise en examinant l'exécution et la décoration du cadran, le nombre d'aiguilles et la position du balancier (derrière ou devant les poids). Dans la première moitié du XVIIIe siècle, le cadran à une aiguille est de forme circulaire, en plaque de tôle et couronné de laiton ou d'étain ; les quatre angles portent des décors simples, et le balancier, terminé par un poids de plomb piriforme, se trouve derrière les poids. Il existe aussi des comtoises à deux aiguilles, avec un cadran dont les chiffres des heures sont inscrits sur des cartouches émaillés ; les frontons, en laiton coulé, figurent différents motifs décoratifs, dont les plus employés sont les coqs et les soleils.

À partir du milieu du XVIIIe siècle, le cadran tout entier peut être émaillé ; si, dans la majorité des cas, le balancier est situé derrière les poids, on le trouve exceptionnellement devant. Entre 1790 et 1830, les frontons reflètent les multiples changements politiques qui animeront la

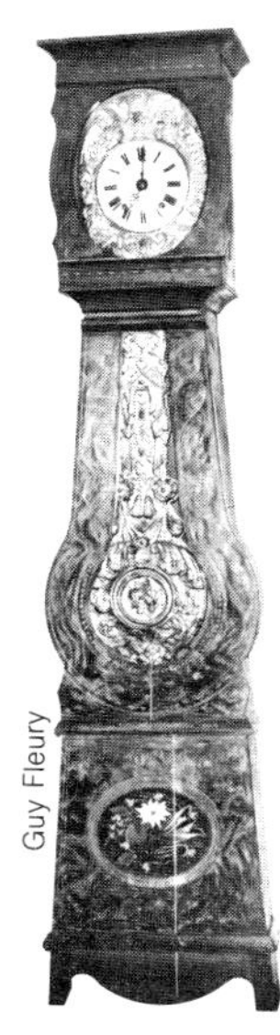

Guy Fleury

*Les mouvements d'horlogerie fabriqués en Franche-Comté ont été incorporés à des caisses réalisées par les menuisiers locaux. À gauche, charentaise en loupe de fresne ; à droite, caisse de la région de Perpignan en sapin polychrome.*

C. A.

France : aux soleils et aux coqs succède l'aigle impériale, elle-même chassée par la fleur de lis. À partir de 1830, le fronton est constitué de scènes de la vie quotidienne ou de scènes animalières, tandis que le balancier prend définitivement place devant les poids et change de forme : il est constitué d'un disque en forme de lentille qui grossit au fur et à mesure qu'on avance dans le temps. Le décor estampé, de plus en plus utilisé au XIXe siècle, se répète à la fois sur les frontons, les couronnements et les balanciers. De 1850 à 1914, les fantaisies décoratives les plus baroques s'expriment sur les comtoises, et les balanciers sont même ornés de profils d'hommes d'État du moment. À la fin du XVIIIe siècle et au début du XIXe siècle, le colportage a permis une diffusion très importante des mouvements d'horloge sortis de Morez et Morbier, notamment dans le Lyonnais, en Bresse et en Bourgogne. Les caisses étaient fabriquées par des menuisiers locaux, leur ventre prenant de l'ampleur en même temps que les balanciers, que l'on peut voir « battre » grâce à une lunette découpée dans le bois. Elles s'adaptaient aux formes et aux décors en usage. À la fin du XIXe siècle, le développement du chemin de fer accentuera le phénomène.

Dès le milieu du XVIIIe siècle se multiplièrent les modèles à complications, à sonnerie, à réveil, à quantième (donnant la date), indiquant les secondes, les phases de la Lune. Si les signatures gravées sur les mouvements sont celles des horlogers, celles qui figurent sur le cadran donnent généralement les noms des revendeurs ou, quelquefois, ceux des destinataires. Les comtoises proposées sur le marché datent pour la plupart de la seconde moitié du XIXe siècle ou du début du XXe. Leurs prix varient selon leur âge, leur état, la qualité de leur décor, le nombre de leurs complications éventuelles, l'élégance de leur cabinet (caisse). On peut trouver des comtoises à partir de 7 500 F ; les comtoises les plus belles et les plus rares se situent vers les 25 000 F, mais les prix moyens s'inscrivent entre 12 000 et 20 000 F.

**concertina** n. m. Instrument de musique à vent. Inventé par l'Anglais Wheatstone en 1829, il fait partie de la famille de l'accordéon, mais il est de forme hexagonale. Il est très estimé des collectionneurs.

**conchyophilie** n. f. Nom employé parfois pour désigner le goût pour la collection de coquillages.

**concours Byrrh.** Série de 113 cartes postales publicitaires comprenant toutes la mention « Byrrh, tonique, hygiénique à base de Vins généreux et de Quinquina ». Moins prestigieuse que la Collection des Cent, cette série constitue un ensemble intéressant, que valorise la présence de René Péan, de Raphaël Kirchner et surtout de Maurice Denis et de Félix Vallotton.

**confessionnal** n. m. Grand fauteuil à joues pleines, dont le dossier est muni de chaque côté d'oreillons servant d'appuie-tête.

**confident** n. m. Siège de salon construit sur un bâti en forme de S, de telle sorte que deux personnes assises en sens opposé puissent se parler à l'oreille. Le confident est apparu à la fin du XVIIIe siècle sous forme de canapé à dossiers inversés. Sous Napoléon III, il est entièrement capitonné et garni d'accotoirs. Le confident à trois places en forme d'hélice s'appelle « indiscret », puisqu'il permet à un tiers d'interrompre un dialogue en tête à tête.

Bibliothèque nationale

*Confident. Paris, Bibliothèque nationale.*

**confiturier** n. m. En orfèvrerie, récipient servant à contenir et à présenter la confiture, qui fut particulièrement en usage au début du XIXe siècle. Le confiturier d'époque Empire et Restauration est une vasque de cristal blanc ou bleu, haute de 15 à 20 cm, contenue dans une cage d'orfèvrerie (argent ou vermeil) juchée sur un haut trépied ou un piédouche, dotée d'un couvercle orné d'une « prise » décorative. Il forme généralement pendant avec le sucrier, dont il se distingue par sa bordure, munie de 12 encoches, où l'on dispose les petites cuillers.

Le confiturier utilisé pour la confection des confitures est souvent en cuivre, choisi pour son aptitude à conduire la chaleur.

**confiturier** n. m. Petite armoire basse à une porte, apparue au XVIIe siècle et que l'on rencontre surtout dans le sud-ouest de la France. Des meubles de style rustique inspirés par ce modèle simple et facile à imiter sont souvent remontés avec des bois anciens.

**congélation** n. f. Ensemble ornemental de style rocaille simulant des glaçons imbriqués.

**console** n. f. En architecture, élément en volute qui soutient une corniche ou un balcon. Apparue dans le mobilier au XVIIe siècle, la console désigne d'abord un petit support appliqué au mur pour porter pendule ou statuette ; elle est généralement en bois ou en bronze doré, parfois en faïence lorsqu'elle soutient des vases en céramique.

Dans son sens le plus général, elle se présente sous forme de table, ou « table-console », dont les pieds arrière, en volute, s'élèvent jusqu'au niveau du plateau, qui prend appui contre un mur pour assurer à l'ensemble une plus grande stabilité. Dans la première moitié du XVIIIe siècle, les pieds arrière disparaissent et les deux autres pieds prennent un volume plus important ; réunis à la base par une entretoise, ils divergent vers les angles d'une traverse qui soutient un lourd plateau de marbre, en un mouvement en S de courbes et de contre-courbes où se greffe toute une végétation en bois doré, qui enlace coquilles, palmettes ou mascarons. Appelées « consoles d'applique », les consoles se placent souvent contre une boiserie, un trumeau, entre deux fenêtres ou deux portes.

Couturier-Nicolay

*Console d'applique en bois sculpté et doré, à plateau incurvé, (H. 36 cm.) Époque Louis XIV. Vendue 20 300 F par Mes Couturier-Nicolay, à Drouot, le 18-XI-1981 (vente Bensimon).*

Les bois employés sont le chêne, le hêtre ou plus souvent le tilleul, qui se prête aux sculptures les plus souples enrobées dans la dorure à la feuille. À l'imitation des consoles en bois doré, des « commodes en forme de console », remarquables par la vigueur de leur galbe, apparaissent sous la Régence. Le fer forgé ornementé de feuilles en tôle dorée est également employé pour soutenir un plateau de marbre.

L'époque Louis XV, gourmande de courbes, se prête à la construction de consoles où s'exerce la virtuosité des menuisiers et des sculpteurs. Ces meubles sont souvent d'une exubérance où triomphent les convulsions du style rocaille. Certaines consoles se composent uniquement d'un sujet sculpté en bois massif, formant un support qui s'élargit de bas en haut pour soutenir un marbre (angelots, faunes, sirènes ou dauphins). En Provence, des sculpteurs tels que Toro, élève de Puget, exécutent de splendides consoles en bois doré destinées à la décoration intérieure des hôtels aristocratiques.

Sous Louis XVI, la ligne des consoles devient plus légère, plus sèche, et la peinture grise se substitue souvent au bois doré, mais les fines sculptures inspirées des motifs néoclassiques (grecques, pilastres, oves, rais de cœur, nœuds en ruban) sont d'une grande élégance. Certaines consoles Louis XVI sont à quatre pieds cannelés soutenant un plateau rectangulaire ou en demi-lune, dont la ceinture comporte des tiroirs. Les consoles en fer forgé de style Louis XVI sont également très harmonieuses.

Au XIXe siècle apparaissent les consoles en acajou massif ou en placage, qui soutiennent un plateau lui-même en acajou. Le style Napoléon III fait renaître les consoles en bois doré, en les surchargeant de lourds ornements végétaux. Plus rares sont les œuvres du XIXe siècle, bien que les courbes et les floraisons aient pu se prêter particulièrement à ce type de meubles. Le style Art déco donne naissance à des consoles en fer forgé dépouillées d'ornements superflus, mais d'une élégante rigueur.

On désigne également sous le nom de « console » la partie d'un meuble qui sert de support à la traverse qui soutient le plateau d'une table ou d'un buffet, ou encore un bras de fauteuil. Dans ce dernier cas, la console prend le nom de « console d'accotoir ». Elle est plus précisément appelée « console montante » lorsqu'elle prolonge directement le pied avant et « console en retrait » lorsqu'elle se raccorde à la ceinture en arrière du pied.

**contorniate** n. m. Monnaie ou médaille dont le champ est délimité par un cercle en creux. En fait, ce terme s'applique presque exclusivement à une catégorie de médaillons romains, coulés ou frappés, qui apparaissent avec le règne de Constantin. Ces contorniates, appelés souvent « médaillons contorniates », présentent donc sur le pourtour de leurs deux faces un sillon gravé profondément juste avant le bord de la tranche, qui est, en général, haut et relevé comme pour simuler un cadre circulaire. La plupart ont un rapport avec les jeux du cirque et les spectacles publics, si chers aux Romains ; l'utilisation qui en était faite prête encore à discussion.

**contrebasse** n. f. Instrument à cordes et à archet. Si l'on excepte l'octobasse de Jean-Baptiste Vuillaume*, d'une hauteur de 3,45 m, visible au Conservatoire national de musique de Paris, la contrebasse est le plus grand instrument à cordes. De la famille du violon, elle a trois ou quatre cordes jusqu'au XIXe siècle, mais en possède quatre ou cinq aujourd'hui. Sa forme imposante ne doit pas faire oublier qu'elle est un instrument du quatuor à cordes et qu'au même titre que le violon elle est appréciée par les amateurs pour ses qualités de lutherie. Il est rare de voir des instruments anciens, difficilement transportables, en parfait état.

**contremarque** n. f. Marque en creux laissée sur une monnaie par un poinçon. Il existe en numismatique un très grand nombre de cas où les monnaies déjà frappées ont été contremarquées par un poinçon, généralement de petite taille, qui a laissé son empreinte à l'avers ou au revers de la pièce.

Dans l'Antiquité grecque, les contremarques apparaissent à l'origine même de la monnaie, puisqu'il existe de nombreuses monnaies d'électrum des rois lydiens contremarquées ; le même phénomène peut être constaté pour les sicles perses en argent de Darius et de ses successeurs (de 515 av. J.-C. à la conquête de la Perse par Alexandre le Grand). Certaines de ces pièces portent jusqu'à six ou sept contremarques différentes, et l'étude de trésors de sicles a permis de recenser plusieurs centaines de ces poinçons ! On admet en général le caractère non officiel de ces estampilles, mais on ne sait d'où elles proviennent ni dans quelle région elles ont été apposées. On peut, bien sûr, penser que l'estampille privée pourrait constituer une marque de propriété ou bien une marque de garantie de banquier ou de marchand : l'exemple récent des « chop dollars » chinois est édifiant à cet égard. Plus facilement interprétables sont les contremarques officielles, qui, depuis l'Antiquité aussi, apparaissent de temps à autre sur des émissions très diverses. Elles sont généralement plus grandes que les estampilles privées et, à la différence de ces dernières, ne sont apposées qu'une seule fois sur la monnaie ; de plus, elles sont facilement identifiables, car elles sont proches des sceaux ou des symboles habituellement utilisés pour représenter le pouvoir. Lorsqu'un État contremarque des monnaies, il peut le faire soit sur son propre monnayage, soit sur celui de pays étrangers. Si le geste est le même dans les deux cas, la signification est cependant très différente.

La contremarque d'un État sur sa propre monnaie indique en général un changement de valeur qui intervient dans un moment de difficulté financière, tandis que la contremarque sur une monnaie étrangère indique, bien évidemment, un changement de destination du numéraire. Les exemples du premier cas sont les moins nombreux et concernent presque toujours les monnaies de métaux non précieux : en cas de besoin pressant de numéraire, l'État pouvait démonétiser sa monnaie de bronze, puis accepter la circulation des pièces démonétisées après l'apposition d'une contremarque effectuée contre redevance ou, plus simplement encore, faire courir la monnaie contremarquée pour un cours supérieur à celui qui était pratiqué avant le contremarquage. Un bon exemple de ce dernier mécanisme est le contremarquage des douzains de billon en 1640, sous le règne de Louis XIII.

Les douzains, qui, comme leur nom l'indique, avaient un cours de 12 deniers, furent contremarqués d'une fleur de lis pour les faire passer à un cours de 15 deniers ; en même temps, on en profitera pour contremarquer les vieux douzains des règnes précédents (François I^er^, Henri III, Henri IV). Les cas de contremarquage de monnaies étrangères sont beaucoup plus fréquents.

Les collectionneurs connaissent bien les écus de Louis XVI contremarqués à l'ours par la ville de Berne à la fin du XVIII^e^ siècle ; les amateurs de monnaies russes recherchent les jefimki, pièces d'argent, généralement d'Allemagne ou des Pays-Bas, contremarquées d'un petit type équestre du tsar et d'une date, qui furent utilisées par Alexis Michaelovich dans les années 1650 lorsque la situation de la guerre contre la Suède et la Pologne laissait la Russie quasi dépourvue de tout numéraire.

**contreplaqué** n. m. Procédé de collage de deux lames de bois qu'on obtient en inversant le sens des fibres (fil et contre-fil), ce qui assure à l'ensemble une très grande résistance.

**contretype** n. m. Reproduction d'une photographie à partir de l'épreuve initiale positive.

**contrôle** n. m. Tout négoce d'objets mettant en œuvre des métaux précieux s'accompagne obligatoirement d'un système de contrôle officiel, garantissant les acheteurs sur le bon aloi du métal. Ce contrôle de l'État et des jurés de la corporation se matérialise par le poinçon. Les objets d'or et d'argent sont soumis au contrôle depuis le Moyen Âge. Il existait aussi des contrôles sur la contenance réelle des mesures officielles (les pichets d'étain par exemple) ; le contrôleur appliquait alors un « poinçon de jaugeage ».

**Copenhague.** La première manufacture de porcelaine de Copenhague date probablement des années 1750, lorsque les premiers gisements de kaolin ont été découverts au Danemark. Elle fut la propriété d'un Français de Chantilly, Jacques Fournier, et cessa ses activités en 1765.

La manufacture que nous connaissons encore aujourd'hui est une des plus importantes d'Europe. Elle a été créée aux environs de 1765-1770 par un certain Müller, qui introduisit en 1772 des ouvriers allemands de Furstenberg pour la production de porcelaine en pâte dure. En 1779, l'atelier de Müller fut racheté par le roi et rebaptisé « Manufacture royale de porcelaine ». Au début, la marque des manufactures de Copenhague (probablement jusqu'à la mort de Frédéric V en 1766) a été un F5. Les pièces de l'époque de Müller et exécutés ensuite portent trois vagues stylisées comme marque, tandis que d'autres portent une croix germanique avec trois petites croix simples au-dessus.

Les pièces de Copenhague ont depuis toujours été réputées pour un réalisme extrême et une fidélité totale des motifs peints avec l'original. L'œuvre la plus connue de nos jours date de 1790 ; c'est un magnifique service de table décoré aux fleurs et autres plantes de la flore scandinave. Les pièces de Copenhague du XVIII^e^ siècle atteignent aujourd'hui des prix astronomiques à Copenhague et à Stockholm, mais aussi aux États-Unis. Les pièces plus modernes (décors de paysages, vues de villes) sont recherchées par les amateurs qui apprécient la finesse et la fidélité des dessins.

**copie** n. f. Comme son nom l'indique, la copie est un meuble ou un objet d'art faits à l'imitation des œuvres authentiques qui les ont précédés.

Pour bien différencier les modèles anciens des copies plus ou moins récentes, les antiquaires ont coutume de préciser pour désigner les premières : « meubles ou objets d'époque », expression suivie du nom qui désigne la période de création considérée. Ainsi parle-t-on « de table d'époque Renaissance », de « bergère d'époque Louis XV », de « secrétaire d'époque Louis-Philippe ». Certains marchands vont jusqu'à dire « tel meuble, tel objet est bon d'époque ».

Malheureusement, de nombreuses copies sont en circulation, et certains professionnels malhonnêtes cherchent à les faire passer pour des œuvres authentiques sans donner de référence explicite à l'époque de leur fabrication ; ils se contentent ainsi de dire « commode Louis XV », alors que le meuble en question est en réalité « de style Louis XV » et non d'époque. La copie ne doit pas être confondue avec le faux, fabriqué à l'imitation d'œuvres anciennes avec l'intention de tromper. Il n'est nullement répréhensible de vendre des copies, du moment qu'elles sont déclarées comme telles.

C'est surtout sous le second Empire que d'innombrables copies ont été mises sur le marché, qui sont d'ailleurs souvent d'excellente fabrication.

Au XX^e^ siècle, l'industrie de la copie s'est activement poursuivie grâce à des moyens mécaniques perfectionnés. Il est regrettable que de nombreux antiquaires ou prétendus tels se fournissent chez des fabricants spécialisés, alors qu'ils sont en fait des marchands de meubles de style*.

Les copies deviennent des faux à partir du moment où elles sont présentées pour authentiques par ceux qui cherchent à les vendre en leur ajoutant une patine artificielle. Ces copies maquillées, qui sont loin d'atteindre la qualité de meubles authentiques, sont facilement décelables par les experts, mais font souvent illusion auprès des amateurs insuffisamment avertis (v. FAUX, PROTECTION DES ACHETEURS, STYLE).

**copocléphilie** n. f. Collection de porte-clés.

**copte.** Qualifie la civilisation chrétienne qui s'est développée en Égypte à partir du III^e^ siècle. La langue copte, d'usage liturgique, n'est autre que l'ancienne langue égyptienne transcrite en caractères grecs et utilisée pour la traduction des Évangiles et des écrits de saints personnages. L'Église copte s'est maintenue au-delà du VII^e^ siècle, après la conquête arabe ; de l'Antiquité (III^e^ s. - VII^e^ s.) il demeure quelques vestiges.

L'archéologue peut acquérir des statuettes, de menus objets de la vie quotidienne découverts dans les tombeaux, de beaux portraits funéraires directement hérités de la tradition pharaonique et des portraits du Fayoum : peintures à l'encaustique ou à la détrempe, dont l'attitude hiératique, les grands yeux noirs préfigurent les icônes orthodoxes.

*Portrait d'une jeune femme portant des bijoux funéraires en or. Peinture à l'encaustique sur un fin panneau de bois. (42 × 25,3 cm.) Égypte, art copte, IIe siècle apr. J.-C. Adjugé 5 600 £ par Christie's, à Londres, le 13-VII-1982.*

L'art copte a également créé de très beaux tissus peints d'une vive polychromie noir, rouge et vert, de motifs religieux ou profanes. La plupart de ces tissus ont une origine liturgique.

**coq** n. m. Poinçon de garantie d'orfèvrerie française, en usage entre 1797 et 1819. On dit d'un objet d'argent qu'il est « au premier » ou « au deuxième » coq. Le premier coq fut apposé entre 1797 et 1809 : la tête de l'animal est tournée vers la gauche et se présente dans un cadre à pans coupés, vertical pour les objets du premier titre (950 p. 1 000), horizontal pour ceux du second titre (800 p. 1 000).

Le deuxième coq fut en usage de 1809 à 1819 ; il regarde vers la droite, dans un cadre à pans coupés entouré d'un double filet, horizontal pour le premier titre, vertical pour le second.

**coq** n. m. Sorte de petite grille circulaire qui protégeait le balancier des montres anciennes. Fait « à jours » pour permettre d'observer le mouvement du balancier, le coq de montre donna lieu à de nombreux décors, qui en firent un objet de collection à part entière.

Il fut utilisé dès le début du XVIe siècle jusqu'en 1868, année de la fabrication des montres à cylindre. En cuivre ou en bronze doré, en argent et plus rarement en or, les coqs ont fait l'objet, entre le XVIe et le XVIIIe siècle, de ciselures, de gravures et d'ajourages divers, qui ont suivi les styles et les motifs décoratifs en vigueur. D'abord de petites dimensions, le coq prit de l'importance, notamment au XVIIe siècle, son diamètre avoisinant les 40 mm. Aux rinceaux et autres motifs stylisés, tirés de la flore, succèdent, sous le règne du Roi-Soleil, de véritables scènes composées : décorations architecturales, représentations d'animaux réels ou mythologiques, chimères, mascarons, allégories. Sous le règne de Louis XV, la dimension des coqs de montre diminue et la décoration, encore plus fine, plus fouillée, prend des allures de dentelles de métal.

La fin du XVIIIe siècle, avec le retour au néoclassicisme, marque une régression de l'ornementation, un retour au fonctionnalisme. À partir de 1815, la plupart des coqs de montre, fabriqués industriellement, sans décor, cesseront d'être des objets de collection. Les prix des coqs de montre varient entre 200 ou 300 F et un millier de francs, selon la qualité du décor, sa période de fabrication et la nature du matériau qui le compose.

**coq de clocher.** Ornement placé au faîte des églises et servant de girouette, le coq symbolise la Résurrection pour les chrétiens, mais il passe aussi pour chasser les mauvais esprits de la nuit, et la Révolution lui a donné une valeur laïque : le coq de clocher, toujours vigilant, veille sur la Nation. Cette triple signification — religieuse, magique, patriotique — fait du coq de clocher le centre de toute la communauté rurale, groupée autour de son « clocher ». Fabriqué par le forgeron du village, le coq est inauguré joyeusement lors de sa pose par une cérémonie à la fois laïque et religieuse.

*Coq de clocher en tôle. Art populaire alsacien. (H. 68 cm.) Adjugé 13 500 F par Mes Ader-Picard-Tajan, le 13-X-1980.*

**coquemar** n. m. Sorte de bouilloire, placée près de l'âtre pour maintenir un liquide au chaud. En cuivre, en laiton, en bronze ou argent, le coquemar a une panse large, un col rétréci, une ouverture légèrement évasée, un bec verseur, quelquefois un couvercle et une anse. Les coquemars, aussi appelés « cafetières du Levant », furent rapportées d'Asie Mineure.

**coquille** n. f. Ornement naturaliste, inspiré de la coquille Saint-Jacques, dont les nervures divergent de la base vers la périphérie, qui dessine un arc de cercle plus ou moins déchiqueté. Selon les héraldistes, la coquille symbolise les pèlerinages et les voyages outre-mer.

Cet élément décoratif, employé en architecture depuis l'Antiquité, se retrouve dans la plupart des styles. Mise à la mode par les artistes de la Renaissance, la coquille prend son importance ornementale à partir du XVIIe siècle et singulièrement sous Louis XIV ; elle est alors le point de départ d'un motif central d'où s'échappent rinceaux, entrelacs et feuilles d'acanthe. La coquille à nervure symétrique est le plus caractéristique des motifs de style Régence ; elle est parfois ajourée, et sa bordure échancrée la divise en cinq branches.

La coquille Louis XV, déchiquetée et asymétrique, est un des éléments du style rocaille. À la fin du XVIIIe siècle, les motifs géométriques néoclassiques — et notamment la palmette — se substituent à la coquille.

**coquille d'œuf.** Type de porcelaine chinoise « sans corps » *(tuotai),* aux parois extrêmement minces (comme une coquille d'œuf), produit tout d'abord à l'époque de Yongle (1403-1424), de la dynastie des Ming, puis imité par les céramistes travaillant pour Kangxi (1662-1722), Yongzheng (1723-1735) et Qianlong (1736-1795), de la dynastie des Qing.

Ces coquilles d'œuf, blanches à l'extérieur, peuvent avoir l'intérieur coloré en rose, en carmin clair ou plus rarement en bleu. Certaines sont peintes de fines miniatures. Celles de couleur rose (famille rose) sont les plus recherchées. Les Japonais réalisèrent de bonnes imitations de ces précieuses céramiques, notamment en Hizen et à Mino au XVIIIe siècle.

On donne également le nom de *tuotai* (« sans corps ») aux anciens jades qui ont perdu leur couleur d'origine à la suite d'un long enfouissement dans le sol.

**cor** n. m. Instrument de musique en cuivre, à vent et à embouchure, formé d'un tube enroulé sur lui-même, en spirale, et se terminant par un pavillon très évasé. L'ancêtre du cor était à l'origine une corne d'animal évidée ou une écorce d'arbre enroulée sur elle-même, l'extrémité la plus petite servant d'embouchure. Du XIIe au XVIe siècle, on fabriqua des cors en métal, passant du dessin de la corne à la forme contournée, pour prendre à la fin du XVIIe siècle l'aspect que nous connaissons aujourd'hui. Au XVIIIe siècle, le cor prend place dans les orchestres (en 1757 à l'Opéra) sous le nom de « cor d'harmonie ». Un musicien de la cour de Dresde nommé Hampl découvrit, vers 1760, qu'un tampon ou la main placé dans le pavillon permettait de baisser toutes les notes de la gamme diatonique ou chromatique d'un demi-ton. En 1781, le facteur Haltenhoff perfectionna le cor en ajoutant des tons de rechange. Grâce à l'invention du piston par Blühmel et Stötzel, de Breslau, le cor ordinaire devient chromatique.

Le *cor à cylindre,* au mécanisme différent, repose sur le principe du piston. Par sa forme, le cor est un instrument décoratif, mais, en dehors de ses qualités musicales, le dessin de la colonne d'air, différent selon les facteurs, lui donne une certaine valeur ; la couronne qui double l'extérieur du pavillon porte souvent le nom du facteur. Un certain nombre d'instruments sont décorés et vernis à l'intérieur.

**cor anglais.** Instrument de musique à vent, à anche double, appartenant à la famille du hautbois, dont il donne la quinte et dont il se différencie par la taille et par le pavillon sphérique. D'abord recouvert de cuir (seconde moitié du XVIIIe s.), le cor anglais avait une forme circulaire afin de faciliter le jeu du musicien. Au XIXe siècle, à la suite de l'application des principes de Boehm, il devient droit, et son usinage se fait au tour. Ce sont les instruments courbes de facture artisanale qui sont les plus appréciés par les amateurs.

**cor des Alpes.** Instrument de musique à vent de fabrication artisanale. Constitué de bois, recouvert d'écorce, il a des formes diverses selon sa longueur (1 à 4 m). Il est représentatif de l'art populaire.

**cor de chasse.** V. TROMPE.

**corail** n. m. Substance calcaire d'origine animale, qui se développe dans les mers chaudes. Connu et apprécié depuis l'Antiquité pour ses nuances délicates, variant du blanc pur au rouge foncé, ainsi que pour ses vertus supposées contre le mauvais sort (remarquer les petites cornes de corail que portent au cou les personnages de certains tableaux et que l'on vend toujours en Italie), le corail fut employé en bijouterie, en glyptique, en tabletterie et même pour des objets assez importants, telles les statuettes d'origine japonaise, anciennes ou récentes. Les Égyptiens taillaient parfois des scarabées amulettes dans le corail ; les Grecs le gravaient en intailles.

Au XVIIe siècle, on appréciait beaucoup le corail sur les bijoux et les coffrets, sous forme de camées, mais ce sont surtout les élégantes du siècle dernier qui en firent grand usage ; les parures complètes, montées sur or ou sur vermeil, comprennent un collier à plusieurs rangs de perles et deux bracelets assortis, dont les fermoirs sont sculptés en camées, ainsi que les broches ; les pendants d'oreilles sont plutôt polis en cabochons* en forme de poire. Plus tard, les joailliers de l'Art déco ont apprécié le corail rouge foncé, qu'ils utilisèrent sur des clips et des bracelets, en contraste avec de l'émail noir et des petits brillants. La valeur d'un corail dépend de la qualité de sa couleur : le brun-orangé est beaucoup moins cher que le rose diaphane, qu'on nomme « peau d'ange ».

**Coran.** Livre sacré des musulmans. Les « Récitations » de Mahomet, apportant aux hommes la parole de Dieu, ont été regroupées par 'Uthmān, troisième calife, et classés en 114 chapitres, ou sourates. L'« ouvrante », ou sourate du début *(fatihah al Ritab)* : « Au nom de Dieu, le Clément, le Miséricordieux », est la prière fondamentale de l'islām, reprise par chaque musulman avant tout acte notable de la vie quotidienne, du moins en sa formule abrégée *bismillah,* « au nom de Dieu ». La prose du Coran, rythmée et rimée, est « inimitable » ; elle consacre la langue arabe classique comme véhicule de la révélation divine. À travers elle se fonde la culture arabo-islamique médiévale. Le Coran est la plus parfaite expression de la volonté de Dieu concernant la vie des hommes. Son message religieux est donc indissociable de l'organisation de la société. À toutes les époques, le Coran servira de référence. Aussi a-t-il été recopié d'innombrables fois dans les écritures différentes, suivant les époques (v. ISLĀM). Les plus beaux exemplaires sont ceux des époques mamelouke (XIII-XVe s.) et mongole ilkhanide (XIV-XVe s.), où les calligraphes rivalisent avec les enlumineurs : *shamsah* (médaillon en forme de soleil), *unwan* (frontispices ornés d'arabesques, de rosettes ou de motifs géométriques or sur fond bleu), *sarlohe* (têtes de chapitres écrites en lettres différentes, et ornements marginaux, or et bleu). Très rares, ces exemplaires sont conservés au musée du Caire principalement. On peut encore trouver des corans séfévides ou turcs des XVIe-XVIIe siècles à des prix très élevés ; les plus courants sont ceux de l'Empire ottoman et du Maghreb aux XVIIIe et XIXe siècles.

**corbillon.** V. CASSETIN.

**Corée.**

**Dynasties.** Les dynasties coréennes correspondent à peu près aux styles artistiques :
— les Trois Royaumes :
Silla (de 57 av. J.-C. à 667 apr. J.-C.) ;
Goguryeo (Koguryo, de 37 av. J.-C. à 668 apr. J.-C.) ;
Baegjae (Paikche, de 18 av. J.-C. à 663 apr. J.-C.) ;
— le Silla unifié (Grand Silla, de 668 à 935) ;
— le Goryeo (Kōryō, de 918 à 1392) ;
— le Choseon (ou dynastie des Yi, de 1393 à 1910) ;
— l'occupation japonaise (de 1910 à 1945) ;
— la période moderne (à partir de 1945).

**Bronzes.**

Les plus anciens bronzes consistent en statuettes du Bouddha ou de Bodhisattva. Quelques accessoires de culte bouddhique, tels qu'aiguières, décors de lampes ou miroirs, furent également réalisés en bronze. Les plus prisés sont évidemment ceux qui appartiennent aux époques anciennes (Silla, Ier-VIIe s.) ou aux dynasties antérieures au XIVe siècle.

**Céramique.**

Moins connue que la céramique chinoise, la céramique coréenne est cependant très recherchée des amateurs en raison de sa beauté et de la perfection de ses techniques. Les plus anciennes pièces datent de l'époque du Grand Silla (VIIIe-IXe s.) et sont surtout représentées par de grandes jarres pansues à deux ou quatre oreilles en forme

*Cabinet coréen à deux corps posés sur un piètement, ouvrant à quatre portes et quatre tiroirs, ferrures en bronze.*

de masque animal et dont le corps est décoré d'estampages et de gravures qui évoquent les protocéladons chinois des Yue. La période suivante de Kōryō (ou Goryeo, 918-1392) est remarquable pour sa production céramique. La technique du céladon est parfaitement maîtrisée, et les couvertes réalisées sont si pures que même les Chinois en sont étonnés. Cependant, les fours sont imités de ceux de la Chine du Sud. Du milieu du xe siècle à la fin du xie, on imite en Corée les pièces des Yue des Cinq Dynasties et des Song du Nord : céladons simples à décor incisé sous couverte et formes simples.

De la fin du xie siècle au début du xiie, c'est l'âge d'or de la céramique coréenne : les formes se diversifient, deviennent originales, et certaines constituent des tours de force techniques : le *sanggam,* ou incrustation, consiste à « incruster » de la barbotine blanche ou noire dans les traits de la gravure avant couverte, ce qui produit des décors en deux tons. Cette technique est parfois inversée, imitant quelque peu un décor en champlevé. Les décors empruntent leurs sujets aux laques, qui, à l'époque, sont renommés, rinceaux floraux, grues dans les nuages, oiseaux aquatiques, imitation de soieries. Des porcelaines blanches à couverte aux reflets bleutés, semblables aux *qingbai** chinois, apparaissent à cette époque. Vases pour une branche de prunier *(maebyeong),* bouteilles à vin, verseuses, bols, plats divers, brûle-parfum en imitation des anciens bronzes rituels chinois *(ding),* appui-tête, aiguières décorées en haut relief de chimères ou de dragons, vases divers affectent les formes les plus variées et les plus inattendues : bouton de lotus, animaux, fruits. La perfection de la couverte céladon est parfois étonnante...

Du début du xiiie siècle (parfois de la fin du xiie) à la fin du xive, les potiers coréens s'attachent plus à la technique qu'à la perfection de la matière. Cependant, en pleine possession de leur art, ils produisent quantité de pièces ajourées, mêlant parfois la porcelaine blanche à des « incrustations » en céladon, et semblent avoir inventé les touches de rouge de cuivre qui viennent parfois s'ajouter aux décors incrustés de blanc ou de noir. La fin du xive siècle connaît un déclin de la qualité : les céladons perdent de leur élégance ; les couvertes à décor brun de fer sont moins parfaites.

À la période des Yi (1392-1910), les fours se multiplient : 221 au moins sont patronnés par le gouvernement. Mais les formes céramiques deviennent plus lourdes, et la qualité est bien souvent sacrifiée aux besoins de la production. Aux lignes incisées dans la pâte s'ajoutent des motifs estampés en série, et des médaillons « en réserve » portent alors des décors incisés (série dite *des buncheong,* appelés *hakeme* et *mishima* au Japon). La pâte, grise, est décorée de motifs en champlevé sur un fond d'engobe blanc, et des oxydes de fer produisent une teinte brune sous la couverte translucide en céladon. Parfois le décor est peint librement à l'oxyde de fer sur l'engobe blanc. Les mishima sont, eux, revêtus de petits motifs estampés et recouverts à la brosse d'un engobe blanc. La porcelaine se développe également dans les fours royaux, et l'on voit une grande floraison de pièces imitées des fours chinois de Jingdezhen ainsi que des bleu-et-blanc à base de bleu de cobalt.

Après l'invasion japonaise de 1592 et la déportation au Japon de nombreux potiers, la production cesse dans le sud de la péninsule. Dans le nord, on fabrique alors de grandes jarres en porcelaine à couverte grise et dont le décor est peint à l'oxyde de fer. Ce dernier, d'inspiration très libre, fera l'admiration des connaisseurs japonais. La couverte est transparente et laisse clairement apercevoir le dessin, généralement d'inspiration végétale. Certains vases, cependant, surtout au xviie et au xviiie siècle, décrivent des paysages ou des personnages dans un style extrêmement libre et dégagé des canons chinois.

**corne** n. f. La corne d'un animal possède une forme naturellement élégante, une matière lisse, dure et fibreuse, qu'on peut mettre en forme en la chauffant à l'eau chaude. Elle devint donc très tôt un moyen d'expression d'art populaire dans le milieu pastoral. Le berger de Camargue y verse sa boisson ou la remplit d'huile de cade ou de génevrier pour soigner ses bêtes. Portée en bandoulière ou accrochée à la ceinture, la corne est munie d'un bouchon de bois taillé et ornée de décors gravés à la pointe du couteau.

Les cornes de gardians camarguais sont exceptionnellement belles : portraits, paysages de villes ou de campagnes, sirènes, scènes de la vie pastorale. Les bergers landais, en perçant les cornes, en font des appelants*. Les Lorrains y mettent du jus de tabac et les couvrent de sujets religieux (calvaires, églises, crucifix).

Découpée, mise en forme, la corne est une matière première bon marché, qui sert aussi à faire des tabatières, très joliment ornées de scènes de métier ou de portraits charges.

**corne d'abondance.** Ce motif décoratif très répandu, composé d'une corne débordant de fleurs, de fruits ou de tout autre objet, tire son origine de la mythologie, qui représentaient ainsi la corne de la chèvre Amalthée, nourrice de Jupiter, porteuse d'innombrables trésors. Il est fréquent sur le fronton des armoires normandes, où il symbolise la prospérité du ménage, sur les boiseries sculptées de l'époque Louis XV, sur les meubles Empire, Art déco et sur les bordures des tapisseries du xviiie siècle.

**cornet** n. m. Instrument de musique à vent, à embouchure et à piston, dont la sonorité rappelle à la fois le cor et la trompette. C'est en 1827 que Jules Léon Antoine, dit Halary, construisit le premier cornet à piston. Cet instrument, qui connut une grande vogue durant le xixe siècle

*Étui « Souvenir d'amitié » en ivoire, monté et cerclé de frises en or et orné de deux médaillons, dont l'un à décor d'une miniature dans le goût de Vernet, contenant trois tablettes en ivoire et un crayon. Poinçon du maître orfèvre illisible, Paris, 1775. Adjugé 8 000 F.*

À gauche, *étui à cire en ors de couleur, guilloché et orné de quatre médaillons à décor d'attributs sur fond amati. Travail du maître orfèvre Nicolas Choconain Delaunay, Paris, 1781. (H. 11,6 cm.) Adjugé 19 500 F.* À droite, *billet doux en écaille et poudre de corne laquée de bandes verticales, orné de filets unis et de bagues ciselées en or. Époque Louis XVI. (H. 12,5 cm.) Adjugé 7 800 F. Vendus par Mes Ader-Picard-Tajan, à Drouot, le 13-XII-1982.*

À gauche, *billet doux en ors de couleur ciselé de cannelures, à décor de guirlandes et lampas ciselés. Travail du maître orfèvre Philippe Emmanuel Garbe, Paris, 1775. (H. 12 cm.) Adjugé 37 000 F par Mes Ader-Picard-Tajan, à Drouot, le 24-VI-1981.* À droite, *billet doux en ors de couleur guilloché et orné de médaillons ciselés. Travail du maître orfèvre Nicolas Choconain Delaunay, Paris, 1786. (H. 12 cm.)*

*Boîte rectangulaire en or émaillé bleu translucide, décoré sur le couvercle d'une scène de bataille polychrome. Travail suisse du XIXe siècle. (9 × 6 cm.) Adjugée 60 000 F par Mes Ader-Picard-Tajan, à Drouot, le 26-IV-1982.*

Christie's

De haut en bas et de gauche à droite : *bracelet rigide en or, Rome, environ IIe siècle apr. J.-C. ; amulette de fertilité en forme de femme nue, Égypte, période romaine ; pendentif en or en forme de croissant orné de motifs granulés, Égypte, période romaine, environ IIe siècle apr. J.-C. ; amulette en bronze doré à la feuille figurant trois déités féminines debout, Égypte, période romaine, environ IIe siècle apr. J.-C. ; deux pendentifs en or en forme de croissant à décor granulé, Égypte, période romaine, environ IIe siècle apr. J.-C. ; bracelet rigide en or à décor de deux têtes de serpent se faisant face, Rome, Ier siècle apr. J.-C.*

*Bague en or émaillé décorée de deux mains enlacées et en haut d'une licorne et d'un homme, avec, entre les deux, un cœur rouge. Allemagne du Sud ou Italie, époque Renaissance. Coll. Premsela et Hamburger, Amsterdam.*

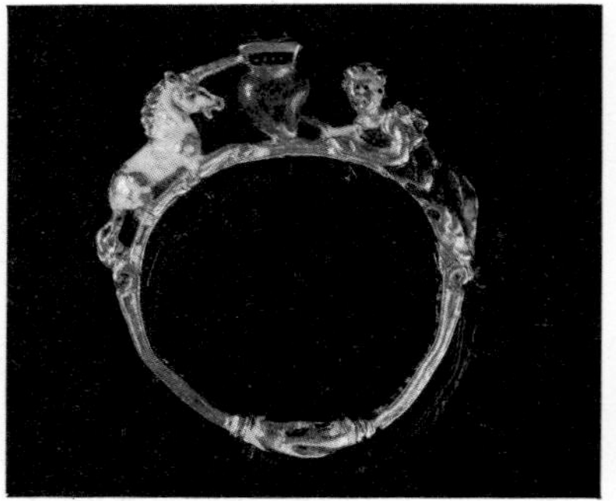

*Paire de boucles d'oreilles en or à décor filigrané, en forme de disques ornés de pendentifs. (H. 5,3 cm.) Grèce, IVe-IIIe siècle av. J.-C. Adjugée 3 600 £ par Sotheby, à Londres, le 13-VI-1981.*

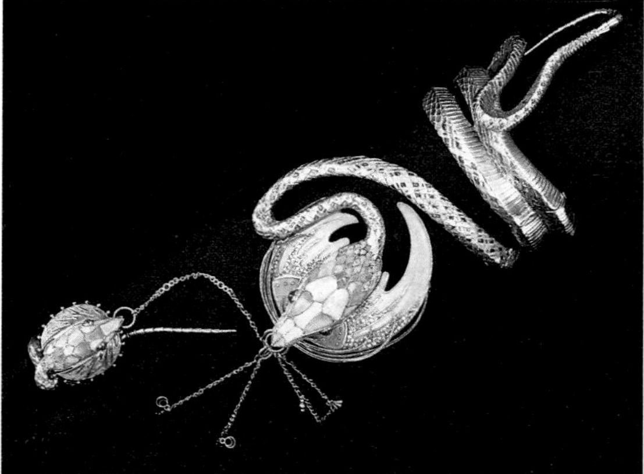

*Bracelet-serpent de Sarah Bernhardt en or émaillé, exécuté par Fouquet d'après un dessin de Mucha en 1899. Adjugé 4 389 000 F par Christie's, à Genève le 12-XI-1987.*

Ader-Picard-Tajan

*Diadème et collier assortis ornés de citrines ovales montées sur vermeil. Début du XIXe siècle.*

Christie's

*Paire de boucles d'oreilles, chacune ornée d'un diamant en poire de 46,39 carats et 44,14 carats. Adjugée 15 246 000 F par Christie's, à Genève, le 12-XI-1987.*

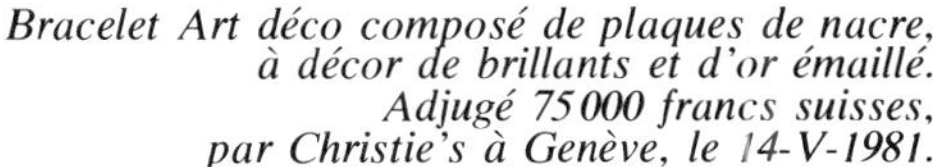

*Bracelet Art déco composé de plaques de nacre, à décor de brillants et d'or émaillé. Adjugé 75 000 francs suisses, par Christie's à Genève, le 14-V-1981.*

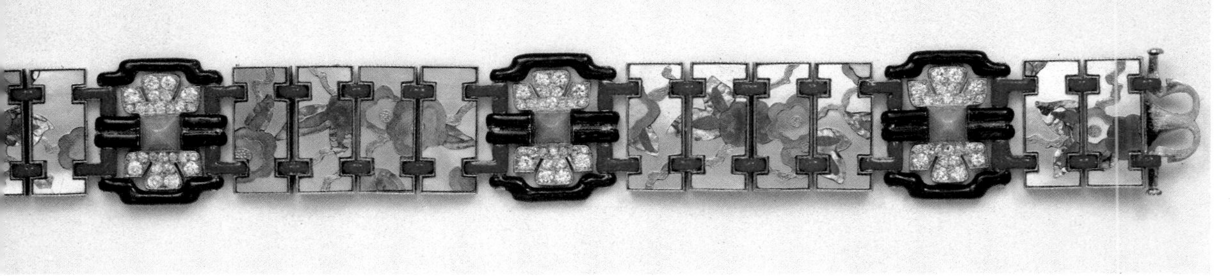

e's

Ader-Picard-Tajan

*Boîte en ors de couleur ciselée sur fond guilloché. Travail du maître orfèvre Jean George. Paris, 1760. (L. 8,6 cm.) Adjugée 170 000 F par Mes Ader-Picard-Tajan, à Drouot, le 3-IV-1981.*

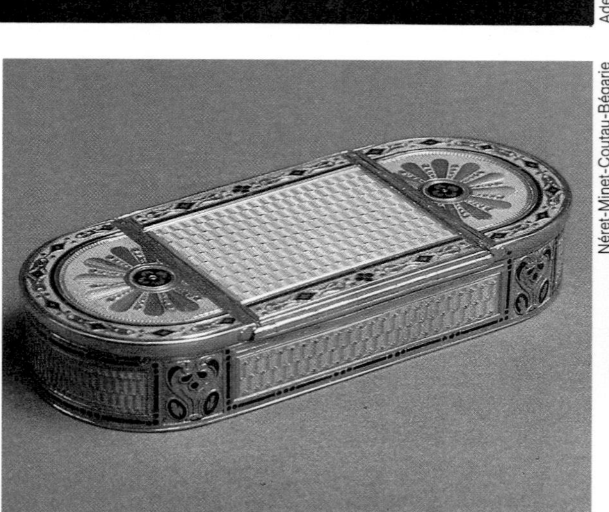

Néret-Minet-Coutau-Bégarie

*Boîte à thé en grès rouge de Böttger, décor en relief souligné d'or d'arbres fleuris et d'oiseaux. Dorure et touches rouges sur quelques fleurs. Par Martin Schnell. Saxe, vers 1715.*

*Boîte ovale à trois compartiments en or jaune guilloché, renfermant une boîte à musique et un mécanisme d'horlogerie. Travail suisse entre 1809 et 1819. Adjugée 86 000 F par Mes Néret-Minet-Coutau-Bégarie, à Drouot, le 20-XI-1987.*

Ader-Picard-Tajan

*Boîte en or émaillé de panneaux bleu lavande, couvercle orné en polychromie d'une scène d'offrande inspirée de l'Antiquité. Travail suisse du début du XIXe siècle. Adjugée 33 100 F par Mes Ader-Picard-Tajan, à Drouot, le 15-XII-1980.*

# BRODERIE

G. Meguerditchian

*Broderie et perles sur tissu (à gauche), soie peinte (à droite), deux charmants souvenirs romantiques. Début du XIX^e siècle. Galerie 13, rue Jacob.*

G. Meguerditchian

*Couple d'« habillés », montage en tissu, à usage décoratif. XVIII^e siècle. Galerie 13, rue Jacob.*

G. Meguerditchian

*Broderie encadrée, ornée des symboles d'un regret éternel : urne funéraire et saule pleureur. Début du XIX^e siècle. Galerie 13, rue Jacob.*

À droite, *vase en bronze archaïque, dit «zun», à patine vert olive, frise centrale à décor de taotie, posé sur un socle carré orné d'animaux fantastiques. (H. 34,2 cm.) Chine, époque Zhou. Adjugé 9 900 £.*
À gauche, *vase en bronze archaïque, dit «hu», corps en forme de poire à décor de dragon et de taotie posé sur un socle ovale, patine piquetée incrustée de malachite et de cuprite. (H. 35,7 cm.) Chine, époque Shang. Adjugé 19 800 $. Vente Sotheby, à Londres, le 15-VI-1982.*

*Statuette d'Aphrodite debout en bronze. Art grec, période hellénistique, IIIe siècle av. J.-C. Adjugée 100 000 F par M[es] Ader-Picard-Tajan, à Drouot, le 14-XII-1981.*

Couturier-Nicolay

*Réduction en bronze patiné d'après la* Pietà *de Michel-Ange conservée à Saint-Pierre de Rome. (H. 39 cm.) Adjugée 22 000 F par M[es] Couturier-Nicolay, le 30-V-1980.*

Ader-Picard-Tajan

*Statue équestre de Louis XIV en empereur romain en bronze ciselé et doré, socle en placage d'ébène et cuivre orné de bronzes ciselés et dorés. (H. 88 cm.) Réduction d'une statue du sculpteur Girardon (1628-1715), probablement exécutée dans l'atelier de l'artiste. Adjugée 110 000 F par Mes Ader-Picard-Tajan, à Drouot, le 9-III-1981.*

*Tête colossale en bronze exécutée par Auguste Rodin en 1889 représentant Pierre de Wissant (un des* Bourgeois de Calais*), fonte d'Alexis Rudier. (H. 82 cm.)*

Sotheby Parke Bernet

*Vase ovoïde en marbre moucheté vert et gris, reposant sur des piedouches en bronze patiné orné de feuilles d'acanthe en bronze doré, anses en forme de serpents et masque de satyres. Début du XVIII^e^ siècle. (H. 81 cm.) Adjugé 150 000 F par M^es^ Ader-Picard-Tajan, à Drouot, le 18-III-1981.*

Ader-Picard-Tajan

*Cartel en bronze ciselé et redoré surmonté d'un amour, décoré, sur un côté, d'un buste de faune et, au centre, d'un dauphin et d'une fontaine. Travail de Caffieri, époque Louis XV. Adjugé 310 000 F par M^es^ Ader-Picard-Tajan, à Drouot, le 9-XII-1981.*

Ader-Picard-Tajan

Ader-Picard-Tajan

*Paire de vases en forme de pêche de longévité, en céladon vert à feuillage en relief, monture en bronze ciselé et doré. Chine, XVIII^e^ siècle. Adjugée 78 000 F par M^es^ Ader-Picard-Tajan, à Drouot, le 16-VI-1981.*

C. A.

*Assiette de Rouen, décorée d'un motif de corne d'abondance, que l'on peut dater des années 1750.*

dans les fanfares, fut abandonné au début de ce siècle au profit de la trompette.

**cornet à bouquin.** Instrument de musique à vent, à embouchure, utilisé particulièrement du XV$^{e}$ au XVII$^{e}$ siècle. En métal ou le plus souvent en bois recouvert de cuir, il était de différentes tailles. Il servait à soutenir les chœurs, tout comme le serpent, auquel sa facture le rattache. Instrument recherché, il apparaît rarement dans les catalogues de vente.

**Coromandel.** Port du Bengale qui a donné son nom à des paravents en laque de Chine comportant des motifs en relief.

**coroplaste** n. m. Dans la Grèce antique, le coroplaste (littéralement, modeleur de poupées) est le céramiste spécialisé dans la confection des figurines de terre cuite, retrouvées notamment sur les sites de Tanagra, en Béotie, et de Myrina, en Asie Mineure. Il travaillait avec toute une série de moules : pour les bras, les jambes, les torses, les têtes, avec différentes attitudes et différentes expressions; il assemblait ensuite tous ces éléments en les collant à l'argile molle. Après séchage et avant cuisson, dans la terre encore friable, il affinait à la pointe les détails du visage, des cheveux, des vêtements. Puis la statuette était cuite avant d'être peinte de couleurs tendres, rehaussées au besoin d'un filet d'or. On voit que, bien qu'il utilise la même matière première, l'art du coroplaste est totalement différent de celui du potier.

**Corot** (Jean-Baptiste Camille), peintre et graveur français (Paris 1796 - Ville-d'Avray 1875). Jean-Baptiste Corot a laissé une œuvre abondante. Parallèlement à la peinture, il s'adonna à l'eau-forte, puis à la lithographie, qu'il préféra finalement à la première, car il redoutait la manipulation de l'acide utilisé dans la gravure sur cuivre. Ses lithographies n'existent qu'en nombre restreint. Une eau-forte de 1858, *l'Embuscade,* a atteint 11 600 F à Drouot, le 11-XII-1986.

**corozo** n. m. Matière tirée de la noix d'une espèce de palmier, dont la couleur et la consistance rappellent l'ivoire. Récolté dans les forêts de l'Amérique du Sud, notamment au Brésil, au Pérou et en Guyane, plus tendre, moins cassant, plus facile à travailler que l'ivoire animal, le corozo, qui se teignait facilement, fut utilisé pour la fabrication de petits objets, dont des boutons, des manches d'ombrelle.

**corroyer.** En menuiserie, équarrir, dégrossir, raboter une planche, la préparer avant de la mettre en place.

**Cosson** (Jacques Laurent), ébéniste français (? - 1805). Reçu maître en 1765, il est réputé pour la variété de ses créations : meubles légers, commodes aux marqueteries raffinées.

**cosy-corner** n. m. Ce mot d'origine anglaise, qui, au sens propre, signifie « coin confortable », désigne un petit divan encastré dans un angle et entouré d'étagères. Meuble typique du style 1925-1930, le cosy-corner a inspiré quelques ébénistes en renom, mais il a surtout fait la fortune de marchands de meubles qui ont mis sur le marché une production en série de mauvaise qualité.

**Coteau** ou **Cotteau** (Joseph), artisan genevois (1740-1812). Peintre en porcelaine, il se spécialisa dans l'exécution et la décoration de plaques émaillées, notamment des cadrans d'horloges et de pendules. Il excella particulièrement dans la réalisation de petits médaillons polychromes, certains représentant les signes du zodiaque. Ses émaux, qui sont les plus fameux du XVIII$^{e}$ siècle et du début du XIX$^{e}$, sont une source de plus-value importante pour les pendules et horloges à nombreuses complications, dont les mouvements sont l'œuvre d'horlogers célèbres, spécialement lorsqu'il s'agit de modèles rares, d'époque révolutionnaire, certains dépassant les 300 000 F en 1988.

**côtes** n. f. pl. Dans l'art du verre, la décoration des côtes fut obtenue d'abord par un moule de fond, puis par la taille (XVIII$^{e}$ s.) et par des moules fermés (XIX$^{e}$ s.).

Tous les centres verriers ont exploité les effets décoratifs des côtes. Les côtes bombées vénitiennes caractérisent les productions du XVI$^{e}$ siècle; dès le début du XVII$^{e}$ siècle, en France, des coupes sont décorées de côtes plates ou torses, nettement incurvées sous Louis XV, par moulage. La taille n'est pratiquée couramment dans les cristalleries françaises qu'à la fin du XVIII$^{e}$ siècle. En Allemagne et en Bohême, on combine les côtes avec des motifs gravés. Le modèle le plus typique est le gobelet à côtes plates que l'on rencontre aussi bien à Venise qu'en Bohême, souvent rehaussé d'un décor doré (filets autour du buvant*) à Venise, gravé en Bohême. En France, les gobelets « façon Bohême » sont souvent personnalisés par des dates, des inscriptions, des motifs commémorant un événement familial, historique ou à caractère allégorique.

**coulage** n. m. Procédé de fabrication des glaces coulées sur une table de marbre ou de métal. Mis au point en 1687 par Bernard Perrot à Orléans, ce procédé remplaça celui des glaces soufflées vénitiennes. La Manufacture royale des grandes glaces de Saint-Gobain, créée par Louis XIV, usurpa l'invention de Perrot et s'octroya le privilège exclusif de la fabrication des grandes glaces.

Le métal en fusion est étendu sur des tables en métal parfaitement unies. Un rouleau répartit régulièrement le verre pour obtenir une lame plane. La glace ainsi obtenue progressivement dans un four (carcasse) est refroidie, puis elle est polie à l'émeri. L'étamage se faisait par étalement, sur un plateau lisse, d'une mince feuille d'étain, recouverte d'une couche de mercure appliquée ensuite sur la plaque de verre.

**Couldray** (les), famille célèbre d'horlogers. *Julien* (Blois, 1498-1530) fut horloger du roi François I$^{er}$. Il aurait été un des premiers horlogers d'Europe à fabriquer des montres si petites qu'elles pouvaient tenir dans des pommeaux de dague.

**Couleru** (Abraham Nicolas). Ébéniste franc-comtois du XVIII$^{e}$ siècle, dont les marqueteries en bois des îles ou en bois indigènes teintés sont particulièrement remarquables.

Aimard

*Les coupes de mariage en argent ou en vermeil sont recherchées par de nombreux collectionneurs selon leur région (Bretagne, Normandie, Bourgogne). Celle-ci, en vermeil (poids 252 g), a obtenu une enchère de 46 000 F chez Mes Genin-Griffe-Leseuil, à Lyon, le 28-X-1980.*

**coupe** n. f. Épaisseur du plat de la reliure d'un livre. Les coupes peuvent être décorées d'un filet doré ou décorées à froid.

**coupe** n. f. Récipient à boire largement évasé. Toutefois, ce vocable, au sens large, parfois même mythique, poétique ou allégorique, ne désigne pas un type d'objet très défini. La coupe fut, dans l'Antiquité, le premier récipient à boire, mais il était également utilisé pour les libations religieuses : le christianisme lui a conservé ce sens avec le calice de l'eucharistie. Les plus anciennes coupes connues ont été trouvées en Égypte et en Mésopotamie (IVe et IIIe millénaire av. J.-C.) : ce sont des récipients de terre cuite plus ou moins décorés, de formes rustiques, mais parfois déjà recherchées.

Ce sont les Grecs, à partir du VIIe siècle av. J.-C., qui font de la coupe une œuvre d'art d'une admirable pureté : l'élégante « kylix » peu profonde et largement évasée sur son fin piédouche, le skyphos, le canthare à deux anses, qui ressemblent à un gobelet ou à un hanap ; il s'agit toujours de vases de terre ocre à figures rouges ou noires. La coupe fut aussi le vase à boire des Romains, qui en firent également un objet de collection en matière précieuse.

Les chroniques médiévales sont remplies de coupes précieuses et légendaires, dont on trouve des traces plus tangibles sur les miniatures, dans les inventaires de hauts personnages et dans les trésors d'églises. Au XVe siècle, les belles coupes hautes sur pied sont souvent en or ou en vermeil émaillé, enrichies de pierres précieuses, de perles.

Ce goût pour la somptuosité raffinée s'accentue encore sous la Renaissance ; les trésors de la galerie d'Apollon au Louvre offrent de bons exemples des coupes de cette époque : les nautiles* de nacre, les coquilles d'agate, de jaspe, de cristal de roche, les spinelles et les lapis-lazuli sont présentés sur de fabuleuses montures d'orfèvrerie, enrichies d'émail, de pierres précieuses ; les grands hanaps godronnés sont en forme de pommes de pin, de grappes, et d'autres coupes décoratives exécutées du XVIe au XVIIe siècle symbolisent l'orfèvrerie d'Augsbourg, en particulier les grands objets d'apparat que l'on voit figurer sur les natures mortes et les tableaux allégoriques de l'époque.

Cette tradition de la coupe objet d'art renaît curieusement au XXe siècle, comme le prouvent certaines verreries de Gallé et de Daum, ainsi que certaines créations contemporaines de nos grands joailliers, dans lesquelles pierres dures et cristal de roche s'allient à l'orfèvrerie, dans la plus pure tradition de la Renaissance.

Parmi les coupes plus modestes, plus utilitaires aussi, bien qu'elles conservent une valeur symbolique, il faut signaler les coupes de mariage des XVIIIe et XIXe siècles originaires, le plus souvent, de Bretagne ou de Bourgogne : ce sont de jolis bols évasés montés sur un petit piédouche, munis de deux anses latérales et gravés au nom des époux.

Les coupes de verre ont des appellations précises. La coupe (calice, buvant) est le réceptacle du verre à boire et peut avoir des formes très variées : en entonnoir, en seau, en corolle, en tulipe ou à lobes, en ballon, en cloche, en flûte.

Les coupes à friandises ou à entremets, dites aussi « sorbets », sont très proches des verres à pied. Cependant, les bords à ressauts ou découpés, crénelés ou festonnés démontrent bien une fonction tout à fait différente. Ces coupes faisaient partie des « cristaux », qui constituaient dès le XVIIIe siècle un élément important de la décoration de table ; ces cristaux étaient appelés aussi « dormants », car ils étaient placés sur la table au début du repas.

On retrouve parfois, mais assez rarement, des coupes couvertes, qui sont des verres à boire traditionnels, dans les pays germaniques, dans les productions anglaise et hollandaise. D'un usage plus populaire, une coupe couverte, avec ou sans anse, figure sur les tables des jours de fête ou de mariage.

**couronne** n. f. Ce mot désigne toutes sortes d'ornements de forme circulaire : coiffure, parure, cercle de métal précieux, objet décoratif à usages multiples formant un tout ou une partie d'un ensemble.

L'ornement qui se porte sur la tête en signe d'autorité comporte des éléments décoratifs (fleurons, perles, rubans) qui permettent de distinguer différents degrés dans l'ordre de la noblesse : couronnes royales ou impériales, couronnes de prince, de marquis, de comte et de vicomte. Le baron ne porte qu'un « tortil » sans fleuron. Ces diverses armoiries sont reprises en motifs symboliques sous forme de gravures sur la vaisselle, les vêtements, les livres.

La *couronne de mariée* est une parure en métal doré décorée de fleurs d'oranger, que l'on avait coutume, après la cérémonie, de poser sur un coussin de velours dans un entourage de feuilles en métal doré et de petits miroirs. L'ensemble était par la suite placé sous un globe de verre. On trouve des couronnes de mariée, généralement du XIXe siècle ou plus tardives chez des brocanteurs de village ou chez certains antiquaires, qui les remettent en état pour les collectionneurs.

La couronne désigne également la partie principale d'un lustre en métal, où sont fixées les douilles qui permettaient à l'origine de placer des chandelles.

La *couronne d'office* est destinée à recevoir de la charcuterie. En cuivre ou en fer forgé, elle est munie de crochets que l'on suspendait au plafond pour éviter les rongeurs.

**Courtois** (Jacques Martin), menuisier français. Reçu maître en 1743, il exerce jusqu'en 1770, produisant des sièges Louis XV traditionnels et des sièges cannés. Il signe « Courtois » sans initiales.

**Courtois** (Nicolas Simon), menuisier français. Spécialiste de sièges à médaillon et de cabriolets, il est reçu maître en 1766 et exerce jusqu'en 1788. Il signe des initiales N. S., suivies chacune d'une fleur de lis, puis de son nom.

**couteau** n. m. Le couteau est une arme blanche, courte, de poing, caractérisée par un seul tranchant et un dos, parfois munie d'un contre-tranchant, ou faux tranchant. Il possède, en dehors de sa lame, une monture composée d'une poignée, ou fusée, et quelquefois d'une garde. C'est un outil essentiel à la survie de l'homme : il lui sert pour la vie domestique, la chasse et la guerre.

Le « couteau de brèche » est en réalité — malgré son nom — une arme d'hast, puisqu'il possède une hampe. Les couteaux de chasse — à lame droite ou courbe —

sont les plus nombreux depuis l'époque médiévale et peuvent atteindre une grande dimension : leur décor est souvent somptueux. Les Écossais portaient deux types de couteaux : le « dirk », assez long, et le petit « skean dou », qui se place dans le bas ; tous deux sont munis d'un contre-tranchant en scie. La légende attribue au Texan Jim Bowie la création, au XIXe siècle, du « bowie knife », engin redoutable doté d'une forte lame et d'un grand contre-tranchant en croissant.

En Orient, les pays musulmans utilisent le « kard » — d'origine turque —, à pointe souvent renforcée, permettant de percer les cottes de mailles, ou le « couteau Khyber » (« salawar yatagan »), manié par les tribus afghanes.

Les couteaux peuvent posséder une monture pliante, qui — une fois fermée — permet de protéger la lame et de les porter aisément dans une poche : c'est le principe du canif. Les célèbres « navajas » espagnoles, à cran d'arrêt, fabriquées à Albacete ou ailleurs, utilisent ce principe. Certains couteaux pliants peuvent être munis d'outils divers : scie, pointe, tournevis, ciseaux, et d'autres peuvent être des armes dites « combinées » ou « multiples », tels le couteau-pistolet Dumonthier en France ou l'Unwin and Rodgers en Angleterre.

*Couteau de chasse. Allemagne, fin du XVIIIe siècle. Coll. Charles Marchal.*

**couvert** n. m. Ce mot, qui vient de l'expression « couvrir la table », conservée sous la forme actuelle « mettre le couvert », s'est restreint jusqu'à désigner simplement l'ensemble cuiller-fourchette-couteau. On sait que l'usage antique de manger avec les doigts s'est perpétué jusqu'à la fin du XVIIe siècle, à la cour aussi bien qu'à la ville et à la campagne. Aussi n'est-ce pas avant cette époque que l'on commence à commander les couverts en séries. Auparavant, ceux qui tenaient à manger avec cuiller et fourchette possédaient et transportaient leur propre couvert. Ces couverts individuels sont donc les seuls que l'on rencontre avant le XVIIe siècle. Certains, aux manches de cristal ou de pierre dure rehaussés d'orfèvrerie émaillée, étaient plutôt destinés aux confitures et aux pâtes de fruits que contenaient les drageoirs ouvragés.

Les couverts de table du XVIIe siècle se présentent également à l'unité ; ils sont d'un dessin assez grossier, quoique en argent massif, avec un manche en spatule tréflée se terminant sur cuilleron en une petite queue de rat. À partir de la Régence, l'usage du couvert se généralise, et chacun trouve un couvert autour de son assiette ; cuillers et fourchettes se fabriquent maintenant à la douzaine et font partie du décor de la table. Elles prennent, dès cette époque, leur aspect presque définitif : fourchette à quatre dents, cuilleron terminé en pointe, manche en S allongé, violonné et diversement orné. Dès le début du siècle apparaissent les modèles classiques — à filet et uni-plat —, mais aussi des décors plus recherchés : spatule violonnée (un signe de qualité) ornée d'une coquille, d'une rocaille asymétrique sous Louis XV, puis d'un filet-ruban et d'un médaillon à guirlande. Ni l'époque Empire ni le reste du XIXe siècle n'apportent de nouveautés dans les modèles, et il faut attendre les timides

*Quatre couverts en argent d'une suite de douze, à décor de filets et coquilles. Maître orfèvre : P. N. Somme, Paris, 1789. Adjugés 35 300 F par Mes Pomez et Boisseau, à Troyes, le 17-V-1987.*

Pomez-Boisseau

tentatives de l'Art nouveau ainsi que les créations plus affirmées de Puiforcat, vers 1925.

Les couverts les plus abondants nous ont été laissés par la seconde moitié du XIXe siècle : ils se présentent alors par « ménagères » complètes de 100 à 150 pièces parfois. Des ensembles aussi abondants n'existent guère au XVIIIe siècle, et trouver une série de 12 pièces de même modèle et de même poinçon est une découverte heureuse. En revanche, il existe, de l'époque Louis XVI, des ensembles à entremets en vermeil d'une quarantaine de pièces, contenues dans un coffret de maroquin. Ajoutons encore que l'on ignora jusqu'à la fin du XIXe siècle les couverts à poissons..., que certains affectent toujours de mépriser.

**couverte** n. f. Enduit feldspathique translucide, de composition variable, posé sur une porcelaine par immersion ou par insufflation.

**couverture** n. f. Feuille de papier de force variable, recouvrant le volume broché et sur laquelle sont imprimés le nom de l'auteur, le titre de l'ouvrage, le nom de l'éditeur ou du libraire, le lieu d'édition et la date. À l'origine muette et rarement conservée jusqu'à nous, de papier marbré ou dominoté, sans rapport avec le texte qu'elle présente, la couverture imprimée apparaît vers 1787. Elle devient d'usage général au XIXe siècle, avec l'apparition d'une clientèle qui ne fait pas relier ses livres. Des plats de papier de teintes pastel furent ornés d'encadrements typographiques et de fleurons, auxquels s'ajouteront des vignettes, évoquant le contenu du volume. Désormais, le livre broché ou cartonné sera un livre-image. Les couvertures reflètent les goûts et les styles du moment. De grands artistes ont dessiné des couvertures : Steinlen, Toulouse-Lautrec, Léger, Vallotton...

Lorsque l'amateur fait relier son livre, il est indispensable de conserver la couverture (dos et plats), mais cet usage n'a été observé qu'à partir de 1875-1880 par les bibliophiles. Il est rarissime de trouver une édition romantique en reliure de l'époque, avec ses couvertures conservées par le relieur (couv. cons.).

**crachis** n. m. Procédé utilisé en gravure, qui consiste à vaporiser de l'encre sur la pierre lithographique. L'outil employé est une brosse enduite d'encre que l'on frotte sur une « griffe à jasper », sorte de treillis métallique monté sur un cadre à poignée et que l'on maintient au-dessus de la pierre.

**Cranach l'Ancien** (Lucas, dit), peintre et graveur allemand (Kronach, Bavière, 1472 - Weimer 1553). Peintre de la cour de l'Électeur de Saxe, Lucas Cranach pratiqua aussi d'autres métiers, tels ceux d'apothicaire et de libraire. Il fut aussi bourgmestre de la ville de Wittenberg et devint également directeur d'un atelier de gravure et de peinture qui fut à la source d'une production artistique très importante. Il n'est pas aisé de discerner parmi toutes les œuvres signées de son nom ou de ses initiales accompagnés de son blason (un dragon ailé qui lui fut octroyé en 1508) la part qui revient à ses élèves. Les gravures sur bois et sur cuivre de Lucas Cranach, qui figurent parmi les plus anciennes, atteignent des prix considérables lorsqu'elles sont authentifiées.

**crapaud** n. m. Fauteuil capitonné à dossier en gondole, dont les pieds, courts, sont masqués par des volants ou des franges. Apparu vers le milieu du XIXe siècle, le crapaud a connu une grande vogue sous le second Empire.

**craquelé** (verre). Technique de décor consistant à plonger une certaine quantité de verre encore chaud dans l'eau froide. La masse vitreuse se fendille immédiatement ; une fois réchauffée et soufflée, la surface de la pièce ainsi obtenue est recouverte d'innombrables petites craquelures. Cette technique est une innovation vénitienne du XVIe siècle.

Un autre procédé donne un résultat comparable : le verre craquelé présente sur sa surface de petites saillies irrégulières. Une paraison* est passée sur une plaque de fer, sur laquelle a été répandu du verre concassé en menus fragments. Avant de souffler la pièce, la masse vitreuse est réchauffée, et tous les petits éléments qui y ont adhéré sont fondus ensemble. Ce procédé de décoration, courant aux XVIe et XVIIe siècles, fut repris par les pays inspirés par Venise, en particulier Liège et l'Espagne. Rares, les exemples sont difficiles à identifier.

En céramique, on obtient un décor craquelé en exploitant un défaut de cuisson dû à la différence d'indice de dilatation entre la pâte et la couverte.

**cratère** n. m. Dans la Grèce antique, le cratère est essentiellement le vaste récipient ouvert où, lors des banquets, on mêlait le vin et l'eau (les Grecs ne buvaient jamais le vin pur du fait de sa consistance). Les convives y puisaient directement avec leur coupe. Le cratère a le plus souvent la forme d'un vaste récipient cylindrique à panse très renflée, sans pied, muni de deux petites anses verticales ; mais il existe aussi des cratères qui ont la forme d'une amphore sur piédouche, avec un col plus évasé et muni d'anses verticales et non horizontales. Ce type de vase se rencontre de la période archaïque à l'âge classique, avec des décors allant des registres horizontaux aux figures rouges.

**crécelle** n. f. Instrument de musique de percussion en bois, composé d'une poignée solidaire d'une roue dentée, autour de laquelle, dès qu'on l'agite, une lame de bois flexible tourne en frappant chaque dent sur son passage. Connue depuis le Moyen Âge, où elle fut utilisée par les lépreux pour se faire reconnaître, elle est surtout recherchée aujourd'hui par les amateurs d'art populaire.

Ader-Picard-Tajan

*Crédence en noyer mouluré et sculpté, soutenue par six colonnes dont quatre en façade reliées par une arcature. Lyon, fin XVIe-début XVIIe siècle. Adjugée 45 000 F par Mes Ader-Picard-Tajan, à Drouot, le 1er-XII-1987.*

**crédence** n. f. Nom donné en Guyenne et en Gascogne au buffet bas à portes ornées de losanges ou de pointes de diamant.

**Creil et Montereau.** Une fabrique de faïence fine est créée en 1797 à Creil par Robert Bray O'Reilly, cristallier, associé à un Anglais, Stone. Elle doit produire des poteries dites « terres anglaises ». Ses débuts se soldent par un échec et la société est résiliée. Une seconde société est constituée avec un des précédents associés, Gay, et le beau-frère de Stone, Coquerel, en 1799. La manufacture est rachetée en 1816 par Charles-Alexandre Saint-Cricq, dit Saint-Cricq Casaux. Aidé d'un faïencier

*Les faïences de Creil du XIXe siècle, longtemps délaissées par les amateurs de céramiques anciennes, sont à nouveau appréciées. Écuelle à bouillon à décor d'herborisation sur fond ocre. Sceaux, musée de l'Ile-de-France.*

Lauros-Giraudon

anglais, Bagnall, qui a travaillé à Chantilly, Saint-Cricq fait prospérer la manufacture. Il aura, selon les circonstances, de 500 à 700 ouvriers.

La fusion avec la manufacture de Montereau, son aînée, est réalisée à la mort de Saint-Cricq, en 1840, par la création de la « société des faïenceries de Creil et Montereau », dont la raison sociale est « Lebeuf et Milliet » puis « Lebeuf, Milliet et C^ie^ » à partir de 1841. À la mort de Lebeuf en 1876, le directeur de la manufacture de Creil, Anatole Barluet, gère la société, qui prend le nom de « Barluet et C^ie^ ». Lorsqu'il disparaît en 1884, la société devient anonyme, et, en 1895, l'établissement de Creil est fermé et sa fabrique est transférée à Montereau, qui, cependant, marquera toujours les produits « Creil et Montereau »...

Dans les débuts, Creil se signale par des imitations presque conformes de modèles anglais, en particulier les fameuses pièces noires inspirées des grès noirs de Wedgwood. Rapidement, le décor par impression, d'abord gris, puis noir, orne les pièces aux formes très néoclassiques. Les scènes s'inspirent de tableaux d'après Prud'hon et Guérin ou reproduisent fidèlement des vues de ville. Les thèmes bibliques ou antiques sont également exploités en grand nombre. La polychromie apparaît sous Louis-Philippe, et de somptueuses assiettes s'ornent des uniformes rutilants de la Garde nationale, soulignées par des ailes de marli au coq. Les pièces à fond jaune ou à fond vert — très rare — apparaissent à la même époque. Les vignettes de Creil sont toujours très fines, ce qui les différencie de celles de Montereau. Les pièces sont marquées en creux dans la pâte accompagnées d'un cachet imprimé (raison sociale et brevet d'invention). Les collectionneurs apprécient beaucoup de nos jours les faïences fines de Creil, dont la cote vient de s'élever de manière spectaculaire. Il n'en a pas toujours été ainsi.

*Monnaie du roi de Lydie, Crésus (560-546 av. J.-C.) : créséide d'or pur, la première monnaie d'or frappée au monde (photo agrandie).*

**créséide** n. f. Nom donné aux monnaies d'or et d'argent du roi de Lydie, Crésus (561-546 av. J.-C.). On sait que c'est un des prédécesseurs de Crésus, le roi Ardys (652-615 av. J.-C.), qui inventa la monnaie sous forme de petits statères d'électrum ; mais Crésus imposa une réforme monétaire en instaurant un bimétallisme d'or et d'argent. Les créséides qui portent comme type monétaire des protomés affrontés de lion et de taureau sont des monnaies très recherchées par les collectionneurs.

**Creusot (Le) [Montcenis].** Cette cristallerie, fondée en 1783 par Lambert et Boyer à Sèvres et installée dans le parc de Saint-Cloud, reçut le nom de « Manufacture de la Reine » grâce à la protection de Marie-Antoinette. Des difficultés financières survinrent très rapidement, et l'affaire fut transférée au Creusot (Montcenis) en 1787, afin de la rapprocher des centres houillers. La gestion de son directeur Gatereau lui permit de traverser sans difficulté la Révolution. En 1806, la fabrique devint « Manufacture de leurs Majestés Impériales et Royales » et, malgré le soutien de l'Empereur, qui fit des prêts, passa des commandes, malgré aussi la qualité et le prestige de sa production, elle fut vendue en 1816. En 1832, Baccarat et Saint-Louis la rachetèrent et éliminèrent ainsi une concurrence gênante.

La manufacture du Creusot a fourni une production de cristal assez lourd, comprenant une gobeleterie très appréciée pour la perfection de sa taille, des lustres, des ouvrages d'optique et des petits objets de fantaisie (diamants, sulfures), qui connurent un vif succès. On sait, d'après des témoignages et des documents écrits, que la fabrication d'opaline était loin d'être négligeable, mais l'absence de marques permettant d'identifier les objets a fait obstacle à la reconstitution de cette production.

**Cressent** (Charles), ébéniste français (Amiens 1685 - Paris 1768). Reçu maître vers 1720, cet artiste d'une grande renommée est l'ébéniste le plus représentatif de la Régence, fournisseur du Régent et de son fils, bien que son activité dure au-delà de cette époque. Il dessinait lui-même les modèles de meubles et de sièges ainsi que ceux de cartels, car il était aussi sculpteur et bronzier. Ses commodes et ses bureaux plats sont souvent ornés d'arabesques, de feuilles d'acanthe, de bustes féminins qui épousent harmonieusement les contours des meubles. Cressent serait le créateur du motif à l'espagnolette, inspiré de Watteau.

**Cresson** (les), famille de menuisiers français. *Louis,* dit Cresson l'Aîné (1706-1761), reçu maître en 1738, travailla pour le duc d'Orléans et le prince de Condé, auxquels il livra des sièges élégants. Son frère *Michel* (1709-apr. 1773) fut reçu maître en 1740.

**Criaerd** ou **Criaerdt** (Antoine Mathieu), ébéniste français d'origine flamande (? 1689 - Paris 1776). Reçu maître en 1738, il a créé des modèles de sièges d'une grande richesse ornementale, typiques du début de l'époque Louis XV (suivant les traces de son frère encore sous l'influence du style Louis XV).

Ses plus belles réussites sont les commodes aux marqueteries subtiles rehaussées de bronzes ciselés ou ses meubles à panneaux de laque, mis en valeur par des rinceaux de bronze.

Son fils Sébastien Mathieu, dit Criard le Jeune, lui a succédé en 1767. On trouve parfois l'estampille A. CRIAERD, qui serait celle du frère aîné, tandis que les fers de Sébastien Mathieu et de son fils comportent une orthographe différente : « Criard », nom francisé par la disparition de la lettre E.

**crieur** ou **aboyeur** n. m. Employé d'un commissaire-priseur, chargé, pendant les ventes publiques, de recueillir les enchères dans la salle et de les annoncer à forte voix. Il joue un rôle important pour saisir les moindres signes de faire monter les enchères.

**criminologie** n. f. Ce terme regroupe l'ensemble des collections ayant en commun le crime pour objet (cartes postales, articles de journaux et livres traitant de causes célèbres, objets ayant appartenu à des bagnards ou fabriqués par eux).

**cristal** n. m. En France, les normes définies par l'Association française de normalisation précisent depuis 1962 les conditions qui autorisent à considérer un verre comme du cristal. Le verre doit avoir un indice de réfraction égal ou supérieur à 1,545, et, dans sa composition, à base de potasse, de sables très purs et d'une certaine quantité de calcin, entrent au moins 25 p. 100 d'oxyde de plomb, élément essentiel qui augmente la limpidité, la sonorité, la densité et l'éclat du verre. En fait, l'histoire du verre démontre que ce sont la transparence, la limpidité du cristal de roche que les verriers ont cherché à imiter. Depuis la mise au point, à la fin du XVe siècle par Venise, d'un verre appelé « cristallo », on peut dire que les recherches ultérieures en Bohême et en Angleterre résument les étapes d'une évolution cherchant à donner au verre ses lettres de noblesse, c'est-à-dire l'aspect du cristal de roche.

En ajoutant du manganèse aux matières premières selectionnées pour leur pureté (des silices à partir des galets du Pô et du Tessin, et un alcali à base de chaux et de soude — les cendres [Barilla] d'une plante marine appelée « salicorne » et importée d'Alicante), les Vénitiens découvrent le moyen d'éliminer les impuretés contenues dans un métal à base de soude. Le verre obtenu, plus pur et plus dur, demeure assez longtemps ductile pour se prêter au travail à la pince. Toute l'Europe tenta de percer le secret de la fabrication du cristallo.

Louvre des antiquaires

*Service en cristal gravé, par Theophil Hansen, 1866. Coll. J. C. L. Lobmeyr, Vienne.*

Au début du XVIIe siècle, les verriers de Bohême tentèrent d'utiliser la potasse, si aisément accessible dans les forêts, comme alcali. Ils font entrer dans la composition de leur métal du quartz broyé, silice beaucoup plus pur que le sable, mais aussi un stabilisateur tel que la chaux, qui donne au verre cette brillance tant convoitée ainsi qu'une dureté bien supérieure au cristallo vénitien. À son tour, le cristal de Bohême s'impose dans tous les ateliers, changeant radicalement les goûts et les formes, puisque, plus lourd et plus dense, il convient particulièrement à la taille et à la gravure, et permet à la sensibilité germanique d'affirmer ses préférences pour des formes plus massives.

C'est en Angleterre, au cours du XVIIe siècle, que le « cristal au plomb » apparaît. L'histoire du cristal proprement dit, défini par les normes, commence alors. Cette découverte est liée à l'interdiction imposée par le roi d'utiliser comme combustible le bois, désormais réservé aux chantiers navals. Cette mesure rigoureuse obligea les verriers à tirer parti de la houille, mais celle-ci colorait le métal. Vers 1675, George Ravencroft eut le premier l'idée d'ajouter de l'oxyde de plomb comme fondant dans une composition de base formée de silex (flint) et de potasse. Cet oxyde donna au « flint glass » un éclat, une densité, donc un pouvoir de réfraction et une sonorité inconnus jusque-là. Pourtant, près d'un siècle de recherches et de tâtonnements fut nécessaire pour purifier parfaitement le cristal au plomb. En France, les premières entreprises « façon d'Angleterre » ne s'installent que pendant la seconde moitié du XVIIIe siècle et ne commencent donc à détrôner la suprématie de la fabrication ou de l'importation « façon Bohême » que vers la fin du siècle.

**croix** n. f. Bijou universel, qui se porte autour du cou depuis le début de la civilisation chrétienne. Il existe des croix en diamants, en émeraudes, en perles fines et, bien sûr, en or uni, ciselé ou émaillé.

La croix est par excellence le bijou d'art populaire : son caractère religieux et prophylactique lui ôte ce qu'il pourrait avoir de frivole. Ces croix paysannes que l'on portait souvent sur un ruban de velours noir ont beaucoup de charme et parfois une couleur locale prononcée ; les plus riches sont en or, mais plus nombreuses sont celles de vermeil, d'argent ou de cuivre doré. Les plus typiques sont les croix normandes, dites « croix de jeannettes » ; fin travail d'orfèvrerie en argent doré découpé de volutes compliquées, elles sont larges, agrémentées de roses, de strass ou de pierres d'Argentan, avec un coulant en forme de cœur.

En Bresse, on trouve aussi des croix garnies de pierres locales ; les croix auvergnates sont décorées en repoussé ou en émail et portent des pendeloques en larmes aux extrémités de la branche horizontale. Les croix arlésiennes sont très raffinées, composées de petites roses alignées. En Normandie comme en Auvergne, il existe aussi des Saint-Esprit (le bijou des protestantes), décorés dans le même esprit que les croix catholiques.

**cromorne** n. m. Instrument de musique à vent, à anche double. Sa forme, faite d'un cylindre de bois courbé dans sa partie inférieure, le fait ressembler à un J. Le cromorne fut en usage au XVIe et au XVIIe siècle, et il y eut différents modèles, allant du soprano à la basse. Cet instrument rare est très recherché par les amateurs de musique ancienne et les collectionneurs, qui ne se satisfont pas des copies proposées sur le marché.

**croquet** n. m. Ce jeu d'adresse qui consiste à frapper une boule en bois à l'aide d'un maillet pour la faire passer sous des arceaux est le descendant de l'antique jeu de paille-mail. Très en vogue à partir du XVIe siècle, il est toujours pratiqué en France. Pour un jeu de croquet de salon, en bois verni, du XIXe siècle, il fallait compter entre 500 et 800 F en 1988.

**crosse** n. f. Motif décoratif figurant un bâton recourbé en volute, inspiré de l'enseigne du pouvoir épiscopal.
En héraldique, marque de l'autorité pastorale.
En menuiserie, forme souvent employée pour les bras de fauteuil, notamment sous la Restauration.

**crossette** n. f. (diminutif de crosse). Motif décoratif employé pour les bronzes dorés, mis en opposition sur les tabliers des commodes d'époques Régence et Louis XV (on dit parfois « cornes ou croissants » pour certaines commodes

Ader-Picard-Tajan

*Petit lit à crosse en bois sculpté et redoré. Il porte l'estampille de Nicolas Heurtaut, reçu maître en 1755, et considéré comme un des meilleurs « chaisiers » du XVIII^e siècle.*

ornées de ce motif, qui sont également appelées « commodes à pont »).

**Croutelle.** Cette localité du Poitou fut, du XV^e au XVII^e siècle, le centre d'une délicate activité de bois tourné : fûts de chandeliers, colonnettes torsadées, balustres, peints de couleurs vives ; ces « finesses de Croutelle » se retrouvent aussi, en éléments, sur certains cabinets du XVII^e siècle.

**cruche** n. f. Récipient de terre, plus grand que le pichet, qui sert en général au transport et à l'entreposition de l'eau ou à la conservation de l'huile. La cruche possède trois anses, deux latérales et une verticale, et un goulot latéral, qui permet de n'avoir pas trop à la pencher, car elle est très lourde. Simplement en terre rose, elle est quelquefois recouverte d'une glaçure au cuivre verte ou d'un engobe blanc formant des motifs décoratifs.

**cubes sans fond.** Jeu de marqueterie qui fait apparaître, grâce au placage de bois contrastés, une série de cubes juxtaposés. L'invention de ce procédé décoratif est attribué à Jean François Œben vers 1760, alors que s'élabore le style « à la grecque ».

**cueillage** n. m. Opération du verrier qui consiste à prendre du verre en fusion (v. 1 100 °C) au moyen d'une canne ou d'un ferret. Le verbe dont dérive le mot est « cueiller » et non cueillir, comme on dit fréquemment aujourd'hui.

**cuenca y arista.** Cette expression espagnole, qui signifie « creux et arête », désigne un mode de décoration utilisé principalement sur des carreaux de faïence. Il s'agit d'un procédé d'empreinte en relief à partir d'un moule ; le décor est précisé par un trait assez profond ; après impression, il apparaît en creux, dessiné par des lignes en léger relief, entre lesquelles on dépose les glaçures. On peut trouver des exemples de ce mode de décoration en Espagne, surtout au XV^e et au XVI^e siècle. Ces carreaux, relativement fréquents sur le marché, n'ont pas encore de valeur commerciale particulière.

**cuerda seca.** Cette expression espagnole, inventée au XIX^e siècle, qui signifie « corde sèche », désigne un procédé décoratif utilisé pour la céramique. Ce procédé consiste à isoler les émaux peints avant cuisson par un trait de matière différente : cire ou huile colorée au manganèse, qui se consume à la cuisson. Les lignes de la cuerda seca dessinent ainsi des « compartiments », sur lesquels on dépose des glaçures colorées opacifiées. Les pièces décorées selon cette technique présentent le plus souvent des couleurs vives et juxtaposées, pures et sans demi-teinte, délimitées matériellement par la cuerda seca, véritable frontière entre les couleurs. Il ne s'agit en aucun cas de lignes en relief *(cuenca o arista)*. Ce procédé décoratif, mis au point par l'Égypte du Nouvel Empire, réapparaît sur les poteries des premiers siècles de l'islām en Mésopotamie (Suse), puis passe en Espagne entre le IX^e et le XIII^e siècle. Il est alors connu sous le nom de « verdugones » (ou « traces laissées par un coup de fouet sur la peau »). Il atteint son apogée aux XV^e et XVI^e siècles en Andalousie.

**cuiller** ou **cuillère** n. f. Bien avant l'apparition de la fourchette au XVII^e siècle, la cuiller fut avec le couteau le seul ustensile de table individuel. Les plus anciennes cuillers étaient en bois et en étain. Dans la société française rurale, la cuiller est en bois simplement taillé pour tous les jours et finement décoré pour les jours de fête, principalement en Bretagne, où chaque invité à une réjouissance l'aborde fièrement pendant le cortège, accrochée à sa boutonnière par un bouton spécial. Le décor de ces cuillers bretonnes, souvent pliantes, était exécuté par le fiancé ou par le boisselier : cercles concentriques, cœurs ajourés, initiales, dents de loup incrustés de cire colorée. Ces objets sont très prisés des amateurs d'art populaire. Les cuillers peuvent être aussi en étain, en cuivre, en corne et, rarement, en coquillage.

La cuiller peut être un bibelot en cristal de roche ou un gadget au manche décoré d'un petit personnage, telles les « cuillers aux apôtres » que l'on fabriquait en Angleterre au XVII^e siècle. Outre la cuiller « de table », dont l'évolution suit les styles des couverts, le XVIII^e siècle a connu la cuiller à entremets et la cuiller à thé, mais non la minuscule cuiller à moka. Et, parmi les cuillers à servir, on a la cuiller saupoudreuse, au cuilleron rond ou en coquille, artistement ajourée, et la cuiller à olives, ajourée également, mais de la forme d'une cuiller ordinaire, poinçonnée généralement à Aix ou Marseille. Quant à la cuiller à pot ou à ragoût, c'est tout simplement une cuiller à long manche et à grand cuilleron.

**cuir** n. m. En art décoratif, le cuir est un entourage de cartouche imitant un morceau de cuir découpé et enroulé en volute. À la Renaissance, puis surtout au XVII^e et au XVIII^e siècle, les cuirs forment des motifs fréquents, tant sur les bordures de tapisseries que sur les cadres peints ou stuqués entourant les peintures de plafonds.

Le cuir de Cordoue est un cuir orné de motifs en relief, gravés, parfois peints et rehaussés de dorure, très à la mode en Espagne au XVI^e siècle, puis en France et en Italie, où l'on tapisse de cuir de Cordoue sièges, murs et coffres.

Les cuirs employés en reliure sont d'une extrême variété : à côté du cuir de mouton (basane), de chèvre (chagrin), de veau ou d'âne (maroquin), d'usage classique, on trouve le cuir de Russie, le daim, la peau de truie, le vélin.

**cuirasse** n. f. La cuirasse — destinée à protéger le buste — est le seul vestige, avec le casque, de l'armure médiévale. Elle fut fabriquée en fer, en acier ou en tôle d'acier. Elle a peu évolué depuis le XVII^e siècle, où l'on ne portait souvent que la demi-cuirasse, c'est-à-dire le plastron, sans dossard, maintenu par les lanières de cuir. Les demi-cuirasses étaient souvent noircies. La cuirasse ne prend son aspect moderne que sous Louis XVI : deux éléments, le plastron et le dossard, sont maintenus par des épaulières et un ceinturon ; le tout est passé sur une forte matelassure. À l'origine, la cuirasse n'était portée que par les cuirassiers. Sous l'Empire, Napoléon en dote les carabiniers : les cuirasses sont somptueuses, recouvertes d'une feuille de laiton d'où se détache une plaque en soleil frappé d'une étoile. La première et la seconde Restauration ainsi que la monarchie de Juillet poursuivent les traditions ; seuls les emblèmes changent : armes de France ou coq gaulois. Sous le second Empire, la morphologie évolue quelque peu et la taille est très marquée. Les cent-gardes de l'Empereur reçoivent la cuirasse. Les plaques centrales portent les armes impériales. Elles disparaissent sous la IIIe République, qui maintient les régiments de cuirassiers jusqu'à la guerre de 1914.

Il existe de nombreuses cuirasses de fantaisie : celle du duc d'Angoulême est célèbre. Notons qu'au XVIIIe siècle la cuirasse était un attribut, avec l'écharpe de commandement, des maréchaux de France.

Les cuirasses sont très recherchées des amateurs, surtout si elles possèdent encore le casque correspondant. Ausssi les prix en sont élevés. Les cuirasses de l'Ancien Régime sont quasi introuvables, et celles du premier Empire valent très cher.

**cuivre** n. m. (du grec *cypros,* nom de l'île de Chypre, d'où l'on tirait autrefois le cuivre). Métal d'une belle couleur rouge-brun, le cuivre est un des métaux les plus sonores, les plus ductiles, les plus malléables. Il était connu au Proche-Orient cinq millénaires av. J.-C.

À l'origine, les artisans l'ont employé soit en le fondant, soit en le battant. Trois mille ans av. J.-C., les Égyptiens créaient le bronze, alliage de cuivre avec 10 à 30 p. 100 d'étain. Six siècles av. J.-C. apparaît le laiton, appelé « cuivre jaune », alliage contenant de 60 à 70 p. 100 de cuivre et de 30 à 40 p. 100 de zinc. Au XIIe siècle, les artisans de la vallée de la Meuse confectionnent de la dinanderie* en laiton.

Très vite, cette industrie se répand en Allemagne, en Italie (Milan) et en France (Lyon et Paris). Le cuivre intervient dans de très nombreux alliages utilisés dans la confection des monnaies. Dans les monnaies et les bijoux, l'or a besoin d'être allié au cuivre, qui le rend plus dur : dans la monnaie d'or de France, il y a 10 p. 100 de cuivre ; dans la vaisselle et les ustensiles d'or, il y en a respectivement 8 p. 100 pour le premier titre, 16 p. 100 pour le deuxième et 25 p. 100 pour le troisième. Au XIXe siècle, Maillot et Charlier, ouvriers lyonnais, inventent un nouvel alliage contenant le plus généralement 55 p. 100 de cuivre, du zinc, du fer et de l'étain : le maillechort, nommé aussi par les Anglais « british silver » et par les Allemands « argentan ». Cet alliage peut être doré ou argenté par la méthode de Ruolz. Le chrysocalque est un laiton très riche en cuivre ; avec d'autres cuivres jaunes de composition voisine (« or de Mannheim », « Similor », « Tombac »), il sert à fabriquer des bijoux. Le « Tombac » blanc est du cuivre blanchi par l'arsenic qui imite l'argent.

On désigne aussi sous le nom de « cuivres » tous les objets en cuivre ou en laiton fabriqués par les chaudronniers sur cuivre, qui ont ou ont eu des usages ménagers.

**culasse** n. f. La culasse est la pièce de métal qui ferme l'orifice inférieur du canon en se vissant dedans : c'est le bouchon de culasse des armes anciennes à chargement par la bouche à l'aide d'une baguette. Elle est munie d'une queue qui s'applique sur la monture de l'arme et qui est percée pour recevoir une vis maintenant le canon ; son talon, échancré, permet le passage de la grande vis de platine. Il fallut attendre le XIXe siècle pour voir apparaître en nombre important les armes se chargeant par une culasse ouvrante. On craignait les effets nuisibles des gaz qui se dégageaient lors du tir : d'où l'échec provisoire de l'invention de Pauly sous l'Empire.

Sous le second Empire apparurent les armes à tabatières, permettant de transformer aisément les anciens fusils réglementaires en attendant l'arrivée du modèle 1866, dit « chassepot », à culasse mobile et à percuteur à aiguille. L'évolution fut identique dans tous les pays : tabatière en Angleterre avec Snider ou Springfield, « trap-door » aux États-Unis. Le premier fusil à culasse mobile, construit en série, fut celui de l'Allemand Dreyse en 1848.

La culasse mobile se perfectionne ensuite et devient rotative, d'un maniement aisé. Elle équipe les armes à répétition : mauser, kropatschek, lebel. Sur les armes semi-automatiques ou automatiques contemporaines, utilisant une partie des gaz de combustion, la culasse n'a plus besoin d'être rotative : tirée en arrière, une seule fois, elle assure l'armement.

**culbute** n. f. Système permettant la transformation d'un meuble en faisant pivoter une de ses parties fonctionnelles. Un secrétaire à culbute est un secrétaire dont un caisson contenant l'écritoire peut disparaître dans le corps du meuble. On dit aussi « à la capucine », pour évoquer le « capuchon » des moines.

88 LA MANDRAGORE.

Le drôle avoit tantôt peine à démordre :
J'en ai pitié : je le plains après tout.
N'y songeons plus ; qu'il meure, & qu'on l'enterre.
Et quant à vous, venez nous voir souvent.
Nargue de ceux qui me faisoient la guerre :
Dans neuf mois d'huy je leur livre un enfant.

Bibliothèque nationale

*Cul-de-lampe gravé par Pierre Philippe Choffard, pour l'édition des Fermiers généraux (1762)* des Contes de La Fontaine. *Paris, Bibliothèque nationale.*

**cul-de-lampe** n. m. Ornement typographique, vignette que l'on place à la fin d'un chapitre pour meubler un blanc. Empruntant sa forme à l'élément architectural du même nom, le cul-de-lampe est généralement triangulaire. Les illustrateurs du XVIIIe siècle excellèrent dans les culs-de-lampe.

**Culpeper** (Edward), fabricant d'instruments scientifiques anglais (connu à partir de 1686-1738). Il fit son apprentissage avec Walter Hayes, constructeur de quarts-de-cercle et d'instruments de mathématiques, et lui succéda vers 1686. Il est très réputé pour les microscopes auxquels il a donné son nom. Il a fabriqué également divers instruments de mathématiques.

**Cunningham** (Imogene), photographe américaine (1883-1976). Imogene Cunningham commença à pratiquer la photo à partir de 1901 et ouvrit un studio à Seattle en 1910. Elle a probablement été la première femme à photographier des nus masculins et à oser les montrer dans des expositions. Elle eut pour modèles les stars de Hollywood. Plusieurs films lui ont été consacrés.

**cupboard.** Meuble anglais créé au XV^e siècle, se composant d'un bas de buffet monté sur pieds bulbeux et pouvant être surmonté d'un petit casier à claire-voie ou à vantaux.

**curiosa** n. pl. Terme générique employé par les libraires et les bibliophiles pour désigner des ouvrages érotiques ou pornographiques, tant par leur texte que par leurs illustrations. La « bibliothèque singulière » de Roger Peyrefitte était principalement composée de curiosa.

**Curtis** (Edward), photographe américain (1868-1952). Curtis a réuni une collection incomparable de documents sur les populations indiennes d'Amérique du Nord, aujourd'hui disparues. Ses trois volumes de photographies, accompagnés de textes sur les « Indiens d'Amérique du Nord » et dont la publication fut très échelonnée dans le temps (1907 et 1930), ne recueillirent, quand ils parurent, qu'une attention polie. Mais l'intérêt ethnologique et écologique porté aujourd'hui au sort des Indiens fait de ces ouvrages des objets convoités.

**curule.** V. DAGOBERT.

**Cyclades.** Îles de la mer Égée disposées en cercle autour de Délos, qui, bien avant la civilisation grecque proprement dite, ont laissé un art très particulier, représenté notamment par de curieuses idoles de marbre blanc, aux formes cubiques, aux lignes abstraites stylisées à l'extrême, au visage figuré par un simple triangle occupé par un grand nez en angle droit. Ces statuettes représentent souvent des déesses mères. Elles se retrouvent parfois sur le marché des antiquités.

Christie's

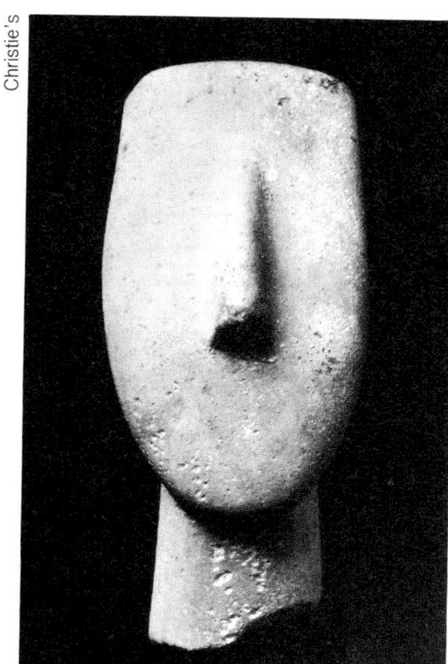

*Idole des Cyclades en marbre blanc, vers 2500 av. J.-C. (H. 19 cm.)*

**cylindre** n. m. Rouleau de cire portant l'empreinte d'un enregistrement à lecture verticale. C'est l'Américain Summer Tainter qui inventa le premier appareil permettant à la fois l'enregistrement et la reproduction du son sur cylindre, qu'il nomma « Graphophone ». La compagnie du Graphophone s'imposa par la suite sous le label « Columbia ». Il est assez rare de trouver sur le marché français des cylindres de cette marque : les rouleaux « Edison » et surtout « Pathé » ont répondu à l'intérêt croissant du public et se sont imposés auprès du public par la diffusion de catalogues aux titres nombreux. Le prix des cylindres varie avec l'interprète qui a donné sa voix à l'enregistrement. Le prix d'un cylindre en parfait état est en moyenne de 500 F, il peut largement dépasser ce prix pour des artistes célèbres telles que Sarah Bernhardt ou Yvette Guilbert.

**cylindre-sceau** n. m. En archéologie, pierre dure taillée en forme de cylindre et ornée de figures gravées. Les cylindres, découverts essentiellement en Mésopotamie, sont, après les sceaux-cachets, de très anciens témoins archéologiques des époques historiques, que peut se procurer un collectionneur, puisque certains remontent au-delà du IV^e millénaire av. J.-C.

Christie's

*Sceau cylindrique orné d'un fidèle offrant un enfant à la déesse Ishtar, portant l'inscription « Shamashaya ». Babylone, 2000-1800 av. J.-C. (L. 2,8 cm.)*

Ils sont gravés en creux d'un motif original, qui, déroulé sur une plaque d'argile fraîche, imprime en relief la marque personnelle du propriétaire. Ils représentent des scènes de chasse, des scènes de guerre, avec des chevaux, des archers, des chars, des scènes de sacrifices ou de libations, des personnages vêtus de longues robes, des capridés, des animaux fantastiques — griffons, lions ou taureaux ailés —, dont la précision de graphisme et la liberté d'attitude témoignent de la qualité de l'art de la glyptique. Cette qualité ainsi que les couleurs chatoyantes des pierres dures utilisées font des cylindres-sceaux mésopotamiens de jolis objets de collection : l'orangé de la cornaline voisine avec le bleu du lapis-lazuli, les bruns de l'obsidienne, les nuances variées des agates, des jaspes, des quartz, des aragonites, des serpentines. Ajoutons que ces objets ne sont pas extrêmement rares, et, comme ils n'intéressent qu'un nombre restreint de collectionneurs, leurs prix ne dépassent pas, sauf exception, 3 000 à 5 000 F.

**cymbales** n. f. Instrument de musique à percussion, connu dès l'Antiquité, composé de deux disques de cuivre incurvés que l'on frappe l'un contre l'autre. Les instruments de musique mécanique ne comportent qu'un seul disque, fixé en son centre et frappé par un petit marteau.

Christie's

*Daguerréotype représentant les chutes du Niagara, vers 1853, par Platt D. Babbitt.*

**Daghestan.** Province du Caucase, sur la rive ouest de la mer Caspienne, célèbre au Moyen Âge pour sa métallurgie (dinandiers, bronziers, armuriers). De cette région, on connaît sur le marché une série de grands chaudrons en bronze noir, décorés de personnages très caractéristiques, découpés en net relief.

Le nom de Daghestan est associé, à tort, à une production de céramiques connues au XVIe siècle sous le nom de *céramiques de « Koubatcha* »*. En réalité, aux XVIe et XVIIe siècles, les armuriers de ce village échangeaient leur propre production contre des céramiques fabriquées dans les provinces voisines, celles du sud-ouest de la Caspienne en particulier.

Le décor des tapis exécutés dans cette région laisse transparaître certaines influences persanes. Le champ de ces tapis est formé soit de médaillons multiples alignés, eux-mêmes garnis de rosettes, de losanges à crochets, de chameaux stylisés et de cornes de béliers (ces deux derniers motifs étant caractéristiques), soit de grandes fleurs (roses ou fleurs de lotus), d'étoiles soit encore de diagonales. Les bordures sont de type caucasien (bordure verre à vin, pointes de flèches, caractères coufiques, fleurs et étoiles stylisées). Sur les fonds rouges, bleus ou plus rarement ivoire se détachent des motifs multicolores de tonalité plutôt sombre, mais d'aspect brillant. De format généralement restreint, le Daghestan est noué au nœud turc. Le velours est en laine ; la trame et la chaîne sont en coton pour les tapis les plus récents.

**dagobert** n. m. Genre de « faudesteuil », ou siège pliant, à piétement en X évoquant le trône du roi Dagobert attribué à saint Éloi (VIIe s.). Généralement en bronze ou en fer, les dagoberts avaient l'avantage, une fois pliés, d'être faciles à transporter ; toutefois, les accotoirs étaient parfois bloqués pour soutenir un dossier vertical ; ces sièges s'apparentent au fauteuil curule des magistrats romains. On les appelle également « chaises à tenailles » ou « sedia savonarola ». Les dagoberts ont été en usage jusqu'à la Renaissance.

**dague** n. f. Arme de poing à lame plus ou moins large, généralement à deux tranchants et pourvue d'une pointe. La dague est munie d'une monture comportant une fusée et une garde — plus ou moins importante —, et possède un fourreau. Les formes qu'elle a prises au cours des siècles sont fort nombreuses. Au Moyen Âge, les dagues à rouelles, les dagues à rognons ou à couillettes ou encore les « miséricordes », ces dernières étant destinées à achever le chevalier désarçonné, sont très effilées et assez proches du stylet, qui ne possède pas de tranchant. Les dagues à oreilles — un peu plus larges — apparaissent au XV^e siècle en Espagne et à Venise ; elles sont d'origine mauresque : d'où leur second nom de « dagues à la Boabdil », Boabdil étant le dernier roi de Grenade.

Au XV^e siècle également apparaissent les « dagasses », à large lame et à pointe centrale dans le prolongement de l'arête : il en est ainsi des dagues germaniques et des « cinquedea » (« cinq doigts ») italiennes, vulgairement appelées « langues de bœuf ». Au XVI^e siècle, la nouvelle escrime à l'italienne fait naître la « main-gauche », à large lame et à forte protection de la main, car elle est utilisée avec la rapière, tenue de la main droite. La main-gauche possède souvent, à son talon, des petits trous destinés à briser la pointe de l'épée de l'adversaire. La plupart des mains-gauches sont de fabrication italienne ou espagnole (Tolède). Les dagues de combat disparaissent au XVIII^e siècle. Au XIX^e et au XX^e siècle, elles sont de nouveau utilisées pour la parade et deviennent un insigne de corps ou de fonction. Les dagues de haute époque sont très rares, et les faux abondent ainsi que les remontages, souvent exécutés sous Napoléon III, sous l'influence de Viollet-le-Duc.

**Daguerre** (Louis Jacques Mandé), photographe français (Cormeilles-en-Parisis 1789 - Bry-sur-Marne 1851). Louis Daguerre fut d'abord peintre et décorateur de théâtre. À l'instar de beaucoup d'artistes, il s'intéressa aux recherches photographiques et à l'optique. Il fut l'inventeur du spectacle du « Diorama », utilisant la chambre noire pour réaliser des tableaux changeants en trompe-l'œil. Ayant eu connaissance des travaux de Nicéphore Niepce, il insista pour s'associer avec lui. Après deux années de correspondance, Niepce, âgé et ruiné, finit par céder et signa un contrat avec Daguerre le 14 décembre 1829. Les deux hommes travaillèrent ensemble, puis, Niepce étant décédé en 1833, Daguerre poursuivit ses recherches, qui aboutirent en 1839 à la réalisation du « daguerréotype ». La contribution de Niepce à l'invention était pratiquement passée sous silence.

**daguerréotype** n. m. Procédé photographique résultant des travaux de Niepce et Daguerre. Il fut présenté à l'Académie des sciences par François Arago le 7 janvier 1839. Le daguerréotype, ainsi baptisé par Daguerre, permettait d'obtenir une seule image positive. Le support photosensible utilisé était une plaque de cuivre argentée, polie et iodurée. Le développement se faisait à la vapeur de mercure, et le fixage au sel de cuisine ou dans une solution faible d'hyposulfite de sodium.

Le daguerréotype s'imposa d'emblée dans le portrait et connut une vogue qui traversa l'Atlantique. Celle-ci se prolongea aux États-Unis jusqu'en 1860, alors qu'en France le daguerréotype appartenait déjà au passé. Des perfectionnements successifs avaient permis de réduire le temps de pose, qui était passé de 15 à moins de 2 minutes. Les daguerréotypes se présentent sous des formats variables : double-plaque (21,6 × 33 cm), plaque entière (16,5 × 21,6 cm), demi-plaque (10,8 × 16,5 cm), quart de plaque (8,2 × 10,8 cm), sixième de plaque (7 × 8,2 cm), huitième de plaque (5,4 × 8,2 cm), seizième de plaque (4 × 5,4 cm). Le sixième de plaque est le format le plus répandu. Les prix sont très variables. Les daguerréotypes « après décès » sont plus chers que les daguerréotypes ordinaires. Rares en France, ils sont plus courants aux États-Unis. Difficiles à trouver sont les daguerréotypes de paysages.

**daigou (tai-kou).** Boucle de ceinture, généralement en jade, portée par les hauts fonctionnaires chinois et qui, plus ou moins décorée, servait également d'insigne de fonction. Les daigou, de forme allongée, possédaient un crochet en forme de tête d'animal et, au revers, un gros bouton qui servait à les rendre solidaires de la ceinture. En raison de leur rareté, ce sont des objets très recherchés. L'anneau qui constituait la contrepartie du daigou, en jade ou en bronze, se nommait daihuan.

**dais** n. m. Tenture dressée au-dessus d'un trône ou d'un lit, qui, à l'origine, constituait une marque de souveraineté. Au XV^e siècle, certains « faudesteuils » étaient surtout surmontés d'un dais en bois sculpté. Dans un sens plus général, le dais est une tenture attachée à une armature fixée au-dessus d'un siège, d'un lit ou d'un catafalque.

**Dalou** (Aimé Jules), sculpteur français (Paris 1838-*id.* 1902). Élève de Carpeaux, Dalou entre à l'École des beaux-arts (1854) dans l'atelier de Duret et débute au Salon en 1867.

Ayant pris part aux événements de la Commune, il doit s'exiler huit ans à Londres, où il réalise une suite de statuettes présentant des femmes occupées à des travaux journaliers, le définissant comme un excellent sculpteur naturaliste. Rentré en France après l'amnistie de 1879, il va mettre vingt ans pour exécuter une fonte monumentale, *le Triomphe de la République.*

Grand prix de l'Exposition universelle de 1889, il projette une grande composition figurant tous les métiers, qui aurait été intitulée *la Tour de travail.* Maintes terres cuites destinées à ce dessein ont été fondues par A. A. Hébrard, Susse Frères et la manufacture de Sèvres.

Ce sont surtout les petites sculptures naturalistes de Dalou en bronze ou en terre cuite qui sont les plus recherchées des amateurs (liseuses, brodeuses). La *Brodeuse* (1870), bronze de 67 cm de haut, a été adjugée 90 000 F à Bayonne en 1981.

**Dalpayrat** (Pierre Adrien), céramiste français (Limoges 1844-*id.* 1910). Il apprend très jeune la peinture sur porcelaine, puis, maître potier itinérant (Bordeaux, Toulouse, Monte-Carlo, Limoges), il se fixe à Bourg-la-Reine (1889). Sans dédaigner complètement la faïence et la porcelaine, il se consacre aux grès, particulièrement aux grès flammés.

Les pièces fabriquées par lui sont évidemment marquées par l'influence japonisante, mais elles sont aussi très souvent ornées de fruits, d'animaux, de végétaux, de personnages, représentés avec la plus grande liberté de formes, tantôt simples, tantôt plus compliquées. S'adonnant à des expériences toujours nouvelles, le céramiste crée un émail, « le rouge Dalpayrat », profond et épais, mêlé à des jaspures vertes, bleuies et jaunâtres.

Créateur d'œuvres uniques, Dalpayrat, en compagnie d'Adèle Lesbros et de Voisin, essaie également de réaliser des grès bon marché, destinés à des acheteurs aux moyens modestes.

**damas** n. m. Tissu « façonné » (v. BROCART) qui associe l'effet brillant et l'effet mat, formés par la face chaîne et la face trame d'une même armure satin.

En armurerie, acier caractérisé par son aspect moiré comme un tissu. D'origine orientale, le nom de cet acier est impropre, car on n'a probablement jamais fabriqué ce matériau dans la ville de Damas.

Il faut distinguer deux types de damas tout à fait différents : l'un, appelé « acier Wootz » ou « acier indien », est originaire d'Hyderābād (l'aspect damassé [« jauhar »] est dû à un phénomène de cristallisation en surface) ; l'autre, appelé « acier tordu », est un damas de corroyage obtenu par forgeage de plusieurs barres d'acier et de fer de nature différente (dans ce cas les moirures sont profondes).

Les variétés de damas des deux familles sont nombreuses. Les plus beaux damas de cristallisation Wootz sont indiens et persans, particulièrement dans le Khorāsān et à Ispahan. On en distingue deux séries : les damas noirs (« Kara Khorāsān ») et les damas gris. Les plus recherchés sont dits « à échelles de Mahomet », en raison de stries bien régulières et harmonieuses. Les damas corroyés, utilisés encore récemment pour les canons de fusils de chasse, particulièrement à Paris ou à Liège, présentent une infinité de motifs différents, portant tous un nom selon leur origine : Bernard, Boston, Anglais...

En dehors de son indiscutable aspect esthétique, on attribuait autrefois au damas toutes sortes de vertus, en particulier de résistance. Le damas « Wootz » possède une très forte teneur en carbone, donnant un tranchant remarquable et redoutable : par contre, l'arme devient très cassante, ce qui explique les ébréchures fréquentes des cimeterres orientaux.

**Damas.** V. IZNIK.

**damasquine** ou **damasquinure** n. f. Le terme de « damasquine » ou de « damasquinure » — du nom de la ville de Damas — recouvre toute technique ornementale qui a pour but de fixer un métal, généralement précieux — or et argent —, sur un métal de nature différente, comme le fer ou l'acier. Les procédés de damasquine peuvent se classer en trois groupes : la damasquine par incrustation ; la damasquine au burin ; la damasquine de surface, par placage.

Pour réaliser la damasquine par incrustation profonde, on creuse d'abord aux emplacements prévus pour le dessin des canaux étroits, dans lesquels sont insérées des baguettes du métal à incruster. Les parois de ces canaux sont taillées en oblique à l'aide d'un ciselet, de telle sorte que la base soit un peu plus large que l'ouverture ; cette disposition empêche le métal introduit dans ces parties creusées de s'en dégager. On effectue l'opération d'insertion en battant le fil métallique avec un marteau jusqu'à adaptation parfaite à l'intérieur du canal. Le martelage resserre les bords de la rainure, rendant la fixation définitive.

Le second procédé, utilisant le burin, est beaucoup plus rapide ; aussi le décor ainsi obtenu a-t-il tendance à s'effacer assez rapidement. La surface du métal que l'on doit décorer est fortement striée de lignes qui s'entrecroisent de manière à former un quadrillage. Le dessin est ensuite gravé au burin (« chermia » en Orient). Puis l'ouvrier applique sur la surface le métal précieux, enroulé en fines spires sur une bobine, en le martelant soigneusement et en formant les dessins à l'aide de ses doigts. L'objet décoré est soumis à un feu modéré. Le décor est enfin soigneusement égalisé à l'abrasif, souvent une agate « mohari », et nettoyé avec du lait de chaux. Cette technique, dont il existe de nombreuses variantes (« koftgari », « tuinashas », « zarnashah »), fut introduite à Venise au XV^e siècle par des ouvriers orientaux. Les Italiens qui l'adoptèrent par la suite furent appelés « Azzimini », du mot arabe *El Agem*, signifiant « la Perse ».

Le dernier procédé, par placage superficiel — « mulana » —, est identique à celui qui s'est pratiqué en Europe du début du XVI^e siècle à la fin du XVII^e. Le métal précieux, après avoir été dissous dans une solution de mercure, est appliqué sur la surface à orner. Ensuite, la surface décorée est chauffée, puis soigneusement polie. Le principal défaut inhérent à toutes les damasquines est évident ; lorsque le métal de support (fer ou acier) s'oxyde, il fait disparaître le décor. Cette oxydation est d'ailleurs favorisée par le couple électrique produit par le contact de deux métaux différents.

Les décors damasquinés de toutes sortes sont très fréquents sur les armes blanches ou à feu aussi bien orientales qu'européennes. Ils se répandirent sur les armures de luxe et rehaussèrent l'éclat des lames d'épée et, plus tard, de sabre.

**dames** (jeu de). Jeu de combat dont le thème est la guerre. Né en Italie du Sud, ce jeu s'est diffusé de l'Afrique du Nord à l'Europe à partir du XV^e siècle. Le damier, qui possède à l'origine 64 cases (8×8), s'est agrandi à 100 cases en 1723. Ce jeu « à la polonaise » (du nom de l'origine du joueur qui inaugura ce damier) fut adopté par tous les pays, excepté l'Angleterre, qui conserva l'ancien damier. Le plateau d'un damier, particulièrement beau sur le plan esthétique, a permis aux ébénistes de soigner le décor des tables à jeux, notamment sous Louis XV et Louis XVI (oppositions d'essences d'arbres, incrustations d'ébène et d'ivoire, décor marqueté aux initiales du joueur). [V. TABLE.]

**Dammouse** (Albert), verrier français (1848-1926). Fils du sculpteur et décorateur sur porcelaine Pierre-Adolphe Dammouse, attaché à la manufacture de Sèvres, Albert Dammouse entra en 1868 à l'École nationale des beaux-arts dans l'atelier du sculpteur Jouffroy. Préférant toutefois les recherches de matière, il suit l'enseignement du céramiste Marc-Louis Solon, dit Milès, rénovateur du décor sur porcelaine, qui lui enseigne le procédé des « pâtes d'application » sous couverte, qu'il utilisera ensuite pour le verre.

Puis, à l'incitation d'Ernest Chaplet, Dammouse travaille le grès en y appliquant le nouveau courant japonisant ; à la surface du grès, il insère souvent de petites incrustations en porcelaine avec des têtes d'animaux.

En 1892, il ouvre avec son frère Édouard son propre atelier à Sèvres et poursuit ses recherches sur la matière pour obtenir ses fameuses « pâtes de verre » translucides. Vers 1904, cette technique est au point ; la pâte est alors ornée de couleurs exquises, adoptant le chromatisme cher aux impressionnistes.

Sous l'influence de Thesmar*, Dammouse tente de décorer ses pâtes de verre (1905) d'un émail cloisonné aux fils d'or. Comme ceux-ci ne sont pas malléables, il leur substitue un fin cloisonnement opaque de pâte de verre, cuite dans un moule dont il remplit les vides par une « pâte d'émail ».

*Vase de Dammouse en pâte de verre bleue. Paris, musée des Arts décoratifs.*

Cependant, la céramique Art déco n'a pas encore atteint la place qui lui revient sur le marché, et les œuvres des frères Dammouse ne sont pas encore appréciées à leur juste valeur.

**Dan.** Les Dan-Guéré — complexe de tribus — vivent dans les régions contiguës du Liberia oriental, de la Guinée et de la Côte-d'Ivoire occidentale. C'est dans un véritable labyrinthe de styles et de fonctions que conduisent les masques qui sont dus à l'influence du « Poro », société d'hommes. Le « Poro », qui n'est pas sans lien avec le « Simo » des Baga, est une société secrète aux rites masculins d'initiation et se rencontre au Liberia, en Sierra Leone, en Côte-d'Ivoire et même en haute Guinée. Ses masques les plus significatifs correspondent aux plus lointains ancêtres, qui sont plus ou moins divinisés et qui apparaissent sous différentes formes : les « maîtres du tonnerre », les « mangeurs de riz », les « devins » ou les « léopards ».

Kamer-Lelouch

*Masque dan. Galerie Hélène Kamer-Lelouch.*

D'après un mythe, le plus beau masque aurait été, de l'avis de tous, celui du premier sculpteur ; lorsque celui-ci disparut, son successeur réalisa un masque à l'usage du défunt et joua le rôle du sculpteur lors des cérémonies...

Le « ma » était un petit masque d'environ 8 ou 10 cm, véritable portrait et double d'un individu qui ne devait jamais s'en séparer. Les masques du groupe dan-guéré (rassemblant également les Kra, les Wobe, les Toma et les Guerze) peuvent se classer en trois séries, et toutes les combinaisons demeurent possibles entre celles-ci, sans, d'ailleurs, que leur diversité puisse s'expliquer par une répartition géographique. La première série comprend des portraits très idéalisés, d'une grande pureté de lignes, presque classiques : le front des visages est haut, légèrement bombé ; l'arête du nez est bien centrée ; les lèvres et les yeux sont de minces fentes. Ces délicates représentations appartiennent aux Dan.

La deuxième série groupe des masques du type « expressionniste », œuvres des Guéré-Wobe, où tous les traits ainsi que les plans du visage sont soigneusement dissociés et déformés. Le nez, les yeux, le menton forment des éléments géométriques savamment assemblés pour produire un effet surprenant et fantastique. Les yeux deviennent des cylindres. Lorsque des cornes figurent, celles-ci sont en arc de cercle et sont même reproduites deux fois, parfois comme les cylindres des yeux.

Enfin, la dernière série comporte des masques beaucoup plus simples, œuvres des Toma (ou Loma), de surface rigoureusement plane, que surmontent deux cornes et un front protubérant et d'où se détache un nez rectangulaire. Certains masques sont mâles et femelles, et portent les noms de « landa » et de « nyangbai ». Certains masques toma sont dits « échassiers », car les porteurs dansent acrobatiquement montés sur de longues perches.

**Danfrie** (les), famille de graveurs monétaires français actifs à la fin du XVIe siècle et au début du XVIIe. *Philippe Danfrie père* fut nommé tailleur général des monnaies en 1562 et cumula cette charge avec celle de graveur général des monnaies de Navarre et Béarn en 1590.

Son fils, prénommé aussi *Philippe*, reprit ses charges. Il a laissé de nombreuses médailles d'Henri IV, dont celle du sacre ; il mourut à Paris en 1604.

**dantesca** ou **sedia dantesca.** Siège italien d'époque Renaissance, dérivé du subsellium romain. Il comporte deux couples parallèles de branches en contre-courbe, reliés par un axe et portant une traverse qui forme le dossier ; une feuille de cuir tendue entre eux en constitue le fond, et ce siège est d'usage courant au début du quattrocento. Les branches sont souvent ornées sur les faces antérieures d'incrustations de nacre, d'or ou d'ivoire, dessinant des motifs simples.

Dans les anciens textes français, ce siège italien est appelé « siège à la façon de Gênes ».

**dard** n. m. Motif ornemental en forme de flèche acérée, séparant parfois deux oves.

**Dardenne** (Léon), affichiste belge (Bruxelles 1865-*id.* 1912). Considéré comme l'un des pionniers de l'affiche illustrée belge, Léon Dardenne conçut, vers 1891, ses premiers travaux. En 1892, avec Amédée Lynen, il fonda le groupe artistique l'« Essor ». Ses affiches se distinguent par leur malice et leur indépendance d'esprit.

**darique** n. m. ou f. Les deux genres s'emploient pour ce mot, mais on privilégie le masculin. Le darique désigne la monnaie d'or créée par le roi des Perses Darius le Grand (521-485 av. J.-C.). Cette pièce, d'un poids d'environ 8,40 g, représente à l'avers le Roi des Rois, en archer dans l'attitude de la course. Le type en reste invariable jusqu'à Darius III Codoman (337-330 av. J.-C.), l'adversaire malheureux d'Alexandre le Grand. Le revers des dariques est toujours un simple carré creux, empreinte d'un poinçon non gravé. Les dariques et les doubles dariques sont les composants principaux de ce fameux or qui permit aux Perses d'intervenir par la corruption dans le monde grec jusqu'aux conquêtes d'Alexandre.

J. Vinchon

*Darique en or d'Artaxerxès II Mnémon, roi perse achéménide (404-358 av. J.-C.). Sur l'avers, le roi tient un arc et une flèche ; sur le revers, carré creux allongé. Pièce adjugée 8 000 F par Mes Ader-Picard-Tajan, le 25-II-1980.*

**dation** n. f. Disposition fiscale (loi du 31 décembre 1968 ; décret du 10 novembre 1970) offerte aux contribuables détenteurs d'œuvres d'art pour acquitter leurs droits de succession. Inspirée par la législation américaine, qui stimule les donations d'œuvres d'art au profit de l'État, la dation, ou paiement en nature, évite aux particuliers de trop lourds règlements en argent et permet aux musées d'enrichir leurs collections. Les dations se réalisent à la suite d'accords bilatéraux entre les contribuables et les représentants des ministères des Finances et de la Culture.

**daubière** n. f. Récipient pour faire cuire les viandes dans un peu de liquide à feu doux sur la braise. En terre, en cuivre, en laiton, en bronze ou en fonte de fer, la daubière est un récipient profond à parois verticales, oblong ou circulaire, monté sur trois pieds et muni d'un couvercle qui emboîte le corps du récipient. Au XIXe siècle, les pieds des daubières destinées aux cuisinières disparaissent. Parfois, les parois ou les couvercles sont ornés de figures estampées ou repoussées et ciselées en bas relief.

**Daum** (les), famille de verriers français. *Jean* (Bischwiller 1825 - Nancy 1885), Alsacien émigré après 1870, s'établit à Nancy, où il reprend la direction d'une cristallerie. Il est rejoint par ses deux fils, *Auguste* (Bitche 1853 - Nancy 1909) et *Antonin* (Bitche 1864 - Nancy 1930), en 1878 par le premier, en 1890 par le second. Auguste est chargé de la gestion, Antonin, ingénieur de formation, s'occupe de la production. Jean Daum étend le champ de sa maison à la verrerie d'art ; en 1891 est créé un département d'art sous la responsabilité d'Antonin.

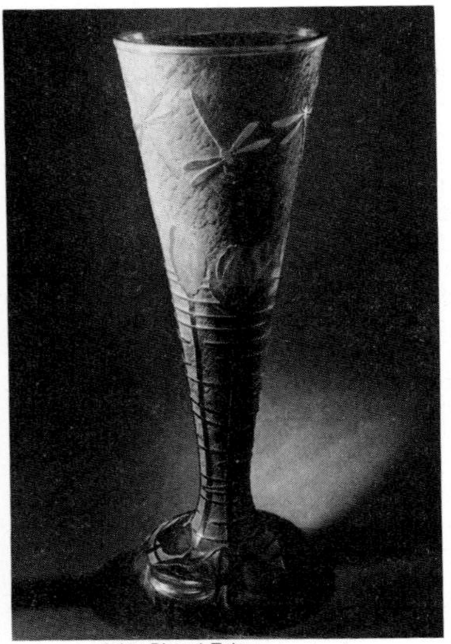

Ader-Picard-Tajan.

*Haut soliflore « Lotus et libellules » de Daum (1907). D'inspiration japonaise, ce vase évoque l'eau de l'étang légèrement agitée par le vent. Adjugé 36 000 F par Mes Ader-Picard-Tajan, à Monte-Carlo, le 17-IV-1982.*

Celui-ci subit l'ascendant d'E. Gallé, se pénétrant des conceptions de l'Art nouveau, et participe à l'Exposition de Paris de 1900, où il obtient un grand prix ; les deux frères se présentent comme maîtres verriers, et l'appellation « Verriers de Nancy » s'accompagne du nom de « Daum Frères ». Les frères Daum mettent alors en pratique tous les procédés connus de travail et de décoration du verre, les perfectionnant et en inventant même d'autres. Après la disparition prématurée de Gallé en 1904, ce sont eux qui, pour la création verrière, prennent la direction de l'école de Nancy.

Les frères Daum savent s'entourer de peintres et de décorateurs de talent : A. et J. Gruber, H. Bergé dès 1900, A. Walter, E. Gall, puis les frères Schneider collaborent à la firme.

Jusqu'en 1914, à partir de l'emploi de l'acide fluorhydrique sur les superpositions à chaud de verres colorés, la technique des frères Daum est une recherche croissante de l'objet d'ornementation dégagé de toute contingence utilitaire. En 1896-97, ceux-ci passent par une période de transition, où les primitifs côtoient encore les réalisations du nouveau style : aux fleurons, aux nielles, aux fleurs de lis succèdent clématites et tournesols. Puis c'est la période des martelés (vers 1898-1899), créant toute une chaîne de modèles qui deviennent vite des vases de luxe. L'originalité des créations vient alors de la diversité des procédés employés : motifs gravés, rehaussés de dorure et de touches d'émail, se détachant en léger relief sur fond givré ; pièces formées de couches superposées de verre coloré gravées à l'acide ; décors intercalaires*, vitrifications, incrustations et applications, très particuliers aux Daum, apportant une troisième dimension à l'ornementation de surface d'une pièce.

Au cours de la décennie 1920-1930, *Paul Daum* (1888-1944), fils d'Auguste, assure le changement esthétique. Puis *Michel Daum* (1900), fils d'Antonin, ingénieur chimiste, met au point la fabrication du cristal, dont la commande la plus prestigieuse est la fourniture des services de table du paquebot *Normandie.*

Après 1945, le verre est supplanté par le cristal : une esthétique nouvelle s'impose, tandis que la couleur disparaît complètement. Les collaborateurs sont alors J. Martin, Petitfils, Demarchi et L. Gisquet. Aujourd'hui, on observe un retour partiel à la couleur.

À partir de 1890, toutes les œuvres provenant des ateliers Daum portent des signatures ; de 1890 à 1914, la signature manuscrite est peinte en or ou gravée en creux, parfois rehaussée d'or, ou enfin en relief sur des pièces plus médiocres ; elle est généralement accompagnée du nom de Nancy et de la croix de Lorraine.

Les frères Daum ont acquis très tôt une renommée avec leurs lampes en forme de champignons ou de fleurs. Les montures sont commandées à L. Majorelle, à E. Brandt dès 1905, moins fréquemment à A. Groult. Les verreries d'inspiration naturaliste ont fortement augmenté depuis 1985. Prix record de 3 millions de F à Tōkyō par Me J. Tajan, le 27-X-1987, pour un vase à la rose de 1909. Les pièces Art déco provoquent également de fortes enchères, de 25 000 à 160 000 F en 1988.

**daumen glass.** Verre à boire allemand du XVIe siècle, sur lequel sont appliquées à plat des pastilles de verre.

**Daumier** (Honoré), peintre, lithographe et sculpteur français (Marseille 1808 - Valmondois 1879). Honoré Daumier, maître de l'estampe contemporaine, ne s'est véritablement imposé qu'après sa mort, quand fut reconnu le génie du personnage et de l'artiste. Certes, la force redoutable de son trait lui avait acquis, de son vivant, un large succès populaire, mais celui-ci allait plus au polémiste, au caricaturiste, à l'amuseur également qu'à l'artiste proprement dit.

Commencée dans *la Caricature* de Charles Philipon en 1830, la carrière de Daumier se déroule dans le cadre d'une époque riche en bouleversements sociaux et politiques, dont il campe en une vaste « comédie humaine » les protagonistes, analysant leurs comportements et leurs caractères. Aucun article ne saurait montrer avec autant d'à-propos l'odieux et le ridicule de ces députés et ministres composant le célèbre *Ventre législatif,* dessiné d'après nature en 1834. Le terrible dessin du *Massacre de la rue Transnonain* est l'expression la plus accomplie de l'art de Daumier et évoque Goya.

Républicain convaincu, Daumier, après le coup d'État de Louis Napoléon, met une sourdine à ses ardeurs d'opposant et se réfugie dans le dessin sans arrière-plan politique. Les 4 000 lithographies qu'il nous a laissées touchent à tous les aspects de la vie : concierges, propriétaires, médecins, gens de justice sont traités sans ménagement.

*Daumier*, les Amateurs d'estampes.
*Musée de Williamstown, États-Unis.*

Abondamment reproduites, ses estampes font toujours recette chez les bouquinistes, qui en offrent aux chalands d'infinis tirages. Les lithographies originales relèvent d'une autre gamme de prix, pouvant aller fort loin : 78 000 F, c'est l'enchère atteinte par *le Ventre législatif* le 17 octobre 1980 à Drouot !

Les bronzes de Daumier ont tous été fabriqués après sa mort. C'étaient à l'origine des caricatures d'argile pure, et les plus célèbres sont les 36 bustes férocement béats des membres de la Chambre ; les 22 statuettes en pied présentent les mêmes qualités satiriques, atteignant différents types sociaux : le Bourgeois, le Flâneur, le Dandy, l'Homme d'affaires, le Propriétaire foncier et le fameux Ratapoil. Ces modèles furent fondus à une trentaine d'exemplaires chacun par Rudier, Valsuani ou Siot-Decauville. Leur épiderme rugueux, leur aspect ébauché, la marque des doigts dans l'argile durent, à l'époque, surprendre le public habitué à des surfaces bien polies. En raison de leur nombre limité, les bronzes de Daumier sont assez rares sur le marché, sans être pour autant introuvables (quelques faux sont même en circulation). Les prix s'échelonnent de 40 000 à 300 000 F, selon le modèle et la qualité du tirage.

**Dautriche** (Jacques Van Oostenryk, dit), ébéniste d'origine hollandaise (? - 1778 ou 1792). Établi comme artisan libre en 1743, reçu maître en 1765, il a laissé de nombreux meubles très variés, de style Louis XV, mais surtout de style Louis XVI, tous remarquables par la qualité de la marqueterie.

**Davanne** (Louis Alphonse), photographe et chimiste français (1824-1912). Il étudia la chimie de l'image photographique et mit au point, en 1852, avec Barreswill, le procédé photolithographique de Lerebours et Lemercier. Il fit lui-même de nombreuses photographies de paysages et d'architecture.

**davenport.** Dans le mobilier anglais, petit bureau-pupitre à tiroirs latéraux, d'époque victorienne.

**David d'Angers** (Pierre Jean David, dit), sculpteur et médailleur français (Angers 1788 - Paris 1856). Célébré avec fougue par Victor Hugo (« Michel-Ange avait Rome, et David a Paris »), il tient une place à part dans l'histoire de la médaille. Auteur du fronton du Panthéon à Paris, il tenta, dans une veine toute romantique, de faire revivre l'art du portrait monétaire de la Renaissance. On lui doit ainsi la fameuse *Galerie des Contemporains,* commencée en 1827 et composée de grands médaillons en haut-relief (aujourd'hui au musée du Louvre). Parmi ces médaillons, tirés et retirés à des milliers d'exemplaires, on retiendra particulièrement les fameux portraits de Bonaparte, de Mme Récamier, de Victor Hugo, de Lamartine, de Goethe et de Schiller.

**Davrainville** (les), famille de facteurs de serinettes, d'orgues mécaniques et de jeux de flûtes à cylindre. On sait que la notoriété du fils dépasse celle du père, dont on ne connaît que les initiales J. H. du prénom. Les biographes ne sont pas plus prolixes sur la vie du fils, né le 30 août 1784. Si Hamel relève certaines dates ayant trait à la présentation et à la variété de ses travaux exceptionnels, on ne sait rien de l'homme après 1842, date à laquelle, selon C. Piere, il exerçait encore. Il était encore possible de trouver dans les salles des ventes, ces dernières années, des pièces à musique portant ce nom, quoiqu'elles soient devenues rares, en particulier à l'intérieur d'horloges ou de pendules à jeux de flûtes où se trouvent liées la technique et la musicalité.

**dé** n. m. Petit cube d'os, de bois, d'ivoire ou de terre, marqué sur ses six faces de points (un à six) et servant à jouer dans de nombreux jeux de hasard.

Dérivant à l'origine des osselets, jeu toujours pratiqué partout, le dé apparaît au Ve siècle en Inde, puis en Chine, sous une forme parallélépipédique. Le dé cubique n'a pas changé depuis l'Antiquité grecque, qui oppose le 1 au 6, le 5 au 2. Très répandus au Moyen Âge malgré les interdictions des autorités religieuses, qui y décelaient la présence de Satan, les dés n'ont cessé d'être les compagnons des jeux d'adultes et d'enfants. Les meilleurs « déciers » étaient flamands et ils exportaient leur fabrication dans toute l'Europe.

En armurerie, le dé est un mandrin de fer servant à vérifier les calibres.

En bijouterie, le dé à emboutir est une plaque mobile en bronze ou en acier supportant des cavités de différents diamètres dans lesquelles le bijoutier enfonce la feuille de métal à l'aide de bouterolles correspondantes.

Les dés de couturières, petits étuis de forme cylindrique, souvent en métal, parfois en faïence ou en porcelaine, protègent le doigt de l'aiguille qu'ils poussent. Certains sont très délicatement ouvragés et sont de plus en plus recherchés par des amateurs qui les rassemblent en d'agréables collections.

**débillarder.** Retailler une pièce de bois après un premier dégrossissage pour en tirer les parties directement utilisables par le menuisier avant de les assembler, de les sculpter et de les poncer.

**Debucourt** (Philibert Louis), peintre et graveur français (Paris 1755 - Belleville 1832). D'abord peintre, Debucourt s'orienta vers 1785 vers la gravure en couleurs, où il excella dans les chroniques de la société de son temps, à l'origine de son succès. Puis son style devint un peu répétitif. Oublié durant le XIXe siècle, Debucourt a retrouvé de nos jours un fort courant d'intérêt, dont témoignent les prix de ses nombreuses gravures.

**décalottage** n. m. En verrerie, opération qui consiste à enlever la partie du verre qui retient celui-ci à la canne*.

**Decamps** (les), famille de fabricants parisiens de jouets mécaniques et d'automates. Les membres de cette illustre famille exercèrent à la fin du XIXe siècle et au XXe. On leur doit notamment de nombreux androïdes à plusieurs mouvements, très recherchés des collectionneurs, comme la fameuse *Charmeuse de serpent,* adjugée 100 000 F à Chartres en 1972. Un *Fumeur noir,* avec musique à l'intérieur du corps, dans ses habits d'origine, s'est vendu 37 500 F à Chartres, le 7-XII-1986.

**Deccan.** Vaste région de hauts plateaux au centre de l'Inde, convoitée pour sa richesse et son luxe, et soumise en grande partie aux Grands Moghols à la fin du XVIIe siècle et tout au long du XVIIIe.

Les « écoles musulmanes » du Deccan, établies dans la région de Bijāpur et de Golconde, ont un rôle prééminent dans l'histoire de la peinture « indienne », notamment au XVIIe siècle sous la domination moghole. L'art du Deccan est encore relativement méconnu, en raison de la rareté des œuvres bien répertoriées provenant de cette province. Néanmoins, quelques spécialistes s'attachent depuis peu à mettre en évidence son style particulier et suffisamment original pour qu'on ne puisse plus le confondre avec celui des États voisins : portraits aux lignes simples et aux tonalités assourdies, habits blancs presque transparents des personnages, qui se détachent sur des fonds unis très foncés.

Mais l'influence moghole ne tarde pas à étouffer ces créations, au point que l'on ne peut différencier l'école tardive du Deccan du XVIIIe siècle (Hyderābād, Sholāpur, Poona) des écoles mogholes d'Oudh, de Lucknow et de Murshidābād. Au début du XIXe sècle, comme dans les autres régions de l'Inde, le style dit « Company School », plus ou moins européen, commence à s'imposer.

Les miniatures du XVIIe siècle, rarissimes, sont très recherchées des collectionneurs : celles du XVIIIe siècle sont mieux diffusées et plus abordables ; quant à celles du XIXe siècle, elles commencent à être appréciées.

**décentré.** Cet adjectif s'applique à une monnaie présentant le défaut de décentrage, c'est-à-dire l'absence sur le flan monétaire d'une partie de l'empreinte gravée sur le coin. Ce défaut technique peut survenir au moment de la frappe, lorsque le centre du flan n'a pas coïncidé avec le centre du coin monétaire. Il peut affecter l'avers, le revers ou les deux côtés d'une pièce ; il peut se rencontrer sur toutes les monnaies frappées au marteau, mais apparaît plus particulièrement dans certaines catégories de pièces, comme les monnaies grecques, les deniers romains (rarement les aurei), les pièces du Moyen Âge. Une pièce décentrée, même superbe, est évidemment moins appréciée qu'une pièce parfaitement centrée, et son prix s'en ressent. Le décentrage doit être toléré, sauf s'il endommage trop le type monétaire. Ainsi en est-il de la disparition de la tête d'un animal, dont seul le corps reste empreint sur la monnaie (c'est fréquemment le cas des taureaux apparaissant sur les monnaies grecques de Byzance).

**De Chirico** (Giorgio), peintre et lithographe italien (Volos, Grèce 1888 - Rome 1978). La vie active de Giorgio De Chirico se partage en deux périodes distinctes. La première place le peintre dans les rangs d'une avant-garde artistique et littéraire à laquelle il participe en introduisant une vision onirique propre et son inquiétude métaphysique. La seconde, vers 1926, consacre l'attachement de Giorgio De Chirico à l'art classique, contre les recherches contemporaines. Ses lithographies sont estimées de 5 000 à 10 000 F.

**Deck** (Joseph Théodore), céramiste et industriel français (Guebwiller 1823 - Sèvres 1891). Il fait son apprentissage de céramiste chez Hügelin, à Strasbourg, puis se fixe à Paris (1851) et fonde son propre atelier avec son frère Xavier (1856). En 1887, il est nommé administrateur de la manufacture de Sèvres.

Il cherche à fabriquer des copies exactes de pièces de civilisations anciennes : céramiques à glaçure céladon, celles d'Iznik*, de Turquie, du XVIe siècle, ainsi que des faïences hispano-moresques ; dès 1856, il expérimente l'imitation des faïences fines du XVIe siècle, dites aujourd'hui « de Saint-Porchaire ». Son but n'est pas de faire des « faux » — il signe ses pièces —, mais d'acquérir une profonde connaissance des techniques de la céramique. Deck retrouve ainsi le secret du bleu vif des céramiques persanes, appelé « bleu Deck ».

Le céramiste joue un rôle de maître d'œuvre, confiant à ses amis artistes le décor de ses œuvres : Anker, Bracquemond, Chéret, Glück, Petit, Carrier-Belleuse, Helleu, Ranvier et Reiber. Vers 1874, Deck reprend en céramique le divisionnisme des émaux cloisonnés chinois, puis produit des porcelaines et des grès inspirés des « sang-de-bœuf » chinois (v. 1880).

Merveilleux coloriste, au goût très sûr, plus remarquable pour ses prouesses techniques que pour ses emprunts aux formes céramiques du passé, Deck, « le maître souverain en céramique » selon Champfleury, a une influence indéniable sur ses élèves : Edmond Lachenal, Agnès de Furmerie, Émile Decœur et Camille Moreau-Nélaton. La production industrielle vient de sa volonté de démocratiser l'art de la céramique.

Les œuvres de Deck commencent seulement à être cotées. Un panneau en céramique, *Hallali du cerf,* s'est vendu 7 100 F à Vitry-le-François, le 23-II-1986.

**Decœur** (Émile), céramiste français (1876-1953). Il fait son apprentissage chez Edmond Lachenal, étudiant la technique de la faïence.

Admirateur de Carriès, il se dégage vite de toute influence pour s'installer à Fontenay-aux-Roses et se consacrer au grès. Après la prédominance du décor Art nouveau, ses pièces se définissent par la qualité des émaux et la pureté des formes. Artiste très exigeant et très honnête, Émile Decœur aurait détruit toutes les pièces qui le laissaient insatisfait. Ses productions, au décor très dépouillé, peuvent être rapprochées par leur

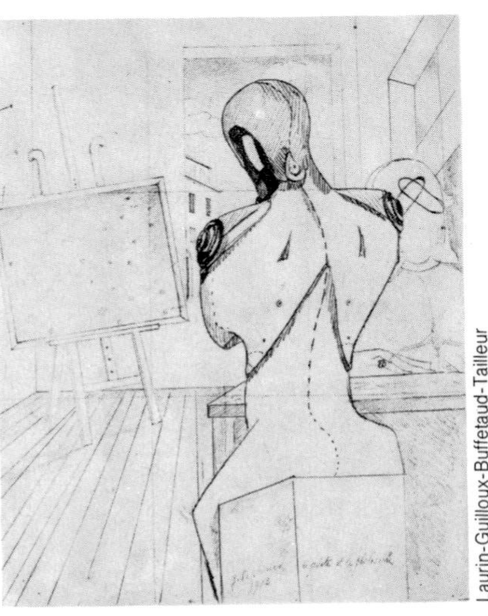

*Frontispice en héliogravure de De Chirico, ornant une édition originale d'un livre de Paul Eluard,* Défense de savoir. *Paris, Éditions surréalistes, 1935 (Drouot).*

Laurin-Guilloux-Buffetaud-Tailleur

qualité des meilleures poteries chinoises et japonaises. Vers 1927, Decœur obtient une matière plus fine et plus plastique en ajoutant du kaolin dans sa pâte à grès.

Ses pièces en grès sont souvent fort difficiles à discerner de celles en porcelaine ; néanmoins, l'ensemble de sa production prouve un sens exceptionnel de l'équilibre entre les émaux, la matière et les volumes. Pour toutes ces qualités, les pièces de Decœur commencent à être recherchées : huit porte-manteaux en céramique ont été adjugés 4300 F à Rambouillet, le 27-IX-1987.

**Décorchemont** (François Émile), céramiste, sculpteur et maître verrier français (Conches,1880 - *id.* 1971). Appartenant à une famille d'artistes, Décorchemont fait jusqu'en 1907 des peintures de chevalet ; il demeurera peintre et sculpteur pour concevoir ses pièces en verre et en céramique.

P. Renaud

*Vase de Décorchemont en pâte de verre bleu marbré. (H. 20 cm.)*

Toutefois, dès 1902, il essaie de fabriquer de la pâte de verre, qui devient sa spécialité. De retour à Conches, il ne va cesser de donner des pièces généralement signées de son nom en entier dans un cachet en forme de coquille (concha), emblème de sa ville natale.

Jusqu'en 1914, le sujet des décors est toujours la flore et la faune, car Décorchemont défend, sous l'influence de John Ruskin et des japonisants, le retour à la nature. La technique de cet artiste est plus ou moins empirique ; dans ses premières pièces, de 1903 à 1908, Décorchemont est en quête d'une matière vitrifiable, créant lui-même le verre coloré, mélangé à une gelée agglutinante de pépins de coing, qui va servir de base à la pâte, ensuite « estampée » dans un moule.

Puis, vers 1908, il se sert de la technique de la cire perdue empruntée aux bronziers, qui lui permet l'exécution de pièces souvent uniques ; il exploite alors aussi la pâte de cristal, qu'il broie ensuite avec différents oxydes pour obtenir une poudre. Il prépare lui-même ses couleurs avec savoir-faire et harmonie.

Ses pièces sont, à juste titre, très cotées, tel ce vase conique (H. 21,5 cm), en pâte de verre marbré vert et bleu, décoré de trois têtes de jeunes femmes parmi des branchages, adjugé 161 000 F (Paris, 7-XII-1981).

**dédicace** n. f. Hommage imprimé en tête d'un volume et destiné à un haut personnage en remerciement de sa contribution à l'édition du volume ou du versement d'une pension. Si, jusqu'au XVII<sup>e</sup> siècle, les dédicaces étaient intéressées, le XVIII<sup>e</sup> et le XIX<sup>e</sup> siècles libéreront les écrivains de ces sujétions.

L'exemplaire de dédicace est un exemplaire de luxe sur grand papier, souvent relié aux armes du dédicataire et offert par l'écrivain à celui-ci en remerciement de ses bienfaits.

**défense d'éléphant.** Incisive supérieure de grandes dimensions — pouvant dépasser 2 m —, de forme courbe et conique, pesant de 50 à 100 kg. La défense est constituée d'une substance osseuse blanche, dense et dure appelée *ivoire.* La base présente une chambre pulpaire, autour de laquelle sont disposées plusieurs couches d'ivoire.

Appelée *morfil* à l'état brut, la défense est sciée en billes ou débitée en plaques, qui seront ensuite sculptées. Lorsqu'il utilise des tronçons importants de défense, le sculpteur doit se soumettre à la forme courbe de la défense, à l'origine du « déhanchement » de certaines statues d'ivoire. La défense d'éléphant d'Afrique est plus recherchée que celle de son cousin d'Asie, en raison d'une plus grande finesse de grain. Des défenses sont sculptées sur toute leur longueur — notamment en Extrême-Orient — en bas ou en haut-relief de scènes de la vie profane ou religieuse. Leur valeur dépend de leur ancienneté, de la qualité de la sculpture et du nombre de sujets représentés. Une défense sculptée a été adjugée 14 000 F à Gien, le 13-IV-1986. Les défenses de grande taille avec de nombreux personnages sculptés peuvent valoir plus de 40 000 F.

**De Feure** (Joseph Van Sluijters, dit Georges), peintre et graveur d'origine hollandaise (Paris 1868 - *id.* 1943). De Feure a joué un rôle important dans la naissance de l'art décoratif. Il fit preuve d'imagination dans le domaine du meuble, de la tapisserie, des vitraux, de la porcelaine. Illustrateur de livres, il collabora au *Courrier français* et au *Boulevard.* Ses cartes postales artistiques comptent parmi celles des grands collectionneurs, la plus prestigieuse étant celle du *Cocorico.* On doit également à Georges De Feure des affiches : Fonty, Isita (1895), La Loie Fuller, « Paris-Almanach » (1894), vendues de 4 000 à 10 000 F en 1987.

*Affiche de Georges De Feure pour* Paris-Almanach. *Adjugée 2 000 dollars par Sotheby, à New York, le 12-VI-1982.*

Sotheby Parke Bernet

**Degas** (Hilaire Germain Edgar De Gas, dit), peintre, dessinateur, graveur, lithographe et sculpteur français (Paris 1834 - *id.* 1917). Élève d'Ingres, à qui il vouait un véritable culte, Edgar Degas était issu d'une famille d'aristocrates et de banquiers. Ses premières peintures, de caractère historique et de facture académique, le firent remarquer de Puvis de Chavanne. Après son voyage à La Nouvelle-Orléans, d'où il rapportera cette vision si documentaire du « bureau de coton », Degas exposera avec les impressionnistes sans pour autant se rallier à leur mouvement. Soucieux de rendre la vérité des gens et des choses sous la lumière crue d'un naturalisme, voire d'une certaine misanthropie qui sied à son caractère, il ne se laisse presque jamais aller à la rêverie.

Il pratiqua très tôt l'art de la gravure, comme l'atteste un autoportrait exécuté avec beaucoup de finesse peu de temps après son entrée à l'École des beaux-arts, alors qu'il n'avait que 21 ans. Mais le portrait est rare dans son œuvre gravé, qui comporte des nus ; les coulisses et la scène de l'Opéra où évoluaient les petits rats, le music-hall, les cabarets de Paris l'attiraient davantage. Les champs de course aussi le passionnèrent, mais ils n'apparaissent que dans ses peintures et ses dessins. Degas utilisa avec un égal bonheur l'eau-forte, la pointe sèche, l'aquatinte et la lithographie, réalisant par ces divers procédés environ 70 estampes. À celles-ci s'ajoutent entre 400 et 500 monotypes. Très exigeant envers son propre travail, l'artiste multipliait ses planches jusqu'à l'obtention de la gravure conforme au résultat souhaité. Il existe parfois jusqu'à 20 états d'une même gravure. Eaux-fortes, aquatintes ou lithographies atteignent généralement des prix élevés : par exemple, 14 000 F le 4-XI-1980 à Drouot pour l'autoportrait de 1855 (eau-forte du 3e état). Le 18-VI-1980 à Berne, chez Kornfeld und Klipstein, une lithographie de 1890 (sortie de bain, un thème cher à Degas) fut adjugée 32 000 francs suisses.

À sa mort, Degas laissait dans son atelier une centaine de statuettes modelées dans la cire ou l'argile sur les deux thèmes qui lui étaient chers : les danseuses et les chevaux. Son cas est analogue à celui de Daumier : ces statuettes ne furent coulées en bronze qu'après son décès, alors que telle n'était pas leur destination ; d'où cet aspect un peu grumeleux et inachevé, qui fait un de leurs charmes et caractérise fortement les bronzes de Degas de ceux des autres artistes de son époque.

73 statuettes exactement furent fondues en bronze à la cire perdue par A. Hébrard, chacune limitée à 20 exemplaires. Elles portent un numéro (de 1 à 72) et une lettre de A à T. Seule la *Petite Danseuse* vêtue d'un tutu de tissu véritable n'est pas numérotée. Une danseuse en bronze patiné, de 49 cm (cire perdue, fonte Hébrard), s'est vendue 906 800 F à Drouot, le 25-VI-1987.

**dégorgeoir** n. m. Sculpture d'art populaire que l'on rencontre en Alsace sous le nom de *kleiokotzer* (vomisseur de farine), le dégorgeoir est une pièce de bois peint en forme de figure humaine, fixée sur les orifices d'écoulement des coffres des meules. Le masque grimaçant (afin de repousser les puissances du Mal), la coiffure bizarrement égyptienne, les peintures évoquant les couleurs de la terre cuite, tout dans cet objet rappelle les antéfixes antiques que les Étrusques plaçaient aux corniches de leurs temples ! Très rares sur le marché, les dégorgeoirs sont conservés dans les musées, notamment à Strasbourg.

*Dégorgeoir en bois.*

Doisneau-Rapho

**dégourdi** n. m. En céramique, on appelle « cuisson de dégourdi » le premier passage au four, à faible température, d'une pièce déjà façonnée, tournée et séchée. La pièce dite « au dégourdi » est ensuite émaillée.

**déjeuner** n. m. On appelle ainsi l'ensemble des pièces de service nécessaires au petit déjeuner ; le véritable terme est d'ailleurs « service à déjeuner ». Le mot et les objets apparaissent au XVIIIe siècle, avec le thé, le chocolat et le café, qui sont au centre de ce « déjeuner ». Cet ensemble est traditionnellement de porcelaine (Meissen, Vincennes ou Sèvres), et il s'agit le plus souvent d'un « tête-à-tête » composé de deux tasses avec leurs soucoupes, du pot à lait, du sucrier et de la verseuse, le tout posé sur un plateau. Le service à déjeuner se complète parfois d'une table cabaret à plateau amovible, en acajou ou en bois laqué.

Le déjeuner, avec ou sans table, était aussi prétexte à cadeau. À côté de déjeuners de porcelaine, il en exista aussi en cristal de roche serti d'or ou de vermeil, d'un très grand prix. Ces services se sont multipliés et démocratisés au cours du XIXe siècle ; ils sont alors en porcelaine de Limoges.

**Delaherche** (Auguste), céramiste français (Goincourt 1857 - Paris 1940). Il fait ses premières expériences dans son village natal du Beauvaisis, possédant une fabrique « à l'italienne ». Attiré comme Chaplet par le grès, il achète l'atelier de la rue Blomet (1887) et constitue avec lui le groupe l'« Art du feu ». Il se livre à des recherches sur la cuisson, fabriquant des coulées d'émail comme celles des grès japonais, donnant des émaux aux tons dégradés et cuisant simultanément ses œuvres en oxydation et en réduction.

Ses pièces, d'abord décorées de végétaux avec des effets d'irisation, deviennent de plus en plus dépouillées, comme les œuvres chinoises tang et song. En 1894, Delaherche s'installe à Armentières. Il fabrique des pièces dont la pureté des formes vient de la couleur des fonds et des émaux. Cette recherche de la sobriété l'incite à créer vers 1925-1930 des porcelaines blanches monochromes gravées et ajourées qui ne sont pas sans rapport avec la céramique musulmane. À partir de 1905, Auguste Delaherche ne réalise que des exemplaires uniques, ne gardant que ceux qui répondent très précisément à ce qu'il voulait fabriquer.

**Delamarche** (Charles François), géographe français (Paris 1740 - *id.* 1817 ou 1821). Il a écrit plusieurs ouvrages, notamment *Traité de la sphère et de l'usage des globes célestes et terrestres* en 1790. Il a signé un grand nombre de globes et de sphères qui se trouvent sur le marché. Citons les 68 000 F atteints le 18-IV-1982 à Paris par un ensemble de trois sphères, l'une aux étoiles fixes, une autre armillaire et la troisième planétaire (entre 1780 et 1800).

Félix, fils de Charles François, a fait paraître un *Atlas de la géographie ancienne et du Moyen Âge et moderne* (1829).

**Delanois** (Louis), menuisier en sièges (Savignies, Oise, 1731 - Paris 1792). Reçu maître en 1761, cet artisan de talent s'est spécialisé dans la création de sièges larges et harmonieux, principalement de style Louis XV, mais, à la fin de sa carrière, il s'est adapté au style néoclassique. On lui doit notamment les chaises « à la reine », à siège circulaire et à dossier plat en médaillon, offertes par Louis XV à Mme du Barry, dont Delanois était l'un des principaux fournisseurs, en 1772 pour le pavillon de Louveciennes.

**Delannoy** (Aristide), peintre et dessinateur français (Béthune 1874 - Paris 1911). Aristide Delannoy collabora à *l'Assiette au beurre* ou *aux Hommes du jour,* dont il dessina, de 1908 à 1910, les premières pages. La vigueur polémique de ses caricatures antimilitaristes lui valut de connaître les rigueurs de la prison. On retrouve les *Hommes du jour* de Delannoy dans une série de cartes postales anciennes encore peu connue des collectionneurs.

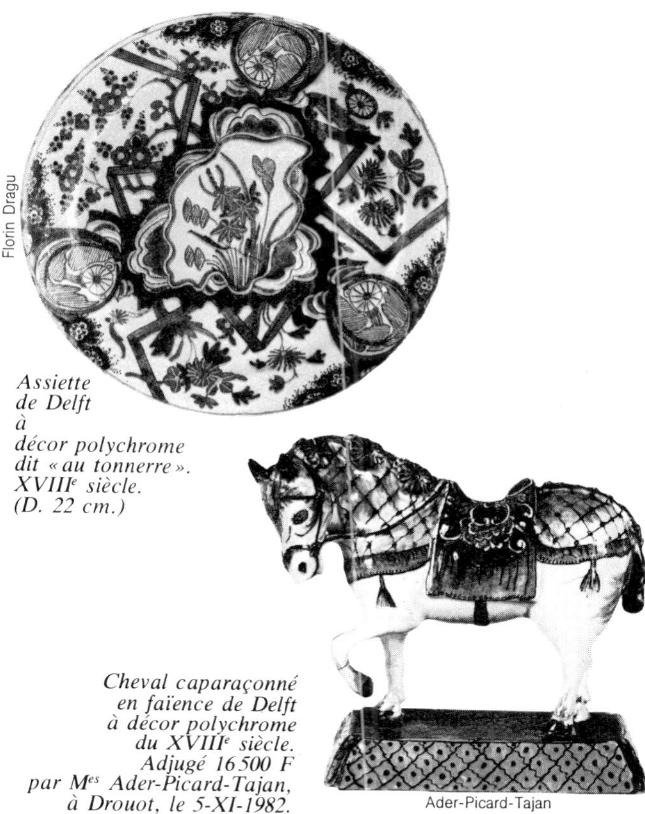

Florin Dragu

*Assiette de Delft à décor polychrome dit « au tonnerre ». XVIIIe siècle. (D. 22 cm.)*

*Cheval caparaçonné en faïence de Delft à décor polychrome du XVIIIe siècle. Adjugé 16 500 F par Mes Ader-Picard-Tajan, à Drouot, le 5-XI-1982.*

Ader-Picard-Tajan

**Delaunay** (Nicolas), orfèvre français (1646-1727). Maître en 1672, il travailla pour la Cour de 1680 à 1715, puis pour le Régent. Ses œuvres sont presque toutes finies au creuset, comme toute la grande orfèvrerie française : on conserve de lui une superbe aiguière de vermeil de 1697, dont l'anse est formée par un chien. La même année, Delaunay exécutait un grand miroir pour la toilette de l'infante Marie-Anne Victoire, fiancée de Louis XV. Vingt ans plus tôt, il avait fait un cadenas d'or pour la reine Marie-Thérèse, dont on conserve le dessin. Il fut directeur de la Monnaie à partir de 1696.

**Delaunay** (Robert), peintre français (Paris 1885 - Montpellier 1941). Pionnier de l'art abstrait, imprégné des recherches de Chevreul sur la couleur, nourri par le cubisme, il apporta lui-même à ce mouvement, auquel il n'adhéra jamais totalement, sa forte personnalité. Chez lui, le traitement de la couleur et de la lumière comme dynamique du tableau est l'une des données essentielles. La carrière de Delaunay a été marquée par la forte influence de Sonia Terk, une jeune peintre russe qu'il épousa en 1910. Les lithographies de l'artiste qui apparaissent dans les ventes publiques s'enlèvent à des prix élevés, de 10 000 à 80 000 F.

**Delft.** Le nom de « Delft » est devenu depuis trois siècles synonyme de « faïence ». Il l'évoque si irrésistiblement que les Anglais, en adoptant le mot *delftware,* lui donnent précisément le sens de « faïence », de même manière que le mot *china* signifie, dans leur langue, « porcelaine ».

Trois villes peuvent être considérées créatrices de l'art faïencier européen, tel que nous le connaissons aujourd'hui : Faenza et Paterna en Europe du Sud et Delft en Europe du Nord. Delft fut probablement, en son temps, le centre le plus important de la fabrication faïencière en Europe. Aux XVIIe et XVIIIe siècles, il n'y eut pas moins de 40 fabriques importantes dans la petite cité nordique (le A grec, le Cœur, la Hache, le Paon, la Griffe, les Trois Cloches, l'Étoile), et des milliers de pièces de toutes sortes furent produites et exportées dans les pays du monde entier.

L'essor, puis la décadence de la puissance maritime néerlandaise coïncident avec le développement de l'industrie de la céramique dans les Provinces-Unies et sont donc tous deux liés au commerce extrême-oriental des Pays-Bas du XVIIe au XIXe siècle. Ainsi, l'industrie de la faïence est née à Delft de la conjoncture économique et commerciale très favorable aux Pays-Bas pendant le XVIIe siècle. La Compagnie néerlandaise des Indes orientales (VOC) rapportait par cargaisons entières la porcelaine chinoise, très prisée des Européens fortunés. Elle la revendait avec profit. La tentation était grande pour les faïenciers hollandais d'imiter ces mystérieux produits réalisés dans l'Empire céleste. Ainsi, après les avoir copiés, les faïenciers de Delft les interprétèrent librement et créèrent de véritables chefs-d'œuvre, parfois somptueux, tels les *Delft dorés.* Le succès fut tel que toute l'Europe, à son tour, imita les réalisations de Delft. L'histoire de la céramique de Delft est donc celle d'un vaste courant culturel et artistique international de toute première importance.

Pour rechercher les origines techniques de la faïence hollandaise en général et de Delft en particulier, il faut s'orienter vers les majoliques italiennes et espagnoles des XVe et XVIe siècles. Au début du XVIe siècle, un petit nombre de potiers italiens originaires de la région d'Émilie-Romagne auraient émigré à Anvers et seraient à l'origine du développement de l'industrie de la céramique. Sous le ciel nordique, les majoliques à tendance italienne, dessinées d'une façon si lumineuse, prirent peu à peu des teintes différentes. L'atmosphère brillante et les dessins surtout religieux cédèrent la place à des motifs floraux, à des scènes maritimes et rurales, à des scènes d'intérieur et à des scènes galantes, sans oublier les thèmes d'origine orientale, qui sont aujourd'hui des pièces très recherchées par les collectionneurs d'outre-mer (Amérique du Nord, Japon).

Ainsi, les thèmes du décor rehaussant les faïences de Delft sont particulièrement nombreux et variés. Chacun d'eux forme les éléments d'une véritable grammaire ornementale. Ces différents motifs peuvent se grouper par catégorie : personnages, scènes animées et religieuses, animaux, oiseaux, sujets mythiques, paysages ruraux, paysages citadins, marines, arbres, fleurs, feuillages et fruits, symboles, sujets de chasse, de pêche et de vie animalière sauvage, emblèmes politiques, armoiries, monogrammes, lambrequins, rocailles, enfin jeux de cartes ou motifs littéraires. La liste des motifs et des formes (plats, assiettes, panneaux, vases, tulipières, pots à tabac, pièces de vaisselle de tout genre, etc.) est impressionnante; cependant, les pièces les plus typiques sont certainement les garnitures (potiches et cornets) qui ornaient les armoires des maisons bourgeoises des Pays-Bas.

Tandis que la nomenclature des marques des fabriques de Delft est importante et précise, les pièces les plus recherchées sont signées par les initiales ou les marques des artistes (Samuel Van Eenhoorn, Adriaen Kocks, Jan Theunis Dextra, Johan Herman Frerkingh, Dirk Van Scie), quoique de belles pièces ne portent quelquefois aucune marque ou signature.

Delft a aujourd'hui le marché le plus large de toutes les faïences et porcelaines du monde. L'intérêt pour la faïence de Delft tient à sa variété : tandis que les Delft prestigieux (manganèses, dorés, polychromes ou bleu-blanc) se vendent aussi bien à Paris qu'à Lille, New York, Londres, Johannesburg, Francfort, Bruxelles ou Tōkyō, le modeste collectionneur et même le nouvel amateur peuvent trouver encore des pièces très attrayantes, du genre « boerendelft » (Delft paysan), à motifs très modernes et stylisés, et à des prix assez abordables dans les petites ventes ou chez les antiquaires de Milan, de Marseille, d'Édimbourg, du Cap ou de Rotterdam.

*Delftware.* V. LONDRES.

**Delorme** (Adrien), ébéniste français. Fils de François Faizelot, lui-même ébéniste de talent, frère de Jean-Louis et d'Alexis, Delorme s'est attribué ce nom (et son estampille ne comporte pas de prénom). Reçu maître en 1748, il s'est distingué par la netteté du dessin et par une grande perfection d'exécution. Les commodes Louis XV et transition Louis XVI sont remarquables par leur marqueterie et la richesse de leurs bronzes. Les modèles en laque de Chine sont particulièrement réussis.

*Secrétaire de dame en placage de bois de rose marqueté, montants à pans coupés, pieds cambrés et dessus de marbre, portant l'estampille de Delorme. Époque Louis XV. Adjugé 58000 F par Mes Ader-Picard-Tajan, à Drouot, le 15-VI-1982.*

Ader-Picard-Tajan

**Delure.** Fabricant d'instruments de précision, actif à Paris vers 1720, il est l'auteur de cadrans* solaires de poche. Il s'est spécialisé dans les hausses de canon et les anneaux* astronomiques. Ses instruments, de bonne facture, sont assez recherchés. Ainsi, un cadran solaire de type Butterfield en laiton a été adjugé 8000 F à Cannes le 14-II-1981.

*Boussole en laiton gravé, au couvercle ajouré formant cadran solaire, signée de Delure, à Paris. Début du XVIIIe siècle. (89 × 86 mm.)*

Ader-Picard-Tajan

**Delusse** (Jacques), facteur d'instruments et maître luthier du XVIIIe siècle. Il construisit des instruments à vent. Outre des flûtes, des hautbois, des flageolets, le Conservatoire de Paris possède de lui des instruments curieux, tels qu'une basse de flûte traversière, un basson soprano, une contrebasse de hautbois et des flageolets diapasons. Les instruments de ce facteur sont aussi rares que recherchés par les inconditionnels de la « musique » sur instruments baroques.

**Demachy** (Robert), photographe français (1859-1936). Chef de file, avec le commandant Puyo, du mouvement pictorialiste, Robert Demachy s'appliqua à traiter ses tirages de façon à obtenir une interprétation artistique et picturale très personnalisée : intervention de la gomme bichromatée, de l'ozotypie, du report. En cela, il s'opposa aux puristes de la photographie.

**Demarteau** (Gilles), dessinateur et graveur français (Liège 1729 - Paris 1776). D'abord graveur sur métaux et auteur de planches d'ornements d'armurerie, Gilles Demarteau doit une grande part de sa renommée au perfectionnement qu'il apporta à l'invention du graveur Jean-Charles François, consistant à donner à l'estampe l'aspect d'un dessin à la sanguine. Ce procédé fut appelé « gravure en manière de crayon ». Environ 700 pièces en fac-similé ont été exécutées d'après des dessins de Boucher et de nombreux autres artistes. *L'Éducation de l'amour,* d'après Boucher, s'est vendu 9000 F à Drouot, le 4-VI-1986.

**Demay** (Jean-Baptiste Bernard), menuisier français (1759-1848). Reçu maître en 1784, à 25 ans, il a été l'un des meilleurs chaisiers de la fin du XVIIIe siècle et a créé de nombreux modèles en acajou, en noyer et en ébène, souvent d'un dessin original. Il a utilisé l'estampille J. B. B. Demay jusqu'en 1789, puis, sur deux lignes, « DEMAY. Rue de Cléry ». Il a travaillé pour le Petit Trianon sur commande de Marie-Antoinette, puis sous le Directoire, le Consulat et l'Empire, adaptant son savoir-faire aux goûts à la mode.

**demi-cercle** n. m. Il permet au navigateur de prendre la hauteur des astres de la même façon que le quartier* anglais. Constitué d'un demi-disque avec deux pinnules fixes diamétralement opposées et une troisième mobile, il est assez peu répandu, mais est surtout l'ancêtre du graphomètre*.

**demi-coque** n. f. Compromis entre la maquette en volume et le portrait de bateau peint. Sur un panneau de bois préalablement décoré d'un ciel légèrement nuageux, d'un paysage de port avec jetée, phare, maisonnettes, d'une mer clapoteuse et moutonneuse de plâtre ou de papier mâché, l'artisan (souvent un matelot) colle une demi-coque de bois plein ; il cloue ensuite les mâts avec leurs vergues, qu'il garnit de leurs voiles et pavillons, exécutés en papier collé.

À côté de ces demi-coques de matelots, qui présentent la même naïveté que les maquettes en volume, il existe des demi-coques de chantier, en bordés, qui n'ont, toutefois, pas la même valeur décorative que les maquettes d'arsenal (v. MAQUETTE).

**demi-cristal** n. m. Mis au point par Fontenay en 1833, le demi-cristal fut fabriqué en France et en Belgique pour concurrencer le cristal : il contient un taux d'oxyde de plomb (15 p. 100) inférieur à celui du cristal ; il est donc moins lourd, peu fusible, et sa sonorité est semblable à celle du verre de Bohême.

**demoiselle** n. f. Terme gracieusement évocateur qui désigne, dans la région d'Avignon, la carafe à eau en terre vernissée (verte ou parfois brune, rehaussée de beige et d'ocre), au long col, à l'anse souvent torsadée.

**déneral** n. m. Poids étalon utilisé notamment au Moyen Âge pour vérifier la conformité pondérale des monnaies. Les déneraux, ou poids monétaires, furent très utilisés par les changeurs et les commerçants à une époque où les monnaies étaient souvent rognées : ils étaient généralement fabriqués en bronze à un diamètre inférieur à celui de la pièce dont ils représentaient le poids. Une de leurs faces était ornée d'un des types monétaires de la pièce correspondante. Il existe des poids monétaires antiques, notamment byzantins, qui sont très recherchés par les collectionneurs. On notera aussi l'existence de poids monétaires en verre dans certaines régions islamiques.

**denier** n. m. Nom donné à une monnaie d'argent romaine et, par la suite, à un très grand nombre d'autres monnaies.

Le denier romain (« denarius ») fut créé vers 187 av. J.-C. et fut l'unité monétaire la plus courante de la République, dont le monnayage reposait surtout sur la frappe de l'argent. Il fut repris sous l'Empire et fut prépondérant jusqu'au règne de Caracalla (198-217 apr. J.-C.), qui institua un double denier, l'antoninien*. Par la suite, deniers et antoniniens furent émis concurremment jusque vers 250 environ, date après laquelle l'antoninien subsista seul.

Les deniers de la République, ou deniers « consulaires », et les deniers de l'Empire sont à la base de nombreuses collections : les amateurs apprécient dans les premiers la variété des scènes ornant les revers et dans les seconds la possibilité de constituer une galerie de portraits des empereurs et des impératrices. En 1982, les prix de ces deniers, en état TTB, s'échelonnent entre 500 et 1 500 F pour les pièces courantes, tandis que les monnaies rares peuvent atteindre plusieurs milliers, voire plusieurs dizaines de milliers de francs (vente Nicolas, Drouot, mars 1982, deniers de Clodius Macer à 65 000 et 73 000 F).

Le nom de « denier » se retrouve dans la numismatique

*Denier d'argent de la République romaine (56 av. J.-C.). Avers : tête de Diane. Revers : devant Sulla* (felix), *Bocchus, roi de Mauritanie, tend une branche d'olivier ; derrière lui, Jugurtha captif. Paris, Bibliothèque nationale.*

*Denier d'argent de la République romaine (44 av. J.-C.). Avers : tête laurée de Jules César. Revers : Junon debout dans un bige. Paris, Bibliothèque nationale.*

*Denier d'argent de la République romaine (112 av. J.-C.). Avers : la déesse Rome casquée porte un javelot et un bouclier. Revers : vote de citoyens romains. Paris, Bibliothèque nationale.*

française pour le monnayage d'argent mérovingien et carolingien, dont le denier constitue pratiquement la seule espèce.

Les deniers carolingiens sont de minces pièces pesant environ 1,5 g et d'un diamètre d'environ 20 mm.

Sous les Capétiens, le denier continue d'être frappé tant par le roi que par les seigneurs (deniers féodaux). Philippe Auguste institue le double système pondéral des deniers « parisis » (1,22 g) et « tournois » (1,16 g), qui subsiste jusqu'à Charles V, époque à laquelle le denier parisis sera abandonné. Les deniers ont été d'abord frappés en argent bas titre, ou billon ; ils vont voir peu à peu leur pourcentage de métal fin diminuer jusqu'à ce qu'Henri III inaugure les premiers deniers tournois et doubles tournois en cuivre. Ces monnaies de cuivre seront frappées sans interruption jusqu'en 1719, année de la création du sol de cuivre (avec ses deux divisions, le demi-sol et le liard). Depuis, aucune *monnaie d'espèce* ne porte le nom de « denier ».

Par contre, le denier en tant que nom de *monnaie de compte* est resté immuablement, dans le système de la livre de Charlemagne, la 240e partie de cette livre (1 livre = 20 sols de 12 deniers chacun).

Enfin, l'expression particulière « denier de fin », ou « denier de loi », employée sous l'Ancien Régime, indique le titre de l'argent métal, tout comme le nombre de carats donne le titre de l'or métal. L'argent pur était à 12 deniers de fin, alors que l'or pur était à 24 carats de fin.

**Denis** (Maurice), peintre et graveur français (Granville 1870 - Paris 1943). Maurice Denis fut élève d'abord de l'académie Julian, puis de l'École nationale des beaux-arts. Il fut l'un des fondateurs du mouvement nabi, dont il formula les théories esthétiques, préconisant un retour « à la sensation primitive » et à la simplicité. Au milieu d'une création picturale abondante s'insèrent des compositions décoratives, des illustrations de livres, des lithographies recherchées des amateurs ainsi que des affiches et quelques rares cartes postales.

Maurice Denis a participé au concours Byrrh, dont sa carte est l'un des plus beaux exemplaires.

**Denizot** (Pierre), ébéniste français en meubles à marqueteries géométriques. Il fut reçu maître en 1740.

**dent-de-loup** n. f. Appelé aussi dent-de-scie, ce motif ornemental est fréquemment employé dans le répertoire décoratif de l'art roman, sur les corniches, les bandeaux ou les tailloirs, ainsi que dans l'art populaire, principalement sur les objets de bois.

**dentelle** n. f. Tissu décoratif destiné à la parure, dont il existe plusieurs modes de fabrication.

*Dentellière bretonne travaillant le point d'Irlande, assise à côté d'une jeune femme en toilette de cérémonie.*

Roger-Viollet

La *dentelle à l'aiguille,* la plus ancienne (XVe s.), procède directement de la broderie. Elle s'exécute au fil de lin blanc. Le fond et les ornements sont entièrement faits à la main. La dentelle de Venise* en est la principale illustration et a donné naissance à d'autres dentelles : les points d'Alençon*, d'Argentan*, de Bruxelles, le point Colbert, le point* de France. Avant la Renaissance, la dentelle à l'aiguille est faite sous forme de bande avec un décor simple. Au XVIe siècle, la mode des fraises et des manchettes contribue au développement de la dentelle, et Venise acquiert une grande renommée. Sous Louis XIV, Colbert fait venir une trentaine de dentellières de Venise pour créer des centres de fabrication en France et arrêter l'importation de dentelles étrangères. La manufacture générale est installée en 1660 à Alençon, et toutes les dentelles fabriquées portent le nom de « point de France ».

La *dentelle aux fuseaux* se travaille sur un métier appelé « carreau » ou « coussin », à l'aide de fils enroulés sur des fuseaux qui s'enchevêtrent pour former le dessin sous l'impulsion de la dentellière. Elle peut être en fil, en lin, en soie et même en couleurs. Les principales dentelles aux fuseaux sont la dentelle de Chantilly noire ou blanche, la dentelle « blonde », la dentelle de Valenciennes*, les points de Paris, de Malines, de Gênes, des Flandres, de Bruges* et du Puy*. Comme celle à l'aiguille, la dentelle aux fuseaux naquit dans le nord de l'Italie, notamment à Milan. Colbert fit aussi appel à la main-d'œuvre étrangère pour la développer en France, en particulier en Auvergne, et principalement au Puy, qui avait déjà une bonne réputation dès le XVIIe siècle.

La *dentelle à la maille* peut être faite au crochet ou au tricot. La dentelle d'Irlande*, fine ou grosse, est une véritable dentelle au crochet.

La *dentelle à la navette* se fait avec un cordonnet fin et s'exécute sur les doigts avec une ou deux navettes. Elle porte le nom de « frivolité* » et se présente sous forme de bouclettes picotées.

Les premiers essais de *dentelles mécaniques* eurent lieu à Notthingham en 1768, puis à Lyon en 1824, mais le procédé mécanique n'a été vraiment perfectionné qu'en 1881.

Le marché de la dentelle était florissant au XVIIe et au XVIIIe siècle. Les nobles comme les paysans portaient des dentelles. Chaque costume régional possède sa dentelle : la coiffe ou le bonnet, le châle et le tablier. On employait par exemple le point d'Alençon pour les riches toilettes de jour, le point de Valenciennes pour la nuit, les points d'Argentan et d'Alençon pour l'hiver, et le point d'Angleterre pour l'été. Par son prix, la dentelle mécanique a remplacé dans la vie courante le travail artisanal, qui était en voie de disparition au début du siècle. Avec l'aide du gouvernement et le développement du tourisme, les grands centres dentelliers, comme Valenciennes, Alençon ou Le Puy, ont retrouvé une activité et des écoles de formation. On peut admirer au musée des Arts décoratifs de Paris, au musée Crozatier du Puy, au musée de Bayeux, à celui de Calais ainsi qu'au musée d'Ozé d'Alençon de belles collections de dentelles. Élément de décoration, la dentelle fait souvent partie du vêtement ou du linge. Délicate, elle n'était guère protégée des lavages et de l'empesage ; sa conservation est difficile, car elle jaunit et devient fragile avec le temps. Il n'est pas toujours facile de distinguer la dentelle à la main de la dentelle mécanique quand cette dernière est de qualité.

**dentelle** (à). La reliure à dentelle présente un large décor doré, exécuté à l'imitation de la dentelle, en encadrement sur les plats des volumes, à l'aide de fers larges ou d'une plaque. Les plus belles reliures à dentelle, qui évoquent plutôt la broderie ou la ferronnerie, ont été exécutées au XVIIIe siècle (dent.).

*Mémoires historiques sur Raoul de Coucy (1781). Exemplaire imprimé sur vélin, reliure à dentelle. Adjugé 28 000 F par Mes Ader-Picard-Tajan, le 18-VI-1980.*

Ader-Picard-Tajan

**denticules** n. m. pl. Ornement architectural, composé de découpes rectangulaires entaillées dans les corniches. Ce motif est repris dans l'ameublement aux époques qui s'inspirent du répertoire décoratif gréco-romain, notamment à la Renaissance et sous Louis XVI.

**dépouille** n. f. En terme de bronzier, opération qui consiste à dégager le bronze durci et refroidi de son moule d'argile ou de sable.

**Derain** (André), peintre, graveur et sculpteur français (Chatou 1880 - Garches 1954). Tournant le dos à la profession d'ingénieur civil à laquelle le destinaient ses parents, André Derain entreprit une carrière de peintre à Chatou, sur les bords de la Seine, en compagnie de son ami Vlaminck. Son œuvre emprunte une partie de ses sujets à l'art du spectacle. Dès le début du siècle, Derain s'adonna à l'estampe, notamment à l'eau-forte et à la gravure sur bois. Il illustra de 31 gravures sur bois, en 1909, *l'Enchanteur pourrissant* de Guillaume Apollinaire, son premier ouvrage, tiré à 106 exemplaires par Kahnweiler. L'un de ceux-ci, le 18-VI-1980, a été adjugé 14 500 francs suisses chez Kornfeld und Klipstein à Berne. Ses gravures sur bois ou à l'eau-forte sont assez rares en salle des ventes et peuvent dépasser 50 000 F.

**Derbent.** Dans ce port du Daghestan (Caucase) sont produits des tapis dont le décor se compose généralement, sauf pour les tapis de prière, de deux ou trois médaillons en losange dans lesquels figure un motif géométrique rayonnant. Le reste du champ est parsemé de petits motifs géométriques souvent bordés de crochets, de botehs stylisés et de rosettes étoilées. Les bordures reprennent les motifs traditionnels du Caucase (étoiles, pointes de flèches, triangles, etc.). Les couleurs — bleu, rouge, vert, jaune et blanc — apparaissent lumineuses grâce à la qualité de la laine. Le velours est de hauteur moyenne. La chaîne et la trame sont en coton, parfois en laine ou en poils de chèvre pour les tapis les plus anciens. Le nœud turc est tissé relativement serré et donne au Derbent une très belle tenue.

**Derby.** Les manufactures anglaises de porcelaine les plus connues sont celles de Bow et de Chelsea, qui ont fusionné vers 1765 avec Derby, Worcester et Wedgwood. La manufacture de Derby fut fondée en 1750 par un porcelainier nommé Dewsbury. À la fermeture des manufactures de Chelsea et de Bow (1765-1770), Dewsbury racheta les moules et les modèles de ces usines ; c'est à cette date que s'établit la réputation de la manufacture de porcelaine tendre de Derby et que la fabrication devient très soignée et raffinée. Cette manufacture est aujourd'hui surtout connue pour ses petites statuettes et figurines de belle finition, très recherchées sur les marchés de Londres et de New York. Les marques de Derby sont une ancre couronnée, un D relié à une ancre ou le nom de Derby en lettres calligraphiques.

Derby a surtout été influencé par Meissen et le Japon (« japonaiseries »). Parallèlement à une production très courante (la quantité d'œuvres réalisées est ahurissante), Derby poursuivait une production de qualité, avec de charmantes figurines de personnages, d'oiseaux, etc., des vases et des services à thé fins à motifs floraux et à coloration dorée (1765-1820). Rappelons enfin ici ces belles figurines à personnages de la commedia dell'arte — faites à Derby comme à Chelsea vers 1760 —, qui rappellent les meilleures pièces de Capodimonte, de Doccia, de Meissen et de Sèvres.

**Deringer** (Henry), armurier américain. Descendant d'une famille d'armuriers, il créa vers 1825 un petit pistolet de poche à percussion caractérisé par des dimensions réduites, un court canon rayé et un fort calibre : entre 40 et 48 (de 10 à 12,2 mm). Cette arme rencontra un vif succès et fut bientôt copiée par d'autres armuriers, qui signaient leur production « Derringer » (avec deux r). Le nom du créateur de l'arme désigna alors l'arme elle-même. Par son calibre et ses exploits, le « derringer » méritait bien le surnom de « the death in the pocket » (la mort en poche) ! En 1865, Booth tire, dans une loge de théâtre, sur le président Abraham Lincoln avec un « derringer » de calibre 44 et le blesse mortellement.

Rapidement, tous les grands de l'industrie armurière américaine vont s'emparer de l'idée d'Henry Deringer : Christian Sharps (brevet de 1859) avec un pistolet à quatre canons à percuteur rotatif, Colt, vers 1870, avec le « national derringer » ou le « colt Peace maker, 1874 », Remington avec le célèbre « double derringer », au calibre 41, d'après le brevet Elliott de 1865, enfin Reid, avec le « knuckler » (« coup-de-poing ») nommé ironiquement « my friend »...

Les derringers sont très appréciés des collectionneurs d'armes dites « western » : aussi les prix sont-ils soutenus pour des armes que l'on trouve en nombre important sur le marché (il ne faut pas oublier que le « double derringer » de Remington fut fabriqué jusqu'en 1935...).

**Derôme** (les), célèbre famille de relieurs français du XVIII$^{e}$ siècle. *Jacques-Antoine* (1696-1760) s'illustra par des reliures mosaïquées. Son fils *Nicolas Denis,* dit Derôme le Jeune (1731-1788), est connu par ses reliures à dentelle et par son fer « à l'oiseau ». Vers 1780, il renouvela ses fers et utilisa des décors à la roulette, caractéristiques des reliures exécutées sous le règne de Louis XVI.

**Deruta.** D'après toutes les indications historiques, la production des majoliques à Deruta, près de Pérouse, remonte au troisième quart du XV$^{e}$ siècle, et le fondateur de la fabrique serait un certain Antonio di Duccio. Toutefois, nous connaissons avec certitude une pièce marquée qui doit remonter à 1525. L'application de reflets mordorés jaunâtres sur les pièces les plus belles de Deruta les a fait confondre pour longtemps avec la production de Pesaro ; aujourd'hui, la production de Deruta — des polychromes à décoration inspirée par la Renaissance, à motifs géométriques et à feuilles très caractéristiques — ne peut être confondue ni avec celle de Pesaro ni avec celle de Gubbio. Les beaux plats d'apparat et les majoliques polychromes de style « a compendiario » atteignent, quand ils sont présentés sur le marché, des prix très élevés, aussi bien à Rome qu'à Paris.

*Albarello en faïence de Deruta peint d'un portrait en bleu, ocre et turquoise. Vers 1520-1525. (H. 22,8 cm.)*

Christie's

**design** n. m. Abréviation de l'expression américaine « industrial design », qualifiant toute création d'ameublement ou de décoration intérieure réalisée de façon industrielle et standard ; comme le mot français « dessein» (projet), le design a pour origine la Grande-Bretagne. Dès 1849, sir Henry Cole (1808-1882) fonde le *Journal of Design* pour examiner les problèmes liés au machinisme. Puis la philosophie utilitariste de Stuart Mill, les tentatives de William Morris, le mouvement Arts and Crafts aboutissent à l'épuration fonctionnelle de l'objet, concrétisée par l'Exposition des arts décoratifs (Paris, 1925). Les meubles créés au Bauhaus par Mies van der Rohe et Marcel Breuer (1920-1925) sont conçus déjà selon une esthétique industrielle; d'ailleurs, en 1944, le Bauhaus, intégré à l'Institute of Technology (Illinois), prend le nom d'Institute of Design. Le mouvement se développe alors aux États-Unis, notamment sous l'influence des Knoll, qui propagent les «design centers» d'abord sur le continent américain, puis dans le monde entier (Paris, 1969).

Préconisant l'emploi des matières plastiques, le design est caractérisé par la recherche d'un fonctionnalisme puisant son inspiration dans la simplicité de la machine.

**Despret** (Georges), industriel et verrier français (1862-1952). Descendant d'une famille notable de maîtres de forge, Despret devient en 1884 directeur des Glaceries de Jeumont.

Mais, s'il sait être homme d'affaires, il est aussi un artiste qui, de 1890 à 1900 environ, cherche, parallèlement aux travaux de H. Cros, à obtenir de la «pâte de verre». Très influencé par le japonisme, il décore ses pièces librement et de façon asymétrique; il s'inspire aussi de la flore et de la faune. À la différence de Cros, il obtient de véritables sculptures de verre et tente même, par les effets de matière, de reproduire aussi fidèlement que possible le marbre ou le bronze. Dans certaines pièces, l'usage spécial de poudres de verre colorées, intercalées ou apposées en surface, donne l'impression du grès.

Après le japonisme et le style floral, Despret adapte le décor de ses pâtes de verre au goût du jour (v. 1925). Il signe, en toutes lettres en or ou en bleu, de son nom, parfois accompagné d'un numéro ou d'un monogramme.

**desserte** n. f. Mot apparu au XIX^e^ siècle pour désigner un meuble de salle à manger à tablettes superposées, destinées à poser les plats retirés de la table pendant un service. Certaines dessertes d'époque Napoléon III sont flanquées de colonnes ou soutenues par des statuettes sculptées.

*Dressoir à gradins et à dosseret ouvrant à deux vantaux, en noyer sculpté. Alsace, XVII^e siècle. (2,04 × 1,40 × 0,60.) Adjugé par M^es Ader-Picard-Tajan, à Drouot, le 24-IX-1982.*

Ader-Picard-Tajan

**dessus-de-porte** n. m. Assemblage de boiseries formant un cadre au-dessus d'une porte et comportant un panneau peint (ou plus rarement une tapisserie).

**Desvres.** En 1732, une fabrique de faïence a été fondée à Desvres (Pas-de-Calais) par Dupré Poulain, et, en 1764, une deuxième fabrique a été créée par Jean François Sta. Ces manufactures ont réalisé des faïences communes, que l'on peut confondre très facilement avec toutes ces pièces variées et disparates attribuées généralement à des petites manufactures du nord de la France, de Belgique, d'Angleterre («delftware») et des Pays-Bas («boerendelft»), ainsi qu'à Vron et même à Hesdin, cette manufacture dont on ne connaît pas l'origine (Hesdin serait d'ailleurs la fabrique qui aurait produit ces pièces décorées de guerriers et de cavaliers lourds, mais qui sont plus probablement d'origine anglaise).

**détective** n. m. Appareil photographique apparu dans les dernières années du XIX^e siècle, et qui se présente sous la forme d'une boîte (box) très simple. La plupart des modèles utilisent des plaques 9 × 12 cm. Le détective ne doit pas être confondu avec les appareils bénéficiant d'un système de camouflage permettant les prises de vue avec le maximum de discrétion : photo-montre, photo-cravate, photo-plastron, photo-briquet, photo-paquet de cigarettes, photo-stylo, photo-jumelles, appelé aussi «physiographe».

**diabolo** n. m. Ce jeu de plein air, qui requiert une grande habileté, était déjà connu des Grecs. Il disparaît en Europe pour être redécouvert en Chine. Au XVIII^e siècle, le diabolo, ou «diable», connaît une grande vogue en France comme en Angleterre chez les adultes ! Le XIX^e siècle l'ignore, mais ce jeu «diabolique» réapparaît vers 1905-1910 sur les plages et dans les jardins, où il amuse momentanément enfants européens et américains. Les diabolos du XVIII^e siècle, en bois tourné, aux poignées élégantes, sont recherchés des amateurs de jeux anciens.

**diadème** n. m. Parure de tête qui enserre le crâne d'une oreille à l'autre. Le diadème fut un des bijoux classiques des civilisations antiques; il figure dans les tombeaux des reines et des princesses, dans ceux des prêtresses (ainsi le lourd diadème d'or de l'inconnue de Vix). À Drouot s'est récemment vendu un diadème parthe formé de fleurs de céramique blanche et de feuilles en lamelles d'or, d'une esthétique très moderne.

Le diadème n'est plus guère porté dans nos civilisations occidentales. Il est remplacé généralement par des ornements de tête, des perles et des pierres mêlées à la coiffure. Même les souveraines sont rarement représentées avec un vrai diadème. Le diadème, en revanche, fut très en vogue après la Révolution, dans les chignons à la grecque des femmes du Directoire et de l'Empire : il est semi-circulaire et porté très bas sur le front. Selon l'heure du jour et les circonstances, le diadème est un simple bandeau d'or (ou de vermeil) et de perles, de pierres semi-précieuses, ou un lourd travail d'orfèvrerie et de joaillerie. Le diadème Empire est l'élément principal d'une parure complète, comprenant un peigne, un grand collier, une paire de bracelets, des pendants d'oreilles et une ceinture. Le diadème continua de se porter au XIX^e siècle, uniquement comme bijou de soirée ou de cérémonie.

**diamant** n. m. La plus précieuse des gemmes et aussi la plus dure. Son nom lui vient du grec *adamas* («que l'on ne peut briser»). Le diamant est une cristallisation du carbone; sa densité est de 3,5. Brut, il se présente comme un octaèdre plus ou moins régulier. Les diamants les plus connus et les plus appréciés sont les diamants blancs ou légèrement bleutés, mais il existe aussi des diamants jaunes, roses ou bleus.

Le diamant était connu en Inde dès le IIe millénaire av. J.-C. Les Grecs et les Romains l'ont aussi apprécié, bien qu'ils n'aient pas su le tailler ni le polir. L'art de tailler le diamant pour tirer de lui le maximum d'éclat ne remonte guère, en effet, qu'aux XIVe-XVe siècles. À cette époque, les lapidaires taillaient le diamant « en table », suivant ses facettes naturelles : on tronque la pyramide supérieure au tiers de sa hauteur, et on polit les quatre facettes de la couronne et celles de la culasse. Vers la fin du XVe siècle, un diamantaire eut l'idée de couper les quatre angles de la couronne, ce qui donne huit facettes d'entourage, le même procédé étant appliqué à la culasse. Cette innovation peut être considérée comme l'invention de la taille « brillant ». On améliora ensuite le procédé par une taille 16/16 et enfin, au XVIIIe siècle, par la taille 32/24, qui est toujours pratiquée de nos jours, très améliorée.

*Le diamant le plus cher du monde vendu 6 380 000 $ (38 300 000 F) par Christie's à New York le 21-X-1987. Taillé en forme de poire, il pèse 64,83 carats.*

Il y a en effet une notable différence entre les tailles modernes (pratiquées depuis 1920 environ) et les tailles anciennes, qui présentent une table trop haute et trop réduite, ne permettant pas à la lumière de jouer à plein. La taille « moderne », au contraire, calculée selon la rigueur scientifique des lois optiques, restitue la brillance de la gemme au maximum de ses possibilités ; elle se reconnaît à une table large et plate, de circonférence régulière. À noter que, dans le vocabulaire des joailliers, le terme de « brillant » est actuellement remplacé par celui de « diamant brillanté ».

La taille de rose, pratiquée aux XVIIe et XVIIIe siècles sur les pierres de faible importance et de peu de valeur, se reconnaît à son fond plat ; seule la surface est facettée. Pour faire briller la pierre néanmoins, on la monte à chaton fermé, dans lequel on glisse un paillon d'or.

Le diamant fut utilisé au Moyen Âge en association avec d'autres pierres, des perles et avec la monture d'orfèvrerie, pour des bijoux, mais aussi pour des objets d'orfèvrerie profane ou religieuse.

À partir du XVIIe et du XVIIIe siècle, surtout après la découverte des mines du Brésil en 1725, le diamant est l'objet d'une vénération immodérée : la monture d'orfèvrerie s'efface désormais derrière la pierre, et l'on voit apparaître des rivières, des devants de corsages en brillants et en roses, des gerbes de fleurs au naturel, des pendentifs, et même les premiers « solitaires » montés en bagues. Au XVIIe siècle, les joailliers ont beaucoup progressé dans la manière de disposer le diamant pour le mettre en valeur : à la monture en chaton plein succède la monture à jour et à griffes. À partir de 1870, la découverte des mines d'Afrique du Sud vient relancer de plus belle la vogue du brillant, d'autant que ces nouveaux gisements produisent des pierres plus grosses, plus pures que celles dont on disposait jusqu'alors : le diamant devient plus accessible à tous, mais la qualité des pierres sert malheureusement trop souvent d'alibi au manque d'imagination des joailliers : les classiques barrettes et plaques de brillants qui furent à la mode dans les années 30 n'ont guère d'autre intérêt que leur pesant de carats.

La valeur d'un diamant se mesure à son poids (1 carat fait deux dixièmes de gramme), à sa pureté et à la façon dont il est taillé. On peut parfois retailler un diamant de taille ancienne s'il est suffisamment gros et beau pour justifier l'opération, qui lui fait perdre poids et volume, mais gagner en brillance.

**diatrète** n. m. Forme de verre romain antique, très appréciée des collectionneurs de l'époque, mais dont peu d'exemples sont parvenus jusqu'à nous. Quelques gobelets et coupes diatrètes de la première moitié du IVe siècle ont été retrouvés dans des nécropoles situées entre la Moselle et le Rhin, et leur fabrication est attribuée à un atelier de verrier romain installé dans la région de Trèves ; quelques exemplaires ont été isolément mis au jour en Italie, en Espagne et dans les provinces romaines des Balkans.

Le corps de la coupe ou du gobelet apparaît entièrement enveloppé d'une « résille » de verre d'une autre couleur, isolée de la paroi principale, à laquelle elle est rattachée par de minuscules tenons presque invisibles. Cette technique de fabrication très délicate prouve l'étonnante virtuosité à laquelle sont parvenus les Romains aux IIe et IIIe siècles. Ces verres sont assez rares sur le marché, mais l'un d'entre eux a été vendu chez Christie's il y a quelques années.

**Didot** (les), libraires et imprimeurs français. Le fondateur de la lignée, *François* (1689-1757), s'installa comme libraire à la « Bible d'or ». Son fils *François Ambroise* (Paris 1730 - *id.* 1804) créa une mesure typographique, le « point Didot » (0,376 mm), qui mit fin à la multiplicité des mesures utilisées par les fondeurs de caractères. Le premier, il fabriqua le papier vélin et édita, à partir de 1780, trente-deux volumes constituant une *Collection des classiques français destinée à l'éducation du Dauphin.*

Parmi ses descendants qui apportèrent tous leur contribution à l'art de l'imprimerie (Pierre Didot publia toute l'œuvre de Racine), *Firmin* (Paris 1764 - Le Mesnil-sur-l'Estrée 1836) est le plus connu. Installé au Louvre, membre de l'Imprimerie nationale, il était particulièrement lié au milieu artistique néoclassique et commanda à David et à ses élèves Gérard et Girodet des illustrations pour le *Virgile* (1797). En 1800, il chargea son ami Prud'hon ainsi que Gérard d'illustrer de neuf compositions les *Amours pastorales de Daphnis et Chloé.* Ses caractères, aux lignes très pures, présentaient aussi des pleins et des déliés très élégants.

L'œuvre de Firmin Didot, imprimeur de l'Empereur puis du roi, fut poursuivie par ses enfants, en particulier par *Ambroise Firmin* (1790-1876) et les descendants de celui-ci.

**Dieppe.** Selon Villaut de Bellefond, des marins dieppois auraient découvert la Guinée avant les Portugais. En 1384, ils en auraient ramené une importante quantité d'ivoire, qui aurait été à l'origine de la vocation du port normand.

La multiplication des ateliers ivoiriers donne vite à Dieppe une prépondérance en Europe dans le domaine des travaux de tabletiers. Au XVIIe siècle, on fabrique toutes sortes d'objets religieux, ou d'usage profane, comme boîtes, navettes, éventails, coffrets à mouches, à poudre, en passant par des instruments scientifiques tels que les boussoles, les cadrans solaires, sans oublier les célèbres râpes à tabac, ou « grivoises », dont l'usage se développe en même temps que l'on prend goût pour l'herbe à Nicot. Après la destruction de la ville par l'artillerie en 1694, puis son relèvement, les ateliers d'ivoiriers ouvrent de nouveau leurs portes. Au XVIIIe siècle, la nouvelle production est caractérisée par des ajourages, des objets tournés. Un prospectus édité au début du XVIIIe siècle en guise de publicité pour l'ivoirier Antoine Belleteste donne une idée des objets exécutés à l'époque : étuis sculptés, guillochés, cannelés et découpés à la scie, tabatières à jour et autres tabatières, navettes pour les dames, couteaux, paniers, crucifix « communs » et autres crucifix « bien finis » et de toutes grandeurs, figures de saintes, éventails, billes et boules de billard, dés, jeux d'échecs et de dominos. Cette énumération serait incomplète si l'on ne mentionnait encore les miniatures et les portraits collés sur fond bleu ou sur verre. La période révolutionnaire et le premier Empire sont peu favorables au travail de l'ivoire. À la Restauration, la duchesse de Berry s'installe à Dieppe pendant la saison des bains de mer, et la ville devient à la mode. Le goût pour l'ivoire est très vif : on emporte en souvenir ou en guise de présent un ivoire de production locale. L'engouement se poursuit jusqu'en 1850.

Louvre des antiquaires

*Petits personnages en ivoire sculpté, travail dieppois du XVIIIe siècle (à droite) et du XIXe siècle (à gauche). De nombreuses figurines représentent des pêcheurs « polletais », c'est-à-dire du faubourg de Dieppe appelé « le Pollet ». Estimées 5 000 F pièces en 1988.*

Trois cent cinquante ivoiriers sont recensés à Dieppe au XVIIe siècle ; une centaine s'exilent après la révocation de l'édit de Nantes ; cinq cents ivoiriers travaillent à Dieppe en 1855. C'est l'époque où un artiste dieppois, P. A. Graillon, sculpte ses pêcheurs polletais (du nom du quartier qui se situe dans la partie est du port, le Pollet), qui ne sont pas sans évoquer les figures de Callot ou de Daumier. L'apparition du Celluloïd, en 1869, porte un coup fatal à cet artisanat. En 1882, il n'y a plus à Dieppe que cent vingt ivoiriers, qui copient des objets et des statuettes de la haute époque ou de la Renaissance.

Les prix des ivoires de Dieppe sont encore très raisonnables. Même les pièces les plus anciennes du XVIIe et du XVIIIe siècles — plaques de portraits, médaillons, petites boîtes — sont adjugées entre 5 000 et 20 000 F. Les râpes à tabac, selon le thème et la qualité du décor qui les orne — les sujets profanes et galants sont préférés aux thèmes purement décoratifs ou religieux —, peuvent être acquises pour des sommes variant entre 3 000 et 12 000 F. Les pièces du XIXe siècle, très fréquentes, comme les petites figurines de pêcheurs polletais, sont proposées à des prix variant entre 3 000 et 8 000 F, et certains groupes d'équilibristes peuvent dépasser 15 000 F. Les petits coffrets et autres objets dits « de vertu » atteignent rarement les 20 000 F, mais les pièces de tour et autres pièces de virtuosité peuvent atteindre cette somme.

**Dieudonné** (Étienne), menuisier français. Reçu maître en 1740, il travailla avec son fils Claude, reçu maître en 1763, et tous deux laissèrent une importante production de chaises, de fauteuils, de bois de lit de bonne fabrication, souvent ornés de sculptures soignées.

**dieux du Bonheur,** série de sept personnages divins appartenant aux folklores chinois et japonais, et qui furent représentés, isolément ou en groupe, au Japon à partir du XVIIe siècle. Ces divinités symbolisent les vertus cardinales confucéennes : longévité, fortune, popularité, candeur, gentillesse, dignité et magnanimité. Elles sont souvent représentées voyageant ensemble dans le bateau du « Trésor » *(Takara-bune).* Leur image fut souvent représentée au Japon dans les netsuke* et sur les estampes, ayant valeur de charme protecteur.

*Ebisu,* héros mythique japonais, est un pêcheur tenant une daurade *(tai),* poisson de bon augure.

*Daikoku-jin,* divinité de la cuisine, est un homme souriant, assis ou debout sur des sacs de riz et tenant sur son épaule un gros sac réputé être plein de sagesse et de patience.

*Benzaiten,* la seule femme du groupe, patronne des artistes et des marchands, préside à la chance. Elle joue du luth *(biwa)* et est parfois accompagnée d'un gros serpent blanc.

*Fukurokuju,* d'origine chinoise, est la divinité de l'étoile du Sud, de la virilité et de la fécondité. C'est un vieillard avec un crâne chauve haut comme trois fois son corps.

*Jurōjin,* d'origine chinoise aussi, est le dieu de la Longévité. Sous l'aspect d'un très vieil homme, il s'appuie sur un bâton.

*Bishamon-ten* est un des quatre gardiens bouddhiques des horizons. Il préside au nord. Il apparaît comme un guerrier tenant en main une petite pagode.

*Hotei* est le plus connu. C'est le Maitreya (v. DIVINITÉS BOUDDHIQUES) au gros ventre, dit aussi le « Poussah souriant ». Il s'appuie sur un gros sac plein de trésors inépuisables.

**différent** n. m. Marque distinctive apposée sur une monnaie pour mettre en valeur une particularité de l'émission dont fait partie cette monnaie. Plusieurs sortes de différents permettent d'identifier, par exemple, l'atelier monétaire ou bien l'identité du graveur ou du monnayeur. L'utilisation du différent apparaît avec les différents d'émission au Moyen Âge : lorsque le roi renforce la monnaie, il en change le type, afin que nul n'ignore sa décision bénéfique. En revanche, lorsque la monnaie est altérée, la discrétion est plus grande, et, tout en gardant le même type monétaire, on introduit une petite « différence », qui consiste en un changement de ponctuation ou en un changement de symbole en début de légende.

À partir de 1389, Charles VI introduit le *différent d'atelier* sous la forme du point secret : un point était placé sous une certaine lettre de la légende, et le rang numérique de cette lettre par rapport à la première lettre de la légende indiquait l'atelier selon un code préétabli. Plus tard, François Ier remplacera, en 1540, le point secret par la lettre d'atelier, chaque atelier du royaume se voyant attribuer une lettre (ou plus rarement un symbole). Ce système demeura en place pendant plus de trois siècles et disparut en 1878, lorsque tous les ateliers, à l'exception de celui de Paris, eurent cessé leur activité. Enfin, avant 1791, chaque atelier possédait son maître et son graveur particulier, qui faisaient figurer chacun leur propre différent sur les pièces. Depuis 1878, nos monnaies portent à gauche du millésime le différent de la régie des Monnaies (une corne d'abondance) et à droite celui du graveur général des Monnaies (actuellement un petit dauphin différent d'Émile Rousseau).

**dinanderie** (ou dynanderie ou dinanterie) n. f. Ce mot ne devrait désigner que les objets fabriqués en laiton coulé (cuivre jaune) ainsi que leur fabrication. L'art de la dinanderie (de Dinant, ville de Belgique) prit naissance sur

Ader-Picard-Tajan

*Plat d'offrande en dinanderie, orné en repoussé d'un agneau pascal et d'inscriptions. Flandres, XVI<sup>e</sup> siècle. (D. 45,5 cm.) Adjugé 5 600 F, à Drouot, le 5-III-1982.*

les bords de la Meuse, où l'on trouvait la pierre calaminaire, dès le Moyen Âge. On parlait alors du « cuyvre » ou encore de « coivre » de Dinant, célèbre en Europe dès le XIII$^{e}$ siècle. On a attribué la dispersion des dinandiers en Europe à la prise et au sac de Dinant par le duc de Bourgogne Philippe II, dit le Bon. Mais cet événement n'eut lieu qu'au milieu du XV$^{e}$ siècle (1466), et la dinanderie avait déjà gagné l'Allemagne, la France et l'Italie. Dès le XIV$^{e}$ siècle, il existait en France une communauté des « Maîtres du Mestier de chaudronnerie, batterie et dinanderie de la Ville de Paris ».

Ce mot désigne également toute la vaisselle de laiton et, par extension, tout ce qui est fabriqué par les chaudronniers. Plus tard, le « battage », qui est la déformation du métal au marteau, est plus utilisé que la fonderie, suivie de la ciselure. On parlera de batteurs et, plus tard, de chaudronniers. Les dinandiers fabriquent, dès le début du Moyen Âge, des objets religieux, tels qu'encensoirs, aquamaniles, qui affectent des formes très diverses : animaux fantastiques ou plus réels, êtres humains. Au XIV$^{e}$ siècle, les sujets d'inspiration satirique ou fabuliste apparaissent. Au cours de la Renaissance sont fabriqués des flambeaux représentant des personnages portant des torches. Aux XV$^{e}$ et XVI$^{e}$ siècles, des bassins et des plats de laiton martelé, dits « plats d'offrande », connaissent un grand succès. Le décor exécuté au repoussé, sur la partie centrale principalement, représente des scènes de l'Ancien ou du Nouveau Testament et quelquefois des épisodes de la mythologie ou des légendes.

Plus prosaïque, la vaisselle de cuivre envahit toute l'Europe, et les objets domestiques se multiplient au cours des XVII$^{e}$, XVIII$^{e}$ et XIX$^{e}$ siècles : cafetières, chaudrons, bassines, casseroles, bouilloires, coquemars, daubières, turbotières, bassinoires sont légion, prenant des noms et des formes diverses selon leur région d'origine. S'il n'est pas rare de trouver des plats d'offrande des XVI$^{e}$ et XVII$^{e}$ siècles (entre 10 000 et 20 000 F, selon leur état et la qualité du décor), la plupart des cuivres présents sur le marché datent du XIX$^{e}$ siècle. Il est quelquefois difficile pour le profane de distinguer les pièces anciennes de réalisations récentes : les premières sont généralement plus lourdes que les secondes, et leur éclat, recuit par les flammes du foyer, est plus doux. Enfin, l'assemblage en queue-d'aronde caractérise les objets d'antan, encore que certains artisans contemporains utilisent également cette technique, avec plus de régularité cependant que leurs ancêtres. Les prix des cuivres anciens sont rarement élevés : entre quelques centaines et quelques milliers de francs, les plus hauts couronnant les fontaines anciennes, très recherchées.

**dinar** n. m. Nom donné à un grand nombre de monnaies d'or islamiques (ce mot provient d'une arabisation du latin *denarius*). De nos jours, le dinar est employé comme unité monétaire par certains pays (Algérie, Yougoslavie).

**diptyque** n. m. Œuvre d'art, peinte ou sculptée, composée de deux panneaux, ou feuilles, articulés autour d'une lanière de cuir ou d'une charnière, leur permettant de se replier l'un sur l'autre.

À l'origine, le diptyque est une sorte de carnet dont les feuilles, de bois, de métal ou d'ivoire, étaient couvertes de cire où l'on traçait des notes à l'aide d'une pointe ou d'un stylet ; les faces extérieures étaient décorées, peintes ou sculptées de différents motifs profanes ou religieux. À Rome, puis à Byzance s'établit l'usage d'envoyer des

*Diptyque en ivoire représentant des scènes de la vie du Christ. France, milieu du XIV<sup>e</sup> siècle.*

Sotheby-Parke-Bernet

diptyques, grâce auxquels les nouveaux fonctionnaires faisaient part de leur nomination à leurs amis et relations. Ces diptyques, dits « consulaires », étaient marqués du nom et de l'état civil du nouveau consul; parfois ils portaient la liste des consuls des années précédentes. Leur matière et la richesse de leur décor variaient avec la fortune et le rang de l'expéditeur ainsi qu'avec la notoriété du récipiendaire. Puis les diptyques furent adoptés par l'Église pour honorer les saints, pour orner les autels. La plupart étaient soit en bois, soit en ivoire, peints ou sculptés. Ils portaient en décor des images de saints, de la Vierge ou des scènes de l'Ancien et du Nouveau Testament, épisodes de la Passion ou de la Résurrection, entre autres.

Si les diptyques romains ou byzantins sont, pour ainsi dire, absents du marché, on trouve encore — rarement il est vrai — des diptyques religieux du Moyen Âge. Leurs prix varient dans une large fourchette, selon leur état de conservation. Les diptyques en ivoire du XIVe siècle, français ou allemands, obtiennent des enchères de 15 000 à 30 000 F. Les œuvres byzantines du XIIe au XVe siècle sont d'un niveau de prix nettement plus bas : de 6 000 à 12 000 F.

Deux pièces exceptionnelles, provenant de la collection de la comtesse de Behague, ont atteint de très fortes enchères, chez Sotheby's à Monte-Carlo, le 5-XII-1987 : 1 800 000 F pour un feuillet d'un diptyque consulaire, art chrétien du Ve siècle, et 600 000 F pour un diptyque gothique du XIVe siècle représentant des scènes de la vie du Christ.

**Directoire.** V. TABLEAU DES STYLES pp. 454-455.

**dirhem** n. m. Nom donné à un grand nombre de monnaies d'argent islamiques.

**Disdéri** (André Adolphe Eugène), photographe français (Paris 1819 - Nice 1889). Après une brève expérience de daguerréotypiste à Brest, Disdéri ouvrit à Paris, en 1854, un studio qu'il spécialisa dans le portrait photographique de format « carte de visite ». Le succès fut foudroyant, et Disdéri développa cette industrie, qui lui assura une fortune considérable. Devenu photographe favori de la cour de Napoléon III, accrédité auprès de celles d'Angleterre, d'Espagne, de Russie, il devint le plus riche photographe du monde. Mais, à la fin des années 60, la « carte de visite » connut le déclin, et Disdéri mourut dans la pauvreté. Si ses daguerréotypes, très rares, atteignent des prix importants, il n'en va pas de même des « cartes de visite », que l'on trouve facilement.

**disque** n. m. Plaque circulaire en gomme-laque, matière plastique, Celluloïd, vinyl, portant l'empreinte d'un enregistrement sonore.

C'est au technicien allemand Emil Berliner*, qui appliqua aux États-Unis les principes du « paléophone » (voix du passé) de Charles Cros, que nous devons, en 1888, la première application du disque à aiguille. En 1904, le disque s'impose sur le marché, faisant une concurrence directe au cylindre*. Deux procédés sont proposés : d'une part, le disque à aiguille, à gravure latérale, commercialisé par la société internationale Gramophone, suivie de Phonotypia en Italie, de Zonophone et d'Odéon en France, de Victor et de Columbia en Amérique ; d'autre part, le disque à saphir, à gravure verticale, que les sociétés Pathé Frères en France et Edison aux États-Unis imposeront sur le marché international jusqu'en 1925 environ.

Si le disque à aiguille, gravé au début sur une face, puis sur les deux faces, fut constant dans son principe et son utilisation, le disque à saphir, par contre, ne fut pas normalisé. Au début, il est gravé sur une seule face ; le titre de l'œuvre est imprimé en creux dans la cire, et le saphir parcourt l'enregistrement de l'intérieur vers l'extérieur du disque. Il est alors sans étiquette. Par la suite, gravés sur les deux faces, les disques furent vendus dans cinq diamètres différents, allant de 17 à 50 cm, la vitesse de rotation étant réglable entre 78 et 130 tr/min, ne pouvant souvent s'apprécier qu'à l'oreille. La standardisation de la vitesse et de la lecture en partant du bord ainsi que la mise en place d'une étiquette imposèrent une fabrication uniforme de la société Pathé. Sur le plan international, c'est avec l'enregistrement électrique, à la fin des années 20, que la gravure latérale est définitivement utilisée. En 1948, le premier microsillon est commercialisé par CBS (États-Unis), et, en 1957, Decca impose sur le marché international la stéréophonie. Ces derniers progrès réels de la lecture du son par l'intermédiaire d'une « pointe », telle que l'avait imaginée Charles Cros, prennent fin avec l'utilisation du disque à information binaire lu par l'intermédiaire d'un rayon laser.

En ce qui concerne la collection de disques, il n'existe actuellement aucun catalogue donnant la cote des disques. Un immense travail reste à faire dans ce domaine, et la difficulté réside dans le fait que tel disque rare dans un pays peut être courant dans un autre. Il est fréquent de voir à l'étranger des particuliers ou des marchands envoyer des listes de disques mis en vente par correspondance. Les collections se constituent généralement à partir d'un thème, que ce soit le bel canto ou le jazz, le café-concert, les « chanteuses réalistes », la chanson de variété, les solistes instrumentaux, les chefs d'orchestre, ou bien la diction (théâtre, discours politiques, monologues).

La diversité des prix ne permet pas d'établir une cote, qui fluctue selon les modes et la loi de l'offre et de la demande. Une visite chez un spécialiste peut, à travers la valeur des disques, faire très rapidement connaître les pièces rares.

**divinités bouddhiques.** Elles sont extrêmement nombreuses et se trouvent dans toute l'Asie. Elles peuvent, néanmoins, être classées en quatre grandes catégories, correspondant à leurs « pouvoirs » : les bouddha, les bodhisattva, les « rois de science magique », ou vidyārāja, et les divinités ordinaires (y compris les divers êtres célestes). Elles furent à toutes les époques très fréquemment représentées tant en sculpture qu'en peinture et en décoration.

Les *bouddha* sont les représentations du Bouddha historique Çākyamuni. Ils ont quatre attitudes fondamentales, correspondant aux quatre étapes essentielles de la carrière de Çākyamuni : *méditant,* assis, les mains superposées, paume en haut, posées sur les cuisses (dhyāna-mudrā) ; *prêchant,* ou discutant de la doctrine bouddhique, les deux mains à la hauteur de la poitrine, faisant le geste de « tourner la roue de la Loi » (dharmacakra-mudrā) ou évoquant la discussion de la doctrine (vitarka-mudrā) ; prenant la terre à témoin des mérites accumulés dans ses vies antérieures (jātaka), assis, la main droite touchant la terre près de son genou droit (bhūmishparça-mudrā) ; *couché,* au moment de sa mort (parinirvāṇa), sur le côté droit, main droite soutenant la tête, bras gauche allongé.

Ces quatre bouddha sont aussi appelés *Jina* ou, dans certaines formes du bouddhisme des écoles du Nord (mahāyāna), du nom de Dhyāni-Bouddha. Ils sont toujours vêtus en moine, avec une épaule découverte ou les deux épaules couvertes (bouddhisme ésotérique) ; leur tête est nue et ils ne portent aucun bijou. Toujours assis sur des socles représentant un lotus épanoui, symbole de leur divinité, ils peuvent être « en tailleur » ou « en lotus » avec les pieds visibles ou cachés. Parfois, mais plus rarement, ils sont montrés assis « à l'européenne ».

*Statuette en bronze de divinité bouddhique Tārā, principe féminin du bodhisattva Avalokiteçvara. Chine, XVe siècle. (H. 28,5 cm.) Vendue 16 000 dollars par Christie's, à New York, le 6-XI-1980.*

En dehors de ces quatre attitudes fondamentales, le Bouddha peut également être représenté, debout ou assis, faisant le geste de l'« absence de crainte » (abhaya-mudrā), main droite levée à la hauteur de l'épaule, paume en avant, comme pour saluer, bras gauche pendant. En Asie du Sud-Est plus particulièrement, ce bouddha en abhaya-mudrā apparaît parfois « posant l'empreinte de son pied », dans l'attitude de la marche (surtout au Siam et au Laos), et parfois debout, immobile, faisant avec les deux mains le geste de l'absence de crainte (Siam, Laos, Cambodge, Ceylan). Il peut aussi avec la main gauche faire le geste du don (varada-mudrā), conjugué avec celui de l'absence de crainte avec la main droite. Dans ce geste du don, la main gauche est ouverte, basse, paume en haut, comme pour offrir quelque chose. Certaines formes particulières de représentations du Bouddha se trouvent plus fréquemment en Chine, en Corée et au Japon, comme celle du bouddha de la médecine Bhaishajyaguru (Yaoshi Fo en chinois ; Yakushi Nyorai en japonais), montré tenant une branche de saule dans la main gauche ou avec un pot à médecine dans la main gauche ou sur les mains en méditation au creux des cuisses. Au Japon surtout, le grand bouddha solaire Mahāvairocana (Dainichi Nyorai en japonais) porte une haute couronne, et la main droite enserre l'index de la main gauche à hauteur de la poitrine.

*Bouddha couché dans la posture parinirvāṇa, en ivoire patiné, portant des traces de dorure et de laquage. Siam, XVIIIe siècle. (L. 25 cm.)*

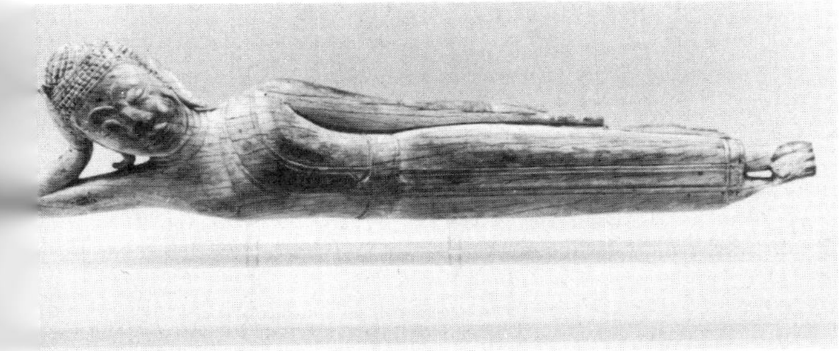

Le bouddha *Amitābha* (Omituo Fo en chinois ; Amida en japonais) est l'un des quatre Jina les plus vénérés, surtout au Tibet, en Chine et au Japon. C'est le bouddha qui préside à l'Au-delà, dans son « Paradis de l'Ouest », où il accueille les âmes des fidèles.

Dans l'art tantrique du Tibet, les cinq *Jina* sont très souvent représentés en « embrassement intime » (yab-yum, c'est-à-dire « père-mère ») avec leur énergie active féminine, ou çaktī. Ils tiennent toujours dans leurs mains un vajra (foudre) et une clochette, symboles du corps et de l'esprit, le tout symbolisant ensemble l'union mystique de l'être avec le Principe divin.

Les *bodhisattva* sont des êtres parfaits ayant renoncé à l'état de Bouddha pour aider les autres êtres à accéder au nirvāṇa (état de non-désir), but de la doctrine bouddhique. Ils sont surtout représentés dans les sectes du bouddhisme des écoles du Nord (mahāyāna). Cinq d'entre eux correspondent aux cinq Jina (les quatre bouddha et Mahāvairocana). Cependant, les plus représentés sont principalement Avalokiteçvara, Manjuçrī, Samantabhadra, Kshitigarbha et Maitreya (v. BODHISATTVA).

Les *rois de science magique* (vidyārāja) sont des forces terribles émanées des cinq Jina pour combattre l'ignorance, les passions et les désirs qui entravent les êtres et les empêchent d'atteindre le nirvāṇa. Le plus fréquemment représenté d'entre eux est Acalanātha « l'Immuable » (Budong Fo en chinois ; Fudō Myō-ō en japonais), à l'expression terrible, avec des crocs sortant de la bouche et brandissant un glaive. Il est assis ou debout sur des rochers et peut prendre des aspects divers selon les artistes. Il est l'émanation de Mahāvairocana. Un autre vidyārāja, émanation des quatre Jina, Rāgarāja, surtout vénéré au Japon sous le nom d'Aizen Myō-ō, représente la lutte contre les désirs charnels. Comme Acalanātha, il a trois yeux et est de couleur rouge. Il brandit, comme notre Cupidon, un arc et des flèches fleuries. Ces vidyārāja correspondent aux bhairava « effroyables » et aux krodharāja « rois de colère » des panthéons bouddhiques de l'Inde et du Tibet. Ils sont extrêmement nombreux et prennent toujours des aspects terrifiants afin de chasser passions, désirs et vices...

Les *dieux ordinaires* (Deva ; Tianxian en chinois ; Ten en japonais) sont théoriquement au nombre de trente-trois et viennent pour la plupart du panthéon brahmanique. Mais, en plus, on peut ajouter à leur groupe plusieurs catégories d'êtres divins, qui furent l'objet de très nombreuses représentations dans tout l'art du bouddhisme : ce sont les dharmapāla, les lokapāla, les tāra, les ni-ō, les arahant, les dix grands disciples du Bouddha, auxquels il convient d'ajouter quelques personnages historiques déifiés, comme Nāgārjuna, Padmasambhava et Bodhidharma, pour ne citer que les plus importants, et des êtres divins accessoires, comme les nāga, les apsaras et les gandharva. Il existe bien évidemment beaucoup d'autres divinités ayant un rapport avec le bouddhisme, mais celles-ci n'apparaissent pas très souvent présentées, sauf sur les mandalas tibétains et ceux des sectes tantriques (ésotériques) de Chine et du Japon.

Les *dharmapāla* sont, dans le bouddhisme tantrique, des défenseurs du bouddhisme du mahāyāna. Au nombre théorique de huit, ils sont vénérés surtout au Tibet et au Népal sous le nom générique de *drag-ched*. Le plus « terrible » est Lha-mo, une divinité féminine ; le plus vénéré est Kuvera (ou Jambala), une divinité des richesses. Au Tibet, ils sont généralement vénérés en groupe, souvent en « embrassement intime » (yab-yum) avec leur « énergie active » (çaktī). Ils arborent des aspects menaçants ou horribles.

Les *lokapāla* (Catur Mahārāja) sont les quatre gardiens des horizons : au nord, Vaiçravana (ou Kuvera), de couleur jaune ; au sud, Virūdhaka, de couleur bleue ou verte ; à l'est, Dhritarāshtra, de couleur blanche ; à l'ouest, Virūpaksha, de couleur rouge. Ces quatre gardiens sont debout dans une attitude martiale, vêtus d'une armure, parfois d'un casque en tête, avec une expression courroucée, foulant des démons sous leurs pieds. Rarement seuls, ils sont plutôt en groupe, entourant une divinité ou un groupe de divinités.

Les *tārā,* surtout vénérées au Tibet, sont des divinisations d'étoiles et de personnages historiques féminins (épouses du roi tibétain Srong-tsan Sgam-po). Elles sont théoriquement au nombre de vingt et un et on ne vénère surtout que les tārā dites « blanche », « verte », « rouge », « jaune » et « bleue », la tārā verte étant considérée comme la tārā originelle d'où seraient issues toutes les autres, étant la çaktī (force féminine) du bodhisattva Avalokiteçvara. Les tārā ont les mêmes attributs que les bodhisattva, auxquels elles correspondent.

Les *ni-ō* (nom japonais) sont les deux gardiens à l'air terrible que l'on trouve généralement à l'entrée de tous les temples.

Les *arahant* (Luohan en chinois ; Rakan en japonais) sont théoriquement au nombre de cinq cents et symboliseraient les sages ayant assisté au premier concile bouddhique. Ils sont vénérés plus généralement en groupe de seize (de dix-huit en Chine) sous l'aspect de vieillards. Ils sont très souvent représentés, surtout en Chine et au Japon, tant en sculpture qu'en peinture et ils sont reconnaissables (parfois) grâce aux positions qu'on leur donne ainsi qu'aux objets auxquels ils se trouvent associés.

Les dix grands disciples du Bouddha (dont le plus fréquemment figuré est Ānanda, le « saint Jean du bouddhisme ») sont rarement montrés individuellement, mais en groupe. Ils sont vêtus comme des moines.

*Nāgārjuna,* le fondateur du mahāyāna, d'origine indienne, vécut vers la fin du IIe siècle. Il est représenté comme un moine faisant le geste du prêche. Il est souvent auréolé de sept serpents.

*Padmasambhava,* « né du lotus », est vénéré au Tibet comme étant l'introducteur du bouddhisme dans cette région, au VIIIe siècle. Représenté assis en lotus, vêtu d'une capuche pointue rouge, tenant en main un vajra et un bol à aumônes, il n'est vénéré qu'au Tibet, au Népal et au Bhūtan.

*Bodhidharma* est le moine indien venu en Chine au VIe siècle et qui est à l'origine des doctrines bouddhiques du chan (zen en japonais). Il a les traits d'un vieillard aux yeux globuleux et à la barbe hérissée, couvert d'un voile et assis, les jambes et les bras dissimulés sous sa cape. Au Japon, il est appelé Daruma et ses images sont extrêmement populaires.

Les *nāga* sont des serpents mythiques (parfois avec une tête humaine) symbolisant les puissances chtoniennes. Ils sont considérés comme des protecteurs du bouddhisme et sont souvent associés aux représentations du Bouddha, notamment dans le Sud-Est asiatique, où le Bouddha est parfois montré assis sur les anneaux du nāga Mucalinda, qui, de ses sept têtes déployées en capuchon, le protège de la pluie.

Les *apsaras* (Tiannü en chinois ; Hiten en japonais) sont des danseuses célestes infiniment gracieuses. Leur image est très souvent employée dans la décoration des scènes bouddhiques. Leur nom signifie « née des eaux » et elles symbolisent les brumes flottant au-dessus des eaux.

Les *gandharva* sont des êtres célestes mi-oiseaux, mi-hommes réputés être les musiciens du ciel. On les représente tenant un instrument de musique. Ce sont les époux des apsaras.

Christie's

*Vase en émail cloisonné décoré des « Huit Immortels ». Chine, XVIe siècle. (H. 16 cm.) Vente Christie's.*

**divinités chinoises.** Il est difficile de reconnaître les divers génies et dieux typiquement chinois, qui sont infiniment nombreux. Cependant, certains de ceux-ci furent assez fréquemment représentés, en bois, en céramique ou autre matière (notamment en tuiles faîtières), et peuvent se distinguer de la foule innombrable des autres divinités par certains caractères.

*Laozi (Lao-tseu)* est figuré sous l'aspect d'un vieillard monté sur un buffle. Il est parfois montré « cuisant des pilules de vie ».

*Kongzi (Confucius)* est en costume de cour, avec un manteau cachant ses mains et un haut bonnet de lettré. Il porte une longue barbe.

Les *huit Immortels* ont des attributs divers, selon les légendes qui se rapportent à eux. Liuhai Xian, par exemple, est souvent accompagné par un crapaud. Li Tieguai porte une gourde contenant des pilules d'immortalité. Ces Immortels sont souvent montrés en groupe sur un rocher au milieu des vagues ou traversant la mer sur un bateau.

*Guixing,* génie de la Littérature, Lü Dongbin et Wenchang apparaissent comme des lettrés, pinceau en main.

Les *Caishen,* divinités des Richesses, sont abondamment représentés, sous des formes très diverses, mais avec, à côté d'eux, une cassette pleine de trésors (corne d'abondance chinoise). Ils sont souvent entourés de quatre acolytes. Le plus vénéré est Zhao Gongming.

Les dragons sont censés être bénéfiques et protéger des incendies et des dégâts des eaux ; ils sont souvent disposés sur les toits.

*Wa Jiangjun,* le « Maréchal des tuiles », est un militaire. Il est souvent représenté et tient lieu de tuile faîtière, ainsi, d'ailleurs, que les images des génies de la Foudre et du Tonnerre, Leigong et Leizu.

À l'entrée des temples et parfois des maisons se trouvent des effigies de gardiens, en cuirasse et en armes, dans des attitudes martiales, afin d'effaroucher les mauvais esprits. Elles correspondent souvent aux quatre horizons, et leur couleur est assortie à ceux-ci : noir pour le nord, rouge pour le sud, vert (ou bleu) pour l'est, blanc pour l'ouest. Les quatre horizons sont également symbolisés par des animaux : tortue (ou guerrier) noire pour le nord, dragon bleu (ou vert) pour l'est, oiseau vermeil pour le sud, enfin tigre blanc pour l'ouest...

**divinités indiennes.** Parmi les innombrables divinités de l'Inde et du Sud-Est asiatique qui n'appartiennent pas au bouddhisme, relativement peu sont représentées par les statuettes et les sculptures qui font l'objet d'un négoce sur les places européennes. Les plus communément trouvées sont des divinités en bronze, de taille généralement modeste. Parmi celles-ci, il faut distinguer les effigies de Çiva, de Vishnu (la première personne de la Trinité hindoue, Brahmā, étant très rarement représentée) et quelques divinités secondaires.

*Çiva* (Śiva) représente la création et la destruction de celle-ci par le temps. Il a dans sa forme la plus commune quatre bras, qui portent des symboles : le feu, le serpent, un petit tambour à deux peaux appelé Damarū. Le trident est son insigne distinctif. La monture de Çiva est un taureau : il est généralement couché en sculpture, alors qu'en peinture il est plus volontiers debout, tenant en main un arc, une massue, un épieu et une hache. Le taureau à bosse (Nandin) est orné de colliers de fleurs.

*Vishnu* (Visṇu) est le Seigneur présidant au devenir et à la conservation de la vie. Lui aussi est généralement montré avec quatre bras, dont les mains tiennent un disque (cakra), une conque marine (çanka), une fleur de lotus et une massue (ou un arc). Il porte le cordon brahmanique en travers de la poitrine, une couronne, des bracelets et des boucles d'oreilles. Il est très diversement figuré, mais c'est sous les dix formes de ses « avatāra » qu'on le montre le plus volontiers. Ces avatāra symbolisent ses diverses incarnations en tant que sauveur de l'humanité et des êtres vivants, ainsi que les âges de la création : le poisson (Matsya), la tortue (Kūrma), le sanglier (Varaha), l'homme-lion (Narasimha), le nain (Vāmana), Rāma à la hache (Paraçu-Rāma), Krishna, le « dieu bleu », Bouddha et enfin un avatāra futur, Kalki. Parmi ces dix incarnations majeures, c'est celle de Krishna qui est la plus souvent représentée, tant en sculpture qu'en peinture et dans les représentations populaires. *Krishna* symbolise l'amour divin. De teinte sombre, généralement bleu foncé, peut-être en raison de son origine dravidienne, il est vêtu à l'indienne avec un diadème et des colliers. Pieds nus, il représente un gardien de vaches (symbolisant le troupeau des fidèles) et joue de la flûte traversière...

*Ganeça* est une figure très populaire. Fils de Çiva, il apparaît sous la forme d'un éléphant, parfois d'un homme à tête d'éléphant. Son animal symbole (Vāhana) est un rat.

*Garuda* est un oiseau mythique, mi-homme, mi-vautour, qui représente la puissance et la vélocité du Verbe divin. Il est, la plupart du temps, associé à Vishnu, dont il est l'animal support.

*Indra,* le Seigneur du ciel, est symbolisé par un éléphant à trois têtes. Il porte une haute couronne.

*Agni,* le Feu sacrificiel, apparaît sous les traits d'un petit homme barbu, parfois avec deux têtes. Son animal support est le bélier.

*Sūrya,* le Soleil, est rarement dépeint. Sa caractéristique est qu'il est figuré avec des bottes (peut être souvenir de son origine iranienne).

Les divinités féminines les plus souvent présentées sont *Sarasvatī,* la déesse des Arts et de la Musique, montrée avec une Vīnā en main, souvent assise sur un paon, et surtout *Durgā,* représentée avec un trident et un glaive en main, affrontant un buffle symbolisant la mort et les puissances des ténèbres.

Les démons sont représentés avec des yeux globuleux : ils sont très divers et généralement ventrus. Enfin, on trouve nombre de représentations de nāga, d'apsaras et de gandharva.

Galerie Samarcande

*Krishna debout, en bois. Népal, XVe-XVIe siècle. (H. 1,20 m.) Galerie Samarcande.*

**Dix** (Otto), peintre et graveur allemand (Lintermhaus 1891 - Hemmenhofen 1969). Forte personnalité de l'expressionnisme allemand, Otto Dix affirme dans son œuvre de peintre et de graveur ses convictions antimilitaristes et sociales. Il enseigne à partir de 1927 à l'Académie de Dresde, mais il est chassé en 1933 par les nazis, qui mettent ses toiles à l'index et les condamnent comme « peinture dégénérée ». Ayant réussi à fuir l'Allemagne, il s'installe en Suisse (Hemmenhofen), sur le lac de Constance, en 1936. Ses œuvres (peintures, gravures, dessins) très appréciées en Allemagne aujourd'hui, y bénéficient d'une cote élevée.

**Djed.** Dans l'Égypte pharaonique, pilier symbole de pérennité, de solidité. Porté en amulette par les vivants comme par les morts, il servait de talisman protecteur.

**Doat** (Taxile), céramiste français (Albi 1851 - Sèvres 1938). Il fréquente l'atelier du sculpteur Dumont, puis travaille à Sèvres de 1877 à 1905, signant ses pièces d'un D et d'un T enlacés.

Il poursuit également des recherches personnelles dans un atelier rue de Bagneux (1892), puis, à partir de 1898, à Sèvres même. Outre quelques pièces en grès flammé, il réalise surtout des œuvres en porcelaine dure, améliorant la technique de la « pâte sur pâte », c'est-à-dire des motifs en pâte blanche rapportés sur un fond uni ; ceux-ci, en général de forme circulaire, font ressembler à des camées le décor des vases et des assiettes. Les pièces qu'il expose en 1900 sont très remarquées, et, en 1909, Doat, directeur de l'école de céramique de l'Université de Saint Louis (Missouri), s'engage aussi à donner propriété des pièces qu'il fabrique. Auteur de *Grand Feu Ceramics* (1905), traduit en français, et illustrateur de revues telles que *le Monde poétique* et *la Grande Industrie,* il a encore renoué avec le procédé traditionnel des vieux émailleurs limousins pour peindre des émaux sur cuivre.

**Doccia.** En 1735, le marquis toscan Carlo Ginori fonda à Doccia, près de Florence, une manufacture de porcelaine tendre. Il a su très vite s'entourer de peintres, de décorateurs et de modélistes de grande valeur et d'origine viennoise, donnant ainsi à Doccia une renommée internationale de qualité et de finesse.

La terre « grise » de Toscane ne donnant pas de résultats satisfaisants, les collaborateurs de Ginori ont développé avec succès un mélange de pâte de terre de Tratto et de l'île d'Elbe et du quartz de Seravezza. Le secret de la qualité des pièces de Doccia (« à la chinoise », « aux tulipes », « à la saxonne ») jusqu'à la fin du XVIIIe siècle — alors qu'apparut la vaisselle rustique — est probablement dû à la présence de familles d'ouvriers chez les Ginori (qui restent propriétaires jusqu'en 1896) travaillant de père en fils.

Les statuettes allégoriques (saisons de l'année, arts, putti, scènes bucoliques) sont surtout l'œuvre du grand maître modéliste Gasparo Bruschi ; c'est vers le début du XIXe siècle que les artistes de Doccia s'alignèrent sur le style néoclassique de l'époque, en adoptant des formes et des décors sobres.

En 1810, la manufacture s'oriente vers des formes plus volumineuses, décorées en relief doré. Une étape importante dans l'évolution de Doccia est l'achat, vers 1812, des modèles et des moules de la manufacture de Naples. C'est à cette date que les Ginori commencent à fabriquer des statuettes et de la vaisselle en porcelaine dure, reprenant comme marque le N de Naples et non plus les étoiles stylisées rouge et doré et les signes personnels des porcelainiers, qui caractérisent la première période de Doccia. Au XIXe siècle, les pièces de Doccia sont marquées par le nom de la manufacture (Ginori) avec une couronne superposée.

Rappelons aussi ces pièces marquées de l'étoile, qui ne sont que des copies réalisées à Doccia à partir de pièces cassées des services de table d'origine de manufactures diverses appartenant à la famille grand-ducale et aux autres familles d'aristocrates ainsi qu'aux grands bourgeois de Toscane.

Les œuvres importantes en porcelaine tendre du XVIIIe siècle et en porcelaine dure du XIXe siècle de la manufacture de Doccia sont considérées aujourd'hui comme des pièces prestigieuses, recherchées par des collectionneurs non seulement en Italie, mais aussi en Autriche, en Allemagne, en France, en Angleterre et même en Amérique du Nord.

**Dogons.** Les Dogons, également appelés « Hambés » ou « Kaddos », c'est-à-dire « païens » dans le langage des Foulbés voisins, sont réfugiés depuis plusieurs centaines d'années au centre de la boucle du Niger, sur le rebord d'une grande table rocheuse, où ils ont aménagé les éboulis de la falaise de Bandiagara en y installant des maisons à terrasses et de curieux greniers aux toits pointus recouverts de chaume. Les Dogons vivent de la culture du mil, et leurs champs, parfois, ne peuvent être atteints que par des échelles de corde. Dans ces véritables retraites, les Dogons ont conservé intactes toutes leurs traditions. Leur mythologie est d'une extrême minutie par son rituel, et toute leur sculpture en découle.

Les statues à représentation humaine se rapportent au culte des ancêtres et sont conservées dans les greniers ou sous des escarpements rocheux : elles sont allongées et anguleuses, et peuvent prendre un aspect assez tragique. Les personnages sont debout ou assis et, parfois les bras levés, implorent le ciel. Des représentations identiques se retrouvent sur les volets ou les portes de grenier, ornés de plusieurs frises de personnages alignés. Les serrures en bois sont décorées du couple ancestral ou d'un unique personnage très stylisé. Les coupes, cylindriques, en bois, au couvercle surmonté d'un personnage assis ou d'un cavalier, et les boîtes à beurre — où les femmes conservent la graisse végétale dont elles s'enduisent les cheveux — sont de véritables objets d'art.

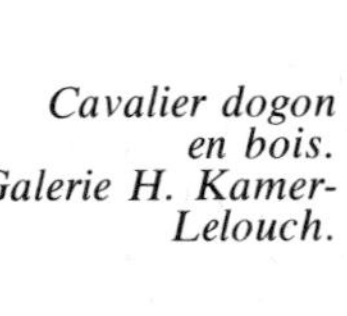

*Cavalier dogon en bois. Galerie H. Kamer-Lelouch.*

Kamer-Lelouch

Les masques, attributs de la société masculine — et, de ce fait, tenus éloignés des femmes —, servent lors des rites funéraires ou à défendre les récoltes. Ils sont conservés hors du village, près de la « mère des masques », énorme visage prolongé par une planche sinueuse atteignant parfois une dizaine de mètres. Lors de la fête du « sigi », tous les soixante ans, un nouvel exemplaire de « mère des masques » est réalisé. Le « sigi » commémore un vieux mythe dogon. Les matériaux des masques sont l'écorce, les fibres tressées garnies de cauris ou le bois. Les masques taillés dans le bois le sont en plan vertical — d'où leur nom de « masques-peignes » — avec un décor peint, souvent effacé ou recouvert d'une épaisse patine croûteuse (qu'il faut bien se garder de supprimer), et un couvre-nuque en fibres est fixé sur le pourtour. Les yeux sont des ouvertures triangulaires ; la bouche, lorsqu'elle est présente, est en saillie, et le nez forme une mince arête verticale coupant le visage en deux. Les masques représentent soit des types de la société (vieillard, chasseur, magicien...), soit des animaux (singe, antilope, lion...). Chaque type a sa propre danse. Plus récents sont les masques dits « maisons à étage », réalisés dans des troncs de plus de 5 m de hauteur : le type le plus courant, dit « kanaga », est en forme de croix de Lorraine.

Le spécialiste William Fagg note : « ... Rien ne nous permet d'affirmer qu'aucune des œuvres dogons soit antérieure à 1800. En particulier, les pièces que l'on avait l'habitude d'attribuer aux prédécesseurs des Dogons, les mythiques « Tellem », que l'on croyait sans lien de parenté avec eux, offrent une nette continuité de style avec leurs œuvres plus modernes et ont manifestement la même origine... »

**Doisneau** (Robert), photographe français (Gentilly 1912). Après une formation de graveur-lithographe reçue à l'école Estienne, Robert Doisneau fut dessinateur de lettres, puis photographe industriel aux usines Renault de Billancourt, qu'il quitta, au bout de cinq ans, pour le reportage.

La rue, en particulier la rue parisienne, est le domaine de Doisneau qui n'est pas un chasseur d'images. Il pose sur les gens un regard amical, souvent tendre mais jamais dépourvu d'humour. Ses scènes de la vie quotidienne, qui constituent autant de petits poèmes, ne sauraient faire oublier qu'il est aussi un portraitiste capable de se mesurer aux plus grands, comme peuvent en témoigner ses photographies de Picasso, de Fernand Léger, de Braque ou de Giacometti.

**dollar** n. m. Nom de la monnaie des États-Unis d'Amérique et d'un certain nombre d'autres pays (pour ces derniers, on précise alors la nationalité : exemple, dollar canadien, dollar Hongkong). Ce nom résulte des transformations successives du terme de *thaler,* qui désigne une monnaie allemande d'argent née au XVIe siècle. L'histoire du dollar est liée au numéraire employé lors de la conquête et de l'essor du Nouveau Monde, c'est-à-dire des pièces espagnoles de 8 réaux.

Créée sous le règne de Ferdinand et Isabelle, à l'imitation des thalers allemands, la pièce de 8 réaux (« real de a ocho ») fut tout d'abord frappée. Elle prit de l'importance sous Charles Quint, qui l'utilisa pour faire circuler une partie des nouvelles richesses de son empire. Puis, Philippe II d'Espagne développa encore la frappe de cette pièce, qui connut un essor fulgurant par l'intermédiaire des ateliers monétaires coloniaux du Pérou et de la Nouvelle-Espagne (Mexique).

Les tonnes d'argent du Nouveau Monde furent transformées au XVIIe siècle en des pièces de 8 réaux de fabrication extrêmement grossière, les « macuquinas », destinées à remplir les soutes des navires qui, une ou deux fois par an, rapportaient à la mère patrie les richesses de ses colonies. Puis, en 1732, apparut au Mexique la plus célèbre des pièces de 8 réaux, le « real fuerte columnario », ou « columnas y mundos », dont le revers représente les Colonnes d'Hercule — symbole du bout du monde —, baignées par les flots et entourant les deux hémisphères de l'Ancien et du Nouveau Monde.

La légende « Utraque unum » (« Ensemble ils ne font qu'un ») se réfère à la puissance mondiale de l'Empire espagnol. Les 8 reales « columnas y mundos » conquirent le commerce mondial et furent très familiers aux colons britanniques de l'Amérique du Nord, sous le nom de « spanish dollar ». Aussi, lorsque la jeune république des États-Unis d'Amérique se dota d'un système monétaire, elle choisit tout naturellement un étalon équivalant au « dollar espagnol », et le mot *dollar* fut officiellement adopté comme unité monétaire par le Congrès des États-Unis le 6 juin 1785.

Toutefois, une première tentative de création d'un dollar d'argent américain avait déjà eu lieu au temps de la révolte des colons britanniques, lorsqu'en 1776 Philadelphie avait émis une monnaie indépendante à l'initiative du « Continental Congress », représentant les treize colonies révoltées : le continental dollar de 1776 fut frappé en bronze, en étain et en argent. Mais il faut attendre 1794 pour qu'apparaisse le véritable dollar américain. Lorsque George Washington refusa que son portrait figure sur les monnaies, le Congrès américain émit le vœu d'un monnayage national portant une empreinte qui soit le symbole de la liberté. Les dollars de 1794 gravés par Robert Scot furent largement inspirés de la célèbre médaille Libertas Americana, due au talent du grand graveur monétaire de la Révolution française, Augustin Dupré*.

**Dollond** (John), fabricant d'instruments de précision anglais (Londres 1706 - *id.* 1761). Descendant d'émigrés protestants français, il est tout d'abord ouvrier tisserand de soie. Sous l'influence de son fils Peter, né en 1730, il ouvre un atelier d'instruments d'optique. En 1758, son invention des objectifs achromatiques (laissant passer la lumière blanche sans la décomposer) lui attire une grande renommée. À sa mort, son fils Peter reprend l'atelier et s'associe avec son frère John. La firme Dollond atteint une réputation internationale avec des instruments de qualité. Après la mort de son frère, Peter s'associe avec son cousin George Huggin, qui prend le nom de Dollond. Après la mort de Peter en 1821, George maintient l'atelier jusqu'à sa mort, en 1852. La firme est reprise par des membres de la famille et elle existe encore en 1945 sous le nom de Dollond et Aitchisson, spécialisée en optique ophtalmologique.

**doloire** n. f. Outil court et à fer large, utilisé par les charpentiers et les tonneliers-doleurs pour équarrir le bois et amincir les douelles des tonneaux. La doloire est parfois ornée de motifs estampés.

**Domaines** (les). Le matériel saisi en douanes, mis au rebut par l'État ou résultant d'une liquidation judiciaire est confié à l'Administration des domaines, chargée d'organiser des ventes publiques pour en tirer le plus grand profit possible. Les objets les plus divers, des plus simples bibelots aux œuvres d'art les plus précieuses, sont proposées aux enchères publiques à la suite d'une annonce dans le *Bulletin des Domaines* (siège central des Domaines, 17, rue Scribe, Paris 75009).

**domino** n. m. Jeu qui, déjà connu des Hébreux et des Grecs, eut un grand succès jusqu'au XIXe siècle. Introduit en Europe grâce au clergé (d'où peut-être son nom qui invoque le Seigneur), il constitue un jeu d'adultes au XVIIIe et au XIXe siècle (Gambetta fonda même un club de dominos !).

Le mah-jong (qui signifie « je gagne » en chinois), domino chinois réservé jusqu'en 1912 à la cour impériale, fut à la mode au début du XXe siècle. Beaucoup plus complexe — il comporte 136 morceaux contre 28 dans le domino classique —, il devint un jeu de casino à Macao. En bois, en os, en ivoire, en nacre ou en or, miniature, dans des coffrets précieux, marquetés ou incrustés, les dominos ne sont pas rares sur le marché.

*Boîte de dominos. Travail de ponton du début du XIXe siècle. Coll. part. Louvre des Antiquaires, exposition* l'Art dans la marine.

Louvre des antiquaires

**dominotier** n. m. Artisan spécialisé dans la « dominoterie » (de l'italien *domino,* papier marbré), qui désignait au XVIIe et au XVIIIe siècle le commerce des papiers peints ou imprimés destinés à recouvrir l'intérieur des coffres et les gardes des livres ou à tapisser les murs (v. PAPIER PEINT). Le dominotier faisait partie de la corporation des « tapissiers-imagiers » dans la dépendance des maîtres imprimeurs. Les feuilles de papier peint ou imprimé étaient rehaussées de couleurs en détrempe, dont les motifs les plus fréquents étaient les armoiries, les bouquets, les fruits, les animaux, les personnages grotesques ainsi que les personnages inspirés par les tapisseries.

**Donatello,** sculpteur florentin (Florence 1386 - *id.* 1466). Quelques-unes de ses œuvres magistrales peuvent se voir dans les églises et les musées de sa ville natale. Son art puissant peut aller de la délicatesse charmante de ses Vierges à l'Enfant à un réalisme qui confine à la violence. Donatello est un des fondateurs du bronze Renaissance, mais il ne semble pas qu'il ait exécuté des petits bronzes (il est difficile de considérer comme tel le *David* du Bargello, presque grandeur nature). En revanche, il est l'un de ceux qui étudient et réhabilitent les canons de la statuaire antique.

**Dongqing.** V. CHINE.

**Doré** (Paul Gustave Louis Christophe, dit Gustave), dessinateur, graveur, peintre et sculpteur français (Strasbourg 1832 - Paris 1883). Fils d'un ingénieur des Ponts et Chaussées, Gustave Doré avait 17 ans quand son père signa pour lui avec Charles Philipon un contrat par lequel le jeune dessinateur s'engageait à fournir chaque semaine pendant trois ans un dessin humoristique au *Journal pour rire*. Début précoce et prometteur pour un artiste qui, au fil des ans, va s'affirmer comme un dessinateur romantique et visionnaire, mais, en même temps, comme un fin observateur des réalités sociales de son époque. Gustave Doré fera de longs séjours à Londres, et ses croquis des quartiers populaires de la capitale britannique constituent de véritables reportages. Bien qu'il ait été profondément conservateur et d'esprit bourgeois, Gustave Doré portera néanmoins par ses caricatures un jugement féroce sur les députés versaillais pendant la Commune de Paris. Mais il est surtout connu comme illustrateur des œuvres de Rabelais, de Cervantès, d'Alexandre Dumas, d'Edgar Poe, de Théophile Gautier, de Milton. Ses gravures sur bois se comptent par milliers. Elles ne l'ont jamais consolé de ne pas voir reconnues, par une notoriété égale, ses ambitions de peintre.

**dormant** n. m. Montant vertical situé entre les deux portes d'une armoire ou d'un buffet. Le « faux dormant » fait partie intégrante d'une des portes ; il est souvent sculpté ou cannelé.

**dorure** n. f. Procédé qui consiste à appliquer sur un support (bois, métal, cuir ou autre matière) une pellicule d'or.

*Dorure sur bois.* Appliquée au bois, la dorure donne naissance à des œuvres sculptées (le plus souvent en chêne ou en tilleul), revêtues d'une fine pellicule de métal précieux.

La dorure dite « à la détrempe » est exécutée en plusieurs phases : le bois sculpté parfaitement poli reçoit plusieurs couches de plâtre, de terre rouge broyée et d'ocre, additionnées d'eau non calcaire, séchées et finement lissées ; sur cette « assiette » est appliquée la dorure « à l'or moulu », sous forme de minuscules feuilles d'or d'une extrême finesse, vivement posées à la « palette », un pinceau en poils de petits gris légèrement gras ; le « brunissage », ou le « polissage », consiste à fixer l'or et à le patiner avec une pierre d'agate en forme de corne montée sur un petit manche ; l'or, bruni avec soin, prend alors une belle patine profonde, soutenue par la coloration légèrement rouge de l'assiette.

La dorure « à la grecque » est recouverte d'un vernis gras qui évite que l'or ne s'écaille.

La vogue du bois doré aux XVII^e^ et XVIII^e^ siècles donne naissance aux œuvres, qui triomphent avec le style rocaille : colonnes torsadées garnies de chapitaux en feuilles d'acanthe, angelots d'inspiration florentine, trophées, attributs de chasse ou d'attributs de musique, cadres sculptés, luminaires, boiseries et meubles divers.

Au XVIII^e^ siècle, les bois dorés décoratifs sont peu à peu abandonnés au profit de la « pâte » (mélange de blanc de Meudon et de colle de peau de lapin) coulée dans un moule dont elle épouse les moindres détails. Les motifs démoulés donnent des sculptures en relief, qui sont à leur tour dorées à la feuille selon une technique analogue à la dorure des bois sculptés.

*Dorure sur métal.* L'argent doré s'appelle habituellement « vermeil » et se pratique depuis l'Antiquité. Le bronze doré est connu, lui aussi, depuis l'Antiquité, mais il a joué un rôle privilégié du XVII^e^ au XIX^e^ siècle dans le mobilier et l'art décoratif.

Jusqu'au XIX^e^ siècle, la dorure sur bronze ou argent se faisait au mercure. L'expression consacrée était « doré d'or moulu ». Le doreur procède en effet avec un amalgame de mercure et d'or en poudre, qu'il applique uniformément sur l'objet à traiter. Cela fait, il présente l'objet au feu : le mercure s'évapore en vapeurs très toxiques, et seul l'or demeure, solidement fixé au support. Il reste au doreur à passer l'objet au brunissoir d'agate ou d'hématite afin de lui donner ce beau poli velouté que seule cette technique permet d'obtenir. L'invention, en 1827, de la dorure à l'électrolyse n'en constitue pas moins un progrès important, puisqu'elle met les ouvriers doreurs à l'abri des vapeurs mortelles du mercure. La dorure électrolytique se fait selon le même procédé que l'argenture. Elle donne un brillant plus froid et sans nuance et est aussi moins résistante.

Il existe encore quelques artisans qui pratiquent la dorure au mercure, qui travaillent pour les musées et les grands antiquaires. Lorsqu'on possède des bronzes de qualité, dédorés, il faut tenter de découvrir un de ces artisans (ou passer par l'intermédiaire d'un antiquaire). Une redorure électrolytique ferait en effet perdre aux bronzes une bonne partie de leur beauté et de leur valeur. Mais il faut aussi savoir que la dorure d'or moulu n'était, au XVIII^e^ siècle, appliquée que sur des objets de qualité exceptionnelle. Les bronzes de série — les plus fréquents — étaient simplement vernis « en façon de dorure ».

*Dorure sur verre.* Ce procédé de décoration fut couramment pratiqué dès les époques les plus reculées. La dorure s'applique toujours à froid, en surface ou entre deux couches de verre translucide. La technique diffère cependant selon le mode d'utilisation de l'or : à la feuille, en poudre ou en suspension. Tous les centres verriers ont eu recours à ce procédé, souvent aussi associé à l'émaillage (France, Venise, Allemagne) ou à la gravure (Espagne, Bohême). La forme de dorure la plus sobre est sans doute le filet qui souligne le buvant* d'un gobelet.

*Dorure des reliures.* Pour orner les plats et le dos des reliures en cuir, les relieurs utilisent des techniques variées. À l'aide de fers légèrement chauffés et pressés sur le cuir mouillé, ils obtiennent des motifs « à froid » ; lorsqu'on interpose une feuille d'or entre le fer et le cuir, le motif ressort en doré ; il peut varier à l'infini, suivant la forme des fers. Il est possible également, pour gagner du temps, d'appliquer une plaque, à la dimension des plats. Le décor à froid date du Moyen Âge, et le décor doré, dû aux Arabes dès la fin du XIV^e^ siècle, parvint en France, par l'intermédiaire de l'Italie et de l'Espagne, au début du XVI^e^ siècle (dor.).

**dos** n. m. Partie extérieure du livre, seule visible lorsque celui-ci est rangé sur un rayon de bibliothèque. À partir du XIX^e siècle, quand le volume est broché, le dos porte le nom de l'auteur, le titre de l'ouvrage, le nom de l'éditeur, la date d'édition et quelquefois la mention du papier sur lequel l'exemplaire est tiré. Dans les volumes reliés, il est lisse (sans nerfs* apparents) ou à nerfs (nerfs apparents) ; il comporte en lettres dorées le nom de l'auteur, le titre de l'ouvrage et quelquefois, en bas du dos, la date d'édition. Si l'ouvrage est en plusieurs tomes, chaque tome porte un numéro. Souvent, pour l'agrément de l'œil, le relieur dore le titre sur un morceau de cuir de couleur différente (pièce de titre) et la tomaison sur un autre (pièce de tomaison), obtenant ainsi de très jolis effets décoratifs.

**dosse** n. f. Planche débitée dans le sens du fil du bois.

**doublé** (verre). Procédé qui consiste à superposer deux ou trois épaisseurs de verre de couleur différente. De ce principe découlent plusieurs autres techniques de décor, mises au point dès l'Antiquité.

C'est la Bohême qui relança au XIX^e siècle la mode du verre coloré et taillé. Les autres pays d'Europe ne tardèrent pas à l'imiter (Angleterre et France). Mais la Bohême atteignit le plus haut degré d'élaboration, obtenant, avec plusieurs couches de verre, des décors véritablement polychromes, somptueusement taillés et gravés. L'Angleterre préféra adopter une taille plus simple, parfois cependant à pointe de diamant. Les couleurs sont généralement vives (rouge, bleu, plus rarement vert).

Émile Gallé et les verriers de l'école de Nancy ont procédé avec une grande virtuosité à des tailles de verre doublé en couches polychromes superposées et retaillées, parfois garnies d'incrustations.

**doublure** n. f. Partie interne des plats d'une reliure. Généralement en papier doré, marbré ou peigné, comme les gardes, la doublure, ou contre-plat, est souvent, dans les beaux exemplaires, ornée de maroquin doré ou mosaïqué, quelquefois armorié, ou de tabis bleu ou rose. M^me de Chamillart faisait relier ses livres de maroquin tout uni et sans ornement, mais la doublure du plat recto était ornée de ses armes. Les belles reliures sorties des ateliers des grands relieurs contemporains sont, pour les plus importantes, presque toujours doublées, ce qui est un signe de qualité.

**doucai.** Type de céramique chinoise de l'époque des Ming, décorée d'un émail cuit « à petit feu » et dans lequel les lignes du décor (animal ou végétal) sont tracées en bleu sous couverte. Les tons de la décoration sont souvent assez contrastés.

**Doucet** (Jacques), couturier et collectionneur français (Paris 1853 - Neuilly-sur-Seine 1929). Bibliophile et grand amateur d'art, il constitua d'abord une collection d'œuvres du XVIII^e siècle, alors en très grande faveur (1896-1904) ; celle-ci fut dispersée en juin 1912 pour l'acquisition d'une collection d'art contemporain. Doucet confie la décoration de son nouvel appartement avenue du Bois et de son studio Saint-James de Neuilly à Legrain, à Dominique, à Iribe, à André Mare et Louis Süe, donnant ainsi un élan décisif au style Art déco.

À l'incitation d'André Breton, il achète également des toiles dada et surréalistes ; il collectionne encore des manuscrits d'A. Suarès, de Verlaine, de Rimbaud, de Valéry et de Proust, qu'il fait recouvrir de reliures modernes.

La vente de sa collection le 8-XI-1972 marque le début de l'engouement pour l'Art déco, tel un raz de marée. J. Doucet sert ainsi une nouvelle fois d'animateur. La plus forte enchère a été pour un paravent réalisé par Eileen Gray, adjugé 170 000 F. Quinze ans après la vente Doucet les meubles Art déco obtiennent des enchères sans cesse plus élevées. Une table en laque de Jean Dunand s'est vendue 854 700 F chez Sotheby, à Monte Carlo, le 5-IV-1987.

**doucine** n. f. Profil sinueux de certaines parties de meubles, composé d'une courbe principale s'enchaînant à ses extrémités à deux petites contre-courbes. On dit aussi profil « en doucine » ou « à doucine ». Cette forme est particulièrement caractéristique des secrétaires et des commodes de style Louis Philippe, dont la traverse supérieure dissimule un tiroir dessiné selon ce profil.

La doucine est aussi le nom donné au rabot à fer latéral utilisé par le menuisier et l'ébéniste pour faire des moulures en forme de doucine.

**douelle** n. f. Latte de bois longitudinale légèrement courbe servant à former le corps d'un tonneau.

**douzain** n. m. Nom d'une monnaie d'argent bas titre créée par Louis XI (« douzain au soleil ») pour une valeur de 12 deniers tournois. Des douzains, de type différent, continueront d'être frappés jusque sous Louis XIV. Sous Louis XIII, les douzains du règne et ceux, encore en circulation, de tous les règnes précédents furent contremarqués pour porter leur valeur à 15 deniers.

**drachme** n. f. Unité monétaire de la Grèce antique. Parmi les nombreux systèmes monétaires grecs, celui qui est fondé sur la drachme est un des plus importants. Les multiples les plus fréquents de la drachme sont la didrachme (souvent équivalente au statère employé comme base d'autres systèmes monétaires), la tétradrachme, la pentadrachme, l'octodrachme et le décadrachme. Les sous-multiples de la drachme sont sa moitié, l'hémidrachme, et son sixième, l'obole*.

Alain Weil

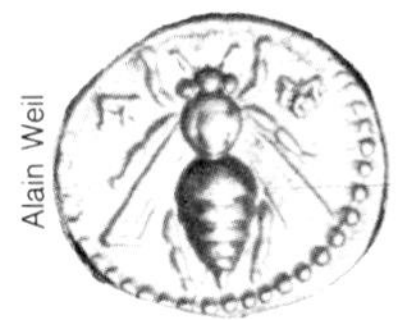

*Drachme phénicienne en argent d'Arados (II^e siècle av. J.-C.). Avers : abeille vue de dos. Revers : cerf et palmier. Coll. Alain Weil. Estimation 1 800 F.*

J. Vinchon

*Drachme attique en argent. Avers : Athéna casquée. Revers : chouette debout et pousse d'olivier.*

Alain Weil

*Drachme gauloise en argent des Volques Tectosages (région de Toulouse). Avers : tête masculine à gauche. Revers : ornement dans les 4 cantons d'une croix. Coll. Alain Weil. Estimation 1 800 F.*

En règle générale, les drachmes et les pièces qui en dérivent sont en argent (avec une exception notable pour les lourds multiples d'or de l'Égypte hellénistique). Dans le système de l'étalon attique, la drachme pèse 4,36 g et la tétradrachme 17,44 g.

Les tétradrachmes étaient les monnaies les plus courantes du grand commerce ; les deux exemples les plus célèbres de ces pièces sont les tétradrachmes d'Athènes à la chouette et celles d'Alexandre le Grand. Les chouettes d'Athènes furent monnayées presque sans interruption pendant près de cinq siècles (du milieu du VIe s. au milieu du Ier s. av. J.-C.) : elles constituent souvent la base d'une collection, et la valeur d'un exemplaire de bon style se situe en 1982 entre 5 000 et 15 000 F.

Les fameux décadrachmes de Syracuse sont parmi les plus prestigieuses des pièces grecques ; moins rares que les introuvables décadrachmes d'Athènes ou d'Agrigente, ils atteignent tout de même des prix de 100 000 à 200 000 F.

**drageoir** n. m. Récipient destiné à contenir des « dragées », c'est-à-dire, en ancien français, les sucreries en général. Le drageoir a tenu une place importante dans le mobilier et la vie de cour aux XIVe et XVe siècles : c'était alors une coupe couverte et montée sur haut piédouche, que l'on présentait aux convives à la fin des repas ou que l'on gardait dans ses appartements pour les petites fringales. Il constitue aussi une pièce d'orfèvrerie décorative d'une grande somptuosité : d'argent, d'or ou de vermeil généralement, mais parfois de cristal de roche ou autre pierre dure, enrichi d'émaux historiés, de repoussés en fort relief, de camées antiques, de perles et de pierreries en tous genres, le drageoir médiéval préfigure les belles coupes ornementales de la Renaissance. Il faisait aussi partie de ces cadeaux « diplomatiques » que les souverains s'offraient entre eux et dont les chroniqueurs se font les échos.

Musée des Arts décoratifs

*Drageoir en verre, décoré d'une tombe portant l'inscription : « Ci-gît l'indifférent ». Paris, musée des Arts décoratifs.*

Peu de ces orfèvreries mémorables nous sont parvenues. On en rencontre cependant quelques exemples dans les musées, mais aussi sur le marché sous la forme de ces hautes coupes godronnées, sommées parfois d'une statuette, œuvres des orfèvres d'Augsbourg et de Nuremberg au XVIe siècle.

Le grand drageoir d'apparat passe d'ailleurs d'usage à partir du XVIIe siècle, au profit d'autres orfèvreries décoratives. Quant aux friandises, on les conserve dorénavant dans des petites boîtes de table ou de poche que l'on nommera « bonbonnières ».

**dragons.** Dans toute l'Asie extrême-orientale (sauf en Inde, où les dragons sont remplacés par les nāga), les dragons sont des animaux mythiques régnant dans les eaux et les nuages et sont toujours considérés comme bénéfiques. Ce sont également, en Chine comme au Japon, des insignes impériaux. Le dragon impérial chinois a cinq griffes à chaque patte, alors que le dragon impérial japonais n'en a que quatre. Théoriquement, on ne représente jamais le corps des dragons en son entier, une partie étant toujours cachée par les nuages ou l'eau.

Christie's

*Jarre en bleu et blanc, décorée de deux dragons. Époque Wanli. (H. 51,5 cm.) Adjugée 45 000 dollars par Christie's, à New York, le 6-XI-1980.*

Il existe une infinité de dragons (des mers, des rivières, des nuages, etc.). Ils ont des cornes de cerf et de gros yeux globuleux, et sont l'emblème du Bhūtan (appelé « Druk-yul » ou « pays du Dragon »). Leur image est très fréquemment utilisée dans la décoration, en peinture et en sculpture, pour orner les fontaines et les toits des maisons et des temples, qu'ils sont censés protéger ainsi du feu céleste comme des inondations.

**draperie** n. f. En sculpture, l'étude des draperies permet de dater précisément une statue : serrés, égaux et réguliers au XIIe siècle, raides et parallèles au XIIIe, brisés à angles droits sur les pieds au XIVe, plus recherchés au XVe, très amples, comme soufflés ou chiffonnés dans la sculpture baroque, les plis des draperies continuent de s'envoler sur les statues, simple procédé d'artiste pour équilibrer une œuvre ou lui donner de la majesté.

On appelle « draperie mouillée » ou « draperie collante » la draperie employée dans l'Antiquité et chez les sculpteurs néoclassiques, qui faisait adhérer au corps une étoffe très fine, comme si le tissu était mouillé.

Au XVIIe siècle, peintres, tapissiers ou décorateurs couronnaient leurs œuvres de draperies simulées en trompe l'œil pour leur donner une plus grande solennité.

**dresche** n. f. Buffet bas des Flandres ou de l'Artois, à plusieurs portes séparées par des panneaux fixes (en Picardie, ce genre de meuble porte plus couramment le nom de « traite », qui peut compter jusqu'à huit portes). Les dresches comportent souvent un évidement, le « séage », qui forme une case entre les portes destinées au rangement des grands récipients en terre cuite.

**dresser.** Dans le mobilier anglais, vaisselier-présentoir pouvant prendre soit l'aspect d'un buffet muni d'une étagère de présentation, soit d'une table d'applique portant l'étagère et flanquée de petits casiers fermés par des vantaux.

**dressoir** n. m. Buffet à gradins, destiné à l'origine, au Moyen Âge, à la présentation des plats, avant de les passer à table. Le dressoir comporte un entablement sur des consoles, surmonté d'étagères, mais n'a ni portes ni tiroirs.

Meuble d'apparat, appelé également « garde-robe » au XVIe siècle, puis « crédence » ou « buffet » aux siècles suivants, le dressoir indiquait la richesse du maître du logis qui donnait une réception. Selon Henry Havard, il fallait être roi pour avoir droit à cinq gradins ; il y en avait quatre pour un prince, trois pour un comte, deux pour un chevalier, un seul pour des personnes — hommes ou femmes — non titrées.

À partir du XVIIe siècle, le dressoir est remplacé par le vaisselier, le buffet à deux corps, l'argentier ou le simple buffet.

**driadie** n. m. Synonyme de dyadie ou d'arrondiment, le driadie consiste, en tapisserie, à enrouler un fil de trame sur un ou plusieurs fils de chaîne, pour renforcer une ligne courbe ou oblique.

**drille** n. f. (de l'allemand *drillen,* percer en tournant). Nom générique pour désigner une certaine forme de vilebrequin. Une drille à archet est un foret tournant sous l'impulsion d'une corde enroulée autour d'un fût et tirée alternativement. La tête du foret est retenue par une boule creuse, appelée « noix » ou « crapaudine », permettant d'appuyer sur l'outil tout en le dirigeant. Cet outil, d'origine très ancienne, fut perfectionné et adopté dès le XVIIe siècle par les serruriers et les orfèvres.

**droits.** *Droit d'enregistrement.* Dans la note à payer au commissaire-priseur par l'adjudicataire figure un droit d'enregistrement versé au Trésor public. Le taux du droit d'enregistrement est de 7 p. 100 (depuis 1963). Les officiers ministériels considèrent que ce droit constitue un handicap vis-à-vis des ventes publiques britanniques, dispensées d'une telle taxe.

*Droit de préemption.* Lorsqu'une adjudication est prononcée, un représentant des musées nationaux est en droit de retirer la propriété du meuble ou de l'objet au dernier enchérisseur. Le droit de préemption, particulier à la France, permet d'affecter à un musée tout bien qui, présenté en vente publique, est jugé digne d'intérêt pour le patrimoine national. Si, dans un délai de quinze jours, le représentant des musées confirme la préemption, l'État verse le montant de l'adjudication au commissaire-priseur au profit du vendeur. Si la préemption est levée, l'acheteur, provisoirement évincé, devient propriétaire de l'objet et doit en acquitter le prix d'adjudication.

*Droit de rétention.* De même que le droit de préemption, le droit de rétention est une mesure de protection du patrimoine national qui vise à retenir en France certains meubles ou objets d'art. Cette interdiction de sortie est signifiée au commissaire-priseur pour certaines œuvres figurant au catalogue d'une vente. L'officier ministériel qui dirige la vacation est tenu d'en informer le public avant la séance. Le droit de rétention n'empêche pas l'adjudicataire de devenir propriétaire de l'objet, mais l'adjudicataire n'est pas autorisé à exporter celui-ci. L'énoncé, en début de vente, d'un « interdit de sortie » pour un certain lot du catalogue décourage les acheteurs étrangers, ce qui a souvent pour effet de limiter les enchères.

*Droit de suite.* Les œuvres graphiques et plastiques vendues en France sont taxées d'un droit de suite de 3 p. 100, reversé aux artistes contemporains et à leurs héritiers pendant cinquante ans. Ce droit de suite est également appliqué en Belgique, mais il ne l'est ni en Grande-Bretagne ni aux États-Unis. Cette inégalité de traitement, qui dévalorise les ventes en France et en Belgique, doit, en principe, être corrigée par une harmonisation fiscale au sein du Marché commun.

**drouille** n. f. Mot d'argot souvent employé par les antiquaires et les brocanteurs pour désigner les marchandises de basse qualité, sur les marchés aux puces ou dans les salles des ventes.

**Drouot.** V. HÔTEL DES VENTES.

**Dubois** (Jacques), ébéniste français (? 1693 - Paris 1763). Reçu maître en 1742, il excelle dans le style rocaille avec utilisation de bronzes somptueux. On lui doit notamment une encoignure à gradins surmontée d'une pendule et ornée de putti jouant avec des lions. Ce meuble exceptionnel, longtemps resté dans les collections du baron Alphonse de Rothschild à Vienne, s'est vendu 7 600 000 F à Monte-Carlo lors de la vente Akram Ojjeh le 25-VI-1979. Il a été longtemps considéré comme le meuble le plus cher du monde.

Christie's

*Bureau de pente laqué noir et or exécuté par Jacques Dubois pour le marquis de La Vallière sur commande du roi d'Espagne Charles III. Époque Louis XV. Vendu 120 000 £ par Christie's, à Londres, le 3-XII-1981.*

**Dubouché** (Adrien), industriel et mécène français (Limoges 1818 - Jarnac 1881). Appartenant à une famille de négociants, Dubouché découvre l'art de la céramique en devenant membre du Conseil de l'Union centrale des beaux-arts et membre du Conseil de perfectionnement de l'école de Sèvres. Soucieux de promouvoir l'industrie limousine, il obtient en 1867 de la ville de Limoges la création d'une école de dessin et de modelage gratuite pour les jeunes gens. Puis il réorganise et transforme en musée de Céramique un musée créé en 1850 ; il présente enfin des expositions destinées à former le goût, car il est persuadé que la présence d'arts majeurs florissants entraîne celle d'industries décoratives non moins enrichissantes.

**Dubuisson** (Pierre Paul), relieur français (? - 1762). Il devint

*Almanach royal de l'année 1788, aux armes de la famille d'Escorailles et décoré d'une plaque de Dubuisson.*

Ader-Picard-Tajan

relieur du roi en 1758 et se spécialisa dans les almanachs royaux et les reliures à plaques*.

**ducat** n. m. Nom donné à un très grand nombre de monnaies d'or frappées en Europe du XIIIe au XIXe siècle. À l'origine, ce nom fut donné à une pièce d'argent, le « ducatus argenti », créée par le « duché » de Venise au début du XIIIe siècle aux types de saint Marc et du Christ assis. Puis, en 1285, Venise fit frapper ses premières pièces d'or, les « ducati auri », qui connurent un immense succès en Europe et autour du bassin méditerranéen. Ces ducats, aux types immuables du doge agenouillé devant saint Marc et du Christ, seront produits sans interruption des premières émissions du doge Jean Dandolo (1280-1289) jusqu'aux frappes du dernier doge, Louis Manin (1789-1797). Toutefois, à partir du doge Francis Dona (1545-1553), le terme de *sequin** fut utilisé à la place de celui de *ducat,* peut-être pour particulariser la monnaie vénitienne face aux innombrables ducats frappés dans toute l'Europe, et particulièrement en Hollande, en Suisse et en Allemagne.

**Du Cerceau** (Jacques Ier Androuet), architecte, dessinateur et ornemaniste français (Paris v. 1520 - Annecy v. 1584). Après un voyage à Rome, au cours duquel il accompagna Georges d'Armagnac, évêque de Rodez, il s'établit à Orléans en 1549 et publia successivement une dizaine de traités d'architecture ; ils sont illustrés par les thèmes à la mode : décors, caryatides, grotesques, termes, trophées, modèles d'orfèvrerie et projet de meubles.

Son *Petit Traité des cinq ordres des colonnes* de l'artiste, paru en 1583, oriente le style issu de la première Renaissance — encore proche du vocabulaire ornemental gothique — vers un élargissement des thèmes antiques, interprétés avec fantaisie dans des cadres géomériques.

**duchesse** n. f. Chaise longue à joues pleines, à dossier arrondi et cintré, comportant un siège allongé. Sous le nom de « duchesse brisée », cette chaise peut se diviser en deux parties, avec un bout de pied comportant un petit dossier, ou en trois parties, lorsqu'un tabouret plat s'intercale entre le fauteuil principal et le bout de pied. On appelle « duchesse en bateau » la chaise longue en une seule partie comportant un double chevet.

Le « lit à la duchesse » est surmonté d'un dais rectangulaire avec de courts rideaux retombant sur les côtés.

**Dufrêne** (Maurice), artiste décorateur français (Paris 1876-Nogent-sur-Marne 1955). Élève de l'École nationale des arts décoratifs, Dufrêne fonde les ateliers d'art « la Maîtrise » des Galeries Lafayette, qui proposent des meubles pour tous, tout en s'efforçant de « continuer les hautes traditions françaises... avec des techniques rénovées et des matériaux nouveaux ».

Deux grands types de travaux définissent la production de Dufrêne : d'une part, des ameublements réalisés en série, tantôt en chêne, tantôt en placages unis, ornés avec une grande rigueur, caractérisent un premier style « Art déco » ; d'autre part, un mobilier plus raffiné et en bois plus précieux s'inspire des grandes lignes du XVIIIe siècle.

L'éclectisme est le caractère dominant des réalisations de Dufrêne : on passe d'un ameublement traditionnel, comme celui qui est montré lors des Salons d'automne (1931 et 1932), au « modernisme » de l'appartement conçu pour l'écrivain Pierre Benoît en 1933.

**Dufy** (Raoul), peintre et graveur français (Le Havre 1877-Forcalquier 1953). Ce célèbre peintre fauve a réalisé une œuvre considérable : 2000 peintures environ, deux fois plus d'aquarelles, d'innombrables dessins, céramiques et modèles de tissus imprimés. Il a encore consacré vingt-cinq ans de sa carrière (1910-1935) à dessiner « pour la mode », contribuant autant sinon davantage que Sonia Delaunay au renouveau de tout l'art décoratif à partir de ses dessins pour étoffe, destinés à l'habillement et à l'ameublement.

Il a collaboré un an (1910) avec Poiret dans un atelier place Clichy, exécutant lui-même toutes les phases de l'impression. Puis il a travaillé pour Bianchini et Férier, qui lui procuraient les moyens industriels lui permettant de perfectionner sa technique.

Sa part a également beaucoup compté dans la rénovation de la tapisserie, tombée en désuétude au cours du XIXe siècle ; comme ses confrères, Dufy a réduit à l'essentiel le nombre des couleurs employées.

**duite** n. f. En terme de tapisserie, résultat de deux passées, c'est-à-dire un aller-retour du fil de trame à travers la nappe de chaîne. Superposées et serrées à l'aide d'un peigne, les duites forment la texture même de la tapisserie.

**dumb waiter** (en français, littéralement, « serviteur muet »). Sorte de guéridon sur le fût central duquel sont adaptés trois plateaux, de dimensions décroissantes et généralement ronds. Inventé en Angleterre dans la première moitié du XVIIIe siècle, ce meuble fut très en vogue à l'époque Regency (v. 1800-1837). Placé à proximité de la table du repas, il permettait à chacun de se servir.

**Dunand** (Jean), sculpteur, dinandier et laqueur français

*Duchesse en bateau, en bois naturel mouluré et sculpté, huit pieds cambrés à nervures, fond de canne. Époque Louis XV.*

Ader-Picard-Tajan

d'origine suisse (Lancy, près de Genève, 1877 - Paris 1942). Élève de l'école des Arts industriels de Genève, Dunand vient à Paris (1896). Naturalisé français, il abandonne vite la sculpture pour créer des vases en métal argenté ou doré, ornés d'émaux champlevés ou cloisonnés. Les décors de ces vases, inspirés de la nature, se simplifient vers 1920 pour prendre des formes stylisées et géométriques proches du cubisme.

En 1912, un artiste japonais, Sugawara, initie Dunand à la technique de la laque, que celui-ci utilise dans la fabrication de maints objets à décor géométrique — panneaux décoratifs, paravents. Puis Dunand dessine des meubles, incrustés de nacre et de coquille d'œuf.

Les ateliers de métal, d'ébénisterie et de laque Dunand-Goulden-Jouve-Schmied acquièrent une telle notoriété qu'ils emploient plus de quarante personnes, voire une centaine pour la décoration du paquebot *Normandie*. On dit alors « un laque de Dunand » ; pour traiter la laque de décor soit naturaliste, soit géométrique à la manière extrême-orientale, Dunand recourt à un matériau et à une main-d'œuvre venus d'Asie. À l'Exposition des arts décoratifs (1925), Dunand travaille pour le pavillon du Collectionneur en compagnie de Ruhlmann.

Il est enfin le décorateur des paquebots *Atlantique* (1931) et *Normandie* (1935).

Ses œuvres atteignent des enchères justifiées : une série de six tables gigognes en laque noire vendue 139 000 F à Drouot, le 4-XII-1981 ; un paravent à quatre feuilles en laque écaille, adjugé 565 900 F à Drouot, le 22-X-1986 ; une table basse octogonale en bois laqué vendue 210 000 F à Manosque, le 9-II-1986 ; un bahut quadrangulaire entièrement laqué rouge-orangé, les portes soulignées de laque noire, est parti à 155 000 F à Lille, le 21-IV-1986.

**dupondius** n. m. Nom d'une monnaie de bronze de l'Empire romain valant la moitié du sesterce. Le dupondius est « un moyen bronze » à peu près de la même taille que l'*as,* dont il se différencie par le métal (bronze au lieu de cuivre rouge) et par la représentation de l'empereur, radié et non lauré comme sur l'as*.

B. N.

*Pièce de 5 F d'Augustin Dupré. Avers : Hercule entouré par la Liberté et l'Égalité, et Union et Force. Revers : l'an 5 (Ire République, 1796-97 et République française). Paris, Bibliothèque nationale.*

**Dupré** (Augustin), médailleur français (Saint-Étienne 1748 - Armentières-en-Brie 1833). Ayant appris le métier de ciseleur, A. Dupré s'installe comme orfèvre-ciseleur à Paris. La notoriété lui vient assez vite, et Dupré est amené à concevoir des jetons et des médailles. Il excelle dans ce domaine et réalise pour la jeune Amérique plusieurs œuvres, dont la célèbre médaille « Libertas Americana ». La Révolution française est pour lui l'occasion de donner la dimension de son génie : Dupré grave encore de nombreuses médailles, puis remporte le concours de 1791 pour le nouvel écu de 6 livres. Nommé graveur général des monnaies, il assume cette charge de juillet 1791 à mars 1803. C'est à lui que l'on doit la première et fameuse pièce de 5 francs « Union et Force » de l'an IV (1795), dont le type à l'Hercule entouré par la Liberté et l'Égalité a été repris de nombreuses fois jusqu'à nos jours (5 francs sous la IIIe République, 10 francs frappés de 1965 à 1973 et démonétisés en 1980, 50 francs frappés de 1974 à 1979 et démonétisés en 1980).

**Dupré** (Guillaume), sculpteur et médailleur français (Laon 1576 - Paris 1647). Actif dans la première moitié du XVIIe siècle, Guillaume Dupré connut très tôt les faveurs royales : en 1597, Henri IV le nomme sculpteur ordinaire de Sa Majesté, et, en 1603, Dupré devient contrôleur général des effigies, charge que Charles IX avait créée en 1572 en faveur de Germain Pillon. Il a laissé des sculptures, des intailles et plus d'une soixantaine de médailles (pour la plupart des fontes), qui font de lui un des plus grands médailleurs français.

**Duquesnoy** (les), famille de sculpteurs flamands. Parmi les plus connus citons Jérôme Ier (1570-1641) et ses fils François, dit « il Flamingo » (1597-1643), et Jérôme II, dit « le Jeune » (1602-1654). On leur doit notamment un premier Manneken-Pis. François, influencé par le Titien, excella dans l'exécution d'ivoires.

**Dürer** (Albrecht), peintre et graveur allemand (Nuremberg 1471 - *id.* 1528). Albrecht Dürer n'a que 13 ans lorsqu'il réalise son premier autoportrait. Son père, peintre verrier d'origine hongroise, lui a appris les rudiments du métier. Le jeune Dürer va compléter son apprentissage de base par un stage chez Michaël Wolgemut, peintre et graveur, où il reste jusqu'en 1490. À 19 ans, il entreprend une série de voyages qui le conduisent à Colmar, à Bâle et à Strasbourg. Il dessine dans cette dernière ville un portrait resté célèbre. De retour à Nuremberg, il s'y marie, puis gagne Venise, où il découvre la Renaissance.

C'est après ce premier voyage au-delà des Alpes qu'il décide de s'adonner totalement à la gravure et d'en tirer le plus clair de ses revenus par la vente directe de ses œuvres, qu'il édite lui-même, imprime et fait vendre par colportage.

Les thèmes religieux l'inspirent plus que tout autre thème. Mais, si ses dessins recèlent une foi profonde, ils relèvent, en même temps, d'une sensibilité extrême aux frayeurs de son époque. Les planches de l'*Apocalypse* traduisent cet univers inquiet : les paysans en révolte assiègent les châteaux ; les prédicateurs parcourent les campagnes en annonçant la fin du monde et le jugement dernier ; la famine et la peste frappent aux portes des chaumières ; l'Église est en crise, agitée des signes précurseurs du schisme de la Réforme, à laquelle Dürer apportera son appui.

Rendu célèbre à 26 ans par ses gravures de l'*Apocalypse,* Albrecht Dürer effectue un second voyage en Italie. Il en revient quelque peu apaisé. Une douceur préromantique, quelquefois mélancolique s'empare de son œuvre, où l'idée de la mort est souvent présente. En plus de ses gravures d'inspiration religieuse, Dürer fit face aux commandes officielles. Parmi celles-ci figuraient les portraits de ses protecteurs : l'empereur Maximilien, le conseiller impérial Ulrich Varnbüler, etc. L'œuvre de Dürer comporte également de nombreuses études de nus, des paysages, des scènes de campagne. L'artiste, féru d'astronomie, de sciences et de mathématiques, a également laissé de nombreux projets de pièces d'orfèvrerie.

La question de savoir si Albrecht Dürer effectuait lui-même ses gravures sur bois a été envisagée. Les règles corporatives des « Formschneider », en principe, le lui

La Nativité *(1504), gravure au burin de Dürer. Très belle épreuve sur papier avec filigrane, et bordure à la plume et à l'encre. Adjugée 9 020 £ par Sotheby, le 18-VI-1982.*

Sotheby Parke Bernet

interdisaient. Mais il n'est pas interdit de penser, devant l'extrême délicatesse de certaines gravures, que Dürer y travailla lui-même. D'une façon générale, nous sommes devant une œuvre qui réclame une parfaite harmonie entre l'artiste et l'ouvrier graveur. Les prix des gravures sur bois ou sur cuivre d'Albrecht Dürer sont très élevés. Sur 90 gravures proposées en salles des ventes, en Europe et aux États-Unis, au cours de l'année 1980, les deux tiers ont dépassé, et certaines très largement, l'équivalent de 10 000 F. En 1988, les cotes se situent de 20 000 à 50 000 F. Une gravure d'un rhinocéros s'est vendue 44 000 F à Drouot, le 7-III-1986, et 23 500 F un *Saint Eustache* à Drouot, le 21-XI-1986.

**Duseuil** (Augustin), relieur français (1673-1746). Au XIXe siècle, on donna le nom de « reliure à la Duseuil » à un décor des plats du volume, comportant deux encadrements de triples filets, ornés à leurs angles de fleurons. En 1714, Duseuil devint le relieur de la duchesse de Berry, et fut nommé en 1717 relieur du roi.

**Dutertre** (les), famille d'horlogers français, connue dès le XVIIIe siècle. Jean-Baptiste Ier (Rennes 1684 - Paris 1734) s'installe à Paris en 1713, où il met au point un nouvel échappement de type Hook à deux balanciers. Son fils, Jean-Baptiste, lui succède ; il est notamment l'auteur

*Pendule de cartonnier en bronze ciselé patiné et doré, d'époque Louis XVI. Cadran et mouvement de Charles Dutertre. Socle en bois plaqué d'ébène, estampillé Carlin. Adjugée par Mes Couturier-Nicolay, à Drouot, le 18-XI-1981.*

Couturier-Nicolay

d'une montre à équation. On connaît aussi un Nicolas Charles, qui réalisa des pendules-vases, un Jean Abraham, un troisième Jean-Baptiste, un Charles Nicolas et un Jean-Pierre.

**Duvaux** (Lazare), marchand mercier français (? 1703-Paris 1758). Marchand de curiosités, mercier, fondeur, ciseleur et orfèvre installé à Paris rue de la Monnoie, près de Saint-Germain-l'Auxerrois, puis rue Saint-Honoré, il est connu grâce au *Livre-Journal* qu'il tenait à jour avec une minutieuse rigueur et où il notait ses commandes et les prix pratiqués.

Fournisseur de la Cour, il se qualifie lui-même de « marchand bijoutier ordinaire du roy ». Sa principale cliente fut la marquise de Pompadour, dont le nom figure plus de 500 fois de 1748 à 1758 pour toutes sortes de meubles et d'objets d'art, avec leurs prix, depuis les rubans à deux livres jusqu'aux somptueuses porcelaines à plus de 2 000 livres. Le *Livre-Journal* de Lazare Duvaux, qui fait revivre tout le commerce d'art sous Louis XV, nous renseigne sur d'innombrables objets décrits dans le détail et sur l'évolution des goûts. Cet ouvrage a fait l'objet d'une réédition par F. de Nobele en 1965, précédée d'une étude sur le commerce des objets d'art au milieu du XVIIIe siècle.

**Duvivier** (Jean), médailleur français (Liège 1687 - Paris 1761). Il trouva rapidement protection à Paris auprès de l'ambassadeur du prince de Liège et, dès 1714, mit ses talents au service de l'hôtel des Monnaies. Il fut choisi par Louis XV, en 1719, pour succéder à Mauger, qui avait été l'artisan de l'histoire métallique de Louis XIV ; il a laissé un œuvre gravé de près de 400 jetons et médailles consacrés, pour la majeure partie, au règne de Louis XV.

Son fils *Benjamin* (1728-1819) vécut d'abord dans son ombre. Nommé en 1764 médailleur du roi, il grava un très grand nombre de médailles des règnes de Louis XV et de Louis XVI. Au moment de la Révolution, il put poursuivre son œuvre, mais ne réussit pas à emporter le nouveau poste de graveur général des Monnaies, qui échut à Dupré. Il fut encore un peu actif sous le premier Empire et, comme son père, laissa à sa mort un œuvre gravé considérable, qui le classe comme le médailleur le plus important du règne de Louis XVI.

**dye-transfert.** Procédé photographique proche de la phototypie et de l'impression offset. Il permet d'obtenir, à partir de clichés négatifs ou de diapositives, des épreuves en couleurs sur papier. On procède d'abord à la sélection chromatique du cliché initial. Les matrices ainsi obtenues sont imbibées de colorant et reportées sur une feuille de papier enduite de gélatine, où l'image définitive se forme. Procédé délicat, surtout au niveau du repérage, le dye-transfert laisse une grande liberté d'interprétation des tons.

**dynasties égyptiennes.** La chronologie de l'histoire de l'Égypte, de la fin de la préhistoire à la veille des conquêtes d'Alexandre, se compte habituellement selon des dynasties pharaoniques :

| | | |
|---|---|---|
| Ire-IIe dynasties | : | Époque thinite (3200-2780) ; |
| IIIe-VIe dynasties | : | Ancien Empire (2780-2300) ; |
| VIIe-XIe dynasties | : | Ire période intermédiaire (2300-2055) ; |
| XIe-XIIe dynasties | : | Moyen Empire (2055-1780) ; |
| XIIIe-XVIIe dynasties | : | IIe période intermédiaire (1780-1580) ; |
| XVIIIe-XXe dynasties | : | Nouvel Empire (1580-1085) ; |
| XXIe-XXXe dynasties | : | Basse Époque (1085-341). |

Bulloz

*Eau-forte d'Abraham Bosse, extraite du* Traité des manières de graver en taille douce *(1643). A. Bosse s'est efforcé, par le procédé de l'eau-forte, d'imiter la gravure au burin. Paris, Bibliothèque nationale.*

# E

**Eastman** (George), industriel américain (Waterville, État de New York, 1854 - Rochester 1932). Eastman est le fondateur de la société américaine Eastman Dry Plate and Film Co., qui fabriqua en 1888 le premier appareil « Kodak », dont le nom, facile à retenir et à prononcer dans toutes les langues, a été inventé par Eastman lui-même. Il perfectionna le film en rouleau en le dotant d'un support de papier recouvert d'une émulsion au gélatino-bromure d'argent. Le « rouleau Eastman » comportait de 100 à 150 vues de 65 mm de diamètre.

**eau-forte** (gravure à l'). Procédé employé en orfèvrerie et en ferronnerie pour décorer une pièce. Le métal est recouvert d'une mince couche d'une substance résistant à l'acide ; ce vernis est ôté des surfaces figurant le décor ou l'inscription à obtenir ; enfin, l'objet est plongé dans l'eau-forte (un acide), qui creuse plus ou moins profondément, selon le temps d'immersion, les endroits mis à nu, créant un contraste avec les surfaces protégées de la morsure de l'acide.

En gravure, la technique consiste à fixer, en vue de sa reproduction sur papier, un dessin sur le métal par la morsure d'un acide. Le mordant utilisé est généralement l'acide nitrique. La plaque qui sert de matrice au dessin est une feuille de cuivre ou de zinc de quelques millimètres d'épaisseur, que l'on enduit d'un vernis protecteur. C'est sur cette pellicule que s'effectue, à l'aide d'une pointe, le tracé du dessin. Les sillons ainsi dessinés seront seuls attaqués par l'acide et se garniront d'encre au moment de la mise sous presse, qui s'effectue après le dévernissage de la plaque. L'eau-forte peut être reprise au burin ou à la pointe sèche. Le procédé de l'eau-forte laisse à l'artiste une grande liberté d'expression.

**ébauche** n. f. Étude préparatoire d'une œuvre plastique. Syn. : ESQUISSE.

**ébène** n. f. Nom donné au bois de l'ébénier, déjà utilisé dans l'Antiquité pour sa dureté et sa couleur d'un noir intense. Rapportée en Europe au XVIe siècle par les navigateurs portugais, en provenance de Madagascar, des Indes, de l'île Maurice et de Ceylan, l'ébène a été utilisée avec succès par les ébénistes hollandais et allemands, notamment pour des cabinets, dont la mode s'est répandue au XVIIe siècle, souvent incrustés d'ivoire ou d'étain. Elle servait également à la confection de coffrets, d'écritoires, d'échiquiers, de manches de couteau.

L'usage de l'ébène en feuilles très minces, permettant des placages et des jeux de marqueterie, a donné son nom à la corporation des « ébénistes ». Pour imiter l'ébène, on a souvent utilisé le poirier, qui absorbe facilement les teintures noires, notamment sous le second Empire.

**ébéniste** n. m. À l'origine, spécialiste du travail de l'ébène, employée dès le XV^e siècle dans la fabrication des meubles. En fait, le terme d'« ébéniste » ne date que du XVII^e siècle, pour désigner le menuisier qui pratique le plus couramment le placage et la marqueterie. Laurent Stabre fut le premier artisan qualifié de « menuisier en ébène, faiseur de cabinets du roi », lorsqu'il reçut un logement au Louvre en 1608.

Les statuts des « maîtres menuisiers-ébénistes », qui datent de 1743, précisent que le titre de menuisier-ébéniste revient aux artisans qui font des ouvrages de marqueterie et de placage, « sans cependant faire un corps de communauté séparée ». De leur côté, les artisans sculpteurs, fondeurs ou ciseleurs n'appartenaient pas à la corporation des maîtres menuisiers-ébénistes, ce qui provoqua de nombreux conflits avec les ébénistes privilégiés du Louvre ou des Gobelins, qui étaient autorisés à faire travailler des bronziers à leur service, au lieu de faire appel aux artisans extérieurs capables de compléter le décor des meubles. Un édit du parlement de 1751 fait obligation à chaque maître ébéniste de posséder une marque particulière, appelée « estampille* ». Au XIX^e siècle, le mot « ébéniste » a pris un sens plus général, pour désigner l'artisan spécialisé dans la restauration des meubles.

**ebru** (du mot persan *ebr* ou *ebri,* nuage, nuageux). Technique de décoration sur papier produisant un effet de marbrure, de jaspure ou de moirage. Ce papier est surtout utilisé en reliure, pour la couverture des livres et des albums ; mais on l'emploie aussi en Orient pour encadrer des pages calligraphiées ou comme fond même de la calligraphie.

Originaire du Turkestan, la papier ebru a d'abord été utilisé en Iran, avant de devenir un art accompli en Turquie. Le procédé requiert une certaine dextérité : dans un plateau profond de 6 cm, aux dimensions du papier utilisé, on verse une solution épaisse d'eau et de gomme arabique, ou adragante. Quant aux poudres colorées, elles sont pulvérisées et mêlées à du fiel de bœuf ou à de la cire vierge (ce qui permet une répartition régulière à la surface de l'eau).

L'artiste commence avec les couleurs les plus foncées, qu'il éparpille sur l'eau avec un pinceau. Puis, à l'aide d'un fil de fer, il les étire en formes sinueuses, tournoyantes ou même florales. Le papier est posé sur l'eau pendant quelques secondes de manière qu'il absorbe la couleur.

Bien que ce type de décor doive beaucoup au hasard, l'intervention d'artistes habiles permet d'obtenir de meilleurs effets. Nombre d'entre eux ont excellé dans cet art, tels Hatip Mehmet Efendi (XVIII^e s.), Sami Okyay (début du XX^e s.), Necmettin Okyay. Cette technique fut également largement exploitée en Occident, notamment en reliure.

**écaille** n. f. Matière dure, cornée, constituant la carapace de certaines tortues marines. L'écaille de tortue entre dans la confection et dans la décoration d'un grand nombre d'objets : boîtes, coffrets, éventails, objets décoratifs ou purement utilitaires tels que les peignes, les boucles de ceintures ; sa plasticité la rend en effet très facile à travailler. L'écaille est translucide, d'un blond chaud au brun foncé. Si l'écaille est rouge ou verte, ces effets de couleur sont donnés artificiellement, à l'aide d'une colle colorée ou d'un support peint qui transparaît à travers la matière.

Le travail de l'écaille relève, depuis le Moyen Âge, de la corporation des tabletiers. L'écaille leur est livrée sous forme de plaques bombées ; la première étape consiste donc à redresser ces plaques en les ramollissant à l'eau bouillante avant de les soumettre à la presse. L'écaille se ramollit à volonté, se soude à elle-même, peut également se mouler. Ses applications sont multiples.

Nicolas Prudhomme

*Boîte ronde en écaille, à décor double face d'un camaïeu imprimé sur soie, fond d'écaille incrusté d'or. Époque Louis XVI. (D. 8 cm.) Nicole Kramer, Louvre des Antiquaires.*

Nicolas Prudhomme

*Boîte ronde en écaille noire piquée d'or. Fin du XVIII^e siècle. Nicole Kramer, Louvre des Antiquaires.*

Les marqueteries dites « de Boulle » se font à l'aide de motifs découpés dans l'écaille en même temps que dans le cuivre ou l'étain. Dans ce cas pécis, l'écaille est souvent rehaussée d'une doublure rouge. Ce type de décoration fut utilisé à partir des années 1680, non seulement pour les meubles (armoires, commodes, bureaux Mazarin), mais aussi pour les pendules et les cartels. Après la Régence, la mode passa quelque peu, sans toutefois disparaître complètement ; elle connut un très grand succès à l'époque Louis XVI, puis sous Napoléon III.

Aux XVIII^e et XIX^e siècles, l'écaille fut surtout utilisée pour la confection de boîtes et de menus bibelots, tels que les montures d'éventails, les faces-à-main. Elle forme le matériau de base des tabatières riches ou bourgeoises : les tabatières d'or émaillé ont toujours une doublure d'écaille, de même que celles, moins opulentes, de pomponne. Souvent aussi, l'écaille est utilisée seule, simplement cerclée d'or ou d'argent et rehaussée de travaux d'incrustations : le « piqué » ou le « clouté » d'or sont de petites pastilles ou des étoiles d'or ; le « posé » consiste en motifs plus importants, qui sont découpés avec des instruments chauffés, incrustés dans l'écaille ramollie, qui se resserre autour d'eux en refroidissant, les emprisonnant étroitement. Ces différentes techniques permettent de dessiner des motifs variés.

Certains livres, principalement de piété, furent reliés en écaille souvent incrustée d'argent ou d'or. Par extension, le mot « écaille » a été donné à une coloration à teintes multiples, imitant l'écaille, que les relieurs donnent au veau ou à la basane.

**échappement** n. m. En horlogerie, mécanisme régulateur dosant l'énergie du moteur — poids ou ressort — des horloges et des montres. La mise au point de l'échappement à force constante est, en quelque sorte, selon l'expression de l'expert Jean-Claude Sabrier, « la pierre philosophale de l'horlogerie ».

L'échappement doit remplir deux fonctions, qu'il exerce simultanément : le freinage de la rotation des rouages et la transmission périodique au balancier des impulsions d'entraînement le plus uniformément possible. Les échappements sont classés en trois groupes, d'après le comportement de la roue d'échappement : les échappements à recul, les échappements à repos et les échappements libres. Dans le premier groupe, la roue d'échappement revient en arrière une fois l'arc terminal achevé ; dans le deuxième groupe, elle reste immobile une fois l'arc terminal achevé ; dans le dernier groupe, la liaison balancier-échappement est totalement interrompue après la transmission de l'oscillation. Parmi les échappements à recul, l'échappement à verge et à roue de rencontre a été utilisé en raison de sa fiabilité pendant plus de trois cent cinquante ans à partir de la fin du XV^e siècle. Quelques grandes dates jalonnent l'histoire de l'échappement : 1680, invention de l'échappement à ancre par Clément ; 1726, naissance de l'échappement à ancre de Graham ; 1727, échappement à double levier du chevalier de Béthune ; 1741, échappement à chevilles d'Amant.

Au XVIII^e siècle, la plupart des grands horlogers français, anglais et suisses s'intéressent aux échappements et perfectionnent les systèmes, élaborant de nouvelles solutions. Vers 1795, Abraham Louis Breguet invente le tourbillon, ou cage tournante, qui consiste à monter dans une cage appelée « lanterne », tournant librement sur elle-même, le balancier, l'échappement et la roue d'échappement. Le brevet date de 1801. Grâce à ce dispositif, les écarts du mouvement d'une montre de poche en position verticale sont compensés. L'échappement de Brocot, breveté en 1840, connaît un grand succès au milieu du XIX^e siècle. En 1894, le Danois Bonniksen met au point la montre à carrousel — moins coûteuse que les montres à tourbillon —, dans laquelle la totalité de l'échappement est séparée des rouages et tourne sur un pivot particulier.

L'échappement constitue un élément essentiel de datation des mouvements. Les variations innombrables mises au point par les grands horlogers font la joie des collectionneurs, qui s'attachent spécialement à la beauté, à la fiabilité, aux complications et à la précision de ces mécanismes des plus sophistiqués. À boîtier comparable, la présence ou l'absence d'un échappement particulier peut modifier dans des proportions considérables la valeur d'une pièce d'horlogerie, en particulier celle des montres, des chronomètres et des régulateurs. La rareté de certains systèmes, leur place dans l'histoire de l'horlogerie, l'identité de leur inventeur peuvent être des sources de plus-values importantes. Soulignons qu'il s'agit d'un domaine où seuls les amateurs extrêmement spécialisés, dotés d'une large érudition, peuvent porter un jugement fondé sur des données objectives.

**échauffe-lit** n. m. Bassinoire, en dialecte auvergnat.

**échecs** n. m. pl. Né probablement aux Indes au V^e ou au VI^e siècle, ce jeu est à l'origine un jeu de hasard, dans lequel quatre joueurs s'opposent avec des dés. Les Perses sassanides en font au VII^e siècle un jeu de compétition (shah mat = le roi est mort = échec) qui sera introduit en Espagne par les Arabes. Au XVI^e siècle, les règles sont fixées définitivement.

Les échiquiers, mais surtout les pièces d'échecs sont d'admirables objets décoratifs, et ce jeu de rois et de seigneurs inspira bien des grands artistes.

Les pièces d'ivoire médiévales, représentant un roi sur son trône, un fier cavalier, sont des objets d'art au même titre que les sculptures. D'or, d'argent, de bronze, d'ivoire, de bois ou de terre, ces pièces évoluent sur un échiquier marqueté, fleuri, orné par les meilleurs ébénistes du XVIII^e siècle ou sur un simple plateau de bois peint.

*Partie de jeu d'échecs représentée sur une valve de miroir du XIV^e siècle, en ivoire. Londres, British Museum.*

**échopper.** Enlever au burin les reliefs d'un bloc de métal ou d'une plaque de cuivre destinés à la gravure.

**éclimètre** n. m. Instrument d'arpentage qui permet de calculer l'inclinaison des pentes. Il se compose d'une alidade et d'un cadran gradué lesté d'un balourd ou d'un fil à plomb. En usage à partir du XVI^e siècle, il est en cuivre ou en laiton doré. Appelé aussi « clinomètre », il se rapproche de la hausse d'artillerie. Sans être un objet courant, on le rencontre régulièrement dans les ventes publiques : un exemplaire de qualité moyenne de la fin du XIX^e siècle a été adjugé 1 500 F à Drouot, le 19-XII-1986.

**écoinçon** n. m. En terme d'architecture, surface triangulaire placée entre la courbure d'un arc et le bandeau horizontal la surmontant ou aux quatre coins d'un plafond dont le motif central est circulaire. Vitraux, tapis, tapisseries, boiseries peuvent porter des écoinçons agrémentés de guirlandes, de rinceaux ou d'allégories, ou encore d'ajours, comme aux angles des rosaces formant verrière à l'époque gothique. Les meubles lyonnais présentent souvent des motifs en écoinçon à l'extérieur des moulures et dans les angles supérieurs des portes ou des tiroirs.

On appelle « meubles en écoinçon » les meubles construits de telle sorte qu'ils puissent prendre place dans l'angle d'une pièce. Le meuble en écoinçon le plus typique est l'encoignure, ou buffet à une porte, qui présente une façade droite ou bombée entre deux côtés se rejoignant à angle droit.

**écouane** n. f. Râpe à stries parallèles et profondes. Elle sert à de multiples usages : à façonner des matières demi-dures, telles que bronze tendre, bois dur, ivoire, or, corne, pierre, etc. ; à nettoyer et ébaucher des pièces de fonderie. Sa forme varie selon son utilisation. L'écouane de l'armurier possède un manche décentré par rapport à la râpe. Celle du tailleur de pierre ressemble à une poignée de rabot, la base supportant une série de lames encastrées.

**écran** n. m. Petit meuble, appelé à l'origine (au XIV^e s.) « écran à feu », destiné à se protéger de la trop vive chaleur des grandes cheminées d'autrefois. Les écrans étaient en bois, en osier tressé ou en étoffe fixée sur une armature reposant sur des pieds horizontaux. Au XVIII^e siècle, certains écrans en tissu ou en tapisserie sont « à coulisse » (dans un cadre fixe) ou « à rouleau », sortant d'un cylindre fixé à la cheminée.

**écrin** n. m. À l'origine, le mot désigne simplement une boîte, un coffret... voire un cercueil ! C'est seulement au XVIIIe siècle que le terme se limite aux objets précieux et bijoux, prenant ainsi un sens qui est encore le nôtre. Il est souvent pris dans un sens symbolique pour désigner l'ensemble des bijoux de telle ou telle personne. On lit ainsi dans les catalogues de commissaires-priseurs : « vente de l'écrin de la princesse de M... ».

L'écrin est fabriqué à la mesure du bijou ou de la parure, de manière à lui servir aussi de présentoir. Il est gainé extérieurement de galuchat* ou de maroquin doré aux petits fers (V. ÉTUI). L'intérieur est en carton bouilli garni de soie ou de velours. Certains écrins de parures adoptent parfois des sinuosités et des renflements bizarres, ainsi qu'une curieuse forme de sabot où s'étagent le bracelet, la broche, les pendants d'oreilles. Les grandes parures du premier Empire sont conservées dans des écrins presque monumentaux.

**écritoire** n. f. (du latin *scriptum,* écrit). Petit meuble comportant un pupitre et permettant de ranger le matériel à écrire (papier, plumes, encre, sable, cire...). Utilisé depuis l'Antiquité, il évolue selon les modes, du bureau portatif au simple coffret. Du Moyen Âge au XVIIIe siècle, on l'utilise en le posant sur une table, mais il peut être aussi un meuble autonome sur lequel on écrit en étant assis ou debout.

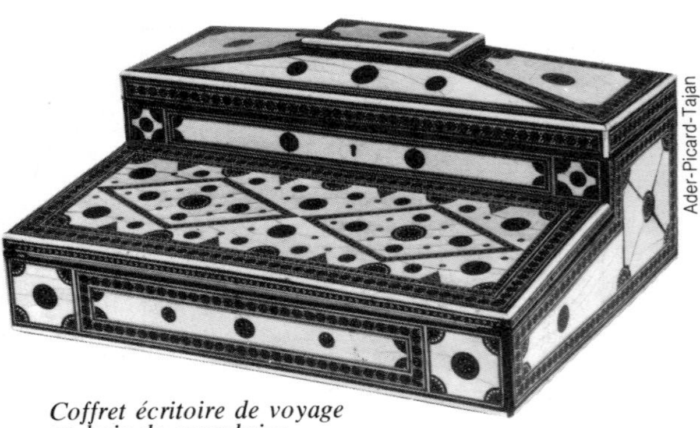

Ader-Picard-Tajan

*Coffret écritoire de voyage en bois de camphrier recouvert de plaquettes en ivoire, incrustées de minuscules parcelles d'étain et d'ivoire. Travail indo-portugais, XVIIIe siècle. (D. 38 × 30. H. 15 cm.) Adjugé 6 200 F par Mes Ader-Picard-Tajan, à Drouot, le 22-VI-1982.*

À partir du XVIIIe siècle, il prend la forme d'un accessoire mobile et on en fabrique en faïence, en bronze, en laque et en cuir. Sous l'Empire, les écritoires de campagne destinées aux officiers supérieurs sont en bois précieux, à casiers et à tiroirs multiples ; elles se posent sur une armature pliante. Pour obtenir plus de raffinement, les écritoires sont parfois assorties aux meubles leur servant de support. Certaines portent l'estampille de l'ébéniste qui a réalisé le meuble principal, ce qui leur donne une importante plus-value. C'est ainsi qu'une écritoire en placage d'ébène estampillée de Montigny a atteint 600 000 F alors que le bureau de ce maître était adjugé 2 700 000 F à Drouot le 22-VI-1982.

Les écritoires d'orfèvrerie sont différentes de celles d'ébénisterie. Il s'agit plutôt d'un nécessaire à écrire que l'on pose sur le bureau : un petit plateau sur lequel sont disposés trois « cornets » (godets), pour l'encre, la poudre et l'éponge, et un espace destiné aux plumes, au canif à l'étui à cire. Les écritoires sont souvent des objets très somptueux, surtout si elles étaient destinées au bureau d'un important personnage, telle celle que François-Thomas Germain livra en 1756 au roi de Portugal, en forme de vase antique orné de figures d'enfants. On en fit aussi en or massif. Les écritoires courantes sont plutôt en forme de navette ou de caissette rectangulaire, sous Louis XVI.

**écu** n. m. En terme de monnaie de compte, unité valant 3 livres. En terme de monnaies d'espèce, nom générique donné à un très grand nombre de monnaies françaises d'or ou d'argent.

Bibliothèque nationale

*Écu d'or de Saint Louis, monnaie de dix sous tournois (1266), pièce rarissime dont subsistent huit exemplaires. Le revers est décoré d'une croix. Paris, Bibliothèque nationale.*

Le premier écu d'or français fut le fameux écu d'or de Saint Louis (dont seuls subsistent, de nos jours, huit exemplaires). Celui-ci rétablit en 1266 le monnayage d'or, disparu depuis les Carolingiens, avec un « denier d'or à l'écu ». L'écu d'or fut repris sous Philippe VI de Valois et, dès lors, frappé sans interruption, mais avec un grand nombre de variantes jusqu'au règne de Louis XIII. Ce dernier fit créer en 1640 le « louis d'or » à l'effigie royale, qui allait remplacer l'écu d'or jusqu'à la fin de la monarchie. Pendant une courte période de transition, de 1641 à 1643, il fut également frappé des « louis d'argent » de 60 et de 30 sols, pièces qui deviendront sous Louis XIV l'écu et le demi-écu d'argent. À partir du Roi-Soleil, l'écu désigne donc la plus grosse pièce d'argent du royaume, tandis que les pièces d'or sont le louis, le double-louis et le demi-louis (exception à noter, on a encore frappé quelques écus d'or de 1643 à 1651).

L'écu d'or de Charles VI, le plus courant de tous, vaut entre 2 000 et 6 000 F, suivant l'état de conservation. Notons enfin qu'on appelle encore couramment, de nos jours, « écus » toutes les pièces de 5 F de grand module frappées entre la Révolution et 1878.

**écuelle** n. f. Sorte de bol évasé, muni de deux anses et servant à présenter bouillons, potages et autres ragoûts. Ce mot à consonance populaire évoque plutôt, pour le collectionneur, un bel objet d'orfèvrerie.

Rien ne reste en effet des écuelles de terre ou de bois dont se servaient les paysans jusqu'au XVIIe siècle. On rencontre en revanche, chez les spécialistes de l'argenterie, de l'étain, et de la céramique, des écuelles délicatement décorées, à usages bourgeois ou aristocratique. Ces écuelles-là sont munies généralement d'un couvercle et, parfois, d'un présentoir. Elles servent au potage et au bouillon ; aussi les appelle-t-on parfois « écuelles à bouillon » ou « bouillons ».

Les écuelles d'étain font partie des objets les plus soignés en cette matière ; contrairement aux plats et pichets, ce sont des objets d'orfèvrerie à décor travaillé de motifs en relief : un bol creux large et bas, deux anses horizontales garnies d'arabesques et de lambrequins répondant au motif rayonnant qui s'étale sur le couvercle plat, autour d'un simple bouton, ou anse. Les principaux centres de fabrication sont, au XVIIIe siècle, Paris, Lyon, Bordeaux et Strasbourg. Certaines écuelles d'étain strasbourgeoises présentent un couvercle à trois boutons qui, retourné, forme une assiette à trois pieds. Les écuelles d'étain ont un couvercle généralement plat, à l'exception de certaines qui, à l'imitation des écuelles d'argent Louis XV, présentent un haut couvercle bombé à décor rocaille.

Les écuelles d'argent du XVIIIe siècle sont très recherchées des amateurs d'orfèvrerie. La plus ancienne qui soit conservée (au Louvre) est aussi la plus prestigieuse, puisqu'il s'agit de celle du Grand Dauphin, fils de Louis XIV, unique exemple de vaisselle royale de ce temps à avoir échappé à la fonte. Poinçonnée par Sébastien Leblond en 1690-1692, elle est en vermeil, de forme sobre et raffinée. Les deux anses sont ornées de dauphins et de coquilles, le couvercle plat garni d'un jeu de rinceaux et d'entrelacs sur fond amati, avec une petite anse articulée.

Les plus belles écuelles d'orfèvrerie, sont cependant celles de Strasbourg poinçonnées par Alberti, Imlin, Kirstein. Ce style rocaille sans lourdeur, bien qu'abondamment fleuri de roses et de guirlandes « au naturel », évoque les faïences de Hannong et l'ensemble des arts décoratifs qui s'épanouissent au XVIIIe siècle dans l'entourage des princes-évêques de Rohan. À Strasbourg, les écuelles, accompagnées de leur présentoir et d'un couvert, sont aussi un cadeau traditionnel de relevailles ; aussi sont-elles présentées dans un bel écrin de maroquin. Ajoutons qu'elles sont exécutées dans ce vermeil d'exceptionnelle qualité qui fit la réputation de Strasbourg dans tout le royaume et au-delà des frontières.

**Edelinck** (Gérard), graveur d'origine flamande (Anvers 1640 - Paris 1707). Appelé à Paris en 1665 par Colbert, Gérard Edelinck fut nommé graveur par Louis XIV, qui l'installa aux Gobelins. Il fut l'un des graveurs les plus importants du XVIIIe siècle. Son œuvre est évalué à 300 pièces au moins, parmi lesquelles *la Sainte Famille,* d'après Raphaël, *le Christ aux anges,* d'après Le Brun, et *Moïse,* d'après Philippe de Champaigne. Gérard Edelinck fut à l'origine d'une révolution dans la gravure, en substituant les tailles en losange (croisements obliques) aux tailles carrées (croisements perpendiculaires).

**Edelzinn.** Ce terme allemand, qui signifie « étain noble », désigne l'ensemble des pièces décoratives surchargées d'ornements en relief, obtenues par une fonte au moule. De 1550 à 1650 environ, l'école lyonnaise, François Briot* et ses émules, l'école de Nuremberg avec Caspar Enderlein et l'école de Strasbourg ont produit de nombreux modèles d'orfèvrerie d'étain d'une grande richesse ornementale et toujours d'une parfaite qualité d'exécution. Les « edelzinn » sont très recherchés des collectionneurs d'étain, qui doivent prendre garde aux faux réalisés par surmoulage à la fin du XIXe siècle (reconnaissables par l'excès de plomb et par le manque de netteté des reliefs).

**éditeur** n. m. Celui qui fait profession de porter des œuvres imprimées à la disposition du public et, restrictivement, de mettre des livres à la disposition du lecteur.

Dès l'invention de l'imprimerie, le libraire* imprime et diffuse ses livres, puis, à partir du XVIIIe siècle, l'imprimeur se contente d'imprimer et laisse au libraire le soin de vendre sa production. À partir de la première moitié du XIXe siècle et de l'essor industriel du livre apparaît l'éditeur, dont le rôle est bien défini : il dirige l'exécution matérielle de l'impression et la vente du livre au libraire, et il est, comme ce dernier, un intermédiaire entre l'auteur et l'acheteur ; il établit les contrats avec les auteurs, laissant au libraire la charge de la diffusion et de la vente.

**édition** n. f. Publication d'un ouvrage littéraire et ensemble des exemplaires du tirage d'un ouvrage. Si les livres manuscrits sont uniques ou copiés à un nombre limité (quelques dizaines d'exemplaires), l'invention de l'imprimerie va permettre des tirages plus importants : au XVe siècle, les incunables sont tirés à environ 300 exemplaires ; les livres des XVIe, XVIIe et XVIIIe siècles ont des tirages de 1 000 à 1 500 Au XIXe siècle les tirages sont de 1 000 à 1 500 exemplaires par édition.

L'*édition princeps* est la première édition d'un auteur grec ou latin. L'édition originale est la première publication d'un ouvrage en librairie avec le consentement de l'auteur. Deux grandes éditions originales parurent en 1857 : *les Fleurs du mal,* chez Poulet-Malassis et de Broise, et *Madame Bovary,* chez Michel-Lévy. Les éditions originales des grands auteurs, qui constituent une part importante de la bibliophilie, sont très recherchées depuis le XIXe siècle. Leur cote est fonction de la célébrité, de la vogue... ou de l'oubli des auteurs.

Laurin-Guilloux-Buffetaud-Tailleur

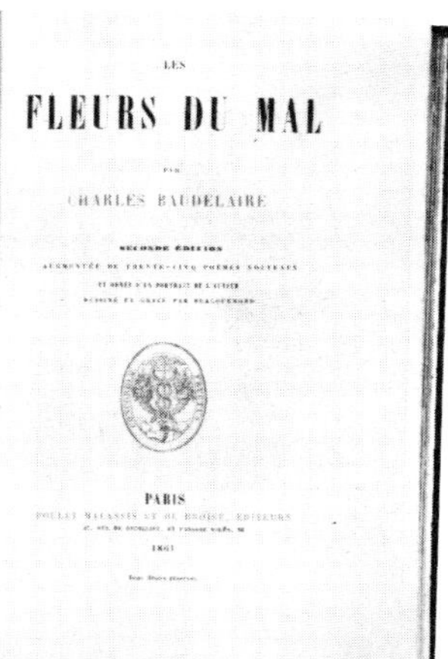


*Seconde édition des* Fleurs du mal, *cependant considérée comme une édition originale à cause de l'ajout de 35 poèmes inédits, ornée d'un portrait de l'auteur gravé par Bracquemond. Elle fut éditée à Paris par Poulet-Malassis et de Broise en 1861. Collection particulière.*

**églomisé** (verre). Sorte de fixé sous verre à la feuille d'or rehaussé de vernis noir. C'est le nom d'un célèbre doreur et encadreur parisien du XVIIIe siècle, Jean-Baptiste Glomy (mort vers 1786), qui est à l'origine de cette appellation en l'appliquant à l'encadrement des gravures et des dessins ; il exécuta des « embordements » de verre décorés sur l'envers de filets dorés à la feuille et de vernis noir. Toutefois, la technique du verre églomisé était déjà connue depuis des générations de verriers [VERRES]. Elle est à rapprocher aussi à juste titre de la technique allemande du *Zwischengoldglas.* Dans les deux procédés, la peinture à froid appliquée sous verre est associée à des fonds or ou argent.

Deux verres (gobelets à côtes plates de préférence ou verres à pied) s'emboîtent très exactement l'un dans l'autre. La face intérieure du plus grand est peinte, tandis que la face extérieure du plus petit est recouverte d'un fond or ou argent gravé ou non : tel est le schéma du principe général de ce procédé décoratif. Le succès du verre églomisé (on évoque souvent à ce propos les « souvenirs » vendus dans les stations d'eau allemandes) conduisit les verriers à mettre au point de nombreuses variantes. En Autriche, Mildner signait des pièces en *Milchglas* orné d'un médaillon incrusté, dont la feuille d'or gravée était incluse entre un fond en laque rouge et une pellicule de verre transparent. Un autre modèle allemand, très rare, fait cependant appel au principe du *Zwischengoldglas* et associe une face dorée et une face émaillée d'un décor de marbrures.

**égouttoir** n. m. Meuble campagnard destiné à recevoir la vaisselle fraîchement lavée. Il se compose d'un bâti sur pieds supportant un treillage en bois, d'où l'eau s'égoutte sur la terre battue ou une pierre à écoulement ; il peut être également accroché au mur. Les égouttoirs étaient généralement réalisés par les fermiers ou fabriqués à la demande par un menuisier local, suivant l'importance de la vaisselle familiale. Leur forme varie selon les régions : simples caisses à claire-voie (comme en Poitou, en Vendée, en Saintonge, en Savoie) ou égouttoir combiné avec un vaisselier (comme en Champagne). L'égouttoir est incorporé à la traite* ou la dresche* en Artois et en Picardie ou associé à une potière à plusieurs tablettes. En Normandie, le vaisselier-égouttoir est un buffet bas à fond ajouré, surmonté d'une étagère porte-vaisselle à balustres tournés.

**égrenure** n. f. En céramique, petite imperfection ou léger accident, le plus souvent sur le bord des pièces, qui met à nu le grain de la faïence ou de la porcelaine. Les égrenures sont parfois appelées « ébréchures » lorsqu'elles sont plus importantes. Selon que l'égrenure est légère ou qu'elle se trouve répétée, les prix peuvent se trouver dépréciés de 10 à 30 p. 100.

**Égypte.** Les tapis mamelouks, qui sont les tapis égyptiens les plus renommés, ont été noués à partir du XVe siècle sous l'égide de la dynastie mamelouke. Ils sont parfois appelés, à tort, « tapis de Damas », car ils ont été retrouvés dans cette ville, qui était alors une importante place commerciale. Ils possèdent une composition à la fois très chargée et très fine. Le graphique, très géométrique, très précis et très ample, s'articule généralement autour d'un médaillon central rond, octogonal ou étoilé. Rinceaux, rubans, petits motifs géométriques et végétaux (motifs à papyrus souvent groupés par trois) sont parmi les éléments du décor, d'où sont totalement exclues les représentations d'êtres vivants. À la suite de la conquête de l'Égypte par les Ottomans en 1517, les tapis égyptiens emprunteront plus au vocabulaire ornemental persan et les motifs végétaux seront plus développés. Exécutés en laine, au nœud persan très serré, les tapis égyptiens du XVIe et du XVIIe siècle se singularisent par leurs coloris d'une grande sobriété. Les fonds, principalement rouges et verts, parfois bleus, sont ornés de motifs multicolores (dans une gamme limitée) qui se fondent dans la tonalité dominante.

**Égypte** (ancienne). V. DYNASTIES.

**Ekois** ou **Ejaghams.** Population vivant sur le cours supérieur de la Cross River, à la frontière du Nigeria et du Cameroun, près des Ibibios.

La société secrète egbo (appelée « ekpo » par les Ibibios), qui règne dans tout le Nigeria du Sud, serait d'origine ekoi et comporte sept grades ayant leur masque : tête humaine sculptée dans le bois et recouverte de peau d'antilope. Les masques ekpos sont d'un art très naturaliste avec des dents de bois et de métal : près des yeux, on peut voir des petits cercles indiquant le grade des initiés dans l'association secrète. Les masques sont souvent surmontés de cornes immenses, qui accentuent l'effet décoratif. On trouve des têtes de Janus avec un double visage — noir (masculin) et blanc (féminin) —, qui sont peut-être des images du Ciel-Père et de la Terre-Mère. Ces représentations étaient fixées sur un bonnet en vannerie et posées sur la tête du porteur, que cache une cagoule. Certains masques recherchent le grotesque : ainsi, le masque dit « etsiokum » montre une déformation anormale de la bouche et des lèvres, qui semble provoquée par le port de plateaux. Dans les statues anthropomorphes, les bras et les jambes sont mobiles.

**électrum** n. m. Nom d'un alliage naturel d'or et d'argent. Les premières monnaies grecques furent frappées en Lydie à partir des pépites d'électrum trouvées dans le fleuve Pactole (l'électrum lydien contenait environ 70 p. 100 d'or et 30 p. 100 d'argent). Plus tard, d'autres cités ou contrées grecques adoptèrent l'électrum comme métal monétaire (Cysique, Mitylène, Carthage).

**Elgin** (Thomas Bruce comte d'), général et diplomate anglais (Londres 1766 - Paris 1841). Lord Elgin s'est rendu tristement célèbre lorsque, après avoir occupé le poste d'ambassadeur à Constantinople, il décida, à titre privé, de rapporter à Londres, avec la complicité des autorités turques, les plus belles œuvres sculptées de certains monuments grecs, notamment les frises et certaines sculptures du Parthénon. L'arrivée de ces trésors provoqua admiration et indignation. Lord Byron cria au scandale et grava — dit-on — sur une pierre du temple mutilé « Quod non fecerunt Gothi, fecerunt Scoti » (ce que n'ont pas fait les Goths, les Écossais l'ont fait). Pour se justifier, lord Elgin prétendit qu'il avait soustrait ces œuvres au vandalisme des Turcs.

On désigne encore aujourd'hui sous le nom d'« elginisme » les actes de pillage des trésors artistiques dans un pays étranger.

En 1982, Melina Mercouri, ministre grec de la Culture, a demandé officiellement la restitution des frises du Parthénon déposées au British Museum.

**Elleaume** (Jean Charles), ébéniste français, reçu maître en 1754. Il est spécialiste de commodes et de bureaux plats des styles Louis XV, Transition et Louis XVI, remarquables par leurs lignes, leurs marqueteries et leurs bronzes ciselés.

**Éloi** (saint), évêque de Noyon (Chaptelat [?], Limousin, v. 588 - Noyon 660). Patron des orfèvres, il fut non seulement le trésorier du roi Dagobert, mais orfèvre et joailler lui-même ; on le représente tenant à la main un marteau et une bigorne. La sainteté du personnage n'a pas protégé ses œuvres de la destruction, et aucune d'elles ne nous est parvenue, mais nous savons par les mémorialistes du temps qu'il fabriqua des tombeaux entiers en argent et en or et qu'il aurait inventé une nouvelle manière de disposer les chatons de bagues et de sertir les pierres précieuses. On citait de lui les châsses de saint Denis et de saint Martin de Tours.

**Elzévir** (les), famille de libraires et d'imprimeurs hollandais du XVIIe siècle. Célèbres par la beauté de leurs éditions et leur sens commercial, ils ont eu, après les Alde, l'idée de diffuser massivement les auteurs classiques, grecs et latins, en édition in-12, à prix modique pour l'époque, créant ainsi les ancêtres lointains de nos livres de poche. Le nombre de ces ouvrages tout au long du XVIIe siècle dépassa 2 000. La vogue des elzévirs, dont le nom est passé dans la langue courante, fut extraordinaire, et, au XIXe siècle, ceux-ci furent collectionnés avec passion. Les bibliophiles les firent relier somptueusement par les grands relieurs de l'époque. Ces ouvrages, imprimés élégamment et de façon très lisible, ont vu leur cote chuter de façon spectaculaire et, paradoxalement, sauf s'il s'agit de textes français, ils sont surtout recherchés pour leur reliure. Un renouveau du goût pour les elzévirs s'est manifesté à la vente du 15 octobre 1987 à Drouot, avec des prix de 10 000 à 300 000 F et un record à 1 450 000 F pour deux volumes de poésie en maroquin rouge. Les belles reliures du XIXe siècle donnent des plus-values à ces petits livres, surtout si elles sont dues à un artiste célèbre.

**émail** n. m. *Technique.* L'émail est une substance vitreuse composée de sables siliceux, d'un mélange de potasse et de soude, qui, colorée dans la masse par des oxydes métalliques, s'applique sur un support métallique par fusion.

L'or, l'argent et le cuivre constituent les supports principaux de l'émail. Selon la préparation de la plaque à émailler, on distingue différentes techniques, dont les trois principales sont : le champlevé, le cloisonnage, la peinture.

L'émail cloisonné, ou « de plique » en vieux français, est obtenu en soudant sur la plaque métallique de base et suivant le dessin qui y est gravé un réseau de fines cloisons de métal, puis en emplissant les cavités ainsi formées de la pâte d'émail. On le rapproche de l'émail à jour ou de « plique à jour », où les fines lamelles n'adhèrent pas à la plaque de base, ce qui permet, après refroidissement, de dégager le fond et d'obtenir, en quelque sorte, un vitrail émaillé.

L'émail champlevé, ou en « taille d'épargne », est obtenu en creusant au burin dans une plaque assez épaisse (de cuivre généralement) des cavités où est logée la pâte d'émail. On parle d'émail translucide de basse taille ou transparent sur relief lorsque le fond de la plaque est ciselé en un bas-relief que la transparence des émaux laisse percevoir. L'émail en résille désigne un émail qui est obtenu à partir d'une fine plaque métallique repoussée dont on a empli les creux sur chacune des faces et dont on a usé le métal excédentaire des deux côtés. L'émail ressemble alors à un émail cloisonné.

Pour l'émail peint, les émaux sont superposés les uns aux autres après des cuissons successives, de manière à créer un modelé sur une plaque de métal déjà émaillée, souvent légèrement convexe et contre-émaillée pour résister aux déformations que provoquent les cuissons multiples. Dans l'émail peint en grisaille, inventé au XVIe siècle, le modelé apparaît par le procédé de l'enlevage : la seconde couche, blanche en général ou claire, cuite sur une couche noire ou bleu foncé, est grattée partiellement ou totalement pour montrer le modelé.

Très utilisée aux XVIIe et XVIIIe siècles, la miniature sur émail a pour support une plaque de métal recouverte d'un émail uni, sur laquelle l'artiste appose au pinceau des couleurs vitrifiables et non des émaux.

L'émail est translucide et peut être opacifié par des oxydes d'étain ou de plomb ou, au contraire, rendu plus lumineux par des rehauts et des paillons d'or et d'argent.

*Histoire de l'émail.* L'émail est connu depuis la plus haute antiquité, comme en témoignent le pectoral de Ramsès II (XIVe s. av. J.-C., musée du Louvre) et les découvertes archéologiques dans la Perse et la Gaule ancienne.

L'histoire de l'émail n'a un déroulement continu et régulier ni dans le temps, ni dans l'espace, ni dans les techniques. Il se dégage trois types principaux : l'émail cloisonné de Byzance ; l'émail au Moyen Âge en Europe ; l'émail peint de Limoges.

L'émail cloisonné de Byzance. Il domine du VIe au XIIe siècle de notre ère et est à son apogée aux Xe et XIe siècles. L'émail est disposé sur métal précieux et décoré de personnages hiératiques. La production et l'exportation d'émaux qui sont appliqués principalement sur des pièces d'orfèvrerie destinées au culte religieux exerceront une grande influence sur les ateliers européens. La *Pala d'Oro* (1105) de Saint-Marc de Venise est un magnifique exemple du travail byzantin.

L'émail au Moyen Âge en Europe. À la fin du XIe siècle, de nombreux ateliers monastiques de la vallée du Rhin et de la Meuse produisent des émaux cloisonnés ou champlevés très imprégnés du modèle byzantin. À Limoges, des artistes comme G. Alpais développent, dans un art jusqu'alors à destination essentiellement religieuse, une production importante d'objets civils émaillés : bassins, coffrets, pièces de harnais... Ces émaux champlevés, généralement non signés, reprennent l'iconographie byzantine ; le bleu et le vert sont les coloris dominants.

*Assiette en émail peint représentant Mars et Cérès. Limoges, XVIe siècle. Adjugée par Mes Ader-Picard-Tajan, le 31-I-1983.*

Ader-Picard-Tajan

*Vase tripode Ming en émail cloisonné, avec des motifs de lotus et de nuages stylisés.*

Christie's

Au XIIIe ou au XIVe siècle, à Paris, capitale des arts gothiques, l'émail est adapté au nouveau style. Les trois techniques utilisées sont l'émail cloisonné sur or ou de « plique », l'émail translucide de basse taille sur or ou sur argent et l'émail sur ronde-bosse (*chef reliquaire de Saint Louis* pour la Sainte-Chapelle).

L'émail peint de Limoges (fin du XVe et XVIe s.). Limoges, à travers les ateliers familiaux d'émailleurs tels que les Pénicaud, les Limosin, les Court et de Court, les Reymond, les Mouailher, devient dès la fin du XVe siècle la capitale de l'émail peint et de la grisaille sur émail. Le succès de ces plaques d'émail de dimensions réduites tient non seulement à l'habileté technique qu'elles requièrent, mais encore à la variété iconographique : scènes religieuses, scènes mythologiques et scènes lyriques, ces dernières souvent tirées des gravures allemandes et flamandes ou même de maîtres italiens.

Au XVIIe siècle, la technique de la miniature sur émail entraîne la désuétude des émaux de Limoges.

Outre ces trois grandes époques de l'art de l'émail, deux foyers importants à l'étranger ont contribué à son développement : Genève, où l'émail est rattaché à l'orfèvrerie et à la bijouterie avec un maître important, Jean Petitot (XVIIe s.) ; la Chine, où l'art du cloisonné se perpétue depuis l'époque Ming (XVIe s.) [v. CHINE].

En France, l'émail resurgit au XIXe siècle : Claudius Popelin redécouvre les techniques anciennes et les fait revivre.

À la fin du XIXe siècle, le mouvement orientaliste conduit les émailleurs à créer de nombreux cloisonnés dans le goût chinois. Enfin, des artistes comme Camille Fauré, à Limoges, créent de nombreux vases et bibelots en émail peint dans le style de l'Art déco.

*Émaux japonais.* Les émaux cloisonnés furent connus à partir de la Chine, mais ne furent que très rarement appliqués avant 1880, date à partir de laquelle cette forme de décoration prit une grande extension, principalement à Tōkyō ; cependant quelques rares émaux datent de la fin du XVIe siècle et de la période d'Edo. Au XVIIIe siècle, les émaux sont au Japon un article d'exportation. Ils étaient peints sur base de cuivre, alors que la plupart des cloisonnés après 1880 sont à base de métal blanc et montrent des tons rouges à décor doré. Très souvent, d'ailleurs, le fil de cuivre formant les cloisons est absent des productions modernes. En Inde, c'est surtout la technique de l'émail champlevé qui fut appliquée sur les bronzes. À l'époque moghole, à partir du XVIe siècle, les émaux furent très souvent employés pour les bijoux. Ils étaient alors à base d'argent ou d'or et peints de décors au pinceau. Presque toujours, les revers des bijoux étaient ainsi décorés.

*En céramique,* l'émail est un enduit qui recouvre le biscuit. Dans la faïence traditionnelle, il s'agit d'une glaçure blanche et opaque à base de sels d'étain, dit « émail stannifère ». Cet émail se pose sur la pièce façonnée soit par immersion, soit par aspersion.

Dans le cas de la « faïence fine », la pâte blanche est recouverte d'un simple vernis plombifère transparent.

**émaillé** (verre). Une fois appliqué sur une pièce en verre, l'émail doit être cuit à basse température. Le verre est en effet une matière moins fusible que l'argile. Ce sont donc des émaux de petit feu qui sont utilisés et cuits à une température au-dessous du point de solidification du verre. Il appartenait à chaque émailleur de mettre au point sa propre recette. Toutefois, pour employer cette préparation au pinceau, il fallait mélanger les couleurs broyées dans une suspension grasse (essence, gomme végétale ou animale). Le premier grand centre de verre émaillé fut Damas. Venise ne tarda pas à recueillir cet héritage pour s'affirmer en ce domaine comme le modèle à suivre.

Dès le XVe siècle et surtout au XVIe, la France compte des ateliers, sans doute d'abord dirigés par des Italiens (Provence, Poitou, Saint-Germain-en-Laye, Normandie).

En pays germaniques (en Bohême, en Bavière, dans le Brandebourg et en Saxe) ainsi qu'en Suisse, nombreux sont aussi les centres d'émaillage, qui, s'ils connurent leur apogée aux XVIe et XVIIe siècles, ne continuèrent pas moins à offrir, malgré le succès de la gravure et de la taille, une

*Vase en verre transparent émaillé de Anton Kothgasser, signé A. K. Vienne, 1820. (H. 11,5 cm.) Adjugé 3 800 £ par Christie's, à Londres, le 7-X-1980.*

Christie's

production en verre émaillé (verres à devises et à armoiries). La production allemande de verre peint à l'émail noir selon la technique du « Schwarzlot », mise au point par Johann Schaper (1621-1670), est bien connue des collectionneurs qui savent apprécier la vivacité d'un style tout linéaire. Ce genre de pièces est toutefois aujourd'hui très rare. C'est d'ailleurs un des élèves de Schaper, J. L. Faber, qui mit au point l'emploi des émaux translucides (les colorants des émaux traditionnels sont opacifiés par l'oxyde d'étain). Les scènes mythologiques et les scènes de chasse en noir et en grisaille de Daniel Preussler ou de son fils Ignace sont aujourd'hui très rares, mais elles témoignent de la variété avec laquelle furent exploitées les possibilités de la peinture à l'émail.

**emakimono.** Rouleau horizontal en tissu ou en papier sur lequel sont peints des paysages se succédant ou des séries de petits tableaux racontant une histoire ou encore illustrant un texte poétique ou autre. Les emakimono commencèrent à être en vogue au Japon pendant la période de Heian et se développèrent pendant la période de Kamakura, mais disparurent progressivement à la fin de la période de Muromachi, remplacés par les livres brochés. Les sujets les plus fréquemment représentés sur les emakimono furent des romans (tels que le *Genji monogatari* ou le *Heiji monogatari*), des récits concernant la fondation de temples, des biographies de moines bouddhistes, des contes divers ou encore des histoires caricaturales (Toba Sōjō). Les peintures qui les ornaient étaient la plupart du temps du style dit « yamato-e ». En Chine, les emakimono sont appelés « juan » ou encore « shoujuan ».

**émaux** n. m. pl. Certains auteurs utilisent le pluriel du terme « émail » pour désigner uniquement les glaçures opacifiées qui servent de colorants, qui ne sont pas nécessairement stannifères (v. ÉMAIL), par opposition aux glaçures teintées plus ou moins transparentes, utilisées soit pour « couvrir » un objet, soit comme décor peint. Il faut donc distinguer la signification du terme au singulier et celle du terme au pluriel : « émail » implique obligatoirement la présence de l'étain ; « émaux », indique une qualité de la glaçure, l'opacité.

**emblèmes extrême-orientaux.** Les emblèmes, ou symboles, sont, comme partout ailleurs dans le monde, très nombreux en Extrême-Orient et se répartissent généralement en deux catégories : emblèmes religieux et emblèmes civils. Les emblèmes religieux sont en nombre relativement restreint. Le bouddhisme utilise principalement la *svastika,* sorte de croix gammée, dans toutes les régions où il fut pratiqué. On trouve également la «roue de la Loi» et évidemment la fleur de lotus. Les autres emblèmes bouddhiques relèvent plus particulièrement des attributs des divinités. En Chine et en Corée (et parfois au Japon et au Viêt-nam), les symboles du taoïsme et du confucianisme sont plus fréquemment utilisés, surtout dans la décoration. En premier lieu viennent les dragons. Le dao (ou tao) est accompagné ou non par les huit trigrammes de base du yijing, l'emblème des taoïstes. Les caractères chinois stylisés signifiant «bonheur» (fu), «longévité» (shou) et «dix mille» (wan) ornent très fréquemment meubles, objets d'art et bibelots. Les lettrés ont souvent pour emblèmes des pinceaux et un rouleau de calligraphie ou une pierre à encre. Possèdent aussi des significations symboliques la bouteille en forme de gourde (symbole d'immortalité ou tout au moins de longue vie), une sorte de champignon sacré, le lingzhi *(Fomes japonicus),* lui aussi considéré comme prolongeant la vie, et enfin les «trois amis de l'hiver» (c'est-à-dire de la vieillesse), qui sont le bambou (sagesse), le pin (endurance) et le prunier (grande longévité), souvent représentés associés. La pêche est également un emblème de la beauté (et de la sexualité); la fleur de pivoine représente le succès en mariage et la beauté féminine; le fruit du grenadier symbolise la fécondité. La fleur de chrysanthème représente l'automne, celle de lotus l'été... La liste est infinie tant le symbolisme est quotidien dans le folklore chinois.

Au Japon, les emblèmes civils les plus communs sont les *mon,* ou marques-emblèmes de chaque famille. Ces *mon* ne constituent en aucune manière une héraldique, mais servent à distinguer les familles (ou autrefois les clans). Ils ornent les objets et les vêtements portés par les membres d'une famille et leurs serviteurs. Ils ont également été adoptés au Japon pour symboliser une ville ou encore pour désigner une société, une compagnie, et sont l'équivalent d'une marque commerciale.

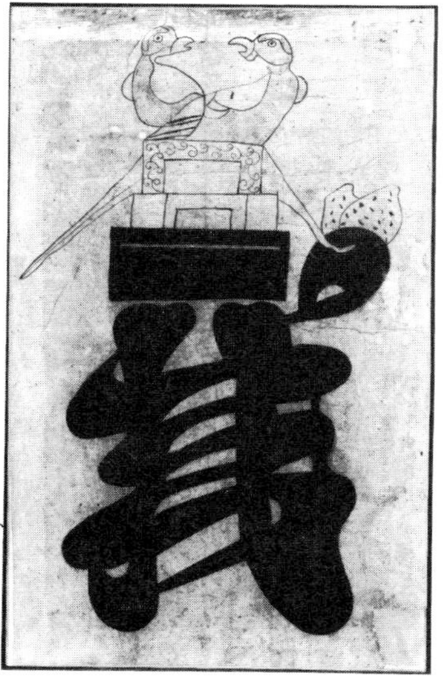

Couturier-Nicolay

*Peinture sur papier représentant le caractère UI, emblème de la justice, dont les deux points du haut ont été remplacés par des oiseaux. Corée. (50 × 30.) Adjugé par Mes Couturier-Nicolay, le 27-III-1980.*

**emboutir.** Étaler un métal (cuivre, étain, argent, etc.) en en augmentant la surface, c'est-à-dire en lui donnant une forme concave en diminuant son épaisseur à l'aide d'un marteau.

**émeraude** n. f. Pierre précieuse, de la famille des béryls, dont la couleur varie du vert clair au vert profond. L'émeraude contient souvent des inclusions donnant un effet givré qui ne nuit pas à la beauté de la pierre. La qualité et, donc, la valeur de l'émeraude dépendent de la beauté et de la densité de sa couleur, plus que de la pureté de son eau, encore que celle-ci entre aussi en ligne de compte.

L'émeraude était déjà connue et appréciée dans l'Antiquité au moins depuis le IIe millénaire av. J.-C. Elles venaient alors d'Égypte, et on les polissait en cabochons : on en faisait aussi des perles de collier ou des camées : les fameuses émeraudes de Cléopâtre étaient, dit-on, gravées à son profil.

L'utilisation des émeraudes fut beaucoup plus grande en joaillerie à partir du XVIe siècle, lorsqu'on découvrit les mines de Colombie. Depuis cette date, et malgré la réputation maléfique que certains lui prêtent, l'émeraude demeure l'une des pierres précieuses les plus appréciées. L'émeraude de belle couleur et bien transparente est taillée en table rectangulaire à degrés (cette taille, lorsqu'elle est appliquée à d'autres pierres, conserve le nom de «taille émeraude»). Pour rehausser son éclat, on la monte sur des griffes d'or jaune ou on la sertit d'un entourage de diamants. L'émeraude de qualité secondaire, trop pâle ou trop givrée, peut être polie en cabochon, montée en pendant ou en collier.

**Emerson** (Peter Henry), photographe anglais (1856-1936). Né à Cuba d'un père américain et d'une mère anglaise, Peter Henry Emerson fit des études de médecine, puis embrassa une carrière de photographe. Il créa l'école naturaliste, qu'il défendit avec vigueur jusqu'en 1891.

Christie's

*«La Pose des filets», photo de Pierre Emerson, Vie et paysages du Norfolk, vers 1866, provient de l'album de 40 planches adjugé 24000 dollars par Christie's, à New York, le 14-VI-1981.*

**émigrette** n. f. Jouet apparu en 1791 sous forme de deux disques accolés autour d'un axe où s'enroule une ficelle. Cet ancêtre du «yoyo», revenu à la mode en 1932, était, à l'origine, pratiqué par les émigrés de la Révolution.

**Empire.** V. TABLEAU DES STYLES pp. 454-455.

**empontiller.** Dans la fabrication du verre, transférer sur un pontil, où elle sera fixée par le cul, une pièce en cours de façonnage, fixée jusque-là à la canne par le col.

**enchère** n. f. Au cours d'une vente publique, offre d'achat chiffrée proposée au commissaire-priseur pour tenter d'obtenir l'adjudication*. Au cas où aucune enchère supérieure n'est prononcée par un autre «enchérisseur», la somme retenue (dans la monnaie en usage) confère la propriété immédiate de l'objet vendu. Il reste à vérifier la solvabilité de l'adjudicataire et à procéder aux formalités d'usage en vue du retrait sur place ou en magasin.

Toutefois, le droit* de préemption pour le compte des musées retire la propriété de l'œuvre au dernier enchérisseur.

Avant de prononcer l'adjudication, le commissaire-priseur doit laisser s'écouler un instant suffisant pour que tous les acheteurs éventuels puissent encore enchérir.

*Double enchère.* Il peut arriver que le marteau tombe lorsque deux acheteurs ont prononcé la même enchère. Il y a alors « double enchère », et le commissaire-priseur peut lever l'adjudication pour remettre en vente aussitôt en repartant à partir de la dernière enchère et en laissant alors monter les demandes jusqu'au dernier enchérisseur.

*Folle enchère.* Les acquéreurs sont tenus de régler immédiatement le montant de l'adjudication ainsi que les frais. Si un amateur entraîné par le « feu des enchères » est monté au-delà de ses possibilités financières et qu'il est donc incapable de payer, le commissaire-priseur procède à une « remise en vente sur folle enchère ». Si l'objet est adjugé à un prix inférieur à l'enchère qui a provoqué l'incident, le « fol enchérisseur » est obligé de payer la différence entre sa propre enchère et l'enchère définitive. Mais, si les enchères dépassent le montant de la folle enchère, le « fol enchérisseur », dès lors considéré comme vendeur, reçoit la différence à son profit — ce qui est parfaitement immoral. Ce cas est en fait assez rare, car la remise en vente entraîne une suspicion de la part des autres acheteurs, qui limitent la montée des prix. Le commissaire-priseur peut également demander au sous-enchérisseur qui a offert un prix juste avant le « fol enchérisseur » s'il maintient son offre : dans ce cas, l'objet est adjugé à son profit et l'incident est clos.

Enfin, si le commissaire-priseur ne s'aperçoit pas tout de suite de l'insolvabilité du « fol enchérisseur », il se livre à une enquête et conserve l'objet tant que le règlement n'est pas effectué. Faute d'une solution, l'objet est remis aux enchères dans une nouvelle vente.

**enclume** n. f. Masse de fer aciéré encastrée sur un billot, sur laquelle on forge le métal. Le bloc de fer, appelé « ventre », est aplani sur sa face supérieure, qui est la table. Cette table présente en avant une corne ronde ou pointue et en arrière une corne généralement carrée. Sur elle, un orifice carré, l'œil, reçoit tranchet, crochets, tasseaux. Souvent, le billot est entouré d'une ceinture soutenant les outils usuels.

Les enclumes ont des formes et des tailles multiples. Elles adoptent parfois des noms scientifiques. La grosse enclume est celle des forgerons, des taillandiers, de certains serruriers. L'enclume des armuriers, des orfèvres, des dinandiers ne possède que la poitrine et la table, qui est soit plane, soit courbe. Les bigornes sont des enclumes à ventre plat munies de deux cornes ; elles sont utilisées par les charrons, les chaudronniers, les ferblantiers et les orfèvres. Nombre de corps de métiers ont adopté des bigornes dont la forme est adaptée à un usage particulier. Les enclumes anciennes sont souvent gravées de motifs décoratifs et symboliques : étoiles, fleurs de lis.

L'ornementation et l'ancienneté de l'enclume ajoutent à la valeur de collection de celle-ci. Mais c'est à la pureté du son produit par le choc du marteau sur la table que l'amateur détermine la réelle qualité de l'enclume.

*Cette enclume à deux pointes, l'une arrondie, l'autre plate, porte le nom de bigorne. Celle-ci, qui provient du musée de l'outil à Troyes, est ornée d'une gravure en plein fer.*

Coards

**encoignure** n. f. Meuble à la mode au XVIIIe siècle, présentant une façade à décor saigné entre deux côtés, qui se place dans l'angle d'une pièce. Armoires, buffets, cabinets, tables et même sièges sont dits « d'encoignure » lorsque leur bâti est construit en forme de coin. Les encoignures ont d'autant plus de valeur qu'elles forment une paire permettant d'organiser un décor symétrique.

*Encoignure galbée en bois laqué or et noir dans le goût chinois, pieds cambrés, dessus de marbre. Elle porte l'estampille de Roussel, époque Louix XV.*

C. A.

**encyclopédie** n. f. Le XVIIIe siècle, « siècle des lumières », réclame un dictionnaire scientifique et technique, susceptible de remplacer les dictionnaires précédents, qui étaient des compilations historiques et anecdotiques (Moreri) ou des dictionnaires de langue, de grammaire, d'histoire (Trévoux), de surcroît œuvres de gens d'Église.

Le Breton, s'inspirant d'un exemple anglais, veut réaliser une œuvre du même genre ; il s'associe alors à deux autres libraires et s'adresse à Diderot. L'ouvrage est lancé par souscription ; il est illustré de planches, pour lesquelles le monde savant est mis à contribution. Le tirage prévu est de 10 volumes in-folio, dont 2 volumes de planches.

De 1751 à 1759, les souscripteurs passent de 3000 à 4000 : si les textes sont un panorama des idées de la seconde moitié du XVIIIe siècle, la qualité de l'ouvrage, jugée au XXe siècle, est extraordinaire ; les planches sont le reflet fidèle de la France artisanale, commerciale et industrielle de l'époque. Malgré les vicissitudes provoquées par la censure, les Jésuites, etc., l'*Encyclopédie* sera un succès de librairie et comprendra à la fin de sa parution, en 1780, 35 volumes in-folio, dont 12 volumes de planches. Malgré sa taille, elle est très recherchée par les amateurs contemporains, qui n'hésitent pas à payer un exemplaire de 60 000 à 80 000 F, suivant l'état de la reliure.

**Enderlein** (Caspar), maître potier d'étain allemand (Bâle 1560 - Nuremberg 1633). Spécialisé dans la gravure des moules, il a réalisé de nombreuses pièces ornées d'allégories et de médaillons décorés de personnages à la manière de Briot*.

**enfilade** n. m. Buffet bas et allongé à trois, quatre ou cinq portes. Ce genre de meuble de rangement, citadin ou campagnard, se rencontre notamment en Poitou, en Saintonge, en Vendée et dans l'est de la France. La partie centrale comporte parfois plusieurs tiroirs superposés. La traverse inférieure, chantournée, s'achève sur des pieds en escargots.

**engobe** n. m. Matière d'origine terreuse employée pour décorer en première couche les poteries et les faïences, en masquant la couleur naturelle de la pâte. L'engobe est coloré artificiellement par des oxydes et doit suivre les mêmes cuissons que les céramiques sur lesquelles il est appliqué. Il doit bien adhérer à la pâte et est appliqué soit pendant le moulage, soit par aspersion après moulage.

Appliqué sur la pâte crue, dans les céramiques musulmanes, il masque les imperfections du corps de l'objet et sert de fond au décor. Il peut aussi servir lui-même de décor : décor engobé sous glaçure. Enfin, il est également utilisé sur glaçure, en seconde cuisson, soit au petit feu (*minaï**), soit en pâte chargée de sels métalliques (*lustre**).

**enluminure** n. f. Terme qui désigne à la fois le décor des manuscrits anciens et l'art de le créer. Connu des Romains, l'art de l'enluminure fut cependant, pour ainsi dire, perdu en Occident jusqu'à l'époque de Charlemagne et survécut probablement grâce aux empereurs d'Orient, en particulier Théodose Ier le Grand, qui créa à Byzance la première école de calligraphes enlumineurs, formée en vue de copier les livres et de les orner. Au VIIe siècle, Théodore de Tarse, connu dans toute la Grèce et l'Italie pour ses enluminures, fut nommé par le pape archevêque de Canterbury et contribua à développer cet art en Angleterre et surtout en Irlande — pays d'où viennent les premiers manuscrits enluminés d'Occident, célèbres pour la vivacité de leurs couleurs et la qualité de leur mise en pages. (La perfection des lettrines est particulièrement remarquable dans l'évangéliaire de Dimma [fin du VIIIe s.], à dominantes rouges et bleues.)

Vers l'an 781, Charlemagne rencontre à Parme le moine Alcuin, célèbre enlumineur originaire d'York, l'attache à sa maison et fonde avec lui des écoles à Metz, à Aix-la-Chapelle, à Reims, à Saint-Gall et à Tours. L'art de l'enluminure fut pratiqué assidûment jusqu'au XVIIe siècle, car l'invention de l'imprimerie ne le détrôna pas : on prit l'habitude de laisser en blanc les feuillets de titre et la place des lettres initiales destinées à être enluminées.

Le décor des manuscrits se divise en trois types principaux : les compositions purement ornementales (cartouches, bandeaux, frontispices, entrelacs et figures géométriques), les scènes figurées qui illustrent le texte qu'elles accompagnent, et enfin les lettrines, c'est-à-dire les initiales du texte, soulignées de rouge et rehaussées de couleurs vives, ornées de décor plus ou moins élaborés et complexes.

Les dimensions de ces décors sont variables, et les scènes d'illustration peuvent soit avoir la taille d'une vignette, peinte à côté de la majuscule qui entame le paragraphe, soit occuper la marge, soit encore recouvrir la surface du folio.

Ader-Picard-Tajan

Des cas des nobles hommes et femmes *de Boccace, magnifique manuscrit enluminé du Maître des Heures de Boucicaut traduit par Laurent le Premier, fait en 1400 (42,5 × 29,8 cm.) Adjugé 3 800 000 F par Mes Ader-Picard-Tajan, à Drouot, le 20-V-1980.*

La *Schedula diversarium artium* du moine Théophile nous laisse quelques recettes d'encre et de couleurs employées par les enlumineurs ainsi que des procédés de pose. La délicatesse de ce travail oblige certains moines à exécuter d'abord une esquisse à la pointe sèche avant de peindre avec une sorte de gouache épaisse. Enfin, certains manuscrits ne sont ornés que de dessins à l'encre brune, tracés à la plume.

Un record a été atteint chez Sotheby, le 6-XII-1983 avec un manuscrit du XIIe siècle, *les Évangiles d'Henri le Lion*, vendu à Londres pour 8 140 000 livres (97 680 000 F). En France, un psautier, exécuté vers 1200, a été adjugé 7 800 000 F à Avranches, le 18-V-1986 (un des plus hauts prix jamais obtenu dans une vente de province).

**enseigne** n. f. Signe distinctif permettant de reconnaître une armée (aigle des légions romaines), un groupe de

Ader-Picard-Tajan

*Enseigne de la corporation des charpentiers, en forme de blason à volutes en bois de mélèze sculpté. Art baroque, Savoie, fin du XVIIIe siècle. (H. 65 cm.) Adjugée 8 000 F par Mes Ader-Picard-Tajan, à Drouot, le 13-X-1980.*

pèlerins (coquille Saint-Jacques), un métier. Les enseignes des boutiques, ornant les façades, annoncent le genre de commerce exercé à l'intérieur de la maison. Elles sont ou sculptées en bas-relief sur le mur même ou peintes sur un panneau, telle la fameuse *Enseigne de Gersaint* de Watteau ; mais elles sont le plus souvent découpées dans du métal et accrochées à des potences de fer. Visibles de loin, soigneusement décorées, elles font la fierté du commerçant. Enseignes de forgeron, de sabotier, d'aubergiste, de boulanger constituent des objets d'art populaire, animés de petits personnages, ornés de découpes, d'enroulements, qui sont une source de documentation riche et précise sur la vie des métiers et l'histoire du costume, du Moyen Âge à nos jours, et sont à ce titre très recherchés des musées et des collectionneurs (musée Carnavalet, musée de Cluny).

**ensemble** n. m. En terme de tapisserie, plusieurs panneaux de tapisseries conçus et réalisés pour former une œuvre unique, tendus dans une même pièce. Un « bel ensemble des Gobelins » peut désigner une portière accompagnée d'une tenture*, qui regroupe elle-même plusieurs tapisseries.

**ensemblier.** V. ART DÉCO.

**Ensor** (James), peintre et graveur belge (Ostende 1860-*id.* 1949). Né d'un père anglais et d'une mère flamande, James Ensor manifesta des dispositions précoces pour le dessin et la peinture. Très vite allait se révéler chez ce précurseur de l'expressionnisme un tempérament artistique vigoureux et original en même temps qu'un goût profond pour le fantastique, la mascarade, la dérision macabre. James Ensor commença à graver à la pointe sèche et à l'eau-forte en 1886. De cette date à 1922, le catalogue de son œuvre gravé comprend 138 numéros, auxquels s'ajoutent deux suites de lithographies : *Scènes de la vie du Christ* (18 lithographies, 1921) et *la Gamme d'amour* (22 lithographies, 1929).

Les gravures d'Ensor se rencontrent dans les ventes publiques à des prix variables, qui peuvent être élevés pour les œuvres importantes : le 4-XII-1980, chez Christie, à Londres, *la Cathédrale* (1886), l'une des premières eaux-fortes d'Ensor, a trouvé amateur à 3 500 livres sterling, tandis que *le Triomphe de la Mort* s'enlevait à 4 800 livres sterling. À Drouot, le 2-VII-1986, une gravure de 1896 s'est vendue 33 000 F.

**enter.** Restaurer un pied de meuble ou de siège défectueux au moyen d'une sorte de greffe en bois sain. Les pieds des meubles piqués de vers ou très usés sont souvent « entés » par les menuisiers, de même que les pieds des buffets campagnards abîmés par l'humidité sur un sol en terre battue. Bien réalisée, une « enture » doit être peu visible. Mieux vaut un ou deux pieds « entés » que des meubles boiteux. La restauration fait cependant perdre aux meubles une partie de leur valeur.

**entier postal.** Dans le langage philatélique, enveloppe ou carte postale (illustrée ou non) comportant une vignette d'affranchissement imprimée et formant un ensemble avec le document postal.

**entomologisme** n. m. Toute collection touchant aux insectes. Certains collectionneurs se spécialisent dans une famille particulière, notamment celle des papillons.

**entre-deux** n. m. inv. Petit meuble à hauteur d'appui (dressoir ou bahut) placé entre deux fenêtres, généralement au-dessous d'un trumeau.

Lauros-Giraudon

*Entrée de serrure en bronze sur un bureau de l'ébéniste Schlichtig. Époque Louis XV. Chantilly, musée Condé.*

**entrée de serrure.** Pièce métallique, plus ou moins allongée, plus ou moins sinueuse et parfois ajourée, qui s'applique sur l'ouverture d'une serrure. L'entrée de serrure est repercée en son centre pour permettre à la clef d'atteindre le mécanisme. Son style doit correspondre au style du meuble : un défaut de concordance laisse supposer que l'entrée a été changée, ce qui dévalorise le meuble. À l'inverse, une entrée de serrure d'« origine » est une présomption favorable d'authenticité.

Le métal employé (fer, cuivre ou bronze) ainsi que la forme des entrées de serrures sont souvent un moyen d'identification des meubles régionaux.

**entrejambe** n. m. ou **entretoise** n. f. Termes de menuiserie qui désignent les traverses ou les croisillons reliant les pieds d'une table, d'un bureau ou d'un siège.

**entrelacs** n. m. Motif décoratif composé de lignes courbes, de végétaux, de rinceaux qui s'entrecroisent comme des lacets et qui se retrouvent pratiquement à toutes les époques (sauf dans le style gothique) et dans toutes les civilisations, principalement dans l'art islamique.

**envoi** n. m. Mention placée généralement sur le faux-titre* d'un volume, écrite de la main de l'auteur dédicaçant son

*Reproduction d'un envoi de Marcel Proust à Léon Daudet, figurant dans une édition originale d'*À la recherche du temps perdu*. Paris, Grasset 1914, 13 vol. Adjugée 81 000 F par Mes Ader-Picard-Tajan, à Drouot, le 22-X-1980.*

ouvrage à une personne. Ainsi parle-t-on de l'édition originale des *Fleurs du mal* avec envoi autographe de l'auteur. Si, aux XVIe, XVIIe et XVIIIe siècles, les envois sont rares et portent généralement la mention « Ex dono autoris » (de la part de l'auteur), sans signature, ils deviennent courants à partir de l'époque romantique. Ils sont un élément de plus-value si le dédicataire est un personnage connu ou s'il a contribué au succès de l'ouvrage. L'édition originale de Proust *À l'ombre des jeunes filles en fleurs* (prix Goncourt 1919) avec envoi autographe à Léon Daudet, ardent défenseur du livre, réunit tous les éléments d'un joyau bibliophilique.

**éolipile** n. m. Petit flacon conique en grès, surmonté d'un goulot légèrement globulaire, percé d'un orifice. Aucune étude n'est encore parvenue à élucider le problème que posent ces curieux objets piriformes que l'on trouve sur tous les champs de fouille de l'Orient musulman. Pour certains historiens, ces objets sont des projectiles incendiaires à base de naphte, les célèbres « feux grégeois », qui servaient aussi de grenades (terme sous lequel ces objets sont le plus souvent désignés). D'autres les considèrent plutôt soit comme des flacons à parfum ou à vin, soit comme des récipients à mercure, ou encore comme des brûleurs d'alchimiste, des poids (ou des fils à plomb), des « allumeurs » ou des « démarreurs » de fours à tourbe. Les éolipiles sont peut-être aussi des réservoirs contenant de l'eau, qui, chauffée, donne un jet continu de vapeur d'un usage encore imprécis.

**épaule** (armes d'). On appelle « arme d'épaule » toute arme à feu longue — par opposition aux armes courtes de poing : pistolets ou revolvers — munie d'une crosse venant s'appuyer sur l'épaule du tireur. Les principales armes d'épaule sont les arquebuses, les mousquets, les fusils, les carabines et les mousquetons. À l'origine, soit elles s'appuyaient sur la poitrine comme le pétrinal, soit se bloquaient sous l'aisselle, comme nombre d'arquebuses, qui, en plus, reposaient sur une fourquine.

**épée** n. f. Arme de poing longue munie d'une lame et d'une monture pouvant comporter une poignée et une garde. Très ancienne, elle possède en général à l'époque médiévale, selon le modèle scandinave des Vikings, une pointe, destinée au coup d'estoc, et deux tranchants, pour les coups de taille. Le profil est souvent en forme de losange, souligné par une arête centrale. La monture, de morphologie simple, comporte une croisière droite ou recourbée à deux quillons de garde et une fusée surmontée d'un fort pommeau en boule ou discoïdal, jouant le rôle d'un contrepoids. Le pommeau était souvent l'élément le plus décoré et enfermait parfois des reliques.

La forme de l'épée médiévale persiste jusqu'à la Renaissance, où apparaissent les rapières à l'italienne, suivant la nouvelle escrime. Les lames s'allègent et deviennent effilées : la pointe devient l'élément important, et les tranchants ont tendance à disparaître. Dans cette nouvelle escrime, où les coups d'estoc jouent le rôle principal, il faut protéger la main : aussi, les gardes des montures deviennent très complexes et des éléments nouveaux apparaissent : les coquilles, les anneaux, les branches, les pas-d'âne, les quillons et les « ricasso ». Chaque pays a son style : l'Italie domine avec des montures particulièrement compliquées ; l'Espagne utilise la garde en demi-sphère enveloppante du type dit « à la Taza ». Les lames de Tolède ou de Styrie (en Autriche) sont très recherchées. L'escrime de la rapière se pratique souvent avec, en complément, une dague de « main-gauche ». Les montures de ces armes sont souvent des chefs-d'œuvre par leur ornementation raffinée, parfois signée d'un grand nom. Au XVIIe siècle apparaît la forte épée, destinée à la cavalerie ; le tranchant retrouve son importance, les lames s'épaississent de nouveau et les montures s'inspirent toutes de l'archétype germanique connu sous le nom de « Wallonne » : deux quillons, deux demi-coquilles juxtaposés et ajourés, anneaux de côté, fusée et pommeau. L'épée forte, ou « forte épée », n'est détrônée qu'à la fin du XVIIIe siècle par le sabre. En Angleterre apparaît une variante : la monture en panier de la « claymore », qui subsistera jusqu'à nos jours. La plupart des lames sont fabriquées à Solingen, en Allemagne. Au XVIIIe siècle, l'épée perd une partie de sa valeur militaire et surgit un modèle d'arme léger et raffiné : l'épée

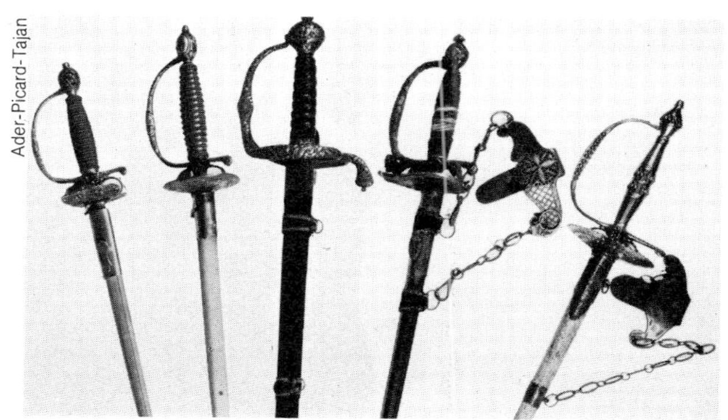

Ader-Picard-Tajan

*Épées de ville de la fin du XVIIIe siècle et du début du XIXe siècle, celles de droite avec leur crochet de suspension. Estimées de 2 000 à 5 000 F en 1988.*

de cour, souvent très soignée, œuvre parfois d'orfèvre. Sous la Révolution, l'Empire et les régimes qui suivront, l'épée devient un insigne de fonction, réalisé selon des règlements précis : un grand nombre de lames sont fabriquées à Klingenthal, en Alsace. À la fin du second Empire, on a prévu un bouton-poussoir pour rabattre une demi-coquille de garde afin de ne pas gêner le port de l'arme à la ceinture.

Le prix des épées est, en règle générale, beaucoup moins élevé que celui des sabres. Les épées médiévales sont rarissimes ; par contre, il existe de nombreuses copies du temps de Viollet-le-Duc... Les rapières, les « fortes épées » sont recherchées, mais ne sont pas à leur juste valeur par rapport aux armes de la Révolution ou du premier Empire, nettement surcotées. La Restauration, la monarchie de Juillet, le second Empire et la IIIe République demeurent, en revanche, très accessibles au collectionneur qui dispose de petits moyens.

**éphéméra.** Terme générique regroupant les collections de tout ce qui a été imprimé ou fabriqué à l'occasion d'un événement particulier et, de ce fait, éphémère. Sont alors regroupés affiches, faire-part, imagerie, invitations, publicité, titres de transport, tracts, objets commémoratifs. Il en va de même pour les objets fabriqués à l'occasion d'une manifestation quelconque.

**épicière** n. f. Petit récipient en argent ou en faïence muni d'un couvercle, divisé en trois ou en quatre compartiments pour présenter les épices que l'on sentait à table.

**épi de faîtage.** Appelé aussi « épi de toiture », cet ornement, à l'origine en forme d'épi de blé, fut utilisé dès

*Épi de faîtage en faïence de l'atelier de Malicorne. France, XVIe siècle Paris, musée de Cluny.*

le Moyen Âge pour couronner les poinçons des charpentes au sommet d'une toiture. En art populaire, les épis de faîtage, dont la fonction est plus sociale qu'utilitaire, comptent parmi les créations les plus soignées des potiers. Les plus hauts sont formés de plusieurs pièces superposées, renforcées par une tige métallique ; certains prennent la forme d'un récipient à deux anses ; les plus nombreux, celle d'un animal (coq ou oiseau) et, plus rarement, celle d'un personnage, d'une corbeille de fruits ou d'un bouquet d'artichauts. Les épis de faîtage les plus beaux se retrouvent en Normandie ou dans le Cher, là où travaillent les meilleurs céramistes. Parfois, certains épis mobiles jouent le rôle de girouettes, alors que d'autres, astucieusement perforés, sifflent lorsque souffle le vent.

**Épinal.** L'imagerie populaire reste, par excellence, attachée à cette ville des Vosges, dont elle a fait la renommée. D'origine ancienne, l'industrie de l'image connut une éclipse à la fin du XVIIIe siècle ; elle reprit vigueur vers 1810, sous l'impulsion du graveur sur bois Jean-Charles Pellerin (1756-1836) et de son fils Nicolas. Après la chute du premier Empire, les Pellerin eurent des difficultés avec la censure, car ils imprimaient et diffusaient par colportage des gravures populaires et naïves qui perpétuaient le souvenir de Napoléon.

En 1830, sous la direction du maître graveur François Georgin, l'atelier Pellerin comprenait une centaine d'ouvriers : une quarantaine d'entre eux travaillaient le bois sur lequel Georgin avait tracé son dessin et taillaient les patrons ; les autres ouvriers, des femmes et des enfants, étaient chargés du coloriage. Vers 1846, l'artiste peintre Charles Pinot prit la succession de Georgin et donna une impulsion nouvelle à l'image en introduisant la lithographie. Dès 1851, celle-ci remplaça la gravure sur bois. À la même époque, la production Pellerin, jusqu'alors destinée aux adultes, se tourna résolument vers les enfants. On imprima, à leur intention, des scènes religieuses et des sujets de piété, mais aussi des contes, toujours moraux et édifiants, des scènes de batailles et de vie militaire, des chansons, des alphabets, des jeux. Entre 1870 et 1914, la maison Pellerin participa à la propagande patriotique, activité qui atteignit son sommet durant la Première Guerre mondiale. Épinal, qui produisit des images pour le général Boulanger, en fabriqua aussi pour le parti socialiste et même pour le général Gallieni, avec des légendes en malgache pour les populations de Madagascar. L'étranger fit également appel aux Établissements Pellerin.

**épinette** n. f. Instrument de musique à clavier et à cordes pincées, de la famille du clavecin. Souvent portative, de forme carrée ou pentagonale, l'épinette ne possède qu'un seul clavier. C'est aussi pour les peintures qui ornent sa caisse de résonance, tant à l'intérieur qu'à l'extérieur, qu'elle est convoitée par les amateurs.

**épinette des Vosges.** Instrument de musique populaire à cordes, composé d'une caisse de résonance, parcourue par deux cordes sur barrettes et par trois cordes à vide. Les épinettes des Vosges sont très appréciées du public pour la simplicité de leur jeu, qui rappelle celui de la cithare du Tyrol. Les plus recherchées portent sous le fond une marque au fer en triangle, dans lequel est inscrit « la Feuillée, Val d'Ajol ».

**épreuve** n. f. En photographie, synonyme de « tirage », c'est-à-dire image positive obtenue à partir d'un négatif. Dans la gravure, l'épreuve est un exemplaire d'essai. Il existe plusieurs sortes d'épreuves, répondant à des fonctions différentes.

L'*épreuve d'artiste,* tirée en nombre très limité, est réservée à l'artiste. La mention E. A., ou « épreuve d'artiste », figure généralement dans la marge ou en bas et à droite de l'estampe.

L'*épreuve avant la lettre* contient l'image achevée, à l'exclusion de toute autre indication écrite.

L'*épreuve barrée* ou *rayée* atteste que le tirage numéroté d'une estampe est terminé et que l'on a bien rayé la matrice d'impression pour la rendre inutilisable.

L'*épreuve d'essai* ou *d'imprimeur* sert à la mise au point de l'encrage et de l'impression.

L'*épreuve d'état* permet à l'artiste de contrôler son travail, d'y apporter les retouches et les éventuels compléments. Dans ce cas, la nouvelle série d'épreuves obtenue après la première intervention de l'artiste constitue le « deuxième état » de l'estampe. Cette opération peut se renouveler autant de fois que l'artiste le juge nécessaire. Les catalogues des ventes publiques signalent généralement s'il s'agit d'une estampe du premier, du deuxième ou du troisième état. Certaines estampes peuvent comporter jusqu'à vingt états successifs.

**équatoire** n. m. Instrument d'astronomie en usage au Moyen Âge et au XVIe siècle. L'équatoire permet de trouver sans calculs, en fonction de la date, la position des planètes selon le système de Ptolémée. De forme circulaire, il est souvent en laiton. Rarement isolé, il figure parfois au dos des astrolabes. Un équatoire d'origine française est exposé au musée des Sciences d'Oxford.

**équatorial** n. m. Instrument servant à mesurer directement les coordonnées équatoriales d'un astre, l'angle horaire et la distance polaire. L'équatorial est une sorte de théodolite* dont la lunette* mobile, ou télescope, suit le mouvement de l'astre tout au long de son trajet, permettant de vérifier les lois du mouvement diurne. Il est entraîné par un mouvement d'horlogerie.

**équerre** n. f. Instrument de mathématiques d'origine très ancienne qui sert à tracer et à mesurer les angles droits. Composé de deux règles plates, graduées ou non, l'équerre peut être en bois, en ivoire, en os, en cuivre ou en argent. Elle est plus ou moins décorée selon sa destination : outil de travail ou objet de luxe. Elle est souvent associée à d'autres instruments de mathématiques ; elle peut être pliante et former un angle droit en s'ouvrant. On peut trouver les équerres sur le marché à partir de 500 jusqu'à 2 000 F, selon leur ancienneté.

L'*équerre d'arpenteur,* instrument très voisin du cercle d'arpentage, est utilisé du XVIe au XVIIIe siècle. C'est un disque de 15 à 25 cm de diamètre en cuivre ou en bois, muni d'une boussole au centre et de quatre pinnules diamétralement opposées en croix à la périphérie.

L'*équerre de canonnier* sert du XVIe au XVIIIe siècle pour le pointage des canons et des mortiers. Munie de deux jambes inégales, elle possède un quart de cercle et un fil à plomb. On peut en voir une exécutée par Habermel au musée des Sciences d'Oxford.

Parmi les autres types d'équerres, on peut citer l'équerre à épaulement, à coulisse, ou fausse équerre, l'équerre à niveau, l'équerre à combinaison multiple. Le musée des Arts décoratifs de Paris possède une collection d'équerres.

**Érard** (Sébastien), fabricant d'instruments de musique français (1752-1831). En compagnie de son frère Jean-Baptiste et de son neveu Pierre, il associa son nom à l'histoire du piano et contribua à son évolution grâce à de nombreuses inventions. C'est à lui que l'on doit le début d'une facture instrumentale industrielle, spécifiquement française. Également grand fabricant de harpes, Érard ouvrit une maison à Londres et une autre à Paris, après avoir inventé un mécanisme dit « à double mouvement » destiné à abaisser ou à augmenter d'un demi-ton les cordes de la harpe, système répondant à l'agrément de tous les harpistes. Il est bon de rappeler que les pianos et les harpes signés Érard, exécutés à la fin du XVIIIe siècle et au début du XIXe, demeurent des instruments de qualité, tant pour leur musicalité que pour la finesse de leur construction à l'époque contemporaine, qui apprécie la musique jouée sur des instruments originaux.

**érinnophilie** n. f. Collection de vignettes non postales (timbres antituberculeux, de la Croix-Rouge, de bienfaisance, fiscaux, fantaisie).

**Ernst** (Max), peintre, sculpteur, lithographe français d'origine allemande (Brühl 1891 - Paris 1976). Max Ernst a appartenu à la génération tumultueuse et inventive de l'avant-garde artistique qui, après la Première Guerre mondiale, « explosa » dans les mouvements dada et surréaliste. Poète visionnaire, il fut un grand voyageur du rêve et de l'imagination. Il fut chercheur également, trouvant des procédés nouveaux d'expression, tels que le frottage (1925), technique qui consiste à frotter à la mine de plomb des feuilles de papier sur un parquet ou sur tout autre support. Il pratiqua le collage, la gravure sur lino, la décalcomanie, qu'il appliqua à la peinture à l'huile, le « dripping », dont s'inspira Jackson Pollock. Le « dripping » aboutit à des compositions curvilignes produites par des couleurs fluides s'écoulant d'un récipient suspendu par une longue ficelle au-dessus de la toile, posée à plat sur le sol. Pour obtenir l'effet recherché, l'artiste agite le récipient de mouvements divers.

Max Ernst fut sculpteur, lithographe, aquafortiste sans jamais cesser de peindre.

Ayant quitté l'Allemagne en 1922, il put s'installer en France grâce à l'amitié de Paul Eluard. Après la prise du pouvoir par les nazis, son œuvre fut mise à l'index dans son pays. Pendant l'Occupation, Ernst s'exila aux États-Unis. Il revint en France en 1950 et, quelques années plus tard, acquit la nationalité française. En 1975, un an avant sa mort, le Grand Palais lui a consacré une très importante exposition. Les eaux-fortes et les lithographies de Max Ernst parviennent en vente publique à des prix élevés, pouvant dépasser 350 000 F à Londres, le 2-VII-1987.

**erratum** n. m. Faute commise par le typographe au cours de l'impression d'un volume. La correction, imprimée sur un feuillet, est placée en tête ou en fin de l'ouvrage. Le feuillet d'errata (pluriel d'erratum) fait partie intégrante de l'édition. Son absence ou sa présence doit être signalée dans un catalogue et contribue à l'estimation d'un livre.

**escabelle** ou **scabelle** n. f. ou **sgabello** n. m. Siège italien usité dès le début du quattrocento (XVe s.). Deux panneaux divergents, supportant le plateau de bois et le dossier plein, forment le piétement. La composition et l'ornementation de l'escabelle peuvent être d'une grande diversité. Ainsi, à partir du dossier, faiblement concave, le panneau s'élève en évasant pour être couronné par un fronton contourné. Un montant médian assure sa rigidité.

En raison de sa rareté et de la richesse de ses sculptures, ce siège est très recherché : une chaise escabelle, en bois naturel sculpté de cariatides encadrant un blason au dossier et un masque faune au piétement, a été emportée pour 12 500 F le 5-II-1980 à Paris.

**escalette** n. f. Gorge creusée en bordure, sur la face inférieure d'un marbre, et permettant de le stabiliser sur le haut d'un meuble.

**esclave** (collier). Nom que l'on donne parfois au collier ras du cou, fait de motifs d'orfèvrerie articulés, qui enserre le cou comme un carcan. Le collier « esclave » fut particulièrement à la mode sous le règne de Louis XV. Il peut être aussi réduit à un simple ruban de velours piqué d'un petit motif d'orfèvrerie.

**Esmerian** (Raphaël), célèbre bibliophile américain, dont la bibliothèque, vendue à Paris de 1972 à 1974, contenait toutes les pièces rares de la bibliophilie : éditions originales, livres illustrés, belles reliures des origines à nos jours, grandes provenances. Toutes les conditions étaient réunies pour faire de la vente de la bibliothèque Esmerian un événement mondial. En outre, dans une étude annexée au catalogue de la vente, Esmerian apportait une contribution importante à l'étude de la reliure française au XVIe siècle.

**Espagne.** Bien après la conquête de l'Espagne par les Arabes au VIIIe siècle se développent au XIIe siècle des manufactures de tapis, parmi lesquelles celles de Chinchilla, de Letur, d'Alcaraz, de Cuenca et de Madrid. Au XVe siècle, les tapis produits sont appelés les « mudéjars » (nom donné aux musulmans vivant sous la domination d'un roi chrétien). Ils sont une synthèse des tapis anatoliens et perses. Le blason des familles nobles y figure souvent à côté d'éléments décoratifs, mélange de motifs orientaux et espagnols. Les bordures sont géométriques. Dans la seconde moitié du XVe siècle, la manufacture d'Alcaraz produit certains tapis dits « Holbein espagnols ». À partir de la fin du XVe siècle, des motifs gothiques sont introduits, et, au XVIe siècle, des éléments Renaissance apparaissent.

Ces tapis sont noués au nœud espagnol, appelé également « hispanocopte », qui est un nœud simple, où le brin de laine n'entoure qu'un seul fil de chaîne.

**espagnolette** n. f. Ce motif en bronze doré et ciselé, figurant le buste d'une femme émergeant d'une large colerette, est apparu sous la Régence, inspiré d'un dessin de Watteau. La mode était alors aux costumes à l'espagnole, en l'honneur de la petite infante promise à Louis XV, à la suite d'une tentative — sans lendemain — de rapprochement avec l'Espagne projeté par le cardinal Dubois en 1722.

*Bureau en placage d'amarante, portant l'estampille de Carel, bronzes ciselés et dorés à décor d'espagnolettes. Début de l'époque Louis XV. Adjugé 680 000 F par M^es Couturier-Nicolay, à Drouot, le 18-XI-1980. À droite, détail de l'espagnolette.*

L'ébéniste Gaudreaux a exécuté pour le château de Fontainebleau, en 1740, une commode « à l'espagnolette » dont le modèle fut souvent repris.

**espingole** n. f. (de l'espagnol *espingolere*). Arme courte, au canon en bronze à bouche évasée, montée sur un pivot appelé « chandelier ». L'espingole — souvent confondue avec le tromblon — est apparue en Espagne et en Italie à la fin du XVI^e siècle.

**essai** n. m. Les essais monétaires sont, comme leur nom l'indique, des pièces frappées en vue de mettre au point la fabrication d'une monnaie à un type donné. Ils se répartissent en deux grandes catégories : les essais de type et les essais techniques, ou essais de frappe, pour le type adopté.

*Les essais de type.* Le choix d'un type monétaire par les autorités compétentes se fait entre divers projets soumis par un ou plusieurs graveurs, parfois par voie de concours. Les multiples projets donnent lieu à des frappes d'essais, d'où sortira le type ou les types adoptés (avers et revers peuvent être de graveurs différents).

*Les essais techniques.* Une fois les types monétaires adoptés, on procède à un grand nombre d'essais de frappe, concernant le métal, le module, l'ornementation de la tranche, pour aboutir à la monnaie définitive.

Depuis 1945, la Monnaie de Paris a pour coutume de fabriquer pour chaque nouvelle monnaie une présérie portant le mot « essai », qui est distribuée au personnel ou offert par la direction. Les préséries sont frappées à un tirage variant de quelques centaines à 1 500 exemplaires environ.

Il existe également des frappes d'hommages en or, destinées aux plus hautes personnalités de l'État et qui sont rarissimes (en général 6 exemplaires au plus).

Enfin, on rencontre parfois des essais unifaces, souvent en métaux mous, comme l'étain ou le plomb, qui sont de véritables épreuves d'artistes ayant servi au graveur à visualiser l'avancement de son travail.

La collection d'essais, particulièrement d'essais de type, est très variée et amusante. Malgré cela, elle reste encore un peu délaissée, et les prix, dans ce domaine, sont très attirants.

**estampe** n. f. Les procédés de reproduction de l'image n'ayant cessé, depuis l'introduction en Europe de la gravure sur bois, de se diversifier et de s'enrichir, la définition de l'estampe reste sujette à interprétations multiples. Il est admis, cependant, qu'une estampe est une image provenant d'une impression en creux ou en relief excluant tout recours à un procédé photomécanique. L'estampe, dès ses origines, procéda d'un souci de reproduction, de multiplication et de diffusion ; par définition, elle ne saurait donc être unique, à la différence du dessin, de la peinture, de la gouache ou de l'aquarelle, encore que l'on puisse très bien envisager une estampe tirée à un seul exemplaire ou, plutôt, dont un seul exemplaire aurait été conservé.

L'estampe est apparue en Extrême-Orient avec l'invention du papier. Les plus anciennes estampes sont les gravures sur bois, ou xylographies, mais l'on désigne aussi par « xylographies » les pièces dans lesquelles texte et images sont gravés dans le même bloc. Les toutes premières gravures sur bois naquirent en Europe occidentale au début du XV^e siècle. Images de piété ou cartes à jouer, elles sont extrêmement rares sur le marché de l'estampe. Imprimées en noir, elles étaient parfois rehaussées de couleurs. Les régions baignées par le Rhin ainsi que l'Autriche, les Flandres, le nord et l'est de la France semblent avoir été propices à la gravure. On gravait dans les monastères, mais aussi dans les villages, où exerçaient des artisans appartenant à la corporation des charpentiers-menuisiers. Le travail se trouvait partagé entre l'auteur du dessin et le graveur, auxquels pouvait s'ajouter le tireur de l'estampe.

Avec l'invention de l'imprimerie, la gravure prit sa place dans le livre imprimé, notamment dans les bibles, mais les livres xylographiques continuèrent d'exister et de se propager parallèlement aux livres composés avec des caractères mobiles. De cette manière, les planches étaient toujours prêtes pour d'éventuelles rééditions. Apparue au milieu du XV^e siècle dans les ateliers d'orfèvre, la gravure sur cuivre toucha une clientèle moins populaire.

Les premiers artistes graveurs étant restés anonymes, les spécialistes les désignent par leurs initiales ou par référence à leurs œuvres : Maître des Cartes à jouer, Maître de la Passion de Berlin, Maître du Cabinet d'Amsterdam, Maître aux Banderoles, etc. Avec Michel Wolgemuth, l'auteur de la *Chronique de Nuremberg,* chez lequel Dürer fait son apprentissage, avec Martin Schongauer, le maître de Colmar, la gravure prend noms et visages. Fortement impressionné par l'œuvre de Schongauer, nourri des secrets de la Renaissance italienne, Albrecht Dürer porte à un degré encore jamais atteint l'art de la gravure sur cuivre, mais il provoque en même temps un salutaire réveil de la gravure sur bois.

Le prestige justifié de Dürer ne saurait masquer l'apport d'artistes tels que Lucas Cranach, Lucas de Leyde, Hendrick Goltzius, qui inscrira son nom dans l'histoire de la gravure en fondant à Haarlem, sa ville natale de Hollande, une académie de gravure maniériste. En Italie, Marcantonio Raimondi inventera la gravure d'interprétation, technique qui consiste à reproduire par la gravure les tableaux des grands peintres. Le Flamand Hieronymus Cock, éditeur et graveur, perfectionnera et développera le procédé.

L'Étreinte, *gravure du Maître M. Z. Bavière, vers 1500. (15,1 × 11,2 cm.)*

Diogène. *Gravure sur bois d'Ugo da Carpi (1480-1532), qui utilisait plusieurs planches pour obtenir des effets de clair-obscur proches de l'aquarelle.*

Christie's

En France, au début du XVIIe siècle, le graveur Jacques Callot réalise un travail d'une intense originalité et d'une grande portée historique. Tout au long de ce siècle, la gravure connaît un essor qui se signale, notamment, par la publication de catalogues destinés aux amateurs. C'est ainsi qu'en 1751 et 1752 sont publiés les catalogues consacrés aux œuvres gravés de Rembrandt et de Rubens. Des collectionneurs se montrent actifs dans leurs recherches. L'un d'eux, le duc de Mortemart, possédait, au moment de sa mort en 1746, une collection de 25 000 estampes classées par artistes. En 1699 était parue, sous la signature de Florent le Comte, une sorte de bréviaire du collectionneur de gravures, et, en 1727, Dezallier d'Argenville avait inauguré dans *le Mercure de France* une chronique sur le même sujet. Les amateurs se voyaient offrir des estampes sans cesse plus raffinées. On inventait la manière noire, la manière de crayon, la manière de lavis, la manière d'aquarelle, l'aquatinte, en attendant que la lithographie, découverte à la fin du XVIIIe siècle par Senefelder, vienne redonner à l'estampe un caractère populaire. Mais il faut attendre 1889 et la constitution de la Société des peintres-graveurs pour que l'estampe soit reconnue comme un art. Celle-ci n'a pourtant jamais cessé de s'affirmer pour elle-même, de Dürer à Rembrandt, de Jacques Callot à Goya.

La lithographie propage pour un vaste public les caricatures de Daumier, les illustrations de Gustave Doré et de tant d'autres. Signe évident de l'intérêt porté à la gravure à cette époque par les collectionneurs, le premier numéro de la *Gazette des beaux-arts,* publié en 1856, comporte une rubrique de ventes d'estampes. La même année, le peintre-graveur Braquemond découvre les estampes japonaises. Ces bois gravés (ukiyo-é), aux tons francs, vifs et tranchés, racontant en deux dimensions « les scènes de la vie qui passe », exercèrent une véritable fascination sur l'avant-garde artistique du moment, qui les collectionne et les étudie. Cette influence japonaise se révélera d'une façon particulièrement sensible dans les affiches lithographiques de Toulouse-Lautrec et les gravures de Degas.

À la fin du siècle, le bois gravé connaît un extraordinaire renouveau avec les créations de Gauguin et d'Edward Munch, chef de file des expressionnistes, ou celles des nabis (Vallotton). L'eau-forte et la technique du burin retiennent particulièrement Picasso, Braque ou Jacques Villon. Mais c'est la lithographie qui bénéficie du développement le plus large. Aujourd'hui, la plupart des peintres sont aussi lithographes.

D'un prix plus accessible que celui de la peinture, la lithographie originale reflète, néanmoins, une forte tendance à la hausse, qui vaut surtout pour les œuvres d'artistes connus, complètement intégrés au marché de l'art. V. GRAVURE.

*La collection d'estampes.* L'amateur peut consulter les catalogues dans lesquels sont consignées les informations relatives aux estampes : identification, dates, provenance, dimensions de l'image, état de celle-ci, papier utilisé pour l'impression et toute autre indication utile à la connaissance de l'œuvre. Les catalogues des expositions, notamment ceux des musées nationaux, constituent souvent de bonnes sources d'information. Il existe aussi des revues spécialisées, comme *Nouvelles de l'estampe,* éditée par le Comité national de la gravure française (cabinet des Estampes de la Bibliothèque nationale). Plusieurs guides et annuaires renseignent sur les prix des œuvres dans les ventes publiques. C'est le cas, par exemple, du *Meyer* pour les estampes, les dessins, les aquarelles, les peintures et les sculptures.

La conservation des estampes exige un soin particulier. Tenues à l'abri de la poussière, de l'humidité et de la lumière, celles-ci demandent à être manipulées avec précaution ; il faut éviter de les froisser ou d'y laisser des empreintes de doigt. Le rangement des pièces non encadrées se fait à plat dans des tiroirs ou dans des cartons à dessins. L'estampe encadrée ne doit pas être montée, c'est-à-dire collée sur un support plus solide, mais fixée aux angles par un procédé souple ne laissant aucune trace. On l'isole par un papier pur chiffon de tout papier ou carton risquant de la marquer, et les marges ne doivent pas être coupées.

**Estampe et l'Affiche** (l'). Revue bimensuelle fondée en 1897. Elle fournissait la liste des nouvelles affiches, les résultats des ventes, et publiait des enquêtes et des reportages sur l'affiche et les affichistes. Elle cessa sa publication en 1900.

**estampe japonaise.** V. JAPON.

**estampe originale.** L'estampe est dite « originale » lorsque, signée ou non, numérotée ou non, elle est l'émanation directe de la planche, de la plaque de métal ou de la pierre lithographique préparée à cet effet, le dessin ayant été conçu et exécuté dans cette intention par l'artiste, qui grave lui-même ou intervient aux différents stades de fabrication de l'estampe. Par extension, une gravure de reproduction ou d'interprétation, c'est-à-dire reproduisant un tableau, est généralement considérée comme une estampe originale. Toute réimpression ultérieure d'une estampe, c'est-à-dire exécutée après la première édition, doit être signalée et appréciée comme telle, même si elle est d'excellente qualité.

À l'Exposition internationale de 1937, le Comité national de la gravure a donné la définition suivante de l'estampe originale, définition adoptée par le Comité international de la gravure : « Sont considérées comme gravures, estampes et lithographies originales les épreuves tirées en noir et blanc ou en couleurs, d'une ou plusieurs planches, entièrement conçues et exécutées à la main par le même artiste, quelle que soit la technique employée, à l'exclusion de tous procédés mécaniques ou photomécaniques. »

**estampé** (décor). Décor obtenu par impression d'un motif exécuté sur une matrice en terre cuite ou un poinçon de métal. Le motif peut être en creux sur la matrice ou en relief. Il peut être appliqué d'une façon isolée ou répétée.

**estampille** n. f. Marque de fabrique portant le nom d'un maître ébéniste et frappée au fer dans le bois de certains meubles. L'estampille était réalisée dans un bloc de métal gravé en relief qui comportait la suite des lettres formant les initiales, suivies du nom propre de l'ébéniste.

Les premières estampilles ont fait leur apparition vers 1730, pour distinguer les maîtres ébénistes admis à la jurande des menuisiers-ébénistes, alors que les ouvriers libres qui leur faisaient concurrence n'avaient pas le droit d'apposer leurs marques personnelles sur les meubles de leur fabrication.

L'estampille a d'abord été rendue obligatoire par la corporation des maîtres ébénistes en 1743, mais ce n'est qu'en 1751 que son usage a été légalisé par un édit royal enregistré par le parlement, qui précise : « Et ne pourront les dits maîtres délivrer aucun ouvrage qu'ils ne les aient préalablement marqués de leur marque à peine de confiscation et de 20 livres d'amende par pièce non marquée. »

L'estampille, qui donnait lieu à la perception d'une taxe, était enregistrée par la frappe d'une lame de plomb déposée au siège de la corporation des menuisiers-ébénistes. Chaque frappe d'estampille devait être accompagnée sur le meuble de la marque de la jurande des menuisiers-ébénistes, concrétisée par les trois lettres J. M. E. apposées après le noyau de l'ébéniste.

*En bas, fauteuil à la reine portant l'estampille de Lelarge.*

*Ci-dessous, estampille du maître ébéniste G. Dester, accompagné du poinçon de jurande des menuisiers-ébénistes (JME).*

Joël Laffay

C. A.

Les meubles estampillés sans la marque de la jurande n'en sont pas moins authentiques..., mais ils ont échappé à la perception de la taxe ! L'estampille est généralement le signe d'une bonne qualité de fabrication, exécutée selon des normes rigoureuses, mais de nombreux meubles sans estampille — soit qu'ils n'aient pas été marqués, soit qu'ils aient été réalisés par des ouvriers libres — peuvent être d'excellente facture. Enfin, de nombreux artisans privilégiés qui travaillaient pour la Cour étaient exemptés de l'obligation de l'estampille. C'est pourquoi de nombreux experts n'accordent qu'une valeur relative à l'estampille, qui ne doit en aucune façon empêcher une appréciation critique.

De plus, de nombreuses estampilles, dont les fers ont été conservés ou reproduits par moulage, ont été apposées sur des meubles qui ne méritaient pas d'être ainsi mis en valeur. Les fausses estampilles sont parfois des moyens de tromperie qui n'honorent pas le commerce de l'antiquité. Il est difficile de déceler une estampille récemment frappée, mais les faussaires se trahissent souvent par une frappe beaucoup trop nette (alors que les estampilles authentiques sont difficiles à déchiffrer) ou, au contraire, par une signature très confuse. Selon certains experts, les estampilles trop fraîches sont reconnaissables à l'éclatement des fibres du bois desséché, alors que les estampilles frappées au XVIIIe siècle dans les bois encore souples sont, pour ainsi dire, sans bavure, ou du moins les fibres du bois ne paraissent pas écrasées.

Le comte de Salverte, dont l'ouvrage sur les maîtres ébénistes fait autorité, a dénombré environ 400 estampilles, appartenant pour la plupart à des artisans parisiens du XVIIIe siècle.

**Estienne** (les), famille française d'imprimeurs et de libraires du XVIe siècle, célèbres par la beauté de leurs éditions, la pureté et la correction de leurs textes. *Robert* publia un dictionnaire latin-français et français-latin (1539), et *Henri,* son fils, un *Thesaurus graecae linguae* (1572) et des éditions* princeps.

**estimation** n. f. Indication de valeur donnée par un antiquaire, un commissaire-priseur ou un expert.

Avant les ventes aux enchères, l'estimation proposée par un représentant de l'étude à titre indicatif devrait normalement s'approcher du prix d'adjudication. Pour les ventes de spécialités, le catalogue rédigé par l'expert comporte souvent une estimation pour chaque numéro ou un tableau récapitulatif des estimations données comme « base d'évaluation ». Certaines estimations sont mentionnées sous forme de fourchettes de prix, accompagnées du commentaire suivant : « Les estimations sont données à titre purement indicatif ; elles ne correspondent ni à des maxima ni à des minima, mais aux prix moyens supposés du marché. »

Au Nouveau Drouot, à Paris, un bureau d'estimation est ouvert au public, qui peut faire estimer gratuitement les objets présentés au commissaire-priseur de service.

**étain** n. m. (du latin *stamnum*). Métal malléable, d'un aspect gris argenté, qui résiste bien à l'action de l'air et de l'humidité, mais dont le point de fusion est peu élevé (232 °C) et qui est fragile au-dessous de −13 °C, température au-delà de laquelle il risque d'être atteint de la « peste de l'étain », qui le rend pulvérulent.

L'étain n'est pas employé à l'état pur, mais en alliage avec d'autres métaux : avec le cuivre, il donne le bronze ; avec le plomb, il forme un alliage facile à travailler, mais un excès de plomb lui fait perdre son inaltérabilité et peut même le rendre toxique ; d'où l'institution de divers poinçonnages destinés à garantir un « bon aloi ». L'étain

*Aiguière en étain gravée aux armes de la ville de Besançon. Vers 1730. Collection Ch. et Ph. Boucaud.*

*Poinçon au léopard (contrôle de Rouen) de la moitié du XVIII^e siècle, relevé sur le couvercle d'un pichet. Collection Métais.*

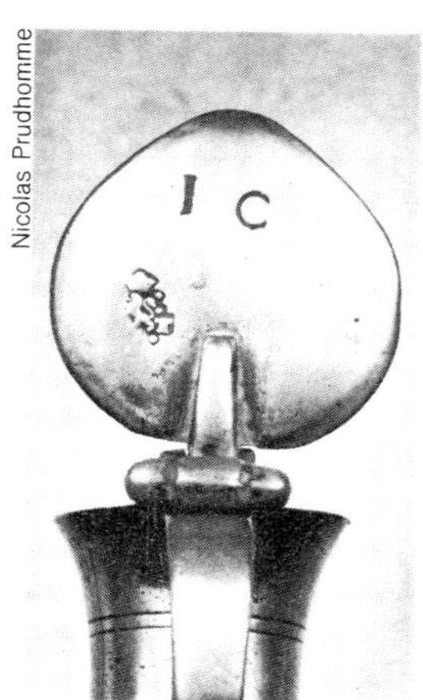


fin ne doit pas contenir plus de 10 p. 100 de plomb. L'étain commun admet une proportion de 20 p. 100, voire supérieure pour la « claire étoffe », utilisée pour certains objets d'usage domestique.

Les poinçons qui peuvent figurer sur un objet d'étain sont le poinçon de maître, le poinçon de contrôle et le poinçon de jaugeage.

Le poinçon de maître, apposé par l'« estainier » (ou estanié ou potier d'étain), qui assure une proportion de plomb inférieure à 10 p. 100, comporte le nom de l'artisan et souvent la marque distinctive de sa province.

Le poinçon de contrôle est frappé par les jurés de la corporation, qui confirment la qualité de l'alliage par un F pour l'étain fin (plus un L couronné sous Louis XIV) et par un C pour l'étain commun (20 p. 100 de plomb).

Le poinçon de jaugeage, qui correspond à la contenance des pichets et autres récipients utilisés dans le commerce, est symbolisé par des fleurs de lis, des aigles, des couronnes ou autres signes distinctifs.

En 813, le concile de Reims a autorisé l'emploi de l'étain pour les instruments du culte (calices, ciboires, boîtes à hosties, reliquaires-encensoirs). Le coulage de l'étain dans des moules à partir du XII^e siècle a donné naissance à de très nombreux objets profanes, à la fois utilitaires et décoratifs (assiettes, aiguières, écuelles, plats, pichets, biberons, bouillons, bouteilles, timbales, chopes de corporation), ainsi qu'à de nombreux ustensiles médicaux (palettes, pots à thériaque, seringues à clystère, canards). Le fondeur ajoutait souvent un décor gravé à motifs très divers : monogrammes de propriétaires, armoiries, scènes de genre. Certains objets d'étain étaient également traités par bosselage au repoussé : côtes en relief, nervures, godrons, notamment en Allemagne à la fin du XVI^e siècle. Les pièces que l'on trouve aujourd'hui dans le commerce sont rarement antérieures au XVIII^e siècle, soit qu'elles aient subi la « peste d'étain », soit qu'elles aient été fondues pour donner des œuvres conformes aux derniers décors à la mode.

Les objets les plus recherchés des collectionneurs sont les pichets, les plats cardinaux (en forme de chapeau de cardinal), les plats festonnés, les aiguières et les fontaines. Plus courants et de prix encore accessibles sont les assiettes et les couverts.

La valeur des étains et leur raréfaction ont provoqué la fabrication de faux nombreux, facilement obtenus par surmoulage. Vieillis artificiellement et bien patinés, les faux sont souvent difficiles à déceler, à moins que le faussaire ne se trahisse par un excès de plomb, qui rend la pièce d'un bleu éteint, ou par l'application de mauvais poinçons, qui ne correspondent pas à l'époque de fabrication ou au style imité. Chaque région a ses formes spécifiques, qui exigent une corrélation avec certains poinçons. On se méfiera en outre de gravures surajoutées et d'autres effets décoratifs inadaptés, qui, loin de valoriser les pièces, leur font perdre tout intérêt pour le collectionneur.

Le décrassage des vieux étains se fait à l'eau savonneuse et à la brosse douce. Le brillant du métal revient ensuite lorsqu'on frotte avec un chiffon imbibé de térébenthine, puis à la peau de chamois. L'entretien des étains est facilement assuré par le passage régulier d'un chiffon de flanelle bien sec.

**étalon** n. m. Grandeur type servant à définir une unité de poids ou de mesures, déposée aux Archives. Il n'y avait pas d'unité de mesures avant la fin du XVIII^e siècle, et les différents étalons étaient confiés à la garde des diverses institutions. Une toise de fer était scellée dans le mur du Châtelet et avait été remise en état en 1668, mais on ignorait la façon dont elle avait été calculée. Sur demande royale, Langlois puis Lenel firent des copies de cette toise. Il fallut attendre Lenoir et ses travaux pour voir apparaître, en 1794, le premier mètre provisoire en cuivre. Lenoir fit deux autres mètres en 1799, en platine, dont un devint l'étalon déposé aux Archives. Fortin fit le même travail que Lenoir pour l'étalon des poids et il établit le kilogramme en 1799 sous forme de cylindres de platine.

**étamage** n. m. Opération qui consiste à recouvrir d'une mince couche d'étain certains métaux. Sur le métal, d'abord bien décapé, puis chauffé, une mince couche d'étain en fusion est déposée. Les qualités propres à l'étain empêchent l'oxydation du cuivre ou du fer sous l'action de l'air et de l'humidité. D'où l'usage de l'étamage des casseroles ou autres ustensiles de cuisine. Le « fer-blanc » n'est autre chose qu'une feuille de fer étamée.

Jusqu'au milieu du XX^e siècle, les étameurs en boutique ou ambulants proposaient leurs services pour prolonger l'usage des cuivres domestiques.

L'étamage des glaces, connu depuis le XIV^e siècle, s'obtenait par application sur le verre d'une fine feuille d'étain fixée par amalgame avec du mercure.

**étamine** n. f. Grosse toile de chanvre ou de lin, assez souvent irrégulière, employée pour les canevas anciens.

**étampage** n. m. Procédé utilisé en serrurerie pour obtenir différentes ornementations à partir d'étampes.

L'étampe se compose d'une pièce de fer épaisse, acérée au moins dans sa partie supérieure, que l'on nomme « semelle » ou « matrice », où sont gravés en creux ou en relief des profils ou des dessins que l'on veut reproduire (certaines étampes décorées sont très recherchées par les collectionneurs). L'étampe est fixée à la table d'une forte enclume. Après dégrossissage pour être amenée aussi près que possible de la forme désirée, la barre de fer est chauffée à température convenable, posée sur les cannelures ou dessins de l'étampe et martelée jusqu'à ce qu'elle en épouse la forme. Le finissage est exécuté au burin ou à la lime. Pour façonner les pièces qui doivent être décorées sur leurs différents côtés ou toute leur circonférence, on emploie deux semelles au lieu d'une. La semelle supérieure, appelée aussi « tas à étamper », est emmanchée sur un long morceau de bois qui permet de la manier. C'est elle qui reçoit les coups de marteau. L'étampage est aussi utilisé pour façonner des tôles afin d'obtenir des feuillages, des branchages, des lambrequins. On pratique ensuite la découpe et le relevage.

L'étampage permet d'orner le fer de profils plus ou moins compliqués ou de confectionner des ornements (tiges, jets, fleurons, boules, graines) destinés à garnir les panneaux de grilles. Il permet aussi d'obtenir un grand nombre de pièces de serrurerie courante et de grosse quincaillerie, telles qu'ormeaux de clef, boutons, rosaces, têtes de vis ouvragées. Il n'est employé que pour des ouvrages répétés à un grand nombre d'exemplaires, car la confection des matrices est toujours coûteuse. Il se pratiquait aussi sur le cuivre, l'or ou l'argent. Même si les pièces étampées présentent des compositions et des décors très développés, on leur préfère celles — comparables — obtenues par repoussé ou ciselées, c'est-à-dire grâce à des opérations manuelles qui confèrent aux objets la noblesse de l'œuvre unique.

**état de conservation.** Un des principaux facteurs de qualité d'une monnaie est son état de conservation, c'est-à-dire son degré d'usure. Les experts ont tenté de codifier cet état pour pouvoir décrire les pièces avec des qualificatifs standards répondant à des critères de jugement les plus objectifs possibles. Malgré quelques imperfections, un bon système de notation — qui a des normes à peu près semblables dans tous les pays — permet au numismate d'évaluer les états de conservation, depuis le rarissime exemplaire « Fleur de coin » jusqu'à la rondelle métallique à la légende quasi indéchiffrable, dont l'état est pudiquement qualifié de « Beau ». Voici donc ce système de notations :

*Fleur de coin,* qui se dit de l'état d'une pièce parfaite, telle qu'elle a dû sortir du coin monétaire, supposant que cette pièce n'a pas circulé, puisqu'elle ne présente ni rayures, ni usure aussi minime soit-elle, ni trace de chocs ;

*Superbe,* qui se dit de l'état d'une pièce presque parfaite, ayant peu circulé et dont les défauts — peu visibles à l'œil nu — peuvent apparaître plus clairement à la loupe (légères stries, légères usures des parties les plus en relief, comme les cheveux...) ;

*Très Beau* (ou *TTB*), qui se dit de l'état d'une pièce dont l'usure montre clairement qu'elle a circulé, mais qui garde encore un très bel aspect, des reliefs très peu fatigués et qui ne présente pas d'accidents majeurs ;

*TB,* qui se dit de l'état d'une pièce ayant beaucoup circulé, certains détails de la gravure commençant à s'estomper, la surface métallique étant terne et hachée de petites stries, et des accidents pouvant être visibles (chocs sur la tranche, rayures importantes, etc.) ;

*Beau,* qui désigne — par euphémisme — l'état d'une pièce excessivement usée, aux légendes et aux reliefs en partie effacés.

À partir de ce système de notations, des raffinements sont possibles pour décrire des états intermédiaires ou pour rendre compte du fait (fréquent) que l'avers et le revers d'une même pièce n'ont pas le même état de conservation : par exemple, TTB/TB signifie que l'avers est TTB, mais que le revers est seulement TB.

TABLEAU D'ÉQUIVALENCE
DES ÉTATS DE CONSERVATION

| France | Angleterre | Allemagne | Italie |
|---|---|---|---|
| F.d.C. | Mint State | Stempelglanz | Fior di conio |
| Superbe | EF (extremely fine) | Vorzuglich | Splendido |
| TTB | VF (very fine) | Sehr Schön | Bellissimo |
| TB | F (fine) | Schön | Molto Bello |
| B | Good | Gut | Bello |

**étau** n. m. Presse formée de deux branches de fer ou de bois terminées, en leur partie supérieure, par des mâchoires. Les branches sont mobilisées par une vis transversale ; en se resserrant, elles maintiennent solidement l'objet à travailler. L'étau primitif est un billot de bois entaillé. L'objet à travailler est maintenu dans cette entaille par des coins. Chaque profession utilise un étau spécifique. L'étau de maréchalerie pèse jusqu'à 180 kg ; il est conçu pour accueillir les pièces rougies au feu. L'étau courant de serrurier est de conception semblable, mais ne dépasse pas 30 kg. Certaines professions — serrurerie, orfèvrerie, petite mécanique — ont adopté l'étau à main, dont la taille varie entre 8 et 15 cm. L'étau de bois du menuisier est incorporé dans l'établi.

**éthylabelophilie** n. f. Collection d'étiquettes de bouteilles de vins et de liqueurs.

**étiquette** n. f. Petite feuille de papier ou de parchemin collée à l'intérieur des instruments à cordes. Elle porte en général le nom du luthier, son adresse, le lieu et la date de fabrication de l'instrument. Rares sont les instruments anciens qui ont conservé leurs étiquettes originales. Décollées par l'humidité ou au cours de différentes restaurations, ou encore par des marchands peu scrupuleux, les étiquettes sont souvent remplacées par des étiquettes apocryphes. C'est la raison pour laquelle elles restent le dernier recours de l'expert, qui ne se préoccupe que de la qualité du travail.

**étoilés.** Se dit de certains rubis ou de certains saphirs, présentant des sortes d'aiguilles en inclusion, disposées autour d'un axe, que le lapidaire met en valeur par une taille en cabochon judicieusement orientée. La pierre laisse ainsi apparaître dans sa masse une étoile argentée à six branches d'un très bel effet. Les rubis et les saphirs étoilés sont très recherchés, et on leur accorde parfois une valeur magique.

**étrier** n. m. Planchette vissée sur le devant de certains sièges et formant marchepied. L'étrier servait jusqu'au XVIIe siècle de petite estrade pour éviter aux pieds le contact direct avec un carrelage.

**étrusque.** Civilisation antique qui s'est épanouie en Italie centrale du VIIIe au IVe siècle av. J.-C. Le domaine étrusque est géographiquement limité par l'Arno au nord, par le Tibre au sud et à l'est. Entre le « miracle grec » et l'Empire romain, handicapée par le fait qu'on ne comprenne pas son langage, la civilisation étrusque n'occupe peut-être pas dans l'histoire la place que mériteraient ses brillants témoignages artistiques.

L'essentiel de ces témoignages a été découvert dans les tombes (Voltera, Caere, Chiusi, Arezzo). Ce sont des fresques et des sculptures funéraires d'une part, et des bronzes, des poteries, des bijoux, d'autre part.

L'art étrusque a été fortement influencé par l'art archaïque grec. Du VIIe au Ve siècle av. J.-C., en effet, les échanges furent actifs avec les cités grecques de l'Italie du Sud et de métropole. Cette influence est sensible dans les types des visages : hommes à barbes pointues, cheveux tressés, grands yeux en amande et sourire mystérieux, que l'on trouve chez les kouroï et les koré.

Les formes et le décor des vases sont également inspirés de la céramique attique. Ces vases sont des amphores, des cratères, des hydries, des coupes, mais aussi de curieux vases plastiques (askoï) en forme d'oiseaux, décorés de plumages et de divinités ailées. La technique de leur décoration n'est pas la même que celle des céramistes attiques : au VIe siècle, les vases dits « bucchero nero » sont entièrement enduits d'un vernis noir sur lequel les motifs sont peints en rouge. Au Ve siècle, cependant, on trouve des vases à figures rouges obtenus de la même manière que les décors athéniens.

Les petits bronzes étrusques étaient déjà recherchés des amateurs d'art du temps d'Auguste et de Néron. Eux aussi subissent l'influence des bronzes grecs. Ce sont des divinités, des danseuses, des héros, des lutteurs ou des guerriers. Parmi les bronzes figurent aussi de très beaux miroirs à main, au dos couvert d'un fin décor gravé : allégories, divinités, femmes à leur toilette.

Les bijoux, enfin, tels que colliers, pendentifs, bracelets en or filigrané et granulé, témoignent, de la part des orfèvres étrusques, d'une extraordinaire virtuosité.

Christie's

*Bronze étrusque (IVe siècle av. J.-C.), représentant un acrobate. (L. 5 cm.)*

**étude** n. f. Mot couramment employé pour désigner le siège principal d'une charge de notaire ou de commissaire-priseur.

**étui** n. m. Objet fait pour en contenir un autre et qui épouse la forme du contenu auquel on le destine. Le mot évoque plutôt un objet en longueur muni d'une étroite ouverture (étui à lunettes, à ciseaux, à aiguilles) et ne s'applique donc pas, en principe, à une boîte à couvercle, quelle que soit sa forme.

Les étuis purement utilitaires sont en cuir bouilli, sans ornements ni raffinements, et leur qualité essentielle est la solidité. Le Moyen Âge, époque de continuels déplacements, fut un grand utilisateur de ce type d'étuis ; le mot pouvait alors s'appliquer à des objets de taille importante.

Couturier-Nicolay

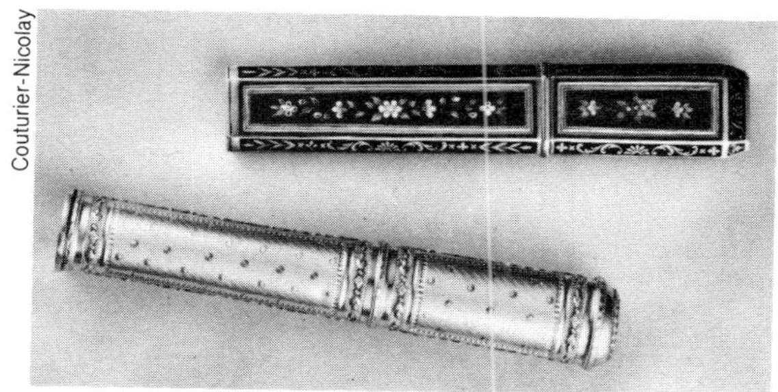

*Étuis à cire en or jaune. L'un (en bas), formé de panneaux guillochés, est gravé d'armoiries timbrées d'une couronne ducale (Paris, 1789) ; l'autre (en haut), formé de panneaux émaillés bleu foncé, est orné de fleurettes et encadré de rinceaux en or (Paris 1798-1808). Ensemble adjugé par Mes Couturier-Nicolay, le 19-III-1982.*

Au XVIIIe siècle, l'étui sert à transporter dans sa poche ou dans son sac les objets dont on peut avoir besoin dans la journée. Il doit donc être élégant, et sa fabrication relève alors de la corporation des gainiers. On le couvre de maroquin doré, parfois aux petits fers, ou de galuchat*, matériau nouveau très à la mode sous Louis XV et sous Louis XVI : les journaux d'annonces de la seconde partie du XVIIIe siècle relatent la perte d'étuis à ciseaux, à montre, à cure-dents, égarés par leurs propriétaires, désireux de les retrouver.

L'étui peut-être aussi un objet précieux en lui-même, confectionné par un tabletier*, en ivoire, écaille, nacre, or émaillé, argent filigrané..., tels les étuis à cire ou les tubes à billets* doux à décor d'émail ou de vernis* Martin, des étuis à cure-dents, minuscules, en nacre ou en ivoire, des étuis à carnet de bal enrichis parfois de perles ou de diamants. Ces derniers, pouvaient d'ailleurs eux-mêmes être abrités par un autre étui protecteur, de galuchat ou de maroquin.

**étui de mathématiques.** Coffret ou étui dans lequel on range plusieurs instruments de mathématiques. Selon leur emploi, les étuis peuvent contenir des équerres*, des rapporteurs*, des pieds* de roy, des boussoles*, des compas*, des cadrans*, des règles*. Ceux des XVIe et XVIIe siècles sont rares. Les étuis, ou trousses, du XVIIIe siècle se trouvent couramment ; moins fournis peut-être en instru-

Ader-Picard-Tajan

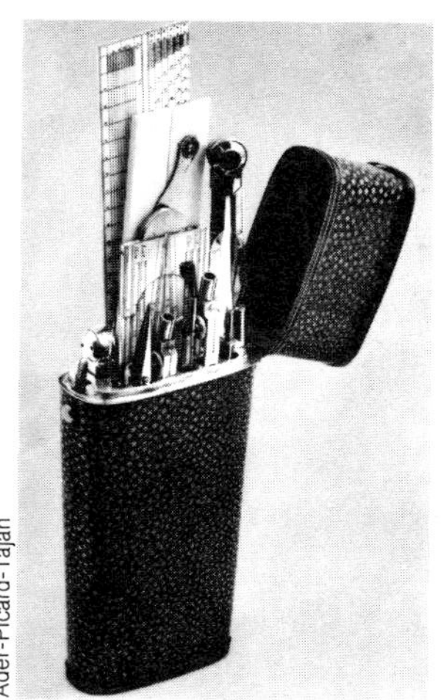

*Étui de mathématiques, dans lequel on aperçoit les principaux instruments rangés dans des emplacements réservés à chacun d'entre eux.*

ments que les précédents, ils n'en sont pas moins recherchés.

La valeur de chaque étui dépend de deux éléments : la signature du « faiseur d'instruments », sa notoriété et la qualité de son travail ; ensuite, la richesse de l'étui, qui selon sa destination peut être richement orné, et sa matière plus ou moins précieuse : argent, galuchat ou cuir. Ainsi, un nécessaire d'instruments de mathématiques en métal anglais et en ivoire de Dollond, dont l'étui était en galuchat vert, peut valoir de 15000 à 20000 F, mais les enchères s'élèvent de 4000 à 6000 F pour un modèle courant.

**étui de pierre à faux.** Nommé aussi, selon les régions, « coffin », « couyer » ou « coyau », l'étui de pierre à faux, porté à la ceinture par le paysan, sert à contenir une pierre à affûter en forme de navette. Parfois, ce n'est qu'une simple corne de vache ornée d'un anneau, mais il est

*Étui de pierre à faux, ou coffin, en mélèze sculpté de rosaces sur trois faces. XVIIIe siècle.*

C. A.

quelquefois taillé dans du bois et soigneusement décoré au couteau, portant les initiales de son propriétaire et la date de fabrication.

**eustache** n. m. Couteau à lame pliante, dont le nom provient du prénom d'un célèbre fabricant de couteaux, Eustache Dubois, qui, au XIXe siècle, portait sa marque sur le manche des ustensiles sortis de ses ateliers.

**Évainète,** graveur monétaire grec, actif dans la première moitié du IVe siècle av. J.-C. Parfois surnommé le « Phidias des graveurs de monnaies », Évainète, le plus célèbre

*Décadrachme d'argent de Syracuse, gravé par Évainète pour commémorer la victoire remporté en 413 sur les Athéniens. Avers : tête d'Aréthuse entourée de dauphins. Revers : course de chars. Paris, Bibliothèque nationale.*

B. N.

graveur de l'histoire grecque, a gravé des coins pour les tétradrachmes de Catane, de Camarina et surtout de Syracuse. Nombreuses sont les pièces qui portent sa signature, en toutes lettres ou en abrégé. Les plus célèbres de ses créations sont les fameux décadrachmes de Syracuse, merveilles d'élégance et de raffinement. En 1988, les pièces courantes peuvent valoir de 5000 à 10000 F ; celles qui comportent des décors gravés valent parfois plus de 20000 F.

**Ève** (Nicolas et Clovis), relieurs parisiens qui exécutèrent pour Henri III, Henri IV et Louis XIII des reliures en maroquin, semées d'attributs royaux, ou avec armes centrales et filets. Ces reliures appartiennent à un type de décor appelé plus tard « décor à la Duseuil ».

**éventail** n. m. Petit accessoire portatif qu'on agite pour s'éventer. L'éventail est généralement fait de petites lames fines servant de support à un tissu.

En Chine, il est indispensable à certaines classes sociales et représentatif du rang occupé suivant son décor.

*Éventail représentant les bienfaits du comte de Cagliostro (« Affaire du collier de la reine »). Vers 1786. Paris, musée Carnavalet.*

En Égypte, les rois peints sur les murs des tombes de Thèbes sont entourés de porteurs d'éventail. Depuis le Moyen Âge, Venise importe d'Orient des éventails pliants, qui circulent dans les grandes villes d'Italie ; Catherine de Médicis, qui épouse Henri II, introduit en France cette mode, qui connaît son apogée au XVIIIe siècle.

Le décor des premiers éventails français est emprunté aux manuscrits enluminés et aux tapisseries, et couvre la totalité de la feuille (en peau ou en papier), généralement dans des teintes assez sombres. Au XVIIIe siècle, le style évolue : les « branches » s'affinent et deviennent l'objet de décorations beaucoup plus élaborées ; en matières précieuses telles que la nacre ou l'ivoire, elles sont rehaussées d'animaux ou de fleurs entourés de volutes, d'incrustations ou de cartouches aux personnages élégants. Les feuilles ont alors des tons plus clairs et sont peintes de scènes galantes ou champêtres, inspirées des maîtres de l'époque.

Bien que certains éventails soient attribués à de grands peintres (Watteau ou Fragonard), on n'en connaît aucun aujourd'hui qui soit authentiquement de leurs mains (les seuls qui soient signés datent du XIXe siècle).

Dès le début du XVIIIe siècle, la France est le premier producteur d'éventails d'Europe, tant pour le nombre que pour la qualité des pièces. Le commerce avec les colonies d'Extrême-Orient développe en Europe le goût des « chinoiseries », et les fabricants français, anglais et hollandais font leurs propres copies des modèles chinois. En Italie, les peintres d'éventails s'inspirent directement de tableaux connus ainsi que de sujets religieux, et les mêmes sujets réapparaissent souvent ; les branches sont parfois rehaussées d'incrustations d'or ou d'argent.

Les éventails « brisés », d'origine asiatique et apparus au tout début du XVIIIe siècle, sont faits uniquement de branches assemblées par un rivet et un ruban, sculptés de sujets divers, puis laqués. Les éventails français faits au venis Martin s'inspirent de ces modèles.

À partir de 1770, le style néoclassique influence la fabrication des éventails : les branches sont moins ornées, et la feuille est souvent décorée de médaillons. À la même époque, en Italie, les « éventaillistes » peignent des vues de ruines romaines ou illustrent des événements historiques, et leurs sujets sont souvent disposés dans des médaillons. Les éventails imprimés, dont le coût est nettement moins élevé, constituent une partie importante des productions françaises et anglaises, et traitent les sujets les plus divers : politique, coutumes, sciences. Après la Révolution et tout au long du XIXe siècle, on assiste à une baisse de la qualité des exécutions. De 1800 à 1830, les éventails deviennent de plus en plus petits, jusqu'à être surnommés « lilliputiens », et ce n'est qu'à partir du second Empire que l'on refait des éventails peints (à part quelques superbes pièces créées par Alexandre ou Duvelleroy). En même temps, la lithographie devient à la mode parmi les éventaillistes, qui la colorient et l'ornent de riches bordures ; les sujets sont souvent des pastiches des thèmes du siècle précédent ; scènes galantes ou pastorales. Les éventaillistes utilisent aussi des tissus comme la soie, le satin ou la dentelle pour les mariées ainsi que des plumes, qui sont redevenues à la mode vers 1850.

Les éventails anciens sont recherchés par de nombreux collectionneurs. Dans une vente à Drouot, le 15-X-1981, des éventails du XVIIIe siècle en ivoire repercé*, en nacre et en écaille se sont vendus de 4 000 à 10 000 F. Un éventail monté en or et émail par Fabergé avec une aquarelle sur parchemin a atteint 48 000 F le 15-X-1982.

*Les éventails en Extrême-Orient.* L'Asie extrême-orientale ne connaissait, avant le XIVe siècle, que les éventails non pliants (*uchiwa* en japonais) utilisés, en diverses occasions, non pour s'éventer, mais comme insignes de fonction ou de commandement : les uchiwa de guerre étaient en métal et décorés des images de la Lune et du Soleil ; d'autres, très ornementés, étaient utilisés pour présenter des objets de manière polie ainsi que pour cacher la bouche lorsqu'on s'adressait à une personne d'un haut rang, par politesse et humilité. Les nobles de l'ancien temps avaient coutume d'y inscrire des poèmes. Les Japonais auraient inventé l'éventail pliant, qui aurait été transmis à l'Europe au XVIIe siècle par les jésuites portugais et espagnols. Les éventails pliants (ōgi), objets de grand luxe, étaient souvent ornés de peintures illustrant des romans et inscrits de textes ou de poèmes.

À la fin du XVIe siècle, ils furent ornés de fleurs et de figures, et les plus luxueusement décorés devinrent des accessoires indispensables des acteurs de nō.

Les Chinois auraient importé les éventails pliants du Japon au XIVe siècle. Les collectionneurs de peinture sur éventails pliants ont coutume, en Asie, de séparer l'éventail peint de sa monture : on décora ainsi des paravents* en juxtaposant les peintures des éventails. Les montures des éventails peuvent être en bambou, en os ou en ivoire. L'éventail lui-même est en papier ou en tissu de soie. Les éventails non pliants ordinaires, en feuilles de palmier ou en bambou tressé, étaient (et sont encore d'ailleurs) utilisés pour s'éventer et attiser le feu. Dans les pays du Sud-Est asiatique, les moines bouddhistes ont coutume de s'abriter du soleil avec de grands éventails non pliants en feuilles de palmier, dont les formes varient avec les régions.

En Inde, nombre d'éventails sont de forme carrée, généralement en bambou tressé avec un manche fixé sur l'un des côtés. Certains éventails sont faits de branches de vétiver tressées afin de parfumer l'air qu'ils brassent. D'autres peuvent être décorés de flots de rubans ou de tissus. Mais les seuls éventails qui font l'objet de collection sont ceux (pliants ou non) qui sont décorés de peintures.

**évents** n. m. Conduits (orientés vers le bas) que l'on ménage, lors d'une fonte à cire perdue, dans le moule d'argile qui enrobe le modèle de cire. Les évents permettent l'écoulement de la cire lors de la chauffe du moule et l'évacuation de l'air au moment de la jetée de bronze. Après le démoulage, comme les jets, ils apparaissent comme autant de ramifications de métal autour de la statue, que le fondeur doit couper et limer.

**exemplaire** n. m. Unité de tirage d'un ouvrage. Dans la justification, placée au début ou à la fin du volume, l'éditeur annonce son tirage : c'est-à-dire le nombre d'exemplaires tirés sur papiers différents (de Chine, Japon, Hollande...).

**exergue** n. m. Espace laissé au-dessous du type monétaire, sur une monnaie ou une médaille, dans lequel viennent souvent s'inscrire le millésime ou une petite légende.

**ex-libris** n. m. Marque de propriété apposée sur un livre. Une signature sur le titre, une marque quelconque sont à l'origine des ex-libris. Venue d'Allemagne au XVIe siècle, l'habitude est prise de coller au contreplat du volume une étiquette imprimée ou gravée, portant le nom ou les armes du propriétaire. La vogue des ex-libris a été immense et dure encore.

Si, au XVIIe et au XVIIIe siècle, les ex-libris ont été presque exclusivement héraldiques, souvent dessinés par des illustrateurs connus, le XIXe siècle en a proposé une floraison de tous les modèles, la plupart allégoriques, avec, cependant, une caractéristique commune : à grand bibliophile, petit ex-libris. De nombreux artistes ont gravé des ex-libris : Gavarni a dessiné celui des Goncourt. La

*Ex-libris de L. Joly. Bois gravé de Félix Vallotton. Paris, Bibliothèque nationale.*

Bibliothèque nationale

fin du XIXe siècle connut les collectionneurs d'ex-libris, qui les décollaient sans vergogne des volumes, supprimant ainsi toute possibilité d'identification ou de provenance. De nos jours, cette vogue a bien disparu et les bibliophiles préfèrent l'ex-libris à sa place, c'est-à-dire au contreplat d'un volume.

**expert** n. m. Le titre d'expert n'est protégé par aucune définition légale, si bien que n'importe qui peut se déclarer expert sans formation particulière. La qualité d'expert est décernée par les tribunaux à certains spécialistes appelés à se prononcer sur la nature d'une œuvre et éventuellement sur son prix.

Au XVIIIe siècle, les « experts jurés » désignés par les corporations des divers corps de métier — et qui exerçaient gratuitement leurs fonctions — avaient le pouvoir d'écarter du commerce les ouvrages comportant des malfaçons. Selon Henry Havard, c'est par abus que le titre d'expert « est pris par des marchands qui font profession de juger les marchandises les plus diverses, de leur assigner une provenance, une date et une qualité, et d'attester l'exactitude de leur attribution ».

Aujourd'hui, les experts se regroupent dans diverses associations professionnelles qui n'acceptent que des spécialistes compétents et expérimentés. Pour être admis comme membre actif à la « Chambre syndicale des experts professionnels en objets d'art et de collection » (fondée en 1945 et qui fournit les principaux experts en ventes publiques), le candidat doit avoir au moins 30 ans, posséder une culture générale et une formation professionnelle attestée par un stage chez un spécialiste et avoir subi avec succès un examen.

La « Chambre nationale des experts spécialisés » exige également des références d'honorabilité, une expérience professionnelle et une compétence sanctionnée par un examen.

Les experts ont pour tâche non seulement de délivrer des certificats d'authenticité, mais de rédiger les définitions qui figurent dans les catalogues de vente spécialisés. Ces définitions ainsi que les précisions éventuellement ajoutées par l'expert au moment de la vente ont valeur d'expertise. Elles engagent pour trente ans la responsabilité de l'expert et, solidairement, celle du commissaire-priseur.

Les experts sont également consultés pour donner une estimation de valeur. Leurs honoraires sont de l'ordre de 2 à 3 p. 100 du montant de l'estimation pour une expertise ne nécessitant pas de recherches spéciales (ce tarif peut être réduit pour les objets de très grande valeur). À ces honoraires s'ajoutent, s'il y a lieu, des frais de déplacement et des frais divers à fixer entre les parties.

S'il s'agit d'une expertise en vue d'une vente publique, les frais facturés (de 3 à 6 p. 100 selon les spécialités) sont déduits des prix d'adjudication au moment du règlement final.

**exposition** n. f. Les ventes aux enchères sont généralement précédées — la veille ou le matin même de la vacation* — d'une exposition publique, au cours de laquelle le commissaire-priseur ou son représentant répondent aux questions des acheteurs éventuels et donnent des estimations sur les prix attendus. Pour éviter toute surprise sur l'état de conservation des objets, leur origine, leur époque et leur prix d'estimation, il est recommandé de se renseigner au moment de l'exposition publique.

**ex-voto** n. m. invar. Objet donné à la suite d'un vœu et exposé dans une église en mémoire d'une grâce obtenue ou pour accomplir un souhait. Dans les chapelles et les églises des régions maritimes, les ex-voto des marins évoquent des sauvetages miraculeux, des tempêtes terribles, des naufrages dramatiques : maquettes de bateaux, objets en bouteille, tableaux naïfs et émouvants sont des œuvres de piété réalisées avec patience et ferveur. Les plus nombreux ex-voto sont exposés à Notre-Dame de Laghet, au-dessus de Nice, où l'intervention de la Vierge a fait souvent miracle. Les ex-voto de Saint-Genest dans les Vosges, déposés le jeudi saint dans l'église pour obtenir guérison des infirmités, sont représentés par des silhouettes humaines de fer forgé ou découpées grossièrement dans de la tôle, dont l'attitude schématique et fortement expressive rappelle certains objets gaulois.

*Ex-voto de 1840. Gouache sur papier exécutée à l'occasion d'une guérison obtenue grâce à la Vierge et aux deux saints Jacques. Collection particulière.*

Larousse

Christie's

*Plat en faïence d'Urbino à décor historié représentant l'épisode d'Énée quittant Troie en flammes avec Anchise sur l'épaule. Peint par Guido Durantino et daté 1535. (D. 44,5 cm.)*

*Paire de pots-pourris de forme balustre en faïence de Marseille à décor polychrome au petit feu, anses en forme de bouquets de fleurs. Fabrique de la Veuve Perrin vers 1760. (H. 22,8 cm.) Musée de Sèvres.*

Musées nationaux

Ader-Picard-Tajan

*Cache-pot en faïence de Nevers à anses torsadées, décor de bouquets de tulipes et d'œillets entourés d'oiseaux sur fond bleu persan. (H. 20,5 cm.) XVIIe siècle.*

Ader-Picard-Tajan

*Terrine en forme de canard en faïence de Marseille décorée au naturel, à côté de son présentoir. Fabrique Fauchier, XVIIIe siècle. (L. 55 cm.) Adjugée 16 000 F par M[es] Ader-Picard-Tajan, à Drouot, le 14-III-1980.*

## CÉRAMIQUES

*Assiette en faïence de Niderwiller à décor au petit feu en camaïeu rose vif. Vers 1770. Galerie Hélène Fournier.*

G. Meguerditchian

Musées nationaux

*Vase d'officine, dit « Theriaca », en faïence polychrome de Montpellier à décor au grand feu, figurant un buste d'homme, anses en forme de serpents. XVIIe siècle. (H. 55 cm.) Musée de Sèvres.*

*Terrine couverte et pot en faïence de Rouen à décor polychrome de personnages chinois et branchages fleuris. XVIIIe siècle.*

Ader-Picard-Tajan

De gauche à droite : *plat ovale en faïence de Nevers décoré d'un bouquet fleuri, d'oiseaux et d'insectes sur fond bleu persan. XVII^e siècle. (L. 25,5 cm.) Adjugé 4 500 F. Vase en faïence de Nevers à décor de bouquets et d'oiseaux sur fond bleu persan. XVII^e siècle. (H. 25 cm.) Adjugé 15 500 F. Aiguière en faïence de Nevers de forme casque, couvercle articulé, décor de fleurs et papillons sur fond bleu persan. XVII^e siècle. (H. 26,8 cm.) Adjugée 28 000 F.*

Ader-Picard-Tajan

G. Meguerditchian

*Plat en faïence polychrome de Sinceny à décor de style sino-japonais. Vers 1750. Galerie Hélène Fournier.*

G. Meguerditchian

*Assiette en faïence de Rouen à décor polychrome de pagode. Fabrique de Jean-Baptiste Guillebaud, vers 1730. Galerie Hélène Fournier.*

G. Meguerditchian

*Paire de pique-fleurs en faïence de Moustiers à décor de grotesques. XVIII^e siècle. Galerie Hélène Fournier.*

*Ensemble de porcelaines de Sèvres montées sur bronze d'époque Louis XVI. Présentées par la galerie Perrin à la Biennale des antiquaires, en 1986.*

Galerie Perrin

## PORCELAINES

Ader-Picard-Tajan

*Paire de chiens assis en porcelaine de la Compagnie des Indes, colliers ornés de grelots, robes tachetées de points polychromes.*

Ader-Picard-Tajan

*Cache-pot lobé en pâte tendre de Chantilly à décor de paysage animé avec château et rivière, en camaïeu carmin. XVIII^e siècle. (H. 20,5 cm.)*

Couturier-Nicolay

*Assiette en porcelaine de Paris appartenant à une paire, marli doré finement gravé, ornée au centre d'une rue de Venise. Marquée « Dihl et Guérhard à Paris », début du XIX^e siècle.*

Ader-Picard-Tajan

*Coupe en porcelaine de Paris polychrome et or à décor imitant la vannerie, anses en col de cygne. Époque Charles X. (H. 52,5 cm.)*

*Pot-pourri en pâte tendre de Vincennes à fond gros bleu et or décoré en camaïeu rose dans des réserves, flanqué de deux statuettes d'oiseaux et reposant sur un plateau en laque du Japon du XVII^e siècle ; monture en bronze ciselé et doré. (H. 22 cm ; l. 27 cm.) Adjugé 140 000 F par M^es Ader-Picard-Tajan, à Drouot, le 9-III-1981.*

*Paire de pots-pourris en pâte tendre de Sèvres à fond bleu céleste décoré de roses dans des réserves, montures en bronze ciselé et doré. Début de l'époque Louis XVI. (H. 26 cm.) Adjugée 110 000 F par M^es Ader-Picard-Tajan, à Drouot, le 29-III-1981.*

*Paire de vases en porcelaine de Sèvres de forme ovoïde à fond or et vert clair, décorés de feuillages et attributs dans des réserves ; dorure d'Henri Marin Prévost, 1780. (H. 45 cm.) Adjugée 65 000 F par M^es Ader-Picard-Tajan, à Drouot, le 4-XII-1981.*

*Soupière en porcelaine tendre de Tournai, bord et marli unis à décor dit « Ronda » en camaïeu bleu. XVIII^e siècle. (D. 35 cm.) Adjugée 17 000 F avec un service de 122 pièces par M^es Ader-Picard-Tajan, à Drouot, le 12-VI-1981.*

*Chevrette couverte en faïence de Saint-Porchaire d'époque Renaissance marquée du monogramme de Diane de Poitiers, vers 1530-1540. (H. 23 cm.) Adjugée 2 600 000 F par Sotheby, à Monte-Carlo, le 5-XII-1987.*

## CHINE

*Masque funéraire en bronze doré, yeux clos, longues oreilles percées. Chine, époque Han (IIIe siècle av. J.-C.-IIIe s. apr. J.-C.).*

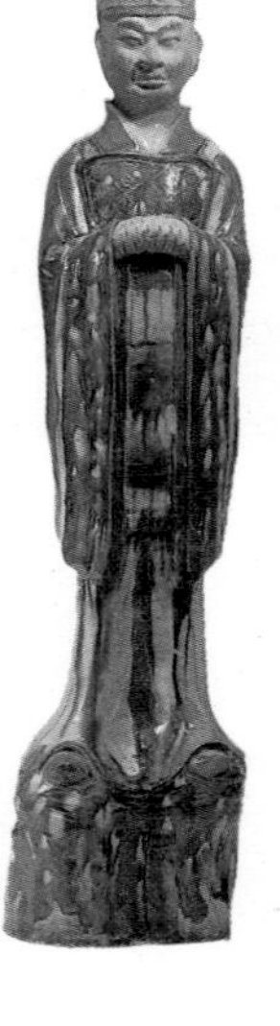

*Statues en céramique sancaï de l'époque Tang (VIIe-Xe siècle) représentant, à gauche, un dignitaire chinois sur un socle de bois (h. 88 cm), adjugé 9 900 £, et, à droite, un « lokapala », ou gardien de tombeau (h. 87,5 cm), adjugé 5 500 £. Pièces vendues par Sotheby, à Londres, le 15-VI-1982.*

*Fragment de pierre tombale en grès polychrome, décor en relief d'un dignitaire dans un chariot sous une ombrelle. (Larg. 45 cm.) Chine, époque Han (IIIe s. av. J.-C.-IIIe s. apr. J.-C.).*

*Bol en céladon sculpté à l'intérieur de branches fleuries, couverte craquelée. (D. 21,8 cm.) Chine, époque Song. Adjugée 15 400 £ par Sotheby à Londres le 15-VI-1982.*

*Chameau en terre cuite émaillée, Chine, époque Tang. Adjugé l'équivalent de 48 000 F par Mes Ader-Picard-Tajan, à Tokyo, le 30-V-1987.*

Ader-Picard-Tajan

*Bol en céramique orné de deux dragons incisés et peints en vert. Chine, époque Ming. (D. 18 cm.) Adjugé 42 800 £ par Christie's, à Tōkyō, le 17-XI-1980.*

*Tangka tibétain de l'école de Gnor avec, au centre, le bodhisattva Samvara dans la posture « yab-yum ». Tibet, 1re moitié du XVIe siècle. (47 × 40 cm.)*

Christie's

*Vase ovoïde en céramique « bleu et blanc » décoré d'un phoenix et d'oiseaux sur un fond de paysage. Chine, fin de la période Ming, époque Wanli. (H. 60 cm.)*

Christie's

Couturier-Nicolay

*Statue en pierre représentant un bodhisattva debout sur une feuille de lotus, portant une tiare. Chine, époque Song. (H. 1,43 m.)*

Chayette-Calmels

*Groupe en terre cuite polychrome San-Tsaï (trois couleurs), représentant un cavalier turkmène sur son cheval. Chine, dynastie Tang. Légères restaurations. Adjugé 115 000 F par Mes Chayette-Calmels à Drouot, le 4-XII-1987.*

*Groupe en jade de couleur céladon avec trois immortels sur le point de traverser un pont vers une retraite montagneuse. Chine, XVIIe siècle. (H. 31,3 cm.)*

Christie's

Ader-Picard-Tajan

Chinoise dans un paysage. *Fixé sous verre, adjugé avec son pendant 88 000 F par Mes Ader-Picard-Tajan, le 9-XII-1981.*

# F

**Fabergé** (Peter Carl), orfèvre russe (Saint-Pétersbourg 1846 - Lausanne 1920). Descendant d'une famille de huguenots français émigrés, fils de Gustave (1814-1893), lui même orfèvre à Saint-Pétersbourg, il fut l'orfèvre attitré et génial de la cour de Nicolas II. Comme celle des grands orfèvres français du XVIIIe siècle, sa renommée s'étendit à l'Europe entière et ses ouvrages sont toujours recherchés par une catégorie d'amateurs passionnés.

Fabergé avait débuté pourtant dans le magasin de Saint-Pétersbourg ouvert par son père en 1842, en fabriquant des bijoux de fantaisie et des objets de vitrine en pierres dures ou semi-précieuses, d'un prix accessible à une clientèle moyenne. Mais ces objets, d'un goût exquis et original, séduisirent aussi une clientèle plus raffinée et plus curieuse. Fabergé fut amené à développer son entreprise tout en variant sa production, sans pour autant renoncer à satisfaire sa première clientèle, créant à la fois une orfèvrerie domestique classique, des bijoux prestigieux ou de fantaisie, ainsi que — et ce sont les plus appréciés — les mille et un bibelots utiles, futiles ou inutiles qui font l'agrément et la commodité de la vie quotidienne : flacons à parfum, étuis à cigarettes, sacs du soir, pendulettes, cadres à photos, bonbonnières, manches d'ombrelles, pots de fleurs ou de fruits, petis animaux de pierres dures.

Si l'on excepte l'argenterie, qui paraît aujourd'hui lourde et démodée, les matériaux favoris de Fabergé sont la pierre dure et l'émail. Par la perfection du travail, les effets de couleurs, de formes et de matières, Fabergé forme un trait d'union entre l'art des orfèvres et des tabletiers du XVIIIe siècle, et celui des Cartier et des Lalique au début du XXe siècle. Ses émaux atteignent la même perfection que ceux des plus belles tabatières Louis XVI, des carnets de bal et des billets doux. Les plus réussis sont les émaux transparents unis sur fonds guillochés, et de couleurs tendres et raffinées : rose, turquoise, vert pâle, bleu roi, ivoire... le tout rehaussé de garnitures d'or ou d'argent.

Les pierres dures (néphrite, lapis, jaspe, agate, cristal de roche) sont utilisées, soit pour la fabrication de boîtes, d'étuis ou de pendulettes, et, en ce cas, montées en or, soit sculptées en petits sujets décoratifs : pélicans, souris,

C. A.

*Tondino en faïence de Faenza à décor « beret*
*Atelier de Casa Pirota vers 1520-1530.*

*Gourde du XVIe siècle, provenant de Faenza, ornée de rinceaux et d'un médaillon avec un profil de femme. Collection particulière.*

chiens, lapins, éléphants ; pour les bouquets de fleurs, un bloc de cristal figure un vase rempli d'eau d'où émerge un bouquet d'anémones, de gentianes, un bouton d'or, un brin de muguet, des branchettes chargées de fraises. Ces bibelots, à l'origine peu coûteux, atteignent aujourd'hui des sommes allant de 200 000 à 500 000 F, mais il faut se méfier des faux.

La fabrication des œufs* que les Russes ont coutume de s'offrir à Pâques occupe une part de l'art de Fabergé, auteur à la fois des œufs miniatures de pierre dure à porter en pendentif et des somptueux « œufs impériaux ».

**face** n. f. V. AVERS.

**face-à-main** n. m. Ensemble formé par une paire de bésicles sans branches, équipées d'un long manche, à usage plutôt féminin, pour coquettes à la vue basse refusant de porter lunettes. Le face-à-main sert occasionnellement à lire un menu de restaurant ou un programme de concert ou de théâtre. Cet objet est en usage depuis le XVIIIe siècle. On lui donnait alors le joli nom de « manière d'y voir ».

Comme tous les accessoires de sac et de poche, le face-à-main est aussi un charmant bibelot. Ses deux verres, sertis d'or ou d'argent doré, se replient l'un sur l'autre sur le manche télescopique, le tout venant se placer dans un logement d'ivoire, d'écaille ou d'émail n'excédant pas 6 à 8 cm de long.

**façonnage** n. m. En céramique, étape de la fabrication qui, après la préparation des terres et avant la cuisson, consiste à donner sa forme à la pièce.

Le façonnage se fait par tournage pour les assiettes et les plats, et par modelage pour les pièces de forme.

Au façonnage s'ajoute la mise en place des garnitures faites à part pour compléter la pièce : anses, becs, boutons, fretels. Les garnitures sont collées au moyen de la barbotine, une pâte additionnée d'eau de même composition que la pièce principale.

**fac-similé** n. m. Reproduction exacte d'un original (dessin, peinture, estampe). Le fac-similé s'est d'abord appliqué à la reproduction de manuscrits, décalqués, puis gravés. Au XIXe siècle, la diffusion de la lithographie permet d'obtenir des reproductions plus fidèles, plus rapides et moins onéreuses que celles réalisées par la gravure sur bois. Les recueils de fac-similés facilitent l'étude d'ensembles de conservation très délicate, en évitant les manipulations.

**Faenza.** Vers 1480, les centres de fabrication les plus célèbres de la péninsule italienne — Faenza, Deruta, Urbino, Pesaro et Gubbio — étaient déjà en pleine activité et les procédés de fabrication ne se différenciaient guère d'un centre à l'autre. Toutefois, la fabrication des majoliques de Faenza est certainement une des plus anciennes et des plus renommées de tout l'Occident. Certaines pièces de forme, tels les pichets, les coupes, les albarelli, remontent au XIVe siècle. Les premiers ouvrages communs sortis des fours des potiers de Faenza — comme d'ailleurs de ceux de Pesaro — appartiennent à un style caractérisé par un décor de type « archaïque » prononcé, et les formes sont d'une grande simplicité. Ensuite les dessins se compliquent, et les rebords des pièces de forme et les ailes des marlis s'ourlent pour prendre souvent la forme de festons ou de godrons (arabesques). Les pièces les plus remarquables seraient celles créées dans l'atelier de Pirota par cet artiste exceptionnel que fut Baltazar Manara au XVIe siècle.

Les majoliques de Faenza se distinguent peu à peu par la légèreté de la pâte et par la brillance des émaux. Les couleurs de fond sont, pour les pièces polychromes, le jaune, le vert foncé et le bleu, tandis que l'arabesque domine la décoration. Un motif décoratif très caractéristique, créé à Faenza même, est appelé « berettino » : des feuilles de rinceaux et des masques — en camaïeu bleu sur fond bleu foncé — avec un motif central, qui est en général un buste archaïsant. L'époque la plus importante de Faenza, dont les productions sont les plus recherchées par les amateurs d'aujourd'hui, s'arrête à la moitié du XVIIe siècle, mais la fabrication ne s'est jamais arrêtée et, au milieu du XVIIIe siècle, apparaissent à Faenza — dans l'atelier de Ferniani —, comme dans le reste de l'Italie, des figurines d'esprit pseudo-exotique.

De nos jours, sous l'impulsion d'organisations culturelles locales, l'art faïencier est toujours florissant et la région de Faenza produit d'intéressantes pièces d'esprit aussi bien ancien que contemporain.

Les œuvres des ateliers de Rimini et de Forlì, villes situées près de Faenza, se rattachent techniquement et historiquement à celles exécutées par les faïenciers du grand centre. D'ailleurs, aujourd'hui, les productions sortant de ces deux cités peuvent se confondre avec celles qui proviennent de leur célèbre voisine.

Rappelons que le nom de « Faenza » a donné celui de « faïence ».

**faïence.** La fabrication de la faïence en Europe occidentale date du début du XVe siècle. On admet généralement que les fabricants de majoliques (le mot viendrait de l'île de Majorque) hispaniques tenaient le procédé de fabrication de la faïence des Arabes, qui, eux-mêmes, l'auraient emprunté aux Persans. C'est ainsi qu'aurait été introduite la méthode de fabrication de la faïence traditionnelle, ou faïence stannifère à émail opaque, en Espagne et en Italie. La pâte est formée d'argile (en général déjà composée d'un mélange), à laquelle on peut ajouter de la marne ou du sable. Après lavage et une première cuisson, elle devient blanchâtre. La fixation de l'émail à base d'étain se fait au cours d'une deuxième cuisson. Après la pose du décor et des couleurs — à base d'oxydes métalliques —, une troisième cuisson permet la fusion des couleurs dans l'émail.

La faïence stannifère est relativement coûteuse et de fabrication lente ; aussi, au milieu du XVIIIe siècle, est apparue en Europe la faïence dite « fine ».

En Angleterre, principalement dans le Staffordshire, la faïence fine à pâte blanche recouverte d'un émail transparent à base de plomb est d'abord décorée à la main d'une manière classique, mais elle devient rapidement un produit industriel grâce à la technique du décor imprimé, ou décalcomanie (« transfer printing »).

**faisselle** n. f. Petit récipient de vannerie (appelé en Corse « fatoghia ») ou de terre perforée de trous et ornée parfois d'un décor géométrique à la molette, qu'utilisent les bergers et les paysans pour égoutter le lait caillé et mouler le fromage blanc. En forme de cylindre à hauts bords, de trèfle à trois, cinq ou sept lobes, de cœur (utilisées à l'occasion des repas de fiançailles), les faisselles, jolis objets d'art populaire, sont recherchées, et comme elles sont facilement imitables industriellement, on trouve de fausses faisselles qui se vendent parfois au prix des authentiques.

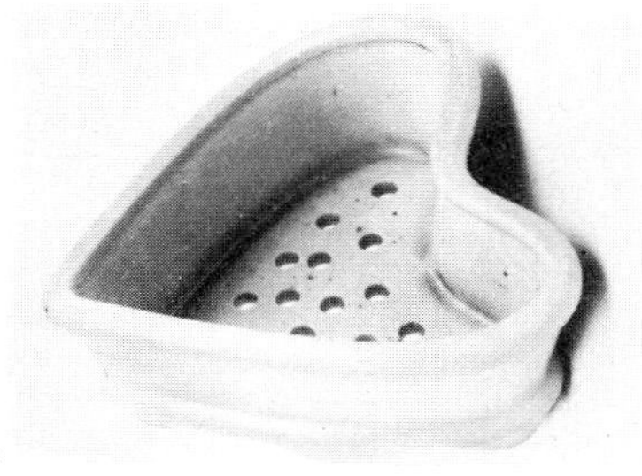

*Faisselle en forme de cœur. Travail d'art populaire.*

X

**Faivre** (Abel), peintre, dessinateur et affichiste français (Lyon 1864 - Paris 1945). Abel Faivre étudia d'abord la peinture à l'École des beaux-arts de Lyon, puis à Paris. Sa réussite tint surtout à son talent de dessinateur et de caricaturiste. Il collabora au *Rire* et à *l'Assiette au beurre.* Il créa aussi des affiches de voyages et surtout, pendant la Première Guerre mondiale, des affiches patriotiques qui sont restées célèbres : *Souscrivez ! On les aura !,* etc. Celles-ci furent abondamment reproduites en cartes postales.

**Falize** (Lucien), orfèvre et joaillier français (1839-1897). Falize s'associe, à partir de 1879, avec Bapst. À bien des égards, il se conforme aux habitudes de son siècle et s'inspire des styles antérieurs : ainsi, la pendule d'Uranie, exécutée en collaboration avec Carrier-Belleuse et présentée à l'Exposition de 1878 figure, un globe de cristal supporté par les figures de la déesse et de ses enfants, le tout posé sur un socle de lapis à décor de bas-reliefs et d'émaux. De même la toilette* commandée en 1888 pour le mariage de la princesse Laetitia Bonaparte, tout à fait dans le style Louis XV. Falize tente cependant de réagir contre cette pauvreté d'inspiration, surtout imputable à la clientèle : « Le dernier mot du goût en orfèvrerie, ironise-t-il, c'est le Louis XV. » Il cherche à dégager l'argenterie de ces surcharges et de ce plagiat, à épurer les lignes, sans pour autant s'engager trop avant dans les voies révolutionnaires de l'Art nouveau.

**familles.** Dans la classification des céramiques chinoises, nom donné au XIX^e^ siècle par Jacquemart à certaines productions de la dynastie des Qing, afin de les différencier selon leur couleur dominante. Les termes de « famille verte », de « famille rose », de « famille noire » s'appliquent donc à toute une série de pièces de céramiques réalisées principalement sous les règnes des empereurs Kangxi (1662-1722), Yongzheng (1723-1735) et Qianlong (1735-1796). Certaines de ces pièces, principalement celles de la « famille verte », furent copiées en Europe, et leurs décors floraux imités à Rouen, à Delft et à Ansbach.

*Coupe en porcelaine blanche décorée en émaux de la famille verte. Chine, époque Kangxi. (D. 34 cm.)*

Laurin-Guilloux-Buffetaud-Tailleur

Christie's

*Bol de la famille rose, provenant de Yuzhi. Sous la base, marque du four et du règne de Kangxi. Adjugé par Christie's, à Londres, le 17-XII-1981.*

Cependant, ces désignations de famille verte, de famille rose, de famille noire, très arbitraires, ne correspondent en fait ni aux décors ni aux couleurs utilisées. (V. CHINE.)

**fanfare** n. f. (à la). Se dit d'une reliure du XVI^e^ siècle dont le décor est cerné de filets entourant des compartiments ornés de volutes, de feuillages et de palmettes dorés, avec une réserve ovale au centre, sans décor ou frappée d'armoiries. Exécutée, pense-t-on, par les Ève, elle a été baptisée ainsi par Thouvenin, relieur de Charles Nodier, à cause du titre d'un ouvrage publié à Chambéry en 1613.

*Livre d'heures manuscrit dont la reliure, en maroquin brun-vert olive, est ornée d'un décor à la fanfare et, au centre, d'une devise anagramme du nom de sa propriétaire, Anne de Neufville. Paris, vers 1575. Adjugé 432 000 F par M^es^ Ader-Picard-Tajan, à Drouot, le 11-XI-1981.*

Ader-Picard-Tajan

**Fangs.** Les Fangs ou Pangwés — longtemps connus sous le nom de Pahouins (ne parlait-on pas des « idoles pahouines » des célèbres collections Guillaume ou Derain au début du XX^e^ siècle) — sont répandus de la Sanaga à l'Ogooué.

Chaque lignage fang possède un « byéri » (ou « bieri ») particulier, gardé par l'« ésa », du patriarche officiant, héritier de droit du culte des ancêtres. Le « byéri » lui-même ne définit pas simplement la statuette connue de tous, mais ce nom s'applique surtout à l'ensemble des os, des fragments de crâne essentiellement, qui sont conservés dans la grande boîte en écorce qui, *in situ,* l'accompagne toujours.

Les sculpteurs fangs sont de véritables champions de la ronde-bosse, et Louis Perrois déclare qu'« esthétiquement parlant les statues possèdent des formes pleines, tout en courbes et avares de mouvement ». S'il existe bien un modèle sculptural commun, plusieurs variantes stylistiques peuvent exister, et on trouve, en fait, quatre groupes différents, qui se répartissent en morphologies hyperlongiformes, longiformes, équiformes et bréviformes. En règle générale, le visage est ovale, prolongé ou non par une petite barbe en parallélépipède rectangle, au profil concave sous le front, arrondi. Les sourcils, le nez et la bouche forment une saillie continue qui accentue la fluidité des plans de taille. La bouche est parfois ouverte, quelque peu agressive. La coiffure, en tresses, épouse les contours de la tête. Les yeux sont marqués par une protubérance fendue horizontalement — cas des yeux dits « en grain de café » — ou figurés par des disques en laiton. En principe, le corps, cylindrique, est étiré et les bras sont détachés du tronc. Les mains soit se joignent sur la poitrine en geste d'offrande, soit s'appuient sur les cuisses, soit tiennent un sifflet ou une corne à médicament. La dissymétrie est rare, et le jeu savant des volumes donne à l'ensemble une expression calme et recueillie. Les jambes sont plutôt courtes et trapues, et les cuisses sont larges et arrondies. Le nombril et le sexe sont bien marqués ; les pieds, bien dessinés, sont fermement plaqués à plat sur le sol. Certains exemplaires présentent sous les fesses un support vertical, qui servait à fixer la statue sur le couvercle de la boîte en écorce, cylindrique, contenant les restes macabres. On ignore si la statue elle-même représentait l'ancêtre ou devait, plus simplement, éloigner les importuns. Cependant, le « byéri », quel que fût son emplacement, demeurait interdit à la vue des femmes.

Art privilégié, la statuaire fang, qui passe pour un des sommets de la sculpture africaine, est marquée par le souci constant d'exprimer la force par la rondeur de la musculature humaine.

**farinière** n. f. En Provence, on nommait « farinière » ou « fariniéro » un petit meuble de cuisine particulièrement soigné et décoré qui servait à enfariner les poissons. Agrémenté d'un trou pour être suspendu au mur et d'un panneau coulissant en façade orné de motifs sculptés (fleurs, cœurs, poissons), le fariniéro fait partie, avec le saliéro et le coutéliéro, de ces objets de bois taillés et décorés typiquement provençaux. Sa beauté et son élégance lui valent une cote élevée mais justifiée, pouvant atteindre 4 000 à 8 000 F.

**farthingale-chair.** Chaise « à vertugadin », utilisée par les colons américains dès la seconde moitié du XVII<sup>e</sup> siècle. Son siège et son dossier sont rembourrés ; ce dernier est généralement recouvert de broderie au point turc.

**faubourg Saint-Marcel.** La manufacture de tapisseries du faubourg Saint-Marcel fut fondée par un édit royal sous Henri IV en 1607 et jouit de clauses commerciales exceptionnelles, qui préfigurent les privilèges dont Louis XIV dotera les Gobelins : protectionnisme, exemption d'impôts, anoblissement des tapissiers ; les seigneurs de Comans et de La Planche, venus de Flandre, auront le monopole des commandes royales et pourront œuvrer pour des particuliers. Pendant vingt ans, leurs 85 métiers produiront de nombreuses tapisseries de haute qualité tant à Paris qu'à Tours et à Amiens. Parmi les plus fameuses tentures de la manufacture du faubourg Saint-Marcel, citons l'*Histoire de Coriolan,* les *Jeux d'enfants,* l'*Histoire de Constantin,* commandée par Louis XIII sur des cartons de Rubens, l'*Histoire d'Artémise* (cartons de Lerambert), les *Amours des dieux* (cartons de Vouet). Librement interprétés par les lissiers, les cartons de ces grands peintres possèdent une richesse décorative, une puissance de coloris qui se traduisent admirablement en tapisserie.

**fausse chambre.** En terme de tapisserie, ensemble de tentures diverses réunies par des remaniements à une composition architecturale et fixées à demeure.

**fauteuil.** V. SIÈGE.

**faux** n. m. et adj. Un meuble ou un objet est qualifié de « faux » lorsqu'il est conçu dans l'intention de tromper. Le faux est le meuble ou l'objet qui, présenté comme authentique*, ne répond pas à la définition avancée par le vendeur. Autrement dit, c'est une copie plus ou moins récente que le marchand tente de faire passer frauduleusement pour un meuble ou un objet ancien.

Les fabricants de copies ne sont pas des faussaires s'ils vendent celles-ci pour ce qu'elles sont, même s'ils vont jusqu'à donner une patine artificielle et à les cribler de faux trous de vers. En revanche, les « antiquaires » qui vendent sciemment des copies récentes en les présentant comme des pièces « d'époque » (et non « de style ») tombent sous le coup de la loi sur la répression des fraudes.

La tromperie peut également porter sur des meubles fabriqués avec des vieux bois d'après des modèles d'époque ou des meubles anciens modifiés à seule fin d'augmenter leur valeur marchande, comme des bureaux à cylindre transformés en bureaux plats, des meubles rustiques replaqués, des portes d'armoires remontées dans un bâti récent pour en faire des bonnetières.

L'acheteur qui estime avoir été victime d'une tromperie sur la nature ou l'ancienneté de la marchandise peut demander l'annulation du contrat de vente (art. 1110 du Code civil). S'il a la preuve formelle de la fraude, par une contre-expertise par exemple, il peut commencer par demander au marchand de reprendre le meuble et de restituer l'argent versé. Cette démarche aboutit souvent à des résultats positifs.

Le dol prévu à l'article 1116 du Code civil, qui suppose une manœuvre du vendeur, peut également être invoqué pour obtenir l'annulation du contrat. L'acheteur trompé peut faire pression sur le vendeur de mauvaise foi en saisissant le service de répression des fraudes de son département et en portant plainte, s'il le faut, auprès du procureur de la République. Le délit de tromperie qui porte sur les qualités substantielles de l'objet est défini par la loi du 1<sup>er</sup> août 1905.

**faux-titre** n. m. Abrégé du titre, imprimé au milieu de la page recto précédant immédiatement le titre. Le faux-titre ne porte jamais le nom de l'auteur, ni l'adresse bibliographique. Son absence est un défaut important.

**Fayoum.** Région de Haute-Égypte, située autour du lac Qaroun, à l'ouest du Nil, avec lequel il communique par un bras d'eau. Ce pays d'étangs et de chasse, dans l'Égypte pharaonique, ne fut mis en valeur sur le plan agricole qu'à l'époque des Lagides (306-30 av. J.-C.). On a retrouvé de curieux portraits funéraires, peints sur bois à l'encaustique. Ces portraits, qui datent de l'époque romaine, ont la même signification que les masques funéraires des temps pharaoniques et forment une sorte de synthèse entre l'art romain et le rite égyptien. Les personnages, hommes ou femmes, sont en effet coiffés et vêtus à la romaine : cheveux courts et collier de barbe pour les hommes, chignon tressé pour les femmes, tuniques blanches drapées. Ces portraits bien caractérisés ont en commun l'extraordinaire intensité du regard, aux immenses yeux sombres et une expression grave et angoissée devant la mort, qui dépasse l'habituel réalisme des portraits romains.

**Felletin.** Ville voisine d'Aubusson, dans la Creuse, où se tissent également des tapisseries sur des métiers de basse lisse. Felletin jouit, avec Aubusson, d'une belle prospérité à partir de l'arrêt royal de 1601, qui interdit la concurrence étrangère. À cela s'ajoutent en 1669 les lettres patentes données par Colbert lui conférant un statut officiel. Comme à Aubusson, la révocation de l'édit de Nantes provoquera la fuite des meilleurs lissiers calvinistes, dont les ateliers de la Marche — ainsi nomme-t-on Aubusson-Felletin — ne se relèveront pas.

**femme-médecine.** En Chine et au Japon, les femmes ne se déshabillaient jamais devant un médecin homme. Elles utilisaient de petites figurines, généralement en ivoire ou en bois représentant une femme couchée, afin de montrer au praticien l'endroit de leur corps qui était l'objet de leur consultation. Ces figurines, souvent très artistement sculptées, font l'objet de collections et sont très recherchées des amateurs. La plupart de celles que l'ont peut trouver proviennent de Chine et datent généralement de l'époque des Qing.

**fendoir** n. m. Petit cylindre de buis, généralement divisé en quatre parties triangulaires à une ou aux deux extrémités, qu'utilise le vannier pour fendre l'osier. Les fendoirs sont recherchés par les amateurs d'art populaire.

**Fenton** (George), photographe anglais (1819-1869). Homme de loi, George Fenton étudia la peinture à Paris, où il fut l'élève de Paul Delaroche. De retour en Angleterre, il se consacra à la photographie et devint le photographe attitré de la famille royale. Sa renommée lui est venue surtout des photographies prises durant la guerre de Crimée, en 1855. Celles-ci montrent non pas des scènes de combat, mais des camps militaires et des champs de bataille, qui attestent de l'horreur de la guerre. Fenton est aussi l'auteur de vues architecturales et de panoramas de la campagne anglaise. Il abandonna la photographie en 1861. Les prix de ses tirages varient considérablement.

**fer** n. m. En verrerie, pince métallique qui sert à trancher le verre et à ouvrir le col des pièces qui ont été soufflées.

**fer à dorer.** Petite étampe qu'utilisent le doreur et le relieur pour graver dans le cuir lettres et motifs d'ornementation destinés à recevoir l'or.

**Ferahan.** Ce tapis iranien, issu de la région d'Arak, a presque totalement disparu. De forme allongée, solide, bien que mince, grâce au gros fil de coton qui forme la chaîne — ce qui permet facilement de la reconnaître sur l'envers —, le Ferahan est exécuté au nœud persan, mais aussi, bien que plus rarement, au nœud turc. Son décor est composé de motifs hératiques ou inspirés par ce style, ou encore de médaillons rhomboïdaux et d'écoinçons sur fond uni enserrant un décor floral. De nombreuses bordures sont formées de grecques enserrant des petits motifs floraux stylisés. Rarement plus de six couleurs, dont le rouge, le bleu, l'ivoire, animent ce tapis, qui fut très prisé au XIXe siècle en Angleterre et dénommé « gentleman carpet ».

**fer à repasser.** Instrument indispensable dans chaque foyer, le fer à repasser n'a guère changé de forme au long des siècles. Qu'il soit de terre, de métal ou électrique, il possède une solide poignée et une large semelle plate, pointue à l'extrémité avant. Autrefois, le « repassoir » de terre vernissée était un récipient creux que l'on garnissait de braises ou d'un morceau de métal préalablement rougi et dont les découpes nécessaires au tirage et au remplissage étaient traitées de manière plus ou moins décorative. Plus rare que le fer de fonte ou de métal, très fragile, a-t-il été inventé le premier ? On ne saurait le dire. Quant aux fers proprement dits, que la repasseuse posait sur le fourneau ou sur un réchaud spécial, ils sont encore utilisés dans certaines campagnes. Avec leur poignée de fer torsadée ou décorée, ils possèdent un charme qui n'a pas échappé aux amoureux du temps passé, et les collectionneurs de fers à repasser sont légion.

**fer de reliure.** Poinçon en cuivre gravé de motifs décoratifs divers — fleurons, filets droits ou courbes, armes, etc. —, qui sert à les frapper, à l'or ou à froid, sur le cuir des reliures. Chaque époque, chaque relieur a ses fers particuliers. On reconnaît les reliures de Derôme à son fer « à l'oiseau ».

*Reliure de Derôme, identifiable grâce au fer « à l'oiseau » et exécutée vers 1750 pour le* Teatro jesuitico. *Aix-en-Provence. Bibliothèque Méjanes.*

Larousse

**fermail** n. m. Épingle servant à attacher sur la poitrine les deux pans du manteau ou de la chape. Le fermail médiéval dérive de la fibule antique, et est l'ancêtre de nos broches modernes. Au XIIIe siècle, la partie visible du fermail forme un simple anneau d'argent, d'or ciselé ou rehaussé d'émail, de perles ou de pierres. Au XIVe siècle, il prend de l'importance et devient un motif d'orfèvrerie, circulaire ou losangé, garni d'émail, de pierres précieuses, de perles fines. À cette époque apparaît le troche : quadrilobe rehaussé par des petits motifs formés de trois ou quatre perles groupées. On a fait aussi des fermails formés de deux parties réunies au centre, comme celui, si symbolique, des deux mains enlacées.

**fermiers généraux.** Expression impropre parfois utilisée pour désigner l'argenterie d'Ancien Régime : les « poinçons aux fermiers généraux » auxquels on fait allusion ne correspondent à aucune réalité : le fermier général était, au XVIIIe siècle, le « traitant » chargé de percevoir l'impôt pour le roi. En ce qui concerne les objets d'argent, seul le poinçon de charge, attestant le paiement de la taxe sur le métal précieux, était appliqué à la ferme générale.

**Ferrare.** Dans l'histoire de la tapisserie européenne, la ville italienne de Ferrare joue un rôle de premier plan durant le XVIe siècle : en 1534, sous le mécénat du prince d'Este,

Hercule II, des lissiers flamands s'installent dans les ateliers ferrarais pour traduire en tapisserie les cartons de Pordenone, de Dosso, de Jules Romains. Malgré la toute nouvelle conception de la tapisserie à l'italienne, qui soumet complètement le lissier aux exigences des cartonniers, les œuvres de Hans Karchner (*les Métamorphoses* d'Ovide) gardent encore une saveur toute flamande, avec leur gamme colorée limitée, leur vigoureuse construction, leurs attitudes expressives. À la mort de Karchner en 1562, suivie de celle du prince d'Este, l'atelier ferrarais se dispersera dans diverses villes d'Italie, principalement à Florence.

**ferrat** ou **ferat** n. m. Récipient généralement en fer ou en cuivre, parfois en bois, utilisé pour puiser ou pour transporter l'eau, souvent accompagné d'une grande louche en cuivre jaune à manche décoré, la « casse ».

En Gascogne, en Auvergne et en Provence, les ferrats en cuivre ont souvent une forme de tambour renforcé de côtes saillantes, avec un fond légèrement concave, pour être portés plus commodément sur la tête. Très décoratifs, ils sont aujourd'hui utilisés comme cache-pot ou comme corbeilles à papier.

À Lyon, le commerce des seaux de bois cerclés de fer était appelé « ferraterie ».

**ferret** n. m. Tige métallique qui, contrairement à la canne, est pleine et que le verrier utilise pour cueillir une paraison qu'il n'aura pas à souffler.

*Paire de chandeliers en fer forgé ouvragé. Travail allemand du début du XVII^e siècle. (H. 45 cm.) Adjugé 1 320 £ par Sotheby, à Londres, le 24-VI-1982.*

Sotheby Parke Bernet

**ferronnerie** n. f. À l'origine, art de travailler le fer dans son sens le plus large : depuis l'exécution des grilles et balcons jusqu'à celle des clefs et des serrures, voire des armes. Dans la pratique, la ferronnerie, d'où sont issus la serrurerie et le travail des armes, s'applique à la réalisation des grilles et des balcons, des ferrures et des pentures. Elle fut utilisée régulièrement au cours des siècles. Et, dans l'évolution des styles, elle connut ses meilleurs moments lorsque la courbe et l'asymétrie l'emportaient sur la ligne droite. Ainsi, quelques-unes des plus belles pièces de ferronnerie furent exécutées sous la Régence, le règne de Louis XV et pendant la période dominée par l'Art nouveau, ou modern style.

**ferronnière** n. f. Bijou inspiré par celui que porte la *Belle Ferronnière,* la jeune femme du célèbre tableau du Louvre attribué à Léonard de Vinci. Il est composé par un motif d'orfèvrerie retenu au milieu du front par une chaînette passant autour du crâne. Cette parure de caractère historique — que l'on ne voit d'ailleurs jamais figurer sur les portraits de la Renaissance — remporta un très grand succès à l'époque romantique.

**ferrovipathophilie** n. f. Terme générique groupant les collections ayant pour thème les chemins de fer. Les objets rassemblés sont alors extrêmement variés et peuvent s'incorporer, thématiquement, dans d'autres collections : trains et jouets ferroviaires miniatures, affiches, cartes postales, imagerie, photographies, livres, titres de transport.

C. A.

*Locomotive à vapeur fonctionnant au charbon. (L. 95 cm.) Modèle anglais « Polly » adjugé 35 000 F, à Drouot, le 25-II-1983.*

**ferrure** n. f. Terme de serrurerie qui désigne tous les articles de ferronnerie pour bâtiments et ceux qui sont utilisés pour ferrer les menuiseries. On distingue les ferrures de consolidation (fausses pentures), les ferrures de rotation (fiches, paumelles, pentures), les ferrures de sécurité (verrous, serrures, crémones, espagnolettes).

**feston** n. m. En terme d'architecture, découpe en forme de guirlande de fleurs, de feuilles aux branches entrelacées et stylisées. Souvent employé à l'époque gothique, l'arc festonné est décoré d'une suite de petits lobes, dentelures ou découpures. La sécheresse des motifs antiques utilisés à l'époque Louis XVI fut parfois tempérée par des éléments empruntés à l'art du tapissier, comme les festons, les franges, les rubans.

*Console demi-lune en bois sculpté et redoré, d'époque Louis XVI, avec entrelacs, fleurs et guirlandes disposées en feston. Adjugé par M^es Couturier-Nicolay, à Drouot, le 30-V-1980.*

Couturier-Nicolay

**fétiche** n. m. Les « fétiches » — dont le nom vient du portugais *feiticio,* qui signifie « image au charme magique » — ont pour rôle de défendre leur possesseur contre un malheur imprévisible et contre la volonté mauvaise d'un ennemi redoutable. Ils sont rarement l'objet de soins aussi attentifs que les statues d'ancêtres. Certains sont conservés par un spécialiste : magicien ou devin, le « féticheur » sait comment les animer. D'autres sont propriétés individuelles : achetés fort cher, ils défendront leur propriétaire en éloignant les influences néfastes. Denise Paulme précise : « ... d'une façon plus générale pour tous ceux qu'il [le fétiche] ne connaît pas, mieux vaut s'en tenir à l'écart... »

**feu** n. m. Le mot *feu* vient du latin *focus* (foyer). Dans les cuissons des céramiques, on peut distinguer trois techniques : la technique dite « au dégourdi* », la technique dite « de grand feu » et la technique dite « de petit feu », ou « feu de moufle ». Les deux dernières techniques correspondent uniquement à des manières de poser le décor.

Dans la technique de grand feu, le décor est peint sur l'émail cru à l'aide d'oxydes métalliques. Le décor et l'émail sont cuits ensemble entre 850 et 1 000 °C. La palette, dans ce cas, est assez réduite ; le rouge, en particulier, est rare, car il vire généralement au brun ou à l'ocre. Il n'y a aucune retouche. Rouen et Nevers travaillèrent « au grand feu ». Dans la technique de petit feu ou feu de moufle (type de four), le décor est peint sur l'émail déjà cuit. Un fondant mêlé aux couleurs fixe celles-ci sur l'émail au cours d'une seconde cuisson, à température plus basse. La gamme des couleurs est très étendue, et le rouge est particulièrement éclatant. Les Hannong — à Strasbourg — s'illustrèrent dans ce procédé. Quel que soit le mode de cuisson utilisé, les pièces décorées sont déposées sur des pernettes, supports en terre cuite, qui permettent de les empiler. Celles-ci laissent des traces au dos des objets, ce qui constitue un moyen d'identification des faïences anciennes. Les pièces de grand feu comportent trois petites marques visibles au revers, tandis que les faïences de petit feu laissent généralement apparaître six traces (inégalement réparties), du fait de la double cuisson.

**feu** (armes à). Les armes à feu — qui s'opposent aux armes blanches — comportent toute une série d'armes courtes ou longues, de poing ou d'épaule : arquebuses, bastons à feu, mousquets, fusils, carabines, mousquetons, tromblons, espingoles, pistolets et revolvers. Elles sont toutes dotées d'un ou de plusieurs canons et d'un système de mise à feu, qui a varié au cours des âges : fer chaud, serpentin, mèche, rouet, silex, capsules de fulminate de mercure, percussion centrale ou annulaire. Les poudres utilisées ont elles-mêmes changé : poudre noire pendant des siècles et poudre « sans fumée » ou pyroxylée dans les temps contemporains. Par rapport aux armes blanches, les armes à feu sont relativement récentes : le premier baston à feu n'apparaît qu'au XIVe siècle...

**feuille** n. f. En art décoratif, en sculpture, en architecture, le motif de la feuille a richement inspiré les artistes de tous les temps.

La feuille d'acanthe, dont le bord s'enroule légèrement en volute, est la mieux connue ; elle caractérise les chapiteaux corinthiens et se retrouve sur les larges crosses des accotoirs des fauteuils de l'époque Louis XIV.

La feuille d'eau, comme celle du nénuphar, de la renoncule, se reconnaît à sa simplicité, sans dentelure, découpe ou enroulement ; elle se développe sur les ferronneries des grilles et des balcons ainsi que sur les frises décoratives du premier Empire.

*À gauche, détail d'une « fleur fine » traitée au petit feu. Strasbourg, fin du XVIIIe siècle. Coll. Hélène Fournier.*

*À droite, détail d'un motif floral traité au grand feu. Lille, fin du XVIIIe siècle. Lille, musée des Beaux-Arts.*

Les feuilles de laurier, de lierre, de quatre-feuilles, de chou, de chardon ou de persil sont assez répandues, mais moins, toutefois, que la fameuse feuille de vigne qui voilait les nus impudiques des musées du Vatican !

**feuille de laurier.** Petite truelle ovalisée à fine extrémité utilisée par le vitrier.

**feuilleret** n. m. Bouvet* utilisé par le menuisier pour confectionner des entailles et des rainures destinées à encastrer une pièce complémentaire.

**feuilles d'eau** n. f. pl. Motif ornemental évoquant un peu des feuilles de roseau, que l'on trouve, « en applique », sur la partie ventrue de certaines pièces d'orfèvrerie d'époque Régence : aiguières, verseuses gobelets, saupoudreuses. Le thème fut repris à la fin du XIXe siècle par l'école de Nancy, dans un style évidemment plus naturaliste.

**feuillet** n. m. Partie du cahier imprimée d'un livre ; feuille imprimée constituée par le recto et le verso. Le feuillet comprend deux pages.

**fiasque** n. f. Vase à large panse, au long col, à la forme élégante, se trouvant surtout en Italie (souvent garni de paille). En Corse, on appele « fiasque » ou « fiasco » un tonnelet de forme très allongée, dont la douelle du milieu, plus épaisse que les autres, est découpée en carré pour former une entrée de bonde.

**fibulanomistophilie** n. f. Collection de boutons. Ceux-ci sont en bronze, en argent, en céramique, en cristal de roche, en écaille, en faïence, en ivoire, en pierres dures, en porcelaine, en verrerie... Certains ont une valeur considérable, tels, par exemple, les boutons peints par Watteau.

**fibule** n. f. Bijou antique qui n'est à l'origine qu'une épingle (simple ou double) destinée à maintenir sur l'épaule le drapé de vêtement antique. Un tel accessoire se transforme facilement en bijou. La fibule a été utilisée en Europe occidentale jusqu'à l'époque carolingienne. Aussi distingue-t-on les fibules antiques et les fibules mérovingiennes.

Les fibules antiques sont, les unes en bronze, les autres en or ; l'épingle proprement dite est en demi-cercle, car elle devait emprisonner une importante épaisseur d'étoffe ; la partie plate, visible, est décorée de motifs ciselés ou repoussés : scènes mythologiques, figures géométriques, les fibules les plus précieuses sont incrustées de pierres fines. Les fibules mérovingiennes sont moins fines : de forme circulaire, elles sont pavées de pierres en cabochons ou de simples verroteries.

**figuline** n. f. Mot employé par Bernard Palissy pour désigner des céramiques émaillées figurant des fruits, des coquillages, des animaux et autres sujets qualifiés de « rustiques » dont il ornait ses plats. Ne sachant pas modeler, le célèbre céramiste prenait directement les empreintes de ses « modèles » et il en tirait un moule où il coulait sa pâte avant de les émailler par cuisson.

Après une longue éclipse, l'influence de Bernard Palissy s'est de nouveau fait sentir au XIXe siècle parmi les céramistes de l'école de la Loire comprenant notamment Jean Charles Avisseau (1796-1861), son fils Édouard (1831-1911) et son beau-frère Joseph Landais (1800-1883). Citons encore Léon Brard (1830-1909), Renoleau (1854-1939) et Pull (1810-1889), qui ont réalisé en céramique polychrome de nombreuses « rustiques figulines » à la manière de Palissy. Ces pièces pittoresques restent d'un prix très abordable (de 2 000 à 5 000 F en 1982 pour des plats ornés de reptiles ou de poissons).

**figure de proue.** La figure de proue dérive de l'éperon qui garnissait déjà les galères antiques, et servait d'arme d'attaque plus que d'ornement. À l'époque moderne cependant, c'est-à-dire depuis le XVIIe jusqu'au XIXe siècle, la figure de proue, point d'orgue de toute la décoration du navire, objet de vénération et de superstition de la part des matelots, est chargée d'une vertu décorative et symbolique. Pour les bâtiments de guerre de Sa Majesté, l'exécution est confiée à un sculpteur de métier ; les autres relèvent plutôt des œuvres d'art populaire. Mais la plupart des figures de proue ont péri avec les navires, en mer ou de vieillesse.

*Figure de proue en bois sculpté, provenant de la région de Saint-Malo. Époque Régence. Exposition au Louvre des Antiquaires, « l'Art dans la marine ». Coll. part.*

Louvre des Antiquaires

Les rares qui ont survécu, mutilées et rongées d'embruns, excitent la convoitise des collectionneurs d'objets de marine, ou de certains amateurs passionnés, qui, sensibles à leur valeur symbolique, leur vouent un véritable culte. Mais les figures de proue, même du siècle dernier, sont difficiles à trouver ; les antiquaires spécialisés en présentent, mais rarement ; une telle acquisition n'est cependant pas impossible à condition d'y consacrer temps et prix.

**figures noires, figures rouges.** Expressions s'appliquant à des styles de décoration des vases attiques qui se succèdent du VIIe au IVe siècle av. J.-C. Les vases à figures noires se situent entre 600 et 480 environ, les figures rouges, de 530 à 320 (d'après François Villard, *les Vases grecs* ; P. U. F.). Dans les vases à figures noires, le dessin, tracé directement au vernis sur le vase, ressort, après cuisson, en noir sur le fond d'argile ocre. Ce style de décor qui apparaît vers la fin du VIIe siècle prend pour thème principal la figure humaine, les dieux, les déesses, les héros de légendes réprésentés de profil selon une manière encore un peu archaïsante : les hommes sont barbus, les femmes portent la coiffure tressée des korés* ioniennes et les peintres donnent à merveille l'illusion du mouvement par les positions des bras et des jambes. Certains de ces vases sont signés Clitias, Lydos, Exèkias... Malgré une recherche de sobriété par rapport au style orientalisant, les vases attiques à figures noires portent encore des couleurs annexes, des rehauts de brun, de blanc, qui nuisent un peu à la pureté du dessin.

Sotheby Parke Bernet

*Cratère en cloche, décoré de figures rouges. Italie méridionale, IVe siècle av. J.-C. (H. 33 cm.) Adjugé 6 000 F par Mes Ader-Picard-Tajan, à Drouot, le 13-V-1981.*

*Amphore attique à décor de figures noires. Vers 540 av. J.-C. Adjugée 29 000 £ par Sotheby, à Londres, le 13-VII-1981.*

Ader-Picard-Tajan

L'exécution des figures rouges est plus subtile : l'artiste trace son sujet « en réserve », en vernissant d'abord le fond, puis en soulignant les détails de son sujet, toujours d'un trait noir (œil, cheveux, traits du visage, draperie). Cette manière qui apparaît vers la fin du VIe siècle marque l'apogée des grands vases attiques et le triomphe d'un style épuré en ce qui concerne la composition du dessin, les attitudes des personnages : plus de gestes désordonnés ou de courses, mais des attitudes nobles, des mouvements mesurés et harmonieux, des gestes auxquels répondent les draperies tombantes ; ce style noble est d'autant plus intéressant qu'il doit refléter celui de la grande peinture, entièrement disparue.

Contrairement aux figures noires, les peintures à figures rouges n'admettent que la bichromie absolue ocre et noir ; les noms de certains artistes nous sont parvenus : Euphronios, Brygos, Andokidès, Épiktètos.

**figurine historique** n. f. Dès l'Antiquité, les garçons ont joué aux soldats avec des petites figurines de bois, de terre cuite ou de métal moulé, comme à Rome, probablement. Le pieux Moyen Âge fabrique aussi des figures de saints populaires et de guerriers (saint Georges terrassant le dragon ; le soldat saint Martin coupant son manteau), destinées aux adultes et vendues près des églises. Si les enfants royaux des cours européennes se voient offrir de fabuleux régiments de soldats d'argent, les enfants des classes moyennes devront attendre la fin du XVIIIe siècle et surtout le XIXe pour posséder les figurines de métal bon marché.

Les petits soldats plats en étain, avec une seule face en relief, fabriqués en Allemagne, notamment à Nuremberg, remportent un énorme succès. Le fragile étain est bientôt remplacé par du plomb, et les soldats sont entièrement moulés en ronde-bosse. Cette innovation, qui donne aux figurines une plus grande solidité et un réalisme parfait dans le moindre détail, revient probablement au Français Lucotte à la fin du XVIIIe siècle. L'industrie française des figurines historiques de plomb prédomine durant tout le XIXe siècle. La fabrique Mignot travaille jusqu'en 1914. Devant le prix de revient de ces soldats, l'Anglais W. Britain imagine à la fin du XIXe siècle un procédé moins coûteux, qui produit des soldats de métal creux. En 1933, le Français Quérin met au point un matériau encore meilleur marché : le quiralu (aluminium), d'une grande fragilité.

Actuellement, les soldats de Lucotte datant d'avant 1914 sont très recherchés, mais rares sont ceux en bon état. On les reconnaît à leur marque « L.C. » ornée d'une abeille. Les « Mignot », moins beaux, sont cependant très cotés (un cavalier a toujours plus de prix qu'un fantassin). Quant aux « quiralu », qui furent fabriqués jusqu'en 1961, ils étaient autrefois méprisés des collectionneurs. Rarement en bon état, ils sont appréciés maintenant des amateurs.

À côté de ces effigies guerrières, les fabricants ont créé de charmants petits personnages de procession : religieuses, enfants de chœur, suisses, moines, destinés, en un siècle dévot, le XIXe, à parfaire l'éducation religieuse des petits Français.

**fil à plomb.** Petit poids en plomb et souvent en cuivre attaché à l'extrémité d'un fil, qui sert à vérifier l'aplomb des objets. Il est employé par les maçons, les ingénieurs ou les dessinateurs et il fait partie de certains instruments scientifiques.

**filé** (verre). Il faut attendre le XIXe siècle pour que cette expression recouvre, au sens où on l'entend aujourd'hui, le travail de l'émailleur dans son ensemble ou, plus exactement, la fabrication de petites figurines, ou sujets en émail et en verre de couleur. En fait, les activités de l'émailleur étaient beaucoup plus larges, puisqu'il fabriquait, outre ces petites figures, des appareils scientifiques (thermomètres, baromètres), des yeux artificiels, des bijoux fantaisie, des pommeaux de canne, de têtes d'épingle.

Le verre filé est aujourd'hui infailliblement associé à Nevers. Cette spécialité en effet nivernaise acquit une telle renommée qu'elle fit oublier l'activité de bien d'autres centres, répartis sur le territoire français, mais aussi en Angleterre, à Nelsea par exemple. D'ailleurs, dans le Nivernais même, elle était assurée aussi bien par plusieurs familles d'émailleurs que par la verrerie de Nevers elle-même, qui, de toute façon, fournissait à ses clients la matière première, sous forme de « baguettes », de « pains » ou de « tubes ».

C'est au XVIe siècle que « l'art des figurines », ou « Ars encaustica », fut introduit, par l'intermédiaire des Italiens, à Nevers. Avant l'adaptation, au XIXe siècle, du chalumeau, l'outil essentiel est une lampe activée par un soufflet et brûlant de l'huile ou de la fraise de cheval, comme le précise J. Barrelet. Cette lampe sert à refondre la matière brute, qui est ensuite modelée à la pince, soufflée ou étirée en fils selon les besoins du sujet. C'est de cette dernière opération qu'est tirée l'expression « verre filé », qui allait désigner la production dans son ensemble. Le modelage s'effectuait, toujours selon les précisions de J. Barrelet, autour d'un noyau de pâte de verre grossière, soutenu par une armature de fils de fer.

Seuls les textes, les inventaires royaux et les comptes des verreries portent témoignage de la production du XVIIe siècle, qui fut sans doute abondante, mais dont aucun exemplaire ne nous est parvenu. C'est cependant au XVIIIe siècle que la vogue de petits sujets en verre connut son apogée, mais elle se poursuivit jusqu'au milieu du XIXe siècle. Le temps dut avoir raison de la fragilité de la matière. Toutefois, il est permis de mesurer l'importance de la production au nombre de pièces que l'on connaît aujourd'hui. Si une attribution à un émailleur ou même à un centre de production est pratiquement impossible à affirmer, du moins peut-on voir « revivre les aspects les plus divers de la vie sociale » d'une époque (J. Barrelet). Car, en dehors de sujets classiques comme les héros de la mythologie, les quatre saisons, la production du XVIIIe siècle reflète le goût de l'époque pour la nature et les scènes champêtres, mais a retenu aussi des thèmes militaires, des musiciens, des personnages de la commedia dell'arte, tandis que les couvents commandaient de préférence des crèches, des nativités, des scènes religieuses. Petits tableaux abrités sous cloche de verre, qui venaient orner cheminées et cabinets, ces objets en verre ont su capter une saveur populaire que l'on apprécie encore aujourd'hui.

**filet** n. m. En architecture et dans l'ameublement, le filet est une moulure qui sépare deux éléments décoratifs.

En menuiserie et en ébénisterie, le filet désigne une longue lamelle incrustée dans les panneaux en bois massifs ou plaqués.

En orfèvrerie, fine moulure qui borde les couverts et les plats.

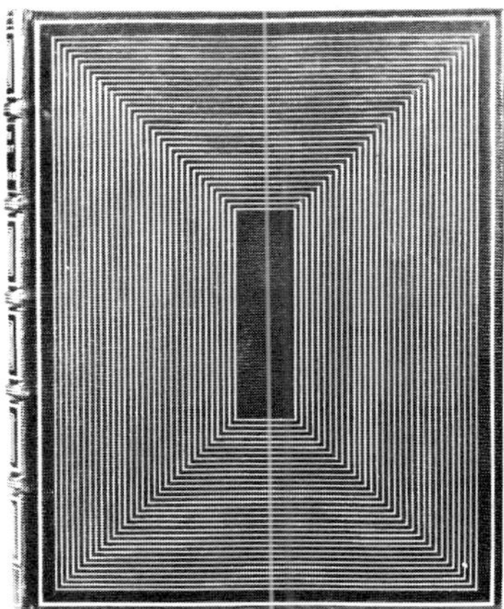

*Remarquable reliure à filets donnant une impression de profondeur, exécutée, pour* Novembre *de Gustave Flaubert. Drouot, 1978.*

Lauros-Giraudon

En reliure, ornement typographique linéaire destiné à séparer ou à encadrer des textes. Il peut être un élément de décoration exécuté avec un fer à dorer, droit ou courbe, sur les reliures : ainsi parle-t-on d'un triple filet sur les plats.

**filigrane.** n. m. Dans le papier, marque se trouvant dans la fibre et visible seulement par transparence. Dès les origines et jusqu'au début du XIXe siècle, le papier était fait à la main. Le filigrane était obtenu par l'empreinte d'un fil de laiton, fixé sur le treillis de la forme qui recevait la pâte à papier. Les filigranes étaient la marque distinctive du papetier. Plus tard, ils caractérisèrent les papiers à usage officiel. Le filigrane d'un papier permet de dater celui-ci et contribue ainsi à vérifier l'authenticité de la composition d'un livre.

*En orfèvrerie,* le filigrane est un ouvrage d'or et d'argent réalisé à partir d'un simple fil de métal qui, savamment entrelacé, dessine des motifs variés formant comme une fine résille. Ce travail permet d'obtenir des bijoux très légers d'un volume assez important, tout en utilisant une faible quantité de métal précieux, au moins quand on le laisse « libre » ; cependant, on peut aussi plaquer le travail de filigrane sur un fond d'or lisse. Tout l'art du filigrane réside dans la précision du travail, la régularité du dessin, la finesse des soudures qui fixent l'ouvrage à chaque point de rencontre des fils, mais doivent demeurer invisibles.

La technique du filigrane était pratiquée avec une grande habileté sur les bijoux antiques (barbares, grecs ou étrusques). Elle fut ensuite abandonnée en Occident. Nous savons cependant qu'elle est revenue à la mode vers le XIIIe et le XIVe siècle, sous l'influence des croisades probablement, puis au XVIIe siècle, pour des bijoux et des coffrets. Le XVIIIe siècle, en revanche, l'a peu appréciée. L'art du filigrane s'est au contraire conservé en Orient, où il est aujourd'hui mis au service de la bijouterie de pacotille et touristique de basse qualité.

**filigrané.** Se dit d'un verre dont le décor est composé de fils d'émail ou de verre de couleur, de verre blanc ou opaque, et dont les combinaisons diverses ont été appréciées dès l'Antiquité. Les baguettes, au nombre plus ou moins grand, plus ou moins étirées ou, au contraire, enroulées plus ou moins serrées en spirales, sont soit noyées dans la masse du verre, soit appliquées sur la paraison*. La technique du verre filigrané est exploitée avec succès par Venise sur des pièces de verre de forme assez variée. Elle est connue sous le nom de « latticinio ». Les filets sont généralement blancs, parfois de couleur, mais les exemples sont rares (rubis). C'est l'exemple de cette technique que cherchent à suivre les verriers anglais lorsqu'ils créent des verres à boire dont les jambes sont ornées de spirales (simples, doubles ou triples), plus ou moins épaisses, de verre blanc ou opaque (1765-1780). En fait, ce décor constitue l'une des étapes d'une évolution où n'intervient pas nécessairement la technique du filigrane. En effet, les verriers anglais eurent l'idée d'étirer les bulles d'air, qu'ils avaient appris à ménager avec tant de science à l'intérieur de la masse vitreuse. Les motifs ainsi obtenus étaient des spirales d'air, donc creuses, qui firent place un peu plus tard (1755-1765) aux torsades d'émail, qu'on obtenait en incorporant au verre transparent une pâte blanche, qui, étirée et tordue, donnait naissance aux effets les plus variés.

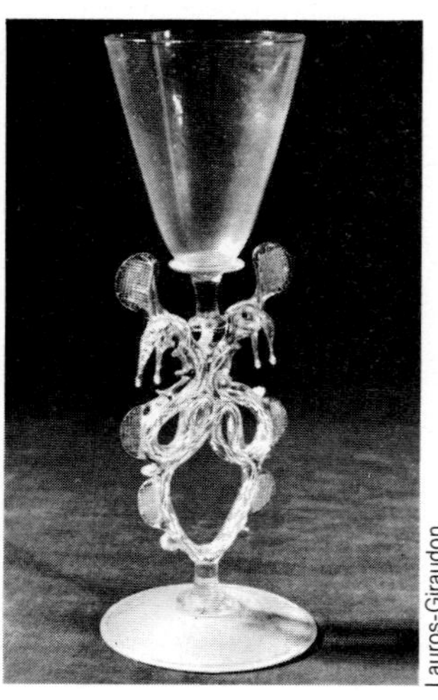

*Verre « façon Venise », filigrané. Flandres, XVIIe siècle. Paris, musée des Arts décoratifs.*

Lauros-Giraudon

Certains modèles, produits à l'intérieur d'une époque très courte (1750-1765), toujours en Angleterre, offrent également un décor de spirales, mais, cette fois, gravé à l'extérieur, sur la face du verre.

En France, Bontemps, le directeur de Choisy-le-Roi*, l'un des grands techniciens de l'art du verre au siècle dernier, en retrouvant le secret de ce procédé, remettait au goût du jour « les verres filigranés à la façon de Venise ».

**finition** n. f. Dernier stade de la fabrication d'un meuble ou d'un objet, auquel les meilleurs artisans apportent le plus grand soin. Une bonne finition (polissage d'un meuble, ciselure et patine d'un bronze, vérification des assemblages et des parties mécaniques) est le signe d'une grande qualité de fabrication.

**firing-glass.** Modèle anglais de verre à boire (« verre à salve »), solide, au pied épais et court, avec lequel on frappait la table au cours des réunions populaires pour applaudir, porter des toasts, rythmer des chansons ou obtenir le silence.

**firman** n. m. Habituellement, en Europe, acte manuscrit émis par un sultan ottoman. Les firmans se présentent sous la forme d'une importante feuille calligraphiée, avec une mise en pages et un rythme précis. En fait, les actes « émis par le sultan » se partagent, d'après leur teneur, en trois catégories : le *règlement,* qui formule les lois décidées par le sultan dans tel ou tel domaine ; le *bérat,* acte d'investiture dans une charge ; le *firman* proprement dit, c'est-à-dire un ordre adressé par le sultan à un ou à plusieurs fonctionnaires. Dans les trois cas, le texte comporte une invocation religieuse précédant la tughra* au nom du sultan, la « notification » et le salut, suivis de l'« adresse exposée », puis le « dispositif », qui énonce les décisions. Les « formules de validation » et le « protocole » final (date et lieu d'émission) terminent le document. Il n'est pas rare de trouver des firmans sur le marché : dans ce cas, il s'agit le plus souvent de « laissez-passer » ramenés par quelque voyageur européen.

**fixé sous verre.** Les spécialistes contestent cette appellation appliquée à une industrie dont le développement s'étendit de 1730 à 1880 environ. On lui préfère l'expression « peinture sous verre », plus à même de rendre compte de la réalité de la technique à laquelle elle fait appel. En effet, la peinture est exécutée sur une feuille de verre qui a été préalablement soufflée et qui lui servira de protection.

L'emploi de « fixés sous verre » devrait être réservée, selon le docteur Léon Kieffer, à des petits tableaux à l'huile, peints sur tissu et fixés ensuite sous une plaque de verre qui tient lieu de vernis.

L'origine de la peinture sous verre est très ancienne ; cependant, les recherches n'ont pu donner des repères plus précis que celui de la haute antiquité.

C'est encore une fois en Italie — Venise au temps de la Renaissance — que cette peinture connaît un développement à l'origine d'une vogue durable en Europe et sur les autres continents. À cette époque, on l'utilise pour les

Chinoise soulevant un rideau. *Fixé sous verre adjugé avec son pendant 35 000 F par Mes Ader-Picard-Tajan, le 9-XII-1981.*

décors de mobilier, de reliquaires ou d'autels. Cette destination première fait place peu à peu à un art plus artisanal, cherchant à copier des œuvres de la grande peinture, empruntant son répertoire et donc ses sources d'inspiration. Les auteurs s'accordent à faire d'Augsbourg une des étapes essentielles de la diffusion du fixé sous verre, orienté au début du XVIIIe siècle encore vers un « art savant », qui sera d'ailleurs toujours l'une des composantes de la peinture sous verre. Mais, au fur et à mesure de son extension en pays germaniques et en Europe centrale (Autriche, Bavière, Bohême, Silésie, Forêt-Noire, Pologne, pays slaves) jusque dans les Balkans, durant les XVIIIe et XIXe siècles, ce qui était encore un « art de ville » se pratique désormais dans des petits ateliers familiaux et devient l'une des expressions les plus vigoureuses de l'art populaire.

Comment expliquer une telle diffusion ? La faillite de certaines verreries qui se reconvertissaient dans cet artisanat élevé au niveau d'une industrie au succès assuré ? Les migrations des verriers se déplaçant sans cesse à la recherche du bois, le combustible indispensable à leur fours ? Les mouvements que provoquent les mariages, les voyages du compagnonnage ? Tous ces facteurs ont contribué sans doute à cette extraordinaire expansion, sans compter l'organisation d'un réseau commercial fort efficace, s'appuyant sur le colportage, les foires, les marchés et les pèlerinages. Il est impossible de développer ici une étude sur les différents centres de production, dont on détermine aujourd'hui assez précisément, pour la plupart, les limites géographiques et les caractéristiques. Même si une peinture sous verre n'est jamais signée ou datée, ou très exceptionnellement, la documentation actuelle recense de façon générale les ères géographiques suivantes : Augsbourg, haute Bavière, Oberammergau, Monts de Bohême, Bavière orientale, Bohême du Sud, haute Autriche (Sandl et son fond jaune caractéristique), Silésie et Bohême du Nord, Forêt-Noire, Alsace, Pologne, Roumanie (style proche des icônes), Yougoslavie, France, Italie, Espagne, Angleterre (plus sporadique).

Pour la France, on trouve encore des exemplaires de la grande peinture reproduisant des œuvres de Largillière, de Boucher, de J. Vernet, de H. Robert, de Chardin, de Greuze, de Boilly... L'art populaire, quant à lui, s'est développé près de Nice, au sanctuaire de Notre-Dame de Laghet, sous forme d'ex-voto essentiellement, et en Alsace.

Toutefois, la peinture sous verre était connue bien au-delà des frontières du monde occidental. Elle se développa en Turquie (versets du Coran et lettres), en Syrie (miniatures dans la tradition islamique), en Iran (animaux et scènes de chasse où les réminiscences de la miniature persane sont parfois sous-jacentes), en Inde (la vente Mendl en décembre 1981 en offrait un ensemble important) : les images très colorées ont pour sujet des portraits, des scènes profanes, des divinités indiennes, mais mettent en évidence des préoccupations avant tout religieuses. La Chine, où la peinture sous verre a été introduite au début du XVIIIe siècle par un jésuite, Giuseppe Castiglione, s'attache d'abord à copier consciencieusement des gravures occidentales, mais, à la fin du siècle, le caractère chinois finit par prédominer. Les productions du Maghreb, des États-Unis ont fait l'objet d'études détaillées, tandis que certains auteurs ont signalé celles du Sénégal et de Mexico.

En Europe, les motivations sont essentiellement religieuses : la Crucifixion ; images de la Vierge Marie, sous toutes les formes qu'engendra la renaissance de son culte à partir de la Contre-Réforme, images des apôtres, des évangélistes et de l'ensemble des saints ou saintes, que les croyances populaires invoquaient en leur prêtant des pouvoirs souvent extraordinaires, touchant l'univers surnaturel et magique auquel se réfère déjà l'ex-voto ; scènes de l'Ancien ou du Nouveau Testament ; images votives. Protestants et communautés juives ont également marqué l'iconographie de la peinture sous verre. Les sujets profanes sont limités, mais n'ont pas pour autant été écartés. Ils se rencontrent surtout en Alsace (10 à 15 p. 100 de la production, selon L. Kieffer) : les quatre saisons (scènes ou personnages allégoriques), les cinq sens, les continents, les éléments, les allégories (Justice par exemple).

L'Alsace a aussi introduit, outre les thèmes mentionnés plus haut, des portraits en costume national (l'Espagnole, la Belle Hollandaise, la Jeune Anglaise..., avec des orthographes les plus fantaisistes) ou des portraits de généraux ou personnages illustres (général Foy, Poniatowski, Maire-Antoinette, Charles X).

Supplantés par les procédés mécaniques d'impression, les peintures sous verre constituent pour l'historien de précieux documents pour définir l'histoire de l'imaginaire populaire. Quant au collectionneur, son attention se portera sur l'abondance des ornements, la juxtaposition de couleurs vives, la maladresse du rendu spatial ou l'absence de modelé, l'ignorance de l'anatomie, la nette propension au symbole plutôt que la préoccupation de réalisme, autant de détails qui touchent moins par leur naïveté que par leur sensibilité.

**flabellé.** Se dit de toute forme d'éventail, inspirée par le dessin d'une flabelleuse, algue à nervures ramifiées.

**flacon à parfum.** Le flacon, par définition, est un contenant fermé par un bouchon, que les générations passées, selon ses formats, ont utilisé à des destinations fort diverses : flacons à sel, flacons à liqueur (que l'on transportait sur soi ou faisant partie d'un « cabaret »), flacons accompagnant les nécessaires de voyages, flacons de toilette. Mais aucune production n'est aussi ancienne, étendue et continue que celle des flacons à parfum. On peut considérer les flacons à parfum en tant

*Flacon en cristal de roche ayant la forme d'une bouteille côtelée. France, XVI^e siècle. Paris, musée du Louvre.*

Archives photographiques

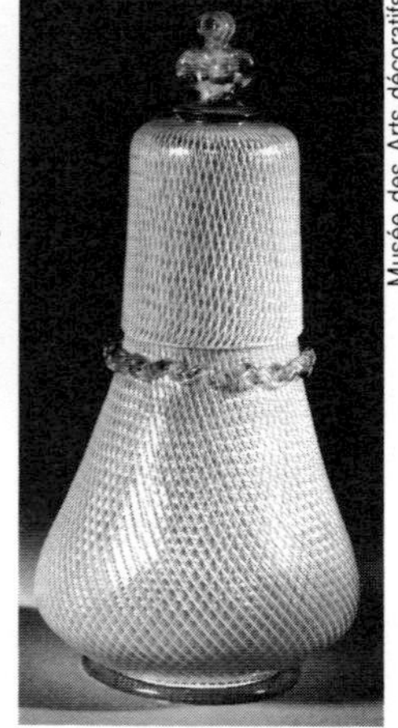

Musée des Arts décoratifs

*Flacon en verre de Venise, gravé. XVI^e siècle. Paris, musée des Arts décoratifs.*

Larousse

*Flacon à parfum en argent, orné de motifs à la mode sous Louis XV : chinoiseries, feuilles volutées. Collection particulière.*

que témoignages de modes et d'usages de sociétés avant tout profanes comme un véritable phénomène de civilisation. En effet, leur succès et leur développement s'appuient non seulement sur des besoins et des goûts affirmant une certaine jouissance de la vie, mais aussi sur des structures commerciales précises.

Pour le collectionneur, il reste le plaisir de suivre à travers ces petits et charmants objets un panorama de l'histoire du verre, tant il est vrai qu'ils furent un produit privilégié du verrier, même si d'autres matières, en particulier la faïence et la porcelaine, ont aussi concouru à renouveler les sources d'inspiration. La parfumerie naît sans doute en Égypte, accompagnant les cultes funéraires, mais visiblement destinée également à des usages profanes. Des petits récipients en verre de couleur servent à l'exportation des substances parfumantes, faisant l'objet d'un commerce déjà très florissant. La Grèce et l'Empire romain reprennent à leur compte cette activité, tout en lui donnant une échelle commerciale sans doute jamais atteinte jusque-là. Les petits flacons en verre moulé, en céramique, en bronze, en or, en argent démontrent l'importance du parfum dans le monde antique. Cet héritage, l'Occident chrétien l'ignore pendant quelques siècles : le parfum, synonyme de frivolité, est considéré avec suspicion par l'Église, mais, fait plus grave encore, lors de la chute de l'Empire romain, le commerce entre l'Orient et l'Occident s'interrompt.

Au XIII^e siècle apparaissent les premières corporations de parfumeurs, et à Venise, en 1557, est publié le premier livre consacré à la parfumerie. Au Moyen Âge, les substances parfumées se présentent pour la plupart sous forme de pâtes, conservées dans des boules creuses, appelées aussi « pommes à odeur » ou « pommes à musc ». On les portait suspendues à des chaînettes accrochées à la ceinture. La distillation à l'alambic, oubliée depuis l'Empire romain, renaît lentement dans l'Europe du Moyen Âge pour ne connaître un usage courant qu'au XVIII^e siècle. Venise tire profit d'une situation privilégiée : c'est par elle que passe tout le commerce avec l'Orient, en particulier les produits intervenant dans la fabrication des parfums. C'est elle aussi qui recueille les secrets des verriers orientaux et acquiert grâce à son « cristallo » une renommée qu'aideront à exporter de ravissants petits flacons, de préférence piriformes, où toutes les techniques décoratives du verre seront exploitées : verre laiteux, filigrané, émaillé, jaspé, millefiori. Vers la fin du XVII^e siècle, les pays germaniques et la Hollande exportent une production en verre de Bohême taillé, gravé, mais aussi coloré, émaillé de motifs naïfs. En France, on conserve du XVII^e siècle quelques exemplaires de la production de Perrot à Orléans, soufflés dans un moule, en verre blanc ou de couleur ou émaillé, agrémentés de motifs moulés caractéristiques : fleurs de lis, lions, etc.

Au XVIII^e siècle, on assiste dans toute l'Europe à une remarquable diffusion de cette production. Grâce à la mise au point du cristal au plomb, l'Angleterre peut rivaliser avec ses prédécesseurs et inonde le marché de petits flacons au décor très varié. On rencontre des flacons en métal précieux, en ivoire, en ambre, mais cette recherche de variété est bientôt attirée par les charmes qu'offre la porcelaine : paysages, chinoiseries, décors asymétriques inspirés de la rocaille ou du rococo, scènes galantes, mais aussi flacons en forme de figurines de la commedia dell'arte, animaux, divinités. Les découvertes du XIX^e siècle en matière de verre coloré étendront encore les effets décoratifs des flacons à parfum : verre lithyalin ou hyalite et surtout opalin aux teintes subtiles et douces. On réussit même sur des modèles aussi petits, que ce soit des flacons à sel ou à parfum, à reprendre le procédé des sulfures (camées). Le moulage met aussi sur le marché des articles très bon marché, décorés parfois de motifs naïvement émaillés. C'est l'époque de l'essor étonnant des maisons de parfumerie, qui commercialisent leurs produits à une échelle considérable, vendus dans des bouteilles en verre moulé comportant comme décor une étiquette gravée ou lithographiée (Guerlain, Pinaud). Ici encore, leur variété n'a d'égal que l'imagination dont font preuve les thèmes décoratifs. Malheureusement, ces flacons se jetaient facilement après usage et sont devenus des pièces rares aux yeux des collectionneurs... À la fin du siècle, Coty, le célèbre parfumeur parisien, en demandant à Lalique de concevoir les flacons de ses parfums, ne se doutait sans doute pas de l'ampleur du succès de l'entreprise. Produits en séries, à une échelle de grande envergure, les flacons de Lalique dénotent chez chacun d'entre eux les facultés d'invention de leur auteur. Parmi tous les autres artistes de l'Art nouveau tentés par ce genre de création, Lalique reste sans doute le plus grand.

**flambé.** Se dit du veinage formant des moirures à contour tremblé, qui évoque un jeu de flammes.

**flambeau** n. m. Désignant à l'origine la chandelle elle-même avec sa mèche, le flambeau devient, au XVII^e siècle seulement, synonyme de chandelier, puis plus précisément de chandelier de table ou de cheminée à une seule lumière. Disposés généralement par paire, les flambeaux sont formés de trois parties fabriquées en argent, en bronze ou en métal argenté et qui se vissent l'une dans l'autre : le pied, le fût et le binet.

On possède quelques flambeaux du XVIIe siècle, abusivement dits « Louis XIII » en raison de leur forme archaïque, mais la plupart — les poinçons en font foi — datent des années 1670-1680. Ils ont un fût cannelé, assez court et de section carrée, reposant sur une large base carrée ou à pans coupés. Certains ont un fût en balustre. Leur silhouette est sans grande élégance, mais ils sont très stables.

Au début du XVIIIe siècle, le flambeau adopte la forme élancée qui nous est devenue familière : fût en balustre à pans, base octogonale légèrement pyramidale, surmontée d'un renflement en tulipe renversée ; à partir de cette forme sont proposées de nombreuses variantes. Le flambeau classique à pans continus est fabriqué jusqu'à la fin du siècle ; à cette forme trop bourgeoise, une société éprise de raffinement préfère cependant une ornementation plus recherchée : côtes torses sur la base, frises d'oves, de godrons, cartouches, agrafes et rocailles semées sur le fût et le binet, guirlandes de fleurs ; d'autres flambeaux sont décorés d'amours, de rocailles extraordinaires, de caryatides.

Sous l'Empire, le fût tronconique sur base circulaire et le binet évasé en tulipe se substituent brutalement à la silhouette en balustre ; l'ensemble est rehaussé d'une légère frise de palmettes, selon un modèle déjà adopté à l'extrême fin de l'Ancien Régime. Après la Restauration, le flambeau d'argent ou de bronze retrouve ses formes antécédentes. Mais il perd son rôle utilitaire et devient simple figurant, de part et d'autre de la cheminée. C'est pourquoi il n'a inspiré ni les créateurs de l'Art nouveau, ni ceux de l'Art déco.

*Flambeau provenant d'une paire, en argent ciselé du maître orfèvre Guillaume Ledoux. Paris, 1735. (H. 25 cm.) Adjugé 82 000 F par Mes Ader-Picard-Tajan, à Drouot, le 19-II-1982.*

*Flambeau à six branches en argent massif par Biennais ; époque Empire.*

Ader-Picard-Tajan

**flan** n. m. Morceau de métal, prédécoupé, qui va subir la frappe monétaire. Les flans sont presque toujours de forme circulaire, mais il existe des pièces de forme carrée ou polygonale ou encore à coins arrondis. Après le laminage du métal monétaire, les flans sont découpés à la forme et au poids requis, puis subissent divers traitements chimiques avant d'être monnayés. Une préparation spéciale pratiquée depuis le XIXe siècle pour des pièces d'hommages permet d'obtenir la qualité « flan bruni » : sur ces monnaies, les reliefs sont mats et le champ est brillant, ce qui permet au type monétaire de se détacher avec une force toute particulière.

Enfin, on notera deux expressions numismatiques se rapportant à des défauts de fabrication affectant les flans : *flan court* (le flan est trop petit pour contenir l'ensemble de l'empreinte des coins) et *flan paillé* (le flan est parsemé de petites bulles allongées qui forment comme des stries parallèles et en pointillé sur sa surface).

**fléau** n. m. Élément de la balance*. Sorte de tige métallique qui supporte à une extrémité un crochet ou un plateau et à l'autre un poids mobile dans la balance romaine ou qui supporte deux plateaux pour les autres balances.

**Fléchy** (Pierre), ébéniste français, reçu maître en 1756, spécialiste de meubles de grandes dimensions : armoires, secrétaires, commodes décorées de marqueterie à fleurs et de laques dans le goût chinois.

*Secrétaire galbé en bois laqué dans le goût chinois, portant l'estampille de Pierre Fléchy. Époque Louis XV.*

Couturier-Nicolay

**fleur de coin.** V. ÉTAT DE CONSERVATION.

**fleuron** n. m. Petit motif décoratif isolé, en forme de fleur stylisée, qui apparaît à l'époque gothique et orne le sommet des gâbles, des dais, des pignons. Le motif réapparaît avec le goût du néogothique et les dessins de Viollet-le-Duc. Dans le vocabulaire architectural de l'époque classique, le fleuron est une rosace, un petit bouton isolé. En gravure, on nomme « fleuron » le motif qui illustre une reliure, un bas de chapitre, un titre.

Ce motif est utilisé par le typographe avec le filet* ou par le relieur, généralement dans les dos ou aux coins des plats de la reliure.

**flint-glass.** Verre fabriqué à partir de la silice tirée du silex (flint) et doué de pouvoirs dispersifs. Il est employé pour la fabrication des instruments d'optique. Il a été découvert en Angleterre et, à partir de 1755, il assura la suprématie des ateliers anglais dans la fabrication des instruments d'optique. Il permit à Dollond* de construire le premier objectif achromatique en 1758. Ce n'est qu'au milieu du XIXe siècle que le continent put se passer des importations anglaises de flint-glass.

**flipot** ou **flipeau** n. m. Petite pièce de bois taillée sur mesure par les menuisiers pour boucher une rainure trop large ou une fente dans un meuble disjoint.

**florin** n. m. Nom des pièces d'or de Florence et d'un grand nombre de monnaies ayant copié le type florentin.

Si l'on excepte les *augustales,* le florin (fiorino d'oro) est une des toutes premières monnaies d'or italiennes : il fut créé en 1252 aux types de saint Jean-Baptiste à l'avers et d'une grande fleur de lis (dite « florencée ») au revers. Il connut très rapidement un immense succès et fut bientôt imité dans toute l'Europe : on connaît près d'une centaine de « florins » frappés aussi bien en Espagne qu'en France ou encore dans les divers États allemands. Quant au véritable florin de Florence, il poursuivra sa carrière, avec diverses variantes et péripéties, jusqu'en 1859 !

Jean Vinchon

*Florin d'or (différent : tour) du Dauphiné représentant Humbert II (1333-1349), dauphin de Viennois. Collection particulière.*

Notons qu'en France le nom de « florin » fut parfois donné à des monnaies d'or de Philippe IV ou de Philippe VI et qu'il fut frappé en 1360, sous Jean le Bon, un « vrai » florin d'or de Montpellier.

**flûte** n. f. Instrument de musique à vent, formé d'un tube percé de trous et d'une embouchure ou d'un bec, dans lequel on souffle pour émettre le son. Quel que soit le matériau utilisé (os, terre cuite, ivoire, verre, métal, matière plastique, etc.), la flûte est certainement l'instrument à vent le plus ancien et le plus répandu. Nasal ou buccal, c'est un instrument de formes diverses que l'on trouve dans tous les folklores. Dans la flûte à bec, l'air soufflé par la bouche passe par une lumière et se coupe sur un biseau en émettant le son. La flûte traversière, caractérisée par une embouchure, est percée latéralement dans la paroi et fermée à l'une de ses extrémités. En Europe, c'est avec la Renaissance que les premiers recueils d'instruction sont imprimés et que débute l'évolution de la flûte. Cylindrique au XVIe siècle, la perce devient conique au XVIIe siècle, et le corps, partagé en plusieurs parties, reçoit sa première clé. Au XVIIIe siècle, d'autres trous seront percés afin d'être pourvus de clés. Ainsi naît une facture instrumentale, destinée à assurer une justesse de son. Mais, plus tard, au XIXe siècle, la flûte est l'instrument qui retient le plus l'attention des inventeurs, qui font des recherches destinées à perfectionner des mécaniques répondant à la virtuosité des musiciens. En 1832, Theobald Boehm propose un système bientôt adapté à tous les « bois et anches » de l'orchestre.

La famille des flûtes comprend différents modèles, du piccolo à la basse. La collection de flûtes compte parmi celles qui proposent la plus grande diversité pour le même instrument. La marque du facteur, les viroles, la forme des clés et leur système permettent à l'amateur d'en situer l'époque. Les flûtes baroques sont les plus appréciées, mais elles ne sont pas toujours justes. Parmi les instruments divers de la famille des flûtes, nous pouvons citer le sifflet, l'appeau, l'ocarina, la flûte de Pan, le jazzoflûte, le flageolet, le fifre, le galoubet.

**Foliot** (Nicolas Quinibert), sculpteur et menuisier français. Fils de Nicolas Foliot (? - 1749) et fournisseur, comme son père, du garde-meuble* royal, il fut reçu maître en 1745. Pour Versailles, il a fourni les sièges de la chambre de Louis XV, le lit « à la duchesse » de Marie-Antoinette, le dais du trône royal ainsi que les sièges de Trianon et des châteaux de Compiègne et de Fontainebleau. Son estampille figure notamment sur un des pliants en bois sculpté et doré entrés en 1974 par dation* au château de Versailles.

**follis** n. m. Monnaie de bronze romaine créée par l'empereur Dioclétien. D'un diamètre supérieur à celui de l'antoninien, le follis est argenté en surface et contient environ 4 p. 100 d'argent. Il sera frappé pendant une douzaine d'années sans modification, puis, succombant aux dévaluations successives, il verra son diamètre réduit pour atteindre finalement celui de l'antoninien de bronze, qu'il avait été chargé de remplacer !

**Follot** (Paul), décorateur-ensemblier français (Paris 1877-Sainte-Maxime 1941). Élève de Grasset, il préfère à la fabrication de série le raffinement, les effets décoratifs et le choix de matériaux souvent précieux : marqueterie, bois rares, laqués ou exotiques. L'ornementation de ses meubles, souvent luxuriante, est confiée au peintre Malclès ; quant au style, il évoque la solidité et la sobriété des époques Directoire, Empire et Restauration. Mais, très vite, Follot s'avère l'un des créateurs de l'Art déco, comme en témoigne une chaise au dossier orné d'une corbeille de fruits et de feuillages stylisés (musée des Arts décoratifs, 1913).

Après la décoration du paquebot *Paris,* il prend en 1923 la direction de Pomone, l'atelier d'art du Bon Marché, réalisant, outre des meubles, des luminaires, des tapis figurant de riches et somptueux motifs décoratifs.

Sa production, assez diverse et abondante, est marquée par une recherche de la qualité et, tout en innovant, reste cependant traditionnelle. Ses meubles, mieux réussis que ses autres réalisations, spécialement en bois exotique marqueté d'olivier ou d'ébène, sont recherchés des amateurs.

**Folon** (Jean Michel), dessinateur, aquarelliste et graveur belge (Bruxelles 1934). Jean Michel Folon, qui se destinait à l'architecture, est devenu le dessinateur par excellence de notre environnement quotidien. Il est présent dans la publicité, l'estampe, le livre et sur les écrans de la télévision. Les collectionneurs recherchent ses affiches, ses sérigraphies, ses eaux-fortes.

**fondant** n. m. Dans la fabrication du verre, substance nécessaire pour assurer la fusion de la composition vitreuse. C'est l'alcali (soude ou potasse) que les verriers recueillaient à partir de plantes marines ou de fougères carbonisées. Aujourd'hui, on utilise du carbonate de sodium associé à d'autres carbonates contenant des oxydes stabilisants.

**fondeau** n. m. Partie d'un verre à pied qui constitue le fond de la coupe lorsqu'il est particulièrement épais.

**Fons.** Les Fons, parents des Éwés du Togo (Afrique occidentale), s'imposent au début du XVIIe siècle aux Yoroubas, qu'ils nomment Nagos et dont les descendants peuplent le sud-est du Bénin. Le Bénin est au XIXe siècle l'un des États les plus prestigieux de l'Ouest africain. Les Fons apportent une nouvelle conception de l'organisation politique et militaire. L'armée, disciplinée, comptant dans ses rangs des « amazones », est redoutable. Abomey —

« dans le rempart » — est fondée, et le royaume reçoit son nom de « Danhomé » — « dans le ventre de Dan » —, du nom d'un ancien chef de village tué par Aho, premier organisateur de la puissance des Fons. Cette puissance atteint son apogée au XIX^e siècle sous les rois Guézo, Glé-Glé et Béhanzin.

Tout l'art des Fons du Bénin est sous le contrôle du roi et de sa cour. Les œuvres, où se retrouve l'esprit guerrier, ont pour but essentiel d'exalter les souverains et leurs exploits militaires. Ainsi, les bas-reliefs des palais d'Abomey évoquent des faits d'armes, des armoiries ou des allégories sous forme de rébus. Ces bas-reliefs, à l'intérieur d'un cadre carré, sont en terre crue peinte de couleurs violentes et se détachent sur un fond de cuve en retrait par rapport aux murs des palais. Dans le même style et le même esprit, les portes en bois sont ornées en haut relief de devises et de proverbes, souvent savoureux...

La glorification de la grandeur royale se retrouve dans la statuaire et dans les sièges des dignitaires. Sortes de monstres, des statues mi-humaines, mi-animales représentent Béhanzin sous la forme d'un requin et Glé-Glé sous la forme d'un lion. Quant aux sièges, ce sont de véritables trônes ornés de multiples personnages figurant la cour du roi. Le tout est peint de couleurs vives.

La divination par le « fa », technique d'origine musulmane, a apporté l'usage de la coupe en bois peinte, au support animal ou humain et contenant des chapelets de seize moitiés d'amande de palme, que le devin jette sur le plateau. Les combinaisons possibles permettront de répondre si « la route est ouverte ». Le « fa » appartient à la mythologie « vodu » (ou « vaudou »), et « Legba », le plus vénéré des dieux, est présent partout sous forme de statuettes ou d'un simple bloc de glaise servant aux sacrifices. Quant aux « bochios », taillés dans le bois, ce sont les gardiens de la maison.

Le métal fut abondamment utilisé par les métallurgistes fons du Bénin. De grandes statues — en dehors des petites statuettes —, composées de feuilles de laiton martelées et rivées l'une à l'autre ou de ferraille, parfois d'origine européenne (tôles, boulons...), figurent le dieu Gu (l'Ogun des Yoroubas), dieu de la Guerre et du Fer, brandissant à la main le sabre « goubasa ».

Ader-Picard-Tajan

*Fontaine en faïence de Moustiers à décor à la Berain en camaïeu bleu (il manque le couvercle). XVIII^e s. (H. 39 cm.) Adjugée 13 500 F par M^es Ader-Picard-Tajan, à Drouot, le 16-XI-1981.*

Sotheby Parke Bernet

*Fontaine de table en bronze, ayant la forme d'une femme vue à mi-corps. Œuvre probablement exécutée à Augsbourg vers 1550-1560.*

**fontaine** n. f. Terme général désignant un réservoir à eau, plus ou moins grand suivant qu'il a un usage public ou un usage domestique.

La vogue des fontaines d'intérieur s'est développée au début du XVIII^e siècle et est une conséquence de l'emploi de la fourchette : au lieu de se laver les mains dans un bassin présenté avec son aiguière entre chaque plat, on le fait avant, puis après le repas. Cette mode s'étend très vite en ville et dans les campagnes, et, pendant tout ce siècle, les fontaines se multiplient et sont l'ornement de presque tous les intérieurs. Elles sont généralement fabriquées avec des matériaux (cuivre, étain ou faïence) qui dépendent souvent de leur province d'origine, mais, en revanche, leurs formes et leurs dimensions sont assez uniformes.

Ces pièces se composent d'un réservoir souvent fixé à un panneau de bois plus ou moins décoré, auquel est accolée une console, support de la cuvette ; assez courant aussi est le bâti à quatre pieds, appelé « chaise », surmonté d'un dosseret : le bassin est posé sur le siège, et le réservoir est accroché au dosseret. De formes très différentes, bassins et réservoirs ont des dimensions proportionnées l'un à l'autre.

Le bassin a, la plupart du temps, une décoration beaucoup moins riche que celle du réservoir, sans doute à cause de l'usage constant qu'on en fait ; pour la même raison, on le munit de deux anses afin d'en faciliter la manipulation.

*Fontaines en étain.* La majorité de celles que l'on rencontre aujourd'hui sont du XVIII^e et surtout du XIX^e siècle. Et, si elles semblent antérieures, c'est parce que le style Louis XIV a longtemps dominé chez les potiers d'étain. De plus, dès que l'usure était trop grande, ces fontaines étaient systématiquement refondues. Les plus anciennes sont celles des communautés religieuses ou hospitalières.

On a fabriqué beaucoup plus de fontaines en étain dans le Midi que dans le Nord, mais les plus réputées, les plus belles et les plus nombreuses aussi sont celles de Lyon. La Franche-Comté (particulièrement à Besançon), la vallée du Rhône et le Languedoc en ont aussi produit en abondance. La taille de ces fontaines est toujours à peu près la même. Les réservoirs sont le plus souvent à parois verticales et à pans coupés ornés de un ou de deux robinets de cuivre, surmontés d'un couvercle bombé ou à pans, lui-même flanqué de deux boutons. Ils sont généralement en étain uni, sans aucun décor gravé. Le bassin peut être ovale, en demi-cercle ou en forme de vasque posée sur un piédouche. Toutefois, à partir du Directoire, les réservoirs sont en forme d'écusson au-dessus d'un bassin rectangulaire.

*Fontaines en cuivre.* Comme les pièces d'étain, elles

ont été produites en plus grand nombre dans le Centre et dans le Midi que dans l'Est et le Nord. Mais, en revanche, leurs formes, leurs tailles et leur décoration sont beaucoup plus variées. Les réservoirs sont souvent gravés d'attributs, d'armoiries, de fleurs, de corbeilles, de fruits, d'oiseaux et, sur les « fontaines de mariage », de deux cœurs entrelacés. Souvent les robinets en cuivre ne sont pas de la même couleur que le réservoir ; les bassins sont généralement en forme de vasque, avec ou sans pans. En Picardie et dans les Flandres, la fontaine est posée sur un bâti à pieds en balustres ; en Normandie, elle est fixée au mur et, en Poitou et en Vendée, elle repose sur un petit buffet à une porte. En Auvergne, les bassins ont de larges bords, alors qu'ils sont ondulés en Provence.

Malgré toutes ces particularités, les fontaines en cuivre ont une origine très difficile à situer précisément, car elles portent rarement une marque de fabrique. On en a créé jusqu'au XIXe siècle et l'on reconnaît les copies d'aujourd'hui grâce à leur poids, nettement moins élevé.

*Fontaines en faïence*. Elles présentent les mêmes particularités que les fontaines en étain et en cuivre, mais, à la différence de ces dernières, elles ont suivi de beaucoup plus près les caprices de la mode et des styles aussi bien dans leurs formes que dans leur décoration. Le modèle le plus classique est celui de Rouen : réservoir galbé, bassin en forme de vasque sur piédouche, tantôt à pans coupés, tantôt à courbes.

Les décors peints sont différents selon les régions et sont souvent assortis à ceux des services de table. À Rouen priment les lambrequins bleus, puis rouges ainsi que les bouquets et les chinoiseries polychromes ; à Nevers, les ornements floraux sont les plus utilisés ; viennent ensuite les animaux et parfois les thèmes patronymique ou révolutionnaire ; tous les décors de Moustiers sont reproduits sur les fontaines, y compris les scènes mythologiques ; à Strasbourg, chinoiseries et fleurs dominent, tandis qu'à Marseille les fabriques Fauchier, Leroy et Veuve Perrin ont exécuté des pièces de grandes dimensions, ornées de paysages, de poissons, de fleurs ou d'oiseaux.

Seules les fontaines complètes (réservoir, bassin et parfois support) ont une valeur sur le marché, quelles que soient leur matière et leur province d'origine. Il convient d'observer plus particulièrement le bassin, souvent endommagé par l'usage. En ce qui concerne les faïences, c'est la qualité du décor qui en fait la valeur.

**Fontainebleau.** Dans le palais de Fontainebleau, foyer de la Renaissance française, le roi François Ier eut le désir de créer une manufacture de tapisseries ouverte au nouveau style venu d'Italie. Dès 1539 arrivent à Fontainebleau des lissiers parisiens et tournaisiens, qui, pendant une douzaine d'années, tissent la superbe série de *Saint Mammès,* d'après Cousin, la tenture des *Travaux d'Ulysse,* d'après le Primatice. L'atelier bellifontain ne survit guère après l'avènement d'Henri II, qui privilégie la manufacture parisienne de la Trinité. Les tapisseries de Fontainebleau, avec leurs opulentes bordures, leur verve, leurs puissantes compositions, participent pleinement au maniérisme de la première école de Fontainebleau.

**fonte** n. f. Opération qui consiste à faire fondre un métal, mais aussi premier produit de la fusion du minerai. La fonte dite « au fer cru », coulée dans un moule, sert depuis le XVIe siècle à confectionner divers objets mobiliers : plaques de cheminée, chenets, balcons, poêles, marmites.

V. CIRE PERDUE, SABLE.

**Forain** (Jean-Louis), peintre, dessinateur, graveur et lithographe français (Reims 1852 - Paris 1931). Né dans une famille modeste, ce dessinateur satirique exerça sa verve aux dépens de la « bonne société », dont il dénonça les travers. Il se fit aussi le pourfendeur des scandales de son époque, qu'il dénonça dans quelques journaux : *les Temps difficiles* (1893), *le Figaro*. Lors de la campagne pour la révision de l'affaire Dreyfus, il se rangea aux côtés des antidreyfusards et fonda avec Caran d'Ache le journal antisémite *Pss't* (1898-99).

**forces** n. f. pl. Ancêtres des ciseaux, les forces sont formées d'une seule pièce d'acier, aux extrémités tranchantes se rejoignant. Le centre de la pièce est arrondi et forme ressort de dégagement. Les forces étaient utilisées par les drapiers pour couper les pièces épaisses et par les bergers pour tondre les moutons.

**foret** n. m. Verge métallique que l'on encastre dans un outil (vilebrequin, chignole, perceuse, drille) pour percer le fer et le bois par mouvement rotatif. Selon son usage, le foret présente une forme particulière et peut adopter une dénomination spécifique.

**Forêt-Noire.** Dans cette région montagneuse du Bade-Wurtemberg, en Allemagne occidentale, dominant la plaine du Rhin en face des Vosges, une industrie horlogère installée autour des centres de Triberg et de Villingen concurrença, notamment vers 1820-1830, l'horlogerie jurassienne. Les cadrans de la Forêt-Noire sont caractéristiques : chiffres noirs sur émail blanc rehaussé de motifs floraux polychromes rappelant les décors figurant sur les faïences des Vosges.

**format** n. m. Rapport entre la feuille de papier placée dans la forme d'imprimerie et le feuillet du livre imprimé. La feuille est pliée deux fois pour le livre in-folio, quatre fois pour l'in-quarto, huit fois pour l'in-octavo (ou in-8), etc. Le format bibliographique représente la hauteur de la feuille imprimée, après que celle-ci a été pliée en forme de cahiers, signés au moyen d'une lettre. Dans les catalogues descriptifs, il y a cinq sortes de formats principaux : in-plano, in-folio, in-quarto, in-octavo, in-12, la description tenant compte plus de la hauteur réelle du livre que du nombre de feuillets.

**forme à fromage.** Employées par les paysans et les bergers pour mouler le fromage, les formes à fromage se présentent comme des objets de bois incurvés — favorisant ainsi l'écoulement du petit lait —, ornés de motifs géométriques et floraux, gravés au couteau. Les plus belles se trouvent en Ariège, dans la vallée de Bethemale, et s'appellent alors « hourmageros ».

**Fortuny y Madrazo** (Mariano), couturier et décorateur (1871-1949). Réputé pour ses étoffes imprimées, il a aussi lancé la mode des robes droites à buste plat vers 1925. On lui doit également des lampes orientables.

**fouëne** ou **fouesne** n. f. Fourche à quatre dents et à long manche employée pour la pêche à l'anguille. Les plus belles fouënes sont en fer forgé battu ; les dents, découpées chacune en crémaillères ou en pointes, ont un rôle aussi décoratif que fonctionnel.

**fougère** (verre). Cette expression désigne en France, dès l'époque gothique, un verre commun de couleur verdâtre, dans la composition duquel entre de la potasse extraite de la cendre de fougère. Les exemplaires d'une époque aussi reculée sont inexistants. En revanche, à partir du XVIIe siècle, les modèles sont parvenus jusqu'à nous : les verres dits « pivettes » ou « chambourins » en sont les exemples les plus courants. La jambe, plutôt courte en général, est souvent ornée de boutons ; la coupe peut être unie ou martelée, ou peut présenter un décor moulé (côtes droites ou torses, grain d'orge et gaufrage en nid d'abeilles). Au XVIII^e siècle, la mode du verre fougère réussit à trouver une place aux côtés de celle du verre de Bohême taillé et gravé, aux proportions plus lourdes.

**fourchette** n. f. Instrument muni de dents (2, 3 ou 4), servant à piquer les aliments. Si l'usage de la fourchette de table n'apparaît qu'au XVI^e siècle et ne se généralise qu'au XVIII^e siècle, l'existence de cet objet est beaucoup plus ancienne. La fourchette n'était pas utilisée à table, mais de grandes fourchettes permettaient de découper les viandes, de les faire griller, ainsi que le pain. Les maisons raffinées possédaient de jolies pièces d'orfèvrerie, au manche ouvragé de nacre, de cristal ou d'émail, munies de deux dents seulement, afin de saisir dans le drageoir

*Fourchette provençale du XIX^e siècle en olivier sculpté dont le manche forme cuiller. Arles, musée Arlaten.*

Ader-Picard-Tajan

*Fourchette en argent du début du XVII^e siècle, avec le poinçon de Paris. Adjugée par M^es Ader-Picard-Tajan, à Drouot, le 18-IV-1983.*

Joël Laffay

*Fourchette à manche uni et plat, XVIII^e siècle.*

Joël Laffay

*Fourchette du XVIII^e siècle, modèle à filets et coquille.*

les pâtes de fruits, les confitures sèches et les autres friandises poisseuses.

Grâce aux fantaisies de la mode sous Henri III, c'est-à-dire aux vastes fraises tuyautées et empesées qui emprisonnaient la tête des élégants à la manière d'un carcan, apparut l'idée d'utiliser pendant les repas une fourchette à long manche. Si la mode passa, l'idée resta, mais il fallut plus d'un siècle pour qu'elle pénétrât vraiment dans les mœurs. Longtemps encore, le fait de manger avec une fourchette fut considéré comme un signe d'affectation teinté de ridicule.

À partir de la seconde moitié du XVII^e siècle, cependant, des fourchettes à queue de rat et à manche tréflé sont assorties à la cuillère, et, dès l'époque Régence, les couverts sont comptés par douzaines, dans lesquelles les fourchettes sont aussi nombreuses que les cuillères. Les fourchettes du XVII^e siècle ont trois dents, celles du début du XVIII^e siècle, avec leurs quatre dents et leur manche en spatule, ressemblent aux modèles contemporains.

**fourré.** Cette épithète, qui s'est rapportée d'abord aux vêtements, puis à la cuisine, a été adoptée par les numismates pour désigner des monnaies qui paraissent être entièrement en métal précieux (or ou argent), mais qui, en fait, sont constituées d'une âme en métal de peu de valeur (plomb, cuivre, etc.) recouverte d'une mince pellicule d'or ou d'argent.

Les monnaies fourrées apparaissent dans l'Antiquité ; elles ne sont pas forcément l'œuvre de faussaires, car elles ont pu être frappées par l'autorité émettrice à l'occasion de périodes troublées. On connaît ainsi un grand nombre de deniers romains fourrés provenant d'émissions officielles, notamment à l'époque de la République et sous Sylla, qui édicta même une loi donnant cours forcé aux deniers fourrés.

**frai** n. m. Diminution du poids d'une monnaie du fait de son usure au cours de la circulation monétaire.

**frailero** n. m. Fauteuil espagnol le plus typique des époques Renaissance et baroque, dit aussi « fauteuil de moine » et connu dans les colonies américaines sous le terme de « mission ». Sa structure est constituée d'un bâti droit, rigoureux et de bras horizontaux. Une large bande d'étoffe ou de cuir forme souvent à la fois le dossier et le siège lui-même. Seules les traverses sont décorées : elles sont tantôt ajourées, tantôt sculptées.

**franc** n. m. Nom de l'unité monétaire française ; sous l'Ancien Régime, synonyme de « livre » en tant que monnaie de compte ; nom d'un grand nombre de monnaies d'espèce ayant été frappées en France du XIV^e siècle à nos jours.

Le franc apparaît seulement dans notre numismatique sous le règne de Jean le Bon, sous la forme d'une pièce d'or, le « franc à cheval », qui fut frappée pour payer la rançon du roi, fait prisonnier par les Anglais. Charles V, fils de Jean le Bon, continua quelque temps la frappe d'un franc à cheval à son nom, puis créa en 1365 le « franc à pied », sur lequel le roi est représenté debout sous un dais.

Si l'on excepte la très courte résurgence d'un franc à cheval sous Charles VII, le franc d'or disparaît jusqu'à la Révolution, chassé par la création de l'écu d'or en 1385. Mais des espèces d'argent monnayées sous Henri III, Henri IV et Louis XIII vont maintenir ce nom de « franc » dans la numismatique française. Henri III décréta en 1575 une nouvelle espèce, le « franc d'argent », dont les premiers exemplaires sortiront l'année suivante avec deux divisionnaires, le demi-franc et le quart de franc. Seuls ces derniers furent frappés sous les règnes suivants d'Henri IV et de Louis XIII, tandis que Louis XIV et ses successeurs abandonnèrent le franc en lui préférant l'écu et ses divisions. Il faut donc attendre la Convention pour que renaisse le franc. Le 7 octobre 1793, un décret institue un franc d'or de 10 g, qui restera parfaitement théorique, puis, le 15 août 1795, la livre est abolie et le franc est érigé en unité monétaire nationale. Alors sont fabriquées nos premières pièces de 5 F « Union et Force », gravées par Dupré et datées de l'an IV de la République.

La pièce de 1 F, qui a, à ce moment, manqué son entrée dans l'histoire, devra attendre l'an XI (1802-1803) pour connaître une existence réelle sous la forme d'une belle monnaie de 5 g d'argent à l'effigie du consul

Bonaparte. Dès lors, tous les régimes frapperont des pièces de 1 F, dont la plus connue est sûrement « la Semeuse » du graveur Oscar Roty, créée en 1898 et dont le type est encore utilisé de nos jours pour des pièces qui sont non plus en argent, mais en nickel.

**France.** *Mobilier.* V. TABLEAU DES STYLES pp. 454-455.

*Tapis.* Le premier atelier de tapis français fut confié par Henri IV à Pierre Dupont en 1606, qui l'installa au Louvre, puis, en 1627, à Chaillot dans les murs d'une ancienne savonnerie. Cette manufacture royale dite « la Savonnerie » noue des tapis réservés exclusivement à la Cour, dans un style proprement français, au répertoire mythologique, floral, paysagiste. Exécutée au nœud turc dans une très grande qualité, la production de la Savonnerie atteint son apogée entre 1650 et 1700, et aura une grande influence sur les autres tapis européens.

D'autres tapis sont produits par la manufacture d'Aubusson*. Ils sont tissés et ne sont pas réservés à la Cour.

Jusqu'au XIXe siècle, la Savonnerie restera manufacture royale ; en 1827, elle est réunie à la manufacture des Gobelins.

**franceville.** Petit appareil photographique en carton bouilli fabriqué à Paris en 1908. Son boîtier, pour plaque 4 × 4 cm, comportait un obturateur coulissant. Le franceville ne se réparait pas, mais se jetait quand il était hors d'usage. Son prix était de 1 F. À la même époque, un appareil photographique d'un modèle courant coûtait entre 100 et 150 F. On trouve aujourd'hui des francevilles à partir de 2 000 F.

**Francfort.** L'influence de Delft fut considérable sur les premières faïenceries allemandes, comme on peut le remarquer dans les décors extrême-orientaux. Toute la production germanique du XVIIe siècle porte des signes de l'influence delftoise : ce phénomène se note dans les centres d'Anspach, de Bayreuth, de Berlin, de Hambourg, de Hanau, de Harbourg, de Höchst, de Holitsch, de Kiel, de Munden, de Nuremberg, de Winthertur, et surtout de Francfort-sur-le-Main. L'essor des faïenceries des différents États allemands en général et de Francfort, de Hanau et de Hambourg en particulier est directement lié à des céramistes formés à Delft.

Le faïencier qui joua le rôle le plus important à Francfort fut sans conteste Johannes Casper Ripp. Né à Hanau en 1681, celui-ci apprit son métier en Hollande et participa activement à la naissance des quatre centres faïenciers les plus importants d'Allemagne : Francfort, où il travailla de 1703 à 1709 et de 1723 à sa mort, en 1725 ; Anspach, en 1710-1711 ; Nuremberg, en 1712-1713 ; Bayreuth, vers 1714. De 1720 à 1723, il est signalé à Dresde et à Meissen. Les motifs bleus et blancs extrême-orientaux d'esprit Wan-li occupent une place primordiale dans la production de Francfort — en particulier les plats godronnés et polylobés à la manière néerlandaise —, mais les tonalités sont un peu plus pâles et diluées que celles de Delft. Il existe aussi des pièces à décor européen : scènes religieuses, scènes animées, paysages ruraux, motifs mythologiques, armoiries... Moins recherchées que les faïences delftoises, les faïences de Francfort sont bien cotées en Allemagne. En France, elles sont souvent confondues avec celles de Nevers.

**François** (André), affichiste et décorateur français d'origine roumaine (1915). Illustrateur, sculpteur, décorateur de théâtre, André François a fait ses études atistiques à l'école des Beaux-Arts de Budapest. Arrivé en France en 1934, il a été l'élève de Cassandre. L'humour et le rêve tiennent une grande place dans ses créations. On retiendra parmi ses gravures une série d'eaux-fortes sur le cirque, réalisées pour l'éditeur Georges Visat. Affichiste inspiré, André François est l'auteur d'affiches : *Citroën* (1960), *Aspro* (1968), *Olympic Airways* (1967). Le musée des Arts décoratifs lui a consacré en 1970 une importante exposition.

**Frank** (Jean-Michel), décorateur-ensemblier français (Paris 1893 - New York 1941). Partisan du fonctionnalisme, Jean-Michel Frank prône les lignes droites, les formes géométriques, les couleurs claires et neutres ; pour lui, on peut luxueusement aménager une pièce en la démeublant. Et, évitant ainsi tout ornement superflu, Frank atteint à la beauté par des volumes simples et équilibrés. Associé de A. Chanaux (1929), il aime travailler le parchemin, le bronze, la marqueterie de paille et aussi des matières plus précieuses encore, comme la paille vernie.

La sobriété et la pureté des meubles réalisés par Frank correspondent au fonctionnalisme que préconise le décor actuel : une paire de fauteuils cubiques gainés de galuchat vert peut valoir plus de 200 000 F.

**Frankenthal.** La manufacture de Frankenthal fait partie des huit plus célèbres fabriques allemandes de porcelaine dure : Berlin, Frankenthal, Fulda, Höchst, Ludwigsbourg, Nymphenburg (près de Munich) et surtout Meissen en Saxe.

En 1755, Paul Hannong, propriétaire, dès 1752, d'une manufacture de porcelaine dure à Strasbourg, est contraint, par le monopole de Sèvres, de transférer ses activités outre-Rhin. C'est l'origine de la fabrique de Frankenthal. En 1762, à la mort de Hannong, celle-ci est placée sous la protection de l'Électeur du Palatinat, le prince Charles-Théodore. Elle cesse pratiquement de produire vers 1780. Comme Meissen et Höchst, elle produisit en grandes séries des pièces d'usage courant, de la vaisselle très raffinée, des statuettes (personnages et groupes) et des figurines. La marque de Frankenthal était au début de la production un lion dressé et couronné ou les initiales de Paul Hannong, qui seront ensuite remplacées par celles de l'Électeur Charles-Théodore, avec ou sans couronne.

Paul Hannong a également produit des faïences comparables à celles de Strasbourg : il n'est pas d'ailleurs toujours aisé de les séparer.

Les porcelaines de Frankenthal sont appréciées des collectionneurs germaniques et aussi des amateurs français.

**frappe** n. f. Procédé employé pour fabriquer la quasi-totalité des monnaies. L'autre procédé possible, celui de la fonte, a été très rarement utilisé, car il prête à une contrefaçon beaucoup plus facile.

La frappe consiste à imprimer, sur les deux faces d'un disque de métal spécialement préparé — le *flan* —, les empreintes de gravures exécutées sur deux matrices, les *coins* monétaires. La technique monétaire se divise donc en trois stades très différents : la préparation des flans, la gravure des coins et la frappe proprement dite. La frappe utilise, comme son nom l'indique, la percussion comme moyen de transmission de l'énergie. Le monnayeur grec ou romain disposait d'un coin inférieur fiché dans un billot et d'un coin supérieur tenu à la main (directement ou par l'intermédiaire de tenailles) ; de sa main libre, il tenait un marteau avec lequel il frappait sur le coin supérieur. Parfois les deux coins, inférieur et supérieur, étaient liés pour former un outil ayant l'aspect d'une tenaille.

On s'est souvent demandé comment un procédé aussi rudimentaire permettait d'obtenir une telle perfection dans la frappe de pièces de l'épaisseur des sesterces de

*Planche XV de l'Encyclopédie de Diderot et d'Alembert décrivant la frappe monétaire au balancier, qui utilise la percussion comme moyen de transmission de l'énergie. Paris, Bibliothèque nationale.*

Bibliothèque nationale

bronze romains ou des tétradrachmes d'argent grec. Deux éléments de réponse sont à retenir : d'une part, le génie des graveurs de coins dans l'Antiquité ; d'autre part, la préparation spéciale des flans de métal, qui, juste avant la frappe, étaient ramollis par chauffage.

Il est intéressant de signaler que, si les coins étaient gravés à la perfection, ils n'en étaient pas pour autant très solides et pouvaient se briser rapidement au cours d'une émission. On regravait alors des coins au même type monétaire, mais, la main ne donnant jamais deux fois le même résultat, les pièces obtenues étaient légèrement différentes de celles issues des premiers coins : cela explique l'extraordinaire individualité — inconcevable de nos jours — des monnaies antiques, car les exemplaires que nous retrouvons ne proviennent que très rarement d'une même paire de coins.

Au Moyen Âge, la frappe au marteau demeure inchangée. Le coin inférieur s'appelle « pile », et le coin supérieur « trousseau », ce qui nous donne l'étymologie de l'expression « pile ou face », car, durant une certaine période, il fut coutume de graver le portrait (face) sur le coin supérieur. À cette époque, les flans métalliques sont si minces que la gravure d'un côté de la monnaie (par exemple la croix, motif fréquent des revers) vient transparaître sur l'autre côté sous l'effet de la percussion. Les outils de monnayage, toujours très simples, sont attestés par de nombreuses sources iconographiques, dont les monnaies elles-mêmes, comme ces deniers d'argent de Louis le Pieux ou de Charles le Gros du IXe siècle représentant deux coins et deux marteaux.

La première révolution technique survient enfin vers 1550, avec l'invention en Allemagne du balancier. C'est à Augsbourg qu'un orfèvre du nom de Marx Schwab met au point un procédé révolutionnaire de monnayage ; le principe du balancier monétaire est simple : un bâti métallique comporte à son sommet un écrou dans lequel peut tourner une vis. Dans la tête de la vis est encastré un bras horizontal muni à ses extrémités de deux masses métalliques : c'est le balancier proprement dit. Sous la partie inférieure de la vis, on présente le flan encastré dans les deux coins monétaires, puis on imprime un mouvement de rotation au balancier ; ce mouvement fait descendre la vis jusqu'au moment où sa partie inférieure vient percuter le coin monétaire supérieur. Ce procédé présentait l'avantage d'améliorer considérablement la qualité des pièces frappées : on pouvait enfin obtenir des monnaies au contour régulier qui ne seraient pas susceptibles d'être « rognées » par les fraudeurs.

Le roi de France Henri II, conscient de l'importance de cette découverte, envoya à Ausgbourg une mission pour en négocier l'achat. La Monnaie du Moulin fut alors installée à Paris sous la direction d'Aubin Olivier. Mais la supériorité même des résultats obtenus suscita la jalousie de l'ancienne Monnaie de Paris, qui, après des années de lutte, finit par l'emporter. La Monnaie du Moulin, créée en 1551, disparut presque complètement en 1585. Il fallut attendre Jean Warin pour que triomphe à nouveau, et cette fois définitivement, le balancier. En 1660, plus de cent ans après leur invention, les balanciers entraient à la Monnaie de Paris.

La dernière révolution technique à affecter la frappe monétaire fut le remplacement de l'énergie humaine, utilisée à mettre en œuvre le balancier, par l'énergie de machines à vapeur, puis par l'énergie électrique. Cette révolution fut, en fait, une évolution qui, de 1861 à nos jours, fit apparaître successivement le « balancier à friction », mû par un moteur électrique, et enfin la presse hydraulique à vis, dernière-née d'une technologie qui repose toujours sur la percussion des coins monétaires par une vis, tout comme au XVIe siècle.

**fretel** n. m. Motif en relief formant prise soit sur le couvercle, soit de chaque côté de certaines pièces de céramique (souvent en forme de fruit, de gland, de pomme de pin ou de bouton de fleur). Le fretel désigne aussi le petit motif ciselé qui coiffe le bout d'un manche de couteau.

**frette** n. f. Dans la tapisserie, cerclage de fer renforçant les extrémités des ensouples.

En architecture, motif très utilisé à l'époque romane, qui, sur une moulure plate, grâce à d'autres petites moulures demi-rondes ou plates, imite grecques, méandres, chevrons ou bâtons rompus.

**Freund** (Gisèle), photographe allemande (1912). Auteur d'une thèse sur la photographie française au XIXe siècle, Gisèle Freund devint elle-même reporteur-photographe pour le magazine *Life,* puis se fit mondialement connaître par ses portraits de personnalités littéraires : James Joyce, H. G. Wells, Colette, Marcel Duchamp, André Malraux, André Gide. Elle a utilisé avec bonheur pour ses photographies en couleurs le procédé du dye*-transfert.

**Friedlander** (Lee), photographe américain (1934). Lee Friedlander est très apprécié aux États-Unis pour son approche personnelle de l'environnement social des objets, des gens et du paysage.

**frisage** n. m. Technique de marqueterie consistant à placer les feuilles de bois précieux de telle sorte que les réseaux de veines du bois se trouvent inversés d'un quartier à l'autre. Ces jeux de veines, très savamment opposés par les ébénistes, produisent des effets optiques remarquables. Le frisage s'est substitué à partir de 1720 environ au simple placage des feuilles unies.

Disposé en petits panneaux triangulaires opposés, il dessine des pointes de diamant qui paraissent en relief. Pierre II Migeon et Mathieu Criaerdt ont, entre autres, pratiqué le « frisage en diamant ». Le bois de placage peut également être tranché « de bout », ce qui fait ressortir les couches concentriques des annuités de l'arbre. Tranché « de biais », il donne une coupe de veine plus ou moins ovalisée et permet de réaliser le décor « en aile de papillon », en vogue vers 1740. Selon Guillaume Janneau, « tout donne à penser qu'Antoine Gaudreaux (1680-1751) fut des tout premiers à l'exploiter ».

Le décor « à livre ouvert » désigne les réseaux de veines opposées qui divergent du centre vers l'extérieur d'un panneau, apparaissant ainsi comme les pages d'un livre ouvert.

*Secrétaire en placage en ailes de papillon, dans un encadrement de rubans, pans coupés ornés de cannelures simulées. Estampille de Frédéric Ratié. Époque Louis XVI.*

**fritte** n. f. Mélange vitrifiable auquel on fait subir un début de fusion.

**frivolité.** Dentelle de coton exécutée à l'aide d'une ou de deux navettes et d'un crochet. Elle est composée d'anneaux et de picots reliés entre eux et formant des rosaces et des fleurs.

*Plaque à froid reproduisant en couverture, reliée par Georges Mercier, une des vingt-deux lithographies originales de Toulouse-Lautrec pour le livre de Jules Renard* Histoires naturelles *(1904).*

Ader-Picard-Tajan

**froid (à).** Expression utilisée en reliure pour désigner une impression en creux, obtenue avec un fer, une plaque ou une roulette à dorer, chauffée et appliquée sur le cuir, sans or ni couleurs. On dit qu'une reliure est estampée à froid.

**Froment-Meurice** (François Désiré), orfèvre et joaillier français (Paris 1802 - *id.* 1855). Créateur à la mode de l'époque romantique, il fut l'ami des écrivains et des poètes, notamment de Victor Hugo, qui lui dédia quelques vers, comme Voltaire l'avait fait pour Thomas Germain. Sa renommée débute vers l'Exposition industrielle de 1839. Quelques années plus tard, il est nommé argentier de la Ville de Paris et devient l'orfèvre officiel du duc de Montpensier, un des fils de Louis-Philippe.

Son style relève tout à fait de la mode « historicisante », tant appréciée à l'époque, en réaction contre les froideurs classiques du style Empire ; la mode « cathédrale » s'exprime de façon éclatante dans la toilette* confectionnée en 1845 pour la duchesse de Parme : en vermeil, elle est lourdement architecturée, le miroir en particulier, qui est couvert d'ornements de la Renaissance mêlés à des réminiscences gothiques. On cite encore une « coupe des vendanges » exécutée pour le duc de Montpensier, un bouclier ciselé destiné à un prix de courses hippiques. Froment-Meurice est aussi l'auteur de bijoux de qualité, dans ce même style Renaissance, qu'il préférait finalement au gothique ; ces bijoux sont des copies ou des imitations de pendantifs du XVIe siècle.

Malgré sa courte carrière — seize ans à peine —, sa production fut abondante. Froment-Meurice était en effet à la tête d'une véritable entreprise ; sous sa direction travaillaient toute une équipe de sculpteurs, d'ornemanistes, de graveurs, d'émailleurs, de ciseleurs, de joailliers, qui se chargeaient d'exécuter ses projets. Les objets qui portent, en toutes lettres, la signature Froment-Meurice sont d'une remarquable qualité d'exécution et d'un indéniable intérêt artistique, malgré un manque de réelle originalité.

*Émile,* fils de François-Désiré, succède à son père après sa mort et hérite, sous le second Empire, du titre d'orfèvre officiel de la Ville de Paris. Il fut, à ce titre, l'auteur du berceau d'orfèvrerie que la Ville offrit à l'impératrice à la naissance du prince impérial en 1856.

**frontispice** n. m. Titre d'un livre, ornementé d'une illustration ou d'une vignette rappelant le sujet, gravée ou lithographiée. Ce terme désigne aussi la planche ou l'estampe placée en regard de la page de titre. Longtemps, titres et frontispices se sont confondus en une seule et même page constituant le titre.

À partir du XVIIIe siècle, il est courant de voir le frontispice placé en regard du titre : il peut présenter le portrait de l'auteur, du dédicataire du livre ou une estampe contribuant à l'illustration du livre.

Bibliothèque nationale

*Frontispice de Manet illustrant* le Corbeau, *un poème d'Edgar Poe traduit par Baudelaire. Paris, Bibliothèque nationale.*

**fronton** n. m. Ornement d'inspiration architecturale qui coiffe la façade de certains meubles, tels qu'armoires, buffets, bibliothèques. Les frontons sont souvent triangulaires et comportent des moulures saillantes qui encadrent un motif central sculpté. Ils sont parfois « brisés » comme certains buffets de la Renaissance. Ils peuvent être également en arc de cercle.

**Fulda.** Cette ville de la Hesse posséda de 1741 à 1758 une manufacture de faïences alors réputées en Allemagne pour ses décors raffinés (dus à Lowenfinck et M. Schick). De 1764 à 1790, des porcelaines de grande qualité (groupes, services), mais très rares sur le marché furent créées à Fulda.

**Fuller** (Marie-Louise, dite Loïe), danseuse américaine (Eullersburg, près de Chicago, 1862 - Paris 1928). En répétant un spectacle, cette danseuse invente par les mouvements ondoyants de sa jupe, sur laquelle sont projetées des colorations lumineuses, une danse portant les noms évocateurs de « danse serpentine », de « danse des papillons » ou, enfin, de « danse du feu ». Aux Folies-Bergère, le succès est immédiat (1892). Les sculptures qui représentent Loïe Fuller le plus naturellement sont celles qui cachent un éclairage incorporé. Les plus fameuses sont des lampes de table à une ou à deux ampoules réalisées par Raoul Larche. Toutefois, les attributions erronées sont nombreuses, telles les lampes dites « du *Jeu de l'écharpe* » (A. Léonard) ou celles présentant une figurine grecque (L. Laporte-Blairsy). Plusieurs exemples de la lampe « Loïe Fuller » ont été vendus entre 26 000 et 70 000 F (1977-1980) ; l'un d'entre eux, en bronze doré, fonte de Siot-Decauville, a été enlevé pour 43 200 F à Neuilly en avril 1984.

**fumeuse** (chaise). Genre de siège où l'on peut s'asseoir à califourchon en posant les coudes sur le coussinet qui garnit l'accoudoir au-dessus du dossier.

**fuseau** n. m. Instrument de bois, appelé aussi « bloquet », renflé en son milieu, effilé à ses extrémités, qui sert aux fileuses à tordre le fil et à l'enrouler. Souvent décoré de motifs gravés et recreusés, le fuseau se trouve surtout en Auvergne et dans les Pyrénées, où il remplace le rouet.

**fusil** n. m. Arme à feu d'épaule, portative et individuelle, munie à l'origine d'une platine à silex et dont l'un des éléments de batterie lui a donné son nom, le fusil étant en effet la pièce d'acier sur laquelle vient percuter le chien lors du tir, provoquant une étincelle, qui enflamme la poudre du bassinet. L'invention de la platine à silex est attribuée à Marin Le Bourgeoys de Lisieux, protégé par Louis XIII. Il faudra cependant attendre le règne de Louis XIV pour que la nouvelle arme — détrônant les lourds mousquets et les arquebuses — se répande dans l'armée française sous l'impulsion de Louvois et de Martinet. Muni de sa baïonnette, le fusil ne subit que des changements de détails jusqu'en 1840 environ, lorsque les platines à silex seront transformées en platine à percussion.

Christie's

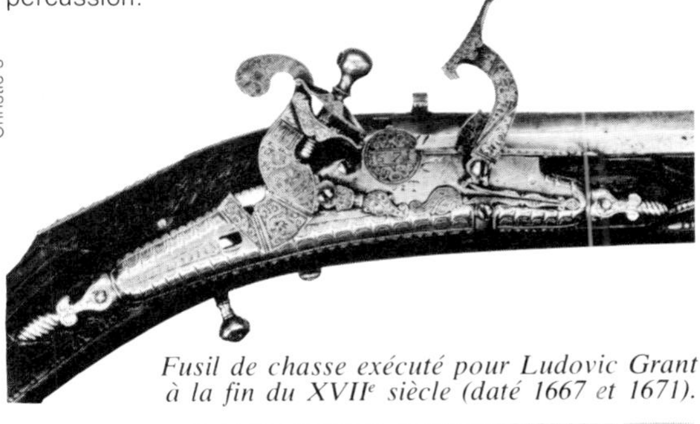

*Fusil de chasse exécuté pour Ludovic Grant à la fin du XVIIe siècle (daté 1667 et 1671).*

Bulloz

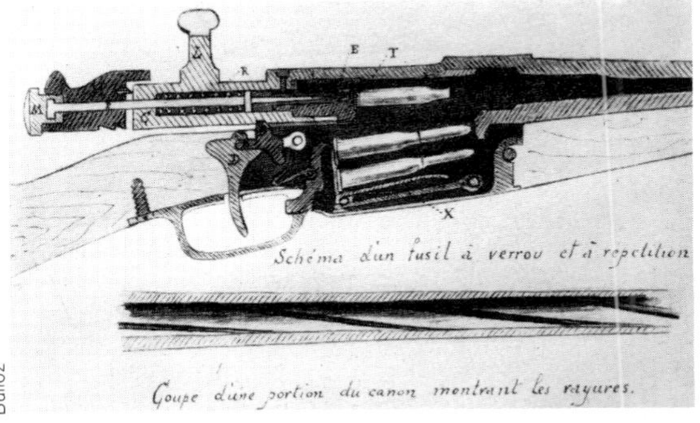



*Dessin montrant la coupe d'un fusil à verrou et à répétition, ainsi que la coupe du canon.*

**fustier** n. m. En provençal, menuisier qui est également sculpteur. C'est aux fustiers que l'on doit les armoires, les commodes, les panetières et les pétrins si richement sculptés. Il existe encore dans de nombreuses villes du Midi des « rues des fustiers », où souvent les antiquaires ont aujourd'hui remplacé les menuisiers.

Christie's

L'Atelier d'un graveur. *Estampe de Philipp Galle d'après une illustration de Jan Stradanus pour* Nova Reperta. *Fin du XVI*[e] *siècle. Adjugée par Christie's, à Londres, le 30-VI-1982.*

**gabarit.** V. CALIBRE.

**Gaillard** (Eugène), artiste décorateur français (1862 - Paris 1933). Surtout connu pour ses ouvrages rénovant les beaux-arts et les arts décoratifs au début du XXe siècle (*À propos du mobilier,* 1906...), Gaillard est attaché plus aux formes des meubles qu'à l'ornement ; ses réalisations solides se veulent aussi fonctionnelles : se servant surtout de bois durs, Gaillard recherche le confort dans l'agencement harmonieux de ses pièces, au décor le plus souvent végétal, et préconise une étroite collaboration entre les arts appliqués et l'art. À l'Exposition de 1900, le pavillon Art nouveau Bing* comporte un appartement de six pièces dont le mobilier et la décoration sont confiés à E. Colonna, E. Gaillard et G. de Feure. Gaillard abandonne ses activités au début de la Première Guerre mondiale. Le musée des Arts décoratifs possède plusieurs ensembles mobiliers réalisés par lui.

**gainage** n. m. Travail qui consiste à fabriquer des gaines, des étuis, des fourreaux, des boîtes ou des écrins, en cuir naturel ou bouilli, ou en bois recouvert de cuir. La technique du gainage est uniforme, quelles que soient la taille et la forme des objets à exécuter, et fondée sur l'utilisation du mandrin, sorte de modèle en bois qui sert à former le vide dans lequel l'objet gainé est moulé. Le gainier possède généralement de nombreux exemplaires de cet outil.

**gaine** n. f. Étui ou fourreau en cuir ou en étoffe épousant la forme de l'objet qu'il protège.

En architecture, on appelle « gaine » la partie inférieure, en forme de fût allongé, d'une statue ou d'une cariatide.

Dans le mobilier, la gaine est un piédestal carré dont la base est plus étroite que la plate-forme supérieure. Il existe des gaines décoratives, destinées à recevoir des vases ou des sculptures, en marbre, en céramique, en bois massif, souvent dans le goût de Boulle.

**galbe** n. m. Terme de décoration qui désigne la ligne plus ou moins infléchie d'un meuble ou d'un objet. (V. CHANTOURNÉ.)

**galerie** n. f. Ornement servant à couronner le dessus d'un meuble. Certaines galeries sont faites de petits balustres en bois ; d'autres sont en cuivre découpé épousant le contour d'un plateau de marbre.

**galet** n. m. Rondelle de bois dur ou de métal servant à faire rouler une partie mobile d'un meuble. On dit ainsi d'un plateau de table circulaire qu'il est « monté sur galets ». Les galets utilisés au XVIIIe siècle, le plus souvent en buis, servaient également de roulettes à certains meubles appelés à se déplacer : fauteuils et tables.

**Galilée,** mathématicien et astronome italien (Pise 1564-Arcetri 1642). Il apprit la médecine et la philosophie à Pise et les mathématiques seul. À 25 ans, il obtint une chaire à Padoue. Inventeur du thermomètre*, de la balance* hydrostatique, il construisit en 1609 un télescope* à Venise et découvrit les satellites de Jupiter ainsi que l'anneau de Saturne. Il confirma le système de Copernic ; il fut dénoncé au Saint-Siège, et il lui fut interdit de professer cette opinion. Il reprit en 1632 sa théorie, de nouveau interdite, et fut surveillé par l'Inquisition dans sa villa d'Arcetri, près de Florence, jusqu'à sa mort.

**Gallé** (Émile), maître verrier, céramiste et ébéniste français (Nancy 1846 - *id.* 1904). Fils de Charles Gallé (Clermont-sur-Oise 1818 - Nancy 1902), négociant en miroiterie et directeur de la faïencerie de Saint-Clément, Émile Gallé, après de solides études classiques, fait un séjour à Weimar (1865-1866) afin d'y perfectionner sa connaissance de l'allemand, de la musique et de la minéralogie. Dès l'enfance, il aide son père à la fabrique, se familiarisant avec les techniques du verre et de la céramique, pour prendre en 1874 la direction de l'affaire paternelle et se consacrer principalement à la verrerie.

Vers 1884, il fonde un atelier d'ébénisterie et, en 1895, il établit sa propre cristallerie à Nancy. Membre de sociétés savantes, il prend part aux nombreuses expositions de la fin du siècle : 1900 marque l'apogée de sa carrière avec une médaille d'or et deux grands prix ; son discours de réception à l'académie de Stanislas (Nancy, mai 1900) est essentiel pour saisir l'esthétique du décor symboliste.

L'œuvre de Gallé regroupe trois arts décoratifs : la verrerie, l'ébénisterie et la céramique. Le verrier est, dans une première période, surtout influencé par les techniques orientales, y adjoignant l'usage des grisailles des vitraux du Moyen Âge, des peintures d'or et de platine, du camaïeu noir. Puis il multiplie ses recherches : au décor peint, il unit des motifs gravés au touret* et emploie la taille à la meule, la pointe de diamant ou les bains d'acide. Sa signature, noire ou dorée, apparaît soit en creux, soit détachée en relief sur le fond ; son graphisme est classé selon trois types : « manuscrit » de dimension réduite, « à la chinoise » (en lettres fantaisistes), « stéréotypée », caractérisant les pièces de série.

En ébénisterie, Gallé utilise surtout des bois tendres. Il est persuadé qu'un meuble doit être construit de manière logique et être adapté à son usage. La nature, principale inspiratrice, transforme un pied de table « en libellule », « en ombelle »... Outre ses connaissances de botaniste et d'entomologiste, Gallé est encore passionné d'art japonais, représentant des thèmes orientaux. À ces influences, il faut joindre enfin le symbolisme poétique, qui lui fait inscrire en marqueterie des citations de V. Hugo, de Verlaine. Jusqu'à sa mort, il fabrique ses meubles, industriellement ; hormis quelques modèles exceptionnels, la production des meubles portant sa signature est, d'ailleurs, prolongée après son décès. La période des recherches en céramique s'échelonne de 1878 à 1889 : Gallé étend la palette d'émaux de petit feu, se sert de la gravure au touret sur l'émail, le biscuit de faïence et enrichit l'émail stannifère de poudres métalliques de paillons sous couvertes colorées.

Son influence est considérable. Gallé exerce la même autorité sur l'artisanat nancéien, puisqu'il fonde en 1901 l'« école de Nancy » dont il devient le président. Il reste l'artiste le plus important du marché Art nouveau. Ses vases en verre les plus rares dépassent parfois le million de F.

Guérin

*Vase de Gallé à décor de feuillage. Adjugé 21 000 F par Me Guérin à St-Dié, le 12-X-1986.*

**galuchat** n. m. Manière de traiter et de polir, jusqu'à une brillance ayant presque l'aspect du vernis, les peaux de roussette et de squale. (Du nom de son inventeur, un gainier du XVIIIe siècle.) Sous Louis XV, le galuchat donne une grande quantité d'étuis, d'écrins de toutes sortes, que bien des bijoux et des petits objets ont conservés. Il entre dans la confection de nécessaires de poche (à couture, à écrire) tant appréciés au XVIIIe siècle, ainsi que dans celle d'étuis, d'instruments d'argent ou de vermeil (porte-plume, flacons, ciseaux, tablettes à écrire). Le galuchat Louis XV est le plus souvent teint en vert émeraude, mais d'autres couleurs pouvaient lui être données. Au XXe siècle, les ébénistes de l'Art déco (tels Coard, Groult, Leleu, Ruhlmann), ont souvent gainé leurs meubles de galuchat blanc ou ivoire, application que n'avait probablement pas soupçonnée Galuchat.

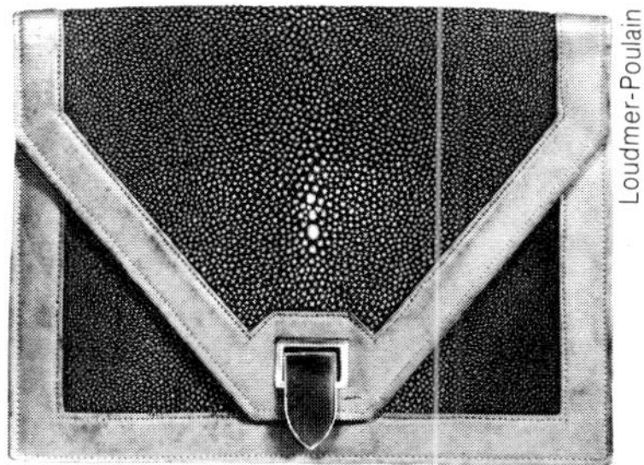

Loudmer-Poulain

*Sac-pochette en galuchat. Travail des années 1930. Adjugé 2 650 F par Mes Loudmer-Poulain, à Paris, le 23-XII-1981.*

**galvanoplastie** n. f. Procédé électrochimique permettant de recouvrir un objet en cuivre d'une couche d'or ou d'argent (mis en pratique à partir de 1840 environ).

La galvanoplastie est également une technique de reproduction des gravures et des statues par électrolyse.

**Gand** (les), famille de luthiers français. *Charles François,* dit Gand père (1787-1845), fils de Charles Michel qui exerça au XVIIIe siècle, fut le plus célèbre. Élève de Lupot*, comme son frère *Guillaume* (1792-1858), il construisit des violons vernis d'un ton brun-rouge, d'une qualité sonore et d'une exécution qui demeurent des exemples remarquables d'une tradition de la lutherie française.

Ses fils et élèves, *Charles Adolphe* (1812-1866), qui lui

succéda, et *Charles Nicolas Eugène* (1825-1892), subirent son influence et s'associèrent en 1855 ; leurs instruments portent l'étiquette* Gand Frères. En 1866, ce dernier devint le collaborateur des frères Bernardel pour former la célèbre firme Gand et Bernardel, dont la fabrication soignée a toujours connu les faveurs du public.

**Garamond** (Claude), imprimeur français (1499-1561). Il a donné son nom au caractère qu'il a créé lui-même. Le garamond, toujours en usage, est renommé pour sa lisibilité et son élégance.

**garde-manger** n. m. Ce meuble, destiné à la conservation des aliments, trouve naturellement sa place à la cuisine ou dans une pièce attenante ; il prend des formes très diverses selon les régions : petite armoire sur pieds, cage suspendue au mur ou au plafond. Il comporte toujours une ouverture grillagée ou découpée pour permettre l'aération des aliments.

*Garde-manger à fuseaux en bois naturel, appelé « laiterie », car il est destiné aux fromages.*

Il est parfois associé à un vaisselier, comme dans les Flandres, en Bretagne ou en Auvergne, ou à un égouttoir, comme en Normandie ou en Touraine. Dans le Cotentin, l'écuellier — garde-manger appelé « faux-palier » — se compose d'un casier ouvert dans la partie basse, où l'on range les cannes à lait, d'une étagère à vaisselle dans la partie intermédiaire, surmontée d'une petite armoire à portes garnies de fuseaux tournés. Dans la Manche, notamment à Villedieu-les-Poêles, les garde-manger se ferment par une porte en tôle perforée, dont les motifs religieux sont destinés à protéger les denrées de la moisissure.

En Provence, le « manjadou » est à l'origine une petite armoire avec un tiroir en ceinture et deux portes supérieures ajourées. Au XIXe siècle, il prend la forme d'une bonnetière à une porte, dont la partie supérieure est garnie de fuseaux.

**garde-meuble** n. m. Destiné à l'entrepôt et à la conservation du mobilier, le garde-meuble royal, créé en 1663, était situé dans le bâtiment construit par Gabriel en 1760 au nord-ouest de la place Louis-XV (place de la Concorde, aujourd'hui ministère de la Marine). On y conservait non seulement le mobilier, mais aussi les tapisseries, l'argenterie et les bijoux des maisons princières, y compris les diamants de la Couronne. Le garde-meuble fut pillé en septembre 1792. Une partie des pièces volées fut retrouvée, et les chefs de bande furent exécutés.

Le *Journal* du garde-meuble, tenu à partir de 1685, est un élément de connaissance très précieux pour l'identification des meubles royaux, car il donne des détails sur les commanditaires, les destinations des commandes, les artistes chargés de celles-ci, en indiquant souvent les initiales ou les marques des ateliers.

**garde-robe** n. f. À l'origine, petite pièce dans laquelle on rangeait des vêtements, puis grande armoire destinée au même usage. Au XVIIe siècle, la garde-robe désignait par euphémisme le réduit dans lequel on plaçait la chaise percée. Selon Saint-Simon, « le duc de Vendôme donnait ses audiences dans sa garde-robe, étant sur la chaise percée ».

**gardes** n. f. pl. Feuilles blanches que le relieur coud au début et à la fin d'un volume, après avoir préparé celui-ci pour la reliure. Les feuilles de garde de la reliure, en papiers divers (doré, jaspé, peigné, satiné, escargot), sont collées aux gardes blanches recto et verso ainsi qu'à l'intérieur des plats recto et verso. Les gardes sont dites « renouvelées » quand elles ont été remplacées postérieurement à l'exécution de la reliure.

**gargoulette** n. f. Appelée aussi *alcarazas,* en Espagne, la gargoulette est une cruche de terre poreuse, munie d'une anse pour y accrocher une courroie et qui a pour propriété de maintenir les liquides au frais par évaporation.

**Garnier** (Pierre), ébéniste français (? - v. 1800). Garnier fut reçu maître en 1742. Il est réputé pour la variété de ses meubles et leur perfection d'exécution. Des petits meubles de salon aux grandes bibliothèques, il a produit des œuvres d'un dessin classique souvent ornées de marqueteries à fleurs sur fonds clairs dans des encadrements plus sombres, accompagnées de bronzes toujours adaptés au décor.

**garniture** n. f. En tapisserie, ensemble des matériaux utilisés pour garnir un siège ou un lit. Au XVe siècle, les premiers sièges « garnis » sont simplement recouverts de draps ou de tapisserie.

*Garniture en bronze doré et ciselé à décor de rinceaux de feuilles et de fleurs.*

Au XVII^e siècle, l'étoffe employée en garniture recouvre des touffes de crins serrées contre des sangles tendues sur le châssis du siège.

En ébénisterie, la garniture s'applique à l'ensemble des bronzes : chutes, poignées de tiroir, entrées de serrure, sabots. Certaines garnitures peuvent être en fer, en bronze, en cuivre, en laiton, en métal chromé dans les meubles modernes et parfois en matières précieuses, telles que nacre, ivoire ou porcelaine.

En orfèvrerie, la garniture est généralement la monture en argent, en bronze doré ou en vermeil qui enserre par exemple une coupe en porcelaine, une urne en pierre dure ou une carafe en cristal.

En céramique, on regroupe sous le nom de garniture les pièces accessoires façonnées à part, généralement par moulage (anses, becs, poignées).

Dans les armes à feu d'ordonnance ou réglementaires, la garniture, généralement en cuivre, en laiton ou en fer, se compose de l'embouchoir (qui maintient le canon et laisse passer la baguette), de la grenadière, avec un anneau de bretelle, de la capucine (qui tient serré le canon), des ressorts correspondant à ces pièces, de la sous-garde et de la plaque de couche. Dans les armes de luxe, elle est en argent ou en vermeil.

**garniture de cheminée.** Ensemble des objets décoratifs que l'on dispose sur le dessus d'une cheminée. La présence d'une garniture de cheminée est signalée à Versailles en 1682 par *le Mercure de France,* qui décrit ainsi la salle de Diane : « Une grande cassette, quatre grands vases et quatre plus petits parent le bord de la cheminée. »

Les garnitures pouvaient être formées de pièces de faïence ou de porcelaine sur des socles en bois doré, mais également d'œuvres en cristal, en bronze ou en laque.

**garniture de feu.** Ensemble des ustensiles à la fois utilitaires et décoratifs destinés à l'entretien du feu — pelles, pincettes, pinces (ou « tenailles ») —, disposés sur un support de bronze plus ou moins orné.

**gate leg table.** Dans le mobilier anglais, table à rallonges à deux plateaux, dont l'un peut se loger sous l'autre, entraînant avec lui le piétement mobile qui le soutient.

**Gaudí y Cornet** (Antonio), architecte, sculpteur et décorateur espagnol (Rens, près de Tarragone, 1852 - Barcelone 1926). Ayant exclusivement travaillé à Barcelone où il fut élève de José Fontséré, Gaudí est influencé par Viollet-le-Duc, Ruskin et le Modern Style, introduisant dans ses réalisations des éléments directement empruntés à la nature. Inventeur de génie, conjuguant mesure et démesure, il paraît en quelques années l'architecte le plus révolutionnaire de son temps : tout décor devient architectural.

Le palais Güell, dont la façade est un chef-d'œuvre de l'Art nouveau, témoigne avec fantaisie de son goût pour le passé, l'Orient et Venise (1885-1889). Mais, de 1883 à 1926, Gaudí se consacre à la réalisation de la Sagrada Familia, l'église de la Sainte-Famille, qui demeure inachevée. Douze tours devaient couronner l'édifice néogothique. Gaudí veille à ce que le plus petit accessoire participe à l'ensemble de sa conception.

À l'opposé du courant rationaliste et progressiste de la fin du XIX^e siècle, sa leçon est une leçon de liberté, de folie géniale et de bon sens réaliste. Les pièces de Gaudí sont assez rares sur le marché français ; toutefois, des sièges à décor de fleurs et de feuillages peuvent valoir plus de 50 000 F.

**Gaudreaux** (Antoine Robert), ébéniste français (Paris v. 1680 - *id.* 1751). Élu en 1744 syndic de la communauté des menuisiers-ébénistes, cet émule de Cressent était fournisseur de la famille royale. On connaît de lui de nombreux meubles (non signés) d'une grande perfection d'exécution et chargés de magnifiques bronzes dorés, notamment des commodes « à la Régence », des tables de jeu et le très beau médaillier destiné aux collections de monnaies de Louis XV (Paris, Bibliothèque nationale, cabinet des Médailles). Il lui est attribué l'invention, avant Cressent, de la commode à vantaux latéraux, dite « à la Harant ». Antoine Robert Gaudreaux ne doit pas être confondu avec François Gaudreaux, ébéniste de la fin du XVIII^e siècle, qui signait F. G.

**gaufrage** n. m. Procédé qui consiste à imprimer sur tissu, cuir, papier et carton des sortes d'ondulations. Le gaufrage a aussi été pratiqué sur le verre à l'aide de cylindres gravés, appliqués à chaud sur la pièce en cours de façonnage.

**gaufrier** n. m. ou **fer à gaufre.** Moule de fer forgé dont les plaques intérieures sont gravées à chaud de motifs souvent soignés et délicats, qui s'imprègnent dans la pâte durant la cuisson. Appréciées dès le XVI^e siècle, les gaufres font partie des denrées traditionnellement offertes aux repas de mariage ou de fiançailles dans les provinces de l'Est. Le gaufrier alsacien porte souvent une date — celle de la cérémonie — et des initiales — celles des époux. Les beaux décors religieux, géométriques ou figuratifs sont souvent inspirés de l'art « savant ».

**gaufrure.** Empreinte faite par le gaufrage sur les tissus et les velours. Cette marque par pression et déformation du tissu laisse une trace ineffaçable. Un deuxième procédé de fabrication consiste à mélanger la laine au coton en obtenant des dessins au moment du tissage puis à plonger la pièce tissée dans un bain de soude caustique, qui provoque sur la laine et le coton des réactions inverses, donnant au tissu des boursouflures.

**Gavarni** (Sulpice Guillaume Chevalier, dit Paul), dessinateur et lithographe français (Paris 1804 - *id.* 1866). Il doit son pseudonyme à une aquarelle qu'il fit du cirque de Gavarnie, dans les Pyrénées. Illustrateur et caricaturiste d'esprit, Gavarni travailla pour *l'Artiste* et *le Charivari,* trouvant ses modèles dans le monde artistique et politique de la capitale.

**Gemma Frisius,** savant flamand (Dockum 1508 - Louvain 1555). Professeur à l'université de Louvain, il a écrit plusieurs ouvrages, dont un traité d'astronomie et de cosmographie en 1543. Il aurait inventé vers 1530 le nocturlabe*, ou cadran aux étoiles, conçu pour donner l'heure la nuit. Oncle d'Arsénius*, qui construisait des instruments, dont des astrolabes* et des sphères*, il acquit une réputation qui lui valut d'être consulté plusieurs fois par Charles Quint.

**gemme** n. f. Nom générique désignant l'ensemble des pierres précieuses et des pierres fines utilisées en orfèvrerie ou en joaillerie. (V. PIERRES PRÉCIEUSES.)

**Gênes.** V. VELOURS.

**Genthe** (Arnold), photographe américain d'origine allemande (1869-1942). Arnold Genthe se fixa aux États-Unis en 1895 et se fit connaître et apprécier pour ses photographies du quartier chinois de San Francisco. En 1906, il réalisa un dramatique reportage sur le tremblement de terre et l'incendie de la grande cité du Pacifique. Installé à New York en 1911, il se spécialisa dans les photographies de vedettes, d'acteurs et de personnalités diverses. Ses clichés d'Isadora Duncan et de sa troupe sont parmi les plus célèbres. Particulièrement rares et chères sont ses photographies sur le quartier chinois de San Francisco et le tremblement de terre de 1906.

**gerle** n. f. En Auvergne, baquet de bois formé de plusieurs douelles (lattes légèrement courbées) et de deux oreilles perforées, qui servent à la transporter du lieu de traite du bétail à la fromagerie, ou buron (terme du Cantal).

**Germain** (les), famille d'orfèvres français. *Thomas* (1673-1748), fils de l'orfèvre *Pierre* (1645-1684), qui ne peut lui apprendre le métier puisqu'il meurt alors que son fils a 11 ans, fait des études artistiques beaucoup plus étendues que celles exigées pour la formation d'orfèvre. Il apprend le dessin et la peinture avec Louis de Boullogne, séjourne en Italie (1682-1702) et est également bronzier et ciseleur (dans l'escalier de Giardini). Il ne devient maître orfèvre qu'en 1720, à l'âge de 47 ans. Orfèvre du roi en 1723, il est logé dans les « galeries du Louvre ».

Ses contemporains s'accordent pour le considérer comme le plus doué de tous les temps : ses œuvres atteignent une maîtrise technique et artistique sensible dans les moindres détails. Épris de perfection, Thomas n'hésite pas à détruire les œuvres dont il n'est pas satisfait.

Fournisseur attitré de la cour de France, mais aussi de cours étrangères, il est l'auteur d'une grande partie de l'importante vaisselle d'or du roi Louis XV. Il reste en réalité peu d'œuvres par rapport à l'abondante production, et celles-ci sont le plus souvent conservées dans les musées : le musée d'Art ancien de Lisbonne, le Metropolitan Museum de New York, le Louvre, qui s'enrichit progressivement, soit par l'achat de pièces de collections particulières qui apparaissent sur le marché, soit par des dons ou des dations*.

En 1975 a été adjugée à Genève une paire de terrines avec présentoirs, mais sans couvercles, pour 3 600 000 F. Ces terrines apparaissent sur un tableau de Desportes. Une autre pièce célèbre, l'écuelle de vermeil du cardinal da Motta, l'écritoire du cardinal da Cunha ainsi que quelques candélabres provenant de la cour de Lisbonne se trouvent au Louvre. Tous ces objets sont interprétés dans un style rocaille plein de liberté et de fantaisie, mais néanmoins, raisonnable et très éloigné des envolées d'un Meissonnier, par exemple. Les figures sculptées sont d'une extraordinaire qualité : amours, faunes, allégories, animaux évoluent dans un jaillissement de branchages fleuris. Thomas fit aussi des pièces beaucoup plus sobres, mais non moins parfaites, destinées à une clientèle moins tapageuse.

*François Thomas* (Paris 1726 - *id.* 1791), son fils, est reçu maître orfèvre l'année de la mort de son père, avec lequel il travaillait depuis plusieurs années. Il hérite donc de l'atelier et de la brillante clientèle de son père, et son talent lui permet de maintenir la réputation familiale.

François Thomas reçoit toujours de nombreuses commandes de la part des grands du royaume et des cours étrangères : Pologne, Russie et surtout Portugal. En 1755, le tremblement de terre de Lisbonne avait englouti le palais royal et l'ofèvrerie que celui-ci contenait ; il fallut tout reconstituer, et c'est à François Thomas que fut passée la commande de quatre services splendides et de plusieurs pièces décoratives, qui furent livrés à Joseph Ier à partir de 1756 et firent travailler 120 ouvriers pendant plusieurs années. Une partie de ces services est conservée au musée de Lisbonne ; une autre partie figure dans les collections de la branche brésilienne des Bragance, et certaines pièces apparaissent sur le marché, comme le prouve le magnifique surtout à sujet de chasse acquis par le Louvre au cours de la biennale du Grand Palais de 1982.

Continuateur de son père (il n'hésite d'ailleurs pas a apposer son poinçon sur les œuvres inachevées de ce dernier), François Thomas travaille dans la même manière rocaille, un peu moins architecturée peut-être mais davantage tournée vers l'exotisme et le pittoresque.

Cependant, il n'est pas doué des mêmes qualités de gestionnaires que son père et il commet des imprudences : il recourt trop souvent aux crédits, s'endette et doit se déclarer en faillite dès 1765. L'âge de la rocaille commençait alors à passer, pour faire place au style néo-classique.

**Gersaint** (Edme-François), marchand de tableaux et d'objets d'art français (? v. 1696 - Paris 1750). Auteur de nombreux catalogues de ventes publiques remarquables par l'exactitude des descriptions, il consacra le premier d'entre eux aux « coquilles et autres curiosités naturelles » (1736). Il a dressé la liste — complète à l'époque — des œuvres de Callot, à l'occasion de la vente Quentin de la Lorangère (1744). En relation avec les plus grands artistes de son temps, il achetait des œuvres pour les souverains et les princes de l'Europe entière.

Établie à l'enseigne du « Grand Monarque » sur le pont Notre-Dame, la boutique du marchand parisien a été rendue célèbre par la toile de Watteau, *l'Enseigne de Gersaint,* offerte en 1720 par le peintre pour remercier Gersaint de son hospitalité, alors qu'il était gravement malade.

Cédant ensuite à la mode des chinoiseries, Gersaint fit inscrire sur ses papiers commerciaux une « adresse » illustrée par le peintre Boucher, sur laquelle figure un Chinois assis qui tient une pagode parmi toutes sortes d'objets d'arts, avec la légende suivant : « À LA PAGODE, Gersaint marchand joaillier sur le pont Notre-Dame —, vend toute sorte de clainqaillerie (sic) nouvelle et de goût, bijoux, glaces, tableaux de cabinet, pagodes, vernis et porcelaines du Japon, coquillages et autres morceaux d'histoire naturelle, cailloux, agates et généralement toutes marchandises curieuses et étrangères, à Paris 1740. »

Observateur attentif du marché de l'art et conseiller avisé, Gersaint assurait que, si l'on savait choisir les œuvres de la plus haute qualité, elles avaient les plus grandes chances d'obtenir, en cas de revente, d'importantes plus-values, alors que les objets de peu de prix se dévalorisent. Voici, tel qu'il l'a formulé, ce principe d'achat, tout aussi juste aujourd'hui qu'hier et que l'on appelle parfois la « loi de Gersaint » : « On court beaucoup moins le risque d'être dupe quand on ne donne, en quelque genre que ce soit, que dans le beau et le parfait, quoique à un gros prix, que quand on se contente de choses médiocres parce qu'elles paraissent à un prix bien inférieur. Il est très rare qu'on ne retrouve le prix employé à ces effets. Souvent même, certains morceaux seront plus avantageusement vendus, au lieu que, dans le médiocre, il y a presque toujours le tout à perdre. »

**Getty** (Paul), industriel et collectionneur américain (Minneapolis 1884 - Sutton Place, Surrey, 1976). Longtemps considéré comme l'amateur d'art le plus riche du monde, Paul Getty a amassé, pendant près d'un demi-siècle, de fabuleuses collections de meubles et de tableaux, et fondé en Californie, à Malibu près de Los Angeles, un musée qui porte son nom, ouvert au public en 1974. C'est là qu'il a reconstitué la villa des Papyrus d'Herculanum.

Sous le titre *Collectors' Choice* (1955), il a publié un livre consacré à la recherche à travers le monde des plus belles pièces de ses collections, notamment des meubles français du XVIIIe siècle. Il a également acquis des tableaux italiens, hollandais, flamands des XVe, XVIe, XVIIe siècles : « Mes acquisitions, a-t-il dit, représentent 50 ans de coups de foudre. »

En 1955, Paul Getty a acheté le château des ducs de Sutherland, Sutton Place, où il est mort. La famille Getty poursuit le mécénat pratiqué par Paul Getty.

**Ghiordès.** Le tapis Ghiordès, produit dans cette ville d'Asie Mineure, est toujours un tapis de prière composé d'un miḥrāb ogival, aux contours en escalier, supporté par deux colonnes architecturales ou florales et surmonté d'un cartouche (très caractéristique du Ghiordès) où sont figurés des motifs coufiques végétaux ou tchi (nuages). Du sommet de la niche, sur le champ uni du miḥrāb, pend une aiguière ou un motif floral. Deux types de bordures entourent la niche : soit une bordure à feuilles dentelées, soit sept bandes étroites à motifs floraux représentant les sept paradis d'Allāh.

Le fond est généralement rouge, plus rarement bleu ou ivoire, et les motifs sont rouges, jaunes, verts et bleus.

Le velours, très ras et très serré, est en laine fine et brillante, ce qui confère à ce tapis une grande souplesse et une grande beauté. Il existe des Ghiordès entièrement en soie. Le Kiss Ghiordès est un tapis réalisé par la jeune fille pour son mariage ; il est composé de deux niches, dont le fond, ivoire ou clair, est finement moucheté.

Ces tapis, exécutés au nœud turc, sont si fameux que « Ghiordès » s'est substitué à l'appellation « nœud turc ».

**Ghoum.** V. QŌM (art. Perse et tableau p. 462).

**Giambologna,** sculpteur flamand connu en France sous le nom de Jean de Bologne (Douai 1529 - Florence 1608). Élève à Mons de Dubreucq, il a travaillé à Rome et surtout à Florence, où sont visibles plusieurs de ses œuvres monumentales : *l'Enlèvement des Sabines, Hercule et le Centaure* (tous deux à la Loggia dei Lanzi), le *Mercure* du Bargello. Il était aussi l'auteur de la statue équestre d'Henri IV sur le Pont-Neuf, fondue en 1792.

Sa manière se caractérise par une recherche maniériste de la virtuosité. Un mouvement violent anime les sculptures, dont l'équilibre semble défier les lois. Giambologna affectionna particulièrement les scènes d'enlèvement, dans lesquelles s'entremêlent deux ou trois personnes, créant un tourbillonnement de formes et de draperies *(les Sabines, Déjanire et le centaure Nessus)*, les musculatures vigoureuses d'hommes ou d'animaux *(Combats d'animaux, Travaux d'Hercule)*.

Il créa ou inspira un grand nombre de petits bronzes de qualité, qui figurent dans les grandes collections publiques ou privées, et le goût de ses contemporains pour le bronze de petites dimensions ainsi que la pratique de la cire perdue expliquent cette abondance. Il n'est pas toujours aisé de reconnaître la main du maître de celle des élèves que celui-ci forma en grand nombre, parmi lesquels Tacca et Susini. Après la mort, ceux-ci continuèrent à diffuser ses modèles, en les interprétant parfois de façon personnelle. Ces bronzes tardifs, mais d'excellente qualité, sont plus répandus que les originaux. La plupart sont du XVIIe siècle. Ils sont rarement signés, à l'exception de quelques statuettes de la main même de Giambologna.

Ader-Picard-Tajan

*Statuette en bronze représentant l'Hercule Farnèse, exécutée dans l'atelier de Giambologna (probablement Susini). Florence, XVIIe siècle. H. 73 cm. Collection particulière.*

**Gien.** Après avoir vendu ses faïenceries de Creil* et de Montereau, Hall s'installe en 1822 à Gien ou il fonde une manufacture. Les propriétaires sont ensuite Geoffroy et Hélie en 1850 et, en 1856, Geoffroy, Guérin et Cie. À la fin du XIXe siècle, sous l'impulsion de Gondoin, directeur technique, la faïencerie de Gien est à son apogée. De nos jours, malgré de graves difficultés financières, la manufacture maintient son activité.

C. A.

*Écuelle à bouillon en faïence de Gien du XIXe siècle.*

Au début, Gien produisit des céramiques à décor imprimé sur faïence fine, au style proche de celui de Creil, Montereau ou Choisy*. Certaines pièces vertes peuvent être confondues avec celles de Montereau (des indélicats suppriment parfois la marque GIEN pour les faire passer pour des œuvres de ce dernier centre...). Puis furent imitées — toujours en décor imprimé, souvent rehaussé à la main — les faïences de Rouen, particulièrement celles dites « à la corne » et les majoliques italiennes, dont les plus recherchées ont un fond noir.

Parmi les nombreuses marques de Gien, celle à la triple tour est la plus célèbre.

Il existe un véritable courant en faveur des anciennes céramiques de Gien dont certaines atteignent des prix élevés.

**gigogne.** Cet adjectif aurait pour origine une figure du théâtre de marionnettes entourée de nombreux enfants : la « mère Gigogne ». En terme de mobilier et s'appliquant à un ensemble, le mot *gigogne* désigne des meubles qui ont la particularité de se ranger en s'emboîtant les uns dans les autres. Les premières tables « gigognes » remontent au second Empire ; elles ont connu une certaine vogue avec le style Art nouveau. Majorelle et les ébénistes de l'école de Nancy ont réalisé de nombreuses tables gigognes souvent ornées de remarquables marqueteries.

**giletière** n. f. Chaîne de montre, pour homme, munie d'un anneau que l'on passe autour d'un des boutons du gilet, et à l'autre extrémité d'un mousqueton auquel on attache la montre, logée dans son gousset. La giletière s'est portée du XIXe siècle jusqu'à la généralisation du bracelet-montre. Elle revient à la mode aujourd'hui, mais surtout sous forme de bijou féminin : elle est suffisamment longue pour former un élégant tour de cou.

**girandole** n. f. Ce mot (de l'italien *girare,* « tourner ») apparaît au XVIIe siècle. La girandole était à l'origine une pièce de feu d'artifice, tournant et envoyant des jets lumineux. Par analogie, on donna donc ce nom aux chandeliers à plusieurs branches formant un cercle de lumières, puis, au XVIIIe siècle, aux torchères garnies de pendeloques de cristal.

Le mot « girandole » s'applique également aux pendants d'oreilles garnis de nombreuses pampilles.

*Girandole, formée de 20 lumières, en bronze ciselé et doré. Décor de cristaux, de plaquettes, de rosaces. Style Louis XVI. Collection particulière.*

Couturier-Nicolay

**girouette** n. f. Objet utilitaire mais surtout de prestige, perchée au faîte des toits, la girouette se dresse généralement jusqu'à la Révolution sur les demeures des aristocrates et des notables. Elle est une cible de choix pour les sans-culottes, qui, en l'abattant, suppriment symboliquement les privilèges de l'Ancien Régime. Mais, curieusement, elle est « récupérée » en quelque sorte par les révolutionnaires, qui en font un symbole de la vigilance républicaine face à l'ennemi. Elle prend alors la forme du coq gaulois. Autrefois de fer forgé, les girouettes du XIXe et du XXe siècle sont découpées dans de la tôle et vendues par les colporteurs, puis par la manufacture de Saint-Étienne ! Elles représentent le plus souvent des scènes de la vie rurale ou le fameux coq.

**givré** (verre). V. CRAQUELÉ (VERRE).

*Glace dans un double cadre en bois doré et sculpté. Adjugé par Mes Ader-Picard-Tajan, à Drouot, le 19-XI-1982.*

Ader-Picard-Tajan

**glace** n. f. Lame de verre appliquée sur un fond d'étain et destinée à réfléchir la lumière et les objets. La France fut longtemps tributaire de Venise pour l'approvisionnement de ce produit de luxe, très coûteux. Le procédé vénitien de fabrication consistait à souffler les glaces et les verres à vitre en cylindre. Ainsi, les surfaces ne sont pas nécessairement régulières et, de toute façon, toujours de dimensions modestes. La mise au point de la glace coulée par Perrot à Orléans, en 1672, permit à la France de se dégager de cette dépendance. Si les dimensions purent être ainsi agrandies, il était cependant nécessaire, pour obtenir une glace de très grandes dimensions, de souder plusieurs morceaux ensemble.

La longue et complexe histoire de la Manufacture royale des glaces (plus tard, Manufacture royale de Saint-Gobain) illustre assez bien l'importance que revêtait aux yeux de Colbert l'instauration de ce monopole. À partir de 1693 sont expédiées dans toute l'Europe les célèbres glaces de Saint-Gobain. Boiseries, lambris, dessus de cheminées ornés de glaces, telle est la mode qui s'impose dès la fin du XVIIe siècle et surtout au XVIIIe, non seulement dans les palais du roi, mais aussi dans les hôtels particuliers et les maisons aisées. La glace est encore un produit de luxe pour lequel on tente d'obtenir du roi des tarifs de faveur.

La vogue des décors de glaces atteint son apogée avec les cabinets de miroirs*, décrits dans les inventaires et que seuls les riches personnages pouvaient faire exécuter. Les murs ainsi tapissés offraient aux yeux les jeux optiques, très en faveur à cette époque. Hormis les alcôves et les plafonds de chambres décorés de « glaces indiscrètes », autres charmes fort goûtés, ce sont les meubles bonheurs-du-jour, coiffeuses, dessertes, armoires, qui en furent parés. Cette nouveauté fit si bien fureur qu'au siècle suivant c'était une pratique courante pour tout mobilier, si modeste fût-il.

**glaçure** n. f. Terme générique qui désigne les matières vitreuses, incolores ou teintées, utilisées pour recouvrir les pâtes céramiques, par application ou trempage (ne pas confondre avec la couverte). La glaçure rend les pâtes poreuses imperméables aux liquides et aux corps gras. Toutes les glaçures sont alcalines. Elles ne changent d'appellation que lorsqu'elles contiennent d'autres éléments, tels que l'oxyde d'étain ou l'oxyde de plomb.

La glaçure alcalino-calcaire contient des oxydes alcalins (soude, potasse) comme éléments fondants et un calcaire (chaux) comme stabilisant. La glaçure plombifère est composée d'oxydes alcalins et d'oxyde de plomb comme éléments fondants. La glaçure silico-alcaline est obtenue avec des oxydes alcalins et de la silice comme éléments fondants.

Enfin, la glaçure stannifère, qui contient des éléments fondants (alcalins, plus ou moins plombifères), est blanchie par l'oxyde d'étain. On l'appelle aussi « email* ».

**globe** n. m. Il est à la fois le symbole de la Terre et du ciel. Il existe deux globes, l'un terrestre, l'autre céleste, et ils vont souvent par paire.

Le *globe terrestre* représente l'enveloppe extérieure de la Terre. Les globes terrestres n'apparurent qu'après la découverte de l'Amérique. À la demande des échevins de Nuremberg, qui voulaient s'initier aux découvertes, Martin Behaim réalisa en 1490 un globe terrestre, le plus ancien

C. A.

*Globe céleste provenant d'une paire de globes, céleste et terrestre, exécutés par Johan Blaeu à la fin du XVI^e siècle. Il indique la position des étoiles en 1600.*

connu, sur parchemin collé sur bois, de 1,59 m de diamètre (musée de Nuremberg).

Au début du XVI^e siècle, les globes sont surtout en métal gravé ; avec le développement de l'imprimerie, la fabrication des globes en bois, sur lesquels sont collés des fuseaux de papier imprimé, détrône celle des globes en métal. L'âge d'or des globes dure deux siècles, de 1550 à 1750, car chacun se devait de posséder dans son salon son ou ses globes. Les globes sont de toutes les tailles, allant de la simple boule dans un étui pour le voyage au globe de salon sur pied. Ils sont plus ou moins précis selon l'atelier d'où ils sortent et leur utilité : simples objets de décoration ou de science.

Le *globe céleste* sert pour les démonstrations astronomiques. Les constellations sont représentées sur une sphère pleine donnant une vue intérieure du ciel, soit une image la plus exacte possible du ciel. Les globes célestes ont été utilisés depuis la plus haute antiquité pour essayer d'expliquer le mouvement des étoiles, et les plus anciens qui ont pu être conservés sont d'origine arabe des XI^e et XII^e siècles, dont on peut voir un spécimen daté de 1080 à Florence. En général de petite taille, en bronze ou en cuivre gravé et incrusté de points d'argent figurant les étoiles, ils sont très recherchés et malheureusement très rares. Au XV^e siècle apparurent les globes célestes européens, le premier étant celui du cardinal italien de Cusa en 1444. Ils se multiplient au XVI^e siècle, et sont prétexte à un déploiement de luxe, de décoration et d'ingéniosité. Ils sont en bois peint le plus souvent, quelquefois en cuivre ou en argent et reposent sur des montures somptueuses, tel le globe céleste aux armes de Fouquet du XVII^e siècle de la bibliothèque Mazarine de Paris.

Les constructeurs des globes célestes et terrestres sont les mêmes. Citons quelques noms parmi les plus connus : Le Mercator, Blaeu, Praetorius, Coronelli, Passemant, Baradelle, Delamarche. Le musée de Dresde possède l'ancienne collection d'Auguste de Saxe, comprenant une trentaine de globes. Les prix sont très variables : un globe terrestre de voyage signé « Newton's, London » de 1850 atteignait 6 000 F le 9-V-1982 à Melun, un globe terrestre de table par J. et W. Cary de 1808 4 500 F le 25-X-1981 à Melun, une paire de globes de parquet par John Smith, dédiés au roi George IV (Angleterre 1820-1830), 50 000 F le 28-II-1982 à Versailles, et une paire de globes de parquet par J. et W. Cary du début du XIX^e siècle, 90 000 F le 24-VI-1983, à Melun.

**glycophilie** n. f. Collection des emballages de morceaux de sucre.

**glyptique** n. f. (du grec *glyphein*, « graver »). Art de graver sur les pierres fines, selon une technique très ancienne, puisque les premiers témoignages datent du V^e millénaire avant J.-C. (cachets* et cylindres-sceaux* découverts dans les vestiges des civilisations mésopotamiennes). Le lapidaire procède avec un ciselet dur et tranchant, qu'il frappe avec un marteau. Selon qu'il dessine son motif en creux, ou qu'il le dégage en tailles d'épargne, il obtient une intaille* ou un camée*. L'intaille est plutôt utilisée pour les sceaux et les cachets : l'image en creux apparaît en relief sur l'argile ou la cire molles. Le camée est un objet d'art, un bijou.

J. Vinchon

J. Vinchon

*Intaille ronde en agate fumée, portant un aigle de face entouré d'une inscription grecque. I^er siècle apr. J.-C. Collection J. Vinchon. Intaille magique en cornaline reproduisant un animal fantastique. Époque gréco-égyptienne. I-III^e siècle apr. J.-C. Collection J. Vinchon.*

J. Vinchon

*Cachet rectangulaire en stéatite noire dont la gravure reproduit un capridé, une flèche et un arbre. Anatolie, III^e millénaire.*

L'art de la glyptique s'est diffusé en Égypte, puis surtout en Grèce à l'époque hellénistique, qui créa de magnifiques camées. À une époque où l'on ignorait l'art de tailler et de « brillanter » les pierres précieuses et fines, celles-ci ne pouvaient être mises en valeur qu'en les polissant ou en les gravant. La glyptique de l'Antiquité s'applique donc non seulement aux agates et à toutes les pierres opaques, mais aussi aux gemmes transparentes, voire aux pierres précieuses : cristal de roche, aigue-marine, améthyste, quartz, topaze, émeraude.

Les Grecs, imités ensuite par les Romains, portèrent l'art de la glyptique au point de perfection le plus élevé, qui faiblit quelque peu pendant les invasions barbares. Camées et intailles n'ont cependant pas cessé d'être appréciés. Les princes collectionneurs des XIIIe et XIVe siècles recherchent les pierres gravées antiques, dont ils font des objets chrétiens en les intégrant à des pièces, liturgiques, au prix, parfois, de légères retouches. Dès l'époque de Charles V, il existe pourtant à Paris des lapidaires tout à fait compétents, qui, dans l'agate et l'onyx, taillent de très beaux camées.

Au XVIe siècle, les élégantes portent en bijoux des camées de fabrication récente ; les amateurs collectionnent des camées antiques, qu'ils conservent dans ces « cabinets d'amateurs » décorés, eux aussi, de pierres dures. Jusqu'au XIXe siècle, la glyptique fait partie des collections prestigieuses (Mazarin, Louis XIV) de fins connaisseurs, au même titre que les médailles. Depuis, ce type de collection est un peu passé de mode. Camées et intailles antiques ou « modernes » ne sont pas estimés à leur prix ; aussi les ventes spécialisées sont-elles rares ; ils sont proposés par les spécialistes de bijoux anciens ou d'archéologie.

**gnomon** n. m. Instrument se composant d'un style quelconque faisant ombre, qui indique la hauteur du Soleil ou de la Lune dans le ciel et son orientation d'après la longueur de l'ombre. Employé seul dans l'Antiquité comme le simple bâton fiché en terre, l'obélisque ou le trou laissant passer le rayon lumineux, il fit rapidement partie d'instruments qui permirent la lecture de l'heure d'un seul coup d'œil, comme les cadrans* solaires ou lunaires, les anneaux* astronomiques.

**Goa.** La production d'ivoires de Goa est née de la fusion de l'art indien et de l'art européen. En 1510, les Portugais investissent une partie des Indes, et Goa devient la capitale des Indes portugaises. Des comptoirs commerciaux s'y installent, et les Jésuites ne tardent pas à introduire des représentations, sculptées ou gravées, de saints, de la Vierge et du Christ. Les artisans indigènes s'en inspirent largement et, vivement encouragés par l'Église, reproduisent en ivoire ces modèles de piété venus d'Europe. Aussi habiles que rapides, ils satisfont très rapidement les besoins locaux, et les Portugais exportent cette abondante production non seulement en Europe, mais aussi vers leurs possessions de l'Amérique du Sud — le Brésil notamment. Les premières sculptures comptent parmi les plus belles œuvres de cette production, qui s'étendra jusqu'à la fin du XIXe siècle. Les Vierges et les saints évoquent, dans l'élégance de leurs drapés, l'art flamand, de même que les Enfants Jésus au visage potelé et aux cheveux bouclés. Seuls les yeux légèrement bridés témoignent de l'origine asiatique de la sculpture. Peu à peu le caractère indien des ivoires de Goa s'accentue, et dès le début du XVIIIe siècle, les traits se modifient : le visage devient plus émacié ; sous l'arcade sourcilière, plus marquée, la fente des yeux se rétrécit ; le drapé se fait plus sobre et tombe à la verticale. Puis la polychromie apparaît, ne touchant d'abord que les yeux et les lèvres ; elle s'étend bientôt à l'ensemble de la statuette. L'influence de l'islām ainsi que celle de l'art chinois transparaissent : le support de la Vierge peut être un croissant de lune, parfois un dragon. Quant au « saint Jean endormi », thème fréquent dans la production de Goa, montrant, au sommet d'une montagne animée de moutons et de divers personnages, un berger assis, il évoque

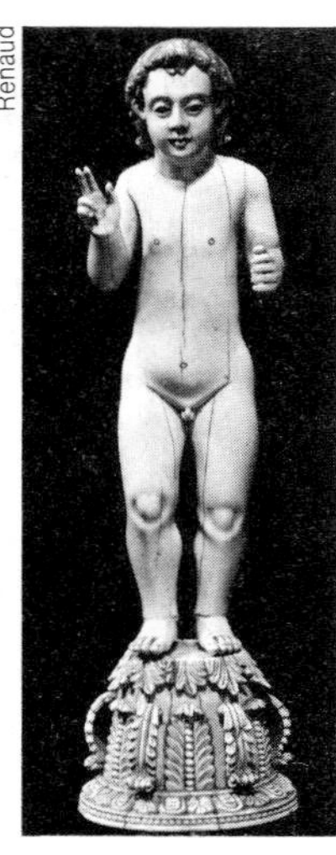

Renaud

*Statuette de saint Jean debout sur la montagne faisant le geste de bénir, en ivoire de Goa. Art indo-portugais, XVIIIe siècle. (H. 31 cm.)*

une forme ornementale souvent reprise par les sculpteurs de pierres dures en Extrême-Orient.

Ces statuettes, dont la taille varie entre 9 et 40 cm, peuvent parfois être rehaussées de dorure. Dans le domaine des objets d'art, les ivoires de Goa bénéficient d'un des meilleurs rapport qualité-prix. Malgré l'indéniable intérêt artistique qu'ils présentent, malgré une originalité artistique incontestée, malgré la préciosité du matériau, ils atteignent rarement plus de 20 000 F, les cours moyens s'établissant entre 5 000 et 10 000 F.

**gobelet** n. m. Verre à boire de forme cylindrique ou à piédouche. Le gobelet comporte rarement des anses et peut présenter quelques variantes : reposer sur trois pieds boules, être muni d'un couvercle (en Bohême), offrir une section octogonale, tronconique, polygonale, etc. On le rencontre en bois, en étain, en porcelaine (au XVIIIe s.), en métal précieux, parfois en cristal de roche et le plus souvent en verre ou en cristal. Aux XIVe et XVe siècles, le gobelet est un objet souvent luxueux et richement travaillé, réservé aux personnages de haut rang. L'usage de graver ou de peindre des devises ou des armoiries remonte assez tôt dans l'histoire de la verrerie ; le gobelet (XIVe, XVe, XVIe s.) se prête particulièrement à un genre d'expression plus populaire, à partir du moment où son usage se répand plus communément. Il est alors personnalisé par des dates, des initiales et des inscriptions. Dès le XVIIe siècle, sa forme se fixe et sa conception générale tend vers plus de simplicité.

Le gobelet en verre grisâtre, caractéristique de la production de Bernard Perrot à Orléans, présente un décor moulé de figures mythologiques et d'emblèmes ; au XVIIIe siècle, on le rencontre sous toutes les formes de décor attachées à l'art du verre : blanc de lait, côtés taillés ou moulés, gravure ou émaillage, décor en « Schwarzlot » (émaux gris), en verre églomisé ou doublé. Le gobelet « façon Bohême », taillé de nombreuses côtes plates, est particulièrement répandu chez une clientèle aisée. Au début du XIXe siècle, un nouveau type de décor convient particulièrement au gobelet, comportant des incrustations (sulfures, camées) et, plus tard, des médaillons en relief, obtenus par le presse-moulé.

En orfèvrerie, le gobelet s'est simplifié, au XVIIe siècle. Les modèles de la Régence ont une élégante forme de tulipe sur un petit piédouche et sont décorés, seulement sur la partie inférieure, de feuilles d'applique ou de lambrequins sur fond amati (la moitié du haut est laissée lisse). Sous Louis XV et Louis XVI, le gobelet est sobrement décoré au trait de légères ciselures réparties également sur la surface. À la fin du XVIIIe siècle et sous l'Empire, il est plus rustique, cylindrique, à fond plat, en argent lisse. Aujourd'hui, ce genre de récipient a pris le nom de « timbale* ».

**gobeleterie** n. f. Fabrication et commerce de la verrerie de table sous sa forme la plus commune, c'est-à-dire à base de soude et de chaux ou de potasse, donc sans l'adjonction du plomb, qui entre dans la composition du cristal.

**Gobelins.** Manufacture royale de tapisseries, établie à Paris sous Louis XIV et devenue ensuite manufacture nationale. Le terme de « gobelin » désigne par extension une tapisserie sortie de ces ateliers : « un gobelin XVIIIe siècle de toute beauté ».

Centralisation topographique, artistique, administrative, tel est le dessein de Colbert pour redresser la médiocre situation des manufactures parisiennes, dispersées au faubourg Saint-Marcel, au Louvre, à Maincy, aux Tuileries,

Couturier-Nicolay

*Tapisserie des Gobelins de la série « Portière des dieux », exécutée dans l'atelier de Lefèbvre d'après Claude Audran. XVIIIe siècle.*

à Saint-Germain. Selon la volonté de Louis XIV, ces ateliers sont regroupés aux Gobelins en 1662, et c'est en 1667 que, par lettres patentes, la manufacture des Gobelins acquiert son statut définitif sous la houlette de Le Brun. Cet admirable décorateur connaît les exigences de la tapisserie, et, sous ses instructions, les lissiers gardent entière liberté dans le choix des coloris, des détails, des relais.

Les superbes tentures tissées jusqu'en 1683 sont toutes à la gloire du roi, qui les distribue dans l'Europe entière. Par la grandeur du sujet, la beauté des teintes, encore limitées, l'équilibre des compositions, elles ont la force, le faste des vastes tentures médiévales et Renaissance : *les Saisons, les Éléments,* l'*Histoire du roi,* l'*Histoire d'Alexandre* sont autant de pages fastueuses du Grand Siècle. À la mort de Colbert, en 1683, on abandonne par économie les fils d'or et d'argent, on réutilise d'anciens cartons, et, de 1694 à 1699, l'appauvrissement du Trésor royal est tel que la manufacture doit fermer.

Les Gobelins du XVIIIe siècle affichent le nouveau goût du jour : moins de pompe et d'histoire, mais de l'aimable, du gracieux, du décoratif ! *Les Mois grotesques, les Amours des dieux* s'inspirent des dessins de Berain, d'Audran, avec des alentours particulièrement réussis, formés de putti, de rinceaux, de cartouches, de grotesques. La *Tenture des dieux* (cartons de Boucher) est le meilleur exemple de ce style, où excellent les lissiers des Gobelins, aussitôt imités par ceux d'Aubusson : scènes exotiques, théâtrales, mythologiques font le charme de ces tentures.

Sous l'Empire, la fantaisie est oubliée au profit de l'histoire, à la gloire de l'Empereur, et l'assujettissement total aux modèles peints par David ou Gros est total. Les teints sont fragiles, trop nombreux, et l'imagination est sacrifiée à l'exactitude.

Au début du XXe siècle seulement, les Gobelins travaillent de nouveau sur des cartons originaux et les lissiers renouent avec la tradition médiévale.

L'origine « Gobelins » donne aux tapisseries du XVIIe et du XVIIIe siècle une plus-value certaine. Il n'est donc pas étonnant que des faussaires fassent rajouter à d'honnêtes tentures d'origine incertaine le G majuscule suivi d'un point et d'une fleur de lis placé dans la bordure !

La manufacture de *tapis* des Gobelins résulte du déménagement dans ses murs de la manufacture de la Savonnerie en 1827. La signature des tapis des Gobelins se compose d'un G associé à une fleur de lis et parfois suivi du nom du lissier.

**Godefroy** (Clair) dit l'Aîné, fabricant français d'instruments de musique (? - ? 1878). Godefroy est certainement l'un de ceux qui ont le plus contribué au développement de la flûte. On lui doit une production importante, parmi laquelle on compte aussi des clarinettes, des hautbois et des flageolets. Si le nom de Clair Godefroy apparaît sur des instruments aussi divers dans leur conception que la flûte à une clé et que celle qui adopte le système Boehm*, c'est que cet artisan a participé, au cours d'une longue carrière, allant de 1814 jusqu'à sa mort, à toute l'évolution d'une facture instrumentale, qui, durant le XIXe siècle, est passée d'un véritable artisanat à la production industrielle. C'est lui qui a introduit en France, avec Buffet, le système Boehm*.

**godelier** n. m. En Champagne, égouttoir à verres, comportant également des encoches pour ranger les couverts.

**godron** n. m. Motif décoratif composé de saillies ovales ou cannelées, emprunté à l'Antiquité. On trouve des godrons à la ceinture des tables Louis XIII, aux pieds des meubles Louis XIV et Directoire. Mais les godrons sont aussi utilisés sur le pied des timbales, des vases, des aiguières du XVIIIe siècle.

Le godron désigne aussi les gros plis ronds des fraises des costumes Renaissance et, par extension, le fer qui servait à « godronner » ces hauts cols empesés.

**godronnoir** n. m. Ciseau de sculpteur, de graveur, d'orfèvre, servant à orner de godrons les pièces à décorer.

**Goltzius** (Hendrick), peintre et graveur hollandais (Mühlbrecht, près de Venlon, 1558 - Haarlem 1617). Goltzius appartient à une lignée de graveurs. Sa réputation tient pour l'essentiel aux nombreuses et superbes gravures auxquelles il a attaché son nom ainsi qu'à l'Académie de gravure qu'il créa à Haarlem. Ses gravures sur cuivre et sur bois à thèmes mythologiques et religieux sont particulièrement prisées des collectionneurs. Une gravure sur cuivre de Goltzius, *le Massacre des Innocents* (de 47,1 × 37,1 cm), peut valoir plus de 50 000 F.

**gomme** n. f. Sécrétion d'arbres tels que l'abricotier, l'acacia, le cerisier ou le prunier. Cette substance collante d'où l'on tire la « gomme arabique » est soluble dans l'eau et entre dans la composition de certains vernis.

**Goncourt** (les), écrivains et critiques d'art français. *Edmond* (Nancy 1822 - Champrosay 1896) et *Jules* (Paris 1830 - *id.* 1870) écrivirent des ouvrages sur la société du XVIIIe siècle, puis des romans naturalistes. Leurs goûts et leurs activités de collectionneurs sont aussi importants que leurs productions littéraires. Les Goncourt furent de grands bibliophiles et, outre le XVIIIe siècle, s'intéressèrent à Paris et à ses mœurs, au théâtre, aux actrices, à la vie quotidienne et à la littérature contemporaine, surtout aux éditions originales de leurs confrères littéraires du XIXe siècle.

On cite souvent le testament d'Edmond de Goncourt, qui invite les collectionneurs à se séparer des œuvres qu'ils ont assemblées : « Ma volonté est que mes dessins, mes estampes, mes bibelots, mes livres, enfin les choses de l'art qui ont fait le bonheur de ma vie n'aient pas la froide tombe d'un musée et le regard bête du passant indifférent, et je demande qu'elles soient toutes éparpillées sous les coups de marteau du commissaire-priseur et que la jouissance que m'a procurée l'acquisition de chacune d'elles soit redonnée, pour chacune d'elles à un héritier de mes goûts. » Cette collection fut mise en vente de février à avril 1897.

**gondole** n. f. James Barrelet désigne ainsi ce verre à pied « en forme de coquetier » répandu au XIXe siècle.

Au XVIe siècle, des vases oblongs sans pied ni anses se rencontrent en argent, en vermeil, en pierres dures et en cristal de roche.

**gondole** (en). Expression qui caractérise le dossier incurvé de certains sièges des époques Restauration, Charles X et Louis-Philippe. Les motifs du dossier peuvent être à croisillons, en ogives (à la cathédrale) ou en panneaux ornés d'incrustations.

*Fauteuil en gondole en placage de loupe d'orme marqueté. Époque Charles X. Adjugée 45 000 F la paire par Me Delorme, à Drouot, le 22-VI-1981.*

Delorme

**goniomètre** n. m. Instrument de mesure des angles et des angles dièdres des minéraux, formé de deux cylindres coulissant l'un sur l'autre. Le goniomètre fut inventé par Arnould Carengeot (1742-1806), qui étudiait la configuration des cristaux et découvrit la constance des angles dièdres. Celui-ci en confia la fabrication à Nicolas Vinçart, quai de l'Horloge à Paris, et cet instrument connut un grand succès. Pas toujours facile à trouver, un exemplaire de « Joh. M. Ekling un Wien » exécuté vers 1800 en laiton et en acier atteignit 2 300 F lors de la vente de la collection Linton à Paris, les 9 et 10-X-1980.

**Gontcharova** (Natalia Sergueïevna), peintre, décorateur et sculpteur française d'origine russe (Toula 1881 - Paris 1962). Élève de l'Académie de peinture de Moscou, Natalia Gontcharova signa le manifeste du rayonnisme, inspiré par Michel Larionov, qui préfigurait l'art abstrait. Installée à Paris en 1914, avec son mari, Larionov, elle a consacré une grande partie de son activité artistique aux décors de théâtre et aux costumes. Ses lithographies trouvent amateurs à des prix élevés : ainsi, le *Grand Bal des artistes*, qui passe assez souvent en salle des ventes aussi bien à Paris qu'à Orléans, atteint des enchères de 10 000 à 20 000 F selon l'état de conservation.

**googlie** n. f. Terme américain par lequel on désigne une poupée aux gros yeux arrondis et rieurs, créée par la S. F. B. J. (Société française de fabrication de bébés et de jouets regroupant les maisons Jumeau, Bru, Steiner, Gaultier et Boucher) et affectée du numéro de référence 245 en 1899. L'expression des poupées « googlie » (littéralement « yeux de grenouille »), humoristique, sinon gracieuse, séduit particulièrement la clientèle américaine, qui aime surtout les bébés* caractère, dont la grande rareté leur vaut une cote élevée. Les googlies, longtemps tenues à l'écart du marché français, commencent à être recherchées comme les autres bébés caractère. Une googlie allemande s'est vendue 5 000 F à Chartres chez Me Lelièvre le 5-XII-1987.

*Poupée « googlie » aux yeux rieurs de J. D. Kestner. Allemagne, 1910. Adjugée 1 155 £ par Sotheby, à Londres, le 30-IX-1982.*

Sotheby Parke Bernet

**Gorgan** ou **Gurgān** (auj. Gumbad-e Gābus). Site au nord-est de l'Iran, près de la mer Caspienne, sur l'ancienne route de la soie, proche de l'ancienne muraille dite « d'Alexandre ». Le nom de Gorgan est surtout associé à l'histoire de la céramique seldjoukide iranienne (XIIe-XIIIe s.) ; on découvrit à Gorgan, lors de la Seconde Guerre mondiale, de grandes jarres enterrées dans le sable et remplies de pièces de vaisselle — objets sans doute cachés à l'approche des hordes mongoles, avant que la ville ne fût en 1221 totalement rasée. Ces objets appartiennent de toute évidence au vaste répertoire des productions seldjoukides (Rayy*, Kāchān*, Saveh).

*Cruche à anse en céramique de Gorgan, décorée d'une frise de cavaliers jouant au polo, de motifs floraux et d'une bande de calligraphie. (Restaurée.) [H. 23,5 cm.] Début du XIII^e siècle.*

Cet ensemble de céramiques dit « de Gorgan » comporte de nombreuses pièces (albarelli, cruchons, aiguières, bols, gobelets), souvent en parfait état de conservation et très recherchées par les collectionneurs. Les objets à décor dit « à reflets métalliques » sont les plus appréciés, ainsi que les pièces cuites au petit feu (*minaï**). Mais les monochromes, quoique moins cotés sur le marché, ne manquent pas non plus d'intérêt. On a relevé également à Gorgan un certain nombre d'objets sculptés (cavaliers, musiciennes, éléphants caparaçonnés) qui font la gloire des collections publiques de céramiques orientales.

**gothique.** Appliqué au mobilier, l'adjectif *gothique* correspond à la période qui s'étend du XII^e au XV^e siècle. Rares sont les meubles gothiques parvenus jusqu'à nous, en dehors de quelques bancs, coffres, crédences, chaises et faudesteuils. Les éléments décoratifs les plus représentatifs sont les « plis de serviette », les sculptures en ogive, les lancettes, les rosaces et les pinacles. La plupart des meubles prétendus « gothiques » ont été fabriqués au XIX^e siècle, à l'époque du style « troubadour ».

*Stalle à deux places en noyer, ornée sur le dosseret de panneaux évidés et sculptés de saint Antoine et d'une Vierge à l'Enfant debout, décor en plis de serviette. Travail piémontais du XVI^e siècle, exécuté dans la tradition gothique. Adjugée 15 000 F par M^es Ader-Picard-Tajan, à Drouot, le 24-IX-1982.*

**Gottlob** (Louis), lithographe et peintre français (1873-1935). Il collabora à de nombreux journaux satiriques. Ses lithographies sont assez recherchées.

**gouge** n. f. Ciseau à bois possédant un fer et un saillant en forme de gouttière. Le biseau est intérieur ou extérieur. Les gouges sont utilisées pour parfaire rainures, gorges, congés, pour amorcer et transformer des excavations. Leur usage étant déterminé, elles présentent des dimensions et des ouvertures variées. Elles sont utilisées par les sculpteurs, les ébénistes, les graveurs. Le collectionneur recherche à rassembler la série de gouges en usage dans une profession déterminée.

**gourde** n. f. Mot signifiant étymologiquement « grosse courge ». À la Renaissance, par extension, on nomma ainsi le récipient taillé dans ce fruit, évidé et séché. La gourde désignera ensuite la bouteille ronde et ventrue de terre, de céramique, de bois, de verre ou de métal qui sert au transport individuel de la boisson.

La Manche a produit de belles gourdes de grès aux XVIII^e et XIX^e siècles, qui portent sur leur panse des motifs floraux et végétaux. La Provence préfère les gourdes de verre teinté, bleu ou vert, garnies de vannerie ou de tressage et de formes variées : goulot tronconique, panse ovoïde, en forme de bouteille ; elles possèdent toutes une anse pour les suspendre à la ceinture ou à la selle.

*Gourde représentant Bacchus jouant du violon sous des pampres de vigne. Adjugée 17 000 F par M^es Ader-Picard-Tajan, le 4-III-1981.*

Ader-Picard-Tajan

**Gourdin** (Jean-Baptiste), menuisier français. Fils de Jean Gourdin, dit Père Gourdin (reçu maître en 1737), Jean-Baptiste, reçu maître en 1748, est surtout connu comme inventeur de nombreux modèles de sièges Louis XV, toujours élégants et bien équilibrés.

Son frère Michel, reçu maître en 1752, a poursuivi sous Louis XVI l'œuvre et le style de son père et de lui-même.

**gourmette** n. f. À l'origine, élément de la chaîne qui réunit les deux parties du mors en passant par la bouche du cheval. Par extension, ce nom a été donné à un bracelet formé d'une simple chaîne d'or aux maillons épais.

**Gouthière** (Pierre Joseph Désiré), fondeur et ciseleur français (Bar-sur-Aube 1732 - Paris 1813). Sa réputation était bien établie de son vivant, et ses œuvres étaient déjà très recherchées. Cependant, en l'absence de poinçon ou de signature apposés par l'artiste lui-même, elles sont aujourd'hui difficilement identifiables. Seule la qualité de la ciselure et certains motifs caractéristiques, tels que les rinceaux feuillagés sur les meubles de Riesener, permettent des attributions plus ou moins sûres ; parmi les provenances d'objets connus, ayant figuré, notamment, dans les collections royales et dans la vente du duc d'Aumont en 1782, les bronzes de Gouthière, qui s'arrachèrent à prix d'or, sont décrits avec une précision qui permet de les identifier. Certains sont conservés au Louvre ou à Versailles. Gouthière est l'auteur de pendules, de candélabres, de chenets, de cassolettes, de supports de consoles..., tout ce qui constitue, au XVIII^e siècle, les bronzes dorés d'ameublement. On lui attribue aussi, peut-être abusivement parfois, les bronzes qui décorent les plus beaux meubles de Riesener.

**goutte** n. f. Synonyme de *larme,* la goutte appartient au répertoire décoratif antique. En forme de tronc de cône, placées au plafond des larmiers et à la base des triglyphes de l'ordre dorique, les gouttes seront de nouveau utilisées dans le vocabulaire décoratif du style Louis XVI.

**Goya y Lucientes** (Francisco José de), peintre et graveur espagnol (Fuendetodos, Aragon, 1746 - Bordeaux 1828). Son œuvre gravé n'est pas moins riche que sa peinture. Les planches corrosives de cet artiste ont dénoncé les vices et les malheurs de son temps. Les premières gravures portaient sur des thèmes religieux. Vinrent ensuite *les Caprices,* 80 eaux-fortes réalisées entre 1797 et 1799, et qui indisposèrent l'Inquisition. Mais le roi d'Espagne accepta de recevoir les planches des *Caprices* à la Chalcographie nationale. Après *les Caprices,* Goya grava *les Désastres de la guerre,* scènes terrifiantes dans lesquelles il exprime sa compassion pour le peuple en détresse, son patriotisme et son horreur de la guerre : 82 estampes au total, dont 68 ont trait à la guerre ; dans les autres estampes, de caractère politique ou social, Goya manifeste ses convictions libérales. Commencée en 1810, pendant l'occupation de l'Espagne par les troupes

*Eau-forte de Goya,* Asta su Abuelo, *enrichie de lavis à l'aquatinte, extraite des* Caprices *(1799). Paris, musée du Petit Palais.*

Bulloz

de Napoléon, la série des *Désastres* ne fut tirée qu'en 1863, soit trente-cinq ans après la mort de Goya. D'autres tirages eurent lieu ultérieurement.

En 1815, Goya grava *la Tauromachie,* sorte de reportage d'une vigueur et d'une vérité incomparables et réalisa ensuite la série inquiétante et fantastique des *Disparates.* Il fut aussi lithographe : d'abord en Espagne, avec *la Vieille Fileuse,* datée de 1819 et que l'on considère comme la plus ancienne lithographie de la péninsule, puis à Bordeaux, où, en 1825, il réalisa 4 estampes appelées *Taureaux de Bordeaux,* que l'imprimeur Gaulon tirera à 100 exemplaires.

Les gravures de Goya et surtout ses séries (eaux-fortes, aquatintes, burin, pointe sèche) atteignent des prix très élevés dans les enchères publiques, les plus hauts prix allant aux éditions originales. Ainsi, la première édition des *Caprices,* tirée en 1799, culmina à 52 000 livres sterling le 16-V-1980 chez Sotheby à Londres.

Pour la Real Fabrica de Tapices, Goya donna de 1774 à 1792 des cartons de tapisserie : liberté d'expression, virtuosité des compositions caractérisent ces scènes de la vie populaire madrilène, aujourd'hui conservées à l'Escorial. Les tapisseries furent tissées à Santa Barbara, manufacture créée par Philippe V en 1720.

**gradin** n. m. Assemblage de tablettes disposées en degrés, formant des casiers superposés, destinées à prendre place sur un bureau. Les catalogues de vente mentionnent sous cette forme ce petit meuble de rangement : « bureau avec son gradin en bois verni ou en marqueterie ». La présence d'un gradin assorti au meuble principal donne à celui-ci une plus-value.

**Graham** (George), horloger et astronome anglais (Rigg Cumberlan 1673 - Londres 1751). Formé par son oncle, l'horloger Tompion, dont il prit la succession en 1713, Graham créa le pendule compensateur à mercure en 1720, la construction des échappements à ancre de Hooke en 1715 ainsi que l'échappement à cylindre en 1725. Il fut nommé premier conservateur de la corporation des horlogers en 1722. Réputé comme physicien et horloger, il a créé la mécanique de précision et a su l'enseigner. Vers 1710-1715, il s'occupa de la construction des instruments d'astronomie, dont un planétaire* pour la reine Anne. Il s'intéressa aux instruments de grande taille, comme un quart-de-cercle* de 8 pieds anglais en 1743 pour l'observatoire de Greenwich, ainsi qu'aux baromètres*.

**grain d'orge.** Terme de menuiserie qui désigne soit une forme d'assemblage*, soit une fine entaille en biseau séparant deux moulures. Les grains d'orge qui suivent les contours des moulures sont également appelés « tarabiscots », du nom de l'outil qui sert à les tracer et à les creuser.

**grain de riz.** Décor obtenu selon une technique consistant à laisser, dans la pâte d'une porcelaine, des parties ajourées, qui, une fois couvertes par la glaçure, demeurent transparentes ou translucides. En Chine, les plus anciens « grains de riz » étaient obtenus par inclusion des grains de riz dans la pâte. Ceux-ci se trouvaient volatilisés par la chaleur du four, et seule la couverte remplissait le vide. Par la suite, on utilisa des couvertes plus épaisses, qui bouchaient les trous pratiqués à l'emporte-pièce.

Au Moyen-Orient, ce décor fut surtout utilisé par les potiers iraniens (XI^e-XIII^e et XVI^e-XVIII^e s.). Les parois des objets en pâte siliceuse, notamment les coupes tronconiques, sont soit percées de petits trous, soit découpées « à jour » de manière à former des motifs, qui sont ensuite

*Bol à décor de grains de riz formant un dessin de feuilles, l'intérieur orné d'un bouquet de fleurs en bleu sous couverte. Moyen-Orient, XVIII<sup>e</sup> siècle. (H. 14 cm.) Adjugé 1 500 £ par Christie's, à Londres, le 20-IV-1979.*

remplis avec la glaçure incolore ou teintée (le plus souvent en blanc ou en bleu turquoise). Après la cuisson, le décor se révèle à travers la glaçure translucide.

**graine** n. f. En orfèvrerie et en céramique, petit motif qui se trouve au centre d'un couvercle pour servir de prise et de décoration, qu'il s'agisse d'une soupière, d'une verseuse ou d'un sucrier. Ce motif est souvent en forme de gland, d'artichaut, de pomme de pin, mais il peut aussi figurer un fruit ou une fleur ou deux petites fraises. Les graines de certains objets rocaille sont d'une telle extravagance qu'elles ne méritent plus guère ce nom.

**grains de remède.** Ce sont les deux petits cercles qui figurent symétriquement sur le poinçon des maîtres orfèvres de l'Ancien Régime. Le grain est une ancienne mesure de poids qui représente 1/20 de gramme environ. Le grain de remède symbolise la tolérance de variation admise dans la proportion de métal fin et de métal d'alliage, qui ne pouvait être toujours parfaitement constante.

**grand-father clock.** Pendule de parquet anglaise, à long balancier et au mouvement actionné par des poids. Sa diffusion se développa à partir de 1670, lorsque l'usage de l'échappement* à ancre se généralisa. La gaine suivit l'évolution des différents styles anglais. Les premiers cadrans, dotés d'une ou de deux aiguilles, étaient argentés ou peints ; ils furent émaillés au XVIIIe siècle lorsque la technique de l'émaillage fut pleinement maîtrisée. Il existe des grand-fathers clocks à multiples complications, les prix variant de 20 000 à 150 000 F pour celles du début du XVIIIe siècle selon la qualité de la gaine (caisse), le nombre des complications, l'âge et l'état de la pendule.

**Grandjouan** (Jules), illustrateur et caricaturiste français (Nantes 1875 - *id.* 1968). Artiste engagé, Jules Grandjouan apporta une collaboration vigoureuse à l'*Assiette au beurre* ainsi qu'à diverses publications syndicales. Il réalisa aussi des affiches et des cartes postales pour la C. G. T. ainsi qu'une curieuse série de 5 cartes en couleurs représentant les projets d'éventuels timbres pour la « République soviétique française » (1925).

**Grandville** (Jean Gérard), dessinateur et caricaturiste français (Nancy 1803 - Vanves 1847). Illustrateur prolifique à l'imagination baroque et originale, Grandville collabora aux journaux et revues de la France louis-philipparde. Il traita ses illustrations dans un esprit symboliste recourant à la métamorphose et à la fantasmagorie, transformant ses personnages en animaux et vice versa. Il mourut fou à l'asile de Vanves. La plupart de ses dessins ont disparu, et ses lithographies sont aujourd'hui recherchées des amateurs.

**graphomètre** n. m. Instrument de topographie. Dans son ouvrage *Déclaration de l'usage du graphomètre par la pratique duquel l'on peut mesurer...*, de 1597, Philippe Danfrie décrit pour la première fois deux instruments complémentaires : l'observateur, qui seul a conservé le nom de « graphomètre », et le rapporteur. Constitué d'un demi-cercle en cuivre ou en laiton avec une alidade fixe à pinnules et une autre pivotante, le graphomètre est doté d'une boussole au centre. Monté sur une articulation, il permet, placé horizontalement, des relevés de terrains et, placé verticalement, des mesures de hauteurs.

Dès le début du XVIIe siècle, il connut un grand succès et, perfectionné, a servi pendant près de deux siècles. À la fin du XVIIe siècle, on construisait indifféremment des graphomètres à pinnules ou à lunettes. Il était en laiton, et l'intérieur du demi-cercle permettait au constructeur de laisser libre court à son imagination pour la décoration.

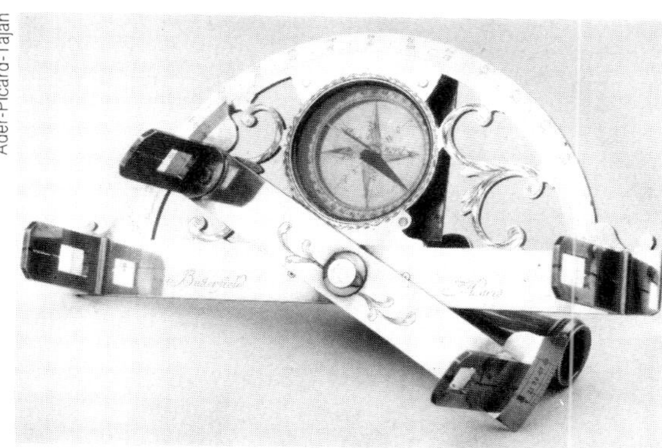


*Graphomètre en laiton doré orné de motifs floraux, signé Butterfield. Paris, vers 1700. Adjugé 2 500 F par M[es] Ader-Picard-Tajan, à Drouot, le 20-XII-1979.*

Cet instrument, très prisé du public, coûte en moyenne de 6 000 à 12 000 F, mais les enchères peuvent atteindre 50 000 F pour des exemplaires de très grande qualité. En 1986, un graphomètre hollandais de la fin du XVIIe siècle a été adjugé 24 000 F.

**grasset** n. m. Petite lampe en fer ou en cuivre munie d'un crochet de suspension où l'on brûlait de la graisse (d'où son nom).

**Grasset** (Eugène), illustrateur et ornemaniste français d'origine suisse (Lausanne 1845 - Sceaux 1917). Grasset fit ses études au Polytechnicum de Zurich et se fixa à Paris en 1871. Artiste aux multiples facettes, il a été l'un des créateurs de l'Art nouveau, notamment dans le domaine de l'affiche, mais également dans ceux de l'illustration et de la reliure, de la décoration, du vitrail, des étoffes. La Librairie Larousse lui doit sa célèbre « Semeuse ». Dans la carte postale, Grasset compte parmi les « grands illustrateurs ». Ses affiches atteignent des prix élevés. Une exposition ainsi que plusieurs numéros spéciaux de la revue *la Plume* lui furent consacrés : n° 122 du 15-31 mai 1894, n[os] 261, 262, 263, 264 de mars-avril 1900.

**grattoir** n. m. En tapisserie de basse lisse, petit peigne plat de bois ou de métal, à dents courbées, qui sert à insérer dans la chaîne les fils de trame.

**gravée** (céramique). Décor qu'on obtient en gravant la pâte à l'aide d'un outil plus large que celui qui est employé pour le décor incisé (incision linéaire superficielle qu'on obtient en égratignant la pâte au moyen d'une pointe en roseau, en os ou en bois). Il offre l'aspect d'un petit canal de section triangulaire ou semi-circulaire.

**gravure** n. f. Mot qui désigne à la fois le procédé et l'image obtenue par celui-ci. La gravure consiste à réaliser en creux ou en relief, sur une plaque de bois, de métal ou sur une pierre, une image inversée, à partir de laquelle il sera procédé à une impression multiple sur papier.

Le plus ancien procédé de gravure est la *gravure sur bois de fil* (xylographie), ou *taille d'épargne.* Le bois est attaqué au canif ou à la gouge dans le sens des fibres, l'outil ne laissant subsister que le dessin en relief, qui se trouve ainsi « épargné » pour recevoir l'encre d'impression. Les bois utilisés sont généralement ceux du poirier, du tilleul ou du noyer.

Au XVIII^e siècle en Angleterre, puis au XIX^e en France, fut introduite la *gravure sur bois de bout.* Dans cette technique, pour laquelle on recourt au buis, le bois à graver est débité perpendiculairement au tronc, et le graveur n'a plus à se soucier de la direction des fibres. Le travail se fait au burin, comme dans la gravure sur cuivre.

Sotheby Parke Bernet

Jacob Haaringh le Jeune, *estampe de Rembrandt à l'eau-forte, à la pointe sèche et au burin. (3^e état sur 5.)*

Sotheby Parke Bernet

Saint Jérôme en pénitence, *bois gravé de Lucas Cranach (1509), exécuté sur papier filigrané. Adjugé 3 520 £ par Sotheby, le 18-VI-1982.*

Intérieur avec trophées et escalier monumentaux. *Eau-forte de Piranèse, tirée sur papier filigrané, avec de larges marges. (1^er état sur 2.) Adjugée par Christie's, le 30-VI-1982.*

Christie's

La *gravure sur bois en camaïeu,* ou gravure en « clair-obscur », reproduit les effets obtenus par les peintres de la Renaissance. Les estampes ainsi supplantèrent les gravures coloriées à la main. Le camaïeu nécessite l'emploi d'autant de planches qu'il y a de couleurs et de tons. Un repérage méticuleux est indispensable.

La *gravure sur cuivre* a fait son apparition en Europe relativement peu de temps après celle de la gravure sur bois. Elle a été précédée par la *gravure au criblé,* issue de la gravure sur métal doux (en relief), et ainsi nommée à cause des traits et des points dont les artisans criblaient les surfaces noires de la gravure afin de les rendre moins sévères. Elle fut surtout utilisée par les orfèvres et son emploi est limité dans le temps (XVe s.) et dans l'espace (Rhin, Pays-Bas, Cologne, Bâle).

Ces techniques ne sauraient être confondues avec les procédés de *gravure en creux,* dans laquelle le trait noir est indiqué, englobant sous le nom de *taille-douce :* le burin, l'eau-forte, la pointe sèche, l'aquatinte, la manière noire. La gravure au burin date du XVe siècle, elle consiste à creuser le dessin dans la plaque de métal à l'aide d'un burin. Les sillons ainsi obtenus se gorgeront d'encre permettant l' « empreinte du dessin » sur la feuille du papier au moment de l'impression, technique très précise, où les corrections sont très difficiles.

Portrait de jeune fille, *par Marie Laurencin. Lithographie (31 × 21 cm). Adjugée 3 500 F par Me Loizillon, à Compiègne, le 28-XI-1987.*

La *gravure à la pointe sèche* est voisine de la gravure au burin, mais elle est exécutée à l'aide d'une pointe d'acier ou d'un diamant provoquant des « barbes » de chaque côté du sillon ainsi tracé. Les gravures à la pointe sèche ne peuvent faire l'objet que d'un tirage limité. On distinguera la *gravure au carré,* gravure au burin dont les tailles sont perpendiculaires, de la *gravure en losange* (Edelinck), dans laquelle les tailles se croisent obliquement.

L'expression *gravure libre* permet de différencier la gravure exécutée par l'artiste lui-même (généralement l'eau-forte) de celle des graveurs de métier.

La *gravure originale* ne saurait être confondue avec la *gravure de reproduction* ou *d'interprétation* fidèle à un tableau.

Le terme de *gravure* s'applique également à la lithographie* lorsque la pierre lithographique, au lieu d'être dessinée au moyen d'un crayon spécial, est directement gravée, ce qui donne un trait plus marqué, semblable à celui de la gravure sur acier.

**gravure sur verre.** Le verre, comme toute autre surface dure (bois, métaux, marbres, pierres précieuses et semi-précieuses), a été un support destiné à un décor tout à fait adapté à l'art du graveur. La gravure sur verre s'exécute selon des techniques fort différentes.

Dans tous les cas, que ce soit à la roue d'acier (cuivre, bronze) ou à la pointe de diamant, au jet de sable ou bien à l'aide de produits corrosifs (eau-forte, acide fluorhydrique, mise au point par Kessler en 1862) faisant appel les uns à des procédés mécaniques, les autres à des procédés chimiques, la gravure incise en creux, plus ou moins profondément, la surface lisse du verre. Le graveur est libre ensuite de donner à son ouvrage un aspect mat ou brillant. En pays germaniques, où l'art de la gravure atteint un niveau inégalable, on aimait combiner les deux.

Dans la gravure à la roue, le verre est manipulé autour d'un élément fixe que constitue le touret, muni de petits outils et animé d'un mouvement rotatif. La gravure se fait par usure. C'est la technique utilisée par les lapidaires.

Dans les procédés chimiques, le principe consiste à enduire la surface du verre d'un produit inattaquable par l'acide, de tracer ensuite le motif à l'aide d'une pointe. Puis le verre est plongé dans l'acide, dont la morsure ne prendra que sur les parties découvertes, formées par le dessin.

À Venise, la gravure au diamant débuta vers 1560 et se développa grâce à la mise au point du « cristallo », un verre un peu plus dur que celui que Venise connaissait jusqu'alors, mais dont la qualité, toutefois, est encore insuffisante pour se prêter à un véritable essor de la gravure propre, suffisant pour supplanter le décor à la pince, pratiqué à chaud, caractéristique de la verrerie vénitienne.

La technique de la gravure à la roue et au diamant est reprise dans les pays germaniques dans le courant du XVIe siècle. Cependant, sa place demeure modeste en comparaison de l'extraordinaire vogue du verre émaillé. Il faut attendre que les verriers de Bohême parviennent à améliorer le verre potassique, à la fin du XVIIe siècle, par l'adjonction de chaux. Le métal obtenu se caractérise par sa brillance et sa dureté. Mais, à l'origine de l'extraordinaire prospérité de la gravure sur verre, un autre événement décisif a été l'installation à Prague d'un graveur lapidaire de la cour de Rodolphe II, Caspar Lehman, qui obtenait le privilège exclusif de la gravure sur verre. Les élèves de Lehman perpétuèrent cet art en Allemagne, et en particulier Heinrich Schawanhardt (1601-1667) à Nuremberg, Hermann Schwinger (mort en 1683), H. W. Schmidt, qui travailla de 1690 à 1695, G. F. Killinger (mort en 1726), Johann Heel (1637-1709). Un art qui, grâce à la découverte du « verre de Bohême », support privilégié, allait peu à peu acquérir ses lettres de noblesse, rayonner dans tous les ateliers allemands et imposer sa leçon à l'Europe entière.

*Verres de Bohême gravé. XVIIIe siècle. Paris, musée des Arts décoratifs.*

Lauros-Giraudon

Dans différents centres de l'Allemagne, des graveurs ont illustré leur talent sur des pièces en cristal de Bohême : en Silésie, célèbre pour la qualité de sa gravure, Friedrich Winter, Gottfried Schneider ; à Postdam, Martin Winter avec son neveu Gottfried Spiller ; en Hesse, Franz Gondelach; en Thuringe, Samuel Schwartz; en Saxe, Johann Christoph Kiessling. Les coupes, les gobelets à facettes ou à côtes, les calices, les drageoirs offrent des décors gravés, enserrés dans des ornementations et des entrelacs de plus en plus denses et de plus en plus riches, au fur et à mesure que se précisent les goûts baroques et leur évolution vers le rococo. La somptuosité la plus grande est atteinte lorsque la gravure est associée à la dorure. Des exemplaires offrent parfois des thèmes d'ornementation directement inspirés des gravures de Jean Berain et, bien sûr, d'ornemanistes allemands. Très appréciés aussi des amateurs, mais exceptionnellement rares sont les thèmes d'architecture.

L'Angleterre, longtemps dépendante de ses importations de verreries vénitiennes, ne développa l'art de la gravure qu'après la mise au point du cristal au plomb. On s'accorde aussi à penser que la dynastie des Hanovre, en montant sur le trône d'Angleterre, introduisit dans ce pays certains usages germaniques, et, parmi eux, sans doute le goût du verre décoré de motifs gravés. Cette pratique est courante pour tous les verres personnalisés et commémoratifs, gravés d'armoiries et de devises, mais aussi de symboles des corporations, des emblèmes maçonniques, ceux des clubs ou des régiments. Pour les collectionneurs, le plus célèbre d'entre eux, le plus rare aussi, est incontestablement le verre jacobite*.

Lauros-Giraudon

*Verre de Bohême gravé. XVIII^e siècle. Paris, musée des Arts décoratifs.*

Aux Pays-Bas, on pratique la gravure au diamant beaucoup plus couramment, sans doute sous l'influence vénitienne. Toutefois, les modèles gravés à la roue existent également, mais sont difficiles à distinguer des productions allemandes. Que l'industrie du verre se soumette à l'art du décor gravé est bien confirmé par le fait que les Hollandais n'hésitaient pas à importer des verres anglais, en cristal au plomb, pour ensuite les graver sur place, souvent d'après des modèles et des gravures. Un certain nombre de graveurs hollandais ont laissé leur nom sur des pièces, aujourd'hui très recherchées des collectionneurs : Anna Roemers Visscher (1583-1651), Maria Tesselschade Roemers Visscher (1594-1649), Willem Jacobz Van Heemskerk (1613-1692), David Wolff (1732-1798), Frans Greenwood et Aert Schouman (1720-1792), son élève. Ces derniers artistes ont participé à la mise au point et au développement d'un procédé décoratif dérivé de la gravure, le « pointillage ». Très populaire au XVIII^e siècle, celui-ci est considéré véritablement comme une spécialité hollandaise. C'était un travail fort long et très délicat — comme on peut l'imaginer —, qui consistait à élaborer le décor en frappant un instrument à pointe de diamant à l'aide d'un petit marteau.

La gravure sur verre est connue en France, mais, semble-t-il, par l'intermédiaire d'artisans étrangers. Il faut attendre la fin du XVIII^e siècle et le XIX^e siècle pour que, avec l'extraordinaire essor de ses cristalleries, la France propose une production de verres gravés vraiment singularisée.

L'art de la gravure sur verre, « traditionnel », connut au siècle dernier, et encore une fois en Bohême, un dernier éclat, avant que les artistes de l'Art nouveau et Art déco ne se l'approprient, pour pousser plus loin encore les limites de ses possibilités créatives. Le succès du verre coloré amena à combiner avec audace, sur une même pièce, plusieurs techniques. Associée au verre coloré, doublé, églomisé et taillé, la gravure participait à la démultiplication des effets.

Émile Gallé s'est toujours servi de la gravure, employant tous les procédés possibles : touret, roue, molette, meule, pointe de diamant et bains d'acide ; il a même créé une molette verticale pour évider les verres trop durs à base potassique et les cristaux massifs. Les pièces gravées à la molette sont beaucoup plus estimées des collectionneurs que celles réalisées à l'acide, car elles comportent des « facettes », plus ou moins larges, preuves d'un travail raffiné.

**Gray** (Eileen), décorateur ensemblier (Irlande 1879 - Paris 1977). D'origine irlandaise, E. Gray, installée à Paris vers 1902, appartient à l'avant-garde Art déco au même titre que Mallet-Stevens ou Le Corbusier. Elle s'initie d'abord aux techniques de la laque japonaise auprès de Sugawara, et réalise vers 1910 des meubles en laque.

Aimant l'abstraction, attirée par les arts africains et océaniens, elle épure les formes de ses réalisations.

Dès 1925, ses meubles, proposés en pièces uniques, sont réalisés en tubes d'acier, simultanément aux modèles conçus par M. Breuer et Mies Van Der Rohe. Désormais, E. Gray préfère à la laque l'acier et le verre. Jusqu'à sa mort, elle mène ses recherches décoratives, innovant

*Transat d'Eileen Gray en sycomore, chrome et cuir. Vers 1922. Adjugé 16 000 dollars par Christie's, à New York, le 3-IV-1982.*

C. A.

sans cesse technique et matière. La plus forte enchère de la vente Doucet, en novembre 1972, est un paravent en laque rouge d'E. Gray, *le Destin*, adjugé 170 000 F ; en 1984, un paravent en bois peint s'est vendu 444 000 F à Monte-Carlo.

**grecque** n. f. Motif ornemental formé de lignes horizontales et verticales, brisées à angle droit et dessinant des portions de carrés ou de rectangles.

Fréquemment employé en architecture grecque, ce motif joue de nouveau un rôle décoratif important dès l'apparition du style néoclassique, notamment sur les bandeaux des armoires, des vitrines, des bibliothèques, des bureaux ou pour encadrer un motif de marqueterie.

**grêle** n. f. Sorte de petite rape dentelée qui lisse l'ivoire sans le rayer et dont la forme permet d'atteindre certains endroits difficiles d'accès, comme les plis des vêtements.

**grenat** n. m. Pierre fine translucide d'un beau rouge foncé (mais certains grenats sont bruns et même vert foncé). De l'Antiquité à la Renaissance, le grenat est très utilisé en joaillerie et en décoration, étant alors considéré comme une véritable pierre précieuse ; au Moyen Âge, il est désigné sous le nom d'« escarboucle », voire de « rubis » !

Le grenat le plus employé en joaillerie est l'almandin, d'un beau rouge intense, mais plus sombre et moins transparent que le rubis. Les Grecs et les Romains en font des bagues, des pendants d'oreilles, des perles de colliers ou le taillent aussi en camées. Les bijoux voyants retrouvés dans les tombes mérovingiennes font beaucoup appel au grenat, monté en cabochon sur des fibules, des bagues, des boucles de ceinture ou de baudrier. Du XIIIe au XVe siècle, l'orfèvrerie et la joaillerie continuent d'utiliser des grenats polis en cabochons, mais parfois taillés ; on se sert aussi de grenats pour décorer des objets d'orfèvrerie. Les grenats de grande dimension permettent même de tailler de petits vases décoratifs.

L'abondance des grenats de Bohême a nui à la réputation de cette pierre, dédaignée par les joailliers, qui ne la considèrent que comme un succédané du rubis. Le grenat sert à confectionner des bijoux de moindre prix, montés sur argent ou vermeil, associé parfois à des perles ou à d'autres pierres de couleurs. Il a connu un grand succès à l'époque romantique, qui l'utilise dans des parures complètes : colliers, bracelets, broches, bagues, pendants. Il est encore employé de nos jours dans la bijouterie de fantaisie.

**grènetis** n. m. Décor d'orfèvrerie qui date au moins du XVe siècle avant J.-C. De minuscules boules d'or sont serrées les unes à côté des autres à la manière de perles pour former un dessin ou souligner un contour. Les bijoux étrusques présentent de magnifiques travaux de grènetis, sur l'exécution desquels les spécialistes se sont perdus en conjectures tant sont imperceptibles les points de soudure réunissant les boules au support. Ce procédé est infiniment plus délicat que celui qui fait appel aux méthodes habituelles de la ciselure.

En orfèvrerie, le terme de « grènetis » tend à être remplacé par celui de « granulation ».

En numismatique, cordon perlé généralement placé à la périphérie d'une monnaie dont il délimite le champ.

**grès** n. m. Les grès sont des céramiques fabriquées en Europe dès le XVe siècle, à pâte fine, dure et sonore. Ils diffèrent des poteries traditionnelles par l'introduction de silex ou de sable dans l'argile et par la cuisson, qui se fait à une température élevée (1 200 à 1 400 °C). Les plus anciens sont sans glaçure ; certains, comme ceux de Silésie, sont d'un ton brun foncé et ont reçu un léger engobe d'argile rougeâtre. Les grès germaniques — d'une grande importance de production — sont estampés ou décorés en relief directement dans la pâte fraîche, avant la cuisson. Les décorations sont parfois moulées à part et collées sur la pièce avant la cuisson.

*Cruche en grès émaillé gris et rouge violacé sur fond bleu, décoré en creux et en relief de différents motifs ; couvercle en étain gravé du nom du potier et de la date : « Wilhem Bruns 1698 ». Faite à Raeren (Rhénanie). [H. 26 cm.] Adjugée 14 000 F par Mes Ader-Picard-Tajan, à Drouot, le 24-X-1980.*

Ader-Picard-Tajan

Dans certains cas, la couverte peut être un simple vernis au sel, qu'on obtient, par exemple, en jetant du sel en fin de cuisson.

Les centres les plus importants de grès sont, en Allemagne, Raeren, près d'Aix-la-Chapelle, Kreussen, aux XVIe et XVIIe siècles ; en France, les régions de Beauvais (XIVe et XVe s.), de Saint-Vérain dans le Nivernais (XVIIe et XVIIIe s.), du Berry, de La Puisaye et de Haguenau en Alsace (XVIIIe s.). Au XIXe siècle se produisit un renouveau dans le Beauvaisis et en Bourgogne.

Depuis 1900, un goût nouveau pour le grès s'est manifesté dans le monde entier.

**Griblin** ou **Gribelin** (les), dynastie d'horlogers originaire de Blois, connue dès la fin du XVIe siècle. La postérité a retenu les noms de Simon, horloger du roi, d'Abraham (1589-1671), son fils, qui lui succéda, d'Isaac, émailleur en boîtes, de Nicolas (1637-1719), horloger de Monseigneur à Paris en 1674, connu pour l'organisation à la Cour, en 1695, d'une loterie d'horlogerie et pour sa collaboration avec Hautefeuille, pour qui il exécuta des montres « allant huit jours et plus ».

**gril** n. m. Ustensile de fer forgé à claire-voie, utilisé pour griller des aliments sur une flamme directe. Qu'il soit rectangulaire, rond ou carré ou à plateau pivotant, le gril est souvent orné par le forgeron de volutes, d'enroulements, de courbes tant pour l'embellir que pour le rendre pratique. Le travail artisanal du fer forgé lui donne toute sa valeur.

**grille** n. f. Ouvrage de serrurerie formé d'un assemblage de barreaux métalliques destiné à fermer une ouverture, tout en laissant passer la lumière et en permettant la vue, à séparer les différentes parties d'un édifice, à remplacer les balustrades en maçonnerie ou en bois dans leur rôle protecteur.

Les grilles les plus simples sont formées de barreaux ou de verges qui viennent s'assembler sur ou dans des traverses. Les assemblages diffèrent selon les types de grilles : à tenon d'épaisseur, à tenon réduit, à tenon

Laurin-Guilloux-Buffetaud-Tailleur

*Grille en fer forgé, œuvre de maîtrise d'un ferronnier. (H. 50 cm.) Adjugée 3 500 F par M^{es} Laurin-Guilloux-Buffetaud-Tailleur, à Drouot, le 8-X-1982.*

rapporté, à vis, à demi-fer. Les grilles ouvrantes peuvent livrer ou interdire le passage d'un lieu public ou privé. Selon la longueur des battants, elles sont cochères ou charretières, si elles laissent passer une voiture. On les nomme « poternes » ou « guichets » lorsqu'elles servent de passage aux piétons. La poterne s'ouvre à côté de la porte cochère ; le guichet y est incorporé. Les grilles d'imposte sont des grilles dormantes permettant de fermer les ouvertures situées au-dessus des portes ou des portails. On appelle « grille à tombeau » une grille de fenêtre en façade dont la forme générale est bombée vers l'intérieur à sa partie inférieure. Les grilles d'œils-de-bœuf et de soupiraux sont aussi des grilles dormantes.

Les ouvrages d'appui situés devant les fenêtres, ou baies, sont appelés « barres d'appui », « balconnets ». Les ouvrages d'appui scellés sur les balcons portent, suivant leur forme, les noms de « grilles de balcon », de « grilles de grand balcon », de « grilles de balcon galbé » ou de « grilles de balcon en corbeille ». Les grilles de balustrade se rencontrent à l'intérieur des monuments civils et religieux. Les appuis de communion situés dans les édifices religieux, à la limite du chœur et de la nef, sont de même facture que les grilles de balcon ou de balustrade. Les grilles extérieures demeurent pratiquement inconnues au Moyen Âge, qui ne transmettra que des grilles intérieures de rôle décoratif ainsi que pour la protection des clôtures dans les églises et les couvents. Les grilles entrelacées, qui n'ont qu'un rôle de grilles dormantes, sont de dimensions modestes. De cette époque datent les herses de châteaux forts et quelques portes de fer. Les artisans utilisent alors des enroulements faits à la forge, fixés entre eux et aux montants par des rivets.

Jusqu'au XV^{e} siècle, le système de construction reste pratiquement le même, même si les dessins s'enrichissent de pièces obtenues par étampage, de découpures de fer battu. Au cours de la Renaissance, les grilles se multiplient à l'image des châteaux et des demeures royales. Leur fonction défensive s'efface devant leur fonction ornementale, s'épanouissant en volutes, en spirales, en entrelacs et autres enroulements. Au XVII^{e} siècle, de grands espaces découverts sont clos à l'aide de grilles monumentales, et, sous le règne de Louis XIV, des grilles somptueuses sont fabriquées assez souvent, notamment à Versailles, à Saint-Cloud, à Chantilly, à Choisy, à Sceaux, à Meudon, au Louvre, aux Tuileries.

Au XVIII^{e} siècle, avec la Régence et le règne de Louis XV, l'art des grilles connaît son apogée tant dans l'élégance de ses réalisations que dans une surprenante variété d'inventions. La place Stanislas à Nancy, réalisée par Lamour*, est le couronnement de cet art... Les grilles deviennent la décoration principale des palais. Elles sont le fruit de la collaboration d'artistes, sculpteurs et architectes avec des serruriers. Ces derniers en arrivent à organiser de véritables expositions de leurs œuvres avant leur mise en place, afin qu'elles soient proposées à l'admiration de nombreux amateurs. Les motifs décoratifs asymétriques, les rinceaux, l'exubérance végétale sont nombreux dans les ouvrages baroques. Après un retour aux formes plus sages du néoclassicisme, les grilles adopteront tous les styles au cours du XIX^{e} siècle, qui pastiche toutes les époques précédentes. Le fer forgé sera véritablement redécouvert par les artistes de l'école de Nancy, pour des réalisations fort originales.

Au XX^{e} siècle, la fabrication des grilles décroît en raison de leur prix de revient élevé et de la concurrence de nouveaux matériaux permettant la réalisation de clôtures à bon marché. On trouve des grilles chez quelques très rares marchands spécialisés ou au hasard des ventes publiques. Leur prix, en regard du travail exécuté, est négligeable et souvent inférieur aux frais nécessaires à leur adaptation.

**grisaille.** V. CAMAÏEU.

**gris Trianon.** Expression désignant une peinture des meubles, dont la couleur va du blanc cassé au gris pâle.

Cette appellation tire son origine du Grand Trianon, dont la construction, commencée sous Louis XIV, a été interrompue lors de la déclaration de guerre contre la ligue d'Augsbourg ; les boiseries, prêtes à être dorées, étaient enduites d'un apprêt à base de céruse, de plâtre et de cendre tamisée, et, l'heure n'étant plus aux dépenses inconsidérées, elles ne furent finalement jamais dorées. Très blanc à l'origine, cet enduit se fonça progressivement jusqu'à donner la teinte « gris Trianon », qui devint très à la mode à l'époque Louis XVI.

**groisil** n. m. Déchet de verre.

**Grolier** (Jean), trésorier de France (1479-1565). Il est le plus connu, voire le plus grand des bibliophiles français.

Ader-Picard-Tajan

*Exemplaire de la version latine des* Huit Livres d'Hérodien, *publié chez Alde en 1524 et ayant appartenu à Jean Grolier, dont l'ex-libris en lettres dorées orne le bas du volume. Adjugé 135 000 F par M^{es} Ader-Picard-Tajan, à Drouot, le 2-XII-1981.*

Érudit, mécène et bibliophile, il constitua une bibliothèque de 3000 volumes tous superbement reliés. Fidèle à sa devise « Io. Grolieri et amicorum » frappée sur ses livres, il avait en double ou en triple les exemplaires des volumes qu'il affectionnait particulièrement. Une reliure passée en vente publique en 1981 a été adjugée 135000 F. Il s'agissait d'un exemplaire de la version latine des *Huit Livres d'Hérodien,* publié chez Alde (1524), relié en maroquin olive. En 1963, un *Denys d'Halicarnasse,* en maroquin mosaïqué, avait été vendu 9600 F.

**Gropius** (Walter), architecte et théoricien allemand (Berlin 1883 - Boston 1969). Gropius assiste de 1907 à 1910 l'architecte Peter Behrens (1868-1940), rationaliste et fonctionnaliste. Il est nommé en 1919 directeur de l'école d'art appliqué de Weimar, le Bauhaus ; installé à Dessau en 1925, le second Bauhaus paraît un repère dans l'architecture moderne et dans l'histoire de la pédagogie.

Les beaux-arts et les arts décoratifs ne seront plus distincts désormais ; outre des ateliers de métal et d'appareillage électrique, un atelier, dirigé par Moholy-Nagy, emploie la caméra à créer des formes décoratives. Gropius, émigré aux États-Unis (1933), fonde les Architects Collaborative, constituant notamment le Harvard Graduate Center avec une équipe cosmopolite.

À la différence de W. Morris, Gropius comprend qu'on ne peut plus se passer de la machine et diffuse ses théories dans des ouvrages.

**gros** n. m. Nom donné à un certain nombre de pièces d'argent, multiples du denier, qui sont apparues au XIIIe siècle. La première d'entre elles a été le « gros tournois », créé par Saint Louis pour une valeur de 12 deniers de compte. Plus tard, en particulier sous Jean le Bon, les appellations « gros » et « blancs » sont parfois utilisées indifféremment.

**Gros-Caillou.** Verrerie française en activité à la fin du XVIIIe siècle, spécialisée dans les ouvrages façon d'Angleterre. Elle fut l'une des premières à produire des sulfures. (V. VERRE.)

**gros de Tours** ou **de Naples.** Étoffe de soie à gros grain fabriquée à Tours ou à Naples.

**Grosz** (Georg), peintre et dessinateur américain d'origine allemande (Berlin 1893 - *id.* 1959). Élève de l'académie des beaux-arts de Dresde, puis de l'école des Arts décoratifs de Berlin, Grosz commença à peindre et à dessiner avant la guerre et collabora à des revues satiriques, comme les *Lustige Blätter* ou le *Simplicissimus.* Mobilisé en 1914, blessé au front, il exprime dans ses premières œuvres lithographiques sa révolte et son horreur de la guerre. Rallié au mouvement dada dès 1917, il ne cesse, dès lors, de dénoncer, dans des gravures acerbes, les tares de la société. Ayant gagné les États-Unis en 1932 et acquis la nationalité américaine, il revient en 1959 à Berlin, où il meurt peu après. Ses œuvres sont plus en faveur en Allemagne et aux États-Unis qu'en France.

**grotesques** n. f. pl. Motif ornemental employé par les peintres, les graveurs, les sculpteurs, les tapissiers, composé d'arabesques, de rinceaux, de frêles architectures peuplées de figures animales, humaines et imaginaires, agrémenté de minces portiques, de légers trophées, de bouquets. C'est à la Renaissance, lorsque l'on découvrit les décors peints et stuqués des grottes de la Domus Aurea de Néron, que les artistes héritiers de Raphaël

H. Fournier

*Plat en faïence de Moustiers à décor vert et or de grotesques, marqué Olerys. XVIIIe siècle. Coll. Hélène Fournier.*

(Giovanni da Udine) s'emparèrent de ces décors aériens et élégants. Diffusées en France au XVIIe siècle, les grotesques sont particulièrement riches au XVIIIe siècle, avec Claude III Audran et Berain, sur les boiseries peintes, les meubles, les fonds de tapisserie, les faïences.

**Groult** (André), décorateur ensemblier (Paris 1884 - *id.* 1967). Si Groult, qui a fait ses recherches décoratives en dehors de tout groupe, emploie des styles traditionnels pour réaliser ses meubles, il sait les adapter au nouveau courant esthétique, se servant de bois précieux et de matières raffinées, comme l'ébène de Macassar, l'écaille, la nacre et la laque.

Les meubles conçus par lui sont très proches dans leur structure des réalisations de P. Follot. Rappelant le style Restauration, le Louis XVI ou le Directoire, les modèles de Groult allient à une recherche de confort et de sécurité des éléments baroques, comme un meuble anthropomorphe présenté à l'Exposition des arts décoratifs (1925) et créé pour la chambre de Madame. Les formes galbées de ses meubles, aux matériaux choisis, sont recherchées des collectionneurs. Outre une production de série qui est plus accessible, certaines pièces exceptionnelles atteignent des prix élevés, tel ce lit gainé double face, estampillé du monogramme Chanaux, enlevé 330000 F (Paris, 18-VI-1981).

**Gruber** (Jacques), peintre verrier français (Sundhausen 1870 - Paris 1936). L'annexion de l'Alsace incite son père, hôtelier, à s'installer à Nancy.

En 1893, Jacques Gruber est professeur à l'école des beaux-arts de Nancy, après avoir été à Paris l'élève de Gustave Moreau. De 1894 à 1897, il assure la décoration des premières « verreries d'art » chez les Daum. Dès son séjour parisien, il a voulu travailler le vitrail, mais il ne se consacre à cet art qu'après 1903, installant son propre atelier rue de La Salle (Nancy). Il se sert de verres d'origine industrielle — provenant de chez Appert (Paris), ou de chez Huppleger (Bruxelles) —, fabriqués en feuilles de grandes dimensions, évitant l'emploi abondant de plombs. Il maîtrise parfaitement toutes les techniques du verre, parfois combinées : les émaux, le procédé en grisaille...

Gruber est le graveur et le dessinateur de meubles qui sont réalisés par E. Vallin ; néanmoins, les vitraux qu'il signe dès 1907 « J. Gruber, peintre-verrier », car il en est à la fois l'inventeur et l'exécutant, sont à l'origine de sa réputation.

À partir de 1920, ses compositions d'un naturalisme stylisé suivent le courant Art déco. Un ensemble de trois vitraux, *Vol de mouettes,* vendu 210 000 F au Nouveau Drouot, le 10-XIII-1987, a été préempté pour le musée d'Orsay.

**Grun** (Jules Alexandre), peintre, illustrateur et affichiste français (Paris 1868 - *id.* 1934). Élève de l'École d'application des beaux-arts et de l'industrie, Jules Grun collabora au *Chat Noir* ainsi qu'à divers journaux, pour lesquels il composait des scènes de la « vie parisienne ». Il fut aussi un affichiste à la mode, notamment dans le domaine du spectacle. On trouve ses affiches à des prix généralement modérés.

**Guangdong.** Nom chinois de la ville de Canton. (V. CHINE.)

**Guarneri** (Bartolomeo Giuseppe, dit Del Gesu), luthier italien (1698-1744). Issu d'une famille de luthiers de Crémone qui a marqué l'art de la lutherie, il fut sans conteste le plus grand et le plus singulier, créant un modèle de violon au dessin personnel, reconnaissable à la forme des ouïes longues et pointues. Ce modèle, comme celui de Steiner et de Stradivarius, fut très souvent copié.

**Gubbio.** L'origine de la fabrique de Gubbio, en Ombrie, se situe aux environs de 1480 et est probablement la même que celle de Castel Durante et celle d'Urbino. Toutefois, des pièces clairement marquées M G (Maître Giorgio Andreoli, le maître faïencier originaire de Pavie) peuvent être datées des années 1520-1525. La faïencerie de Gubbio fut dirigée par un fils d'Andreoli, Vincenzo, jusque vers 1576. Les motifs de Gubbio sont composés de scènes mythologiques ou religieuses, de coupes de fruits, de fleurs, de feuilles en relief, de bustes et d'armoiries. Les décors sont relevés de couleurs dorées et de rouges métalliques très caractéristiques.

**güe** n. m. Motif décoratif de forme octogonale souvent utilisé dans les tapis d'Afghānistān (notamment à Boukhara). On dit aussi « en pied d'éléphant ».

**guéridon** n. m. Table à un seul pied comportant un plateau circulaire et destinée à présenter des chandeliers ou des objets d'ornement. Ce nom curieux viendrait d'un jeune esclave noir qui accompagnait Louis XIV, en tenant des flambeaux à la main. Par la suite, les guéridons ont un pied central en forme d'esclave maure supporté par trois pieds. Au XVIII$^{e}$ siècle, les guéridons s'adaptent aux styles successifs. Certains modèles Louis XVI et Empire ont deux plateaux. Les plus courants sont les tables circulaires à piétement tripodes.

Au second Empire, les plateaux, en poirier noirci ou en papier mâché, sont souvent ornés d'un décor floral peint à la main ou en marqueterie de nacre. Le guéridon « pare-feu » comporte un plateau circulaire qui peut basculer en position verticale.

*Guéridon appartenant à une paire, en bois mouluré, sculpté et doré de deux tons ; pieds cambrés à cannelures reliés par une tablette.*

**guichet** n. m. Case ouverte dans un meuble, un bureau ou une table de nuit.

**Guignard** (Pierre François Queniard, dit), ébéniste français. Reçu maître en 1767, il participa à la Commune insurrectionnelle du 10 août 1792 et mourut sur l'échafaud le 29 juillet 1794, deux jours après Robespierre, victime des thermidoriens (c'est le seul ébéniste guillotiné). Il a produit de nombreux meubles originaux, toujours d'une rigoureuse composition, telle la très belle commode en laque à décors chinois conservée au ministère des Finances.

**guignol** n. m. Marionnette* à gaine (inventée en 1805 par un canut lyonnais, Laurent Mourguet), portant un petit tricorne sombre, un manteau et surtout une joviale expression sur son visage de carton bouilli relevé de teintes gaies. Le mot désigne aussi par extension le petit théâtre de bois ou de carton peint et décoré, à toit en fronton derrière lequel se meuvent les marionnettes. Puis la renommée de Guignol s'étendant, celui-ci est aussi le synonyme de pantin ridicule, de cabotin.

Guignol est aujourd'hui un personnage cher aux petits enfants, mais il fut à sa création un personnage populaire doté du fort accent lyonnais, qui enthousiasmait les petites gens de Lyon par ses actions vivantes, anarchistes et satiriques. Il détrôna rapidement le vieux Polichinelle, venu d'Italie au XVII$^{e}$ siècle, et « monta » à Paris, où il fit un triomphe. Entouré de Gnafron le savetier, de Madelon, du Gendarme, il donnait un nouveau souffle au spectacle de marionnettes populaires.

On trouve encore des marionnettes lyonnaises plus ou moins anciennes chez les antiquaires ou les brocanteurs, nettement moins chères que les poupées ou les santons.

**Guillaume** (Albert), peintre et dessinateur français (Paris 1873 - Faux, Dordogne, 1942). Fils d'un professeur aux Beaux-Arts et élève de Gérôme, Guillaume se spécialisa dans le dessin humoristique, collaborant aux journaux et aux périodiques de la « Belle Époque ». Il excella dans les scènes légères et croqua aussi avec humour la vie militaire. On lui doit également des affiches commerciales et de spectacle. Dans la carte postale, Albert Guillaume a participé à la collection des « Cent » (un bourgeois et une mondaine sous un parapluie noir). En dehors de ce document, les « reprises » de ses dessins ne font pas une cote élevée.

**guillaume** n. m. Rabot étroit à fer latéral servant à confectionner les moulures. Certains guillaumes possèdent une poignée à l'arrière du fût. Le guillaume adopte parfois le nom de la moulure qu'il forme (gorget, mouchette, gorgeret). Le fer du guillaume était détrempé, puis formé par l'artisan.

**guillochis** n. m. Motif régulier composé de petites lignes brisées ou ondées, parallèles ou entrecroisées, disposées soit géométriquement, soit en motifs rayonnants, soit encore en cercles concentriques. Le guillochis est tracé par un burin particulier, la guilloche. Ce décor est très utilisé pour les petits objets d'or : bijoux, boîtes et boîtiers de montres notamment. L'effet est particulièrement raffiné lorsqu'il apparaît au fond d'un émail translucide. S'il fut pratiqué surtout au XVIIIe siècle, Fabergé et Cartier, au XXe siècle, exécutèrent des objets émaillés sur fond d'or guilloché (boîtes, pendulettes), très recherchés aujourd'hui des collectionneurs.

**guillotine** (à). Système de fermeture de certains meubles de la fin du XVIIIe siècle, comportant un volet coulissant verticalement entre deux rainures.

**Guimard** (Hector), architecte et décorateur français (Lyon 1867 - New York 1942). À l'École des arts décoratifs, Guimard est l'élève de Genuys. Après un passage mouvementé aux Beaux-Arts, il participe au pavillon de l'Électricité à l'Exposition de 1889.

Trois étapes jalonnent sa carrière : de 1890 à 1898, il poursuit l'enseignement de l'école du Sacré-Cœur (hôtel Jassédé, 1893) ; puis il rencontre Horta qui l'initie aux lignes Art nouveau ; dans cet esprit, il conçoit le Castel Béranger (14, rue La Fontaine, Paris), qui illustre ses théories : l'architecture et la décoration sont avant tout logiques et expriment le sentiment ; l'architecte est un artiste qui doit user de l'industrie à des fins esthétiques ; un immeuble constitue un environnement complet, en sorte qu'il invente même les boutons de porte. De 1898 à 1913, Guimard devient le maître incontesté de l'Art nouveau en France, connu surtout pour ses entrées du métropolitain (Exposition de 1900). Abandonnant tout lyrisme, il fait des recherches sur l'industrialisation et fonde en 1923 le Groupe des architectes modernes avec Jourdain, Sauvage... La synagogue de la rue Mozart, construite en béton armé, sans décoration, annonce les œuvres Art déco.

*Plateau en bronze doré de Hector Guimard. Vers 1909. (D. 36 cm.) Paris, musée des Arts décoratifs.*

Longtemps oubliées, ses réalisations bénéficient actuellement d'une redécouverte par les architectes français et américains. Le « style Guimard », ou « style Métro », en référence avec la nature, s'appuie donc essentiellement sur l'unité de l'art : chaque ligne est comprise dans une vision globale de l'ensemble.

**guimbarde** n. f. Petit instrument de musique constitué d'une armature, sur laquelle est fixée une languette de métal que l'on fait vibrer devant la bouche, utilisée comme caisse de résonance. Les plus anciennes guimbardes figurent dans les collections d'antiques.

Parmi les outils, la guimbarde est un rabot plus large que long, servant à parfaire les fonds déjà dégrossis.

**guipure** n. f. Nom donné aux dentelles antérieures au XVIIIe siècle, à larges mailles, à barrettes et à picots, à fonds variés et irréguliers. À partir du XVIIIe siècle seulement, les dentelles eurent un fond régulier, ou réseau, qui se substitua à la guipure. La guipure la plus connue est la guipure de Venise* ; il y a aussi la guipure point Colbert, la guipure de Cluny, la guipure du Puy*, la guipure des Flandres et la guipure d'Irlande. Actuellement, la guipure est largement imitée mécaniquement.

J. Perrin

*Guirlandes fleuries, dessus de marbre blanc. Époque Louis XVI.*

**guirlande** n. f. Ornement architectural ou décoratif en forme de feston, représentant des branchages, des fleurs, des fruits, souplement tressés et parfois retenus par des rubans croisés.

**guitare** n. f. Instrument de musique à cordes pincées, de la famille du luth. Sa caisse est plate et porte un manche qui comprend généralement six cordes. Au XVIIe et au XVIIIe siècle, celui-ci en possédait dix et même plus. La guitare est un instrument populaire, particulièrement apprécié pour sa sonorité, sa lutherie et son élégance. Outre la guitare de forme courante, il existe la guitare lyre, la guitare harpe, la guitare mandoline, la guitare luth. Parmi les grands luthiers de cet instrument, citons Joachim Tielke et Matteo Sellas au XVIIe siècle, Lacotte, Panormo et Ramirez du XIXe siècle, qui ont pris place dans les meilleures collections.

**Gurgān.** V. GORGAN.

**Gutenberg** (Johannes Gensfleisch, dit), imprimeur allemand (Mayence 1399 - *id.* 1468). Il est sans doute le plus connu des imprimeurs et inventa le procédé d'impression avec des caractères mobiles. Associé à l'orfèvre Johann Fust, il imprima le premier livre typographique en 1455.

**gyroscope** n. m. Jouet du XIXe siècle qui, lancé énergiquement grâce à une ficelle enroulée sur son axe, se met en rotation. Souvent en laiton ou en acier, le gyroscope se compose d'un axe vertical, d'une large rondelle horizontale fixée au milieu de l'axe et d'un anneau perpendiculaire à la rondelle et fixé à chaque bout de l'axe.

L'Atelier d'un horloger. *Gravure de Philipp Galle, d'après une illustration de Jan Stradanus pour* Nova Reperta. *Paris, Bibliothèque nationale.*

# H

**Habermel** (Érasme), fabricant d'instruments de mesure allemand (Prague 1538 ? - 1606). Il exécuta de nombreux instruments pour l'empereur Rodolphe II, parmi lesquels un cadran solaire et un cadran lunaire (musée de Dresde) ainsi qu'un cercle d'arpentage (musée des Sciences de Florence). Ses instruments sont très recherchés et rares.

**Hache** (Jean-François), ébéniste français (Grenoble 1730-*id.* 1801). Il est le plus célèbre d'une lignée d'ébénistes ; son grand-père Thomas (mort en 1747) fut au service du gouverneur du Dauphiné, et son père, Pierre, initia ses trois enfants à l'art d'une ébénisterie extrêmement soignée, utilisant avec virtuosité les essences d'arbres indigènes. Les secrétaires et les commodes de l'atelier des Hache se distinguent par des encadrements de filets noirs autour de motifs de marqueterie d'une impeccable exécution. Certains meubles sont estampillés ou comportent des étiquettes descriptives, collées à l'intérieur des tiroirs.

**hache** n. f. Nom générique pour désigner un instrument constitué par un fer en fer forgé à biseau tranchant, fixé à un manche et servant à fendre le bois. Les haches varient dans leurs tailles et leurs formes, selon leurs usages et leurs régions d'origine. Il convient alors de distinguer les grandes haches : la hache d'abattage du bûcheron, à deux biseaux et au taillant droit ; la cognée, au fer courbe, large, épais, en forme de coin (le manche varie selon les régions). Les doloires* présentent un fer dissymétrique au manche.

De nombreuses haches portent des noms spécifiques : le départoir du merrandier, au fer long, rectangulaire, qui sert de coin ; le coutre du merrandier et du tonnelier, au fer fendu à son extrémité ; l'aisseau* du tonnelier ; le rognoir du tonnelier, qui possède un fer large et recourbé afin de travailler l'intérieur des douves ; la curette à gouge du tonnelier, qui possède un fer semblable à celui du rognoir, mais monté sur une longue douille, laquelle s'encastre sur un manche de bois. Les herminettes* forment une famille à part. La collection de haches est particulièrement appréciée par les amateurs d'outils anciens.

**Hadley** (John), astronome anglais (comté d'Herford 1682-East Barnet 1744). Il imagina l'octant* à réflexion pour permettre de mesurer les distances avec précision et présenta le 13 mai 1731 à la Royal Society deux sortes d'octants, dont l'un devint le sextant*. Il révolutionna les instruments d'astronomie et provoqua l'abandon du quartier* de Davis, de l'arbalestrille* et des secteurs* gradués à la fin du XVIIIe siècle. Pendant la première moitié du XVIIIe siècle, il construisit des télescopes* de Gregory.

**Halsman** (Philippe), photographe américain (1906-1979). Photographe professionnel dans les années 30 à Paris, Halsman émigra en 1940 aux États-Unis, où il travailla pour *Life, Time* et autres grands magazines. Il atteignit vite à une renommée internationale, notamment par ses portraits des célébrités du monde de la politique, du cinéma, de la science : Nixon, Marylin Monroe, Einstein. Il considérait comme secondaires la technique, les équipements photographiques et comme primordiaux, pour la réussite d'un portrait, les rapports entre le photographe et son sujet ainsi que la bonne connaissance psychologique de celui-ci.

**Hamadhān.** Ancienne ville royale iranienne, au cœur de la province du même nom, au nord-ouest du pays, Hamadhān donne son nom à une production très variée de tapis noués au nœud turc dans les très nombreux villages (environ un millier) de la région. La multitude des décors, variant souvent avec le village, empêche une énumération exhaustive. Notons seulement un trait commun dans la conception des bordures, souvent larges, composées d'une prébordure brune, beige ou noire. Sur le fond, généralement brun foncé ou clair, en poil de chameau, se détachent des motifs multicolores. Le tissage est assez rustique. Le velours est haut ou moyen.

**Hamerani** (les), famille de médailleurs italiens, dont les membres travaillèrent pendant deux siècles à la monnaie papale de Rome. Le premier d'entre eux fut *Alberto* (1620-1677), qui grava pour Clément IX et Clément X.

Son fils, *Giovanni* (1649-1705), fut peut-être le plus célèbre de la dynastie ; il grava les monnaies et les médailles de Clément X, de Clément XI, d'Innocent XI, d'Alexandre VIII et d'Innocent XII.

Son fils, *Ermenegildo* (1685-1744), travailla pour Innocent XIII et Benoît XIII, tandis que son petit-fils, Gioacchimo, fut le médailleur des papes Pie VI et Pie VII.

**hammerless.** Terme anglais qui signifie « sans marteau », « sans chien ». Ce terme impropre indique seulement que les chiens sont à l'intérieur de la platine au lieu d'être à l'extérieur, comme sur les fusils de chasse traditionnels. Le verrouillage est simple et efficace. L'invention est due aux arquebusiers anglais Anson et Deeley en 1875.

Les très beaux fusils de chasse à canon lisse « hammerless », de fabrication anglaise, portant une grande signature, Purdey ou Holland and Holland par exemple, sont très recherchés des amateurs, qui les payent des sommes considérables, surtout lorsqu'ils sont vendus par paire.

**Han.** V. CHINE.

**hanap** (du francique « hnap », écuelle ; « hanappus » en bas latin) n. m. Coupes à boire en métal, assez grandes, montées sur pied et munies d'un couvercle, les hanaps, en usage au Moyen Âge et à la Renaissance, étaient le plus souvent en argent, mais également en étain. Certains ont un couvercle qui se ferme à clef, pour préserver du poison les boissons qu'ils contiennent. On trouve rarement des hanaps sur le marché, car ces pièces d'orfèvrerie ont été souvent refondues.

**Hanau.** Une première fabrique de faïence fut fondée en 1661 à Hanau, ville de l'électorat de Hesse, par deux Hollandais, Daniel Behagel et Jacobus Van der Walle. Les ouvriers faïenciers étaient aussi tous originaires des Pays-Bas. Après avoir changé plusieurs fois de mains, la fabrique revint de nouveau, à la fin du XVIIe siècle, sous le contrôle de la famille Behagel.

*Hanap flamand en ivoire, dont la coupe en forme de nef sculptée représente* l'Enlèvement des Sabines *d'après Jean de Bologne, le pied sculpté de tritons. Troisième quart du XVIIe siècle. (H. 39 cm.)*

Sotheby Parke Bernet

Ainsi Hanau, avec Francfort, est la plus « delftoise » des manufactures faïencières allemandes, car, vers 1725, si elle change encore de propriétaire, c'est encore une famille de faïenciers hollandais — les Van Alphen — qui en prend possession jusqu'à sa fermeture, à la fin du XVIIIe siècle. Les décors sont d'inspiration orientale, avec des thèmes chinois comportant des fleurs, des oiseaux, des paysages aquatiques, des « longues dames », et aussi du genre rouennais, avec des motifs à lambrequins, que les Hollandais appelaient le « fransche punt » (« le point français »). Le goût rocaille au petit feu s'est peu imposé à Hanau et à Nuremberg. Les décors rococo à Hanau — fleurs et chinoiseries — ont surtout été traités au grand feu et sont d'une qualité exceptionnelle. Les fleurs stylisées dites « des Indes » — « Indische Blumen » — et les « fleurs allemandes » — « Deutsche Blumen » —, du genre de celles peintes à Meissen, ont dominé le décor avec les insectes, les papillons, puis il y eut les fleurs fines de Strasbourg à la manière des Hannong, qui influencèrent les artistes allemands du XVIIIe siècle.

**Hannong.** V. STRASBOURG.

**Hansi** (Jean-Jacques Waltz, dit), graveur et dessinateur d'origine alsacienne (Colmar 1873 - *id.* 1951). À la veille de la Première Guerre mondiale, J.-J. Waltz publia, sous le nom de Hansi, des dessins et des albums de caractère germanophobe qui lui valurent en France une immense popularité. Réfugié en France pendant la guerre, il produisit, dans le style de l'imagerie d'Épinal, de nombreux dessins patriotiques. Clemenceau lui confia la direction de la propagande de guerre par le dessin. Exilé en Suisse durant la Seconde Guerre mondiale, Hansi réapparut après la Libération avec des cartes publicitaires et gastronomiques. Ses cartes postales patriotiques et alsaciennes sont recherchées des spécialistes.

**harlequin pembroke.** Dans le mobilier anglais, bureau léger formé d'une table dont l'ouverture du volet permet la présentation d'un casier escamotable.

**harmonica** n. m. Instrument de musique à vent, diatonique ou chromatique, appelé aussi « orgue à bouche ». Inventé en 1821 par Frédéric Buschmann, l'harmonica est composé d'anches libres, fixées séparément dans des canaux juxtaposés, que l'on met en vibration en soufflant ou en aspirant. Il existe des harmonicas de différentes dimensions. Ceux du XIXe siècle offrent le plus d'intérêt pour le collectionneur.

**harmonium** n. m. Instrument de musique à vent, à clavier et à anches libres. Construit sur les principes de l'orgue, l'harmonium est muni de deux pédales, chargées d'alimenter la soufflerie. Il s'impose au XIXe siècle grâce à des facteurs français comme Gernie, Debain, Alexandre et Mustel. Son volume est lié au nombre de ses jeux. Parmi les harmoniums les plus simples, il faut citer le populaire « Harmoniflûte ». Face aux sons électroniques des nouvelles orgues, une clientèle récente semble désireuse de retrouver le son « naturel » de l'harmonium. Le guide-chant est un harmonium sur lequel on joue d'une main, pendant que l'autre main actionne un soufflet.

**harpe** n. f. Instrument de musique à cordes pincées. Son ancêtre est certainement l'arc musical monocorde. Arquée, angulaire, en forme de lyre ou de luth, ou sous d'autres formes, la harpe présente dans toutes les civilisations depuis la plus haute Antiquité. Qu'elle soit celtique, de Birmanie, du Nouristan, de Finlande ou d'Afrique, elle est un merveilleux sujet de collection. La harpe classique est basée sur la tension de cordes, de différentes longueurs, fixées, par l'intermédiaire d'une console, entre un bras et une table de résonance en bois.

Au XVIIIe et au XIXe siècle, les facteurs européens, tels que Hochbrucker, Érard, Cousineau, Nadermann, font de cet instrument un véritable chef-d'œuvre de lutherie par la finesse du décor. Ils en améliorent la sonorité par l'augmentation du nombre des cordes et par l'application de différents mécanismes aux mouvements actionnés par

C. A.

*Petite harpe en bois sculpté de feuilles d'acanthe et de guirlandes, décorée d'attributs de musique, d'oiseaux et de fleurs dans le goût du vernis Martin. Signée Le Duc et Jaulme, rue du Roule, à Paris. Époque Louis XVI.*

des pédales. À la fin du XIXe siècle, Gustave Lyon inventa la harpe chromatique à cordes croisées. Par son élégance, la harpe est très prisée des amateurs, mais, étant fragile, elle demande un examen sérieux avant son achat, qui peut atteindre, pour les noms cités, de 20 000 à 60 000 F.

**Hassall** (John), affichiste anglais (1868-1948). John Hassall fut membre du Royal Institute of Painting in Water Colour. Il a produit de nombreuses affiches touristiques dans un style qui ne manquait pas d'humour.

Ader-Picard-Tajan

*Hallebarde du XVe siècle à fer tranchant et croc de désarçonneur, arme d'hast des gardes de l'empereur Mathias, successeur de Maximilien. Adjugée 9 500 F, le 30-X-1982.*

**hast** (armes d'). Les armes d'hast — dont le nom dérive du latin « hasta », hampe — sont parmi les plus anciennes armes utilisées. Elles dérivent probablement toutes de l'épieu de chasse à la pointe durcie au feu. À l'époque médiévale, les hommes de pied (par opposition aux chevaliers) sont munis d'armes d'hast composées de hampes de bois surmontées de fer aux formes les plus diverses : pique, couteau de brèche, guisarme, fauchard, pertuisane, hallebarde, vouge...

Les formes sont multiples. Certaines armes, munies de crochets, servaient à désarçonner les cavaliers. Les armes à feu ne firent pas disparaître les piques et les hallebardes, mais la baïonnette, qui, enfoncée dans le canon du fusil, devient une arme d'hast composite, les remplaça. Aux XVIIe et XVIIIe siècles, les officiers étaient munis d'espontons et les sergents aligneurs de longues piques pour vérifier la rectitude des rangs de l'infanterie, rangée en bataille. Les gardes suisses de la Maison du roi, à Versailles, étaient dotés de hallebardes aux fers découpés et ornés de manière somptueuse.

La cavalerie a utilisé de tout temps la lance : en France, durant la Grande Guerre, les dragons en étaient encore dotés (superbe lance en bambou du Tonkin)..., ainsi que la cavalerie polonaise en 1939.

Les armes d'hast se trouvent en nombre important sur le marché. Leurs prix ne sont guère élevés, car les amateurs ne semblent guère connaître et apprécier ce type d'armes. Seuls les beaux espontons possèdent une cote réelle. Par contre, on peut acquérir pour quelques centaines de francs une lance réglementaire de cavalerie.

**hatayī.** Mot turc signifiant « chinois » ; de Cathay, Chine. Ce décor est essentiellement constitué par l'arabesque des Ottomans ; la distinction avec le décor *roumi** tient plus aux motifs utilisés qu'à leur agencement. Néanmoins, les compositions ont plus de souplesse. Certains auteurs mettent l'accent sur les « enroulements de nuages » *(tchi)* et les fleurs de lotus ; d'autres insistent sur une « dynamique » particulière, qualifiée parfois de « bourrasque » ; les arabesques hatayī sont souvent scandées par de grosses fleurs (dérivées de la rose, de la pivoine et de la grenade) et surtout par de grandes palmes — à simple ou à double courbure — aux bords fortement échancrés (désignées par l'expression « feuilles plumeuses » [*saz*]).

**hausse de canon.** Instrument servant à pointer, c'est-à-dire à déterminer l'inclinaison du canon pour que le boulet atteigne sa cible. Ayant le même usage que l'équerre de canonnier, la hausse de canon date également du début du XVIe siècle. Elle se place au-dessus de la culasse et est souvent combinée avec une mire. En cuivre doré, elle est composée d'une règle, d'un fil à plomb et d'un secteur gradué. Les exemplaires allemands sont finement ciselés et très décoratifs, et sont plus discrets que les exemplaires français.

**hautbois** n. m. Instrument de musique à vent, à perce conique et à anche double, que l'on trouve depuis longtemps dans le folklore de nombreux pays. En Europe, il semble que le hautbois d'orchestre apparaisse en 1657 avec Jean Hotteterre. Cet instrument a pour ancêtre le chalumeau, dont le corps est d'une seule pièce, alors que le sien est divisé en trois parties et est muni de trois clés jusque vers la fin du XVIII^e siècle. Le début du XIX^e siècle, période propice aux recherches acoustiques, lui permet de profiter des perfectionnements apportés à la flûte et à la clarinette, notamment grâce à Auguste Buffet et à Guillaume Triebert. Les hautbois baroques, assez rares, sont très appréciés par les amateurs, qui semblent dédaigner l'ensemble des instruments construits entre 1850 et 1930, « pas assez modernes » pour être jouables, et « pas assez anciens » pour être collectionnés. Ce sont justement eux qui, par leur prix accessible et leur diversité, pourraient servir de support à un début de collection.

**haute lisse** n. f. En tapisserie, le métier de haute lisse se distingue de celui de basse lisse par l'élévation verticale de la nappe de chaîne et par la manipulation des lisses, situées au-dessus de la tête du lissier et tirées à la main. Il est probable que le métier de haute lisse, moins maniable, plus lent, mais aussi plus précis que celui de basse lisse dans le contrôle du dessin, fut principalement utilisé dans les villes telles que Paris, Arras, Tournai, pour les ouvrages les plus fins et les plus somptueux.

Les lissiers des Gobelins travaillaient surtout en haute lisse, laissant les œuvres plus grossières aux basse-lissiers d'Aubusson et de Felletin. Aujourd'hui encore, malgré les procédés d'investigation les plus modernes, le meilleur des spécialistes ne saurait affirmer que telle ou telle tapisserie a été tissée sur un métier de haute ou de basse lisse.

*Planche de l'*Encyclopédie *de Diderot et d'Alembert représentant l'attitude d'un ouvrier de haute lisse aux Gobelins, tenant d'une part la broche, d'autre part les lisses. Paris, Bibliothèque nationale.*

**Havard** (Henry), écrivain d'art français (1838-1921). Son œuvre capitale est son *Dictionnaire de l'ameublement et de la décoration*, paru en quatre volumes de 1887 à 1890 chez Quantin et enrichi de nombreuses illustrations.

Henry Havard a également publié une *Histoire de la faïence de Delft* (1877), *l'Art dans la maison, grammaire de l'ameublement* (1883-1887), *l'Orfèvrerie* (1895), *Histoire et philosophie des styles* (1899), *la Céramique hollandaise* (1909).

**Heartfield** (Johan Herzfelde, dit John), photographe allemand (Berlin 1891 - *id.* 1968). Ce maître du photomontage satirique et politique a appartenu au mouvement dada et a travaillé pour le parti communiste allemand. Contraint de quitter l'Allemagne à l'arrivée des nazis, il se réfugia d'abord à Prague, puis à Londres. Il revint vivre en Allemagne en 1950. Ses photomontages originaux atteignent des prix très élevés.

**Heckel** (Erich), peintre et graveur allemand (Döbeln 1883-Radolfzell 1970). Fondateur en 1905 du groupe artistique Die Brücke (le Pont), Heckel se consacre d'abord à la lithographie et à la gravure. Marquée par l'expressionnisme, son œuvre fut mise à l'index par les nazis. Après la guerre, Heckel fut nommé professeur à l'académie des beaux-arts de Karlsruhe. Ses eaux-fortes, ses lithographies et ses gravures sur bois bénéficient, en Allemagne principalement, d'une cote élevée. Le 1^er^-XII-1980, à la galerie Wolfgang Ketterer de Munich, une lithographie en 4 couleurs, *les Modèles* (1909), a atteint l'enchère de 74 000 D.M. Le 18-XI-86, à New York, un bois de 1910, *Franzie Liegend* (22,9 × 42 cm), a atteint l'enchère de 132 000 dollars

**hecté** n. m. Monnaie grecque divisionnaire valant un sixième de statère*. Aux V^e et IV^e siècles av. J.-C., les villes d'Asie Mineure comme Phocée ou Mytilène eurent un abondant monnayage d'hectés en électrum.

**hégire** n. f. Dérivée de l'arabe *hidjra*, « expatriation », ou fuite de Mahomet de La Mecque à Médine le 16 juillet 622 apr. J.-C., l'hégire marque le début de l'ère musulmane et l'an 1 de son calendrier. Les musulmans calculent leur calendrier selon l'année lunaire, qui est plus courte que l'année solaire. De nombreux objets orientaux, quels que soient les matériaux utilisés, sont datés. Pour convertir en date chrétienne (C) une date musulmane (H) en l'absence de table de concordances, le spécialiste utilise la formule suivante, avec une marge d'erreur limitée à un an :

$$C = (H + 622) - \frac{H}{33}.$$

**héliographie** n. f. Terme utilisé par Nicéphore Niepce pour désigner ses premières images positives réalisées dans la chambre obscure par l'action de la lumière. Il s'appliqua ensuite aux reproductions photomécaniques obtenues par Abel Niepce de Saint-Victor (1805-1870), neveu de Nicéphore. Charles Nègre prit appui sur les travaux de Niepce de Saint-Victor, eux-mêmes dérivés de ceux de l'inventeur de la photographie, pour parvenir à sa propre technique de gravure héliographique.

**héliogravure** n. f. Dérivée de la taille-douce, l'héliogravure est un procédé de reproduction en creux à partir de l'insolation d'une image positive transparente. Elle fut utilisée, dans les années 1850, comme moyen de reproduction de la photographie, notamment par Charles Nègre, qui mit au point un procédé de gravure héliographique au bain d'or permettant d'obtenir de subtils dégradés dans les tons de l'image photographique.

**hellénistique.** Se dit de la période allant de la mort d'Alexandre le Grand (323 av. J.-C.) à la conquête de la Grèce par Rome (fin du IIe s. av. J.-C.). L'influence hellénique s'étend alors jusqu'aux rives de l'Indus : l'art grec entre en contact avec l'art bouddhique, et cette rencontre donne naissance à l'art dit « gréco-bouddhique », représenté en particulier dans la région du Gāndhāra. Les foyers de civilisation se déplacent des cités grecques vers les royaumes orientaux constitués par les successeurs d'Alexandre : Asie Mineure, Proche-Orient, Égypte. L'art hellénistique, héritier de l'art grec classique, fait évoluer celui-ci, à la fois, vers de la représentation vers un certain maniérisme et vers un réalisme dans la forme. Aux sujets « nobles » de l'art classique succèdent des thèmes épicuriens privilégiant le plaisir sous toutes ses formes et les divinités qui le représentent : Dionysos et ses bacchantes, Aphrodite, Éros. Le prototype de l'art hellénistique demeure le grand autel de Pergame, reconstitué au musée de Berlin-Est.

**Helleu** (Paul César), peintre et graveur français (Vannes 1859 - Paris 1927). Élève de Gérôme à l'École nationale des beaux-arts, Helleu est particulièrement apprécié pour ses eaux-fortes et ses pointes sèches. Introduit dans le milieu fréquenté par Marcel Proust, à qui il suggéra peut-être le personnage du peintre Elstir, il fut l'un des artistes de la société élégante de l'époque 1900. On lui doit aussi des affiches et des cartes postales pleines de finesse. La Bibliothèque nationale de Paris possède de lui un ensemble de 500 gravures.

*Statuette d'Aphrodite debout, en bronze. Art grec, période hellénistique, IIIe-IIe siècle av. J.-C. Adjugée 100 000 F par Mes Ader-Picard-Tajan, à Drouot, le 14-XII-1981.*

Ader-Picard-Tajan

**Henlein** (Peter), maître serrurier et horloger allemand (Nuremberg 1480 - *id.* 1542). Selon la tradition, il aurait inventé, vers 1511, la montre de poche, appelée aussi « œuf de Nuremberg ». Pour cela, il remplaça dans l'élément moteur des horloges les poids par un ressort, rendant ainsi transportables les « garde-temps ». Exploitant la célébrité de l'artisan allemand, des faussaires marquèrent des montres de sa signature pour leur donner une plus-value.

**Hepplewhite** (George), ébéniste et ornemaniste anglais (? - Londres 1786). La publication posthume (1788) de son ouvrage *The Cabinet Maker's and Upholsterer's Guide (le Guide de l'ébéniste et du tapissier)* eut un très large écho auprès de la bourgeoisie anglaise et permit à Hepplewhite d'accéder à la renommée.

Le but de ce guide est d'« offrir de l'utile pour le service habituel de la maison d'un honnête homme » et introduit ainsi la préoccupation nouvelle du fonctionnel dans le mobilier, caractéristique de l'évolution du meuble anglais dès la fin du XVIIIe siècle. Les 300 dessins du recueil donnent une interprétation du style néoclassique d'Adam dans une adaptation moins solennelle, plus légère et précieuse dans laquelle domine la ligne courbe et où sont discrets les éléments décoratifs à l'antique ainsi que les sculptures.

La chaise à dossier en forme d'écusson ou de bouclier illustre ce style, à la fois simple, élégant et gracile.

Bien qu'Hepplewhite fût ébéniste, il ne nous est rien parvenu avec certitude de ses ateliers, car aucune œuvre n'était signée.

**Hérat.** Ville du Khorāsān, au nord-est de l'Iran (actuellement en Afghānistān), capitale au XVe siècle des Timūrides, qui en firent un foyer culturel et poétique. Dans l'art de la miniature, le style timūride s'épanouit à deux reprises. La première se situe au début du XVe siècle, sous le sultan Baysungur. Les manuscrits de cette période serviront de modèle aux peintres turcomans et séfévides de Tabriz. En raison des multiples échanges avec la Chine, on dénote une influence certaine sur la peinture.

Après les troubles du milieu du XVe siècle, la miniature fleurit une seconde fois à Hérat, où le sultan Husayn Bayqara s'entoure de lettrés : Ali Shir Nawa'i, Djami, et surtout Kemal al Dim Behzad qui bouleverse les anciennes conceptions par le réalisme des thèmes (scènes de la vie quotidienne) et par une liberté plus grande dans ses compositions. Il influence les écoles séfévides de Tabriz et celle de Boukhara. Des tapis très célèbres (Tintoret fait reposer ses nus sur ces tapis ; au XVIIe siècle, James Stuart Ier se fait représenter à côté d'un tapis d'Hérat ; au XVIIIe siècle, un commerce important s'effectue entre Hérat, la Hollande et l'Espagne) sont produits du XVIe au XVIIIe siècle à Hérat.

Le décor du tapis d'Hérat reproduit dans son champ et dans ses bordures le motif hérati, qui est, dans les tapis anciens, d'un dessin très net et précis. On y trouve également d'autres éléments végétaux et floraux, comme des palmettes, des rinceaux variés ou encore des nuages (tchi) et des rubans. Sur le fond rouge, les motifs anciens se détachent surtout dans les tons jaunes et verts, tandis que, pour les motifs plus récents, ce sont les tons bleus et verts qui sont les plus employés. Le tapis d'Hérat, serré, au nœud persan, au velours ras de laine, a eu une influence considérable dans l'art du tapis iranien. Le tapis d'Hérat moderne, appelé « Hérat Beloutche » ou encore « Béloutche afghan », est un tapis de tribu nomade ou semi-nomade de confection assez rustique.

Hérat donne son nom au fameux motif hérati : motif à rinceaux aux longues feuilles dentelées et légèrement courbes entourant une fleur de lotus entrouverte ou une pivoine.

Ce décor correspond en Iran, sous les Séfévides, au décor *hatayī* ottoman. On y relève toutefois plus de fantaisie, un style beaucoup plus naturaliste, traduit par la présence d'animaux (félins, cervidés, volatiles) noyés dans une végétation très riche. Ce type de décor — utilisé surtout pour le livre, le métal et le textile — figure rarement sur la vaisselle contemporaine, hormis les céramiques à reflets métalliques.

**hérati.** V. HÉRAT.

**Herbst** (René), architecte, décorateur ensemblier français (Paris 1891-*id.* 1982). Herbst appartient au groupe des novateurs d'après-guerre avec Chareau, Jourdain, Mallet-Stevens.

Directeur artistique de Siégel, il fonde en 1930 avec quelques confrères l'Union des artistes modernes (U. A. M.). Il fait figure de précurseur dans l'emploi du mobilier en tubes d'acier nickelé ; de même, en matière d'éclairage, il est à l'avant-garde, se servant très tôt de l'électricité et utilisant les luminaires comme des objets esthétiques parfaitement adaptés à leur usage.

Vers 1930, il réalise en métal des séries de meubles composés d'éléments juxtaposables. Il est présent à la première manifestation d'éléments d'architecture préfabriqués (1938). Ses pièces prouvant ses idées de novateur et même de précurseur sont à juste titre très appréciées. Certains de ses meubles atteignent plus de 100 000 F dans les ventes spécialisées d'Art décoratif, notamment à Monte-Carlo en 1988.

**Hériz.** Ville proche de Tabriz, au nord de l'Iran (province d'Azerbaïdjan), Hériz produit deux types de tapis, dont le principal a un décor à grand médaillon central étoilé d'où rayonnent des arabesques géométriques, dont le thème graphique est repris dans les écoinçons. On trouve également un décor à motifs répétés très géométrique. Les décors anciens laissent de larges espaces vides dans le champ, tandis que les tapis plus récents sont plus chargés. Le fond est rouge ou ivoire, et les bordures ont pour caractéristique d'être bleues. Ce tapis est très solide et robuste, bien que moyennement serré, grâce à la chaîne et à la trame de coton.

L'envers du tapis laisse apparaître une double trame de coton bleu entre chaque ligne de nœuds.

**herminette** n. f. Hachette à un seul taillant, droit ou courbe, disposé perpendiculairement au manche. Le biseau de l'affûtage est situé à l'intérieur. L'herminette des charpentiers possède un manche en bois cylindrique, ou méplat, de 90 cm environ. Celle des tonneliers, celle des boisseliers et celle des sabotiers sont montées sur un manche très court, souvent courbe. La gamme des herminettes est très riche, à cause non seulement des nombreuses professions les utilisant (dont certains sculpteurs sur bois), mais aussi de la multiplicité des modèles selon les régions.

**hêtre** n. m. Bois clair, assez dur, piqué de petites stries, mais qui résiste mal aux attaques des vers. Le hêtre est surtout employé pour les sièges et les lits. Au XVIII^e^ siècle, on peignait souvent les sièges en hêtre pour les protéger.

*Tapis de Hériz en soie. XIX^e^ siècle. Collection particulière.*

Giraudon

Ader-Picard-Tajan

Livre d'heures de la Vierge Marie
*à l'usage de l'église de Rouen. Manuscrit sur vélin de la fin du XV^e^ s. Adjugé 145 000 F par M^es^ Ader-Picard-Tajan, à Drouot, le 20-V-1980.*

**heures** n. f. pl. Prières vocales d'origine monastique, qui doivent être chantées ou récitées à certaines heures déterminées par les canons, ou règlements. Depuis le XIX^e^ siècle, l'office journalier comprend huit heures, répondant à la division gréco-romaine de la journée : matines, laudes, prime, tierce, sexte, none, vêpres et complies.

Le livre qui contient ces prières est appelé *livre d'heures.* Manuscrits dès les origines, les livres d'heures ont été illustrés très tôt (initiales ornées, bandeaux, bordures, grandes et petites miniatures). Les plus beaux sont du XIVe et du XVe siècle : *Heures de Yolande de Flandre, Très Riches Heures* du duc de Berry (1416-1485).

Si les livres d'heures manuscrits continuent à être exécutés pour les grands personnages, de grands imprimeurs, à l'avènement de l'imprimerie, tels Simon Vostre et Antoine Vérard, produisent de superbes livres d'heures au début du XVIe siècle, ornés de gravures sur bois enluminés ou même illustrés de miniatures. Les livres d'heures sont très appréciés des bibliophiles, qui recherchent la qualité des miniatures, lettres et entourages ; chaque province avait son école, et l'étude du calendrier du manuscrit, grâce à la présence de saints locaux, permet de situer l'origine de l'enlumineur ou du peintre. Les prix dépendent du nombre des miniatures, de leur qualité et de leur état de conservation, et s'échelonnent en 1982 de 40000 à 400000 F.

**Heurtaut** (Nicolas), menuisier français (Paris v. 1720-? apr. 1775). Reçu maître en 1755, il est installé rue de Bourbon-Villeneuve (rue d'Aboukir) jusque vers 1775. Il a fabriqué des sièges très variés, parfois fortement galbés, d'une ligne un peu lourde, qui évolue vers le néoclassicisme.

**heurtoir** n. m. Pièce mobile qui vient heurter une pièce fixée sur une porte. Jusqu'au début du XVIIe siècle, on disait « heurter à l'huis ». Les heurtoirs existent dès l'Antiquité et sont en bronze coulé jusqu'au XIe siècle, date à laquelle apparaissent les heurtoirs en bronze et fer ou, tout simplement, en fer traités selon le goût de l'époque.

Sotheby Parke Bernet

*Heurtoir en bronze fait d'un masque de lion tenant dans sa gueule un anneau. Allemagne, fin du XVe siècle. (D. 8,5 cm.) Adjugé 2000 £ par Sotheby, à Londres, le 22-VI-1978 (collection Robert Von Hirsch).*

La partie mobile affecte la forme d'un marteau ou d'un anneau. La partie fixée à la porte est elle-même souvent ouvragée dans le même style. Les formes sont très diverses. Dès le Moyen Âge, le marteau prend la forme de mains, de pieds, de personnages, d'outils, de boules, de mufles d'animaux, de chimères, de dragons, de sirènes... Le mot « heurter » cesse d'être utilisé au XVIIe siècle, et les heurtoirs deviennent des marteaux de porte. La plaque fixée à la porte prend des dimensions massives, permettant des décorations plus importantes, comme des armoiries. Pour les portes intérieures, on recourt au bronze doré afin de confectionner des marteaux de porte de plus petites dimensions. Le bronze utilisé sous Louis XV et Louis XVI, et adapté à la grammaire décorative de l'époque, remplacé par le fer sous la Révolution, réapparaît toutefois dès l'Empire avec l'ornementation propre à cette époque : abeilles, aigles, sphinx. Sous la Restauration et le second Empire, un certain éclectisme fait appel à des formes en usage au cours des siècles passés. Un petit heurtoir du XVIIe siècle à rinceaux et à moulures, orné en ronde bosse de trois têtes d'hommes moustachus, fut adjugé 2850 F, et un modèle du XVIe siècle, ovoïde, sculpté de feuilles d'acanthe et d'un mascaron terminé par un gland, atteignit 2200 F en novembre 1981 à Melun.

**high-chest of drawers.** High-boy anglais, ainsi désigné par les colons américains au XVIIIe siècle. Il s'agit d'un meuble soigneusement sculpté à deux corps superposés, garni de six à sept tiroirs et dont le corps inférieur est porté par des pieds élevés, « cabrioles », c'est-à-dire cambrés ; sa partie haute est surmontée d'un fronton en accolade, dont le centre est orné d'un cartouche.

**Hill** (David Octavius), photographe écossais (1802-1870). Associé à Robert Adamson, Octavius Hill fut d'abord un peintre de paysage. Il réalisa avec Adamson, jusqu'à la mort de celui-ci en 1848, de nombreux portraits de dignitaires de l'Église et de la haute société écossaise. Il apportait dans cette collaboration son sens artistique, la part revenant pour l'essentiel à Adamson.

**Hilla** ou **Khila** ou **Ghilan.** Le tapis, dont la provenance est discutée (nord de l'Iran), n'est plus noué de nos jours. Sa qualité de laine en fait un tapis très solide. Son décor géométrique et stylisé, à un ou à plusieurs médaillons, le rapproche des tapis caucasiens. Mais ce qui le singularise est sa palette de couleurs (turquoise, bleu, divers ocres, jaunes et bruns, vieil or), qui lui confère une harmonie douce, que soutient le turquoise.

**hispano-moresque.** Cet adjectif a été créé à la fin du XIXe siècle. Associé au mot « art », il désigne toute la production artistique musulmane du califat de Cordoue et de ses successeurs (Maroc et Espagne), du Xe siècle à la fin du XIIe siècle.

Mais, associé au mot « céramique » ou « faïence », il a une signification ambiguë : aux yeux des collectionneurs, la faïence hispano-moresque ne désigne que les pièces de vaisselle à reflets métalliques exécutés en Espagne par les potiers musulmans ou chrétiens, depuis le XIe siècle jusqu'au XVIIIe siècle.

Cependant, les spécialistes regroupent sous ce terme toutes les faïences médiévales espagnoles, de la fin du XIIIe au début du XVIe siècle : reflets métalliques, bleu et blanc, vert et manganèse ou cuerda* seca. Les céramiques à reflets métalliques, parmi les plus belles du monde, sont très recherchées par les musées et convoitées des collectionneurs, mais sont très rares sur le marché. Le centre de fabrication le plus ancien est Málaga : on lui doit les grands vases décorés d'inscriptions, parmi lesquels figure le célèbre vase de l'Alhambra. D'après les dernières études, Majorque serait à l'origine du mot italien « maiolica ». Les autres centres renommés sont Manises, Séville, Valence.

**histamenon** n. m. Monnaie d'or byzantine. L'histamenon (littéralement « standard » ou « de bon poids ») remplace le solidus sous le règne de Nicéphore II (963-969) : il est plus large et moins épais que lui, et sa forme va bientôt évoluer pour aboutir aux très curieuses monnaies concaves appelées *scyphates**.

**historié.** Se dit d'un décor de scènes historiques ou tirées de l'histoire sainte, animées de personnages. Cet adjectif s'applique aussi aux lambris, aux meubles sculptés, aux œuvres d'orfèvrerie en argent ou en étain ainsi qu'aux

*Buffet deux corps en châtaignier dont les panneaux historiés représentent la parabole du Fils prodigue. Bourgogne, XVI^e siècle. Adjugé 7500 £ par Sotheby, à Londres, le 13-VII-1979.*

*Plat historié illustrant une scène des* Métamorphoses *d'Ovide, « Circé et le roi Pirus » Urbino, v. 1520-1530.*

pièces de céramique (faïences de Moustiers, aux compositions inspirées du graveur Tempesta).

**hit.** Mot anglais désignant une heureuse trouvaille.

**hitchcock-chair.** Chaise américaine à large dossier horizontal, ainsi appelée du nom de son fabricant, Lambert Hitchcock (1795-1852), de Barkhamsted, dans le Connecticut.

Imitant le palissandre ou l'ébène, ce siège aux pieds tournés, très répandu de 1830 à 1850, est décoré de fins motifs d'or, peints ou au pochoir. Actuellement, le nom désigne tout siège léger et fonctionnel. Cependant, les hitchcock-chairs authentiques portent souvent leur nom au revers du dossier.

**hochet** n. m. Jouet d'enfant. Le hochet du XVIII^e siècle ne ressemble guère au modèle contemporain : c'est un petit sifflet d'argent placé au bout d'un manche d'ivoire, de corail, de cristal de roche et entouré de six ou huit grelots. Les hochets formaient de jolis cadeaux de baptême et, figurant parmi les bibelots luxueux, ils sont devenus de charmants objets de collection.

**Höchst.** La célèbre manufacture de porcelaine dure et de faïence de Höchst fut probablement fondée au milieu du XVIII^e siècle (1746) par J. C. Göltz et J. F. Carus. Entre 1750 et 1753, J. J. Ringler crée une porcelaine de qualité. Les belles figurines produites à Höchst, qui rivalisent avec celles de Meissen, furent créées par J.-P. Melchior, qui travailla de 1767 à 1779 — avant de transférer ses activités à Frankenthal —, et appartiennent à la période où la manufacture de porcelaine était la propriété de l'Électeur de Nassau.

Les marques, en creux ou peintes de différentes couleurs, se composent d'une roue à six rayons (armoiries de Mayence). Simultanément à la production de porcelaine, il y eut à Höchst une fabrication de faïences qui rappellent par bien des traits les pièces de Strasbourg.

**Hogarth** (William), graveur et peintre anglais (Londres 1697 - *id.* 1764). Avec William Hogarth, la caricature, un genre jusque-là inconnu en Angleterre, fait son apparition dans ce pays. Hogarth, qui a commencé par graver des animaux héraldiques, est un fin observateur des mœurs de son temps. La prostitution, le libertinage, l'alcoolisme vont devenir les cibles favorites de ses dessins moraux.

**Hokusai** (Nakashima Tamékazu Katsushika, dit), peintre et graveur japonais (1760-1849). Hokusai a travaillé sous une trentaine de noms différents, correspondant à divers styles et à des démarches artistiques et intellectuelles variées. Le nom de *Hokusai* date de 1798. L'artiste, en avance sur son époque, a voulu rompre avec un art traditionnel détaché des réalités populaires. Peintre de paysage, il fut aussi celui du petit peuple de la rue. La xylographie, à laquelle il consacra une grande partie de son temps et de son inspiration, a fait beaucoup pour sa renommée. On estime à 13 500 le nombre de ses bois gravés.

**Holbein le Jeune** (Hans), peintre et graveur allemand (Augsbourg 1497 - Londres 1543). Cadet d'une famille d'artistes, il se fixa d'abord à Bâle et travailla pour les imprimeurs de cette ville comme dessinateur et comme graveur sur bois. Ses qualités de portraitiste furent rapidement appréciées. Holbein devint l'élève spirituel d'Érasme. Il gagna l'Angleterre, où il fut le protégé de Thomas More. Dans son dessin, la légèreté et la pureté du trait sont remarquables. Parmi ses bois gravés, une série de 58 planches sur le thème de *la Danse macabre* est remarquable. Un portrait d'Érasme (gravure sur bois) fut adjugé 3 400 DM le 29-V-1980 à Munich.

**Holitsch.** Deux Français, Charles-François Leduc et Nicolas Germain, fondèrent en 1743 la manufacture de faïence de Holitsch, en Hongrie, à la demande de François de Lorraine, époux de l'impératrice Marie-Thérèse, et avec le concours d'artisans d'origine lorraine. Les terrines en trompe-l'œil et les surtouts de table comptent parmi les plus belles pièces sortant des fours d'Holitsch. Les décorateurs de cette manufacture ont imité les décors floraux de Strasbourg, les lambrequins rouennais, les

Ader-Picard-Tajan

*Paire de salières en faïence de Holitsch décorées de deux personnages et de motifs polychromes. XVIIIe s. (L. 18 cm.) Adjugée 6 500 F par Mes Ader-Picard-Tajan, à Drouot, le 5-XI-1982.*

camaïeux jaunes des faïences du midi de la France, les bleus de Moustiers ainsi que les motifs des pièces italiennes de Castelli. La manufacture fut active jusqu'en 1827.

Un certain nombre de pièces sont marquées d'un H.

**hollande** (papier de). Le papier vergé, très résistant, de belle qualité, fabriqué en Hollande autrefois à partir de chiffons, avait une grande réputation aux XVIIe et XVIIIe siècles. Réservé, dès le XVIIIe siècle, pour les tirages de luxe, il garda cette spécialisation au XIXe, puis au XXe siècle, tout en ayant une origine végétale depuis 1820. Considéré comme grand papier, avec le papier de Chine et le papier Japon, il est utilisé pour les tirages de luxe, immédiatement après le papier Japon.

**homme-debout** n. m. Armoire étroite à deux portes superposées et séparées par un tiroir (alors que la bonnetière n'a qu'une porte sans tiroir). Ce genre de meuble que l'on trouve en Poitou-Charente vaut de 15 000 à 25 000 F.

**Hope** (Thomas), peintre et architecte d'origine anglaise (Amsterdam v. 1770 - Londres 1831). Après de nombreux voyages en Égypte, en Turquie, en Grèce, en Italie, en Espagne et en France (où il rencontre Percier*), Hope, riche amateur et collectionneur d'antiques, se fixe en Angleterre, où il publie en 1807 *Household Furnitures and Interior Decoration.* Ce recueil de dessins de meubles, un peu grandiloquent dans son respect littéral des formules égyptiennes et classiques, dont Hope souligne la solennité un peu massive, influença beaucoup le style Regency.

Parmi ses dessins, relevons le siège à accotoir à rouleaux, les fauteuils à large traverse légèrement incurvée, les piètements en X, en forme de sabre, à cariatide.

**hoque** n. f. Encoche taillée dans les traverses horizontales des vaisseliers normands pour y placer des cuillers.

**horloge** n. f. Tout instrument qui indique l'heure. Dès les origines, l'homme prend conscience de la fuite du temps. Cadrans ou horloges solaires, simples piquets fichés en terre, dont l'ombre change de place suivant la position du soleil, horloges à eau, sabliers et autres clepsydres sont autant d'accessoires qui lui permettent de mesurer le temps.

L'horloge mécanique, qui apparaît dans les dernières années du XIIIe siècle, comprend deux organes essentiels : le moteur et l'échappement. Le moteur est constitué d'un poids, pierre ou bloc de métal, suspendu à une corde ou à une chaîne enroulée autour d'un tambour. Au fur et à mesure que le poids descend, la chaîne se déroule et transmet la force motrice qui entraîne les rouages. Pour remonter l'horloge, on enroule à nouveau la corde au tambour. L'échappement a pour rôle essentiel de régulariser la force dispensée par le poids (ou plus tard le ressort moteur). De sa fiabilité dépend la précision de l'horloge mécanique.

Les premières horloges équipent églises et cathédrales. Elles règlent le rythme de la vie sociale et de la vie religieuse. Leur cadran est mobile ; il est constitué d'un disque marqué des 24 divisions horaires, qui tourne et se positionne devant une flèche fixe qui indique l'heure. Si les horloges médiévales manquent de précision — les écarts journaliers peuvent atteindre ou dépasser l'heure —, elles sont souvent dotées de nombreuses complications qui satisfont le goût du moment pour l'astronomie et l'astrologie : sonnerie des heures et des quarts, calendrier, signes du zodiaque, phases de la lune, lever et coucher du soleil. Des modèles plus sophistiqués donnent également l'heure solaire et l'heure sidérale. Certaines horloges indiquent, outre les jours de la semaine, les fêtes religieuses. Dotées de jacquemarts* et d'automates*, elles constituent un amusant divertissement, dont le public raffole. Au XIVe et au XVe siècle, grâce à une relative miniaturisation, les horloges font leur entrée dans les demeures seigneuriales. D'un aspect austère — d'où leur qualificatif de « religieuses » —, elles adoptent la forme de tours, de donjons et de clochers. En métal percé, gravé de rinceaux et autres motifs décoratifs en usage, elles présentent un cadran fixe, lui aussi gravé, animé d'une seule aiguille. Elles peuvent être posées sur des socles ou sur les tables, ou encore fixées au mur. Objets de curiosité tout autant qu'instruments de mesure du temps, elles constituent un luxe réservé aux princes, aux rois et aux évêques. Au XVIe siècle, le succès des horloges se développe ; les artisans spécialisés dans l'horlogerie, qui se recrutent parmi les serruriers, se multiplient et bientôt s'organisent en corporation dans toute l'Europe.

Les centres horlogers les plus réputés sont alors Augsbourg et Nuremberg. Au même moment, l'utilisation, en guise de moteur, d'un ressort enroulé sur lui-même révolutionne la technique horlogère. En supprimant le poids moteur, elle permet au mouvement de marcher dans n'importe quelle position, autorisant la construction

*Horloge astronomique en bronze, laiton et cuivre gravés, ornée de personnages symboliques, cadrans aux signes du zodiaque. XVIIIe siècle. Adjugée 16 000 F par Mes Ader-Picard-Tajan, à Drouot, le 13-X-1980.*

Ader-Picard-Tajan

*Horloge astronomique en bronze, laiton et cuivre. Elle est ornée de personnages symboliques en application et de cadrans aux signes du zodiaque. Adjugée 16 000 F par Mes Ader-Picard-Tajan, le 13-X-1980.*

d'horloges portatives. Toutefois, les mouvements d'horlogerie manquent toujours de précision jusqu'à l'invention du pendule par Huygens en 1650, complétée par celle de l'échappement à ancre en 1666. C'est en 1657 que la première horloge à pendule est construite, sur les indications de Huygens par un horloger du nom de Salomon Coster. À partir de ce moment, les horloges équipées d'un pendule sont appelées « horloges à pendule », puis, plus tard, plus simplement « pendule », au féminin.

Ces découvertes marquent le point de départ d'un véritable artisanat de l'horlogerie : la fabrication d'horloges destinées aux appartements s'intensifie. On distingue d'une part les horloges de table ou d'applique (cartels), animées par un ressort moteur, et d'autre part les horloges à poids, habillées de longues gaines dans lesquelles peuvent osciller les balanciers. Ces horloges deviennent des objets essentiels du mobilier, auquel elles s'intègrent parfaitement : les matières et les techniques de décoration empruntent à la marqueterie, aux bronzes dorés ; boîtes et gaines sont signées de grands ébénistes de l'époque, quelques grands ornemanistes dessinant des modèles originaux destinés aux princes et aux rois, vite imités. Au XVIIIe siècle, quand les améliorations techniques se multiplient, la production horlogère se concentre dans les pays qui dominent l'Europe : l'Angleterre et la France, mais aussi la Suisse. Dans la seconde moitié du XVIIIe siècle, les horloges d'applique abandonnent les murs et descendent de leurs consoles pour occuper les dessus de cheminée. Pendules à sujet, elles figurent des animaux (éléphants, rhinocéros, chevaux, taureaux) ou encore des scènes animées à la mode, comme des chinoiseries. On en fabrique en faïence et en porcelaine. À la fin du XVIIIe siècle et au début du XIXe, de multiples inventions permettent aux horlogers d'atteindre un haut degré de qualité et de précision. Les cadrans comportent de nombreuses complications, telles que les jours de la semaine, les mois, le lever et le coucher du soleil, les phases de la lune, les heures des marées. Parallèlement, des horlogers s'appliquent à exécuter des pièces dénuées de tout ornement, laissant voir fonctionner les mécanismes et les rouages, les *pendules « squelette »,* ouvrages de haute précision pour la plupart et destinés à une clientèle privilégiée.

Au même moment, des pendules ornées de sculptures allégoriques néoclassiques figurant des scènes édifiantes et symboliques ou tirées de romans à la mode, comme *Paul et Virginie* de Bernardin de Saint-Pierre, viennent orner les dessus de cheminée ou les consoles. Sous la Révolution, la tentative d'appliquer dès 1792 le système décimal à la division du temps engendre des pendules aux divisions nouvelles, donnant les correspondances des anciennes unités. Abandonnée en 1805, la division décimale de l'heure aura permis la création de modèles autant curieux que rares, aujourd'hui recherchés. Les horloges de style Empire, produites jusque dans les années 1830, se reconnaissent à leurs motifs décoratifs tirés de l'Antiquité (aigles, sphinx et sphinges, chars, colonnes, lions). Bronzes dorés, marbres de couleur font également l'objet d'un usage intensif. Sous la Restauration apparaissent de nouveaux modèles, ornés de sculptures inspirées, là aussi, de romans à la mode, comme *Atala* de Chateaubriand, et des productions « à la cathédrale », figurant églises et donjons moyenâgeux, filles directes de la mode néogothique, mise au goût du jour par le romantisme. Au cours du second Empire, on assiste à la renaissance du goût pour les cartels d'inspiration Régence ou Louis XV.

*Pendule en bronze doré du début du XIXe siècle. Adjugée 10 200 F par Me Savot, à Orléans, le 4-V-1981.*

Parallèlement, les progrès techniques et une production à bon marché permettent à l'horloge de parquet de pénétrer dans tous les foyers, même les plus humbles. Le XXe siècle verra se développer cette tendance à la « démocratisation » jusqu'à la révolution électronique, qui bouleversera toute l'industrie horlogère.

Dans un domaine aussi vaste, l'éventail des prix varie de quelques milliers de francs à plusieurs centaines de milliers de francs. Les horloges les plus anciennes ne sont pas les plus chères. Les modèles de table des XVIe et

XVIIe siècles sont négociés entre 10 000 et 50 000 F. Il faut compter entre 30 000 et 100 000 F pour acquérir des pendules à sujet du XVIIIe siècle et de 8 000 à 50 000 F pour des modèles du XIXe siècle. Les plus hauts prix vont soit aux productions prestigieuses des grands horlogers du XVIIIe siècle, soit aux pendules d'applique (cartels) dont les boîtes sont signées de grands ébénistes. Les pièces alliant la notoriété de l'horloger à celle de l'émailleur ayant décoré le cadran et à celle de l'ébéniste atteignent des sommets, ainsi que les rares modèles d'époque révolutionnaire.

**Horta** (Victor), architecte belge (Gand 1861 - Bruxelles 1947). Horta impose à Bruxelles en dix ans (1893-1903) une nouvelle architecture, rejetant les canons des constructions du XIXe siècle.

Sa première réalisation, l'hôtel Tassel (1893), conçu dans un style curviligne, non figuratif, apparaît comme la première manifestation architecturale de l'Art nouveau : une rigoureuse simplicité extérieure s'oppose à la décoration intérieure, très exubérante. Ces caractères définissent la « ligne Horta » ou bien, en raison de leur vigueur nerveuse, la « ligne coup de fouet ». Puis succèdent l'hôtel Solvay (1894), la plus somptueuse réalisation de Horta, et l'hôtel d'Aubecq (1899), présentant une grande coupole de verre, qui passe pour un chef-d'œuvre de l'Art nouveau. Horta a du reste une influence indéniable sur les autres architectes de la fin du XIXe siècle, tel Guimard.

Les intérieurs sont décorés et meublés dans le style de la construction : Horta dessine donc tissus, tapis et meubles. Proche des réalisations de Gaudí, la « ligne Horta » est un nouveau langage décoratif, libérant l'architecture et son académisme. Peu d'objets exécutés par Horta subsistent actuellement, et les quelques pièces conservées sont préservées par l'État belge.

**hôtel des Monnaies.** Lieu de fabrication des monnaies. (V. ATELIER.)

**Hôtel des ventes.** Désignation courante de la salle publique consacrée aux ventes aux enchères sous la responsabilité d'un commissaire-priseur. C'est dans ces lieux que se fait la rencontre entre l'offre, proposée par les vendeurs dans l'espoir d'en obtenir un prix d'adjudication élevé, et la demande des marchands et des amateurs qui se portent acquéreurs (V. ADJUDICATION). Lorsqu'ils se rendent à une vacation, les antiquaires, les brocanteurs, les experts ou les amateurs initiés disent plus volontiers « la salle ».

Dans les grandes villes, lorsque plusieurs commissaires-priseurs en exercice sont regroupés en une « compagnie », ils exploitent en commun un Hôtel des ventes. À Paris, c'est l'hôtel Drouot, près de la mairie du IXe arrondissement, qui sert de lieu de vente collectif à la Compagnie des commissaires-priseurs. La réputation internationale de ce centre du marché de l'art est l'héritage d'une longue tradition. Au XVIIIe siècle, les ventes s'effectuaient soit en plein air, soit dans des hôtels particuliers. De 1806 à 1817, les commissaires-priseurs vendaient à l'hôtel Séguier. Puis la Compagnie occupa l'hôtel Bullion (rue Jean-Jacques Rousseau) jusqu'en 1833 ; elle fit ensuite édifier un Hôtel des commissaires-priseurs place de la Bourse, réalisant ainsi l'unicité du lieu de vente permettant aux acheteurs éventuels de se déplacer facilement d'une salle à l'autre. Enfin, en 1852, la Compagnie des commissaires-priseurs parisiens s'installa dans le nouvel hôtel qu'elle fit construire à ses frais au coin de la rue Drouot et de la rue Rossini. Ces locaux étant devenus trop exigus pour le volume des ventes, la Compagnie décida de les raser et de reconstruire un immeuble sur place, moderne et fonctionnel. Pendant la durée des travaux, les commissaires-priseurs louèrent une partie de la gare d'Orsay, dans une architecture provisoire installée sur un seul niveau de 1976 à 1980. Depuis cette date, les commissaires-priseurs parisiens possèdent un vaste Hôtel des ventes qui, avec ses vingt salles, fonctionne sur trois étages reliés par des escaliers mécaniques sur une surface de 6 500 m$^2$. D'une architecture « néo-hausmannienne » très contestée, le Nouveau Drouot, inauguré le 13 mai 1980, a coûté plus de 20 millions aux 80 commissaires-priseurs parisiens, et ses frais de fonctionnement constituent une lourde charge.

Le Nouveau Drouot qui, au fil des ans perd sa nouveauté, revient, dans le langage courant, à son appellation d'origine « l'hôtel Drouot », ou encore « la salle des ventes » et plus simplement « la salle ».

Situé 9, rue Drouot (Paris 75009), l'Hôtel des ventes est ouvert du lundi au samedi. Les ventes commencent en principe à 14 heures ; elles sont précédées d'expositions* publiques la veille, de 11 à 18 heures, pour les ventes du lendemain et le jour même, de 11 à 12 heures, pour les ventes de l'après-midi.

**hotte** n. f. Grand panier d'osier ou de bois cerclé de fer que le vendangeur porte sur son dos au moyen de deux bretelles de cuir pour récolter le raisin ou que les montagnards utilisent pour transporter leurs outils.

En architecture, le manteau de cheminée en forme de pyramide tronquée prend aussi le nom de « hotte ». Au Moyen Âge comme à la Renaissance, les hottes sont richement ornées de motifs sculptés, de blasons, de figures humaines et animales.

**Hotteterre** (les), famille de musiciens et de facteurs d'instruments français originaire de La Couture-Boussey (près d'Évreux). Très connus pour la facture des instruments à souffle humain, les Hotteterre, exerçant depuis le XVIIe siècle, se sont attachés tout particulièrement à la fabrication des flûtes, des hautbois, des bassons, des flageolets et des musettes.

C'est à *Jacques,* dit le Romain (Paris 1674 - *id.* 1763), que nous devons, en 1707, une des premières méthodes concernant la flûte à bec, la flûte traversière et le hautbois.

**huche** n. f. Grand coffre rectangulaire fermant par un large couvercle plat, qui contenait au Moyen Âge le linge, les vêtements, les objets précieux. La huche servait tout à la fois de siège, de coffre, de malle et de table. Le huchier était l'artisan qui taillait, sculptait les huches, mais c'était lui qui travaillait aussi les stalles des chœurs d'église, les portes et les boiseries.

**huguenote** n. f. Marmite en terre cuite, en fer ou en fonte, montée sur trois ou quatre petits pieds et munie d'un lourd couvercle empêchant de voir le contenu. Dans les pays protestants au temps des guerres de Religion, la huguenote servait à faire cuire de la viande les jours où elle était défendue.

**huilier** n. m. L'huilier devient à la mode au XVIIIe siècle. L'usage de réserver à l'huile et au vinaigre des « vases » séparés ne s'introduit que progressivement, au cours des XVIe et XVIIe siècles. Les formes s'élaborent pendant le XVIIIe siècle.

« L'huilier n'était plus un vase, mais le bateau, la carcasse, l'appareil qui porte à la fois ce liquide et son compagnon le vinaigre », souligne Henry Havard. Les matériaux, les ornements deviennent sujets aux raffinements les plus variés : de préférence en argent, en faïence ou en porcelaine. C'est en verre que l'on rencontre les huiliers les plus modestes.

Joël Laffay

*Huilier en verre dont le goulot est évasé et orné de fils de verre disposés en spirale.*

Joël Laffay

*Huilier en verre de ligne sobre mais élégante.*

**Huygens** (Christiaan), mathématicien, physicien et astronome hollandais (La Haye 1629 - *id.* 1695). Ses travaux et ses découvertes bouleversèrent la science et la technique de l'horlogerie en améliorant la précision et en permettant la miniaturisation des garde-temps. On lui doit, entre autres, la théorie du pendule composé, la découverte du pendule simple synchrone et l'utilisation du pendule comme régulateur du mouvement des horloges (1656). Il imagina et développa, en collaboration avec Thuret, l'utilisation du spiral plat, évolution importante dans la fabrication des montres (1674-1675), invention revendiquée également par Robert Hooke et l'abbé Jean de Hautefeuille. En 1656, il avait mis au point l'échappement à pirouette. Invité par Colbert en 1666, il reçut 1 200 livres pour son invention de l'horloge à pendule. Il fabriqua et fit fabriquer de nombreuses pendules, en particulier celles qui étaient destinées aux navires de la Compagnie des Indes.

En astronomie, il établit la première grande lunette* aérienne et découvrit le premier satellite de Saturne. Favorable au tour, il imagina avec son frère Constantijn, en 1683, une machine qui servait au polissage du verre et permettait d'exécuter de bons objectifs. Les 16 et 30 juillet 1687, les deux hommes présentèrent un modèle de microscope à petites lentilles sphériques à l'Académie des sciences de Paris. Puis Christiaan inventa un micromètre* pour mesurer le diamètre des astres et, en 1680, il proposa un niveau* à lunette et à fil à plomb. En 1672, il imagina un baromètre* à deux liquides et, dès 1661, il avait projeté de construire une machine pneumatique, qui ne fut exécutée qu'en 1688. De plus, il a écrit de nombreux ouvrages sur chacune de ses inventions, qui furent réunis pour être édités après sa mort.

**hyalite** n. m. Verre noir dont la teinte cherche à imiter le basalte noir des céramiques de Wedgwood, breveté en 1820. Il se fabrique essentiellement en Bohême. Friedrich Egermann, en 1823, mit également au point ce procédé de fabrication, généralement obtenu par un mélange d'oxydes de cuivre, de cobalt et de fer. On complétait le décor à la dorure par des motifs aussi bien rococo (chinoiseries, fleurs, insectes) que néoclassiques, en faveur sous le premier Empire. Dans les exemples les plus tardifs, les modèles sont presque entièrement recouverts par le décor doré, mais aussi taillé et émaillé.

**hybride.** Se dit d'une monnaie, d'une médaille ou d'un jeton, qui associe à l'avers et au revers des types ou des légendes disparates. Un type hybride peut provenir d'une erreur accidentelle ou bien être, au contraire, frappé spécialement pour des pièces d'essai ou de plaisir ; on connaît ainsi un écu d'argent alliant les portraits de Louis XIII et de Louis XIV.

**hydrie** n. f. (étymologiquement, récipient à eau). Grand vase grec classique à forte panse sphérique, analogue à celle de l'amphore. L'hydrie est le récipient dont se servaient les femmes pour aller chercher l'eau à la fontaine. Elle se distingue de l'amphore par ses deux petites anses horizontales et par sa grande anse verticale qui permet de la maintenir d'une main, posée sur la tête. L'amphore n'est munie que de deux petites anses verticales.

Christie's

*Hydrie de Caere à figures noires (VIe siècle av. J.-C.), ornée du combat d'Héraclès contre l'hydre aux sept têtes. Adjugée 162 000 £ par Christie's, à Londres, le 2-VII-1982.*

**hygromètre** n. m. Instrument servant à mesurer le degré d'humidité de l'air. Se fondant sur les propriétés hygroscopiques ou d'absorption des fibres végétales, les expérimentateurs ont donné libre cours à leur imagination pour la réalisation de cet instrument au cours de la seconde moitié du XVIIe siècle. Il n'y eut pas de progrès pendant près d'un siècle, et Saussure, à la fin du XVIIIe siècle, imagina un hygromètre à cheveu qui permettait une plus grande précision.

Les progrès de la science permettent plus tard des hygromètres de condensation et des hygromètres chimiques. Peu connu et ne faisant pas encore partie des pièces à la mode, l'hygromètre est à un prix peu élevé.

**hyperpère** n. m. Monnaie byzantine en or créée par l'empereur Alexis Ier en 1092 pour remplacer l'histamenom et le solidus.

Bibliothèque nationale

*L'atelier d'un imprimeur, gravure de Philipp Galle d'après une illustration de Jan Stradanus pour* Nova Reperta *(XVIe siècle). Paris, Bibliothèque nationale.*

**Ibos.** Les Ibos occupent les plateaux du Nigeria oriental, de part et d'autre du delta du Niger. Ils forment plus de trente sous-tribus. Les statues en bois dites « ikenga », peintes de couleurs violentes, représentent des hommes assis, à longues cornes, fumant la pipe ou brandissant une tête humaine et un couteau. Son rôle est de protéger la demeure. Les masques funèbres de la société « mmwo » offrent un visage de mort, tragique, aux orbites vides, aux traits décharnés, recouvert d'une teinture blanche. Les Ibos réalisent également des statues d'argile peinte, modelée sur une armature en fibres de palmier.

**Icart** (Louis), aquafortiste français (Toulouse 1888 - Paris 1950). Ses illustrations et ses eaux-fortes de caractère érotique retiennent depuis longtemps l'attention des amateurs. Sous le pseudonyme de Helli, Louis Icart a, dans le même esprit, créé des cartes postales originales qui jouissent d'une cote sérieuse.

**icône** n. f. Image pieuse d'origine byzantine peinte sur bois et figurant le Christ, la Vierge, les saints ou des scènes religieuses.

La technique de l'icône s'apparente à l'art de la fresque à la détrempe sur panneau enduit de plâtre mouillé et poli. Les couleurs, pour mieux se fixer, étaient délayées dans du jaune d'œuf.

Les principales écoles sont celles de Byzance, Moscou, Kiev, Novgorod, de Roumanie, de Serbie et des îles grecques. Rares sont les icônes antérieures au XIVe siècle. Au XVe siècle, un des plus célèbres peintres d'icônes était le moine Andréi Rublev. Les plus recherchées sont à fond rouge ou vert. Les icônes sont souvent insérées dans un cadre en argent (plus rarement en or ou en vermeil) appelé la « riza ».

Attention aux reproductions récentes, peintes sur des

Werner Forman

*Tête d'Ife en terre cuite. Nigeria.*

vieux panneaux de bois. Il est recommandé de n'acheter qu'aux antiquaires spécialisés et d'exiger un certificat d'authenticité précisant l'époque et l'origine.

**Ife.** Ville du sud-ouest du Nigeria, située en plein pays Yorouba, Ife est considérée par la mythologie, comme le centre du monde habité. Le pays yorouba fut un des plus extraordinaires foyers d'art de toute l'Afrique, et le raffinement de sa culture pose bien des énigmes. L'art du bronze qui s'est épanoui à Ife avant le XIIIe siècle est d'un étonnant classicisme... Les têtes de bronze d'Ife, grandeur nature, sont d'un naturalisme presque académique, et leur technique à la cire* perdue est parfaitement maîtrisée.

**Ijos.** Les Ijos occupent le delta du Niger. Tribu de pêcheurs et de chasseurs, ils construisent leurs maisons sur des pilotis, au bord des criques.

Les « visages des morts » — les « nduen fovara » — sont d'importants autels pour les membres défunts de la société « ekine » : sur un cadre en rafia se détachent plusieurs personnages assis ; celui du centre est toujours plus grand et a probablement rang de chef.

Les fêtes de la société « sakapu » sont données en l'honneur des esprits de l'eau — « owu » —, où interviennent des masques très schématiques. Certains combinent des éléments humains avec des éléments animaux (poisson, hippopotame) et l'effet devient fantastique.

**ikat.** Dans les textiles musulmans, terme désignant un procédé de décoration avant le tissage. L'écheveau est étroitement ligaturé en plusieurs points, de manière à préserver certaines zones de la pénétration du colorant lors de la teinture. Plusieurs immersions sont ainsi pratiquées pour ébaucher le décor. Celui-ci, où le blanc, le jaune et le rose dominent, est essentiellement géométrique (chevrons, spirales, rosettes).

**Ilbery** (William), horloger anglais (1780-1839). Il s'inspira des travaux de Lépine et créa un calibre particulier. Celui-ci, repris par Édouard Bovet, devint célèbre sous le nom de « calibre de Fleurier », du nom de la ville suisse où ce type de calibre était fabriqué. Ilbery travailla pour l'Extrême-Orient, et plus particulièrement pour le marché chinois. La plupart du temps, ses montres étaient équipées d'un échappement duplex chinois, dont l'aiguille des secondes tournait à raison d'un saut toutes les secondes ; d'où l'expression « seconde morte ». Mais les productions d'Ilbery en or valent surtout par leur émaillage fort savant, représentant de véritables tableautins, œuvres d'émailleurs genevois renommés, parmi lesquels il faut citer Jean François Dupont. Les montres d'Ilbery sont très recherchées, certaines sont exceptionnelles et peuvent dépasser les 400 000 F. Il en est de moins onéreuses, qui valent entre 25 000 et 50 000 F.

**illustrateur** n. m. Celui qui illustre le livre. Si l'on peut identifier, souvent avec difficulté, les artistes qui ornent les manuscrits médiévaux et les graveurs sur bois qui illustrent les premiers livres imprimés, la gravure sur cuivre s'impose à partir du XVIe siècle, pour les illustrations in texte et hors texte. Au XVIIe siècle, Thomas de Leu, Abraham Bosse (gravures pour *l'Astrée,* roman qui inspira tant d'artistes contemporains), François Chauveau (auteur de plus de 3 000 estampes pour des livres), Callot, Poussin et Sébastien Leclerc prouvent, par leur contribution importante, l'intérêt des artistes pour l'illustration.

Les artistes du XVIIIe siècle dessinent des motifs qui sont gravés par des graveurs dits « de reproduction » : chaque estampe présente plusieurs états (V. ESTAMPE), correspondant aux différentes étapes de la fabrication et du tirage de l'œuvre, recherchées par les amateurs dès cette époque. Les vignettistes succèdent aux peintres de métier pour orner le livre : vignettes, bandeaux, fleurons, culs-de-lampe masquent parfois la médiocrité du texte.

Le premier « livre de peintre » date de 1734, lorsque Boucher donne 33 dessins pour illustrer les œuvres de Molière. Cochin, Eisen, Gravelot, Marillier, Oudry, Moreau le Jeune sont les plus connus des illustrateurs du XVIIIe siècle.

Au XIXe siècle, la gravure sur bois et la lithographie, pratiquée par les frères Johannot, Raffet, Charlet, Daumier, Meissonier, Gavarni, sont des moyens d'expression qui donnent aux textes toute leur ampleur. Delacroix donne en 1828 des lithographies pour *Faust ;* les peintres Isabey et Bonington illustrent *les Voyages pittoresques et romantiques dans l'ancienne France* de Nodier et Taylor (1820-1845). Gustave Doré domine à partir de 1850 (*Rabelais,* 1854 ; *Contes drolatiques* de Balzac, 1855), alors que les procédés photomécaniques sont expérimentés dans l'édition.

Les illustrateurs de l'époque contemporaine utilisent toutes les techniques, et le début du XXe siècle marque l'apogée du « livre de peintre », depuis les *Histoires naturelles* de Jules Renard, illustrées par Toulouse-Lautrec (1899) ou Bonnard (1904), jusqu'aux magistrales compositions de Matisse (*Poèmes* de Mallarmé, 1932), de Dufy, de Derain, de Dunoyer de Segonzac (Dorgelès et Colette), de Picasso (*le Chef-d'œuvre inconnu* de Balzac, 1931 ; *Histoire naturelle* de Buffon, 1940).

**illustration** n. f. Le besoin d'accompagner certains textes de caractère narratif ou technique d'un complément visuel a provoqué les premières tentatives de décoration et, partant, d'illustration du livre. Les plus anciens témoi-

*Première édition illustrée des œuvres de Virgile, parue chez Grüninger à Strasbourg en 1502, ornée de 213 figures, d'après les idées de Sébastien Brandt. Reliure d'époque en demi-peau de truie estampée à froid. Adjugée 42 000 F par Mes Ader-Picard-Tajan, à Drouot, le 18-III-1981.*

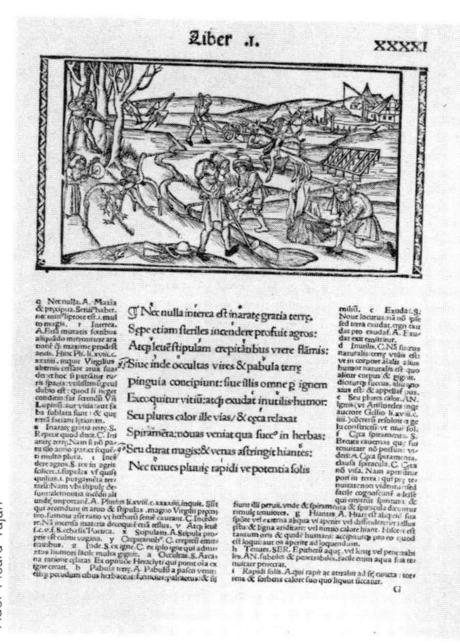
Liber .I. XXXXI

Nec nulla interea est inaratę gratia terrę.
Sępe etiam steriles incendere profuit agros:
Atq; leuē stipulam crepitātibus vrere flāmis:
Siue inde occultas vires & pabula terrę
pinguia concipiunt: siue illis omne p ignem
Excoquitur vitiū: atq; exudat inutilis humor:
Seu plures calor ille vias/ & cęca relaxat
Spiramēta: nouas veniat qua succ' in herbas:
Seu durat magis: & venas astringit hiantes:
Nec tenues pluuię rapidi ve potentia solis

Ader-Picard-Tajan

gnages de textes illustrés sont fournis par des rouleaux de la basse antiquité (Iᵉʳ et IIᵉ s. apr. J.-C.).

Après cette destination essentiellement pratique, l'illustration joue un rôle esthétique : lettres ornées, miniatures, illustrations marginales, encadrements. Ces divers éléments s'organisent les uns par rapport aux autres et se complètent dès la fin du Moyen Âge. Tout naturellement, cette composition du décor est reprise dans les premiers livres imprimés, pour lesquels une ornementation spécifique n'est conçue que plus tard.

En multipliant les textes, l'imprimerie a fait du livre un produit destiné à être vendu à un large public : les imprimeurs, à la recherche d'un décor du livre plus rapide et moins onéreux que l'enluminure à la main, adoptèrent la gravure sur bois, ou xylographie, utilisée notamment pour les gravures sur feuilles volantes, avant l'invention de l'imprimerie. La technique de la gravure en creux sur plaque de cuivre apparaît en Allemagne à la fin du XVᵉ siècle, et à Bamberg est édité en 1461 par Pfister un premier livre illustré et réalisé à l'aide de caractères mobiles. C'est le point de départ d'une diffusion qui touche les Pays-Bas, l'Italie, la France, où domine l'imprimerie lyonnaise. Les livres illustrés se multiplient au XVIIᵉ siècle, et la perfection de ce type d'illustration est atteinte au XVIIIᵉ siècle.

En remettant à l'honneur la gravure sur bois et ses perfectionnements, le romantisme renouvelle totalement la technique et l'esprit de l'illustration : textes et images se font écho et relèvent de la même inspiration.

Après 1850, les applications de la photographie et des procédés photomécaniques dans l'illustration généralisent la présence de celle-ci dans les livres, qui sont à la portée de tous. La gravure sur bois, le burin, l'eau-forte, la lithographie, stimulés par la concurrence de l'image industrielle, entraînent une volonté de renouvellement, de création dans l'art du livre et aboutissent au livre moderne de bibliophilie.

**imagerie** n. f. Évoquant l'art des imagiers, ou tailleurs d'images sculptées, de l'époque médiévale, l'imagerie est l'appellation donnée aux feuilles volantes imprimées sur une seule face, comprenant texte et image peinte.

La tradition de l'imagerie, de caractère essentiellement populaire et non vulgaire, date du XVᵉ siècle et est liée à l'apparition, puis à la diffusion de la gravure sur bois.

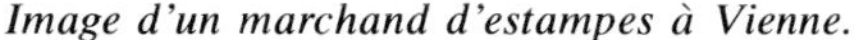

*Image d'un marchand d'estampes à Vienne.*

Laurin-Guilloux-Buffetaud-Tailleur

N. Marchand

*Gravure sur bois extraite des* Quatre Fils Aymon, *livre de colportage édité à Épinal chez Pellerin en 1836.*

Si Épinal* est le centre le mieux connu du public, d'autres foyers furent aussi actifs : Paris, Orléans, Chartres, Cambrai, Lille, Nancy. Mais seule Épinal perpétue encore cette tradition depuis le XVIIᵉ siècle, avec l'imagerie Pellerin. La xylographie donne encore à ces images leur aspect archaïque grâce à un trait simplifié. Chaque feuille est ensuite peinte au pochoir avec des coloris vifs et limités. La diffusion de l'imagerie est destinée au peuple peu instruit. Les reproductions pieuses comptent parmi les plus nombreuses, car on leur attribue aussi le pouvoir d'éloigner le démon ou la maladie.

L'imagerie peut être aussi didactique, politique, satirique, notamment à l'époque napoléonienne, quand elle vantait la gloire de la Grande Armée. L'école laïque, à ses débuts, fut une grande consommatrice d'images (bons points, illustrations). L'Alsace offre un choix particulièrement grand et varié de l'imagerie populaire : souhaits de communion, numéro de conscription, propagande antiprussienne, tout est prétexte à l'illustration. Le plus grand artiste d'Alsace est le célèbre Hansi*, dont les planches cotent très haut.

**Imari.** V. ARITA.

**Imlin** (les), orfèvres français. Cette dynastie d'orfèvres de Strasbourg s'étend sur quatre générations : Jean-Louis Iᵉʳ (maître en 1689), Jean-Louis II (maître en 1720), Jean-Louis III (maître en 1746) et François-Daniel (maître en 1780). Les Imlin pratiquèrent avec brio les spécialités alsaciennes, telles que les écuelles d'accouchées et les gobelets de vermeil, et portèrent au-delà des frontières la réputation de l'orfèvrerie strasbourgeoise.

**immobilisation** n. f. Maintien de tout ou d'une partie des types monétaires appartenant à un règne sous un ou plusieurs autres règnes. Les monnaies à types ou à légendes « immobilisés » sont assez fréquentes au Moyen Âge tant dans le monnayage royal (deniers carolingiens) que dans le monnayage féodal.

**imposition** n. f. Mise en place des pages de composition dans les formes, en observant des blancs déterminés de telle façon que le cahier obtenu après pliage de la feuille imprimée présente une pagination suivie. Chaque feuille présente en bas et à droite de sa première page un signe d'ordre, ou signature, pour faciliter l'assemblage du volume : c'est un moyen de reconnaître le format. Lorsqu'on se sert de la même forme, mais avec un papier plus grand, on se trouve en face d'un exemplaire réimposé : « édition in-12 réimposée in-4° ». La composition typographique est la même, mais le format change, et les marges sont donc plus importantes. Certains grands papiers sont « réimposés ».

**impossible** n. m. Flûte à champagne, à jambe évidée, creuse, utilisée au XIX^e^ siècle.

**imprimerie** n. f. Art de reproduire un écrit ou une image au moyen d'une planche encrée, pressée contre du papier. Si le système de reproduction date des Chinois et remonte au II^e^ siècle apr. J.-C., les impressions tabellaires, ou xylographiques, apparaissent en Europe aux XIV^e^ et XV^e^ siècles.

Mais la découverte du caractère mobile entraîne une révolution de la xylographie et crée la typographie. Les premiers essais d'impression en caractères mobiles, effectués en Europe, remontent seulement au milieu du XV^e^ siècle, et c'est à Gutenberg que revient l'honneur d'avoir conçu l'ensemble du procédé d'impression typographique : matrices, fonderies de caractères, composition, presses. Il a réalisé une synthèse de toutes les techniques. Le premier livre imprimé à l'aide de caractères mobiles est la *Biblia latina* en 1455 à Mayence par Gutenberg, Fust et Schoeffer. L'imprimerie connaît un essor très rapide. Le premier livre imprimé en France date de 1470 ; il fut exécuté à la Sorbonne par trois Allemands appelés à Paris par deux professeurs.

À la fin du XV^e^ siècle, des presses ont fonctionné dans 250 villes d'Europe, réparties entre l'Allemagne, l'Italie, la France, les Pays-Bas, le Portugal, l'Angleterre, la Pologne, la Hongrie, la Bohême, la Scandinavie, la Croatie et le Monténégro. Missionnaires et colons exportent bientôt l'imprimerie aux Amériques (1539), en Asie (1556) et en Afrique (1779).

**imprimeurs célèbres.** Depuis Gutenberg jusqu'à nos jours, de nombreux imprimeurs sont passés à la postérité, ayant laissé leur nom à des caractères ou à des éditions remarquables tant par la composition typographique, l'élégance et l'érudition que par la diffusion. Citons au XV^e^ siècle Caxton en Angleterre, Koberger en Allemagne et les Alde en Italie, au XVI^e^ siècle Geoffroy Tory et les Estienne en France, Plantin en Flandre. Les plus célèbres imprimeurs du XVII^e^ siècle furent hollandais, avec les Elzevir et les Blaeu. Au XVIII^e^ siècle et au début du XIX^e^, la relève fut assurée par la dynastie des Didot en France, par Bodoni en Italie et par Baskerville en Angleterre. Après cette époque, la mécanisation et l'industrialisation du livre ne permettront plus les individualismes qui avaient amené le livre à sa perfection.

**Incas.** À partir de 1483, le grand empire des Incas marque la fin de la période pré-colombienne. Les Incas sont d'excellents architectes comme le montrent les ruines de leur capitale Cuzco ou le site de Machu Picchu.

Les sculptures des Incas en pierre figurent souvent le lama. Les céramiques sont assez simples et une forme domine, l'aryballe*. Les bijoux sont d'une excellente facture. On trouve également des récipients en bois peint.

En 1532, la conquête hispanique met fin à l'Empire inca.

**incrustation** n. f. Le procédé qui consiste à incruster dans le verre un élément de décoration s'applique à des techniques aussi diverses que le filigrane*, les millefiori*, les verres à camées (ou sulfures) et le verre à légion d'honneur. Ce sont à ces deux dernières catégories qu'appartiennent les verres à incrustations, au sens où on l'entend aujourd'hui : les médaillons sont composés soit d'une médaille en pâte de terre en porcelaine, soit d'émaux peints sur une feuille d'or, soit de motifs peints, soit sur argile ou même ciment, ou bien encore moulés en verre de couleur. (V. CAMÉE ET LÉGION D'HONNEUR.)

Les frères Daum utilisèrent ce procédé, créant des effets proches de la marqueterie de verre de Gallé. Des « plaquettes » de verre, différemment colorées, sont enfoncées à chaud, plus ou moins profondément, dans la paroi encore molle de la pièce. La gravure précise ensuite les contours des motifs.

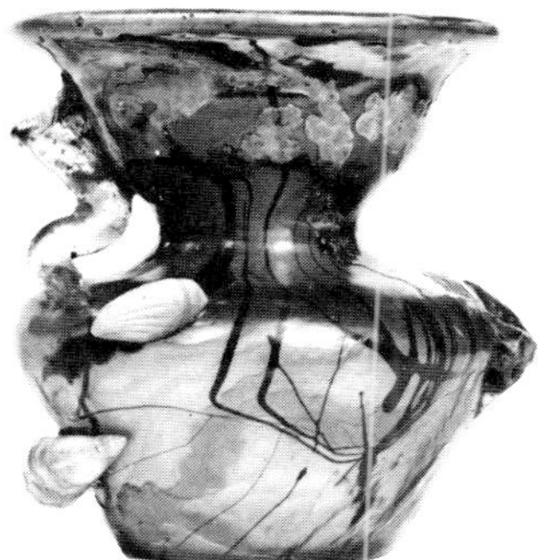

*Vase de Gallé dont les incrustations donnent l'illusion d'un décor aquatique.*

Sotheby-Parke-Bernet

**incunable** n. m. et adj. Nom donné par les bibliophiles à tout livre imprimé avant 1500. Il existe deux sortes d'incunables : les incunables xylographiques, obtenus avec une seule planche, le donat, et les incunables typographiques, composés en caractères mobiles de bois, puis de métal, telle la *Bible* dite de Gutenberg (1455). Il n'est pas toujours facile de dater un incunable. Le colophon* placé en fin de volume le permet. Tous les

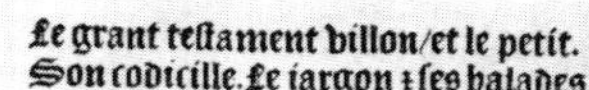

*Colophon de Pierre Levet sur un incunable de 1489. (Pierre Levet fut le premier éditeur des œuvres de François Villon.)*

incunables sont répertoriés, depuis les travaux de Ludwig Hain, de Robert Proctor, du *Gesamt Katalog der Wiegendrucke* et du catalogue du British Museum.

**incus.** Se dit d'une monnaie présentant au revers le même type que sur l'avers, mais en creux. D'une manière générale, cette épithète sert à qualifier une empreinte monétaire en creux : on peut ainsi parler de frappe incuse, de tranche incuse. Les monnaies incuses sont assez rares dans la numismatique : les deux exemples les plus connus de ce type de monnaies sont les bractéates du Moyen Âge et les monnaies antiques frappées aux VIe et Ve siècles av. J.-C. par un certain nombre de cités de la Grande Grèce (Métaponte, Sybaris, Crotone, Caulonia, Poséidonia). Il faut enfin noter qu'on peut trouver des pièces incuses, quelle que soit l'époque, du fait d'un incident classique de fabrication : si une pièce qui vient d'être frappée reste collée au coin mobile, elle va — à la frappe suivante — jouer le rôle de poinçon et estamper en creux le revers du flan posé sur le coin fixe. On obtient ainsi une monnaie incuse, qui, si elle échappe au contrôle, fera un jour la joie du collectionneur amateur de curiosités !

**Inde.** L'Inde a eu une très longue histoire, très variée en raison de la diversité de la population. Il n'y eut donc pas de « séquences » historiques et artistiques régulières, mais une succession d'« époques » variant selon les lieux et les temps.

La protohistoire est essentiellement représentée par la période de la civilisation de l'Indus (v. 2500 - v. 1500 av. J.-C.) [Harappā, Mohenjodaro] : sceaux avec écriture non encore déchiffrée, statuettes d'argile (jouets, déesses mères). La période védique assure la transition avec l'époque historique (v. 1500 - v. 300 av. J.-C.) : jusque vers 800, une poterie ocre et des objets de cuivre sont produits ; jusqu'en 500, la poterie grise est peinte ; de 500 aux environs de 200, une poterie noire est polie et des monnaies d'argent sont en circulation.

L'histoire commence avec le premier art bouddhique, du IIIe siècle av. J.-C. au IIIe siècle apr. J.-C. Au Ier siècle apr. J.-C. apparaissent au Gāndhāra les premières images du Bouddha. La sculpture se développe à Mathurā sous la dynastie des Kushān (IIe-IIIe s.). Au Gāndhāra apparaissent les sculptures bouddhiques en schiste (Ier-IIe s.), puis en stuc (IIIe-Ve s.) à partir de canons hellénistiques. À l'époque des Gupta (IVe-Ve s.), toutes les tendances se mêlent et affirment un art typiquement indien, dit « classique ». L'époque « post-gupta » (VIe-IXe s.) est caractérisée par des formes classiques, illustrées par les peintures des grandes grottes (Ajantā, Ellorā, Elephantā). Au VIIIe siècle, dans l'Est, l'art des Pāla rénove l'art classique des Gupta, et, au Cachemire, la dynastie des Utpāla mêle les styles hindous et grecs. Dans le Sud, les Pallava de la région de Madras taillent des rochers en forme de temples. Dans l'Ouest, les Chālukya (VIIe-VIIIe s.) construisent les premiers grands temples hindous, inaugurant deux styles codifiés par les textes : les styles *nagara* (du Nord) et *drāvidā* (du Sud). Les styles du Nord seront développés et illustrés dans l'Orissa (VIIe-XIe s.), à Khajurāho (Xe-XIIe s.) et dans l'Ouest, au mont Abū, tandis que les styles du Sud verront leur meilleure expression à l'époque des Chola (Xe-XIIIe s.), dans la région de Madras, et à l'époque des Hoysala (XIe-XIVe s.), dans le Mysore. L'art du bronze se développe sous les dynasties Pāla et Sena (Bihār et Bengale) du VIIIe au XIIe siècle, et, dans le Sud, pendant la période des Chola.

*Sculpture en grès jaune d'une femme parée et allongée, entourée de ses servantes. Inde, région de Khajurāho, Xe siècle. Biennale des antiquaires, Ariane Faye.*

Biennale des antiquaires

Les arts indo-musulmans sont présents dans le Nord à Delhi à la fin du XIIe siècle et atteignent leur apogée pendant la dynastie des Grands Moghols (XVIe-XVIIIe s.) ; ils seront caractérisés, outre par leur architecture, par des écoles impériales et régionales de miniatures. Les objets d'art indien anciens sont rarement accessibles aux collectionneurs, mais ceux-ci peuvent néanmoins encore acquérir de belles miniatures et de nombreux objets d'artisanat qui perpétuent les styles traditionnels.

*Les tapis d'Inde.* C'est sous l'impulsion de l'empereur Abkar (1556-1605) que furent créées les premières manufactures de tapis indiens (Lahore), où furent, à l'origine, employés des artisans perses. Cela explique que l'on retrouve dans les tapis indiens de nombreux motifs persans, tels l'hérati, le boteh, le tchi, les rinceaux végétaux, mais dans une interprétation moins souple et plus schématique. Ces motifs sont souvent disposés dans un décor de grille inspiré de la ferronerie indienne ou encore dans une composition picturale tirée des miniatures (scènes de chasse). Certains éléments, tels que les dessins d'oiseaux et d'animaux, sont, au contraire, d'une très grande précision ornithologique. Dans les bordures, on trouve des motifs à palmettes, des fleurs de lotus, des masques humains et des grecques formant trapèzes. La qualité des teintes, moins vigoureuses, s'explique en partie par l'utilisation d'une laine de qualité moyenne. La gamme des couleurs est constituée par l'ivoire, le beige et le vert pour les fonds, tandis que le rouge foncé, le jaune ou l'orange et parfois le noir sont employés pour les bordures ; le bleu et le rose dominent dans les motifs. La période la plus brillante se situe du XVIIe siècle à la première moitié du XIXe avec les productions de Lahore, de Fathpur et d'Agra, qui fabriquaient, outre des tapis de laine, de très beaux tapis de soie.

**indigo** n. m. Suc tiré de l'indigotier, qui vire au bleu intense sous l'action de l'air. Il est très employé en teinture, souvent mélangé à du sulfate de fer, pour colorer la laine et les étoffes.

**inrō.** Les inrō sont, au Japon, de petites boîtes plates, à deux ou à plusieurs compartiments, souvent décorées par des artistes réputés, qui étaient pendues à la ceinture du kimono des hommes par un cordonnet se terminant par un netsuke* et coulissant dans un bouton ovale ou plus ou moins sphérique appelé *ojime**. À l'origine (début de la période d'Edo), ils étaient destinés à renfermer un sceau et la petite capsule contenant le vermillon nécessaire pour utiliser le sceau du porteur. Par la suite, ils se compartimentèrent de plus en plus afin de pouvoir conte-

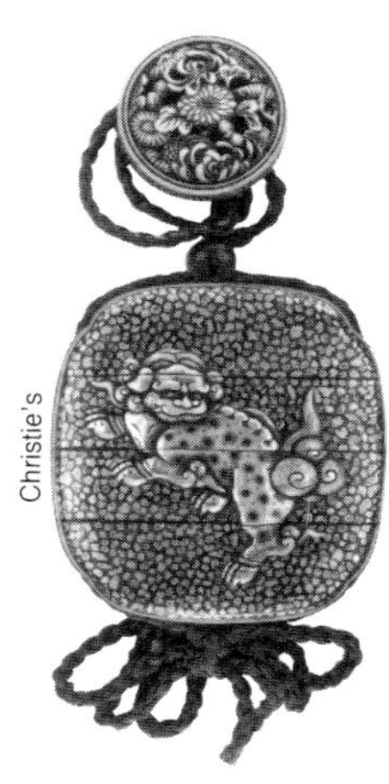


*Inrō à plusieurs compartiments en bois laqué, muni d'un bouton (ojime) lui aussi décoré.*

nir des médecines diverses (poudres, pilules, etc.). Avec leurs corollaires netsuke et ojime, ils devinrent une partie indispensable du costume masculin japonais à partir de l'ère genroku (1688-1703). Ils étaient la plupart du temps réalisés en bois et laqués, certains avec la technique du maki-e. Quelques rares inrō furent réalisés en ivoire ; d'autres le furent en os ou en bois dur. Les plus précieux étaient en laque dorée (ou sculptée) et peinte. Certains furent ainsi décorés par les meilleurs artistes laqueurs de leur temps. La vogue des inrō disparut vers 1870, alors que les sculpteurs continuèrent encore pendant quelque temps à faire des netsuke. Pour être complet, un inrō doit posséder son cordon muni d'un ojime, le netsuke étant considéré indépendamment.

**insigne** n. m. Marque distinctive d'une fonction (mitre, crosse, sceptre, écharpe tricolore), d'une récompense (médaille militaire) ou d'une participation à une réunion collective (pèlerinage, congrès). En art populaire, signalons les insignes de pèlerinage (plombs, fibules, enseignes), portés par le pèlerin lors d'une cérémonie religieuse et ramenés chez lui en mémoire de cette action.

**instrument méridien.** Appelé aussi « canon de midi » ou « méridienne », cet instrument est destiné à signaler le passage du Soleil au méridien, c'est-à-dire le midi vrai. L'instrument le plus populaire est le canon de midi. Apparu au XVIIIe siècle, celui-ci comprend un petit canon en bronze ou en cuivre sur un socle en marbre, sur lequel est gravé un cadran* solaire horizontal avec un gnomon* et, face à la culasse, une lentille. On l'oriente de façon qu'à midi le Soleil passant à travers la lentille chauffe la poudre du canon et l'enflamme, permettant au coup de partir. Le canon de midi fut très en vogue au XIXe siècle, à tel point que le Palais-Royal possédait un petit canon, aujourd'hui disparu, qui tonnait chaque jour midi pour les Parisiens. Plus anecdotique que scientifique, il se trouve sur le marché à des prix tout à fait abordables.

**instrument des passages** ou **lunette méridienne.** Lunette astronomique qui permet d'observer les passages du Soleil ou d'un astre. L'une des premières lunettes méridiennes a été installée par Römer en 1681 dans son observatoire particulier de Copenhague, et son usage ne se répandra qu'à partir de 1720. Cette lunette est très reconnaissable à sa monture en forme de croix. Placée sur un trépied au début, elle est mise par la suite sur un solide bâti, mais la mobilité est assurée.

**intaille** n. f. Pierre dure gravée en creux (tailler, en gravure, signifie creuser), contrairement au camée, dont le décor est dégagé en relief. L'intaille a précédé le camée dans l'art de la glyptique* ; elle apparaît sur les cylindres-sceaux babyloniens. Les armes, les monogrammes, les symboles, gravés en creux, apparaissent en relief une fois appliqués sur l'argile ou la cire molles. Les intailles sont aussi des bijoux lorsqu'elles sont portées en chevalière ou en pendentif. Comme les camées, les intailles sont creusées généralement dans de l'agate, mais aussi dans toutes sortes de pierres dures.

**intarsia.** Terme italien s'appliquant à une technique de menuiserie qui consiste à incruster certains éléments maintenus par collage sur fond de bois massif. Les menuisiers italiens, les « intarsiatori », utilisèrent ce procédé dès le XVe siècle et réalisèrent de véritables tableaux en enchâssant dans des alvéoles des lamelles découpées dans des bois teints de diverses couleurs.

L'intarsia est une technique comparable aux champlevés des émaux appliqués dans une plaque de cuivre évidée. C'est de l'intarsia que dérive la marqueterie, dont on a attribué l'invention au Florentin Benedetto da Maiano. Mais, à la différence de l'intarsia, la marqueterie consiste à ajuster des pièces de bois préalablement découpés et à les fixer par collage sur un bâti.

**intercalaire.** Décor du verre dit aussi « d'inclusion », mis au point par les frères Daum en 1899. Avant de réaliser « un doublé ou un triplé, la ou les sous-couches sont préalablement décorées à la roue, à l'acide par peinture à l'émail, puis réchauffées et insérées dans la peau extérieure du vase ». Après ce recouvrement, les tonalités sont plus diffuses, donnant au décor inclus un aspect bien particulier. Cette technique, aux difficultés extrêmes et très difficile à pratiquer, vaut aux frères Daum un grand prix à l'Exposition universelle de 1900, où 38 pièces, appelées communément « intercalaires », ont été présentées.

**intouchable.** Se dit d'un meuble ou d'un objet d'un prix d'achat excessivement élevé, dans le langage des antiquaires et des brocanteurs.

**Iribe** (Paul), illustrateur, caricaturiste et décorateur ensemblier français (Angoulême 1883 - Menton 1935). Il collabore d'abord à *l'Assiette au beurre,* puis publie durant la guerre de 1914-1918 *le Mot,* auquel participent Dufy, Sem, Cocteau et A. Lhote, avant de fonder en 1935 *le Témoin.* Mais son rôle de décorateur est primordial dans les années 1910-1914. Travaillant pour les couturiers Poiret et Doucet, Paul Iribe influence le goût général : ses meubles sont directement inspirés de l'élégance du XVIIIe siècle. Il utilise volontiers des bois exotiques et précieux ; il les présente en formes fluides, souvent décorées d'un motif qui devient fameux sous l'intitulé de « rose Iribe », sorte de symbole Art déco. On lui doit également l'emploi du galuchat dans l'ameublement.

Parti pour les États-Unis en 1914, il imagine alors les décors fantastiques des films du réalisateur Cecil B. De Mille. En 1930, il regagne la France, où, resté traditionnel dans ses conceptions artistiques, il invente des modèles de bijoux pour Coco Chanel.

Comme les autres ensembliers Art déco, il jouit de la faveur actuelle de certains collectionneurs aimant élégance et confort (18 700 dollars pour une bergère aux accotoirs en ébène à New York en 1985).

**irisation** n. f. Altération de la glaçure des céramiques enfouies dans la terre ou du verre, produite par une attaque chimique superficielle. Les acides faibles existant

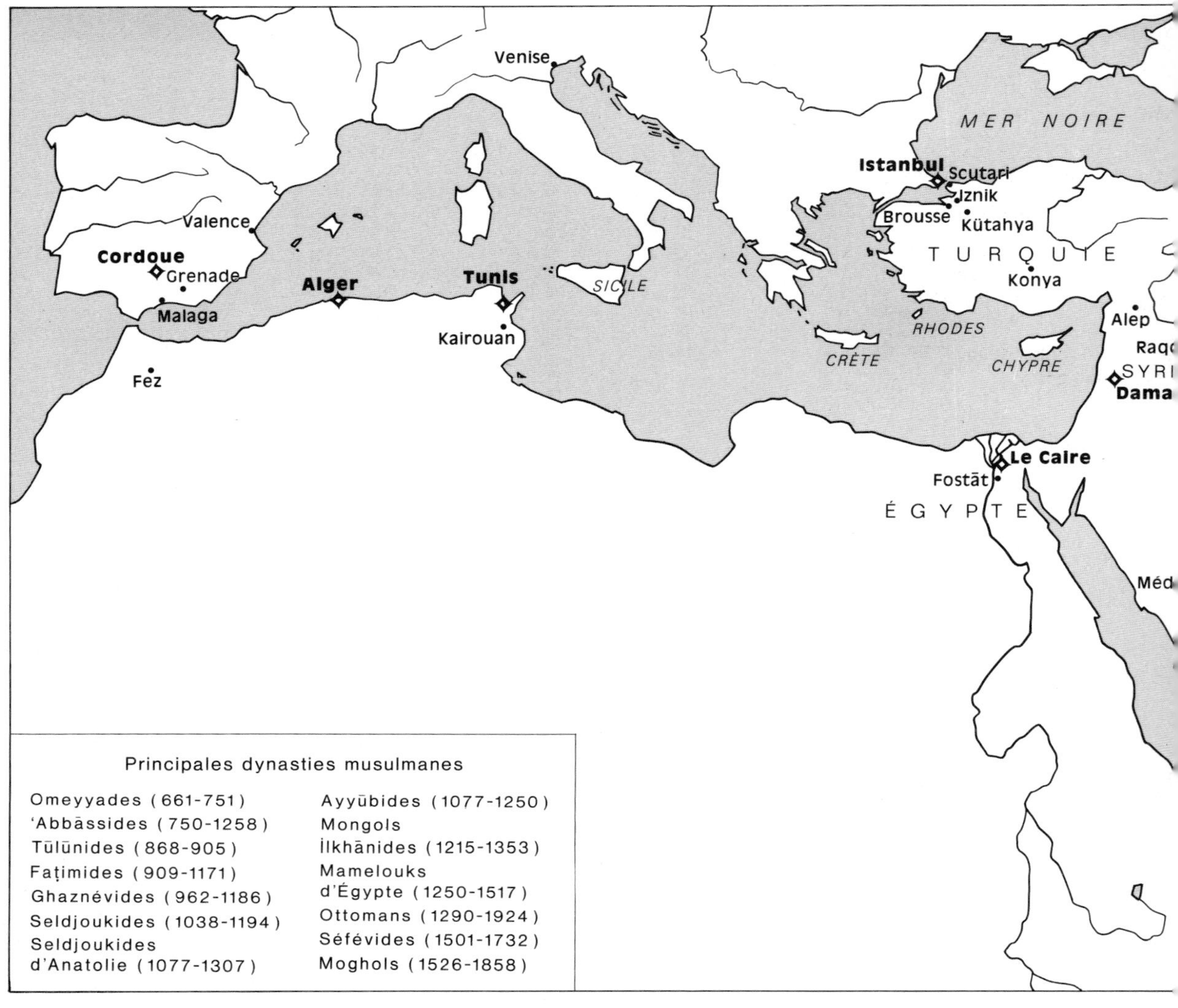


dans la terre, en présence d'humidité, dissolvent les alcalins de la glaçure. La silice, qui ne peut être dissoute par l'eau, apparaît alors sous la forme de petites plaquettes d'une pellicule lamellée, qui dispersent la lumière et reproduisent l'irisation. Le terme est dérivé d'Iris, divinité symbolisant l'arc-en-ciel.

Mais l'irisation, sur les verres comme sur les céramiques, dépend surtout de la composition du verre ou de la glaçure. Elle apparaît plus fréquemment au Moyen-Orient, parce que les « glaçures » orientales sont plus alcalines que les autres. Les tonalités varient de l'argent à l'or en passant par le rouge et les reflets « aile de papillon ».

Il faut noter que les faussaires iraniens donnent adroitement à certains objets (en particulier les céramiques sedjoukides monochromes bleues) l'aspect irisé des pièces « sorties de fouille », en incorporant à la glaçure, avant cuisson, des sels d'argent. Une technique de « vieillissement » par les acides s'applique également aux verres de fouilles.

À l'Exposition universelle de 1878, les Autrichiens exposent des verres ayant subi artificiellement une irisation par application d'une fine pellicule métallique, cuite ensuite au four, en atmosphère réductrice. Cette innovation allait être ensuite imitée dans tous les pays occidentaux. Tiffany, célèbre verrier américain, illustra avec talent les ressources que l'Art nouveau sut puiser dans ce procédé décoratif.

**Irlande.** La dentelle d'Irlande est exécutée au crochet. Le *point d'Irlande fin* est à petits motifs très réguliers qui ne forment pas de dessins. Le *point d'Irlande gros* est à larges motifs en relief ; d'où son nom.

**islām.** De l'arabe *islām* signifiant « soumission (à Dieu), résignation », ce terme désigne à la fois la religion adoptée par les musulmans et la culture de peuples « soumis » à cette religion (qu'ils soient Arabes, Berbères, Turcs, Mongols, Persans, Indiens, etc.) du VIII^e siècle aux temps modernes. On peut diviser les « territoires » islamiques en cinq grandes aires : le Moyen-Orient, qui comprend le monde arabe de La Mecque à Damas et du Caire à Bagdad ; le monde iranien, de la Mésopotamie orientale à l'Afghānistān ; la Turquie ottomane avec l'Anatolie et les pays soumis à sa domination ; la Méditerranée occidentale avec le Maghreb et l'Espagne ; l'Inde islamisée.

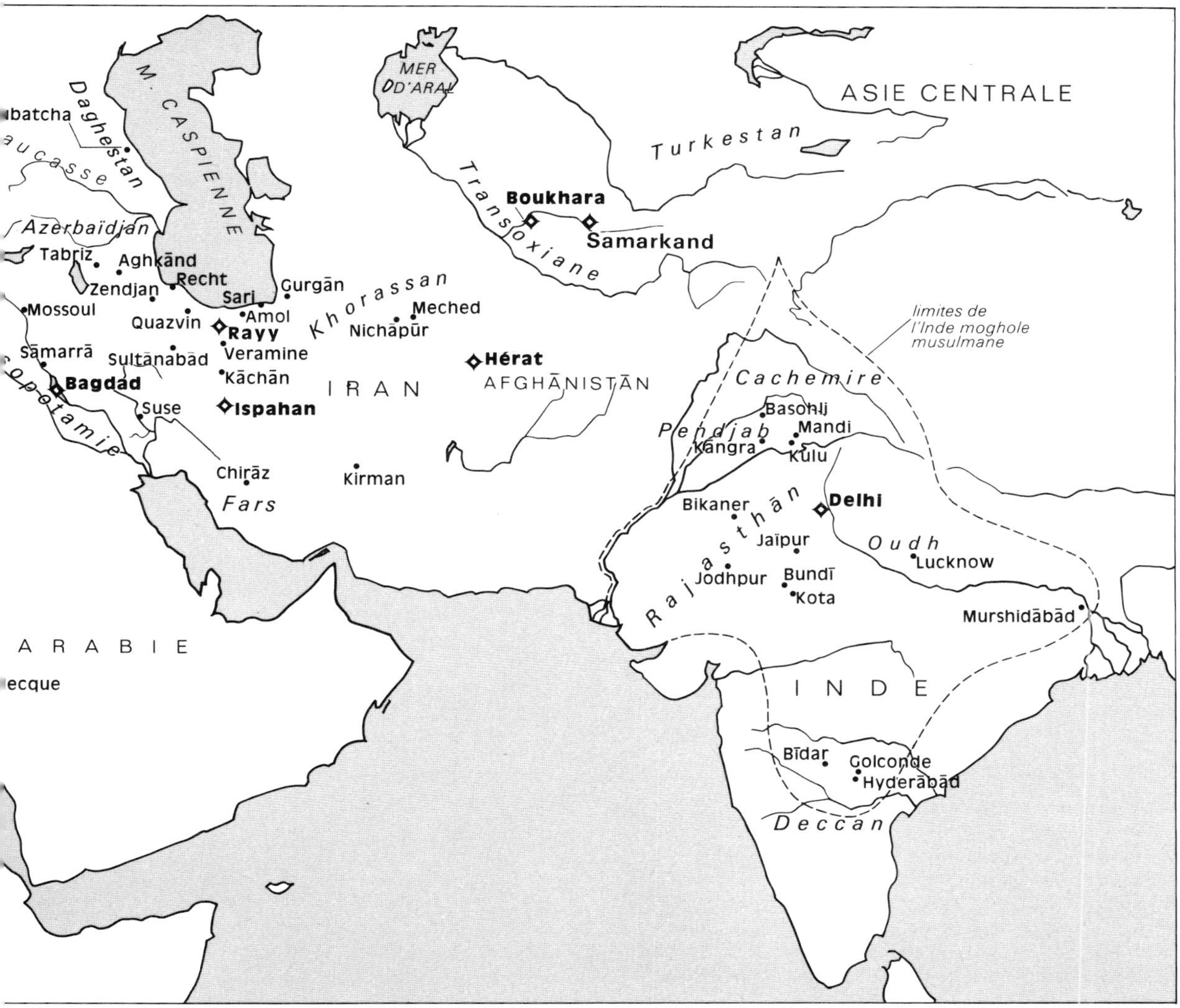

M. CASPIENNE
MER D'ARAL
ASIE CENTRALE
Turkestan
Transoxiane
Boukhara
Samarkand
Daghestan
Caucasse
Azerbaïdjan
Tabriz
Aghkānd
Recht
Zendjan
Sari
Gurgān
Amol
Mossoul
Quazvin
Rayy
Khorassan
Meched
Nichāpūr
Sāmarrā
Sultānabād
Veramine
Kāchān
Hérat
AFGHĀNISTĀN
Bagdad
Suse
Ispahan
IRAN
Chirāz
Kirman
Fars
ARABIE
limites de l'Inde moghole musulmane
Cachemire
Basohli
Pendjab
Mandi
Kangra
Kulu
Bikaner
Delhi
Rajasthān
Jaïpur
Oudh
Lucknow
Jodhpur
Bundī
Kota
Murshidābād
INDE
Bīdar
Golconde
Hyderābād
Deccan

*Carte du monde musulman situant les principaux centres artistiques.*

*Bol conique provenant de Nichāpūr et décoré d'une bande de caractères coufiques fleuris. Christie's.*

**Les caractères de l'art islamique**

Cet art a une originalité incontestable, même si sa genèse est liée aux cultures qui l'ont précédé sur les territoires où il prédomine. Nomades et dépourvus, à l'origine, de traditions artistiques, les Arabes ont su néanmoins tirer parti des peuples qu'ils soumettaient — Romains, Coptes, Byzantins, Turcs, Sassanides, Mongols, Berbères —, en les transformant par des apports personnels.

Entre ces tendances si diverses, le facteur d'unité le plus important est la religion musulmane. C'est elle qui décide de la place qu'occupent les arts et du rôle que chacun doit jouer dans l'équilibre spirituel et matériel du *dar al islām* (la maison de Dieu). Cette dépendance de principe à la Loi sacrée n'exclut pas le pluralisme des manifestations artistiques.

On a beaucoup insisté sur « l'interdiction des images ». Or, l'interdit fondamental ne concerne que la représentation de Dieu. Par la suite, il s'est étendu à toute figuration d'un être vivant dans le domaine liturgique — afin d'éviter le retour au « culte des idoles ». Il ne figure pas dans le Coran, mais dans les textes canoniques ultérieurs.

L'art sacré, les édifices du culte sont donc voués à l'abstraction ornementale, à la recherche d'effets décora-

Aiguière en cuivre incrusté d'or et d'argent. (H. 22 cm.) Turquie, XV^e ou XVI^e siècle. Adjugée 1 800 £ par Christie's, à Londres, le 15-X-1980.

Bol en céramique de type minaï, à l'intérieur peint de personnages et de décors en couleurs. (D. 21,5 cm.)

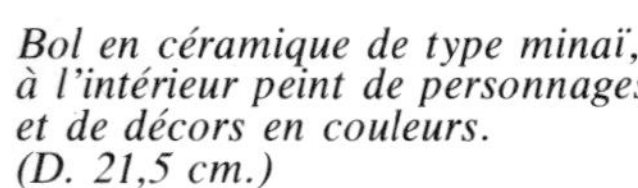


*Bassin en cuivre incrusté d'or et d'argent. Iran, XVIII^e siècle.*

*Miniature arabe tirée d'un* Livre sur les constellations des étoiles fixes *d'ʿAbd al-Raḥmān al-Ṣūfī. Iraq, XVI^e siècle. (D. 30 × 22 cm.)*

tifs privés d'animation. L'art profane, en revanche, foisonne de thèmes animés, qui nous renseignent abondamment sur la vie de l'époque : tissus somptueux parsemés de personnages évoluant au milieu des fleurs, plats de cuivre gravés de scènes de chasse, céramiques agrémentées d'animaux plus ou moins fantastiques.

La grande innovation est l'introduction de la calligraphie comme élément décoratif — hommage à la langue arabe, qui est le véhicule du Coran —, que l'artiste musulman a su adapter à toutes les disciplines (céramique, verre, métal, textile). La calligraphie jouit auprès des collectionneurs du même prestige que la peinture.

**La broderie**

Cette décoration à l'aiguille faite sur une étoffe servant de support a été très développée au Moyen-Orient du XVI^e au XIX^e siècle dans les oasis, le long des routes de la soie, qui conservent une longue tradition de broderie. On distingue trois groupes : Turquie et pays ottomans, ouest de la Caspienne (sud du Caucase, Arménie, nord-ouest de l'Iran) et Turkestan.

Cette broderie ne demande pas de métier à tisser complexe ; elle suit les traditions familiales et locales sans renoncer à l'imagination individuelle, grâce à des milliers de points traditionnels. Les motifs sont essentiellement floraux : quatre fleurs (tulipe, jacinthe, œillet, églantine) ; les tonalités bleues et rouges jouent avec des fils d'or, d'argent et de soie. Ces décors étaient destinés à embellir les vêtements et le trousseau : draps, couvertures, rideaux, coussins. Mais ils ornaient surtout mouchoirs et serviettes, aux usages multiples, en lin fin : *peshkirs,* à usage d'essuie-mains ou servant à désigner la sultane favorite (« jeter le mouchoir ») ; *sitil* (pour le thé) ; *havlou* (pour le bain) ; citons enfin le *boltça* (sac contenant le linge de la maison) et le *tchoukour,* à usage de ceinture.

Outre les fleurs, le répertoire ornemental est très varié : maison, cyprès, verset du Coran, corne d'abondance, corbeille de fruits. Un autre type de broderie sur velours et sur cuir était pratiqué dans divers ateliers, destiné soit aux palais royaux, soit à la vie militaire pour l'ornementation de tentes, de palanquins, de harnachements de chevaux. La broderie, pratiquée dans tout l'Empire, était très florissante dans les îles de la mer Égée et en Afrique du Nord. Peu connues du grand public, ces pièces brodées bénéficient néanmoins aujourd'hui d'un intérêt croissant.

**Les bronzes**

Le traitement du bronze a donné les objets les plus prestigieux du début de la civilisation musulmane, bien que les fontes aient été pratiquées dans tout l'Orient jusqu'aux temps modernes. Ce sont le plus souvent des pièces de commande portant une dédicace aux princes et aux nobles pour lesquels ils ont été exécutés.

Dès le VIII^e siècle, les artistes musulmans optent pour le travail du bronze. Ils utilisent la méthode de coulage (fonte à sable* ou fonte à cire* perdue) et, pour la finition, celle du tournage. Le décor est gravé tantôt à la surface de l'objet, à l'aide d'un burin, tantôt en relief, et est quelquefois ajouré. Mais l'originalité du décor des pièces est le travail d'incrustation, connu en Iran dès le XI^e siècle, qui sera également utilisé pour les objets en cuivre et développé dans tout l'Orient. La majorité de ces objets sont usuels : bassins, chandeliers, aquamaniles, brûle-parfum, aiguières, mortiers, encriers, plumiers, coupes, chaudrons, plateaux, lampes à l'huile, miroirs. L'ornementation est essentiellement caractérisée par des frises épigraphiques continues ou alternant avec des motifs figuratifs et géométriques. Les principaux ateliers sont ceux de Khorassan (nord-est de l'Iran) aux XI^e-XIII^e siècles, l'école du Fars (Iran occidental), l'école de Mossoul (Irak) aux XIII^e-XV^e siècles, l'école séfévide (Iran) aux XVI^e-XVIII^e siècles. On connaît, par ailleurs, certains grands chaudrons à décor « animé » fabriqués aux XIII^e-XV^e siècles dans le Caucase et en Anatolie.

**La céramique**

La céramique musulmane offre des productions variées : en premier lieu des poteries, des céramiques à décor engobé et des céramiques recouvertes de glaçures. Les procédés de décoration recherchent soit l'effet de relief (incision, gravure, estampage*, modelage), soit l'effet de couleur (engobe*, glaçures* colorées ou émail*). Cette profusion est en fait une synthèse entre les procédés hérités de l'Antiquité et les techniques de cuisson et de décor inventées par les potiers musulmans (lustre* métallique, pâte tendre*, céramique de petit feu [*minaï*]).

Deux grands types de céramiques évoluent presque

Ader-Picard-Tajan.

*Assiette en émail peint, ornée sur l'avers d'une scène mythologique et sur le revers* (ci-dessus) *d'une tête de Romain casqué entourée de frises concentriques. Monogrammée « P. R. », Pierre Reymond (1534-1584). Limoges, XVI*[e] *siècle. Adjugée 60 000 F par M*[es] *Ader-Picard-Tajan, à Drouot, le 31-I-1983.*

*Coffret rectangulaire à couvercle taluté, garni de treize plaques émaillées, monture en bronze ciselé et doré, base moulurée reposant sur quatre bustes de femmes. Attribué à Coulhy Nouailher, Limoges, premier tiers du XVI*[e] *siècle. (H. 11,5 cm ; l. 18,5 cm.)*

Ader-Picard-Tajan.

Sotheby, Parke Bernet.

*Brûle-parfum tripode en émail cloisonné, orné de trois animaux en bronze doré sur la partie supérieure. Époque Ming, début du XV*[e] *siècle. (H. 15,2 cm.) Adjugé 24 200 £ par Sotheby, à Londres, le 15-VI-1982.*

Ader-Picard-Tajan.

*Plaque rectangulaire en cuivre champlevé émaillé et doré, représentant un ecclésiastique tenant une crosse et un livre. Figure en haut relief rapportée et gravée. Limoges, XIII*[e] *siècle. (H. 23,5 cm ; l. 10,5 cm.)*

Ader-Picard-Tajan.

*Estampe appartenant à une suite de 24 gravures à l'eau-forte coloriées, tirage avant la lettre, illustrant un ouvrage de Julien Leroy sur les ruines des plus beaux monuments de la Grèce, édité à Paris par Guérin et La Tour en 1758. Cette estampe représente la bourgade de Paesto en 1750.*

Le Sommeil de Vénus, *gravure en manière de crayon, par Boucher. Galerie Prouté.*

G. Meguerditchian.

La Femme à la flèche, *gravure de Rembrandt (1661). Amsterdam, Rijksmuseum, cabinet des Estampes.*

Ader-Picard-Tajan.

L'Hiver d'un chat sur un coussin,
*lithographie de Steinlen (1909).*
*Adjugée 16 500 F par Mes Ader-Picard-Tajan, à Drouot, le 28-VI-1982.*

*Lithographie coloriée à la main représentant l'illustrateur Grandville entouré de ses rêves. Collection particulière.*

N. Marchand.

Dandier-Explorer.

La Vendeuse d'images,
*gravure coloriée.*

Lessing-Magnum.

*Vendeur de chansons et d'images populaires. Lithographie allemande. Vienne, Musée historique de la ville.*

# ÉVENTAILS

*Éventail plié, fait d'une feuille gouachée sur vélin, ornée d'une scène de musique inspirée de l'Antiquité. Monture en ivoire sculpté, incrusté de nacre. Époque Louis XIV, fin du XVIIe siècle. (50 cm.) Galerie Marigny.*

A. Chadefaux-Top.

*Éventail plié, fait d'une feuille gouachée ornée de deux vignettes, monture en ivoire ciselé peint au vernis, sertie à la base d'un diamant taillé en rose. (46 cm.) Galerie Marigny.*

A. Chadefaux-Top.

*Éventail plié « à la Montgolfière », fait d'une feuille de soie gouachée ornée de trois vignettes, dont deux illustrent les ascensions en ballon de 1784, la troisième ornée d'une fenêtre en mica dans un décor en trompe l'œil. Monture en nacre ciselé et repercé, sertie à la base d'un diamant taillé en rose, feuille incrustée d'or. Époque Louis XVI. Galerie Marigny.*

Ader-Picard-Tajan.

## FIXÉ SOUS VERRE

*Fixé sous verre représentant une jeune femme, la pipe à la main, dans un cadre doré. XVIIIe siècle. (81,5 × 54 cm.) Adjugé 44 000 F par M[es] Ader-Picard-Tajan, à Drouot, le 9-XII-1981.*

Ader-Picard-Tajan.

*Pendule à suspendre, en forme de cage à oiseaux, ornée à l'intérieur d'une colonne en baguettes de verre imitant une fontaine et de deux oiseaux automates. Cadran horizontal au fond de la cage. Travail suisse de la fin du XVIIIe siècle, attribué à Jaquet-Droz. Adjugé 165 000 F par Mes Ader-Picard-Tajan, le 19-III-1981.*

Ader-Picard-Tajan.

*Pendule en bronze ciselé et doré en forme de temple, cadran de Corniquet. Paris, époque Louis XVI. (H. 63 cm.) Adjugé 65 000 F par Mes Ader-Picard-Tajan, à Drouot, le 19-III-1981.*

Couturier-Nicolay.

*Pendule de parquet, de forme violonnée, en placage d'amarante marqueté de croisillons, ornée de bronzes ciselés et dorés. Cadran de Lamy, mouvement daté 1767. Époque Louis XV. (H. 2,29 m.)*

Couturier-Nicolay.

*Cartel rocaille en bronze ciselé et doré, cadran de Berthoud. Époque Louis XV. (H. 90 cm.) Adjugé 71 000 F par Mes Couturier-Nicolay, à Drouot, le 18-XI-1981.*

Ader-Picard-Tajan.

*Pendule en marbre blanc et bronze ciselé et doré, cadran de Coteau daté 1789, mouvement de Lépine, travail du bronze attribué à Gouthière. Époque Louis XVI. (H. 74 cm.) Adjugée 180 000 F par Mes Ader-Picard-Tajan, à Drouot, le 13-XII-1980.*

Sotheby, Parke Bernet.

Sotheby, Parke Bernet.

Sotheby, Parke Bernet.

*Montre en or émaillé sonnant les quarts, signée* Ls. Duchéne et Fils. *Genève, vers 1850. (D. 5,6 cm.) Adjugée 70 000 francs suisses par Christie's à Genève, le 17-XI-1980.*

À gauche, *montre musicale en or émaillé. Suisse, vers 1810. Adjugée 50 000 dollars.*
À droite, *paire de montres en argent doré et émaillé. Suisse, vers 1820. Adjugée 20 000 dollars. Vendues par Sotheby, à New York, le 18-VI-1979.*

Christie's.

Christie's.

*Montre signée Vitrolles. Paris, vers 1730.*

*Montre en or émaillé à l'oiseau chanteur, travail attribué à Jaquet-Droz. Suisse, vers 1785-1790. (D. 6,3 cm.) Adjugée 250 000 francs suisses par Christie's, à Genève, le 13-V-1981.*

Top.

## INSTRUMENTS DE MUSIQUE

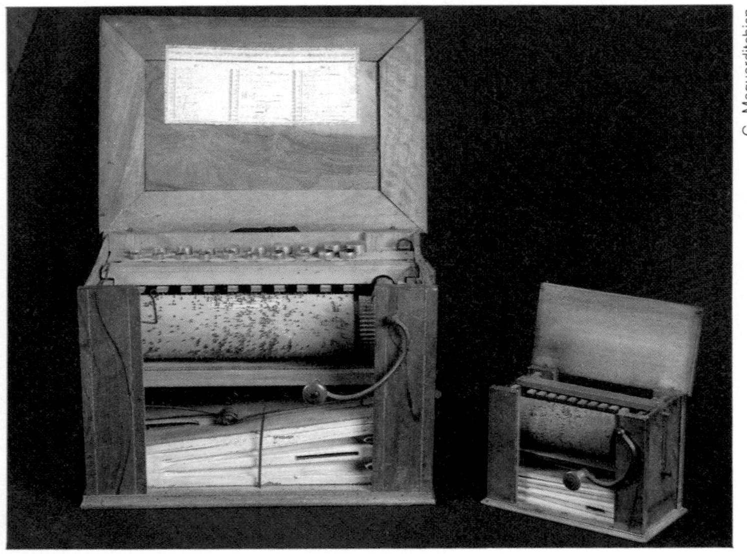
G. Meguerditchian.

*Serinette et perroquette, deux instruments de musique de la collection A. Muflarz.*

Christie's-Mike Fear-White Bros

*«Colossus» Stradivarius de 1716. Adjugé 4 840 000 F par Christie's, à Londres le 29-IV-1987.*

G. Meguerditchian.

*Meuble à musique à disque, mouvement à deux claviers. Marque Stella, vers 1900. Coll. A. Muflarz.*

Phot. du musée.

*Clavecin orné de peintures attribuées à Gaspard Dughet. Italie, fin du XVIIe siècle ou début du XVIIIe siècle. New York, Metropolitan Museum, Gift of Susan Dwight Bliss, 1945.*

Ader-Picard-Tajan

indépendamment l'un de l'autre : le plus apprécié des collectionneurs est la fabrication de prestige destinée à la fois à la cour et à l'exportation. Elle relève d'une entreprise officielle rigoureusement organisée, faisant appel à des ateliers expérimentés. Ils sont établis près des capitales et des grandes villes. Ils produisent de la vaisselle et aussi des carreaux émaillés qui font la renommée de nombreux édifices religieux et publics. L'autre production, moins élaborée, est qualifiée parfois de « céramique commune ». Elle est constituée d'un support argileux, recouvert d'un engobe dont le nombre de couleurs ne dépasse jamais deux ou trois, le tout recouvert d'une glaçure plombifère. Elle est surtout destinée à l'usage domestique et au transport des denrées : elle est distribuée sur tous les territoires, dans toutes les villes et dans tous les villages. Elle a marqué cependant par sa grande diffusion l'histoire des arts du feu.

**La calligraphie**

À la différence de l'Occidental, le musulman place l'écriture nettement au-dessus de la peinture, car elle est d'abord la transcription de la Parole de Dieu dans le Coran. La calligraphie est devenue ainsi la forme artistique par excellence, et le calligraphe est un artiste important.

Les règles de cet art sont strictes : le module — carré formé par l'épaisseur de la plume avec laquelle les lettres sont écrites — sert à mesurer les proportions des parties d'une lettre ; celles-ci varient suivant le genre *(coufique, naskhi)* et l'emplacement dans le mot. D'où l'importance de la plume *(qalam),* habituellement en roseau, qui doit être flexible et bien taillée. Entre 700 et le début du XVe siècle, la graphie des lettres arabes change plusieurs fois de style. L'écriture *coufique,* utilisée à l'époque abbasside, est rendue par des caractères verticaux, anguleux et donne une impression d'austérité et de force. Un peu plus tard, elle s'ornera de motifs floraux : c'est le *coufique fleuri ;* puis, à l'époque des Mamelouks (1250-1317), apparaissent des écritures plus cursives, le *naskhi* et le *thuluth,* qui supplantent le *coufique.* L'apogée de l'écriture cursive se situe en Iran avec le *nastaliq,* écriture inventée par le fameux scribe Mir 'Ali de Tabriz au XVe siècle. Avec sa variante, le *shekaste,* le *nastaliq* est adopté par tous les écrivains orientaux.

Quels que soient les caractères, l'artiste musulman a su les adopter à toutes les disciplines : céramique, verre, métal, textile et surtout manuscrits. Signalons que, depuis le XVIe siècle, de nombreux collectionneurs prirent plaisir à mêler des calligraphies, dont la plupart portent une signature d'artiste, à des albums de peintures. Bien entendu, les noms célèbres sont très recherchés, surtout par les Orientaux ; ce domaine est encore assez méconnu.

**Les cuivres**

Aussi prestigieux que les bronzes, les cuivres musulmans sont innombrables. La production du cuivre est suffisamment importante, au nord de l'Iran et de la Mésopotamie (région de Dyarbékir), pour approvisionner tous les centres métallurgiques du Moyen-Orient. Les musulmans se sont révélés d'incomparables artistes dans le travail de ce métal. L'objet est d'abord façonné dans une feuille de cuivre décorée avec des procédés variés : le plus ancien, la gravure, est pratiqué avec un burin ; le repoussage consiste à frapper le revers du métal avec un poinçon de manière à provoquer un relief à l'extérieur ; citons l'ajourage, le ciselage et surtout le travail d'incrustation (v. bronzes). La production de cuivre jaune et de laiton se développe à partir du XIIIe siècle, où elle concurrence celle du bronze, et se poursuit jusqu'à nos jours.

**Islettes (les).** La manufacture des Islettes est la plus importante des faïenceries de l'Argonne, qui compte de nombreux centres de moindre importance (Waly, Froidos, Lavoye...). La première fabrique, installée au Bois d'Epense, remonterait à 1735, mais c'est surtout avec la famille Bernard (époque Empire) que la production se développe d'une manière intense. La manufacture ferme ses portes en 1848.

La production des Islettes est très variée. Les décors de fleurs et au chinois du XVIIIe siècle peuvent être aisément confondus avec ceux de Lunéville ou de Niderviller. À la Révolution apparaissent les motifs patriotiques.

Au XIXe siècle, l'épopée napoléonienne fournit une source iconographique et apparaît sur les plats et les assiettes à la manière des images d'Épinal. Tous les faits et gestes du « Petit Caporal » sont représentés en des scènes fortement colorées et assez naïves. Parallèlement, des scènes galantes, des paysages, des scènes populaires et des fleurs donnent un ton savoureux aux pièces. Très recherchées des amateurs sont les pièces figurant une élégante, qui n'est autre que Mme Bernard, la directrice de l'usine. Les représentations d'animaux (la girafe) sont aussi très recherchées.

Les prix des faïences des Islettes sont élevés, particulièrement pour les grandes scènes de la légende napoléonienne : un plat sur ce thème — en parfait état — peut dépasser les 15 000 F.

*Plat rond en faïence des Islettes à décor polychrome représentant une girafe que retient son conducteur maure. Époque Charles X. Adjugé 21 000 F par Mes Ader-Picard-Tajan, à Drouot, le 4-III-1981.*

Ader-Picard-Tajan

**Ispahan.** Ville de « légende », créée en Iran dès l'époque achéménide, Ispahan connaît une première période de splendeur sous les Seldjoukides, qui en font leur capitale. Beaucoup plus tard, elle joue encore ce rôle avec les Séfévides (XVIe s.), en particulier sous Chah Abbas, qui la couvre de momuments prestigieux. L'essor de la peinture doit beaucoup à Aqa Riza, ou Riza-y-Abassi, créateur d'un style résolument nouveau : les personnages, aux poses nonchalantes, sont d'un raffinement précieux et marquent tous les autres domaines : tapis, métaux, textiles et céramiques*. Les objets de métal, bassin*, chandeliers* fondus en bronze ou bien en cuivre rouge étamé, sont ornés d'un décor ciselé.

Les ateliers de tissage produisent en abondance velours et lampas, aussi remarquables par l'élégance de la composition que par la répartition harmonieuse des coloris. Aux motifs floraux, évoquant de véritables jardins, se mêlent les héros des légendes anciennes, des scènes galantes ou simplement de la vie quotidienne.

La production propre à Ispahan se caractérise par une céramique monochrome (semi-grésée) jaune safran ou vert bouteille ainsi que par des imitations de céladon.

*Le tapis d'Ispahan* est l'un des plus somptueux d'Iran tant par son décor que par sa technique. Dans le champ à médaillon et à écoinçons s'organise un ample et ondoyant mouvement formé d'entrelacs, de treillis végétaux, de rinceaux, d'arabesques, de tchis, où s'intercalent des vases à fleurs et de nombreux motifs végétaux contournés ainsi que des oiseaux (aigrettes, flamands, hérons...). À côté de ces productions, il existe aussi des tapis de prière et des tapis figurant des scènes de chasse.

Le fond est très généralement ivoire, tandis que la bordure est dominée par le fameux bleu d'Ispahan. La trame et la chaîne sont de coton ou de laine ; le velours de laine, parfois de soie, est toujours très ras.

On ne peut pas confondre le tapis d'Ispahan avec les nombreux tapis persans de type classique, aux motifs végétaux et hérati, qui, bien que provenant d'autres régions d'Iran (d'Hérat jusqu'à Tabriz), ont été commercialisés sous le nom de « tapis d'Ispahan ».

**ivoire** n. m. Dentine translucide, jaunâtre, chimiquement composée de calcium et de phosphate, dont le poids spécifique varie de 1,70 à 2 et dont la dureté est de 2,5 à 2,27.

Généralement, on appelle « ivoire » la substance osseuse blanche, dure et dense que fournissent les défenses d'éléphant et, au sens large, les dents d'animaux comme l'hippopotame, le rhinocéros, le sanglier, le cachalot, le morse, le narval ou le mammouth. La loi française se montre plus restrictive et stipule que l'appellation « ivoire » est réservée à la seule matière provenant des défenses d'éléphant.

Les techniques du travail de l'ivoire n'ont pas beaucoup changé depuis les origines : l'ivoire présente de nombreux points communs avec le bois et, comme lui, il est sculpté, percé, tourné, poli, peint. Il est l'une des toutes premières matières que l'homme préhistorique trouva à sa disposition. Il pouvait être travaillé et transformé en objets d'usage sacré ou profane : outils, armes ou objets cultuels. L'Égypte ancienne l'utilisa, de même que toutes les civilisations antiques du bassin méditerranéen, que ce soit dans l'art décoratif ou pour la fabrication d'objets usuels ou à vocation religieuse.

Les plus anciens ivoires connus provenant de la Gaule datent de la première moitié du Ve siècle. De l'époque carolingienne, il nous reste, dans les musées et les cathédrales, des coffrets, des peignes, des couvertures d'évangéliaires, des croix, des bas-reliefs. On connaît des travaux analogues issus de monastères allemands ou anglo-saxons. L'art de l'ivoire atteint son apogée à l'époque gothique à Paris notamment, qui devient le siège de nombreux ateliers d'ivoiriers, l'ivoire arrivant d'Afrique après avoir transité par Dieppe et Rouen. Les artisans sculptent des diptyques représentant des scènes de la Bible, des statues de la Vierge, du Christ, de saints et de saintes, des tabernacles, des reliquaires, des crosses d'évêque et des peignes liturgiques. Mais ils produisent aussi des objets profanes : boutons, objets de toilette, boucles de ceintures, valves de miroir, manches de couteau. La plupart des ivoires de ce temps sont peints, rehaussés de couleurs, dorés, quelquefois incrustés de pierres précieuses.

*Volet de diptyque, en ivoire, Île-de-France, XIVe siècle. Vendu 16 000 F par Mes Genin et Leseuil, à Lyon le 26-XI-1987.*

Genin-Leseuil

Le culte de la Vierge, qui se développe en France au cours de la seconde moitié du XIIIe siècle, amène la multiplication des statues représentant la mère du Christ. Obéissant à la forme de la défense de l'éléphant, l'ivoirier obtient naturellement la position « hanchée », caractéristique de la sculpture de l'époque. Les ateliers parisiens font des émules dans toute l'Europe. La production des pièces civiles s'élargit. L'ivoire est utilisé pour la fabrication de reliures de carnets à écrire, de navettes de tisserands, d'éventails, de dévidoirs, de quenouilles, d'instruments de musique, de peignes, de pièces de jeux d'échecs. Les décors représentent des scènes de chasse ou des sujets galants. Depuis la fin du XIIe siècle, trouvères et troubadours font triompher l'amour courtois, introduisant les thèmes de l'amour profane dans l'art occidental. Au XVIe siècle naît le goût pour les portraits en ivoire, les médaillons en bas relief ou les bustes en ronde bosse. C'est à partir de la Renaissance que la pratique du tournage devient courante. Au XVIIe siècle, les centres ivoiriers français ont pour noms Dieppe et Saint-Claude. La production ivoirière s'enrichit de boîtes diverses, de cadrans solaires, de boussoles, de maquettes et des fameuses râpes à tabac ou « grivoises », dont l'usage se développe au moment où l'on commence à goûter les charmes de l'herbe à Nicot. Le XVIIe siècle est la grande période des ivoires baroques allemands. L'ivoire arrive par les ports flamands et hollandais.

L'influence de l'Extrême-Orient représente une nouvelle source d'inspiration pour les artistes européens. Elle se traduit dans la fabrication de pièces comme le pokal (coupe à couvercle et à pied élevé), dans les globes utilisés en guise de lanternes magiques, dans les boules ajourées renfermées les unes dans les autres, dont un certain nombre provient des ateliers des Zick à Nuremberg, inventeurs du tour composé, ou tour « à figures ». On retrouve l'exubérance, la surcharge même qui caractérisent les ivoires baroques allemands dans des objets aussi divers que les vidrecomes (grands verres à boire), les hanaps, les plats de chasse, ou pulvérins, les chopes, les salières et les statues. La virtuosité technique, les compositions chargées deviennent la règle. Ajourages, dentelles d'ivoire, mosaïques caractérisent la production du XVIII^e siècle.

Dieppe* est l'un des centres les plus importants. L'art de l'ivoire connaît une sorte de renaissance durant la Restauration grâce à la duchesse de Berry et à son goût pour le néogothique, qui s'inscrit tant dans le mobilier que dans toute la production d'objets de toutes sortes. L'apparition du Celluloïd, en 1869, porte un coup fatal à la fabrication des boîtes diverses et autres objets et nécessaires de toilette.

L'ivoire est de nouveau utilisé au cours de la période Art déco sous forme d'inscrustations et de filets dans les meubles ou dans des statuettes chryséléphantines*. Depuis, le nombre des ivoiriers n'a cessé de diminuer, et la disparition de l'art de l'ivoire en France et en Europe, excepté dans le domaine de la restauration, est presque totale. La multiplication quasi industrielle de pièces stéréotypées en Extrême-Orient, à Hongkong notamment, conduit les amateurs d'ivoire à considérer d'un œil plus indulgent les pièces du XIX^e siècle, naguère négligées. L'ivoire fut et est encore utilisé par les civilisations africaines, islamiques et extrême-orientales.

Les ivoires de grande valeur ont suscité de coupables industries à travers la réalisation de copies et de faux. Avec le mouvement romantique, la renaissance du goût pour l'art gothique, le mouvement « troubadour » a rendu leur prestige aux œuvres de haute époque, et, lorsqu'elles se faisaient rares, on en a fabriqué de nouvelles. Les faussaires taillaient leurs œuvres soit dans des ivoires anciens sans grande valeur, qu'ils sculptaient de nouveau, soit dans de l'ivoire fraîchement cueilli, qu'ils vieillissaient artificiellement. C'est ainsi qu'il y eut des faux gothiques, des faux byzantins ; on copia même des ivoires baroques du XVII^e et du XVIII^e siècle. Heureusement, il n'est pas rare que les tricheurs mélangent des motifs décoratifs. Des « chimistes » s'efforcèrent d'imiter la matière elle-même en composant des matières ayant l'apparence de l'ivoire, en utilisant des composés. Au XIX^e siècle, on réalisa des imitations à partir de l'ivoire végétal, ou corozo*.

De nos jours, certaines matières plastiques et autres matières synthétiques sont utilisées pour la réalisation de pièces aux formes grossières, et rappelons que la loi interdit de mettre en vente sous le nom d'« ivoire », avec ou sans qualificatif, des objets comportant une quantité même minime de matière autre que l'ivoire. L'éventail des prix des ivoires anciens s'établit entre quelques centaines de francs et des sommes à six chiffres. Les critères établissant la valeur d'un ivoire sont la qualité artistique, la finesse du travail, la rareté de l'objet. La taille joue un rôle, mais non proportionnel à la valeur. Les grandes pièces taillées d'un seul tenant sont mieux cotées que celles faites de plusieurs morceaux rapportés. Si les ivoires antiques et byzantins sont pratiquement introuvables sur le marché, il arrive qu'on rencontre des pièces de haute époque qui dépassent les 100 000 F. Les prix de productions européennes des XVII^e et XVIII^e siècles s'échelonnent entre quelques milliers de francs et 60 ou 70 000 F. Les pièces du XIX^e siècle, autrefois négligées, sortent d'un long purgatoire (entre 5 000 et 15 000 F et peuvent dépasser 1 million de F).

*Ivoires d'Extrême-Orient.* L'ivoire d'éléphant a, depuis l'Antiquité, été utilisé par les sculpteurs pour traduire dans cette matière noble des objets à usage religieux, surtout en Inde, où des plaques d'ivoire sculptées en bas relief ont été retrouvées en grande quantité à Begrām (haut Afghānistān), où elles avaient été apportées, probablement du sud de l'Inde, vers le I^er siècle de notre ère. Les ivoiriers indiens, puis les ivoiriers chinois acquirent une très grande maîtrise dans leur art, ces derniers rivalisant d'ingéniosité et de savoir-faire. Au Japon, où l'ivoire d'éléphant était rare, on utilisa beaucoup, surtout pour les petits objets et les netsuke*, de l'ivoire fossile de mammouth, venant de Sibérie par la Corée, et de l'ivoire de morse. Dans certains cas, les objets d'ivoire étaient artificiellement vieillis avec une patine ou encore teintés avec des pigments divers. Les netsuke, les boules ajourées chinoises, les pièces de jeux d'échecs ainsi que quelques statuettes (divinités, femme-médecine*) sont les objets d'ivoire les plus recherchés des collectionneurs.

Christie's

*Plat creux en céramique d'Iznik à décor polychrome. (D. 30,3 cm.) Adjugé 550 £. Cruche en céramique d'Iznik. (H. 21,5 cm.)*

**Iznik.** Le nom turc de l'ancienne capitale des Byzantins (Nicée) n'est apparu que relativement tard dans l'histoire des arts du feu. On sait qu'Iznik fut la première capitale éphémère des Ottomans (XIV^e s.). Des fouilles turques (1963) entreprises à Iznik confirmèrent l'importance des ateliers d'Iznik (près de 300 fours), notamment entre la fin du XV^e siècle et le début du XVII^e, dont la production prend place parmi les chefs-d'œuvre de la céramique universelle. Rarement une telle maîtrise dans la cuisson des émaux polychromes s'était manifestée avec autant d'éclat. Malheureusement, une trop forte demande fut à l'origine de la baisse de qualité des fabrications : en 1718, le sultan décide de fermer les derniers fours (transférés à Istanbul). À la suite du spécialiste Arthur Lane, on prit l'habitude de classer les productions d'Iznik sous les étiquettes suivantes : Iznik I, entre 1490 et 1525 (ancien groupe bleu et blanc dit « de Damas ») ; Iznik II, entre 1525 et 1555 (ancien groupe « polychrome » dit également « de Damas ») ; Iznik III, entre 1555 et 1700 (l'ancien groupe polychrome dit « de Rhodes »).

Giraudon

*Estampe d'Utamaro (1753-1806) représentant les différentes étapes de la fabrication des estampes japonaises.*

# J

**Jackson** (Henry William), photographe américain (1843-1942). William Jackson a été l'un des plus prolifiques photographes américains. Établi en 1867 à Omaka, il se lassa de cette activité sédentaire et partit, avec son matériel photographique, à la découverte de l'Union Pacific Railroad. Par la suite, au service de différents organismes, comme la Compagnie américaine de surveillance géologique et géographique du territoire, il devint le grand spécialiste du paysage et du site. Les archives Jackson comprennent des dizaines de milliers de négatifs et de tirages.

**Jacob** (les), famille de menuisiers-ébénistes qui, de Louis XV à la Restauration, ont créé et produit de très nombreux modèles de sièges et de meubles.

*Georges* (Cheny-en-Bourgogne 1739 - Paris 1814), fondateur de la dynastie, est reçu maître en 1765. Il se spécialise dans la réalisation de sièges très divers, d'une grande richesse d'invention, toujours élégants et équilibrés, qu'il signait de l'estampille G. Iacob. Ses sièges, d'abord de style Louis XV, évoluent rapidement vers les lignes néoclassiques avec une liberté d'innovation sans cesse renouvelée : sièges à dossier « médaillon » ou « à chapeau », à dossier « bêche » ou « en fer à cheval ». Il utilise abondamment l'acajou massif, notamment pour les sièges curules de style « retour d'Égypte ». Selon Jean Nicolay *(l'Art et la manière des ébénistes français au XVIII^e siècle),* « Georges Jacob est le plus grand fabricant de sièges français de tous les temps ».

*Georges Jacob fils* (Paris 1768 - *id.* 1803) et son frère

Ader-Picard-Tajan

*Bergère à dossier médaillon en bois sculpté d'entrelacs, rubans et feuilles de laurier, pieds cannelés. Elle porte l'estampille de Georges Jacob, époque Louis XVI.*

*François Honoré* (Paris 1770 - *id.* 1841) continuent sous le Directoire l'œuvre de leur père, qui ne cesse de leur prodiguer ses conseils. Il signent alors « Jacob Frères. Rue Meslée ». Ils créent notamment les dossiers « à lyre renversée », mais leurs sièges sont moins sculptés et moins bien finis que ceux du fondateur de la dynastie.

François Honoré prend, après la mort de son frère aîné, le nom de Desmalter (en souvenir d'une propriété familiale en Bourgogne). L'entreprise, en pleine activité au début du XIX^e siècle, emploie alors plus de 300 ouvriers. Les sièges et les meubles de cette période sont estampillés « Jacob. D. R. Meslée ». Conseillé par le peintre David, Jacob Desmalter crée de nombreux modèles de sièges « nobles » inspirés de l'Antiquité gréco-romaine, d'où naît bientôt le style Empire. Il reçoit des commandes pour les Tuileries et Malmaison, et ne cesse de répondre à la demande de la riche clientèle des barons d'Empire. Ses sièges et ses meubles sont alors d'un style solennel un peu raide et tendent à s'alourdir, mais sont toujours bien conçus et parfaitement construits.

Sous la Restauration, le dernier de la dynastie, *Georges Alphonse Desmalter* (1799-1870), fils de François Honoré, qui lui cède l'entreprise en 1825, utilise l'estampille de Georges Jacob, mais fait disparaître la lettre G. Ses sièges sont toujours d'une bonne fabrication et suivent les styles à la mode : fauteuils à crosse en acajou ou en loupe de frêne, chaises à dossier ajouré à barettes ou à croisillons, sièges gondoles à dossier plein inscrusté, à pieds galbés terminés en volutes. Georges Alphonse se retira des affaires en 1847 pour se consacrer à l'architecture.

*Henri,* apparenté à la lignée des Jacob, a abusé de son nom pour copier de nombreux modèles. Reçu maître en 1779, il a fabriqué des sièges de bonne qualité, qui valent plus par la finesse du détail que par la conception, très souvent empruntée au grand Georges Jacob.

**Jacquard** (Joseph Marie), mécanicien français (Lyon 1752 - Oullins 1834). Fils d'un ouvrier tisseur, il conçut dès 1790 l'idée d'un métier qui supprimait l'opération du tirage et, par sa simplification, permettait de n'employer plus qu'un seul ouvrier. Il termina sa machine en 1800. En 1812, il y avait déjà un grand nombre de métiers à Lyon malgré l'opposition des canuts. Jacquard inventa également les machines à fabriquer les filets de pêche, puis le tulle, enfin la dentelle.

**jacquemart** ou **jaquemart** n. m. Figure ou allégorie de bois ou de métal mue par un mécanisme de rouages et de bras de levier, représentant le plus souvent un homme armé d'un marteau qui frappe périodiquement la cloche d'une horloge. Les jacquemarts, appelés Jack en Angleterre, Jean dans les Flandres et Hans dans les pays germaniques, apparaissent au sommet des clochers et des beffrois dès le XIV^e siècle. À une époque où les gardetemps portatifs n'existent guère, ils sonnent l'écoulement du temps et rythment régulièrement la vie sociale ; remplaçant les sonneurs humains, ils permettent de faire connaître l'heure dans un même temps à un nombre important de personnes dispersées dans l'impossibilité de se repérer à un cadran unique. Ils représentent des hommes d'armes, des allégories du temps, des dieux de la mythologie — Vulcain en particulier —, des personnages de la Bible ou des contes et légendes populaires.

Christie's

*Verre à vin jacobite à pied torsadé et ajouré, gravé d'un portrait du prince Charles Édouard et portant l'inscription* Audentor Ibo. *(H. 16,5 cm.) Vers 1750. Adjugé par Christie's, en 1979.*

Ader-Picard-Tajan

*Jacquemart en bronze. Adjugé 31 000 F par M^es Ader-Picard-Tajan, à Drouot, le 18-XII-1978.*

**jacobite.** Verre gravé parfois, mais rarement émaillé, dédié à la cause de Jacques II d'Écosse, grand sujet d'intérêt des collectionneurs de verrerie anglaise. Les motifs du décor (une rose à un ou deux boutons, chardons [Écosse], feuilles de chêne [chêne de Boscobel], étoiles) s'accompagnent parfois de devises (« Fiat », ainsi soit-il), d'inscriptions, formulant des vœux en faveur du retour du roi, ou de vers tirés des hymnes jacobites. On reconnaît dans la plus grande rose l'Angleterre et, dans les deux boutons qui l'accompagnent, le « Vieux Prétendant », Jacques Édouard, et le « Jeune Prétendant », son fils, Charles Édouard. Les verres prenant parti pour la cause adverse sont appelés « williamites » (Guillaume III d'Orange).

De taille humaine, ils sont miniaturisés dès la Renaissance pour venir orner et animer les horloges de table, devenant des divertissements princiers. Ils diminuent de taille au point de prendre place sur le cadran des montres à sonnerie, à répétition, pour sonner ou faire mine de sonner les heures, les demies et les quarts. Au nombre de deux, représentant un homme et une femme, ils sont désignés sous le nom de « Martin et Martine ». Le prix moyen de ces montres se situe, selon la notoriété de l'horloger, la richesse du boîtier, la nature et le nombre des complications, entre 15 000 et 80 000 F.

**jacquet** n. m. Variante simplifiée du trictrac. Le jeu de jacquet apparaît en France au début du XIX^e siècle, en même temps que son homologue anglais, le backgam-

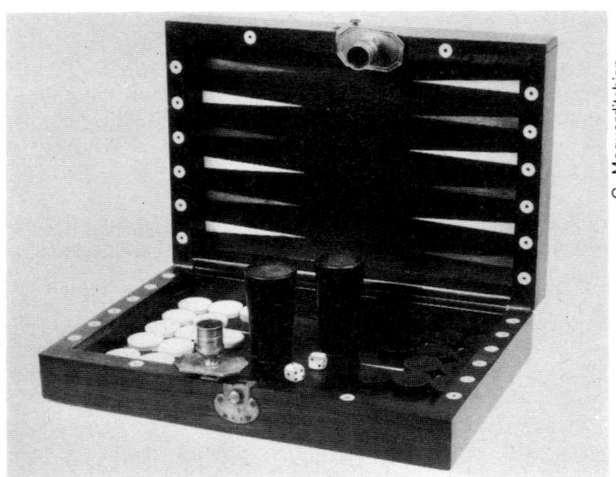

G. Meguerditchian

*Jeu de jacquet avec dés, jetons et godets, comportant deux chandeliers. Galerie 13, rue Jacob.*

mon. Il se joue sur une tablette divisée en quatre compartiments avec des dés et des pions.

**jacquot** ou **jacqueline** n. f. Pichets en faïence du nord de la France et des Flandres représentant des petits personnages comiques (on dit aussi « pot Jacqueline », « pot Jacquot »). Ils portent parfois un tricorne dont une pointe forme le bec verseur. Les premières jacquelines du XVIIIe siècle, aux couleurs vives (vert olive, jaune, violet de manganèse, plus rarement rouge), viennent des fabriques de Lille, Desvres ou Delft, dont la production s'est banalisée au XIXe siècle. Le même genre de pots en forme de personnages existe également en Angleterre sous le nom de *tobby jug.*

Henry Martin

Ader-Picard-Tajan

À gauche : *pot Jacqueline couvert en faïence polychrome de Lille. XVIIIe siècle. (H. 35 cm.) Adjugé par Me Martin, à Angers, le 26-VI-1981.*
À droite : *pichet Jacquot en faïence de Rouen, monture en étain d'origine. Daté 1723. (H. 35,5 cm.) Adjugé 42 000 F par Mes Ader-Picard-Tajan, à Drouot, le 4-III-1981.*

**jaeger** ou **jäger.** Carabine germanique destinée à la chasse. Elle se caractérise par un canon de dimensions moyennes à fort calibre. L'âme en est soigneusement rayée, ce qui donne une grande précision à l'arme. La crosse, de fabrication soignée, comporte sur sa joue droite un boîtier à couvercle coulissant destiné à contenir des balles, des chiffons gras et des calepins. Les plus beaux jaeger furent fabriqués en Allemagne et en Autriche au XVIIIe siècle. Les « fusils du Kentucky » américains dérivent du jaeger.

**jade** V. CHINE, PIERRES DURES.

**Jaillot** (les), famille de sculpteurs et de graveurs français des XVIIe et XVIIIe siècles, qui s'illustrèrent dans le travail de l'ivoire. *Pierre Simon* (1632-1681 ?) réalisa notamment le buste de Charles Lebrun d'après Coysevox ainsi que de nombreux christs.

**jais** n. m. Pierre dure de l'espèce des lignites, qui, lorsqu'elle est polie prend une superbe couleur noire éclatante et veloutée. Le jais est, depuis toujours, la pierre du deuil : Catherine de Médicis, l'éternelle veuve, possédait, dit-on, un lit à quatre colonnes de jais ainsi que des colliers de cette même pierre. Cette habitude de porter des bijoux de deuil s'est poursuivie jusqu'à une époque très récente. Cependant, les joailliers des années 25 apprécièrent beaucoup le jais et l'associèrent à d'autres pierres ou à des émaux de couleurs vives, destinés aux femmes qui n'étaient pas en deuil.

**Jallot** (Léon-Albert), décorateur ensemblier français (Nantes 1874 - Paris 1967). Autodidacte, Jallot exerce d'abord le métier de sculpteur sur bois, puis pratique la peinture, la céramique, le vitrail et la laque. Chez Samuel Bing, il dirige ensuite de 1898 à 1901 l'atelier d'Art nouveau. Membre fondateur du premier Salon des artistes décorateurs (1901), il rejette la décoration excessive de l'Art nouveau et préconise un retour à la pureté classique du linéaire. Il emprunte toutefois à la nature ses sujets décoratifs : pommes de pin, églantiers. Les formes de ses meubles, rappelant souvent le style Louis XVI, sont très sobres ; le décor est réduit parfois au grain lui-même, parfois embelli de marqueterie de nacre, d'ivoire ou de galuchat. En 1921, le fils de Jallot, Maurice, collabore aux travaux paternels, et ils fabriquent ensemble des meubles pour « Une ambassade française » et pour l'« Hôtel d'un collectionneur ».

Leur production n'est pas uniquement en matières précieuses, puisqu'ils exécutent selon une conception rationaliste des meubles de petites séries destinés à des habitations ouvrières (Exposition internationale de 1925, pavillon Cardes). Dans les années 1925-1930, les Jallot abandonnent progressivement les structures passéistes pour employer dans le mobilier le métal et la glace.

Comme l'ensemble du mobilier Art déco, leurs œuvres, particulièrement les pièces en bois rares, gagnent la faveur d'un public épris de luxe, de beau métier et de raffinement (un meuble de collectionneur en macassar et en galuchat a atteint la somme de 117 200 F, le 4-XII-1981, à Paris).

**jambe** n. f. Tige du verre à pied.

**Jansen** (Georges), ébéniste français d'origine suédoise (? 1726 - retiré en 1785). Reçu maître en 1767, il est réputé pour la qualité de ses marqueteries, dans lesquelles il introduisait des bois teintés et de l'ivoire. Il a laissé des œuvres surtout de style Louis XVI, qui sont rarement signées.

**janséniste.** Se dit d'une reliure ne comportant aucun ornement, ni sur les plats, ni sur le dos, qui ne porte que le nom de l'auteur et le titre de l'ouvrage. Les reliures jansénistes, très employées à la fin du XVIIe siècle et au XVIIIe siècle sur les livres de piété, en raison de l'austérité de leurs possesseurs, frappent par rapport aux reliures contemporaines, aux dos ornés avec profusion. Depuis le

Lauros-Giraudon

*Reliure janséniste aux armes de l'école royale de Saint-Cyr. (1679.) Musée de Sceaux.*

XIXe siècle, elles sont très en vogue, plus pour des raisons d'économie et de simplicité que pour des raisons morales ou religieuses.

**Janvier,** famille d'horlogers français connue dès le XVIIe siècle. *Antide* (Lavans-lez-Saint-Claude 1751 - Paris 1835) fut le plus célèbre. Mécanicien-astronome, il est considéré comme le « Breguet de la pendule ». Sa production, numérotée, qui s'étend de 1770 à 1830, est composée de petites séries. Évaluée à 500 ou 600 pièces au total, elle est caractérisée par des complications multiples et une grande sobriété décorative. Antide fit souvent appel à Coteau pour la réalisation des cadrans et à l'ébéniste Ferdinand Schwerdfeger pour l'exécution de la caisse. Rendu célèbre par ses régulateurs, ses pendules à mouvements à équation et à indications astronomiques, auteur de pendules géographiques, il fabriqua également des modèles plus simples, comportant toutefois au moins une complication (le quantième le plus souvent), ainsi que des pendules dites « d'audience » qui comportent une aiguille faisant le tour du cadran en dix minutes, le laps de temps imparti au visiteur.

Rares et d'excécution extrêmement soignée, ses productions sont recherchées et atteignent des prix élevés. Le 29-I-1980, une pendule d'audience a été adjugée 190 000 F à Paris. Il est vrai qu'elle avait appartenu à Fouché, source de plus-value importante.

## Japon

### Les périodes japonaises

La dynastie impériale japonaise est linéaire (une seule famille), à l'exception de quelques périodes, où, parallèlement à la famille impériale, des dirigeants militaires (shōguns) assumèrent le pouvoir. Cependant, on a pris l'habitude de découper l'histoire du Japon en périodes historiques correspondant généralement aux périodes de l'histoire de l'art :

— période préhistorique du Jōmon (poteries « cordées ») [de 8000 (?) à 300 environ av. J.-C. dans le sud du Japon et au Xe siècle environ dans le nord] ;
— période Yayoi (de 300 av. J.-C. à 300 apr. J.-C.) ;
— période des grandes sépultures (Kofun) [de 300 environ au VIIe siècle environ] ;
— période Asuka (de 538 ou de 552 à 645) ;
— période Hakuhō (de 645 à 709) ;
— période de Nara (de 710 à 781) ;
— période de Heian (de 781 à 1185), qui peut se diviser en Heian antérieur (de 781 à 894) et en Fujiwara (de 894 à 1195) ;
— période de Kamakura (de 1185 à 1333) ;
— période des cours du Nord et du Sud (Nanbokuchō) [de 1333 à 1392] ;
— période de Muromachi (de 1392 à 1569) ;
— période Azuchi-Momoyama (de 1569 à 1603) ;
— période d'Edo (ou des Tokugawa) [de 1603 à 1867] ;
— ère Meiji (de 1868 à 1912) ;
— ère Taishō (de 1912 à 1925) ;
— ère Shōwa (de 1926 à la période contemporaine).

**Les armes.** V. KATANA, SABRE, TSUBA.

### Les armures

L'armure complète (« ō-yoroi ») apparut au XIIe siècle. Étant donné son prix, elle était réservée aux samurai de haut grade. À partir de l'époque d'Edo, en raison de sa protection inefficace contre les armes à feu, elle devint surtout un objet de parade, réservé aux nobles et aux samurai importants.

L'armure complète comportait, outre un casque (« kabuto »), un corselet en deux ou plusieurs pièces (« haramaki »), fait de bandes ou écailles de cuir ou de métal lacées ensemble, ou encore de feuilles de métal laqué entourant le torse ; des protections d'épaules et de bras (« sode » et « kote ») ; des sortes de « jupes » (« haidate ») en plusieurs pièces permettant de monter à cheval

Christie's

*Poignards japonais dits « tantō », du XIXe siècle.*

et protégeant les cuisses ; des grèves et des gantelets couvrant jambes et bras.

Les samurai ordinaires se contentaient d'une protection du torse et d'un chapeau-casque relativement plat (« jingasa »). Le casque traditionnel (« kabuto ») comportait un couvre-nuque articulé (« shikoro ») et deux « ailes » (« fukigaeshi ») destinées à éviter que glissent les coups de sabre. Des ornements divers le complétaient : cornes ou « kuwabata » ; sommet ou « mabesashi » ; ainsi qu'un masque en fer laqué, à l'expression terrifiante, couvrant soit toute la face (« sōmen »), parfois avec menton et nez détachables (« menpō ») afin de permettre au guerrier de s'alimenter et de se moucher, soit seulement les joues et le menton (« hōate »). Dans le dos du corselet était parfois attachée une armature de bambou soutenant un tissu gonflant (« hōrō ») destiné à arrêter les flèches.

Les armures les plus recherchées sont évidemment celles qui sont les plus décorées et qui appartinrent à des samurai de haut rang : les couleurs de l'armure et de ses laçages sont à considérer. Elles datent pratiquement toutes de l'époque d'Edo (1603-1868), les armures des époques antérieures ne se trouvant plus que dans les musées. Cependant, les objets de collection les plus abordables demeurent les casques (de formes extrêmement diverses), les masques (« men ») et les chapeaux

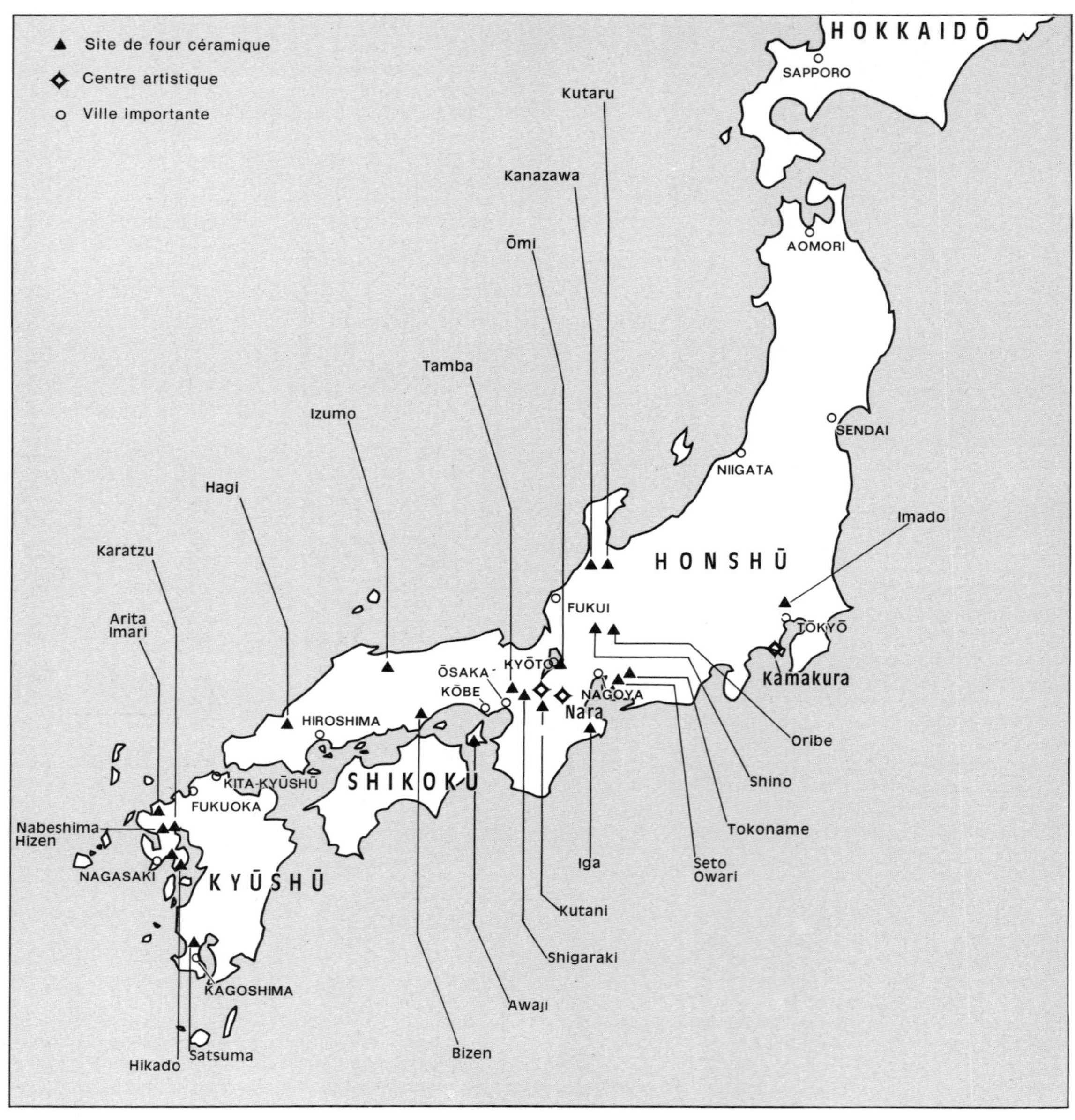


*Carte du Japon situant les principaux centres artistiques.*

de guerre (« jingasa ») en bois laqué, en fer laqué ou même en cuir bouilli. Les armures complètes, très décorées et en bon état, sont en effet relativement rares et très onéreuses.

**La céramique**

Les plus anciennes poteries japonaises sont celles de la période du Jōmon, en grossière terre grise, décorées d'impressions de cordes (d'où le nom de Jōmon) et parfois d'extraordinaires excroissances sur leurs bords. Mais elles sont extrêmement rares sur le marché. Les poteries yayoi, faites au tour et généralement lisses, à patine rougeâtre parfois décorée d'incisions linéaires (IIIe s. av. J.-C.-IIIe s. apr. J.-C.), sont également très rares. Puis les poteries du type « Sue » étaient cuites à haute température, présentant une patine grisâtre et parfois une glaçure produite par des cendres, selon une technique importée de Corée. Les formes des plats, des jarres (parfois en forme de maison), des coupes, parfois à pied, appartiennent à des modèles dont la production se poursuit du IIIe siècle au VIe siècle environ.

Les *haniwa,* « tubes » de terre cuite souvent décorés de personnages, d'animaux et d'objets divers, atteignant parfois 1 m de hauteur, destinés à délimiter les lieux sacrés, apparaissent à la même époque. Ces haniwa, bien que très rares, atteignent des cotes considérables, variant selon la beauté de leur décor. Au VIIIe siècle, certaines pièces céramiques imitent celles des Tang, notamment les pièces décorées en « trois couleurs » (*sancai**), mais sont encore assez frustes. Peu de progrès furent réalisés pendant la période de Heian (792-1185) dans la céramique japonaise, bien que de nombreux fours eussent été installés dans différentes provinces, notamment à Owari (fours de Seto). Outre des pièces à usage domestique ou religieux, des tuiles cuites à basse température avec une couverte à base de cobalt ou de fer sont fabriquées

*Vase japonais orné d'un décor kakiemon (fin XVII^e siècle). Adjugé par Christie's, à Tōkyō, en février 1981.*

*Couple de personnages en porcelaine à décor Imari bleu, vert, rouge et or. Japon, XVIII^e siècle. (H. 65 cm.) Exposition au Carré Rive gauche « les Cinq Jours de l'objet extraordinaire ».*

Carré Rive gauche

pendant la première moitié de la période, puis disparaissent complètement, et la céramique semble alors être supplantée par des objets en laque. Cependant, l'importation de pièces chinoises se poursuit jusqu'en 950 environ. Seuls quelques fours (Bizen, Seto, Omi et Iga) produisent des œuvres traditionnelles en petites quantités.

Pendant la période Kamakura (1185-1333), Seto est de nouveau un centre actif. Les vases, les plats, les brûle-parfum imitent les productions chinoises des Song, et sont ornés de motifs estampés ou incisés d'inspiration florale, avec une couverte noire ou brune produite par l'oxyde de fer mêlé à des cendres. Les céramiques chinoises, notamment celles des fours de Longquan et de Jingdezhen, qui sont importées, influencent toute la période de Muromachi (1336-1573) : les shōguns les collectionnent et les utiliseront pour les cérémonies du thé. Les modèles coréens inspirent aussi les potiers japonais, qui tentent de produire des bols à thé *(chawan)* dans le style *wabi* (rustique). Mais c'est pendant les périodes suivantes de Momoyama (1573-1603) et d'Edo (1603-1868) que l'art de la céramique va se développer pleinement au Japon, grâce au patronage des daimyō, ou seigneurs provinciaux. La généralisation de la cérémonie du thé multiplie la fabrication de bols et d'ustensiles destinés à cet usage. Les rakuyaki de la fin du XVI^e siècle à Kyōto ont des couvertes « rustiques » en noir, rouge, blanc et parfois jaune : bols, *cha-ire* (pots à thé), plats sont les types principaux. Les fours de Seto produisent des bols et des plats de couleur jaune ornés de dessins de pivoines, soit avec une couverte transparente *(guinomite),* soit avec une couverte à peine translucide *(ayamite),* ainsi que des pièces franchement noires (surtout des bols).

Les fours de Shino et d'Oribe créent des bols de couleur brune ou grise avec des dessins brun foncé (oxyde de fer) sur une épaisse couverte blanchâtre. Quelques pièces d'Oribe sont entièrement recouvertes d'une glaçure noire ou verte, surtout au début de la période d'Edo. Les fours de Bizen produisent également des pièces pour la cérémonie du thé, avec une terre contenant du fer en grande quantité et cuite à très haute température. Certaines de ces pièces montrent une sorte de « flammé » résultant de la combustion dans le four de matières combustibles ayant adhéré à la pâte ou à la glaçure. Divers fours (Tamba, Tokoname) utilisent alors la même technique. Ceux d'Iga et de Shigaraki utilisent des poteries faites « au colombin » et traitées comme de la sculpture, avec une couverte transparente laissant entrevoir des taches noires produites par un excès de carbone.

Après 1592, l'arrivée de potiers coréens au Japon modifie considérablement les techniques autochtones. Les nouveaux fours de Karatsu tentent d'imiter les styles coréens des Yi. De très nombreux fours se créent alors, et la production se diversifie, mais toujours liée à la cérémonie du thé. À l'époque d'Edo, cependant, la céramique à glaçure est peu à peu abandonnée au profit des porcelaines, lors de l'introduction de la technique de la décoration sous couverte *(sometsuke)* et sur couverte *(uwaetsuke).*

Au XVII^e siècle, les potiers Sakaida Kakiemon* (1596-1666) et Nonomura Ninsei (connu par des œuvres datées entre 1649 et 1657), de Kyōto et de Bizen, inaugurent un nouveau style. Kakiemon introduit à Arita la porcelaine de couleur, le *nishikite* (ou brocart), avec des décors sur couverte en rouge, vert et bleu, appliqués sur un corps blanc, et le *somenishikite,* avec un décor au cobalt sous couverte : c'est ce qu'on appelle communément la porcelaine d'Arita* ou d'Imari, largement exportée en Europe lors de la vogue des « chinoiseries », où ces céramiques furent imitées à Delft, et en Chine*, où elles furent également imitées. Ninsei, quant à lui, travaillait à Kyōto : il diversifia les formes céramiques, qu'il orna de décors où l'or et l'argent tenaient une grande part ainsi que des dessins en noir, rouge et bleu peints sur couverte. À la fin du XVII^e siècle, le style d'Edo prévalut, avec des décors très fins reproduisant, dans le style des peintures de l'époque, des fleurs et des oiseaux en couleurs brillantes appliquées sur des pâtes cuites à basse température, selon une technique inventée à Kyōto par Kenzan (1663-1743) et son frère aîné Kōrin (1658-1716). Les fours de Kyūshū abandonnèrent également les céladons de type coréen pour se consacrer à la porcelaine, notamment à Nabeshima et à Hirado. La céramique de Nabeshima, très fine, est décorée de glaçures en rouge, vert et jaune, avec des dessins réalistes ou abstraits typiquement japonais, d'une grande élégance.

À partir de 1764, cependant, on commence à produire au Japon des porcelaines décorées de sujets européens, principalement à Hizen, dans la province de Nagasaki, en sous-couverte ou en sur-couverte, en rouge, vert, or et pourpre (fours d'Imari). Dans la région de Kyōto, on continue le style de Kenzan, en ajoutant aux décors des éléments européens et chinois. Cependant, c'est surtout à partir de 1804 que la céramique connaît au Japon une vogue considérable, en raison du succès obtenu dans le peuple par le thé « vert ». Des céramistes en renom, tels qu'Okuda Eisen, produisent des bols de style sometsuke bleus et décorés de bleu et de rouge sur glaçure. Mokubei (1767-1833), toujours à Kyōto, puis à Kanazawa, produit des bols en « bleu et blanc » et des céladons, alors que Nin'ami décore à l'or de nombreuses pièces et peint ses décors avec des pigments diversement colorés. Toutes les provinces adoptent des céramiques dans l'un ou l'autre des styles des grands maîtres de l'époque, à Satsume, à Kutani, à Hizen et surtout à Seto, qui produit des bols en bleu sous couverte à l'imitation de ceux de Hizen.

**Les estampes**

L'art de l'estampe, ou impression d'images en couleurs à l'aide de blocs de bois gravés, fut surtout florissant au Japon à partir du milieu du XVIIe siècle jusque vers la fin du XIXe siècle. Les estampes, appelées ukiyo-e (« images d'un monde flottant »), connurent une très grande vogue parmi les citadins. Elles illustraient des mythes, des légendes, des faits historiques et souvent des faits contemporains. Certaines étaient distribuées, pour un léger supplément, avec les gazettes. D'autres décrivaient l'univers des « jolies femmes » (bijin) ou bien encore celui des acteurs de théâtre kabuki. Les techniques d'impression des couleurs varièrent avec les époques.

*Estampe signée Harunobu (1725-1770), représentant une courtisane lisant une lettre.*

Christie's

Les premières estampes étaient monochromes (en noir) et n'utilisaient qu'un seul bloc de bois : elles s'appelèrent « sumizuri-e ». À partir de 1688 environ, jusqu'en 1716, on ajouta à la main, avec une brosse ou au pochoir, des couleurs simples à ces sumizuri-e : ce furent les tan-e (du mot *tan,* vermillon, couleur le plus souvent utilisée). La technique progressa après 1705, et l'on produisit alors des estampes à plusieurs couleurs, mais celles-ci furent toujours appliquées à la brosse ou au pochoir sur une épreuve en noir : appelées « beni-e », elles utilisaient le rose, le jaune, le bleu ou le vert comme couleurs principales. L'urushi-e consistait à ajouter à l'encre noire un peu de colle afin de rendre l'épreuve plus brillante et semblable à de la laque.

De 1744 environ à 1765 apparaissent les estampes en plusieurs couleurs, utilisant des bois différents. Cependant, les à-plats étaient encore relativement rudimentaires : ce furent les benizuri-e. Enfin, à partir de 1765, Suzuki Harunobu créa les nishiki-e (images-brocart), dans lesquelles les bois étaient plus nombreux et la technique polychrome très élaborée. Quelques rares peintres travaillèrent également en monochrome de couleur bleue, obtenue avec de l'indigo : ce furent les aizuri-e, imprimés essentiellement entre 1790 et 1795. Cependant, chaque artiste produisit son propre style et fit école : Hishikawa, Kaigetsudō, Torii, Kitagawa. Parmi les artistes les plus connus qui créèrent des ukiyo-e, citons Kiyonaga, Moronobu, Utamaro, Hokusai, Hiroshige, Ichō, Eishi, Sharaku, tous de grandes figures de l'histoire de l'art. Les images d'ukiyo-e étaient généralement imprimées sur un papier assez fin, doublé d'une autre feuille. Les centres de production furent tout d'abord Ōsaka, puis surtout Edo, même si certains artistes travaillèrent également à Nagasaki.

On distingue les estampes japonaises d'après leur type technique, selon l'artiste qui les dessina et également d'après leur taille. Les papiers les plus couramment utilisés pour l'impression des estampes japonaises étaient de tailles assez diverses. Parmi les formats les plus communs, citons l'oban (38 × 26,5 cm), l'aiban (23 × 15 cm), le chūban (27,5 × 20 cm), le koban (25 × 17,5 cm), le hosoban (30 × 25 cm), le hashira-e (vertical, 68 × 12,5 cm), le kakemono-e (vertical, 58 × 30 cm), le yoko-e (horizontal, 25 × 37 cm). Les estampes originales sont d'autant plus recherchées qu'elles proviennent d'un artiste renommé ou qu'elles sont d'un type rare. Les estampes originales doivent avoir été imprimées du vivant de leur auteur pour avoir une grande valeur. Actuellement, on imprime de nombreux ukiyo-e sur des papiers modernes, en utilisant les bois originaux qui ont été conservés. Très décoratives, ces estampes « réimprimées » n'ont que peu de valeur de collection. Peu prisés des Japonais eux-mêmes avant 1870, les ukiyo-e furent découverts par les Européens (V. JAPONISME) et fébrilement recherchés et collectionnés à partir de cette date, tout d'abord par des amateurs européens ou américains, puis par des « antiquaires » japonais.

**La laque**

L'art de la laque est connu depuis le Ve siècle avant notre ère (arcs en bois laqué). Il fit de très rapides progrès après le VIe siècle, grâce aux techniques importées de Chine, et

*Petites boîtes en bois auxquelles la technique du* maki-e *(laque saupoudrée d'or ou d'argent) donne un décor composé comme un tableau. Collection particulière.*

Couturier-Nicolay

on réalisa en laque (sur armature de bambou ou sur bois plein) de nombreuses sculptures pendant la période de Nara. Pendant la période de Heian, l'art du *maki-e* (laque noire ou rouge saupoudrée d'or ou d'argent afin de réaliser un dessin) se répandit et fut largement utilisé pour la décoration de boîtes, de fourreaux de sabres et pour recouvrir des piliers de temples. Les *maki-e* devinrent très nombreux et très divers. Pendant l'époque de Kamakura, les incrustations de nacre devinrent très en faveur. On commença alors à utiliser de fines parcelles de feuilles d'or et d'argent *(kirigane),* et à sculpter la laque avant de la peindre ou de la dorer.

Toutes les sortes de décors sur laque furent utilisés au Japon, et ce jusqu'aux temps modernes. Chaque artisan inventa ses propres modes de décoration (peinture, sculpture et incrustations), afin de réaliser de véritables tableaux suivant le style de son époque. Ces laques, appelées du terme générique de *shikki* (ou *urushi*), sont désignées suivant le type de décoration qu'elles portent et suivant qu'elles sont appliquées sur une base en bois, en bambou, en papier ou en métal.

**japon** n. m. Papier velin, très résistant, fabriqué à partir du mûrier et, comme son nom l'indique, originaire du Japon. Considéré comme « grand papier », avec le hollande et le chine, il est utilisé pour les tirages de luxe, avant le hollande.

**japonisme** n. m. Courant apparu en France dans la seconde moitié du XIXe siècle et caractérisé par l'introduction de l'art japonais, exerçant une influence considérable sur les artistes européens. Philippe Burty (1830-1890), critique d'art et collectionneur passionné d'art extrême-oriental, aurait employé pour la première fois vers 1870 le terme « japonisme », définissant l'impact du Japon sur l'art occidental. Entre 1850 et 1860, les échanges culturels et les traités commerciaux entre le Japon et les divers pays européens sont sans doute à la source de cette influence capitale pour l'Art nouveau.

Les expositions universelles de Paris, de Londres et de Vienne réservent une large place à l'Extrême-Orient ; des revues, comme celle fondée par Samuel Bing*, *le Japon artistique* (1888, éditée en français, en anglais et en allemand), font découvrir le Japon à tous et suscitent chez les artistes un intérêt immédiat.

F. Bracquemond* est l'un des premiers à saisir l'apport des artistes japonais, particulièrement de Harunobu, d'Utamaro, de Hiroshige, qui, dans leurs estampes, témoignent d'une grande ferveur pour la nature, traduite avec vérité ; l'asymétrie et les couleurs posées en aplats, enserrées par des lignes décoratives, sont autant de caractères nouveaux pour les Européens. Les collectionneurs s'enthousiasment pour la céramique japonaise, qui sert d'exemple, sinon de modèle aux recherches esthétiques nouvelles sur le grès. En 1883, l'Union centrale des arts décoratifs présente le premier Salon japonais. Les États-Unis dirigent le mouvement, car Tiffany, grand admirateur du Japon, réalise des pâtes de verre et des céramiques conçues directement suivant l'art extrême-oriental ; la maison Tiffany and Co. apparaît comme la plus grande boutique mondiale pour le commerce des œuvres d'Extrême-Orient. De même, le céramiste Delaherche se rend à Cincinnati pour perfectionner son art auprès des artistes japonais.

Le peintre E. Bernard (1868-1941) raconte que des crépons japonais lui révèlent le « cloisonnisme » ; quant à Van Gogh, Sérusier, Vallotton, ils admirent tellement le graphisme construit et le naturalisme solide de l'art japonais que certaines de leurs œuvres s'en inspirent ouvertement. Enfin, l'artiste Jean Dunand*, lié à l'Art déco

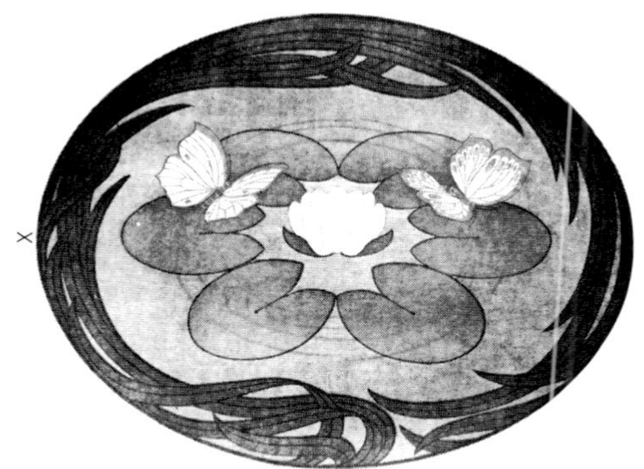

*Bois gravé et colorié de Peter Behrens. Le décor de papillons et de nénuphars relève de la vogue du japonisme. Musée de Francfort.*

se fait initier par le Japonais Sugawara à l'art du laque en 1912.

Provoquant le renouveau de la gravure sur bois et de l'art décoratif, le japonisme est bien plus qu'un engouement. Certains critiques parlent même, non sans être dithyrambiques, de filiation directe ; M. S. Reinach a plus justement écrit que le « Japon n'est pas le père, mais le parrain du Modern Style ; il a fourni à l'Europe l'occasion de découvrir ce qu'elle cherchait. On lui demande des leçons plus que des modèles » (*Apollo,* 1922). Le japonisme reste une des sources principales de l'Art nouveau, qui, d'ailleurs, prend pour symbole l'iris japonais.

**Japy** (les), famille d'horlogers français où s'illustra *Frédéric* (1749-1812), qui dirigea une manufacture produisant environ 100 000 ébauches de montres par an au début du XIXe siècle. En horlogerie, l'ébauche est la partie du mouvement d'une montre ou d'une pendule préparée en usine avant son achèvement par l'horloger *Fritz, Louis* et *Pierre,* fils de Frédéric, succédèrent à leur père, et Adolphe Beaucourt devint gérant de la société en 1878.

**Jaquet-Droz** (les), famille d'horlogers suisses. Pierre (La Chaux-de-Fonds 1721 - Bienne 1790) et Henri Louis fabriquèrent en 1774-75 trois des androïdes les plus célèbres du XVIIIe siècle, conservés depuis 1906 au musée de Neufchâtel : l'écrivain, la musicienne (seule poupée au monde qui respire) et le dessinateur. Ces trois automates, à plusieurs mouvements, d'une extrême perfection, permirent aux frères Jaquet-Droz et à leur fils adoptif, Jean François Leschot, d'être reçus dans toutes les cours d'Europe, notamment en Espagne, et de donner des spectacles dans les capitales du « Vieux Continent ». Grâce à ce support publicitaire, merveilleux instrument de promotion, ils vendirent beaucoup de pièces d'horlogerie de luxe, de pendules, de montres émaillées à complications, à automates, à musique, et d'oiseaux chantants. Leur succès fut tel qu'ils ouvrirent de nombreuses succursales à Londres, à Paris, à Bâle, à Neufchâtel, puis à Genève. Une partie de leur production, achetée par James Cox, fut exportée en Orient. Les montres, les pendules et les oiseaux chantants sont particulièrement recherchés et atteignent, lorsqu'ils sont présentés sur le marché, des sommes extraordinaires.

**jardinière** n. f. Table comportant un caisson métallique destiné à recevoir des vases de fleurs. Rondes ou rectangulaires, les premières jardinières sont apparues au milieu du XVIIIe siècle. Elles ont connu une nouvelle vogue du second Empire à la fin du XIXe siècle.

C. A.

*En Auvergne, les jarres en terre cuite, souvent décorées de motifs en relief, sont appelées « buires ».*

**jarre** n. f. Grand vase en terre cuite servant généralement à conserver l'huile (en Provence) ou d'autres liquides.

**jasmin.** Les marqueteries de la fin du XVIIe siècle et du début du XVIIIe comportent parfois des motifs floraux en ivoire figurant des fleurs de jasmin sur fond de palissandre ou d'ébène. Ces motifs, d'origine hollandaise, ornent les bureaux mazarin, les tables et les premières commodes d'époque Louis XIV. Selon une légende, un ébéniste aurait signé ses meubles de ces fleurs élégantes, mais personne n'a pu donner des preuves de son identité.

**jaspe** n. m. Pierre dure opaque de la famille des calcédoines et généralement veinée. Le jaspe est généralement vert foncé, mais il existe aussi des jaspes rouges, bruns, noirs et même blancs ; selon la disposition des veinures, le jaspe est dit « rubanné, agatisé, œillé, marbré, arborisé ». Le jaspe sanguin, d'un beau vert foncé parsemé de points rouges, est l'un des jaspes les plus appréciés par les lapidaires et les collectionneurs. Du XIVe au XVIIe siècle, il a donné des objets de taille importante : statuettes, crucifix, auxquels les taches rouges donnaient un accent réaliste peut-être contestable, mais surtout superbes coupes en coquille à monture d'orfèvrerie, vases, gobelets, drageoirs ou encore jeux d'échecs (associé au cristal), colonnettes de cabinet sous la Renaissance. Louis XIV possédait une collection de jaspes d'une cinquantaine de pièces.

Puis les dimensions des objets diminuent : coffrets, tabatières, ou perles de colliers d'un très bel effet.

**jaspé.** En céramique, se dit d'un décor marbré, comportant des glaçures mélangées qui ressemblent aux veines du jaspe.

**jasper.** En reliure, projeter, à l'aide d'une brosse et d'une grille, de fines gouttelettes de couleur sur les tranches d'un volume relié. Les tranches sont dites « jaspées ».

**Jaulmes** (Gustave Louis), peintre décorateur suisse (Lausanne 1873 - Paris 1959). Après avoir suivi les cours de J.-P. Laurens et de l'académie Julian, Jaulmes se consacre définitivement à la peinture décorative, concevant cet art comme le prolongement de l'architecture. Au Salon d'automne (1910), il expose la salle à manger de Charles Stern, qui lui procure un succès immédiat. Ami de Süe et de Mare, il se rapproche alors du courant novateur des ensembliers Art déco. Il exécute encore des panneaux décoratifs, des toiles imprimées.

Tentant de rénover la tapisserie, il dessine entre 1919 et 1935 de nombreux cartons, dont neuf d'entre eux sont tissés aux Gobelins.

**Jersey.** Nom donné à un type de poteries en faïence à reflets métalliques (en anglais « lustre-ware ») fabriquées au nord de l'Angleterre, dans les régions de Sunderland et de Staffordshire. Ces poteries se caractérisent par un aspect lustré, obtenu à partir d'un mélange d'oxydes de cuivre, d'argent, d'or et de platine fondus dans du soufre, de la térébenthine et de l'huile de lavande, appliqué au pinceau avant la cuisson.

On sait que les Perses et les Arabes connaissaient ce procédé. Celui-ci, perdu pendant très longtemps, réapparaît à Rhodes, en Espagne et enfin dans la région de Bristol, en Angleterre. On admet généralement que c'est John Hancock, peintre de porcelaines, qui en aurait retrouvé le secret vers 1780 ; ses pièces ont tellement de succès que bientôt toutes les fabriques du nord de l'Angleterre en produisent, puis en exportent massivement jusqu'en 1875 environ, date de son déclin.

*Pot à eau, provenant d'une paire en faïence de Jersey adjugée 1 500 F par Me Martin.*

Henry Martin

L'île de Jersey jouit au XVIIIe et au XIXe siècle d'une franchise douanière dont profitent les marins français et britanniques en quête de souvenirs pour leurs familles. Sont fabriqués des pichets, des cafetières, des théières, mais aussi des bustes, des amphores, alors que les assiettes, trop fragiles, sont exclues de cette production qui devient industrielle à partir de 1850, au moment où commence le déclin. Les pièces les plus recherchées sont les roses, les vertes, les jaunes ou les blanches, ainsi que celles qui présentent un aspect lustré dû au cuivre et à l'argent. Les faux Jersey de fabrication récente se reconnaissent à leur fond insuffisamment usé et à l'aspect trop lisse de l'émail intérieur alors que les pièces authentiques comportent souvent des bavures violacées.

**jet.** Les armes de jet sont des armes destinées à être lancées ou à lancer des projectiles avec violence et d'un seul coup. Dans la première catégorie, on peut citer les javelots, les couteaux de lancer, les disques, les boomerangs, certaines haches comme la francisque... Dans la seconde catégorie, on classe les frondes, les arcs, les sarbacanes, les arbalètes. En Occident, les armes de jet disparurent presque toujours avec l'apparition des armes à feu, à l'exception de l'arbalète et de l'arc, destinés à la chasse et au sport.

En Orient, l'arc dit « réflexe » se maintint longtemps, jusqu'au début du XXe siècle. Dans le monde ottoman, les javelots, groupés par trois, dits « djerid », furent utilisés jusqu'au milieu du XIXe siècle. En Afrique, les sagaies sont toujours utilisées. Chez les Fangs du Gabon, on utilisait jusqu'à une date récente une arbalète de construction simple. Les couteaux de lancer sont très employés au Tchad et au Zaïre. En Inde, chez les Sikhs, on jette, en les faisant tournoyer, des disques à bord tranchant en direction de la gorge de l'adversaire.

**jeton** n. m. Petit objet métallique monétiforme, dont l'usage remonte au Moyen Âge et qui servait alors comme instrument de comptage. On faisait mouvoir les jetons sur une tablette divisée en plusieurs colonnes par des lignes : lorsque les jetons passaient d'une colonne à l'autre, ils changeaient de valeur.

Par la suite, les jetons ont perdu cette finalité et ont surtout servi comme marque de présence et comme instrument de gratification.

L'amateur distingue en général plusieurs périodes : la période du jeton moderne (XIX^e^ et XX^e^ s.) ; la période du XVIII^e^ siècle (siècle d'or pour le jeton d'argent !) ; la période des XVII^e^ et XVI^e^ siècles, pour laquelle il devient difficile de trouver des jetons d'argent ; enfin la période s'étendant du Moyen Âge jusqu'au XV^e^ siècle, pour laquelle il ne reste pratiquement plus que des jetons de cuivre. Le jeton d'or, lui, a toujours été très rare.

Si l'on excepte donc les jetons d'or, le collectionneur pourra facilement former des collections thématiques ou réunir les séries complètes des émissions de certaines institutions ou administrations : réunion des jetons de tous les ordres militaires royaux (ordre de Saint-Louis, du Saint-Esprit) ; réunion de tous les jetons émis par le parlement des états d'une province (les séries de Bretagne ou du Languedoc sont particulièrement riches) ; collection des jetons maçonniques, de notaires (abondants au XIX^e^ s.) ou de compagnies d'assurance ; collection de jetons de doyens de faculté ou de maires de villes (la ville d'Angers est représentée par une très belle série des maires, depuis 1638 jusqu'à 1789).

Si l'on préfère réunir des ensembles thématiques, le choix est très varié : représentation de végétaux ou d'animaux ; représentation de villes, de châteaux ou de constructions, qui prennent un intérêt iconographique capital lorsque le sujet de la représentation a disparu ou s'est profondément modifié ; portraits de personnages historiques (la série des représentations de Louis XIV, de Louis XV et de Louis XVI offre un grand nombre de types jeunes ou âgés, exécutés par les meilleurs graveurs du temps, et constitue une véritable galerie de portraits).

Ayant fait son choix parmi toutes ces possibilités, le « jetonophile » réunit sa collection suivant les mêmes critères que les numismates. Il est d'ailleurs souvent avantagé par rapport à eux, car, à l'inverse des monnaies, la plupart des jetons se trouvent encore dans un état de conservation très satisfaisant et ne valent pas très cher (quelques centaines de francs pour les jetons d'argent). On doit enfin éviter les refrappes du XIX^e^ et du XX^e^ siècle, en se rappelant quelques règles très simples : les refrappes modernes portent en principe un poinçon indiquant la nature du métal sur leur tranche ; les jetons d'argent anciens sont souvent assez minces ; un flan épais associé à une grande netteté de la gravure doit inciter à la méfiance ; les jetons d'argent anciens sont, en règle générale, « frappés en monnaies » ; ils doivent donc « tourner », c'est-à-dire être toujours dans le bon sens de lecture quand on les fait pivoter d'avant en arrière entre le pouce et l'index de la main.

**jeu** n. m. Si la collection de jouets anciens existe depuis le début du XX^e^ siècle, le monde des jeux est, en revanche, moins connu et encore accessible. Manipulés par des adultes ou de grands enfants, les jeux offrent l'appréciable avantage d'être souvent au complet ou en bon état. Vu leur grande diversité, il est raisonnable, si l'on commence une collection, de se spécialiser dans une catégorie précise (il faut noter que les amateurs de jeux

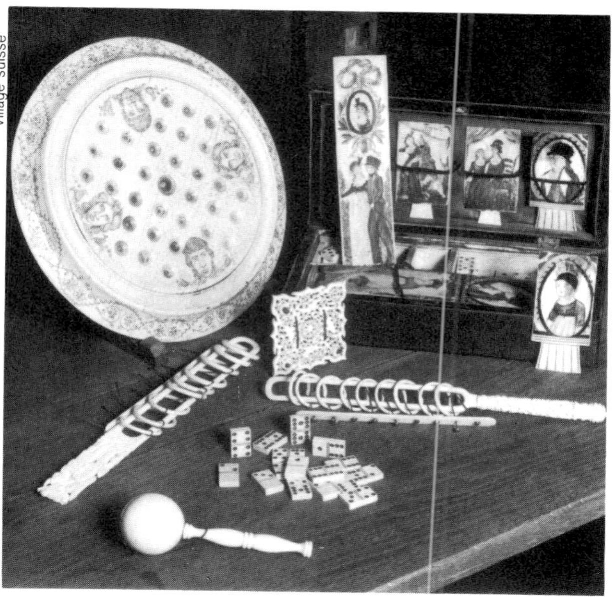

Village suisse

*Ensemble de jeux comportant un solitaire du début du XIX^e^ siècle, un bilboquet d'époque Louis XIII en ivoire, une boîte de dominos peints par les nobles émigrés en Angleterre pendant la Révolution, et un jeu de patience du XIX^e^ en ivoire finement sculpté. Exposition au Village suisse « l'Art et les Jeux de société ».*

anciens sont en général joueurs eux-mêmes) : jeux de hasard (dominos, dés, roulette, loto, cartes), jeux d'adresse (billes, toupie, diabolo, osselets, bilboquet, quilles, jonchet), jeux stratégiques (échecs, dames, trictrac, jacquet), jeux de patience (baguenaudier, solitaire, labyrinthe, cartes), jeux éducatifs (jeux de l'oie, de sept familles, loto, cubes, alphabets).

Les jeux d'autrefois sont souvent faits de matières fragiles et précieuses, comme les bilboquets d'ivoire, les pièces d'échecs en ivoire ou en bois sculptés, les coffrets de vernis Martin, de marqueterie, de bois incrusté de nacre. Ces objets sont très recherchés, autant par les collectionneurs de jeux que par les amateurs d'objets d'art. Mais on trouve encore pour les bourses modestes des témoignages amusants et passionnants des jeux du passé à des prix abordables : les lotos ou les jeux de chemin de fer XIX^e^ siècle tournent autour de 2 500 F, comme les puzzles ; on trouve un jeu de jonchet en ivoire pour 4 000 F, des totons pour 500 F, des jeux de croquet pour 800 F, des cubes pour 600 F.

**Jianyang.** Nom de deux villes chinoises du nord de la province du Fujian, où se trouvaient établis des fours céramiques. (V. CHINE.)

**Jingdezhen** (autref. Chin-tê Chen, King-tö Tchen). Ville chinoise de la province du Jiangxi, où se trouvaient de nombreux fours céramiques et qui devint, à partir de l'époque des Ming, la capitale des manufactures impériales de porcelaines. Les œuvres sorties des ateliers de Jingdezhen portent parfois le nom des superintendants sous la direction desquels les céramiques furent fabriquées pour la cour impériale : Zang (d'après Zang Yingxuan, à partir de 1683), Nian (d'après Nian Xiyao, à partir de 1726) et Tang Ying (à partir de 1736), tous ayant été en poste pendant la période des Qing. (V. CHINE.)

**joaillerie.** n. f. Terme dérivé de « joyau », qui désignait, au Moyen Âge, tout objet précieux. Ce sens s'est peu à peu restreint dans le mot « joaillerie », et, depuis le XVIe siècle, le joaillier est celui qui travaille, taille et monte en bijoux les pierres précieuses. Il ne faut pas le confondre avec le lapidaire, qui a pour tâche de tailler les pierres précieuses et les pierres dures, mais non de les monter. Sous l'Ancien Régime, la corporation des joailliers était rattachée à celle des orfèvres. De nombreux procès opposèrent les joailliers aux lapidaires, qui, selon eux, empiétaient sur leurs prérogatives en s'arrogeant le droit de monter parfois les pierres précieuses.

**jonchet** n. m. Jeu d'adresse composé de petits bâtons de bois, d'os, d'ivoire ou de métal, que l'on jette en vrac sur une table et que l'on doit tirer un à un avec un crochet sans faire bouger les autres. Réservés aux nobles du Moyen Âge et de la Renaissance, les jonchets de ces époques comportent des pièces splendides, de matière précieuse, délicatement gravées ou sculptées.

**Joseph** (Joseph Baumhauer, dit), ébéniste français (Allemagne ? - Paris 1772). Il est un des plus grands ébénistes du XVIIIe siècle, et ses créations, originales, souvent chargées de bronzes somptueux, obtiennent les plus hauts prix en salles des ventes. D'origine allemande, il s'est fixé à Paris vers 1745 et a reçu le titre d'ébéniste privilégié du roi vers 1770. Il a laissé de nombreux meubles, notamment des bureaux plats, des encoignures, des commodes et des secrétaires marqués du nom de JOSEPH entre deux fleurs de lis. Un bureau plat, avec son cartonnier, en placage d'ébène, commandé par le duc de Choiseul, a atteint la somme de 5 millions de francs chez Sotheby à Monte-Carlo, le 15-VI-1981.

**Jossot** (Henri Gustave), dessinateur et affichiste français (Dijon 1866 - Sidi Boussaïd, Tunisie, 1951). Jossot devint, à partir de 1901, l'un des dessinateurs attitrés de *l'Assiette au beurre,* fournissant à cet hebdomadaire des planches de caractère violemment anarchiste et révolutionnaire. Son traitement se reconnaît à son trait renforcé, aux larges aplats de couleur franche. Jossot utilisait souvent le contraste du noir et du rouge, La cartophilie le compte parmi les grands « illustrateurs » qui ont participé aux cartes postales publicitaires, à la collection des « Cent », à l'affaire Dreyfus, aux cartes antimilitaristes, aux maîtres de la carte postale. Les prix de ces cartes sont élevés, qu'il s'agisse de créations originales ou de « reprises », égalant ou dépassant même les cotes des affiches.

**Joubert** (Gilles) ébéniste français (v. 1689-1775), reçu maître en 1748. Célèbre pour la qualité de ses meubles et sièges de style Louis XVI, il était fournisseur de la Couronne.

**joue** ou **jouée** n. f. Partie latérale en étoffe (ou en cannage) tendue entre le bras et le siège d'un fauteuil (« joue d'une bergère ou d'un sofa »).

**jouet** n. m. L'univers enfantin des jouets offre pour de nombreux adultes un attrait irrésistible. Fascination d'un passé révolu, d'une période heureuse, amour du bel objet entraînent le collectionneur à de véritables folies : les amateurs de poupées se font actuellement remarquer en achetant à des prix vertigineux des modèles jugés sans valeur il y a dix ans. Il en va de même pour les collectionneurs de trains, de bateaux à vapeur, pour les amoureux des soldats de plomb, pour les passionnés de jouets scientifiques.

Depuis le début du siècle, la collection de jouets attire

musée des Arts décoratifs

*Jeu de billes appelé « le cueilleur de pommes » (1925). Paris, musée des Arts décoratifs.*

des amateurs inconditionnels. Les prix n'ont donc pas cessé de grimper, et les faux, bien sûr, ont fait leur apparition, pour les poupées d'abord dès 1900, puis pour les modèles réduits, les figurines historiques. Le néophyte aura donc intérêt à se documenter le mieux possible sur l'objet de sa passion afin de pouvoir mieux apprécier lui-même la valeur du jouet désiré.

**joug** n. m. Objet qui sert à atteler solidement les animaux au véhicule qu'ils tirent. Il existe différentes sortes de jougs : jougs de front, de garrot, de cornes, jouguet (petit joug employé à l'attelage d'un seul animal).

Le joug est en bois, d'une ou de plusieurs pièces, fixé transversalement au timon. Il était fabriqué par le paysan lui-même s'il était adroit, sinon le jouquetier, ou jougatier, se chargeait de cette délicate besogne, chaque joug devant s'adapter à l'anatomie de chaque bête. Il tirait à juste titre fierté de son œuvre, qu'il datait et signait souvent.

Le *joug de cornes,* attelant deux ou trois bêtes de front, est le plus compliqué dans ses formes.

Même dépourvu de décor sculpté ou gravé, le joug est un outil admirablement beau par le jeu de ses courbes et de ses contre-courbes. Il est dénaturé par des citadins qui le transforment en porte-manteau ou en suspension rustique ! Dans quelques provinces, il est surmonté du surjoug, ou soubrejoug, grand fuseau évidé et garni de clochettes, peint de couleurs vives, incrusté de clous, qui servent à signaler l'arrivée d'un attelage dans les régions de brouillard, mais surtout à protéger les bêtes du mauvais œil (v. AMULETTE), en Ariège et en Haute-Garonne comme au Portugal.

**Jourdain** (Francis), graveur et décorateur ensemblier français (Paris, 1876 - *id.* 1958). Fils de l'architecte Frantz Jourdain (1847-1935), connu pour ses constructions métalliques (la Samaritaine), Jourdain s'adonne passionnément à la sculpture et à la gravure (eau-forte).

À l'Exposition universelle de 1900, il décore le théâtre de la Loïe Fuller et le théâtre des marionnettes de

H. Sauvage, s'y montrant un apôtre de la forme pure. L'Art nouveau a masqué la fonction de l'objet par son culte de l'ornementation : Jourdain substitue alors à ce caractère la simplicité de ligne, la richesse du matériau et la sobriété du décor. En 1912, il fonde les Ateliers modernes, pour la fabrication des meubles rationnels à bon marché, et présente au Salon d'automne le premier living-room sans sculpture et sans décoration.

À l'exposition des arts décoratifs (1925), il orne «Une ambassade française», mais, dès lors, avec Bourgeois, Herbst, Chareau et Mallet-Stevens, il forme un groupe d'avant-garde qui donne naissance en 1930 à l'Union des artistes modernes.

Jourdain a créé un grand nombre de modèles — meubles, tapis, tissus, céramique et verrerie, objets usuels.

**Jouy** (toile de). V. TOILE DE JOUY.

**judaïca** n. f. Collection regroupant tous objets courants et de culte, documents, livres, journaux, affiches, gravures, habits, se rapportant à l'histoire ancienne et récente juive.

**Jugendstil.** De *Jugend,* revue fondée à Munich en 1896, organe officiel des jeunes artistes, est le nom de « Jugendstil » vocable générique de l'Art nouveau allemand. (V. ART NOUVEAU.)

*Poupée Jumeau bouche fermée, corps articulé (fin XIXe s.) dans sa boîte d'origine.*

C. A.

**Jumeau.** Les poupées de marque Jumeau, fabriquées en France de 1845 à 1899, connurent un énorme succès, et, aujourd'hui encore, leur nom est familier à chaque Français. Les premières poupées (1845-1875 environ) ont la bouche fermée, le visage très pâle en porcelaine, le corps raide en peau d'agneau bourré de sciure. Il faut attendre 1875 pour que la maison Jumeau ait l'idée de faire des bébés articulés, à visage d'enfant, à l'expression souriante : à bouche entrouverte sur de petites dents, à grands yeux rêveurs surmontés de larges sourcils bien dessinés, ces bébés seront connus dans le monde entier. Viennent ensuite le bébé parlant (1888), le Jumeau triste, le bébé phonographe, le bébé marcheur (1893). Toutes les poupées Jumeau ne sont pas de la même qualité et toutes ne portent pas le nom célèbre de la marque. Avant 1878, la tête est parfois marquée en creux E. J. ; ensuite, le nom est imprimé au tampon de caoutchouc rouge. À partir de 1885, les poupées Jumeau ne portent plus de marques, mais quelquefois le nom du grand magasin qui les vend.

*Poupée de mode fabriquée par la maison Jumeau vers 1875.*

Les faussaires, devant la renommée dont jouissait la marque Jumeau, n'ont pas hésité à mettre sur le marché un grand nombre de faux, difficiles à reconnaître au premier coup d'œil.

**jumelles** n. f. pl. Ce sont deux lunettes* ou lorgnettes accolées, permettant de voir au loin au moyen des deux yeux. Les jumelles sont d'un usage assez récent (XIXe s.), plus ou moins petites et plus ou moins grossissantes selon leur destination ; les jumelles de marine sont étanches et à portée plus longue ; les jumelles d'officier sont à échelle de mire dans l'objectif. Les jumelles de théâtre, de petite taille, sont agrémentées de quelques effets décoratifs, tels que l'ivoire, la nacre, le métal ou le cuir. Elles font partie des objets que les amateurs collectionnent, et leur prix est voisin des 2 000 F.

**jumelles** n. f. pl. Appelées aussi « cottrets » ou «coterets», les jumelles sont employées sur les métiers de haute lisse et de basse lisse : ce sont de solides bâtis de bois soutenant de part et d'autre du métier les axes des ensouples, où s'enroule la chaîne de la tapisserie.

**Junzhou** (autref. Chün-tcheou). Ville chinoise de la province du Henan, aujourd'hui appelée Yuxian, et où se trouvaient des ateliers de potiers réputés. (V. CHINE.)

**jurande** n. f. Chambre disciplinaire de la corporation des menuisiers-ébénistes chargée de contrôler la qualité de fabrication des meubles et sièges. C'est la jurande qui accorde aux artisans devenus maîtres le droit de frapper une estampille à leur nom, accompagnée des trois lettres entrelacées JME (jurande des menuisiers-ébénistes).

**jus** (dans son). Expression souvent employée entre marchands pour signifier que le meuble ou l'objet est revendu tel qu'il a été découvert, sans nettoyage ni restauration.

*Plat polychrome de Kütahya, orné d'un personnage entre deux fleurs. (D. 15 cm.) XVIIIe siècle. Plat polychrome de Kütahya, peint d'un personnage entre deux arbres. (D. 14 cm.) XVIIIe siècle. Adjugés par Christie's.*

# K

**Kāchān.** Située sur le plateau désertique de l'Iran, la ville de Kāchān est entrée dans l'histoire musulmane pendant la période seldjoukide et son nom évoque depuis le XIIe siècle les « carreaux de faïence », ou *kachis* (terme qui existe également en turc), alors que *kachipez* signifie en iranien « potier ».

Les ateliers médiévaux de céramique de Kāchān s'illustrent également par une célèbre lignée de potiers, dont l'un, Abu'l Qasim, écrivit un traité de fabrication, le seul ouvrage de ce genre connu et publié en terre d'islām.

De nombreuses signatures relevées sur de prestigieux objets (pièces de forme ou éléments architecturaux) attestent l'importance de ce centre. Toutes ces données, jointes aux relevés de fouilles, permettent de considérer Kāchān comme le siège, entre le XIIe et le XVe siècle, de l'une des plus importantes manufactures de céramique islamique de tous les temps. Presque tous les types de fabrication exploités par les potiers seldjoukides figurent dans le répertoire des céramiques issues de ses fours : céramiques monochromes, céramiques à décors engobés dits « en silhouette », céramiques décorées au petit feu de types minaï* et ladjvardina*, céramiques à reflets métalliques. Quoique fort rares, certains éléments de cette céramique apparaissent parfois sur le marché.

Les tapis de Kāchān comptent parmi les plus fameux d'Iran. Commencée au XVIe siècle, la production s'est poursuivie jusqu'au début du XVIIIe siècle ; elle n'a été

Sotheby-Parke-Bernet

*Tapis de prière Kāchān, au miḥrāb ivoire d'où s'envolent deux sīmurghs. Vers 1910. (D. 206 × 132 cm.) Vendu 3 100 £ par Sotheby, à Londres, le 23-IV-1980.*

reprise qu'à la fin du XIXe siècle. Le Kāchān de laine ou de soie est noué extrêmement finement, et son décor, toujours très élégant, se compose généralement soit d'un médaillon à cartouches polylobés, soit de motifs à vases répétés ou à arbre de vie, soit de scènes de chasse. La bordure principale, aux motifs hérati, est souvent ornée de plus petites bordures à grecques fleuries.

Les couleurs variées des motifs se détachent sur un fond généralement bleu ou rouge. En laine, au velours assez ras, le Kāchān est un très élégant et solide tapis d'usage ; en soie, il a un éclat qui le fait comparer à un joyau.

**kaïtou** n. m. Petit récipient cylindrique comportant une poignée et servant à écrémer le lait dans le Pays basque. En noyer, taillés dans la masse, parfois ornés de légères sculptures en creux, les kaïtous sont recherchés des amateurs d'art populaire. Un kaïtou a été vendu 2500 F à Melun le 24-X-1982 par Mes Peron et Corsy.

**kakemono.** Nom donné au Japon à toutes les peintures ou images destinées à être suspendues à un mur. Les peintures montées en kakemono sont encadrées de tissus et se terminent, en haut et en bas, par deux plages blanches. Des rouleaux en bois permettent de rouler les kakemono lorsqu'ils ne sont pas utilisés. Ils sont en général d'un format plus haut que large, bien qu'il existe plus rarement certains qui peuvent avoir une plus grande largeur. Leur valeur dépend essentiellement du renom de l'artiste qui les a peints. On monte également très souvent des calligraphies en kakemono. Une paire de kakemono allant ensemble se nomme sōfuku. Les triptyques (très rares) se nomment sanpukutsui. Ce type de peinture apparut au Japon à l'époque de Kamakura, imitant une forme typiquement chinoise et appelée lizhou, guafu ou encore zhifu (les emakimono chinois, plus larges que hauts, sont appelés hengfu).

**kakiemon.** Type de céramique blanche décorée sur couverte (uwaetsuke) créée à Arita par le potier Sakaida Kakiemon (1596-1666) vers le milieu du XVIIe siècle. Ses descendants poursuivirent son style, qui, au XVIIIe siècle, influença quelque peu certaines productions porcelainières d'Europe, en particulier celles de Chantilly, de Meissen et de Mennecy (v. JAPON).

*Soupière ovale couverte et son présentoir, à anses rocaille et décor polychrome « kakiemon ». Vers 1735. (L. 26 cm, présentoir 39 cm.) Adjugés 30000 F par Mes Champin et Lombrail, à Enghien, le 25-IV-1982.*

Champin et Lombrail

**kaléidoscope** n. m. Jouet d'optique apparu au début du XIXe siècle et formé d'un long cylindre, tout au long duquel sont fixés à l'intérieur des miroirs et au fond duquel sont placés des petits fragments mobiles de verre coloré. Le reflet de ces fragments de verre dans le jeu des miroirs offre des figures géométriques variées et colorées. Parfois en simple carton, cette lunette magique peut être fabriquée en bois et laiton. Les modèles les plus soignés peuvent atteindre 4000-5000 F.

**kalian** (mot persan). Pipe (narghilé, appelé aussi « hookah ») composée d'un flacon (verre, métal ou céramique) rempli d'eau, que la fumée traverse avant d'arriver à la bouche par un long tuyau.

**Kamse.** Ce livre de Nizami, constitué de cinq œuvres, est avec le *Chāh-nāmè* de Firdūsī l'un des ouvrages littéraires les plus diffusés en Iran ; il a également inspiré de nombreux miniaturistes. Nizami, né dans le Caucase (1141-1209), est considéré comme le maître du roman versifié persan. Parmi ses poèmes les plus célèbres, l'histoire de Leila et de Madjnoun, analogue à celle de Roméo et Juliette, relate la passion mutuelle de ces deux enfants du désert, qui ne peut s'accomplir que dans la mort.

**Kändler.** V. MEISSEN.

**Kangxi.** V. CHINE.

**kaolin** n. m. Silicate d'alumine, utilisé pour la pâte des porcelaines, dont des gisements furent tout d'abord découverts et utilisés en Chine (à Gaoling, près de Jingdezhen ; d'où le nom français) et dont des échantillons furent envoyés en France par un jésuite en 1712 (François Xavier d'Entrecolles), permettant ainsi la recherche de gisements similaires en France (Saint-Yrieix, près de Limoges), en Allemagne et en Grande-Bretagne.

**Karabagh.** Située au sud de l'Arménie soviétique, à la frontière iranienne, la ville de Karabagh, manufacture royale aux XVIe et XVIIe siècles, produit des tapis qui ont hérité des apports caucasiens, persans et également français (à la suite de mariages entre des familles françaises et arméniennes de cette région). On peut relever trois types de décors principaux : un décor à médaillon étoilé et à écoinçons géométriques, assez sobre dans sa composition ; un décor où le champ est composé d'un treillis où sont insérées des fleurs (motif minakhani) ou encore où sont répétés les motifs boteh et hérati ; enfin un décor influencé par les tapis français de la Savonnerie (dessin des roses). Les couleurs du fond sont assez sombres (noir, brun, rouge foncé), tandis que les motifs se détachent en rose (caractéristique), en vert, en bleu et en jaune. Le tapis de Karabagh est exécuté au nœud turc et possède un velours de laine assez épais.

**Karadagh.** Située au nord-est de l'Iran, à la frontière du Caucase, la ville de Karadagh produit des tapis dont les décors, proches de ceux de Karabagh, sont exécutés au nœud persan (décor à médaillon en étoile, à motifs répétés : vases à fleurs, hérati). Ces tapis ont une large bordure ornée de motifs végétaux stylisés et espacés et une belle couleur prune domine généralement dans le fond. Ce tapis est noué sur une chaîne de coton, d'une trame en laine ou en poil de chèvre ; il possède un velours de laine assez ras et est très résistant.

**karatsu.** Poteries japonaises produites dans la région de Karatsu (préfecture de Shiga), où des fours furent établis par des potiers coréens à la fin du XVIe siècle. Les poteries de Karatsu ont une apparence simple et souvent rustique, et sont ornées de décors coréens typiques de la dynastie ds Yi en oxyde de fer, parfois couvertes d'une glaçure blanche translucide. Les fours de Karatsu déclinèrent avec l'apparition de la porcelaine. (V. JAPON.)

**karbarma.** Mot turc désignant une technique de décor brodé, utilisée sur les textiles ottomans : bourre de coton enrobée de fils métalliques dorés ou argentés et appliqués sur fond de velours.

**Kasghaï.** Les riches et très importantes tribus nomades Kasghaï, d'origine turque, se rencontrent dans le Fars, province d'Iran, au nord de Chirāz, où elles vendent leur production de tapis, noués très minutieusement au point turc ou persan avec une très belle laine. Le décor du Kasghaï, très géométrique, se compose généralement d'un ou de plusieurs médaillons à crochets ou aux contours en escalier et est orné de nombreux motifs stylisés de fleurs, de palmettes, de botehs, d'animaux (crabes, tortues, tarentules...).

Le Kasghaï se distingue des autres tapis de Chirāz par ses coloris d'origine végétale, clairs et vifs, par une double trame très serrée et par un ourlet latéral de laine rouge et jaune. Les plus beaux Kasghaï sont appelés « Kasghaï Mekka » (La Mecque).

**katana.** Sabre japonais légèrement courbe dont le tranchant se trouve toujours sur le côté convexe de la lame. Toutes les parties de cette lame sont soumises à l'examen du spécialiste : la soie *(nakago),* les épaulements de la soie *(hamachi* et *munemachi),* la partie trempée du tranchant *(yakiba),* le dessin formé par la trempe *(hamon),* la ligne médiane séparant le tranchant du dos de la lame *(shinogi),* le dos *(mune),* la pointe *(kissaki),* car chacune révèle les caractéristiques propres à l'atelier ou au forgeron qui la fabriqua. Le *daïsho* (long-court), porté à la ceinture par le samurai, est l'ensemble formé par le katana et le wakizashi, tranchants dirigés vers le haut.

**keepsake.** Livre-album, illustré de gravures sur acier, offert en cadeau à l'occasion des fêtes de fin d'année. Ancêtre des livres-cadeaux, relié avec élégance en soie, en chagrin ou en maroquin et très doré, le keepsake, de formats divers, vint d'Angleterre vers 1820, et sa vogue continua jusqu'en 1860. Textes et illustrations sont le parfait reflet du goût de l'époque.

Couturier-Nicolay

*Ensemble de keepsakes aux cartonnages romantiques. Vignettes et gravures coloriées font le charme de ces recueils de poèmes ou de musique offerts en hommage aux dames. Au centre, « la petite poste » est un jeu de société.*

**kentucky rifle** (« fusil du Kentucky »). Les colons américains avaient besoin d'armes légères et très précises ; aussi les arquebusiers conçurent-ils, pour répondre aux demandes, des fusils à silex munis d'un canon long — d'où le nom de « long rifles » —, au calibre compris entre 40 et 66, à sept ou huit rayures. Ces « long rifles », d'une précision de tir stupéfiante, consommaient peu de poudre et de plomb ; aussi furent-ils rapidement appréciés des trappeurs. En Amérique, les Allemands avaient apporté leurs carabines de chasse dites « jäger* » (« chasseur »), qui servirent de modèles aux « long rifles », qui portent par erreur le nom de « Kentucky », alors qu'ils furent la plupart du temps fabriqués en Pennsylvanie, dans le district de Lancaster exactement...

Les « Kentucky long rifles » se caractérisent par un fin canon démesurément long et une crosse très souple, terminée par une plaque de couche arquée en croissant et contenant une boîte ou un tiroir à calepin — « patch box » — en laiton finement gravé de motifs divers.

**Kertesz** (André), photographe d'origine hongroise (Budapest 1894 - New York 1985). Kertesz vint à Paris en 1925. Il a été l'un des premiers à utiliser le petit format dans le reportage photographique. Ses photographies nocturnes de Paris figurent aussi parmi les premières. Il vint aux États-Unis en 1937, et la guerre l'obligea à rester sur place. Aussi à l'aise dans la photographie de rue que devant l'objet, Kertesz est également un remarquable photographe de nu et un expert dans la distorsion photographique du corps humain.

**Khatam Chirazi** (expression iranienne signifiant « travail de Chirāz »). Procédé de décor de marqueterie, en partie hérité de l'Antiquité, mais devenu propre à l'art iranien. Il est diffusé surtout à partir du XVIII$^e$ siècle. L'artisan réunit et colle, selon un dessin préétabli — le plus souvent en hexagone —, un jeu de multiples petites baguettes, très fines, constituées de matériaux différents (nacre, écaille, ivoire, teintés en vert malachite ou en rouge corail) et de diverses sections (triangulaires, carrées, etc.). Une fois assemblés, ces « bâtons » hexagonaux sont sciés finement en tranches : chaque section reproduit ainsi le dessin initial. Toutes les sections sont ensuite collées les unes à côté des autres sur un support bois, où elles participent à une plus vaste composition de caractère géométrique ; cette technique est utilisée pour décorer des objets mobiliers : coffrets, miroirs, écritoires, tabourets, *kursi**.

**khmer** (art). L'art du Cambodge (du IX$^e$ aux environs du XV$^e$ siècle) est connu surtout pour son architecture prestigieuse (temples d'Angkor Vat). On trouve parfois sur le marché des sculptures (divinités bouddhiques*) en grès ou en bronze.

**Khorassan** ou **Khorasān.** Le nom de cette région du nord-est de l'Iran est très célèbre : tout d'abord, pendant la période abbasside (IX-XI$^e$ s.), la ville de Nichapur* acquiert une évidente notoriété avec ses ateliers spécialisés dans la vaste production des céramiques médiévales ; puis, entre le XI$^e$ et le XIII$^e$ siècle, s'impose l'école des bronziers et des dinandiers ; enfin, à partir de la fin du XVI$^e$ siècle jusqu'au XVIII$^e$, Meched* se distingue par sa prestigieuse production de céramiques à décor bleu* et blanc.

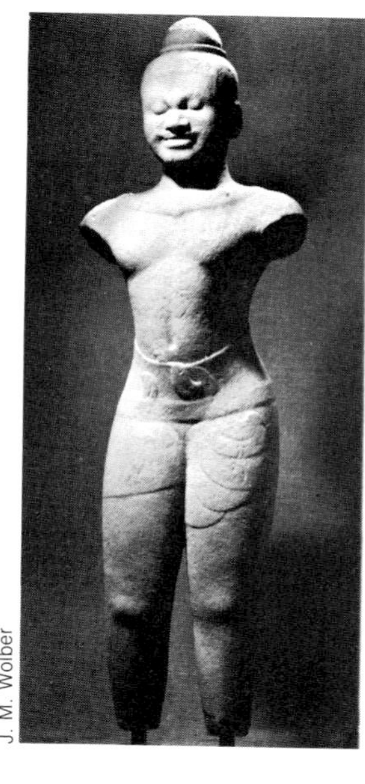

J. M. Wolber

*Art khmer : dvārapāla (gardien de lieu sacré), vêtu d'un pagne à volants. Style de Baphnom (XI^e^-XII^e^ s.). Exposition aux « Cinq Jours de l'objet extraordinaire », Carré Rive gauche (juin 1982).*

Les tapis sont généralement de grandes dimensions ; leur champ est composé de décors très variés (motifs répétés boteh, hérati, vases, médaillons, motifs géométriques) et il est encadré de très nombreuses bordures (parfois jusqu'à 15 bandes dans les tapis anciens), décorées de rinceaux, de palmes, de petits motifs géométriques multicolores. Le fond du tapis est généralement rouge. Le Khorassan moderne possède un velours plus haut et des coloris plus vifs que les anciens.

**Kienlong.** Empereur de Chine (1736-1795) qui a donné son nom à une période de production de porcelaines à décors d'une grande finesse, dans la tradition Song. (V. CHINE, période des Qing [l'ancienne orthographe Qianlong ou Qienlong tend à disparaître].)

**kilim.** Nom donné à un tapis non noué mais exécuté en un tissage ou au point de tapisserie, servant autrefois de couverture. Il est encore appelé « tapis plat ». Il peut être généralement utilisé sur chaque face, n'ayant ni endroit ni envers (sauf pour les tapis kilim indiens). De courts kilims bordent les extrémités de certains tapis noués comme les tapis Turkmènes. Le tapis kilim est décoré de motifs rectilignes géométriques, au dessin généralement petit et très minutieux ; il est tissé avec une belle laine fine et très résistante. Il ne possède que rarement des bordures, qui sont parfois rajoutées. Les plus beaux kilims, dont la production récente est très faible, proviennent de Turquie, du Caucase, de Turkménie, mais aussi d'Iran, de Bulgarie, d'Inde.

**Kintzing** (Pierre), mécanicien qui, associé à l'ébéniste Roentgen, donna naissance à « la joueuse de tympanon », célèbre androïde qui fut acheté par Marie-Antoinette et qui est actuellement conservé au musée des Arts et Métiers de Paris.

**Kirchner** (Raphael), peintre d'origine autrichienne (Vienne 1876 - New York 1917). Installé à Paris en 1902, Kirchner collabora à plusieurs revues de la capitale, telle *la Vie parisienne*. Ses créations de cartes postales dans le genre Art nouveau ou d'inspiration japonaise, d'un style délicat, remportèrent un vif succès.

**Kirchner** (Ernst Ludwig), peintre, sculpteur et graveur allemand (Aschaffenburg 1880 - Frauenkirch, Suisse, 1938). Son œuvre est en partie dominée par les eaux-fortes, les aquarelles, les dessins et les gravures sur bois. La maîtrise de ce représentant typique de l'expressionnisme allemand s'affirme notamment dans les bois gravés. Kirchner a été l'un des fondateurs du groupe Die Brucke. Ses bois gravés et ses lithographies atteignent des enchères très élevées dans le monde entier : 165 000 livres pour *Russisches Tanzerpaar*, lithographie en couleurs, vendue à Londres, le 2-VII-87, par Christie's.

**Kirman.** Cette petite bourgade de l'Iran médiéval, située au sud-ouest du Khorassan, sur la route terrestre des Indes, doit sa soudaine prospérité, au XVII^e^ siècle, à l'ouverture des comptoirs commerciaux sur le golfe Persique. Elle devient alors avec Meched* l'un des centres les plus notables de l'économie iranienne. Les collectionneurs retrouvent fréquemment le nom de Kirman associé à la vaste production de la période séfévide : céramiques à décor bleu et blanc (inspirées par la Chine), mais surtout la série beaucoup plus originale des céramiques « polychromes » : bouteilles, narghilés, flacons à dominante rouge et ocre (à décor essentiellement floral).

Les tapis Kirman, produits depuis le XVI^e^ siècle, figurent parmi les plus prestigieux tapis d'Orient. Leurs décors, très fins et très variés, sont dominés par une végétation luxuriante, qui s'épanouit dans les différentes compositions : composition à médaillons concentriques, à médaillons polylobés avec écoinçons, composition rythmée de motifs à vases, ou encore scènes à personnages et animaux. Sur un fond généralement ivoire se détachent les motifs multicolores. Très finement noué au nœud persan (on peut avoir un million de nœuds au mètre carré), le dessin apparaît aussi net sur l'endroit que sur l'envers ; le velours de laine très soyeuse est ras ou moyen ; les franges du tapis Kirman sont souvent asymé-

*Tapis de prière Kirman-Laver à fond ivoire. (D. 2,00 × 1,50 m.)*

Loudmer et Poulain

triques, longues et ourlées au bas du tapis, courtes et droites en haut.

**Kirstein** (les), famille d'orfèvres français du XVIIIe et du XIXe siècle. Elle est illustrée notamment par Joachim-Frédéric (maître en 1729), Jean-Jacques (maître en 1760), Jacques-Frédéric (maître en 1795), dont la production est d'une remarquable qualité ; la position géographique de Strasbourg, le faste de la cour des Rohan permirent aux Kirstein de conquérir une clientèle étrangère importante. Les orfèvres strasbourgeois étaient réputés pour la qualité de leur vermeil, supérieur à celui de Paris, car il était fixé sur un argent au titre légèrement plus bas (925 au lieu de 950 millièmes). Aussi les superbes écuelles aux étourdissants motifs rocaille de Jean-Jacques Kirstein, les curieuses timbales à pans de section oblongue sont-elles diffusées dans le royaume, Strasbourg compris.

**Kissis.** Les Kissis, apparentés aux Sherbros et aux Temnes, habitent des deux côtés de la frontière qui sépare la Guinée de la Sierra Leone. Leurs sculptures en stéatite, appelées « pomtan » (c'est-à-dire « morts »), se trouvent dans les villages sur tous les autels du culte familial. Leur forme est essentiellement cylindrique. Les « pomtan » ont le plus souvent un sourire de type archaïque, relevant la lèvre supérieure du visage et dévoilant de grandes dents. Les statuettes les plus précieuses sont cachées dans des huttes ; elles servent au culte des ancêtres et à la divination. Le « pomdo habillé » (ou « pom'Randya »), possède une identité précise : c'est un aïeul bien connu, et son descendant, lorsqu'il mourra, se fera enterrer avec la statuette.

**kit.** Mot anglais qui désigne une collection d'éléments séparés, mais présentés dans un même emballage pour être ensuite assemblés. Les « meubles kit » vendus avec instructions de montage sont apparus sur le marché français vers 1975. D'un prix inférieur aux meubles neufs, ils sont, en quelque sorte, le contraire des antiquités.

**kitsch.** Ce mot allemand, emprunté au verbe allemand *kitschen* (bâcler), apparaît à Munich vers 1860 pour désigner certains articles populaires de mauvais goût et souvent de couleurs criardes fabriqués en séries industrielles, tels que nains de céramique, lampes en tôle peinte, bijoux en verroterie. La redécouverte du style des « années folles » a fait également resurgir la mode kitsch dans les années 1970. Ce mot employé comme adjectif a pris une nuance ironique pour qualifier tout objet curieux d'une laideur amusante.

**klaft.** Coiffure d'étoffe rayée du pharaon, dont les pans retombent de chaque côté du visage et sur les épaules. Ce motif orne de nombreux bronzes d'ameublement de style empire.

**Knoll** (Associates). Société d'édition de mobilier contemporain, fondée à New York en 1938 par Hans Knoll (Stuttgart 1914 - La Havane 1955), fils d'un marchand de meubles, et par sa femme, Florence (Saginaw, Michigan, 1917), architecte d'intérieur. Voulant insérer harmonieusement le mobilier à l'architecture, ils prennent comme collaborateurs des artistes réputés, tels Mies Van Der Rohe, E. Saarinen, H. Bertoia, C. Pollock. On distingue trois productions correspondant à des périodes successives : sièges de bois stratifiés au châssis tendu de sangles tissées ; puis les coquilles de plastique et les armatures de bureau en acier ; enfin les coquilles de Saarinen réalisées en polyester et en fibre de verre sur pied d'aluminium ; ces derniers prototypes peuvent être fabriqués industriellement et diffusés en série par Knoll dès 1950 sans en trahir la qualité.

En 1951, Knoll International débute en France et en Allemagne. À la mort de Hans, la société est dirigée par Art Metal Inc., tandis que Florence gère le département d'architecture intérieure (1955-1965). La simplicité, la souplesse des lignes et l'utilisation de l'acier chromé caractérisent ces meubles, qui ont contribué à l'évolution du décor intérieur. Don Albinson oriente actuellement la production vers l'esthétique industrielle.

*Coquille de plastique noir montée sur un cadre d'aluminium, dessinée par Pollock et diffusée par Knoll International.*

Knoll

**Kokoschka** (Oskar), peintre et lithographe d'origine autrichienne (Poechlarn 1886 - Villeneuve, Suisse, 1980). Révélé aux amateurs d'art en 1910 par la revue *Der Sturm*, Kokoschka a marqué de sa très forte personnalité le mouvement expressionniste. Persécuté par les nazis, il se réfugia d'abord en Angleterre, puis en Suisse, sur les bords du Léman. Ses lithographies (portraits et paysages), qui occupent dans son œuvre une place importante, sont particulièrement recherchées des amateurs allemands, suisses et américains. Ses cartes postales artistiques, éditées par les Wiener Werkstate, ne sont connues des cartophiles français que depuis peu de temps. Elles sont estimées de 8 000 à 10 000 F, ce qui est la cote la plus élevée, avec celle d'Egon Schiele, dans cette série.

**Kollwitz** (Käthe), graveur et sculpteur allemand (Königsberg 1867 - Dresde 1945). Käthe Kollwitz, qui fit ses études de dessin et de peinture à Berlin et à Munich, a créé une œuvre à l'opposé de toute résignation. Ses fortes gravures expriment la douleur et la révolte des mères et des veuves (elle-même perdit son fils pendant la Première Guerre mondiale), la tendresse pour les pauvres et les déshérités. Farouche adversaire du régime nazi, menacée d'arrestation, Käthe Kollwitz refusa de quitter l'Allemagne. Ses eaux-fortes et ses lithographies jouissent d'une grande renommée en Allemagne et aux États-Unis, où elles atteignent des prix élevés.

**Kongo.** En 1482, le voyageur portugais Diego Cao atteint l'embouchure d'un fleuve immense et apprend à l'Europe l'existence d'un État puissant et organisé portant le nom de son souverain : Kongo. Converti au christianisme, le Kongo accueille les missionnaires, et bientôt apparaît une forme d'art mixte, christiano-africaine, très originale.

La statuaire kongo représente des chefs couronnés et leurs insignes de dignité — regalia — en bois ou en ivoire ainsi que des « maternités » ou des « mères à l'enfant » dont la symbolique n'a rien à voir avec le christianisme. Le traitement est naturaliste mais aussi idéalisé. Les formes anatomiques sont pleines. En outre, d'étranges personnages en pierres tendres, dits « matadi », sont placés sur les tombes et représentent les chefs absents. Les personnages assis en tailleur sont pensifs. Plus dangereux sont les fétiches « nkisi konde » auxquels on demande le châtiment d'un coupable en plantant une lame de couteau ou un fer de hache dans le corps de la statuette à l'aspect redoutable, toute hérissée de fers blessants. Les représentations chrétiennes, particulièrement les crucifix à âme de bois, recouverts de feuilles de laiton sont plus humaines.

L'art kongo est très apprécié des collectionneurs, qui achètent très cher une pièce de qualité.

**koré** (du grec *coré,* jeune fille). La koré est un type de statue grecque de l'époque archaïque (VIIe-VIe s. av. J.-C.), représentant une jeune femme dans une attitude frontale hiératique, vêtue d'une longue tunique plissée, dont le visage est animé par de grands yeux et un large sourire un peu énigmatique, et dont les cheveux, en bandeaux, retombent sur les épaules en multiples tresses. C'est aussi un des noms que l'on donne à Perséphone, fille de Déméter et incarnation de la jeune fille.

**Kotas.** Les Kotas, peuple de la forêt repoussé par les Fangs, se trouvent à l'est du Gabon et au Congo-Brazzaville.

De même que les Fangs, les Kotas ont conservé pendant longtemps dans des paniers en vannerie les crânes et certains ossements de leurs ancêtres. Le panier — le reliquaire — était dominé par une représentation évoquant le premier ancêtre, fondateur du clan. À l'inverse de celles des Fangs, les images kotas appartiennent à un style décoratif presque abstrait, utilisant la technique de la ronde-bosse et du placage de cuivre ou de laiton, accentuant l'aspect décoratif qui plaît tant aux amateurs. Une armature en bois, simple cadre découpé en losange, tient lieu de bras et de jambes. Au-dessus d'un cylindre figurant le cou, le visage est une plaque de bois ovale ou en forme de feuille, sur laquelle sont clouées des feuilles de laiton ou, dans les pièces dites « Ossyeba », d'étroites bandes en fer et en cuivre.

Dans les reliquaires du type méridional dit « à chapeau de gendarme », deux bandes de cuivre disposées en croix se détachent pour former le visage, où les yeux et le nez sont stylisés en relief. Le visage est surmonté d'un croissant disposé horizontalement, dit « ntsuo » (la lune) ; il est flanqué de deux ailes en forme d'oreilles d'éléphant, d'où dépassent des pendentifs. Les yeux de certaines figures sont munies de grosses larmes, représentées par des lamelles de cuivre. Certains visages de reliquaires sont double face et appelés « Janus ».

Par son originalité, le style kota est très apprécié des amateurs, qui payent de véritables fortunes les têtes de reliquaires.

**Kouba.** Petite ville du Caucase, au sud du Daghestan, d'où sont issus de très beaux tapis noués au point turc serré, au velours moyen plutôt ras, d'une très belle laine, brillante et très solide. Le décor géométrique se compose d'amples médaillons étoilés, cernés de lignes brisées, de crochets. Certains tapis Kouba reflètent une influence perse dans les décors à rinceaux et à grandes fleurs stylisées, mais la composition reste très géométrique. Sur un fond généralement bleu, mais aussi rouge ou ivoire, se détachent des motifs multicolores.

**Kouba.** Dans la région africaine comprise entre les fleuves Kasaï et Sankuru résident les Bakoubas, encore nommés Bushongos. Ils fondèrent un empire dont la splendeur fut très grande au XVIIe siècle. L'art des Koubas est donc très aristocratique. De nombreuses statues représentent le roi

C.A.

*Tapis du XIXe siècle provenant de Kouba, ville du Caucase. (D. 1,92 m × 1,35.)*

assis, jambes croisées, sur un socle muni de l'attribut personnel du souverain. Le souci du réalisme apparaît, et les détails sont soignés : les coiffures sont bien dessinées, particulièrement le curieux bonnet empesé, avec un rabat vers l'avant.

Les préoccupations esthétiques des Koubas se retrouvent parmi les multiples objets et ustensiles domestiques d'une grande élégance : poteaux de porte, sièges, coupes, boîtes, pipes, cornes à boire, cuillers et tambours ont tous été décorés.

Les masques des Koubas se présentent sous l'aspect de grands heaumes, violemment bigarrés par des perles et des coquillages cauris multicolores. Les plus connus tendent à figurer les héros mythiques nés de Dieu et leurs descendants terrestres.

**Koubatcha.** Au début du XIXe siècle, un marchand parisien, D. Kelekian, découvre en Asie centrale un grand nombre de plats, d'un caractère très particulier.

Quels que soient le type de décor et l'époque (XVe-XVIIe s.), tous ces objets présentent un important réseau de craquelures profondes, à travers lesquelles des produits gras se sont infiltrés, ternissant la pâte de manière caractéristique ; le décor, nettement influencé par l'art de l'Iran voisin, procède de trois types distincts de fabrication : la polychromie, avec une figuration animée (personnages en buste et animaux), les plats étant très recherchés par les collectionneurs ; les bleu et blanc, avec des compositions florales et des paysages imprégnés de réminiscences chinoises ; les motifs floraux (tulipe, œillet) rayonnants, peints en noir sous glaçure bleu turquoise, de modèle assez courant, qui seront copiés en Iran jusqu au XIXe siècle.

**Koula.** Cette ville proche de Ghiordès, à l'est de la Turquie, et ses environs ont produit de très beaux tapis anciens de teintes claires, délicates et nuancées. Le Koula est surtout un tapis de prière dont la niche est plus aplatie que celle du Ghiordès, mais il existe aussi des tapis dits « Kemourdjou-Koula » (tapis de charbonnier car les couleurs sont plus sombres) appelés à tort « tapis de cimetière », dont la niche est décorée de petits paysages composés de maisons, cyprès, arbres de vie. Les bordures appartiennent à deux types différents ; il s'agit soit d'une large bordure centrale au décor fleuri et encadrée de deux bandes secondaires aux motifs géométriques, soit de nombreuses bandes étroites composées de rubans à spirales et de divers petits motifs. Ces tapis possèdent un velours ras très brillant et sont résistants bien que plutôt mous. Les tapis récents de Koula sont d'une qualité très inférieure aux Koulas anciens.

**kouros** (en grec : jeune homme). Le kouros est l'homologue masculin de la koré. C'est une statue de jeune homme, caractérisée par une attitude frontale, des larges épaules, un corps nu, un sourire mystérieux et des cheveux tressés de part et d'autre du visage. Les kouroi datent des VIIe et VIe siècles av. J.-C.

**kowsh.** Objet d'orfèvrerie russe, servant à la fois de puisoir et de verseuse, de forme ovale ou circulaire, muni d'un manche court à une extrémité et d'un petit bec verseur à l'autre. Le fond est généralement plat, mais certains kowsh sont montés sur un petit piédouche. La dimension du vaisseau, sans le manche, varie de 6 à 20 cm de long. De nombreux exemplaires sont en émail cloisonné à dominante turquoise, en décor traditionnel de l'orfèvrerie russe ; d'autres sont en argent niellé, décorés parfois de gravures ou de ciselures. Le kowsh est un objet décoratif, rarement antérieur au XIXe siècle, vendu chez les spécialistes ou dans les ventes d'orfèvrerie russe.

C. A.

*Kowsh en argent émaillé cloisonné, à décor polychrome de fleurs et de rinceaux. Travail russe de la fin du XIXe siècle.*

**Kreussen.** En 1512, la famille Vest — composée de faïenciers autrichiens — s'installe à Kreussen, en Franconie, et les toutes premières créations en grès dans la région leur sont attribuées. Les pièces les plus extraordinaires sont réalisées au XVIIe siècle.

Les peintres-verriers de Franconie réalisèrent, à l'aide d'émaux posés et fixés au cours d'une deuxième cuisson à une température plus faible que celle du grand feu, une surdécoration facile : cette technique fut utilisée à Kreussen et donna des chefs-d'œuvre, permettant des décors d'une grande finesse. Les grès de Kreussen peuvent se classer selon les thèmes décoratifs : les Apôtres, les Électeurs de l'Empire, le ciel, les scènes de chasse, les commémorations familiales. Un « émail » brun (en réalité un engobe) couvre les grès, et la décoration peut se présenter en reliefs appliqués à la manière des grès rhénans ou peints avec des émaux de couleur. Les formes sont très variées et plus arrondies que celles des grès de Rhénanie. Dans les pays germaniques, les beaux grès sont très recherchés. En France, ce marché est presque inexistant.

**kreuzer** n. m. Monnaie d'argent introduite en Allemagne méridionale au XIIIe siècle. Le kreuzer était alors l'équivalent du *gros* français. Par la suite, le même nom fut utilisé pour désigner des unités monétaires suisses ou germaniques.

**kriss.** Long poignard utilisé en Malaysia et en Indonésie, dont le manche est généralement très court et la lame, ondulée. Arme forgée par des « magiciens », il représente l'âme de son destinataire. Le manche et le fourreau (sarong) sont toujours en bois précieux, et parfois ornés de pierres précieuses. Les kriss sont connus à Java depuis le VIIe siècle au moins.

**Kupka** (František), peintre et illustrateur tchèque (Opočno, Bohême, 1871 - Puteaux 1957). Élève des écoles des beaux-arts de Prague, puis de Vienne, Kupka se fixa à Paris en 1895. Mêlé au milieu montmartrois, il dessina pour *la Plume, le Cocorico, le Rire, le Canard sauvage.* Il apporta, de 1902 à 1907, à *l'Assiette au beurre* une collaboration « engagée ». Il réalisa également de nombreuses illustrations de livres.

**Kurdistan.** Région située à l'ouest de l'Iran, parcourue par des tribus nomades qui tissent des tapis de laine noués au point turc, de couleurs vives.

**kursi.** Meuble musulman habituellement de forme hexagonale, sur pieds, destiné, dans une mosquée ou une habitation, à abriter le Coran. Les artisans musulmans ont, de tout temps, accordé un soin particulier à la fabrication et à la décoration des kursi, souvent agrémentés de formules religieuses calligraphiées. Quelques rares exemplaires ont été conçus en céramique (ateliers de Raqqa par exemple) ; d'autres, de dimensions plus importantes, sont incrustés de nacre, d'ivoire et d'écaille (collection des sultans au Top Kapi Sarayi) ; mais les plus prestigieux, fabriqués en Égypte sous les Mamelouks, sont en cuivre finement ajouré et incrusté d'argent.

**Kütahya.** Située sur le plateau anatolien, au sud-est de Brousse (Turquie), cette ville musulmane est un centre traditionnel de fabrication de céramique, associée avec la cité concurrente, Iznik*, dans la fabrication de l'impressionnante et prestigieuse production de carreaux de revêtement polychromes, qui font encore aujourd'hui la gloire des bâtiments érigés sous les Ottomans. Après le déclin d'Iznik* (remplacée par les ateliers d'Istanbul), les potiers de Kütahya se libèrent du répertoire ottoman pour s'attacher à la fabrication d'un type de céramique profondément original, au caractère chrétien nettement affirmé (calice, « œufs » décorés de séraphins, plats ornés de scènes bibliques), les teintes utilisées sont particulièrement le rouge tomate (« bol arménien* »), le vert soutenu et le jaune. C'est surtout ce type de production qui est reconnu et recherché des collectionneurs.

**kutani.** Type de céramiques japonaises de style chinois produites près de Kyōto à partir du XVIIe siècle. Des potiers d'Arita vinrent à Kutani au XVIIIe siècle afin d'améliorer les techniques des fours. Les productions de Kutani sont caractérisées par des décors chargés en or, rouge et bleu, peints sur couverte. On nomme « ko-kutani » une sorte de porcelaine à pâte blanc-bleu peinte de sujets simples et produite à Arita et à Kutani du milieu du XVIIe siècle au milieu du XVIIIe. (V. JAPON.)

Larousse

*Tableau représentant l'intérieur d'une grande librairie au XIX^e siècle. Amsterdam, Rijksmuseum.*

**labyrinthe** n. m. Motif décoratif circulaire, octogonal ou carré composé de lignes qui s'entrecroisent sur les dallages de certaines églises médiévales. Appelé aussi « chemin de Jérusalem », ce pavement géométrique complexe était parcouru à genoux par les fidèles en souvenir de la montée au Calvaire.

Le labyrinthe est aussi un jeu de patience du XIX^e siècle en tôle, en bois ou en carton, qui consiste à faire parvenir plusieurs billes au centre d'une piste circulaire, à travers un dédale de chemins. On le trouve actuellement aux alentours de 600 F.

**Lachenal** (Edmond), peintre, sculpteur, dessinateur, céramiste français (Paris 1855 - ?). Il travaille chez Deck avant d'établir son propre atelier à Châtillon-sous-Bagneux. Il fabrique d'abord des faïences dans le genre d'Iznik*. En 1889, il obtient une médaille d'or au Salon et, dès lors, se consacre au grès. Il invente une technique métallo-céramique par électrolyse et emploie l'acide fluorhydrique pour dépolir ses œuvres, donnant des émaux mats. Il réalise ses grès flammés suivant des formes simples et japonisantes, agrémentées d'un décor de style Art nouveau. Il utilise enfin le grès pour exécuter un travail de marqueterie sur les meubles ou inventer un mobilier réalisé en cette matière dure et présenté à l'Exposition de 1900.

Il abandonne au début du XX^e siècle son atelier à son fils Raoul (1885-1956). Celui-ci établit en 1911 de nouveaux ateliers à Boulogne, signant des créations aux formes et aux décors sobres. Dans le marché très neuf de l'Art déco, certaines disciplines n'ont pas encore atteint la place qui leur revient : tel est le cas des céramiques fabriquées par Lachenal.

# L

**Lacroix** (Roger Vandercruse ou Delacroix ou), ébéniste français d'origine flamande (Paris 1728 - *id.* 1799). Reçu maître en 1755, il signait soit R. LACROIX, soit R. V. L. C. (d'après son nom flamand *Vandercruse* et sa traduction

Christie's

*Commode d'époque transition Louis XV-Louis XVI, richement marquetée, ornée de bronzes ciselés et dorés, portant l'estampille de Roger Vandercruse, dit Lacroix.*

française *La Croix*). La qualité de ses meubles et de ses sièges fait de lui un des plus grands ébénistes du XVIIIe siècle. Commodes, consoles, dessertes, secrétaires à abattant, tables, coiffeuses, tous les meubles de Lacroix sont ornés de motifs floraux ou géométriques et sont d'une élégance remarquable et d'une impeccable finition. Certains meubles sont en acajou moucheté ; d'autres, commandés par les marchands merciers, sont laqués ou parfois ornés de plaques de porcelaine de Sèvres.

**lacrymaire** ou **lacrymatoire** n. m. Petit vase en verre destiné à recevoir des parfums que les Romains utilisaient pendant les cérémonies funéraires.

**Ladik.** De cette ville du centre de la Turquie sont issus, depuis le XVIe siècle, de célèbres tapis de prière caractérisés par un dessin très stylisé et par un champ souvent divisé en trois parties. Les bordures sont nombreuses (une bordure centrale principale à grosses fleurs stylisées et d'autres, secondaires, à amples rinceaux anguleux semés de petites fleurs). Les coloris de ce tapis sont marqués par le très beau rouge lumineux du fond de la niche ainsi que par un bleu très franc, tandis que dans les bordures, le jaune, le blanc, le beige et le rouge dominent. Ce tapis noué en laine fine et brillante au nœud turc sur une chaîne de coton ou de laine et trame de laine a un velours moyen.

**ladjvardina.** On groupe actuellement sous le nom de *ladjvardina* une série de céramiques fabriquées en Iran entre le XIIIe siècle et la fin du XIVe, cuites selon la technique des *minaï** avec un décor particulier : sur une glaçure à dominante bleue (bleu lapis, bleu turquoise ou vert céladon) cuite à grand feu, l'artiste applique, à l'aide d'un fondant léger, de minces feuilles d'or en petits losanges, qu'il cerne ensuite de traits plus ou moins en relief : rouge brique, noirs ou blancs. L'ensemble est alors cuit en seconde cuisson à petit feu. Ces objets sont très recherchés par les collectionneurs de céramique orientale.

Malheureusement, la cuisson à petit feu favorise les imitations : des pièces monochromes anciennes peuvent avoir été décorées plus tard.

**Lajoue** (Jacques de), ornemaniste français (Paris 1687 - *id.* 1761). Il est considéré avec Meissonnier et Pineau comme l'un des représentants les plus talentueux du style rocaille. Son œuvre dessiné, à la plume, à la pierre noire ou au lavis, a inspiré de nombreux modèles de décors (trophées, cartouches ou allégories). Lajoue a peint également des paysages mouvementés dans des cadres pleins de fantaisie. À l'époque, son style est qualifié de « pittoresque », de « bizarre », de « chimérique », d'« extravagant ». Mais ce « goût nouveau », qui s'est manifesté en réaction contre la majestueuse symétrie du style Louis XIV, est contesté dès 1750 par les partisans du retour à l'antique, notamment par Charles Nicolas Cochin, qui était pourtant l'ami personnel de Lajoue.

**Lalique** (René Jean) maître verrier, sculpteur et décorateur français (Ay-sur-Marne 1860 - Paris 1945). Étudiant à l'École des arts décoratifs, Lalique dessine pour Aucoc des bijoux (1880). Influencé par Arts and Crafts, l'Art nouveau et le culte du japonisme, il crée maints bijoux entre 1890 et 1900, année de l'Exposition universelle qui le consacre.

Il oriente ensuite ses recherches vers le dessin du verre. Il s'exerce au procédé du verre moulé, conduisant ainsi son activité décorative et artistique vers l'industrie afin de fabriquer des pièces bon marché. Il acquiert d'abord une propriété à Clairefontaine ; puis, vers 1910, il installe une autre fabrique à Combs-la-Ville ; enfin, en 1921, il achète une fabrique à Wingen-sur-Maler.

*« Le Baiser du faune », flacon de parfum créé par Lalique pour Molinard. Adjugé 29 000 F par Mes Néret-Minet-Coutau-Bégarie, à Drouot, le 4-XI-1987.*

Néret-Minet-Coutau-Bégarie

Il crée maints objets en verre, comme le prouve l'exposition rétrospective au musée des Arts décoratifs en 1933. Les thèmes représentent des fleurs, des oiseaux, la flore et la faune marines, et enfin le corps humain. Lalique sait aussi exploiter l'attrait de l'antique en employant des motifs classiques. Il se sert d'un procédé de moulage au plâtre pour fabriquer le verre moulé, qu'il préfère ne pas colorer pour jouer des gradations de ton en variant l'épaisseur du verre. Il dessine lui-même ses verres, qui présentent une grande diversité dans leur fabrication.

Entre 1920 et 1930, il crée plus de 200 vases, plus de 150 coupes, la salle à manger du *Paris* (1920), celle du paquebot *Normandie* (1936) et le surtout de table du roi d'Angleterre (1938).

Ces dernières années, un engouement spectaculaire pour Lalique a fait naître un marché nouveau. Le nom de « Lalique » ou de ses variantes n'est jamais qu'une marque ; quant aux pièces produites par les usines Lalique, elles ont une marque de fabrique et portent en outre un numéro de modèle. Les services complets de verrerie sont introuvables, d'autant que la tendance naturelle du marché est de les dissocier : la gamme des réalisations de Lalique est trop vaste et trop étendue pour que l'on en donne une estimation précise ; ses lustres et ses lampes paraissent les pièces les plus prisées, mais ses bijoux atteignent souvent des enchères exceptionnelles (110 000 F un pendentif, *Automne*, en or émaillé polychrome, à Vendôme, le 28-IX-1986).

**Lambert,** fabricant français d'automates. Il produisit au XIXe siècle de nombreux modèles à plusieurs mouvements. Parmi les exemplaires les plus célèbres, presque tous équipés de tête en porcelaine de fabrication Jumeau*, mesurant entre 40 et 60 cm, figurent le *marquis fumeur*, la *repasseuse*, le *Nègre fumeur*, le *guitariste*, La plupart se négocient, selon leur état, entre 10 000 et 30 000 F.

**lambrequin** n. m. Motif ornemental fait d'étoffes découpées, garni de franges et de glands, que l'on suspend par la partie supérieure pour dissimuler les points d'attache d'une draperie ou pour décorer une pièce. Très en vogue aux XVIIe et XVIIIe siècles, le lambrequin est repris de façon originale par les faïenciers de Rouen, qui ornent leurs plus belles œuvres d'un décor composé de guirlandes de fleurs, de pendentifs ; il se retrouve également sur les faïences de Lille, de Lunéville (lambrequin en camaïeu de bleu), sur les porcelaines de Saint-Cloud, dont le décor aux lambrequins est d'un beau bleu soutenu.

L'argenterie connaît aussi les lambrequins, tout comme le mobilier Louis XIV (bronzes, ornements sculptés), les boiseries Régence. Le décor « à la Berain » était formé aussi d'entrelacs, de fleurs, de guirlandes et de lambrequins.

Hélène Fournier

*Assiette en faïence de Rouen à décor de lambrequins. XVIIIe siècle. Collection Hélène Fournier.*

**lambris** n. m. Revêtement mural de caractère décoratif en bois, en stuc ou en marbre. Les lambris sont constitués par des panneaux et des ornements qui couvrent toute la pièce, à l'exclusion du plancher. Certains comportent des plafonds à caissons ornés de dorures et de peintures.

Les *lambris d'appui,* par opposition aux lambris de revêtement, ne couvrent qu'une partie du mur : ils s'élèvent de la plinthe au ras du plancher jusqu'à la cimaise, ou moulure d'encadrement fixée à hauteur d'appui (de 0,80 à 1,20 m du sol).

**Lamerie** (Paul de), orfèvre anglais (Hollande 1688-?1751). Fils d'un orfèvre huguenot français émigré en 1685 lors de la révocation de l'édit de Nantes, il fit son apprentissage chez l'orfèvre Platel. Il représente à Londres un style rocaille (théières, cafetières) influencé par les formes françaises, mais aux accents tout de même très personnels. Il aime les surfaces lisses, les galbes purs, les lignes élégantes ; les œuvres portant son poinçon ne sont pas rares dans les ventes londoniennes : plateaux ronds cerclés de guirlandes de fruits et de feuilles en ajours, corbeilles, saupoudreuses, flambeaux, etc., dont les cotes en 1982 excédaient largement 10 000 livres sterling.

**La Mésangère** (Pierre), éditeur français (?1761 - Paris 1831). Il dirigea plusieurs publications illustrées de planches en couleurs, consacrées aux décors, aux ornements et aux costumes à la mode. Les plus célèbres, le *Journal des dames et des modes* et le recueil des *Meubles et objets de goût,* paru de 1802 à 1835, eurent une influence sur l'évolution artistique au début du XIXe siècle.

**Lamour** (Jean), ferronnier français (Nancy 1698 - *id.* 1771). Après une formation à Paris et à Metz, toute sa carrière se déroule à Nancy où il succède en 1720 à son père comme « Serrurier de la Ville ». Dès ses premières œuvres — parmi lesquelles des grilles pour la Primatiale et pour la chapelle de Notre-Dame-du-Bon-Secours, la rampe d'escalier et les balcons de la Maison des missions royales —, il laisse percevoir un talent technique rare et une remarquable sûreté de goût. Chargé de réaliser les grilles de la place Stanislas, créée par E. Héré — considérées de nos jours encore comme le chef-d'œuvre de la ferronnerie française de l'époque Louis XV —, il s'y consacre de 1750 à 1758. En 1767, il publie un recueil gravé d'après ses dessins, dont de nombreux ferronniers d'art s'inspirent.

**lampadaire** n. m. Appareil d'éclairage à une ou à plusieurs sources lumineuses fixées à un support vertical, ou piédestal, reposant sur le sol. Utilisé dès le XIVe siècle sous le nom de « lampier », le lampadaire n'est appelé ainsi qu'à partir du XVIIIe siècle.

**lampas** n. m. Étoffe de soie fabriquée sur les métiers à tisser mécaniques, à l'imitation des soieries chinoises ornées de nombreux dessins (fleurs, dragons, pagodes, personnages).

Les lampas se composent d'une chaîne et d'une trame en soie doublées d'une deuxième trame, appelée « coup de fond ». L'étoffe ainsi préparée reçoit des ornements tissés avec une navette spéciale. Les lampas ton sur ton sont appelés « damas sergés ». Les plus beaux lampas ont été réalisés à Lyon aux XVIIe et XVIIIe siècles.

**lampe** n. f. Ustensile produisant de la lumière et servant à l'éclairage. La lampe primitive est une lampe remplie d'huile (soit de l'huile d'origine végétale, de colza ou de noix, soit de l'huile d'origine animale), d'où émerge une mèche ; son fonctionnement est uniquement fondé sur le principe de la capillarité ; si sa technique reste pratiquement inchangée jusqu'au XVIe siècle, son ornementation, en revanche, devient de plus en plus importante. Pour régler l'arrivée de l'huile dans la lampe, Cardan invente au XVIIe siècle un appareil disposant d'un système de bascule, en sorte que, selon l'inclinaison de la lampe, la mèche est alimentée quelle que soit sa position. Au XVIIIe siècle, le coût des bougies de cire étant très élevé, apparaissent de nouveaux systèmes d'éclairage de plus en plus perfectionnés ; les lampes allemandes, en forme de poires, sont munies d'une pompe près de la bobèche ; les lampes de cabinet, dites « à niveau constant », alimentent le porte-mèche grâce à un système de vases communicants.

Mais la lampe d'Argand (1755-1803), véritable inventeur des lampes, auxquelles le pharmacien Quinquet a laissé son nom, transforme réellement la lampe à huile : une mèche circulaire est ajustée entre deux tubes concentriques ; la flamme est avivée par l'action du double courant d'air intérieur et extérieur ; après avoir mis au point des mèches tressées de forme cylindrique, creuses à l'intérieur, Argand invente un nouveau type de bec pour maintenir la lampe enchâssée. Lange et Quinquet y apportent quelques perfectionnements, en modifiant la forme du réservoir. Citons encore la lampe couronne, ou lampe astrale, la lampe hydrostatique, dans laquelle l'ascension de l'huile est provoquée par sa légèreté supérieure à celle de l'eau.

Au début du XIXe siècle, la lampe à mouvement d'horlogerie, ou lampe Carcel, du nom de son inventeur, constitue un progrès très apprécié : un mécanisme d'horlogerie complexe, agissant à l'aide d'un mouvement alternatif de piston, fait monter l'huile contenue dans un réservoir, placé au pied de la lampe. Cette lampe est remplacée par la lampe à modérateur, qu'inventent en 1837 Franchot, Hadrot et Neuburger ; au mécanisme d'horlogerie est substitué un ressort à boudin, fixé à une crémaillère, qui est manœuvrée à l'extérieur par une clef. La lampe à modérateur est utilisée jusqu'au début du XXe siècle.

Les autres carburants liquides (alcool et pétrole) sont

*Paire de coupes brûle-parfum en bronze ciselé, doré et patiné, en forme de lampes antiques, sur lesquelles est assis un couple symbolisant les Sciences. Époque Empire. (H. 35,5 cm, L. 35 cm.)*

*Lampe d'Émile Gallé en fer forgé à deux lumières, coupelles en verre violine et marron, intérieur vert opalin. (H. 52 cm.) Drouot.*

universellement employés au XIXe siècle, car ils ne nécessitent aucune installation ; la lampe à alcool est généralement formée d'un simple vase — verre ou porcelaine — muni d'un goulot très court ; la lampe à pétrole, la plus répandue, possède un réservoir arrondi, surmonté d'une chambre vide, percée de trous pour le passage de l'air. Les modélistes de l'Art nouveau, préoccupés d'harmoniser l'ornement et l'usage, créent des lampes. Pour les verriers comme Tiffany, Gallé, Daum ou Lalique, l'invention d'appareils d'éclairage paraît une application utilitaire séduisante. Chez Daum et chez Gallé, le décor tire sa source des motifs naturalistes ; De Feure préfère l'arabesque linéaire ; les sujets les plus courants paraissent la fleur, la femme et la combinaison des deux, « la femme-fleur ». La lampe à incandescence, découverte en 1878 par Edison, est loin de s'être imposée comme moyen d'éclairage à la fin du XIXe siècle. Les premiers luminaires de ce type sont édités et commercialisés vers 1895 par Tiffany, portant sur la base le monogramme de la « Tiffany Glass and Decorating Company » ainsi que le numéro du modèle. Très vite, les possibilités offertes par les lampes à incandescence sont comprises par les industriels, qui lancent sur le marché des objets d'art inédits, répondant à une esthétique et à une fonction nouvelles.

**lampe bouillotte** n. f. Lampe comportant un abat-jour circulaire que l'on plaçait sur le cassetin au centre d'une table pour jouer au jeu de bouillotte.

**landier** n. m. Accessoire de soutien placé dans l'âtre, sorte de chenet de grandes dimensions, mesurant entre 0,70 et 2 m de haut. Les landiers furent d'abord en argile, puis en bronze, en fer et en cuivre. Composés de deux montants et de quatre pieds reliés par une barre horizontale de soutien, ils étaient utilisés seuls ou par paires pour retenir les grandes bûches. Certains sont équipés d'une tête formant récipient, ou coupelle à claire-voie, utilisée pour faire cuire ou réchauffer des aliments. Il existe également des landiers munis de crochets placés sur le montant antérieur et destinés à supporter des broches, ou hastes. La forme des landiers, surtout en fer forgé, s'adapte aux styles décoratifs. Si les exemplaires aux pieds à trois lobes dominent de la fin du XVe siècle au XVIIe, ceux à crosse ou tournés en balustre dominent au XVIIe siècle. Toutefois, ces formes furent copiées, répétées et quelquefois adaptées ou interprétées au cours des siècles, et il est fort souvent difficile de les dater avec précision. Peu apparents sur le marché, les landiers n'ont pas une cote élevée.

**Lange** (Dorothea), photographe américaine (1895-1965). D'abord portraitiste à San Francisco, Dorothea Lange acquit sa renommée par ses scènes de rue et ses photographies de chômeurs et de migrants pendant la grande crise économique des années 30. Elle travailla également, à partir de 1935, pour la Farm Security Administration, « couvrant » pour celle-ci la totalité du territoire américain.

**Langlois** (Claude), fabricant d'instruments de précision français, (actif à Paris vers 1730-1750). Comme Canivet, son successeur, il était constructeur attitré d'instruments de l'Académie des sciences et fabriquait de grands instruments (quarts-de-cercle*, secteurs*) pour l'Observatoire de Paris. Il reçut un logement au Louvre, ce qui mettait les ouvriers à l'abri de certaines « tracasseries » des corporations. Il fournit des instruments pour les expéditions de Laponie et du Pérou, et fit des étalons* de longueur et des toises* pour des essais officiels. En 1735, il fabriqua des toises et leurs matrices, puis donna au pantographe* sa forme définitive en 1740. Il réalisa le microscope* de Joblot. Il était le meilleur fabricant français, et ses instruments portent différentes signatures : « C. Langlois à Paris au Niveau », « C. Langlois à Paris », « Claude Langlois ingénieur aux Galeries du Louvre ».

**langyao.** Types de céramiques chinoises à glaçures monochromes produites pendant la période Kangxi*, notamment les « sang-de-bœuf » *(baoshi hong),* et nommées d'après le nom de famille (Lang) des potiers qui les créèrent.

**lantern-clock.** Horloge anglaise à mouvement à poids, munie d'un échappement à verge et d'une sonnerie d'heures à roue de compte. Filles naturelles des horloges gothiques, les lantern-clocks, construites au XVIIe siècle et au début du XVIIIe, ont précédé dans l'histoire de l'horlogerie les fameuses bracket-clocks*. Le bâti et le mouvement sont en fer ou en laiton ; le cadran, en fer, en laiton ou argenté, souvent gravé de motifs floraux — roses et tulipes notamment —, comporte une ou deux aiguilles. Le bâti est surmonté d'un fronton découpé de motifs floraux, zoomorphes ou anthropomorphes, quelquefois gravé de chiffres ou d'armoiries. La plupart des lantern-clocks sont destinées à être posées sur une console ; leur prix varie, selon les critères habituels aux objets de collection, entre 8 000 et 40 000 F.

**lanterne** n. f. Appareil d'éclairage comportant une source lumineuse protégée par une carcasse en métal garnie de

*Lanterne en bronze ciselé et doré, à décor de branchages ornés de fleurettes en porcelaine polychrome et de carreaux en verre gravé. XVIII<sup>e</sup> siècle. (H. 60,5 cm ; d. 43 cm.) Adjugée 68 000 F par M<sup>es</sup> Couturier-Nicolay, à Drouot, le 18-XI-1981 (vente Bensimon).*

plaques translucides (en corne, en parchemin, en cristal de roche, en mica ou, le plus souvent, en verre). Les lanternes d'extérieur sont fixées à des potences.

Les lanternes d'intérieur peuvent être suspendues au plafond ou fixées aux murs. Celles qui sont mobiles sont munies d'une poignée pour les déplacer facilement.

À la Renaissance, les lanternes ont pris parfois la forme d'une fenêtre insérée dans une façade. Au XVIII<sup>e</sup> siècle, les lanternes d'appartement, en bronze ou en laiton, sont à quatre, six ou huit pans, parfois cylindriques sous Louis XVI.

**lanterne magique.** n. On pense que, dès le IX<sup>e</sup> siècle, les propriétés des verres optiques et des lentilles étant connues, la lanterne magique existait déjà sous une forme rudimentaire. Mais c'est au XVII<sup>e</sup> siècle qu'elle apparaît vraiment, inventée sous le nom de « curiosité » par un jésuite allemand, Athanase Kircher ; au XIX<sup>e</sup> siècle, son succès est très grand : elle est formée d'une jolie boîte de fer-blanc, peinte en noir, en couleurs, rehaussée d'ornements découpés dorés ou de petits motifs peints. Les plus grands fabricants sont le ferblantier Auguste Lapierre et ses successeurs, qui produisent à Lagny un nombre considérable de lanternes magiques de 1840 à la Belle Époque.

*Lanterne magique polychrome du XIX<sup>e</sup> siècle, appareil de Lapierre, qui reprit cette invention du XVII<sup>e</sup> siècle pour la commercialiser sous forme de jouet. (H. 33 cm.) Exposition au Louvre des antiquaires « Deux Siècles de son et d'image ».*

Très recherchée par les collectionneurs de jouets optiques, la lanterne magique doit être en parfait état et posséder les plaques de verre peintes ou décalquées, permettant la projection des images dans le noir complet. Ces séries de plaques narrent par images successives des contes enfantins, des documentaires, des historiques satiriques. Il existe aussi — mais plus rares — des plaques animées, formées de deux plaques coulissant au moyen d'une manivelle et qui transforment l'image et les rosaces. Le prix des lanternes varie selon l'ancienneté (10 000 F environ pour les Lapierre de 1840, 4 000 F pour un modèle classique), les plaques proposées, la forme de l'objet (en forme de tour Eiffel, de Bouddha). Parmi les variantes de la lanterne magique, on compte le lampascope, le lampadophore, l'épidiascope, le réflectoscope.

**Lao-tseu.** Représentation du dieu chinois de la Longévité sous les traits d'un vieillard au large front dégarni.

**lapidaire** n. m. (du grec *lapis,* pierre). Artisan qui travaille les pierres précieuses. La corporation des lapidaires existe dès la fin du XIII<sup>e</sup> siècle, lorsque fut rédigé le *Livre des métiers* (1268) par Étienne Boileau. Les lapidaires sont alors désignés comme « maîtres estailliers et pierriers de pierres naturelles ». Leur honnêteté est surveillée par les jurés garants de la corporation des orfèvres..., avec lesquels les lapidaires ont souvent des difficultés. Le mot *lapidaire* apparaît vers le XV<sup>e</sup> siècle. Le rôle du lapidaire est de tailler, de graver, de polir les pierres précieuses, les pierres fines et les simples pierres dures. À partir du XVII<sup>e</sup> siècle, les joailliers contestent aux lapidaires le droit de vendre des pierres montées, ce travail de monture relevant de leur propre profession !

**lapis-lazuli** n. m. inv. (étymologiquement, *pierre d'azur*). Silicate d'aluminium et de sodium, avec des inclusions de pyrite de fer (densité : 2,5 à 3).

Cette pierre opaque, dont la couleur varie du bleu roi au bleu de nuit, présente des effets de marbrures et des reflets d'or dus à ses inclusions métalliques ; aussi est-elle appréciée depuis longtemps en glyptique* et en bijouterie. On la trouve en Mésopotamie dès le V<sup>e</sup> millénaire, sous forme de cylindres-sceaux ; elle entre aussi dans la composition de marqueteries (*Étendard d'Ur,* Louvre) et d'inclusions (yeux des statues), on en fit aussi des camées et des perles de colliers.

Le lapis-lazuli a également été très utilisé en décoration : sous la Renaissance, on taille dans la masse des vases et des coupes décoratives à monture d'orfèvrerie, ainsi que des colonnettes qui ornent les intérieurs de cabinets, souvent garnies d'un délicat chapiteau de bronze doré. Le lapis-lazuli entre également dans les compositions de marqueteries de pierres dures que fabriquèrent les ateliers florentins du XVI<sup>e</sup> au XIX<sup>e</sup> siècle : dessus-de-table, encadrements de miroirs, coffrets, cabinets.

Notons qu'il existe aussi du faux lapis-lazuli : dès le XVII<sup>e</sup> siècle, on imitait le lapis avec du verre teinté ; aujourd'hui, on fait du lapis synthétique à base d'agglomérats, voire de matières plastiques teintées et aventurinées.

**laque** n. f. Résine recueillie sur les rameaux de certains arbres et destinée à diverses utilisations industrielles, dont la plus connue servant à fabriquer le vernis. Venant d'Orient, la laque résulte d'une exsudation de l'écorce du végétal. (V. CHINE, JAPON.)

**laque** n. m. Nom donné à des objets fort différents revêtus d'un brillant vernis dans la composition duquel entrent des résines ; l'application du vernis est précédée de maints polissages et de séchages renouvelés. Provenant sans

Ader-Picard-Tajan

*Vases en dinanderie et laque noire, à décor coquille d'œuf par Jean Dunand. (H. 18 cm.) Adjugés 36000 et 38000 F par Mes Ader-Picard-Tajan, à Drouot, le 15-VI-1981.*

doute de Chine, l'art du laque a été importé au Japon, qui l'a conduit à son plus haut point de perfection.

Attesté dès le VIIe siècle, il disparut pour ainsi dire durant les troubles du Moyen Âge pour renaître aux XIVe et XVe siècles : laques peints, laques d'or, agrémentés d'incrustations de nacre, d'ivoire ou de pierres précieuses. Au XVIIe siècle, leur succès en Europe est tel que les industriels cherchent à les imiter, avec le vernis* mis au point par les frères Martin au XVIIIe siècle. Il s'agit d'un vernis à l'acool, dit « au tampon », qui résiste cependant mal à l'eau, contrairement au laque.

Le sculpteur-dinandier Jean Dunand restaure au début de ce siècle l'art du laque oriental en le pratiquant avec grande maîtrise ; l'objet à décorer reçoit parfois jusqu'à vingt et plus minces couches de laque pigmentée, appliquée à l'aide d'un pinceau fin ; entre chaque couche, on pratique un ponçage minutieux au charbon de bois, puis l'objet est mis dans une atmosphère chaude et humide — « une sorte de chambre citerne » — pour y être séché. On dit alors « un laque de Dunand », et la technique de ce dernier est telle que les Japonais eux-mêmes se comptent parmi les nombreux clients des ateliers de la rue Hallé.

Le jappaning est une technique de laque (Stalken et Parken, *Treatise of Japanning and Vannishing,* 1688) inventée par les Anglais (1660-1770) : appliqué sur du bois, préalablement recouvert de plusieurs couches d'un apprêt blanc, le laque est ensuite revêtu de gomme-laque (rouge, olive, noir ou bleu) et poli. Un support de gesso et de sciure de bois, modelé, coloré et doré, donne la décoration en relief. Cette ornementation, souvent très luxuriante, détermine les prix élevés des laques anglais.

**Larche** (Raoul François), sculpteur français (Saint-André-de-Cubzac 1860 - Paris 1912). Fils d'un artisan, Larche est l'élève d'A. Falguière et d'E. Delaplanche à l'École des beaux-arts, avant de débuter en 1881 à la Société des artistes français. Il donne ensuite à la manufacture de Sèvres des figurines en biscuit de porcelaine, qui sont actuellement très prisées sur le marché.

Son motif préféré paraît une grande danseuse faisant mouvoir son corps, ses bras, sa tête dans des lignes ondulées, qu'accentuent encore la chevelure et le drapé de la robe. L'œuvre la plus célèbre est la statuette de la Loïe Fuller dans sa danse du voile, éditée en bronze doré par Siot-Decauville ; elle existe en deux tailles : 34 ou 46 cm de haut. Sa cote dépasse, pour les meilleurs exemplaires, 70000 ou même 100000 F.

**Lardin** (André Antoine), ébéniste français. Reçu maître en 1750, il fut un spécialiste du placage en bois de rose et est l'auteur de commodes et de secrétaires de grande qualité.

**larin** n. m. Nom donné à de curieuses monnaies d'argent utilisées en Orient du XVIe au XVIIIe siècle. Les larins sont constitués d'un morceau de ruban d'argent étroit et épais replié sur lui-même en deux longueurs égales : on en trouvait par exemple dans le sultanat de Bijāpur ainsi qu'à Sri Lanka.

**larmes** n. f. pl. Sortes de pastilles de verre creuses formant un procédé de décor, exécuté à chaud, couramment pratiqué par les verriers de l'Antiquité et perpétué par les verriers francs. Les gobelets mérovingiens découverts en Normandie, dans l'Oise, en Rhénanie, en Belgique, en Angleterre, en Scandinavie, datant des VIe et VIIIe siècles, appelés aussi « Rüsselbecher », sont en effet décorés de ces larmes. Ce sont les verreries germaniques qui, dès le XVIe siècle, assurent la continuité de ce type de décor, que l'on trouve en Lorraine ou dans les Pays-Bas, ainsi que dans tout centre marqué par l'influence allemande.

**La Rochelle.** Déjà vers 1650, on fabriquait de la faïence

*Statuette, en laque sèche, d'un moine assis regardant vers la droite. (H. 46 cm.) Adjugée 2600 dollars par Christie's, à New York, le 21-XI-1979.*

Christie's

*Assiette à bord contourné, décorée au grand feu d'un motif à l'oiseau caractéristique de la faïence de La Rochelle vers 1760-1780. La Rochelle, musée d'Orbigny.*

Giraudon

dans cette ville de tradition huguenote. Il faut toutefois attendre 1721-1722 pour trouver des renseignements précis sur la manufacture de La Rochelle, dite « Manufacture de l'Hôpital général ». Cette faïencerie, qui a travaillé dans le style de Delft, de Rouen et de Nevers, a fait de mauvaises affaires sous la direction de quatre différents directeurs et ferma ses portes en 1728.

Entre 1745 et 1755, une autre faïencerie existe, qui utilise une terre rougeâtre et grossière. Vers 1755-1760, une faïence beaucoup plus fine est produite, et les magnifiques assiettes de grand feu à bord contourné, jaune ocre et polychrome, à sujet de fleurs, d'oiseaux et de thèmes « chinois » sont à dater entre 1760 et 1780. Vers 1780, on réalise à La Rochelle, en faïence de petit feu, ces curieuses pièces (vases ou pots-pourris) ornées de fleurs et de branches fleuries en relief ainsi que des assiettes à bord contourné polychrome. Ces pièces sont aujourd'hui les plus recherchées des amateurs.

La seule marque fréquente est un M. R. *(Manufacture Rochellaise ?)* surmonté ou non par les monogrammes d'artistes faïenciers et les chiffres de référence.

**Lartigue** (Jacques-Henri), photographe français (1894-Nice 1986). Lartigue était encore un très jeune enfant lorsque son père lui fit cadeau d'un appareil photographique. Il fixa sur la pellicule des scènes de famille d'une étonnante qualité. Il est, par excellence, le photographe de la société élégante, celle des salons parisiens, des champs de courses, de l'automobile, de la mode, des stations balnéaires.

**latticinio.** Procédé vénitien consistant à orner le verre de filigranes en émail blanc, opaque, obtenu par l'oxyde d'étain ou l'arsenic. (V. FILIGRANÉ.)

**Latz** (Jean-Pierre), ébéniste français (Allemagne v. 1691-? 1754). Artisan privilégié du roi vers 1740, il a signé des commodes, des secrétaires, des cartels ornés de très beaux décors de marqueterie encadrés de bronzes somptueux. Ses marqueteries et ses placages se distinguent par une habile utilisation des veines du bois, harmonieusement combinées aux motifs principaux. Une commode de Latz a été vendue 1 590 000 F à l'hôtel George-V par Mes Ader, Picard et Tajan le 9-XII-1981.

**lavabo** n. m. Au sens liturgique, prière dite pendant la messe au moment où le prêtre se lave les mains, puis linge servant d'essuie-mains et, par la suite, vasque destinée aux ablutions, placée à droite de l'autel.

Ce n'est qu'à la fin du XVIIIe siècle que le lavabo prend un sens profane, pour désigner un meuble de toilette généralement en forme de trépied, inspiré de l'athénienne* et supportant une cuvette et un pot à eau.

Au cours du XIXe siècle, le lavabo se vulgarise et se simplifie, prenant la forme d'une armoire basse surmontée d'un marbre où l'on pose la cuvette et ses accessoires. Il se confond alors avec la toilette.

**lavage** n. m. Opération qu'on fait subir aux livres dont le papier comporte des rousseurs ou des taches. Les bibliophiles du XIXe siècle faisaient systématiquement laver les livres anciens avant de les confier au relieur : le lavage efface les taches, mais le papier perd sa consistance primitive, qu'il faut lui rendre par l'encollage. C'est sur les livres romantiques que le lavage a été le plus souvent pratiqué, pour supprimer les rousseurs inhérentes à la nature du papier. Si l'ouvrage est relié, il faut retirer la reliure, opération délicate et hasardeuse, et la remettre après lavage ; s'il est broché, c'est beaucoup plus simple : on le laisse tel ou on le relie.

**lavallière.** Se dit d'une couleur feuille-morte ; le maroquin lavallière est souvent un maroquin vert ou olive, qui a passé au soleil.

**La Vallière** (duc de), le plus célèbre des bibliophiles et des bibliomanes du XVIIIe siècle (1708-1780). Rien ne coûtait à cet homme pour placer un volume précieux sur les rayonnages de sa bibliothèque du château de Montrouge, et il vendit trois fois les doubles de sa bibliothèque. Après sa mort, la vente de ses livres attira l'Europe entière. Une partie de la collection du duc de La Vallière forme le noyau de notre bibliothèque de l'Arsenal.

**lavis** n. m. Technique de gravure* consistant à obtenir sur une estampe ou une lithographie les effets du dessin au lavis.

**Lavrillier** (André), graveur monétaire français (Paris 1885-*id.* 1958). Actif avant et après la Seconde Guerre mondiale, André Lavrillier fut d'abord l'élève de son père, du graveur Chaplain et du sculpteur Bourdelle. Il obtint le premier grand prix de Rome en 1914 et a laissé un œuvre gravé important de médailles, notamment dans le style Art déco. On lui doit aussi la gravure de monnaies roumaines et celle de la pièce de 5 F 1933, baptisée plus tard de son nom et qui devait être très abondamment frappée, en divers métaux, de 1933 à 1952.

**layette** n. f. Petit coffre en bois blanc (dans lequel on serrait autrefois la layette d'un bébé). On appelle également « layettes » les petits compartiments à coulisse d'un coffre plus important ou les tiroirs en bois mince d'un cabinet ou d'un secrétaire.

**Léandre** (Charles), peintre, dessinateur humoriste et affichiste français (Champsecret, Orne, 1862 - Paris 1934). Abondant dans les cartes postales satiriques et celles de la Première Guerre mondiale, Léandre a participé à la collection des « Cent » et au *Cocorico,* où il enregistre sa cote la plus élevée. On trouve ses dessins dans de nombreuses revues de l'époque 1900 *(le Chat noir, l'Assiette au beurre, le Gaulois).* Ses affiches de spectacle se rencontrent dans les ventes à des prix modestes.

**Lebas** (Jacques Philippe), dessinateur, graveur et éditeur français (Paris 1707 - *id.* 1783). Il aborda un peu tous les genres à l'eau-forte et au burin : sujets religieux, portraits, paysages, blasons, histoire. Dans son atelier furent formés de nombreux graveurs, parmi lesquels Cochin ou Moreau le Jeune. Il grava notamment Chardin et Boucher.

**Lebret** (Étienne), orfèvre français du XVIIe siècle. Reçu maître en 1669, il est l'auteur d'un petit broc d'argent à panse renflée, d'une simplicité presque rustique, poinçonné en 1677-1678 et conservé au musée du Louvre : ce broc est un des plus anciens objets de vaisselle bourgeoise en argent qui nous ait été conservé.

**Le Brun** (Charles), peintre français (Paris 1619 - *id.* 1690). Le rôle de ce peintre, formé à Paris chez S. Vouet, puis à Rome auprès de Poussin, est capital dans la formation et dans l'unité de l'art français sous Louis XIV. Il fut pour Versailles et pour les entreprises royales un animateur d'une prodigieuse activité, veillant à la fois à l'éducation des artistes et à la production elle-même (mobilier, sculpture, orfèvrerie). Directeur des Gobelins à partir de 1663, il fournit des cartons de tapisserie, mais aussi de très nombreux dessins de motifs, répandus par la gravure, destinés aux travaux qu'il dirigea. Il créa un style marqué par le baroque italien, mais capable de s'adapter au cadre architectural et au goût français de l'époque.

**Leclerc** (Sébastien, dit le Vieux), dessinateur et graveur français (Metz 1637 - Paris 1714). Leclerc apprit la gravure auprès de Le Brun. À Paris, sa renommée fut considérable. Le catalogue de ses œuvres comprend 3 400 numéros.

**Le Corbusier** (Charles Édouard Jeanneret, dit) architecte, décorateur et théoricien français d'origine suisse (La Chaux-de-Fonds 1887-Cap-Martin 1965). Il fait des stages d'architecture à l'agence des frères Perret (1908) et à celle de P. Behrens (1910), où il découvre le Deutscher Werkbund, préoccupé des problèmes de l'équipement et de la standardisation.

À partir de 1922, Le Corbusier applique dans ses réalisations l'essentiel de sa doctrine, diffusée par la revue *l'Esprit nouveau*. Pour signer d'ailleurs ses articles, il prend le pseudonyme de Le Corbusier : la maison est une « machine à habiter », fondée sur quelques critères révolutionnaires (plan libre, pilotis, toit-terrasse et pièce de séjour à hauteur double). Recherchant des solutions fonctionnelles à l'aménagement intérieur des habitations,

H. P.

*Bureau et fauteuils en tube chromé, acier et verre de Le Corbusier et de Charlotte Perriand, édités par Thonet. Adjugés 32 000 F, à Drouot, le 11-V-1982.*

Le Corbusier préconise l'intégration de l'ameublement à l'architecture ; la Cité de Marseille (1946-1952) est son œuvre la plus remarquable avec l'utilisation du « Modulor ». Dès lors, Le Corbusier, sans cesse sollicité, élabore des constructions universellement connues. Son œuvre décorative est aussi importante par son rayonnement sur des artistes comme P. Jeanneret (1896-1968), son cousin, Charlotte Perriand, Robert Wogensky. Lors de l'Exposition des arts décoratifs (1925), Le Corbusier bâtit en compagnie de Jeanneret le pavillon de l'Esprit nouveau, un cube à l'intérieur d'un autre cube, qui présente des éléments de rangement se substituant aux meubles. Puis, au Salon d'automne de 1929, Le Corbusier et C. Perriand exposent « Équipement d'une habitation », fondé sur un aménagement rigoureux de l'espace, des meubles de rangement suspendus, des sièges et des casiers en métal.

Les meubles que Le Corbusier a réalisés en collaboration avec Perriand et Jeanneret s'avèrent très prisés du public, car leurs conceptions, certes révolutionnaires pour l'époque, trouvent écho dans la tendance contemporaine du décor épuré, dont l'exemple le plus typique est la chaise longue à armature en métal tubulaire qui a fait l'objet d'une réédition. Le célèbre modèle, qui lui a inspiré d'autres sièges de la même conception, figure au musée des Arts décoratifs.

**Le Croisic.** Une fabrique de faïences au Croisic aurait appartenu en 1588 à un nommé Giovanni Ferro, verrier et faïencier d'origine italienne pendant quelques mois seulement. D'autres sources attribuent à la faïencerie que l'on localiserait « dans un faubourg de la ville du Croisic », et qui aurait appartenu à un autre Italien, Horation Borniola, les plats « blancs » peints de couleurs brillantes (bleu et jaune), à marli quelquefois godronné*. Cet Italien aurait eu un prédécesseur d'origine hollandaise, Demigennes.

Cela peut être à l'origine de l'appellation « faïences du Croisic », trop librement utilisée de nos jours pour toute une série de pièces en faïence blanche (plats ronds ou ovales à marli godronné, bénitiers, vases, chevrettes et autres pots, pichets, aiguières, albarelli, etc.) décorées à compendiario (fleurs, oiseaux, scènes religieuses, etc.), naïves et italianisantes.

Certains spécialistes considèrent que la faïence du Croisic n'est, en fait, qu'une production de Nevers.

**lectrin** n. m. Meuble du Moyen Âge constitué par un pupitre de lecture monté sur un pas de vis fixé à un caisson cylindrique ou carré.

**lécythe** n. m. Vase grec à corps cylindrique, sur petit piédouche et terminé par un haut col étroit et élancé. Munis d'une grande anse latérale, les lécythes, qui existent dès l'époque archaïque, ont d'abord été utilisés comme vases à parfums. À l'époque classique, ils ont plutôt un rôle funéraire : ils contiennent les essences et sont déposés sur les tombes. Ils se distinguent des autres vases grecs par un décor particulier : des scènes de funérailles, de libations ou de mariages, peintes en polychromie sur fond blanc. Le pied, l'anse et le col sont vernis de noir.

*Deux vases lécythes à figures rouges, exécutés vers 470 av. J.-C. (H. 25,3 cm ; 28,5 cm.)*

Christie's

**Leeds.** Ville du Yorkshire (Grande-Bretagne), célèbre pour ses faïences fines à décor polychrome, produites de la seconde moitié du XVIII<sup>e</sup> siècle au XIX<sup>e</sup>.

**Lefaucheux** (Casimir), arquebusier français (Bonnétable 1802 - Paris 1852). Lefaucheux fut l'inventeur de la cartouche à broche, mise au point en 1836, qui allait avoir un succès considérable grâce à sa facilité d'emploi. Son fils, Eugène-Louis, commercialisa l'invention sur une grande échelle : le revolver Lefaucheux fut adopté par la marine sous le nom de « modèle 1858 » et fut bientôt imité par l'industrie armurière liégeoise, qui fabriqua de nombreux modèles. Un fusil à canon basculant, grâce à une clef, fut mis au point pour la chasse, utilisant aussi la cartouche à broche : il allait connaître un succès extraordinaire.

**Lefèvre** (Lucien), affichiste français, actif à la fin du XIX<sup>e</sup> siècle. Sa production publicitaire fut abondante et variée *(Électricine, Cirage Jacquot, Café Malt, Casino de Paris).*

**Lefèvre** (les), fabricants d'instruments de précision. *Jean* (Paris 1650 - *id.* 1706), membre de l'Académie des sciences en 1682, rédigea l'almanach *Connaissance des temps* de 1682 à 1701, dont il fut exclu, et s'établit fabricant d'instruments de mathématiques à l'enseigne « Aux deux globes ». Il publia en 1700 la description d'un planisphère* terrestre et céleste (Conservatoire national des arts et métiers). En 1705, il inventa un modèle de micromètre* très ingénieux.

*Étienne Jean* (? - Paris 1753), probablement fils du précédent, travailla beaucoup pour le chevalier de Louville. Sa boutique portait l'enseigne « Au grand Turc ». Ses instruments sont signés « Lefèvre à Paris » sans précision de prénom.

**Le Gascon,** relieur français du XVII<sup>e</sup> siècle. Dans les dernières années du règne de Louis XIII, il exécuta des reliures au pointillé, dans des compartiments ou des entrelacs, qui connurent une grande vogue.

**Légion d'honneur.** Le décor « à la légion d'honneur » de verres, de gobelets désigne dans le langage des collectionneurs l'incrustation d'émaux sur feuilles d'or, reproduisant des croix ou des médailles militaires. Le thème de la Légion d'honneur peut être remplacé par celui des armoiries et des commémorations d'événements politiques.

**Legrain** (Pierre), décorateur français (Levallois-Perret 1889 - Paris 1929). Après avoir été le collaborateur de Paul Iribe*, il travailla aux côtés de Jacques Doucet, pour exécuter meubles, objets et surtout reliures, dont il bouleversa l'art tout en le rénovant. Spécialiste des décors géométriques, cubistes, en parfaite harmonie avec le texte du livre, il employa, outre le cuir, de nombreuses matières : nacre, bois, métal. Il est considéré comme le plus grand relieur du XX<sup>e</sup> siècle et le maître de Paul Bonet.

**Legras et C<sup>ie</sup>.** Auguste J.-F. Legras fonde à Saint-Denis une cristallerie, qui est ensuite administrée par François Théodore Legras, auquel succède Charles Legras en 1900. La maison fabrique surtout de la vaisselle en cristal à camées, émaillé ou à intaille. Quant aux lampes, elles valent plus pour leur décor, présentant des scènes pastorales ou des marines, que pour leur forme, très courante sans la marque de fabrique. En revanche, les couleurs sont plus recherchées, telles ces gammes automnales. En 1919, la firme devient « Verreries et Cristalleries de Saint-Denis et de Pantin réunis ».

**Legray** (Gustave), photographe français (Villiers-le-Bel 1820 - Le Caire 1882). Artiste peintre, Le Gray s'intéressa aux techniques de la photograhie. En 1851, il inventa le papier ciré, qui assura la survie du négatif papier. Il fut l'un des premiers à préconiser l'emploi du collodion. Dans les photographies de mer et de paysage, il développa une technique de superposition des clichés permettant d'améliorer les effets de nuages. Il pratiqua le portrait, le reportage (camp militaire de Châlons, barricades de Palerme), la photographie architecturale (mission héliographique de la Commission des monuments historiques en 1851 en Touraine, en Poitou, en Charente, en Limousin, en Angoumois et en Aquitaine). La mode du portrait « carte de visite » lancée par Disdéri lui fut fatale. Vers 1864, Le Gray partit pour l'Égypte, où il enseigna le dessin et la peinture.

**légumier** n. m. Récipient en forme d'écuelle destiné à présenter les légumes. Le terme ne semble pas avoir été utilisé avant le début du XIX<sup>e</sup> siècle : le légumier d'argent, accompagné de son réchaud, nous serait venu d'Angleterre. Il se distingue des terrines et des pots à oille (qui datent du XVII<sup>e</sup> s.) par son fond plat.

Les plus anciens légumiers que l'on trouve ont une forme circulaire, des bords verticaux, deux anses latérales à angle droit et un couvercle sommé d'une pomme de pin. Ils se présentent souvent par paires et sont poinçonnés au premier coq*, au second coq ou au vieillard, donc d'époque Empire et Restauration. Par la suite, le légumier adopte des formes différentes, plus évasées et plus ouvragées, mais conserve le plus souvent son fond plat.

Les légumiers de porcelaine, qui, bien sûr, ne se présentent pas sur un réchaud, reproduisent, en plus petit, la forme et le décor de la soupière du service, avec un petit piédouche.

Ader-Picard-Tajan

*Légumier rond à fond plat, couvercle et présentoir en argent à décor de filets, rosaces, guirlandes surmontés d'une couronne de comte. Paris 1786-1789.*

Sully Jaulmes

*Tabouret en bois laqué brun de Pierre Legrain, vers 1923. Ancienne collection Jacques Doucet.*

**Lehmann** (Ernst Paul), fabricant allemand de jouets. De son usine de Brandebourg sortirent de 1881 à 1925 une foule de petits sujets animés en fer-blanc : tireurs de pousse-pousse, mandarins, scarabées (1900-1920), crocodiles, attelages d'animaux, zeppelins, avions, voitures ou camions. L'élégance et la recherche des sujets (la Fiancée inquiète), la beauté des couleurs, souvent peintes à la main ou lithographiées, en font depuis quelques années de belles pièces de collections : de 3000 à 8000 F pour un attelage, de 3000 à 6000 F pour une auto. Les jouets Lehmann portent tous la marque, constituée par les initiales E, P, L, superposées, donnant un grand E stylisé enfermé dans une sorte de cloche surmontée d'une barre horizontale terminée par deux boules aux extrémités.

**Leica.** Appareil photographique à visée directe, de faible encombrement (24 × 36), présenté en 1925 pour la première fois à la foire de Leipzig par la firme Leitz.

**Lelarge** (les), menuisiers français. Deux artisans au moins (l'existence d'un aïeul n'est mentionnée qu'une seule fois) portent ce nom et se sont servis du même poinçon, marqué des initiales I. B.

*Lelarge père* (v. 1712 - v. 1770), reçu maître vers 1738, a réalisé des sièges classiques de style Louis XV dans les années 1750.

Son fils, parfois appelé *Jean Baptiste II Lelarge* (Paris 1743 - *id.* 1802), admis à la maîtrise en 1775, a produit des sièges de style Louis XVI, de lignes élégantes et d'un décor raffiné.

**Leleu** (Jean François), ébéniste français (? 1729 - Paris 1807). Après avoir travaillé à partir de 1753 dans l'atelier d'Œben aux côtés de Riesener, qui lui fut préféré pour reprendre la direction de l'atelier à la mort du maître, Leleu fut reçu maître en 1764 et s'installa pour son compte près de la place Royale. Il fut chargé de nombreuses commandes pour les châteaux de Chantilly (duc de Condé), de Saint-Maur, de Versailles, ainsi que pour M^me^ du Barry et Marie-Antoinette. Tous les meubles (tables très variées, coiffeuses, commodes et secrétaires) sont d'une grande simplicité de lignes et se caractérisent par la qualité de leurs bois, la finesse de leur décor, le fini de leur exécution.

Couturier-Nicolay

*Commode estampillée Leleu, en placage de bois de rose marqueté en aile de papillon avec des entourages de filets et des encadrements en amarante. Adjugée par M[es] Couturier-Nicolay, à Drouot, le 30-V-1980.*

**Leleu** (Jules Émile), peintre, sculpteur et décorateur français (Boulogne-sur-Mer 1883 - Paris 1961). Influencé par les styles traditionnels Louis XV ou Louis XVI, Leleu préconise toutefois sobriété et rigueur dans l'ornementation de ses pièces.

Il se sert de bois rares et de matériaux précieux, tels que le galuchat ou l'écaille ; tout en cherchant à exploiter les techniques modernes, il reste attaché à la tradition du précieux et de l'orné, en sorte qu'il multiplie même après 1930 les marqueteries florales tantôt en ivoire, tantôt en nacre. Ses ateliers d'ébénisterie, installés à Boulogne-sur-Mer et dirigés par son frère Marcel, réalisent tous les objets indispensables au décor intérieur : au Salon d'automne (1922), Leleu expose une salle à manger appréciée comme « un des plus parfaits ensembles du Salon ». Il participe aussi à la décoration de plusieurs paquebots.

Sans atteindre les enchères d'un Ruhlmann, les meubles de Leleu bénéficient de l'engouement pour le mobilier Art déco (22000 F une commode galbée, marquetée de nacre et d'ébène, à Paris le 24-XI-1981).

**Le Maindre** ou **Le Mindre** (les), famille d'horlogers français. *Nicolas I^er^* (1598-1653) s'illustra à Blois. Fournisseur de Catherine de Médicis, il fabriqua des horloges de table et des montres émaillées. Son neveu, *Nicolas II* (1600-1660), fut horloger du roi et de Gaston d'Orléans, frère du roi. Trois fils de Nicolas I^er^, Louis, Pierre et Nicolas III, s'illustrèrent également comme horlogers, le dernier exerçant encore au début XVIII^e^ siècle.

**Lemaire** ou **Le Maire** (les), fabricants français d'instruments de précision. *Jacques* (actif à Paris entre 1720 et 1740) était établi à l'enseigne « Au Génie de Paris ». En 1728, il présenta un télescope* à un seul miroir et un oculaire à l'Académie des sciences, qui ne fut adopté qu'un demi-siècle plus tard. Il reste peu d'instruments en dehors de cadrans* solaires qu'il signait « Jes Le Maire Au Génie de Paris ». Lemaire était très lié avec l'horloger Le Roy.

Son fils *Pierre* (actif de 1739 à 1760) travaillait déjà avant 1739 « Au nouveau quartier anglais », quai de l'Horloge du palais, au coin de la rue du Harloy. Réputé pour son art à monter la pierre* d'aimant, il fut le premier constructeur français à fabriquer l'octant de Hadley*. Il construisait tous les instruments et fut choisi comme expert pour la vérification des étalons* de mesure.

En l'absence de prénoms, il est parfois difficile de distinguer la production du père de celle du fils.

**Lenhendrick** (Louis Joseph), orfèvre français (? - ? 1783). Reçu maître en 1747, il travailla notamment pour la cour de Russie, se situant à la charnière des styles Louis XV et Louis XVI, il est plutôt tourné vers le néoclassicisme, qu'il interprète selon un mode Transition, mariant harmonieusement courbes Louis XV et ornements antiques.

**Lenoble** (Émile), céramiste français (Paris 1875 - Crozon 1940). Après avoir œuvré pendant 7 ans dans une fabrique de céramique industrielle, Lenoble s'établit à Choisy-le-Roi chez Chaplet, son beau-père, pour se consacrer au grès. Il reproduit d'abord des blancs crémeux de Corée, puis se sert de plusieurs procédés pour le décor des pièces : il est soit gravé, soit gratté à la pointe sur l'engobe. Quelquefois, Lenoble incruste des terres colorées qui évoquent les faïences d'Oiron. Après 1918, ses recherches sur les émaux lui permettent de fabriquer toute une gamme de bleu turquoise, lapis et vert céladon. Le décor est ainsi supplanté par toutes les possibilités que peuvent offrir au feu les réactions des pièces.

musée des Arts décoratifs

*Trois vases en céramique d'Émile Lenoble, exécutés entre 1911 et 1914. Paris, musée des Arts décoratifs.*

**Le Noir** ou **Lenoir** (les), famille d'horlogers français connue dès le XVIe siècle. Le plus fameux, Étienne, reçu maître en 1743, exécuta, en association avec de grands ébénistes, bronziers et porcelainiers du moment, de nombreux cartels, pendules, horloges.

**lentille** n. f. Disque de verre à deux surfaces sphériques ou dioptres concaves ou convexes. Le travail du verre, et notamment sa taille, était difficile. Au XVIIe siècle, la taille des lentilles se fait au tour en Italie et en Angleterre ; l'ébauchage est obtenu à l'aide d'abrasifs grossiers, puis le doucissage et le polissage se font à la main pour obtenir une surface parfaitement polie.

En France, en revanche, le travail se fait entièrement à la main ; chaque spécialiste possède sa technique : Huygens* emploie le tour et l'émeri, tandis que le père Chérubin les condamne. Même si le choix du verre et des diverses techniques est important, le résultat final dépend de l'adresse de l'ouvrier et donne la qualité à l'objectif. On emploie des lentilles convergentes pour les lunettes*, les microscopes*, les loupes*.

**Lepage** (les), famille d'arquebusiers français, dont les deux plus illustres représentants furent Jean et Henri.

*Jean* (1746-1834) exerça à Paris de 1779 à 1822. Il fut l'arquebusier du roi Louis XVI, du Premier consul, puis de l'Empereur, dont il réalisa les fusils de chasse, et également de Louis-Philippe d'Orléans.

Son fils, *Henri* (1792-1854), fut l'arquebusier de Louis XVIII, de Charles X et des ducs d'Orléans. En 1835, il est donné comme arquebusier ordinaire du roi, du duc d'Orléans et du duc de Nemours.

Les armes de la famille Lepage — toujours d'une très haute qualité d'exécution — sont très recherchées des amateurs et atteignent des prix considérables, comparables à ceux obtenus pour des réalisations de Boutet.

**Lepaute** ou **Le Paute** (les), famille d'horlogers français.

*Jean André l'Aîné* (1720-1788) s'illustra par plusieurs inventions, parmi lesquelles celle de l'échappement à double virgule (1753), que lui disputa le fils Caron alias Beaumarchais, ainsi que par la publication, en 1755, d'un *Traité d'horlogerie.*

Son frère *Jean-Baptiste* lui succéda (1727-1802). Avec ses deux neveux Pierre Henry et Pierre Basile, il fabriqua notamment pour l'Hôtel de Ville de Paris une grande horloge à équation. Pierre Henry enseigna l'horlogerie à Louis XVI et à sa sœur Madame Élisabeth. Les établissements Lepaute maintinrent une grande activité jusqu'au début du XXe siècle. Parmi leurs productions les plus fameuses du XVIIIe siècle figurent les célèbres horloges à cercles tournants, où, sur une urne néoclassique, une tête de serpent, fixe, indique l'heure. Des horloges de ce type dépassent couramment les 200 000 F.

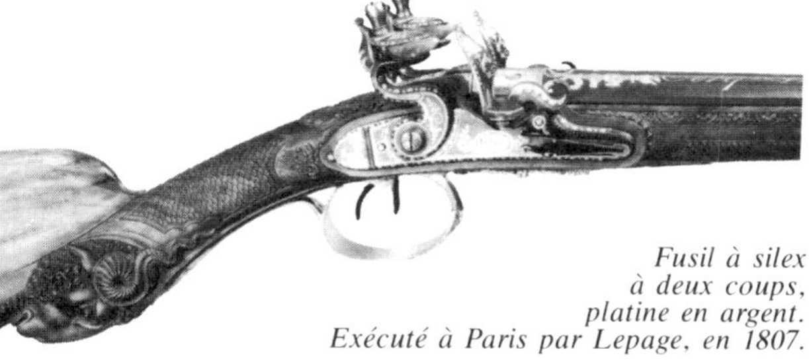

*Fusil à silex à deux coups, platine en argent. Exécuté à Paris par Lepage, en 1807.*

**Lepautre** (les).

*Antoine* (1621-1691), architecte et graveur.

*Jean* (1618-1682), frère du précédent, célèbre comme ornemaniste, un des créateurs du style Louis XIV.

*Pierre* (1660-1774), fils du précédent, sculpteur.

**Lépine** (les), famille d'horlogers français. Le plus célèbre fut *Jean Antoine* (1720-1814), à qui l'on doit plusieurs inventions, dont celle d'un calibre où la fusée était supprimée, permettant ainsi de réduire l'épaisseur des montres. Vers 1750, il invente l'échappement à virgule, à ranger dans le type des échappements à repos ; en 1766, il met au point et fabrique un nouveau type de remontage à l'aide d'un poussoir.

Couturier-Nicolay

*Pendule en bronze doré et ciselé, décorée de plaques en ancienne porcelaine de Sèvres. Cadran de Lepaute, mouvement de Berne. Époque Louis XVI. (H. 39 cm.) Adjugée 192 000 F par M[es] Couturier-Nicolay, à Drouot, le 18-XI-1981 (vente Bensimon).*

Ader-Picard-Tajan

*Pendule en bronze ciselé et doré, flanquée de demi-colonnes cannelées et surmontée d'un vase. Cadran de Lépine et mouvement à quantième. Époque Louis XVI. (H. 29 cm.)*

Horloger du roi, il fournit la Cour en montres et en pendules diverses ; son magasin de la place des Victoires connaît alors une particulière affluence. Aujourd'hui, les montres de Lépine, sans être aussi recherchées que celles de Breguet, connaissent un grand succès sur le marché tant parmi les amateurs de systèmes compliqués que parmi les collectionneurs de montres bijoux.

**Leroy** ou **Le Roy** (les), famille d'horlogers français connue dès le XVe siècle. Parmi les plus fameux des Leroy, *Julien* (1688-1756), reçu maître en 1713, est horloger du roi et logé au Louvre dès 1739. Il met au point un nouveau système de répétiton, perfectionne l'échappement de Sully et écrit plusieurs mémoires. Sa réputation lui vaut d'être imité, copié : des contrefaçons de sa signature sont gravées sur des montres de piètre qualité.

La postérité et les collectionneurs d'horlogerie ont retenu également le nom de *Pierre Leroy,* fils du précédent (1717-1785), qui améliora le système de l'échappement à duplex (1759), mit au point le principe du ressort spiral isodrone (1766) et travailla sur des balanciers à compensation (1770). De nombreux fils et petits-fils de Julien le perpétuèrent encore dans la technique et le commerce de l'horlogerie. Les montres, les pendules (certaines destinées à l'exportation, notamment à l'Amérique ou au marché turc) et les cartels signés Leroy, surtout ceux du XVIIIe siècle, sont particulièrement prisés des amateurs, mais, si quelques pièces dépassent 150 000 F, certaines sont disponibles sur le marché à partir de 15 000 F.

*Cartel d'applique en bronze ciselé et doré, orné d'une statuette de Mars. Cadran de Julien Leroy. Il est marqué du « C » couronné et signé « Fait par Caffieri à Paris ». Époque Louis XV. (H. 77 cm.)*

Ader-Picard-Tajan

**Le Secq** (Jean-Louis Henry Le Secq Destournelles, dit Henry), peintre et photographe français (Paris 1818-*id.* 1882). Il participa en 1851 à la mission héliographique de la Commission des monuments historiques (Seine-et-Marne, Aube, Haute-Marne, Haute-Saône, Marne, Meurthe, Bas-Rhin, Aisne, Oise). On lui doit des paysages, des portraits et des vues de Paris avant les transformations de la capitale par Haussmann.

**Lessieux** (Ernest), peintre, aquarelliste et affichiste français (La Rochelle 1848 - Meudon 1925). Les amateurs apprécient ses cartes postales dans le style Art nouveau. Les affiches de voyage de Lessieux obtiennent des cotes très moyennes.

**lettre date.** Terme d'argenterie donné parfois au poinçon de maison commune, qui garantit le bon aloi* du métal. Représentée par une lettre de l'alphabet, la lettre date changeait chaque année, ce qui permet de dater avec précision les objets d'argent de l'Ancien Régime. Les mêmes lettres reviennent tous les vingt-trois ans, avec un aspect et des attributs différents, afin d'éviter toute confusion. Il ne faut pas confondre la lettre date avec celle de l'hôtel de la Monnaie, le poinçon de charge, qui demeure la même pour chaque ville, tout en changeant de présentation tous les trois à quatre ans environ.

**Levasseur** (Étienne), ébéniste français (Paris v. 1721-*id.* 1798). Apprenti dans l'atelier du fils d'André Charles Boulle, Étienne Levasseur fut reçu maître en 1767. Il a souvent habillé ses meubles de ciselures sur cuivre, dans le genre de Boulle, mais il a fabriqué également des commodes, des secrétaires et des bureaux plats dans le plus pur style Louis XVI.

*Secrétaire à système en marqueterie de citronnier et amarante, angles formés de colonnes détachées à moulure de cuivre. Dans la partie supérieure, un rideau coulissant orné de reliures cache les petits tiroirs, alors qu'une serrure centrale les bloque tous. Attribué à Levasseur. Époque Louis XVI (vers 1785-1790).*

Sotheby Parke Bernet

**Leveillé** (Ernest Baptiste), maître verrier français. Les dates de naissance et de mort de l'artiste restent inconnues. Né à Paris, Leveillé dirige à partir de 1869 une maison de vente au détail de verres et de porcelaines. Élève d'Eugène Rousseau, il devient son assistant, puis son associé en 1885, et ils réalisent ensemble des pièces influencées par l'Extrême-Orient.

À l'Exposition universelle de 1889, Leveillé présente des verres craquelés aux coulures jaunes faites d'inclusions d'oxyde d'urane ou de cuivre. À la différence de Gallé, il préfère jouer avec la couleur ou la matière plutôt qu'avec la forme des pièces. Il imite les pierres dures et les gravures inspirées des camées de la Renaissance. Ces réalisations lui valent la médaille d'or à l'Exposition universelle de 1900. Avant 1890, les marques de certains vases ont les signatures conjointes de « Rousseau et Leveillé », puis celle d'« E. Leveillé ».

**levier** (armes à). Armes à feu portatives — généralement d'épaule — dont le mécanisme d'armement et parfois d'alimentation est actionné par un levier de sous-garde, placé près du pontet. On peut citer les fusils ou les carabines Martini, Spencer, Winchester.

**Lévy-Dhurmer** (Lucien), peintre, sculpteur et faïencier français (Alger 1865 - Le Vésinet 1953). D'abord lithographe et ornemaniste, il travaille de 1887 à 1895 à la manufacture de faïences d'art de Clément Massier à Golfe-Juan, ayant fait dès 1882 une copie sur porcelaine de la *Naissance de Vénus* par Cabanel. Directeur artistique de la fabrique, l'essentiel des efforts fournis à Golfe-Juan l'a porté sur le décor : les formes sont volontairement simples. La céramique a surtout une grande influence sur le métier de pastelliste, auquel désormais il se consacre entièrement à partir de 1896. Ajoutant à son nom celui de Dhurmer, il fait sa première exposition à la galerie Georges Petit.

Spécialiste de portraits, L. Lévy-Dhurmer imagine vers 1899 un procédé des « masques », apparition d'un visage toujours très fidèle sur un fond inachevé. Vers 1900, son art devient moins graphique et de plus en plus immatériel.

Entre les pastels nettement symbolistes et les autres, il existe une différence du simple au décuple : les œuvres visionnaires sont nettement mieux cotées (entre 25 000 et 35 000 F), tandis que les œuvres exécutées par le peintre vers 1920 dépassent rarement 20 000 F.

**Libonis.** Première carte postale lithographique illustrée de la tour Eiffel, dessinée en 1889 pour l'Exposition universelle par Charles Léon Libonis (1844-1901). Tirée à 300 000 exemplaires, elle est devenue relativement rare.

**libraire** n. m. Celui qui vend des livres. Autrefois gardien de librairie ou de bibliothèque, du Moyen Âge à la Renaissance, le libraire est ensuite devenu marchand de livres. Les premiers imprimeurs étaient libraires en même temps qu'artisans et devaient se préoccuper de la vente de leurs éditions ; à cet effet, ils avaient des dépôts un peu partout en Europe. Très tôt, leur publicité fut organisée sous forme de feuilles volantes, insérées dans leurs livres ou placardées ; ils ont leur marque* personnelle, garantie de bonne qualité. Les grands imprimeurs du XVIe siècle disposent de catalogues pour les ventes, rencontrent les libraires dans les foires (Francfort, Leipzig) et donnent une grande extension au marché du livre. À la même époque, colporteurs et courtiers voyagent et proposent aux particuliers almanachs, brochures, livres d'heures, livres usuels et font ainsi concurrence aux libraires établis.

À la fin du XVIIIe siècle, les loueurs de livres ouvrent des cabinets de lecture, qui prendront une extension considérable dans la première moitié du XIXe siècle. Profession nouvelle, la librairie ne s'organise que lentement, à partir de la fin du XVIe siècle, quand les difficultés économiques amènent imprimeurs et libraires à s'entendre. Édits et ordonnances de 1618, de 1686 et de 1723 réglementent la librairie parisienne, dont le patron est saint Jean Porte-latine.

**licence d'exportation.** En principe, aux termes de la loi de 1941, les objets « présentant un intérêt national d'histoire ou d'art » ne peuvent sortir de France sans une licence d'exportation.

Dans la pratique, l'exportation des objets de collection (antiquités et œuvres d'art) est soumise aux prescriptions imposées par les « avis aux exportateurs » publiés au *Journal officiel* le 24 novembre 1964 et le 30 octobre 1975. En conséquence, les objets d'antiquités de plus de 100 ans, gravures et monnaies, ainsi que les œuvres exécutées depuis plus de 20 ans doivent faire l'objet d'une licence « modèle 02 » adressée à l'Office des changes à Paris (8, rue de la Tour-des-Dames 75008). Les demandes se trouvent ainsi soumises à l'appréciation d'un délégué de la direction des Musées de France, qui peut accorder ou refuser son visa dans un délai d'un mois. L'arrêté qui a introduit dans la réglementation douanière la notion d'œuvres exécutées depuis « plus de 20 ans » (qui s'est substituée à la formule traditionnelle de « plus de 100 ans ») a pour but de limiter l'exportation des œuvres Art nouveau et Art déco.

Pour les œuvres récentes, les dispenses de licence d'exportation sont subordonnées à la production d'une attestation spéciale délivrée par le « comité professionnel des galeries d'art » (3, rue du Faubourg-Saint-Honoré 75008).

**Ligron.** On désigne par ce nom non seulement la production de cette ville du haut Maine, mais aussi toute l'extraordinaire collection de poteries variées originaires des très nombreux ateliers des villages de la Sarthe actifs au XVIIe et au XVIIIe siècle, traditionnellement vendues à Ligron.

D'après la tradition, les potiers de cette région habitaient dans des petites maisons situées à côté de leur atelier (« la boutique à poterie »), l'ensemble était enserré dans un dédale de ruelles qu'on appelait les « issus ».

Des archives complètes concernant les différentes familles de potiers du XVIIe au XIXe siècle ont été conservées (mais les œuvres ne sont signées qu'à partir du XVIIIe siècle).

Les pièces les plus recherchées de nos jours sont d'étonnantes soupières signées « Guimonneau de la Forterie », peu avant la Révolution, ainsi que les pichets jaune et vert décorés de personnages modelés en relief de Léopold Thuiland, vers la fin du XIXe siècle.

**Lille.** L'implantation d'une première faïencerie à Lille en 1696 par Jacques Février, faïencier originaire de Tournai, et par Jean Bossut, peintre originaire de Gand, est liée à la proximité des gisements de qualité de la matière première, terre déjà recherchée et importée par les Delftois au milieu du XVIIe siècle. Deux autres facteurs l'ont facilitée : les ateliers hollandais qui ont permis à Février et à Bossut de faire venir leurs premiers ouvriers faïenciers, et l'exonération des taxes sur l'étain importé de l'Angleterre.

Les décors extrême-orientaux, les lambrequins et les décors « rocaille » montrent clairement que, jusqu'au XIXe siècle, la fabrication lilloise (trois fabriques connues en 1740-1750) oscille entre le style de Delft et celui de Rouen.

*Assiette en faïence de grand feu de Lille, à bord contourné, ornée d'un décor polychrome rocaille. 1767. Lille, musée des Beaux-Arts.*

Giraudon

Les formes des belles faïences de grand feu* sont très variées : des vases balustres, des compotiers, des pots trompeurs, des grands plats d'apparat, des plateaux et des assiettes, des pots à vin et à lait, surtout en camaïeu bleu, mais aussi en manganèse. Les pièces les plus intéressantes sont les statuettes polychromes de personnages chinois, les plats godronnés de grand feu en bleu et jaune, les assiettes à thème de cartes à jouer et, naturellement, les « Jacquots » et les « Jacquelines », tant recherchés par les amateurs de nos jours.

On attribue à Lille, quelquefois trop rapidement, toutes ces pièces marquées d'une fleur de lis ; toutefois, les manufactures de cette ville n'avaient pas en France le monopole de l'utilisation de la « marque royale ».

**Limoges.** *Porcelaine.* C'est à Saint-Yrieix-le-Perche, à 26 km au sud de Limoges, qu'a été découverte en 1768 une argile blanche déjà connue des chinois, appelée « kaolin », indispensable à la fabrication de la porcelaine. Le kaolin de Saint-Yrieix a été identifié par Macquer, le savant chimiste de la manufacture de Sèvres.

Il existait déjà à Limoges une fabrique de faïence en 1736, sous la direction d'André Massié, qui, après la découverte des gisements de Saint-Yrieix, sortit de ses fours les premières pièces de porcelaine de Limoges.

En 1771, l'intendant du Limousin Turgot crée une manufacture — placée sous la protection du comte d'Artois (d'où la marque C. D.) — dont les fours sont la copie de ceux de Sèvres ; cette manufacture est rachetée par Louis XVI en 1784. Dès cette époque, le motif dominant devient la fameuse « rose de Limoges ».

Guillemot

*Bol à bouillon et son présentoir en porcelaine de Limoges. XVIIIe siècle. Limoges, musée Adrien-Dubouché.*

La manufacture royale disparaît à la Révolution, mais, entre-temps, de nombreux ateliers se sont établis dans la région, qui, en plus du kaolin, dispose des pegmatites et des feldspaths de la Dordogne (utilisés pour la couverte) ainsi que du bois de chauffe acheminé par flottage sur le Taurion et la Vienne.

En 1840, le Limousin compte 30 manufactures, dont 18 à Limoges, quand arrive David Haviland, un négociant new-yorkais attiré par la réputation du centre porcelainier, qui crée en 1842 un atelier dans lequel sont décorées des pièces blanches achetées sur place, destinées à sa clientèle outre-Atlantique. Parallèlement, Ruaud et Alluaud (autres fabricants connus) sont, en 1835, les instigateurs des essais de cuisson à la houille, méthode qui se développe à partir de 1856. Grâce à la révolution industrielle et à l'essor commercial donné par David Haviland, Limoges acquiert une réputation internationale. Le style de la porcelaine de Limoges est influencé par les thèmes à la mode au XIXe siècle : l'Antiquité sous l'Empire, le Moyen Âge à l'époque romantique ainsi que les bouquets de fleurs et les scènes champêtres.

Lors de la IIIe République, une nouvelle étape est franchie et chaque fabrique cherche à créer son propre style. Les décors à la manière japonaise, réalisés par Bracquemond et Dammouse pour Haviland, sont parmi les essais les plus intéressants de cette époque.

En 1880, la porcelaine limousine triomphe à l'Exposition internationale, et, en 1890, Théodore Haviland (fils de David Haviland) monte une nouvelle usine avec fours à flammes renversées et machine à calibrer.

Cependant, la concurrence étrangère (allemande, japonaise, tchèque) se développe, et, quand l'Amérique, à son tour, produit sa propre porcelaine, les exportations françaises baissent fortement. En 1900, il ne reste que 28 usines, et la production stagne jusqu'à l'après-guerre ; elle reprend en 1926 (48 usines), puis, en 1939, on dénombre 27 fabriques et une cinquantaine d'ateliers, qui emploient environ 3 000 ouvriers.

Aujourd'hui, Limoges produit toujours, et le goût actuel pour les antiquités a ramené de nombreux motifs copiés sur des modèles anciens. On peut voir au Musée céramique de Limoges de très belles pièces des XVIIIe et XIXe siècles.

*Émaux* V. ÉMAIL, LIMOSIN.

**limonaire** n. m. Instrument de musique mécanique reproduisant les sons d'un orchestre. Utilisés pour les fêtes foraines, les limonaires comportent souvent des personnages animés.

**Limosin** (Léonard), peintre, graveur et décorateur français (v. 1505 - 1576). Il est surtout le plus célèbre émailleur du Limousin du XVIe siècle. Érudit, voyageur, cet homme de la Renaissance connaît en particulier l'œuvre de Dürer, dont il s'inspira à ses débuts (plaques de la *Passion,* 1532), ainsi que les œuvres des maîtres italiens et des peintres et graveurs de l'École de Fontainebleau, dont il se réclame.

Présenté à la cour de François Ier, nommé en 1548 par Henri II « émailleur et peintre ordinaire du Roi », il réalise avec talent — ce qui lui donne sa notoriété — de nombreux portraits (une soixantaine) de la famille royale et des « grands » du royaume : François Ier, Henri II, Catherine de Médicis, Charles IX ; la composition de ces portraits, de trois quarts ou de profil, en émail peint et grisaille, se détache sur un fond noir ou bleu.

Toutefois, l'œuvre la plus importante de Limosin est constituée par les plaques d'émail peint aux sujets religieux et surtout mythologiques ou profanes. Léonard Limosin adapte pour la réalisation des émaux de nombreuses compositions dues à des artistes contemporains, Primatice, Rosso, Nicolò dell'Abbate, mais crée aussi des décors originaux. Outre les portraits et les plaques, l'œuvre émaillé de Léonard Limosin comprend des objets de formes très diverses : jeu d'échecs, jeu de trictrac, fontaine, cor de chasse et pièces de vaisselle.

Jean I et Léonard II Limosin furent également émailleurs, sans toutefois posséder le talent de leur illustre parent.

**Linossier** (Claudius), graveur, sculpteur et dinandier français (Lyon 1893 - *id.* 1953). Il fait son apprentissage d'orfèvre avant de s'intéresser à la dinanderie (1921) et d'être l'élève de Dunand. Montant à Lyon un atelier, il produit des plats et des vases patinés et incrustés dans le style de son maître qui lui valent sa renommée. Il n'a certes pas conçu de formes inédites, mais il a mis au point des tons jusque-là inconnus en jouant sur les variations de cuisson.

**Lisbonne.** Bien avant les potiers hollandais, les premiers faïenciers imitant les porcelaines bleues de l'Extrême-Orient étaient probablement originaires, au début du XVIIe siècle, de cet autre pays voué à la navigation, aux expéditions maritimes et aux découvertes, le Portugal. Les décors quelque peu naïfs de ces pièces (plats, vases, assiettes) de Lisbonne sont en camaïeu bleu rehaussé de manganèse. Les motifs sont empruntés surtout aux porcelaines de la période Ming, mais sont d'un style très « européen ».

Rappelons aussi que Lisbonne est également connue au XVIIe siècle pour ses décors de bustes humains et les présentations animalières qui rappellent les créations de Talavera*. Toutefois, l'activité la plus importante des faïenceries portugaises est la production de ces magnifiques panneaux décoratifs composés de carreaux ; véritables tableaux embellissant les intérieurs des palais et des grandes demeures.

**lisière** n. f. Les tapisseries de haute et de basse lisse sont en général limitées sur les quatre côtés par une étroite bande (3 à 5 cm de large) monochrome. Les lisières sont souvent partiellement ou entièrement rentrées. Quand elles apparaissent rapportées à plat ou à cheval sur l'envers, elles sont certainement dues à une restauration.

**lisse** ou **lice** n. f. Dans le vocabulaire de la tapisserie de basse lisse, on nomme « lisses » les cordelettes attachées à chaque fil de chaîne ; tous les numéros de fils pairs sont tenus dans la même série de lisses, tandis que les fils impairs sont tenus dans une autre série. Une pression du lissier sur une pédale permet d'abaisser la nappe de chaîne paire ou impaire.

En haute lisse, les fils de nappe arrière seulement sont embarrés de lisses. Cette nappe est tenue écartée de la nappe avant par le bâton de croisure, et les lisses sont actionnées de la main gauche, amenant les fils arrière devant la nappe avant, qui reste fixe.

**listel** n. m. En numismatique, rebord périphérique, généralement proéminent, des monnaies. En ébénisterie, baguette d'encadrement d'un motif.

**lit** n. m. Meuble composé éventuellement d'un cadre horizontal (bois de lit) qui supporte une couche rembourrée ou matelassée. Au Moyen Âge, le « châlit » était un lourd bâti composé de traverses de bois assemblées aux angles à tenons et à mortaises ; la couche était souvent surmontée d'une grande pièce d'étoffe tendue sur un arceau : l'« épervier ». Certains châlits seigneuriaux étaient bordés de balustres ou de fuseaux tournés.

Le lit devient un meuble fixe à partir du XVe siècle ; ses pieds se prolongent alors en hauteur par des piliers ou des colonnes qui supportent un ciel de lit. À la Renaissance, les lits de milieu deviennent de véritables monuments sculptés, avec des piliers en forme de colonnes ou de cariatides. Sous Louis XIII, des étoffes somptueuses habillent les bois de lit et les ciels sont couronnés de bouquets de plumes d'autruche. C'est autour du lit royal, princier ou seigneurial que se déroule tous les matins le cérémonial du lever.

Le *lit à l'impériale,* d'origine italienne, est dominé par un ciel rectangulaire à la base, dont les tentures s'élèvent vers un sommet en forme de couronne. De nouveaux types de lits apparaissent au XVIIe siècle. D'une façon générale, les « lits à la française » sont des lits de milieu surmontés d'un dais rectangulaire soutenu par des piliers, ou quenouilles. Dans cette catégorie, le *lit à la duchesse* comporte un dais rectangulaire en porte à faux fixé aux piliers du chevet et de mêmes proportions que la couche. Le bout du lit se trouve ainsi entièrement dégagé.

Le *lit à l'ange* est surmonté d'un ciel porté par un court bâti qui ne recouvre que la moitié de la couche. Au XVIIIe siècle, il s'allège et se couvre d'étoffes fines et légères dans des cadres sculptés. Il se place « de travers », c'est-à-dire le long du mur, les chevets restant dégagés.

Le *lit à la polonaise* est encadré à la tête et au pied de deux chevets élevés en bois sculptés, d'où partent quatre courtes colonnes qui supportent un grand baldaquin.

Le *lit à la turque* se distingue par deux chevets évasés en crosses qui encadrent un troisième dossier sur un côté.

Ader-Picard-Tajan

*Lit en palissandre à incrustations, époque Charles X, vendu 26 000 F par Mes Ader-Picard-Tajan, au Nouveau Drouot, le 18-XII-1987.*

Le *lit à la chinoise* est également un lit de travers à trois dossiers drapés d'étoffes exotiques. Après la Révolution, il perd son baldaquin au profit du lit « en bateau », à chevets droits incurvés ou évasés, souvent en acajou et richement décoré de bronzes sous l'Empire. Le « lit bateau » se démocratise sous Louis-Philippe.

Ce sont ces lits du XIXe siècle que l'on trouve le plus facilement chez les antiquaires et les brocanteurs. Leur valeur (de 3 000 à 5 000 F en 1983) dépend de la qualité des bois. Les plus courants sont les « lits bateaux » dits « à rouleau », lorsque les chevets sont surmontés d'une longue pièce de bois tournée.

Les autres types de lits anciens sont rares sur le marché et d'ailleurs peu recherchés. Les étoffes qui les habillaient et les ciels de lit sont de faible valeur, à moins de présenter des éléments sculptés originaux.

Les lits Art déco, qui sont souvent en bois précieux ou en métal, ont connu récemment un regain d'intérêt. Un lit en métal chromé destiné à un mahārādjah s'est vendu 560 000 F le 25-V-1980 à Monaco, et un lit gainé de

Sotheby Parke Bernet

*Grand lit de Jules Leleu en placage de loupe de noyer incrusté d'ivoire. Vers 1923. Adjugé 32 000 F par Sotheby, à Monaco, le 19-IV-1982.*

galuchat a atteint 330 000 F le 18-VI-1981 au Nouveau Drouot. Un lit de Ruhlmann en ébène de Macassar à chevets cintrés s'est vendu 100 000 F au Nouveau Drouot, le 25-IV-1986.

Le *lit de jour,* ou « lit de repos », est un lit dont la couche est recouverte d'étoffe et garnie de coussins. Il est apparu au début du XVIIe siècle (v. CANAPÉ).

**lit clos.** Pièce principale de l'ameublement breton, le lit clos est orné de petits fuseaux. Cette « armoire à sommeil » s'appuie contre les murs de la pièce principale, souvent accotée aux armoires et aux buffets.

Le *lit en carosse,* variante encore plus monumentale du lit clos, a parfois deux étages sous une corniche moulurée. On trouve également des lits clos, plus simples et moins sculptés, en Auvergne et en Savoie.

**lithographie.** Inventée en 1799 par Senefelder, la lithographie révolutionna l'art de l'image et permit le développement de l'affiche et des journaux illustrés. Il s'agit d'une méthode chimique reposant sur l'antagonisme de l'eau et des corps gras. La pierre lithographique utilisée est un calcaire pur, aussi homogène que possible, taillé en forme imprimante. On lui fait subir une préparation spéciale, notamment en la recouvrant d'une pellicule insoluble qui la préserve de l'action de l'air et, le moment venu, retient l'eau du mouillage. Le motif est dessiné à l'envers sur la pierre à l'aide d'un crayon gras ou de l'encre grasse lithographique. Celle-ci, après différentes opérations, sera remplacée par l'encre du tirage. Mais, avant le passage du rouleau encreur, on procédera au mouillage de la pierre. L'eau ne se maintient que sur les parties non grasses, qu'elle protège de l'encre. Après encrage, on applique sur la pierre le papier d'impression et l'on procède au tirage. La lithographie en couleurs exige autant de pierres qu'il y a de couleurs, de teintes ou de nuances à obtenir. Le tirage se fait par superposition et repérage. Deux sortes de presses anciennes sont encore utilisées en lithographie : un modèle allemand en fonte et un modèle français en bois, appelé familièrement « bête à cornes ». Au lieu de dessiner sur la pierre, on peut également la graver. Le lithographe peut aussi avoir recours au papier report, évitant ainsi l'inversion initiale de l'image. L'utilisation de la plaque de zinc est une technique courante (zincographie). Chaque épreuve lithographique reçoit deux chiffres : celui du dessus est le numéro du tirage ; celui du dessous est le nombre total d'estampes décidé par l'auteur. Quand le tirage est terminé, la matrice doit être effacée.

**lithophanie** n. f. Jeu d'optique français du milieu du XIXe siècle. Derrière une plaque de verre ou de porcelaine dressée verticalement et rendue translucide par un dessin gravé de différentes épaisseurs, on allume une bougie, et la lithophanie apparaît alors en transparence dans des nuances de blanc et de gris.

**litra** n. f. Petite monnaie d'argent de la Sicile antique, correspondant à un étalon de poids propre à cette région de la Grande Grèce. On connaît aussi un litra de bronze et ses divisions.

**Liverpool.** « Tout marchand de Liverpool du XVIIIe siècle qui se prenait au sérieux devait commercer en delftware », ainsi est-il difficile de définir l'importance de la production faïencière de cette ville d'Angleterre, l'une des plus importantes du pays avec celle de Londres et celle de Bristol. Comme dans le cas de Brislington, près de Bristol, la première faïencerie fut créée ici aussi par des potiers venus de Londres vers le début du XVIIIe siècle. En 1760 on compte douze faïenceries à Liverpool.

Plus gaies de coloration — autant les polychromes que les bleus — que celles de Londres, les pièces de Liverpool peuvent être considérées comme plus « populaires » ou « folkloriques ». Elles atteignent outre-Manche et outre-Atlantique des bons prix, mais toutefois moindres en moyenne que les belles pièces de Lambeth et de Bristol.

**livre** n. f. Monnaie de compte française dont la valeur resta inchangée sous l'Ancien Régime de Charlemagne à Louis XVI. La livre était divisée en 20 sols, valant chacun 12 deniers.

**livre** n. m. Ensemble de feuilles manuscrites ou imprimées réunies en un volume broché ou relié. L'apparition du livre est étroitement liée aux supports de l'écriture, et la plus grande variété de matières et de formes de livres caractérise les pays des civilisations orientales.

En Égypte, les textes sont consignés sur des rouleaux de papyrus ; en Extrême-Orient, le bambou sert de support. Les supports sont des feuilles de palmier en Inde, l'écorce et le bois dans diverses contrées d'Asie. Les divers supports sont gravés, écrits à l'encre ou peints et se présentent sous la forme de longues feuilles détachées, empilées ou enfilées et protégées par des ais* de bois ornés de plaques d'ivoire ou de métal. La Chine substitue à ces supports lourds et encombrants des rouleaux de soie, puis des feuilles pliées en accordéon, au fur et à mesure du développement du papier.

En Occident, le rouleau, ou volumen, est la forme habituelle que revêt le livre. De longues bandes de papyrus, de parchemin ou de tissu s'enroulent autour d'un noyau central en bois, en os ou en ivoire. L'écriture courait dans le sens de la plus grande dimension et y formait de courtes colonnes parallèles. Vers le début de l'ère chrétienne, le rouleau fut concurrencé, puis progressivement remplacé par le codex, ensemble de cahiers formés par la pliure d'une ou de plusieurs feuilles et cousus les uns aux autres. Le livre manuscrit est né. Les supports deviennent exclusivement le parchemin et le papier.

L'invention de l'imprimerie n'a pas modifié, du moins au début, la forme du livre. Les premiers imprimeurs ont d'abord conservé au livre la seule forme qu'ils lui connaissaient, celle du manuscrit. Comme la plupart des manuscrits, les premiers incunables n'ont pas de page de titre, une simple formule, l'incipit, commençant le texte en donnant de brèves indications sur son contenu et son auteur. Ils sont aussi sans adresse, mais ils se distinguent bientôt par leur colophon, mention de quelques lignes placées en fin de volume, qui indique l'auteur et le titre de l'ouvrage, le lieu et la date de l'édition, le nom de l'imprimeur. Vers 1480, les premières pages de titre apparaissent, d'abord sous la forme d'une brève mention d'une ou de deux lignes, qui se développe par la suite en se parant d'une grande initiale ornée ou en s'accompagnant d'une illustration, généralement la marque du libraire. Enfin, l'adresse est mise sous cette marque, et, dans le premier tiers du XVIe siècle, la page de titre se constitue avec tous ses élements.

Les imprimeurs humanistes du milieu du XVIe siècle donnent aux pages de titre leur forme sobre et aérée. Le texte, compact et sans alinéa, est, lui aussi, modifié pour qu'il ait une plus grande clarté. Les typographes utilisent des repères pour le pliage et l'assemblage régulier des cahiers. Les feuillets sont numérotés, « foliotés », puis les pages sont « paginées ». Les nécessités de la technique nouvelle ont conduit le livre imprimé à s'écarter sensiblement du livre manuscrit, modèle original, pour aboutir vers 1550 à une présentation qui ne diffère pas sensiblement du livre d'aujourd'hui. On a pu dire que le livre imprimé, à peine sorti du berceau, est arrivé à la perfection. Le livre a donc pris sa forme définitive : celle que nous connaissons encore aujourd'hui. Cependant, par souci de décoration, d'originalité ou de fantaisie, certains livres sont en forme de rouleau ou en forme de cœur, de fleur de lis, un livre de statuts maçonniques est triangulaire. On peut encore citer les objets en forme de livre, principalement boîtes, presse-papiers, encriers, étuis à allumettes, tabatières, médaillons, sans omettre les ouvrages exécutés par les équarrisseurs de livres anciens, qui livrent au commerce boîtes, coffrets à liqueurs et autres..., exécutés à l'aide de livres anciens évidés et empilés.

Bibliographes, bibliophiles et libraires classent les livres en plusieurs catégories : *livres anciens,* des origines à la fin du XVIII^e siècle (manuscrits incunables, livres du XVI^e au XVIII^e siècle) ; *livres romantiques,* jusqu'en 1850 environ ; *livres modernes,* de 1850 à nos jours ; *livres illustrés modernes,* de 1870 à nos jours ; mais les dates ne sont pas rigoureuses.

**livre des morts.** En Égypte, cet objet fait partie des rites funéraires. C'est un rouleau de papyrus que l'on place dans le sarcophage à côté de la momie. Le texte, rédigé en caractères hiéroglyphes, contient des formules magiques, des recettes destinées à faciliter le voyage du mort, parcours rempli d'embûches, vers la vie nouvelle qui l'attend. Il est illustré de vignettes, de petits dessins aux coloris très vifs. Sous le Nouvel Empire, chaque défunt a son livre : aussi les livres des morts nous sont-ils parvenus en assez grand nombre. Ce sont cependant des objets peu courants dans les ventes d'antiques.

**loch** n. m. Instrument de mesure de la vitesse, utilisé en marine. Le mot *loch* dérive du néerlandais *log* (« bûche » ou « morceau de bois »). Jeté à l'avant du navire et repris à l'arrière, le loch permettait de mesurer le temps de passage, puis de calculer la vitesse. Le premier loch est décrit par William Bourne dans *A Regiment for the Sea* (1577). Puis l'instrument apparaît dans tous les ouvrages de navigation.

Le premier loch à moulinet connu est attribué à un Allemand, Wallot (1768) ; il fallut lui adjoindre un compte-tours, et cet instrument fut essayé sur l'*Enjouée.* C'est au début du XIX^e siècle que Massey et Gould donnent naissance aux lochs mécaniques, composés de deux parties, l'une à hélice et l'autre contenant le compteur, le tout étant immergé. À la fin du XIX^e siècle, l'électricité apparaissait à bord et faisait progresser les instruments.

**Loffler** (Bertold), peintre et graveur autrichien (Nieder Rosenthal 1874 - ?). Professeur à l'école des arts décoratifs de Vienne, il fut un artiste créatif (affiches, timbres, billets de banque) et l'un des maîtres de la carte postale artistique des Wiener Werkstate.

**Loir** (Alexis III), orfèvre français (? - 1775). Héritier d'une lignée d'orfèvres célèbres, parmi lesquels Alexis I^er (1640-1713), représentant du style Louis XIV, Alexis III fut reçu maître en 1733. Son poinçon figure sur des pièces de très grande qualité, d'un style rocaille très mesuré.

**Londres** (Lambeth). Dès l'époque médiévale, la poterie est pratiquée en Angleterre à partir de toutes les terres qui se prêtaient à cet artisanat. La cuisson et la couleur variaient d'un endroit à l'autre, et certaines poteries étaient couvertes d'une espèce de vernis à base de plomb.

La faïence plus fine que celle que nous connaissons aujourd'hui sous l'appellation « delftware » fut toutefois fabriquée par des faïenciers provenant des Provinces-Unies et ayant émigré sous les règnes d'Henry VIII et de la reine Élisabeth.

Venu d'Anvers, Jacob Janson a établi la première faïencerie à Londres (Duke's Place) vers 1570 ; jusqu'au premier quart du XVII^e siècle, cette fabrique était la seule à produire des faïences recouvertes d'une glaçure à base d'étain, que les Anglais appellent « tin-glazed delftware ».

Les faïenceries de Londres établies à Southwork, Aldgate, Putney, Mortlake, Isleworth, Vauxhall, ainsi que les différentes fabriques de Lambeth ont connu, avec Bristol, Brislington et Liverpool, une époque glorieuse qui s'étend jusqu'à la fin du XVIII^e siècle.

Vers le milieu du XVII^e siècle, le « style bleu » rappelle les belles créations delftoises « à la chinoise », que les faïenciers anglais ont introduites dans leur travail à la suite de leurs collègues hollandais ; on trouve plus tard (seconde moitié du XVII^e siècle) les très rares « chinoiseries » en jaune, ocre et bleu, et vers le début du XVIII^e siècle les polychromes — surtout des grands plats d'apparat exécutés pour les personnalités, tels le duc de Marlborough, Charles II, la reine Anne, Georges I^er — en bleu, rouge de fer, jaune et vert.

Les formes des pièces sont typiquement delftoises, à l'exception des *pots à posset* ou des *tasses à chandeau,* qui sont très caractéristiques des faïenceries de Londres et surtout de Lambeth. Le posset est une boisson chaude épicée à base de lait et de vin ou de bière en vogue chez les Anglais en général et les Londoniens en particulier au XVII^e siècle.

Le « delftware » a toujours été populaire outre-Manche ; toutefois, depuis quelque temps, on assiste à Londres, comme à New York, à une hausse vertigineuse des prix, tandis que Paris reste encore une place relativement peu intéressante pour les vendeurs de cette faïence anglaise fabriquée à Londres comme à Bristol et à Liverpool aux XVI^e-XVIII^e siècles, surtout par des potiers venus d'Anvers et de Delft.

**Longquan.** V. CHINE.

**longue-vue** V. LUNETTE.

**Longwy.** L'évolution de la faïencerie à Longwy est étroitement liée à la famille Boch, qui acheta vers la fin du XVIII^e siècle le couvent des Carmes, déclaré bien national par la Convention. La situation favorable du couvent, près d'une rivière et de la forêt, convenait bien à la création d'une faïencerie, et les premiers fours entrent en activité en 1801.

De l'époque impériale (1807-1809), nous connaissons quelques exemplaires (soupières) des services de commande dits « de la Légion d'honneur ».

En 1832 la fabrique passe entre les mains de la famille du baron Henry Joseph d'Huart par mariage et la marque devient « d'Huart de Northomb », après avoir été pendant une vingtaine d'années « Northomb-Boch » ; c'est l'époque des statuettes en biscuit, des pièces à décors moulés, des décors imprimés et enfin de l'utilisation des émaux cloisonnés, des émaux plombifères et des pièces dans le goût Louis XV réhaussées d'or.

Après la Première Guerre mondiale, une rapide décadence des décors et des formes amena la fin de la fabrication de la faïence courante. Les pièces décoratives tardives de Longwy ont toutefois aujourd'hui un attrait certain pour les amateurs, car la mode actuelle rapproche leurs formes et leurs décors du groupe des Arts décoratifs de l'après-guerre.

**loquet** n. m. Barre (en bois ou en métal) mobile autour d'un pivot. Le loquet vient se loger dans le mentonnet fixé dans l'encadrement de l'ouverture pour fermer celle-ci. Avec le verrou et la serrure en bois, il fut employé dès l'Égypte ancienne.

**lorgnette** n. f. Petite lunette* d'approche à un ou à plusieurs tirages, de 10 à 15 cm de long. Il existe de nombreux modèles du XVIIIe et du XIXe siècle, les plus simples étant en cuivre doré ou en carton recouvert de cuir et les plus élégants en ivoire, en nacre, en galuchat, en porcelaine ou en laque rehaussée d'or ou d'argent. Selon la grandeur et la richesse de la décoration, la fourchette des prix s'étale de 1 000 à 6 000 F.

**Lot** (les), famille de facteurs d'instruments de musique à vent en bois, exerçant depuis le XVIIIe siècle. *Gilles* s'impose comme maître au cours d'un procès fameux en 1752 : il fait reconnaître son talent face au « complot » de la communauté des luthiers, à laquelle appartenait son cousin Thomas. Il existe aussi un *Martin,* peut-être fils de Gilles, mais c'est surtout *Louis,* établi de 1855 à 1875, qui s'impose face à ses contemporains, par la finition, la facilité d'émission et la justesse de ses flûtes.

**loterie** n. f. Attraction foraine où une grande roue lancée à la main indiquait le numéro gagnant en haut. Ce jeu a été reproduit à la dimension d'un jouet avec de petits lots à la fin du XIXe siècle.

**loto** n. m. Ce jeu de hasard aurait été importé d'Italie par François Ier (*lotto* = sort), mais sa grande diffusion date du début du XVIIIe siècle. Les lotos du XVIIIe siècle, réservés à une clientèle élégante, sont de fabrication soignée : coffret de laque, de vernis* Martin, de marqueterie, cartons gravés et peints à la main, sac de soie brochée contenant les pions. Ils ont une valeur plus grande encore s'ils proviennent de la fameuse boutique du « Singe Vert », la plus courue sous Louis XVI (à partir de 4 000 F). Quant aux lotos du XIXe siècle, ils sont fabriqués en série et donc plus modestes. Certains sont cependant recherchés. Le loto est aussi un jeu éducatif (loto des mots historiques, des départements, des pays) et cote entre 600 et 1 200 F, selon la beauté de ses cartons gravés, l'originalité de son thème, son ancienneté.

**Loubas.** Les Loubas, localisés dans les provinces du Kasaï, du Shaba et au sud de la province du Kivu, sont les héritiers de deux grands empires.

En bois précieux et poli, les statuettes « portraits de morts » figurent l'ancêtre debout, les mains réunis sur la poitrine ou les bras le long du corps. Les images féminines portent de nombreuses scarifications rituelles sur le ventre, au nombril toujours très saillant, et la coiffure est soigneusement élaborée. Les trônes portés par des cariatides sont très élaborés et élégants. Les amulettes « mikisi mihake » sont des talismans sculptés, mesurant une trentaine de centimètres environ. D'élégants porte-flèches anthropomorphes rappellent que les Loubas sont d'habiles chasseurs. Le personnage représenté est caractérisé par des formes étirées, longilignes, et un trident de bois surmonte sa tête, permettant aux flèches de se maintenir en équilibre. On trouve également de belles coupes à représentations féminines, assises ou agenouillées.

L'art des Loubas est un des plus sensibles et des plus raffinés de toute l'Afrique centrale, et les collectionneurs le recherchent particulièrement.

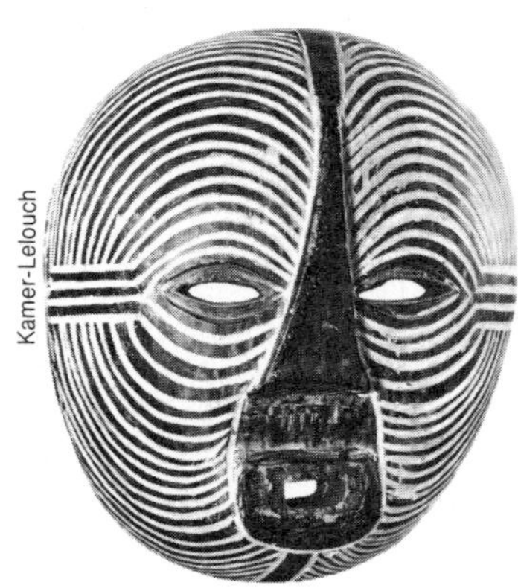

Kamer-Lelouch

*Masque louba. Galerie Hélène Kamer-Lelouch.*

**louis** n. m. Nom de diverses monnaies d'or des règnes de Louis XIII à Louis XVI (le premier louis d'or a été créé sous Louis XIII par le graveur Jean Warin). De nos jours, on emploie encore communément ce mot pour désigner les pièces françaises de 20 F en or cotées en Bourse.

**Louis XIII, Louis XIV, Louis XV, Louis XVI.** V. TABLEAU DES STYLES pp. 454-455.

**Loulouas.** Les Loulouas ou Benas Loulouas, occupant les deux rives de la Louloua, forment une des ethnies les plus importantes du Kasaï.

La statuaire, d'un style très classique, tient une place très particulière dans l'art du monde noir, par les coiffures complexes et par la richesse des scarifications et des costumes des chefs, figurés sur les représentations. Sur les œuvres « classiques », les personnages, aux formes étirées, possèdent un torse qui disparaît sous un réseau de motifs géométriques complexes. Casqués et barbus, les chefs portent la lance et le bouclier, parfois un sceptre ou un bol. Les statuettes féminines appelées « maternités » portent un enfant dans les bras et sont souvent pourvues d'un mortier et de son pilon. Le visage est toujours très allongé, et la coiffure, élaborée, est terminée par une ou plusieurs cornes. Quelquefois le personnage est ployé en deux, les coudes appuyés aux genoux, les mains soutenant le menton et les côtes assez apparentes : on le trouve fréquemment sur des tambours, des appuis-tête ou des mortiers à tabac.

Les sculptures loulouas sont très recherchées des collectionneurs, mais les belles pièces de cette ethnie demeurent assez rares sur le marché français.

**loupe** n. f. La loupe est le plus simple mais aussi le plus ancien des instruments d'optique. Elle était employée avant la découverte du microscope* pour le grossissement des objets. Avant le XVIIIe siècle, la mauvaise qualité des lentilles*, due au polissage manuel, donne une image un peu floue et retire une valeur scientifique à la loupe. Les exemplaires du XVIIe siècle ont souvent un verre légèrement teinté. La lentille convergente est montée sur un cercle en bois, en métal ou en ivoire, avec un petit manche pour en faciliter l'emploi.

**loupe** n. f. (du latin *lupa,* loup), excroissance fibreuse recouverte d'écorce qui se développe sur les troncs et les branches de certains arbres. Les menuisiers et les ébénistes ont tiré parti du bois très dur et richement veiné que l'on trouve au niveau des loupes. Les loupes sont utilisées en panneau ou en marqueterie. Dans la Bresse et en Vendée, les armoires et les buffets construits avec des panneaux de loupe d'orme ou de loupe de frêne encadrés de traverses en bois naturel sont appréciés pour leur effet décoratif. On emploie parfois l'adjectif « galeux » pour désigner un arbre atteint de cette malformation

(« orme galeux »). La loupe, qui est une maladie accidentelle, ne doit pas se confondre avec la ronce.

**Loupot** (Charles), dessinateur et affichiste français (Nice 1892 - Les Arcs 1962). Il fut, entre les deux guerres, l'un des promoteurs de l'affiche moderne : *Valentine, Galeries Barbès, Dop, Saint-Raphaël, Fourrures Canton.* Un retirage de cette dernière photo (Lausanne, 1920) a atteint 4 000 F le 30-XI-1980 à Orléans.

**Louristan.** V. LURISTĀN.

**Lucas de Leyde,** peintre et graveur hollandais (Leyde 1489 ou 1494 - *id.* 1553). Lucas de Leyde, fils du peintre Huygh Jacobsz, manifesta une précocité artistique stupéfiante. Initié très tôt à l'orfèvrerie, il fit preuve, dans la gravure sur bois et sur cuivre, d'une technique parfaite.

Novateur dans sa manière de traiter les scènes religieuses (la *Passion du Christ*) ou mythologiques, cet ami et rival de Dürer se montra aussi très attentif à l'intériorité des personnages. Ses estampes figurent parmi les œuvres les plus cotées : 7 000 livres sterling ont été atteintes le 1er-XI-1981 chez Christie's à Londres pour *le Triomphe de Mardochée,* exemplaire sur cuivre du 1er état pour une gravure qui compte 3 états.

**Luce** (Jean), céramiste et verrier français (Paris 1895 - *id.* 1964). Il est surtout connu pour ses services en verre et en porcelaine qu'il a réalisés à la demande de la Compagnie générale transatlantique (pour laquelle il a repris des modèles exécutés pour le *Normandie*) ; le décor est en général sobre et linéaire.

**luminaire** n. m. Dès le XIIIe siècle, ensemble d'appareils d'éclairage destinés à une maison, à un palais, à une cérémonie se déroulant à l'extérieur. À partir du XVIIe siècle, ce mot s'applique à un seul appareil d'éclairage et se confond souvent avec lampadaire*.

**lunette** n. f. Instrument d'optique appelé aussi « lunette d'approche », « longue-vue » ou « lorgnette », qui permet de voir à grande distance en grossissant les objets au moyen d'une ou de plusieurs lentilles.

L'apparition des premières lunettes date du début du XVIIe siècle. En 1609, Galilée apprend par son correspondant parisien que des lunettes hollandaises sont mises en vente. En 1610, il bouleverse les connaissances astronomiques en découvrant les satellites de Jupiter au moyen de sa lunette, dite « lunette de Galilée », qui était un tube de 1 m de long avec une lentille à chaque extrémité. Les résultats étant obtenus plus accidentellement que logiquement, chacun gardait soigneusement le secret de sa fabrication, à tel point que les savants avaient leur propre atelier de fabrication et possédaient leur propre clientèle. Malgré ses nombreux défauts dus au manque de qualité du verre de la lentille, la lunette connut un vif succès auprès du public et fit de rapides progrès.

La lunette astronomique garde son image inversée, ce qui, pour de telles distances, n'a pas d'importance. Son encombrement est le problème principal : la longueur du tube est en relation directe avec le grossissement de l'objet observé. Rapidement, on construisit des lunettes, ou longues-vues, à tirages. Celles-ci étaient constituées de plusieurs tubes rentrant l'un dans l'autre, et qui, une fois étirés, permettaient la vision. Tout d'abord en carton recouvert de cuir, elles étaient quelquefois en bois, mais ce n'est qu'à la fin du XVIIe siècle qu'elles sont en métal, notamment en laiton. Les lunettes italiennes du XVIIe siècle sont en carton ou en parchemin peint.

Grâce à Dollond, au milieu du XVIIe siècle, et à la mise au point de l'objectif achromatique, qui améliore considérablement la vue, on a pu utiliser des lunettes à court foyer ou de petite taille, tout en obtenant un fort grossissement.

À la fin du XVIIIe siècle, la lunette astronomique adopte sa forme actuelle et ressemble beaucoup au télescope. La substitution des pinnules au profit des lunettes sur divers instruments provoque sans aucun doute des transformations et des améliorations.

Les prix sont très variables et obéissent à plusieurs critères : l'ancienneté, la décoration, l'état des lentilles, la signature du constructeur. Ils peuvent aller de 1 000 F à plusieurs milliers de francs.

**Lunéville.** La fabrication de faïences à Lunéville (faïences fines de Lorraine) est étroitement liée à deux personnages. Jacques Chambrette (v. 1705-1758) fonde vers 1720 une faïencerie, pour laquelle il obtient des lettres de franchise en 1731. Il utilise au début le grand feu en camaïeu bleu et des décors de lambrequins, puis vers 1750, avant sa mort, le petit feu. L'autre personnage est Paul Louis Cyfflé, sculpteur du roi Stanislas, qui obtient en 1768 le privilège d'établir une fabrique à Lunéville et le droit d'employer la *terre de Lorraine.* Son œuvre est impressionnante, et c'est certainement lui qui a fourni les modèles des lions accroupis et des statuettes de personnages historiques (Henri IV, Sully, Bélisaire, etc.) de caractères courants (le savetier, la ravaudeuse) ainsi que les figurines représentant les « cris de Paris », à Niderviller autant qu'à Lunéville.

Après la mort du roi Stanislas, son protecteur, Cyfflé est obligé de quitter Lunéville (1780), et c'est à Ixelles, après avoir été associé aux fabriques de Toul (Bellevue) et de Saint-Clément, qu'il meurt en 1806 dans la misère.

Ader-Picard-Tajan

*Plat ovale en faïence de Lunéville à décor polychrome. XVIIIe siècle. (L. 47 cm.) Adjugé 22 000 F par Mes Ader-Picard-Tajan, à Drouot, le 5-XI-1982.*

**Lupot** (Nicolas), luthier français (1758-1824). Issu d'une famille de luthiers, il en est le plus important, et son travail est synonyme d'un goût et d'un art qu'il sut élever à la plus haute perfection. Lupot utilisa un vernis ayant le rouge comme base. Très grand restaurateur d'instruments anciens, il fit de nombreuses observations, qu'il confia à l'abbé Sibire. Ces réflexions furent consignées dans un livre, *la Chélomonie ou l'Art du luthier* (1806). Lupot fut surnommé le Stradivarius français.

**Lurçat** (Jean), peintre et tapissier français (Bruyères, Vosges, 1892 - Saint-Paul-de-Vence 1966). Son rôle a été déterminant dans le mouvement de renouveau qu'a connu la tapisserie au milieu du XXe siècle. Lurçat commence dès 1917 ses recherches en tapisserie, mais sa préoccupation du décor mural et monumental l'amène en 1937 seulement à se consacrer presque exclusivement à cet art.

Sa rencontre avec le lissier François Tabard, sa visite déterminante au musée d'Angers, pour étudier l'Apocalypse, puis son séjour à Aubusson avec Gromaire en 1939 lui révèlent sa vocation de grand décorateur. Renouant avec l'esprit des lissiers du Moyen Âge, Lurçat comprend la fonction murale, monumentale, solennelle de ces murailles de laine. Dans ses vastes tentures harmonieuses et vivement colorées, il chante avec lyrisme et poésie un univers de joie et de fraternité. Ses coloris limités, sa composition solide, la muralité de ses sujets rappellent les vastes tentures médiévales. L'invention du carton numéroté (chaque couleur est indiquée sur le carton par un numéro) simplifie le travail du lissier. Lurçat a grandement participé au renouveau de la tapisserie et à la résurrection d'Aubusson. Ses œuvres de grandes dimensions ont été le plus souvent des commandes officielles. Ses œuvres majeures sont exposées à Angers.

**Luristān.** Cette province occidentale de l'Iran occupe une place archéologique de premier plan. En 1928, des archéologues ont mis au jour les premiers bronzes dits « du Luristān », qui datent des IXe-VIIe siècle av. J.-C. Ces bronzes sont coulés à plat et en plein. Art de nomades cavaliers, plus ou moins sédentarisés, il privilégie les activités guerrières : plaques de mors, pièces de harnachement, armes, haches, étendards... Les thèmes de décors sont surtout animaliers (chevaux, mouflons, cervidés), mais traitent aussi d'animaux mythiques. Certains de ces bronzes sont d'une remarquable qualité artistique. Ils entrèrent en grand nombre dans les collections privées et ils sont relativement aisés à acquérir.

Laurin-Guilloux-Buffeteaud-Tailleur

*Mors en bronze de patine verte Luristān, Ier millénaire. (Ces objets rituels servaient d'oreillers aux guerriers défunts.)* [8,8 × 8,8 cm.] *Drouot, 1978.*

Cette province est également connue pour les très beaux tapis produits par des tribus en partie encore nomades. Leur décor est caractérisé par des motifs géométriques et stylisés très rapprochés. Le champ se compose généralement d'un ou de plusieurs médaillons en losange, avec un contour dentelé et plusieurs petits motifs stylisés ou non (arbres de vie, saules et cyprès, roses et tulipes). Les coloris sont vifs. Ces tapis sont exécutés au nœud turc, sur chaîne de coton et trame de laine ; le velours est assez haut.

**lustre** n. m. Instrument d'éclairage. Le « chandelier pendant », d'abord en bois puis en métal (étain, cuivre), est connu dès le XVe siècle, mais l'emploi du mot lustre ne date que du XVIIe siècle. Il coïncide avec l'apparition des chandeliers de cristal, dont on admire le « lustre », c'est-à-dire le brillant incomparable.

Les lustres en cristallin soufflé de Venise (XVIIe-XVIIIe s.) se rencontrent parfois sur le marché, mais les modèles les plus répandus sont composés de pendeloques en cristal taillé de Bohême, du moins pour le XVIIIe siècle. Toutes les cristalleries françaises se sont ensuite employées à concurrencer cette production. Baccarat s'est distingué par les prodigieux exploits techniques qu'impliquait la fabrication de lustres de taille gigantesque. La fabrication de lustres entièrement en cristal a été limitée en raison du poids que pouvait atteindre un tel ensemble.

**lustre métallique.** Décor obtenu par une cuisson de sels métalliques en atmosphère réductrice, c'est-à-dire sans oxygène (l'oxyde de carbone réduisant alors les oxydes à l'état de métal). Il permet un des décors les plus remarquables utilisés par les potiers musulmans dès les IXe et Xe siècles. Le lustre métallique s'applique en deuxième cuisson, aussi bien sur les glaçures alcalines, plombifères ou colorées. En Occident, les céramiques ainsi décorées sont dites « à reflets métalliques ».

**luth** n. m. Instrument de musique à cordes pincées, composé d'une caisse de résonance, de forme et de dimension variées, et d'un manche, portant un cheviller formant un angle dans son prolongement. Venu d'Orient, le luth européen comporte 4 cordes au XIVe siècle, et plus de 20 au XVIIIe siècle, lorsqu'il est « théorbé ». Actuellement, ce sont l'état de conservation, la qualité de sa lutherie et la perfection de sa rosace qui le valorisent : cet instrument fragile peut atteindre des prix importants dans les salles de ventes.

**lutrin** n. m. Pupitre de lecture monté sur un pivot vertical. Destiné à recevoir de gros livres d'église, le lutrin se distingue du lectrin, auquel il a succédé au XVIIe siècle, par l'élégance des sculptures et un piétement souvent tripode. Il a souvent la forme d'un aigle aux ailes déployées, servant d'appui aux livres ouverts.

**Lyon.** Toute une série de pièces de la faïencerie lyonnaise, décorées dans le genre d'Urbino (chevrettes, albarelli, plats d'apparat, bouteilles, vases), peuvent être attribuées à la première époque (XVIe s.), étroitement liée à la présence d'un nombre important de potiers d'origine italienne (Gênes, Pesaro, etc.). Les décors utilisés sont très anciens et rappellent beaucoup ceux de Faenza au XVe siècle.

Après cette période italianisante, le deuxième quart du XVIIIe siècle donne un nouvel éclat à Lyon lorsque Joseph Combe de Moustiers crée en 1733 une première manufacture, connue sous l'appellation *« Manufacture royale » ;* celle-ci prospère sous plusieurs directeurs jusqu'en 1770. Dès 1750, plusieurs faïenciers s'installent à Lyon, et on leur attribue de beaux plats ronds et oblongs décorés en camaïeu bleu à la manière de Moustiers et de Rouen, quelques pièces de petit feu polychrome, des assiettes très intéressantes décorées en jaune ocre et les beaux plats oblongs de grand feu en camaïeu manganèse et polychrome.

Aucune marque précise ne peut être retenue, à part la signature du faïencier d'origine italienne (Turin) Pierre Mongis et quelques inscriptions se référant à la ville de Lyon (première moitié du XVIIIe s.).

**lyre** n. f. Instrument de musique antique, emblème d'Apollon, qui est un motif décoratif fréquemment employé pour la beauté de sa forme, notamment sous Louis XVI et le Directoire (dossier des chaises découpé en forme de lyre). Sous l'Empire, les meubles sombres s'ornent de motifs de bronze en lyre et le piétement des tables prend souvent cette forme élégante. La Restauration en fait l'un de ses ornements préférés, tant en sculpture, en marqueterie, en horlogerie que sur les bronzes d'applique et les pieds des meubles.

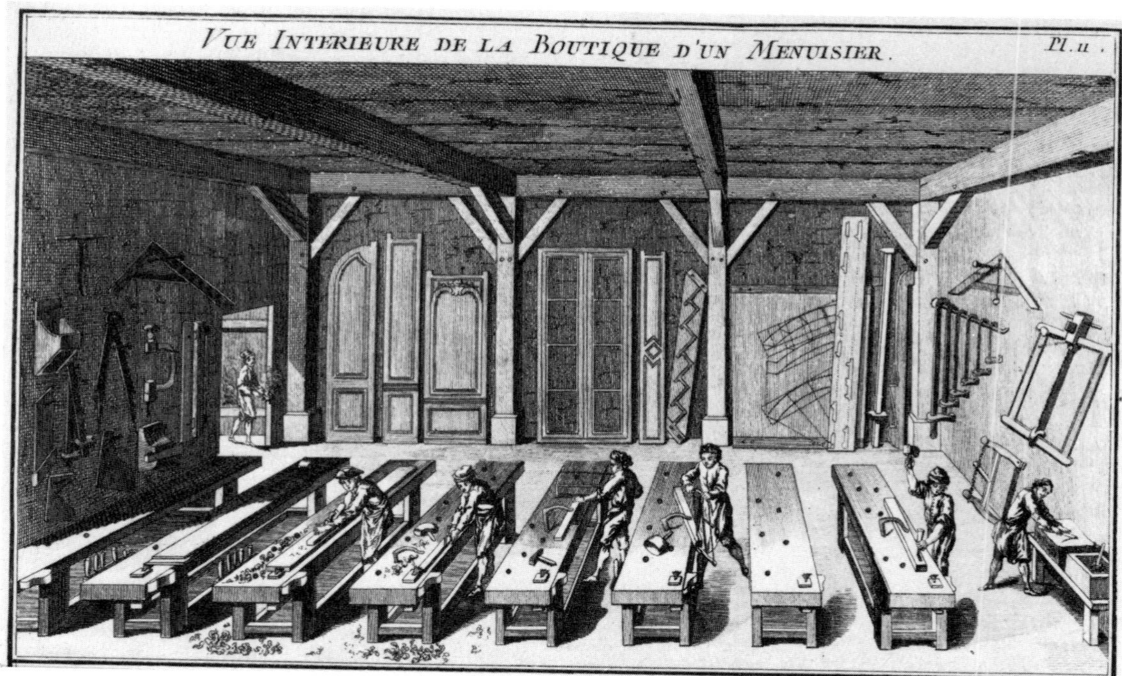


*Planche de l'Art du menuisier de Roubo (1769) représentant la boutique d'un menuisier. Paris, Bibliothèque nationale.*

**macassar.** Bois exotique provenant de l'île de Célèbes (entre Java et les Philippines), qui possède les mêmes qualités que l'ébène, mais se présente sous un aspect très différent. Alors que l'ébène est d'un noir uni, ce bois précieux est largement veiné de stries rouge orangé ou jaune foncé tirant sur le rouge. Il a été très employé par les ébénistes de l'Art déco.

**Macé** (Jean), ébéniste français (Blois v. 1600 - Paris 1660). Après une formation en Hollande auprès des ébénistes qui sont alors les plus réputés, il est appelé en France en 1641 par Louis XIII et reçoit le logement de la veuve Stabre* dans la Grande Galerie du Louvre. Il est le premier artisan français inscrit sur les *Livres des « Comptes des Bastimens »* au titre de menuisier-ébéniste. Il est l'auteur de somptueux cabinets en marqueterie. On lui doit également le parquet de la galerie François Ier au château de Fontainebleau.

**mâche-bouchon** n. m. Moule en bronze comportant une série de compartiments cylindriques, utilisé en pharmacie pour comprimer les bouchons de liège destinés aux flacons et aux bouteilles. Les mâche-bouchons avaient toujours la forme d'un animal (serpent, crocodile, chien ou salamandre), et cette particularité les fait rechercher des collectionneurs d'objets pharmaceutiques.

**machine à vapeur.** À partir du milieu du XIXe siècle, la fabrication des jouets scientifiques connaît une vogue spectaculaire, illustrée notamment par les machines à vapeur, qui fonctionnent grâce à la vapeur produite par l'ébullition d'une petite chaudière à eau chauffée par une lampe. Qu'elles soient verticales ou horizontales, de simple tôle peinte ou de cuivre étincelant, ces fameuses machines émerveillent encore petits et grands, malgré le danger certain que peut provoquer l'explosion de la chaudière à la moindre défaillance de la soupape de sécurité. La beauté de ces objets, aussi précis, aussi

*Machine à vapeur miniature, en fer blanc, de Ernst Plank. Allemagne, vers 1895. (L. 38 cm.) Adjugé 935 £ par Sotheby, à Londres, le 30-IX-1982.*

ingénieux que leurs modèles, séduit encore nombre de collectionneurs, et tout particulièrement les Anglo-Saxons. Les plus belles machines à vapeur ont été fabriquées en France par Heller, Coudray et Radiguet entre 1880 et 1910, et en Allemagne par Planck, Bing* et Märklin*, qui, dès 1910, créent des modèles réduits de locomotives, de bateaux, mais aussi des engins permettant d'animer des petites machines-outils ou des automates (tarares, pompes, marteaux-pilons, fontaines, moulins, manèges, etc.), ou même des usines miniatures (scieries, distilleries).

**madrure** n. f. Ensemble des veinures du bois.

**Magritte** (René François Ghislain), peintre, graveur et lithographe belge (Lessines 1898 - Schaerbeck 1967). D'abord influencé par De Chirico, Magritte trouva sa propre voie dans la logique de l'insolite et contribua personnellement à la révolution surréaliste. Précis dans son dessin, chaud dans ses couleurs, extrêmement équilibré dans ses compositions les plus étranges, il nous a laissé, en plus de ses peintures, un grand nombre de lithographies et d'eaux-fortes.

**maille** n. f. Nom de diverses petites monnaies du Moyen Âge français, souvent synonyme d'*obole* ou de *demi-denier.* Sous Philippe IV le Bel, les mailles (maille demie et maille tierce) sont des divisions du gros*.

**maillechort** n. m. Alliage de cuivre, de zinc et de nickel, utilisé comme métal monétaire. Son nom provient de la contraction des noms de ses deux inventeurs lyonnais, Maillet et Chorier, qui l'utilisèrent en 1828. Les pièces de 5, 10 et 25 centimes ont été frappées en maillechort entre 1937 et 1940. Cet alliage fut aussi employé dans l'orfèvrerie, pour imiter l'argent.

**maillet** n. m. Pièce de bois dur emmanchée servant à enfoncer et à frapper. La forme et l'importance des maillets varient selon leur usage. Celui des métiers du bois est généralement massif et lourd ; les maillets les plus recherchés sont tirés de la loupe de charme ou d'orme. Entre le gros maillet courbe du tailleur de pierre et le minuscule maillet cylindrique en buis de l'orfèvre se développe toute une gamme de maillets différents, recherchés par les collectionneurs.

**Maincy.** Manufacture de tapisseries créée en 1660 par le surintendant Nicolas Fouquet dans le parc de son château de Vaux-le-Vicomte et dont la direction était assurée par Charles Le Brun. Pendant trois ans sortirent des métiers de Maincy de superbes tentures *(les Muses, l'Histoire de Constantin, le Char du Triomphe, la Chasse de Méléagre)* tissées par des lissiers français et flamands sur des cartons originaux repris par Raphaël. Lorsque la production de cette manufacture privée se révéla trois fois supérieure à celle des manufactures parisiennes, Colbert se décida à confisquer cette manufacture pour recentraliser tous les ateliers aux Gobelins*.

**Maindron** (Ernest), secrétaire de l'Académie des sciences. Il publie en 1886 et en 1896 deux ouvrages de référence sur l'affiche illustrée. Il est l'auteur, en 1884, dans la *Gazette des beaux-arts,* de la première étude sur l'affiche française et organise en 1889, dans le cadre de l'Exposition universelle, une exposition sur l'affiche qui consacre la reconnaissance officielle de celle-ci dans le domaine de l'art.

**maison commune.** Dans le système corporatif de l'Ancien Régime, la maison commune est le siège de la corporation. Ainsi, le bâtiment de la maison des orfèvres est toujours visible à Paris, flanqué de sa chapelle, dans la petite rue des Orfèvres, de même que la maison des menuisiers-ébénistes dans l'ancien cloître des Billettes, rue Vieille-du-Temple.

En orfèvrerie, on nomme « poinçon de maison commune » la lettre, renouvelée chaque année, que le bureau des orfèvres appliquait sur un objet d'argent encore inachevé afin de vérifier que l'alliage était bien au titre requis. Ce poinçon se nomme parfois « lettre* date ». Le système changea à partir de 1784 : chaque ville se vit alors attribuer une lettre fixe (Le P pour Paris), accompagnée du millésime clairement indiqué.

**maison de poupées** n. f. Ce jouet fascinant qu'est la maison de poupées, témoin précis et miniaturisé des demeures d'autrefois, fait aujourd'hui la joie des collectionneurs et non plus des enfants ! Réservées sous l'Ancien Régime aux rejetons des familles fortunées, les maisons de poupées se démocratisent vers le milieu du XIX<sup>e</sup> siècle, avec l'essor de la production industrielle. Chose curieuse à une époque où chaque poupée, chaque modèle réduit porte la marque de son fabricant, elles sont toutes anonymes mais elles sont cependant assez aisées à dater, car leur mobilier, le style de leur façade, le choix de leurs tapisseries suivent de très près les styles successifs, du XIXe siècle à 1914 (chaises capitonnées, lustres à pendeloques, vaisselle fine du second Empire, buffets Henri II des années 1880, mobilier de bambou 1900, etc.). Leur charme tient surtout au raffinement du mobilier (petits meubles incrustés de nacre, rideaux frangés, cadres dorés). La maison elle-même s'ouvre en général par la façade de bois, recouverte de papier imitant la pierre et garnie d'un balcon ou d'un bow-window, laissant apparaître quatre pièces tapissées desservies par un escalier ou un ascenseur à manivelle. Le mobilier et les bibelots ont en général été perdus ou vendus à part à un prix plus élevé pour un seul petit meuble que pour la maison même. Encore accessibles, ces maisons sont cependant de plus en plus recherchées par les amateurs de « mignonnettes ». Sont moins chers actuellement les petits magasins 1900 (boulangerie, épicerie) ou les fermes et les étables.

**maître à danser.** Compas d'épaisseur utilisé par le tourneur, le mécanicien. Ces outils, forgés par l'artisan, offrent souvent une allure discrètement ou franchement érotique, les branches étant façonnées en forme de jambes. Cer-

*Modèles de compas nommés « maître à danser ». Paris, musée des Arts décoratifs.*

Guillemot-Top

tains représentent des danseurs. Les maîtres à danser travaillés sont très recherchés par les collectionneurs.

**Maîtres de l'affiche (les).** Publication mensuelle illustrée de lithographies de grand format (280 × 400 cm), éditée de 1896 à 1900 par l'imprimerie Chaix, sous la direction de Jules Chéret et du critique d'art Roger Marx. *Les Maîtres de l'affiche* assura en cinq ans la parution de 240 planches reproduisant les créations des principaux affichistes de l'époque. C'est un ouvrage de référence, mais il y manque, cependant, les œuvres d'artistes tels que Klimt ou John Hassall.

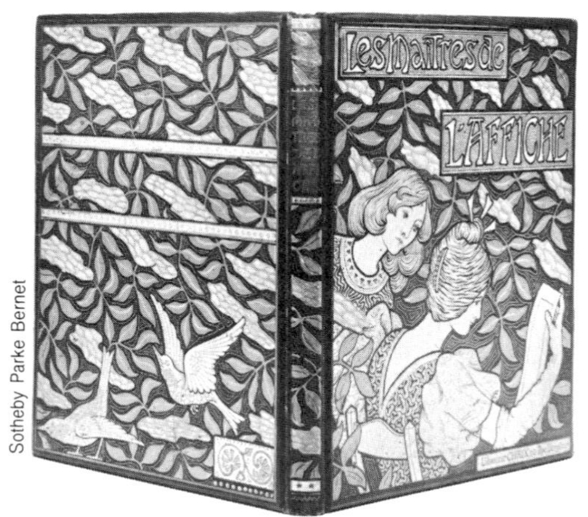


Sotheby Parke Bernet

*Reliure d'éditeur.*

**majolique** n. f. Faïence hispano-moresque à lustre métallique importée des Baléares (majolique serait à l'origine du mot), qui a servi au XV<sup>e</sup> siècle de modèle aux ateliers italiens de Deruta, Faënza, Castel Durante, Urbino, Cafaggiolo. Et, par extension, *majolique* s'applique souvent à la faïence italienne et ibérique créée jusqu'au début du XVII<sup>e</sup> siècle.

Après modelage et séchage, la poterie est immergée dans un bain d'émail stannifère. Lorsque cet émail est sec, le décor est appliqué, puis la pièce est cuite à 1 000 °C pendant plusieurs heures.

**Majorelle** (Louis), peintre, décorateur et ébéniste français (Toul 1859 - Nancy 1926). Élève de Millet à l'École des beaux-arts de Paris, il interrompt ses études au décès de son père, Auguste Majorelle (Lunéville 1825 - Nancy 1879), marchand et fabricant de meubles laqués. Prenant alors la direction des ateliers paternels, il laisse à son frère, Jules, le domaine commercial pour se consacrer à l'ébénisterie. Aidé des peintres Friant et Martin, du sculpteur Bussière, il produit d'abord des copies de meubles anciens très estimés. Puis, en 1894, il substitue au décor peint un décor marqueté, d'inspiration naturaliste. Adepte de l'Art nouveau, il crée entre 1900 et 1910 ses plus beaux meubles, comme ce cabinet de travail orné de bronzes « aux nénuphars », présenté à l'Exposition universelle de 1900. Le succès est immédiat, entraînant l'ouverture de magasins à Paris. À la différence de Gallé, Majorelle préfère le bois dur et sombre ; peu malléable, celui-ci n'est que très rarement sculpté ; seules des applications en bronze prennent l'aspect de nénuphars, de guis ou d'orchidées. En fait, Majorelle reste dans la tradition, mettant le décor floral au service de la forme. Devenu grand industriel, il sait adapter ses productions au goût de sa clientèle ; épurant les lignes de ses meubles, il adopte après 1918 un style plus sobre. Les bureaux et les vitrines sont ses meubles qui, par leur esthétique

*Armoire-vitrine de Majorelle. Adjugée 125 000 F par M<sup>e</sup> Blache, à Versailles, le 18-X-1981.*

Blache

harmonieuse, s'avèrent les plus recherchés : 100 000 F pour un cabinet de travail en acajou mouluré, modèle aux pommes de pin (Cannes, 18-XI-1986).

**Makkum.** En dehors de Delft, qui a très vite éclipsé (fin du XVII<sup>e</sup> - début du XVIII<sup>e</sup> s.) tous les autres centres de production faïencière aux Pays-Bas, Haarlem fut certainement une des productions les plus anciennes, mais c'est Makkum, en Frise occidentale, qui fut, du point de vue de la productivité, le deuxième centre faïencier de la région, après Delft.

Il est quelquefois difficile de distinguer entre les faïences delftoises de moindre qualité et celles de quelques autres centres relativement importants de la Hollande, comme Makkum.

En dehors des carreaux à décors fleuris, la plus importante production de Makkum est celle de plats à scènes bibliques, de plaques et d'assiettes commémoratives de mariages et de naissances ainsi que des scènes rurales au XVIII<sup>e</sup> siècle.

Les faïences de Makkum sont moins élaborées que celles de Delft, la technique appliquée étant moins discrète et le bleu beaucoup plus foncé (couleur d'encre). En dehors des panneaux historiques, très recherchés par les amateurs, les pièces de Makkum, comme d'ailleurs celles de Rotterdam et d'Arnhem, intéressent bien moins les amateurs que celles d'origine delftoise.

**malachite** n. f. (du grec *malakhê*, « mauve »). Pierre de carbonate de cuivre, d'un beau vert vif veiné de rubans blancs, tendre et fragile. La malachite ne semble pas avoir été utilisée en décoration ni en glyptique avant le XVII<sup>e</sup> siècle. À partir de cette époque, elle est utilisée en placage pour les tables, les cheminées, qui ne sont d'ailleurs pas du meilleur goût. Elle est plus agréable sur des objets de petite dimension : perles de colliers, œufs décoratifs, coupes, petits coffrets montés de bronze doré.

**Málaga.** La grande époque des céramiques commence en Espagne au milieu du XIII<sup>e</sup> siècle. Les deux grands centres de ce pays encore musulman, qui marquent les créations ultérieures de Valence*-Manices et de Paterna*, sont Málaga et Grenade. L'art du décor lustré* a été d'ailleurs introduit vers le nord de l'Espagne et vers l'Europe plus septentrionale aux XIVe et XVe siècles par des artistes formés dans les ateliers de Málaga, initiés par des artisans peintres venus de l'Est méditerranéen et de la Perse musulmane.

Les vases à décor lustré, dits « hispano-moresques », qui reprennent le modèle du célèbre *vase* de l'Alhambra (XIVe s.), ont certainement été créés dans les ateliers de Málaga. Rares sur le marché, ils atteignent des prix très élevés.

**Mallet-Stevens** (Robert), architecte-décorateur français (Paris 1886 - *id.* 1945). Influencé par l'architecte viennois Josef Hoffmann, Mallet-Stevens suit les cours de l'École spéciale d'architecture, avant de s'intéresser particulièrement à l'architecture intérieure. Comme Le Corbusier et Jourdain, il aime les volumes simples, rationnels ; il « désencombre » l'espace pour y introduire un mobilier aux lignes droites et sobres, souvent en matériaux rares et raffinés. Il se sert ainsi du métal, particulièrement pour des sièges à tubes. Ses théories sont mises en pratique dans la construction de la villa de Noailles (Hyères, 1924). En 1925, Mallet-Stevens aménage « une Ambassade française » pour l'Exposition des arts décoratifs, collaborant ainsi avec Bourgeois, Herbst et Chareau. Il prend part en 1930 à la fondation de l'Union des artistes modernes, dont il devient le président.

**mandoline** n. f. Instrument de musique à cordes pincées et à plectre. D'origine italienne, la mandoline appartient, avec la mandole et la mandore, à la famille du luth. Beaucoup plus appréciée que la mandoline lombarde, la mandoline napolitaine connut en France une grande popularité à la fin du XIXe siècle et au début du XXe. C'est la raison pour laquelle on la trouve couramment chez les brocanteurs et dans les salles des ventes. La qualité de sa lutherie demeure le critère du coût de cet instrument « passé de mode », dont il est encore permis de découvrir aujourd'hui de merveilleux exemplaires exécutés au XVIIIe siècle par les ateliers de la grande famille Vinaccia de Naples.

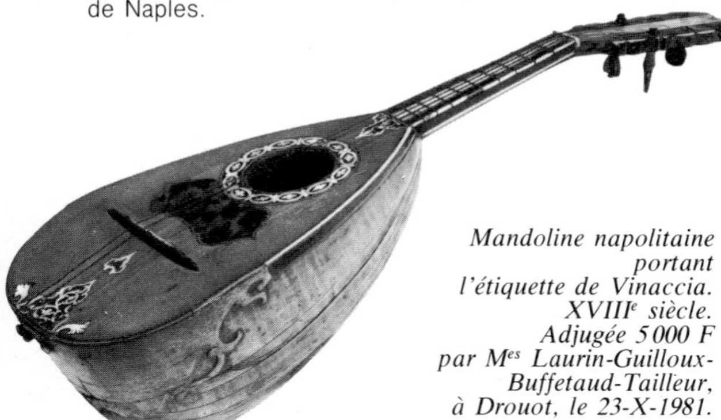

*Mandoline napolitaine portant l'étiquette de Vinaccia. XVIIIe siècle. Adjugée 5 000 F par Mes Laurin-Guilloux-Buffetaud-Tailleur, à Drouot, le 23-X-1981.*

Laurin-Guilloux-Buffetaud-Tailleur

**manège** n. m. Jouet animé d'un mouvement circulaire, le manège de chevaux de bois est considéré comme une antiquité (celui du jardin du Luxembourg a fêté son centenaire récemment). Démontés, restaurés, chevaux et autres animaux de manège occupent une place privilégiée en de nombreux salons. Ce sont des sculptures populaires grossièrement taillées et peintes, et ils possèdent une forte beauté décorative.

Le manège miniature est un petit jouet, mécanique ou à vapeur, en carton ou en fer-blanc, rempli de charme et de poésie, avec des couleurs pimpantes et une musique aigrelette (Märklin et Doll réalisèrent les plus solides entre 1870 et 1914).

*Cheval de manège fabriqué en Europe centrale en 1881. (H. 1,20 m.) Exposition « l'Art forain », au Louvre des antiquaires.*

Christian Bernard

**Manet** (Édouard), peintre et graveur français (Paris 1832 - *id.* 1883). Manet renonça à une carrière de notable pour être peintre. Il attira le scandale avec *le Déjeuner sur l'herbe* (1862), et l'*Olympia* (1863). Baudelaire et Zola furent ses défenseurs en attendant que la postérité lui rendît justice. Son talent de dessinateur égalait son génie de peintre. À sa mort, le catalogue de ses œuvres s'établit à 420 toiles, 114 aquarelles, 85 pastels et à de nombreuses gravures à l'eau-forte et lithographies, que les collectionneurs se disputent aujourd'hui au prix fort : 20 000 francs suisses, le 26-VI-1981 chez Kornfeld und Klipstein, pour l'*Exécution de l'empereur Maximilien* (lithographie de 1867).

**manière d'y voir.** Première appellation du face-à-main au début du XVIIIe siècle.

**Man Ray** (Emmanuel Rudnitsky [?], dit), peintre et photographe américain (Philadelphie 1890 - Paris 1970). Man Ray étudia l'architecture et la peinture. Rallié au groupe dada en 1916, il arrive en France en 1921 et, d'emblée, se fait remarquer par ses inventions photographiques, telles que ses « rayogrammes ». Admirable portraitiste, il apporte aussi à la photographie sa vision surréaliste et son sens de la « facétie artistique ». Il charge d'une sensualité délicate ses photos de nus. Il vécut à New York de 1940 à 1951, puis il revint à Paris. Aux États-Unis, les amateurs payent particulièrement cher ses « rayogrammes » : 10 500 dollars, par exemple, le 19-V-1980 chez Sotheby, à New York, pour *Lace and Candle* (1923). Mais l'exposition des photographies de Man Ray au Centre Pompidou, à Paris, en 1981-1982, n'a pas été sans répercussion sur les cours enregistrés en France, et l'on a pu voir, lors d'une vente publique à Drouot le 2-VII-1982, les tirages de Man Ray faire une percée spectaculaire, l'enchère maximale (14 500 F) étant réalisée par *le Violon d'Ingres* (1924).

**Mantegna** (Andrea), peintre et graveur italien (Padoue 1431 - Mantoue 1506). Andrea Mantegna figure parmi les artistes majeurs de la Renaissance. Humaniste, manifestant un intérêt profond pour l'Antiquité, il s'attacha au paysage, à la peinture historique, religieuse ou d'inspiration mythologique, mais fournit aussi des projets pour des objets d'orfèvrerie. Fixé à la cour de Mantoue, protégé de Gonzague III, puis de Gian Francesco III, il put exercer son art sans contrainte, s'adonnant également avec succès à la gravure au burin. Mais seules nous restent aujourd'hui de ce travail 6 pièces dûment certifiées.

**Mantoue.** L'atelier de tapisseries de Mantoue, fondé par le prince de Gonzague au milieu du XVe siècle, produisit sous la direction du Flamand Boteram un nombre important de tapisseries de belle qualité « à la façon d'Arras ». À la mort de Louis de Gonzague en 1478, il se dispersa et ses lissiers essaimèrent à Ferrare, à Modène, à Pérouse ou à Bologne.

**manuscrit.** Se dit d'un ouvrage écrit à la main (un livre d'heures manuscrit). Jusqu'à la découverte de l'imprimerie, c'est grâce aux manuscrits patiemment copiés et recopiés par les copistes que toute la culture antique et médiévale a été préservée jusqu'au XX^e siècle. Présenté en codex, qui a succédé au volumen, le manuscrit n'a pas de page de titre, et le nom de l'auteur n'est pas précisé ; cependant, l'attention du lecteur est attirée par l'usage de l'encre rouge ou de lettres ornées ou calligraphiées ; les pages seront bientôt foliotées et réglées.

Couturier-Nicolay

*Psautier-livre d'heures du milieu du XIII^e siècle, richement enluminé, orné de 17 miniatures et de 386 initiales sur fond or. Adjugé 2 650 000 F par M^es Couturier-Nicolay, à Drouot, le 2-XII-1987.*

En Occident, le manuscrit médiéval, sous sa forme classique, comporte trois éléments de décoration distincts : l'illustration, l'initiale ornée et l'encadrement, ou bordure. L'harmonie, la couleur et les sujets peuvent faire d'une illustration un chef-d'œuvre. Malgré des pertes immenses, c'est par dizaines de milliers que sont parvenus jusqu'à nous des livres manuscrits copiés sous la forme du codex pendant les dix siècles qui ont précédé l'invention et la diffusion de l'imprimerie en Occident (auteurs grecs et latins, ouvrages didactiques, œuvres littéraires et surtout livres de piété et religieux) ; la plupart sont dans les bibliothèques publiques : la Bibliothèque nationale de Paris en possède plus de 150 000. Celles de Vienne, de Munich et du Vatican sont très riches.

**Maoris.** Les Maoris habitent la Nouvelle-Zélande (Polynésie méridionale). Ce sont d'excellents sculpteurs sur bois. Leur thème principal est le « tiki », animal surnaturel doué de pouvoirs magiques, à grande langue, quelquefois fourchue, qui pend hors de la bouche. La silhouette se réduit souvent à un motif en spirale à la manière chinoise archaïque. On trouve également des « tikis » en jade.

**maquette de bateau.** Modèle réduit d'un navire. Les maquettes de bateau peuvent être « en volume » ou en « demi-coque » ; elles répondent à des objectifs et à des procédés de fabrication très différents.

Parmi les objets très anciens, il faut citer les petites barques funéraires égyptiennes, en bois polychromé, qui transportaient l'âme du mort dans son voyage dans l'au-delà ; ces objets sont garnis de deux ou trois rameurs : il s'en trouve parfois dans les grandes ventes d'archéologie.

Bien plus rares sont les nefs d'argent, équipées de voiles et de marins, qui servaient aux XV^e et XVI^e siècles de garnitures de table. Elles sont quasi introuvables, si ce n'est sous forme de copies XIX^e siècle ou plus récentes. Les maquettes proprement dites n'ont commencé qu'à la fin du XVII^e siècle.

La maquette d'arsenal, ou maquette de chantier, est celle qui jouit du plus grand prestige auprès des collectionneurs, pour sa beauté et sa rareté. Longue de 1 à 2 m, elle était construite à l'échelle, rigoureusement précise au moindre détail près, car elle servait de référence à la construction du véritable navire pour les assemblages, les proportions, l'emplacement exact de telle ou telle pièce. Ce modèle en relief était une réalité plus concrète pour les charpentiers et les gréeurs que des plans sur papier. Certaines de ces maquettes ne sont « bordées » que d'un côté, l'autre côté laissant visibles les membrures et l'aménagement intérieur du bateau.

Les maquettes de chantier apparaissent au XVII^e siècle avec la marine de Colbert ; ce n'est qu'à cette époque, en effet, que l'on a commencé à construire les bateaux sur des modèles établis par les architectes de marine.

Des maquettes semblables étaient utilisées au XVIII^e siècle dans les écoles navales, pour l'instruction des officiers ; d'autres n'étaient que de coûteux jouets offerts en hommage au souverain ou au jeune dauphin. Outre leur précision et leurs grandes dimensions, ces maquettes de chantier se signalent par leur beauté décorative : à l'image du véritable vaisseau, elles sont ornées de sculptures, peintes et dorées, équipées de leurs canons, et constituent aussi des documents infiniment précieux sur la marine ancienne. On peut les trouver chez certains grands spécialistes, mais leur rareté et leur qualité leur donnent des prix inaccessibles au collectionneur moyen.

Les maquettes de matelots étaient confectionnées par des marins, à bord ou à terre, avec un outillage très sommaire (couteau, poinçon, aiguille à voile) et sans aucun plan. Dans cette catégorie entrent les maquettes ex-voto, qui se balancent encore aux voûtes de certaines églises des bords de mer. La navigation à voile connaissait de longues périodes d'accalmie qui laissaient à l'équipage des moments de loisir : certains les mettaient à profit pour se lancer dans la confection d'une maquette.

*Maquette d'un bateau trois-mâts en bois du début du XIX^e siècle. (Ces modèles servaient de plans sur les chantiers de l'époque.) Exposition au Louvre des antiquaires, « l'Art dans la marine » (1981).*

Chevènement

La coque est pleine, taillée dans un morceau de bois, et sa longueur n'excède jamais 80 cm, car il fallait, quand le gros temps arrivait, que le matelot pût caler son ouvrage dans le logement situé au-dessus de sa couchette. Ces maquettes sont équipées de poulies, de taquets, de cabestans ; également confectionnées au couteau, elles sont gréées, mais rarement voilées ; après achèvement, l'ouvrage est soigneusement peint, verni, décoré. Ces maquettes de matelots sont d'inégale qualité ; on constate aussi que le marin, selon le poste qu'il occupait à bord, a accordé plus de soin à la mâture ou à la coque.

Certains de ces travaux étaient exécutés à terre en particulier les ex-voto. Le matelot s'acquittait de son vœu dès son retour au port, sain et sauf ; il en est de même pour les ouvrages que fabriquaient les anciens matelots, pour distraire leur retraite plus que pour l'améliorer, car ces ouvrages n'avaient pas, alors, une grande valeur marchande. Ces maquettes « terrestres » ont une qualité intermédiaire entre les maquettes d'arsenal et les maquettes faites à bord. Elles sont généralement plus soignées que ces dernières, car elles sont exécutées avec un outillage plus perfectionné, et parfois d'après un plan ou un modèle ; certaines ont une coque en bordés. En juillet 1975, on a dispersé à La Rochelle un ensemble de maquettes de bois verni fabriquées vers 1930 par un ancien matelot devenu sabotier : elles représentaient des navires plus ou moins célèbres, anciens ou récents, à voile ou à vapeur, d'une exécution extrêmement précise et soignée. Les maquettes de matelots ne sont pas rares dans le commerce des objets anciens ; leur prix varie en fonction de leur qualité et non de leur ancienneté : il ne s'en trouve d'ailleurs guère au-delà du XIXe siècle.

Les maquettes de ponton sont en os ou en ivoire ; elles furent exécutées au début du XIXe siècle par les prisonniers français sur les pontons britanniques... Les collectionneurs anglais les appréciaient déjà beaucoup à l'époque. Notons tout de même que certains bateaux d'ivoire ont pu être fabriqués à Dieppe* dans les ateliers des ivoiriers « poletais ». Ces ouvrages bénéficient de la beauté du matériau et de la finesse de détails que peut en tirer l'artisan habile. Certaines maquettes d'ivoire sont aussi précises que des maquettes d'arsenal, quoique à une échelle beaucoup plus réduite. Elles ont plus un caractère de bibelot de vitrine que d'objet de marine.

**maravedi** n. m. Nom de diverses monnaies de billon* de la fin du Moyen Âge espagnol.

**marbre** n. m. Terme consacré pour désigner une statue de marbre grecque ou romaine, ou plutôt un fragment de statue : tête, torse, morceau de bas-relief. Ces « marbres antiques » sont, depuis longtemps, très appréciés en décoration, mais il est rare d'en trouver de très grande qualité sur le marché. Cela arrive, cependant, lors des grandes ventes d'archéologie de Londres (Sotheby ou Christie).

**marbre d'ameublement.** Le marbre d'ameublement est destiné à couvrir le dessus de meubles tels que commodes, consoles, secrétaires, tables. Il présente toutes les nuances des couleurs et est rarement monochrome ; le blanc et le noir les plus purs sont eux-mêmes veinés et tachetés.

La France compte de nombreuses carrières disséminées sur l'ensemble du territoire : Pyrénées, Bretagne, Flandres, Ardennes, Jura, dont la qualité est équivalente à celle des plus beaux marbres étrangers (Italie, Espagne, Belgique). Chaque région a ses particularités et ses appellations ; ainsi, les marbres « brèches », composés de petits éclats de roches de différentes couleurs (qui s'ébrèchent facilement, d'où leur nom), sont divisés en trois catégories : le brèche d'Alep (qu'on trouve à Sarcolin, dans les Pyrénées), dont le fond est jaune et les fragments gris, bruns, rougeâtres ou noirâtres ; le brèche violet, aux éclats violets, blancs ou bruns ; le brèche gris, tacheté de gris, de noir, de blanc et de brun. Si le « sainte-anne belge » est gris, noir ou foncé à diaprures blanches, le « sainte-anne français » (nord de la France) est moins foncé que lui et le « sainte-anne des Pyrénées » est encore plus clair que les deux premiers.

Parmi les marbres français les plus employés dans l'ameublement, citons : le « campan mélange » (Pyrénées), à fond rose veiné de vert et de rouge ; le « campan rouge » (utilisé notamment pour le château de Versailles), pourpre violacé très foncé, aux éclats roses, blancs et vert pâle ; le « fleur-de-pêcher », rose veiné d'ocre et de gris ; le « languedoc », rouge incarnat jaspé de gris clair et de blanc.

En Italie, les marbres les plus remarquables sont le « bleu turquin », gris-bleu aux stries blanches et noires, et le « portor », noir veiné de gris et de blanc, et jaspé de jaune-orangé.

Enfin, les carrières belges nous ont donné le « rance », rouge à larges taches blanches et grises, et à petits fragments gris et roses, appelés « queues de rat » à cause de leur aspect, qui résulte de la pétrification de pousses de noisetiers, ainsi que le « rouge royal », semblable au précédent, mais aux couleurs moins soutenues.

C'est à l'époque de Louis XIV que le marbre est remis à l'honneur dans l'ameublement, sur les commodes, les tables et les consoles. À l'époque Louis XV, il est devenu partie intégrante du style, et les tablettes en marbre épais et coloré (brèche d'Alep, rouge royal, sarcolin) épousent le galbe des meubles, moulurées en bec* de corbin, simple ou souligné de filets. Sous Louis XVI, la mode est au blanc (carrare) et au gris (sainte-anne) ; les moulures sont plus simples, et les plateaux rectangulaires ont des angles à pans coupés ou arrondis. Au XIXe siècle, l'Empire privilégie les marbres gris, noirs ou verts (granit belge, marbre noir), taillés à angles vifs, alors que, sous la Restauration, on revient au gris pâle et au blanc, mouluré de doucines*. Sous Louis-Philippe et jusqu'à la fin du XIXe siècle, le noir se répand davantage et les bords des marbres sont incurvés et moulurés, soit en doucine, soit en gorge.

L'Art nouveau utilise à son tour le marbre d'ameublement, souvent marié à du fer forgé.

Les meubles anciens possèdent leur marbre d'origine, plus souvent qu'on ne le pense, et, même si celui-ci est endommagé, il est préférable de le restaurer que de le remplacer, afin de conserver au meuble son authenticité totale. On reconnaît aisément les marbres anciens à leur coupe granuleuse au dos du meuble, avant la mise au point des coupes mécaniques, qui laissent partout une surface lisse.

**marbrure** n. f. Décoration des peaux et des papiers utilisés en reliure, exécutée au moyen de couleurs variées et reproduisant les veines et les sinuosités du marbre. Inventée par Macé Ruette, relieur de Louis XIII, la marbrure s'applique au maroquin, au veau et à la basane, et est d'un bel effet ; plus couramment, on marbre les tranches des volumes.

**marc** n. m. Unité de poids employée dans les hôtels des monnaies sous l'Ancien Régime et dont la valeur était variable suivant les régions (marcs de Paris, de Tours, de La Rochelle). Le marc de Paris était prépondérant et pesait 244,75 g.

**Marcel-Lenoir** (Jules Oury, dit), graveur et lithographe français (Montauban 1872 - Motricoux 1931). Fils d'un joaillier orfèvre, Marcel-Lenoir apprit à sertir le métal et à graver les pierres. D'abord adepte du symbolisme et de la Rose-Croix, artiste autodidacte, il peignit et fut aussi auteur d'affiches de style Art nouveau.

**marchand mercier.** Depuis le XIe siècle et jusqu'à la Révolution, les marchands sont rassemblés en corporation avec des règles et une discipline strictes.

Les merciers représentent le troisième des six corps de marchands de Paris, mais le premier en nombre.

En 1601, Henri IV renouvelle leurs statuts, indiquant leurs privilèges et leurs limites. À la tête des marchands merciers sont nommés sept « Maîtres et Gardes », dont le premier est le « Grand Garde ». Les marchands merciers étaient divisés en vingt-quatre classes, dont douze pour l'ameublement, deux pour les étoffes, une pour la passementerie, deux pour le linge et la literie, une pour la peausserie, une pour les tapisseries, deux pour la quincaillerie, une pour les tableaux, curiosités et meubles, une pour la miroiterie et une pour les toiles cirées. Chaque mercier ne pouvait avoir qu'un apprenti, et les contrats d'apprentissage devaient être passés devant notaire et enregistrés au bureau de la mercerie. Riches et influents, les merciers étaient considérés comme le corps le plus noble. Ils perdirent tous leurs avantages avec la suppression de toutes les corporations par les décrets du 2 et du 17 mars 1791. (V. DUVAUX.)

**marcophilie** n. f. Collection de marques, de cachets, d'oblitérations postales. De fait, la marcophilie groupe un secteur particulier de nombreuses spécialisations : armée et transports, géographie, thématique. Les collections de flammes postales, apposées de plus en plus fréquemment sur les enveloppes, relèvent de la marcophilie.

**Marey** (Étienne Jules), physiologiste français (Beaune 1830 - Paris 1904). Marey appliqua la photographie à l'étude de la locomotion animale. Il inventa une série d'appareils et de techniques qui font de lui l'un des pionniers du cinématographe. Il créa notamment le chronophotographe et perfectionna le fusil photographique, dérivé du photorevolver de Janssen.

**marge** n. m. Blanc laissé autour d'une page manuscrite ou imprimée. Si le livre broché est « à toutes marges », l'artisan qui va le relier est obligé de le rogner pour l'égaliser et supprimer l'excédent de papier en tête du volume, dont les dimensions sont ainsi réduites. Si, jusqu'au début du XIXe siècle, la plupart des volumes sont vendus reliés par le libraire, les amateurs du XIXe siècle se montrent plus difficiles, et les relieurs rognent de moins en moins les volumes et sont obligés, puisqu'ils gardent les couvertures, de conserver toutes les marges. Cet aspect donne un élément de plus-value pour un volume.

**Marieberg.** En 1758 est fondée sur l'île de Marieberg, près de Stockholm, une faïencerie qui reçoit en 1759 le titre de manufacture royale. Elle crée le service commandé par le baron de Breteuil, ambassadeur de France en Suède.

Un ouvrier français introduit à Marieberg, vers 1760, les procédés de la fabrication de la porcelaine tendre. La manufacture, qui, sur le plan européen, n'a qu'une importance secondaire, a surtout produit des pièces très identiques à celles de Mennecy. Ce n'est d'ailleurs que par la marque MB, à laquelle se sont ajoutées plus tard trois couronnes stylisées, que l'on peut distinguer les pièces de Marieberg de celles, comparables, créées à Mennecy.

**Mariette** (Jean-Pierre), collectionneur français (Paris 1694 - *id.* 1774). Fils d'un graveur de la rue Saint-Jacques à Paris, il fait lui-même commerce de ravures et de curiosités à l'enseigne des « Colonnes d'Hercule ». Conseiller de grands collectionneurs français, allemands et italiens, il se distingue en 1741 en rédigeant un des premiers catalogues de vente publique consacré à la collection de Pierre Crozat, un riche amateur d'art. Il publie des études critiques, sous le titre *Abecedario,* destinées à un dictionnaire encyclopédique des grands maîtres de la peinture. Il est reçu membre de l'Académie de peinture en 1750. Il rassemble pour son compte personnel d'importantes collections de dessins (14 000 pièces), d'estampes, de bronzes et de terres cuites, qui, dispersées après sa mort, rapportent 350 000 livres en 1775. Le catalogue de la vente Mariette qui comporte la description de 3 400 pièces et de 1 321 dessins (acquis par le cabinet du roi) forme un volume de 418 pages qui sert de référence au commerce d'art au XVIIIe siècle.

**marine** n. f. Les souvenirs de la marine à voile, voire des premiers vapeurs du siècle dernier, forment un thème de collection très apprécié aussi bien par les professionnels de la navigation que par les passionnés de la plaisance. La vogue de cette nouvelle forme de navigation, le succès des « transats » à la voile ont développé une grande curiosité pour les choses de la mer. Les commissaires-priseurs l'ont bien compris qui organisent régulièrement dans les places touristiques du littoral, de préférence en juillet ou en août, des ventes spécialisées.

La marine n'offre pas un thème unique de collection, mais un large éventail de spécialités, entre lesquelles chacun peut choisir selon ses goûts, sa mentalité et ses disponibilités financières.

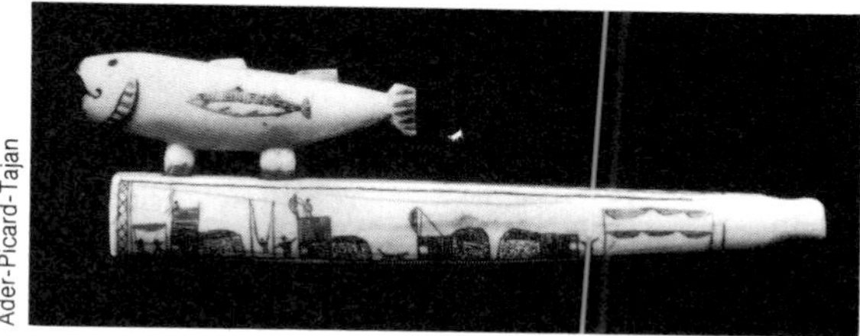
Ader-Picard-Tajan

*Fume-cigarette en ivoire marin gravé du début du XIXe siècle. Adjugé 3 000 F par Mes Ader-Picard-Tajan, le 6-X-1982.*

Les *instruments de navigation* regroupent à la fois de simples règles d'ivoire, des compas à pointes sèches, de prestigieux chronomètres de marine — sextants, octants, anciens compas de route — ou encore des instruments très primitifs, mais introuvables, comme l'arbalète ou le quartier de Davis.

Les *maquettes de bateaux,* en volume ou en diorama, sont des objets très décoratifs, appréciés même par ceux qui ne connaissent pas bien la mer.

L'*artisanat de bord* présente un vaste choix d'objets de tous prix : dents de cachalot gravées, tabatières et menus objets d'os ou de bois, cannes en vertèbres de cétacés, noix de coco sculptées, tableaux de laine, etc.

Les *éléments mêmes du navire* font l'objet de collections : pièces de coque ou d'accastillage*, de l'introuvable figure de proue à la grosse poulie mangée d'embruns, ancres rouillées, voire boules de casiers et filets de pêche, qui donnent lieu à des compositions décoratives.

Les *tableaux de marine* et les *portraits de bateaux* sont une catégorie de peinture bien particulière, exécutée par des spécialistes du genre avec le même souci de précision et de ressemblance que pour un véritable portrait.

Les *armes de marine* offrent un choix de pistolets de bord, de haches et de sabres d'abordage.

Les *livres,* tels que les mémoires de navigateurs célèbres ou les journaux de bord, sont souvent passionnants, même ceux d'expéditions obscures. Enfin, les cartes de navigation, d'un grand intérêt documentaire et décoratif, sont recherchées par les collectionneurs, qui les payent au plus haut prix.

**Marinot** (Maurice), peintre et verrier français (Troyes 1882-*id.* 1960). Élève de Cormon à l'École des beaux-arts de Paris, il rompt avec l'académisme pour se tourner vers les nabis, puis les fauves. C'est d'ailleurs en peintre fauve que vers 1911 il aborde l'art du verre à la gobeleterie de Bar-sur-Seine, dissimulant les transparences de ses pièces sous des motifs végétaux ou animaux très colorés. Dès 1913, Marinot dessine et décore lui-même ses verreries en se servant des émaux, de la taille à la roue ou de la gravure à l'acide.

À partir de 1923, Marinot souffle désormais toutes ses créations de sorte que le « métier l'emporte de plus en plus sur le décor ». Jusqu'en 1925, il modèle ses pièces en profondeur, taillant au silex et utilisant aussi l'acide chlorhydrique ; puis, à partir de 1927, il crée des verres de fortes épaisseurs ; il pratique encore des modelages à chaud pour provoquer des bulles intercalées entre deux couches de verre, des craquelures et des traînées d'oxydes. Il signe quelquefois d'un M, mais généralement Marinot. En 1938, Marinot doit fermer sa verrerie et se consacre désormais exclusivement à la peinture.

Studio Contact

*Petit flacon de Maurice Marinot, en cristal bullé à poudre d'émail grise et creusé de huit fenêtres.*

Exposant chez Hébrard (1913-1937), Marinot s'est surtout employé à libérer le verrier de sa dépendance envers les fournisseurs. De nombreuses donations de Florence Marinot ont fait entrer les œuvres de Marinot dans les musées français. Ses créations originales deviennent très cotées, comme un flacon à décor de bullages intercalaires marron enlevé 410 000 F, à Drouot, le 20-IV-1986.

**marionnette** n. f. Diminutif de Marion ou de Marie, le terme de « marionnette » apparaît dès le Moyen Âge, mais il faut remonter à l'Égypte, où les marionnettes jouaient un rôle dans certaines cérémonies sacrées, puis à la Grèce et à Rome pour retrouver les traces des premières figurines animées en Occident. L'Asie utilise les marionnettes plus tôt encore, vers le Xe siècle av. J.-C., en Chine, en Inde, en Indonésie.

D'abord liées dans l'Europe chrétienne à une fonction religieuse, lors de cérémonies cultuelles, les marionnettes envahissent dès le Moyen Âge les foires et les marchés au cours de spectacles populaires profanes. La dynastie des Brioché, venus d'Italie au XVIIe siècle, règne sur le Pont-Neuf durant tout le XVIIIe siècle. Le fameux Polichinelle, venu, lui aussi, d'Italie, connaît une célébrité internationale (il s'appelle Punch en Angleterre), mais est supplanté au XIXe siècle par le Guignol* lyonnais. On distingue deux sortes de marionnettes : les marionnettes mues par des fils et les marionnettes mues à la main, dites « marionnettes à gaine ».

Parmi les objets d'art populaire les plus expressifs et les plus séduisants, la marionnette sculptée et peinte occupe une place de choix par sa variété, car les personnages diffèrent selon chaque pays, et par la tradition des légendes qu'elle illustre : « Les Paladins de France » en Sicile, « Arlequin » en Italie, les « fils Aymon » en Belgique, les clowns anglais, auxquels il faut joindre les délicates figurines des danseuses balinaises et le fabuleux bestiaire hindou. Les marionnettes sont toujours bien vivantes dans ces pays, où elles perpétuent une tradition millénaire, celle de l'amusement ou de l'éducation des foules.

**Marius-Michel,** relieur français (1846-1925). Fils du doreur Marius-Michel (1821-1891) il rénova complètement son art dans le dernier quart du XIXe siècle. Sous le second Empire, la reliure française s'était limitée au pastiche, d'une virtuosité d'exécution parfaite, mais d'une grande pauvreté d'invention. Il appartenait au génie de Marius-Michel de donner un essor considérable à la reliure d'art en la renouvelant entièrement. Influencé par le poète décorateur anglais William Morris*, Marius-Michel s'inspira de décors floraux et végétaux, utilisa des cuirs incisés et introduisit le Modern Style dans la reliure. Ses œuvres se caractérisent par un goût et une exécution impeccables. Il s'est toujours efforcé de marier texte et reliure.

**Märklin.** Célèbre fabrique de jouets allemande, fondée en 1859 à Goppingen. Produisant d'abord des ustensiles de poupées, Märklin se mit à fabriquer, à la fin du XIXe siècle, des bateaux, des trains, des attelages, des petites figures animées, de grande qualité, mécaniques ou à vapeur. Les premières automobiles ainsi que le premier train électrique apparaissent en 1900.

D'abord exécutés à la main à partir de pièces embouties à la machine, les jouets créés vers 1890 sont d'une extrême beauté et, à ce titre, les plus prisés des amateurs, de plus en plus nombreux, de jouets en fer-blanc. En 1986, un wagon à deux étages a été adjugé 37 000 F et, en 1987, un navire de guerre en fer-blanc peint 20 900 livres ; les prix continuent de monter.

**marli.** V. AILE.

**marmouset** n. m. Sculpture en pierre ou en terre cuite représentant un enfant ou un petit personnage grotesque. Ce genre de décor était intégré dans un ensemble architectural du XIIIe au XVIIIe siècle. On désigne également sous le nom de « marmouset pi » ou de « feu-marmouset » un chenet en fonte du XIXe siècle, dont la petite branche verticale est ornée d'une figure humaine, d'une tête de sphinx, d'enfant ou de personnage historique. Il existe notamment des chenets « bonapartistes » à tête de Napoléon.

**Marolles** (Michel de), collectionneur français d'estampes (1600-1681). Michel de Marolles a consacré sa vie à la collection. Il avait rassemblé en 1666 un total de 123 400 gravures, qui furent acquises par Colbert pour la bibliothèque de Louis XIV et ont constitué le fonds initial du cabinet des Estampes. Au cours d'une seconde étape, il entreprit une nouvelle collection, qui, à sa mort, dépassait les 100 000 pièces.

**maroquin** n. m. Cuir à grain épais et saillant préparé avec de la peau de chèvre et utilisé en reliure. Originaire du Levant, le maroquin apparut en France dans le dernier quart du XVIe siècle, et son emploi pour les plus belles reliures s'est toujours poursuivi depuis. Tous les grands bibliophiles ont fait relier leurs livres en maroquin. Très solide, celui-ci donne aux fers, aux mosaïques et aux décors divers un support merveilleux. Le maroquin à grain long est un maroquin spécial, à plis parallèles, utilisé en Angleterre à la fin du XVIIIe siècle et très employé en France à la fin de l'Empire, sous la Restauration et au début du règne de Louis-Philippe, où il fut supplanté par le chagrin*, moins onéreux.

**marotte** n. f. Diminutif de Marie (comme la marionnette), la marotte désigne le bâton de bois terminé par une tête coiffée d'un bonnet à grelots, qui est l'emblème du bouffon du roi. Dans ce cas, il peut être synonyme de « marionnette ».

La marotte désigne aussi un objet d'art populaire en bois ou en grès où les femmes posaient leurs fragiles coiffes de dentelles afin de les garder en forme. La marotte à repasser, moulée par un potier en forme de tête féminine, se reconnaît à sa large ouverture cintrée, souvent traitée comme une bouche stylisée, dans laquelle la repasseuse introduisait les braises pour repasser les coiffes et les bonnets.

**marouflé.** Se dit d'une peinture sur toile appliquée sur un mur, un panneau, une boiserie.

**marque** n. f. Signe de reconnaissance permettant d'identifier le propriétaire d'un meuble ou d'un objet, ou de révéler la provenance de ces pièces.

La marque peut être brodée sur le linge, frappée avec un mandrin en acier sur un meuble, peinte au revers de la pièce avant la cuisson pour une pièce de céramique, estampée avec un poinçon pour les objets en métal, tels que l'argenterie, l'or, le platine ou l'étain.

Les marques de porcelaine les plus anciennes sont apparues au XIe siècle apr. J.-C. en Chine : elles indiquent la dynastie et le nom du souverain.

Il existe de nombreux recueils permettant de reconnaître les marques des faïences et des porcelaines européennes, qui figurent au revers des pièces sous forme de chiffres, de lettres et parfois de petits graphismes.

Pour les métaux précieux et l'étain*, les marques portent généralement le nom de « poinçons ».

Pour les meubles, l'estampille* du maître frappée à sec garantit une fabrication conforme aux normes corporatives, sous le contrôle de la jurande des menuisiers-ébénistes, qui appose sa propre marque, composée des lettres J M E.

D'autre part, les meubles portent souvent des marques de château qui révèlent le destinataire de la commande faite à l'ébéniste. Les unes sont frappées à sec comme les estampilles ; les autres, qui sont les plus courantes, sont obtenues avec un fer chaud qui brûle légèrement les fibres du bois en laissant une empreinte lisible : ce sont les « marques au feu ». C'est ainsi que les lettres P R désignent le Palais-Royal, les lettres B V surmontées d'une couronne le château de Bellevue, deux C entrelacés au-dessous d'une couronne le château de Compiègne, les lettres M L M la Malmaison et un simple V le château de Versailles.

Ader-Picard-Tajan

*Marque du château de Fontainebleau sur une table de Weisweiler.*

Ader-Picard-Tajan

*Marque du libraire Thielman Kerver sur un recueil d'oraisons exécuté à l'usage de l'abbaye de Fontevrault, en 1546, et orné des armes de son abbesse Louise de Bourbon.*

Enfin, les « marques de mobilier » indiquent également avec des initiales la provenance d'un garde-meuble, d'un hôtel particulier, d'une institution ou d'un propriétaire privé.

Dans un livre, la marque est un signe conventionnel, un chiffre, un dessin allégorique ou une vignette adoptés par l'imprimeur ou le libraire comme marque commerciale. La marque typographique est imprimée généralement sur le titre du livre. Alde* Manuce avait pour marque l'ancre et le dauphin.

Dans les instruments de musique, la marque est l'empreinte du signe propre à chaque artisan. Les étiquettes* figuraient sur les instruments à cordes, et les luthiers apposaient leur nom à l'aide d'un fer chaud. Les noms, prénoms et lieux de fabrication sont les empreintes le plus souvent présentes sur les instruments à vent de l'orchestre. Sur les cuivres, ils sont gravés ; sur les bois, ils sont marqués au fer. Quand un seul instrument comprend plusieurs parties, l'amateur doit s'assurer que chacune d'elles porte bien la même marque. C'est certainement sur les archets que l'on rencontre le plus de marques apocryphes.

**marque** n. f. Petit ustensile de bois sculpté qui permettait au paysan d'apposer sa « signature » sur le beurre qu'il allait vendre au marché ou sur le pain qu'il portait à cuire au four communal. Contrairement à beaucoup d'objets d'art populaire en bois, la marque à beurre n'était pas l'œuvre du paysan lui-même, mais celle du menuisier ou du boisselier du village. Les marques à beurre alsaciennes, particulièrement belles, se distinguent par leur forme en navette ou circulaire et par la finesse de leur décor sculpté et taillé (région strasbourgeoise).

**marque postale.** Cachet, slogan, flamme situés à côté de l'oblitération, frappés à l'encre. Les marques postales font l'objet de nombreuses collections thématiques (V. MARCOPHILIE).

**marqueterie** n. f. Procédé décoratif employé en ébénisterie pour réaliser des compositions avec des pièces de bois

Ader-Picard-Tajan

*Secrétaire en marqueterie, à décor d'instruments de musique et divers attributs sur un damier. Époque Louis XVI.*

l'artiste la possibilité de concevoir des décors très élaborés et aux tonalités multiples.

**marquise** n. f. Bague en forme de losange et allongée, couvrant toute la phalange. Les marquises furent à la mode au XVIIIe siècle. Elles peuvent être en émail bleu foncé rehaussé de pierres précieuses ou encore garnies d'un pavage de roses ou de brillants.

En menuiserie, très large et très confortable bergère dans laquelle on peut aisément tenir à deux. On l'appelait également « demi-canapé ».

**Marseille.** Les centres faïenciers de Marseille, de Saint-Jean-du-Désert et de Moustiers ont dominé aux XVIIe et XVIIIe siècles la production du sud-est de la France. Un acte notarié de 1680 mentionne la prise de contrôle de la fabrique de Saint-Jean-du-Désert par Joseph Clérissy, arrivé dès 1677 de Moustiers, peu de temps avant le départ de Jean Pelletier, peintre faïencier d'origine nivernaise ; d'où les motifs et la décoration qui rappellent les Nevers bleus soulignés au manganèse dans quelques-uns des exemplaires marseillais du dernier quart du XVIIe siècle. Puis Clérissy met en vedette les décors qui rappellent les productions de Moustiers de la même époque.

Durant le premier quart du XVIIIe siècle, il y aurait eu deux autres faïenceries près de Marseille ; l'une serait la « Fabrique Leroy », qui serait à l'origine de pièces rappelant les décors rouennais de l'époque ; l'autre, celle de Joseph Fauchier (en activité), dont nous connaissons aujourd'hui un nombre de pièces qui rappellent souvent les motifs de Moustiers.

Vers le deuxième quart du XVIIIe siècle, cette usine, sous la direction d'un autre membre de la famille Fauchier, produisit toute une série de pièces polychromes (vert, violet, rouge, etc., sur fond jaune) décorées de paysages rustiques, de feuilles, de fleurs et de rocailles, quelquefois en relief.

de diverses couleurs juxtaposées sur un bâti. À la différence de l'intarsia*, qui consiste à incruster des lamelles de bois dans un support massif, la marqueterie est une technique d'assemblage à plat, à la façon d'un puzzle.

Le Hollandais Pierre Golle, appelé au service de la Couronne, est qualifié pour la première fois en 1665 de « marqueteur » dans les « Comptes des bastiments ».

André Charles Boulle*, installé au Louvre à la suite de Jean Macé* en 1672, pratique la marqueterie d'écaille, de cuivre et d'étain ; il met au point la technique de découpage simultané des fonds d'écaille et de cuivre, ce qui permet de réaliser des meubles identiques en partie et en contrepartie.

Lorsque, au début du XVIIIe siècle, commence l'importation sur une grande échelle des « bois des Isles », la marqueterie connaît une nouvelle vogue. La diversité des couleurs, alors très vive, permet de comparer les compositions des ébénistes à des « peintures en bois ». Les principales essences utilisées en « bois de rapport » sont l'acajou, l'amourette, l'amboine, le santal, le bois de rose, le palissandre et sa variante, le bois de violette (v. FRISAGE).

**marqueterie de verre.** Technique consistant à « insérer à chaud dans la masse vitreuse, encore à l'état pâteux, des fragments, lames ou petites masses, d'épaisseurs et de formes variables, soit à nu, soit sous couverte d'autres verres » mise au point définitivement par Émile Gallé en 1898. Très difficile à réaliser, cette marqueterie offre à

Ader-Picard-Tajan

*Plat ovale en faïence de Marseille, à décor polychrome de personnages dans un paysage, doubles flèches et bouquets sur la bordure. Fabrique de la Veuve Perrin. XVIIIe siècle. (L. 36,5 cm.) Adjugé 14 500 F par Mes Ader-Picard-Tajan, à Drouot, le 3-VI-1981.*

Dès 1750, l'utilisation à Marseille du feu de moufle* permet la création de ces pièces de forme et de services de table décorés en polychromie ou en camaïeu vert finement souligné de noir. Les sujets préférés des peintres faïenciers marseillais de cette époque sont tirés de la nature (animaux, oiseaux, fleurs, arbres, poissons, fruits, papillons, etc.) ou des scènes galantes de Boucher ; il y a aussi toutes ces faïences qui rappellent les porcelaines chinoises, à la mode vers la fin du siècle précédent.

Dans la seconde moitié du XVIIIe siècle, il faut surtout évoquer la fabrique de la Veuve Perrin, connue pour ses belles décorations en vert de cuivre, ses pièces à fond jaune et vert, ornées de fleurs, de rubans et de feuillages, et ses assiettes décorées avec des scènes de genre et des scènes galantes de l'époque. Les productions de cette faïencerie ont été très copiées — en général maladroitement —, autant à Marseille qu'ailleurs, tout au long du XIXe siècle. Les autres manufactures, bien moins importantes, sont celles d'Honoré Savy (Manufacture royale de Monsieur le Frère du Roi), la fabrique d'Antoine Bonnefoy, connue pour ses productions de scènes marines, et la manufacture de Joseph Robert, qui a produit à la fois des faïences et de la porcelaine dure, et qui n'exista apparemment que pendant une courte période.

Toute une série de marques (vraies ou fausses) sont liées à la production de Marseille du XVIIIe et du XIXe siècle ; les marques les plus souvent copiées sont certainement les monogrammes de la Veuve Perrin.

**martelage** n. m. En orfèvrerie, manière de travailler au marteau certains métaux. Les objets de cuivre, d'argent sont « planés » et montés au marteau sur l'enclume.

Mais ce terme s'entend plus précisément pour les effets décoratifs à multiples facettes que l'on peut tirer d'une finition au marteau sur une surface d'argent ou de cuivre : effets de martelé.

**martelés.** Appellation donnée par les frères Daum à des vases dont l'aspect évoque la surface d'une tôle de métal après martelage, résultant des multiples facettes marquées sur le vase par la roue du graveur. Les premiers « martelés » apparaissent vers 1893-1894, mais la plupart sont réalisés vers 1898-1899. Nécessitant un très long travail de gravure, ce procédé est réservé aux vases de luxe, dont le prix est généralement élevé.

**Martha Washington-chair.** Fauteuil américain très typique, recouvert de tissu, à haut dossier et à pieds fuselés, qui doit son nom à Martha Custis, riche veuve que le premier président des États-Unis, George Washington (1789-1797), avait épousée en 1759.

**Martin** (Fernand), fabricant de jouets français. Martin produisit entre 1878 et 1912 près de 800 000 figurines animées par un système ingénieux et vendues très bon marché. Les petits bonshommes Martin possèdent le charme familier et populaire de la vie de la rue parisienne, évoquant les métiers d'autrefois : violoniste, coiffeur, ramoneur, pompier, boucher. Automates à vingt sous, en fer-blanc estampé et agrafé, ces figures mécaniques enchantent par la drôlerie de leurs mouvements saccadés, la gaieté de leurs coloris. Leurs prix actuels varient énormément en fonction de la rareté du sujet (en 1980, 1 500 F pour un petit fantassin, 5 000 F pour un menuisier taillant des copeaux, 13 000 F pour « la boule mystérieuse »).

**Martine.** Atelier fondé en avril 1911 par Paul Poiret, du prénom de l'une de ses filles et destiné à recevoir des adolescentes. Celles-ci, en toute liberté, dessinent et peignent des modèles d'après nature, qui servent ensuite de motifs décoratifs à des toiles imprimées, à des tapis et aux papiers édités chez Dumas. L'atelier Martine aménage pour l'exposition des arts décoratifs de 1925 les trois péniches *Amours, Délices* et *Orgues,* décorées par R. Dufy, puis le paquebot *Île-de-France.* Ces œuvres, unissant l'exotisme ou les arts primitifs à l'art populaire, sont pleines de fraîcheur et de vivacité.

**Martinot** (les), famille d'horlogers français connue dès le XVIe siècle et jusqu'au XVIIIe siècle. Parmi les plus fameux membres, il faut citer Gilbert et Balthazar. Le nom du premier apparaît vers 1549, et l'on perd sa trace vers 1592 ; Gilbert fut horloger de Charles IX, d'Henri III et de la Ville de Paris.

Balthazar (1636-1716) produisit, notamment, de nombreuses pendules, dont certaines du type « tête de poupée », ainsi que des oignons*.

**Marty** (André Édouard), illustrateur, affichiste français (Paris 1882 - *id.* 1974). Artiste apprécié pour la finesse de son trait, il illustra les œuvres de Musset, d'Henri de Régnier, de Maeterlinck, de La Fontaine.

**Marville** (Charles), lithographe, illustrateur et photographe français (Paris 1816 - *id.* v. 1878). Désigné officiellement par Napoléon III pour photographier les travaux entrepris par le baron Haussmann, Charles Marville a réalisé de saisissants documents sur le Vieux Paris en voie de disparition et les transformations de la capitale.

**mascaron** n. m. Ornement décoratif en forme de visage humain, animal ou grotesque, que l'on voit fréquemment à la clef d'une voûte Renaissance, au chapiteau ou au linteau d'une fenêtre, au milieu d'une corniche d'armoire, à la ceinture d'une table, du XVIe au XVIIIe siècle.

*Console décorée d'un mascaron baroque. Époque Régence.*

Ader-Picard-Tajan

**massacre** n. m. À l'origine, terme de vénerie désignant les bois de cerf dressés après la chasse à courre à l'endroit de la curée. On appelle également « massacres » les ramures de cerf, de daim, de chevreuil ou de renne encore attenantes à l'os frontal et que l'on fixe sur un panneau de bois en forme d'écusson pour en tirer un effet décoratif. Les bois d'un cervidé comportent le merrain (branche principale) et les andouillers (cornes annexes).

On trouve des massacres chez certains antiquaires, notamment dans les régions de chasse ; ils servent à orner les murs des amateurs de vénerie ou les restaurants fréquentés par les chasseurs.

**Massier** (Clément), céramiste français (Vallauris 1844-Golfe-Juan 1917). Massier renoue avec l'art des céramistes et les procédés des émailleurs de la Renaissance, concevant ses pièces selon des volumes rigoureux et des tons sourds. En 1881, il transfère ses ateliers de Vallauris à Golfe-Juan, où travaille Lévy-Dhurmer de 1887 à 1895.

Durant ce séjour a lieu la redécouverte du lustre métallique. Le répertoire ornemental est celui du style 1900. Deux techniques caractérisent l'art de Massier : un lustre métallique évoquant les faïences hispano-moresques, et un ton vert-violet au brillant remarquable. Ses œuvres commencent seulement à être cotées : 10 800 F, pour un vase en céramique vernissée et irisée turquoise et brun (Bergerac, 30-X-1986).

**Matisse** (Henri), peintre, sculpteur, lithographe et graveur français (Le Cateau-Cambrésis 1869 - Nice 1954). Au terme d'une longue vie de création prodigieuse, Henri Matisse a légué à la postérité un patrimoine comprenant quelque 1 000 toiles ainsi qu'un nombre considérable de dessins, de gravures, d'illustrations, auxquels s'ajoutent près de 70 sculptures fondues en bronze. À partir de 1890, il suit les cours de l'École des arts décoratifs et est formé par Gustave Moreau. Tirant un enseignement décisif des arts de l'Islām et de l'Orient, il a été l'un de ceux qui ont défini et appliqué une esthétique en rupture avec les canons de la Renaissance. Sérénité heureuse, pureté, musicalité, luminosité, harmonie sont les termes qui reviennent le plus souvent à propos de ses œuvres. L'œuvre gravé de Matisse comprend des lithographies, des pointes sèches, des eaux-fortes et des linogravures, soit environ 1 millier de pièces se répartissant en 600 estampes et en 400 illustrations. Les premières gravures datent du tout début du siècle : pointes sèches (autoportrait). Les gravures sur bois suivirent, ainsi que les lithographies, réalisées les unes et les autres à partir de 1906. Matisse fit également une vingtaine de monotypes en 1916-17. À 80 ans, il se mit avec passion à l'aquatinte.

**Matteo de' Pasti,** médailleur italien (v. 1420-1490). Il naquit à Vérone et passa une grande partie de sa vie à la cour de Malatesta, à Rimini. Ses deux œuvres les plus connues sont les grandes médailles fondues représentant les portraits de Sigismond Malatesta et de sa femme, Isotta da Rimini.

**mattine** n. f. Sorte de vernis employé par les antiquaires pour obtenir rapidement une patine brillante sur les meubles en bois massif. La mattine se trouve sous différentes marques chez les droguistes. Elle est composée d'alcool et de gomme-laque additionnés de copal ou de colophane. Elle s'étend sur la surface du bois avec une mèche de coton. Elle forme, en séchant, un vernis de fond qui permet par la suite un lustrage à la cire.

**maya.** La civilisation maya fut une des plus brillantes de l'Amérique précolombienne et elle s'étendit sur un vaste territoire au Mexique, particulièrement au Yucatán, au Guatemala, au Honduras et au Salvador. Les Mayas, qui possédaient une écriture hiéroglyphique, furent d'excellents architectes, peintres et sculpteurs. La technique de la fresque est très employée : le bleu intense domine sur les scènes à caractère rituel ou guerrier. Pour la sculpture, la pierre, le stuc, l'argile et le bois sont utilisés et souvent rehaussés de polychromie ou même de mosaïque de jade.

Les figurines de terre cuite, peintes, témoignent d'un grand raffinement esthétique et sont habitées par un grand souci du détail : les plus belles proviennent du golfe de Campeche. La céramique, de forme simple, porte un décor géométrique ou naturaliste rappelant l'art des fresques.

Vers le Xe siècle, les Mayas sont submergés par un nouveau peuple, les Toltèques.

**Mayodon** (Jean), céramiste et peintre français (Sèvres, 1893-1967). Artiste peintre, il s'intéressa à la céramique vers 1912. Il a fabriqué d'une part des objets précieux en faïence fine, à décor peint rehaussé d'or, et d'autre part, pour les grandes compagnies maritimes françaises, des piscines, des sculptures en céramique monumentale. Il fut nommé en 1941 directeur artistique de la manufacture de Sèvres. Les pièces réalisées par lui commencent à être estimées à leur juste valeur : 30 500 F pour une fontaine d'applique et 41 000 F pour un triptyque, tous deux en céramique, à motifs de tritons et de baigneuses (Paris, 25-XI-1981).

**mazagran** n. m. Gobelet en forme de verre à pied, généralement en céramique (faïence ou porcelaine), destiné à boire le café. L'origine du nom vient de la ville algérienne de Mazagran et d'un siège fameux qui s'y déroula en 1840 au cours duquel les soldats français entretinrent leur moral et leurs forces à l'aide d'une boisson forte composée de café noir mêlé d'eau, de sucre et d'eau-de-vie. Ce fait d'armes rendit la boisson célèbre et la mit à la mode. Elle fut nommée « mazagran », du nom de la ville, et, par extension, le mot « mazagran » s'appliqua au gobelet spécialement destiné à cet effet.

**mazarin** n. m. Petit gobelet en verre, polygonal, verdâtre (XVIIIe s.).

**mécaniques** (meubles). On désigne sous le nom de « meubles mécaniques », de « meubles à mécanismes » ou, selon l'expression du XVIIIe siècle, de « meubles machinés » certains ouvrages d'ébénisterie qui découvrent à la demande une structure dissimulée, soit par une simple pression, soit à l'aide d'une manivelle. On les appelle également « meubles à transformations », « meubles à combinaisons » ou encore « meubles à secrets ».

Les plus anciens, apparus vers 1750, sont les tables liseuses à pupitres inclinables, les bureaux à dessus coulissant ou réversible, les tables servantes à plateau pivotant. On peut également ranger parmi les ancêtres des meubles mécaniques les fauteuils de malade actionnés par une manivelle.

L'intervention de ressorts et de systèmes à contrepoids donne naissance à la « table à la Bourgogne » et au « bureau en capucin », qui est un bureau plat dont le dessus pivote et se rabat en écritoire, ce qui déclenche l'élévation d'un petit gradin à tiroirs. Dans le « bureau à culbute », un serre-papiers s'élève lorsqu'on fait pivoter le plateau sur ses charnières.

*Table-liseuse à mécanique, en placage de bois de rose et d'amarante. Ornementation de bronze doré et ciselé. Époque Louis XV.*

Ader-Picard-Tajan

À partir de 1760 environ, alors que le style des meubles évolue vers le néoclassicisme aux lignes droites, et jusqu'à la fin du siècle, les meubles à transformations se multiplient grâce à l'ingéniosité de grands ébénistes tels que Roentgen, Rübestuck, Canabas, Saunier et, bien entendu, Œben et Riesener, qui sont les auteurs du bureau du roi Louis XV (Versailles), somptueux modèle de meuble mécanique avec avancée du plateau, qui relève un cylindre à lattes, tandis que sa fermeture assure le verrouillage de tous les tiroirs.

Parmi les meubles à combinaisons et à secrets, citons les guéridons à tablettes multiples, les tables à ouvrages de dame, les coiffeuses, les bonheurs-du-jour, les tables de musiciens à plusieurs pupitres.

La table « à la Tronchin », destinée au médecin de Genève qui lui donna ce nom, serait l'œuvre du « menuisier-méchanicien » Louis Dufour, reçu maître en 1764 : elle comporte un plateau qui se dresse et s'élève grâce à une manivelle agissant sur des crémaillères. Reprise et perfectionnée par Riesener, Conrad Mauter et d'autres ébénistes, elle permet, en position élevée, de dessiner et d'écrire debout.

Les meubles à transformations, qui sont pour la plupart en acajou, restent en vogue sous l'Empire et la Restauration.

Tous les meubles mécaniques continuent à faire l'admiration des amateurs, qui n'hésitent pas à les acheter aux prix les plus hauts, à condition qu'ils soient en parfait état de fonctionnement. Ils peuvent alors dépasser 500 000 F. (Un ouvrage de S. de Plas est consacré aux *Meubles à transformations et à secrets* [Guy Le Prat, éditeur].)

**mèche.** Dans l'histoire de l'arme à feu, le système à mèche, qui apparaît vers 1400, est une innovation importante : la mèche a macéré dans du salpêtre et de l'alcool pour brûler lentement ; elle est prise par des mâchoires à l'extrémité d'une tige métallique en S qui pivote autour d'un axe appelé « serpentin », et il suffit, pour tirer, d'abaisser la mèche sur le bassinet. À la fin du XVe siècle, la mise à feu du serpentin se perfectionne avec la platine à mèche. Le serpentin est, dorénavant, divisé en deux parties : la partie supérieure porte la mèche, et une biellette rejoint la partie inférieure, formant queue de détente. Ce mécanisme simple n'est détrôné que par le système à rouet*. En Orient, le système à mèche fut utilisé jusqu'au milieu du XIXe siècle.

**Mechhed** ou **Meched** (Khorāsān). Fondée au IXe siècle dans le Khorāsān (Iran oriental) par les Arabes sur la route de la soie (carrefour vers l'Afghānistān), Mechhed acquiert sa renommée avec les Séfévides au XVIIe siècle, sous Chāh'Abbās : le mausolée du 8e imām devient alors un haut lieu du mysticisme chī'ite. Mais le nom de Mechhed est surtout connu en Occident, qui l'associe, à l'instar de Kirman*, à un groupe prestigieux de céramiques séfévides : le décor bleu et blanc*, plus ou moins influencé par la Chine. Les marchands hollandais revendaient en Europe ces objets, « qu'ils faisaient passer avec la porcelaine de Chine ».

*Plat en céramique de Mechhed peint dans un style inspiré par la porcelaine de Chine.*

D'excellents tapis, confectionnés du XVIe s. au XVIIIe siècle, sont devenus très rares de nos jours. Leurs décors, au dessin très net et serré, se composent de médaillons et écoinçons ; dans les motifs, on relève de nombreux emprunts aux décors chinois (tchi, rinceaux). Le fond, bleu ou rouge, donne au tapis une tonalité assez foncée.

Le tapis de prière de Mechhed possède un miḥrāb rectangulaire. Au XIXe siècle, la qualité du tapis de Mechhed est très médiocre ; il est mou et peu résistant. Mais, depuis le début du XXe siècle, l'emploi du nœud turc sur trame double, serré, redonne une meilleure solidité à ce tapis dénommé alors « Mechhed-Turkbaff ».

**médaille** n. f. Objet métallique généralement rond, fabriqué selon les techniques monétaires et dont la finalité est décorative ou commémorative. Cet objet, qui semble si familier, a été inventé à une époque relativement récente. Les premières médailles, dont on attribue souvent la paternité au Padouan Pisanello, apparurent en Italie au XIVe siècle. Il est intéressant de souligner que ces premières médailles de la Renaissance constituent encore aujourd'hui, tout comme les premières monnaies grecques, la perfection de l'art monétaire. Les médailles de la Renaissance — fondues et non frappées — furent réalisées à un petit nombre d'exemplaires, mais, heureusement pour le numismate, les écoles françaises, allemandes, hollandaises ont produit du XVIe siècle jusqu'à nos jours de très nombreuses médailles présentant un grand intérêt artistique et historique. La médaille française

*Médaille ovale en bronze de patine brun clair de Valerio Belli, à l'image de l'Adoration des bergers et de saint Joseph au revers. XVIe siècle. (H. 8 cm.) Vendue 220 £ par Sotheby, à Londres, le 24-VI-1982.*

Sotheby Parke Bernet

naissante fut influencée par les médailleurs italiens, et il fallut attendre les règnes de Charles IX et d'Henri III, avec Germain Pilon, et ceux d'Henri IV et de Louis XIII, avec Jean Warin, pour que la France possède deux très grands artistes d'inspiration nationale. Leurs œuvres sont également difficiles à acquérir, mais il reste au collectionneur une période de près de quatre siècles — de Louis XIV à la Ve République — dans laquelle il peut trouver des médailles belles, rares ou curieuses. Conçue à l'origine pour commémorer un homme ou un événement, la médaille reflète l'infinie diversité des activités humaines ; aussi se prête-t-elle difficilement à une classification. L'amateur donnera sa préférence à des thèmes familiers, comme la musique, les animaux, les villes ou les provinces, ou bien à des thèmes plus abstraits, comme la religion, l'astrologie, la guerre, la médecine, à moins qu'il ne préfère aborder une spécialité vraiment difficile : collectionner les médailles des événements qui n'ont pas existé, tel le débarquement de Napoléon en Angleterre !

**médaillier** n. m. Meuble destiné au classement et à la conservation des collections de monnaies et de médailles. Aux XV<sup>e</sup> et XVI<sup>e</sup> siècles, les médailliers étaient en forme de coffres compartimentés. À partir du XVII<sup>e</sup> siècle, les numismates utilisent des cabinets* à tiroirs multiples pour ranger leurs collections. Louis XIV avait commandé des armoires à plateaux coulissants garnis de velours à Philippe Caffieri et à André Charles Boulle.

Au XVIII<sup>e</sup> siècle, les grands ébénistes reçurent également des commandes de médailliers, qui se caractérisent par leurs nombreux compartiments et de luxueux décors de bronze. Ces médailliers sont en forme d'armoires, de buffets bas ou de buffets à deux corps. Sous Napoléon III, des médailliers imités des meubles de Boulle ont connu un regain de faveur.

Ader-Picard-Tajan

*Curieux cabinet-médaillier en bois de placage et placage d'ébène à décor de rinceaux fleuris, avec le chiffre couronné de Louis XV. Il renferme 1 122 emplacements formés de planches en maroquin rouge. XVIII<sup>e</sup> siècle. (H. 44,5 cm.)*

**médaillon** n. m. Sorte de médaille uniface dont la forme (par exemple ovale) et la grandeur diffèrent des normes généralement employées pour les médailles rondes.

**Médicis** (vase). Vase à profil galbé, à large col, reposant sur un pied tronconique. Il doit son nom à un vase antique

*Vase Médicis en porphyre et bronze ciselé. XIX<sup>e</sup> siècle. Paire adjugée 95 000 F par M<sup>e</sup> Delorme, à Drouot, le 22-VI-1982.*

Delorme

conservé à Florence dans la famille des Médicis. L'harmonie de sa forme a inspiré au XVIII<sup>e</sup> siècle la mode des vases Médicis en pierre, en marbre, en granit, en faïence ou en bronze. Sous le premier Empire, la manufacture de Sèvres a fabriqué des vases Médicis en porcelaine.

**Meissen.** Un alchimiste nommé Johann Friedrich Böttger ainsi que la découverte, pour la première fois en Europe, de kaolin dans la région d'Aüe, en Saxe, sont à l'origine de la première fabrication de porcelaine dure en Europe. Frédéric-Auguste, Électeur de Saxe, se rendit très vite compte de l'importance de la découverte et prit, en 1709, possession du gisement de kaolin ; il installa la première manufacture dans le château d'Albrecht à Meissen.

Au début, Böttger a pu créer pour l'Électeur des pièces de différentes formes — bustes, théières, tasses, gobelets —, en utilisant cette pâte très dure de terre rouge, à laquelle il donna le nom de « porcelaine rouge » ou de « porcelaine de fer », mais qui, en réalité, n'était qu'un genre de grès exigeant un polissage à la meule. Les motifs et les formes de ces premières pièces étaient surtout inspirés par l'orfèvrerie de l'époque. La découverte de kaolin a permis dès 1713 la fabrication de la première porcelaine européenne dure et blanche.

Malgré l'interdiction faite à tous les ouvriers qui travaillaient à Meissen de divulguer, sous peine de mort, le secret de la fabrication, celui-ci avait été transmis à Vienne et à Venise dès la mort de Böttger, en 1719. Ses détenteurs sont appelés des « arcanistes ».

Johann Herold, qui dirigea la fabrique après la disparition de Böttger, poursuivit le décor chinois — motifs de feuillages et de fleurs à couleurs vives : rouge, jaune, vert et bleu — et introduisit les décors européens. C'est durant cette période qu'ont été réalisées quelques-unes des pièces les plus belles de Meissen, tels que les pots couverts cylindriques et polygonaux, les vases de style rocaille ainsi que ces magnifiques petits groupes de personnages, dont aucune manufacture — même pas Sèvres — n'a pu améliorer ou même égaler la qualité.

Christie's

*Paire d'obélisques en porcelaine bleu et blanc de Meissen, décorée par J. E. Stadler vers 1723.*

Durant ces mêmes années, une autre activité de Meissen était la décoration de la porcelaine crue, importée d'Extrême-Orient.

Cette période, qui est la plus intéressante de Meissen, a été dominée par deux grands artistes peintres : Johann Kirchner (v. 1730), connu en particulier pour les statuettes d'animaux, et Joachim Kändler (v. 1733), pour les statuettes de personnages.

Vers 1740, les « fleurs allemandes » remplaçaient les « fleurs à la chinoise » dans la décoration polychrome des services de table, et, dans les dix années qui suivirent, Meissen atteignit le sommet avec des exportations sur commande pour Catherine II de Russie et pour des acheteurs d'Angleterre et même de France (Marie-Josèphe de Saxe, mère de Louis XVI).

La manufacture de Berlin* et celle de Meissen, qui donnèrent pour près d'un demi-siècle le ton de la créativité des porcelaines européennes, se sont mises à imiter Sèvres. Cette période de régression correspond à la direction du comte Camillio Marcolini, qui dirigea la manufacture jusqu'en 1814. Tout au long du XIXe siècle sont fabriquées à Meissen des pièces caractéristiques chargées de dorures très riches, correspondant au style « Biedermeier* ».

Cette manufacture est en pleine activité au XXe siècle, et l'invention de nouveaux modèles (services de table et pièces de forme) n'exclut pas la reproduction des modèles les plus anciens. Malheureusement, la marque de Böttger — deux petites épées croisées — n'a jamais été remplacée, au regret des collectionneurs non avertis. Elle est en général peinte en bleu sous couverte ou appliquée en relief dans la masse. Les porcelaines de Meissen de la première époque restent les porcelaines les plus recherchées de nos jours par les amateurs européens et ceux de l'Amérique du Nord.

**Meissonnier** (Juste-Aurèle), ornemaniste et orfèvre français (Turin 1695 - Paris 1750). Il fut un des représentants du style rocaille dans ce qu'il a de plus pittoresque. Il a été admis par faveur dans la corporation des orfèvres en 1724 sans qu'il eût à subir les épreuves habituelles et bien qu'il n'eût jamais travaillé par lui-même. Dessinateur du cabinet du roi, il donnait des modèles qui furent exécutés par d'autres orfèvres, et en particulier celui du fameux candélabre réalisé par Claude Duvivier, livré en 1735 au duc de Kingston (musée des Arts décoratifs de Paris). Ses œuvres les plus baroques obtiennent quelquefois en salle des ventes à Paris ou à Genève des enchères spectaculaires, qui dépassent parfois plusieurs millions de francs.

**Mélanésie.** La Mélanésie est une vaste région de l'Océanie qui comprend la Nouvelle-Guinée, l'archipel Bismarck, les Salomon, la Nouvelle-Calédonie, les Fidji et les Nouvelles-Hébrides.

La Nouvelle-Guinée, habitée par les Papous, est d'une grande richesse artistique. L'art des Papous, qui se développa surtout dans une zone comprenant le Sepik, le Sentani, le delta de Puraru et le golfe de Papouasie, s'est exprimé dans une sculpture du type « expressionniste ». Le culte des ancêtres est lié à la représentation fréquente de l'être humain, notamment dans les « korwars », sortes de reliquaires dont le personnage est surmonté d'un crâne très allongé. Certaines sculptures adoptent la forme d'un double crochet. Particulièrement somptueux sont les « tapas », peintures sur écorce préalablement traitée.

Dans l'archipel Bismarck, l'art dépend aussi du culte des ancêtres, qui sont représentés par des statues en bois, les « uli ». Les piliers des maisons du culte, dits « malanggan », sont abondamment sculptés d'une manière très complexe.

**Melas.** De cette ville du sud-ouest de la Turquie sont issus deux types de tapis dont les champs sont très étroits : l'un, tapis de prière, est caractérisé par un miḥrāb très resserré, formant un losange légèrement ouvert sur le reste de la niche au fond rouge ; l'autre est un tapis dont le champ est divisé en bandes de même largeur ornées de rangées de fleurs ou de rinceaux stylisés. Parmi les nombreuses bordures domine la large bordure centrale, richement décorée, tandis que les bordures secondaires sont ornées de petits motifs géométriques, de petites bandes placées en biais ou de fleurs stylisées aux couleurs contrastées.

Les coloris du Melas sont éclatants ; ils se composent notamment de très beaux jaunes et d'un très beau violet. La laine souple et brillante, ainsi qu'un nouage serré, confèrent à ce tapis une très bonne qualité.

**Mennecy.** En 1748, le duc de Villeroy fit transférer à Mennecy la manufacture qui existait dans la rue de Charonne à Paris depuis 1734. Jusqu'en 1765, c'est la famille Barbin (père et fils, morts la même année) qui dirigea la manufacture ; puis celle-ci passa entre les mains des directeurs de la manufacture de Sceaux, qui l'installèrent à Bourg-la-Reine en 1773 ; elle fut liquidée en 1804.

La porcelaine créée à Mennecy est d'une grande qualité de décoration et de création. Elle consiste en étonnants brûle-parfum, qui sont de véritables statuettes, en tabatières, en statuettes et en groupes de personnages polychromes ou blancs et en biscuit. C'est de Mennecy que sont partis probablement pour la Suède les ouvriers qui sont responsables des plus belles productions de Marieberg.

La marque, presque toujours un monogramme D. V. (de Villeroy) en noir, rouge, bleu, marron, est appliquée en creux dans la masse.

*Groupe en biscuit de la fabrique de porcelaine de Mennecy. Époque Louis XV. Sceaux, musée de l'Île-de-France.*

Giraudon

**menuisier-ébéniste** n. m. L'origine de ce mot, qui date du XIIIe siècle, évoque le temps où le travail du bois relevait essentiellement de la corporation des charpentiers, d'où se détachèrent d'abord les « huchiers », ou fabricants de coffres, puis les artisans qui débitaient « à menu bois » les parquets et les meubles. À partir du XVIIIe siècle, les menuisiers sont restés associés dans la corporation des « menuisiers-ébénistes », dont les statuts ont été enregistrés au parlement le 20 août 1751.

Leur confrérie était placée sous le patronage de sainte Anne (tandis que les charpentiers avaient saint Joseph pour patron). Les menuisiers et les ébénistes choisissaient entre eux trois jurés parmi les maîtres les plus anciens, qui se joignaient aux trois jurés précédemment élus pour former la « jurande », bureau corporatif chargé de faire respecter les règles du métier. La jurande examinait les chefs-d'œuvre des candidats à la maîtrise et contrôlait strictement les ouvrages produits par les ateliers. Les meubles reconnus pour valables devaient porter l'estampille* du maître ébéniste, à côté de laquelle un juré opposait le poinçon de la jurande de menuisiers-ébénistes, formé des trois lettres J M E.

Ceux qui se destinaient au métier de menuisier-ébéniste devaient faire un apprentissage de six ans au moins dans l'atelier d'un maître. Après un temps de compagnonnage de trois à six ans, le menuisier pouvait devenir « ouvrier libre » et s'établir à son compte, rester compagnon dans un atelier ou prétendre à la maîtrise. Dans ce dernier cas, les candidats devaient réaliser un « chef-d'œuvre », examiné par la jurande, et verser des droits d'étalonnage les autorisant à frapper leur estampille dans la nappe de plomb déposée au siège de la corporation. Le chef-d'œuvre qui permettait d'apprécier la virtuosité technique du candidat pouvait être un meuble en réduction, un coffre sculpté, un panneau de marqueterie, un meuble à mécanismes ou toute autre invention originale réalisée avec les outils traditionnels du menuisier.

Le nombre de maîtres nommés chaque année variait de 50 à 100. De plus, le roi pouvait faire nommer des maîtres en surnombre ou désigner des ouvriers « privilégiés » dispensés de tous droits.

La suppression des corporations par Turgot en 1776, puis la Révolution — à laquelle les ouvriers du faubourg Saint-Antoine prirent une part active — assouplirent les règles rigides imposées aux menuisiers-ébénistes. Enfin, au cours du XIXe siècle, la mécanisation progressive du travail du bois modifia complètement les conditions d'exercice du métier. Toutefois, l'esprit de compagnonnage a longtemps maintenu le goût de l'ouvrage bien fait, dans les meilleures traditions des ateliers de menuiserie des siècles précédents. De nos jours, on désigne sous le nom de « menuisier » l'artisan qui exécute des meubles courants en atelier ou à la demande, tandis que l'ébéniste est généralement considéré comme un restaurateur de meubles. (V. ÉBÉNISTE.)

**mérain** (bois de). Cette expression désigne les pièces de bois fendues dans le sens du fil. Les meubles régionaux anciens faits en bois de mérain (au lieu d'être sciés) ont la propriété de résister à toute distorsion.

**Mère** (Clément), artiste-décorateur français (Bayonne 1861). Élève de Gerôme, Mère débute chez Meier Graeffe

*Commode de Clément Mère, à décor de fleurs stylisées en cuir repoussé teinté orange.*

à la « Maison moderne » et présente dès 1910 des modèles d'esprit Art déco. Influencé par l'Extrême-Orient, il puise aussi son inspiration dans les styles Louis XVI et Robert Adam, donnant des formes strictes et sobres à ses réalisations.

**méreau** n. m. Sorte de jeton créé pour être une marque distinctive ouvrant droit à quelque chose de commun à tous les porteurs de méreaux (droit de passage, droit à un remboursement). Le méreau peut être considéré comme une monnaie parallèle, puisqu'il était destiné à être remboursé, en boisson, en vivres ou en monnaie officielle.

Les méreaux les plus connus sont les méreaux distribués aux religieux pour l'assistance à certains services ou aux pauvres comme aumônes. Ils étaient également un signe de reconnaissance pour les services protestants devenus clandestins. Les méreaux civils ou religieux sont la plupart du temps en métal de peu de valeur (plomb, étain, cuivre) et peuvent être soit fondus, soit frappés.

**méridien.** V. INSTRUMENT MÉRIDIEN.

**méridienne** n. f. Chaise longue apparue vers 1790, puis à la mode sous l'Empire ; inspirée par la « veilleuse » du XVIIIe siècle, elle comporte deux chevets inégaux reliés par un dossier oblique.

*Méridienne en placage de citronnier marqueté de rinceaux et palmettes en palissandre, chevets à crosses, dossier mouvementé, pieds griffes.*

**merisier** n. m. Variété de cerisier sauvage dont le bois, de couleur blonde, est susceptible d'une belle patine. Le bois de merisier est surtout apprécié au sud de la Loire, mais également en Bretagne et en Normandie.

**Merson** (Luc Olivier), peintre français (Paris 1846 - *id.* 1920). Artiste attaché aux règles du classicisme, Luc Olivier Merson illustra notamment Victor Hugo *(Notre-Dame de Paris)* et José Maria de Heredia. Auteur de cartons de tapisseries et de vitraux, il renoua dans ces décors avec l'inspiration médiévale. Il est connu des cartophiles pour sa participation à la collection des « Cent » et à l'album publicitaire Mariani.

**mesa de campaña.** Table de campagne espagnole, en vogue dès la Renaissance, particulièrement dans la noblesse. Son plateau est souvent en noyer, et un « X » en fer forgé rassemble les pieds tournés ; la mesa de campaña, richement décorée de sculptures, est de petites dimensions et démontable, ce qui permet à son propriétaire de la transporter de château en château.

**Mésopotamie** (étymologiquement, la région d'entre les deux fleuves). La plaine qui s'étend le long des bassins moyen et inférieur du Tigre et de l'Euphrate a connu, dès les VIe et Ve millénaires av. J.-C., l'épanouissement de civilisations sédentaires. Berceau de l'écriture, la Mésopotamie a joué dans les origines des civilisations moyen-orientale et occidentale un rôle de première importance, qui fut cependant méconnu des historiens.

Du IVe au IIIe millénaire av. J.-C. se juxtaposent et s'interpénètrent la civilisation de Sumer, autour d'Uruk, de Lagash et d'Ur (IVe-IIe millénaire), celle d'Akkad (v. 2300), celle de Babylone à partir du XVIIIe siècle av. J.-C., celle de l'Assyrie, qui bâtit plusieurs grands empires, particulièrement du IXe au VIIe siècle av. J.-C. ; enfin vient l'Empire achéménide, celui de Darios et de Xerxès, qui, disparaît sous les coups d'Alexandre au IVe siècle av. J.-C.

L'archéologie mésopotamienne ne s'est développée que tardivement, et ses objets sont moins collectionnés que ceux des civilisations méditerranéennes. Du pays d'entre les deux fleuves proviennent cependant les premiers témoignages archéologiques : sceaux et cylindres de pierres dures gravées, des céramiques, des statuettes votives de pierre ou de terre cuite, auxquels ont succédé des stèles et des statues de basalte, des tablettes, des bijoux, des objets d'or ou d'argent et de très beaux bas-reliefs.

**mesure à grain** n. f. Récipient de bois circulaire utilisé dans les régions alpines pour évaluer le volume du grain. La mesure à grain porte parfois un décor gravé d'initiales et de dates.

**métal argenté.** Métal bon marché (un alliage à base de cuivre ou de maillechort généralement) recouvert d'une épaisseur d'argent, servant à fabriquer des objets de même forme et de même usage que ceux d'orfèvrerie véritable, mais évidemment beaucoup moins coûteux. Jusqu'au XVIIe siècle, le métal argenté n'était pas autorisé à cause de la confusion qu'il risquait d'entraîner et des possibilités d'escroquerie auprès d'un public non averti. Un édit d'Henri III en 1577, un autre de Louis XIV en 1691 en interdisaient formellement la fabrication, et ces mesures prouvent que cette interdiction était assez souvent tournée.

Pour les différents procédés utilisés depuis le XVIIIe siècle pour donner au métal l'apparence de l'argent, v. ARGENTURE.

On trouve des objets de métal plaqué à partir du XVIIIe siècle : des flambeaux à pans, des seaux à rafraîchir, des candélabres à plusieurs branches, des plateaux et, d'une manière générale, les objets de grande dimension, dont la fabrication « en massif » est excessivement coûteuse. Jusqu'au XIXe siècle, l'usage de cette orfèvrerie « en toc » était assez méprisé et réservé en tout cas au « bourgeois ». À partir du second Empire, Napoléon III, voulant promouvoir cette industrie nouvellement perfectionnée par les procédés d'électrolyse, commande tout un service d'apparat à la maison Christofle. Dès lors que la Cour donne le ton, il n'y a plus de honte à recevoir « dans du métal », ni à faire se côtoyer les pièces d'argent véritable et celles de métal argenté.

On ne risque pas, en principe, de se faire vendre un objet de métal pour un objet d'argent, à condition, évidemment, de savoir reconnaître le poinçon officiel d'argent et celui de la « recense », qui doivent obligatoirement figurer sur un objet d'argent véritable. Le métal argenté, lui, ne comporte d'autre poinçon que celui du fabricant et celui du grammage, c'est-à-dire de l'importance de la couche d'argent recouvrant le métal.

Avant d'acheter un objet de métal argenté chez un antiquaire, il faut cependant bien l'examiner. S'il s'agit d'un objet du XVIIIe siècle, la couche d'argent est usée aux angles et sur les parties saillantes, qui laissent apparaître le cuivre jaune : il faut bien se garder de les faire réargenter par les méthodes modernes, car elles perdraient alors tout caractère d'ancienneté et l'objet serait déprécié. S'il s'agit de pièces d'usage du siècle dernier ou plus récentes, il est nécessaire de bien vérifier que la couche d'argent n'est pas trop usée ; dans le cas contraire, une réargenture s'impose..., mais s'additionne lourdement au prix de l'objet.

**métal de cloche.** Bronze à forte teneur en étain et à faible teneur en cuivre (moins de 80 p. 100), normalement utilisé pour la fabrication des cloches. Pendant la Révolution française, la raréfaction des réserves métalliques classiques (or, argent et cuivre) incitèrent le gouvernement à chercher un métal monétaire de substitution. Dès 1791, les premiers essais de frappe en métal de cloche furent effectués, et, dans la pratique, il fut fait grand usage de cette nouvelle « mine » : beaucoup de monnaies divisionnaires* en bronze de l'époque révolutionnaire ont été, en totalité ou en partie, réalisées avec ce métal.

**Métivet** (Lucien Marie François), dessinateur et affichiste français (Paris 1863 - *id.* 1930). Humoriste plein de verve, il collabora à la plupart des journaux satiriques de l'avant-guerre. Certaines de ses affiches peuvent obtenir des prix élevés : « Eugénie Buffet », par exemple, fut enlevée le 16-V-1981 à Orléans pour 4 600 F.

**mètre** n. m. Le premier mètre provisoire a été exécuté en cuivre en 1794 (il se trouve au Conservatoire national des arts et métiers) par Lenoir, qui, en 1799, réalisa deux mètres en platine, dont l'un devint l'étalon définitif. Il est déposé au pavillon de Breteuil à Sèvres. Le système métrique avait été adopté le 7 avril 1795. L'Observatoire de Paris possède un des premiers étalons du mètre, qui porte la mention « Mètre conforme à la loi du 18 germinal an III, présenté le 4 messidor an VII. Fait par Lenoir ». Les premiers mètres se présentent sous la forme de règles plates ou carrées, en bois, en cuivre ou en métal, ornées d'inscriptions et du nom du fabricant ; ils peuvent parfois être pliants.

**métronome** n. m. Instrument servant aux musiciens à marquer la mesure et parfois le temps. Il fut inventé par Johan Nepomuk Maelzel en 1806. En dehors du métronome pyramidal que nous connaissons, il existe différents modèles anciens, qui relèvent de la collection d'instruments scientifiques.

*Deux métronomes : à droite, un modèle de précision ; à gauche, un modèle courant exécuté par Le Roques. Coll. A. Muflarz.*

G. Meguerditchian

**Metthey** (André), céramiste français (Laigne 1871-Asnières 1920). Disciple de Carriès, grand admirateur des faïences d'Iznik* et musulmanes, Metthey recherche pour ses pièces de semblables émaux colorés. En 1903, il s'établit à Asnières pour fabriquer des faïences locales et fait appel aux peintres O. Redon, Rouault, Bonnard, Derain, Vlaminck pour qu'ils décorent ses « terres » recouvertes d'un émail stannifère blanc. Au Salon d'automne de 1907, il présente une centaine de terres vernissées qui témoignent de ses recherches sur la couleur. Le répertoire, d'abord géométrique, est ensuite envahi par la faune, la flore et peuplé de personnages.

**meublants.** Au XVIII^e^ siècle, sièges (fauteuils et chaises) placés le long du mur et qui faisaient partie du décor. On leur opposait les « sièges courants », que l'on déplaçait vers le centre de la pièce selon les besoins.

**meubles de port.** Expression désignant les meubles en bois massif (acajou, amarante, palissandre, citronnier) fabriqués de la fin du XVII^e^ siècle au début du XIX^e^ dans les ports du littoral atlantique, de Bordeaux à Boulogne.

*Armoire nantaise en acajou massif, à panneaux chantournés et sculptés de médaillons fleuris. Travail portuaire du XVIII^e^ siècle. Adjugée 20 000 F par M^es^ Ader-Picard-Tajan le 5-III-1982.*

Ader-Picard-Tajan

Les troncs d'arbre utilisés sur les navires de haute mer qui revenaient des « Isles » comme bois d'arrimage ou comme fret de retour étaient récupérés par des menuisiers et transformés en meubles luxueux sur commande des riches armateurs, commerçants ou notables des villes prospères, telles que Bordeaux, La Rochelle, Nantes ou Saint-Malo. Ces meubles, construits avec le plus grand soin et souvent ornés de fines sculptures, avaient l'avantage, grâce à leur dureté, d'échapper aux parasites du bois. Les entrées* de serrure et les poignées de tirage sont en cuivre ; elles égayent les bois sombres et résistent à l'air marin. Les meubles de port bordelais, le plus souvent en acajou de Cuba ou de Saint-Domingue, se distinguent par des formes assez lourdes aux galbes accentués. Les commodes nantaises sont généralement à façade en arbalète entre des montants droits terminés par de petits pieds en escargot. Les armoires malouines sont décorées de motifs octogonaux en fort relief. Certaines armoires du Nord-Finistère comportent des panneaux de citronnier encadrés d'amarante. Les meubles de port, recherchés pour la beauté de leurs bois et leur impeccable finition, n'ont pas fait l'objet de copies, faute d'essences de bois de qualité suffisante pour les reproduire. Leur raréfaction explique les fortes hausses enregistrées depuis 1970. Une commode bordelaise, par exemple, a décuplé en dix ans, passant de 10 000 F en 1973 à plus de 100 000 F en 1983.

**meubles meublants.** Ensemble des meubles qui garnissent le logement d'une famille, à l'exclusion des éléments fixés aux murs (art. 534 du Code civil).

En principe, les meubles meublants courants entrent dans le calcul de l'impôt sur les grandes fortunes ; leur valeur est déterminée par référence aux prix en vente publique intervenue depuis moins de deux ans ou, à défaut, par l'estimation contenue dans les inventaires établis depuis moins de cinq ans. Pour l'établissement de l'assiette de l'impôt sur les grandes fortunes, une évaluation minimale de 5 p. 100 s'applique aux meubles meublants autres que les objets d'antiquité, d'art ou de collection (qui sont exemptés de cet impôt).

**Meunier** (Georges), affichiste et lithographe français (1869-1942). Meunier travailla pour *le Rire* et *l'Assiette au beurre.* Il fut excellent dans ses esquisses souriantes de la vie parisienne et ses créations publicitaires. Ses affiches (estimées à un total de 56 par la bibliothèque Forney) apparaissent souvent dans les ventes publiques à des prix relativement modérés : entre 900 et 2 000 F en 1981 et en 1982 aux vacations de la galerie d'Orléans. Dans la carte postale, Meunier a participé à la collection des « Cent » et au concours Byrrh.

**Meunier** (Henri Georges Isidore), graveur, illustrateur et affichiste belge (Ixelles 1873 - Bruxelles 1922). Henri Meunier a été l'un des promoteurs de l'Art nouveau en Belgique. Ses affiches et ses cartes postales se distinguent par leurs couleurs vives et pures réparties en aplats, leur dessin nettement circonscrit. Les cotes en sont élevées.

**micromètre** n. m. Instrument servant à mesurer le diamètre des astres, qui fut réalisé pour la première fois en 1639 par Gascoigne, mais ne fut connu qu'en 1667. Il est composé de deux aiguilles qui se rapprochent ou s'éloignent à l'aide d'une vis, tandis que celui de Huygens est composé de lamelles triangulaires qui doivent recouvrir l'astre. Il fut ajouté aux lunettes. En 1705, Lefèvre* lui apporta de notables améliorations et deux exemplaires figurent dans l'inventaire de l'Académie des sciences.

**microscope** n. m. Permettant l'observation de près de petits objets, le microscope apparut quelques années après les premières lunettes.

Son apparition se situe entre 1612 et 1618, et on ne peut déterminer ni la date exacte ni le nom de l'inventeur, car la parenté de la lunette avec le microscope accroissait la confusion entre les deux instruments ; la distinction n'était pas faite par les savants eux-mêmes, et ce n'est qu'en 1624 que le terme de « microscope » fut employé. Chacun construisait son propre modèle, et l'instrument ne fit guère de progrès tant que le problème du verre de la lentille ne fut pas résolu. La fabrication du microscope n'entra dans les activités des artisans qu'à la fin du XVII^e^ siècle. Construit à l'origine sur le même modèle que les lunettes, l'appareil était supporté par un trépied. Au milieu du XVII^e^ siècle, Huygens* construisait des microscopes composés de trois verres et de tubes coulissants. À la fin du XVII^e^ siècle, Marshall inventait un nouveau type de microscope : celui-ci s'inclinait, et son coffret servait de support. Pratique, ce microscope connut un grand succès. Les modèles à pied inclinable, difficilement réalisables, furent surpassés par celui de Culpeper*, à trépied, et ce n'est qu'à la fin du XVIIIe siècle que le pied inclinable se généralisa. À la fin du XVIIe siècle et au XVIIIe siècle furent réalisés des microscopes de formes et de constitutions différentes, plus ou moins dotés d'améliorations, telles la vis à écrou et la platine tournante.

On distingue les microscopes de « Nuremberg », en carton décoré et en bois tourné, les microscopes simples, les modèles composés ou encore ceux à boules de verre.

Loudmer-Poulain

*Microscope de Culpeper en bois laqué noir garni de maroquin rouge doré au fer. XVIIIe siècle. (H. 42 cm.) Adjugé 7000 F par Mes Loudmer et Poulain, à Drouot, le 21-VII-1980.*

Ils furent très tôt pourvus d'objectifs interchangeables. Le progrès le plus important est sans conteste l'objectif achromatique à la fin du XVIIIe siècle. Si, pendant tout ce siècle, il n'y eut pas d'autres grands progrès, les fabricants n'en restèrent pas moins inventifs dans la réalisation : différences de tailles, de décoration, de matière, addition de gadgets. Le modèle de Culpeper fut l'un des premiers à être commercialisé et dut le succès à sa simplicité et à sa robustesse. Les amateurs recherchent les modèles anglais, aux optiques meilleures, ou les modèles français, d'une fabrication plus luxueuse et raffinée, notamment ceux de Passemant.

Un microscope binoculaire signé Dancer (Angleterre, XIXe s.) a été adjugé 23000 F en 1986 ; un exemplaire en laiton de Dollond (Angleterre, de la fin du XVIIIe s.), 24000 F ; enfin, un modèle de type Culpeper, du milieu du XVIIIe siècle, a été vendu 31500 F à Drouot en novembre 1984.

**Mies Van der Rohe.** V. BAUHAUS, DESIGN.

**mignonnette** n. f. Poupée miniature (de 10 à 20 cm environ) conçue pour meubler les maisons de poupées. Elle présente une facture et un trousseau moins raffinés que ceux des poupées classiques : corps de terre cuite, robe de papier crépon. En revanche, il existe quelques très rares poupées de porcelaine très fine, luxueusement vêtues, mesurant 23 cm (taille no 1), aussi exceptionnelles que les très grands modèles de 75 cm (Steiner).

**miḥrāb** n. m. Dans les monuments musulmans, niche en arc de cercle creusée dans le mur de la mosquée et qui donne la direction de La Mecque pour la prière. Le miḥrāb peut être sculpté, encadré de moulures richement décorées et de colonnettes en relief ou gravées d'inscriptions coraniques. Il existe également des miḥrāb « portatifs », en bois et en céramique, utilisés par l'orant lorsqu'il se trouve hors de la mosquée ; quelques exemplaires semblent avoir fait partie du mobilier usuel des tombes.

Désigne également dans les tapis de prière le motif en forme de toit ou d'arc de cercle qui permet de les orienter dans la direction de La Mecque.

**Milan.** La fondation de la première faïencerie milanaise est attribuée à Felice Clerici, actif entre 1745 et 1788. D'autres fabriques ont été créées ensuite, la plus connue étant celle de Pasquale Rubati, peintre d'abord employé par Clerici, qui ouvrit vers 1756 une entreprise rivale, en activité jusque vers 1830. Les pièces les plus réussies de Clerici et de Rubati sont les imitations de la porcelaine de Chine et du Japon (Arita) ; sur certaines de ces faïences à fond bleu, exécutées au grand feu, des rehauts de dorure ont été disposés à froid. Des statuettes inspirées par les modèles de Sèvres et de Meissen sont aussi caractéristiques de cette production.

Le style le plus représentatif de la faïence milanaise est toutefois celui dit « della Clerici », qui comporte une décoration « en réserves », dans lesquelles se trouvent des sujets européens, des paysages et des scènes de genre inspirées de la vie en Italie du Nord au XVIIIe siècle. La réserve centrale est en général entourée de quatre cartouches décorés d'insectes, de papillons, d'oiseaux, d'arbustes. Ces pièces, différemment marquées en monogrammes (F., F. C., P. R.) ou même par le nom de la ville de Milan, sont aujourd'hui très recherchées par les collectionneurs lombards.

**miliarensis** n. m. Monnaie d'argent romaine créée par Constantin le Grand en même temps que les siliques*, pour remplacer les argentei du début de la tétrarchie. Le miliarensis est une pièce rare et coûteuse.

**milieu de table.** V. SURTOUT.

**millefiori** ou **millefleurs.** Procédé qui consiste à incruster dans une masse de verre incolore des baguettes de couleurs, de manière à former un décor symétrique ou, au contraire, un décor qui les mêle. Cette technique ancienne, puisqu'on la découvre déjà sur des verreries romaines ou alexandrines, puis à Venise au XVIe siècle, fut ressuscitée presque simultanément au siècle dernier en Bohême, à Venise, en France. On l'adopta pour la confection de multiples articles de fantaisie : flacons, vases ou coupes de tout genre, petite bijouterie, manches de couverts, bouchons, boutons de porte, boules d'escalier... Incontestablement, c'est dans la fabrication des presse-papiers que les manufactures, en particulier françaises, ont réalisé leurs plus grandes réussites.

Pour réaliser un décor millefiori (ou millefleurs), le verrier doit d'abord confectionner de fines baguettes, appelées « cannes », de quelques millimètres de diamètre. Chaque baguette offre une combinaison de couleurs, selon le nombre de couches de cristal, et des motifs différents, selon la section du moule dans lequel les baguettes ont été pressées. Celles-ci sont ensuite débitées en tranches, appelées « bonbons ». Le verrier compose son motif en disposant les « bonbons » sur un disque de fonte ou dans un moule, maintenus ensuite ensemble à l'aide d'une certaine quantité de cristal. (V. PRESSE-PAPIERS.)

**millefleurs** n. f. Tapisserie de l'époque gothique, dont le fond est parsemé de nombreuses plantes, fleurs ou branches fleuries, disposées sans souci de perspective. Personnages, animaux, écussons peuvent se détacher sur ce fond. L'origine de ce décor vient probablement du désir de transposer dans une matière durable les éphémères garnitures de fleurs naturelles que l'on cousait sur des draps lors des fêtes religieuses, autour des autels et des reposoirs. Principalement destinées à isoler du froid les murs des châteaux, les millefleurs sont actuellement très rares ; la plus fameuse étant la tenture de *la Dame à la licorne* (musée de Cluny, Paris).

**Millet** (Jean-François), peintre, dessinateur et graveur français (Gruchy, Gréville, 1814 - Barbizon 1875). Fils de cultivateurs normands, Jean-François Millet put suivre à Paris les cours de dessin de Paul Delaroche. Partageant son temps entre la capitale et Cherbourg, il connut des débuts très éprouvants, puis s'installa à Barbizon après 1848. Son œuvre comprend également un certain nombre de gravures à l'eau-forte et à la pointe sèche. *Le Départ pour le travail* (pointe sèche de 1863) a été adjugée 4 200 dollars le 7-V-1981 chez Christie's à New York.

**Millières** (Maurice), décorateur et graveur français (Le Havre 1871). Millières se spécialisa dans les déshabillés féminins et les scènes grivoises, qu'on retrouve dans ses cartes postales. Ses pointes sèches en couleurs sont du même esprit.

**minaï** (du persan *minā*, émail). Terme qui s'applique à une série de céramiques persanes des XII^e^ et XIII^e^ siècles, soumises à deux cuissons : la première à haute température pour la glaçure, la seconde au « petit feu* » pour la fixation des émaux et des engobes colorés. Cette production est connue en Orient sous le nom persan de *haft-rang* (« sept couleurs » : noir, blanc, rouge brique, vert, bleu, brun et or). La distinction entre les céramiques de type *minaï* et celles de type *ladjvardina** (à dominante lapis-lazuli) correspond plus à une convention fixée par les historiens de la céramique musulmane qu'à une réalité technique.

Christie's

*Bol minaï orné à l'intérieur par un décor naturaliste de chameaux et par une bande en caractères coufiques fleuris, alors que l'extérieur est en calligraphie coufique naskh. Adjugé par Christie's, à Londres, le 20-IV-1979.*

**minaudière** n. f. C'est en 1934 que M. Arpels (de la maison Van Cleef & Arpels) lança sous le nom de « minaudière » un petit sac du soir conçu comme une boîte rectangulaire rigide contenant tout le matériel nécessaire à une remise en beauté rapide (miroir, poudrier, étui à rouge) et un espace libre pour le mouchoir, l'argent et les objets personnels. Les minaudières précieuses sont en or ou en argent doré, rehaussées d'un fermoir de pierreries et de motifs ornementaux divers. La « minaudière » connut un vif succès et fut donc imitée par d'autres maisons d'orfèvrerie. Signalons, cependant, que son appellation, qui tend à passer dans le langage courant, demeure l'exclusivité de la maison de la place Vendôme.

**Minaux** (André), peintre et lithographe français (Paris 1923). Sensible à la réalité quotidienne, Minaux imprègne son œuvre d'une certaine mélancolie. Il illustra des ouvrages de Jules Renard, de Cendrars, de Barbey d'Aurevilly.

**minbar.** Élément essentiel du mobilier de la mosquée, le minbar est une chaire à degré, le plus souvent en bois ou en pierre, où se tient le prédicateur pour prononcer son sermon lors de la prière solennelle du vendredi. (V. ISLĀM.)

**mine** n. f. Étalon de poids antique auquel se rattachent des systèmes monétaires. En Grèce, dans le système athénien, la mine était la soixantième partie du talent et était elle-même divisée en 100 drachmes de 4,366 g chacune.

**Ming.** V. CHINE.

**miniature** n. f. Lettre ornée, puis peinture destinée à illustrer et à décorer les feuillets d'un manuscrit. Les premiers manuscrits ornés de miniatures remontent au V^e^ siècle ; l'époque byzantine (VI^e^-XII^e^ s.) a conduit la miniature jusqu'à la perfection qu'elle a connue au Moyen Âge, notamment en Irlande, et qui ne s'éteindra, du moins sous cette forme, qu'à l'avènement de l'imprimerie.

**miniatures orientales.** Dans la civilisation islamique, les miniatures sont l'équivalent des peintures occidentales. Et, contrairement à l'idée répandue de l'interdiction de représenter des images, elles sont animées de figures humaines (v. islām). Ces peintures de petits formats, réalisées dans une technique proche de la gouache, illustrent des manuscrits scientifiques, littéraires, historiques (hauts faits du prince et de la Cour, scènes de la vie quotidienne), à l'exclusion des manuscrits religieux, qui, eux, sont ornés d'enluminures (motifs décoratifs à base d'arabesques et d'entrelacs géométriques rehaussés d'or ou d'argent). Les miniatures sont classées en quatre grands types.

*La peinture arabe* (XII^e^-XIV^e^ s). Elle constitue la première école de miniature islamique (Iraq, Syrie et Égypte), dont les manuscrits, très rares, figurent essentiellement dans les musées. De caractère scientifique ou littéraire, ces manuscrits reflètent l'influence des manuscrits byzantins et des évangiles syriaques.

*La peinture persane* (XIV^e^-XIX^e^ s.). Dans l'esprit du grand public, elle correspond le plus souvent à l'essentiel de la peinture islamique, car la civilisation iranienne, héritière des traditions antiques, tient une place considérable dans le monde musulman et a contribué dans une large mesure à la naissance de la peinture orientale. Les manuscrits à caractère littéraire sont largement diffusés (*Shāh Nameh** de Firdūsi, *Khamse** de Nizami, œuvres de Saadi*, de Hāfiẓ* et Djāmī*, etc.). Le style des miniatures évolue au fil des dynasties, à la Cour et dans les provinces. On les classe chronologiquement en quatre écoles : école mongole (Bagdad*, Tabrīz, Chīrāz) aux XIII^e^ et XIV^e^ siècles ; école timouride (Herat*, Chīrāz), de la fin du XIV^e^ siècle au début du XVI^e^ ; école séfévide (Tabrīz, Qazwin, Ispahan*, Chīrāz*, Boukhara), du début du XVI^e^ siècle au milieu du XVIII^e^ ; école postséfévide (Zend et Qajar) à Chīrāz et à Téhéran, du milieu du XVIII^e^ siècle au début du XX^e^.

*La peinture turque* (milieu du XV^e^ s.-début du XIX^e^). Elle prend véritablement son essor après les conquêtes de Selim I^er^ sur la Syrie, la Perse et l'Égypte. Les manuscrits historiques prédominent dans un style influencé par la peinture persane et les peintres européens.

*La peinture moghole* (milieu du XVI^e^-milieu du XIX^e^). Si l'influence de la peinture persane est bien perceptible en Turquie, elle l'est encore plus en Inde, à tel point que la peinture moghole a longtemps été désignée sous le nom de « peinture indo-persane ». Les premiers « grands empereurs moghols » (Akbār, Jahangir, Shah Jahan et

Aurangzeb) firent venir à leur cour de nombreux peintres persans, mais aussi indiens pour créer un style vraiment original, reflétant la personnalité de chacun d'entre eux. On note aussi quelques apports de l'Occident (du milieu du XVI^e^ s. au début du XVIII^e^). Outre le portrait, genre tout à fait nouveau, les thèmes de la vie de la Cour s'inspirent d'épisodes littéraires, historiques ou religieux. Caractéristiques aussi sont les scènes nocturnes et les figures animales. Au XVIII^e^ siècle, les artistes de la cour de Delhi et des provinces (Lucknow, Oudh, Murshidābād) reprennent à leur tour les thèmes classiques de la peinture des grands moghols en y mêlant des scènes d'amour et de musique.

**minoen** n. m. Période de la civilisation crétoise qui s'étend de 2800 à 1100 av. J.-C. environ :

minoen ancien : 2800-2100 av. J.-C. environ ;
minoen moyen : 2100-1580 (époque des palais décorés de fresques) ;
minoen récent : 1580-1100 (fin de la civilisation crétoise localisée autour de Cnossos, de Phaïstos).

**Minton.** Créée en 1796 par Thomas Minton (1765-1836), à Stoke-on-Trent, dans le Staffordshire, la fabrique Minton a d'abord créé des faïences décorées par impression, puis de la porcelaine tendre. En 1821, la production de la porcelaine classique du Staffordshire a été introduite dans cette fabrique.

En 1854, deux modeleurs français, Carrier Belleuse et Marc-Louis Solon, eurent une influence décisive dans l'orientation prise par la fabrique, tandis que, de 1825 à 1853, ce sont surtout des artistes originaires de Derby qui ont travaillé à Minton. Minton a traditionnellement copié les dessins, les formes et les décors de Sèvres, tout en prenant grand soin de toujours marquer clairement l'origine anglaise des pièces. De nos jours, cette fabrique de porcelaine est considérée au Royaume-Uni comme la plus importante pour la qualité de sa production.

**minuscule** n. m. Livre de très petit format. De tout temps, copistes et imprimeurs se sont ingéniés à réaliser des livres de très petites dimensions, qui témoignent de leur savoir-faire et de leur patience. Ces prouesses techniques ont donné naissance à d'authentiques chefs-d'œuvre. Quelques minuscules sont connus, mais ils se multiplient avec l'imprimerie, puis au XVIII^e^ siècle et dans la première moitié du XIX^e^. Les formats les plus courants sont les in-64 et les in-128. C'est la mode des breloques qui, vers le milieu du XVIII^e^ siècle, fut à l'origine de ces almanachs que leurs dimensions exiguës ont fait nommer « minuscules ». Édités par les relieurs-doreurs de la rue Saint-Jacques, les minuscules sont offerts en étrennes, entre 1765 et 1850, reliés en maroquin, en nacre, en ivoire ou en carton gaufré.

Sotheby Parke Bernet

*An Agnus Dei, minuscule édité en Angleterre par John Weever, en 1606. (31 × 25 mm). Adjugé 1 250 £ par Sotheby, à Londres, le 12-XII-1980.*

**miquelet.** La platine à miquelet ou « à la catalane » ou encore dite « méditerranéenne » est une variante de la platine à silex traditionnelle. Elle est attribuée à Simon Marquate, fils de l'armurier que Charles Quint emmena en Espagne pour fabriquer des platines à rouet. Il est cependant probable qu'elle ait été inventée en Italie : elle est parfois dite « alla fiorentina » ou « alla romana »... Elle tirerait son nom des « miquelets » (« petits brigands ») qui infestaient le nord de l'Espagne au début du XVII^e^ siècle. Le miquelet est caractérisé par la forme massive et droite de son chien, portant deux fortes mâchoires et une vis surmontée d'un gros anneau, par un couvre-bassinet solidaire de la batterie et par un très solide ressort extérieur de batterie. Ce mécanisme, assez simple, est d'une grande robustesse et se maintient longtemps dans les pays méditerranéens et orientaux, où apparaît une variante sous le nom de « morlaque ».

**Mir.** C'est du Luristān (ouest de l'Iran) que sont issus les Mir, tapis assez rares de nos jours, tapis persans très classiques par leur décor de très petits motifs *boteh* alignés et alternés. Ce décor unique et typique a conduit certains spécialistes à penser que ce tapis a donné son nom au décor.

La bordure principale, également toujours reprise, est appelée *chekeri.* Elle se compose de larges rinceaux anguleux dans lesquels sont figurés une palme à six feuilles et un têtard stylisé. Le tapis Mir se rapproche par son décor du tapis Serabend mais est plus fin dans son exécution et dans ses proportions.

**Miró** (Joan), peintre, graveur, céramiste, sculpteur et lithographe espagnol (Montroig, Catalogne, 1893 - Palma-de-Majorque 1983). Initialement formé par l'enseignement traditionnel dans une école d'art de Barcelone, Miró parachève lui-même sa propre formation artistique, puis entreprend son premier voyage à Paris, où il retrouve Picasso. Parmi les surréalistes, il affirme cependant sa personnalité. Refusant tout préalable intellectuel, il proclame la primauté de la matière et s'intéresse aux techniques les plus variées : pastel, gouache, peinture sur papier et sur cuivre, aquarelle et, naturellement, gravure et lithographie. Poète de la couleur, il signe de nombreuses affiches, la plupart pour l'annonce de ses propres expositions ou des manifestations de caractère cuturel. Quelques exceptions cependant sont à signaler, comme ses affiches sur l'Office de tourisme espagnol (Mallorca, 1973), ou celles pour le Fut-bal Club de Barcelona (1974) ou le Mundial 1982. La première affiche de Miró *Sauvez l'Espagne* (1937) date de la guerre civile espagnole ; la seconde, dix ans plus tard, de l'Exposition internationale du surréalisme (1947). Les collectionneurs paient très cher les œuvres originales de l'artiste : 8 500 dollars le 19-II-1981 chez Sotheby, à New York, pour *le Chien aboyant à la lune,* lithographie en couleurs de 1952.

**miroir** n. m. Accessoire indispensable de la toilette, le miroir antique est d'abord en métal poli : argent, bronze, étain, et certains miroirs sont même en or. Dès le I^er^ siècle de l'ère chrétienne, cependant, on imagina de doubler la surface de métal d'une plaque de verre afin d'augmenter son pouvoir réfléchissant.

Posé sur la toilette, le miroir est aussi un objet décoratif. On a retrouvé des miroirs égyptiens circulaires, avec un manche en forme de statuette féminine. Les miroirs grecs sont fort élégants, avec un manche formé souvent, lui aussi, par une figure féminine, reposant sur un socle ou terminé par un anneau permettant d'accrocher l'objet à un clou. On fabriqua églament des sortes de poudriers, petites boîtes à fard plutôt circulaires, au revers garni d'une surface réfléchissante. On a retrouvé de nombreux miroirs dans les tombes étrusques, conçus sur le même modèle, avec un manche plus ou moins décoré. Ces miroirs sont en outre couverts sur l'envers d'un décor gravé souvent de grande qualité, qui représente des scènes de gynécées, des femmes à leur toilette, la fiancée se préparant pour la cérémonie ou encore quelque divinité féminine.

Les miroirs tels que nous les connaissons en Europe apparaissent au XIII^e siècle. Selon Vincent de Beauvais, les meilleurs sont en verre et en plomb. Dès le XV^e siècle, on rencontre des exemplaires doublés d'un amalgame d'étain, mais beaucoup sont encore fabriqués en or, en argent, en bronze, en laiton, en cuivre, en étain et surtout en acier poli. Pour prévenir les phénomènes d'oxydation auxquels sont sujets tous les objets en acier, les miroirs sont protégés par un volet ou du tissu, ou par « un tableau tirant » (Havard). Parfois en cristal de roche et en verre commun, le miroir étamé est essentiellement, à partir du XVI^e siècle, soufflé dans le « cristallin » vénitien et, plus tard, en cristal : le verre commun est encore trop imparfait et le cristal de roche pur fournit rarement des surfaces suffisantes. On imagine ainsi facilement le prix que pouvait atteindre un miroir en cristal de roche, comparable à celui des joyaux les plus rares.

Si, jusqu'au XVIII^e siècle, l'histoire des glaces et celle des miroirs se confondent quelque peu, leur évolution respective diverge à partir du moment où le procédé des glaces coulées permet de profiter des dimensions relativement plus grandes, d'une production suffisante pour enchâsser les glaces dans les lambris, constituer un décor mural au-dessus des cheminées, des portes.

Aujourd'hui, le prix d'un miroir est conditionné par la qualité du cadre, qui, quelles que soient la rareté, la richesse ou la recherche décorative du matériau, est souvent large pour compenser la petite dimension du miroir. Le miroir est en effet toujours un produit de luxe très coûteux. Chaque pays a influencé, au cours des siècles, grâce à une infinie variété de matières (écaille, pierres dures, argent, vermeil, bronze doré, bois doré ou marqueté, ivoire, ébène ou poirier teinté, miroir ou verre), l'histoire des cadres*.

À côté des miroirs qui participent ainsi au décor mobilier, il existe une autre catégorie tout aussi répandue : les miroirs de poche, de dimensions nécessairement plus modestes (que l'on pouvait porter attachés à la ceinture). Leurs formes sont très multiples, mais la variété tient plus encore aux montures : en argent, en or, en ivoire, en bois travaillé, sculpté ou peint.

Le miroir de toilette a connu également une production abondante. Tenu d'abord par un domestique, il est, pour plus de commodité, posé sur un pied (jusqu'au XVIII^e s.) ou accompagné par un valet, ce qui permet de le poser. Il fut sans doute éclipsé à partir du XVIII^e siècle par le succès des glaces, mais il n'empêche qu'ici encore, tout particulièrement, l'art des orfèvres s'exerça avec un raffinement consommé. Muni d'un manche, le miroir accompagne également les ensembles en matière variée qui complètent la table de toilette : brosses, flacons, boîtes.

**miroir de Lorraine.** Miroir noir à l'usage des peintres et des paysagistes, qui, pense-t-on, a été inventé par le peintre Claude Lorrain (XVI^e s.). Il porta d'abord le nom de ce peintre, puis, par déformation, celui de « miroir de Lorraine ». Il figure sous le nom de « miroir noir » dans les catalogues des fabricants aux XVIII^e et XIX^e siècles.

**miséricorde** n. f. Partie saillante en arrondi placée sous le siège abattant d'une stalle d'église. Lorsque le siège était relevé, la miséricorde permettait aux religieux de se reposer en position semi-assise, tout en paraissant rester debout. Les miséricordes, ces petits sièges discrets, étaient ornées de sculptures souvent burlesques, parfois licencieuses.

Archives photographiques

*Miséricorde de stalle d'église.*
*Abbaye de Saint-Lucien, près de Beauvais.*
*Paris, musée de Cluny.*

**missel** n. m. Livre liturgique contenant pour tous les jours de l'année les prières de la messe. Un grand nombre de missels manuscrits sont ornés de miniatures.

**Mixtèque.** La population mixtèque, au Mexique, en partant d'Oaxaca, se répandit dans les régions de Tlaxcala, de Puebla et de Guerrero. Elle survécut à la conquête des Aztèques.

Les sculptures en pierre dure ou en pierres semi-précieuses comme le cristal de roche sont saisissantes : têtes de mort, vases anthropomorphes ou zoomorphes en albâtre. L'incrustation sur bois ou sur l'or de turquoises est fréquente. La bijouterie des Mixtèques est une des plus raffinées du monde : le travail à la cire perdue n'a pas de secret pour eux. Les codex, manuscrits en peau de chevreuil, traitent des sujets les plus divers et utilise un système d'écriture à base d'idéogrammes. La céramique se caractérise par des formes tripodes ou en cornet.

**Mochicas.** Les Mochicas, peuple de cultivateurs et de pêcheurs, étaient installés au Pérou dans la vallée de la côte septentrionale.

La céramique des Mochicas est très raffinée et présente des formes variées : anthropomorphes, zoomorphes ou céphaliques. Dans ce dernier cas, les visages représentés sont bien typés et étonnants de réalisme. En règle générale, les vases sont toujours du modèle dit « à anse en étrier ». Les peintures sont très fines et sont composées de bruns et de crème. Les vases-portraits, d'un réalisme rigoureux, sont très recherchés des amateurs, qui n'hésitent pas à les payer au prix fort.

Les tissus constituent une autre forme d'expression importante de ce peuple et ont été retrouvés en grand nombre dans les tombes. Ils sont vivement colorés, dans un style assez naturaliste.

Les bijoux mochicas utilisent souvent des alliages d'or et d'argent ou d'or et de cuivre *(tumbaga)*.

## INSTRUMENTS SCIENTIFIQUES

*Astrolabe musulman fabriqué par le sultan Yemeni al-Ashraf en 1291, pour étudier les mouvements planétaires. New York, Metropolitan Museum.*

Metropolitan Museum

C. d. A. R. Norgard Edimedia

*Sphère armillaire en bronze, portant une inscription « Gualterius Arscenius ...1575 ». Elle comporte un système dit « trépidation des fixes » élaboré au IXe siècle. Au centre, le globe terrestre sur lequel figure l'Amérique du Nord. Bruxelles, musée des Beaux-Arts.*

C. d. A. Edimedia-Hinous

*Table de zodiaque en cuivre doré, sur laquelle figurent : au centre, les planètes terrestres ; hors du grand cercle, les quatre éléments ; les planètes, à l'intérieur des maisons célestes ; aux angles, les quatre saisons. Italie, XVIe siècle. Collection particulière.*

*Feuillet tiré d'un manuscrit arabe de Rachid ed-Din* la Chronique universelle, *daté 1314 et rédigé sur les ordres du souverain mongol Uldjāytūr (1304-1316), descendant direct de Gengis khān. Ce manuscrit est composé de 63 feuillets illustrés de 100 miniatures et il relate l'histoire de Mahomet, l'histoire de la Chine (1233), l'histoire de l'Inde et enfin une histoire des juifs basée sur l'Ancien Testament. Le feuillet ci-dessus est orné d'une miniature représentant les montagnes entre l'Inde et le Tibet. Ensemble vendu par Sotheby, à Londres, le 8-VI-1980.*

Sotheby Parke Bernet

Metropolitan Museum

*Plat de type minaï en céramique vernissée. Iran, XIIe-XIII[e] siècle. New York, Metropolitan Museum.*

Metropolitan Museum

*Lampe de mosquée. Syrie, XIIIe siècle, New York, Metropolitan Museum Collection Pierpont Morgan.*

Metropolitan Museum

*Miniature persane illustrant un épisode du Chāh-nāmē, attribuée à Aġa Mirak. École séfévide du XVI^e siècle. New York, Metropolitan Museum.*

*Aiguière en argent incrustée de cuivre posée sur un piédouche, corps à côtes lobées, col cylindrique. (H. 44,5 cm.) Iran, Khorassan, vers 1200. Adjugée 95 000 £ par Sotheby, à Londres, le 14-X-1980.*

Sotheby Parke Bernet

*Estampe*
*de Utagawa Hiroshige (1797-1858)*
*de la série*
Cent Fameuses Vues de Edo.
*(34,9 ×27,3 cm.)*

Ader-Picard-Tajan

*Estampe de Ippitsusai Buncho (actif vers 1765-1793), représentant l'acteur Arashi Hinaji dans un rôle où il est debout, balayant la neige devant la terrasse d'une maison. (32,5 × 15,2 cm.) Adjugée 15 000 F par M[es] Ader-Picard-Tajan, à Drouot, le 5-XI-1981 (vente Le Véel).*

Louvre des Antiquaires

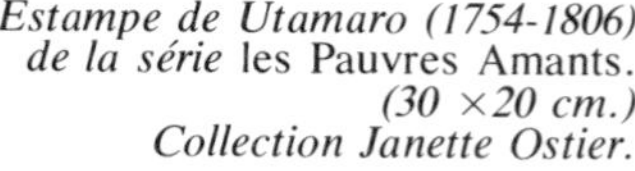

*Estampe de Utamaro (1754-1806)*
*de la série* les Pauvres Amants.
*(30 ×20 cm.)*
*Collection Janette Ostier.*

*Paravent à six feuilles en papier, à fond or, décoré de cigognes près d'un cours d'eau, signé Tsunenobu, Japon, fin du XVIII^e siècle. (H. 1,70 m, L. 3,84 m.)*

Christie's

*Coffret à tiroirs dit « kodansu », en laque du Japon polychrome. XIX^e siècle. (H. 33,5 cm.)*

Christie's

*Pierre à encre (boîte contenant le nécessaire pour écrire) en laque formée d'inclusions d'or. Japon, XIX^e siècle. (26 × 23.) Adjugée 4 500 £. En dessous, boîte à encens formée de deux boîtes carrées s'imbriquant l'une dans l'autre. Japon, XIX^e siècle. Adjugée 2 200 £ par Christie's, à Londres, le 14-IV-1981.*

Christie's

*Cheval de Kakiemon en porcelaine polychrome. Japon, fin du XVII^e-début du XVIII^e siècle. (H. 43,9 cm.) Adjugé 40 000 £ par Christies's, à Londres, le 2-XII-1980.*

## JEUX

De gauche à droite, *boîte de loto floral en tôle laquée rouge et or. Début du XIXe siècle. (18 ×18 cm.) Petite boîte à marques ouvrant à un tiroir façade et présentant vingt petites marques. XVIIIe siècle. (18 ×10 cm.) Coffret rectangulaire en bois laqué noir et or avec des rehauts de polychromie à décor chinois. Époque Louis XV. (18 ×13 cm.)* Devant, à droite : *quatre anciennes boîtes en ivoire servant de marques, décorées de grotesques. XVIIIe siècle. (18 × 14.)*

Ci-dessous, *pièces d'un jeu d'échec en os, fabriqué dans les ateliers dieppois. Époque Empire.*

G. Meguerditchian

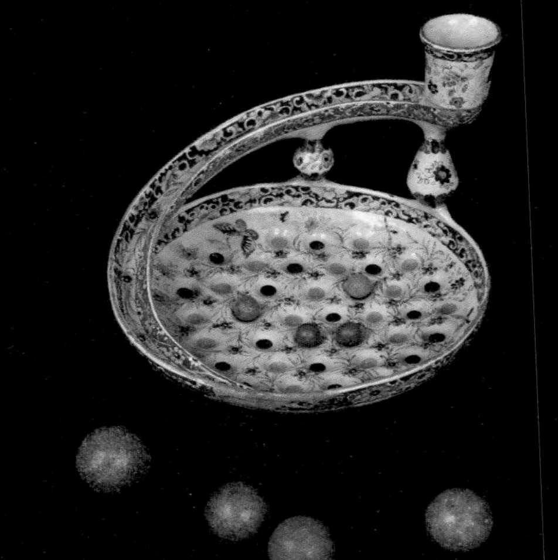

*Jeu de billes en faïence polychrome de Delft du début du XVIIIe siècle. Galerie 13, rue Jacob.*

## IVOIRES

Christie's

*Plaque en ivoire sculpté à sujet religieux. France, XIVe siècle. (D. 11 × 6,8 cm.) Christies's.*

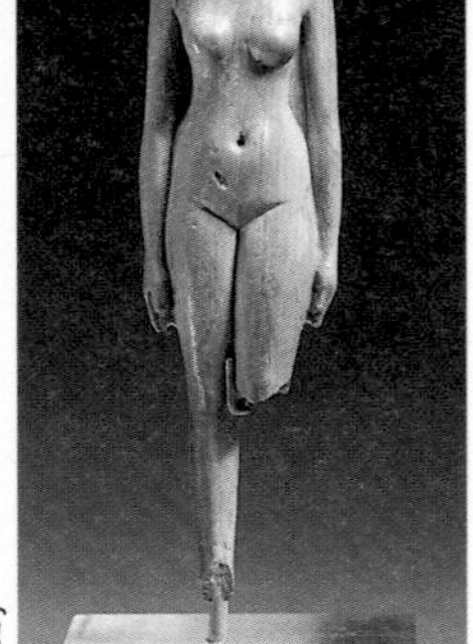

Sotheby

*Rare statuette égyptien en ivoire, vers 1550 av. J.-C., provenant de la collect de la comtesse de Beh (H. 10,5 cm). Adjugée 3 108 000 F (frais compris) par Sotheby, à Monte-Carlo, le 5-XII-1987. Préempt par les Musées nationa*

G. Meguerditchian

*« Le rémouleur » et « le chien flamand », jouets allemands de la firme Martin. Collection Ozanne.*

*« L'épicerie », jouet allemand, vers 1880. Coll. Ozanne.*

*« Le trottoir roulant », jouet de locomotion. Paris, 1900. Collection Ozanne.*

G. Meguerditchian

*Locomotive et tander, modèles réduits de Bing en tôle peinte,. Allemagne, vers 1908. Adjugés 880 £ par Sotheby, à Londres, le 30-IX-1982.*

G. Meguerditchian

*Bleuette en « bon petit diable » : coll. R. Capia. Estimée de 4 000 à 6 000 F.*

Joël Laffay

*Très rare poupée Bru, visage, poitrine et mains en biscuit. 1885. Collection Robert Capia.*

*Ensemble comprenant : de gauche à droite, une poupée de F. Gaultier dite « poupée de mode », corps en peau d'agneau (1870), et un bébé de Gaultier, tête en biscuit, corps en carton et membres articulés en bois (1890) ; sur la commode, une poupée allemande (habillée), un petit garçon et une mignonnette ; à droite, buste marqué F. G. en creux. Collection Robert Capia.*

G. Meguerditchian

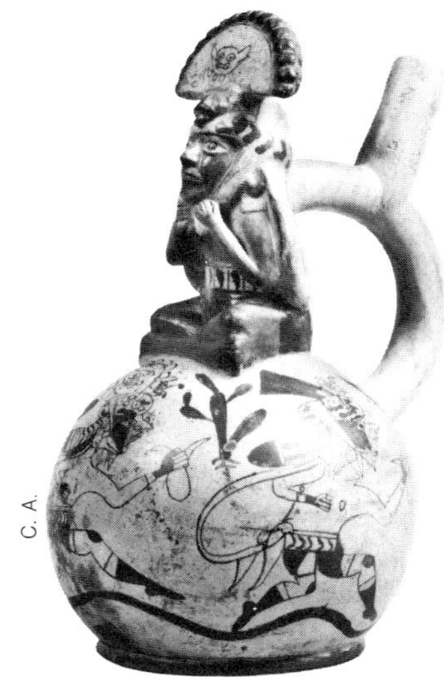
C. A.

*Vase à figures de « Chasqui » en céramique mochica brun clair. 300-600 apr. J.-C. (H. 26 cm.)*

**modèle réduit.** Reflétant parfaitement les recherches techniques et les rêves d'une époque, le modèle réduit connaît un grand succès dès la fin du siècle dernier avec le développement du train, de l'automobile, de l'aviation. Les répliques fidèles de ces diverses inventions apparaissent parallèlement en Allemagne, en France, aux États-Unis. Les noms les plus fameux sont Rossignol, Roitel, Radiguet et Massiot, Citroën en France, Märklin, Carette, Planck, Bing en Allemagne. En Angleterre, la société Dinky Toys fabrique à partir de 1933 de parfaites reproductions des automobiles contemporaines au 1/43. Très recherchés des collectionneurs, ces modèles réduits séduisent par leur perfection (Märklin, Dinky Toys) ou par leur charme naïf et leurs proportions fantaisistes. Dans tous les cas, leur prix est en hausse constante, même pour des produits récents.

**Modern Style.** V. ART NOUVEAU.

**module** n. m. Diamètre d'une monnaie ou d'une médaille (généralement exprimé en millimètres).

**Molitor** (Bernard), ébéniste d'origine allemande, reçu maître en 1757. Spécialiste de tables en tous genres, il fut actif jusqu'en 1811 et travailla surtout pour le Garde-Meuble impérial.

**momie** n. f. Corps du mort conservé par embaumement. Cette opération donnait lieu, chez les Égyptiens, à un rituel compliqué : le cadavre vidé de ses viscères (conservés à part dans des vases d'albâtre) était rempli d'herbes et de substances aromatiques, puis immergé pendant deux mois dans un bain de natron qui absorbait toute l'humidité. Ainsi desséché, le défunt était ensuite soigneusement emmaillotté dans de très fines bandelettes de gaze gommée, entre lesquelles on n'oubliait pas d'intercaler les amulettes rituelles, sans lesquelles le mort n'aurait pu mener à bien son voyage dans l'au-delà.

Il faut voir dans ce rite la répétition de celui par lequel Isis ressuscita le corps d'Osiris, son époux assassiné : la momification est la condition obligatoire de la résurrection éternelle. Ces pratiques minutieuses et la sécheresse du climat égyptien ont permis aux momies de traverser intactes siècles et millénaires. La momie n'est toutefois pas un objet de collection très courant. L'amateur d'archéologie recherche plutôt le masque du sarcophage, qui est censé représenter le défunt sous son aspect idéalisé de ressuscité.

**Mondon** (François), ébéniste français (1694-1770). Reçu maître en 1735 et juré de la communauté des menuisiers-ébénistes, il a fourni principalement des commodes « à la Régence », lourdes et pansues, plaquées en bois de violette ou en palissandre, décorées de beaux bronzes ciselés.

**monnaie** n. f. La monnaie est un instrument matériel d'échange économique lié à un certain nombre de critères, qui, au cours des siècles, ont varié dans leur nature et dans leur importance réciproque, mais dont on peut dire qu'ils sont à l'origine les suivants : cet instrument d'échange doit être constitué d'un matériau résistant aux dégradations de toutes sortes et possédant, par sa nature, une valeur propre ; il doit posséder un poids déterminé s'inscrivant dans un système pondéral préétabli ; il doit porter la marque d'une autorité responsable de sa fabrication et de sa diffusion (circulation monétaire), marque garantissant la valeur de la monnaie, c'est-à-dire à la fois la nature et le poids du matériau ; enfin, il doit être, par essence, multiple, et l'on remarquera qu'un lingot estampillé de métal précieux ne peut être considéré comme une monnaie que s'il fait partie d'un groupe de spécimens identiques, qui — à cause de leurs valeurs identiques — peuvent servir de substituts les uns aux autres. L'instrument ainsi créé, à la fois référence fixe et objet interchangeable, c'est la *monnaie métallique,* ou *monnaie d'espèces.*

Pendant toute la durée de la monarchie capétienne, la monnaie de compte restera immuablement rivée au système de la *livre* de Charlemagne, tandis que, pendant la même période, la France connaîtra un très grand nombre de monnaies d'espèces (deniers, gros, écus, louis), dont la valeur en monnaie de compte pouvait varier au fil des années.

Mais il a existé une autre forme de monnaie connue depuis l'Antiquité et qui a été utilisée jusqu'à la Révolution française ; c'est la *monnaie de compte,* qui n'avait pas d'existence physique et, comme son nom l'indique, servait seulement à compter. Ainsi, sous Louis XV, une dette de 600 livres (sous-entendue en monnaie de compte) pouvait-elle être payée par 100 écus (monnaie d'espèces), valant chacun 6 livres.

Il faut enfin remarquer une petite difficulté due à un problème de vocabulaire : monnaie de compte et monnaie d'espèces portent parfois le même nom ; ainsi, s'il n'y a jamais eu d'espèce métallique française dénommée « livre », il y a eu, par contre, des monnaies d'espèces du nom de « sols » et de « deniers », correspondant aux sols et aux deniers de compte. (V. NUMISMATIQUE.)

**Monneron** (les), nom de trois frères qui s'illustrèrent pendant la Révolution française en émettant des monnaies de nécessité en bronze ; par extension, nom donné à ces monnaies (ainsi parle-t-on d'un « monneron de 5 sols » daté 1792).

Malgré le décret du 3 septembre 1792, interdisant les monnaies de confiance, les frères Monneron firent frapper à Birmingham, en Angleterre, un très grand nombre de pièces de 5 et de 2 sols en bronze, qui connurent un immense succès en France. Le plus connu des « monnerons » est la pièce de 5 sols « au pacte fédératif », reprenant la gravure d'une médaille d'Augustin Dupré. D'autres types, comme le monneron « à l'Hercule », sont plus rares, mais se trouvent plus facilement en bel état (valeur 1982 : 1 000 à 1 500 F).

**Monnier** (les), famille de relieurs parisiens. Les plus

célèbres sont Louis François (maître en 1737) et son fils Jean Charles Henri (maître en 1757). On connaît d'eux des reliures mosaïquées à décor chinois sur des ouvrages de piété.

**monotype** n. m. Technique d'impression d'une estampe unique procédant par application d'encre grasse ou de peinture sur une plaque de verre ou de zinc. On obtient sur le papier une image inversée par rapport à l'original.

**monstrance** n. f. Au Moyen Âge, sorte de reliquaire orné d'un petit compartiment vitré présenté sur un socle ou soutenu par deux figures d'anges, de façon à « montrer » les reliques contenues. (V. RELIQUAIRE.)

**Montigny** (Philippe Claude), ébéniste français, reçu maître en 1766. Il est l'auteur de nombreux meubles ornés de bronzes somptueux. Il a également créé des meubles en marqueterie dans le genre de Boulle. Un bureau plat avec son cartonnier à horloge incorporée (qui aurait appartenu à Cambacérès) s'est vendu 2 700 000 F par l'intermédiaire de Me Delorme, à Drouot, le 22-VI-1982.

**Montpellier.** La production faïencière de cette ville pendant la seconde moitié du XVIIIe siècle rappelle beaucoup celle de Marseille. La manufacture royale de Montpellier est surtout connue pour ses productions exceptionnelles de grand feu en décoration sur fond jaune.

Il est difficile de nos jours, pour l'amateur non avisé, de ne pas confondre les pièces dites « de Montpellier » et celles des autres faïenceries existantes dans le sud-est de la France au XVIIIe siècle.

**montre** n. f. Horloge miniaturisée, suffisamment petite pour être portée sur soi. Le cadran d'une horloge était appelé « montre » de l'horloge. Née au début du XVIe siècle — la tradition attribuait son invention au serrurier de Nuremberg, Peter Henlein (1511) —, la montre serait, en fait, apparue en Italie.

Fille naturelle de l'horloge de table, elle-même née après l'invention du ressort moteur (1425), elle est, à l'origine, dotée d'un échappement à verge, utilisé pendant des siècles, miniaturisation du même échappement équipant les horloges depuis le XIIIe siècle. Son histoire est jalonnée de grandes dates : 1675, invention par Huygens du spiral réglant, qui apporte une plus grande précision ; vers 1690, apparition d'une seconde aiguille, indiquant les minutes ; 1700, invention par l'Anglais Daniel Quare de la sonnerie à répétition ou « à la demande », qui permet de connaître l'heure sans consulter le cadran, lorsque la visibilité est très réduite, la nuit notamment ; 1704, introduction par le Français Debaufre et par le Suisse Fatio des pierres percées dans l'horlogerie, qui atténuent le frottement du pivot ; 1715-1720, invention par George Graham de l'échappement à cylindre qui remplace l'échappement à verge dans les montres de haut de gamme et qui est utilisé jusqu'à la fin du XIXe siècle pour les montres de fabrication courante ; 1750, apparition de l'aiguille des secondes au centre du cadran ; 1753, invention par Thomas Mudge de l'échappement à ancre, perfectionné par Amant et Lepaute ; 1775, mise au point par Jean-Antoine Lépine de la montre à ponts, à une seule platine, dépourvue de coq (le calibre Lépine), et de l'échappement à virgule, qui élimine la fusée de l'ancien échappement à verge ; 1780, invention par Breguet de la montre perpétuelle ; 1786, mise au point d'un système d'échappement à ancre par Robert Robin ; 1785-1801, naissance de la montre à tourbillon, créée par Breguet, qui élimine les variations dues aux différentes positions de la montre portée dans la poche ; 1790, élaboration par le Suisse Moïse Pouzait d'une montre dite « à seconde indépendante », où l'on peut arrêter l'aiguille des secondes ; 1792, institution en France, par la Convention, du système décimal, divisant la journée en deux fois 5 heures de 100 minutes, d'une durée de 100 secondes chacune, système abandonné en 1805 ; 1860, abolition de l'usage de la clef grâce à l'utilisation d'un remontoir en couronne ; 1868, découverte par le Suisse d'origine allemande Georges Frédéric Roskopf de l'échappement à ancre à goupille, d'un prix de revient bas qui permet la production de montres bon marché ; 1890, aménagement de la tirette dans le remontoir, permettant de positionner les aiguilles ; 1894, invention par le Danois Bonniksen du système à carrousel améliorant le système à tourbillon.

Depuis les origines et tout au long des siècles, le souci des horlogers est de parvenir à un compromis alliant miniaturisation, précision et fiabilité. Un pari qui se traduit par de multiples recherches et inventions, souvent sans lendemain, mais qui trouvent toutes — ou presque — leur solution dans la seconde moitié du XXe siècle avec l'apparition de l'électronique. Cette révolution conduit sans doute, dans un très proche avenir, les collectionneurs à considérer les productions mécaniques du XXe siècle, du moins celles de production limitée, d'un œil moins sévère. Actuellement, les amateurs de montres anciennes se voient proposer un choix fort étendu : plus de quatre siècles de production horlogère ont laissé d'innombrables modèles tant sur le plan de l'art décoratif que sur celui de la technique. Les premières montres, objets de luxe et de curiosité, réservées aux princes et aux rois, prennent les formes les plus diverses. Certaines sont placées dans des pommeaux de dague ; d'autres sont enchâssées dans des boîtiers suspendus au cou ou à la taille, dans des croix de métal précieux, rehaussé de pierres de couleur. Les boîtiers sont ovales, ronds, ovoïdes comme les fameux « œufs de Nuremberg » ; ils représentent des têtes de mort, des fleurs, des livres. Souvent ajourés, ils portent un décor élaboré, ciselé, gravé ou repoussé.

Ci-dessous, *montre-réveil à sonnerie, en argent uni, pourtour repercé de motifs décoratifs. Seconde moitié du XVIIe siècle. Adjugée 14 600 F.* À droite, *montre en cuivre doré ciselé. Platine signée Joseph Fardoil à Paris, début du XVIIIe siècle. (Restaurée.) Adjugée 11 000 F par Mes Couturier et Nicolay, à Drouot, le 23-II-1979.*

Couturier-Nicolay

*Montre en or guilloché, signée Capt, Genève, vers 1812. En ouvrant le fond, on découvre un jardin polychrome peint à l'émail, avec un décor en or de trois couleurs. La scène s'anime sur un air de musique en actionnant un mécanisme. (D. 58 mm.)*

Dans le premier tiers du XVII^e siècle naît la technique de la peinture sur émail. Son succès lui vaut de dominer la décoration des montres jusqu'à la fin du XVIII^e siècle : les émailleurs reproduisent tableaux et gravures de maîtres de la peinture, montrant des scènes galantes et champêtres, des bouquets de fleurs. L'art de l'émaillage atteint son apogée à Genève, où exerce, en particulier, la fameuse famille des Dupont. Des pays comme la Chine, les Indes et la Turquie importent de nombreux modèles de ce type, réalisés en Angleterre notamment par Anthony et Ilbery ou dans la ville suisse de Fleurier, où sont installés les ateliers des Bovet, des Juvet et des Tixier, spécialisés dans cette production. Au début du XIX^e siècle, des horlogers fabriquent plus spécialement à l'intention d'une clientèle féminine des montres miniatures en forme de harpes, de mandolines, de boules et de papillons. Autres montres recherchées, celles qui sont dotées de complications. Dès le XVI^e siècle, les horlogers équipent les montres de systèmes donnant des indications astronomiques, comme les phases de la lune, les signes du zodiaque, mais aussi les quantièmes du mois, les mois, les saisons. Avec l'extension des progrès techniques, notamment à partir de la seconde moitié du XVIII^e siècle, les complications deviennent plus nombreuses, plus précises aussi. Les montres à musique ou à automates, dont certaines montrent des scènes libertines, connaissent également la faveur des collectionneurs. Il en existe de diverses sortes, des plus simples aux plus complexes, des plus luxueuses du XVIII^e siècle à celles de production courante du siècle suivant. Montres « gadgets » associées à des thermomètres, à des boussoles, montres à tact (sur lesquelles on lit l'heure au toucher), montres à toc (montres à sonnerie dépourvues de timbres et de gong, et dont les marteaux frappent directement sur la boîte) font également l'objet de collections. À une extrémité de ce large éventail que constituent les montres de collection, il nous faut citer les productions des grands horlogers du XVIII^e siècle, comme Graham, Quare, Tompion, Julien Le

Roy, Lépine, Robin, Berthoud et le très célèbre Breguet, productions recherchées des techniciens et des historiens de l'horlogerie, déjà copiées du vivant de leurs illustres auteurs. À l'autre extrémité de l'éventail figurent des productions populaires de la fin du XVIII^e siècle et du XIX^e, aux cadrans peints de scènes d'actualité ou de la vie quotidienne. En raison de la diversité de la production horlogère, les prix des montres de collection varient de quelques centaines de francs à 2 millions de francs, voire plus. Ainsi, les montres des grands horlogers du XVIII^e siècle sont négociées entre 10000 et 50000 F, certaines peuvent atteindre des sommes extraordinaires ; les montres aux boîtiers en argent ou en or de couleur, entre 1000 et 10000 F ; les montres émaillées, entre 10000 et 100000 F, des modèles destinés à la Chine (produits par paires) dépassant les 500000 F ; les montres à automates, entre 8000 et 40000 F. Si, pour les montres-bijoux, l'état du mouvement compte peu, un mécanisme d'origine particulier est, dans certains cas, une source de plus-value importante. Par contre, pour les montres d'intérêt technique et autres spécimens, l'état du mouvement, la présence de pièces d'origine constituent un facteur essentiel dans la formation du prix.

**montre solaire.** V. CADRAN SOLAIRE.

**monture** n. f. Travail d'orfèvrerie dans lequel est enchâssée une pierre précieuse. Le système et l'importance des montures de pierres ont évolué selon les époques. Du Moyen Âge à la Renaissance, la monture avait autant et même plus d'importance que la pierre elle-même — qu'il s'agisse de bagues, de broches, de colliers... C'était un riche entourage qui enchâssait totalement la pierre, dessous et sur les côtés, entourage garni de ciselures et d'émaux assortis au ton de la gemme.

À partir du XVII^e siècle, l'importance des pierres tend à prévaloir sur celle des montures, qui demeurent pourtant fort belles, bien travaillées, ciselées et émaillées sur le revers du bijou, mais presque invisibles sur l'endroit. Au XVIII^e siècle, le brillant est à la mode, et la monture s'efface le plus possible derrière le prestigieux joyau. Le chaton est toujours en plein, mais, pour le rendre invisible sur le diamant, la couronne est en argent, le dessous demeurant en or.

Au XIX^e siècle apparaît la monture à griffes, la plus discrète, avec des griffes d'argent pour les diamants, qui présente l'inconvénient de noircir et d'être peu résistante. Au début du XX^e siècle, le platine, inaltérable et presque inusable, est utilisé ; il permet une monture à griffes pratiquement invisible.

**moque** n. f. On désigne sous ce terme dans le Finistère un gobelet à cidre en faïence décorée de motifs peints.

**Moreau** (les), famille d'ivoiriers français.

Augustin-Jean, dit Moreau-Vauthier (1831-1893), produisit des vases, des médaillons-portraits et des statuettes allégoriques ou représentant des personnalités du monde des arts. Un autre Moreau, installé à Paris, rue du Petit-Lion-Saint-Sauveur, fabriqua des objets tournés et guillochés entre 1820 et 1850. On connaît un troisième Moreau, qui tenait boutique rue Tiquetonne à Paris au milieu du XIX^e siècle et qui confectionnait des coffrets et des statuettes aux motifs décoratifs inspirés de la Renaissance ou du style « cathédrale », néogothique.

**Morris** (William), peintre, dessinateur et architecte anglais (Walthamstow, Essex, 1834 - Kelmscott Manor, Oxfordshire, 1896). Fondateur du mouvement « Arts & Crafts », Morris tient une place très importante dans l'art par son effort en faveur des arts décoratifs. Élève à Oxford (1852), ami de Burnes-Jones, il entre à Londres chez l'architecte G. E. Street. En 1862, il crée avec Marshall et Faulkner une société pour réaliser des projets décoratifs : vitraux, ouvrages métalliques, papier mural, tapisserie... De même, en 1890, il établit dans sa maison de Kelmscott Manor une industrie manuelle d'impression de livres. Les deux affaires lui procurent une renommée considérable dans la société anglaise ; ses modèles de tapisseries, dans lesquels Burnes-Jones dessine parfois les figures, sont remarquables. Passionné par le Moyen Âge, Morris y

*Reliure pour* Pygmalion *illustré par William Morris. Adjugé 6 000 £ par Sotheby, à Londres, le 23-VI-1978.*

Sotheby. Parke Bernet

puise ses thèmes et même ses techniques. En esthétisme, il préconise un art moderne, dans lequel l'industrie s'associerait à la beauté; socialiste et idéaliste, il est persuadé que le progrès du machinisme ne peut qu'entraîner la misère humaine; en conséquence, il prône le retour aux sources premières de la création avec un système corporatif; pour lui, le besoin de créer doit se satisfaire dans l'artisanat, dans la valorisation et dans la rénovation des métiers manuels. Sa conception artistique va influencer les théories de Van de Velde et de Gropius. Son style décoratif floral a beaucoup contribué au développement du Modern Style en Angleterre.

**mors** n. m. Partie de la couverture faisant charnière entre le dos et le plat d'une reliure, synonyme de « charnière » (on dit ainsi : cette reliure a les mors faibles).

**mors.** Barre de métal que l'on passe dans la bouche du cheval. Cette pièce de harnachement a toujours été, chez les peuples cavaliers, l'objet d'une grande attention décorative. Ainsi, les mors du Luristān — ou plutôt leurs plaques latérales —, fabriqués du IXe au VIIe siècle av. J.-C., sont de très beaux objets de bronze aux formes animalières diverses : chevaux, sphinx, lions ailés, mouflons. Ils se négocient dans des prix situés entre 15 000 et 30 000 F ou plus, selon la rareté du motif et sa qualité d'exécution.

**Morvan** (Hervé), affichiste français (Plougastel-Daoulas 1917 - Paris 1980). Élève de l'École des arts appliqués, Hervé Morvan a débuté dans l'affiche cinématographique en 1942. Il est l'auteur de très nombreuses affiches publicitaires, pleines d'humour et de gentillesse : *Bière Grutli, Gévéor, Vêtements Petit Bateau.*

**mosaïque** n. f. Ce mot, tiré de l'italien *mosaico,* a la même origine que le terme « musée » (gr. *mouseion*). Il désigne un motif obtenu par la juxtaposition de petits éléments de différentes couleurs amalgamés dans un ciment. L'existence de cet art est attestée dès le IIIe millénaire av. J.-C. en Mésopotamie. La mosaïque permet une décoration plus résistante que la peinture et elle fut utilisée pour composer des tableaux sur les murs des palais et surtout pour les pavements. Les Grecs l'ont beaucoup pratiquée, et les Romains en ont généralisé l'emploi pour la décoration des murs et des sols. Avec la mosaïque romaine commence d'ailleurs pour nous la mosaïque de collection, sous forme de fragments.

Les fouilles de Pompéi ont permis de découvrir, dès le XVIIIe siècle, intactes et in situ de superbes mosaïques. Ailleurs, certaines ont été également laissées en place (Maroc, Tunisie, Sicile). Les mosaïques romaines sont de qualité variable, traitées comme des tableaux pour les meilleures, avec un motif composé, des dégradés savants et de superbes harmonies de couleurs. Les sujets en vont de la nature morte à la grande composition épique, comme le fameux *Alexandre à Issos,* du Ier siècle av. J.-C.

L'emploi de la mosaïque se poursuit pratiquement sans discontinuer de la fin du monde antique au plein Moyen Âge et demeure lié à la première architecture chrétienne : la mosaïque se prête particulièrement bien à la surface concave des absides et des coupoles, et les mosaïques de Ravenne, au VIe siècle, celles de Sainte-Sophie de Constantinople, à la même époque, en sont les exemples les plus brillants. L'art byzantin affectionne les fonds or, qui prennent toute leur valeur dans les églises du temps, fort mal éclairées par de petites fenêtres. Il se poursuit magnifiquement avec les mosaïques de Saint-Marc de Venise et celles du baptistère de Florence, au XIIe siècle. L'architecture romane fit également appel à la décoration mosaïque, avec moins de virtuosité cependant que les artistes byzantins et italiens.

À l'origine, les mosaïques furent sans doute un assemblage de galets de diverses couleurs, comme il s'en fait encore pour certains pavements. On utilise différentes matières : marbres, pierres dures, morceaux de céramiques, mais, le plus souvent, on se sert d'une pâte de verre colorée dans la masse à l'aide d'oxydes métalliques, coulée en plaque, que l'on débite ensuite en petits cubes. Pour les fonds or, une feuille d'or est intercalée entre deux couches de verre.

Avec l'architecture gothique et sa structure vitrée, qui ne laisse pas de place à une autre décoration colorée, la grande mosaïque murale disparaît, même si on continue à l'utiliser pour les pavements et occasionnellement. À la Renaissance prolifère en Italie l'art du tableau de pierre* dure, qui s'apparente plus à la marqueterie qu'à la mosaïque. Quant à la mosaïque proprement dite, elle est de nouveau appréciée à la fin du XVIIIe siècle, ce goût étant dû à la mise au jour des ruines de Pompéi. Sous une forme assez différente et appliquée plus aux petits objets et au mobilier qu'aux grandes compositions murales, l'atelier de Giaccomo Raffaelli, à Rome, se spécialise dans la copie des mosaïques antiques, les natures mortes, notamment oiseaux et animaux; un de ses motifs préférés est celui des colombes s'abreuvant à une vasque, copie d'une mosaïque antique trouvée dans la Villa Hadriana et conservée au musée du Capitole à Rome, elle-même copiée sur une mosaïque de Pergame, dont parle Pline. Raffaelli en a recouvert des guéridons, des coffrets et même de petites tabatières circulaires dans les années 1780-1790.

Cette redécouverte est assortie au goût du romantisme naissant pour les paysages antiquisants sur fond de ruines et de temples à colonnes : on fit en Italie et en Suisse des panneaux décoratifs représentant des paysages et des monuments; on en fit aussi à Paris, où s'installe, à l'extrême fin du XVIIIe siècle, un certain Belloni, dont les ateliers connaîtront un grand succès sous l'Empire. On y apprend, cite Havard, « à copier en mosaïques les tableaux depuis les plus grands jusqu'à la miniature et à exécuter tous les différents objets d'ameublement et de décoration ».

De cette époque datent également les débuts du bijou de mosaïque, fabriqué à Naples et à Rome. Si les mosaïques donnent lieu aujourd'hui à une pacotille pour touristes, elles ont inspiré au XIXe siècle des parures tout à fait raffinées et délicatement montées : colliers,

*« La Dame de Carthage ». mosaïque du deuxième quart du Ve siècle apr. J.-C. Musée de Carthage.*

bracelets, broches, parures complètes formées d'éléments ovales reliés les uns aux autres par une monture d'or.

Ces mosaïques en miniature sont fabriquées à la manière des pâtes de verre colorées, débitées non plus en cubes, mais en très minces baguettes, que l'on coupe en minuscules segments amalgamés dans un mastic à l'huile.

**mosaïque de céramique.** Mode de décor utilisé par les architectes orientaux pour orner l'intérieur ou l'extérieur des bâtiments (principalement en Anatolie, en Iran et en Asie centrale). Il s'agit de découper, suivant un dessin établi et à l'aide d'un ciseau, des morceaux de céramique dans de grandes plaques revêtues d'une glaçure monochrome. Ces morceaux sont ensuite soit assemblés par coloris et plâtrés pour former une composition qui sera scellée sur les murs, soit enchâssés directement dans le mortier. L'ancienne appellation fréquemment utilisée « mosaïque de faïence » est ici contestable, la « faïence » proprement dite n'ayant jamais été utilisée en Orient pour ce type de décor.

**mosaïquée.** Se dit d'une reliure dont les plats et le dos sont décorés d'ornements en maroquin de diverses couleurs, cernés par des filets dorés. Depuis le XVIe siècle, les pièces de mosaïque étaient incrustées dans le maroquin. Pasdeloup et Derôme, au XVIIIe siècle, ont appliqué les pièces de maroquin amincies par-dessus.

Fioretti *de Saint-François d'Assise, exemplaire illustré par Maurice Denis, en maroquin mauve à décor mosaïqué d'un vol de colombes sur un paysage de cyprès et d'oliviers. Paris, Jacques Beltrand 1913, 3 vol. Adjugé 95 000 F par Mes Ader-Picard-Tajan, à Drouot, le 28-V-1980.*

**Moser** (Koloman), illustrateur autrichien (1868-1918). Artiste aux dons multiples, Koloman Moser a été l'un des fondateurs de la Sécession viennoise et des Wiener Werkstätte, pour lesquels il a dessiné de fines cartes postales artistiques. Il créa également des cartes postales pour l'éditeur Philipp et Kramer.

**Mossis.** Les Mossis ont formé des États féodaux bien hiérarchisés, dont les capitales furent Ouagadougou et Ouahigouya.

Le masque (« waogo ») est l'œuvre des forgerons des villages. Il appartient à l'association des jeunes gens, qui dansent en le portant lors des enterrements. Il est de forme ovale, percé de trous pour les yeux, tranché par une arête verticale au centre et ne possède pas de bouche. Deux cornes et une lame en bois de plus de 2 m, ajourée en damiers et à décor géométrique bariolé, le surmontent.

**Mossoul.** Ville située au nord de Bagdad, sur la rive droite du Tigre. Principale étape de la route méridionale de la soie en Mésopotamie, Mossoul devient très vite un centre commercial important, surtout après l'arrivée des Arabes (époque omeyyade et abbasside). Le rôle qu'elle joue dans la lutte contre les croisés est resté légendaire. Son activité se maintient au moins jusqu'au XVe siècle, sous les Ayyūbides, les Mongols, les Djalāyrides et les Turcomans. Les artisans de Mossoul participent alors efficacement à l'essor économique et culturel du monde musulman, notamment avec le tissage, la peinture et la métallurgie. Réputée pour ses cotonnades, la ville a donné son nom au mot *muslim* (mousseline, tissu à armure de taffetas, très léger et transparent) ; quant aux bronzes et aux cuivres du XIVe siècle, incrustés d'or et d'argent (dans lesquels se mêlent les réminiscences iraniennes et l'influence chrétienne), ils font aujourd'hui la gloire de nombreuses collections publiques et privées (rappelons le célèbre *Baptistère* dit *de Saint Louis* au musée du Louvre). [V. BASSIN.]

**moucharabieh.** Clôture treillagée en bois. Initialement, ce type de clôture servait dans les mosquées à isoler le tombeau des saints hommes ; il fut ensuite largement utilisé dans les habitations privées. Le façonnage est d'une grande variété tant dans le tournage même des bobines de bois (qui constituent l'élément caractéristique des moucharabieh) que dans leur disposition (combinée avec des morceaux découpés en triangles ou en polygones). Un second procédé de fabrication utilise l'ajourage de baguettes de « conjonction », laissant apparaître des inscriptions ou des figures géométriques. Dans leur grande majorité, ces cloisons en moucharabieh proviennent d'Afrique du Nord, de Syrie et d'Égypte. Les pièces médiévales sont très rares ; en revanche, il est assez fréquent de découvrir sur le marché des éléments du XIXe siècle, étant donné leur extrême diffusion.

**mouchard** n. m. En marine, compas de route renversé (l'ouest à droite du nord, l'est à gauche) que le capitaine du navire suspendait au-dessus de sa couchette afin de pouvoir contrôler la route de son bâtiment sans avoir à se lever. Le mouchard est parfois monté sous une superbe couronne fermée de bronze doré, mais c'est un objet quasi introuvable.

**mouchettes** n. f. pl. Ciseaux de métal (fer ou cuivre) à extrémités plates, servant à sectionner le bout de la mèche d'une chandelle ou d'une bougie qui se carbonise.

**Mouchkhabad.** De cette ville, située à 30 km d'Arak, proviennent des tapis caractérisés par leurs décors à grandes rosaces aux pétales étalés de couleurs vives contrastées et alternées, disposées et espacées de façon ordonnée dans tout le champ, sur un fond bleu ou rouge, et reliées entre elles par de fins et clairs rinceaux ou arabesques au mouvement souple et ample.

Certains décors se composent de motifs hérati ou de treillis de fleurs.

La densité du nouage, au point persan, peut atteindre 150 000 nœuds au mètre carré, les tapis récents étant les plus serrés. Le velours est assez haut ; la chaîne est en coton et la trame bleue, en laine ou en coton, apparaît sur l'envers.

**mouillure** n. f. Tache d'eau qui macule une reliure ou une page de livre. Reconnaissables à leurs cernes jaunes ou sépia, les mouillures affectent gravement la qualité d'un livre, le déprécient et doivent être signalées par les experts et les marchands. Elles peuvent être enlevées par un bon spécialiste.

**moukala.** Ce mot arabe signifie « fusil », mais la tradition occidentale désigne par ce mot tous les longs fusils utilisés en Afrique du Nord, dans tout le Maghreb. Ces fusils se caractérisent par la longueur exceptionnelle de leur canon, le grand nombre des capucines qui le maintiennent au fût, leur platine du type anglo-hollandais, à chenapan ou à miquelet, et une forte crosse, souvent en queue de poisson (comme sur les modèles marocains dits « de Taza »). La décoration est abondante avec l'emploi d'incrustations de toutes sortes. Un grand nombre de platines sont d'origine européenne, particulièrement de Liège.

**moule** n. m. Instrument permettant de donner des formes à des matériaux divers. Sorte de négatif, il présente en creux la forme à obtenir en relief. Les moules furent utilisés dès l'Antiquité pour fabriquer des armes et pour produire des objets de la vie domestique ou des œuvres d'art. S'ils sont considérés comme des témoignages et figurent en bonne place dans les musées, ils peuvent être utilisés pour fabriquer des faux tant dans le domaine de l'orfèvrerie que dans celui de la statuaire.

*moule à fromages* Récipient de terre, de vannerie, de bois, de métal dont le fond, perforé, permet au fromage de s'égoutter. Le moule à fromages peut prendre diverses formes (cœur, losange, cercle) et supporter des décors variés, taillés et ajourés, permettant à chaque berger ou à chaque fermier de « signer » sa production. La rouelle est un motif fréquemment utilisé en raison de sa valeur protectrice.

*Moule à gâteaux alsacien, en forme de poisson, symbole de fécondité, en terre vernissée rouge de Soufflenheim (Alsace).*

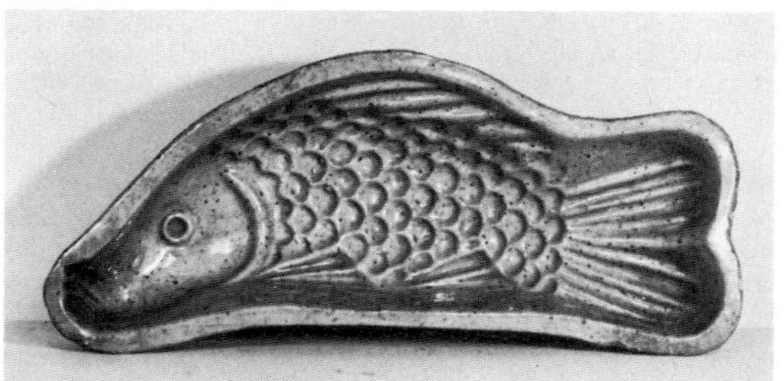

*moule à gâteaux* Qu'il soit de terre, de métal, de bois, le moule à gâteaux se pare de motifs les plus fantaisistes et les plus soignés, particulièrement en Alsace, où les longues plaques de bois de poirier sont finement sculptées à la gouge de motifs végétaux et animaux empruntés au répertoire savant : rosaces, quatre-feuilles, sirènes, figures mythologiques sont traités avec une délicatesse et une élégance qui confèrent à ces objets dit « d'art populaire » une beauté digne des œuvres de l'art « savant ». Les couples (Adam et Ève, le Chevalier et sa dame), visibles sur les moules alsaciens comme sur ceux fabriqués en Allemagne et en Autriche, répondent à une tradition germanique selon laquelle les gâteaux décorés de ces motifs sont offerts aux fiancés ou aux jeunes mariés en présent d'amour.

**moulé** (verre). L'emploi du moule est connu des verriers dès l'Antiquité, même si la verrerie d'art est caractérisée par les pièces travaillées à la main, c'est-à-dire soufflées. En soufflant une paraison* dans un moule ouvert d'une seule pièce, les verriers ne façonnaient que le fond des pièces. Les perfectionnements apportés progressivement aux techniques du moulage furent décisifs et ouvrirent au verre l'ère de l'industrialisation. Au début du XIXe siècle, les moules en deux, trois et même quatre parties assemblées à charnières donnent la possibilité aux verriers de souffler ainsi des pièces entières et d'accroître notablement leur rentabilité. Le tournant définitif est abordé par les États-Unis vers 1820, avec la mise au point du moulage par pression, grâce auquel le verre est imprimé mécaniquement. Un dernier perfectionnement est apporté par l'invention, en 1835, du moule fermé, composé de deux parties semblables, articulé par une seule charnière.

Le « presse-moulé » a permis aux manufactures, tant américaines qu'européennes, de fabriquer à meilleur marché des décors, notamment de cristal taillé, à pointe de diamant par exemple, qui requérait une main-d'œuvre très qualifiée et un travail long et minutieux. Grâce au moulage, les services en verre sont dorénavant sur toutes les tables. La verrerie d'art devient un développement particulier de cette industrie.

**mousquet** n. m. Cette arme, dont le nom vient de l'italien *moschetto,* aurait été inventée par le duc d'Albe. Le mousquet est une arquebuse de fort calibre, à canon long, à usage exclusivement militaire : c'est donc l'ancêtre du fusil d'ordonnance réglementaire.

**mousseline** n. f. Toile de coton très claire, très fine et légère venant au Moyen Âge de Mossoul* (Iraq), ville renommée pour ses cotonnades, auxquelles elle a donné son nom. Fabriquée aux Indes au XVIIe siècle, elle ne put être importée, car Colbert en prohiba l'acheminement en France. Au début du XVIIIe siècle, Louis XIV, cherchant à développer la Compagnie des Indes, permit à celle-ci d'importer des mousselines, qui furent interdites de nouveau en 1726, et ce jusqu'à la fin du XVIIIe siècle, et un véritable marché noir s'installa. Peu employée dans l'ameublement au début, la mousseline fut, par la suite, fort appréciée pour les rideaux, la décoration des lits (couvre-pieds, couverture, coussin). Les différents efforts de fabrication en France ne furent guère réussis, et il fallut attendre le début du XIXe siècle pour que la mousseline soit enfin fabriquée en Europe.

**Moustiers.** Dans le sud de la France, la production de faïences au XVIIe siècle a été dominée par deux grands

iraudon

*Assiette en faïence de Moustiers de la fin du XVIII^e^ siècle. Aix-en-Provence, musée Paul Arbaud.*

*Plat en faïence de Moustiers à décor polychrome de grotesques et à oiseaux fantastiques. XVIII^e^ siècle.*

Couturier-Nicolay

Laurin-Guilloux-Buffetaud-Tailleur

*Grand plat ovale en faïence de Moustiers à décor bleu d'une chasse au loup dans le goût de Tempesta, bordure ornée de lambrequins et mufles de lions. Époque Louis XIV. Adjugé 48 000 F par M^es^ Laurin-Guilloux-Buffetaud-Tailleur, à Drouot, le 17-IV-1980.*

centres de production, Moustiers et Marseille. Les deux foyers ont évolué durant le dernier quart du XVII^e^ siècle sous la direction des fils d'Antoine Clérissy ; « potier de terre » à Moustiers, Pierre Clérissy prend la succession de son père à Moustiers, tandis que Joseph Clérissy s'installe à Saint-Jean-du-Désert, près de Marseille. Les frères Clérissy produisent de magnifiques faïences fines en camaïeu bleu dans la plus grande tradition classique, introduite dans le sud-est de la France, d'Italie via Nevers.

Entre 1679 et 1720, période qui coïncide avec la production de Pierre Clérissy et de ses émules, on fabrique à Moustiers toutes les grandes pièces de formes décoratives et classiques, mais on s'attache surtout à faire de grands plats, aux formes inspirées de l'orfèvrerie. Ces grands plats d'apparat, avec leurs décors d'encadrement monumental et les médaillons centraux à motifs de scènes animées, sont les pièces les plus caractéristiques de la première période de Moustiers.

Les sujets les plus typiques des décors centraux sont ces superbes scènes de chasse empruntées à l'œuvre du célèbre peintre et graveur de l'époque, ce génie que fut le Florentin Antoine Tempesta. Il y a aussi les décors historiés ou armoriés. Les larges bordures sur le marli, d'inspiration baroque italianisante, qui entourent les médaillons, rappellent beaucoup l'architecture provençale de cette époque. L'ensemble est toujours en camaïeu bleu, parfois relevé de violet ou de manganèse.

Les motifs « à la Berain » rappellent les décors des jardins et des intérieurs des villas romaines, très imités par tous les artistes de la Renaissance. Ils ont toujours été traités à Moustiers en camaïeu bleu, et les seules pièces polychromes sont de la période dite « du retour d'Alcora* », aux environs de 1740, et doivent être attribuées à l'atelier d'Olerys.

Joseph Olerys, faïencier marseillais, revenu d'Espagne, fonda à Moustiers vers 1738 une usine concurrente de celle des Clérissy. Il inaugura les décors polychromes à sujets mythologiques et les marlis à bordures de guirlandes ainsi que les personnages et les animaux grotesques. Puis il développa les décors dits « à la fleur de pomme de terre » ainsi que les trophées militaires « aux drapeaux » ou « à la fanfare », utilisés autant par Pelloquin chez Olerys que par Joseph Fouque, le successeur des Clérissy.

La décadence de Moustiers commença alors et fut accentuée avec l'adoption de la décoration à feu de moufle, imitant Marseille (Fouque et Ferrat, dernier quart du XVIII^e^ siècle).

L'éloignement géographique de Moustiers et l'absence des marques ont favorisé la méconnaissance de ce centre faïencier important jusqu'aux années 1870. C'est d'ailleurs l'intérêt de quelques amateurs de la seconde moitié du XIX^e^ siècle, tels que Paul Arbaud, qui a permis aux amateurs de nos jours de bien connaître et d'apprécier la production faïencière moustérienne (plats oblongs et ronds, vasques, drageoirs, terrines de différentes formes : bassins, pots à vin, à lait et à eau, sucriers, plaques monumentales, seaux, assiettes, plateaux, pots-pourris, coffrets, fontaines).

**mouvement** n. m. En horlogerie, ensemble de pièces et mécanisme animant le système indicateur d'une horloge, d'une pendule ou d'une montre. Le mouvement est composé du moteur (poids ou ressort), du système régulateur (échappement), des rouages, des vis, des platines (plaques supportant les différents rouages), des ponts de roues et, éventuellement, des mécanismes de la sonnerie et de diverses complications. Pour certaines montres — celles dont le boîtier ne constitue pas le principal point d'intérêt —, la nature du mouvement, sa complexité, la spécificité de ses composants, l'identité de son auteur jouent un rôle essentiel dans la formation du prix. Des manques, des réparations, des restaurations malhabiles, un mouvement changé sont à l'origine de moins-values importantes.

**Mucha** (Alfons ou Alphonse), peintre, décorateur, illustrateur et affichiste tchèque (Ivancice 1860 - Prague 1939). Élève de l'école des beaux-arts de Prague, puis de celle de Munich, Alfons Mucha s'établit à Paris en 1888. D'abord obscur illustrateur, il est connu pour ses affiches pour Sarah Bernhardt (Gismonda). Adepte talentueux des arabesques sensuelles de l'Art nouveau créé par Eugène Grasset, il devient le chef de file de ce mouvement. Une exposition à Paris en 1980 a rappelé les multiples facettes de son activité : affiches, calendriers, menus, éventails, bijoux, sculpture, photographie y furent présentés.

Ader-Picard-Tajan

*Affiche de Mucha pour un spectacle de Sarah Bernhardt,* la Dame aux camélias. *Adjugée 62 000 F par M*[es] *Ader-Picard-Tajan, à Drouot, le 23-IV-1980.*

Après un séjour plutôt décevant aux États-Unis, Mucha retourna vivre dans son pays, où il travailla à une suite de tableaux géants sur *l'Épopée slave.* Les cotes Mucha sont généralement élevées sur le marché de l'affiche (et des cartes postales). L'exposition de 1980 accentua encore la tendance, mais cette poussée de fièvre fut suivie d'une décélération sensible. Ainsi, l'affiche pour le Salon des Cent, adjugée 30 000 F le 30-XI- 1980 à Orléans, ne fait plus que 9 800 F le 2-V-1982. *Les Amants,* enlevés à 51 000 F le 23-IV- 1980, se retrouve à 15 000 F le 2-V- 1982. La comparaison porte sur des affiches dans le même état de conservation. Les cartes postales ne semblent pas avoir subi la même évolution. Selon *Neudin,* le nombre des cartes postales signées Mucha serait de 121. Il s'agit, en très grande majorité, de reprises d'affiches ou de panneaux décoratifs. Les cotes s'établissaient en 1988 entre 2 000 et 15 000 F, les prix maximaux allant au *Cocorico,* à la collection des « Cent » et surtout à la carte des *Waverley Cycle.*

**mudéjar** (art) [de la racine arabe *dajana,* « se fixer » ou « s'apprivoiser »]. Art des musulmans d'Espagne qui n'ont pas émigré et qui ont accepté de se soumettre aux chrétiens après la Reconquête (fin du XVe s.). L'art mudéjar fleurit surtout en Castille et en Aragon. Il convient de ne pas le confondre avec l'art « mozarabe »*, qui est, en revanche, l'art des chrétiens soumis aux musulmans.

**Muller** (les), verriers français. La famille Muller, originaire de Kalhausen (Moselle), s'est établie à Lunéville en 1870. Les deux aînés, Désiré et Eugène, apprennent chez E. Gallé la gravure et la décoration sur verre (v. 1885-1890) ; puis Henri, Victor et Pierre entrent à leur tour chez le maître verrier. Vers 1895-1900, la famille s'installe à Lunéville ; les verres sont soufflés à Croismare dans la gobeleterie Hinzelin. Ils relèvent de la même inspiration florale et entomologiste que Gallé. Dans les années 20, leur usine, employant jusqu'à 300 personnes, se spécialise dans la fabrication des lampes et des plafonniers, auxquels est appliquée la technique des pigments incorporés entre deux couches de verre. Mais la crise mondiale clôt l'entreprise (1936). Les frères Muller, jusqu'en 1914, signent « Muller Croismare près de Nancy », puis à partir de 1919 « Muller Frères Lunéville ». Spécialistes de la lustrerie Art nouveau, ils fabriquèrent des lampes bien cotées sur le marché, tel ce modèle champignon en verre triple brun et orange sur fond jaspé blanc à décor de sangliers dans un sous-bois, monture en fer forgé, emporté à 130 000 F (Rambouillet, 19-X-1986).

*Lampe cacatoès en verre soufflé dans une monture en fer forgé patiné signée Muller. Adjugée 28 500 F par M*[e] *Guérin à St-Dié le 29-XI-1987.*

Guérin

**Munch** (Edvard), peintre, graveur et lithographe norvégien (Løten 1863 - Ekely 1944). L'amour, la mort, le désespoir sont les thèmes dominants chez cet artiste hanté par les contraintes morales et sociales. L'art de Munch a subi l'influence de Toulouse-Lautrec comme celle des symbolistes. C'est de 1894, à Berlin, que datent ses premières gravures, qu'il exécute à la pointe sèche. À Paris, l'année suivante, Munch réalise chez l'imprimeur de Toulouse-Lautrec ses premières lithographies. Il s'adonne également, à la même époque, à la gravure sur bois. Les collectionneurs anglais, américains, allemands, suisses se disputent ses estampes à des prix élevés : 50 000 livres sterling le 4-XII-1981 à Londres, chez Sotheby, pour *le Cri* (lithographie de 1893), cette œuvre tout à fait symbolique de Munch.

**musique mécanique.** On désigne généralement sous cette expression tous les instruments de musique ayant un fonctionnement autonome, que le mouvement résulte d'un poids, d'un ressort, de l'électricité ou qu'il soit provoqué par une manivelle ou une pédale chargée d'entraîner un mécanisme, une soufflerie et un support musical.

Les instruments sont dits « mécaniques » lorsque le support est un cylindre « picoté » défini selon les normes du frère Engramelle dans la *Tonotechnie ou l'Art de noter les cylindres* (Paris, 1775). Ce picot peut mettre en

*Planche d'un album du photographe Muybridge qui exploite les ressources de l'appareil photographique pour décomposer la figure esquissée par une danseuse. L'album, qui comprenait 200 collotypes, était estimé 8 000 dollars le 14-V-1981 chez Christie's.*

mouvement soit le levier du pilote d'un tuyau d'orgue (jeu de flûte de pendule, serinette, perroquette, orgue de salon, de barbarie, de foire), soit l'échappement du marteau (piano mécanique, carillon), ou encore la vibration d'une lame (boîte à musique).

Les instruments sont aussi mécaniques lorsque les trous ou les encoches d'un disque ou d'une bande perforée entraînent dans leur mouvement soit les doigts d'une boîte à touches (organettes, orgues de foire, orchestrions), soit les étoiles d'une boîte à musique.

Les instruments sont dits « pneumatiques » lorsque le support musical est une bande de papier ou de carton perforé passant devant la « flûte de Pan » qui reçoit l'ensemble des conduits d'air menant aux soupapes ; chacune de celles-ci correspond à une note de l'instrument (piano, orgue, accordéon) obtenue par air aspiré ou air soufflé. Les systèmes pneumatiques restituant les nuances et les expressions de l'instrumentisme ont été exploités par les marques les plus réputées : Ampico, Duo-Art, Pleyela, Welte Mignon.

La diversité des instruments relevant de la musique mécanique est si vaste qu'elle demeure un champ d'investigation exceptionnel, pouvant satisfaire toutes les bourses.

**Mustel** (Charles Victor), facteur d'harmoniums (1815-1890). Il fut d'abord contremaître chez Alexandre et s'établit en 1853. Auteur de nombreuses recherches, pour lesquelles il obtint les plus hautes distinctions, il fut à l'harmonium ce que Cavaillé-Coll fut à l'orgue. Il est aussi l'inventeur du célesta.

**musulman.** V. ISLĀM.

**Muybridge** (Eadweard James, de son vrai nom Edward James Muggeridge), photographe d'origine anglaise (1830-1904). Émigré très jeune aux États-Unis, Muybridge se signala d'abord par ses vues de la Yosemite Valley (Californie) et ses photographies industrielles. À partir de 1872, il s'intéressa à la décomposition du mouvement et réalisa d'étonnantes séries de photographies sur la course du cheval et celle de l'homme. Il fut l'inventeur du zoopraxicope, appareil projetant des dessins obtenus à partir de photographies et donnant l'illusion du mouvement. Ses photographies de la Yosemite Valley, rares, atteignent des prix élevés qui parfois dépassent 30 000 F à New York. Cours nettement plus modérés, en moyenne, pour les photographies de mouvement ; toutefois, lorsque les séries sont présentées en volume, notamment pour la locomotion animale, elles peuvent dépasser 80 000 F. Les prix les plus élevés sont obtenus à Londres et à New York. Mais les collectionneurs gardent jalousement leurs albums, ce qui raréfie les ventes.

**Myrina.** Site archéologique de la côte d'Asie Mineure, où l'on a découvert des statuettes de terre cuite de même facture, de même époque (IIIe s. av. J.-C.) et de même qualité que celles de Tanagra*. Le style de Myrina est toutefois un peu plus « libre », plus mouvementé, plus « baroque », que les œuvres de Tanagra. Les nus sont plus audacieux et les attitudes plus libres : ce sont des jeunes femmes, des déesses dévêtues, des Éros volant au bout d'un fil. Comme les terres cuites de Tanagra, ces figurines, modelées et moulées par le coroplaste, étaient, après cuisson, peintes de couleurs vives.

*Figurine de Myrina du IIIe siècle avant J.-C. Galerie Mythes et Légendes.*

Bibliothèque nationale

Le Monnoyage, *planche extraite de l'*Encyclopédie *de Diderot. Paris, Bibliothèque nationale.*

# N

**Nabeshima.** V. Arita.

**nacre** n. f. Substance calcaire irisée, sécrétée par l'huître et par certains coquillages, et très appréciée en décoration et en bijouterie. La beauté et la qualité de la nacre varient selon l'origine de celle-ci ; la plus belle nacre est celle du burgau, qui présente de superbes irisations à reflets rouges, jaunes, bleus.

L'art de travailler la nacre relève du métier de tabletier et nécessite un tour de main sans défaillance, en raison de la dureté et de la fragilité de la nacre. On débite celle-ci, avec une scie spéciale, en plaquettes plus ou moins épaisses, ou même en paillettes pour les très petits objets. Depuis le XIVe siècle au moins, la nacre s'utilise en ameublement et en décoration, à peu près de la même manière que l'ivoire, et c'est vraisemblablement à l'imitation de l'Orient qu'on en fait, sous la Renaissance notamment, de délicates marqueteries de motifs floraux. On l'associe également à l'écaille, à l'ébène, pour en recouvrir des meubles et des coffrets. Cet usage se poursuit pendant plusieurs siècles, puisque, à la fin du règne de Louis XVI, Mme de Genlis confectionne pour une marquise de ses amies un bouquet de marqueterie destiné à un dessus de guéridon : elle se procurait la nacre auprès de fournisseurs spécialisés, sous forme de petites plaquettes qu'elle découpait elle-même.

Au siècle suivant, la mode est aux petits meubles de bois noir ou de papier mâché incrusté de burgau et rehaussé de fleurs colorées.

*Nautile en nacre avec une monture en bronze d'époque second Empire.*

Guillemot

La nacre est le plus souvent réservée à la fabrication de petits objets de tabletterie (manches de couteau, coffrets à bijoux, manches de canne, lorgnettes) ainsi qu'à celle de boîtes de toutes sortes et de toutes tailles (tabatières, étuis, boîtes à mouches, à cure-dents, carnets de bal). Elle est utilisée en plaquettes serties dans une monture d'or ou d'argent, qui en rehausse l'éclat ; souvent, d'ailleurs, des incrustations de filets, de médaillons, de motifs floraux, d'écussons garnissent la surface même de l'objet.

Le mot *nacre,* enfin, est parfois synonyme de *nautile** : « une nacre montée », disait-on parfois au XVIe siècle.

**Nadar** (Gaspard Félix Tournachon, dit), photographe français (1820-1910). D'abord caricaturiste, Nadar se tourna vers la photographie en 1853. Ses studios de la rue Saint-Lazare, puis du boulevard des Capucines devinrent les lieux de rendez-vous du Tout-Paris littéraire et artistique. Sa supériorité réside dans son art du portrait, dû à une utilisation savante de la lumière et à la relation privilégiée qu'il savait établir avec le sujet. S'il se servit de la lumière naturelle, Nadar eut recours parfois à l'éclairage artificiel, et, en 1861, il déposa un brevet sur ce procédé. Astronaute fervent, il réalisa la première photographie prise d'un ballon. Il descendit aussi dans les égouts et les catacombes de Paris pour y effectuer à la lumière électrique le premier reportage du genre. En 1886, il eut encore l'idée d'une interview photographique du savant Michel Eugène Chevreul à l'occasion du centenaire de celui-ci. C'est à partir de cette date que Paul Nadar, son fils, prit la direction de l'entreprise paternelle, avec son style personnel et d'autres techniques photographiques. Pour sa part, Félix Nadar utilisait des clichés de verre enduits de collodion. Il réalisa ses prises de vue sur plusieurs types de plaques : 18 x 24 (série de 4 vues pour cartes de visite ou de 2 vues pour cartes-albums), 11 x 22, 21 x 27 et 31 x 26. Le fonds Nadar du ministère de la Culture est estimé à 450 000 clichés, comprenant aussi bien ceux de Félix Nadar que ceux de Paul Nadar ou d'Adrien Tournachon, frère de Paul (Nadar jeune).

*Nadar et sa femme en ballon en 1855. Photo Nadar avec un envoi à G. Sirot de P. Nadar, fils du photographe. Coll. G. Sirot, Paris, Bibliothèque nationale.*

**Nadermann** (Jean-Henri), facteur de harpes du XVIIIe siècle. Ses instruments sont d'une très rare qualité. On lui doit la harpe exceptionnelle faite pour la reine Marie-Antoinette, qui se trouve au musée instrumental du Conservatoire de Paris. Ses fils, François Joseph et Henri, continuèrent l'entreprise qu'il créa.

**Nagasaki.** V. ARITA.

**Naïn.** De ce centre, situé à 150 km à l'est d'Ispahan, sont issus des tapis d'une grande qualité de nouage et de décor. L'activité de tissage s'est développée à Naïn peu avant la Seconde Guerre mondiale. Le tapis naïn se caractérise par un fond clair sur lequel se détache un décor proche de celui d'Ispahan : décor à médaillons aux contours très découpés ou formé d'une grosse étoile, mais surtout décor naturaliste, dans lequel de grandes arabesques de motifs végétaux et floraux supportent animaux et oiseaux stylisés. Les coloris sont naturels et plutôt clairs.

Ce tissage est remarquable : on compte jusqu'à un million de nœuds persans au mètre carré, exécutés en une très belle laine fine. La chaîne et la trame sont en coton, la trame bleue apparaissant sur l'envers du tapis. On trouve également de magnifiques naïns tout en soie.

**Nancy** (école de). Nom donné au groupement des artistes nancéiens désireux de créer un style nouveau, tout en gardant une marque spécifiquement lorraine. Codifié en 1901 sous l'appellation « école de Nancy, alliance provinciale des industries d'art », dont le président est E. Gallé et les vice-présidents sont Majorelle, Vallin, les frères Daum, le mouvement occupe en réalité les trois dernières décennies du XIXe siècle et veut lutter contre la concurrence aussi bien parisienne qu'étrangère. Peintres, sculpteurs, verriers, ébénistes et relieurs font apparaître une esthétique nouvelle : l'artiste, influencé par l'impressionnisme et surtout par l'art du Japon, puise son inspiration dans l'observation de la nature, il a un rôle social, cherchant une unité de style par une collaboration efficace entre la science, l'art et l'industrie ; la distinction entre « arts majeurs » et « arts mineurs » est abolie. À la mort de Gallé, V. Prouvé reprend la direction du mouvement (1904), qui, peu à peu, va perdre son unité de vues pour se dissoudre lors de la guerre de 1914 ; l'Exposition de l'est de la France en 1909 marque la dernière manifestation importante du groupe.

Installé dans l'ancienne propriété de J.-B. Corbin, le musée de l'école de Nancy (38, rue du Sergent-Blandan, 54 000 Nancy), unique en son genre en France, est un musée d'art décoratif centré sur l'œuvre d'E. Gallé et des autres artistes qui, entre 1860 et 1930, ont contribué à l'Art nouveau.

**Napoléon III.** V. TABLEAU DES STYLES pp. 454-455.

**Narbonne.** La création de faïence stannifère qui rappelle le travail hispano-moresque apparaît dans le sud de la France (Narbonne, Aix-en-Provence et Avignon). Déjà au XIVe siècle, des artistes faïenciers musulmans, fuyant l'Espagne, se sont installés à Narbonne, et c'est à leur influence que nous devons probablement la fabrication des pièces décorées en vert de cuivre et en oxyde de manganèse.

La production narbonnaise du Moyen Âge se confond avec les productions des autres centres catalans de l'époque ; mais on rattache aujourd'hui aux ateliers de Narbonne des majoliques italianisantes et à dessins géométriques très colorés qui rappellent les productions de Faenza* du XVe siècle.

Ces pièces rares sont très recherchées par les collectionneurs du style hispano-moresque.

**nautile** n. m. Gros coquillage nacré, en forme de conque, que l'on trouve dans l'océan Indien. Sa forme, ses dimensions importantes (de 20 à 25 cm de long) et surtout sa nacre irisée ont incité les orfèvres à le monter en objet décoratif. Le nautile n'est pas utilisé à l'état brut : il faut d'abord le poncer et le polir afin de dégager et de valoriser la couche nacrée. Certains artistes ont même poussé le raffinement jusqu'à exécuter des ornements en relief, opposant, comme en orfèvrerie, les parties mates et les parties brillantes. On peut également graver la nacre comme l'ivoire. Dans la plupart des cas, cependant, on préfère conserver intacte la belle surface polie et les irisations, et réserver la virtuosité ornementale à la monture d'orfèvrerie.

Cette mode des objets naturels enchâssés d'or ou d'argent date du XIVe siècle. À cette époque, des œufs* d'autruche et des noix de coco sculptées étaient transformés en coupes d'apparat. Le nautile, lui, n'apparaît guère avant la fin du XVe siècle, et sa pleine vogue se situe aux XVIe et XVIIe siècles, d'abord dans les ateliers d'Augsbourg et de Nuremberg, puis à Amsterdam et à Dresde. Le plus virtuose en cet art est l'orfèvre nurembergeois Wenzel Jamnitzer*. On trouve aussi dans les collections des nautiles montés au XIXe siècle.

La monture d'orfèvrerie est en vermeil plutôt qu'en argent blanc et donne lieu à une fantaisie décorative assez baroque ; le pied est souvent un petit personnage grimaçant, un satyre à pied fourchu ou une allégorie marine évoquant l'origine du nautile : sirène, dauphin, triton. Il se prolonge vers le haut par quatre bandeaux enchâssant solidement la coquille, qui est surmontée d'une petite figurine. Il arrive aussi, selon l'imagination de l'orfèvre, que le nautile devienne le corps d'un animal fantastique ou la coque d'un bateau, complété en accessoires d'orfèvrerie.

De tels objets, qui affectent la forme d'une coupe, avaient un rôle purement ornemental. Le nautile monté a toujours été un objet d'exception. On le rencontre sur les natures mortes du XVIIe siècle et on le trouve aussi sur le marché de l'antiquité, où il peut atteindre, selon son ancienneté et sa qualité, entre 10 000 et 300 000 F. Il demeure cependant fort rare.

**navette** n. f. Petit cylindre allongé et pointu à ses extrémités, en bois, en os, en métal, renfermant une bobine de trame et qui se déplace alternativement sur le métier à tisser. La navette à main, cintrée, est lancée à la main par le tisserand; la navette droite, volante, l'est par le mécanisme. Les navettes anciennes, que l'on trouve chez les brocanteurs et les antiquaires, sont recherchées des amateurs d'art populaire.

**navisphère** n. f. Instrument représentant la voûte céleste comme la sphère céleste. En l'orientant selon la latitude et l'heure, le navigateur peut repérer une étoile dont il prend la hauteur au sextant et poursuivre sa route. Monté sur un pied quand elle sert aux démonstrations, la navisphère est installée dans une boîte carrée, le plus souvent en acajou, quand elle fait partie de l'équipement du navire, et ce jusqu'à la fin du XIXe siècle. La couleur blanche du globe donnait la possibilité d'inscrire le tracé de la route du navire, et elle était appelée familièrement « tête de veau ». En 1982, il faut compter entre 4 000 et 5 000 F pour un exemplaire du début du siècle.

**Nayarit.** Le style de Nayarit se rattache aux civilisations indiennes des territoires de l'ouest du Mexique. Il se définit surtout par ses statuettes de terre cuite, aux traits accentués et grotesques et par les disproportions volontaires des représentations humaines. Toutes les figurines portent des ornements de nez et d'oreilles.

**Nazca.** La civilisation Nazca au Pérou, est localisée dans la région côtière méridionale. La céramique est une des caractéristiques de l'art Nazca, mais le modelé en est moins recherché que sur celle des Mochicas. Les formes sont anthropomorphes ou zoomorphes, et l'anse est en étrier. Le décor peint, abondant, est soigné et comprend une dizaine de teintes. Les tissus, colorés, sont somptueux, particulièrement ceux en plume. Les représentations sont diverses et souvent humaines.

**nécessaire** n. m. L'adjectif « nécessaire » est devenu substantif, au début du XVIIIe siècle, pour désigner l'ensemble des objets (de toilette, de couture, à écrire, etc.) qu'il était indispensable d'emporter avec soi dans un voyage ou quelque déplacement et que l'on groupait dans un coffret ou un étui. Si le mot est récent, l'objet est ancien : Charles VI, tout comme François Ier, ne se déplaçait jamais sans un véritable nécessaire de toilette, dont les descriptions nous ont été conservées ; le nécessaire s'appelait alors « étui », « coffre », « cassette ». Mais c'est bien à partir du XVIIIe siècle qu'il connaît sa plus grande vogue auprès d'un public très large, qu'il soit un minuscule étui à couture de poche ou un vaste coffre contenant tous les objets indispensables à la toilette et à la confection d'une tasse de thé. Le Louvre conserve le nécessaire que Marie-Antoinette avait emporté dans sa fuite, garni d'une argenterie de Charpenat. Il faut distinguer le nécessaire bibelot de poche et le nécessaire bagage.

Le nécessaire de poche fait partie des gadgets que proposaient au XVIIIe siècle les marchands de frivolités. Trouvaient place dans un étui de galuchat judicieusement aménagé une paire de ciseaux, un dé, un porte-plume, un poinçon, un couteau, un cure-dents, un minuscule encrier, une petite tablette d'ivoire..., une œillère aussi. Ces ustensiles sont en argent ou en vermeil, parfois en or, avec des manches en ivoire ou en nacre. L'étui qui les contient est le plus souvent gainé de galuchat vert doublé de peau rouge clair, mais certains précieux nécessaires sont contenus dans une boîte d'or émaillé, de pierre dure à cage d'or, de vernis Martin, voire en marqueterie de paille.

G. Meguerditchian

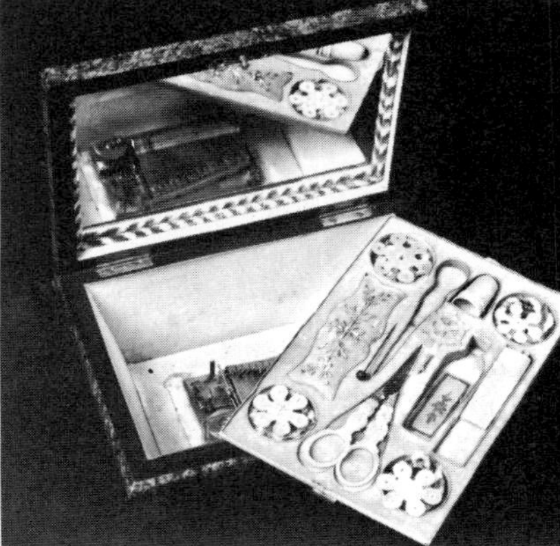

*Nécessaire à couture dont le fond est occupé par une boîte à musique. Collection A. Muflarz.*

Sous la Restauration, de ravissants nécessaires de couture furent contenus dans des coffrets de nacre, de bois précieux, de soie brodée, capitonnés intérieurement de satin rose ou bleu, garnis d'instruments d'or ou de vermeil. Il existe aussi des nécessaires gadgets, qui se logent par exemple dans une coquille de noix judicieusement aménagée : dé, poinçon, ciseaux, étuis à aiguilles. Les nécessaires de voyage connurent une grande vogue au début du XIXe siècle. Napoléon les commandait à Biennais et les offrait volontiers à ses maréchaux ou à des diplomates étrangers. Ces nécessaires répondent à une sorte de gageure : loger le maximum d'objets dans le minimum de place ; ce problème donne lieu à des assauts d'ingéniosité : manches et fûts dévissables, pots emboîtables, objets à multiples fonctions. Certains de ces nécessaires devaient poser à leurs utilisateurs de véritables casse-tête, ne serait-ce que pour ranger, après usage, chaque élément dans son logement.

Bien rangés dans un joli coffret d'acajou, les nécessaires de Biennais contiennent ce qu'il faut pour la toilette et la collation. Le centre est occupé par le petit bassin ovale dans lequel se superposent des plateaux de velours contenant les instruments : rasoirs, ciseaux, crochets à bottines, brosse à dents et autres ustensiles, quelques couverts ainsi qu'un tire-bouchon. Autour et dans les angles sont ménagées des cavités pour les pots et les flacons de toilette, les verseuses à manche amovible, le petit réchaud à alcool. Un grand miroir se place à l'intérieur du couvercle. Certains coffrets sont munis d'une tirette latérale dégageant une petite écritoire. Tous ces ustensiles sont en argent, en vermeil ou en fin cristal avec des manches en ivoire, en nacre ou en ébène. Ces précieux nécessaires étaient évidemment très coûteux, donc relativement peu courants. Beaucoup, de plus, ont dû être dispersés, séparés de leur boîte d'origine. Il en reste donc fort peu, et ils sont, lorsqu'il s'en présente, d'autant plus appréciés. En 1980, on a adjugé à Drouot pour 420 000 F celui que Fouché, le ministre de Napoléon, offrit à sa seconde épouse ; quelques mois plus tard, le nécessaire du maréchal Soult, par Biennais, atteignait la somme de 700 000 F, toujours à Drouot.

**nécessaire astronomique.** Appelé aussi « compendium », il est constitué de plusieurs instruments et, fermé, a la forme d'une boîte. En s'ouvrant, il laisse apparaître différents types de cadrans solaires, un cadran lunaire, un nocturlabe, un calendrier, un astrolabe et un quadrant astronomique. Il peut renfermer aussi des cartes géographiques et un tableau des longitudes et des latitudes. Très recherché par le collectionneur, le nécessaire astronomique a été très prisé au XVIIe et au XVIIIe siècle. La présence de plusieurs instruments, contribuant à donner un aspect mystérieux à l'ensemble, le faisait préférer à tout autre instrument. Le nécessaire astronomique bénéficie toujours d'une finesse d'exécution et d'une certaine élégance. Souvent en laiton doré, parfois en bois, il n'est pas toujours signé. Son prix est proportionnel à sa rareté. Citons un exemplaire de la fin du XVIe siècle en bronze et en laiton doré de forme ronde, comprenant un nocturlabe, un calendrier lunaire, le zodiaque, l'âge de la Lune, un cadran équinoxial et un carré des ombres de 5,8 cm de diamètre, qui s'est vendu à Londres plus de 50 000 F en 1986.

**nécessité** n. f. On appelle « monnaies de nécessité » toutes les monnaies frappées dans un pays ou une cité sous une autorité autre que celle légalement établie et normalement détentrice du pouvoir d'émission.

Ces frappes sont, en général, dues à des conditions très particulières : troubles économiques ou sociaux, guerre ou tout autre événement empêchant la monnaie officielle d'être produite ou de circuler.

Les monnaies de siège, ou monnaies obsidionales*, sont un bon exemple de monnaies de nécessité. Toutes proches de nous, les émissions de monnaies et surtout de billets de la guerre de 1914-1918 et de l'après-guerre illustrent aussi parfaitement le phénomène de la monnaie de nécessité.

**nef** n. f. Objet d'orfèvrerie (parfois en verre « façon Venise ») qui figura, du XIVe au XVIIIe siècle, sur la table royale. La nef avait pour fonction d'abriter la serviette, les couverts et les « essais » du souverain, c'est-à-dire les langues de serpent et les poudres de licorne qui étaient censées dévoiler la présence de poison. Son rôle est donc assez proche de celui du « cadenas », avec lequel la nef coexiste cependant.

Quant à sa forme de bateau, il faut voir là une intention décorative et non pas symbolique. On naviguait beaucoup à la fin du Moyen Âge et l'on savait apprécier l'élégance d'une coque de navire, équipée ou non de son gréement. À l'époque, d'ailleurs, les tables d'apparat étaient toujours encombrées d'une foule de pièces ornementales.

Des bateaux d'argent étaient fabriqués comme ex-voto. La reine Marguerite de Provence, se trouvant prise dans une tempête au retour de Terre Sainte, promit à saint Nicolas une nef d'argent. D'autres bateaux d'orfèvrerie avaient une vocation uniquement ornementale. Au XVIe siècle, les orfèvres portugais et espagnols ont confectionné de gracieuses caravelles à roulettes (modèles plagiés au XIXe s.), et le musée des Arts et Métiers de Paris conserve une nef de vermeil dite « de Charles Quint », dont les petits personnages étaient autrefois animés d'un mécanisme à automates.

Les nefs royales, en vermeil et même parfois en or massif, n'ont pas survécu plus que le reste de l'argenterie. On en connaît quelques-unes (celles de Louis XIV et de Louis XV notamment) par les dessins des orfèvres.

En revanche, le musée de Malmaison conserve la nef offerte en 1804 par la Ville de Paris à Napoléon. Cette nef, en forme de nacelle enjolivée de figures allégoriques, est l'œuvre d'Henri Auguste.

**Nègre** (Charles), peintre et photographe français (Grasse 1820 - *id.* 1880). Intéressé par la photographie à partir de 1844, il pratiqua d'abord la daguerréotypie, puis le calotype. En 1851, il commença à se faire connaître dans les milieux de la photographie, notamment par ses vues d'architecture. Il fut très lié à Henri Le Secq. Il est l'inventeur d'un procédé de reproduction de photographies en héliogravure qu'il fit breveter en 1856. Il a réalisé par cette technique des planches de grand format d'une exceptionnelle beauté : celles de la cathédrale de Chartres par exemple. Il a abordé en photographie presque tous les genres, et on peut le compter parmi les précurseurs du reportage : *Chute d'un cheval devant le Palais-Bourbon, Asile de Vincennes.*

**Népal.** Pays des pentes sud de l'Himālaya, situé entre le Tibet au nord et l'Inde au sud. Les objets caractéristiques

*Groupe de divinités népalaises en bronze, faisant partie du mandala d'Amitayus, assises en posture de Dhyanasana chacune portant les vêtements et les ornements des bodhisattvas ainsi que le kalasa. XVe, XVIe siècle. (D. 16,5 cm) Christie's, Londres.*

Christie's

de ce pays sont des bronzes de style pāla indien ou encore tibétain représentant des divinités des panthéons bouddhiques tantriques ou brahmaniques. On trouve également au Népal des *tangka**, ou peintures religieuses tantriques, et quelques rares objets en ivoire (boîtes, instruments de culte) et en bronze.

**nerf** n. m. Saillie produite sur le dos des volumes par les ficelles qui servent de point d'appui à la couture. Les livres dont la ficelle ne fait pas saillie n'ont pas de nerfs (dos lisse), mais souvent les relieurs mettent de petites bandes de carton sous le cuir (faux nerfs).

**netsuke.** Sortes de boutons sculptés destinés à retenir dans la ceinture un nécessaire à fumer, une écritoire ou encore une boîte à médecine (inrō*). Ces objets d'art devinrent courants au Japon à partir du XVII^e^ siècle et commencèrent à attirer l'attention des collectionneurs à partir de la fin du XIX^e^ siècle. Certaines pièces peuvent atteindre des prix considérables et sont très demandées, surtout celles qui portent des signatures célèbres.

*Netsuke du XIX^e^ siècle en ivoire. Adjugé par M^es^ Ader-Picard-Tajan le 19-II-1979.*

R. Guillemot

Les netsuke peuvent être en diverses matières : en bois, en ivoire (d'éléphant, de mammouth ou de morse), en porcelaine, en bois de cervidé et parfois (plus rarement) en métal. Certains combinent deux ou plusieurs matières, qui peuvent éventuellement être colorées. D'autres sont en racine de bambou, en os ou encore en laque. On classe les netsuke selon leur forme : les *katabori* sont de petites sculptures représentant de manière réaliste des figures humaines ou animales, ou simplement des objets divers ; les *kagamibuta* sont de forme ronde aplatie et ressemblent à un petit bol dont le creux est fermé par une pièce en métal (ou en céramique, les deux parties étant décorées) ; les *manju* sont également ronds et plats, mais sont réalisés en une seule pièce, décorée de gravures, de peintures ou de scènes en léger bas relief ; les *ryūsa* sont de forme ronde ou ovale, mais sont décorés en haut relief ou en « open-work » (ajourés), généralement de motifs d'oiseaux et de fleurs ; les *sashi-netsuke* sont de forme très allongée, avec un trou à l'une des extrémités afin de pouvoir y passer une corde ; enfin, les *ichiraku-netsuke* sont des netsuke réalisés en tissage ou en tressage de lamelles de bambou ou en fils de métal ou de rotin. La plupart des netsuke possèdent deux trous se rejoignant, destinés à faire passer le cordon *(himotōshi)* qui les lie à l'objet soutenu (inrō, poche ou nécessaire à tabac, trousseau de clés), cordon qui coulisse à travers un bouton, lui aussi orné et appelé *ojime,* affectant la forme d'une sorte de grosse olive. Beaucoup de bons netsuke portent, gravée, la signature de l'artiste qui les a sculptés, ce qui permet de les identifier. Certains netsuke, percés de part en part (open-work), ne possèdent aucun autre trou de fixation. D'autres, surtout les manju, sont percés de part en part en leur centre, la corde maintenant ensemble les deux parties du netsuke. Les sujets représentés dans les netsuke sont extrêmement divers et vont des personnages des mythologies chinoises et japonaises aux objets les plus communs (pelles pour ramasser les cendres), en passant par les animaux et les plantes ou les fruits. On compte plus de 1 200 artistes qui réalisèrent des netsuke.

**Neuchâtel.** Ville et canton suisses situés au pied du Jura, qui s'illustrèrent dans l'industrie horlogère. De nombreux et célèbres horlogers sont originaires de cette région, où ils installèrent des ateliers, notamment au Locle et à La Chaux-de-Fonds, inondant de leur production réputée les marchés européens, mais aussi orientaux et asiatiques.

**Nevers.** La technique italienne des magnifiques faïences fines à décors, en camaïeu bleu et polychrome, créées tout au long du XVII^e^ siècle au sud de la Loire, dans la plus grande tradition classique, a été introduite à Nevers et à Lyon vers la fin du XVI^e^ siècle.

Louis de Gonzague, duc de Nevers grâce à son mariage avec Henriette de Clèves, fit venir, vers la fin du XVI^e^ siècle, des artistes faïenciers italiens pour produire des faïences émaillées à la manière italienne. Celui auquel il faut attribuer la création de la première faïencerie de Nevers est Julio Gambin (1588). Cet artiste, originaire de l'Émilie-Romagne, avait déjà travaillé à Lyon avant de s'installer à Nevers.

Durant cette époque, il est difficile d'attribuer certaines pièces italianisantes créées en France à la manufacture

*Assiettes en faïence de Nevers ornées d'emblèmes révolutionnaires, fin XVIII^e^ siècle. Angers, musée Saint-Jean.*

de Nevers plutôt qu'à celle de Lyon ; en tout cas, elles rappellent presque toutes les œuvres d'Urbino et celles de Faenza du milieu du XVI^e^ siècle.

La famille Gambin, associée aux Conrade (Augustin, Baptiste, Dominique), originaires d'Albissola, a dominé la production nivernaise tout au long de la première moitié du XVII^e^ siècle. Cette période italianisante correspond aux pièces traitées en polychromie, décorées de putti, de cygnes, de paysages bucoliques et maritimes ainsi que de scènes mythologiques (type « a istoriato »). Ces scènes ont surtout été traitées en camaïeu bleu avec des traits au manganèse.

Les belles pièces de forme et les plats d'apparat à fond dit « gros bleu », décorés selon le mode oriental et extrême-oriental, en blanc fixe, avec ou non introduction du jaune et du manganèse, appartiennent essentiellement à la seconde moitié du XVII^e^ siècle. Il en va de même pour les magnifiques compositions religieuses et mythologiques et les sujets de chasses exécutés d'après le graveur Tempesta.

Les faïences à fond jaune, extrêmement rares, décorées surtout de fleurs et d'arabesques de différentes

*Assiette de Nevers à décor de grand feu blanc et ocre sur fond bleu dit « persan ». La disposition des branches fleuries s'inspire peut-être du modèle de Savone. Collection Hélène Fournier.*

*Pichet de Nevers, au décor de grand feu, blanc sur fond bleu (fin du XVII^e siècle-début XVIII^e siècle). Collection Hélène Fournier.*

couleurs, sortent aussi des ateliers de Nevers de la même époque.

Pendant le XVIII^e siècle — jusqu'à la Révolution —, Nevers s'attache aux imitations des décors de Delft, de Moustiers, de Rouen et de Francfort. La Révolution introduit des faïences patriotiques, et, peu à peu, la fabrication évolue vers la faïence populaire. Après plus de deux siècles de gloire, les faïenceries de Nevers entrent alors dans une période de décadence finale.

**Nichāpūr.** Située dans la province de Khorāsān, cette ville eut très vite, après l'occupation islamique, une grande notoriété grâce à son emplacement privilégié sur la « route de la soie » qui reliait l'Orient à l'Extrême-Orient. C'est notamment pendant la période où elle devient la capitale des royaumes musulmans des Tahrides et des Saffārides qu'elle se distingue par une vaste production de céramiques argileuses bien connues des collectionneurs. Cette fabrication, dite « de Nichāpūr », est souvent associée par les historiens de l'art à celle d'une autre cité, placée également sur la même route : Samarkand* (il est assez fréquent en effet de rencontrer le nom de ces deux villes associés dans le cadre des productions dites « de Transoxiane »).

Le groupe des céramiques de Nichāpūr est certainement l'un des mieux diffusés de l'Islām médiéval et, par là, le mieux représenté dans les collections publiques et privées. Ces céramiques sont très appréciées des Occidentaux par leur style rude et libre, par leur gamme de coloris restreinte au brun, au jaune et au rouge brique. Elles sont classées de façon très méthodique en grands groupes : céramiques jaspées, incisées ; à décor d'engobes colorés ; à décor floral inspiré des créations mésopotamiennes ; à décor « kaléidoscopique » composé d'éléments jetés pêle-mêle ; avec épigraphie. C'est sans conteste l'emploi de l'épigraphie avec les lettres brunes sur fond crème qui demeure le plus séduisant. Signalons toutefois que, depuis le milieu du XX^e siècle, un nombre assez important de copies de tous ces types sont apparues sur le marché.

*Bol en céramique de Nichāpūr, l'intérieur décoré de motifs lobés gris et bruns sur fond blanc, sous une couverte translucide. IX^e-X^e siècle (restauré).* [*D. 20 cm.*]

**nicophilie** n. f. Collection des emballages de cigarettes.

**Niderviller** ou **Niederviller.** Le baron Jean-Louis de Beyerlé, directeur de la Monnaie royale de Strasbourg et conseiller du roi, a fondé vers le milieu du XVIII^e siècle (1754 ?) la première fabrique de faïence à Niderviller. Les pièces sorties de cette faïencerie, qui rappellent les décors de Strasbourg, ont vite eu une grande renommée.

Vers 1765, parallèlement à la production de faïences, la manufacture de Beyerlé s'initie à la fabrication de la porcelaine dure, à la manière de Meissen (kaolin importé de Saint-Yrieix et même d'Allemagne). Les décors des pièces qui en sont sorties sont extrêmement fins : des bouquets fleuris, des couleurs imitant les différentes essences de bois, des camaïeux roses. Durant cette première période de la manufacture, les marques sont toujours des monogrammes — autant pour la porcelaine que pour la faïence (BL, BN, HI).

*Statuette en faïence de Niderviller à fin décor polychrome rehaussé de dorures, représentant une jeune paysanne ayant à ses pieds un pot de fleurs cassé. XVIII^e siècle. Adjugée 31 000 F par M^es Ader-Picard-Tajan, à Drouot, le 5-XI-1982.*

Entre 1775 et 1780, la manufacture prospère dans les mains de son nouveau propriétaire, le comte de Custine. En 1780, quand Cyfflé est obligé de quitter Lunéville, il vend la plupart de ses moules au directeur de la manufacture de Niderviller, le maître céramiste Lanfrey. C'est à la période qui va de 1780 jusqu'à la mort de Custine (1793) qu'il faut surtout attribuer ces charmantes figurines d'une très belle exécution, créées autant en porcelaine dure qu'en faïence. La marque de cette période est le CN (Custine) ou deux C entremêlés, couronnés ou non.

La troisième période de la manufacture correspond à l'époque républicaine et impériale, durant laquelle Lanfrey a été le seul propriétaire. Les pièces alors produites sont signées du monogramme du propriétaire, du nom de Niederviller ou d'un TDL (Terre de Lorraine). Cette période est caractérisée par la continuation de la production de statuettes en porcelaine et en biscuit, mais aussi par des figures nues (« nudistes »).

Vers 1830, la manufacture n'appartient plus à Lanfrey et la production s'oriente vers les pièces en porcelaine destinées au « grand public ». Les pièces sorties de la manufacture de Niderviller restent, pour les collectionneurs français et allemands de nos jours, avec celles de Strasbourg, les plus recherchées.

**nielle** n. m. Décor d'orfèvrerie qu'on obtient en gravant le métal au burin selon le motif choisi. Les tailles du burin sont couvertes avec une sorte d'émail noir bleuté à base de soufre, de cuivre, de plomb, d'argent et de borax. On polit bien ensuite l'ensemble afin que l'émail ne se fixe que dans les creux du burin.

Le nielle était déjà connu dans l'Antiquité et fut transmis à l'Occident médiéval grâce à l'art byzantin. Après la Renaissance, l'argent niellé passe de mode en Europe, mais réapparaît en Russie au XIXe et au XXe siècle. La réputation des artisans de Toula est liée à ce décor. Les antiquaires spécialistes de l'art russe proposent toutes sortes de petites boîtes, de flacons, de tabatières, d'étuis, de plats, de gobelets et même de cuillers, ornés de paysages, de monuments, ou de scènes guerrières. En France, le goût romantique pour les petits bijoux ranima l'art du nielle. Cependant, des faux ont été réalisés : un effet de niellé peut être obtenu par des procédés d'oxydation, mais sa durée est limitée.

Au XVe siècle, les orfèvres florentins tirèrent des épreuves sur papier de leurs nielles. Donnant des œuvres de petit format, ce procédé fut très apprécié au début du XVIe siècle et influença certains artistes, notamment Marcantonio Raimondi.

**Niepce** (Joseph Nicéphore), physicien français (Chalon-sur-Saône 1765 - Saint-Loup-de-Varenne 1833). Issu d'une famille aisée, Nicéphore Niepce fut officier dans les armées de la Révolution. Attiré par la recherche scientifique, il mit au point, avec son frère Claude, un moteur à combustion interne, ancêtre du diesel : le pyréolophore. Ce projet n'ayant pu aboutir, il se tourna vers d'autres expériences. Son intérêt pour la chambre noire et la lithographie l'amena à la photographie. En 1816, à Saint-Loup-de-Varenne, il obtint sur papier au chlorure d'argent des images négatives fixées à l'acide nitrique. En 1822, il réussit la première image photographique du monde, positive cette fois : une vue de la campagne chalonnaise prise de son laboratoire. Ce résultat fut obtenu après sensibilisation d'une plaque métallique recouverte de bitume de Judée dissous dans de l'huile de Dippel. Après huit heures de pose dans la chambre noire, la plaque, plongée dans un solvant (essence de lavande) et attaquée par un acide dans les parties non protégées par le bitume, laissa apparaître une image en relief permettant des « tirages héliographiques », comme les appela Niepce, qui utilisa aussi des plaques de verre et d'étain. Niepce apporta des améliorations à la chambre noire en la dotant d'un diaphragme à iris ainsi que d'un système coulissant et d'une bobine pour l'enroulement du papier sensible. C'est en 1829, après avoir longuement hésité, qu'il s'associa à Daguerre, dont les recherches déboucheront sur le daguerréotype.

**Nîmes.** La meilleure production faïencière de Nîmes est celle de la seconde moitié du XVIe siècle ; deux décors prédominent : le décor « a quartieri » (arabesques et rinceaux, et fond de coloris alternés) et « a candelieri » (motifs de grotesques et de rinceaux autour d'un thème central, en général des armoiries), à la manière de Cafaggiolo. Cette époque de gloire de la production faïencière de Nîmes est liée au céramiste peintre de grand talent qu'est l'huguenot Antoine Syjalon, aux environs de 1570-1580. C'est à lui qu'on attribue plusieurs pièces armoriées et ces créations à motifs politico-satiriques dirigés contre la Ligue et le parti des princes catholiques. Les pièces qu'on lui attribue sont aujourd'hui très recherchées, autant par les musées que par les grandes collections privées.

**niveau** n. m. Instrument servant à vérifier l'horizontalité d'un ouvrage. Celui du maçon est constitué d'un châssis triangulaire ou rectangulaire. À son sommet est suspendu un fil à plomb, qui coïncide avec une marque fixe (ligne de foi) lorsque l'instrument est posé horizontalement. Le niveau à bulle, plus facilement maniable que le niveau à eau, apparaît au XVIIe siècle. Le niveau le plus recherché est le chorobate, utilisé jadis en Angleterre et en Allemagne. En forme de T retourné, il est souvent en bois précieux et gravé. La franc-maçonnerie anglaise l'a choisi comme emblème d'égalité.

**noble** n. m. Nom donné à une pièce d'or du Moyen Âge anglais. Cette belle monnaie, plus grande et plus lourde que les monnaies frappées à la même époque en Europe, avait pour type l'effigie à mi-corps du roi armé dans une nef. Les premiers spécimens furent frappés par Édouard III en 1344, et le monnayage à ce type continua plus d'un siècle, jusqu'au règne d'Henri VII. En 1982, les nobles atteignent des prix situés entre 7 000 et 15 000 F.

**nocturlabe** n. m. Instrument scientifique appelé aussi « cadran aux étoiles » et permettant de connaître l'heure, la nuit, en observant la position des étoiles.

Cet instrument est muni de deux disques concentriques de diamètres différents : l'un porte la graduation des mois, des jours et parfois le zodiaque, et l'autre celle des heures. Chaque heure est marquée par l'une des 24 dents et celle de minuit, plus grande, sert de repère. Une alidade était dirigée vers l'étoile polaire et permettait de connaître l'heure après un réglage des deux roues. Cet instrument, muni parfois d'un calendrier perpétuel ou d'un quadrant, a surtout servi au XVIe et au XVIIe siècle. Il faisait partie aussi de l'équipement du navigateur et a été supplanté par les montres. Il est en laiton ou en argent et souvent en bois. Un exemplaire anglais du début du XVIIIe siècle, en buis, a été vendu 36 400 F en 1986.

*Nocturlabe en buis destiné au calcul de l'heure à partir de la position des étoiles du pôle. Le manche porte l'inscription "For both bears" (Pour la Grande et la Petite Ourse). Angleterre, vers 1700.*

Ader-Picard-Tajan

Histoires, *de Charles Nodier, illustrées par Tony Johannot et éditées par Hetzel (1853).*

*Baromètre en bois doré à décor de nœuds de ruban, cordages, draperies, fleurs et feuillages. Époque Louis XVI. (H. 1,01 m.)*

**Nodier** (Charles), écrivain français (Besançon 1780-Paris 1844). Célèbre bibliophile, il fut, à l'instar de Brunet, un pionnier de l'orientation historique de la bibliophilie française, plus conservatrice que novatrice, et qui sauva nombre d'éditions rares des siècles passés. Il vécut à l'âge d'or des découvertes merveilleuses chez les bouquinistes. Avec un flair extraordinaire, des connaissances solides et peu de moyens, Charles Nodier constitua ce qu'il appela avec humour « une petite bibliothèque ». Il fut le rédacteur du *Bulletin du bibliophile,* fondé par le libraire Joseph Techener en 1834. Son relieur préféré fut Joseph Thouvenin.

**nœud de corsage** ou **d'estomac.** Bijou en vogue au XVIIe siècle. De très beaux modèles ont été donnés par le joaillier parisien Gilles Légaré dans des planches gravées et publiées en 1663. Le nœud de corsage est formé d'un double nœud à quatre boucles : deux grandes et deux plus petites, qui forment comme deux ailes de papillon, séparées par une barre verticale terminée elle-même par une petite queue où pend une perle. Le dessus est pavé de brillants, de perles et de pierres précieuses ; le dessous est en or émaillé et décoré de feuillages et d'arabesques. Le nœud de corsage se portait en haut du décolleté.

*Broche en forme de nœud d'estomac, sertie de rubis et de diamants. Créée vers 1700 pour la reine Ana Maria Victoria du Portugal. Collection particulière.*

**nœud de ruban.** Motif décoratif fréquemment employé à l'époque Louis XVI. Tout comme le feston, la draperie, la frange ou la cordelette, le nœud de ruban est un ornement directement emprunté à l'art du tapissier et qui donne au bois, au bronze, à l'argent ciselé la grâce et la légèreté d'une soierie drapée, d'un ruban, d'un voile.

**Nogaret** (Pierre), menuisier français (Paris 1718-Lyon 1771). Le plus célèbre des menuisiers lyonnais, il fut l'élève de François Girard à Lyon vers 1740, puis de J.-B. Tilliard et de L. Cresson à Paris, où il est reçu maître en 1745, avant de s'établir définitivement à Lyon, ville alors réputée pour accueillir des ouvriers libres. Il signe ses meubles au fer en petits caractères : « Nogaret à Lyon ».

Son œuvre originale marque l'avènement d'un style lyonnais caractérisé par un équilibre rigoureux entre la ligne et le volume, tandis que les menuisiers parisiens sont constamment à la recherche de créations de formes nouvelles et d'ornements très variés. Les sièges de Nogaret sont reconnaissables au « coup de fouet », sorte de torsade qui rattache la console d'accotoir à la ceinture.

La réussite des sièges lyonnais d'époque Louis XV conçus par Nogaret tient à la vigueur d'une mouluration dont les sinuosités soulignent la nervosité des cambrures. Cette « primauté de la ligne sur le décor » a été mise en évidence par Bernard Deloche et Jean Rey, dans *le Mobilier bourgeois à Lyon* (1980). Les savantes sinuosités des meubles et des sièges lyonnais s'accommodent difficilement du style néoclassique, aux lignes rigides.

Selon Jean Nicolay, qui trouve remarquable l'œuvre de Nogaret : « On peut toutefois lui reprocher une exagération des galbes, qui témoignent de son éloignement de Paris, où il [le galbe] était fait de mesure et de discrétion » (*l'Art et la manière des ébénistes français au XVIIIe siècle,* 1976).

Nogaret a eu une grande influence sur les ébénistes lyonnais, dont Francis Canot, son beau-frère (1721-1786), Claude Levet (1729-1774), François Geny (1731-1804), Sébastien Carpantier (1733-1813), François Lapierre (1753-1823) et Nicolas Parmentier (1736-1801).

**noir.** Se dit en France, d'après James Barrelet, du verre de bouteille obtenu industriellement. En réalité, celui-ci est plutôt vert ou brun foncé. (V. bouteille.)

**noix de coco.** Dès le début du XIVe siècle, des pièces en « boix d'Inde » montées sur pied d'argent figurent dans le mobilier ; ces objets exotiques étaient alors considérés comme des curiosités insolites, rapportées par les navigateurs. C'est pourquoi on les enjoliva jusqu'au XVIIe siècle d'une somptueuse monture d'orfèvrerie et d'émail ; la noix était, bien entendu, préalablement décapotée et vidée ce qui permettait de la transformer en coupe. Jusqu'au XVIIe siècle, les noix montées sont généralement laissées lisses ou ornées d'un léger guillochis* en relief. Lorsque les voyages au long cours se multiplièrent, à partir de la seconde moitié du XVIIe siècle, les noix de coco furent rapportées en plus grand nombre et perdirent leur caractère d'objets précieux... et leur parure de vermeil. Elles demeurent cependant appréciées comme objets décoratifs, d'autant plus que leur écorce se laisse facilement sculpter. Travaillées à bord du navire par le couteau du marin, elles deviennent objets d'art populaire au décor savoureusement naïf ; sculptées à terre par des artisans spécialisés, à l'aide d'un outillage sophistiqué, dans les ateliers dieppois ou parisiens, elles sont des bibelots décoratifs raffinés.

**Nok.** La civilisation dite « de Nok » a produit les terres cuites les plus anciennes de toute l'Afrique noire, trouvées sur le plateau de Bauchi, au nord du Nigeria.

Œuvres d'un style accompli, les terres cuites de Nok sont anthropomorphes ou zoomorphes et datent, d'après les méthodes radiologiques d'analyse, de 500 av. J.-C. à 200 apr. J.-C.

**Nolde** (Emil Hansen, dit), peintre, graveur et sculpteur allemand (Nolde 1863 - Seebüll 1956). Nolde est une figure très importante de l'expressionnisme allemand, qu'il a marqué de son tempérament solitaire et ombrageux. Il dut à la carte postale ses premiers succès commerciaux, avec des scènes fantaisistes de montagnes tirées en lithographie et reproduites par la revue *Jugend.* Sous le régime hitlérien, plus de mille de ses toiles furent confisquées et il lui fut interdit de peindre. En 1952, Emil Nolde a reçu le prix de gravure de la Biennale de Venise, pour son travail dans les différentes disciplines de l'estampe : lithographie, eaux-fortes et bois gravés.

**Nollet** (abbé Jean Antoine), physicien français (1700-1770). S'intéressant à l'électricité, l'abbé Nollet inventa en 1747 l'électroscope pour mesurer la distance entre deux fils électrifiés par frottement, en s'appuyant sur le principe de répulsion. Démonstrateur, il faisait fabriquer des instruments pour ses clients. Maître de physique, il écrivit des ouvrages fort appréciés, qui ont contribué à l'intérêt du public pour les sciences et les instruments ; citons ses *Leçons de physique expérimentale* (v. 1760) et *l'Art des expériences* (v. 1770).

**nouille** (style). Le style Art nouveau a reçu de nombreuses appellations. Maints mots, imaginés plus ou moins par dérision, donnent diverses expressions au mouvement. En France, les styles « nouille », « coup de fouet », « métro » ou encore « Loubet » ont leur équivalent en Allemagne : « Bandwurmstil » (ténia), et en Espagne : « Arte Joven ».

**numismatique** n. f. Science des médailles et des monnaies.

La numismatique a été en premier lieu une science, parce que la monnaie existe depuis 2 600 ans et parce qu'elle a toujours reflété l'évolution économique et politique des nations : elle constitue donc un sujet d'étude et un domaine de recherche particulièrement fructueux pour l'historien. Document parfaitement authentique de l'époque dont elle témoigne, la monnaie atteste l'existence de certains royaumes ou de certains monarques, qui n'ont laissé d'autres traces que leur empreinte monétaire. Considérée au XIXe siècle comme une « science auxiliaire de l'histoire », la numismatique apparaît aujourd'hui comme une science majeure et à part entière : la présence de numismates au sein des équipes archéologiques interdisciplinaires qui s'attachent à étudier les grands sites de fouilles du bassin méditerranéen et du Moyen-Orient en est une preuve. En dehors de sa contribution à l'histoire, la numismatique permet une meilleure connaissance de l'économie d'un pays. C'est ainsi que le droit de battre monnaie est l'affirmation d'un appareil étatique. De plus, l'étude des circulations monétaires et, par là, des grands mouvements d'invasion ou de colonisation peut se faire à partir de monnaies enfouies au cours des siècles ; par ailleurs, les dévaluations officielles ou de fait se retrouvent à l'époque des monnaies de métal noble (or et argent) dans la variation de l'« aloi » des pièces. La monnaie est donc le reflet fidèle de l'économie d'un pays.

La numismatique est une collection qui a de tout temps passionné les amateurs : les princes de la Renaissance ou des souverains tels Louis XIV collectionnaient déjà les monnaies antiques, et, plus près de nous, on peut également citer Victor-Emmanuel III, le roi Farouk.

Réservée d'abord à une élite érudite ou fortunée, la collection numismatique s'est peu à peu démocratisée et rencontre aujourd'hui un large public, qui trouve dans les monnaies, outre leur contenu historique, un intérêt dû à leur rareté, à leur beauté.

*Assiette en porcelaine de Nymphenbourg à décor polychrome. Vers 1770. (D. 23 cm.) Adjugée 3 500 F par Mes Ader-Picard-Tajan, à Drouot, le 7-VI-1982.*

Ader-Picard-Tajan

**Nymphenbourg.** Bien après la fondation de Meissen et de Vienne, le comte Sigismund von Heimhausen créa vers 1747 une manufacture de porcelaine dure, qu'il plaça sous la protection du duc de Bavière, Maximilian III. C'est surtout au Tessinois Antonio Fancesco Bustelli, qui fut un des sculpteurs les plus renommés du XVIIIe siècle, que Nymphenbourg doit sa réputation mondiale (bustes et sculptures en porcelaine, belles pièces de forme, groupes de personnages, scènes bucoliques).

La marque de cette manufacture est le blason bavarois, mais les pièces créées par Bustelli lui-même sont en général signées par ses initiales.

**Nyon.** Cette manufacture de porcelaine tendre a existé dans la ville suisse homonyme pour une courte période d'une trentaine d'années, vers la fin du XVIIIe siècle et le début du XIXe. Créée par un peintre modéliste d'origine française, elle est connue pour ses pièces d'inspiration autant française que germanique, marquées d'un poisson stylisé.

*Boutique d'un orfèvre d'après un manuscrit du XV<sup>e</sup> siècle illustrant l'*Éthique à Nicomaque *d'Aristote. Bibliothèque de Rouen.*

**Oberkampf** (Christophe Philippe), manufacturier naturalisé français (Wisenbach, Bavière, 1738 - Jouy-en-Josas 1815). Fils d'un teinturier collaborant avec le fameux indienneur bâlois Jean Ryhiner, Oberkampf termine son apprentissage à la manufacture de Mulhouse, y travaillant comme coloriste et graveur, avant de fonder son propre établissement de toiles imprimées, à Jouy-en-Josas (1759). Après des débuts difficiles, il sait s'entourer de collaborateurs efficaces : le graveur Rordorf, l'imprimeur Schramm, le mécanicien-menuisier Perrenond et le dessinateur Huet font rapidement la renommée de la manufacture, devenue royale sous Louis XVI. À Jouy, Oberkampf a adapté au service de la production les recherches de nature physique, les découvertes chimiques contemporaines telles que les expériences de Berthelot.

**obi** n. m. Large ceinture brodée de motif symbolique servant à serrer la taille d'un kimono.

**obole** n. f. En numismatique grecque, petite monnaie divisionnaire d'argent valant la sixième partie de la drachme.

En numismatique française royale ou féodale, petite monnaie représentant la valeur d'un demi-denier. Souvent plus rare que le denier, cette monnaie divisionnaire a également reçu le nom de « maille ».

**obsidienne** n. f. Sorte de pierre vitreuse d'origine volcanique, légèrement translucide et de couleur noire plus ou moins intense, irisée d'inclusions métalliques et cristallines. L'obsidienne n'est pas une pierre précieuse à proprement parler ; elle a même été utilisée à l'époque préhistorique pour faire des outils coupants. On l'utilisa

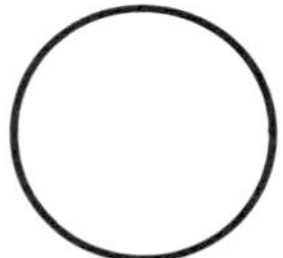

ensuite en glyptique : certains cylindres-sceaux mésopotamiens sont en obsidienne. On a également réalisé en obsidienne des statuettes et des bijoux de deuil.

**obsidionale.** Se dit d'une monnaie frappée dans une ville assiégée. Elle forme une importante catégorie parmi les monnaies de nécessité. Les monnaies obsidionales ont été assez nombreuses entre le XVI<sup>e</sup> et le XIX<sup>e</sup> siècle, du fait de l'importance des places fortes et des sièges qui s'y tinrent ; ces monnaies, fabriquées à la hâte, pouvaient avoir les formes les plus diverses et être « frappées » sur des matériaux aussi variés que le cuir, le carton ou même la cire à cacheter. Elles avaient valeur libératoire pendant toute la durée des hostilités et, à la levée du siège, elles devaient, théoriquement, être échangées contre de la monnaie régulière.

Leurs types monétaires peuvent être variés, mais sont presque toujours assez simples, du fait de la précarité des moyens techniques disponibles, tant en hommes qu'en matériel, et de l'urgence de la fabrication. Il est très rare qu'un portrait apparaisse sur les monnaies obsidionales :

les responsables des villes assiégées savaient bien que, si « nécessité fait loi », il ne fallait cependant pas abuser d'une situation qui faisait exception au privilège de battre monnaie.

**occasional furniture.** Expression anglaise qui désigne les petits meubles d'appoint destinés à des fonctions particulières : table à écrire, table de jeu, table gigogne, travailleuse, serviteur muet, casier à musique, pupitre.

**octant** n. m. Instrument de marine qui permet de connaître la hauteur d'un astre en mer et ainsi de faire le point. Il a remplacé l'arbalestrille et le quartier* de Davis.

Reposant sur le principe des miroirs à réflexion découvert par le savant anglais Hooke en 1666, l'octant fut mis au point seulement en 1731 par l'Anglais John Hadley, qui en proposa deux modèles. Amélioré en 1752 par le Français Baradelle, qui lui adjoignit une lunette, il fut utilisé jusqu'à la seconde moitié du XIXe siècle.

L'octant se compose d'un bâti formant les deux côtés d'un angle de 45°, correspondant à la 8e partie d'un cercle, d'où son nom ; il est gradué en degrés, et son rayon varie de 40 à 50 cm. Il est muni d'un bras mobile fixé à son sommet et d'une poignée pour le tenir verticalement au moment de l'observation. Il possède des miroirs de réflexion et une pinnule, remplacée au milieu du XVIIIe siècle par une lunette achromatique. D'autres perfectionnements, plus tard, l'améliorent. L'aspect de l'octant est simple, car son utilisateur réclame essentiellement de la précision : il est en bois dur, souvent en ébène ou en palissandre, parfois en acajou ou en laiton, plus rarement en métal ; le limbe gradué est en ivoire ou en laiton. Un exemplaire luxueux en argent, dédié à Louis XVI et signé « Magnié à Dunkerque », est conservé au musée Peabody de Salem (Massachusetts). L'octant de Baradelle*, en palissandre et en laiton, portant les mentions « Académie de la marine du roi 1752 » et « inventé par Baradelle, quay de l'horloge du Palais à l'enseigne de l'Observatoire à Paris », se trouve au musée de la Marine à Paris. Vers le milieu du XVIIIe siècle, la taille de l'octant se réduit notablement et en facilite l'usage. D'abord considéré comme un instrument onéreux réservé à une minorité, l'octant valait vingt fois plus cher qu'un quartier de Davis. Puis il fit partie de l'équipement du navire à la fin du XVIIIe siècle. La plupart des octants sont de fabrication anglaise ; les spécimens français sont rares et plus difficiles à trouver. Les modèles les plus simples coûtent dans les 10 000 F, mais les prix peuvent doubler ou tripler dès qu'il s'agit d'une pièce de qualité.

**Odiot** (Jean-Baptiste Claude), orfèvre français (Paris 1763 - *id.* 1850). Héritier de plusieurs générations de traditions, Jean-Baptiste Claude fut formé dans le cadre corporatif rigoureux de l'Ancien Régime. Après la Révolution, lorsque s'organise, autour du premier Consul, une nouvelle vie de cour, il figure parmi ceux qui, répondant à la demande de cette société en évolution, relèvent l'orfèvrerie française du marasme dans lequel l'avaient plongée la Révolution et la suppression de toute réglementation.

En 1802, le talent d'Odiot est consacré par le premier prix qu'il obtient, conjointement avec son confrère Henry Auguste, à l'Exposition de l'industrie. Sa renommée est un peu éclipsée par celle de Biennais, orfèvre officiel de l'Empereur, qui ne l'égale cependant pas pour la virtuosité artistique. Odiot reçut pourtant d'importantes commandes de la Ville de Paris : la coiffeuse de l'impératrice Marie-Louise (laquelle l'envoya à la fonte en 1834) et le berceau du roi de Rome, conservé au musée de Vienne ; ces deux meubles ont été exécutés en vermeil, d'après Prud'hon.

Dans un genre plus classique, les musées et les collections privées conservent de nombreuses pièces de service au poinçon de J. B. C. Odiot, d'une étourdissante qualité artistique et technique ; Odiot traite avec beaucoup de grâce l'allégorie sous forme de séduisantes figures féminines, de nymphes dansantes en tuniques moulantes, de victoires ailées, de femmes agenouillées dont on admire la souplesse d'attitudes et la fluidité des draperies. En novembre 1982, une grande soupière de vermeil portée par deux victoires à genoux a atteint 525 000 francs suisses chez Sotheby à Genève, soit 1 750 000 F. Odiot a aussi exécuté des objets plus courants, en argent uni, qui se signalent toujours par leur grande qualité de fabrication, la netteté des reliefs, des ciselures. C'est lui qui avait imaginé de remplacer par de petites vis invisibles les fixations soudées des pièces d'applique.

*Coupe en argent soutenue par une femme à genoux, travail de l'orfèvre Odiot, et ainsi mentionnée dans son catalogue de 1809 : « Quatre coupes femmes à genoux... 5 000 F. » Paire adjugée 429 000 dollars par Christie's. à New York, le 14-VI-1982.*

Christie's

Signe des temps nouveaux, Odiot était, comme Biennais, à la tête d'une entreprise importante ; il travaillait en collaboration avec des artistes tels que Thomire, Prud'hon, Percier et Fontaine.

La maison Odiot a su conserver la réputation de qualité sous le second Empire, sous la IIIe République et au-delà. En cette fin de XXe siècle, ses dirigeants actuels ont réussi à maintenir la tradition de grande qualité pour des pièces d'orfèvrerie exceptionnelles.

**odomètre** n. m. Espèce de compteur qui sert à mesurer le chemin parcouru soit par un piéton soit par un attelage. Connu au XVIe siècle, il est constitué d'une grande roue, tenu par un manche que l'on pousse devant soi et muni d'un compteur. Il est en bois ou en métal. Un modèle similaire employé au XVIIe et au XVIIIe siècle pouvait se fixer sur l'une des roues d'un carrosse.

**Œben** (Jean François), ébéniste français d'origine allemande (v. 1720-1763). Ouvrier libre au service de la Couronne, il fut reçu maître en 1761. Marié à la fille aînée de François Van der Cruse, dont le fils Roger s'est rendu illustre sous le nom de Lacroix, Œben travailla au Louvre chez un fils d'André Charles Boulle et obtint un appartement aux Gobelins grâce à la protection de Mme de Pompadour qui lui avait déjà passé de nombreuses commandes. Il excelle particulièrement dans le style Transition. Ses meubles aux lignes simples et puissantes sont d'une exécution parfaite, ornés de marqueteries impeccables, à fleurs ou à motifs géométriques. Il se crée une spécialité de meubles à transformation et à secrets tels que les tables de toilette, les bureaux à gradin, les secrétaires à la Bourgogne. Ses talents de mécanicien lui

*Secrétaire à abattant en marqueterie de cubes de Jean-François Œben. Époque Louis XVI. Estimé à plus de 500 000 F en 1988.*

valent en 1760 la commande du bureau du roi Louis XV, meuble à cylindre à lattes mouvantes dont la mise au point longue et délicate fut achevée par J. H. Riesener en 1769.

**œil-de-bœuf** n. m. Horloge murale dont la caisse est de forme ronde ou ovale. Ce modèle eut plus de succès dans les pays anglo-saxons qu'en France, où on lui préféra les cartels.

*Œil-de-bœuf en bronze émaillé et doré surmonté d'un nœud de ruban, mouvement de Le Roy encadré de deux cornes d'abondance, prise en forme d'anneau. (H. 33 cm.) Fin de l'époque Louis XVI.*

**œil-de-chat** n. m. Variété de chrysobéryl allant du brun clair au vert-jaune et qui, taillée en cabochon, produit un peu sous la lumière l'effet d'un œil, avec son iris et sa pupille. Au Moyen Âge, l'œil-de-chat passait pour posséder des vertus bénéfiques. Il est utilisé pour des bijoux assez peu précieux : bagues, petites broches, pendentifs.

**œil-de-mouche.** Boîte à système optique apparue au XVII^e^ siècle. Généralement placé au centre du couvercle d'une petite boîte circulaire (en bois, en ivoire, en écaille), l'œil de mouche était un verre taillé en facettes qui, porté devant un œil à la façon d'une lorgnette, donnait des images déformées de l'objet ou du visage observé. En tournant l'œil-de-mouche, dès images se déroulaient comme dans un kaléidoscope.

**œuf** n. m. L'œuf est un objet d'art en lui-même ; certains, tel le sculpteur roumain Brancusi, y voient la forme parfaite, la sculpture absolue. L'œuf est aussi associé à certaines mythologies ; dans le christianisme, il est traditionnellement lié à la fête de Pâques. Si l'œuf en lui-même ou la forme ovoïde ne sont pas les formes les plus exploitées par les artistes et les orfèvres, du moins en Europe occidentale, ils apparaissent cependant à diverses époques et de diverses manières.

Les œufs d'autruche (ostruce, otrice) apportés par les navigateurs étaient, aux XIV^e^ et XV^e^ siècles, considérés comme des objets précieux de haute curiosité. Aussi les dotait-on d'un beau pied d'orfèvrerie, on les transformait en coupes en les découpant soigneusement. À partir du XVI^e^ siècle, les liaisons maritimes devenant plus fréquentes, l'œuf d'autruche arriva en abondance sur le marché européen et perdit tout son attrait.

Les œufs de pierre dure ne sont pas anciens, mais forment des ensembles très décoratifs quand ils sont groupés en différentes couleurs : rose, malachite verte, lapis-lazuli, agate, obsidienne, cornaline. On en fait aussi en céramique émaillée ou jaspée.

Les œufs à repriser bas et chaussettes peuvent prendre un caractère artistique quand ils sont en marqueterie de bois de couleur, présentés sur un joli pied de bois tourné ; on les trouve dans les régions de l'Est.

*En or et en émail, animés de sujets naturalistes (fleurs, branches de gui, poussins), les petits œufs de Fabergé étaient offerts à l'occasion des fêtes de Pâques dans l'ancienne Russie. Très recherchés des collectionneurs, ils atteignent des cotes élevées en ventes publiques.*

*Œuf de Pâques impérial dit « œuf de Nicolas II équestre » de Fabergé (1913) qui atteignit le record de 555 000 FS à Genève.*

Les œufs à chapelets sont des petits étuis qui se vissent par le milieu, en buis ou en ivoire finement creusé, sculpté et ajouré. Les œufs bijoux, qu'on suspend autour du cou au bout d'une chaînette, sont en pierre dure, en or, en émail, en pierre précieuse parfois ; ils datent de l'époque romantique ou de la fin du XIX^e^ siècle. Ce sont souvent des cadeaux de Pâques.

Les œufs fabriqués par Fabergé pour la dernière cour de Russie sont les plus précieux sur le plan artistique et sont liés à l'importance donnée à la célébration de

Pâques. Chaque année, à cette occasion, le tsar offrait à la tsarine un œuf d'orfèvrerie dont la fabrication était confiée à Fabergé, l'orfèvre officiel de la Cour. Chacun de ces œufs, dispersés aujourd'hui dans des musées et des collections privées, est une œuvre d'art. Certains ont été présentés au cours de ces dernières années chez Christie's à Genève. Ils sont en argent ou en or émaillé, ou en pierre dure parsemée d'étoiles d'or, d'une résille d'orfèvrerie. Ces œufs impériaux sont « à surprise » : ils s'ouvrent par le milieu pour faire apparaître un autre bibelot, une statuette. L'un d'entre eux, en or, émail et pierres précieuses, présentant une pendule animée d'un coucou chanteur, a atteint 1 760 000 dollars chez Sotheby en juin 1986. En décembre 1981 a été vendu entre 2 000 et 20 000 dollars à New York, chez Sotheby, tout un ensemble d'œufs de Pâques russes du début XX^e^ siècle (non impériaux ceux-là) en argent émaillé, exécutés par Fabergé et d'autres orfèvres. Le célèbre orfèvre, en effet, fabriquait aussi des œufs de Pâques en miniature et assez bon marché pour une clientèle courante. Mais même ce genre de curiosité tend à se raréfier.

**officine** n. f. Atelier d'un hôtel des monnaies romain. Sous le Bas-Empire, les hôtels monétaires sont divisés en plusieurs ateliers, ou *officines,* portant un numéro d'ordre figuré par les lettres romaines P, S, T, Q (pour Prima, Secunda, Tertia et Quarta), dans la partie occidentale de l'Empire, ou par les lettres grecques A, B, Γ, Δ, pour la partie orientale de l'Empire.

Ainsi les légendes de l'exergue des monnaies du Bas-Empire romain indiquent-elles de manière complète le lieu de frappe : tout d'abord des lettres introductives P, S, M pour Pecunia, Sacra Moneta ou Moneta, puis des lettres indiquant la ville d'émission (AL pour Alexandrie, LON pour Londinium, etc.) et enfin les lettres d'officine.

**O'Galop** (Marius Rossillon, dit), peintre et dessinateur français (Lyon 1867 - Carnac 1946). Collaborateur du *Rire* et de *l'Assiette au beurre,* O'Galop créa un certain nombre d'affiches. Il inventa pour Michelin le personnage « Bibendum ».

**Ohneberg** (Martin), ébéniste français. Reçu maître en 1773, auteur de petites tables, de commodes, d'encoignures, de secrétaires, de coiffeuses et autres meubles ornés de marqueteries fines et soignées, souvent en bois de rose.

**oignon** n. m. En horlogerie, montre de dimension importante (le diamètre avoisinant 60 mm), produite en Europe, notamment en France et en Suisse à partir de 1675, date de l'invention du spiral réglant. Objet utilitaire produit jusqu'en 1730, l'oignon est le plus souvent en métal doré ou en argent. Dès 1690, certains oignons étaient équipés de mouvements à réveil ou à répétition des demies et quelquefois des quarts ; les oignons sonnant à la demande (ou à répétition) apparaissent dès 1700. Le prix des oignons varie, selon les modèles, entre 5 000 et 30 000 F.

**oiseau chanteur.** Automate disposant généralement d'un mécanisme, mettant en mouvement le bec, la tête et les ailes d'un oiseau. En même temps, un soufflet alimente un sifflet, dans lequel coulisse un piston pour en modifier le son, afin d'imiter le chant de l'animal. Les oiseaux chanteurs sont indifféremment intégrés dans les collections d'automates ou de musiques mécaniques. Par leur réalisme, ils ont toujours touché tous les publics.

**ojime.** V. INRŌ, NETSUKE.

**okimono.** Nom donné au Japon à toutes sortes de petits objets précieux en ivoire ou en autre matière et destinés à la décoration des étagères du tokowaki, accompagnant le tokonoma des pièces principales des maisons. Les okimono sont en général sculptés. Généralement offerts en cadeau, ils sont souvent réalisés par les sculpteurs de netsuke. Leur valeur dépend de leur ancienneté.

**Okochi.** V. ARITA.

**olive** n. f. Motif ornemental composé de perles oblongues enfilées en chapelet, que l'on retrouve à l'époque Louis XVI sur les baguettes, les moulures, les chambranles, les meubles et les objets d'orfèvrerie. Comme la plupart des motifs décoratifs du style Louis XVI, les olives ont été empruntées au répertoire de l'Antiquité gréco-romaine.

**Olmèques.** La culture des Olmèques, au Mexique, semble être antérieure au VI^e^ siècle avant Jésus-Christ. Les centres olmèques les plus connus sont situés dans les États de Vera Cruz, de Tabasco, à Tres Zapotes, San Lorenzo et La Venta.

Les Olmèques furent d'extraordinaires sculpteurs, et les statues anthropomorphes de toutes tailles abondent, en pierre, jade et jadéite. Ces sculptures sont d'une grande vigueur, soulignée par une stylisation magistrale. Les visages sont très caractéristiques : la lèvre supérieure large et aplatie se retrousse sur les gencives dans une grimace qui rappelle celle d'un félin menaçant, tandis que les commissures sont fortement tirées vers le bas. Ce rictus rapelle le jaguar qui était adoré des Olmèques.

En dehors des statuettes, on rencontre des haches cérémonielles, des pectoraux, des figurines de terre cuite et des vases modelés. Les objets d'art olmèques sont très recherchés des amateurs.

*Pendule cage en bronze et en cuivre doré avec des oiseaux chanteurs. Fin du XVIII^e^ siècle.*

J.-P. Rochefort

**once** n. f. Unité de poids utilisée en numismatique et, parfois, nom d'une monnaie d'espèce correspondant à ce poids. À Rome, l'once désignait la douzième partie de la livre et aussi une petite monnaie de bronze valant le douzième de l'as. En France, jusqu'au XVI^e^ siècle, elle était un sous-multiple (un huitième) du « marc », unité de poids de métal fin en usage dans les hôtels monétaires.

**ondé.** Se dit du veinage du bois formant des dessins ondulants, en bandes parallèles.

**onglet** n. m. Bande étroite de toile ou de papier souple et résistant, contre laquelle on colle des estampes ou des feuillets qui doivent être reliés. Les livres, les albums et les recueils de gravures montés sur onglets sont recherchés parce que le montage permet une consultation aisée.

**onyx** n. m. Pierre dure, variété d'agate. Son nom implique une ressemblance avec l'ongle, aspect et couleur, mais le sens du mot a, semble-t-il, évolué au cours des siècles. Dans le passé, l'onyx était une agate rose à zones concentriques ; actuellement, c'est une agate noire, dont la couleur est obtenue par un bain dans une solution sucrée, une recette déjà expérimentée dans l'Antiquité.

L'onyx revient souvent dans les textes à partir du XIVe siècle. On en faisait des camées ton sur ton, mais également de grands objets : vases, aiguières, coupes, taillés dans la masse et garnis d'une riche monture d'orfèvrerie émaillée.

L'onyx noir fut utilisé en bijouterie par les créateurs de l'Art déco, en association avec d'autres pierres de couleurs vives, comme le corail : ces effets de contraste étaient alors très appréciés. L'onyx a également servi à des bijoux de deuil.

**opale** n. f. Pierre siliceuse, d'un blanc laiteux, parcourue de superbes irisations multicolores allant du vert turquoise à l'orangé. En fait, il existe d'innombrables variétés d'opales, les plus belles se trouvant en Australie et au Mexique. L'opale de feu, qui présente des reflets orangés d'une remarquable intensité, brille d'un éclat particulier, alors que les autres opales sont généralement à dominante verte.

Les reflets troubles de l'opale fascinent les esprits superstitieux, qui prêtent à cette pierre tantôt des vertus prophylactiques, tantôt des pouvoirs maléfiques. Aussi l'opale n'a-t-elle été utilisée qu'avec parcimonie en bijouterie, et épisodiquement : peut-être n'est-ce pas un hasard si l'époque romantique en fit une de ses pierres préférées, de même que les bijoutiers de la Belle Époque, René Lalique le premier, ses irisations verdâtres s'accordant bien aux tons pastel des toilettes et des émaux vert Nil.

L'opale est une pierre fragile, qui doit être portée avec précaution, car elle craint les chocs, la chaleur, l'humidité. On la taille en cabochon, avec de la ponce très fine, de manière à atteindre la couche qui présentera les plus belles irisations ; si la pierre est trop pâle, on peut renforcer sa couleur en la doublant d'une pierre plus foncée. Avec les cabochons, on monte des bagues, des médaillons, des pendentifs ; on peut aussi tailler des perles rondes pour colliers.

**opaline** adj. et n. f. Adjectif féminin désignant jusqu'à la fin du XIXe siècle une « teinte laiteuse et bleuâtre », le nom « opaline » prit, sous l'impulsion des antiquaires, une signification plus ambiguë à définir : en effet, il peut aussi bien s'appliquer à la matière, c'est-à-dire du cristal d'opale ou à couleur d'opale, qu'aux objets réalisés dans cette matière.

À partir du XVIe siècle, Venise fabriqua de façon courante des verres blanc de lait et opalins qui s'obtenaient grâce à l'adjonction d'oxyde d'étain. Au XVIIIe siècle, la Bohême se surpassa dans la fabrication de cristaux, mais, à la fin du siècle, les manufactures anglaises détrônèrent les verreries de Bohême, et ce sont elles que les cristalleries françaises (Baccarat, Saint-Louis) chercheront à imiter.

Les premiers exemples de cette production de la verrerie française datent de 1810 environ et connaîtront une vogue grandissante jusqu'à la fin du second Empire. Les réalisations ultérieures en verre ou en pâte de verre opacifiée ne présentent pas de caractère « artistique ».

Les opalines du premier Empire et de la Restauration sont en cristal, c'est-à-dire en verre à base de plomb, aux teintes opalescentes et translucides. Les coloris s'obtiennent, comme pour les verres, par l'adjonction d'oxydes métalliques : par exemple, de l'oxyde de cuivre pour le bleu turquoise, la plus ancienne couleur d'opale, des sels d'or pour le rose violacé dit « gorge-de-pigeon », un des coloris les plus recherchés par les collectionneurs, ou de sulfure d'antimoine pour le jaune ambré, rarissime, que l'on ne trouve pas au-delà de 1820.

Par la suite, les couleurs se multiplient : le bleu lavande vers 1830, le bleu d'outremer vers 1845-1850, les différentes couleurs d'urane, qui changent si on les regarde par réflexion ou par réfraction.

Quelques caractéristiques distinguent cependant les productions des différentes manufactures : la cristallerie du Creusot réalisait dès le premier Empire des vases ovoïdes, des « verres à eau » en cristal opale particulièrement pesant. Baccarat fournit une production beaucoup plus considérable dans le domaine utilitaire : après 1840, des services de table entiers seront fabriqués en opaline. Quant aux coloris, le bleu foncé et le chrysoprase (vert perroquet) sont considérés comme des couleurs spécifiques à Baccarat, mais, de façon générale, les coloris sont plus distinctifs d'une époque que d'une manufacture et se sont considérablement multipliés à partir de 1840 : les bleus céleste et d'outremer, le violet et le jaune citron sont des coloris typiquement Napoléon III. La cristallerie de Muntzthal Saint-Louis, contemporaine de Baccarat, fit preuve de plus d'invention et de moins de sagesse que cette dernière : les lignes sont plus galbées et la gamme de coloris est plus claire.

La collection de F. Michel Souillac, dispersée à l'hôtel Drouot le 17-XII-1977, proposait un échantillon des prix obtenus en salle des ventes. Une coupe-baguier en opaline « gorge-de-pigeon » — un rose violacé particulièrement recherché — a atteint la somme de 28 100 F, tandis qu'une autre coupe similaire en opaline dite « clair de lune » n'a pas dépassé 8 600 F malgré la qualité des anses. Le coloris reste donc un des principaux critères de choix du collectionneur, la mode des couleurs plus vives et plus acides de l'époque Napoléon III étant passée, au profit des couleurs plus délicates de l'époque Charles X. La progression des prix est donc plus importante pour cette époque, qui n'a produit que des objets de luxe. À

*Vase en opaline de l'époque Restauration, monture en bronze ciselé. Paris, musée des Arts décoratifs.*

Larousse

toutes les époques, l'élégance de la forme, la finesse du décor et la qualité de la monture en bronze guident également le choix du collectionneur.

D'abord soufflées, puis moulées, les formes des opalines suivront celles des productions des cristalleries. C'est ainsi qu'il est possible de trouver en opaline tous les éléments décoratifs à la mode : les décors taillés en bambou, les pointes de diamant, les oppositions de couleurs, les motifs à mamelons (vers 1855-1860), de même que les éléments rapportés (par exemple les serpents, vers 1840).

Le décor peint est dominé par deux grands noms : Desvignes et Robert. Jean-Baptiste Desvignes et son atelier sont connus pour leurs décors de couronnes de fleurs, de bouquets reliés par des feuillages ou de bouquets dans des cartouches. La similitude de certains décors, comme des frises de myosotis et de feuillages, constitue une attribution possible. Les Robert, dont le plus célèbre fut Jean-Francois, « peintre de paysages et de chasses à la manufacture de Sèvres », mirent au point à partir de 1835 un procédé de coloration qui leur permettait d'obtenir une variété de nuances aussi étendue que celle des décorateurs sur porcelaine. Les grandes cristalleries de Baccarat et de Saint-Louis, qui n'avaient pas d'atelier pour les décorateurs en couleurs vitrifiées, leur commandaient toutes sortes de décors : décor Japon, décor d'animaux et de plantes, des fleurs au naturel... Ces décors ayant été abondamment imités, seules quelques pièces léguées à la manufacture de Sèvres peuvent leur être attribuées de façon certaine. D'une manière générale, même pour les plus importants centres de fabrication, Baccarat et Saint-Louis, il est difficile d'identifier la production.

**or** n. m. Le plus malléable des métaux, l'or fut aussi longtemps le plus précieux, son éclat inaltérable, sa couleur et sa rareté. Les orfèvres de l'Antiquité le travaillaient pur ; en raison de sa malléabilité, il est cependant préférable de l'allier au cuivre ; le taux légal actuel est de 18 carats (750 p. 1000 d'or pur), mais il arrive qu'on utilise un taux de 20, voire de 22 carats. Quant à l'or à 12 ou 14 carats travaillé dans certains pays, il n'est pas admis en France, et les objets sont susceptibles d'être détruits lorsqu'ils passent dans le commerce.

L'or à 18 carats est un métal jaune vif ; en mêlant au métal d'alliage du fer ou de l'argent dans des proportions variables, on obtient de l'or rose ou de l'or blanc. Les associations d'ors de trois couleurs produisent des effets artistiques très séduisants, dont on tirait parti au XVIIIe siècle, mais au XXe siècle les bagues et les bracelets formés de trois anneaux entrelacés de couleurs différentes sont nombreux. L'orfèvre travaille à partir d'une feuille d'or épaisse d'un centième de millimètre. Selon la nature de l'objet à effectuer, le métal est monté au marteau, étiré en filière ou moulé au sable ou en cire perdue. Les techniques de décoration sont les mêmes que pour l'argent : gravure, ciselure, repousse, sans compter les procédés de filigranage et de granulation, qui furent très pratiqués dans l'Antiquité, ainsi que l'émaillage, qui permet de rehausser l'objet d'ornements colorés. L'or sert à faire des bijoux et des objets décoratifs, mais c'est aussi une manière de capitalisation, un symbole de puissance. Au Moyen Âge, beaucoup d'objets de culte étaient fabriqués en or : calices, ciboires, ostensoirs, reliquaires. Mais on utilisait aussi l'or pour la vaisselle profane. L'or, disait-on, avait la vertu d'éloigner le poison ; c'est pour cette raison sans doute qu'il fut, jusqu'à Louis XV, le métal traditionnel de la vaisselle royale, dans des proportions variables selon l'état du Trésor. Louis XVI et ses successeurs ont utilisé le vermeil.

Le prix de l'or, sa rareté, son prestige ont incité les chercheurs à mettre au point des procédés permettant d'imiter ce métal à moindre prix, soit en utilisant des alliages variés qui ressemblent vaguement à l'or (v. POMPONNE), soit en recouvrant d'une couche d'or un objet de métal vulgaire.

**or moulu.** V. DORURE.

**oratoire** n. m. Les antiquaires désignent par ce nom un petit meuble de prière composé d'un soubassement où l'on s'agenouille et d'une partie verticale surmontée d'un accoudoir. Certains oratoires comportent un vantail ouvrant sur des rayonnages pour abriter des livres de prière ; d'autres présentent un accoudoir à charnière qui s'ouvre sur un boîtier. Ils sont parfois agrémentés de sculptures en léger relief.

*Meuble d'oratoire en bois naturel mouluré. La partie basse est munie d'un abattant.*

Ader-Picard-Tajan

**Orazi** (Manuel), illustrateur et affichiste français (1860-1934). Manuel Orazi a créé de belles affiches dans le style 1900, dit « Art nouveau ».

**oreiller** n. m. En Chine, en Corée et au Japon, ainsi d'ailleurs qu'au Viêt-nam, les oreillers sont des « appuis-nuque » destinés à soutenir la tête sans déranger les coiffures, parfois très élaborées, des hommes comme des femmes. Ils affectent la forme de coussins, de petits tonnelets ou encore de boîtes oblongues aux côtés légèrement incurvés. Ils peuvent être en bambou tressé, en rotin, mais on en trouve également beaucoup en bois décoré ou laqué et en porcelaine décorée. Ces oreillers (appelés *makura* en japonais) tombèrent en désuétude à la fin du XIXe siècle. Certaines pièces en laque ou en porcelaine constituent des objets de collection. Les oreillers les plus rares sont ceux qui affectent la forme d'un personnage accroupi.

*Oreiller en céramique de Cizhou, le couvercle légèrement concave incisé de fleurs de lotus dans une réserve. Dynastie des Song. (L. 34 cm.) Adjugé 660 £ par Sotheby, à Londres, le 15-VI-1982.*

**Orens** (Charles Orens Denizard, dit), illustrateur, peintre et graveur français. Il se fit connaître comme dessinateur et éditeur de cartes postales et fit paraître de nombreuses séries politiques à tirages limités, en lithographie, en eau-forte et en aquatinte, qui étaient recherchées des collectionneurs de « l'âge d'or » de la carte postale. Certaines cartes (celles consacrées à la révolution russe de 1905 par exemple) atteignent encore des cotes élevées, mais l'ensemble de la production est nettement plus modéré.

**orfèvre** n. m. Si, étymologiquement, l'orfèvre est l'artisan qui travaille l'or, le terme s'applique aussi et surtout à l'argent. Depuis le Moyen Âge, les orfèvres étaient organisés en corporations de métiers aux structures d'autant plus rigoureuses que la valeur des matériaux travaillés exigeait une probité sans faille et nécessitait un système de contrôle pour la garantir. Depuis le XIIIe siècle (c'est en 1260 que le *Livre des métiers* d'Étienne Boileau réglemente les statuts des corporations), la surveillance est assurée par les maîtres jurés et les six gardes de la corporation, élus et renouvelables tous les deux ans.

Le corps des orfèvres parisiens jouissait d'un grand prestige et faisait partie des six corps privilégiés admis à escorter le souverain lors des cérémonies officielles. Par la nature de leur activité, les orfèvres étaient en effet admis continuellement à approcher les grands de ce monde. Leur corporation, qui avait son siège et sa chapelle dans la rue des Orfèvres (près du Châtelet), était riche et prospère, prodigue en faste et généreuse en œuvres charitables.

Les boutiques des orfèvres (il n'y en avait pas moins de 300 à Paris au XIVe siècle) s'alignaient sur le quai qui porte encore leur nom ainsi que sur le pont au Change,

L'Orfèvre, *eau-forte de Rembrandt (1655) sur papier japon épais. Premier état d'une gravure qui en comprend deux.*

Sotheby Parke Bernet

et leurs devantures, abondamment garnies, offraient un spectacle superbe.

Pour accéder au statut de maître orfèvre, il fallait suivre un apprentissage de huit ans chez un maître et y rester ensuite deux années comme compagnon. Le jeune homme était alors admis à présenter son chef-d'œuvre ; s'il était accepté, il prêtait serment et faisait graver son poinçon. On était généralement orfèvre de père en fils ; les listes officielles permettent de suivre des dynasties s'étalant sur deux ou trois siècles.

À côté de cette voie « normale » du cadre corporatif traditionnel, il existait aussi des orfèvres dispensés de la maîtrise et des contraintes corporatives par privilège royal, notamment ceux qui étaient logés aux Galeries du Louvre ou attachés à la manufacture des Gobelins.

**orfèvrerie** n. f. Étymologiquement, l'orfèvrerie est l'art de travailler l'or et, par extension, les métaux et les matières précieuses, mais il est devenu un terme générique pour désigner un ensemble d'objets d'or, d'argent, de vermeil et recouvre alors à peu près le même sens que le mot « argenterie ». Une nuance cependant est à noter : on classe dans l'orfèvrerie les objets d'apparat, particulièrement précieux, et les ouvrages d'or ou de vermeil notamment, mais aussi ceux qui utilisent d'autres matériaux que le seul argent : émail, ivoire, pierres dures.

Les trésors d'églises renferment des ciboires, des calices, de somptueux reliquaires et tabernacles de métal précieux enrichis de cabochons de pierres fines ou précieuses, des croix de processions richement émaillées, des burettes, des encensoirs. À ces orfèvreries religieuses répondent, du XIVe au XVIe siècle, les superbes pièces d'apparat, de formes souvent extravagantes (navires, chapelles, animaux fantastiques), qui décorent les tables et les appartements princiers : drageoirs, salières, grands hanaps, aiguières, statuettes décoratives, fontaines de table, belles coupes décoratives de cristal, de jaspe, d'agate, montées sur or émaillé, miroirs, coffrets. Ces fabuleuses richesses remplissent les inventaires princiers de l'époque, mais sont hélas bien clairsemées dans les vitrines des musées.

Au XVIIIe siècle, époque où l'argenterie domestique, si somptueuse soit-elle, se substitue à l'orfèvrerie d'apparat, on classe dans l'orfèvrerie les boîtes en or et les précieux bibelots d'or et d'émail, associant l'or avec la pierre dure, la nacre, l'ivoire. À la fin du XIXe siècle, et dans le premier quart du XXe, les objets décoratifs de Fabergé, ceux de Cartier ensuite, qui associent la pierre dure, l'émail, le métal précieux et même les pierres de joaillerie, continuent à leur manière l'antique tradition de l'orfèvrerie décorative.

**orgue** n. m. ou **orgues** n. f. pl. Instrument de musique à vent, à clavier et à tuyaux. Au IIIe siècle av. J.-C., Ctésibios d'Alexandrie construisit l'« hydraule », premier orgue régularisant, avec un poids d'eau, la pression de l'air du réservoir, afin d'obtenir un son continu dans l'émission des notes. Vers le XIIe siècle apparaît l'orgue portatif, composé d'une seule rangée de tuyaux, la main gauche actionnant un soufflet pendant que la droite parcourt le clavier. Puis le portatif, devenant plus lourd par l'adjonction de nouveaux tuyaux, dut être posé sur une table ou un piètement et prit le nom de *positif*. Couvents, églises et cathédrales sont dotés d'orgues plus volumineuses, dont la puissance doit s'adapter aux lois de l'acoustique du lieu qui les contiennent lors de l'apparition de la polyphonie.

Les compositeurs devenant titulaires d'un orgue, nous voyons naître des écoles nationales où la composition est intimement liée à l'évolution de l'instrument. Avec *l'Art du facteur d'orgues* (3 vol. in-fol., Paris, 1776-1788), Dom Bedos de Celles nous a laissé un ouvrage fondamental sur la facture de cet instrument. Il est certain que les orgues d'église ne se trouvent pas chez les brocanteurs, mais il arrive de temps à autre qu'un instrument ancien ou un orgue de salon du XIXe siècle, aux dimensions restreintes, trouvent acquéreur dans les salles de ventes. Le prix de ces instruments est souvent subjectif : celui d'un orgue de volume imposant, doté de nombreux jeux, tient compte de la main-d'œuvre utilisée. Quelques facteurs modernes tentent de créer des instruments peu encombrants afin de répondre à une clientèle puriste, que l'orgue électronique ne peut satisfaire.

G. Meguerditchian

*Orgue de Barbarie. Collection A. Muflarz.*

*orgue de Barbarie* V. MUSIQUE MÉCANIQUE.

**oribe.** Poterie japonaise créée pendant la période de Momoyama (1536-1573) dans la région de Mino, sous la direction du maître potier Furuta Oribenoshō Shigenari. Les céramiques qui furent produites pendant les ères Keichō et Genna (1596-1624) sont les plus réputées. Les *ao oribe* (oribe verts) sont recouverts d'une glaçure verte à l'oxyde de cuivre et décorés de sujets peints avec des oxydes noirs de fer. Les autres sortes d'oribes — *sō oribe, kuro* (noirs) *oribe* et *narumi oribe* — se distinguent par leur décoration.

**orient** n. m. Dans toute l'Asie extrême-orientale, les orients sont symbolisés par des figures et des couleurs : le nord est représenté par une tortue ou un guerrier de couleur noire, le sud par un « oiseau vermeil » de couleur rouge, l'ouest est figuré par un tigre blanc et l'est par un dragon vert (ou bleu). Le zénith est en or et le nadir de couleur jaune.

**Orléans.** Vers le milieu du XVIIIe siècle, une faïencerie fut fondée à Orléans et obtint très vite le titre de « Manufacture royale ». Vers 1760, elle commença à produire aussi de la porcelaine tendre, puis de la porcelaine dure et, à cette époque, elle fut placée sous la protection du duc de Penthièvre.

La seule marque déposée fut celle de la porcelaine tendre (un O couronné) ; différentes marques, plus ou moins utilisées, furent adoptées par la porcelaine dure.

Quoique la production des porcelaines d'Orléans soit assez soignée, aucune pièce de très grande qualité n'est sortie de cette manufacture, à laquelle on attribue aussi des biscuits non marqués. Durant l'Empire et jusqu'à sa fermeture, en 1811, la manufacture d'Orléans a connu, comme beaucoup de petites manufactures françaises de porcelaine, un certain succès, lié à une fabrication relevant du style néoclassique.

**ormoulu** n. m. Or pur, réduit en poudre, que l'on amalgame au mercure pour procéder à la dorure de l'argent, du bronze ou du cuivre. Au XVIIIe siècle, ce terme s'appliquait plus précisement aux bronzes dorés : on désignait « une paire de chenets dorés d'or moulu » (ainsi écrit en deux mots), par opposition au simple « vernis en façon de dorure » utilisé pour les objets moins précieux. « Ormoulu », en un seul mot, est toujours utilisé par les Anglais pour les bronzes dorés au mercure.

**ornithoptère** n. m. Jouet mécanique fabriqué en France et en Allemagne par Bing et Planck, notamment, et inspiré par un engin battant des ailes comme un oiseau (d'où son nom), invention de Resnier (1801) et de Richancourt. Ce jouet est propulsé sur un fil ou une potence avec une hélice.

**Orvieto.** On attribue aux ateliers de cette ville italienne (« style d'Orvieto ») toute une série de faïences du XIVe siècle à décor en vert de cuivre et en violet de manganèse sur des fonds irrégulièrement émaillés (plats, jarres, cruches). L'analogie entre ces faïences dites « d'Orvieto » avec des pièces contemporaines de Paterna et de Teruel est évidente.

**oselle** n. f. Monnaie d'argent vénitienne. Les premières oselles furent émises par le doge Antonio Grimani en 1521. On connaît quelques frappes exceptionnelles d'oselles d'or qui n'étaient pas destinées à la circulation monétaire.

**O'Sullivan** (Timothy), photographe américain (1840-1882). Timothy O'Sullivan fit partie de l'équipe de reporters-photographes qui, pour Mathew Brady puis Alexander Gardner, parcourut les champs de bataille de la guerre de Sécession. Par la suite, il participa à de nombreuses missions de protection de la nature et des sites dans l'Ouest américain, d'où il rapporta de remarquables paysages.

**Ouchak.** De cette ville située à l'ouest de la Turquie sont issues deux catégories de tapis : les Ouchak, anciens, du XVIe au XVIIIe siècle, et les Ouchak modernes.

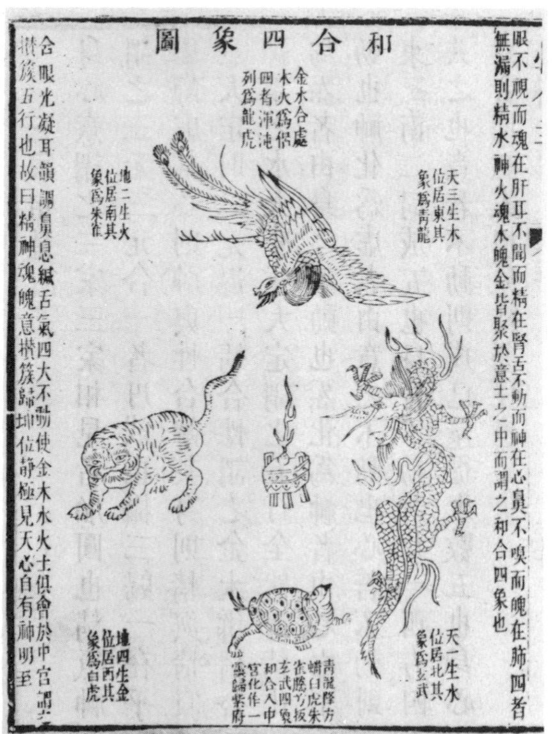

Bibliothèque nationale

*Manuscrit chinois illustrant le symbolisme qui s'attache en Chine à la représentation des orients. Paris, Bibliothèque nationale.*

Ouchak fut, au XVI^e siècle, le centre de production le plus important d'Asie Mineure. Le décor des Ouchak anciens, qui empruntent de nombreux motifs chinois (tchi, fô, dragons stylisés), est composé de façon très ordonnée, mais sa vigueur géométrique est cependant tempérée par l'influence persane. Le décor est souvent formé d'un grand médaillon très découpé, tandis que le reste du champ est semé de divers motifs très denses. La bordure principale, assez large, est décorée de feuilles, de fleurs stylisées, tandis que les bandes secondaires sont parées de rubans parsemés de petites fleurs. Les coloris sont profonds et sonores (orange, rouge, bleu, jaune).

Les Ouchak modernes, de qualité très inférieure, possèdent un décor rigide, un velours haut, et des lisières souvent rouges ou vertes.

**oudjat** n. m. L'œil fardé du dieu céleste est une des amulettes favorites de l'Égypte antique ; symbole de lucidité, de fécondité, l'œil fardé est aussi un élément protecteur. Il est en céramique émaillée verte ou turquoise ; il est souligné et fardé de noir avec une petite ligne volutée marquant la limite inférieure de l'orbite. De très nombreux faux sont en circulation.

**Oudry** (Jean-Baptiste), peintre français (1686-1755). Célèbre pour ses natures mortes et ses chasses royales, Oudry fut aussi actif dans le domaine des arts décoratifs et plus particulièrement dans celui de la tapisserie. Nommé en 1726 dessinateur de la manufacture de Beauvais, puis en 1736 inspecteur des Gobelins, il fournit à ce titre de nombreux cartons à Beauvais *(Amusements champêtres)* et aux Gobelins *(Chasses royales)*, admirablement composés, mais qui ne laissaient plus aux lissiers de liberté d'interprétation : ces « tableaux en tissu » ont perdu toute la force et l'originalité des tentures médiévales et de la Renaissance, par la multiplicité des coloris, qui empêche les passages hardis d'une couleur à une autre, et par la soumission totale au modèle peint.

**oushabti** n. m. Figurine que les Égyptiens plaçaient dans les tombeaux pour accompagner et assister le mort dans son voyage vers l'au-delà. L'oushabti est le plus souvent exécuté dans une matière dite improprement « faïence », une céramique de fritte recouverte d'une glaçure verte ou bleue (v. BRILLANTE). Il sert d'esclave au défunt, étant chargé d'accomplir à sa place les tâches imposées par les dieux.

La coutume de doter le mort d'un serviteur n'apparaît pas avant le Moyen Empire. Si un seul suffit au début, sous le Nouvel Empire, ce personnel se multiplie, et certains défunts privilégiés sont escortés de plusieurs dizaines d'oushabtis auxquels sont dévolues des tâches diverses.

Hautes de 10 à 25 cm, ces statuettes figurent une momie enserrée dans ses bandelettes, les bras croisés sur la poitrine et tenant les instruments de travail, portant parfois un sac sur le dos. Les oushabtis sont un thème de collection particulièrement apprécié par les amateurs d'objets de haute antiquité.

**outil** n. m. Objet fabriqué, utilisé à la main, pour transformer la forme de la matière. En fait, l'outil est le prolongement et le perfectionnement de la main de l'homme. Son histoire s'écrit alors en parallèle de celle de l'humanité. C'est l'outil qui, se confondant avec l'arme et permettant de faire celle-ci, donne la possibilité à l'homme préhistorique, physiquement défavorisé face aux grands fauves, de s'opposer à ceux-ci et de survivre.

Plus tard, l'outil permet à l'homme de suppléer à sa carence physique pour creuser et cultiver la terre. Enfin, les siècles s'écoulant, c'est encore grâce à l'outil que l'homme peut dominer la matière, puis perfectionner son confort matériel et satisfaire ses besoins artistiques.

L'intime attachement de l'homme à son outil se comprend alors aisément. L'homme marque l'outil de son nom, l'entretient avec persévérance, le sculpte ou le grave ; c'est ainsi que certains outils sont de véritables chefs-d'œuvres.

De très nombreuses tentatives de classement des outils ont été effectuées (selon la profession les utilisant, la matière travaillée, l'époque). Les collectionneurs contemporains s'en tiennent soit à une classification d'usage général de l'outil, soit au regroupement d'outils utilisés dans une profession déterminée. Dans le premier cas, les principaux outils sont les outils de frappe (marteaux, masses, maillets), les haches (cognées, doloires, herminettes), les outils de coupe et de taille (ciseaux à bois, à fer), les scies, les rabots (allant de l'imposante colombe au minuscule sabot, y compris la grande diversité des guillaumes, des bouvets, des rabots à moulures), les outils à percer (vilebrequins, drilles, etc.), les outils à serrer (étaux, serre-joints...), les outils à râper et à polir (limes, râpes, écouannes, ripes, rifloirs, etc.), les enclumes, les pinces et les tenailles, les truelles, les outils à tracer et à mesurer (règles, équerres, trusquins, compas divers, rouannes). Dans le second cas, les principales collections sont celles qui regroupent l'outillage du forgeron, celui du sabotier et celui du tonnelier. D'autres professions, comme l'orfèvrerie, l'ébénisterie, la serrurerie, ont aussi leurs adeptes. Enfin, l'outillage agricole constitue un domaine à part dans cet ensemble.

La valeur d'un outil peut se déterminer selon divers critères : en premier lieu, l'harmonie de forme et de dimensions, puis l'ancienneté, mais aussi l'état de conservation et la patine. La rareté intervient, ainsi que l'originalité de la conception. Par ailleurs, la présence du monogramme de l'artisan, la date de fabrication, les inscriptions corporatives ou maçonniques peuvent doubler, voire tripler la valeur de l'outil. Les sculptures et les gravures ornementales peuvent placer un outil « hors cote » ; c'est alors sa beauté, voire la sobriété de l'ornementation, plus que son usage qui influe sur la valeur de l'objet.

De la fréquence des ventes publiques d'outils, du nombre sans cesse croissant de leurs collectionneurs s'est dégagée une cote de référence pour chaque catégorie. Cependant, dans certaines collections, les pièces uniques sont fréquentes ; elles échappent alors à une estimation précise ; c'est le cas pour certaines enclumes et certains rabots. Les outils les plus recherchés sont les haches, les enclumes, les rabots sculptés (au détriment des scies et des outils encombrants).

Une varlope sculptée de rosaces et de palmettes datée de 1681 a été vendue 4 600 F à Melun le 24-X-1982.

**ove** n. m. Motif décoratif formé d'œufs tronqués se succédant et séparés par des dards ou des feuilles d'eau. On dit que les oves sont fleuronnés quand ils sont entourés de feuillage. Souvent utilisés dans l'Antiquité gréco-romaine pour souligner une moulure, les oves furent repris dans le vocabulaire ornemental de la Renaissance et du XVIII^e siècle sur les meubles, les marqueteries, les bronzes, l'orfèvrerie.

**overlay.** Nom donné à une technique du verre utilisée avec beaucoup de brio par un certain nombre de manufactures, dans la fabrication de presse-papiers et, d'une manière générale, dans les verres à deux ou à plusieurs couches superposées, puis gravés en camée. Les fameux cameo-glass ont fait les beaux jours des verriers anglais du siècle dernier.

*Six lés du panoramique de l'histoire de Renaud et Armide (32 lés), d'après* la Jérusalem délivrée *du Tasse, imprimé par Dufour et Leroy en 1828. Suite adjugée 72 000 F par Sotheby, à Monaco, le 7-II-1982.*

# P

**padouan** n. m. Nom donné à des imitations de sesterces romains faites à l'époque de la Renaissance par des artistes de talent, dont le plus connu reste Giovanni da Cavino de Padoue (1500-1570). Les padouans sont les rares exemples de faux susceptibles d'être collectionnés et ayant une valeur sur le marché numismatique (environ un dixième du prix de la monnaie authentique).

**pahārī.** L'école pahārī, ou « des montagnes », désigne une école de peinture située dans le haut Pendjab, région des contreforts de l'Himālaya. Son existence ne semble pas remonter au-delà du milieu du XVIIe siècle. Le haut Pendjab comprenait à cette époque 34 États divisés en 3 groupes : le premier au nord, dominé par l'État de Jammu et celui de Basohli ; le deuxième au centre, avec Guler, dominé par l'État de Kangra ; le troisième au sud, le plus vaste, avec 9 États, dont ceux de Kulu, de Mandi et de Garhwal.

La peinture du haut Pendjab est considérée comme l'une des expressions les plus poétiques de l'esprit indien. Elle fut découverte au début du siècle, et son histoire reste encore obscure. On distingue deux tendances principales : l'une de type robuste, assez archaïque et stylisée, aux couleurs franches et violentes (l'école de Basohli est la plus célèbre) ; l'autre de style lyrique et d'exécution délicate, avec des tons pastel, connue sous les noms de Kangra et de Guler. Bien que l'art pahārī soit avant tout un art local, d'inspiration religieuse ou « raga », l'influence moghole, reflétant la peinture de Cour, sera prépondérante au XVIIIe siècle. Le premier type de peinture est surtout recherché par les amateurs anglais et américains, tandis que le second correspond davantage au goût français.

**paille** n. f. Ce mot est employé au singulier pour désigner un ensemble de tiges de graminées. Cependant il a été

*Petit coffret à couture en marqueterie de paille comportant des casiers, un tiroir et un fixé sous verre dans la tirette. XVIIIe siècle. (L. 8 cm.)*

employé avec divers sens dans l'ameublement au cours des siècles.

Au Moyen Âge, la paille servait à isoler les pieds des carrelages et de la terre battue. Ce n'est qu'au XVI$^{e}$ siècle que les parquets de bois se sont substitués aux dallages. Dans les chambres, la paille était employée comme litière ou était enfermée dans des sacs de toile appelés « paillasses ».

La paille tressée sert, d'autre part, de garniture de sièges (dont les premières représentations dans des tableaux ou des gravures remontent au XVI$^{e}$ siècle). On dit alors « sièges à la façon de Pise », ce qui révèle l'origine italienne de cet usage.

Les sièges de paille, faciles à transporter d'une pièce à l'autre, figurent dans les pièces d'habitation — et même dans les salons — jusqu'au XVIII$^{e}$ siècle. En Provence, ils sont dits « à la capucine » ou encore « bonne femme ». En Picardie, ils se nomment « cadots » (qui a dos) quand ce sont des fauteuils et « cayelles » quand ce sont des chaises.

Les prie-Dieu et les chaises d'église sont également rembourrés en paille tressée.

Les sièges de paille ou « paillés » se sont multipliés au XIX$^{e}$ siècle et ils sont encore fabriqués de nos jours, mais le tressage n'a plus la même finesse qu'autrefois, et des cordes de Nylon se substituent à la paille. Les bonnes chaises paillées anciennes valent entre 1 000 et 2 000 F chez les antiquaires et les brocanteurs en 1987.

Enfin, la paille a été utilisée au XVIII$^{e}$ et au XIX$^{e}$ siècle pour recouvrir boîtes et coffrets, formant des marqueteries fines avec des brins de diverses couleurs.

**paillé.** V. FLAN.

**paillon** n. m. Lamelle d'or, d'argent ou de cuivre, que l'on place au fond du chaton de certaines pierres, pour aviver leur éclat et intensifier leur couleur particulièrement dans les diamants taille rose et certaines pierres de couleurs serties à chaton fermé.

**Pākistān.** La production, récente, de tapis pakistanais est surtout réalisée dans les manufactures de Lahore et Karachi. Les décors très éclectiques de ces tapis sont empruntés principalement aux modèles turkmènes (gül de Boukhara) mais également aux modèles caucasiens et perses.

La trame et la chaîne sont en coton, le velours est en laine. Le tapis pakistanais, exécuté au nœud persan parfois très serré, est souple.

**Pal** (Jean de Paleologue, dit), affichiste d'origine roumaine (1860-1942). Pal fut un artiste à la production abondante et variée : spectacle, tourisme, produits commerciaux divers.

**pale à chaume.** Large pelle de bois à surface plate employée par le couvreur pour aplatir la surface d'une toiture ou égaliser une bordure de toiture en paille. Cet outil possède un long manche ou bien une poignée à la partie supérieure. Sa forme très fonctionnelle, avec sa pale criblée de cupules, striée, quadrillée, est d'une grande beauté.

**Palissy** (Bernard), céramiste français (Saintes ? v. 1510-Paris v. 1590). Formé d'abord comme verrier, Palissy se consacre à la mise au point d'une faïence émaillée, se livrant à des études chimiques, physiques et géologiques. Vers 1548, il crée des figulines*, plats ornés de reliefs moulés sur nature (lézards, feuilles, grenouilles) aux émaux très purs. Artiste protestant, il est à l'abri des persécutions jusqu'en 1589 grâce à la protection de Catherine de Médicis et du connétable de Montmorency, qui lui commandent respectivement pour les Tuileries et le château d'Écouen des grottes à l'italienne, dont il ne reste que des fragments. Il fabrique aussi une céramique dite « terre de jaspe », car les effets de ses émaux imitent ceux du jaspe. Adoptant les canons de la Renaissance, il eut de nombreux imitateurs (école d'Avon) dont la production est parfois hâtivement identifiée à la sienne.

**Palloy** (Pierre François), médailleur français (1755-1835). Personnage pittoresque de la Révolution française, il est connu des historiens comme le démolisseur de la Bastille. Il a laissé aux numismates une série de médailles portant son nom. Les « médailles de Palloy », rares et recherchées, sont faites de deux plaques de fer estampées et réunies par un cerclage généralement en laiton.

**palmette** n. f. Motif d'ornementation composé de petites palmes stylisées placées symétriquement de part et d'autre d'une tige centrale et retenues dans la partie inférieure par un rinceau. Les palmettes apparaissent dès l'Antiquité, se perpétuent encore à l'époque médiévale et s'imposent depuis l'époque Louis XVI jusqu'à la Restauration. L'Empire en fera l'un de ses motifs de prédilection.

**pan coupé.** Expression d'origine architecturale qui désigne l'angle « abattu » entre deux plans à angle droit. Il en va de même dans le mobilier, où l'arête recoupée aux angles d'une commode ou d'un secrétaire adoucit et allège les lignes générales.

**panetière** n. f. Petite armoire provençale à large barreaux tournés, pendue au mur ou posée sur le pétrin pour conserver le pain. Apparu au XVIII$^{e}$ siècle, ce meuble très typique est d'abord assez sobre, puis orné et parfois

Couturier-Nicolay

*Panetière provençale du XVIII$^{e}$ siècle. Adjugée par M$^{es}$ Couturier-Nicolay, à Drouot, le 20-VI-1980.*

surchargé de sculptures à la fin du XIX$^{e}$ siècle. La panetière est surmontée de « panaches » appelés également « bobèches » ou « candelieros » ; elle est garnie d'une grosse serrure et sa porte centrale pivote sur une fiche en métal d'un fort diamètre. Les plus courantes sont les panetières de « Fourques », reconnaissables à leurs motifs sculptés en escargot. Les panetières du Gard, qui sont à gros barreaux sans aucune fioriture, ressemblent à des cages à poules.

**panneton** n. m. Partie essentielle d'une clé, fixée en bas de la tige et que l'on glisse dans la serrure pour agir sur le pêne. Les pannetons de clés anciennes sont souvent découpés avec art, ce qui suscite l'intérêt des collectionneurs.

**pantographe** n. m. Instrument de dessin imaginé en 1603 par l'astronome allemand Christoff Scheiner. Le pantographe fut amélioré en 1740 par Langlois*, qui lui donna sa forme définitive. Comme il permet de reproduire à une échelle différente un dessin, il avait d'abord été baptisé « singe ». Il est composé de quatre règles mobiles formant un parallélogramme muni d'une pointe sèche à l'extrémité d'une branche et d'un crayon sur une autre. Langlois imagina de laisser coulisser le crayon à l'intérieur d'une espèce de porte-mine pour qu'il puisse suivre les inégalités du plan. Le pantographe est en bois, en cuivre ou en bronze doré ; la longueur des branches est de l'ordre de 80 cm. Les exemplaires en ébène, laiton, ivoire et acier, signés d'un fabricant connu, peuvent valoir de 10 000 à 15 000 F.

**pantomètre** n. m. Instrument d'arpentage servant à mesurer les angles. Il fut imaginé en 1675 par l'architecte Bullet, chargé de dresser le plan de la Ville de Paris. Il permet de faire plus rapidement les levés. Il était composé de trois règles. À la fin du XVIIe siècle, Ozanam donne ce nom à un instrument d'aspect différent, mais ayant le même usage ; il l'appelait également l'instrument universel. Subissant des améliorations régulières, le pantomètre fait partie de la panoplie de l'arpenteur, et les instruments modernes sont composés d'une lunette, d'une boussole, de deux niveaux, d'un cercle gradué et d'un vernier. Un pantomètre dans son coffret de transport a été vendu 330 F à Limoges le 7-II-1981.

**paphose** n. f. Canapé apparu à la fin du XVIIIe siècle. Son dossier, droit, sert d'appui de chaque côté à des accotoirs situés à l'aplomb des pieds antérieurs.

Bibliothèque nationale

*Paphose, planche coloriée extraite du recueil du décorateur La Mésangère,* Meubles et objets de goût *(1802-1835). Paris, Bibliothèque nationale.*

**papier** n. m. Matière sèche, fine, mince et déchirable, faite à partir d'ingrédients divers, sur laquelle on écrit ou on imprime. Inventé par les Chinois vers le début du IIe siècle à partir de matériaux de rebut (végétaux, tissus...), le papier passe en Asie centrale, en Inde, et au Moyen-Orient (VIIIe s.), en Afrique et en Espagne (XIe s.), puis en Italie (XIIIe s.) et en France (Troyes, 1348). Jusqu'au XIXe siècle, le papier occidental est toujours fait à la forme et la matière première est presque exclusivement constituée de chiffons, qui doivent être mis en charpie et subir un pourrissage avant d'être réduits en pâte par les maillets du moulin. Puisée au moyen de formes garnies de fils de laiton, qui font office de tamis, la pâte est transformée en feuilles, qui subissent les opérations de pressage, de séchage et d'encollage, permettant l'écriture ou l'impression. On obtient le papier vergé, reconnaissable en transparence à des traces laissées par des fils de laiton : les vergeures et les pontuseaux, sans oublier le filigrane.

Dans la seconde moitié du XVIIIe siècle, grâce à des formes de fine toile métallique, on produit du papier plus fin et plus lisse, sans traces de fils : c'est le papier vélin. Imprimés presque toujours sur vergé jusqu'à la fin du XVIIIe siècle, les livres le seront sur vélin au XIXe siècle. Dès la fin du XVIIIe siècle, la consommation de plus en plus importante de papier imposait de trouver un succédané : le papier à base végétale. Après différents essais, la machine à défibrer le bois, de Keller (1844), permit l'industrialisation du papier de bois.

Les papiers courants des XVIIe et XVIIIe siècles deviennent des papiers de luxe pour les bibliophiles des XIXe et XXe siècles. Ils sont appelés « grands papiers ». Dès la seconde moitié du XVIIIe siècle, certains bibliophiles font tirer de belles éditions sur grand papier de Hollande, et des almanachs royaux sont imprimés sur un vergé plus épais. L'avènement du papier vélin et sa fabrication industrielle par Didot, au début du XIXe siècle, vont ralentir sensiblement l'utilisation du vergé. Les éditions illustrées romantiques seront tirées sur vélin fin ou sur chine. À partir de 1850, les éditeurs commencent, en plus de l'édition courante, à tirer de « grands papiers » sur japon, chine ou hollande : le vergé refait son apparition. Depuis 1875-1880, chaque édition originale est tirée, à petit nombre, sur un papier de luxe : sa valeur actuelle est évidemment beaucoup plus importante que l'édition originale sur papier ordinaire. Les livres illustrés modernes dont le tirage est plus restreint sont toujours tirés sur papier de luxe.

**papier mâché.** Pâte formée de papier détrempé mélangé à du plâtre. Ce matériau peu coûteux et étonnamment malléable se prête à toutes sortes de décoration ; on lui donne, par modelage ou moulage, la forme que l'on veut.

Le papier mâché est connu depuis le XVIe siècle au moins. Au XVIIIe siècle, on en fit des petites boîtes bon marché, décorées de fleurs ou de personnages à la gouache. Le papier mâché connut son heure de gloire sous le second Empire ; il servit alors à fabriquer des meubles entiers : guéridons, sellettes, chaises légères, laqués en noir et décorés de nacre et de bouquets peints.

**papier peint.** L'art de fabriquer les papiers peints est emprunté dès le XVe siècle par les Européens à la Chine et au Japon. D'abord art populaire créé par les dominotiers, le papier peint devient industriel au XVIIe siècle (Le François, Rouen, 1610) avec l'invention des couleurs à brosse. Jean (1661-1723) et Jean-Michel (1698-1776) Papillon perfectionnent au XVIIIe siècle les systèmes de pose. En 1759, un décret permettant la libre fabrication des indiennes, provoque de nouvelles améliorations : sur des fonds uniformément coloriés à la brosse, l'impression est effectuée avec des couleurs épaisses à la détrempe et non plus à l'huile.

Mais les véritables progrès techniques sont l'œuvre de Réveillon au cours de la seconde moitié du XVIIIe siècle : fabrication du vélin, impression à la frappe au maillet de bois, collage des feuilles en rouleaux de 9 aunes. S'entourant de peintres fameux, comme Poussin, Huet et Boucher fils, Réveillon crée encore trois sortes de papiers : les « grands luxes » rivalisent avec les tapisseries des Gobe-

*Paravent japonais composé de quatre feuilles reconstituant un paysage coloré sur un fond doré.*

Couturier-Nicolay

lins ; les « communs » sont plutôt conçus pour les bourgeois, tandis que les feuilles ordinaires sont destinées au peuple.

Au XIXe siècle, Dufau (1752-1827), Zuber (1773-1853) et Leroy multiplient les procédés d'impression (irisés, teintes fondues) pour fabriquer des couleurs, impriment au rouleau gravé en taille-douce, améliorent le papier (rouleaux sans fin) et emploient les machines à vapeur, pour industrialiser la production (1850). L'usage du papier peint se vulgarise.

Les thèmes imitant les tissus luxueux, spécialement orientaux, et la mousseline, sont d'abord renouvelés par les Anglais Walter Crane et William Morris. Puis les artistes de l'Art nouveau, tels Grasset ou Guimard, créent à leur tour des papiers peints aux tonalités délicates sans référence aux styles du passé. L'exposition des arts décoratifs de 1925 couronne l'effort fait en faveur de ce type de décor lorsque Laurencin, Laboureur et surtout A. Mare et A. Groult travaillent pour la maison cubiste de Duchamp-Villon. Le fonctionnalisme des années 30 entraîne le déclin du papier peint, qui, cependant, séduit de nouveau, depuis quelques décennies, le goût d'un public épris de confort.

**paquebot** n. m. Mot d'origine anglaise désignant d'abord un « bateau pour porter les paquets de dépêches », puis tout navire de commerce spécialement affecté au transport des correspondances et des passagers, par opposition au cargo-boat, chargeant seulement les marchandises. Au XIXe siècle, le tonnage, la vitesse et le luxe des paquebots augmentent avec une rapidité surprenante. Les deux principales compagnies françaises, la Compagnie des messageries maritimes et la Compagnie générale transatlantique, n'ont cessé, jusqu'au milieu du XXe siècle, de créer de nouveaux paquebots au riche décor. Jusqu'en 1900, les aménagements de ces paquebots sont très surchargés et rococo, à l'image du second Empire. Avec la *Provence* (1906), le *Paris,* un style original apparaît, se référant toutefois aux normes Louis XVI et néoclassiques. Les agencements intérieurs sont même confiés à des ensembliers Art déco : Süe et Mare, Prou, Follot, Dufrêne, Selmersheim. Maints décors intérieurs s'alignent ainsi sur les ensembles modernes présentés chaque année au Salon des artistes décorateurs et au Salon d'automne. L'*Île-de-France* (14 mars 1926), de conception tout à fait moderne et au grand salon réalisé par Süe et Mare, marque réellement le triomphe de l'Art déco.

**paraison** n. f. Quantité de verre en fusion cueillie dans le pot par le verrier au bout de sa canne. Le mot désigne aussi la première forme donnée au verre par le soufflage.

**parangon** n. m. Marbre très noir, souvent utilisé pour les monuments funéraires. Le parangon sert également de support à des pierres de couleur claire disposées en incrustations. L'inventaire du cardinal de Mazarin cite « une table de pierre de parangon ornée d'écussons de lapis dans des cartouches d'amétiste » (1708).

**paravent** n. m. Meuble dérivé de l'ôtevent, apparu à la fin du XVIe siècle. Il est composé de plusieurs feuilles réunies par des charnières et sert à se préserver des courants d'air dans les appartements. Très en vogue au début du XVIIe siècle, particulièrement chez les écrivains précieux (Tallemant, Voiture), dans les salons (Mme de Rambouillet), le paravent est d'abord de grandes dimensions, et permet d'isoler alors une véritable pièce dans la chambre. Dès 1660, les paravents de la Chine sont à la mode, donnant l'expression « Chinois de paravent » pour qualifier des personnes semblables aux magots.

Au XVIIIe siècle, l'usage des paravents de toutes dimensions se généralise ; ceux-ci sont tantôt décorés par des peintres (Watteau, Audran), tantôt tapissés (les Gobelins, la Savonnerie et Beauvais), tantôt exécutés en laque ; dans ce dernier cas, ils sont alors extrêmement recherchés et cotés très cher. Le perfectionnement du chauffage au XIXe siècle rend inutile le rôle du paravent, de sorte que celui-ci est de moins en moins utilisé. Mais, au début du XXe siècle, des artistes, incités par le renouveau des arts décoratifs, réhabilitent le paravent dans l'aménagement intérieur. Dunand le conçoit ainsi plus spécialement en laque à la manière des Japonais ; composant lui-même les panneaux et les feuilles du paravent, il crée une œuvre originale à travers des influences aussi diverses que celles de l'Art nouveau, de l'art nègre et du cubisme.

En Extrême-Orient, les paravents sont généralement constitués de 2 à 6 feuilles et, au Japon, sous le nom de *byōbu,* ils servaient à la décoration et à la séparation des pièces d'habitation. Certains, surtout à partir de la période de Momoyama*, furent somptueusement décorés par les meilleurs peintres du temps, soit de paysages, soit de scènes. Presque tous les peintres japonais des périodes de Momoyama et d'Edo* réalisèrent des byōbu, les plus célèbres d'entre eux étant Hasegawa Tōhaku (1539-1610), Ike Taiga (1723-1776), Yōsa Buson (1716-1783),

Ogata Kōrin (1658-1716) et Maruyama Ōkyo (1732-1795). À la fin du XVIe siècle apparut dans l'île de Kyū shū, à Nagasaki, un type particulier de paravents, appelés *nanban-byōbu* (« des Barbares du Sud »), représentant des bateaux hollandais et des scènes portuaires. On réalisa également au Japon des paravents de petites dimensions, destinés à être posés sur une table derrière un objet d'art et, eux aussi, décorés de peintures. En Chine, les paravents sont le plus souvent en bois laqué incrusté de pierres semi-précieuses, de nacre et d'ivoire. Ils furent principalement réalisés pendant les époques Ming et Qing. Leur valeur dépend de leur antiquité ainsi que de la beauté de la laque et des incrustations. La valeur des paravents japonais dépend surtout du renom de l'artiste qui les a peints. Les paravents appelés de « Coromandel », en laque, importés de Chine et transmis à l'Europe par l'intermédiaire des marchands indiens de la côte sud de Madras, sont ornés de sujets de type européen et sont activement recherchés par les collectionneurs. (V. ÉVENTAILS.)

**parchemin** n. m. Peau de mouton, de chèvre ou de veau spécialement préparée pour l'écriture ou l'impression. Après avoir subi divers traitements pour arriver à une peau souple et blanche, le parchemin est découpé en feuilles rectangulaires, qui seront soit cousues bout à bout pour former un rouleau, soit pliées pour constituer un cahier. Connu dans le bassin méditerranéen depuis l'Antiquité, il tire son nom de la ville de Pergame, en Asie Mineure. Il demeure la matière la plus utilisée comme support de l'écriture dans l'Occident médiéval. Malgré la concurrence du papier, à la fois moins solide et moins onéreux, son emploi s'est prolongé jusqu'à nos jours, pour l'impression de livres de grand luxe. Durant l'âge d'or de la bibliophilie, on tire des exemplaires sur « peau de vélin » à très petit nombre. En France, le parchemin est obligatoire jusqu'à la Révolution pour l'expédition des actes publics.

**parclose** n. f. Terme venu de l'architecture qui désigne, en menuiserie, l'ensemble des traverses encadrant un panneau de bois.

**Paris**

***Tapisserie.*** La Ville de Paris joua un rôle de premier plan dès le XIIIe siècle. Nicolas Bataille tissa les tentures de l'*Apocalypse d'Angers* au siècle suivant. En concurrence directe avec Arras, les ateliers de Paris déclinent avec l'affaiblissement du pouvoir royal et le développement du mécénat bourguignon au XVe siècle. Sous le règne de François Ier, ils sont encore délaissés au profit de ceux de Bruxelles, alors en plein essor. Henri II décide, quand à lui, de créer une manufacture à l'hôpital de la Trinité pour donner un métier aux orphelins nécessiteux. Mais il faut attendre Henri IV pour voir enfin les ateliers du Louvre et du faubourg Saint-Antoine travailler sur les superbes cartons de Lerambert, dignes de rivaliser avec les meilleures créations bruxelloises ou anversoises.

***Porcelaine et faïence.*** Comme dans le reste du royaume de France, au début du XVIIIe siècle, de nombreuses manufactures de porcelaine tendre plus ou moins importantes furent fondées à Paris et aux alentours, d'abord la manufacture de Passy, en 1700, puis celle de la rue de Charonne, en 1734. Vincennes-Sèvres est devenue le modèle de toutes ces fabriques ; elle n'avait pas à redouter la concurrence, car les porcelaines créées partout en France étaient beaucoup trop fragiles pour rivaliser avec les siennes.

La mise au point de la porcelaine dure (Strasbourg) modifie la situation ; la concurrence devient évidente. Vers la fin du XVIIIe siècle et sous l'Empire, des manufactures secondaires naissent à Paris (et dans tout le pays). De 1770 au début du XIXe siècle, une bonne vingtaine de manufactures de porcelaine tendre, de porcelaine dure et de faïence fine à Paris et dans ses environs ont été recensées. Toutes ces manufactures produisaient surtout de la petite vaisselle richement décorée, des vases, des amphores néoclassiques, des cratères. Les scènes classiques l'emportent : des médaillons, des bustes, des camées, des colonnes néoclassiques, pseudo-antiques et hellénistiques.

Les meilleurs spécimens d'une bonne qualité appartiennent au style Louis XVI et Empire. Les décors de Vincennes-Sèvres ont été copiés très librement. Il n'est pas facile de reconnaître entre cette grande production de céramiques, en général non marquées, celles des différentes usines. Quelques noms s'en détachent pourtant.

*Manufacture du faubourg Saint-Denis* (connue aussi sous le nom de *manufacture du faubourg Saint-Lazare*). Elle a été dirigée, malgré quelques interruptions, de 1771 à 1835. Fondée par Pierre Antoine Hannong, elle fut patronnée par le comte d'Artois jusqu'à la période révolutionnaire. La marque la plus connue est C.P. (Charles Philippe d'Artois).

*Manufacture de la Courtille.* Fondée aussi en 1771 par un maître modéliste allemand originaire de Höchst, elle a produit, jusqu'aux environs de 1840, des porcelaines polychromes d'inspiration germanique, ainsi que des biscuits.

*Manufacture de la rue de Clignancourt.* Fondée au début des années 1770 et protégée par Monsieur, frère du roi (plus tard Louis XVIII), elle avait adopté un moulin à vent comme marque et a produit, jusqu'à la fin du XVIIIe siècle, de belles porcelaines rappelant le style et la décoration de Sèvres. Les figurines de la rue de Clignancourt sont rares et très recherchées.

*Grand pot couvert en porcelaine de Paris à anses rocailles, orné de fleurs et de médaillons polychromes à décor de chinoiseries. Il porte la marque de la manufacture de Clignancourt. Époque Louis XVI. (H. 39 cm.)*

*Manufacture du faubourg Saint-Antoine.* Il aurait existé deux ateliers rue de la Roquette, dont l'un était connu aussi par l'enseigne des *Trois Levrettes.* Mais peu d'informations concernent ces fabriques en activité de 1773 à 1775.

*Manufacture du Petit-Carrousel.* Elle aurait été fondée par un marchand de poterie vers 1774. Toute une série de marques sont attribuées à cette fabrique, qui aurait existé jusqu'en 1800.

*Manufacture de la rue de Reuilly.* Une marque L déposée en 1774 et des pièces portant cette lettre confirment l'existence, assez éphémère, de cet atelier. Un second atelier se serait installé pour quelques années (1779-1785) à la barrière de Reuilly. Il avait certainement été fondé par un ouvrier de Sèvres.

*Manufacture de la rue Thiroux.* Connue aussi sous le

Couturier-Nicolay

*Assiette en porcelaine de Paris. La bordure dorée est gravée de motifs néoclassiques et le centre est occupé par un paysage inspiré par Frederick de Moucheron et marqué Dihl et Guerhard, Paris. Époque premier Empire.*

Lauros-Giraudon

*Assiette en porcelaine de Paris. Détail du marli au décor quadrillé bleu et or et orné de paysages dans des réserves. Époque Restauration, vers 1820. Chantilly, musée Condé.*

nom de *Fabrique de la Reine,* la manufacture de la rue Thiroux, près de la Chaussée-d'Antin, a déposé en 1776 une marque composée d'un A (Antoinette) couronné. En 1794, elle se confondit avec celle du Petit-Carrousel. Elle aurait existé jusqu'à la seconde moitié du XIXe siècle et a produit des porcelaines d'une finition très soignée, qu'on désigne aujourd'hui sous l'expression « porcelaines à la Reine ».

*Manufacture du Pont-aux-Choux ou de la rue Amelot.* Si cet atelier a produit de la faïence fine depuis le milieu du XVIIIe siècle, c'est en 1777 que la production de la faïence fine du genre anglais — marquée à la fleur de lis — a commencé. Connu aussi sous le nom de manufacture du duc d'Orléans, cet atelier est surtout renommé de nos jours pour les créations, simplement dites « pont-aux-choux », assez recherchées par certains amateurs de faïences fines.

*Manufacture de la rue de Bondy.* Fondée en 1780, elle fut patronnée par le duc d'Angoulême et fut la plus importante des petites manufactures parisiennes. Sa production rivalise avec celle de Sèvres, et la finition des plus belles pièces est parfaite. Cette manufacture a été transférée deux fois avant sa fermeture vers 1830, en 1795 rue du Temple et en 1825 boulevard Saint-Martin.

À la fin du XVIIIe siècle, trois usines secondaires ont laissé des traces à Paris. L'une, rue de Crussol, a été fondée par Christopher Potter, celui qui racheta la manufacture de Chantilly, après avoir quitté Paris. Une autre manufacture est celle du boulevard Saint-Antoine, fondée vers 1785 par sieur Honoré et qui aurait été plus tard transférée à Limoges. Elle aurait rouvert ses portes vers 1810 sous la direction du fils Honoré, en collaboration avec les Dagoty, propriétaires de la fabrique de porcelaine du boulevard Poissonnière.

*Manufacture de la rue Popincourt.* Fondée en 1782 par Johann Nast, qui avait travaillé à Vincennes et avec les Dagoty, cette manufacture eut rapidement une production

Lauros-Giraudon

*Soupière blanche en faïence fine de la manufacture de Pont-aux-Choux, ou de la rue Amelot, à Paris. Époque Louis XV. Musée de Sèvres.*

très honorable et fabriqua des porcelaines dures de tout genre, jusqu'à une date avancée dans le XIXe siècle : de curieux vases très décoratifs, des boîtes à horloges, des services de table et de la vaisselle, toujours décorés avec des fleurs. Des copies de Wedgwood (bleu), des biscuits et des copies de vases de Sèvres font partie de la production très commerciale de cette manufacture.

*Manufacture de la rue de Charonne.* Transférée à Mennecy en 1748 et à Bourg-la-Reine en 1773, elle fut de nouveau ouverte à Paris en 1795 et installée rue de la Roquette. Des pièces tardives (Empire) portant la marque « Palais Royal » font supposer que les pièces provenant de cet atelier auraient été vendues dans un magasin situé près du Palais-Royal.

**parlantes.** Se dit de verreries sur lesquelles E. Gallé a inscrit des vers (citations de V. Hugo, de Verlaine et d'autres symbolistes), à la manière des artistes du Moyen Âge.

**parqueté.** Se dit d'un meuble qui présente une surface couverte de petits panneaux de bois assemblés à la façon d'un parquet. Les meubles parquetés sont d'une grande solidité et offrent un décor harmonieux, ce qui leur vaut toujours une appréciable plus-value en cas de vente.

**parure** n. f. Ensemble de bijoux assortis, destinés à être portés en même temps. Les parures de la Renaissance

*Parure en or jaune ciselé comprenant une broche pendentif et une paire de pendants d'oreilles, ornés de motifs en forme d'écus agrémentés de perles fines. Époque Napoléon III. Adjugée par Mes Couturier-Nicolay, à Drouot, le 19-III-1982.*

Couturier-Nicolay

sont un complément de la toilette, comportant une coiffure (résille de perles terminée par un motif d'orfèvrerie), une côtière qui souligne le tour du buste, un collier terminé par un gros pendentif, une ceinture, le tout travaillé en or ciselé et émaillé, pierres de couleur, perles groupées en troches. À peu près abandonnées au XVIIe et au XVIIIe siècles, les parures revinrent en revanche très à la mode au début du XIXe pour accompagner le costume à l'antique. La grande parure de cérémonie se compose d'un vaste collier pour meubler le décolleté très découvert de la robe « à la grecque », une ceinture, que l'on place sous la poitrine, deux bracelets en paire, les pendants d'oreilles, un haut diadème posé sur le devant du front et le peigne dans le chignon bouclé.

La composition de la parure peut se modifier selon les caprices de la mode : après la Restauration, la ceinture et le peigne à chignon disparaissent, le diadème est réservé aux occasions exceptionnelles. On continue néanmoins à appeler parure tout ensemble de bijoux, même s'il ne s'agit que d'un collier accompagné de deux pendants d'oreilles.

Rares sont aujourd'hui les parures anciennes complètes. La plupart ont été dépareillées pour cause d'héritage ; les diadèmes, peignes et ceintures d'orfèvrerie ont été, depuis longtemps, reconvertis en bijoux.

**partition** n. f. Cahier comportant la notation ordonnée de l'ensemble des parties d'une œuvre musicale. En 1493, Ottaviano Petrucci obtient à Venise le privilège pour l'invention de l'impression de la musique au moyen de types mobiles. En 1529, à Paris, Pierre Attaignant imprime le premier recueil de chansons comprenant les paroles sous la portée musicale. En 1585, Pierre Haultin de la Rochelle grave des poinçons comprenant notes et portions de portées. De 1551 à 1752, la famille Ballard obtient par lettres patentes la charge d'imprimer la musique du roi. Jusqu'à la fin du XVIIIe siècle, de nombreux scribes sont employés pour copier des manuscrits dans l'édition musicale. Ce qui intéresse aujourd'hui l'amateur, en dehors de ces éditions anciennes, ce sont les manuscrits autographes des compositeurs, mais aussi toutes les éditions originales, gravées et lithographiées, surtout lorsqu'elles sont agrémentées par une dédicace ou un envoi de l'auteur.

Certains amateurs recherchent aussi des partitions et des méthodes touchant à des instruments rares ou dont le système n'est plus usité.

G. Meguerditchian

*Partition pour deux flûtes traversières, composée par Hoffmeister. Collection A. Muflarz.*

**Pasdeloup** (Antoine Michel), relieur français (1685-1758). Relieur du roi Louis XV en 1733, artisan préféré du comte d'Hoym, il exécuta de superbes reliures mosaïquées et fut, semble-t-il, l'inventeur de la reliure à dentelle, qui allait connaître une grande renommée dans la seconde moitié du XVIIIe siècle.

**Passemant** (Claude Siméon), constructeur français d'instruments d'optique (1702-1769). Après des études au collège Mazarin, il s'installe comme mercier puis se consacre entièrement à des travaux d'optique et de mécanique. Il publie en 1738 son premier ouvrage d'optique, *Construction d'un télescope de réflexion*. En 1746 il présente à l'Académie de sciences un télescope, puis en 1749 une pendule astronomique. Louis XV lui accorde une pension et un logement au Louvre. Il fabrique alors toutes sortes d'instruments, allant des lunettes aux globes en passant par les microscopes. Il est le premier constructeur à réaliser des instruments à entraînement mécanique.

**passette à rubans.** Instrument d'origine lointaine que l'on retrouve à travers l'Europe et qui se compose d'une grille de bois à dents verticales. La passette à rubans est une sorte de petit métier à tisser portatif et très rudimentaire qui fabrique du ruban. Comme la plupart des instruments de bois féminins, les plus belles passettes se trouvent dans le Massif central, et plus précisément dans le Velay, où elles s'ornent de cœurs, de fleurs, de colombes, d'initiales. Les passettes faisaient en effet partie des « présents d'amour », la tradition voulant qu'elles soient offertes — et parfois même sculptées — par le promis et données en cadeau de fiançailles.

**passglass.** Grande chope allemande sur laquelle des cordons de verre, appliqués à intervalles réguliers, indiquent la part de chaque convive (XVIe-XVIIIe s.).

**pastillage** n. m. Terme désignant un type de décor très courant sur certains modèles allemands : gobelets du Rhin, Roemer, Vidercome, verre Krautstrunk (trognon de chou), Igel (verre hérisson).

La technique est assez simple : le verrier, à l'aide d'une pince à mâchoires plate, applique une petite quantité de verre sur un objet déjà façonné. Le pastillage peut se faire sur les anses : dans ce cas, les éléments, soudés par la tranche, se présentent de face ou de profil. Lorsque le pastillage s'applique sur la surface de l'objet, les cabochons sont unis ou bien irréguliers, ou encore pastillés en framboise.

**patagon** n. m. Grosse pièce d'argent des Flandres dérivée du thaler et dont la frappe commença sous Philippe II d'Espagne.

**patard** n. m. Nom donné à diverses pièces d'argent, notamment à celles de 3 deniers en Dauphiné et au comtat Venaissin.

**pâte de riz,** ou **albâtre.** Sorte d'opaline* en verre et non en cristal, c'est-à-dire exempte de plomb. Après la Bohême, des objets en pâte de riz furent fabriqués en France : objets de table ou de toilette, objets de fantaisie. Cette matière semi-transparente, de teinte grisâtre, pouvait être colorée au moyen d'oxydes métalliques. On obtenait des tons assez vifs, voire criards : bleu céleste, vert perroquet, bleu outremer, vert clair, jaune citron, gris pigeon, rose bonbon. D'après Péligot, ce « verre peu malléable se prête difficilement au travail de la presse », et donc on trouve « peu d'objets moulés en pâte de riz, à moins qu'ils ne soient façonnés au souffle ou au piston ».

**pâte de verre.** Traitement du verre connu dès l'Antiquité (Pline), redécouvert par H. Cros vers 1880, qui cherchait une matière fusible pouvant être travaillée à l'état pâteux ou liquide. Il s'agit d'un cristal coloré, préalablement réduit en poudre et mélangé à l'eau, additionnée d'un liant pour composer une « pâte » ; celle-ci, après cuisson, devient dure et translucide pour être alors modelée comme une sculpture et colorée. On obtient la « véritable pâte de verre » en amalgamant « à froid » des verres et des émaux broyés. La pâte est ensuite moulée et soumise à une cuisson dans un moule à cire perdue ; sous l'effet de la chaleur s'agglomèrent les éléments constitutifs.

Actuellement, l'expression « pâte de verre » est parfois improprement employée pour désigner des verres opaques à plusieurs couches, dans lesquelles des poudres d'émaux ont été incorporées en cours de cuisson. Ainsi, contrairement à certaines annonces de ventes, Gallé ne s'est jamais servi de pâte de verre, puisque ses verreries ont toujours été travaillées à chaud. À la suite de Cros, Walter et Bergé chez les Daum, Décorchemont et Dammouse ont donné à la pâte de verre une place importante dans leurs créations artistiques.

**Patek, Philippe & C°.** Société horlogère genevoise née en 1845 de l'association de l'horloger français Adrien Philippe, inventeur en 1842 d'un système de remontage sans clef, avec les Polonais Antoine de Norbert de Patek et Czapek, fondateurs de la maison Patek et Czapek. Vers 1850-1851, Czapek quitte l'association pour créer son propre atelier. La maison Patek, Philippe & C° se spécialise dans la production de montres de poche de précision, de chronomètres de marine et de montres de table. En 1901, elle émet des actions ; en 1928, la famille Stern acquiert la majorité des actions. La maison Patek, Philippe & C° produit toutes sortes de montres, des plus simples aux modèles à de nombreuses complications, se caractérisant par une excellente mise au point et une finition qui en font des objets fort bien cotés.

**Paterna.** Il est aujourd'hui très difficile d'attribuer avec précision à un centre faïencier l'origine des pièces les plus rares de la production espagnole, qui, très longtemps, est restée dans les mains des maîtres céramistes sarrasins et de leurs étudiants. Ces objets ne portent pas de marque. Quelquefois la présence d'une armoirie permet d'attribuer la pièce à un des ateliers de la province de Valence.

Les faïences lustrées à reflets métalliques ont été produites — imitées de celles des Italiens — au XV^e^ siècle un peu partout en Espagne : en Catalogne (Barcelone), en Aragon (Teruel), mais surtout à Valence et dans sa région (Paterna).

Le style hispano-moresque a nettement influencé à cette époque les productions de l'Italie centrale et septentrionale, et vice versa. Ainsi, les faïences de Paterna rappellent le style dit « d'Orvieto », à savoir une décoration en vert de cuivre et en violet de manganèse. Les thèmes centraux et les motifs sont très géométriques et empruntent beaucoup à l'art islamique et même à l'art égyptien. On attribue aussi à Paterna toute une série de faïences en bleu sur fond blanc qui peuvent être considérées comme les précurseurs des faïences de Manisès.

**patin** n. m. Élément horizontal placé à la base d'un piètement pour lui donner une plus grande stabilité. Les tables et les crédences de la Renaissance ont souvent des « pieds en patins », qu'on appelle parfois « semelles ».

**patine** n. f. Altération naturelle de la surface d'un meuble ou d'un objet sous l'effet du temps. La beauté de la patine est un élément valorisant des antiquités ; elle est également pour un œil averti un élément permettant de confirmer ou d'infirmer l'authenticité (v. COPIE).

Appliquée à l'origine aux bronzes, la patine apparaît à la Renaissance, lorsque les collectionneurs de l'époque, amateurs de bronzes antiques, les découvrent recouverts de l'oxydation verte de sels de cuivre provoquée par un long séjour dans le sol. Cette oxydation a été conservée, et les bronziers ont cherché à la provoquer artificiellement sur leurs propres fontes. Les artistes antiques protégeaient leurs bronzes par des vernis, des dorures, ou même de la peinture ; les bronzes antiques ne doivent leur patine qu'au travail du temps.

Les patines artificielles de la Renaissance permettent des effets multiples. Le vert antique s'obtient par un bain d'acide (voire de vinaigre) ; le rose « Renaissance », brun léger parsemé de reflets mordorés, est obtenu à l'aide d'un mélange d'huile, d'alcool et de sanguine ; le noir de velours est à base de nitrate d'argent, d'huile et de noir de fumée ; le soufre produit le brun médaille.

En fait, il n'existe pas de recette précise donnant des résultats infaillibles ; chaque atelier a ses propres procédés, ses dosages d'acides, d'ammoniaque, de vernis, d'huiles, pierre de Barèges, etc., voire d'ingrédients surprenants tels que la corne de bœuf... ou très courants comme le cirage à chaussure, qui redonne du lustre aux bronzes ternis. La réussite de la patine dépend finalement moins de la nature de la composition que de la qualité de l'alliage de bronze et fonte ; elle résulte aussi de l'équilibre entre les dosages, les temps de pause, de chauffe ou d'immersion. Elle ne doit en aucun cas masquer les défauts d'un alliage médiocre, mais au contraire mettre en valeur l'épiderme délicat d'un beau bronze.

En ce qui concerne les meubles, rappelons qu'à l'origine le bois brut n'a pas de patine, mais une coloration naturelle, qui peut être légèrement teintée par l'ébéniste, puis passée à la cire plus ou moins claire. C'est sur cette base que la patine s'élabore lentement et prend une lumineuse profondeur, qu'il est difficile d'obtenir artificiellement et qui s'améliore en vieillissant par l'application de cire, de cirage ou d'encaustique frottés ensuite au chiffon doux.

Lorsqu'un meuble est décapé pour une remise en état, il convient de retrouver sa teinte par des dosages mesurés de teinture et de cire.

Il ne faut pas confondre patine et encrassement artificiel additionné de mixtures chimiques, qui prétend masquer une fabrication récente. Les fabricants de meubles de style qui fournissent certains antiquaires ou prétendus tels proposent, moyennant un supplément de prix, une « patine antiquaire » piquée de faux trous de vers, qui ne dupera que les naïfs. Les connaisseurs savent reconnaître les vraies des fausses patines.

En numismatique, la patine désigne l'aspect et la couleur particuliers pris par la surface d'une monnaie ayant subi pendant un temps très long l'attaque des divers agents chimiques de son environnement. Les monnaies d'or, quasi inattaquables, ne se patinent jamais ; les monnaies d'argent peuvent se recouvrir d'une patine plus ou moins noire et épaisse. Quant aux monnaies de bronze, elles présentent une très grande variété de patines suivant le lieu où elles sont restées enfouies avant d'être découvertes.

La qualité de la patine apporte une plus-value considérable aux monnaies de collections, en particulier aux bronzes grecs ou romains. Une belle patine doit être épaisse, uniforme et, si possible, luisante : dans ce cas, certaines monnaies peuvent prendre l'aspect de pierres dures ou semi-précieuses. Enfin, les couleurs sont affaire de goût personnel ; les plus fréquemment rencontrées sont le noir, le marron, les verts et les bleu-vert.

**Péan** (René Louis), affichiste français (Paris 1875-?). Péan travailla pour l'atelier Chéret de l'imprimerie Chaix, où, dans un style influencé par celui du maître des lieux, il créa de nombreuses affiches touristiques et de spectacle, que l'on trouve à des prix généralement modérés : *Cabaret du chien noir, Nouveau Cirque coco, Théâtre de Cluny : le fiancé de Thylda, Paris-Londres.* Il dessina des affiches pour *le Figaro, le Radical, les Cycles, le Chevreuil.* En carte postale, il a participé à la collection des « Cent », au concours Byrrh, au gala Henri-Monnier.

**pectoral** n. m. Bijou qui recouvrait le haut de la poitrine. Le pectoral appartient surtout aux civilisations antiques, et c'est plutôt un bijou d'homme (en raison de son poids), voire un bijou mortuaire.

En Égypte, hommes et femmes portaient de vastes colliers faits de longues perles disposées en rayons selon des bandes concentriques. En Grèce, en Orient, les découvertes de tombes royales ont mis au jour de grands pectoraux d'or repoussé, d'une grande qualité artistique.

**pédomètre** n. m. Appelé aussi « podomètre » ou « compte-pas », cet instrument aurait été inventé vers 1700 par le cadranier allemand Johann Willebrand de Nuremberg. Il s'agit d'une boîte contenant un système de roues dentées et de disques indiquant le nombre de pas faits par le marcheur. Réservé à l'usage du piéton, le pédomètre se porte à la ceinture, mais il peut être également utilisé pour la mesure de la marche à cheval. En cuivre, en bronze, parfois en argent, toujours finement travaillé, il est souvent de fabrication allemande. Un podomètre français du XVIIe siècle a atteint 15 000 F le 7-VI-1982 ; il était en laiton et destiné à la mesure des pas d'un cheval.

**peigne** n. m. Il existe deux sortes de peignes : l'objet de toilette, qui sert à démêler et arranger la chevelure, et le peigne décoratif, que l'on fixe dans la coiffure, une fois celle-ci terminée. Les peignes utilitaires, objets très modestes, ne semblent pas retenir beaucoup l'attention des collectionneurs, et sont rares : le peigne du XVIIIe siècle était en corne, en ivoire ou en écaille, remplacé quand il était cassé.

Les seuls exemplaires de prix sont les peignes d'ivoire du Moyen Âge, parfois dits liturgiques, en raison de leur décor d'inspiration biblique ou évangélique. Ces peignes du XIIIe et du XIVe siècle comportent deux râteliers, un gros et un fin, disposés symétriquement de part et d'autre du bandeau horizontal décoré de motifs sculptés. Les peignes antiques étaient disposés de la même façon.

*Peigne double en ivoire sculpté et découpé du XVIe siècle. Son décor s'inspire à la fois de motifs gothiques et de la Renaissance.*

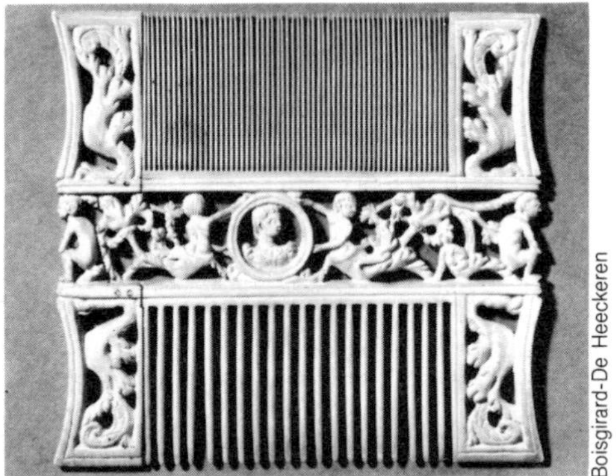

Boisgirard-De Heeckeren

Jusqu'à la Révolution, la fabrication des peignes d'ivoire, d'écaille ou de corne est confiée aux « peigniers », rattachés à la corporation des tabletiers, car ils utilisent les mêmes matières. Ils doivent poinçonner leurs ouvrages.

Les peignes de la parure* ont un aspect sensiblement différent, un râtelier plus étroit aux dents plus longues, en écaille généralement, surmonté d'un joli motif décoratif allant du simple bandeau de nacre, de perles ou d'or ciselé, au haut motif d'orfèvrerie accompagnant la grande parure. On a trouvé des peignes de coiffure de fabrication grecque, décorés de superbes motifs d'or ciselé. Ils ont été remis à la mode avec le costume à l'antique sous le Directoire, pour souligner le haut chignon « à la grecque ». Les peignes Empire sont garnis de camées, de perles ou d'un motif d'orfèvrerie.

Passé la vogue des hauts chignons, les peignes demeurent en usage sous une forme plus discrète, simples épingles d'écaille à deux ou trois dents, garnies de légères incrustations, d'un motif d'émail ou d'orfèvrerie, que l'on plante symétriquement dans la coiffure : ils furent particulièrement appréciés dans les poufs et les frisottis de la Belle Époque. Les admirateurs de Lalique et de Lucien Gaillard recherchent ces parures de coiffure garnies de motifs 1900, que démode en 1925 la coiffure à la garçonne.

**Peinet** (François), facteur d'instruments à vent en cuivre du XIXe siècle. Il dut sa renommée au perfectionnement qu'il apporta aux pistons, ajoutant notamment un troisième piston au cornet. Aujourd'hui, c'est plus particulièrement pour la qualité de ses trompes de chasse légères et au timbre exceptionnel qu'il doit la faveur des amateurs. Son ouvrier, Pettex Muffat, qui venait de chez Raoux, continua une fabrication qui, pour être de bonne qualité, n'a pas atteint dans la régularité et la splendeur du timbre ses propres instruments.

**peinture sur verre.** Le décor peint à l'or est un procédé ancien, très pratiqué par les frères Daum à leurs débuts (1890-1895) : l'or, déposé au pinceau, adhère parfaitement à la surface du verre après passage au four. Cette technique disparaît vers 1900 pour renaître sous forme des « patinés or » en 1921-22.

La peinture sur verre, employée dès l'Antiquité, est largement utilisée par les verriers Art nouveau, car, à la différence de la gravure, qui nécessite un labeur long et soigné, elle est moins coûteuse. Chez Daum, le motif est d'abord dessiné par un passage à l'acide, qui donne au fond une certaine matité, l'opposant aux parties à peindre ; puis une cuisson à 600 °C assure une parfaite adhésion au verre. Les émaux translucides comme les émaux opaques peuvent servir à la réalisation des décors peints ; on les applique en couches relativement épaisses, et la cuisson leur donne une apparence vitreuse très appréciée. Gallé ne cessa de créer de nouvelles teintes d'émaux et d'inventer de nouveaux procédés de pose des couleurs. Ainsi écrit-il en 1884 : « Ma palette... comprend la peinture sur verre, la dorure et l'argenture, le camaïeu, la grisaille, la peinture aux couleurs de cristal sur relief blanc..., les émaux durs des Arabes et les émaux translucides. »

**pelou** n. m. Tibia d'animal dans lequel une lame est fichée à l'une des extrémités et sert à « pelarder », c'est-à-dire à enlever l'écorce de certains arbres, notamment du chêne-liège. Certains pelous ont l'autre extrémité taillée en biseau. Cet outil assez rare est recherché de certains collectionneurs.

**pembroke table.** Table anglaise montée sur roulettes, dont le plateau, le plus souvent ovale, comporte des charnières qui permettent d'en rabattre les extrémités. On attribue à la comtesse de Pembroke (1737-1831) la première commande de ce genre de table d'appoint, qui, repliée dans un coin du salon, peut se transformer en table à déjeuner.

Christie's

*Table anglaise dite pembroke table ou sofa table. Le palissandre est rehaussé d'un décor de bronze. Époque Regency.*

**Pendeh.** Ville située au sud-est du Turkménistan soviétique où est commercialisée la production des tapis des tribus turkmènes (Sarykes) qui nomadisent alentour.

Le décor des Pendeh est très proche du Boukhara (décor à rangées de motifs « güls », octogones divisés géométriquement), mais il est légèrement moins serré. La bordure principale se compose de grandes rosaces stylisées.

La chaîne et le velours du Pendeh sont en laine ; la trame est en laine ou en poils de chèvre.

Des touches de blanc, bleu et vert tranchent sur le rouge dans toutes ses nuances qui domine dans le Pendeh comme dans tous les tapis turkmènes.

**pendeloque** n. f. Plaquette de cristal de roche (XVII<sup>e</sup> s.) ou de cristal de forme ronde ou losangée, taillée en diamant ou en plus léger relief, suspendue aux lustres pour former des guirlandes ou des chutes.

**pendentif** n. m. Bijou que l'on porte autour du cou, généralement au bout d'une chaîne. Comme beaucoup de bijoux, son origine est lointaine et prophylactique. (V. AMULETTE, CHEVEU, CROIX). Le pendentif « affectif » peut être caché sous les vêtements.

Le pendentif est aussi un joyau plus ou moins orgueilleux. Il fut très à la mode sous la Renaissance : le « pent-à-col » devient un bijou extraordinaire, véritable œuvre d'art en miniature ; il en est de toutes formes, cercle ou losange d'or ajouré, émaillé, ciselé d'arabesques, enserrant une pierre précieuse, agrémenté de minuscules figurines mythologiques en ronde bosse ; on en fit de très curieux en forme de bateau ou d'animal fantastique autour de quelque grosse perle baroque. Tous sont montés dans un riche travail d'orfèvrerie et terminés par une ou plusieurs perles en pampilles. Le pendentif Renaissance est attaché à un riche collier d'orfèvrerie assorti.

Au siècle suivant, le pendentif passe un peu de mode ou se fait, en tout cas, plus discret : simple médaillon souvenir ou léger motif de joaillerie. Les perles et les diamants sont à la mode. La rivière de diamants, qui fut aussi l'un des bijoux favoris des élégantes en paniers du XVIIIe siècle, s'accompagne d'un pendentif assorti : un portrait de Marie Leszczyńska ne montre-t-il pas la reine arborant le Sancy au bout de son collier ? Les dames de sa cour se contentaient d'un pendant de joaillerie en forme de fleur, de nœud, de poire, parsemé de petits brillants.

Au XIXe et au XVIIIe siècle, les colliers s'accompagnent presque toujours d'un joyau assorti et amovible, muni d'une épingle et d'une bélière qui permettent de le porter alternativement en broche ou en pendentif.

**Pendés.** Au Zaïre, pays voisin des Bayakas, les Pendés sont surtout connus par leurs belles sculptures en ivoire.

Ils réalisent également des masques en bois au visage triangulaire caractéristique. Sous un front bombé, les pommettes saillantes portent une scarification. La bouche, ouverte ou fermée, s'inscrit dans le triangle du menton, pointu.

Kamer-Leloch

*Masque pendé. Galerie Hélène Kamer-Lelouch.*

*Pendentif en forme de croix en or émaillé blanc et noir, orné de treize diamants et d'une poire en pendant. Travail hollandais du milieu du XVIIe siècle. Adjugé 3 080 £ par Sotheby, à Londres, le 24-VI-1982.*

**pendule** n. m. et n. f. Corps mobile autour d'un point fixe, oscillant sous l'action de son poids, organe régulateur qui remplaça le foliot primitif des horloges. Mis en pratique par Huygens en 1648 sur une découverte de Galilée, le pendule appliqué à l'horlogerie permit de donner aux

Pendule squelette en bronze à mécanisme apparent. Double cadran en émail. Début XIXe siècle.

Couturier-Nicolay

Pendule lyre en bronze doré et ciselé sur un socle de marbre blanc. Elle porte en cartouche le nom de Robert, famille d'horlogers du XVIIIe siècle.

Couturier-Nicolay

horloges une plus grande régularité et une plus grande précision. À la suite de cette découverte et de son application, on appela toutes les horloges munies d'un pendule « horloges à pendule », puis, plus simplement, « pendules ».

On désigne aussi — de façon abusive — le balancier pendulaire d'une horloge sous le nom de « pendule », ce balancier se composant de la suspension, de la tige et de la lentille. On règle la période des oscillations (leur durée) en déplaçant la lentille sur la tige : on la remonte lorsque l'horloge retarde et on la descend lorsqu'elle avance.

**pêne** n. m. Languette en métal qui, dans une serrure, assure le blocage ou le déblocage de la gâche sous l'action du panneton de la clé.

**Pénicaud** (les), famille d'émailleurs limousins.

*Léonard,* dit Nardon (v. 1475 - apr. 1540), à qui l'on attribue parfois, à tort, tous les émaux créés à Limoges entre 1490 et 1520, marque ses émaux d'un poinçon L. P. et couronné.

*Jean Ier,* frère ou neveu de Léonard, signe souvent ses œuvres, dont le style est très proche de celui de Nardon. Ses compositions d'iconographie religieuse sont souvent tirées de gravures contemporaines (Dürer).

*Jean II* (? - 1588), fils ou neveu des précédents, est célèbre pour ses grisailles et ses camaïeux d'or. Il est consul de Limoges en 1572. Il introduit l'iconographie de la Renaissance dans l'art de l'émail à Limoges, ainsi que le portrait (portrait du pape Clément VII).

*Jean III,* fils ou neveu de Jean II, s'inspire plus particulièrement des modèles de l'école de Fontainebleau pour décorer en grisaille de très nombreuses pièces de vaisselle.

*Pierre,* frère présumé de Jean II, se distingue par son dessin assez lourd et maniéré (v. 1590).

**penny.** Monnaie d'argent anglo-saxonne qui est apparue vers 780. Les pennies continueront à être frappés en argent jusqu'en 1797, date à laquelle ils deviendront des monnaies de cuivre.

**pentures** n. f. Ferrures en fer plus ou moins longues, plus ou moins ornées, clouées ou boulonnées aux vantaux des portes, aux châssis des croisées ou aux volets. Suspendant vantaux, châssis ou volets sur une certaine partie de leur largeur, les pentures leur permettent de pivoter plus facilement sur leurs gonds. Le rôle de soutien de la menuiserie explique l'ampleur donnée au Moyen Âge aux pentures des portails des édifices. Les pentures françaises étaient « boulonnées » sur une seule face de la porte ou du portail. Les pentures flamandes étaient fermées de deux branches soudées, embrassant les deux côtés du vantail.

Pour leur donner plus de solidité et d'élégance, les serruriers les façonnèrent en croissants, puis en enroulements riches et sophistiqués. Pour accentuer leur caractère ornemental, on utilisait l'étampage, le découpage de plaques de fer, chaque découpage multiplié formant à la forge des sortes de feuillages.

**percaline** n. f. Toile de coton utilisée en reliure. D'abord employée au XIXe siècle, pour les reliures d'attente ou bon marché, la percaline connaît, à l'époque romantique, la faveur des éditeurs, qui en font des percalines dorées et mosaïques à la plaque, d'un bel effet décoratif, où le décor rappelle le texte. Livres d'étrennes ou de prix, cadeaux vont se multiplier tout au long du XIXe siècle ; reliés en percaline dorée, gaufrée, mosaïquée, polychromée, les cartonnages* Hetzel, habillant les Jules Verne, sont le chant du cygne de cette brillante production.

**Percier** (Charles), dessinateur, décorateur et architecte français (Paris 1764 - *id.* 1838). Considéré comme le grand maître du style Empire, il reçoit le premier grand prix de Rome en 1786, mais n'atteint la célébrité qu'avec l'avènement de Napoléon Bonaparte. Étroitement associé à son ami Pierre François Léonard Fontaine (1762-1853), il contribue aux installations de Malmaison, puis aux aménagements du Louvre et des châteaux de Fontainebleau, de Saint-Cloud, de Rambouillet et de Compiègne.

Percier et Fontaine, à qui l'on doit l'arc de Triomphe du Carrousel (1808), sont également auteurs d'un *Recueil de décorations intérieures pour tout ce qui concerne l'ameublement* (1812) ; ils imposent leur style pompeux aux ébénistes qui s'inspirent des œuvres architecturales. Ils sont les propagandistes du style Empire, et leur influence sur l'évolution du goût se fait sentir jusqu'au règne de Louis-Philippe et, par la suite, sous le second Empire.

**percussion** n. f. L'invention du système à percussion utilisé dans les armes est due au révérend écossais Alexander Forsyth, qui dépose un brevet pour un système d'allumage de la charge de poudre des armes à feu utilisant les propriétés du fulminate de mercure : celui-ci explose sous l'effet d'un choc. Cependant, l'invention du pasteur est complétée par le Français Prélat en 1818, l'Anglais Durs Egg et l'Américain Josuah Sham, qui, en 1822, imagine d'enfermer le fulminate dans de petites capsules cylindriques étanches, en cuivre mince, et dont l'ouverture laisse passer une flamme lors de l'écrasement par le chien. Il suffit donc, pour transformer une platine à silex traditionnelle, de visser un petit tube, la cheminée, à la place de la batterie, qui est supprimée, au-dessus de la lumière du canon, sur lequel est placée la capsule. Il faut charger la tête du chien, qui ne comporte plus de mâchoires pour enserrer la pierre, mais une tête plate ou en cavité pour coiffer la capsule. Des milliers d'armes à silex seront ainsi transformées vers 1840 à peu de frais.

**perfilage** n. m. En terme de tapisserie, procédé qui consiste à faire empiéter les tissages voisins l'un sur l'autre afin d'éviter un relais*. On distingue le perfilage simple, le perfilage compensé, le perfilage groupé, le perfilage espacé et le perfilage alterné.

**Péridiez** (Brice), ébéniste français. Reçu maître en 1740, cet ébéniste de talent doit sa réputation à ses meubles aux lignes harmonieuses et aux marqueteries somptueuses. Les meubles qui portent son estampille obtiennent toujours des cotes élevées.

Ses fils Gérard et Louis qui héritent de l'atelier familial sont également connus pour des commodes de bonne qualité.

**perle** n. f. Concrétion nacrée, provoquée par la présence d'un corps étranger, qui se forme à l'intérieur de certaines huîtres. C'est donc une réaction accidentelle ; la perle ainsi formée peut être parfaitement sphérique, ou en forme de poire, ou présenter des contours totalement irréguliers : c'est la perle baroque, à l'origine de l'adjectif (V. BAROQUE).

La perle peut se produire artificiellement : on introduit dans la coquille d'une huître perlière une petite boule qui déclenche le phénomène de sécrétion. Les puristes affirment que ces perles de culture n'ont pas le même « orient » que les véritables perles fines ; la différence n'est pas évidente et, depuis le début du XX^e^ siècle, l'afflux sur le marché de ces perles artificielles, plus grosses et plus régulières, a considérablement démythifié les perles fines et a entraîné la baisse de leur prix, sauf s'il s'agit d'une pièce exceptionnelle telle qu'une grosse perle poire ou une perle noire.

La qualité d'une perle se définit à son « orient » : cet éclat indéfinissable qui irise la perle en profondeur est d'autant plus intense que la perle est plus grosse, donc les couches de nacre plus épaisses. La couleur de la perle classique varie du blanc rosé au blanc crème, mais il existe aussi des perles noires (naturelles celles-là). La valeur d'une perle dépend aussi de son poids, qui se mesure en grains : il faut vingt grains pour faire un gramme.

L'utilisation la plus classique des perles est le collier ou le bracelet. Les perles sont évidemment appréciées depuis l'Antiquité, mais portées de diverses façons : au XVI^e^ siècle, elles sont montées en troches (groupement de trois ou quatre perles) pour garnir des bijoux d'orfèvrerie ; sous Louis XIII, la mode est aux colliers ras de cou, puis, sous Louis XIV, aux immenses sautoirs. Les perles poires donnent des pendants d'oreilles.

Quant aux perles minuscules et aux perles baroques, elles sont aussi utilisées en bijoux, mais également en décoration. On peut les couper en deux pour entourer un émail de montre, un médaillon, une miniature, agrémenter une boîte ou un étui. Fines ou de culture, les perles sont fragiles ; il faut les porter, sinon elles se dessèchent, leur éviter des changements brutaux de température, des séjours en atmosphère desséchée, le contact direct avec parfums et eaux de toilette. Un collier peut être lavé rapidement au savon et à l'eau tiède, et doit être régulièrement réenfilé pour éviter qu'il ne casse.

Nous avons évoqué les perles de culture, qu'il ne faut évidemment pas confondre avec les fausses perles, formées d'une couche de matière nacrée autour d'une boule de cire ou de verre : les perles fausses n'ont aucun orient, donc aucune valeur.

**perle** n. f. Motif d'ornementation composé de petites perles appliquées sur une moulure à profil convexe. Largement utilisés dans l'Antiquité gréco-romaine pour souligner une frise, un entablement, les rangs de perles sont repris par les décorateurs de l'époque Louis XVI en alternance avec les pirouettes ou les piécettes (disques aplatis ou renflés enfilés comme les perles d'un chapelet).

*Aiguière en argent dont la panse est soulignée par un fin cordon de bâtonnets et de perles. Œuvre du maître orfèvre Robert Vinsac. Toulouse, vers 1775.*

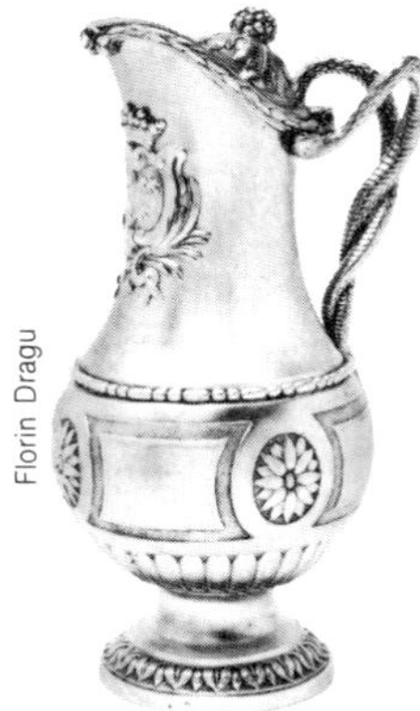

Florin Dragu

Dreyfus

*Siège de style Transition Louis XV-Louis XVI dont la ligne est soulignée par un filet continu de perles.*

**Perriand** (Charlotte), artiste décorateur français (1903). Un bar, exécuté en aluminium et en acier chromé (Salon d'Automne, 1927), lui vaut d'être remarquée par Le Corbusier, qui fait d'elle sa collaboratrice. Faisant équipe avec Pierre Jeanneret, ils inventent des modèles fonctionnels, édités par la maison Thonet. En 1929, ils participent à l'Union des artistes modernes, où, désormais, ils exposent des sièges, des meubles et des casiers en métal, destinés à l'« équipement » des maisons.

Après 1945, Ch. Perriand continue ses recherches sur les éléments métalliques pour les ateliers de Jean Prouvé. Les formes sobres de ses réalisations correspondent aux normes actuelles, comme ce bureau 1930 de plan hémisphérique, en tubes de chrome et en dalle de verre, avec fauteuil en chrome, adjugé 48 000 F (Paris, 23-II-1981).

**perroquet** n. m. Genre de pliant employé au XVII^e^ siècle, qui, en s'ouvrant, forme un siège à dossier garni de sangles en toile forte ou en cuir. Ce fauteuil, facile à transporter une fois replié, était utilisé comme siège d'appoint dans les banquets ou aux armées en campagne.

**Perrot** (Bernard), verrier français d'origine italienne (?-? 1709). En 1672, il fonda à Orléans sa propre fabrique, après avoir été associé en 1647 à son oncle Jean Castellano, installé à Nevers. Il est l'auteur d'un certain nombre d'inventions qui devaient faire d'Orléans un centre verrier réputé : le coulage de la glace en table, la coloration en rouge translucide, la mise au point d'un émail sur cuivre, l'imitation de l'agate et de la porcelaine ainsi que le « secret de jeter le verre en moule ». (V. GLACE et PORCELAINE DE VERRE.)

**Perse.** La Perse (Iran depuis 1925) est le pays d'origine d'une très grande production, tant en qualité qu'en quantité, de tapis dont on retrouve des traces depuis le XIIIe siècle, mais qui existaient déjà depuis fort longtemps.

Au XVe siècle, dans ce pays musulman, le décor des tapis, jusqu'alors géométrique, s'oriente, sous l'influence des miniatures persanes et de l'art chinois, vers des compositions plus mouvementées et rythmées — florales ou à médaillons et écoinçons.

Aux XVIe et XVIIe siècles, sous la dynastie des Séfévides, et en particulier sous le règne du chāh 'Abbas Ier (1571-1629), l'art du tapis atteint son apogée avec les productions d'une extrême finesse de décor et de nouage des grandes manufactures royales de Tabriz, Kāchān, Ispahan, Kirmān (tapis de chasse, à vases, médaillons et écoinçons, de soie ou de laine, parfois brochés d'or ou d'argent).

Alors que le XVIIIe siècle, traversé par les luttes intestines et les invasions extérieures, marque le déclin des grandes manufactures, le XIXe renoue avec les traditions régionales de l'art du tapis. À la fin du XIXe et au début du XXe siècle, l'importance des commandes occidentales tend à modifier suivant le goût de la clientèle certains des décors traditionnels.

La production contemporaine de tapis noués iraniens, après s'être laissée aller à quelques facilités dans la simplification du décor et dans la qualité du nouage et des matériaux, s'oriente à nouveau vers la recherche de la qualité (production de Naïn). Cependant, elle a tendance à diminuer en quantité.

**Caractéristiques générales du décor du tapis persan.**

*La composition :* médaillons et écoinçons ; décor de motifs répétés ; décor à compartiments pour le tapis jardin ; décor de tapis de prière ; décors floraux reliés par arabesques.

*Les motifs :* grande variété de fleurs stylisées ou figuratives ; motifs à vases (bouquets émergeant d'un vase) ; buissons, arbres de vie, motifs herati (fleurs encadrées de deux feuilles lancéolées) ; palmettes, boteh (petite palmette à pointe recourbée) ; animaux (cheval, chien, chèvre), oiseaux (paons), personnages ; rinceaux, tchi (nuages).

*Les couleurs :* les fonds des tapis sont généralement bleus, rouges ou ivoire. La palette des couleurs est très large, dans un ensemble de tons harmonieux et nuancé. Les tapis de laine, parfois de soie (rares de nos jours), au velours généralement ras ou moyen, sont noués principalement au nœud persan sur chaîne et trame de laine ou de coton.

Les principaux centres de production sont Tabriz, Hériz, Téhéran, Senneh, Veramine, Sarouk, Qōm, Kāchān. Kirmān, Chirāz, Ispahan, Mechhed, Hamadhān sont essentiellement des centres collecteurs des tapis des villages et tribus avoisinants. Les principales tribus nomades ou semi-nomades qui produisent des tapis sont les Kurdes, les Afchārs, les Kasghaï, les Béloutches ; à décors généralement géométriques ou très stylisés, leurs tapis sont tout en laine ou parfois en laine mélangée de poils de chameau ou de chèvre. Ils sont exécutés au nœud persan ou turc dans des gammes de tons en général moins larges que les tapis de sédentaires mais pourtant fort belles et brillantes. Les origines des tapis de tribus iraniennes sont souvent plus facilement identifiables que celles des tapis d'atelier des villes ou des villages, car les nomades sont très attachés à leur décor traditionnel.

*Tapis persan provenant de Kāchān ou de sa région. Collection particulière.*

Studio Istrender

**Pesaro.** Des majoliques italiennes caractérisées par l'emploi du jaune pâle et de bleu métallique ont été apparemment créées à Pesaro (près d'Urbino) vers la fin du XVe siècle. Dans la première période de Pesaro sont créés des motifs décoratifs centraux de bustes de dieux, déesses, seigneurs et princes, de guerriers et de grandes dames ; des banderoles ou des drapeaux permettent d'identifier les personnages.

Vers la moitié du XVe siècle apparaît le décor de scènes mythologiques ou inspirées par l'Ancien Testament. Vers la fin du XVIe siècle, l'utilisation de l'or dans la décoration donne un grand raffinement aux pièces sorties des ateliers de Pesaro. La production de faïences ne disparaît que vers 1830. Cependant, dans les dernières décennies, on ne produisait plus les copies des modèles du XVIe siècle, mais des faïences de petit feu, imitant la porcelaine.

**Petit** (Nicolas), ébéniste français (1732-1791). Reçu maître en 1761, il est l'auteur de meubles très variés, d'une grande qualité de conception et d'ornementation, d'une harmonieuse légèreté. Ses plus heureuses créations — bureaux plats, commodes, régulateurs, encoignures, tables de salon, coiffeuses et, plus rarement, sièges — appartiennent au style Transition Louis XV-Louis XVI.

**pétrin** n. m. La « huche à pétrir » était à l'origine un meuble fonctionnel destiné au pétrissage de la farine pour la fabrication du pain. En fait, la « huche » est un simple coffre à parois évasées, posé sur un solide piètement. Pour désigner le même meuble, d'autres mots sont employés : maie (mée, mai, mette ou mait) à partir du XIIe siècle, puis, plus généralement, pétrin.

Jusqu'au XVIIe siècle, les paysans n'avaient le droit ni de moudre le grain ni de pétrir la pâte. La possession d'un pétrin était déjà la marque d'un affranchissement. Considéré comme un meuble uniquement utilitaire et relégué dans un coin de la salle commune ou à l'office, le pétrin ancien ne porte aucun ornement. Les bois employés sont ceux de la région : chêne, noyer, pin, orme ou cerisier.

Le piètement comporte quelquefois un tiroir, et sa forme varie selon les régions.

En Bretagne, les pieds, divergents, sont renforcés par une entretoise en double T et les parois sont parfois ornées de motifs géométriques d'origine celte : croix, rosace, gâteaux.

En Champagne, où le pétrin est appelé « pétrissoire », un large plateau permet d'utiliser comme une table ce meuble à quatre pieds tournés reliés par des traverses ; la partie inférieure comporte parfois deux doubles portes, formant deux petites armoires à réserves. Dans le Lyonnais et le Dauphiné, la caisse repose sur des pieds cambrés, mais robustes.

En Savoie et en Auvergne, le plateau débordant permet d'utiliser les pétrins comme des tables pour les repas. En Normandie, le pétrin, ou maie, simule parfois une commode à trois tiroirs, dont deux en trompe-l'œil, ou un buffet à deux portes. Le pétrin provençal, ou « mastre » ou « mastro », repose sur des pieds tournés par deux traverses souvent sculptées. Jusqu'au XIX$^{e}$ siècle, les parois restent unies et sans sculpture. Ce n'est que lorsque la panetière s'accroche au-dessus du pétrin que les « fustiers » font de celui-ci un meuble décoratif. La façade est alors richement sculptée de branchages, de fleurs ou de motifs en soupière. De nombreux pétrins provençaux ont été resculptés lorsque le meuble a cessé d'être fonctionnel, pour prendre un aspect purement ornemental sous la panetière.

**pétunsé** n. m. (du chinois *baitunzi*). Sorte de pierre blanche qui, fondue, donne naissance au kaolin, utilisé pour fabriquer la pâte de la porcelaine blanche. Nom parfois donné aux porcelaines blanches chinoises.

**peuplier** n. m. Bois tendre et blanc très employé par les menuisiers pour les meubles courants, tels que tables, buffets de cuisine ou pétrins. Léger et facile à travailler, mais peu résistant, le peuplier est également employé pour la fabrication des caisses, des tiroirs et des fonds de meubles.

**pfennig** n. m. Monnaie allemande, équivalent du penny anglais.

**Phalibois,** fabricant d'automates français, actif dans la seconde moitié du XIX$^{e}$ siècle. Il produisit notamment des orgues mécaniques et des automates figurant des singes, en groupes ou isolés, dont le « Singe violoniste », le « Singe buveur », les « Singes illusionnistes et musiciens ». Ses pièces ou celles qui lui sont attribuées se négocient, selon les modèles, le nombre des mouvements exécutés et l'état de conservation, entre 12 000 et 60 000 F.

**phénakistiscope** n. m. Jouet inspiré par l'actualité technique et scientifique dès la fin du XVIII$^{e}$ siècle. C'est un Belge, Plateau, qui le met au point en 1832 : cet instrument, qui ressemble à une lampe avec son abat-jour, se compose d'un cylindre de carton posé sur un pied et percé de fentes dans sa partie supérieure, à travers lesquelles le spectateur regarde les images se reflétant dans un miroir. Lorsque l'on fait tourner le cylindre, l'illusion du mouvement et de l'animation se produit grâce aux images, qui, successivement, décomposent les gestes des figures. Le phénakistiscope est un jouet très rare.

**philatélie** n. f. Collection de timbres-poste. En raison du nombre toujours croissant des émissions de timbres-poste, les philatélistes tendent de plus en plus à se spécialiser par zones géographiques, par époques, mais plus particulièrement par thèmes représentés (animaux, tableaux, personnages célèbres, événements). Il s'agit alors de philatélie thématique.

**philuménie** n. f. Collection de boîtes d'allumettes.

**phonographe** n. m. En 1857, Léon Scott donne le nom de « phonautographe » à un appareil chargé d'inscrire la vibration du son. Inventé en 1877, le « paléophone » (voix du passé) de Charles Cros reçoit le nom de « phonographe » par l'abbé Lenoir, mais c'est en 1878 que Thomas Alva Edison réalise le premier reproducteur de son constitué d'un cornet solidaire d'une membrane à laquelle est fixée une pointe et d'une feuille d'étain appliquée sur un mandrin qui reçoit les vibrations de la parole. Lorsque l'on parle dans le cornet, la membrane est excitée et la pointe grave la feuille d'étain plus ou moins profondément. Très rapidement apparaissent, sous différentes marques, des appareils qui adoptent les mêmes principes mécaniques : une manivelle remonte le ressort d'un moteur, chargé d'entraîner un mandrin pour les cylindres et un plateau pour les disques ; un saphir

Table liseuse en amarante massif et en bois de placage. Un paysage en marqueterie orne le dessus à abattant et l'écran mobile formant liseuse. Estampille de N. Petit.

Le « graphophone », gramophone fabriqué par Columbia (États-Unis, 1905). Collection Muflarz.

G. Meguerditchian

(gravure verticale) ou une aiguille (gravure latérale), fixé à un diaphragme, parcourt le support enregistré, en reproduisant le son et en le renvoyant par l'intermédiaire du bras, vers un pavillon chargé de l'amplifier. L'intérêt relativement récent porté au phonographe est certainement dû à une mode « rétro », mais il existe de véritables collectionneurs attachés à l'histoire de la reproduction sonore, qui réunissent des modèles d'appareils différents pour des raisons techniques ou esthétiques. Parmi les appareils recherchés, il faut citer les « tin foil », les Lioret, les Berliner, les Zonophone... L'amateur doit, pour être satisfait de son achat, s'assurer que le ressort (producteur de mouvement) et le diaphragme (reproducteur de son) sont en parfait état.

En 1894, Lioret met au point un petit phonographe fixé dans une boîte en carton, utilisant des cylindres de Celluloïd de faible dimension, qu'il baptise « le Merveilleux ». Ce même mécanisme est intégré dans le corps de poupées Jumeau*.

**photographie** n. f. Quatre siècles après la description de la chambre noire par Léonard de Vinci, l'histoire de la photographie débute en 1822 à Saint-Loup-de-Varenne (Saône-et-Loire) avec la première image héliographique de Nicéphore Niepce, relayée en 1837 par le daguerréotype de Daguerre. Ce dernier se verra à son tour supplanté par le calotype de l'Anglais William Henry Fox Talbot, lequel sera abandonné au profit du négatif sur verre albuminé, aboutissement des recherches de Niepce de Saint-Victor. En ce milieu du XIXe siècle, la photographie bénéficie d'un très grand intérêt.

C'est le triomphe du portrait avec, à Paris, les ateliers de Nadar, de Carjat et les photo-cartes de visite de Disdéri. Si l'instantané n'existe pas encore, le reportage est déjà présent. Hippolyte Bayard fixe les barricades de 1848, Charles Marville saisit les rues de Paris en voie de disparition, les frères Bisson photographient le mont Blanc, Maxime du Camp rapporte d'Égypte de magnifiques vues de la vallée des Rois, Charles Nègre réalise à l'hospice de Vincennes une véritable enquête photographique. La guerre de Crimée a aussi ses reporters (Roger Fenton, James Robertson, Felice Beato), comme la guerre de Sécession aura les siens avec l'équipe de Mathew Brady. Les techniques ne cessent de progresser. En 1851, Frédéric Scott Archer met au point la méthode du collodion humide, tandis que Gustave Legray introduit le négatif sur papier ciré. En 1853, Adolphe Martin imagine de remplacer la plaque de verre par un support métallique verni en noir : le ferrotype (tin-type aux États-Unis). La photographie aérienne commence sa carrière avec les exploits de Nadar (1858), qui, deux ans plus tard, plonge dans les catacombes de Paris, où il inaugure la photographie au magnésium. La photographie en couleurs par trichromie voit le jour en 1869 grâce aux travaux non concertés de Louis Ducos du Hauron (1837-1920) et du poète Charles Cros (1842-1888), l'image stéréoscopique étant l'œuvre de l'Américain David Brewster. En 1871, l'Anglais Richard Leach Maddox (1816-1902) remplace le collodion humide par la plaque sensible au bromure d'argent et l'Américain Charles Bennett (1840-1925) perfectionne le procédé en ouvrant la voie, avec le gélatino-bromure d'argent, à la photographie moderne. L'année 1878 marque un tournant dans l'histoire de la photographie. Dix ans après, avec l'introduction sur le marché de l'appareil Kodak portatif à rouleau de 100 vues de George Eastman (1854-1932), la photographie devient l'affaire de « Monsieur tout-le-monde » et la production d'appareils toutes catégories va connaître un essor fantastique. L'édition 1981 du catalogue Michel Auer en a recensé et décrit 2 280 (des origines jusqu'aux années 1980). De nombreuses et belles pièces de collection sont visibles au musée Nicéphore-Niepce de Chalon-sur-Saône ainsi qu'au Musée français de la photographie de Bièvres (Essonne), où chaque année, le premier dimanche de juin, se déroule un vaste marché d'achat et d'échange où viennent chiner de nombreux amateurs très tôt levés pour saisir l'occasion rare. À défaut, et pour le seul plaisir des yeux, on pourra encore avoir recours au musée Kodak de Vincennes ou au Conservatoire national des arts et métiers de Paris. Mais la plus grande collection du monde d'appareils et de matériels anciens se trouve au musée Kodak de Rochester (États-Unis). Quant aux plaques et aux tirages originaux, hormis les collections privées, il en existe d'importants lots à la Bibliothèque nationale, aux Archives photographiques du ministère de la Culture, au musée Carnavalet, à la Bibliothèque historique de la Ville de Paris, au musée des Arts décoratifs.

Les collectionneurs français, jusque-là dispersés, ont désormais leur club, du moins ceux de la région parisienne. Ce club est le club « Niepce-Lumière ». Il a son siège à Montreuil, publie un bulletin et se réunit une fois par mois à Paris. Des ventes publiques ont lieu de façon intermittente à Chartres et à Paris, mais le marché français de la photographie de collection (ancienne et contemporaine) est loin de connaître la même ferveur qu'aux États-Unis ou en Angleterre, et nos enchères ne sauraient être comparées, ni pour les pièces proposées, ni pour les prix atteints, à celles de Sotheby Park Bernet de New York ou de Los Angeles, ou à celles de Sotheby Belgravia de Londres. Néanmoins, l'intérêt pour la photographie connaît chez nous un certain regain, stimulé par la publication d'ouvrages et de revues spécialisés, par le travail promotionnel de galeries, de musées, par celui de la Fondation nationale de la photographie et, chaque année en été, par les rencontres internationales d'Arles, où se confrontent les valeurs consacrées et les talents nouveaux. C'est à Arles, justement, que s'est ouverte à l'automne de 1982 la première École nationale de la photographie, accueillant des étudiants pour un cycle d'études de trois ans.

En attendant la comète, *les 18-19 mai 1910, photographie de Gimpel.*

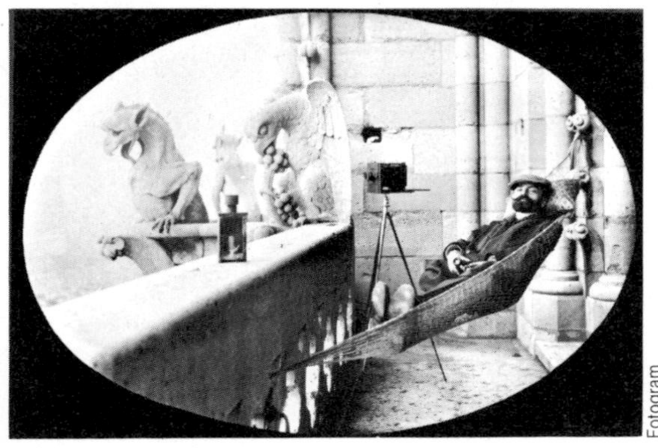

Fotogram

**photogravure** n. f. Procédé de reproduction sur papier d'un dessin ou d'une photographie. Un cliché au trait est obtenu par morsure d'un acide sur une plaque de zinc. Pour la photographie ou toute autre image comportant des demi-teintes, on interpose entre celle-ci et la plaque de zinc une trame composée de points. C'est la similigravure. La reproduction en photogravure, qui se faisait en plusieurs étapes, s'obtient aujourd'hui par des procédés électroniques sans morsure d'acide, sur métal ou sur plastique et en une seule opération.

**photorevolver** n. m. Cet appareil, inventé par Enjalbert en 1882, avait toutes les apparences d'un revolver à barillet*. Il était équipé pour vues de 16 x 16 mm sur plaque, la rotation du barillet, obtenue en appuyant sur la gâchette, actionnant le changement de plaque tout en armant l'obturateur. C'était un engin précis et rapide. Un autre modèle de photorevolver, très différent du précédent dans sa présentation et sa conception, fut mis au point par E. Krauss à Paris en 1921. Le photorevolver Enjalbert est une pièce extrêmement rare.

**photosphère** n. m. Appareil photographique apparu vers 1888. L'objectif était fixé à l'extrémité d'une demi-sphère placée sur le boîtier. Il existait des modèles de différents formats : 8 × 9 cm, 9 × 12 cm, 13 × 18 cm ou 9 × 18 cm pour la stéréo. Un appareil métallique en laiton oxydé était particulièrement recommandé pour sa robustesse et conseillé aux explorateurs. Il fut fabriqué à un grand nombre d'exemplaires.

**phototypie** n. f. La phototypie s'est d'abord appelée « albertypie », du nom de son inventeur. Elle découle des inventions de Niepce et de Daguerre, et fut largement utilisée au XIX^e^ siècle, notamment pour l'impression des cartes postales. C'est un procédé qui se situe à la lisière de la lithographie et de l'héliogravure. Sur une dalle de verre est étalée une couche de gélatine bichromatée que l'on insole à travers le négatif photographique. On procède ensuite au lavage de la gélatine, qui se met à gonfler en fonction de la quantité de lumière reçue. Les parties protégées par les noirs du négatif prennent un relief maximal, tandis que les zones directement frappées derrière les blancs du négatif rejettent l'humidité et restent au niveau inférieur. Dans la partie intermédiaire, on obtient des demi-reliefs. Ces différences commandent l'encrage, qui prendra fortement sur les parties sèches, légèrement sur les demi-reliefs et pas du tout sur les reliefs gonflés d'eau. L'image en phototypie se caractérise par l'absence de trame, la richesse des noirs et des demi-teintes. Le tirage en couleurs exigeait autant de plaques que de couleurs. Il se faisait à l'aide de presses dérivées de la presse lithographique. Il ne pouvait être supérieur, pour une même plaque, à 100 exemplaires environ, tirés à la cadence de 200 à 300 planches à l'heure. La phototypie a disparu entre les années 1950 et 1960.

**piano** n. m. Instrument de musique à clavier et à cordes frappées. C'est à Bartelomeo Cristofori, en 1711, qu'est due l'invention du « gravicembalo col piano e forte ». À la même époque, Cuisinie présente à l'Académie des sciences les plans d'un clavecin à maillets. Jean Marius propose en 1716 son propre plan, destiné à résoudre le mécanisme de frappe du marteau, au-dessus ou au-dessous des cordes en reprenant cette appellation. C'est cette dernière disposition qui sera appliquée par la suite à l'ensemble de la fabrication du pianoforte. Un peu plus tard, en Allemagne, Gottfried Silbermann présente un piano carré à J. S. Bach, qui reconnaît la qualité de cet instrument évolué.

Face au clavecin, le pianoforte s'impose dans le dernier quart du XVIII^e^ siècle, et c'est le début d'une facture nationale dans laquelle les écoles allemande, anglaise et française vont se former et s'imposer. L'échappement du marteau reste la partie la plus complexe du pianoforte et fait l'objet d'une attention plus particulière des constructeurs, parallèlement aux recherches menées sur le mécanisme destiné au raffinement de l'expression. En 1807, le

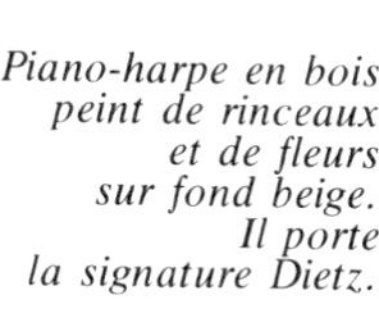
*Piano-harpe en bois peint de rinceaux et de fleurs sur fond beige. Il porte la signature Dietz.*

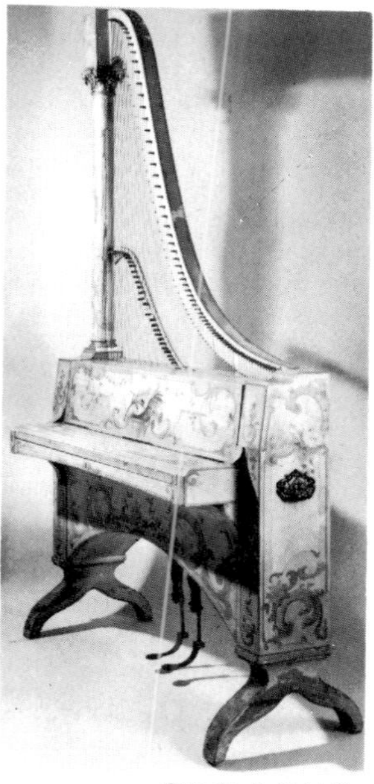
Cornette de Saint-Cyr

facteur anglais William Southwell construit le premier piano droit. En 1825, Babcock, de Philadelphie, présente le premier piano carré dont le cadre métallique est fondu d'une seule pièce. Le piano actuel est la composante des diverses inventions et du travail des nombreux artisans, qui surent, jusqu'à la moitié du XIX^e^ siècle, tenir compte de l'avis des pianistes compositeurs, afin d'aboutir au degré de perfection que nous lui connaissons aujourd'hui. Si les pianofortes du XVIII^e^ siècle signés Schrœter, Silbermann, Stein, Zumpe, Schundi, Broadwood, Érard commencent, avec un certain retard sur les Anglo-Saxons, à intéresser les collectionneurs français, il convient de rappeler l'intérêt de la facture imaginative des fabricants du XIX^e^ siècle, qui surent améliorer la puissance de l'instrument, essayant même, pour certains, d'imposer des pianos aux formes curieuses, parmi lesquels nous trouvons encore de nos jours le piano table, le piano girafe, le piano rond, le piano pyramide, sans oublier le célèbre piano console, qui fit la gloire de Pape. Pour les pianistes (même débutants), un instrument d'occasion construit entre les deux guerres peut très bien (après une révision) répondre aux exigences musicales, surtout s'il porte un des noms prestigieux du XIX^e^ siècle, tels que Bosendorfer, Érard, Gaveau, Pleyel, Steinway.

**Picasso** (Pablo Ruiz, dit), peintre, sculpteur, dessinateur, graveur et céramiste espagnol (Málaga 1881 - Mougins 1973). Picasso s'intéressa à toutes les techniques de la gravure, y compris la gravure sur bois, le monotype, la linogravure. Il se consacra d'abord, dans le domaine de l'estampe, à la taille-douce puis à la lithographie. Son œuvre gravé est parallèle à son œuvre de peintre, comme il peut tout aussi bien s'en écarter complètement. Sa première eau-forte, le *Zurdo,* date de 1899. Elle est suivie, cinq années plus tard, par le *Repas frugal,* gravé à Montmartre, au Bateau-Lavoir. Un thème analogue : un couple attablé, famélique, aux bras très longs, se retrouve dans une peinture. Cette gravure sera le point de départ d'une production quasi ininterrompue. Picasso utilise pour cette pièce un zinc déjà travaillé par un autre graveur. Il aime la matière accidentée, qu'il plie à sa volonté. Après une production cubiste, puis un retour à une sorte de pureté classique avec *la Tête de femme* et *la Femme au fichu* (1916), il aborde sa première période lithographique, sans pour autant abandonner la gravure. De 1930 à 1937, il réalise pour Vollard une suite de 100 gravures à l'eau-forte. En 1937, il illustre par des aquatintes une *Histoire naturelle* de Buffon. Interrompue par la guerre, son activité de graveur et de lithographe reprend en 1945 dans l'atelier de Fernand Mourlot, rue de Chabrol à Paris, avec toutes les ressources de cette discipline — pierre, zinc, papier de report, plume, lavis —, mais tournant le dos aux habitudes comme aux règles élémentaires du métier, comme l'a dit F. Mourlot. À cette production s'ajoutent les grandes linogravures en camaïeu ou en couleurs (1958 à 1963) et d'abondantes créations en eaux-fortes et en pointes sèches jusqu'à la fin de la vie de l'artiste. Au total, on estime à 2 000 le nombre d'estampes exécutées par Picasso. Les cotes de l'œuvre gravé de Picasso suivent les très hauts prix atteints par l'œuvre peint : 230 000 francs suisses le 26-VI-1981 chez Kornfeld und Klipstein ; 56 000 livres sterling le 4-XII-1981 chez Sotheby à Londres pour la *Femme au tambourin* (eau-forte et aquatinte, 1937) ; 593 400 F pour *le Repas frugal* (eau-forte, 1904) à Drouot, le 15-VI-1987 ; 2 754 200 F pour *la Minotauromachie* (eau-forte et pointe sèche, 1935) à Enghien, le 22-III-1987.

Ader-Picard-Tajan

Tête de femme, *eau-forte signée de Picasso (1905). Épreuve avant l'aciérage (qui consiste à recouvrir d'une pellicule d'acier la planche gravée pour la rendre plus résistante), tirée par Delâtre sur vergé d'arches.*

**pièce** n. f. Morceau de cuir utilisé en reliure pour exécuter des mosaïques. La pièce de titre est une étiquette de cuir collée au dos de la reliure, souvent d'une couleur différente de celle-ci, indiquant l'auteur et le titre du volume. La pièce de tomaison indique le numéro du tome ou du volume. On tire de beaux effets décoratifs des pièces de titre et de tomaison.

**pied à coulisse.** Instrument permettant de mesurer l'épaisseur des objets et composé d'une règle graduée munie d'un ou de deux curseurs. Il est en métal ou en bois.

**pied à niveau.** Instrument utilisé par les canonniers. Il tient à la fois du compas de proportion et de l'équerre d'artilleur. C'est en fait une équerre dont les branches portent les échelles des poids et des diamètres des boulets, et celle du calibre des pièces.

**pied de roy.** Sorte de règle se pliant en deux et mesurant 1 pied. Elle est divisée en pouces et en lignes. Elle peut être en ivoire, en laiton ou en bois. On a offert 1 650 F pour un pied de roy en laiton « signé Langlois, aux galleries du Louvre », une entretoise permettant de le transformer en niveau ou en équerre (Rambouillet, 18-IV-1982), et 800 F pour un demi-pied de roy en laiton gravé et signé « Butterfield à Paris » (Paris, 3-VI-1981).

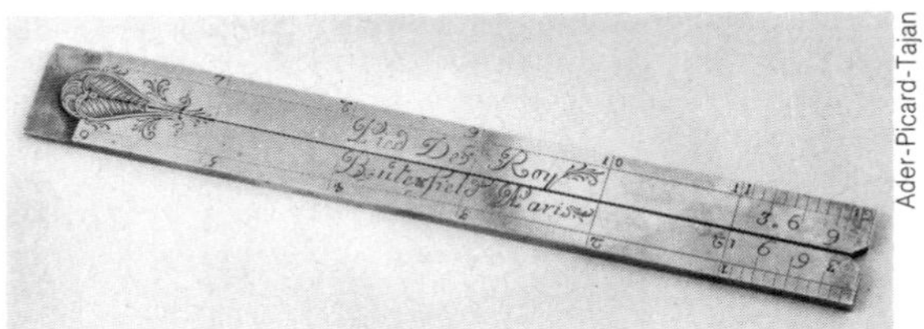
Ader-Picard-Tajan

*Pied de roy en laiton doré. (L. 17,5 cm). Signe Butterfield à Paris (v. 1700).*

**piéfort** n. m. Spécimen de monnaie frappé sur un flan plus épais (généralement double ou quadruple) que celui de la monnaie courante, à laquelle il correspond. Les piéforts, dont nous connaissons des exemplaires remontant au Moyen Âge, prennent une grande importance au XVIIe siècle avec la frappe au balancier et servent alors, en général, de modèles pour les divers ateliers monétaires du royaume. Ce sont des pièces rares et d'un prix élevé (ainsi, le piéfort du franc de Louis XIII [1618] a été vendu le 1er-VII-1982 à Zurich pour 12 500 francs suisses).

De nos jours, la Monnaie de Paris et beaucoup de Monnaies étrangères frappent chaque année en quantité limitée des piéforts spécialement destinés aux collectionneurs.

**pierre à encre.** Plaque de pierre creusée et décorée utilisée pour fabriquer l'encre de Chine à partir des bâtons d'encre solide, et utilisée de manière courante en Chine, en Corée, au Japon et au Viêt-nam pour la calligraphie et la peinture au lavis. Appelées *gan* (ou *moyan*) en Chine, *suzuri* au Japon, les pierres à encre sont des sortes de schistes à grain fin de couleur noire, brun foncé ou bleu profond, provenant principalement des monts Fuke et des monts Luo, dans la province de l'Anhui. Les plus réputées viennent de la région de Canton. Cependant, certaines furent réalisées en terre cuite (pendant l'époque des Han) et en céramique (pendant l'époque des Tang). On utilisa également d'anciennes tuiles pour fabriquer l'encre. Les pierres à encre anciennes, très artistement décorées de bas-reliefs, sont très recherchées et peuvent atteindre de très hauts prix sur le marché.

**pierre d'aimant.** Oxyde magnétique de fer, gris foncé avec un éclat métallique qui attire le fer et quelques métaux. Provenant d'Asie Mineure, de Macédoine (les Grecs la connaissaient) et de Suède, elle servait à réaimanter les boussoles des navires et des montres solaires. Les aimants artificiels apparaissent aux alentours du XIIe siècle.

**pierre de touche.** Pierre siliceuse (variété de jaspe noir appelé « lydite ») utilisée par les orfèvres et les experts pour vérifier l'authenticité ou la nature de l'alliage d'un objet en or ou en argent. Les particules de métal recueilli sur la pierre par frottement sont soumises à l'action de divers acides, qui les font disparaître ou modifient leur coloration, alors que les métaux précieux réagissent différemment. Divers dosages d'acides permettent de déterminer le titre des alliages.

**pierres dures.** Ce sont des minéraux séduisants à l'œil pour leurs couleurs vives, pour leur transparence ou leurs irisations, pour le polissage, mais assez courants ; ils sont peu utilisés en bijouterie (sauf sous forme de camées ou d'intailles).

Les pierres dures les plus classiques sont les quartz : quartz rose, améthyste, cristal de roche... ; puis les calcédoines (agate, onyx, cornaline, sardoine, chrysoprase) ; les jaspes unis, verts, rouges ou sanguins (vert veiné de rouge). Citons encore les pyrites de fer qui dessinent des cubes d'une belle couleur métallisée, la malachite, le lapis-lazuli, le jade, le corail, l'obsidienne, l'aventurine. Tous ces minéraux peuvent être collectionnés tels quels, en particulier ceux dont la structure présente des cristallisations d'un effet spécial : géodes d'améthyste, pyrites de fer, et les « paesines » qui ne demandent qu'un polissage sur une des faces pour révéler leurs paysages de ruines surréalistes.

Sous la main du lapidaire ou du sculpteur, la pierre dure devient œuvre d'art. La glyptique* la transforme en cachets, en camées, en intailles.

Les statuettes de pierre dure nous parviennent à profusion de l'Extrême-Orient. L'abondance des fabrications modernes fait parfois oublier qu'il existe aussi de très beaux jades chinois anciens que l'on ne saurait confondre avec l'élégance des Kwan-yin et des danseuses de corail ou de quartz rose.

L'art de la statuette de pierre dure a été peu pratiqué en Occident. En revanche, du XIVe au XVIIe siècle, on a confectionné des coffrets, des coupes, des vases, dans des blocs d'agate, de jaspe ou de porphyre (une technique que pratiquaient déjà les Romains), montés le plus souvent sur un pied d'orfèvrerie. Plus tard, on fit aussi d'élégantes tabatières, des boîtes-cages formées de plaques d'agate ou de lapis, ou de malachite, enserrées dans une grille d'orfèvrerie. À partir de la fin du XIXe siècle, des orfèvres imaginatifs comme Fabergé à Saint-Pétersbourg, puis Louis Cartier à Paris ont su mettre en valeur les vertus et les beautés des pierres dures en les montant en objets décoratifs : Fabergé fabriqua toute une faune de lapins, éléphants, tortues, marabouts de jade, de quartz et d'obsidienne, des pots de fleurs délicats, des coffrets, vingt ans avant les pendulettes de Cartier et les élégantes boîtes qui renouent avec la tradition du XVIIIe siècle. La marqueterie de pierre dure est une technique typiquement florentine dont la pratique s'est poursuivie jusqu'au XIXe siècle. En 1588 fut fondé à Florence l'Opificio delle Pietre Dure, qui existe toujours, avec le musée du même nom. Le travail des pierres dures a pris son essor dès le XVe siècle, dans l'entourage des Médicis. On l'appliquait alors à la décoration des cabinets : colonnes de jaspe ou de lapis, portes de marbre, torsades de cristal de roche. Chacun connaît les oiseaux, les fleurettes et les somptueuses compositions florales. On connaît moins l'art du « commesso », qui consiste, avec des fragments découpés dans des nuances choisies de manière à former des ombres et des dégradés, à imiter le plus précisément possible les subtilités du tableau de chevalet. Cet exercice de virtuosité se développe surtout à partir du XVIIe siècle, mais donne des résultats moins heureux que les vigoureuses polychromies des compositions florales du XVIe siècle, dans lesquelles s'opposent les blancs, les noirs, le rouge vif de la cornaline, le bleu du lapis. Ces compositions florales ont été reprises au XIXe siècle, dans un esprit plus romantique, plus chargé, mais néanmoins très décoratif.

**pierres fines.** Pierres de couleurs qui ne possèdent pas une grande valeur en elles-mêmes, en raison de leur caractère courant, mais que leur aspect agréable, leur couleur flatteuse, leur éclat permettent d'utiliser en joaillerie, en les associant même quelquefois à des pierres précieuses proprement dites.

On les appelle parfois pierres semi-précieuses, et certaines pierres fines servent de substituts aux vraies pierres précieuses. C'est le cas du zircon, qui peut passer pour un diamant à un œil non connaisseur, du grenat, qui évoque le rubis, de l'aigue-marine qui peut ressembler au saphir, et de certaines tourmalines qui ont le vert de l'émeraude.

Parmi les plus connues des pierres fines, citons la topaze, la citrine, l'améthyste, le péridot, la turquoise, la pierre de lune, l'opale..., qui sont toujours très utilisées en joaillerie dite — un peu péjorativement — de fantaisie. Elles l'étaient encore davantage dans l'Antiquité, et servaient alors à faire des camées, des intailles et de nombreux bijoux.

**pierres précieuses.** Gemmes auxquelles l'éclat, la pureté, la rareté confèrent une valeur intrinsèque plus ou moins importante selon leur dimension et leur degré de qualité. Les pierres précieuses ne sont pas seulement des joyaux prestigieux, mais aussi des valeurs de placement.

Quatre gemmes seulement méritent le qualificatif de précieuses (les autres n'étant que des pierres fines) : le diamant, l'émeraude (la plus anciennement connue), le saphir, connu des Romains, et le rubis, qui, lui, n'apparaît qu'au Moyen Âge. Les saphirs et les rubis mentionnés dans les textes médiévaux ne désignent parfois que des lapis ou des grenats.

De l'Antiquité au Moyen Âge, les pierres précieuses ont été utilisées sous forme de cabochons ou de camées qui rehaussaient les objets d'orfèvrerie les plus précieux, sacrés ou profanes. À partir du XVe siècle apparaissent les pierres taillées à facettes qui valorisent l'éclat, la couleur, la transparence. À partir du XVIIe siècle enfin, le travail du joaillier consiste à exécuter des montures le plus discrètes possibles de manière à ne pas nuire à l'éclat des pierres.

Le prix d'une pierre précieuse dépend de critères bien précis : la couleur, profonde, c'est-à-dire ni trop pâle ni trop sombre — et la meilleure est celle qui est agréable à l'œil, intense, veloutée, chatoyante ; la pureté : l'eau de la pierre, que le moindre « crapaud » déshonore irrémédiablement. Le poids se mesure en carats, le prix du carat augmentant avec la taille de la pierre.

Une pierre montée en bijou, en bague notamment, se raye, se choque, peut même se casser, donc se dévalue. L'émeraude et le saphir sont particulièrement fragiles ; le diamant, la plus dure des pierres, s'use lui aussi à la longue. Si l'on achète des pierres précieuses dans l'espoir d'un placement rentable, il est donc préférable de les conserver à l'abri, dans un coffre-fort.

**pilastre** n. m. En terme d'architecture antique, colonne adossée, à support carré, faiblement en saillie sur un mur et orné d'un chapiteau et d'une base.

Empruntant au vocabulaire architectural antique nombre de ses termes, la Renaissance française utilise des pilastres décorés de grotesques, d'arabesques, de losanges, de cannelures à la façade des buffets Henri II et des armoires. Sur les meubles les plus fastueux, les pilastres sont quelquefois incrustés de motifs de marbre polychromes. L'époque Louis XIII privilégie principalement les pilastres cannelés sur les cabinets et les armoires, mais c'est sous le règne de Louis XVI que les pilastres feront partie des motifs les plus fréquemment employés, soulignant la structure d'une armoire, équilibrant de chaque côté la façade d'une commode, d'une vitrine.

**pile** n. f. Ancien nom du coin de revers dans la frappe au marteau ; aujourd'hui, synonyme du revers d'une monnaie (« côté pile »).

**pile de poids.** Appelée aussi « pile de Charlemagne », elle correspond à plusieurs poids en forme de godets, dont chacun pèse le double de celui qui le précède, et qui s'emboîtent les uns dans les autres. Les deux plus petits godets ont le même poids, et le plus grand, contenant tous les autres, est très décoré. Les piles de poids servaient d'étalon et étaient conservées dans une boîte en cuir fermée à clef. Elles étaient confiées à de hauts fonctionnaires et ne quittaient leur habitacle qu'au cours de cérémonies de vérification et sous la surveillance de contrôleurs. Elles sont très souvent d'origine allemande. Citons quelques prix : 2400 F pour une pile de poids de 2 kg en bronze, avec godets poinçonnés d'un E couronné et marqués en onces et livres, d'exécution française au début du XIXe siècle (Cannes, 14-II-1981) ; 1300 F pour une pile de poids à godets en bronze tourné de un marc, complète, travail allemand du XVIIIe siècle (Drouot, 17-XII-1987). Suivant la beauté des décors et l'ancienneté, certains exemplaires peuvent dépasser 10000 F.

**Pilon** (Germain), sculpteur et médailleur français (Paris v. 1537 - *id.* 1590). Très célèbre sculpteur, auteur du tombeau d'Henri II et de Catherine de Médicis à Saint-Denis, il fut aussi le plus grand médailleur de son époque. Il poursuit toute sa carrière, après avoir été nommé par Henri II à la charge — créée spécialement pour lui — de contrôleur général des effigies. De son important œuvre gravé se détachent, sans conteste, les grands portraits en médaillons de Charles IX, d'Henri III, de Catherine de Médicis et du chancelier René de Birague.

**pince** n. f. Outil généralement composé de deux leviers articulés. L'extrémité, beaucoup plus courte que le bras proprement dit, sert à prendre ou à serrer une pièce. La forme et l'usage des pinces présentent une grande variété. Parmi les pinces les plus anciennes et les plus originales, il convient de citer : la louve médiévale, qui semble avoir une signification ésotérique ; les pinces de fonderie et de forge (qui sont les plus longues [plus de 2 m] et permettent de transporter les creusets de métal en fusion ; les plus courtes étant celles du joaillier et du bijoutier [6 cm]). Certaines pinces se confondent avec les tenailles*. Notons aussi les pinces à poinçonner des contrôleurs de chemins de fer et de tramways, dont certaines sont très recherchées.

**pince** ou **pincette.** Outil utilisé par le verrier pour saisir et façonner le verre en fusion.

**Pineau** (Nicolas), ornemaniste et sculpteur français (Paris 1684 - *id.* 1754). Cet artiste fait œuvre de décorateur dans un style d'une grande liberté, animé par des lignes chantournées et des motifs asymétriques. Appelé en Russie par Pierre le Grand en 1716, il est bientôt nommé premier architecte du tsar au château de Peterhof, construit sur les plans de Le Blond. Revenu à Paris en 1727, il réalise de nombreux décors originaux, de style rocaille, notamment les boiseries du pavillon de la Muette. Il a laissé huit recueils de dessins de meubles et de décors, où les ornemanistes du début du style Louis XV ont puisé leur inspiration.

**pinnule** n. f. Petite plaque de cuivre placée perpendiculairement à chaque extrémité d'une alidade et percée d'un trou, facilitant la visée pour faire des relevés. Elle fut remplacée au XVIIIe siècle par la lunette.

**Pionez** (Pierre), menuisier-ébéniste français. Artisan privilégié, reçu maître vers 1765, il est l'auteur de meubles légers et raffinés (petites tables, bonheurs-du-jour, secrétaires) à marqueteries ornées de motifs géométriques, parfois rehaussées (vers 1780) de bronzes dorés finement ciselés.

**pipe** n. f. Petit fourneau muni d'un tuyau permettant de faire griller du tabac pour en aspirer la fumée. Les historiens attribuent les mérites de l'invention de la pipe aux Chinois, aux Celtes ou aux Indiens du Nouveau Monde. C'est en tout cas à partir de la découverte de l'Amérique que l'usage du tabac s'est répandu en Europe, à l'imitation des Mayas, qui fumaient des feuilles d'« herbe à Nicot » (ambassadeur du Portugal sous François II), autrement dit de tabac, dans une vertèbre cervicale emmanchée sur un long tuyau.

Les pipes en terre cuite furent le plus fréquemment utilisées du XVIIe au XIXe siècle. On sait que, sous Louis XIV, le Dauphin surprit les princesses fumant en cachette les pipes des gardes suisses. Puis, à partir de 1800, les pipes de racine de bruyère, les pipes d'écume (en réalité, de silicate de magnésie) et les pipes de porcelaine devinrent de véritables œuvres d'art sculptées. Selon Alphonse Karr, le nom de « pipe d'écume » ne viendrait pas de l'apparence de cette matière blanche et légère, mais du naturaliste allemand Kummer (on devrait dire une « pipe de Kummer »).

Les pipes de tout genre sont devenues des objets de collection très appréciés, surtout par les fumeurs. Les critères de choix de l'art de la pipe sont : les sujets traités sur le fourneau (têtes historiques, personnages folkloriques, scènes diverses), la qualité de la sculpture ou du décor, la finesse d'exécution et l'état de conservation. Les pièces les plus précieuses n'ont pas subi de « culottage », qui altère couleurs et motifs. Les grandes pipes d'écume avec des bas-reliefs sont les plus recherchées ; des pipes d'écume de la fin du XIXe siècle ont été vendues chez Sotheby, à Londres, en 1980, pour plus d'un million de livres sterling.

*Fourneau de pipe en écume de mer sculptée de scènes villageoises. Couvercle et monture en argent au poinçon de Vienne de 1840. Autriche-Hongrie. Adjugé 8000 F par M[es] Delaporte-Rieunier, à Drouot, le 13-III-1982.*

Delaporte-Rieunier

**piqûre** n. f. Primitivement, trou ou sillon fait par l'insecte dans un livre, puis petite tache de rousseur. Pour les déprédations commises par les vers, on dit plutôt « travail de ver », « trou de ver ».

**Piranèse** (Giovanni Battista), dessinateur, graveur et architecte italien (Moiano di Mestre 1720 - Rome 1778). Envoyé à Rome par son père pour y étudier l'architecture, Piranèse devint le graveur par excellence des antiquités de la Ville éternelle *(Vedute di Roma),* où il vécut et travailla la majeure partie de son existence. Son œuvre s'établit, entre 1743 et 1778, à plus de 1 000 estampes gravées sur cuivre avec autant d'habileté que de passion. La plupart des plaques, profondément mordues, souvent reprises, surabondamment utilisées, sont à la Chalcographie nationale de Rome. Les collectionneurs recherchent surtout les gravures originales tirées du vivant de l'artiste.

mèche, à rouet, à silex (fin XVIe siècle), puis à percussion (début XVIIIe siècle) en attendant l'apparition du revolver (vers 1840), dont le magasin rotatif permet de multiplier les tirs avec la même arme (Colt, Lefaucheux, Smith and Wesson). Les « pistolets automatiques » comportent un magasin logé dans la crosse ; l'introduction de la balle dans le canon est alors provoquée par le coup précédent. C'est sur la crosse des pistolets que se portent les recherches décoratives appréciées des collectionneurs : incrustations d'os, d'ivoire, d'argent, de cuivre, d'or. La platine* et le canon sont également ornés de fines arabesques ciselées en creux.

**pite** n. f. Toute petite monnaie féodale, valant un quart de denier, c'est-à-dire une demi-maille.

**pivette** n. f. Variété, comme le chambourin, de verre à boire commun, de couleur verdâtre, dans la tradition du

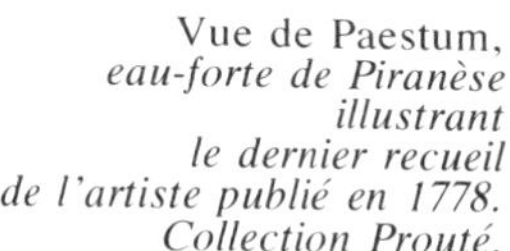

Vue de Paestum, *eau-forte de Piranèse illustrant le dernier recueil de l'artiste publié en 1778. Collection Prouté.*

Prouté

verre de fougère, à base de potasse, même si, plus tard, on a utilisé couramment de la soude dans la composition du métal. Au début du XVIIe siècle, la pivette est plus grande que le chambourin. Ces modèles finissent ensuite par se confondre et constituent dans le courant du XVIIIe siècle le verre à boire, spécifiquement français. Leur jambe (ou tige), pleine, est ornée soit d'un bouton, soit d'une larme étirée ; la coupe est moulée, unie ou ornée d'un motif à côtes, ou bien de nids-d'abeilles.

**Pisanello** (Antonio Pisano, dit), peintre et médailleur italien (Pise ? av. 1395 - ? entre 1450 et 1455). Pisanello a été le véritable inventeur de la médaille dans son sens moderne et nous a laissé une trentaine d'œuvres qui font de lui le maître incontesté du portrait métallique. Parmi ses réalisations les plus impressionnantes, il faut citer les médailles de Lionel d'Este, d'Alphonse d'Aragon et de Cécile de Gonzague. Au revers de ces portraits figurent souvent des représentations animalières, où l'artiste a excellé, comme le confirment peintures et dessins qui nous sont parvenus de lui.

**pistole** n. f. Monnaie d'or espagnole frappée à partir du règne de Philippe II.

**pistolet** n. m. « Arme à feu qu'on tire d'une main », dit le dictionnaire Richelet (1638). Le mot viendrait soit de la pistole*, soit du tchèque *pichtal,* petite arme à feu. Cette arme de poing apparaît dans la cavalerie vers 1520 avec un canon court fixé sur une pièce de métal qui fait office de crosse. Les pistolets classiques comportent une crosse incurvée, en bois, terminée par un pommeau en forme de boule. La mise à feu se fait par divers mécanismes : à

**placage** n. m. Technique d'ébénisterie qui consiste à plaquer à la colle forte une feuille de bois précieux sur le bâti d'un meuble. L'ébène a été un des premiers bois des îles utilisés en placage au début du XVIIe siècle pour revêtir des cabinets. Au cours du XVIIIe siècle, la marqueterie* se développe et permet de composer toutes sortes de motifs en jouant des couleurs des différents bois comme d'une palette, sans que, pour autant, les ébénistes renoncent au placage en feuilles d'une seule essence. La technique du frisage*, qui consiste à tirer des effets décoratifs de la couleur, de la forme et la direction des veines du bois, relance l'intérêt du placage.

L'épaisseur des placages, visible notamment sur la

*Armoire en placage d'amarante. Elle ouvre à deux portes et est garnie d'un panneau en laque de Coromandel à décor d'arbres fleuris. Époque Louis XIV.*

tranche intérieure des tiroirs, donne une indication précieuse sur l'ancienneté du meuble. Scié à la main au XVIIIe siècle, le placage présente une tranche irrégulière d'au moins 1 mm d'épaisseur. Tranché à la scie alternative mécanique dite « à bois montant » à partir du XIXe siècle, il est nettement plus mince (5 à 8 dixièmes de millimètre) et régulier, mais il a l'inconvénient d'être plus fragile : même bien collé, il se fendille souvent en fines lamelles parallèles. Enfin, le placage du XXe siècle, prélevé sur des troncs « déroulés » à la machine comme au taille-crayon, n'a pas même 1 dixième dè millimètre d'épaisseur.

**placard** n. m. Épreuve imprimée sur le recto seulement d'une feuille de papier, afin de permettre à l'auteur d'y inscrire ses corrections.

**placet** n. m. Petit tabouret rectangulaire, qui évolue selon les styles du XVe siècle au XVIIIe siècle. Il présente des pieds droits, en balustre, en console ou en os de mouton, réunis par une entretoise en H souvent sculptée.

**planche** n. f. Plaque de cuivre, de pierre, de bois sur laquelle se trouve dessiné ou gravé un dessin à reproduire, et, par extension, épreuve tirée au moyen de cette plaque.

**Planchon** (les), famille d'horlogers français, dont le plus célèbre, Mathieu (? - 1921), travailla à Paris d'abord chez Robert-Houdin (1865), puis chez Philippe, avant de s'établir rue Vieille-du-Temple et plus tard au Palais-Royal. Il créa des modèles « à la cathédrale » inspirés de la mode néogothique et des exemplaires copiant les modèles des XVIIe et XVIIIe siècles. Il publia de nombreux ouvrages sur l'horlogerie, son histoire, l'évolution du mécanisme, sur les coqs et les clefs de montre.

**planétaire** n. m. Machine constituant un modèle réduit du système solaire et permettant de reproduire le mouvement des planètes, le planétaire connaît une grande vogue au XVIIIe siècle et devient le complément indispensable des sphères qui parent les cabinets de curiosité. C'est à Copernic que nous devons la première représentation pratique du système solaire simulant le mouvement des planètes. Il existe trois types de planétaires. Les planétaires sont également recherchés pour leur aspect décoratif.

Le premier modèle, fondé sur la sphère armillaire, représente le système ptolémaïque ou copernicien, selon que la boule centrale représente la Terre ou le Soleil.

Le deuxième modèle, plus scientifique, est le planétaire à bras mobiles, appelé souvent « Orrery », du nom de son premier destinataire, le comte d'Orrery. Il est composé d'un plateau illustré de renseignements astronomiques, traversé en son centre par un axe sur lequel repose le globe métallique du Soleil et les bras mobiles des planètes ; un système mécanique ou horloger actionne chaque planète et simule le système solaire. Mis au point par John Rowley, l'instrument peut être recouvert d'une sphère vitrée sur laquelle sont gravées les étoiles ; son plateau est en bois précieux, les bras et le Soleil en métal, les planètes en ivoire ou en métal, et la Terre est reconnaissable à son petit globe. Il fut très en vogue au XVIIIe siècle.

Le troisième modèle, plus décoratif, plus rare aussi, est composé d'une boule de cristal creuse sur laquelle sont gravées les étoiles ; à l'intérieur, un petit planétaire à bras mobiles est souvent réduit au simple mouvement Soleil-Terre-Lune et porte, dans ces conditions, le nom de « tellurium ». Les planétaires de ce type apparaissent dans la seconde moitié du XVIIIe siècle.

12 500 F ont été atteints pour une sphère armillaire (système ptolémaïque) signée sur le globe terrestre « Delamarche, n° 7 rue du Battoir, Paris », du début XIXe siècle, exécutée en bois et en carton, d'une hauteur de 41,5 cm (Paris, vente Linton, 10-X-1980), 68 000 F pour un ensemble de trois sphères (céleste, armillaire et planétaire), signées « Delamarche, 12 rue du Jardinet à Paris », exécutées entre 1780 et 1800, en carton, en papier et en métal (Drouot, 28-IV-1982), et 19 500 F pour un exemplaire de type Orrery, en laiton doré, bois et ivoire, fabriqué vers 1800 (New York, 1986).

**planisphère** n. m. Carte représentant sur une surface plane la Terre entière dans deux circonférences avec ses fuseaux horaires, ou la sphère céleste. C'est en quelque sorte la mise sur une surface plane de la sphère terrestre ou céleste. Le planisphère est appelé « mappemonde » quand il représente la Terre. Charlemagne possédait un planisphère gravé sur argent, aujourd'hui disparu. À partir du XVIe siècle, les cartes géographiques se développèrent et connurent un grand succès jusqu'à nos jours. Le Mercator, les Blaeu, Delisle, Cassini et bien d'autres ont donné leur talent et leur science pour permettre de graver des cartes de plus en plus précises. Les mappemondes les plus recherchées portent la marque des Blaeu et valent environ 30 000 F ; celles du XVIIIe siècle sont plus abordables, selon la signature : de 3 000 à 8 000 F. Citons les 10 500 F pour une mappemonde du Mercator (1587) et les 2 000 F pour une de Delisle (1745), toutes deux en couleurs (Paris, 26-X-1981).

**Plantin** (Christophe), imprimeur anversois d'origine française (1520-1589). Il publia d'excellentes éditions classiques au format de poche, l'édition scientifique de la Bible et posséda même en 1576 seize presses en action, ce qui le fait considérer comme le premier imprimeur industriel. Sa maison « Officina Plantiniana » a été transformée en musée.

**plaque** n. f. Type de monnaie d'argent du Moyen Âge spécifique de la Lorraine, du Hainaut et du duché de Bar.

**plaque de cheminée.** Appelée également « contrecœur », du nom de la partie verticale du fond de la cheminée située entre les deux jambages, la plaque de cheminée a pour fonction de protéger la maçonnerie de la partie verticale du foyer et de renvoyer la chaleur. En fer, en fonte de fer, en bronze, en terre cuite, voire en pierre, elle est apparue au XV^e^ siècle. Mesurant de 40 à 170 cm de côté, épaisse de 2 à 5 cm (certaines plaques du XVII^e^ siècle ont jusqu'à 10 cm d'épaisseur), elle adopte dans sa partie supérieure les formes en vigueur au cours des siècles, les chantournements succédant aux lignes droites, comme le classique succède au baroque. Les décors également correspondent aux goûts du jour : armes, blasons, fleurs, animaux, scènes mythologiques et cynégétiques, instruments de musique, scènes champêtres. Fondue et moulée en une ou en plusieurs pièces, la plaque de cheminée constitue un objet de la vie domestique très recherché, qui protège et enjolive à la fois la cheminée des résidences, qu'elles soient principales ou secondaires. Souvent rongées par le feu des cheminées, elles s'appellent aussi « contre-feux », « taques » ou « bretaignes ». Les pièces anciennes ne sont pas inabordables ; néanmoins, les copies et même les faux obtenus par la technique du surmoulage sont nombreux et difficiles à déceler.

Studio Max

*Plaque de cheminée (taque) de l'époque Louis XVI. Musée de Meaux.*

**plaquette** n. f. Objet métallique, uniface et non circulaire, fabriqué suivant les techniques de la médaille.

Les premières plaquettes apparaissent à l'époque de la Renaissance et se distinguent des médailles par leur finalité : alors que ces dernières ont un but commémoratif, les plaquettes sont, à l'origine, purement ornementales.

**plat** n. m. Avers ou revers de la couverture d'un livre et, par extension, plaque de carton recouverte partiellement ou entièrement de cuir ou de toute autre matière qui constitue avec le dos la reliure d'un volume. Les plats peuvent être mosaïqués.

**plat.** Se dit du verre d'une glace, d'un verre à vitre, d'un verre à boudine ou à cive.

**platerie** n. f. Ensemble des plats, plateaux, assiettes, jattes qui constituent l'essentiel d'un service d'orfèvrerie, et ne reçoivent qu'un décor beaucoup plus discret que les pièces « de forme ».

Les plats de service sont ovales, ronds, plus rarement carrés. Les assiettes se décomposent en grandes assiettes et assiettes à dessert (lesquelles peuvent être en vermeil), et ce n'est qu'au milieu du XVII^e^ siècle qu'apparaît l'assiette creuse appelée alors « mazarine ».

La forme de ces objets n'a pas foncièrement évolué au cours des siècles. On trouve sous la Régence des assiettes et plats octogonaux et hexagonaux, bordés d'un léger godron. Vers 1730 apparaît le classique modèle à contour lobé et mouluré, dont le type s'est perpétué jusqu'à nos jours. À la fin du XVIII^e^ siècle et sous l'Empire, on préférait cependant les plats et assiettes rigoureusement ovales ou circulaires.

Quant aux grands plateaux ovales ou rectangulaires, avec ou sans poignées, ceux que l'on trouve chez les antiquaires sont rarement antérieurs au XIX^e^ siècle, et très peu sont en argent massif ; même ceux qui accompagnent un service d'argent sont plutôt en métal argenté.

**platille à repasser.** Nommé aussi « platelle », cet objet sert, dans les régions de l'Ouest particulièrement, au repassage des tissus délicats et des coiffes de dentelle. La platille de terre vernissée était moulée par le potier en forme de cuvette renversée, que l'on plaçait au-dessus d'une chaufferette garnie de braises. Le linge lavé y était posé encore humide, puis étiré afin d'ôter tout faux pli. Certaines platilles sont en métal.

**platine** n. f. Dans les armes, plaque de métal protégeant ou fixant les éléments d'un mécanisme, qui peut être de plusieurs types : à mèche, à rouet, à pierre, à percussion ou à percussion centrale (pour les fusils de chasse). Toutes les platines possèdent une queue de détente, qui actionne un mécanisme mettant le feu à la poudre contenue dans le bassinet, communiquant au tonnerre du canon par une lumière ou directement par une cheminée dans le système à percussion. Le corps de platine proprement dit est la pièce percée d'un nombre déterminé de trous taraudés pour recevoir les vis de toutes les autres pièces.

Photo du musée

*Platine à silex du XVII^e^ siècle. Saint-Étienne, musée d'Art et d'Industrie.*

**plioir à dentelle.** Ustensile qui sert à enrouler les dentelles terminées. Plaquette de bois taillée, gravée, ajourée, le plioir à dentelle a la délicatesse et la fragilité de la dentelle

M. Sonkin

*Plioir à dentelle. Art populaire auvergnat, XIX^e^ siècle. Collection M. Sonkin.*

qu'il supporte. Typiquement auvergnat, il fait partie des « présents d'amour » traditionnels dans le Velay et porte donc souvent, parmi les rosaces et les bouquets, les initiales du couple et la date de leur union.

Très recherchés des amateurs d'art populaire, les plioirs à dentelle, tout comme les affiquets, les quenouilles, les passettes et les coffrets, atteignent des prix élevés.

Certains faussaires assez habiles mettent depuis quelques années sur le marché un grand nombre de faux : souvent surchargés de décor, d'une facture sèche et sans grâce, ceux-ci n'échappent pas à un œil averti.

**plis de serviette.** Ornement sculpté décorant des meubles dans la seconde moitié du XVe siècle et jusqu'au début de la Renaissance ; appelé également parchemin plissé, ce décor en léger relief représente une sorte de draperie à plis verticaux, inspirée, semble-t-il, par les traces qu'aurait laissées en se desséchant un revêtement de cuir fixé sur un coffre. On trouve ce motif de la fin du Moyen Âge sur des lambris et des meubles, notamment des coffres, des buffets et des chayères*. À partir de 1520, le répertoire ornemental de la Renaissance (feuillages, rinceaux, grotesques) s'est substitué aux plis de serviette.

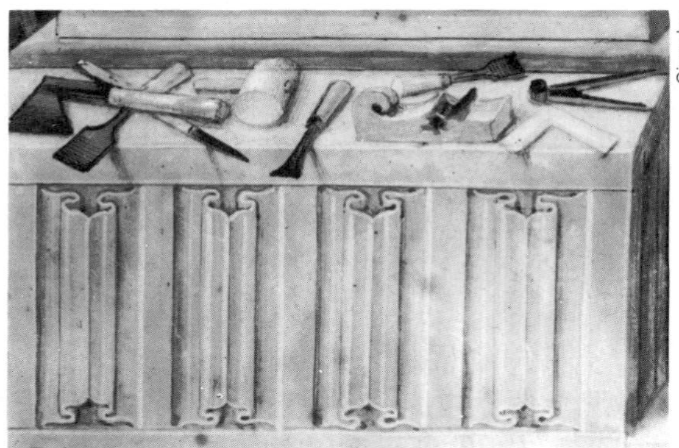
Giraudon

*Le motif de « plis de serviette » ou de « serviette repliée » ou encore de « parchemin plissé » caractérise le décor du meuble de l'époque gothique.*

**ployant** n. m. Tabouret pliant ou fixe apparu au XVIIe siècle, qui se caractérise par deux pieds croisés en X (à la manière d'un pliant) réunis en leur milieu par un axe et soutenant un siège garni d'un coussin.

Ader-Picard Tajan

*Tabouret en X, ou ployant, en bois plaqué d'acajou et doré. Il porte l'estampille de Jacob frères, rue Meslay. Fin XVIIIe ou début XIXe siècle.*

**Plume** *(la)*. Revue artistique, littéraire et sociale fondée en 1889 par Léon Deschamps. *La Plume* publia de nombreux numéros spéciaux, notamment sur l'affiche et les affichistes, ainsi que sur les écrivains et les courants littéraires de l'époque. Elle organisa des soirées littéraires, des expositions, des manifestations à caractère culturel et procéda à la diffusion d'affiches et d'estampes parmi ses lecteurs.

**pochette** n. f. Instrument de musique à cordes et à archet utilisé du XVIIe siècle au début du XIXe par les maîtres de danse. Pour donner leurs leçons, ces derniers le transportaient dans une poche de leur vêtement, d'où le nom donné à ce violon étroit, mesurant entre 35 et 40 cm. Une certaine fantaisie s'attache à la fabrication de cet instrument, que nous connaissons sous deux formes classiques : la « pochette violon » et la « pochette bateau », dont la caisse, allongée, ne forme souvent qu'une seule pièce avec le manche. La pochette est maintenant considérée comme un objet de vitrine ; son étui peut être aussi richement façonné. Il existe des cannes pochettes. Ce sont de véritables objets de collection qu'il ne faut pas confondre avec les violons de maîtrise, représentant par une lutherie habile la réduction proportionnée du violon.

**pochoir** n. m. Procédé manuel de mise en couleurs utilisé jadis pour les cartes à jouer, l'imagerie populaire ainsi que, plus tard, pour les cartes de géographie et les cartes postales au bromure avant l'introduction de l'impression en couleurs en héliogravure. Le pochoir est encore en usage dans certains cas pour les cartes de vœux et l'illustration de livres. Le coloriage se fait à travers une fenêtre en zinc, en cuivre ou en aluminium, découpée selon les contours de la couleur choisie et qui devient le « patron ». Les couleurs sont tamponnées les unes après les autres ou par superposition, avec un tampon ou une brosse à pochoir.

**poinçon** n. m. En numismatique, matrice en relief représentant une partie de légende ou de type monétaire et servant à confectionner, par enfoncement, un coin pour la fabrication des monnaies. Sont appelées ainsi des matrices en relief relevées sur le coin original pour fabriquer

Boucaud.

*Poinçon d'Allemagne. XIXe siècle.*

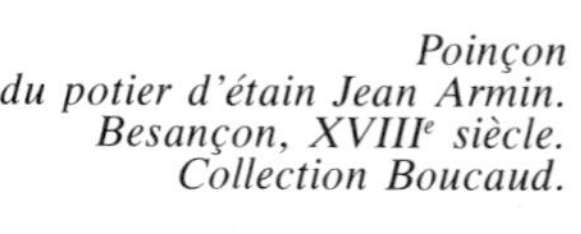

*Poinçon du potier d'étain Jean Armin. Besançon, XVIIIe siècle. Collection Boucaud.*

des coins de service destinés à la production monétaire.

Enfin, l'empreinte laissée à des fins de contrôle ou de garantie par une petite matrice en relief utilisée par un agent officiel porte également le nom de poinçon. De nos jours, les monnaies, les médailles et les jetons anciens en métaux précieux ne sont pas astreints au poinçon du service de la garantie, à la différence des bijoux et des décorations.

En orfèvrerie, petite marque figurant sur les objets de métal précieux, qui garantit le bon aloi du métal précieux et l'origine des objets. Il est important de connaître les différents poinçons qui ont été utilisés autrefois et de nos jours, afin de ne pas risquer d'acheter comme argent massif un vulgaire objet de métal argenté.

Les poinçons en usage avant la Révolution sont complexes, mais précis. On a pu dire qu'ils constituent la véritable carte d'identité d'un objet d'argent, car ils permettent de préciser son origine géographique, son année de fabrication et le nom du maître qui l'a exécuté. Une pièce antérieure à 1790 présente quatre poinçons.

*Le poinçon de maître,* frappé par l'artisan lui-même sur l'objet ébauché : les initiales du maître avec son emblème personnel et celui de sa ville ; *le poinçon de charge,* appliqué par la Ferme générale, représente la lettre de la Monnaie de la Généralité, dont l'aspect change tous les deux ou trois ans ; *le poinçon de Maison commune,* appliqué par les jurés-gardes de la corporation, figure également une lettre qui change chaque année par ordre alphabétique ; *le poinçon de décharge,* appliqué par la Ferme générale sur l'objet terminé et après paiement de la taxe, représente un petit animal.

La Révolution supprime ce système de contrôle. C'est seulement en novembre 1797 qu'un nouveau système, simplifié, est mis en place. Les objets d'argent portent désormais trois poinçons : le *poinçon de maître,* en forme de losange, le *poinçon de garantie,* le *poinçon de titre.* Les poinçons officiels ont été remplacés trois fois entre 1797 et 1838.

De 1797 à 1809 : la garantie est une tête barbue de face, dans un cercle ; le titre, un coq dans un cadre vertical à pans coupés, la tête tournée à gauche, accompagné du chiffre 1 ou 2 selon que le métal est au titre 800 ou 950. De 1809 à 1819 : la garantie est un profil de guerrier dans un cercle ; le titre, un coq dans un cadre horizontal regardant à droite. De 1819 à 1838 : la garantie est une tête de Gorgone dans un cercle ; le titre, un profil de vieillard barbu tourné vers la droite. Depuis 1838 : un seul poinçon, la tête de Minerve casquée dans un cadre octogonal, tournée à droite. Depuis 1973, le profil de Minerve a été modifié, et est accompagné d'une lettre de l'alphabet changée tous les dix ans.

**poing** (armes de). Armes à feu portatives courtes, démunies de crosse et mises en action par la seule main du tireur, par opposition aux armes d'épaule. Les armes de poing se classent en deux grandes familles : les pistolets ; les revolvers, dotés d'un magasin rotatif appelé « barillet ». Pour la prise en main, une arme de poing possède une poignée. Dans quelques cas particuliers, une crosse peut être ajoutée à l'arme pour en faire une arme d'épaule.

**point de France.** Dentelle à l'aiguille présentant de grands ramages fleuris sur fond de grandes mailles hexagonales à picots. En 1665, on désignait sous l'appellation « points de France » toutes les dentelles à l'aiguille fabriquées dans les manufactures royales créées par Colbert. Au XVII^e^ siècle et jusqu'au XVIII^e^, le point de France est en vogue, et sur tous les costumes ce ne sont que volants de grands prix. On orne de dentelles les rochets, les bas d'aubes, les cols et les manchettes. De magnifiques volants en point de France du XVII^e^ siècle sont visibles au musée Carnavalet et au musée des Arts décoratifs de Paris.

**point secret.** V. DIFFÉRENT.

**pointe sèche** n. f. Fine pointe d'acier très dur permettant de graver directement en creux une planche en métal (cuivre, zinc, acier). La gravure ainsi obtenue est appelée une « pointe sèche ».

**poire à poudre.** Petit récipient en forme de poire terminé par un étroit goulot permettant d'introduire la poudre dans le canon d'une arme.

Les poires à poudre les plus anciennes, au XVI^e^ et au XVII^e^ siècle sont en corne, en bois recouvert de cuir clouté, ou en laiton ciselé, ornées de scènes de chasse ou de personnages. Au XIX^e^ siècle, elles sont le plus souvent en cuivre ciselé ou repoussé, avec des dispositifs de dosage de la poudre. Les poires à poudre sont recherchées des collectionneurs d'armes.

**Poiret** (Paul), couturier et décorateur français (Paris 1879-*id.* 1944). Fils d'un marchand de draps, il dessine dès 1896 pour J. Doucet, puis est modéliste chez les frères Worth. Supprimant le corset, les dentelles et les postiches, il crée un nouveau type d'habillement féminin alliant une somptuosité des coloris à une simplicité savante de la coupe (vers 1910). Installé rue Pasquier, puis rue Saint-Honoré dans un hôtel où il donne des fêtes exceptionnelles (1911, « la Mille et Deuxième Nuit »), il est assisté dans ses créations par toute une équipe d'artistes : Vlaminck, Iribe, Naudin, Fauconnet, Dufy, Picabia, Laboureur, Derain, Dunoyer de Segonzac. Jusqu'en 1920, son activité est très diversifiée : il travaille pour le théâtre, il fonde des maisons de décoration (Martine) et des parfumeries, il parcourt les capitales européennes. Après des ennuis financiers, il ouvre une maison de couture au Rond-Point des Champs-Élysées, puis aménage les trois péniches *Amours, Délices* et *Orgues* pour l'Exposition des arts décoratifs de 1925, avant de se consacrer définitivement à la peinture.

**poirier** n. m. Bois de couleur jaune-rouge au grain serré, employé en menuiserie et en ébénisterie. Le poirier, qui donne un agréable poli, a de plus la particularité d'absorber facilement les teintures. Le poirier noirci, qui imite assez bien l'ébène sans être aussi coûteux, a été très employé au XVII^e^ siècle pour la fabrication de meubles et de cadres de miroirs.

Sous le second Empire, il a permis la production de nombreux meubles (tables, guéridons, sièges), souvent ornés d'incrustations de nacre ou de peintures florales aux vives couleurs.

**poissonnière** n. f. Récipient creux, oblong, muni d'un couvercle à deux poignées, utilisé pour faire cuire les poissons. Presque toujours en cuivre ou en laiton, les poissonnières sont étamées à l'intérieur. Il existe quelques modèles en tôle de fer, généralement négligés. Seuls les modèles en cuivre ou en laiton font l'objet de l'attention de collectionneurs, se recrutant parmi les amateurs d'art populaire et d'objets de la vie domestique.

**poivrière** n. f. Arme à feu de poing à répétition, de conception très ancienne — on y avait pensé dès le XVI^e^ siècle —, elle doit son nom à ses multiples canons, groupés en faisceau et tournant autour d'un axe longitudinal. En Europe, à partir de 1837, l'armurier de Liège Mariette la popularise en la dotant du système à percussion et lui donne son nom. Dans la « poivrière », chaque canon est mis à feu successivement par un mécanisme unique. Sur les premiers modèles, la rotation du canon s'effectue à la main. Dans l'Ouest américain, le « pepper-box » fut très en vogue de 1837 à 1860, avant d'être détrôné par le revolver, dont il est en quelque sorte l'ancêtre. L'Angleterre, la Belgique (Liège), la France et les États-Unis fabriquèrent les poivrières en grand nombre, et les plus célèbres marques — en dehors de ceux de Mariette — portent les noms de Leonard, Robbins and Lawrence, Allen and Thurber, Allen and Wheelock, de Lefaucheux. Les exemplaires les plus courants sont munis de quatre, de six ou de sept canons, et les calibres varient de 28 à 41 mm.

**polichinelle** n. m. Petit serre-joint utilisé par l'ébéniste pour maintenir le collage des cuivres sur le bois. (On dit aussi propre-à-rien.)

**polissage** n. m. Opération qui permet de donner aux glaces, au verre ou au cristal leur brillant et leur fini. (V. TAILLÉ.)

**polonais** (tapis dits). Tapis de soie, souvent brochés d'or ou d'argent, d'une extrême finesse, exécutés au XVII^e^ siècle à Kāchān ou Ispahan sur commande du roi Sigismond III de Pologne, d'où leurs noms.

Rapidement très prisés par la noblesse d'Europe centrale, ces précieux tapis, souvent aux armes de leurs commanditaires, se distinguent par l'extrême douceur, par la luminosité de leurs tons généralement pastels et par la solide composition, symétrique par rapport aux axes des motifs floraux reliés entre eux par d'amples et fins rinceaux, arabesques, tchi (nuages).

Récemment, certains tapis polonais ont été recopiés, mais ils sont brochés de fils en métal doré. Leur décor est rasé en relief.

**polyorama** n. m. Jouet optique permettant de visionner des vues imprimées sur papier, encadrées dans un châssis.

Musée des Arts décoratifs

*Polyorama panoptique. France, vers 1885. Paris, musée des Arts décoratifs.*

**pommier** n. m. Ustensile de cuisine (aussi appelé cuit-pommes) normand en terre cuite émaillée permettant de cuire des pommes dans l'âtre. En forme de pelle, les pommiers couleur vert bouteille étaient fabriqués à Martincamp, au Pré-d'Auge (Calvados) ou à Savignies (Oise). Ceux de Noron-la-Poterie sont d'un émail brun-rouge.

**Pompadour** (Jeanne Antoinette Poisson, marquise de) [Paris 1721 - Versailles 1764]. La plus célèbre des femmes bibliophiles, contrairement à bien d'autres, aimait et lisait ses livres, choisis en général avec goût. Reliée en veau ou en maroquin à ses armes — d'azur à trois tours d'argent maçonnées de sable —, sa bibliothèque comportait plus de 3 500 numéros, qui furent vendus aux enchères en 1765. Le catalogue mentionne pour la première fois les « grands papiers » et l'« état » des épreuves.

**pomponne** n. m. Les antiquaires et les orfèvres ont l'habitude de nommer ainsi tout ce qui ressemble à l'or et n'en est pas, mis à part le vermeil, qui est de l'argent doré. Ce mot semble assez récent, même s'il tire son origine du privilège qui fut accordé en 1785 aux orfèvres Tugot et Daumy, installés en l'Hôtel de Pomponne, rue de la Verrerie à Paris, de fabriquer des objets en métal argenté. On peut donc supposer que pomponne est alors devenu synonyme de « toc », pour l'or et l'argent.

Bien avant la fin du XVIII^e^ siècle apparurent des tentatives d'imitation du métal précieux (en attendant la pierre philosophale). Les tabatières et boîtes en or mises à la mode au XVII^e^ siècle étaient inaccessibles au plus grand nombre. Un marché était donc possible pour un alliage ayant l'apparence de l'or sans en avoir le prix. À partir de la fin du règne de Louis XIV, plusieurs procédés furent mis au point. En 1686, les ambassadeurs de Siam offrent à Louis XIV une aiguière de « tombac », métal composé d'un mélange d'or et de cuivre.

Le « métal de prince » (« prinz-metal »), qui apparaît au début du XVIII^e^ siècle, est du cuivre doré. On en fait des bijoux, des étuis, des tabatières. En 1729, enfin, l'orfèvre anglais Christofer Pinchbeck met au point le « similor », composé de 85 p. 100 de cuivre et 15 p. 100 de zinc, que l'on nomme aussi Pinchbeck. Ce dernier alliage, à l'état neuf, avait assez d'éclat pour être trompeur. Bien sûr, le poinçon, en principe, doit faire la différence, mais le public, généralement, le connaît mal, et les confusions sont toujours possibles. Sous Louis XV, d'ailleurs, on avait interdit la fabrication de certaines boîtes plaquées d'or, nommées « gasconnes » tant elles étaient trompeuses.

Tous ces alliages variés sont aujourd'hui regroupés sous le nom de « pomponne ». Les marchands spécialisés dans les petits objets de vitrine en ont beaucoup : boîtes navettes d'époque Louis XVI, nécessaires, menus bijoux, boîtiers de montres, breloques... Le pomponne sert généralement pour de petits objets. On en a fait aussi, plus rarement, des couverts et de la vaisselle de table.

**poncif** n. m. Dessin percé de trous d'aiguilles serrés que l'on tamponne avec un tissu imprégné d'encre noire, appelé « poncette », afin de le décalquer sur un mur (pour une fresque), sur une toile (pour un tableau), sur un canevas. On peut aussi l'appeler « poncis ».

**ponteuse** n. f. Chaise où l'on s'assied à califourchon pour s'accouder sur le haut du dossier, garni d'un long boîtier à couvercle. En soulevant ce couvercle, qui sert d'accoudoir, le joueur découvre des compartiments, où il puise des jetons ou des pièces de monnaies lui permettant de porter, c'est-à-dire de sortir sa mise contre le banquier.

Les « chaises fumeuses », qui comportent également un casier à couvercle pour ranger le tabac et les accessoires du fumeur, sont montées sur des pieds nettement plus courts que ceux des ponteuses.

**pontil** n. m. Tige pleine, en métal, qui permet au verrier de soutenir le fond de la pièce, préalablement soufflée à l'aide d'une canne. Sur la pièce encore molle et flexible, il peut ensuite procéder à la finition (décor à chaud).

**porcelaine** n. f. Le sens du mot porcelaine s'est diversifié selon les époques et les pays avant de se fixer dans une définition technique précise le jour où le « secret » des origines de cette céramique, connue en Chine depuis longtemps, a été découvert en Europe au début du XVIIIe siècle. On sait que la porcelaine résulte de la vitrification, à une température voisine de 1 400 °C, du kaolin, une argile blanche additionnée de feldspath. Les propriétés spécifiques de cette porcelaine « dure » sont la translucidité et la résistance à la rayure d'une pointe d'acier.

Au Moyen Âge, on appelait porcelaine les coquillages nacrés aux reflets irisés. Au XIVe siècle, ce mot désignait, par analogie, les terres cuites vernissées, notamment les poteries hispano-moresques à reflets métalliques. À partir du XVe siècle ont été appelées porcelaines les pièces rapportées de Chine et du Japon par les navigateurs portugais.

*Vase de la manufacture de Sèvres en porcelaine dure, décoré par Hubert. Musée de Sèvres.*

*Chat en pâte tendre de la manufacture de porcelaine de Saint-Cloud, XVIIIe siècle. Coll. Hélène Fournier.*

H. Fournier

À la fin du XVIIe siècle, on désignait sous le nom de « porcelaine de Hollande » toute vaisselle venue d'Extrême-Orient. Il s'agissait bien alors des céramiques fabriquées à partir du kaolin et ornées de décors polychromes vitrifiés dans la masse. Mais les « porcelaines » primitives, dont les origines remontent à la dynastie des Han, comprennent aussi bien les céramiques issues du kaolin que certains grès dont la cuisson directe à haute température produit une vitrification de la pâte et du décor d'émail qui lui est intégré.

La porcelaine tendre, ou « porcelaine artificielle », par opposition à la porcelaine au kaolin, est une céramique ni translucide ni résistante à la lame du couteau. Cette « pâte tendre », selon une plus juste expression, est apparue en France à la fin du XVIIe siècle pour tenter de concurrencer la véritable porcelaine d'Extrême-Orient. À cette époque, de nombreux faïenciers ont cherché à réaliser des produits de substitution, composés de mélanges de sable, de chaux, de soude, fondus avec des marnes et revêtus, après une première cuisson, d'une glaçure à l'émail plombifère.

Une substance de ce genre fut mise au point par Pierre Chicanneau, dont les héritiers exploitèrent le procédé à la manufacture de Saint-Cloud. Vincennes, Sèvres, Chantilly, Mennecy produisirent également des pâtes tendres aux décors animés d'harmonieuses couleurs. C'est à Meissen, en Saxe, que Frédéric Böttger (1682-1719) réussit enfin, à la suite de la découverte d'un gisement de kaolin, à produire la première porcelaine dure européenne en 1709. En France, il fallut attendre la découverte du gisement de Saint-Yrieix, dans le Limousin, en 1767, par le chirurgien Darnet, pour que commence la production de porcelaine dure (V. LIMOGES).

*Porcelaine d'os.* Expression donnée à une céramique anglaise composée de kaolin et d'une glaçure plombifère. Ce produit, plus transparent et plus résistant que la faïence fine, résulte d'un compromis entre la porcelaine dure et la porcelaine tendre. Il a été très exploité dans de nombreuses manufactures britanniques au XIXe siècle (Chelsea*, Derby*, Lowestaft).

*Porcelaine des Médicis.* Une manufacture de « porcelaine tendre », qui est en réalité une faïence légèrement translucide, a été installée à Florence par François Ier de Médicis, grand-duc de Toscane. À partir d'une argile de Vicence d'un blanc jaunâtre enduit d'une couverte blanche empruntée à la majolique, cette pseudo-porcelaine se distingue par un décor au bleu de cobalt ou au violet de manganèse. On en connaît une cinquantaine de pièces portant la marque F surmontée du dôme de la cathédrale de Florence en bleu. Cette fabrication a duré de 1577 au début du XVIIe siècle.

**porcelaine de verre.** Comme le souligne J. Barrelet, la porcelaine de verre pose avec une acuité particulière la question de la frontière entre les produits céramiques et le verre, voire celle de l'origine du verre qui, selon cet auteur, doit ainsi être reconsidérée. Le verre imitant la porcelaine a connu une vogue particulière au XVIIIe siècle, au moment où précisément la concurrence de la porcelaine européenne menaçait l'industrie du verre. Mais, dès l'Antiquité, on sut exploiter les facultés de dévitrification du verre : les verres opacifiés imitant les pierres précieuses ou dures, le verre blanc opaque utilisé dans les pièces travaillées en camée, puis, plus tard, au XVIe siècle, le latticinio vénitien (ou le verre filigrané) et enfin le verre opalin, le « milchglas », ou verre blanc de lait, constituent différentes versions.

Dès la fin du XVe siècle, les inventaires font mention de verres blancs opaques. Or, la mise au point du latticinio se situe en général plutôt au XVIe siècle. Faut-il avancer son invention ? Le terme « porcelaine » apparaît également, mais celle-ci est sans doute confondue avec d'autres matières, notamment le verre. Les recherches de B. Perrot aboutissent cependant à une époque où les termes sont définitivement choisis : en effet, la céramique commence à remplacer l'orfèvrerie, après l'édit des Ordonnances somptuaires. La nature exacte des porcelaines de verre de Perrot demeura un secret bien préservé. Pourtant, les verres blancs de lait, connus donc depuis longtemps, sont produits par de nombreuses fabriques.

Ces concurrents ne firent toutefois aucune objection à propos des privilèges obtenus par Perrot à la suite de son invention, excepté un seul d'entre eux. Il faut supposer que la production de Perrot devait différer en quelque chose des autres. On sait que la matière mise au point par Perrot était d'un blanc éclatant (à la différence du blanc de lait).

L'œuvre de Perrot en ce domaine ne peut être reconstituée qu'à partir d'hypothèses. On peut avancer des attributions, mais aucune certitude. L'étude de J. Barrelet démontre du moins que, si la production du verre blanc opaque a été abondante dans toute l'Europe à partir du XVIe siècle, les pièces différaient par les tonalités, la translucidité, les reflets d'opalescence ou par leur éclat, critères que les collectionneurs apprennent aussi à apprécier.

**porphyre** n. m. Roche ignée, généralement d'un rouge violacé foncé parsemé de points blancs. C'est une pierre extrêmement dure et difficile à travailler, prenant au polissage un éclat superbe. Cette pierre « couleur de pourpre » jouissait dans l'Antiquité d'un immense prestige. Les carrières se trouvaient en Égypte, et, dès le IIIe millénaire av. J.-C., lapidaires et sculpteurs y ont taillé des vases et des statues. Grecs et Romains fabriquèrent ensuite en porphyre d'Égypte des vasques, des colonnes de palais, des bustes d'empereurs associant le marbre blanc et le porphyre pour la draperie.

Ces objets antiques n'ont pas perdu leur prestige impérial, même si l'art de travailler le porphyre s'est perdu après le Bas-Empire romain. Ils ont été réutilisés à l'époque carolingienne : sur les routes rempierrées de l'Empire d'Occident, les charrois véhiculaient à 1 000 ou 2 000 km de distance les statues et les colonnes de porphyre des palais romains pour les employer dans les constructions d'Aix-la-Chapelle.

Les lapidaires de la Renaissance travaillent eux-mêmes le porphyre, pour en tirer les mêmes objets, parallèlement aux montures d'orfèvrerie d'antiques vases de porphyre récupérés, qu'il n'est d'ailleurs pas toujours aisé de distinguer des fabrications récentes : la pierre dure, par définition, ne se patine pas, son aspect ne change pas au cours des siècles.

**porte** n. f. Les portes anciennes, qui constituent un élément important du décor, se trouvent chez certains antiquaires spécialisés. Elles sont l'aboutissement d'une longue évolution : trapézoïdales chez les Grecs, elles deviennent rectangulaires chez les Romains et le sont restées jusqu'à nos jours. Au XIIe siècle, elles commencent à changer de forme et de disposition; jusqu'à cette époque, ce sont de simples planches jointes par des traverses horizontales, fixées par de gros clous et des pentures.

Le motif gothique à « plis* de serviettes » apparaît l'un des premiers et est utilisé jusqu'au milieu du XVIIe siècle. À la Renaissance, les portes sont garnies de cuir repoussé, de gros clous ciselés, ou sont richement sculptées. Au XVIIe siècle, les lambris remplacent les tapisseries, et les portes s'y intègrent; elles sont alors « à caissons » ou sculptées de cartouches, de pointes de diamant ou encore de têtes de grotesques. Sous le règne de Louis XIV, elles prennent une place prépondérante dans la décoration intérieure, tant par leurs dimensions que par leurs ornements. Sous la Régence, les « petits appartements » succèdent aux pièces d'apparat, et les portes acquièrent une taille plus réduite et une structure qui va rester la même jusqu'au début du XXe siècle. Seule l'ornementation change : panneaux chantournés et moulurés sous Louis XV, lignes droites sous Louis XVI, chapiteaux sous le Directoire et l'Empire. De la Restauration à la fin du XIXe siècle, les modèles varient peu, le second Empire se contentant de copier des portes gothiques, Renaissance ou Louis XV. Seul l'Art nouveau verra créer quelques très belles portes extérieures décorées d'exubérants motifs floraux.

Les portes extérieures sont plus rares : exposées aux intempéries, elles ont moins bien résisté au fil des siècles; il en existe très peu du XVIIe siècle; en revanche, celles des XVIIIe et XIXe siècles sont assez nombreuses et variées, souvent influencées par les styles régionaux (parquetées, à caissons ou à chevrons).

La valeur des portes dépend de la qualité du bois, avec une plus-value pour le chêne, d'une plus grande solidité; les portes de l'est de la France valent (en 1983) de 5 000 à 10 000 F, selon qu'elles sont simples ou à double face. Les portes à caisson du sud-ouest de la France ou d'origine espagnole sont accessibles à partir de 4 000 F. D'une façon générale, les portes bénéficient de plus-value si elles sont ornées de pentures en fer forgé et si leurs serrures d'origine sont en bon état.

**porte-dîner** n. m. Récipient en bois, en métal ou en étain, muni d'un couvercle et d'une anse, utilisé pour emporter les repas aux champs. Certains porte-dîner, appelés aussi « déjeuners de bergère », sont composés de deux petites gamelles côte à côte, l'une pour la soupe, l'autre pour d'autres aliments. Ces pots d'étain sont très recherchés des amateurs et des collectionneurs.

**porte-lampe** n. m. Crochet de métal ajouré ou pièce de bois sculptée servant à accrocher la lampe. On l'appelle « porte-chaleil » en Auvergne. Une crémaillère permet parfois de régler la hauteur de la lampe. Quant aux découpes de métal ou de bois, elles produisent de jolis jeux d'ombre sur le mur. En Provence, la « calens » est une lampe à huile héritée de l'Antiquité romaine, que l'on suspend par un crochet et qui comporte un récipient muni d'une gouttière où baigne la mèche et un couvercle souvent coiffé d'un coq.

**portfolio** n. m. Ensemble de tirages photographiques sélectionnés, montés et présentés dans un album ou un coffret, souvent avec une préface. Il peut comprendre un choix d'images se rapportant à un thème déterminé ou une minirétrospective de l'œuvre de l'artiste.

**portière** n. f. Tapisserie conçue pour masquer une porte ou une ouverture.

**portulan** n. m. Livre à l'usage des marins ou carte nautique apparaissant au Moyen Âge et donnant la description des ports et des côtes, la direction des courants et des marées.

**postes** n. f. pl. Motif ornemental de l'Antiquité gréco-romaine, composé d'enroulements en volutes liés de façon continue (synonyme de « flots »), qui semblent « courir la poste ». Les postes sont très utilisées à l'époque Louis XVI.

**pot à oille** n. m. L'oille (de *olla,* qui désigne en espagnol une sorte de marmite) est un ragoût de viandes particulièrement raffiné, introduit en France au XVIIe siècle dans le sillage, vraisemblablement, de la reine Marie-Thérèse. Aussi les opulents services d'argenterie aristocratiques, s'ils ne comportent point de soupières, sont-ils dès lors toujours complétés de plusieurs pots à oille.

Ce récipient se distingue de la terrine par sa richesse ornementale : le pot à oille participe au décor de la table comme le surtout*. C'est un récipient circulaire à hauts bords, garni d'une doublure intérieure amovible pour les commodités du service, d'un couvercle bombé et d'un vaste présentoir. La verve rocaille des Germain, Balzac, Meissonnier s'y déploie avec toute l'exubérance possible, la plus virtuose des extravagances étant atteinte par l'extraordinaire paire de pots à oille exécutés par Meissonnier pour le duc de Kingston vendus 5 700 000 F, à Genève en 1977. En janvier 1983, un pot à oille en argent de 1727 a été adjugé 600 000 F.

Sous la Régence et sous Louis XVI, le pot à oille est plus architecturé, mais assez lourdement orné. À partir de l'Empire, il adopte une forme évasée assez semblable à celle de la soupière bourgeoise. Le pot à oille ne survécut d'ailleurs guère à la Restauration.

**pot à pharmacie.** Pot en faïence ou en porcelaine utilisé par les pharmaciens pour leurs potions, leurs préparations et leurs breuvages.

Dès la découverte de la faïence, les apothicaires abandonnent leurs poteries vernissées, utilisées depuis le Moyen Âge, et commandent des récipients dans cette matière nouvelle, protégée par la dureté de l'émail stannifère.

Les pots à pharmacie se divisent en quatre modèles principaux : les albarelli*, vases cylindriques ; les grandes urnes à « thériaque », ornées de deux anses et d'un couvercle, utilisées pour les préparations « nobles » ; les chevrettes*, sortes de cruches ; enfin les piluliers, petits pots cylindriques à couvercle qui recueillent les pastilles et les pilules préparées par l'apothicaire.

En France, les premières fabrications commencent à Lyon au début du XVIe siècle et se poursuivent à Rouen avec Masséot Abaquesne*, puis dans toutes les faïenceries régionales, Montpellier, Nevers, Nîmes, Bordeaux, Moustiers (les pots à pharmacie de Moustiers sont rares et recherchés). Au XVIIe siècle, Louis XIV suscite un nouvel essor de la fabrication des vases à pharmacie en créant de nombreuses fondations hospitalières : ministres et grands seigneurs se disputent alors le privilège d'offrir à ces organismes des séries de vases frappés à leurs armes. La coutume reste : plus tard, le ministre Necker et son épouse font le même don aux hospices et hôpitaux royaux ou conventuels.

Le décor des pots à pharmacie s'adapte aux modes : motifs floraux, à personnages, avec ou sans inscription, en camaïeu, en chinois, souvent ornés d'un cartouche vide destiné à recevoir une inscription ultérieure.

Au XVIIIe siècle, les pièces courantes à couleurs vives, à l'exception du rouge, sont traitées « au grand feu », mais, peu à peu, le procédé du « petit feu », qui permet d'obtenir le rouge et de nuancer ses teintes, se généralise. À la fin du siècle, la porcelaine concurrence la faïence dans la fabrication des pots à pharmacie. Le décor, très simple sous le Directoire, s'orne sous l'Empire de feuilles de laurier stylisées, généralement dorées, qui se transforment à l'époque romantique en couronnes de fleurs ou de feuillages, pour finalement être réalisé industriellement à la fin du siècle. Limoges et Paris sont les principaux centres de cette production très demandée (certains épiciers ont le droit de les utiliser pour les « drogueries simples », c'est-à-dire les médecines les plus courantes).

**pot à surprise.** Sorte de pichet en faïence appelé aussi pot trompeur, dont le col repercé ou ajouré empêchait une utilisation normale. Seuls les initiés pouvaient s'en servir : l'anse creuse conduisait l'eau à l'intérieur du rebord supérieur du pot jusqu'à un orifice verseur. Il existe également des chopes de même type qui étaient utilisées en plaçant la bouche sur le conduit communiquant avec le fond du pot.

Courtois

*Pot à surprise en faïence polychrome de Nevers à décor de voiliers. XVIIIe siècle. (H. 19,5 cm.) Adjugé 14 010 F par Me Courtois, à Angers, le 24-VI-1981.*

De nombreux pots à surprise ont été réalisés au XVIIIe siècle par les faïenceries du nord de la France et des Pays-Bas (Lille, Desvres, Delft).

**potin** n. m. Alliage monétaire à base de cuivre, d'étain (en proportions assez variables) et d'un peu d'argent, utilisé par les Gaulois pour la fabrication de monnaies généralement coulées ; par extension, pièce de monnaie faite dans cet alliage. Ainsi parle-t-on des « potins gaulois des Éduens ».

**pot-pourri** n. m. Vase au couvercle percé, qui contenait des aromates et des eaux florales, et qui répandait pendant plusieurs mois une forte odeur de fleurs dans les demeures. Du milieu du XVIIIe jusqu'à la Révolution, le pot-pourri est l'élément indispensable d'une maison élégante, et les dames de la Cour composent elles-mêmes leurs recettes de pot-pourri.

Les pots-pourris sont en porcelaine, parfois montés sur argent ou bronze doré, ou en simple faïence, à décor de chinoiseries et de scènes champêtres. Les spécialistes les appellent parfois « vases brûle-parfum* ».

**pouce** n. m. Mesure de longueur employée jusqu'au début du XIXe siècle et représentant la douzième partie du pied, soit 27 mm.

*Pot-pourri en porcelaine émaillée blanche de Chantilly, à décor de feuillages et fleurs en relief, couvercle ajouré. Monture en bronze marqué du C couronné. XVIIIe siècle. (H. 20 cm.)*

Couturier-Nicolay

**poudrier** n. m. Ce mot désignait autrefois le godet à couvercle percé où l'on conservait la poudre destinée à sécher l'encre fraîche. L'arrivée du papier buvard à la fin du XIXe siècle rendit caduc le poudrier.

Ce mot fut alors affecté, au début du XXe siècle, à la boîte renfermant la poudre de riz pour le visage. Ces poudriers peuvent être aussi des œuvres d'art. Entre 1925 et 1930, de superbes modèles ont été signés par de grands orfèvres parisiens, du petit poudrier rectangulaire en émail ou en pierre dure, serti d'or et de pierres précieuses, à la grande « minaudière* » qui contient tout un nécessaire de beauté.

**poudrier à sucre.** V. SAUPOUDREUSE.

**pouf** n. m. Tabouret rond et capitonné dont les pieds sont souvent cachés par des franges. Ce siège est typique des salons du second Empire.

Musée des Arts décoratifs

*Pouf en bois doré, à pieds en forme de bambou. Époque Napoléon III, vers 1860. Paris, musée des Arts décoratifs.*

**Poulbot** (Francisque), dessinateur et affichiste français (Saint-Denis 1879 - Paris 1946). Collaborateur du *Rire*, du *Sourire*, de *l'Assiette au beurre*, des *Hommes du jour*, Poulbot a donné son nom à ces gamins de la butte Montmartre dont, avec malice et tendresse, il a peuplé ses petites histoires. Il les enrôla également pendant la guerre de 1914 dans la propagande antiallemande. Sa production s'étendit à l'affiche et fut reprise largement en cartes postales.

**Pounous** ou **Mpongwés** ou **Bapounous.** Ethnie localisée au Gabon, connue surtout pour ses masques. « Les masques blancs féminins du bas Ogooué, remarque Jacqueline Delange, dont l'aspect trop longtemps regardé comme « extrême-oriental » ne fait que traduire avec beaucoup de finesse la grande beauté des femmes de cette région, seraient d'origine bapounou. » Emprunté par des populations voisines, Mpongwés, Balumbos, Vuvis, Sangos, Tsogos, Nzabis entre autres, le masque reçoit chaque fois une interprétation plastique nouvelle. Chez les uns, le visage est schématisé à l'extrême ; chez les autres, la perfection du modelé crée une présence. En bois tendre, d'une grâce raffinée et d'une grande pureté de traits, les masques présentent un fin visage surmonté d'une coiffure peinte en noir formant cimier ou séparée en trois crêtes longitudinales. Le visage est peint en blanc, les sourcils sont indiqués par un trait demi-circulaire, les yeux par une fente, et la bouche est rouge. Certains exemplaires portent des scarifications sur le front et les tempes. Ces masques appartiendraient à des sociétés féminines.

Très décoratifs, les masques pounous sont appréciés des amateurs. Leur valeur varie selon la qualité et la beauté.

C.A.

*Masque africain de la tribu des Pounous (Gabon), en bois peint.*

**poupée** n. f. La poupée figure parmi les plus vieux jouets du monde : de l'ancienne Égypte à la Grèce et à la Rome antiques, elle accompagne l'enfant dans la tombe avec ses objets les plus chers. De terre cuite, de bois, d'ivoire, les poupées sont petites et articulées par des fils. À la Renaissance apparaissent les grandes et superbes poupées de bois (80 cm env.), à la tête délicate, aux cheveux peints, revêtues de fastueuses toilettes. Elles étaient à l'évidence destinées aux enfants princiers, et les autres disposaient de modestes poupées de bois, dont le corps, rudimentairement taillé, évoque plutôt une quille. Au XVII^e^ et au XVIII^e^ siècle, Paris diffuse la mode en envoyant dans les cours étrangères des poupées « ambassadrices » habillées selon le dernier cri. Parmi elles, la grande et la petite Pandore jouissent d'une renommée internationale. Mais les poupées de petites filles fortunées sont à cette époque à l'image d'une femme adulte au corps en peau, au visage de bois ou de papier mâché, aux yeux de verre, aux dents de paille. Le véritable âge d'or de la poupée, selon l'un des grands spécialistes, Robert Capia, s'épanouit au XIX^e^ siècle avec la fabrication des têtes de porcelaine et des corps en gutta-percha (vers 1850), puis avec l'apparition du Celluloïd (en 1880). Vont alors se multiplier toutes sortes de poupées : elles parlent, marchent, se mouillent, chantent. Autre grande innovation vers 1851, la naissance du bébé, dont l'anatomie et l'expression se rapprochent enfin du poupon. Parallèlement à la fabrication des poupées, on produit de nombreux accessoires : meubles, vaisselle, maisons, trousseaux sont souvent d'un raffinement et d'un goût exquis. De 1845 à 1900, la France domine le marché avec les créations de Bru, Jumeau, Schmidt, Thuillier, Gauthier, Simone.

Dès l'époque 1900, le goût de la collection de poupées apparaît chez les adultes. Ce phénomène, sans cesse croissant, touche à présent le Japon et les États-Unis. Les poupées de Celluloïd, délaissées encore pendant les dernières décennies, trouvent aujourd'hui preneur à des prix élevés.

Les Américains aiment principalement les « bébés caractères* » et ont donc ainsi fait monter une cote longtemps basse. Les plus belles poupées (Bru, Jumeau) atteignent des sommes étonnantes (240 000 F en 1981 pour une belle inconnue). Curieusement, une poupée du XVIII^e^ siècle cote dix fois moins qu'une création du XIX^e^ siècle. La montée fabuleuse du prix des poupées depuis vingt ans a naturellement conduit les faussaires à répandre sur le marché des poupées « retapées » (corps ancien, tête récente) ou portant des marques fameuses, alors qu'il s'agit d'un modèle moins glorieux.

L'acheteur doit choisir une poupée en parfait état, car

Poupées de mode en porcelaine vernissée de fabrication française, portant leur robe d'origine. Signées et datées 1858 et 1870. La plus petite est une poupée Rohmer, la plus grande est de type Barrois.

Loudmer-Poulain

Loudmer-Poulain

Poupée Schmitt de fabrication française dans sa robe d'origine, coiffée d'un petit chapeau, datée 1880.

la moindre fêlure de porcelaine ôte à la poupée toute valeur. Pour cela, il doit pouvoir retirer la perruque (si elle est collée, la raison de cette particularité est douteuse) pour déceler le moindre défaut.

Bien que les poupées aient existé de tout temps dans tous les pays d'Asie, ce sont les poupées japonaises qui sont les plus recherchées et font l'objet de collections. Elles datent le plus souvent de la fin du siècle dernier et du début de ce siècle. Elles appartiennent à plusieurs catégories. Les kokeshi sont des poupées en bois, sans bras ni jambes, faites au tour et décorées de motifs traditionnels. Leurs types, au nombre de 250 environ, correspondent aux familles qui, dans le nord du Japon, les confectionnent pendant l'hiver. Elles sont peu collectionnées en Europe, car encore peu connues, mais font l'objet d'un marché vivant au Japon même, où elles peuvent atteindre des cours relativement élevés.

Les poupées de la « fête des poupées » (fête des filles), représentant des personnages de la Cour impériale et des musiciens, généralement présentées en séries sur un petit escalier tendu de rouge à l'occasion de la fête des petites filles (le 3 mars), faites en tissu, en porcelaine et en papier, sont de plus en plus recherchées. Les plus anciennes datent de la période d'Edo. La collection complète comprend le plus souvent l'empereur et l'impératrice, trois dames de cour, cinq musiciens, deux guerriers et trois servantes. Cependant, ce nombre peut varier légèrement selon l'époque.

Les kimekomi-ningyo sont des poupées en bois taillé et recouvert de tissu, représentant le plus généralement des acteurs de nō. Elles sont faites par les petites filles et peuvent parfois présenter un aspect extrêmement élaboré et artistique. Elles font également l'objet de collections.

Les autres poupées japonaises, de types très divers et en matériaux variés (céramique, terre cuite, papier mâché, tissu, bois), sont quelquefois collectionnées selon leur type.

On collectionne aussi nombre de poupées du théâtre de marionnettes japonais *(bunraku),* mais ce sont là des objets très rares et qui peuvent atteindre des prix extrêmement élevés. Les poupées indonésiennes de *wayang-golek* et les poupées des théâtres de marionnettes indiennes sont également recherchées des amateurs.

**poutoune** n. m. Nom provençal donné à une cruche.

**powal.** Grand verre à pied allemand, muni d'un couvercle. (V. CALICE.)

**praxinoscope** n. m. Ancêtre du dessin animé, le praxinoscope est un zootrope perfectionné : le prisme central, à douze faces, est plaqué de douze miroirs qui reflètent les images tournant autour du cylindre. Émile Raynaud, principal fabricant français vers 1880, peignait lui-même ses images. Très rarement en bon état ou complet, avec ses bandes chromolithographiées, le praxinoscope cotait en 1988 autour de 12 000 F.

**précolombien** (art). L'adjectif précolombien désigne toutes les cultures indiennes de l'Amérique antérieures à la

Art précolombien : vase portrait représentant un grand chef en céramique bichrome. Pérou, Mochica, entre 500 et 800. Coll. Hélène Kamer Lelouch.

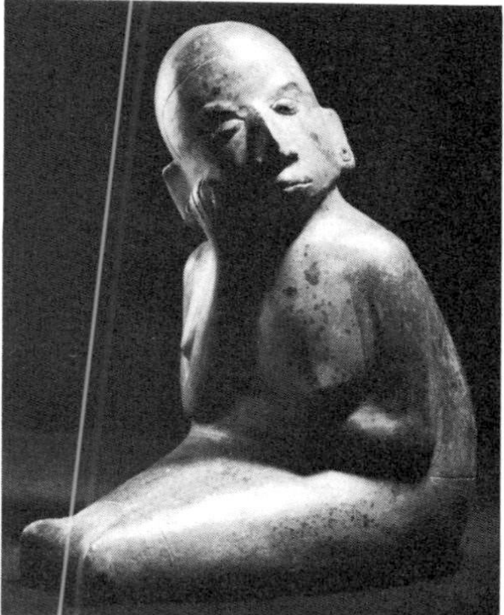

Terre cuite typique de la civilisation Colima, qui a marqué le nord-ouest du Mexique dans le Ier millénaire apr. J.-C. Galerie H. Kamer-Lelouch.

Kamer-Lelouch

G. Meguerditchian

G. Meguerditchian

G. Herat

À gauche,
*sculpture huastèque en pierre poreuse provenant de la région du golfe du Mexique (entre 1000 et 1300). La plastique huastèque est caractérisée par la frontalité et par des volumes géométriques. Galerie H. Kamer-Lelouch.*

À droite, *figurine précolombienne en céramique brune, blanche et rouge appartenant à la civilisation de la vallée de Chancay, près de Lima, qui s'est épanouie du XIIe au XVIe siècle. (H. 64 cm.) Galerie Kamer-Lelouch New York, collection Dr and Mrs Robert Walzer.*

conquête espagnole. Ce terme très général est parfois remplacé, de nos jours, par l'adjectif « préhispanique », et, pour le Mexique, on applique parfois celui de « précortézien ».

L'art dit « précolombien » s'arrête donc théoriquement à l'arrivée des conquistadors du XVIe siècle. (V. aussi Aztèques, Incas, Mayas, Mochicas, Zapotèques.)

**préemption.** V. DROITS.

**préraphaélisme** n. m. Mouvement typiquement anglo-saxon en réaction contre le « matérialisme » ou le « machinisme » de la première révolution industrielle. Il veut revaloriser dans la peinture la sensibilité et la pureté de manière dont avaient usé les primitifs italiens, c'est-à-dire les prédécesseurs de Raphaël. Le groupe, dont l'un des précurseurs fut William Blake, est constitué à la Royal Academy de Londres (1848) par les peintres Dante-Gabriel Rossetti (1828-1882) — le chef de file —, William Holman Hunt (1827-1910) et John-Everett Millais (1829-1896), par le sculpteur Thomas Woolner et les critiques William Michael et John Ruskin. Tous ont en commun une même aversion pour l'art officiel et un certain désir d'absolu. Le groupe prend même le caractère d'une communauté, « Preraphaelite Brotherhood », signant des initiales P.R.B. ; il est soutenu par la revue *The Germ*, au sous-titre de « Pensées en faveur de la nature dans la poésie, la littérature et l'art » (janv. 1850). Tourné en dérision, il est toutefois encouragé par J. Ruskin.

**presse** n. f. Meuble formé d'un fort bâti, souvent en chêne, comportant une partie amovible solidaire d'un pas de vis, destiné à extraire un liquide ou à serrer du linge.

Dans les Flandres, la presse à calandrer sert à plier et à lustrer le linge, fortement comprimé par le plateau mobile. Certaines presses à calandrer sont ornées de motifs richement sculptés.

Dans le nord de la France, en Bretagne et en Normandie, le mot « presse » désigne une grande armoire comportant un ou deux tiroirs sous les portes.

**presse-papiers.** Curiosités en verre appelées aussi « boules* serre-papiers » ou « millefiori* », les presse-papiers ne se présentent cependant pas seulement sous forme de boules (formes balustres), et leur décor n'est pas seulement à millefiori. Si les boules constituent la majorité de cette production, elles se répartissent selon trois catégories de diamètre : 3 à 6 cm (petites) ; 6 à 9 cm (classiques) ; plus de 9 cm (grandes). Les premiers presse-papiers firent leur apparition au milieu du siècle dernier. Ces petits accessoires de bureau étaient vendus à bas prix chez tous les papetiers. Ils furent fabriqués ainsi en très grandes quantités, mais les collectionneurs avertis se montrent difficiles, tant pour le choix du motif que pour la qualité de l'exécution ; les presse-papiers peuvent offrir autant de médiocrité que de perfection. Sur le plan de la qualité, les manufactures françaises occupent les premières places, supériorité que les collectionneurs ne contestent pas : leurs productions sont les plus recherchées. Mais, ensuite, cette vogue régna sur tous les pays d'Europe et gagna bientôt les États-Unis, de sorte que l'éventail du choix peut s'élargir très considérablement, à condition de rechercher une harmonieuse composition, des coloris agréables et une technique impeccable. Les manufactures anglaises, belges, américaines ou de Bohême offrent ainsi de très grandes réussites.

On a recours pour le décor des presse-papiers à trois techniques principales. Le fameux décor à millefiori a été sans aucun doute le plus universellement employé. Mais le décor filigrané* (ou latticinio) est tout aussi prédominant. Quant aux motifs isolés — fruits, fleurs, papillons, oiseaux, serpents —, ils sont façonnés au chalumeau dans du verre de couleur. Ces trois techniques sont d'ailleurs très souvent associées.

L'industrialisation développe aussi, mais essentiellement aux États-Unis, le décor moulé ; à l'aide d'une pince spéciale, le verrier moule le motif désiré et l'introduit ensuite dans une paraison en verre transparent. Puis, comme pour les autres techniques, le motif est ensuite recouvert de plusieurs couches de cristal ou de verre.

Les presse-papiers à décor de sulfure, autrement dit de camées en porcelaine, ou, d'ailleurs, toute autre forme d'inclusions (médailles, emblèmes), furent aussi très prisés.

Quelle que soit la technique décorative adoptée, la boule serre-papiers est parfois taillée à facettes plates ou concaves. Quand elle reçoit un décor d'overlay* double ou simple, on a là une démonstration sophistiquée de l'élaboration technique qu'ont cherché à atteindre les manufactures.

Si les techniques décoratives qui interviennent dans la fabrication d'un presse-papiers sont au nombre de trois, les possibilités d'arrangement sont quasi infinies, et la valeur d'un presse-papiers est précisément déterminée par l'imagination, la faculté de renouvellement, la précision dont a fait preuve celui qui l'a conçu. Un certain nombre de décors types ont été ainsi classés... Des collectionneurs chevronnés vont jusqu'à ne s'attacher exclusivement qu'à un ou deux décors. Avant de dresser la liste des décors, ajoutons encore qu'un facteur déterminant de plus-value est fourni par la présence d'une marque de fabrique. Parfois, un chiffre précise, avec l'origine, la date d'exécution. Ainsi, Baccarat a indiqué à côté de la lettre B des chiffres correspondant aux années 1845 à 1849. Pour Saint-Louis, on trouvera les lettres S.L. ; pour Clichy, la lettre C.

Parmi les décors, retenons : les décors de millefiori clairsemés ; les décors à compartiments, qui délimitent le décor de millefiori et, à l'aide de compartiments, comblent les vides ; les décors concentriques, formés de cercles de fleurs, parmi lesquelles les roses sont particulièrement appréciées ; les décors à guirlandes ; le décor jaspé à compartiments ; le décor d'overlay simple ou double ; le décor en « bouquet de la mariée », une des spécialités de Baccarat, mais aussi de Saint-Louis (les millefiori sont disposés en groupements serrés ou en cercles concentriques) ; le décor dit « tapis persan », formé de millefiori clairsemés qui se détachent sur un fond uni ou multicolore ; le motif dit « en chou-fleur » ; le décor à spirales, à deux ou trois couleurs, qui est une spécialité de Clichy et au centre duquel se détache la fameuse rose de Clichy ; les motifs (papillon, serpent), les fleurs (dahlia, anémone) et les fruits ; le décor en couronnes fermées ; le décor à rubans torsadés, à une ou deux couleurs ; le décor à « bouquet » posé à plat ; le décor à bouquet dressé, entouré ou non d'un motif torsadé.

**prière** (tapis de). Le tapis de prière musulman, devenu un objet rituel autour du XIIIe siècle, crée un espace privilégié sur lequel le fidèle en prière se prosterne. Ce tapis, généralement de petit format, est décoré d'une niche, ou miḥrāb, qui doit être orientée vers La Mecque et est encadrée de nombreuses bordures (souvent sept, correspondant aux sept paradis d'Allāh). On trouve également de larges tapis de prière où sont juxtaposées de multiples niches (aaf) ou d'autres encore dont la niche est presque dissimulée dans la bordure (hadchlou). Les formes très variées (ogivales, rectangulaires, à arcs lobés ou aux contours dentelés) du miḥrāb permettent souvent d'identifier la provenance du tapis. Sur le fond uni de la niche se détachent parfois une aiguière, une lampe ou un bouquet de fleurs suspendus par le sommet ; les miḥrāb de tapis destinés à des personnalités peuvent être très décorés.

Les plus fameux tapis de prière sont issus de Turquie (Ghiordès, Ladik, Koula) et sont généralement empreints d'une certaine rigueur (pas de représentations figuratives), tandis que la production iranienne se distingue par un art plus poétique. Ceux du Caucase se caractérisent par une grande vigueur des formes géométriques et des couleurs franches (Kazak).

Hors des pays musulmans, on rencontre, en Transylvanie, marquée par l'invasion ottomane, ornant les bancs et les autels des églises, des « tapis de prière » réalisés en Asie Mineure, dont les décors ont été sensiblement modifiés pour s'adapter à l'iconographie chrétienne.

**primitive** (monnaie). On nomme « monnaies primitives » ou « instruments prémonétaires » un grand nombre d'objets qui, dans diverses civilisations, ont servi aux échanges économiques avant l'invention de la véritable monnaie. L'exemple le plus connu de ces monnaies primitives est celui des coquillages « cauris ».

**Printz** (Eugène), ébéniste français (Paris 1889 - *id.* 1948). Après avoir travaillé dans l'atelier paternel, situé dans le faubourg Saint-Antoine, Printz établit ses propres ateliers. À la différence de Mallet-Stevens et de Jourdain, il n'élimine pas le décor et conçoit des meubles plus ou moins ornés ; ceux-ci, soigneusement réalisés et fabriqués en série limitée, sont signés et numérotés. Deux phases marquent la carrière éclectique de Printz. Ses productions en 1925-1928 sont d'une rigueur toute fonctionnaliste ; après 1930, en revanche, elles s'avèrent plus raffinées, plus luxueuses, cherchant parfois une complication dans l'ornement. En 1939, Printz constitue avec Jallot, Leleu, Dominique et Prou le groupe « Décor de France », également nommé « groupe des Cinq ». La qualité et la perfection de ses réalisations entraînent des enchères élevées : 580 000 F pour un meuble de rangement en bois de palmier et bronze oxydé, ouvrant par des portes pliantes constituées de plaques de métal décorées par Jean Durand (Drouot, 25-VI-1986). Les meubles de Printz sont de plus en plus recherchés et ne cessent de se valoriser.

**Privat-Livemont,** peintre et affichiste belge (1861-1936). Personnalité représentative du « Modern Style », dont la manière est proche de celle de Mucha, Privat-Livemont vécut à Paris, où il participa, en 1890, à des expositions d'affiches avec Cappiello, Toulouse-Lautrec, Chéret, Grasset. En 1895, il se consacra entièrement à l'affiche. Ses créations *(Biscuits et Chocolats Delacre, Manufacture royale de corsets, Cabourg à 5 heures de Paris, Absinthe Robette)* peuvent atteindre des prix élevés.

**privilège** n. m. Avantage consenti à un libraire ou à un éditeur, lui donnant le monopole d'impression et de diffusion d'un livre ou d'un auteur. Groupés en corporations dès le XVIe siècle, les libraires et les imprimeurs se protégeaient ainsi à la fois contre la contrefaçon, la concurrence et la censure. Le privilège est généralement fixé pour dix ans.

**protection des acheteurs.** Pour assurer la protection des acheteurs d'œuvres d'art et d'antiquités, la commission des Affaires culturelles de l'Assemblée nationale a mis au point une terminologie qui tend à donner des définitions sans équivoque des meubles et des objets mis en vente par les professionnels (antiquaires, propriétaires de galeries de tableaux, commissaires-priseurs, experts). Un décret du 3 mars 1981 (*J.O.* du 20 mars 1981) fait obligation (Art. 1) aux vendeurs de préciser la composition, l'origine et l'ancienneté de la chose vendue (sur facture, quittance ou bordereau de vente) en respectant la terminologie suivante :

Art. 2. — La dénomination d'une œuvre ou d'un objet, lorsqu'elle est uniquement et immédiatement suivie de la référence à une période historique, un siècle ou une époque, garantit l'acheteur que l'œuvre ou objet a été effectivement produit au cours de la période de référence.

Lorsqu'une ou plusieurs parties de l'œuvre ou objet sont de fabrication postérieure, l'acquéreur doit en être informé.

Art. 3. — À moins qu'elle ne soit accompagnée d'une réserve expresse sur l'authenticité, l'indication qu'une œuvre ou un objet porte la signature ou l'estampille d'un artiste entraîne la garantie que l'artiste mentionné en est effectivement l'auteur.

Le même effet s'attache à l'emploi du terme « par » ou « de » suivi de la désignation de l'auteur.

Il en va de même lorsque le nom de l'artiste est immédiatement suivi de la désignation ou du titre de l'œuvre.

Art. 4. — L'emploi du terme « attribué à » suivi d'un nom d'artiste garantit que l'œuvre ou l'objet a été exécuté pendant la période de production de l'artiste mentionné et que des présomptions sérieuses désignent celui-ci comme l'auteur vraisemblable.

Art. 5. — L'emploi des termes « atelier de » suivis d'un nom d'artiste garantit que l'œuvre a été exécutée dans l'atelier du maître cité ou sous sa direction.

La mention d'un atelier est obligatoirement suivie d'une indication d'époque dans le cas d'un atelier familial ayant conservé le même nom sur plusieurs générations.

Art. 6. — L'emploi des termes « école de » suivis d'un nom d'artiste entraîne la garantie que l'auteur de l'œuvre a été l'élève du maître cité, a notoirement subi son influence ou bénéficié de sa technique. Ces termes ne peuvent s'appliquer qu'à une œuvre exécutée du vivant de l'artiste ou dans un délai inférieur à cinquante ans après sa mort.

Lorsqu'il se réfère à un lieu précis, l'emploi du terme « école de » garantit que l'œuvre a été exécutée pendant la durée d'existence du mouvement artistique désigné, dont l'époque doit être précisée, et par un artiste ayant participé à ce mouvement.

Art. 7. — Les expressions « dans le goût de », « style », « manière de », « genre de », « d'après », « façon de » ne confèrent aucune garantie particulière d'identité d'artiste, de date de l'œuvre, ou d'école.

Art. 8. — Tout fac-similé, surmoulage, copie ou autre reproduction d'une œuvre d'art ou d'un objet de collection doit être désigné comme tel.

Art. 9. — Tout fac-similé, surmoulage, copie ou autre reproduction d'une œuvre d'art originale au sens de l'article 71 de l'annexe III du code général des impôts, exécuté postérieurement à la date d'entrée en vigueur du présent décret, doit porter de manière visible et indélébile la mention « Reproduction ».

Ces dénominations apportent à l'acheteur une plus grande sécurité au moment de l'achat en lui permettant de se référer à des définitions légales. Le non-respect de la terminologie déterminée par le décret est passible d'amendes. De plus, cette clarification de vocabulaire facilite la tâche du juge qui peut se reporter aux termes du décret.

Ainsi, l'acheteur qui estime avoir été la victime d'une erreur sur la substance, faute d'une définition garantissant l'authenticité de l'objet vendu, pourra obtenir la nullité de la vente en invoquant le Code civil : l'article 1110 (erreur sur la substance), l'article 1116 (dol, manœuvres frauduleuses en vue d'une vente) ou l'article 1641 (vice caché, restaurations non indiquées).

Enfin, les définitions légales spécifiées par le décret facilitent l'action pénale de l'acheteur pour délit de tromperie ou d'escroquerie (loi du 1er août 1905 punissant la tromperie sur les qualités substantielles ou l'origine des marchandises, et article 405 du Code pénal pour escroquerie, manœuvres tendant à attribuer à l'œuvre de fausses qualités, production de faux certificats d'authenticité).

Pour prendre quelques exemples, le vendeur qui qualifie une commode de « commode Louis XV » garantit qu'elle a été fabriquée sous le règne de ce souverain. Toutefois, les définitions légales n'étant pas encore généralisées, il est préférable que l'acheteur demande au vendeur de préciser, selon la terminologie en usage dans la profession : « commode d'époque Louis XV ». En revanche, le vendeur doit dire « commode de style Louis XV » si sa fabrication est postérieure au règne en question.

Aux termes du décret, l'expression « attribué à » n'implique pas que l'œuvre est garantie comme étant du maître en question, malgré de sérieuses présomptions d'authenticité.

Telles sont les subtilités et les rigueurs du décret du 3 mars 1981, qui, par l'obligation faite au vendeur d'employer un vocabulaire précis, renforce la protection des acheteurs.

**Prouvé** (Victor), peintre décorateur français (Nancy 1858-Sétif 1943). Appartenant à une famille de dessinateurs en broderie, il est le fils d'un modeleur sur céramique travaillant à la fabrique Charles Gallé. Il obtient une bourse pour étudier à l'École des beaux-arts (Paris), et le prix du Salon lui vaut en 1888 et en 1889 un séjour tunisien. Bien qu'il réside à Paris jusqu'en 1902, il prend néanmoins une part active à la vie artistique nancéienne, soit en dessinant des modèles de broderie, de ferronnerie, de reliure, de bijoux, soit en réalisant nombre de marqueteries pour Gallé et Majorelle. À la mort de Gallé (1904), il devient le président de l'école de Nancy*.

**provenance** (à). Se dit d'un livre dont on connaît l'histoire, l'origine ou, surtout, les propriétaires successifs. Tous les grands livres ont appartenu à des bibliophiles connus, à de rares exceptions près. Ils portent des marques de possession diverses : devises, armoiries ou ex-libris. Il n'est pas rare de trouver sur un volume suivi depuis le XVIIe siècle des marques de possession du XVIIIe au XXe siècle. Le volume prend alors une plus grande valeur, et le catalogue qui le décrit mentionne soigneusement ces marques. Les annotations de Montaigne, de Racine sur une édition banale de leur temps font de cette édition un livre à provenance.

*Reliure de Victor Prouvé pour l'*Histoire de l'art décoratif du XVIIIe siècle à nos jours *par Arsène Alexandre (1892).*

Larousse

**psyché** n. f. Grand miroir serti dans un cadre ovale ou rectangulaire monté sur pivot, permettant de se regarder de la tête aux pieds. Apparues sous Louis XVI, les psychés ont été très à la mode sous l'Empire et la Restauration. Certaines ont été exécutées par Jacob sur des dessins de Percier. Sous Louis-Philippe, l'armoire à glace s'est progressivement substituée aux psychés. Des modèles plus petits se placent sur des commodes ou des coiffeuses.

**ptolémaïque.** Désigne l'époque correspondant aux quinze souverains macédoniens au pouvoir en Égypte depuis Ptolémée Ier (367-283 av. J.-C.) à Cléopatre (51 à 30 av. J.-C.), avant de passer sous la domination romaine.

**puces** (les). Il existe dans la plupart des grandes villes des marchés d'objets d'occasion tolérés ou contrôlés par les municipalités sans vérification de l'origine de la marchandise. Le mot « puces » vient sans doute des hardes, sommiers et matelas proposés à la vente..., y compris les parasites ! Sur ces lieux de rencontre entre professionnels, mais également ouverts aux particuliers, s'étale en plein vent tout ce que les ferrailleurs, chiffonniers, crocheteurs et brocanteurs ont pu sortir des greniers, des cadres ou des poubelles. Mais, parmi cette drouille* se trouvent également des objets de valeur qu'il est encore possible d'obtenir à bas prix avant qu'ils ne passent de main en main jusqu'au magasin d'un « antiquaire ». Amateurs, collectionneurs et curieux tentent souvent leur chance pour profiter des « prix-puces » en se rendant au « déballage », qui s'effectue aux premières lueurs du jour (généralement le samedi), lorsque arrivent sur les lieux camions, breaks et carioles des « chineurs ».

Aux portes de Paris, le marché aux puces de Saint-Ouen, qui couvre plus de 50 ha, rassemble environ 2 000 marchands patentés — sans compter les autres — répartis en sept grands marchés : Vernaison, Biron, Paul-Bert, Malik, Jules-Vallès, Cambo, Serpette, entourés des « rues pucières », dont les trottoirs servent d'étals. Cet ensemble constitue le centre de brocante et d'antiquités le plus grand du monde et joue un rôle économique important comme régulateur des prix. Les puces de Saint-Ouen comportent également des bureaux d'expédition des meubles et des objets dans le monde entier. Avec tous les métiers annexes : restaurateurs, ébénistes, décorateurs, bronziers, gainiers, les puces font vivre près de 10 000 personnes.

D'autres marchés aux puces parisiens de moindre importance sont situés : place d'Aligre, dans le XII^e^ arrondissement (tous les matins, sauf le lundi), porte de Montreuil et porte de Vanves (Didot, samedi et dimanche), à Bicêtre par la R N 7 (rue des Fusillés, dimanche, mardi, jeudi).

Dans les autres villes, les puces sont fixées à la périphérie ou en proche banlieue et généralement ouverts les samedis et les dimanches (les renseignements sont donnés par la mairie ou le commissariat de police).

Loïc-Viva

*Le marché aux puces de Nantes.*

**Puiforcat.** Maison d'orfèvrerie parisienne dont les origines remontent au milieu du XIX^e^ s., mais qui s'illustra surtout entre les deux guerres. Jean Puiforcat crée une orfèvrerie de table Art déco, d'une audacieuse simplicité et d'une très grande qualité : services à thé, couverts, qui font l'objet, depuis 1980, d'une recrudescence d'intérêt. À la fin de l'année 1982, plusieurs services à thé de 4 pièces ont été adjugés à Paris entre 70 000 et 75 000 F. Puiforcat est, sinon le seul, du moins le plus connu des orfèvres de l'Art déco. La maison Puiforcat produit aussi une orfèvrerie de style classique de très bonne qualité.

*Service à thé de Jean Puiforcat en argent uni à huit pans cintrés, graine et anse en macassar, chiffré « M. C. ». Il est composé d'une théière, une cafetière, un sucrier et son couvercle, et un crémier. Adjugé 29 000 F par M^es^ Ader-Picard-Tajan, à Drouot, le 19-II-1982.*

Ader-Picard-Tajan

*Plateau en forme de bannette en faïence de Rouen à décor de putti. Rouen, musée des Beaux-Arts.*

Lauros-Giraudon

**putti** n. m. Terme italien (putto, au singulier) désignant des bambins nus et joufflus ornant par exemple les angles des plafonds peints, les alentours des tapisseries, ou des angelots sculptés soutenant des draperies.

**Puy** (Le). C'est en Auvergne et dans le Velay que naquirent les premières dentelles aux fuseaux que l'on appelle « guipures du Puy » et « guipures de Craponne ». Les dentellières de la région montraient une certaine adresse à imiter les fabrications utilisées dans les autres pays. Ces dentelles sont exécutées avec des dessins géométriques réguliers. Grâce à leurs prix moins élevés que ceux des autres dentelles, elles ont été très employées dans la lingerie et l'ameublement. Elles peuvent être exécutées en différentes matières, telles que la laine, le coton, la soie. Bon marché, la dentelle du Puy n'a pas eu à lutter contre la concurrence de la machine, qui n'a jamais pu donner une dentelle aussi résistante que la dentelle exécutée à la main.

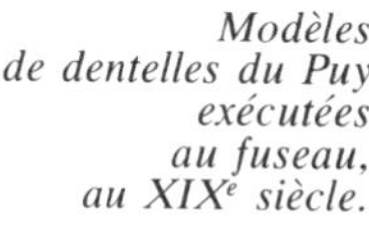

*Modèles de dentelles du Puy exécutées au fuseau, au XIX^e^ siècle.*

Larousse

**Puyo** (Émile Joachim Constant), photographe français (1857-1933). Militaire de carrière, le commandant Puyo quitta l'armée en 1902 pour se consacrer entièrement à la photographie. Adepte, avec Demachy, du pictorialisme, il dirigea le Photo-club de Paris et fonda la *Revue de photographie.*

**pyxide** n. f. (du grec *puxis,* « boîte »). Sorte de boîte en céramique, cylindrique ou sphérique de hauteur variable, avec un couvercle emboîté. La pyxide fait partie du matériel de toilette et de beauté. Elle est généralement d'assez haute époque (VIII^e^-VI^e^ s. av. J.-C.), à décor géométrique ou orientalisant.

Larousse

*Astronomes observant les mouvements des étoiles avec des quadrants azimutaux.*

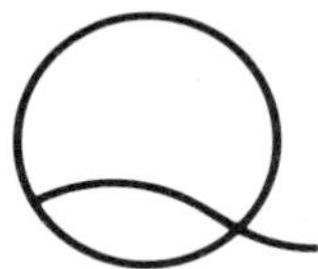

**qalamdān** (mot persan signifiant « plumier »). Découverts au XIX^e siècle par les voyageurs, les plumiers iraniens sont, avec les miroirs, les reliures et les étuis, les objets laqués islamiques (surtout iraniens) que l'amateur peut trouver assez facilement. Le procédé était alors connu sous le nom de « papier mâché ». En effet, le support en papier est broyé avec une colle, puis pressé, moulé et verni. Dédaignés par les collectionneurs et les historiens d'art, les qalamdān ont été redécouverts par les Iraniens eux-mêmes et ont pu atteindre de surprenantes enchères. Les plus notables se distinguent par la perfection technique de l'exécution, le raffinement et la variété des compositions sur fond or (éclat et équilibre des compositions florales), le goût exotique (paysages européens, copies des gravures romantiques, réminiscences indiennes) et les sujets dans lesquels la tradition iranienne se mêle aux influences orientales. De nombreux qalamdān (certains furent de destination royale) portent la signature des grands maîtres iraniens. Cette production, qui commence au XVII^e siècle avec la fin des Séfévides, connaît une grande vogue à l'époque des Qādjārs (fin du XVIII^e s.-début du XIX^e s.).

**Qianlong.** V. CHINE.

**qilin.** Animal fabuleux des folklores chinois et japonais (appelé *kirin* en japonais), généralement représenté avec un corps de cerf, une tête de dragon portant une seule et unique corne, et une longue queue touffue. Le *qin* est le mâle, et le *lin* la femelle. Cet animal est réputé apparaître lors des périodes fastes. Son image est souvent utilisée en décoration.

*Plat creux en porcelaine à décor bleu et blanc d'animaux fabuleux (qilin). Chine, époque Wanli. (D. 24 cm.) Adjugé 3 740 £ par Sotheby, à Londres, le 15-VI-1982.*

**Qing.** V. CHINE.

**qingbai.** Céramique chinoise faite dans la province du Jiangxi (à Hutian principalement) pendant la période des Song, à partir du Xe siècle. Elle présente une glaçure bleu très pâle ou blanc bleuté. Elle est aussi appelée « yingqing ».

**qinghua.** V. SOMETSUKE.

**quadrant** n. m. Quart de cercle plein en bois ou en métal ayant de multiples usages, mais servant toujours à mesurer un angle. Il est ainsi appelé à cause de sa forme.

Le *quadrant d'altitude* est le quadrant le plus ancien. Connu depuis l'Antiquité et muni de deux pinnules* et d'un fil à plomb, il permet de mesurer l'angle formé au-dessus de l'horizon par l'astre. Utilisé en navigation et en arpentage, il sert jusqu'à la fin du XVIIe siècle.

Le *quadrant géométrique,* ou quadrant d'arpentage, se distingue du premier par le remplacement du fil à plomb par une alidade à pinnules. Rendant les mêmes services que le carré géométrique (c'est-à-dire permettant de déterminer la distance d'un édifice lorsqu'on connaît sa hauteur, ou le contraire), il a été très en vogue au XVIe siècle pour les relevés topographiques.

Le *quadrant horaire,* comme le cadran solaire, sert de montre solaire. À partir de la hauteur du soleil, il donne l'heure quand on vise ce dernier au travers de pinnules. Les quadrants horaires les plus perfectionnés sont gravés de lignes horaires et d'une table des latitudes. Le fil à plomb porte une perle, coulissant selon la latitude, qui indique l'heure. Le cadran de Regiomontanus est un dérivé du quadrant horaire.

On trouve rarement l'un des quadrants isolé ; il est souvent associé à un autre, et ils sont plus rarement réunis tous ensemble et forment le « quadrant universel », plus particulièrement de fabrication allemande et très répandu au XVIIe et au XVIIIe siècle. Le musée des sciences de Florence possède une collection d'une vingtaine de quadrants, parmi lesquels un exemplaire universel en bronze doré de Tobias Volkmer datant de 1608, et ayant appartenu au duc de Bavière.

Un quadrant solaire, signé « W. Cowland fecit XVIIIe », a atteint 16 000 F à Paris en 1982, et un autre, anglais, en acajou, du milieu du XVIIIe siècle, a été adjugé 28 700 F en 1986, malgré des pièces manquantes.

**quadrilobe** n. m. Motif composé de quatre fractions de cercle assemblées en forme de pétales. D'origine architecturale, le quadrilobe était employé au Moyen Âge pour décorer des dossiers de sièges, des façades de coffres, des balustrades ou des vitraux. Ce motif, appelé également « quarte-feuilles » ou « quatre-feuilles », a été repris au XVIIIe siècle par les ébénistes pour certaines marqueteries, qui, au centre de croisillons, forment le « décor à la reine ».

**Quaré** (Daniel), horloger anglais (? 1632-1724), est l'inventeur, vers 1686, d'un système à sonnerie « à la demande », dit aussi « à répétition », comportant un seul bouton pour faire sonner les heures et les quarts. Ce système, dont l'invention fut également revendiquée par Edward Barlow (1636-1716) et qui succéda à celui des « sonneries au passage », permettait de connaître l'heure dans l'obscurité ou sans avoir à regarder sa montre. Outre des oignons*, Daniel Quaré produisit des bracket-clocks à carillon et des pendules de parquet.

**quart-de-cercle** n. m. Instrument de marine dérivé du quadrant, permettant de déterminer la position des étoiles. Déjà connu chez les Arabes au Moyen Âge, il était très apprécié par le célèbre astronome danois Tycho Brahé au XVIe siècle. Comme son nom l'indique, il est formé d'un quart de cercle ajouré. Il peut avoir deux formats selon sa destination : il est fixe et de grande taille pour les astronomes (3 m de rayon), mobile et plus petit pour les arpenteurs (de 50 à 80 cm de rayon). Dans ce dernier cas, il est monté sur un pied qui lui permet de pivoter. Il possède deux alidades, l'une fixe, l'autre mobile ; celles-ci ont été remplacées par des lunettes par l'abbé Picard pour son relevé Paris-Amiens, en 1669. Le quart-de-cercle fut utilisé par les arpenteurs jusqu'à la fin du XVIIIe siècle et fut remplacé par les théodolites et les cercles de Borda. Il fit partie de toutes les expéditions marines et terrestres du XVIIIe siècle, telles que celle de La Condamine au Pérou et celle de Maupertuis en Laponie. L'instrument est toujours en métal.

**quartier de Davis** ou **quartier anglais.** Inventé par le navigateur anglais John Davis vers la fin du XVIe siècle, il rappelle l'arbalestrille* et la remplace tout comme le quadrant. Il se compose d'une règle de bois de 3 pieds de long, de part et d'autre de laquelle sont construits deux arcs de cercle gradués de 30 et 60°. Comme l'observateur tourne le dos au soleil au moment de son utilisation, il porte aussi le nom de « backstaff ». John Davis l'a expérimenté au cours de son voyage vers la Californie par le détroit de Magellan en 1794.

Populaire pendant deux siècles, le quartier de Davis disparut vers 1730, lors de l'apparition de l'octant* à réflexion, mais son coût de fabrication, plus modeste que celui de l'octant, prolongea quelque temps son exploitation. Cet instrument relève de la marine, et simplicité et efficacité sont de rigueur pour sa conception. Il est généralement en poirier ou en ébène, parfois rehaussé de limbes en ivoire ou en laiton doré, rarement en ivoire. Un spécimen d'apparat en ivoire signé Thomas Tuttell Charing Cross à Londres, qui était fournisseur attitré du roi d'Angleterre vers 1700, est exposé au National Museum de Greenwich. Comme tous les instruments de marine, le quartier de Davis est souvent de fabrication anglaise. Retenons que 14 000 F ont été atteints par un quartier de Davis anglais en ébène et en buis, exécuté vers 1740 (Paris, 23-IV-1982).

**quartz** n. m. Terme générique recouvrant plusieurs sortes de pierres dures, connues par ailleurs sous d'autres noms. Le quartz est une silice cristallisée, de structure rhomboédrique, présentant de superbes aiguilles pointues à section hexagonale. Les variétés les plus connues sont le cristal de roche, le quartz rose, le quartz fumé, mais il ne faut pas oublier que la citrine, l'améthyste, l'œil-de-chat sont aussi des quartz, de même que certaines pierres opaques (agates, calcédoines, jaspes, opale).

Les utilisations du quartz sont celles des pierres dures et pierres fines en général, et s'étendent de la joaillerie au véritable ameublement. Les contes de fées d'autrefois font état de fabuleux palais de cristal qui, s'ils sont pures utopies, montrent au moins le prestige dont jouissait ce matériau avant l'invention, au XVIII$^{e}$ siècle, du cristal artificiel au plomb. S'il n'y eut pas de palais en cristal de roche, on fabriqua peut-être des meubles, et au moins des objets imposants : candélabres*, surtouts*, aiguières* (XIV$^{e}$-XV$^{e}$ s.), des coupes, des boîtes diverses, des reliquaires, car la transparence du cristal permettait la contemplation des vénérables ossements.

Avant le XVIII$^{e}$ siècle, le cristal de roche servit aussi à toute une gobeleterie* de luxe mais utilitaire : verres à boire, carafes, salières, jattes... Sous Louis XIV, les pendeloques des lustres et des girandoles* à la mode étaient parfois taillées en cristal de roche.

Le quartz rose, moins exploité autrefois, est, en revanche, une des matières premières favorites des bibelots venus d'Extrême-Orient : danseuses, dragons, vases compliqués de fabrication industrielle et contemporaine, que l'on tente de faire passer pour anciens.

**quatre-portes** n. m. Nom donné par les antiquaires à des bahuts à deux corps dont la partie supérieure, à deux portes, prolonge symétriquement le corps du buffet bas qui la supporte.

**quenouille** n. f. Longue tige au bout de laquelle la fileuse fixe le chanvre ou le lin, qui est ensuite filé au fuseau ou au rouet. Avant que l'importation de produits étrangers (coton) et l'industrialisation du textile ne remplacent le travail domestique, chaque foyer connaissait le filage sur des quenouilles de bois ou d'osier, munies de têtes arrondies ou en forme de fourche à deux ou trois pointes pour mieux maintenir la filasse. Ornées de peinture dans l'Ariège, savamment sculptées en Auvergne, où elles étaient offertes en « présent d'amour », les quenouilles symbolisent dans nombre de provinces l'insertion de la jeune épouse dans un nouveau foyer et son appartenance au monde des adultes. En Île-de-France, d'après la tradition, la jeune mariée fait don à la Vierge, le dimanche suivant son mariage, d'une quenouille votive de bois, recouverte de rubans de soie.

En sculpture, la quenouille est une longue baguette de fer terminée par une olive servant à obstruer ou non l'entrée de métal en fusion dans le moule d'une statue.

**quille** n. f. Morceau de bois long et cylindrique que l'on renverse à l'aide d'une boule. Les quilles donnent lieu à un jeu ancien, dont l'origine date en France du XIV$^{e}$ siècle et qui est d'abord très apprécié dans les classes populaires, mais aussi dans la haute aristocratie à partir du XVII$^{e}$ siècle. Suscitant des paris d'argent, le jeu de quilles est, à ce titre, interdit par les édits royaux, vainement répétés. Aujourd'hui, il subsiste, notamment sous la forme du « bowling ». Jusqu'à la Renaissance, les joueurs le pratiquent « au bâton ». Ce n'est qu'au XVII$^{e}$ siècle que les quilles se renverseront par une boule. Taillées dans du bois, les quilles, à l'origine, sont de forme conique, puis, au cours des siècles, elles s'affinent et revêtent des formes élégantes et compliquées ; elles sont taillées au tour. Les manières de jouer ont beaucoup varié et le jeu peut comporter 3, 5, 6, 10 quilles ; les projectiles peuvent être soit des bâtons, soit des boules lisses ou percées de trous, ou de boulets.

**Quimper.** Vers 1740, un peintre faïencier originaire de Rouen s'installe à Quimper dans le faubourg de « Loc Maria », dans une fabrique de poterie qui devait déjà exister depuis les débuts du XVIII$^{e}$ siècle.

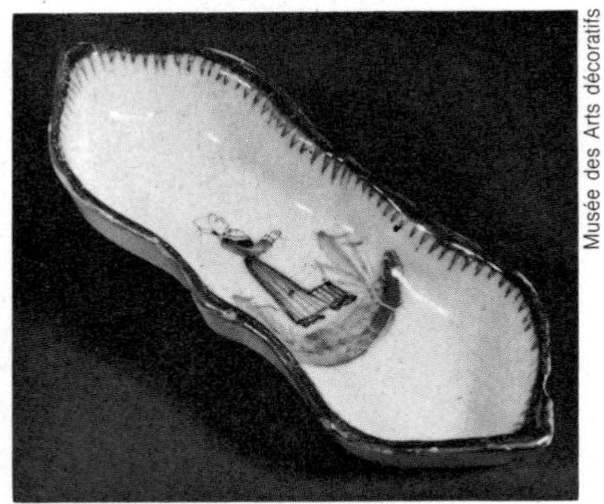

Musée des Arts décoratifs

*Cendrier en faïence de Quimper, fin du XVIII$^{e}$ siècle. Paris, musée des Arts décoratifs.*

Ses faïences rappellent les décors extrême-orientaux de Rouen, mais sont nettement inférieures de qualité et de finition. Un nombre important de pièces signées P.C. ou C. (Pierre Caussy) sont attribuées à cette fabrique.

Tout au long du XIX$^{e}$ siècle, celle-ci a produit des faïences d'une moindre qualité et différents types de poteries vernies. Un marché régional assez intéressant existe pour toutes les faïences bretonnes du XVIII$^{e}$ et du XIX$^{e}$ siècle, de Quimper autant que de Rennes.

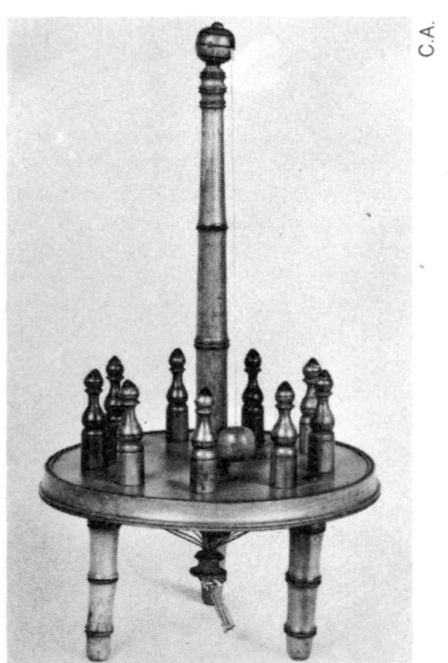

C.A.

*Jeu de quilles en bois.*

**quinaire** n. m. Monnaie romaine valant un demi-aureus si elle est en or ou un demi-denier si elle est en argent. Les quinaires sont beaucoup plus rares que les aurei et les deniers.

**quinquet** n. m. Lampe à huile qui porte le nom de son inventeur, de la fin du XVIII$^{e}$ siècle ; le système de combustion de cette lampe se caractérise par un double courant d'air qui donne à la flamme une luminosité encore activée par un tube de verre placé verticalement. Des quinquets à 2, 3 ou 4 becs étaient utilisés, jusqu'au milieu du XIX$^{e}$ siècle, pour l'éclairage des cafés, des boutiques et des lieux publics.

*Cabinet en placage d'amarante, bois des îles et sycomore teinté vert avec incrustations d'ivoire, sur six montants à pans coupés reposant sur des pieds boules réunis par une tablette. XVII^e siècle. Adjugé 130 000 F par M^es Ader-Picard-Tajan, à Monte-Carlo, le 12-XII-1982.*

*Buffet à deux corps, en chêne mouluré et sculpté orné de panneaux historiés illustrant la parabole du Fils prodigue. Bourgogne, fin du XVI^e siècle.*

*Bureau de changeur en placage de bois d'olivier marqueté en ailes de papillons et filets de bois de violette. Provence, seconde moitié du XVII^e siècle. Adjugé 38 000 F par M^es Ader-Picard-Tajan, à Drouot, le 24-X-1980.*

*Commode à façade légèrement mouvementée en bois de placage marqueté de vases fleuris Travail de Jasmin, époque Louis XIV. Adjugée 210 000 F par M^es Ader-Picard-Tajan, à Drouot, le 19-XII-1981.*

*Commode à incrustation d'écaille rouge et de cuivre. Travail de Boulle, époque Régence. Christie's (vente Cartwright).*

*Console en bois sculpté et doré à ceinture sinueuse reposant sur deux pieds arqués terminés en volutes, ornés de griffons ailés, et réunis par une entretoise ceintrée. Dessus de brocatelle beige rosé. Attribuée à Pierre Toro, époque Régence. Adjugée 158 000 F par Mes Couturier-Nicolay, à Drouot, le 18-XI-1981 (vente Bensimon).*

*Commode galbée en placage de satiné marqueté de cartouches en amarante et d'encadrements en bois de rose, ornements en bronze ciselé et doré, dessus de marbre fleur de pêcher. Estampille de BVRB, époque Louis XV. Adjugée 540 000 F par Mes Couturier-Nicolay, à Drouot, le 18-XI-1981 (vente Bensimon).*

*Bureau de pente, mouvementé, toutes faces en bois de placage marqueté de branchages fleuris et feuillages, orné de bronzes ciselés et dorés. Attribué à Dubois, époque Louis XV.*

Ader-Picard-Tajan

*Commode galbée en laque de Chine à décor de fleurs, oiseaux et papillons sur fond noir pieds cambrés, ornementation de bronzes ciselés et dorés, dessus de marbre gris veiné. Estampille de M. CRIAERD époque Louis XV. Couturier-Nicolay.*

Couturier-Nicolay

Couturier-Nicolay

*Table chiffonnière galbée, en bois de placage marqueté toutes faces, pans coupés, pieds cambrés, ornée de bronzes ciselés et dorés. Époqe Transition Louis XV-Louis XVI. Couturier-Nicolay.*

Binoche-Godeau

*Commode à ressaut en placage de satiné et amarante, décor de guirlandes de lauriers en bronze doré, estampille de Rieseneur, époque Louis XVI. Adjugée 3 800 000 F par Mes Binoche-Godeau, à Drouot, le 21-XII-1987.*

Sotheby Parke Bernet

*Bureau plat et son cartonnier en ébène, à décor de bronze dorée. Attribué à Joseph Baumhauer, époque Louis XVI, vers 1770. Adjugé 5 000 000 F par Sotheby, à Monte-Carlo, le 15-VI-1981.*

Sotheby Parke Bernet

*Commode à encoignures de forme demi-lune, en placage de bois satiné, pieds fuselés, ornements de bronze ciselé et doré, dessus de marbre veiné brun et gris. Estampille de Saunier, époque Louis XVI.*

Couturier-Nicolay

*Secrétaire de dame, en bois de placage marqueté d'instruments de musique, décor de bronze ciselé et doré, dessus de marbre bleu turquin. Époque Louis XVI. Adjugé 135 000 F par Mes Couturier-Nicolay, à Drouot, le 18-XI-1981 (vente Bensimon).*

*Secrétaire à incrustations de sycomore sur fond de palissandre. Époque Charles X. Adjugé 88 000 F par Mes Ader-Picard-Tajan, au Nouveau Drouot, le 18-XII-1987.*

Ader-Picard-Tajan

Sotheby Parke Bernet

*Secrétaire en marqueterie de citronnier dans des encadrements d'amarante, montants formés de colonnes détachées à cannelures simulées, pieds en toupie, décor de bronze ciselé et doré, dessus de marbre bleu turquin. Attribué à Levasseur, époque Louis XVI.*

C.d.A. Edimedia-Millet

*Ensemble de mobilier de l'époque Charles X en placage de bois clair marqueté de palmettes et rinceaux en bois plus foncé.*

Ader-Picard-Tajan

*Deux chaises
d'une suite de quatre,
en noyer,
pieds antérieurs et traverse
tournés en balustre,
pieds postérieurs
à section carrée,
réunis par une entretoise
plate moulurée.
Garniture en tapisserie
de Bruxelles
du début du XVII^e^ siècle.
Bourgogne du Sud,
époque Louis XVI.
La série adjugée 40500 F
par M^es^ Ader-Picard-Tajan,
à Drouot, le 24-IX-1981.*

Couturier-Nicolay

*Fauteuil en bois sculpté et doré,
pieds cambrés réunis par une entretoise.
Garniture en tapisserie à décor
d'une fable de La Fontaine.
Époque Régence. Couturier-Nicolay.*

Bridgeman Cooper Library

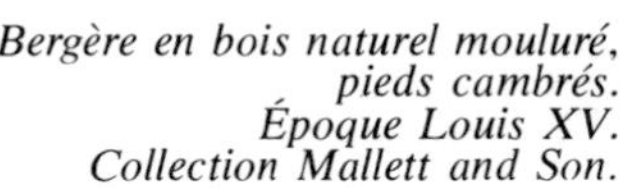

*Bergère en bois naturel mouluré,
pieds cambrés.
Époque Louis XV.
Collection Mallett and Son.*

# SIÈGES

*Paire de fauteuils de style chinois. Travail de l'ébéniste anglais Chippendale, vers 1770. Collection Mallett and Son.*

Bridgeman Cooper Library

Couturier-Nicolay

*Fauteuil d'une suite de quatre, en bois relaqué crème à dossier cintré, montants à colonnettes, pieds fuselés et cannelés. Fin de l'époque Louis XVI.*

Sotheby Parke Bernet

*Lit de repos, à dossier en crosse, en placage de thuya, pieds griffes et ornements en bronze ciselé et doré. Époque Empire.*

Christie's

Sotheby Parke Bernet

*Armoire en acajou richement sculptée. Dessinée par Robert Adam en 1764 et exécutée par John Cobb ; Angleterre, époque George III.*

*Cabinet-bureau, à corniche moulurée, en bois marqueté de fleurs, pieds en forme de socle. Angleterre, époque Queen Ann.*

*Bureau plat en bois naturel partiellement noirci, ceinture mouvementée à enroulement, décor de rinceaux feuillagés et d'armoiries, pieds cambrés à volutes. Italie, début du XVIIIe siècle. Adjugé 180 000 F par M[es] Ader-Picard-Tajan, à Monte-Carlo, le 12-XII-1982.*

Ader-Picard-Tajan

*Un atelier de reliure ; détail d'une planche extraite du manuel* le Relieur-Doreur *de Dudin (1777). Paris, Bibliothèque nationale.*

**Rabier** (Benjamin), dessinateur et caricaturiste français (1869-1939). Imagier populaire, Benjamin Rabier a créé pour les enfants un univers animalier plein de drôlerie. En plus de sa participation à des périodiques, sa production comprend des albums, des almanachs, des planches d'images d'Épinal, des planches publicitaires, des affiches et des cartes postales. Rabier fut l'un des précurseurs de la bande dessinée.

**rabot** n. m. Outil utilisé dans l'ensemble des métiers du bois, servant à aplanir et à dresser les pièces de bois après dégrossissage. Il est généralement formé d'un parallélépipède de bois dur (cormier, chêne vert, bois des îles). Le fût est traversé, en oblique, par une lame de fer, qui affleure la partie inférieure. Cette lame est bloquée dans le fût par un coin (ou clé) de bois, lequel s'insère dans la cavité laissant le passage à la lame (la lumière). Un contre-fer, s'appuyant sur la lame et serré par la clé, accentue la pression. Le rabot classique est à fer traversant. Selon leur dimension, les rabots adoptent des noms spécifiques (colombe, varlope, riflard, sabot). Certains rabots sont à fer latéral (bouvets, guillaumes). Quelques-uns sont munis de poignée. La qualité du bois, l'état de conservation (les premiers rabots datent de l'Antiquité), l'imprégnation, le poli apporté par l'usage, les sculptures, les monogrammes et devises gravés font de certains rabots des pièces de musée, à tel point que des collectionneurs se sont spécialisés dans cette gamme, certainement la plus riche dans le domaine des outils anciens.

**rachat.** V. RAVALER.

**racinage** n. m. Opération consistant à projeter sur la peau d'une reliure des couleurs formant des veines et des filets rappelant l'aspect des racines : veau, basane racinée. Découvert au XVI^e^ siècle, le racinage fut surtout utilisé abondamment à la fin du XVIII^e^ siècle et dans la première moitié du XIX^e^, particulièrement pour les livres de prix ou les livres de piété.

**radié.** Se dit d'un portrait monétaire sur lequel le roi ou l'empereur apparaît avec des rayons issus de sa tête. Cette représentation, assez rare chez les Grecs (à l'exception de certains rois séleucides), est très commune sur les antoniniens* romains.

**rafraîchissoir** n. m. Baquet rond ou ovale garni intérieurement de cuivre ou de zinc, servant à garder au frais vins, liqueurs et autres boissons. Les rafraîchissoirs étaient remplis de glace, d'eau fraîche ou de sel marin. Les plus anciens remontent au Moyen Âge, mais c'est surtout

*Paire de seaux à glace ou « rafraîchissoirs » en faïence de Marseille. Vers 1770. (H. 31 cm.) Ancienne coll. Reynaud.*

au XVIIe et au XVIIIe siècle que le rafraîchissoir se présente comme un ornement de table souvent somptueux, en or ou en vermeil.

Par abréviation, on appelle également « rafraîchissoirs » les tables à caissons portant un ou plusieurs bacs de métal.

**Raghès.** V. RAYY.

**rai-de-cœur** n. m. Ornement composé de fleurons, de fers de lance, de feuilles d'eau, dont la succession évoque la forme du cœur. Placés sur une moulure convexe entre perles et pirouettes, les rais-de-cœur appartiennent au répertoire ornemental de la Grèce et de la Rome antiques, et réapparaissent dans le vocabulaire du style Louis XVI avec beaucoup d'élégance.

Nicolas Prudhomme

*Porte d'armoire normande décorée de motifs « rais-de-cœur ». visibles en bordure des panneaux et autour du médaillon.*

**Raimondi** (Marcantonio), graveur italien (Bologne 1480-1534). Raimondi grava d'abord des sujets religieux de sa propre invention, puis il traduisit à l'eau-forte des gravures sur bois de Dürer, en ajoutant sa propre signature à celle du maître allemand, ce qui lui valut de comparaître devant le tribunal de Venise. Il se rendit à Rome, où il grava les œuvres de Raphaël, pendant huit ans, avec un remarquable talent, contribuant à la propagation des œuvres du grand peintre dans toute l'Europe. En 1525, il fut emprisonné pour avoir gravé les seize « modi » (postures) d'après Giulio Romano, jugées indécentes par le pape Clément VII. Le siège et le sac de Rome en 1527 le contraignirent à retourner à Bologne.

**Rājasthān.** Cette région du nord-ouest de l'Inde est divisée en deux parties par la chaîne des Arāvalli : au nord, ce sont les États désertiques (Mārwār et Jodhpur, Jaipur, Bīkaner) et, au sud, les États fertiles (Mewār, Mālwa, Bundī et Kotah), soit une vingtaine d'États féodaux, gouvernés jusqu'au XIXe siècle par les Rājputs, ethnie d'origine indo-européenne formant un type de société aristocratique et féodale (sorte de chevalerie avec exaltation des vertus militaires et idéal courtois). Après avoir résisté aux Moghols, les Rājputs leur furent soumis. Le caractère de cette société est reflété par de nombreuses écoles de peinture. L'art du Mewār est un art typiquement local, dont l'apogée se situe au XVIIe siècle dans un style archaïsant emprunté à l'illustration des livres religieux et des *rāgamālās*.

Au XVIIIe siècle prédominent dans la miniature — à Jodhpur notamment — les éléments locaux, une ligne simple, des couleurs franches et contrastées (de nombreux portraits équestres très stylisés sont très représentatifs).

Au XIXe siècle apparaît un style plus animé, avec des scènes de chasse au sanglier, une description minutieuse de la vie quotidienne seigneuriale ; le Bundī est caractérisé par la végétation exubérante et tropicale, qui sert de décor à des scènes de cour et de couples enlacés ; le Mārwār est une véritable mer de sable et est l'État le plus grand du Rājasthān.

Le style de Jaipur et de Bīkaner (scènes de cour, légende de la vie de Krishna, représentations de villes occidentalisées) a très longtemps été confondu avec celui des Moghols de Delhi. Les peintures de ce style constituent une des collections les plus importantes de l'Inde. Dans l'ensemble, l'art du Rājasthān est, selon R. Grousset, « héritier du grand art d'Ajantā et des fresques d'Ellorā... Il se réfère en effet aux thèmes éternels de la poésie nationale, aux épopées, aux poèmes krishnaïtes et civaïtes, aux érotiques indiens ».

**raku.** Céramique japonaise faite à la main dans un style rustique et cuite à basse température, apparue pendant la période de Momoyama (1573-1603) et principalement destinée à la cérémonie du thé (chanoyu). La famille Raku, issue de son créateur Chōjirō, qui vivait à l'époque de Hideyoshi, continue à œuvrer dans le même style. Les teintes de cette céramique sont essentiellement le rouge, le noir ou le blanc.

**rampe** n. f. Balustrade de pierre, de bois ou de fer fixée le long de l'escalier et servant d'appui. Les rampes d'escalier exécutées en fer forgé ont donné lieu, au cours des siècles, notamment au XVIIIe siècle et au cours de la période Art nouveau, à de petits chefs-d'œuvre de ferronnerie aux motifs décoratifs variés et aux structures d'une grande élégance.

**Ramsden** (Jesse), fabricant anglais d'instruments d'optique (Halifax 1730 - Londres 1800). Ramsden travailla d'abord avec son père, fabricant de draps, et put acquérir une culture tant littéraire que scientifique. Il fut à partir de 1758 apprenti chez un opticien de Londres. En 1768, il s'installa à son compte et fabriqua des instruments pour les grands constructeurs ; il avait épousé la sœur de Peter Dollond*. Il mit au point vers 1773 une machine à diviser les cercles susceptible de l'aider dans la construction des sextants, en permettant une précision plus grande dans la division des limbes. Il inventa des modèles de cuves barométriques, l'une des premières machines électriques à plateau et l'une des balances de précision. Sa réputation fut également due à de grands instruments d'astronomie et de géodésie, et il collabora avec les observatoires européens. Il eut un grand rôle dans l'évolution des sciences et fut admis à la Royal Society en 1786. Il travaillait lentement et n'hésitait pas à détruire un instrument défectueux ou qui ne lui convenait pas. Son atelier comptait une cinquantaine de personnes et produisait des ouvrages courants. Ramsden aurait travaillé sur les pièces délicates jusqu'à la fin de sa vie. Il a fourni à Cassini une lunette méridienne en 1788, et ses instruments font partie de toutes les grandes collections.

**râpe à tabac.** Objet utilisé par les priseurs dès le milieu du XVIIe siècle, pour râper les carottes de tabac. Objet de luxe raffiné — le tabac reste jusqu'à la fin du XVIIIe siècle le privilège des classes riches —, la râpe à tabac peut être de bois, d'ivoire, de métal précieux, de faïence, de marqueterie richement décorée de blasons, de devises, de scènes bibliques et mythologiques. Elle est aujourd'hui devenue un thème de collection.

**rapporteur** n. m. Instrument de mesure moins spectaculaire que les autres instruments auxquels il est souvent associé. Le rapporteur est un demi-cercle, plein ou évidé, gradué en 180°, qui permet de tracer les angles et qui fait partie de l'étui de dessinateur. En métal, en bois, en os ou en ivoire, il est toujours en usage et a été construit aux XVIIe et XVIIIe siècles par les meilleurs « faiseurs » d'instruments. Quelques prix peuvent donner une idée des enchères : 130 F pour un grand rapporteur en laiton (44 x 3, Angleterre, XIXe s.) à Saint-Brieuc le 18-VII-1981 et 8 500 F pour un rapporteur en laiton doré de 180° à alidade, signé « Macquart à Paris » (156 x 106, début du XVIIIe s.) à Paris le 27-IV-1979.

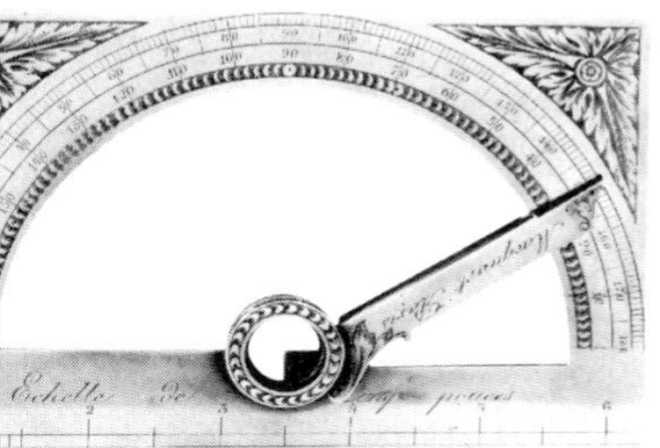

*Rapporteur en laiton doré avec alidade, signé Macquart à Paris, début du XVIIIe siècle. (156 × 106 mm.)*

**Raqqa.** C'est sous le nom de Raqqa — ancienne cité caravanière, détruite par les Mongols en 1259 — que les historiens ont pris l'habitude de cataloguer la majorité des productions ayyūbides (milieu du XIIe s. - milieu du XIIIe s.) de Syrie..., alors que d'autres ateliers moins connus (Rausafa, Meskeneh) ont également participé à l'art ayyūbide. Sous cette étiquette, on connaît surtout trois grandes séries d'objets : des céramiques monochromes de toute taille, à dominante bleu turquoise, fortement irisées (vases, coupes, tabourets hexagonaux, kursi*, statuettes) ; des céramiques à décor peint en noir sous une glaçure transparente turquoise (pichets, albarelli, bols) ; des céramiques à reflets métalliques, notamment de grandes jarres à décor calligraphié en léger relief.

**Rassenfosse** (André Louis Armand), peintre, dessinateur et graveur belge (Liège 1862 - *id.* 1944). Très lié à Félicien Rops, dont il fut l'élève et l'ami, il mit au point avec ce dernier une formule de vernis mou qu'ils appelèrent « ropsenfosse ». Il apprit la lithographie à Paris. Vers 1890, il s'associa avec l'éditeur-imprimeur Auguste Bénard, pour lequel il réalisa de nombreuses affiches dans le style Art nouveau. De 1895 à 1897, il exécuta l'illustration des *Fleurs du mal* de Baudelaire.

C.A.

*Râpe à tabac en ivoire sculpté de Dieppe. XVIIIe siècle.*

**Rateau** (Armand Albert), artiste décorateur français (1882-1938). Après avoir été élève à l'école Boulle et apprenti chez G. Hoentschell, Rateau fonda en 1919 ses propres ateliers, réalisant la décoration de l'hôtel de Jeanne Lanvin (1920 - 1922). Il se distingue des autres artistes Art déco par un culte pour l'Antiquité et par l'usage fréquent du bronze, confié au sculpteur Plumet, qui, dans ses réalisations, s'inspire souvent de l'orientalisme. Ne participant à aucune manifestation artistique et n'exposant pas, il a travaillé essentiellement pour des particuliers. La rareté et le raffinement de ses œuvres expliquent des enchères élevées : 260 000 F pour une paire de fauteuils en bronze patiné vert « antico » à piétement et à accotoirs en arc de cercle ornés de motifs de coquillages en relief, et 110 000 F pour une table de toilette en bronze patiné vert « antico », comportant un tiroir en ceinture, un piétement « fuseau » cannelé et un plateau rectangulaire en marbre noir (Enghien, 15-XI-1981).

Sotheby Parke Bernet

*Table d'Armand Rateau en marbre noir et bronze doré, divisible en deux consoles et munie d'allonges centrales. Exécutée en 1927 pour Jeanne Lanvin. Adjugée 70 000 F par Sotheby, à Monaco, le 19-VII-1982.*

**ravaler.** Action qui consiste, pour un commissaire-priseur, à simuler une adjudication lorsqu'il estime que la dernière enchère est insuffisante pour la valeur de l'objet.

Le meuble ou la pièce « ravalés » sont restitués au vendeur moyennant 3 p. 100 de frais. L'objet repris peut être mis en vente dans l'espoir de meilleures enchères.

En période de stagnation du marché, on compte dans certaines ventes 30 à 40 p. 100 de rachats, ou « ravalos », selon l'expression péjorative des marchands. Le nombre élevé des reprises s'explique souvent par les exigences des vendeurs, qui posent des prix de réserve trop élevés, préférant reprendre leur bien si les enchères n'atteignent pas le minimum demandé.

**Ravenscroft** (George), verrier anglais (1618 - 1681). Il participa à la mise au point du cristal au plomb dans la première moitié du XVIIe siècle. Ses œuvres, extrêmement rares, sont parfois signées d'un sigle, sorte de cachet, imprimé dans la masse vitreuse, représentant un corbeau.

**rayure** n. f. Défaut apparaissant sur la surface d'une monnaie et provenant soit d'un accident, soit d'une phase de la fabrication. (V. AJUSTAGE.)

**Rayy.** L'antique cité (située au sud de Téhéran) que les géographes grecs connaissaient sous le nom de Raghès et où séjourna Alexandre le Grand fut une importante place forte sous les Parthes. Les Arabes s'intéressèrent très tôt à cette ville, et le célèbre calife 'abbāsside Harūn al-Rachid y naquit. Mais c'est surtout avec les vizirs

*Plat de Rayy en céramique lustrée à décor d'un oiseau fantastique entouré de rinceaux. Fin du XIe siècle. Adjugé 280 £ par Christie's, à Londres, le 2-VII-1980.*

Christie's

*Panneau brodé de rechti au champ ivoire décoré de personnages. (246 × 160 cm.)*

Christie's

« iraniens » būyides que Rayy entre dans l'histoire de la culture et des arts musulmans : ses philosophes, ses poètes, ses mystiques, ses médecins n'ont rien à envier aux autres capitales de l'Orient ; quant à ses artisans, leur renommée est encore présente dans toutes les mémoires : les soieries les plus précieuses des premiers siècles de l'Islām ont été découvertes sur ce site (trésors de Bibi Chahr-e-Banu). On pense également que c'est dans les fours de Rayy que les potiers, à l'instar de ceux de Mésopotamie, ont perfectionné toutes les nouvelles formules de fabrication des faïences et des céramiques siliceuses* : lustres métalliques, pâtes tendres, monochromes. La notoriété des potiers de Rayy s'affirme surtout à partir du XIe siècle avec les Seldjoukides.

**recel** n. m. Les antiquaires et les brocanteurs savent que la pratique du recel — c'est-à-dire la détention d'objets volés — peut leur coûter leur profession. Pour éviter le recel, la loi les oblige à tenir à jour un livre de police qui décrit les objets acquis et permet d'identifier les vendeurs. La loi du 30 novembre 1987 a fortement aggravé les peines en cas de recel (v. ANTIQUAIRE). Malheureusement, le recel continue d'alimenter les exportations clandestines.

**réchaud** n.m. Appareil destiné à faire chauffer de l'eau ou des aliments. C'est à la fin du XVIIe siècle que le réchaud à esprit de vin (à alcool) remplace l'ancienne chaufferette à braise. Sa manipulation, plus propre et plus pratique, permet d'en faire un objet de table, voire de salon.

De jolis réchauds d'orfèvrerie accompagnent ainsi la cafetière, la bouilloire, et plus tard la fontaine à thé. Les réchauds du XVIIIe siècle sont parfois une simple cassolette à manche contenant l'alcool et la mèche, que l'on glisse entre les pieds de la verseuse. Mais, le plus souvent, il se compose d'un trépied qui soutient le cercle où l'on pose le récipient, avec, juste en dessous, la petite lampe où brûle l'alcool. Ils étaient utilisés pour confectionner une tasse de thé ou de chocolat, tourner rapidement une crème ou une bouillie, faire réchauffer un en-cas, ou maintenir, pendant le repas, les plats au chaud. À partir de la fin du XVIIIe siècle, les réchauds accompagnent presque toujours des mallettes nécessaires de voyage.

**rechti douzi** (expression persane signifiant « cousu à Recht »). Broderie et application de divers éléments textiles polychromes sur un fond de feutre (le plus souvent rouge garance ou bleu de nuit), qui doivent leur nom à la ville qui les fabriquait : Recht, capitale du Gilan, au nord-ouest de l'Iran, près de la mer Caspienne, centre commercial considérable sur l'ancienne route de la soie depuis l'Antiquité. Ces tentures très caractéristiques représentent assez fréquemment des scènes animées inspirées par la mythologie ou la « légende » persane, des scènes de chasse, des princes, des danseuses, des démons..., se détachant sur un champ de fleurs. Exportées en grande quantité à partir du XIXe siècle ou ramenées par les voyageurs, les rechti séduisent encore les amateurs par leur côté exotique et leur naïveté étrange.

**recingle** n. f. Outil utilisé en orfèvrerie pour exécuter les décors en repoussé sur des récipients à l'encolure étroite. C'est une tige d'acier courbée à une extrémité et pliée en L à l'autre. L'extrémité courbe est introduite à l'intérieur de l'objet, dont elle vient « repousser » la paroi lorsque l'artisan frappe du marteau sur l'autre extrémité. Cette manière indirecte de procéder requiert évidemment un tour de main plus délicat que la ciselure « en direct » par l'extérieur.

**récipiangle** n. m. Instrument servant à reporter directement sur le papier les angles levés sur le terrain. Il est composé d'un compas à branches plates portant des pinnules. L'une des branches se déplace devant un secteur gradué fixé sur l'autre branche. En usage dès le XVIe siècle, le récipiangle est en cuivre ou en laiton. Il est décrit dans l'ouvrage d'Ozanam *Méthode pour lever les plans et les cartes de terre et de mer* (1693).

**réclame** n. f. Dans les premiers temps de l'imprimerie, les imprimeurs répètent au bas de chaque cahier d'impression, dans la ligne de queue, le premier mot ou la première syllabe du mot de la première page du cahier suivant. Cet usage, antérieur à la pagination, a disparu à la fin du XVIIIe siècle.

**Redon** (Odilon), peintre, lithographe, dessinateur et aquarelliste français (Bordeaux 1840 - Paris 1916). Artiste « obsédé par le monde obscur de l'indéterminé » (Jean Adhémar, *la Gravure originale au XIXe siècle),* Odilon Redon fut considéré par les symbolistes comme l'un des leurs. Il avait appris la gravure de Bresdin et se lança aussi dans la lithographie, exposant pour la première fois ses estampes au Salon de 1877. Il a traduit par ses œuvres le monde fantastique du rêve, de l'imaginaire, de l'ésoté-

La Tentation de saint Antoine *de Gustave Flaubert, ouvrage illustré de lithographies et gravures sur bois d'Odilon Redon. Édité par Ambroise Vollard, à Paris, en 1938. Vendu 5 200 dollars par Christie's, à New York, le 21-XI-1981.*

risme. Ses lithographies trouvent preneurs à des prix généralement élevés.

**réemboîtage** n. m. Action de remettre un livre dans sa reliure originelle, après lavage ou restauration. Le réemboîtage peut être une mauvaise action qui met un livre dans une reliure qui ne lui était pas destinée. Les faussaires s'efforcent de créer des oiseaux rares, en réalisant un mariage d'intérêt entre un livre et une reliure qui n'étaient pas faits l'un pour l'autre. Ce travail est toujours délicat, souvent décevant, mais parfois difficile à déceler : l'épaisseur du livre coïncide rarement avec celle du dos, le cuir se distend et le volume bâille.

**reflex.** Se dit d'un système photographique apparu dans les années 1890 et permettant une visée indirecte de l'image par réflexion de celle-ci sur un miroir. Il existe des appareils reflex à simple et à double objectif.

**réformation** n. f. Frappe directe de nouveaux types monétaires sur d'anciennes monnaies prises à la place de flans neufs. La monnaie réformée présente donc toujours sous le type monétaire le plus récent les traces du type le plus ancien. Ce processus de création de nouvelles espèces par surfrappe* et sans refonte des anciennes monnaies est caractéristique de la fin du règne de Louis XIV et du début du règne de Louis XV ; il fut rendu nécessaire par l'état déplorable des finances de l'État à la suite des guerres incessantes.

Sous Louis XIV, quatre grandes opérations de réformation eurent lieu, tant pour l'or que pour l'argent, en 1689, 1693, 1701 et 1704. Les écus ou les louis réformés portent toujours un différent spécial de réformation ; leur lisibilité, notamment en ce qui concerne la date et l'atelier, est très souvent altérée par la surfrappe. Il existe parfois, à côté des frappes réformées, un petit quota de frappes sur flans neufs, qui sont alors beaucoup plus rares (pour un même état de conservation, un écu vertugadin flan neuf de Louis XV vaut le double d'un spécimen réformé).

**réformé.** Se dit d'une monnaie ayant subi la réformation.

**refrappe** n. f. Frappe d'une monnaie, d'une médaille ou d'un jeton postérieure à l'émission d'origine. Les refrappes valent évidemment infiniment moins cher que les frappes d'origine. Elles sont relativement rares pour les monnaies, encore qu'aux XIXe et XXe siècles on ait procédé à des refrappes abondantes pour les collectionneurs ou pour des besoins économiques. Des exemples fameux de refrappes monétaires sont ceux des thalers d'argent de Marie-Thérèse d'Autriche, datés de 1790, des pièces de 4 ducats d'or de François-Joseph datées de 1915 ou, tout simplement, des « louis d'or » français de 20 F datés de 1907 à 1914 et refrappés par la Banque de France entre 1951 et 1960. En ce qui concerne les médailles françaises, les refrappes sont nombreuses, car la Monnaie possède une grande collection de coins et peut refrapper à la demande. Toutefois, la distinction des exemplaires anciens est assez facile et rendue encore plus aisée par l'apposition, depuis 1832, d'un poinçon sur la tranche, indiquant la nature du métal.

**Regiomontanus** (Johann Müller), astronome et mathématicien allemand (Königsberg 1436 - Rome 1476). Il a étudié à l'université de Leipzig en 1447, à Vienne en 1450, puis en Italie auprès du cardinal Bessarion. En 1471, un riche bourgeois, Bernhard Walther, mit à sa disposition à Nuremberg un observatoire, un atelier pour la fabrication d'instruments et une imprimerie. Regiomontanus se consacra à ses propres travaux et à l'édition d'œuvres scientifiques. Le pape Sixte IV l'appela à Rome en 1475 pour lui confier la réforme du calendrier.

**régionaux** (styles des meubles). V. TABLEAU, pp. 414, 415.

**réglage** n. m. Entourage d'un texte manuscrit ou imprimé de lignes tracées à la main et à l'encre de diverses couleurs (principalement rouge). L'usage de régler les exemplaires est très ancien et s'est conservé au long du XVIIe siècle pour les livres destinés à de grands personnages ou à des bibliophiles.

**règle** n. f. Le plus simple et le plus ancien des instruments de dessin, la règle comporte de multiples variantes selon sa destination. Elle est plate et de longueurs différentes. Elle est l'instrument indispensable de tout étui* de mathématique ou d'étui de dessinateur. En métal, en bois ou en ivoire, portant une graduation (pied, centimètre) selon l'époque, elle peut être pliante, à coulisses, associée à une autre pour former des règles parallèles, ou faire partie d'un instrument. Les règles du XVIe et du XVIIe siècle sont les plus décoratives, et celles du XVIIIe siècle les plus justes.

Les *règles parallèles* sont deux règles retenues par deux traverses formant un parallélogramme. Elles sont utilisées en marine pour la lecture des cartes depuis le XVIe siècle. Certains modèles plus perfectionnés possèdent un tube qui permet de faire rouler l'appareil sur la carte.

Une règle d'artilleur signée « Pierre Le Maire à Paris » vers 1740, en laiton et en acier, munie d'une boîte d'époque en noyer a été adjugée 28 000 F à Paris les 9 et 10-X-1980 ; des règles parallèles en ébène à traverse en laiton (53 cm, XIXe s.) ont été vendues 420 F à La Rochelle le 18-VII-1981 ; une grande règle roulante en laiton poli, placée dans sa boîte de transport, a atteint 900 F à Melun le 25-X-1981 et une règle des parties égales en laiton signée « Charot à Paris », XVIIIe siècle, a été vendue à Paris le 28-IV-1982 pour une somme de 1 150 F.

**régulateur** n. m. Horloge de précision, le régulateur est, à l'origine, réservé au seul usage de l'horloger, à qui il servait d'étalon pour le réglage des horloges destinées à la commercialisation. Il était également fabriqué en vue de travaux scientifiques, notamment pour la marine, qui l'employait pour des mesures de précision et divers relevés. Dès le XVIIIe siècle, des régulateurs sont construits à l'intention d'une clientèle plus large. Leur fabrica-

| provinces | bois-techniques | meubles représentatifs | styles et caractères | ferrures et serrures |
|---|---|---|---|---|
| **ALSACE**<br>(Haut-Rhin, Bas-Rhin)<br>province riche en mobilier depuis le XVII^e^ s., abondant, diversifié et de grande qualité | noyer, chêne, fruitiers, résineux ;<br>placages et marqueteries au XVII^e^ s.,<br>assemblages à clavettes, fonds parquetés réguliers,<br>menuiserie très soignée,<br>armoires séparées en deux par le milieu | armoires,<br>coffres,<br>crédences,<br>buffets à deux corps,<br>tables rectangulaires,<br>chaises à dossier découpé et pieds divergents,<br>grande variété de meubles paysans en sapin polychromes | Renaissance germanique (XVII^e^ s.) : colonnes, marqueteries contrastées, sculptures baroques, corniches droites.<br>Régence française (XVIII^e^ s.) : frontons en chapeau, vigoureuses moulurations des panneaux et des corniches<br>mobilier populaire : fleurs, cœurs, dates et motifs symboliques peints en polychromie, pieds miches | boutons et plaques en acier (XVII^e^ s.),<br>fiches et ferrures serpentines en cuivre (XVIII^e^ s.),<br>très belles et grosses serrures gravées,<br>hautes crémones de cuivre et acier découpé,<br>garnitures d'argent sur les très beaux meubles |
| **AUVERGNE**<br>(Puy-de-Dôme, Cantal, Haute-Loire)<br>mobilier très rustique | noyer foncé, châtaignier, chêne, hêtre | buffets à deux corps (quatre portes) | style Louis XIII, massif,<br>losanges, motifs géométriques,<br>pointes de diamant aplaties,<br>galettes à boudins concentriques,<br>moulures droites,<br>pieds droits ou pieds miches | petits gonds discrets, fiches d'acier tourné, mains des tiroirs en goutte d'eau, serrures en « crête de coq » |
| **PAYS BASQUE**<br>(Pyrénées-Atlantiques)<br>meubles sobres à décors originaux | noyer sombre,<br>châtaignier,<br>chêne, merisier | buffets-coffres (commoda),<br>coffres (manka),<br>ciselus (banc à tablette),<br>armoires,<br>buffets à deux corps | style Louis XIII, massif, ornements sculptés : rosaces, svastikas, éventails | petites ferrures plates et gonds en acier,<br>grandes fiches (plus rares) |
| **BOURGOGNE et RÉGION LYONNAISE**<br>(Côte-d'Or, Rhône, Saône-et-Loire) | noyer, loupe d'orme ;<br>Nogaret, menuisier en sièges très réputé | vastes armoires,<br>commodes,<br>buffets de chasse,<br>scribans | style Régence<br>belles et fortes moulures,<br>sculptures « hors moulures » de de feuillages stylisés | longues entrées de serrures en fer plat ajouré |
| **BRESSE**<br>(Ain)<br>meubles riches et diversifiés | | vaisseliers bressans à horloge | acanthes, coquilles,<br>panneaux de loupe,<br>petits pieds sabot,<br>pieds miches (armoires) | petites accolades en fer forgé ciselé |
| **BRETAGNE**<br>(Finistère, Morbihan, Côtes-du-Nord : basse Bretagne : Ille-et-Vilaine haute Bretagne) | chêne,<br>châtaignier,<br>buis,<br>merisier,<br>noyer | lits clos (Léon),<br>coffres,<br>armoires droites et à double cintre (Rennes),<br>vaisseliers,<br>tables-huches,<br>lits à colonnes,<br>armoires de Guérande (peintes en rouge) | styles Louis XIV-Louis XV<br>lignes droites ou légèrement galbées,<br>fuseaux et rosaces ajourées,<br>sculptures d'inspiration religieuse,<br>oiseaux, rouelles, svastikas,<br>galettes, balustres,<br>clous dorés (tardifs),<br>pieds droits ou peu galbés,<br>corniches à double cintre | fiches courtes et assez minces en fer forgé ou en cuivre,<br>ferrures serpentines |
| **CHAMPAGNE**<br>(Aube, Marne, Haute-Marne, Ardennes) | chêne,<br>noyer,<br>cerisier | ménagers (vaisseliers) à trois portes,<br>armoires hautes,<br>buffets à deux corps | styles Louis XIV-Louis XV<br>robustesse, simplicité, peu de sculptures : marguerites, rosaces, cœurs en faible relief | ferrures simples en fer découpé,<br>petites accolades |
| **LORRAINE**<br>sobriété élégante | chêne,<br>noyer ;<br>parfois en parquetage ou en marqueterie de tons opposés | vaisseliers à trois portes,<br>buffets à crédence à deux corps formés de deux buffets superposés, horloges,<br>commodes et petits meubles marquetés | style Louis XV<br>frontons droits,<br>moulures et traverses chantournées,<br>quadrilobes, légères sculptures,<br>pieds miches ou galbés | petites charnières de fer à « queue de cochon »,<br>fiches de cuivre,<br>serrures serpentines |
| **FLANDRE**<br>(Nord et Flandre belge)<br>mobilier lourd et cossu | chêne fourré | armoires massives,<br>gros bahuts « ribbank »,<br>tables à l'italienne,<br>archelles (étagères avec corniche)<br>coffres, horloges,<br>presses à calandrer | styles Renaissance et Louis XIII<br>meubles massifs très structurés,<br>fortes corniches et traverses,<br>portes à panneaux saillants, sculptures abondantes : guirlandes de fleurs et fruits, godrons, mufles de lion,<br>pieds droits ou boules | discrètes petites charnières de fer et entrées de serrures serpentines,<br>gonds en fer forgé |
| **FRANCHE-COMTÉ**<br>(Haute-Saône, Doubs, Jura, Belfort)<br>meubles équilibrés et bien construits | noyer<br>chêne,<br>cerisier, hêtre,<br>sapin (montagne) | armoires à incrustations,<br>buffets,<br>armoires à deux corps superposés (Montbéliard) | formes équilibrées,<br>motifs géométriques,<br>pieds miches,<br>fortes moulures,<br>pointes de diamants, motifs floraux | gonds en fer épais ou en cuivre massif |

| provinces | bois-techniques | meubles représentatifs | styles et caractères | ferrures et serrures |
|---|---|---|---|---|
| **ILE-DE-FRANCE**<br>(Seine, Essonne, Oise, Val-d'Oise, Seine-et-Marne, Loiret)<br>meubles harmonieux | chêne, puis noyer, merisier ; queues-d'aronde régulières, armoires assemblées à vis | armoires moulurées, commodes en arbalète, buffets de chasse (avec marbre), enfilades, dos-d'âne | frontons en chapeau inspiration Louis XIV, moulures profondes, belles sculptures, coquilles, masques, pieds galbés ou droits (Louis XVI) | ferrures en acier, découpes fines et discrètes, grandes fiches en fer |
| **DAUPHINÉ**<br>(Isère, Hautes-Alpes, Drôme)<br>meubles sobres, mais raffinés | noyer, châtaignier, mélèze ; ébénisterie de qualité due en partie à la dynastie des Hache | bonnetières, commodes, hommes-debout, vaisseliers, horloges | style Louis XV décor de moulures, façades en arbalète, sculptures rares, filets noirs et marquetés d'olivier pour certains meubles de Hache, pieds galbés | |
| **SAVOIE**<br>(Savoie, Haute-Savoie)<br>meubles d'alpage | sapin, mélèze ; menuiserie sommaire | armoires, vaisseliers, buffets, coffres, lits clos, meubles du Queyras sculptés au couteau | style montagnard très fruste, meubles irréguliers, moulurations, rosaces, rouelles, svastikas, chevrons | fer forgé petits gonds |
| **NORMANDIE**<br>(Haute-Normandie Seine-Maritime ; Basse-Normandie Orne, Eure, Calvados, Manche)<br>meubles riches et variés | chêne, pin, acajou (Manche) | armoires de mariage, buffets à deux corps (à portes pleines ou vitrées), bonnetières étroites, paliers et faux paliers (vaisseliers), horloges « Saint-Nicolas » | styles Louis XV-Louis XVI frontons droits ou galbés à double vigneau, riches sculptures (bouquets saillants au fronton, nids de colombes, roses, pampres guirlandes, lauriers, cornes d'abondance), motif saillant au dormant | ferrures en fer forgé découpé, ferrures en cuivre faites à Villedieu-les-Poêles, gravées et découpées en « tête de coq » |
| **PICARDIE**<br>(Oise, Somme)<br>**ARTOIS**<br>(Pas-de-Calais)<br>meubles sobres | chêne, merisier, orme, hêtre | traites (longs buffets bas) séages (traite à évidement), potières (archelles), tables à pain (à plateau rond rabattable), étimiers-égouttoirs, fauteuils et chaises paillés, dits « cadots » et « cayelles » | style Louis XV simplicité, sobriété, moulures légères et sculptures discrètes : guirlandes de pampres, fleurettes graciles, tiges ondulées, losanges aux panneaux et tiroirs pieds droits ou faiblement galbés | petites et discrètes |
| **PÉRIGORD**<br>(Dordogne)<br>**LIMOUSIN**<br>(Haute-Vienne, Creuse, Corrèze)<br>meubles à sculptures vigoureuses | châtaignier, orme, noyer | armoires, cabinets à deux corps et à quatre portes, haut buffet à deux portes, tables-pétrins, vaisseliers | styles Louis XIII massivité et robustesse, pointes de diamant et croix de Malte à arêtes vives très saillantes, losanges, « barres de chocolat », pieds miches | gonds de fer et petites serrures serpentines, petites fiches |
| **PROVENCE**<br>(Bouches-du-Rhône, Gard, Vaucluse, Alpes-Maritimes, Alpes-de-Haute-Provence, Hérault, Aude)<br>meubles exubérants | noyer, mûrier, olivier et divers fruitiers | armoires de mariage buffets à gradin (glissants), grande variété de commodes, pétrins, blutoirs (tamisadous), panetières, garde-manger, consoles sculptées, fauteuils paillés, dits « à la capucine » | styles Louis XV et Louis XVI formes très galbées (commodes), moulures en colimaçon (style de « Fourques »), abondantes sculptures (style d'« Arles »), coquilles, roses, olivier, guirlandes enroulées, vigne et blé (armoire de mariage), cassolette ajourée, dite « soupière », pieds en escargot | important rôle décoratif de la garniture métallique, fiches longues et très épaisses, entrées de serrures hautes et larges ajourées en volutes |
| **VENDÉE, POITOU**<br>**SAINTONGE, AUNIS**<br>(Vendée, Vienne, Deux-Sèvres, Charente, Charente-Maritime)<br>meubles simples et gais | merisier, noyer clair, orme galeux (loupe), frêne, loupe de frêne | bonnetières à tiroirs inférieurs, hommes-debout, vaisseliers, enfilades, tables-huches | style Louis XV sobre jeux d'opposition de bois et de loupes, légères marqueteries (frises, étoiles, moulures chantournées), pieds en escargo | gracieuses et importantes entrées de serrures ajourées de volutes et de rinceaux, cuivre dans les régions maritimes |

C.A.

*Régulateur de parquet en placage de loupe d'orme marqueté de fleurs et de rinceaux, surmonté d'une statuette d'Atlas en bois doré sculpté en ronde bosse. Le cadran en laiton de J. M. Weygel indique les secondes, les quantièmes, les jours, les mois et les phases de la lune et présente à la partie inférieure une scène animée d'automates : moulin à vent, bateaux et pêcheur en tôle peinte. Hollande, XVIIe siècle. (H. env. 3 m.)*

tion, fort soignée, se distingue par l'usage d'un échappement à repos du type de l'échappement à ancre à chevilles d'Amant amélioré par Lepaute, en France, et d'un échappement à ancre de Graham, en Angleterre. Ces régulateurs sont équipés de balanciers pesants, moins sensibles aux vibrations extérieures, battant la seconde, ce qui facilite le réglage, et ils sont munis d'un certain nombre de complications astronomiques, leur permettant d'indiquer non seulement les quantièmes et les phases de la lune, mais aussi l'équation du temps, qui permet de connaître l'écart entre le temps vrai du soleil et le temps moyen utilisé dans la vie civile. À partir de 1775, les régulateurs sont munis d'un balancier compensé, qui modère les effets de la température. À la fin du XVIIIe siècle, les grands horlogers parviennent à mettre au point des régulateurs de bureau, moins encombrants, utilisant un ressort et non des poids comme force motrice, grâce à la mise au point de deux techniques sophistiquées : le remontoir d'égalité et de l'échappement à force constante. Tous les régulateurs de cette époque sont équipés d'un balancier compensé battant la demi-seconde. Les régulateurs de parquet ou de bureau sonnaient les heures et les demies, voire, pour certains, les quarts. Instruments de précision d'une réalisation technique très poussée, les régulateurs font partie des horloges anciennes les mieux cotées.

**régule** n. m. Alliage* résistant et inoxydable à base de plomb, inventé vers 1835 en Angleterre, qui s'est souvent substitué au bronze aussi bien pour les œuvres artistiques que pour certains objets usuels, à cause de son prix de revient peu élevé. On trouve sur le marché de nombreuses statuettes et des ornements (pendules, garnitures de cheminées, poignées de portes) de style Art nouveau en régule.

**réimposition** n. f. Appellation donnée au tirage d'un livre dont on a conservé la composition typographique, dans un format supérieur. On parle de volume in-12 réimposé en in-8° ou en in-4°. Les exemplaires réimposés sont des exemplaires de luxe, tirés à petit nombre sur grand papier. La composition n'a pas changé : seule la dimension des feuilles a augmenté et, de ce fait, les marges sont plus importantes. On a beaucoup utilisé la réimposition entre les deux guerres.

**réimpression** n. f. Reproduction d'un texte imprimé dont l'édition se trouve épuisée. La réimpression peut être identique à la première impression ou différente par un changement de caractères ou de format.

**reine** (à la). Expression (donnée à la suite d'une commande pour la jeune épouse de Louis XV) qui s'applique

Ader-Picard-Tajan

*Fauteuil, faisant partie d'un ensemble de quatre, à dossier plat dit « à la reine » en bois redoré, mouluré et sculpté. Recouvert d'une tapisserie des Gobelins, il porte l'estampille de Delanois, époque Louis XV.*

Joël Laffay

*Détail d'une marqueterie à la reine sur un bonheur-du-jour estampillé G. Dester. Époque Louis XVI.*

aux chaises et aux fauteuils à dossier plat, légèrement incliné en arrière, entre des montants plus ou moins violonés. Le siège à dossier plat est le plus majestueux du style Louis XV, par opposition aux sièges à dossier en cabriolet cintré de plus petites proportions.

La marqueterie est dite « à la reine », sans doute à cause des compartiments géométriques dessinés par un réseau de filets se recoupant à angle droit (ou parfois de losanges) et ornés à leur intersection d'une fleurette quadrilobée ombrée de fines hachures.

**Reinhardt,** médailleur allemand (Wittenberg v. 1510-Leipzig v. 1581). Si les détails de son existence sont mal connus, les médailles signées HR, d'inspiration religieuse ou laïque (portraits de Charles Quint, du duc Jean Frédéric de Saxe...), témoignent d'un art achevé et d'une technique éblouissante.

**Rejlander** (Oscar Gustave), peintre et photographe d'origine suédoise (1813 - 1875). Installé en Angleterre vers 1840, Rejlander composa des photographies de caractère allégorique proches de la peinture. Il est l'auteur d'une série de 30 nus artistiques qui firent scandale à l'époque. On trouve ses photographies format carte de visite à des prix très modérés. Les côtes sont nettement plus élevées pour les autres catégories.

**relais** n. m. En tapisserie, interruption de la trame entre deux fils de chaîne. Les relais servent de raccords aux couleurs et sont ensuite cousus ou bien conservés dans un but décoratif. Les lissiers du Moyen Âge et de la Renaissance en tirent de puissants effets : visages, mains, silhouettes sont ainsi fortement tracés et se détachent bien sur le fond. La robustesse du modelé obtenu par la technique des relais évoque naturellement l'art des vitraux (traits cernés, couleurs nettement séparées) et confère aux tapisseries ainsi traitées une beauté forte, simple et vigoureuse.

**reliquaire** n. m. Récipient contenant des reliques, le plus souvent en forme de coffret, en métal incrusté de pierreries et pourvu d'une vitre permettant au fidèle de voir le fragment de corps (cheveu, os, dent) ou le tissu touché par le saint. Certains reliquaires adoptent parfois la forme de l'objet contenu : tibia, main, doigt, tête. Les plus beaux reliquaires de grandes dimensions ou portatifs furent créés au Moyen Âge et fastueusement ornés : vases de porphyre et d'or, coffrets d'émaux, de pierres précieuses. La piété commandait aussi que l'on portât sur soi un médaillon reliquaire, autour du cou ou au pommeau de son épée.

**reliure** n. f. Ensemble des opérations consistant à habiller d'une couverture plus ou moins rigide, en une matière quelconque, principalement du cuir, un livre qui a été cousu au préalable. Conçue à l'origine pour conserver les volumes, la reliure, tout en gardant ce rôle, devient rapidement une œuvre d'art.

C'est en Égypte que des cahiers sont d'abord cousus entre eux et protégés par des ais de bois ou de papyrus collé. Dans le monde byzantin, après avoir cousu les cahiers, on entaille les dos pour passer les ficelles de la couture, qui assujettissent les plats (grecquage) ; en Occident, on coud les cahiers sur des nerfs. Lorsque les cahiers sont fixés aux ais, on peut revêtir et orner la reliure, selon différents procédés. Les livres de grand luxe, principalement les livres sacrés, sont revêtus d'or, d'argent, d'ivoire orné de pierreries ; les livres les plus courants le sont de cuir plus ou moins travaillé ou estampé. Le relief n'a pas d'importance : les livres sont présentés à plat dans les « librairies », ce qui permet de les protéger par des coins et des boulons métalliques, généralement en laiton. Les titres sont inscrits horizontalement le long du dos. Dans les universités du Moyen Âge, les livres, fréquemment consultés, sont attachés par des chaînes à leurs pupitres. Avec la multiplication des livres, rendue foudroyante par l'invention de l'imprimerie, les méthodes de décoration vont changer et le livre va acquérir la station verticale qu'il connaît encore aujourd'hui. Les plats resteront décorés selon des procédés nouveaux, la plupart d'origine arabe. Venu par l'Espagne et l'Italie, le cuir, d'abord estampé, va être orné de fers dorés, de plaques, puis de roulettes, permettant un travail plus rapide et déjà presque industriel. Au milieu du XVIe siècle apparaissent les effets de couleurs au moyen de la cire et de la mosaïque. Tous ces éléments ainsi que leur lente évolution mènent au livre moderne. Matériaux et inspirations ont pu changer, mais les techniques restent semblables. Tout a été employé pour la reliure : le bois, le cuir, le métal, la porcelaine, l'ivoire, le tissu... et même la peau humaine.

**Rembrandt** (Rembrandt Harmensz Van Rijn ou Ryn, dit), peintre et graveur hollandais (Leyde 1606 - Amsterdam 1669). Si ses premières toiles importantes datent de 1625, ses premières gravures à l'eau-forte apparaissent en 1628. Elles constituent pour lui un moyen exceptionnel d'expression artistique, dans lequel il est le premier à combiner toutes les ressources techniques inhérentes à cette discipline. Rembrandt en fait un art complet, indépendant de la peinture, qui, de son vivant, est considéré et apprécié comme tel. C'est en partie grâce à ces estampes qu'au XVIIIe siècle est redécouverte sa peinture. Portraits et autoportraits, si fréquents dans l'œuvre peint de Rembrandt, resurgissent avec la même force de vérité vitale, la même puissance sous le burin et la pointe sèche. Le paysage hollandais, baigné d'une lumière sereine, est présent lui aussi avec des pièces majeures, telles que *les Trois Arbres* ou *la Vue de Diemen, avec des maisons au bord d'un canal.* Abondent encore les scènes bibliques, religieuses, auxquelles la pratique savante du clair-obscur confère une dramatique ferveur. Mais combien, en toute certitude, mettre d'eaux-fortes au crédit de Rembrandt lui-même, c'est-à-dire de pièces gravées par l'artiste et tirées sous son contrôle, comme il aimait à le faire ? Entre 71 et

Christie's

Femme lisant, *eau-forte de Rembrandt, datée 1634. Adjugée 3 500 dollars par Christie's, à New York, le 21-XI-1981.*

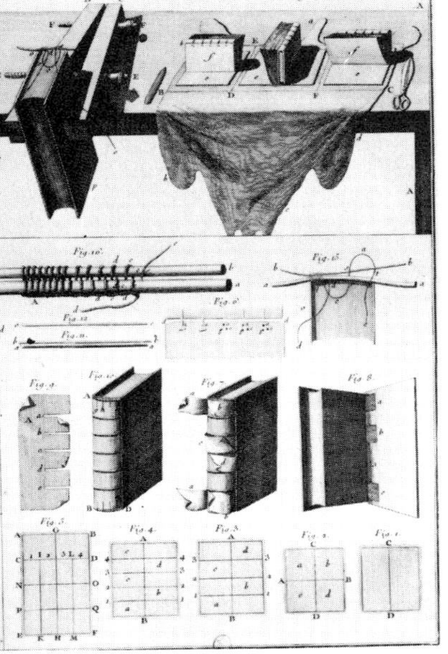

*Planche IX du manuel* le Relieur-Doreur *de Dudin (1777), exposant les différentes opérations de la reliure d'un ouvrage. Paris, Bibliothèque nationale.*

375, selon les auteurs des catalogues. On voit combien grands sont les risques d'erreurs.

Le collectionneur doit savoir également que, en dehors des copies proprement dites ou d'œuvres attribuées à Rembrandt mais provenant plus sûrement des élèves de son atelier, des planches conservées, mais gravement émoussées, ont fait l'objet de nombreux et catastrophiques retirages. Certaines furent aussi, après 1880, habilement reproduites en fac-similés héliogravés ou phototypés. Il est donc important de s'entourer de toutes les garanties lorsqu'on se trouve en mesure d'acquérir une ou plusieurs gravures de Rembrandt. On sait quels prix vertigineux celles-ci peuvent atteindre. La célèbre eau-forte *les Trois Arbres* (1643) n'a-t-elle pas été adjugée 110 000 dollars le 14-XI-1981 chez Sotheby à New York ?

**remède** n. m. Nom donné sous l'Ancien Régime à la tolérance légale sur le titre des monnaies en métaux précieux.

**renard.** Instrument de marine important et complément d'autres instruments dans la navigation à l'estime, il tire son origine du néerlandais *Rekenaar* (compteur) et est appelé aussi « planche de route » ou « table de loch* ».

Il a la forme d'une planchette en bois, parfois en laiton, rectangulaire ou ronde, percée de trous sur des cercles concentriques. Chaque cercle contient 32 trous et représente la rose des vents. Toutes les demi-heures, soit à chaque retournement de sablier, le marin indiquait la route suivie en plaçant une cheville dans le trou d'un des cercles, en commençant par le centre. Au-dessous, quatre lignes de trous horizontales et parallèles indiquaient la vitesse en nœuds. On pouvait ainsi connaître d'un seul coup d'œil la route suivie par le navire ainsi que sa vitesse. On parle du renard à partir de 1687.

**Rennes.** Un artiste faïencier italien serait à l'origine de la faïencerie rennaise du XVIIIe siècle, ayant fondé vers le milieu de ce siècle une faïencerie, rue des Capucines. D'après des pièces appartenant à différents collectionneurs, une deuxième fabrique aurait existé dans la rue Hué. Les faïenceries bretonnes du XVIIIe siècle (Rennes ou Quimper) ont été très influencées par ce grand de la faïence européenne, leur voisine Rouen. Rennes, comme Quimper, a surtout imité les productions normandes et de l'Europe du Nord (Lille, Delft) de l'époque ; toutefois, toute une série de pièces de formes très intéressantes, d'un genre rocaille stylisé, est attribuée à Rennes, ainsi que ce décor « à la rose de manganèse » au centre de bouquets fleuris qui rappellent le travail de Joseph Fauchier de Marseille. Ces pièces (pots-pourris, terrines, soupières, sceaux, coupes, brocs, cruches, etc.) sont très recherchées par les collectionneurs bretons.

**rentrage** n. m. En tapisserie, bord d'une tenture replié et cousu sur l'envers ou raccourcissement de la tapisserie obtenu par la contracture des fils de chaîne quand on retire la tapisserie achevée du métier sur laquelle elle était restée fortement tendue.

**rentraiture** n. f. En tapisserie, terme de restauration qui désigne la reconstitution de parties usées, détruites ou coupées. Avec une aiguille, on remplace les fils de chaîne manquants. La rentraiture est aussi la couture des relais entre deux surfaces monochromes.

**rent-table.** Parmi les meubles anglais, table de bibliothèque, ronde ou octogonale, montée parfois sur un pied central muni d'un mécanisme permettant de faire tourner la ceinture* à tiroirs.

**reparure** n. f. Terme regroupant les opérations de finition qui doivent être réalisées sur l'objet de bronze « brut de fonte », par le fondeur, ou mieux, par le sculpteur lui-même. On commence par débarrasser l'objet des jets et des évents qui l'emprisonnent, des scories laissées par la fonte ; il faut ensuite le nettoyer, l'ébarber soigneusement, extraire le noyau et boucher la cavité qu'on avait ménagée à cet effet, boucher aussi les éventuels « manques » de la fonte. Puis, l'artiste affine les reliefs en reprenant au ciseau certains détails : cette reciselure, très réduite théoriquement pour les fontes en cire perdue, est plus importante pour les fontes au sable. Après ces interventions « mécaniques », le bronze est soigneusement poli et patiné (ou doré).

**répétition** (armes à). Une des plus importantes nouveautés apportées par la guerre de Sécession dans l'histoire de l'arme à feu est, sans conteste, l'emploi d'armes à répétition. Deux grands noms d'inventeurs se détachent : Spencer et Henry.

Christie's

*Pistolet à répétition dit « en patte de canard » à plusieurs canons. Fabriqué à Londres par G. Goodwin and Co, au début du XIXe siècle.*

En 1860 — un an avant la guerre civile américaine —, Christopher Spencer prend un brevet pour une arme à répétition utilisant une cartouche métallique. Le principe des armes Spencer (fusils et carabines) est le suivant : les cartouches sont emmagasinées dans un tube à ressort placé dans la crosse ; la culasse, manœuvrée par le levier de sous-garde, pivote en arrière lors de l'ouverture, éjecte l'étui de la cartouche qui vient d'être tirée et admet dans le bloc de culasse une nouvelle munition. Le spencer vidait un magasin de sept cartouches en neuf secondes.

La Volcanic Repeating Arms Company, qui fabrique des armes à partir de 1854, adopte un magasin tubulaire placé sous le canon et une commande d'approvisionnement constituée par un levier de sous-garde. En 1857, Oliver Winchester reprend à son compte le passif de la société et organise, la même année, une nouvelle société qui deviendra célèbre sous le nom de « New Haven Arms Company ». Le directeur est Tyler Henry, qui met au point une nouvelle cartouche et conçoit un nouveau mécanisme. En 1862, les premiers fusils à répétition Henry sortent des ateliers. Le magasin tubulaire, à grande capacité, est placé sous le canon. Le bloc de culasse échangeur se manœuvre par un levier de sous-garde. Le successeur de Henry, Nelson King, corrige les défauts de l'arme en créant une portière de chargement sur la culasse, évitant ainsi de charger l'arme par le magasin : le winchester « model 1866 », chambré pour la cartouche 44 Henry, est né, caractérisé par un boîtier de culasse en laiton. Le « model 1866 » est le père de toute une famille de winchesters à levier de sous-garde, qui s'illustreront avec les pionniers de l'Ouest américain : modèle 1873 (à boîtier en acier et de calibre 44-40), modèle 1876, modèle 1886 (système browning), modèle 1892, modèle 1894 (de calibre 30-30), modèle 1895, couplé avec une boîte-chargeur.

Presque tous les fusils à répétition européens de la première génération dérivent du winchester : c'est le cas du fusil suisse Vetterli, modèle 1869, à verrou à culasse mobile (de calibre 10,4 mm). Un tube-magasin dans le fût contient douze cartouches. En France apparaissent les fusils Kropatschek et, en 1886, le célèbre lebel (de calibre 8 mm), possédant tous deux un magasin tubulaire. L'Allemand Mauser met au point toute une gamme de fusils à répétition basée sur une culasse rotative à verrou et une alimentation par lame-chargeur ou par boîtier, selon le principe Mannlicher. Le fusil réglementaire de l'armée allemande « K 98 » est un chef-d'œuvre d'arquebuserie, qui est encore en service aujourd'hui dans quelques armées.

Les armes à répétition américaines sont très appréciées des collectionneurs, qui n'hésitent pas à payer plus de 6 000 voire 10 000 F un winchester « model 1873 » en bon état. Les armes à répétition plus récentes sont réglementées par la loi et appartiennent à la première catégorie, à moins d'être neutralisées.

**repiquage** n. m. En tapisserie, point fait à l'aiguille avec un fil coloré sur une partie de la chaîne ou du canevas non recouverte par la trame.

**repoussé** n. m. Technique d'orfèvrerie, de dinanderie et de ferronnerie consistant à exécuter une forme ou un décor en bas ou en haut relief sur une feuille de métal en travaillant à l'envers, sur un mandrin ou une bigorne*, ou de l'intérieur dans le cas d'un récipient, à l'aide de marteaux et de maillets. Cette technique, très sophistiquée, demande une grande maîtrise et un temps d'exécution important. Si l'exécution du décor au repoussé ne pose pas de problème particulier quand il s'agit d'un plat, d'un bassin, d'une terrine, ou de tout vase largement ouvert, en revanche, pour les récipients fermés comme les aiguières ou les cafetières, le repousseur doit s'aider d'un outil spécial nommé recingle*. Le repoussé fut très utilisé dans l'orfèvrerie de la Renaissance et du XVII^e siècle. Il permet de réaliser de véritables décors en bas-relief, avec personnages, scènes mythologiques, de gros godrons, des rinceaux lourdement feuillagés. Moulages, soudures et étampages l'ont remplacée en raison d'une meilleure rentabilité. Le résultat artistique obtenu est inévitablement inférieur à celui du repoussé, les pièces traitées dans cette technique étant des objets bien plus recherchés.

En numismatique, le repoussé est une sorte de médaille uniface obtenue avec un flan de faible épaisseur. Les repoussés sont pour la médaille l'équivalent des bractéates pour les monnaies. On fabrique les repoussés avec des feuilles minces d'argent, de cuivre ou d'or, en travaillant le métal sur l'envers de la surface qui sera regardée. Au début du XIX^e siècle, le graveur Liénard a édité une série célèbre de repoussés sous le titre de *Médaillier général des hommes illustres célèbres ou fameux anciens et modernes.*

**restituée.** Se dit d'une monnaie appartenant à une émission de restitution. On parle aussi de « portrait restitué » en médaille pour un portrait imaginé par l'artiste graveur lorsque ce dernier ne peut disposer de sources iconographiques d'époque (par exemple, médailles du XIX^e s. représentant les rois carolingiens).

**restitution** n. f. Frappe à une époque donnée de monnaies au type nettement antérieur. Ce procédé, dont la finalité reste quelque peu mystérieuse, a surtout été utilisé par les empereurs romains, de Titus à Lucius Verus. Les émissions restituées sont en général peu abondantes ; elles se distinguent des émissions originelles par le style et aussi par le fait qu'elles comportent en supplément au type d'origine une légende (souvent abrégée) donnant les noms et titres de l'empereur ayant ordonné la restitution.

**réticulé.** Se dit d'un motif en forme de filet obtenu en architecture par un réseau de moellons rectangulaires ou en pyramide tronquée, permettant de beaux effets décoratifs. La porcelaine réticulée se compose de deux parois : la première est pleine, et la seconde l'enveloppe par un effet de réseau ajouré (porcelaine de Chine).

**rétreinte** n. f. Ce mot a plusieurs sens. En orfèvrerie, l'opération par laquelle on monte un objet d'argent, à partir d'un disque de métal plat, dont les bords sont peu à peu « remontés » au marteau, s'appelle la rétreinte.

Dans le bronze, ce mot désigne le rétrécissement sensible qui affecte un objet de bronze au moment du refroidissement de la fonte. Une statuette de 50 cm, par exemple, peut perdre 1 cm, par rapport à la dimension de la cire d'origine. Ce phénomène permet parfois de détecter les surmoulages des faussaires : la rétreinte fait perdre à la copie quelques millimètres par rapport à l'original.

**Reutlinger** (les), célèbre famille de photographes français. Son activité débute vers 1850 avec l'installation à Paris de l'atelier-studio de Charles Reutlinger, auquel succéda en 1880 son frère Émile, puis son neveu Léopold et enfin son fils Jean, tué en 1914. Le studio Reutlinger fut spécialisé dans le portrait et reçut toutes les personnalités parisiennes de la seconde moitié du XIX^e siècle, celles du spectacle principalement. Les Reutlinger éditèrent un grand nombre de cartes postales.

**revers** n. m. Côté de la pièce de monnaie qui ne porte pas le type monétaire principal (v. AVERS). Pour les monnaies modernes, le revers porte toujours l'indication chiffrée de la valeur.

**révision** n. f. Blocage des enchères par certains marchands, suivi d'un partage entre les bénéficiaires de cette coalition d'intérêts. Cette opération — appelée autrefois la « grafinade » — est en principe interdite.

**revolver** n. m. (de l'anglais *to revolve,* tourner). Arme courte de poing à feu, dont le système de répétition est composé d'un magasin rotatif — appelé « barillet » — et d'un jeu de leviers et de ressorts actionnés par la seule main du tireur, selon la définition de N. H. Josserand. L'idée du barillet est fort ancienne : Samuel Colt, le « père » officiel du revolver, le créa en 1835. Le succès est considérable, et les usines Colt sont connues dans le monde entier. Les premiers colts sont à percussion. En France, à la même période, Lefaucheux utilise le système à broche, et, aux États-Unis, la firme Smith and Wesson emploie des cartouches à percussion annulaire, dont le principe est conservé jusqu'à nos jours, selon le brevet Rollin A. White, qui eut l'idée de forer de part en part le barillet. L'association entre Smith et Wesson remonte à 1852. Les premiers revolvers sortant de la firme ont tous des points communs : ils sont à sept coups, le barillet est foré de part en part, la queue de détente est noyée « à la mexicaine », un mandrin sous le canon permet d'extraire les étuis ; ces armes appartiennent au groupe des armes dites « tip-up barrel », c'est-à-dire à canon basculant vers le haut pour libérer, vider et recharger le barillet.

Le plus prestigieux revolver de la guerre de Sécession

*Revolver ayant appartenu à l'actrice Sarah Bernhardt. Adjugé 22 000 F par Christie's, le 2-III-1977.*

sera le remington, à cadre fermé, solide et puissant, avec un axe amovible, selon le brevet Beals de 1858.

En Europe, le principal concurrent de Colt, en dehors de Lefaucheux, sera le Londonien Robert Adams, qui, en 1851, fait breveter un revolver à cinq chambres tournant automatiquement. Perfectionné par Tranter en 1853, ce revolver est produit en grandes quantités.

Les revolvers sont achetés très cher.

**Reymond** (Pierre), émailleur français (1513-1584). Il jouit d'une popularité comparable à celle de L. Limosin* et décora d'émail peint et de grisaille de nombreuses pièces de vaisselle aux sujets religieux, mythologiques *(Histoire de Psyché)* ou inspirés par des scènes de la vie quotidienne (travaux des saisons). Les revers de ses plats et de ses assiettes sont le plus souvent émaillés. Reymond s'inspira de gravures flamandes, de celles de l'école de Fontainebleau (Primatice, Rosso), puis de celles de Bernard Salomon et d'Étienne Delaune.

**Rhodes** (Lindos). Cette île de la mer Égée, prestigieuse dans l'Antiquité, retrouve son destin méditerranéen, avec les ordres hospitaliers pendant les croisades. Mais c'est surtout à partir de la fin du XIX<sup>e</sup> siècle que le nom de Lindos (capitale de l'île) apparaît pour la première fois dans l'histoire de la céramique orientale lorsque le musée de Cluny acquiert sur cette île 500 plats de céramique. Dorénavant, le nom de Rhodes reste attaché auprès des collectionneurs à ce groupe de céramiques polychromes au décor floral bien caractéristique. Dès 1920, il fut établi que ces plats avaient été, en réalité, fabriqués dans les ateliers ottomans d'Anatolie et les fouilles entreprises à Iznik le confirmèrent, tandis que d'autres fouilles menées sur l'île de Rhodes ne révélèrent ni trace de fours ni tessons attestant une quelconque fabrication de ce type. Cependant, certains historiens persistent à croire que des artisans persans et grecs déportés dans l'île au XVII<sup>e</sup> siècle auraient pu fabriquer « à la manière d'Iznik » cette fameuse vaisselle. Le problème n'est pas définitivement résolu. Toutefois, une série de plats « ottomans » d'un caractère « grec » manifeste (inscriptions, dates et décor spécifique) incite quelques spécialistes à maintenir l'étiquette Rhodes pour la classification de certaines productions dites « d'Anatolie » (v. IZNIK).

Si les plats dits « de Rhodes », décorés « aux quatre fleurs », sont moins prisés que leurs homologues d'Iznik, parce qu'ils sont jugés trop tardifs et d'une exécution moins achevée (glaçure verdâtre, excès de traits noirs et émaux qui « fusent »), les collectionneurs, malgré tout, recherchent particulièrement tous les plats de ce type lorsqu'ils affirment leur originalité : animaux plus ou moins fantaisistes, bateaux aux voiles déployées, personnages (danseurs, jongleurs, jeunes femmes). Les prix de ces pièces sur le marché international rejoint alors celui des meilleurs « Iznik », déjà relativement élevés.

**rhyton** n. m. (du grec *rhein,* « couler »). Sorte de vase, inspiré de la corne et ayant souvent sa forme, servant à boire « à la régalade ». Le rhyton est une forme très ancienne, que l'on rencontre fréquemment au Moyen-Orient dans les céramiques du début du I<sup>er</sup> millénaire : ils sont en terre fruste, sans décor peint, mais de forme plastique, avec tête de bélier ou autre capridé très stylisé.

Le rhyton se rencontre aussi dans la céramique grecque, sous une forme plus raffinée, mais toujours avec une forme de corne dont l'orifice inférieur est garni d'une tête d'animal. Ce n'est pas un vase classique et l'on n'en trouve plus guère après le VI<sup>e</sup> siècle.

**Riccio** (Andrea), sculpteur et bronzier italien (Padoue v. 1470 - *id.* 1521). Ses œuvres se distinguent autant par une qualité artistique que par leur fonte irréprochable. Riccio préparait soigneusement ses cires, les finissant par un imperceptible travail de martelage en surface, qui anime le bronze d'une sorte de vibration ; un procédé très personnel que l'on ne rencontre que sur des objets de grande qualité. Riccio est l'auteur du fameux candélabre du Santo (sanctuaire de Saint-Antoine) dont les artistes de sa suite ont plus tard « repiqué » de nombreux sujets. Il était aussi un spécialiste du petit bronze animalier.

**Riesener** (Jean Henri), ébéniste français (1734-1806). D'origine allemande, il travaille aux côtés d'Œben (dont il épouse la veuve) et reçoit la maîtrise en 1768. Il réalise de nombreuses commandes pour la Cour et achève le fameux bureau du roi commencé par Œben en 1760. Il construit deux répliques de petites dimensions de ce bureau ainsi que de nombreux meubles destinés à la Cour. Ses créations de style Transition puis du plus pur style Louis XVI sont de parfaites proportions et ornées d'éblouissantes marqueteries rehaussées de bronzes finement ciselés. Nommé ébéniste de la reine en 1776, Riesener continue à créer de nombreux modèles en utilisant toutes les ressources de la décoration : laques de Chine et du Japon, porcelaines de Sèvres enchâssées dans les panneaux de marqueterie, bas-reliefs en bronze doré. Il réussit aussi bien d'importants secrétaires à somptueuses marqueteries en bronze que de précieux petits meubles de dame, tables à ouvrage ou serre-bijoux.

Jean Nicolay n'hésite pas à lui accorder le titre de « plus grand fabricant de meubles du XVIII<sup>e</sup> siècle ».

**riflard** n. m. Long rabot servant à dégrossir et à ébaucher la pièce de bois après sciage. Le riflard est aussi une grosse lime à métaux, un ciseau dentelé de sculpteur et un outil de maçon à lame mince et large.

**rifloir** n. m. Outil de fer râpeux à chacune de ses extrémités, l'une cylindrique, l'autre plate, et utilisé par le sculpteur sur bois. Les rifloirs servent également aux bijoutiers, aux bronziers, aux ciseleurs, aux graveurs, aux marbriers, qui en possèdent une grande variété.

**rinceau** n. m. Motif décoratif composé de tiges fleuries enroulées régulièrement, se succédant en méandres. Le rinceau s'orne parfois de rubans (rinceau rubané), d'angelots, de figures (rinceau peuplé), de perles, de vases, de mascarons (rinceau de la Renaissance). Toutes les époques et tous les styles utilisent ce motif : en architecture dans l'ornementation des pilastres, des frises, en peinture, en tapisserie pour garnir des écoinçons, des bordures, sur le mobilier, en orfèvrerie. Le rinceau romain et le rinceau byzantin se distinguent par une tige double sortant d'un vase central sur lequel se penchent deux oiseaux. À l'époque gothique, le rinceau se compose de larges feuilles d'acanthe, de chardon, de vigne. À la Renaissance, les délicats rinceaux se développent parmi les animaux, les figures, les mascarons. Le XVIIe siècle traite le rinceau à l'antique, tandis que l'époque Louis XV le préfère décentré, évidé, rocaille. Les époques suivantes, de Louis XVI à la Restauration, aiment le rinceau classique.

**Robbe** (Manuel), dessinateur, affichiste et graveur français (1872-1936), Robbe a créé dans le style Art nouveau des affiches et des estampes originales et de bon goût. Celles-ci sont prisées des amateurs et peuvent atteindre des prix élevés : 2 100 dollars le 6-V-1981 chez Sotheby à New York pour une aquatinte en couleurs, *Avril* (1906), et 6 000 F le 12-VI-1981 à Drouot pour une eau-forte en couleurs, *Fleur d'automne.* Robbe est l'auteur de deux belles affichettes pour les cycles Plasson, adjugés 3 200 F le 27-V-1982 à Drouot.

**Robert-Houdin** (Jean Eugène), horloger français (1805-1871). Fils d'horloger, Robert-Houdin est surtout connu comme prestidigitateur et illusionniste de génie. Il créa des pendules mystérieuses et plusieurs automates fameux, parmi lesquels *l'Escamoteur, le Danseur de corde, le Pâtissier, l'Oiseau chantant, l'Oranger mystérieux* et *l'Écrivain-dessinateur,* qu'il présenta au roi Louis-Philippe lors de la grande exposition de 1844. Sa dextérité lui valut de restaurer deux des plus célèbres automates jamais créés, le *Canard* de Vaucanson et la *Joueuse de tympanon* de Kintzing.

*Allume-allumettes fabriqué par Robert-Houdin et représentant un mage au chapeau pointu.*

**Robertson** (James), photographe anglais. Robertson travailla en collaboration étroite avec Felice Beato, avec qui il effectua des reportages sur les champs de bataille de Crimée en 1855, puis en Inde durant la révolte des cipayes en 1857. En 1860, leur association prit fin : tandis que Beato se rendait en Chine pour « couvrir » la guerre de l'Opium, James Robertson restait en Inde, comme photographe officiel de l'armée britannique.

**Robida** (Albert), peintre, dessinateur, graveur et écrivain français (Compiègne 1848 - Paris 1926). Robida débuta dans le *Journal amusant* de Phillipon en 1866. Dessinateur plein de charme et d'humour, il ne manquait pas non plus d'esprit d'anticipation, imaginant par exemple dans le ciel de Paris (avant Santos-Dumont) la circulation de « cigares aériens ». Il prédit même les moyens de la guerre moderne du XXe siècle. Il a, dans un style romantique, illustré des livres sur Paris, l'Alsace, la Suisse, l'Espagne, ainsi que les œuvres de Rabelais, et composé des affiches. Dans la carte postale, il figure dans la collection des « Cent », l'album Mariani, au gala Henri-Monnier et dans des séries sur Paris.

**Robin** (Robert), horloger français (1742-1799). Connu pour ses travaux sur les échappements, Robin adapta pour les montres de poche l'échappement à chevilles, inventé par Louis Amant en 1741, et introduisit dans ces montres un échappement à ancre dérivé de l'échappement de Graham. Il étudia également les propriétés des remontoirs, publiant un traité sur le sujet. Horloger de Marie-Antoinette, il fabriqua pour le couple royal et certains membres de la Cour des horloges et des pendules de haute qualité, à complications, à sonneries à répétitions, ainsi que certains modèles dits « astronomiques ». Le *Dictionnaire des horlogers français* de Tardy rappelle, non sans malice, qu'en l'an VI le citoyen Robin, horloger du Directoire, transforma la pendule dite « de Louis XIV » en pendule de la Liberté. Quelques années plus tard, un de ses fils, Nicolas Robert (1775-1816), devint horloger de Louis XVIII. Les productions de Robert Robin, qui se distinguent par leur qualité, sont particulièrement recherchées, et certains modèles dépassent les 150 000 F.

**Rochegrosse** (Georges Antoine), peintre, illustrateur et graveur français (Versailles 1859 - El-Biar, Algérie, 1938). Collaborateur de nombreux journaux illustrés de l'époque 1900, il en fut aussi l'un des peintres à la mode. Il fit également des affiches pour le théâtre *(Samson et Dalila, Tannhäuser, le Vaisseau fantôme)* et le tourisme (*Exposition internationale de Rome,* 1911).

**rocking-chair.** « Chaise-fauteuil » américaine aux pieds en forme de patins incurvés, permettant le balancement. Son invention est attribuée à Benjamin Franklin entre 1760 et 1770.

La chaise qui bascule devient vite une institution nationale aux États-Unis, s'opposant, par l'atmosphère détendue et l'attitude décontractée qu'elle suppose, à l'Angleterre georgienne et victorienne. Les premiers types de rocking-chairs apparaissent à Boston (« bostonrockers ») au début du XIXe siècle ; ils sont alors de fabrication rustique et ont un dossier comportant des barres horizontales. Les plus rares et les plus prisés sont les rocking-chairs en rotin. (V. SHAKER.)

*Rocking-chair.*

Larousse

**Rodin** (Auguste), sculpteur français (Paris 1840 - Meudon 1917). Ses bronzes, de petite ou de moyenne taille, sont assez nombreux sur le marché et obtiennent des prix très élevés. Beaucoup sont des réductions de grands bronzes célèbres : *le Penseur, le Baiser, Jean d'Aire* (du groupe des *Bourgeois de Calais*), *l'Âge d'airain.* Les cotes les plus élevées dépassent 1 500 000 F, et rares sont celles inférieures à 100 000 F. Cependant, la qualité de la fonte et le nom du fondeur sont des critères d'appréciation : si la fonte est d'Alexis Rudier, elle est originale ; si elle est de Barbedienne, c'est une œuvre de série ; certaines fontes récentes du musée Rodin sont de qualité très soignée. Des surmoulages peuvent se glisser subrepticement dans certaines ventes aux enchères.

Sotheby Parke Bernet

Jean d'Aire, *bronze de Rodin. Étude pour le monument des* Bourgeois de Calais *(1885-1895).*

**Rodtchenko** (Alexandre Mikhailovitch), peintre et photographe soviétique (Saint-Pétersbourg [Leningrad] 1891 - Moscou 1956). Après des études à l'école des beaux-arts de Kazan, Rodtchenko réalise en 1915 ses premières œuvres non figuratives. Après la révolution, il prend place dans l'avant-garde artistique et crée en 1922 ses premiers photomontages pour des poèmes d'Axionov et de Maïakovski. Son travail photographique débute en 1924 avec un parti pris résolument moderne et révolutionnaire, basé sur les effets de contre-plongée, de raccourcis, d'asymétrie, qu'il abandonne par la suite pour une expression conformiste. Mais, en 1940-1944, il recommence à peindre des œuvres abstraites. Une exposition a eu lieu en 1977 au musée d'Art moderne de la Ville de Paris.

**Roemer.** Verre à vin allemand, dont la forme se fixe définitivement au début du XVII^e siècle. Sa coupe est ovoïde ou en ballon ; sa jambe, creuse, plutôt trapue, est cylindrique et reçoit généralement un décor de pastillage (cabochons en forme de framboises). Son pied, conique, est décoré de cordons. Pour le fabriquer, le verrier enroule autour d'un moule en bois de forme conique un filet de verre en fusion. Il soude ensuite le pied à la jambe. Le métal est verdâtre, à base de potasse. Autrement dit, le Roemer est un « verre fougère » (ou waldglass), que l'on range habituellement dans la catégorie de la gobeleterie commune, à destination populaire. Toutefois, une certaine recherche esthétique correspond en fait à la demande d'une clientèle plus raffinée.

**Roentgen** (David), ébéniste allemand (? 1741 - Wiesbaden 1809). Célèbre pour ses meubles à mécanisme, il travaille d'abord avec son père à Neuwied, en Rhénanie. Il réalise pour la Cour, à partir de 1779, des meubles à transformation et à verrouillage, puis il se fixe à Paris, obtient facilement la maîtrise en 1780 et reçoit le titre exceptionnel d'« ébéniste-méchanicien du Roi et de la Reine ». Associé à l'horloger Pierre Kintzing, il crée le fameux androïde représentant la *Joueuse de tympanon*, acheté par Marie-Antoinette et aujourd'hui au musée des Arts et Métiers de Paris.

Il est également réputé pour la très grande qualité de ses marqueteries à motifs floraux (notamment de splendides touffes de roses) encadrés de rubans et d'arabesques.

**Roettiers** (les), très célèbre famille de graveurs monétaires, qui a fourni des artistes de talent aux Flandres, à la France et à l'Angleterre pendant près de deux siècles.

Le fondateur de la dynastie est *Philippe* Roettiers (Anvers 1596 - ?). Les Roettiers qui s'illustrèrent en France sont principalement : *Joseph* (1635-1703), qui succéda au grand Warin et fut nommé graveur général en 1682, figurant parmi les premiers artisans de l'histoire métallique sous Louis XIV ; *Joseph Charles* (1691-1779), fils du précédent, qui accéda à la charge de graveur général en 1727 et grava le fameux « écu au bandeau » qui fut monnayé de 1740 à 1770 ; *Charles Robert* (1720-1772), fils du précédent, qui devint graveur général de la Monnaie de Paris en 1753 et fut l'auteur de très nombreux jetons et médailles du règne de Louis XV ainsi que de l'écu dit « à la vieille tête ».

**Roettiers** (les), famille d'orfèvres français. *Jacques* (1707-1784), maître en 1733, orfèvre du roi, créa d'abord des objets de style rocaille, mais fut un des premiers interprètes du néoclassique. On cite comme exemple les sucriers d'or qu'il livra au roi Louis XV vers 1760, ornés de bas-reliefs illustrant les travaux de la sucrerie ; les objets ont disparu.

*Jacques-Nicolas,* son fils, maître en 1765, fut l'heureux auteur du fameux service Orloff commandé à Paris par Catherine II en 1772, à l'intention de son favori, et dont l'inventaire se montait à 842 pièces. Après cette commande, Roettiers fils se retira, fortune faite, dès 1777.

**rognage** n. m. Opération de reliure consistant à égaliser au moyen d'un instrument tranchant les marges du livre pour rendre celui-ci prêt pour la reliure. Les tranches sont alors régulières et lisses. Le rognage est une opération délicate et ne doit pas être excessif : bien souvent, les relieurs ont un peu trop rogné les volumes qui leur étaient confiés, mutilant parfois titres et dédicaces. Souvent on indique la hauteur du livre (en millimètres) pour bien montrer que celui-ci n'a pas été trop rogné : le plus grand livre est évidemment le plus recherché.

**rogner.** Action de découper de petits morceaux d'une monnaie de métal précieux pour en tirer un profit illégal. Cette activité coupable était très courante au Moyen Âge, à une époque où les écus d'or étaient constitués de disques très minces et aux contours souvent irréguliers ; les progrès techniques dus à la frappe au balancier*, la généralisation de l'augmentation de l'épaisseur des flans*, enfin l'adoption de tranches inscrites (sous Louis XIV) devaient mettre fin à ce type de fraude.

**romain** n. m. Caractère d'imprimerie d'origine italienne, généralement usité pour l'impression de la partie courante du livre. Le romain perpendiculaire à la ligne s'oppose à l'italique, dont les traits sont inclinés. Il remonte au XVe siècle. Grâce à Garamond, qui lui donna sa perfection, il se répandit dans toute l'Europe au XVIIe siècle.

**romantique.** Se dit d'un mouvement artistique qui s'est développé dans la première moitié du XIXe siècle ; le christianisme s'y oppose au paganisme et le passé national à l'Antiquité classique. La reliure s'adapte à ce mouvement et crée le style cathédrale*. Le maroquin à grain long, systématiquement employé, et le veau, doré et mosaïqué à l'extrême, recouvrent les recueils de lithographies, les livres illustrés, les keepsakes* et les éditions originales des grands écrivains de l'époque, relativement rares ; on préférait habiller richement, dans le goût du jour, des auteurs confirmés. Simier, Vogel, Duplanil, Thouvenin sont parmi les plus connus des relieurs romantiques. À cette époque apparaissent les cartonnages, volumes illustrés par la gravure sur bois délaissée depuis le XVIe siècle et reliés par l'éditeur en percalines frappées de plaques dorées et mosaïquées se rapportant au sujet du livre.

**ronce** n. f. Partie du bois très veineuse coupée au niveau des racines ou du départ des branches, ce qui permet certains effets décoratifs.

Ader-Picard-Tajan

*Lithographie d'Eugène Delacroix (1835), faisant partie d'une suite de treize œuvres de l'artiste pour illustrer* Hamlet *(1844).*

**Ronis** (Willy Ronès, dit), photographe français (Paris 1910). Reporter indépendant depuis 1936, artiste d'une grande sensibilité, Ronis est l'auteur de plusieurs albums sur Paris.

**Rops** (Félicien Joseph Victor), peintre, graveur, dessinateur et écrivain belge (Namur 1833 - Essonnes 1898). Fils de riches négociants belges, Félicien Rops est formé à l'académie de Saint-Luc à Bruxelles. Fondateur du journal satirique *Uylenspiegel*, il s'attache à partir de 1858 à la gravure sur cuivre, qu'il s'emploie à rénover par la pratique du « vernis mou ». Installé à Paris, il illustre les œuvres de poètes symbolistes : Barbey d'Aurevilly (*les Diaboliques,* 1886), Péladan (le fondateur de la Rose-Croix), Baudelaire (frontispice de l'édition belge des *Épaves,* 1866). Son œuvre est hantée par la mort et l'extase démoniaque. Le caractère érotique, parfois graveleux, de ses planches, tout en provoquant le scandale, lui vaut un vaste public. Parallèlement à ses gravures, Félicien Rops a réalisé un certain nombre de lithographies.

**roquillard** n. m. Petit enroulement sculpté en volute qui termine ou interrompt une moulure. Cet ornement doit son nom à une altération de l'adjectif « rocaillard », évocateur du style rocaille.

**Rörstrand.** Cette faïencerie (faïences stannifères) a été créée vers 1725 à Stockholm sous le patronage du baron Adlerfelt. Vers le milieu du XVIIIe siècle, l'arrivée d'un ouvrier faïencier suédois, Conrad Hunger, qui avait certainement travaillé longtemps en Allemagne, donna à Rörstrand une orientation de production vers la faïence fine. La marque la plus connue est RS. Toutefois, toute une série de marques composites et compliquées peut être attribuée à cette fabrique.

Comme pour d'autres fabriques de l'époque, les motifs rouennais, lambrequins stylisés, quadrillages, volutes et paniers de fruits fleuris ont été la source d'inspiration la plus importante des faïenciers de Rörstrand. Comme à Marieberg, l'autre grande manufacture suédoise, on trouve ici aussi, tout au long de la seconde moitié du XVIIIe siècle (décors et formes), la double influence française (Rouen, mais aussi Strasbourg) et germanique ainsi que les décors bianco-sopra-bianco, probablement inspirés dans ce cas des créations anglaises (Londres, Bristol, Liverpool).

**rosace** n. f. Motif décoratif peint ou sculpté dont le centre — bouton ou culot — est entouré de fleurs à un ou à plusieurs rangs de feuilles de façon à former un motif circulaire. Ornement antique, la rosace est adoptée par le style Louis XVI sur le mobilier et les boiseries (rosace à feuilles d'eau). On la trouve dans les caissons de plafond, aux voûtes, aux corniches. On appelle « rosaces », mais le plus souvent « roses », les grandes baies circulaires ornant les façades d'églises médiévales et garnies de vitraux.

La rosace est privilégiée en art populaire grâce à son extrême simplicité à tracer et à sa beauté décorative. Variante du cercle, elle orne les colliers de brebis, les plioirs à dentelle, les plaques à beurre, les pétrins, les salières, les quenouilles. La rosace à six rais est la plus aisée à peindre, à dessiner ou à tailler. Dans l'Antiquité grecque, elle représente le nimbe des dieux solaires, Apollon, Hélios, les Dioscures. Elle symbolise aussi l'immortalité de l'âme, associée à la rouelle. On la retrouve sur les berceaux, pour éloigner la mort, sur les pétrins, pour éviter les moisissures.

**rose** n. f. Nom que l'on donne au diamant taillé à fond plat et facetté en dôme sur sa face supérieure. On utilise ce procédé de taille pour les diamants de faible épaisseur ou de piètre qualité, qui ne peuvent ou ne valent pas la peine d'être taillés en brillants.

Les roses peuvent être de dimensions importantes : certaines ont 1 cm ou plus de diamètre, et forment de fort belles pierres ; d'autres ne sont que de minuscules éclats. Grandes ou petites, régulières ou baroques, les roses ont été et sont encore très utilisées en joaillerie, en association avec des brillants ou des pierres de couleur, pour rehausser un entourage, ou un bijou d'émail : la faible valeur intrinsèque des bijoux en rose les a préservés de la destruction, et on les trouve en assez grand nombre, même du XVIIIe siècle : bagues, broches, pendentifs...

Les diamants « taille rose » sont montés en chaton plein, avec souvent un paillon au fond du chaton pour accentuer la brillance. À la différence du brillant, la rose ne produit pas de feux ; si elle est de qualité, elle jouit cependant d'un fort bel éclat.

**rose de Clichy.** V. MILLEFIORI, PRESSE-PAPIERS.

**rose des vents.** Elle remonte probablement à la Chine, qui possédait une rose cosmogonique à 12 ou 24 divisions. Transmise par l'intermédiaire des Arabes, qui calculaient leur pérégrination sur le lever et le coucher de quinze étoiles ainsi que ceux de la Polaire et de son opposée, la rose est divisée en trente-deux parties égales. Les pays occidentaux en prennent connaissance avec les premières croisades en même temps que de l'aiguille aimantée de la boussole. Les marins s'emparèrent de ces deux inventions et adaptèrent la rose sidérale arabe à leurs exigences. Ils gardèrent les trente-deux divisions correspondant aux points cardinaux et à leurs subdivisions et y ajoutèrent les vents principaux, agents moteurs des voiliers. Ces divisions, correspondant à 11⁰ 15′, sont appelées quart, rhumb ou aire de vent. La rose orne les cartes marines, les boussoles ou les compas à partir du XVe siècle et permet aux graveurs de laisser libre cours à leur imagination. Ils rivalisent d'habileté et les parent de blasons, de personnages bibliques ou de monstres marins et cette profusion d'ornementation nuit parfois à la lecture.

Au XVIe siècle, les roses sont imprimées sur papier, en taille douce, rehaussées de couleurs et, jusqu'à la fin du XVIIIe siècle, le nord est indiqué par une fleur de lis. Tout d'abord collées sur du carton puis sur une feuille de mica indéformable, elles sont directement imprimées sur du corozo* à la fin du XIXe siècle, puis sur du plastique.

**Rosset** (les), dynastie d'ivoiriers originaires de Saint-Claude, dont le plus anciennement connu est Denis, dit Du Pont (1655). Jean-Claude François Joseph, dit Du Pont ou Rosset Père ou Joseph, né à Saint-Claude en 1706, fit de nombreux christs, des vierges et des statuettes religieuses. Admirateur de Voltaire, à qui il fut présenté, il sculpta de nombreux petits bustes du philosophe. Il s'installa à Paris en 1771. Là il exécuta les bustes de Montesquieu, de J.-J. Rousseau, de d'Alembert. Revenu à Saint-Claude, il orna des tabatières et des boîtes en ivoire. Son œuvre fut représentée à l'Exposition universelle de 1878 ainsi qu'à l'Exposition rétrospective des arts en Franche-Comté à Besançon en 1906. Deux de ses fils héritèrent de son talent : ce sont Claude Antoine, né en 1745 à Saint-Claude, connu pour le fini méticuleux de son travail et ses délicates découpures imitant la broderie, et Jacques Joseph.

**rothschild** n. m. Fauteuil large et confortable apparu à la fin du XIXe siècle, dont le dossier incliné est surmonté d'une sorte de traversin rembourré sur lequel on peut reposer la nuque.

**rotin** n. m. Tige souple d'un arbrisseau de la famille des palmiers, servant à tresser des fonds à des sièges légers ou à des plateaux de table. La mode du rotin a commencé sous Napoléon III pour des salons d'hiver, dont on sortait ces meubles faciles à transporter, si le temps s'y prêtait.

**Roty** (Louis Oscar), médailleur français (Paris 1846-*id.* 1911). Premier grand prix de Rome en 1872, il fut le plus célèbre médailleur de la Belle Époque et grava des plaquettes ainsi que de nombreux coins* monétaires. Il reste particulièrement connu du grand public pour sa création de la fameuse pièce de 1 F « à la Semeuse » frappée de 1898 à 1920, puis reprise de 1959 à nos jours.

**Roubille** (Auguste Jean-Baptiste), décorateur, graveur et affichiste français (Paris 1872-*id.* 1955). Roubille a collaboré à la plupart des journaux humoristiques de l'époque 1900. Il a dessiné des meubles et s'est consacré également au dessin animalier et à l'affiche publicitaire (2 100 F à Orléans le 16-V-1981 pour l'affiche du *Smart Carman*). Parmi les cartes postales les plus cotées, citons : la collection des « Cent », les cartes antimilitaristes, *Cocorico.*

**Roubo** (André Jacob), menuisier français (Paris 1739-*id.* 1791). Fils de menuisier, menuisier lui-même, il est surtout connu pour son ouvrage magistral *l'Art du menuisier*, présenté à l'Académie des sciences en 1769. C'est d'ailleurs pour cet ouvrage que la maîtrise lui est accordée en 1774 avec exemption des droits d'usage. Roubo a également écrit un *Traité de la construction des théâtres et des machines théâtrales* et un *Art du layetier*. Ses ouvrages sont illustrés de planches d'une grande clarté, dessinées et gravées par l'auteur.

Si l'on ne connaît pas de meuble portant l'estampille de Roubo, l'étendue de ses connaissances techniques, ses descriptions d'outils et d'assemblages montrent qu'il était capable de réaliser toutes sortes d'ouvrages de charpenterie, de menuiserie et de carrosserie. Roubo reprochait aux menuisiers et aux ébénistes de la fin du XVIIIe siècle leur routine et leur travail trop hâtif.

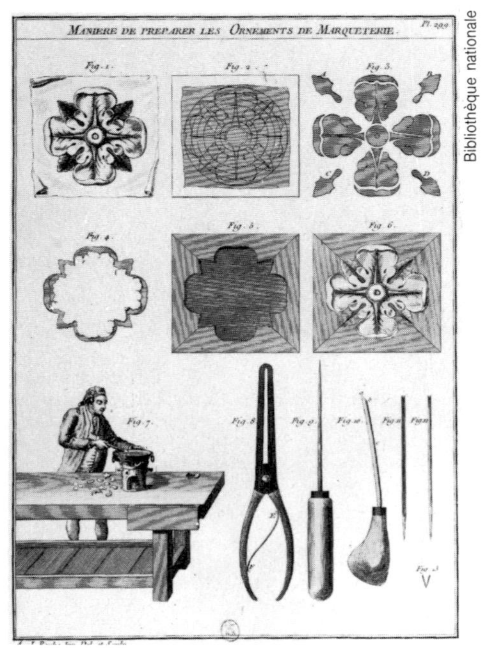


Bibliothèque nationale

*« Manière de préparer les ornements de marqueterie », planche tirée de l'ouvrage* l'Art du menuisier, *d'André Roubo (1769). Paris, Bibliothèque nationale.*

**roue** n. f. La roue de clochettes est une roue ornée de clochettes suspendue dans le chœur de l'église et que l'on faisait carillonner pendant la messe.

La roue de fortune est le symbole de la destinée humaine, incertaine, changeante, mais aussi de l'éternité divine. On la voit sculptée autour de certaines rosaces d'églises médiévales.

La roue d'étude est, au Moyen Âge, un pupitre circulaire que l'on peut baisser ou élever au moyen d'un pivot, sur lequel il est monté.

**rouelle** n. f. Motif décoratif qui évoque une roue par ses rayons droits ou fulgurants inscrits dans le cercle (on dit alors rouelle fulgurante ou en hélice), ou bien encore le Soleil, quand les rayons sortent du cercle. Le nombre de rayons peut varier, mais, quand deux rayons se recoupent, la rouelle évoque bien la croix, fixe ou tournoyante, et se

C. A.

*Cruche en terre vernissée, ornée du motif de la rouelle.*

charge alors d'une valeur cosmique et religieuse. Depuis la protohistoire, la rouelle et la rosace, à laquelle elle est souvent associée, symbolisent le Soleil, le dieu suprême, le centre de l'espace, le temps cyclique, l'immortalité de la création. Tout au long des siècles, la rouelle prend valeur de talisman. Le chrisme, composé du X et du P (les deux premières lettres du christos grec, inscrit dans un cercle) forme ainsi une rouelle à six rais. Du berceau à la tombe, la rouelle fait partie du décor populaire, à la fois répétitif et magique, et possède la puissance d'un symbole chrétien (immortalité) associé aux forces de la superstition (signe magique qui éloigne les démons).

**Rouen.** En dehors de Delft, c'est la production faïencière rouennaise de grand feu qui a eu la plus grande influence, tout au long du XVIIIe siècle, sur les fabriques du nord et du centre de l'Europe. Cette influence s'étend de la Suède (Rörstrand*) jusqu'aux Flandres (Lille, Desvres, Saint-Omer) et de la Bretagne (Rennes, Quimper) jusqu'en Allemagne (Kiel, Francfort).

L'origine de la fabrication de faïence émaillée à Rouen remonte au début du XVIe siècle et est étroitement liée à la fondation de l'atelier dirigé par ce premier grand maître potier de l'Europe du Nord qu'est Masséot Abaquesne*, dont les panneaux muraux et les dallages des châteaux de Gaillon, d'Écouen et de la Bastie d'Urfé sont certainement l'œuvre la plus connue. Abaquesne a peut-être imité pour la première fois en Europe septentrionale le décor italianisant dit « a candelieri ». Les pièces de ce genre, attribuables à son atelier, sont peintes en bleu, en jaune, en orange, en vert, en violet et en rouge sur des fonds très bleuâtres et ont comme motif central des armoiries (pièces de commande). Beaucoup de ces pièces de forme (gourdes par exemple) rappellent le travail des Della Robbia, qui, originaires de Florence, ont influencé directement toute la production de l'Europe méridionale durant les XVe et XVIe siècles. Abaquesne aurait peut-être travaillé à la décoration céramique du château de Madrid avec Girolamo Della Robbia vers 1530.

De cette première période rouennaise, retenons aussi toute cette production très recherchée de tous les amateurs de faïence du XVIe siècle : des vases d'apothicaire, des chevrettes et des albarelli, qui rappellent, tout en étant très différents, les modèles italiens.

La deuxième époque de la faïencerie rouennaise correspond à la seconde moitié du XVIIe siècle et à une production en camaïeu bleu qui rappelle d'une part les faïences nivernaises italianisantes et d'autre part les faïences delftoises. C'est à cette période — surtout la première moitié du XVIIIe siècle — qu'on doit attribuer les décorations en lambrequin, le style rayonnant souvent réhaussé de rouge et de jaune, ces très rares pièces à fond jaune, ainsi que les pièces rarissimes au nielle (borax). La création des décors chinois en polychromie et surtout en rocaille (à la corne, à la guivre, à la tulipe) est légèrement plus tardive, mais, pour ainsi dire, contemporaine du style rayonnant rouennais.

L'apparition de la porcelaine sur le marché français vient troubler, vers le milieu du XVIIIe siècle, la production rouennaise, où on a toujours décoré sur l'émail cru. La technique du petit feu ne fut introduite que vers 1770 par Levasseur, qui pratiqua à Rouen, à l'imitation des faïenciers marseillais, la technique de la peinture sur émail cuit (feu de moufle).

Peu avant la Révolution, Rouen était un des centres faïenciers les plus importants et les plus prolifiques de l'Europe. Dix-huit fabriques recensées et près de 1 200 ouvriers faïenciers permettaient le maintien d'une énorme production, dont les deux tiers étaient exportés hors du royaume de France.

La production de porcelaine tendre à Rouen doit être attribuée à la famille des Poterat, qui a dominé (au moins deux faïenceries rivales appartenaient aux Poterat) la fabrication céramique rouennaise à la fin du XVIIe siècle et au début du XVIIIe. La Révolution, la multiplication de

Hélène Fournier

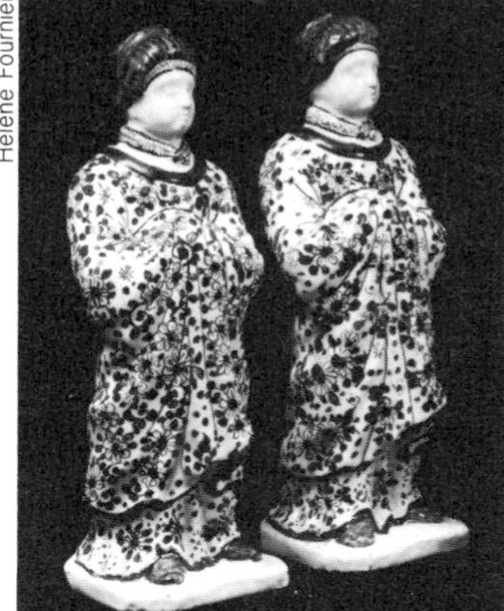
Hélène Fournier

*Bannette octogonale en faïence de Rouen, à décor chinois polychrome, bordure à croisillons. XVIIIe siècle.*

*Paire de figurines en faïence de Rouen à décor polychrome, dans le style de Delft, représentant des personnages chinois debout. XVIIIe siècle. (H. 26 cm.)*

*Chaise percée en faïence de Rouen, offerte par Stanislas Leszczyński à son aide de camp, le comte de Baye. Les formes et le décor de l'objet appartiennent au style Louis XV.*

Cl. Bonnet

manufactures de porcelaines durant l'époque impériale provoquent la décadence et la disparition, vers le milieu du XIXe siècle, de l'industrie céramique rouennaise. Cette dernière période correspond à des productions de pièces grossières dites « du style rouennais tardif ».

**rouet** n. m. Petit instrument domestique permettant de filer la laine, le chanvre ou le lin. Originaire d'Extrême-Orient, le rouet était encore récemment employé dans les foyers par la plupart des femmes. Il permet un travail plus rapide et plus régulier que le filage au fuseau. Les plus beaux rouets sont somptueusement ornés de motifs marquetés, dorés, incrustés. Le simple rouet du XIXe siècle, en bois tourné, à roue verticale ou horizontale, est le plus répandu dans toute la France. Par sa silhouette même et son rôle au foyer, le rouet est un objet très recherché de personnes nostalgiques du temps passé, où l'on filait auprès de l'âtre en chantant.

**rouet** (platine à). Léonard de Vinci serait l'inventeur de la platine à rouet, dont le principe ressemble à celui des briquets d'aujourd'hui, qui font jaillir une étincelle grâce à une roue moletée. Une seule main suffit dès lors pour actionner le système. La platine comprend un chien enserrant dans ses mâchoires une pyrite de fer qui vient frotter sur une roue striée — le rouet —, animée par un ressort tendu par une clef carrée, tandis que la chaîne d'acier solidaire s'enroule autour de l'axe du rouet. D'abord placé à l'extérieur de la plaque de platine, le rouet est ensuite installé à l'intérieur : dans ce cas, on parle de « rouet noyé ». Les platines, toujours coûteuses, sont souvent abondamment ornées et deviennent de véritables œuvres d'art. La platine à rouet a permis la création des pistolets.

Les armes à rouet sont rares sur le marché, et les prix s'en ressentent. Une belle arquebuse ou un pistolet en bon état dépasse toujours 35 000 F. Il faut se méfier des intéressantes copies Napoléon III, d'une bonne qualité d'exécution, qui atteignent souvent plus de 15 000 F.

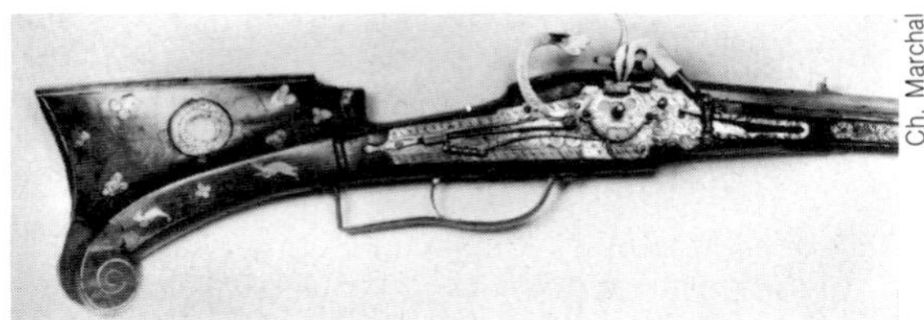

Ch. Marchal

*Pistolet à rouet saxon. Vers 1680. Collection Marchal.*

**rouleau** n. m. En architecture, ce terme désigne l'enroulement de volutes ornant la console vue de face. Synonyme au Moyen Âge de la voussure d'un arc, le rouleau s'applique à la rangée de claveaux, ou voussoirs.

En tapisserie, le rouleau a le même sens que le mot « ensouple », qui désigne le cylindre de bois ou de métal sur lequel le lissier enroule la tapisserie au fur et à mesure qu'elle avance.

**roulette** n. f. Instrument de mesure utilisé par le charron pour évaluer le travail du bois de la roue à l'extérieur de la jante, puis à l'intérieur du bandage. La roulette est composée d'une roue s'articulant sur une barre en U fixée sur un manche. Elle peut être tout en fer ou tout en bois. Étant fabriqué par l'artisan, le fer est généralement ouvragé, et cet outil est, de ce fait, recherché par les collectionneurs.

La roulette est aussi un instrument de relieur, formé d'une petite roue dont la tranche est gravée en relief du dessin à reproduire. Montée sur un axe fixé à un manche et poussée sur un plat, la roulette laisse l'empreinte d'une frise continue.

**Roullet-Decamps** (les), fabricants français de jouets mécaniques et d'automates. Ils exercent depuis les années 1860, lorsque Jean Roullet fonde sa première fabrique d'automates. La direction de l'entreprise a été transmise de père en gendre, de gendre en fils et de fils en fille. Gaston Decamps, petit-fils de Jean Roullet, est l'auteur du célèbre professeur « Arcadius » ; il créa également, à l'image de certains confrères, des automates destinés à animer les vitrines de magasins. Parmi les automates anciens Roullet-Decamps proposés sur le marché de l'antiquité, on compte *la Tricoteuse*, négociée aux alentours de 50 000 F, et *le Clown à la lune*, estimé au-delà de 20 000 F.

**roumi** (littéralement, « de la Rome orientale » [Byzance]). Désignant d'abord le décor d'arabesques pratiqué par les Seldjoukides de Roum, le « roumi » s'appliqua ensuite à l'ornementation anatolienne. Les uns insistent surtout sur la longue feuille bilobée schématisée d'où repart un jeu d'enroulement de tiges, à la manière des pampres et de leurs vrilles ; d'autres remarquent plutôt une construction « zoomorphique », dans laquelle la « tête d'éléphant » stylisée (avec sa trompe) serait l'élément de base.

**Rousseau** (Clément), artiste français (Saint-Maurice-la-Fougereuse, Deux-Sèvres, 1872 - Neuilly 1950). D'abord sculpteur, il se consacre vers 1912 à l'ébénisterie. Ses modèles, inspirés par le style Louis XV et Louis XVI, sont exécutés en bois rares et en matières raffinées. Rousseau a d'ailleurs réhabilité le galuchat, tombé en désuétude. Prenant part à l'aménagement du studio de Doucet, il a toutefois peu produit. Ses meubles, réalisés en exemplaires uniques, sont donc très rares et connaissent évidemment des enchères élevées. Comme les autres décorateurs Art déco, Rousseau gagne la faveur d'un public épris d'un esthétisme raffiné : un meuble d'appui en palissandre, ouvrant à une porte surmontée d'une niche, avec des colonnes détachées en bois de palmier, baguées d'ivoire, a été adjugé 380 000 F à Paris, le 18-V-1981.

**Rousseau** (François Eugène), verrier français (1827-1891).

*Table à café à la façon de Clément Rousseau. Adjugée 2 200 dollars par Christie's, à New York, le 3-IV-1982.*

Christie's

Négociant en porcelaines et en cristaux, Rousseau fait réaliser dès 1867 un service de table en porcelaine décoré dans le goût extrême-oriental. Il s'intéresse à la verrerie et, toujours inspiré par l'art japonais, il dessine sur verre clair des motifs gravés en creux. Faisant fabriquer chez Appert (Clichy) les verres que gravent E. Michel et A.-G. Reyen, il s'attache à la fabrication des verres doublés et renoue ainsi avec une technique employée dès la Renaissance. À l'Exposition de 1878, ses imitations de pierre dure — cristaux de roche asiatiques, sardoines, onyx, agates — lui valent le succès, et, en 1884, Rousseau triomphe par ses célèbres verres craquelés, reproduisant le strass ou le quartz veiné. En 1885, il s'associe avec Léveillé, et les œuvres faites en collaboration présentent dès lors les deux signatures accolées. À la différence de celui de Gallé, l'art de Rousseau est très sobre, donnant la priorité à la matière et tirant parti des techniques anciennes, ses œuvres obtiennent des cotes élevées : 100 000 F pour un vase « carpe » à décor de poissons sur fond marin, monté sur bronze doré, à la façon du XVIIIe siècle (Drouot, 23-XI-1981).

**Roussel** (Pierre), ébéniste français (1723-1782). Reçu maître en 1745, il a réalisé de nombreux meubles de lignes élégantes, aux marqueteries florales d'une grande variété. Il fut secondé par ses deux fils, Pierre Michel et Pierre le Cadet, dit « le Jeune », qui héritèrent de son atelier mais non de son talent.

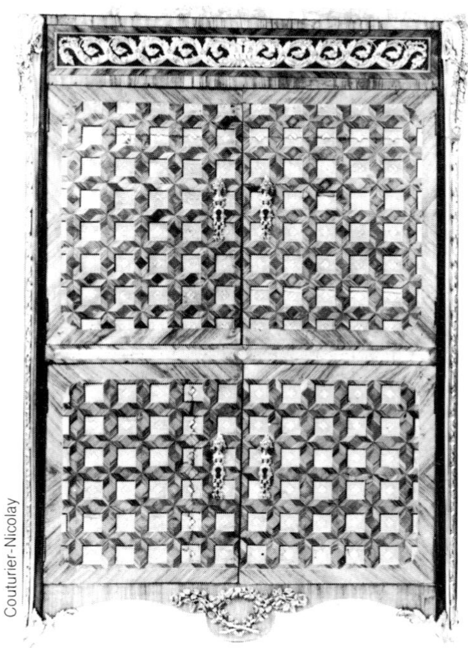


*Meuble à quatre portes en bois de placage marqueté, encadrements de bois de rose, angles à pans coupés, décor de bronze ciselé et doré rapporté. Il porte l'estampille de P. Roussel. Époque Louis XVI.*

**roussette** n. f. Nom d'un poisson couvert d'écailles rugueuses, dont la peau est utilisée pour polir le bois ou l'ivoire. La peau de roussette est également appelée « peau de chien » ou « galuchat* ».

**rousseur** n. f. Tache brun clair ou sépia que l'on trouve sur les papiers. Rare dans les volumes d'avant la fin du XVIIIe siècle imprimés sur vergé, la rousseur fait son apparition dans les livres romantiques, imprimés sur vélin. Due à l'humidité et à la nature du papier, elle est malheureusement courante et déprécie fortement l'ouvrage qui en contient ; le seul remède est le lavage.

**Royaumes combattants.** V. CHINE.

**ruban** n. m. Motif décoratif, peint, sculpté, marqueté, imitant le ruban enroulé. Souvent employés à l'époque Louis XVI, les nœuds de ruban figurent sur les chutes, sur le mobilier, les boiseries, les objets d'orfèvrerie.

*Reliure du XVIIIe siècle ornée de guirlandes et de rubans, obtenus par dorure.*

**Rubestuck** (François), ébéniste d'origine allemande (Westphalie 1722 - Paris 1785). Il s'installe à Paris comme artisan libre et reçoit la maîtrise en 1766. On lui doit de nombreux meubles de grandes proportions, mais de lignes élégantes et toujours ornés de marqueteries où il joue avec habileté des jeux de veines des bois précieux. Plus à l'aise dans le pur style Louis XV que dans le style néoclassique, Rubestuck emploie également avec bonheur laques et bronzes.

**rubis** n. m. Pierre précieuse de la famille des corindons, dont la nuance varie du rose pâle au rouge foncé, la meilleure couleur étant celle qui allie intensité, éclat et transparence ; le meilleur rouge rubis est dit « sang de pigeon ». Les plus beaux sont ceux de la région de Mogok en Birmanie, du Siam, ou de Ceylan.

Dans les inventaires et les nomenclatures anciens, les pierres que l'on nomme rubis sont généralement des spinelles, voire des grenats ; le « balais » est une spinelle claire. Les plus fameux, comme le Côte-de-Bretagne ou le rubis du Prince Noir sont, eux aussi, des spinelles ; la couleur est proche de celle du rubis, seul l'œil d'un spécialiste ou l'indice de réfraction peuvent faire la distinction.

Spinelle ou balais, le rubis revient souvent dans l'orfèvrerie médiévale et sur les parures, à partir de la Renaissance : Henri VIII en portait en collier, sur son chapeau, ses vêtements. Les rubis étaient alors taillés en cabochons, voire sculptés en camées, ou en ronde bosse. C'est ainsi qu'au milieu du XVIIIe siècle le Côte-de-Bretagne fut sculpté en dragon pour figurer sur la Toison d'or du roi.

Les rubis des bijoux anciens sont évidemment de faible importance, les gros ont été remontés au fil des modes.

Le rubis est toujours utilisé en haute joaillerie, associé le plus souvent au diamant.

**rudentée.** Se dit d'une cannelure en creux dont la partie inférieure contient un bâtonnet en léger relief figurant un roseau. L'extrémité supérieure est coupée perpendiculairement à l'axe ou en sifflet. La « rudenture » peut être unie ou prolongée soit par des perlettes, soit par une tige verticale ornée de feuillages très fins appelés « asperges ». Ces motifs décoratifs, placés également sur des pans coupés de commodes ou de secrétaires, sont caractéristiques du style néoclassique vers 1770-1780.

**Rugendas** (Nicolas), horloger français actif au XVII^e siècle. Un horloger originaire d'Auch appelé Rugend avait mis au point le cadran solaire équinoxial à la fin du XVI^e siècle. Protestant, il émigra, et l'on trouve trace, à partir de 1608 à Augsbourg, en Allemagne, d'un certain Rugendas qui fabrique justement ce genre d'instruments. Augsbourg*, ville en pleine expansion, devient au XVII^e siècle, sous l'influence de Rugendas, un grand centre de fabrication de cadrans solaires ainsi que d'instruments scientifiques.

**Ruhlmann** (Émile Jacques), artiste décorateur français, (Paris 1869 - *id.* 1933). Son père, originaire d'Alsace et établi à Paris après 1870, dirige une entreprise de peinture, qu'il reprend en 1907 tout en dessinant des modèles de meubles. À partir de 1913, Ruhlmann commence sa brillante carrière de décorateur-ensemblier. Il inaugure en 1923 ses ateliers d'ébénisterie (14, rue d'Ouessant) ; pour le mobilier et la décoration, sa maison devient vite très réputée.

Dessinateur de talent, Ruhlmann confie ses projets à des collaborateurs de premier plan, tels Jallot, Rapin, Dunand. Sa production est considérable : avec Le Corbusier, Sognot, Puiforcat, il travaille ainsi pour le mahārādjah d'Indore, dessinant des meubles en acier (1930). Outre l'aménagement de maintes demeures de luxe en France et à l'étranger, il reçoit des commandes de l'État. Il est représenté au Metropolitan Museum de New York, au musée du Caire et au musée des Arts décoratifs de Paris. Une pureté de lignes, une technique parfaite, des formes élégantes, des bois et des ornements précieux caractérisent le style Ruhlmann. De qualité impeccable, ses réalisations utilisent des incrustations en matières rares, tels l'ivoire, l'écaille, le galuchat, le bronze doré ou argenté. Le « Riesener de 1925 » a non seulement dessiné des meubles, mais aussi divers objets d'ameublements, étoffes et tapis.

Par tous ces caractères exceptionnels, les meubles de Ruhlmann bénéficient d'une véritable cote d'amour, allant jusqu'à une surenchère si la pièce est considérée comme unique : un bureau et cinq chaises réalisés à la demande du mahārādjah d'Indore ont été adjugés à Enghien, le 15-XI-1981, 850 000 F ; or, ce bureau seul avait été vendu 420 000 F (Monte-Carlo, mai 1980).

*Secrétaire de Ruhlmann en palissandre à filets et garnitures d'ivoire. Adjugé 102 500 F par M^es Génin-Griffe-Leseuil, à Lyon, le 7-VI-1982.*

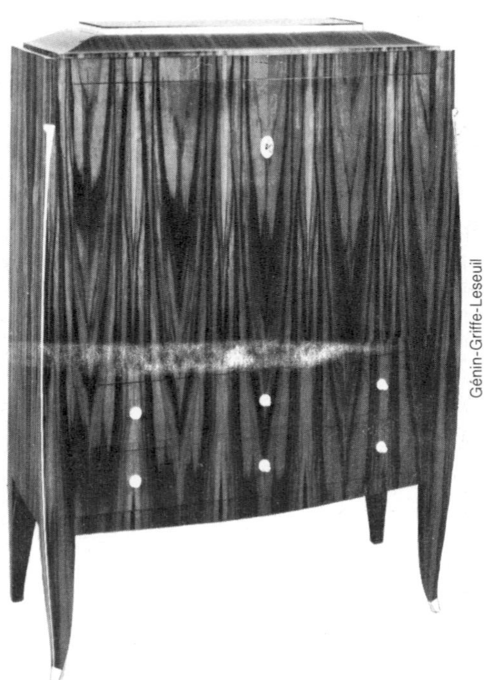


**Ruisdaël** (Jacob), peintre et graveur hollandais, (Haarlem 1628 - *id.* 1682). Connu et admiré pour ses marines et ses paysages, Ruisdaël a laissé, en outre, de délicates eaux-fortes.

**ruolz** n. m. Ce nom que l'on donne parfois au métal argenté est celui du comte Henri de Ruolz, qui mit au point, en 1838, en même temps que l'Anglais Elkington, le procédé d'argenture* par électrolyse.

**Ruskin** (John), écrivain, professeur et peintre anglais (Londres 1819 - Brantwood 1900). Ruskin a eu sur l'art de son pays une grande influence. Dès son jeune âge, il affirme de sérieuses qualités de dessinateur, montrant aussi son goût pour les questions artistiques, et contribue à faire connaître la grandeur du génie de Turner dans *Modern Painters* (1843-1860). Mais, l'art plastique et la littérature étant pour lui étroitement liés, il influence surtout les orientations esthétiques du mouvement préraphaélite, apportant à celui-ci tout son appui (exposition John Everest Millais, 1853). Publiant de nombreux articles et rédigeant des livres tels que *The Stones of Venise* (1851-1853), il est nommé en 1869 professeur d'art à l'université d'Oxford : le but de son enseignement est la restauration du sentiment de la nature.

**ruyi.** Sceptre chinois à double courbure représentant une tige de fleur de lotus stylisée. En jade, en bois et en métal, en ivoire ou en autre matière, le ruyi était généralement décerné par l'empereur ou un haut personnage de l'État en signe d'estime à un personnage officiel. Certains ruyi, en jade sculpté, peuvent atteindre des sommes considérables sur le marché des antiquités.

**Ruzhou.** V. CHINE.

**Rysselberghe** (Théo Van), peintre et graveur belge (Gand 1862 - Saint-Clair-en-Provence 1926). Élève des académies de Gand puis de Bruxelles, Rysselberghe a été le cofondateur du groupe des XX et de la Libre Esthétique. Adepte du néo-impressionnisme, il apporta en Belgique, à la peinture et aux arts décoratifs, un vent de renouveau. Fixé à Paris en 1898, il fut lié aux milieux symbolistes. Sa production a été abondante en peinture, en dessin et en gravure, beaucoup plus rare en affiches. Cependant, parmi les plus célèbres de ces dernières, citons celle qu'il créa pour le Salon annuel de la Libre Esthétique : elle fut adjugée 8 500 F le 5-IV-1981 à Enghien.

*Paire de chenets en bronze patiné et doré, décorés de sphinx accroupis, sur des socles ornés d'appliques de bronze doré, à décor de cygnes, de coupes et de guirlandes de fleurs. Époque « retour d'Égypte ».*

# S

**sable** (fonte au). Technique de fonte des métaux, principalement du bronze, moins précise et moins coûteuse que la fonte à la cire perdue, mais permettant des tirages en petites séries. On utilise du sable fin, tassé dans un châssis en deux parties, dans lequel le modèle est enfoncé, pour imprimer le moule en creux, en prenant soin de ménager des jets et des évents pour la coulée du bronze. Lorsque le métal est refroidi, les deux moitiés du châssis sont séparées et l'objet est extrait avant qu'on ne réutilise le moule en une ou en plusieurs fois.

La fonte au sable fut très employée pour l'abondante production des bronzes d'appartement au XIX^e siècle ; elle peut donner d'excellents résultats, si le modèle original est bon et s'il est convenablement « reparé » (v. REPARURE) par l'artiste ou le fondeur après la sortie de la fonte.

**sablier** n. m. Petit appareil en verre qui sert à mesurer le temps. Connu depuis l'Antiquité et repris au Moyen Âge, l'« horloge à sablon » ne prend le nom de « sablier » qu'à la fin du XVII^e siècle. Le sablier est constitué de deux fioles ou ampoulettes, retournées l'une sur l'autre et séparées par une plaque de métal trouée pour laisser le libre passage du sable. Les fioles étaient scellées à la cire et enfermées entre deux plaques maintenues par des colonnettes ou des tubes de cuir, de carton ou de métal. Le sable pouvait être remplacé par de la coquille d'œuf pulvérisée ou du marbre noir réduit en poudre. La durée d'écoulement varie selon les sabliers.

Dans la marine, sont utilisés jusqu'à la fin du XIX^e siècle, les sabliers d'une demi-heure, appelés souvent « horloges », ou ceux d'une demi-minute, en association avec le « loch », pour connaître la vitesse approximative des navires.

Certains exemplaires perfectionnés peuvent marquer plusieurs durées en associant côte à côte 2, 3 ou 4 paires de fioles ; appelés « sabliers en buffet d'orgue », ils marquent le quart, la demie, les trois quarts et l'heure. D'autres, d'une heure ou d'une demi-heure, possèdent une ampoulette à plusieurs étranglements (3 ou 5 formant 4 ou 6 compartiments) indiquant les quarts d'heure ou les 5 minutes.

Un sablier de 3 minutes, avec une monture en bronze et des ampoules d'origine (h. 10,5 cm ; France, XVI^e-XVII^e s.) a été adjugé 3 100 F à La Rochelle le 18 -VII-1981.

**sabot** n. m. Chaussure taillée d'une seule pièce dans du bois, en général du hêtre, qui est un bois robuste, léger, facile à tailler. La saboterie, comme la tonnellerie, est une invention celtique. La forme du sabot n'a guère évolué au cours des siècles. La pointe s'allonge plus ou moins (démesurément dans la vallée de Bethmale, en Ariège, où les « esclops » de fête étaient de cuir clouté brillant) ou s'arrondit ; le dessus de bois se remplace parfois par une lanière de cuir afin d'alléger le sabot. Le travail du sabotier requiert un savoir-faire et un outillage spécial : cuiller, paroir, tarière. Les ornements, taillés au couteau ou à la rainette, sont souvent l'œuvre de la femme du sabotier.

Le sabot peut être aussi une garniture de bois ou de bronze doré placée au pied des meubles pour les renforcer.

Enfin, le sabot est un jouet de bois tourné, proche de la toupie, que l'on lançait au moyen d'un fouet.

**sabres japonais.** On distingue trois catégories de sabres d'après leur ancienneté : les « koto » (sabres anciens, fabriqués de 900 à 1650 environ), eux-mêmes répartis en cinq groupes qui doivent leur nom au lieu de leur fabrication (Yamashiro, Yamato, Hizen, Shōshū et Mino) ; les « shinto » (sabres récents, de 1580 à 1750 environ) ; enfin les « shinshinto » (sabres très récents, de 1750 à 1900).

D'après leur longueur, ils appartiennent à trois types : le tachi, ou katana* (plus de 63 cm de long), le wakizashi (de 30 à 63 cm), le tanto (moins de 30 cm).

Les sabres japonais comportent une monture (poignée et fourreau) dont certaines parties, véritables œuvres d'art sont appréciées pour elles-mêmes par les collectionneurs. Ce sont : le socle de la lame *(habaki),* généralement en cuivre, souvent orné d'incrustations en or, en argent ou shibuichi (V. ALLIAGE) ; les rondelles de fixation de la lame dans la poignée ; la garde, ou tsuba* ; le manche, ou poignée *(tsuka),* formé de deux parties en bois généralement recouvertes de peau de chagrin *(same)* et fixées par des cordons en soie retenant des petits ornements en métal ouvragé *(menuki).* Le fourreau lui-même *(saya),* également en bois est souvent laqué en noir ou rouge, ou parfois recouvert de peau de chagrin. Deux petits stylets (*kosuka* ou *kogai*) sont souvent fixés de part et d'autre de la partie supérieure du fourreau des sabres. Des artistes renommés, différents des facteurs de lames, contribuèrent à la décoration de ces armes.

**Sager** (Xavier), dessinateur d'origine autrichienne (1870-1930). Sager fut l'un des plus prolifiques dessinateurs de l'âge d'or de la carte postale. De son atelier sortirent environ 2 000 cartes, qui portent sa signature. Les plus intéressantes pour les collectionneurs sont les cartes « aquarellées » dites « de sa première période », sur carton épais. La cote de Sager, relativement élevée vers 1970-1975, a nettement baissé.

**Saint-Amand-les-Eaux.** Deux faïenceries ont existé dans cette ville du nord de la France. La première, qui aurait appartenu de 1736 à 1776 à la famille Dorez, est surtout connue pour une fabrication rustique de plats et de pichets, dont la décoration rappelle celle de Desvres et celle de Hesdin. La seconde, qui fut la propriété des Fauquez pendant un siècle, peut être considérée comme une rivale de Tournai. Les décors extrême-orientaux et rocaille rappellent ceux de Rouen, et le procédé italien du *bianco sopra bianco* est obtenu par l'application de rehauts en blanc fixe sur un fond d'émail gris-blanc.

Vers 1770, la fabrique Fauquez produit aussi des pièces de forme polychromes cuites au petit feu ainsi que de la porcelaine tendre blanche, qu'on a beaucoup utilisée dans les contrefaçons de Sèvres.

**Saint-Clément.** La faïencerie de Saint-Clément fut, en 1757, dirigée par Jacques Chambrette, le propriétaire de la faïencerie de Lunéville, qui mourut en 1758.

Ayant survécu à la Révolution, elle est surtout connue pour ses groupes de personnages en faïence blanche ou légèrement polychrome, pour des pots-pourris et des pièces de forme polychromes exécutés au petit feu. Au XIXe siècle, le thème au coq a été largement utilisé.

**Saint-Cloud.** Vers 1670 existait une faïencerie à Saint-Cloud, dirigée par Pierre Chicaneau, d'origine rouennaise. Beaucoup d'auteurs attribuent à ce dernier la découverte de la technique de la porcelaine tendre, car peu avant sa

Hélène Fournier

*Assiette en faïence de Saint-Clément, décor au chinois à bordure fleurie. XVIIIe siècle. Collection Hélène Fournier.*

mort en 1677 il avait entrepris avec succès des essais dans cette voie.

La décoration de la faïence produite à Saint-Cloud par Chicaneau et par ses successeurs rappelle ou plutôt imite les motifs bleus de Rouen de la seconde moitié du XVIIe siècle ; l'originalité de la production réside dans l'introduction du noir pour souligner les traits. Pas plus qu'à Nevers, le rouge n'a jamais vraiment été utilisé à Saint-Cloud.

De 1677 à sa fermeture, cette manufacture a changé de propriétaires à plusieurs reprises. Les porcelaines tendres de la première époque — qui existent encore sur le marché des antiquités — sont d'une bonne qualité, quoique d'une fabrication rustique. Aux décors « en relief » — très recherchés de nos jours — ont succédé vers 1720 les motifs orientaux et, dix ans plus tard, les figures « grotesques ».

Deux explications rendent compte de la disparition de la manufacture de Saint-Cloud : la première mentionne une liquidation (vers 1766) due à des problèmes financiers ; l'autre, la fermeture à la suite de la destruction des bâtiments par le feu en 1773. On rapporte aussi que, vers 1720, les propriétaires de Saint-Cloud auraient eu la direction d'un magasin à Paris, rue du Faubourg-Saint-Honoré.

L'existence de milliers de pièces — certes de valeur et de qualité inégales — sur le marché international facilite la collection des « Saint-Cloud du XVIIIe siècle », de Paris à Londres et de Versailles à Milan.

**Saint-Louis.** V. Baccarat, OPALINE.

**Saint-Nicolas-d'Aliermont.** Cette ville française de Seine-Maritime, proche de Dieppe, était un centre horloger important. Y furent fabriqués des mouvements d'horloges normandes aux rouages compris entre deux platines de laiton, munis d'un balancier souvent court, battant la demi-seconde. Les mouvements de Saint-Nicolas-d'Aliermont, qui ne peuvent être présentés sans leur caisse — contrairement aux mouvements comtois —, sont négociés entre 3 500 et 15 000 F.

**Saint-Omer.** D'après les archives, une importante communauté de potiers dans cette ville des « Pays-Bas français » était installée dès le début du XVe siècle. Il faut toutefois attendre trois siècles pour connaître des faïences de grande renommée produites localement. Au XVIIIe siècle sont nommées au moins quatre faïenceries à Saint-Omer ; toutefois, une seule, créée par Georges Saladin (manufacture royale de faïence) vers le milieu du siècle, est vraiment digne d'intérêt.

Saladin, négociant venu de Dunkerque, et son gendre Jacques Adrien Levesque (ouvrier faïencier originaire de Rouen) sont les créateurs de ces belles pièces caractéristiques (assiettes, plats, pièces de forme) décorées par des fleurs peintes d'abord en blanc, puis en jaune et en blanc sur un fond gros bleu dit « persan », qui rappelle le bleu de Nevers.

À la manière de Rouen et de Sinceny, l'usine de Saladin a créé aussi tout un ensemble rocaille (motifs à la corne et à la double corne, au vase de Médicis, aux perroquets). Dans le même esprit sont à signaler des assiettes légèrement creuses avec des motifs centraux de personnages historiés inspirés des gravures de Jacques Callot. Citons enfin les décors d'inspiration extrême-orientale (dessins chinois, décor à la grenade...) ainsi que les terrines et les statuettes à sujet animalier.

Dans la production du nord de la France et des Pays-Bas, dans laquelle elle doit être placée, la faïence du XVIIIe siècle de Saint-Omer est une des plus recherchées par sa qualité et par la variété de ses produits.

**Saint-Pétersbourg.** On a surtout produit de la porcelaine en Russie dans la manufacture royale de Saint-Pétersbourg, fondée vers 1744, et dans celle de Moscou, créée en 1758. Ces deux manufactures ont eu une grande importance sous le règne de l'impératrice Catherine (1762-1796). Dans les formes et les décors, celle de Saint-Pétersbourg, où a travaillé Hunger vers 1745, s'inspire des répertoires germanique et français, tandis que celle de Moscou se réfère aux modèles britanniques ; cette dernière a d'ailleurs été fondée par un Anglais nommé Gardner.

Même limitée, la production de porcelaine persista durant le XVIIIe siècle dans ces deux villes.

Les marques de la fabrique de Saint-Pétersbourg étaient les monogrammes des différents souverains, tandis que celles de la fabrique de Moscou se réfèrent aux propriétaires des usines (Gardner et Popoff).

**Saint-Quentin.** Le village de Saint-Quentin-la-Poterie, dans les Garrigues (Languedoc), a produit depuis le Moyen Âge une céramique aux formes harmonieuses, mais dépourvues d'ornementation. Au XIXe siècle, il comptait plus de quarante fours, et c'est à ce moment que des poteries décorées, des souvenirs sur commande, des plats à barbe sortaient de l'atelier de la famille Clop, à laquelle est liée la meilleure production du village.

Ces pièces caractéristiques de la région nîmoise sont aujourd'hui recherchées autant par les musées régionaux que par les amateurs.

**saïte.** Se dit de l'époque égyptienne (de 664 à 525 av. J.-C.) correspondant à la XXVIe dynastie. C'est, dans les derniers siècles de l'ère pharaonique, une période d'affermissement politique et de renaissance artistique et culturelle des traditions antiques. L'art saïte pourrait être défini comme une sorte de « néoclassicisme » égyptien. Les thèmes anciens sont repris, affinés et même traités avec un certain maniérisme, mais la qualité artistique et technique demeure excellente. L'époque saïte fournit l'immense majorité des œuvres d'art égyptien qui figurent aujourd'hui sur le marché des antiquités : statues de granite, de basalte, vases canopes, masques de sarcophages dorés à la feuille et surtout superbes bronzes d'une grande qualité plastique (ibis, faucons, statuettes de déesses incrustées parfois d'or ou d'argent et les gracieux chats saïtes de Bubastis).

*Statue en granite gris-vert représentant le fils d'un prêtre. Égypte, époque saïte. (H. 66 cm.)*

Christie's

**salière** n. f. Récipient contenant le sel. Cet ingrédient faisait au Moyen Âge l'objet d'une grande attention en raison, sans doute, de ses références religieuses... et de son prix, grevé d'un lourd impôt. Aux XIVe et XVe siècles, les récipients destinés à ce prosaïque condiment sont, au centre de la table, de véritables monuments d'orfèvrerie, connus par les témoignages écrits ou peints, mais détruits pour la plupart, excepté l'élégante salière d'or exécutée en 1543 pour François Ier par Benvenuto Cellini (musée de Vienne). Les salières postérieures semblent plus modestes, bien que certaines aient conservé leur caractère ornemental. Les salières Louis XV reflètent la fantaisie : elles sont composées de trois godets (sel fin, poivre, gros sel) disposés sur une terrasse qui se prête à tous les thèmes : rocailles, crustacés, amours joufflus. Les salières bourgeoises sont de modestes salerons chantournés. Vers 1770, Marie-Antoinette lance la mode des petites salières de cristal bleu logées dans une cage d'argent, sur le modèle desquelles sont conçus les récipients Empire, exception faite pour les pièces d'apparat, rehaussées, comme jadis, d'allégories en ronde bosse.

Couturier-Nicolay

*Paire de salières en argent fondu et ciselé, pieds à enroulements, intérieurs en verre blanc, portant le poinçon de maître orfèvre de la veuve Louis Waustrud. Valenciennes, vers 1755. Adjugées 22 500 F par Mes Couturier-Nicolay, à Drouot, le 19-III-1982.*

**salle des ventes.** V. HÔTEL DES VENTES.

**Salomon** (Erich von), photographe allemand (1886-Auschwitz 1944). Il commença sa carrière en 1928, utilisant pour des instantanés un petit appareil à main, qu'il

Magnum

*Photographie de Erich von Salomon prise en 1929 ou 1930 à La Haye (Hollande).*

abandonna ensuite pour le Leica. Il a réalisé, dans l'ambiance vivante des réunions et des conférences internationales, des photographies qui sont devenues des documents de grande valeur.

**Samadet.** Ce petit village des Landes a donné son nom à une faïence très recherchée aujourd'hui. C'est vers 1730 que commence l'histoire de celle-ci, avec les essais de l'abbé de Roquépine, baron de Samadet, pour « concurrencer les faïences de Bordeaux, mais aussi celles de Delft, qu'à cette époque les bateliers de l'Adour échangeaient à Bayonne contre des vins béarnais importés aux Pays-Bas par des marchands hollandais ». La terre utilisée était de bonne qualité, et les bois de la région fournissaient amplement le combustible nécessaire aux fours. Le premier ouvrier faïencier qui travailla pour l'abbé de Roquépine fut un Normand employé auparavant à la faïencerie Hustin de Bordeaux. En 1732, la faïencerie de Samadet obtint le « privilège royal » pour vingt ans, renouvelé en 1752. En 1784, toujours en pleine activité, elle fut rachetée par le baron d'Uzès. La production se maintint jusqu'à la Révolution, qui frappa durement ce village de tradition très royaliste ; la manufacture déclina : la faïence devint de plus en plus grossière, et la production cessa en 1840.

Très influencée par les grandes manufactures de l'époque (style de Moustiers et de Sinceny), la production de Samadet est difficile à définir. Elle comprenait des services de table, des huiliers très typiques en forme de personnages, des vases, des bénitiers, des coupes. Les motifs subirent naturellement l'influence des faïences du midi de la France ; il faut toutefois retenir les décors rappelant la flore et la faune locale, les fleurs des pois, les palombes. Les « scènes chinoises » des pièces de Samadet sont beaucoup plus traitées à l'européenne que celles de Delft, de Rouen ou de Moustiers.

On trouve quelquefois des inscriptions (« Samadet ») ou des initiales (S), mais pas de marque à proprement parler.

**Samarkand.** Cette ville d'U. R. S. S. située dans l'Ouzbékistan fut l'ancienne capitale — Maracanda — de la Sogdiane, sur laquelle régnèrent du XVe au XVIe siècle Timūr Lang et la dynastie des Timūrides, à la fois guerriers mongols et amateurs d'art raffinés. Le luxe de la Cour et la proximité de la Chine donnèrent naissance à des tapis précieux (tapis brochés d'or et rebrodés), dans lesquels le motif circulaire domine soit sous la forme d'un médaillon central, soit grâce à des motifs répétés sur tout le champ. L'influence chinoise apparaît également dans le dessin des arabesques, des fleurs, dans l'organisation plutôt aérée de la composition ainsi que dans les couleurs : rouge, orange, bleu, jaune, vert clair. Le tissage des Samarkand anciens est très serré.

Les Samarkand récents sont produits par les tribus nomades avoisinantes du Turkestan oriental ; ils sont moins serrés, voire mous. Le Samarkand a cependant su garder son décor mongol très séduisant et ses teintes contrastées, vives et lumineuses. Il reste très apprécié.

Samarkand est connue des collectionneurs pour un groupe de céramiques médiévales trouvées à Afrāsyāb, voisines de celles de Nichāpūr mais dont elles se distinguent par un décor plus rustique (grands plats à fond crème ornés d'inscriptions calligraphiées (en coufique).

*Grande coupe creuse de Samarkand, à décor incisé sous glaçure « trois couleurs », ou sancai, représentant des oiseaux en réserve sur fond d'écailles. Tansoxiane, Samarkand ou Nishāpūr, IXe-Xe siècle. (D. 45 cm.)*

Ader-Picard-Tajan

**Sambin** (Hugues), architecte et sculpteur (Gray v. 1515-1520 - Dijon v. 1600-1602). Auteur de travaux à Dijon (plafond de la grande salle de la Cour des comptes, stalles de l'église Sainte-Bénigne, portes du palais de justice), il fut reçu maître en 1549. Il sculpta le noyer avec une virtuosité inépuisable et exécuta des meubles imposants : armoires et buffets couverts de sculptures exubérantes, de figures grotesques, d'animaux chimériques entourés de guirlandes, de termes. En 1572, il publia à Lyon un ouvrage enrichi de planches gravées, *Œuvre de la diversité des termes dont on use en architecture*. Les termes sont les gaines sculptées de personnages dont Hugues Sambin orna de nombreux ouvrages civils et religieux. Artiste illustre de l'école de Bourgogne, imprégnée de baroque italien et de réalisme, Sambin travailla également à Besançon. Son œuvre inspira les menuisiers lyonnais et bourguignons jusqu'à la fin du XVIe siècle.

Son petit-fils François a été reçu maître menuisier à Dijon en 1618.

**samovar** n. m. (mot russe signifiant « qui bout lui-même »). Cet objet qui accompagne, à partir du début du XIXe siècle, les services à thé est une sorte de bouilloire montée sur un support qui permet de diluer à volonté le thé de la théière. Il se compose d'un corps de fontaine muni d'un ou de plusieurs robinets et d'un petit réchaud à alcool.

Cette fontaine à thé (expression utilisée à l'origine) est venue d'Angleterre après la Révolution. Elle figure alors dans les services d'apparat et prend la forme d'une urne à l'antique monumentale, agrémentée de victoires ailées et de bas-reliefs bucoliques ou guerriers. Percier et Fontaine ont fourni de somptueux modèles, exécutés par Odiot et Biennais en argent ou en vermeil. Bien souvent, cependant, ce volumineux accessoire est en métal argenté, même lorsque le reste du service est en argent massif.

Le samovar demeure en honneur pendant tout le XIXe siècle. Après la Restauration, il devient cependant plus petit, plus simple et adopte parfois la forme d'une grosse bouilloire montée sur un support à bascule, sous lequel brûle le réchaud.

**sancai** (« trois couleurs »). Décoration céramique en vert, en jaune de chrome et en crème, particulièrement développée en Chine pendant la période des Tang et utilisée pour orner des statuettes et de la vaisselle. Certaines

*Cheval en terre cuite vernissée de « trois couleurs », ou sancai. Époque Tang.*

porcelaines plus tardives non recouvertes de glaçure furent parfois décorées de trois couleurs, particulièrement en vert, en jaune et en aubergine. Les sancai sont caractérisées par leurs coulures. (V. WUCAI.)

**Sander** (August), photographe allemand (1873-1964). August Sander ouvrit un studio à Cologne en 1910 et, après la guerre, conçut le vaste projet d'un album sur la société allemande du XXe siècle, dont il commença la réalisation, photographiant, souvent « en pied » devant l'objectif, les artistes, les intellectuels, les commerçants, les ouvriers, les employés, les soldats ou les industriels. En 1934, la Gestapo saisit le premier volume de cette encyclopédie, dont les clichés furent néanmoins sauvés. Mais, en 1944, 100 000 négatifs de Sander furent détruits par les bombardements sur l'Allemagne.

**sandwich.** Se dit d'un verre décoré à la feuille d'or.

**sang de bœuf.** Expression désignant la couleur rouge rubis des glaçures des céramiques chinoises (baoshi hong, aussi appelées « langyao »), caractéristiques de certains fours de la période de Kangxi (dynastie des Qing), mais produites depuis le XVe siècle environ. Certaines de ces glaçures rouges, décolorées, sont devenues rosâtres et portent des taches brunâtres et vertes : elles sont alors appelées « peaux de pêche » (jiangdou hong).

**santon** n. m. (du provençal *santoun*, « petit saint »). Petite figurine de crèche. Les premiers santons d'argile crue sont nés au début du XIXe siècle entre les mains d'un certain Jean-Louis Lagnel. Dès 1803, une foire aux santons, à Marseille, popularise ces petites figurines d'argile produites à des centaines d'exemplaires et vendues à bas prix. La coutume de confectionner sa crèche à domicile se répand.

Une crèche complète comprend une cinquantaine de santons, parmi lesquels figurent des personnages exerçant les petits métiers ruraux et artisanaux : les bergers bien sûr, le pêcheur, le meunier, le bûcheron, l'« amoulaïre » (le rémouleur), le boulanger, le joueur de vielle, la marchande d'aulx. Les officiels sont présents : maire, curé, tambourinaire, garde champêtre ainsi que la fière Arlésienne (l'Arlatenco) enveloppée dans son châle et coiffée du traditionnel ruban de velours.

Les santons anciens proposés, surtout chez les antiquaires du Midi, sont le plus souvent en bois, avec visage et mains de cire, vêtus de cotonnades provençales : ils sont de la fin du XVIIIe siècle ou du début du XIXe et valent beaucoup moins cher que les poupées Jumeau. Les anciennes pièces d'argile crue sont beaucoup plus rares, en raison de leur fragilité. Leur fabrication s'est traditionnellement poursuivie chez de très vieilles dynasties de santonniers. Les personnages sont moulés dans des moules anciens. L'argile subit une légère cuisson, puis le décor est appliqué et simplement séché. Telle est l'originalité du santon marseillais : les teintes ne sont pas dénaturées par la cuisson et conservent toute leur fraîcheur. La taille des figurines varie de 2 à 20 cm environ. Chaque année, la foire aux santons se tient pendant tout le mois de décembre sur la Canebière de Marseille.

**Saos.** Près du lac Tchad, les Saos — disparus au XVIe siècle devant la poussée de l'islām — inhumaient leurs morts accroupis dans de larges jarres et accompagnés de poteries. On a retrouvé plus de 15 000 terres cuites : figurines d'ancêtres, représentations d'animaux, dont le modelé est toujours puissant et vigoureux.

**sapèque** n. f. Monnaie extrême-orientale en bronze coulé, à trou carré central. La sapèque apparaît en Chine vers la fin de l'époque Zhou (milieu du IIIe s. av. J.-C.), après la période d'utilisation des monnaies primitives, « bêches » et « couteaux ». Dès le début, elle présente des traits spécifiques de forme (trou carré) et de fabrication (fonte), qu'elle gardera toujours. De la même manière, le symbolisme, attaché à cette forme première, sera toujours le même : la sapèque est une pièce ronde (le Ciel), percée d'un trou carré (la Terre) et dont la surface porte l'empreinte du souverain, l'empereur fils du Ciel et de la Terre.

Ce type de monnaie a connu un succès extraordinaire dans tout l'Extrême-Orient. Circulant par « ligatures » de plusieurs centaines de pièces, les sapèques ont animé le commerce oriental pendant de longs siècles : l'Annam, la Corée et le Japon ont copié la Chine en émettant leurs propres sapèques.

**saphir** n. m. Corindon bleu, figurant parmi les quatre pierres précieuses. Sa dureté (9 selon l'échelle de Mohs) et sa composition chimique sont les mêmes que celles du rubis. Sa couleur varie du bleu pâle au bleu foncé, mais certaines pierres sont jaunes, roses, mauves et même blanches. Sa meilleure nuance est le bleu indigo, vif et profond, ni trop foncé ni trop clair, que présentent les saphirs du Cachemire (les plus recherchés) et certains saphirs de Birmanie ou du Siam. En revanche, les saphirs d'Australie (bleu marine presque noir) et ceux de Ceylan (bleu pâle ou délavé) sont de faible valeur.

Il existe des saphirs taillés en camées provenant de l'Antiquité, et le procédé fut repris du XV^e^ siècle au XVIII^e^ siècle. Au Moyen Âge, le saphir était d'autant plus utilisé que l'on disposait de ceux du Puy-en-Velay, moins beaux évidemment que ceux du Cachemire. Les textes anciens appellent parfois saphir n'importe quelle pierre bleue.

**sarcophage** n. m. Cercueil des Égyptiens qui, par son caractère décoratif, est devenu un objet de collection très prisé. Les plus anciens sarcophages égyptiens étaient de simples cuves de pierre ou des caisses de bois. À la fin de l'Ancien Empire (2400 av. J.-C.), les caisses de bois commencent à être décorées de motifs polychromes sur fond stuqué : hiéroglyphes, extraits du Livre des morts, colonnes et parfois deux yeux sur leur face supérieure.

Quant aux sarcophages qui adoptent la forme du corps humain, ils ne remontent pas au-delà du Nouvel Empire (1500 av. J.-C.). Les pharaons sont enterrés dans plusieurs sarcophages « gigognes », dont certains sont d'or ou d'argent. Le simple particulier possède un sarcophage de bois peint, enfermé dans une cuve de pierre.

*Couvercle de sarcophage en bois peint et doré, orné de trois colonnes de hiéroglyphes dorés en relief reproduisant un texte sacré. Égypte, période gréco-romaine. (H. 2,17 m ; l. 0,85 m.)*

Ader-Picard-Tajan

La partie la plus intéressante anthropomorphe est le masque, qui est un portrait idéalisé du défunt, tel le masque célèbre en or de Toutankhamon portant la grande perruque et les attributs rituels. Les collectionneurs l'isolent parfois du reste du cercueil.

Ce masque, sous le Nouvel Empire, est en bois stuqué et polychromé. À la Basse Époque (à partir de 700 av. J.-C.), la valeur artistique des sarcophages commence à décliner, même si l'époque saïte* en fournit encore de très beaux. Au bois stuqué, on substitue une sorte de cartonnage (du papyrus mâché) hâtivement peint.

**Sārī** (autrefois Sariyeh). Capitale du Tabaristan, à proximité de la Route de la soie, Sārī était, sur la Caspienne, le port menant au sud de la Russie (via Astrakhan). De nombreux ateliers de tissage y étaient installés, traitant, selon le goût de leur clientèle, la soie brute venue de Chine. Les collectionneurs de céramiques connaissent la production « provinciale » de coupes argileuses, longtemps confondues avec celles de Nichāpūr*, mais d'une facture plus fruste, et la gamme des émaux utilisés est assez caractéristique : le plus souvent, de grands oiseaux huppés, à la queue déployée, toujours de profil, ou des tiges rayonnantes sommées de fleurons ou de disques perlés, dans les tonalités rouge brique, jaune moutarde, orange, brun foncé ou vert émeraude.

**Sarouk.** Située à 40 km au sud-ouest de Téhéran, Sarouk produit, depuis la seconde moitié du XIX^e^ siècle, des tapis caractérisés par leurs dessins anguleux.

Le plus souvent, le champ est orné d'un grand médaillon central octogonal ou en forme de losange et prolongé par deux cuspides, ainsi que d'écoinçons qui reprennent le dessin central. Les motifs stylisés (fleurs, feuilles, hérati...) sont disposés de façon dense. Une large bordure à rosaces est encadrée de deux bandes secondaires.

Le Sarouk ancien, au velours ras et très serré, est d'une qualité excellente, que n'égalent pas les Sarouk récents, même si ces derniers sont plus beaux que ceux du début du siècle.

*Tapis Sarouk au dessin classique rehaussé de bleu et de rouge cernés de noir. Galerie Yves Mikaeloff.*

Mikaeloff

**Sarreguemines.** La manufacture de Sarreguemines, qui est toujours en activité, a été fondée vers 1770 et a donné aux marchés français et allemand une importante production de faïences fines et de porcelaines tendres.

Elle doit sa fondation avant tout à la situation géographique de la ville, à la présence du confluent de la Sarre et de la Blies, mais aussi à l'abondance du bois et de l'eau. La présence de terres argileuses dans la région et

Larousse

*Tasse et soucoupe en porcelaine de Sarreguemines, du milieu du XIXe siècle dont le décor floral est inspiré par l'exotisme. Collection particulière.*

celle de feldspath près de la ville proche de Diemaringen ont aussi probablement facilité le développement de la fabrication.

La manufacture retient l'intérêt des amateurs de faïences du XIXe siècle surtout pour les nombreuses séries d'assiettes « historiées » (vie militaire, personnages ou sujets historiques, scènes rurales, chasse, scènes animées, jeux, sujets humoristiques, scènes galantes, mois et saisons de l'année), décorées suivant le procédé anglais de l'impression : en monochromie, en bichromie ou en polychromie. Les couleurs dominantes sont le gris, le bleu, le noir, le rouge carmin, le vert, le marron, le sépia. Les produits sont marqués en général en creux et en toutes lettres (SARREGUEMINES). De la même époque datent les services de table en polychromie ou en monochromie décorés de fleurs et de chinoiseries, et exécutés à la main ou imprimés.

L'influence anglaise a été prépondérante dans la décoration « en imprimé », elle est sensible dans les imitations, vers la fin du XVIIIe siècle et le début du XIXe, des styles « Wedgwood » : décoration en relief, en blanc ou noir de sujets néoclassiques sur fond uni de couleur surtout bleue, noire, marron et même jaune.

Ont aussi été fabriquées des imitations de « Jersey », pièces de forme (cruches décorées de bandes dorées et de différentes autres couleurs), des objets monochromes décorés en lustre de reflets roses dits « Burgos », des grès monochromes finement décorés en relief, des faïences vernies et même de la porcelaine (décors floraux, assiettes et plateaux « nacre »), qui rappelle la proximité de la frontière allemande.

Il faut enfin mentionner les nombreuses « majoliques » réalisées à la manière des faïences de la Renaissance, en particulier de celles de Bernard Palissy. Ce sont soit des vases dits « Médicis* », soit des termes traités en polychromie et rappelant les styles italiens du XVe siècle et ceux de Rouen du XVIIe siècle.

**sarusophone** n. m. Inventé par Sarus en 1863, cet instrument de cuivre est le seul à être pourvu d'une anche double. Sa perce, selon sa dimension, est proche du hautbois, du cor anglais et du basson. Méconnu des musiciens, pour n'avoir pas été reconnu comme instrument réglementaire par l'armée, le sarusophone fut présent pendant un certain temps dans les catalogues de la maison Gautrot. Celle-ci dut faire un certain nombre de sarusophones, puisqu'il n'est pas rare d'en rencontrer chez les marchands.

**satiné** (verre). V. ART DÉCO, LALIQUE.

**satsuma.** Céramique japonaise réalisée dans la région de Kagoshima, dans l'île de Kyūshū à partir de la fin du XVIe siècle, avec des décors dorés selon une technique importée de Corée. Les satsuma sont généralement de couleur chamois et émaillées en rouge, en vert, en bleu et en or.

**saucière** n. f. Récipient servant à présenter la sauce. La forme des saucières, en argent ou en céramique, a relativement peu varié. Dans le style Louis XV, la saucière fait corps avec le plateau et a la forme d'une navette, permettant de verser à chaque extrémité. Elle est garnie d'anses latérales, et les bords sont ondulés. Sous Louis XVI, puis sous l'Empire se répand le modèle « en gondole », encore appelé « en casque », muni d'un seul bec verseur et d'une anse relevée à l'autre extrémité.

*Saucière « en casque », en argent, posée sur un piédouche, prise en volute représentant un aigle. 1809-1819. (Poids 474 g.) Adjugée 8 900 F par Mes Couturier-Nicolay, à Drouot, le 19-III-1983.*

Couturier-Nicolay

**Saunier** (les), famille d'ébénistes français. Le premier, *Jean-Charles*, reçu maître en 1743, réalisa de riches commodes-tombeaux en bois de rose, des bureaux et des tables à la marqueterie minutieuse et aux bronzes raffinés.

*Jean-Baptiste*, son frère cadet, devenu maître en 1751, a laissé d'importants meubles de style Louis XV, à la très riche ornementation. Enfin, *Claude Charles*, fils de Jean-Charles, le plus célèbre des trois, reçut la maîtrise en 1757 ; il produisit quelques pièces de styles Louis XV et Transition, mais excella surtout dans le style Louis XVI avec des meubles aux lignes nettes et aux bronzes délicatement ciselés (commodes, dessertes, bureaux, secrétaires).

**saupoudreur** n. m. ou **saupoudreuse** n. f. À l'origine, au XVIIe siècle, récipient cylindrique en argent ou en faïence, dont la partie supérieure, vissée, permet de verser le sel (d'où son nom) par un bouchon percé de nombreux trous. La saupoudreuse est généralement tournée en forme de balustre ; elle est par la suite surtout utilisée pour verser du sucre en poudre (V. SUCRIER) et parfois de la farine. Le mot ne doit pas être confondu avec poudreuse, qui désigne une table de toilette, également appelée « coiffeuse ».

**sautoir** n. m. Long collier dont l'extrémité tombe bas sur la poitrine ou la taille. Le terme de « sautoir » fut utilisé à l'origine pour les ordres de chevalerie qui portaient leurs insignes « en sautoir ». Au XIXe siècle, le sautoir est une longue chaîne d'or, portée en double, munie à l'extrémité d'un mousqueton auquel on attache la montre. Différents modèles de mailles classiques ou de fantaisie sont présentés : parfois garnis d'émail, parsemés de perles fines ou de pierres précieuses, ils sont actuellement très appréciés.

Sous Louis XIV, on portait déjà de longs sautoirs de perles. Cette mode revint vers 1925 avec les longs sautoirs de toutes matières, qui « sautaient » au ras des robes « charleston ».

**Savary** (les), facteurs français d'instruments de musique. Si Savary père se fait connaître à la fin du XVIIIe siècle comme facteur d'instruments à vent en bois, notamment du basson, c'est certainement son fils Jean Nicolas (1786-1850) qui, pour s'être consacré entièrement à cet instrument, participa le plus à son évolution. Instrumentiste et fabricant, il sut pallier les imperfections du basson, auquel il ajouta une crémaillère afin d'en régler la tonalité avec précision.

**Savignac** (Raymond), affichiste français (1907). Héritier de la grande tradition de l'affiche, qu'il traite avec un humour personnel bien parisien, Savignac a réalisé depuis 1933 quelque 224 affiches. Parmi les plus célèbres de ces affiches, citons *Monsavon au lait* (1949), *Cinzano* (1951), *Astra* (1954), *le Pot-au-feu Maggi* (1960), *Vichy Célestin* (1963), *Devos* (1967), *Allez au musée de l'Homme* (1981).

**savonarola** ou **sedia savonarola.** Siège italien mobile de la fin du XVe siècle, ainsi appelé du fait de son apparition à l'époque de G. Savonarola, dominicain illuminé qui gouverna Florence de 1494 à 1498. Ce siège n'est, en réalité, qu'un développement de la sedia dantesca : sa structure, aux branches amincies, comporte huit barreaux, aux courbes parallèles. Son dossier, contourné, est décoré d'un blason ou d'un ornement, et la feuille de cuir fait place à un plateau de bois. Cette chaise est souvent désignée en France sous les termes de « siège en ciseaux » ou de « siège à tenailles ».

*Siège italien dit « savonarola ». XVIe siècle.*

Couturier-Nicolay

**Savone.** Il est difficile de séparer les productions de Savone et celles d'Albissola (d'où est partie la famille Conrade à la fin du XVIe s. pour Nevers), Savone et Albissola étant les deux centres faïenciers les plus importants de la Ligurie du XVe au XIXe siècle.

Les modèles les plus recherchés sont ceux créés vers la seconde moitié du XVIIe siècle « dans un style très enlevé qui évoque les lavis au pinceau des grands maîtres de l'art baroque italien ». Toutefois, au XVIIIe siècle, Savone autant qu'Albissola ont une importance considérable grâce à une production très diversifiée, traitée en camaïeu bleu et en polychromie avec des traits noirs.

**savonné.** Se dit d'une pièce d'orfèvrerie dont les ornements en relief sont usés par le frottement des mains et le polissage au chiffon, ce qui fait perdre la netteté aux motifs par un amollissement des contours.

**Savonnerie** (la). Manufacture à la production prestigieuse de tapis noués de haute lisse, installée en 1624 par Simon Lourdet dans une ancienne savonnerie sur la colline de Chaillot et transférée en 1826 aux Gobelins.

Manufacture royale dès 1660, elle reçoit de nombreuses commandes exécutées sous la direction de Le Brun pour les châteaux de Versailles, de Marly, pour le Louvre... Souvent de grand format (certains atteignent 9 m de long), les tapis représentent des paysages, des scènes allégoriques ou mythologiques, inspirés par la grande peinture décorative et monumentale. Ils sont réalisés dans une très riche palette de couleurs et de camaïeux.

Sous Louis XV, le style évolue vers un décor plus naturaliste et pictural. Au XIXe siècle, les thèmes s'adaptent aux courants artistiques (néoclassicisme et romantisme).

De nos jours, la Savonnerie, qui réserve toute sa production à l'État, confectionne des tapis d'après des artistes contemporains ou reprend des cartons anciens.

**savonnette** n. f. Montre de poche née au milieu du XIXe siècle, dont le couvercle, de même matériau que le boîtier, protégeant le verre du cadran, s'ouvre à l'aide d'un ressort actionné par un poussoir situé dans le remontoir.

**Sax** (Antoine Joseph, dit Adolphe), facteur belge d'instruments de musique (1814-1894). Fils de Charles Joseph, fondateur d'une fabrique d'instruments de musique vers 1815, Adolphe Sax est certainement le plus connu d'une famille de facteurs et d'inventeurs. Il proposa pour les instruments en cuivre un nombre important d'innovations, touchant la forme et la conception. La plupart de ces instruments sont d'une telle complexité qu'ils sont restés des prototypes. Mais ils prouvent le don et la perspicacité de ce chercheur ainsi que son indéniable apport dans la fabrication des tubas et de l'instrument dont il est l'inventeur, le saxophone. Sax fut aussi un grand négociant, et cette activité lui attira de nombreux ennemis parmi les autres facteurs. L'amateur peut s'étonner de rencontrer si peu d'instruments d'un facteur dont la production est jugée considérable.

**Saxe.** V. MEISSEN.

*Statuette en porcelaine de Saxe à décor polychrome, représentant une femme assise tenant sur ses genoux une corbeille porte-bouquet. Modèle de Kaendler, vers 1750. (Anse réparée.)*

Couturier-Nicolay

**saxophone** n. m. Instrument de musique à vent, en cuivre et à anche, inventé par Adolphe Sax en 1841. Malgré une coalition de fabricants français, ce facteur belge réussit à faire adopter son instrument dans les musiques de l'armée française, en présentant une famille complète, comprenant le soprano, l'alto, le ténor et le baryton. Au XXe siècle surtout, le saxophone prend une place prépondérante de soliste, alors qu'il avait été jusque-là écarté par les compositeurs classiques. Il est difficilement négociable s'il est d'occasion et sans perfectionnements récents ou s'il ne porte pas une marque en vue. Pour sa part, le collectionneur est plus préoccupé de trouver des instruments réalisés au début de la carrière et portant le nom du célèbre facteur.

**scabelle** ou **escabelle** n. f. Petit banc à une place apparu dans la seconde moitié du XVe siècle, dont les deux pieds latéraux sont formés de simples planches. La ceinture avant comporte souvent un motif sculpté.

**scagliola** n. f. Pierre composite qui prend, lorsqu'elle est incrustée, l'aspect de la pierre dure.

Selon un texte de 1760 cité par H. Havard *(Dictionnaire de l'ameublement),* « le marbre factice ou composé, appelé en Italie scujolla (sic), du nom de l'inventeur, est très ancien ». Ces pierres sont obtenues à l'aide d'un mélange composé de chaux, de poudre de marbre, de gypse, de plâtre, de sable, amalgamé avec de l'eau et de la colle, et additionné de colorants ; différentes matières et des limailles produisent des effets de jaspures, d'inclusions métalliques, d'aventurinée que présentent certaines pierres dures.

Les pâtes ainsi obtenues deviennent extrêmement dures en séchant et se polissent admirablement, comme les véritables pierres dures (agates, lapis, jaspes, porphyres, marbres), qu'elles imitent parfois au point de s'y méprendre.

Certains artistes du XVIIIe siècle ont réalisé avec de la scagliola des tableaux, des paysages d'une grande précision et de nuances subtiles. Plus nombreux sont les grands plateaux de tables ornés de somptueuses compositions colorées.

**scarabée** n. m. Le mot désignant cet insecte, en Égypte, signifiait également « venir à la vie » ; d'où l'idée de régénération qu'incarnent le scarabée et les innombrables amulettes qu'on a façonnées à son image, en pierre dure ou en faïence à glaçure turquoise. On porte celles-ci autour du cou, et la face inférieure, gravée d'un hiéroglyphe, sert de cachet. Dès l'Antiquité, ces petits talismans séduisaient les voyageurs étrangers, qui les rapportaient chez eux comme souvenirs : le comportement des touristes n'a pas changé depuis 20 ou 30 siècles, et ces derniers achètent toujours des scarabées turquoise ; on peut en acquérir d'anciens chez les antiquaires européens pour quelques centaines de francs.

*Scarabée ailé, symbole de l'âme humaine s'envolant. Fin de l'époque saïte-début de l'époque ptolémaïque. Cannes, Biennale des antiquaires (avril 1983).*

Biennale des antiquaires

**Sceaux.** Les productions de faïence et de porcelaine tendre sont mêlées dès les débuts de la manufacture de Sceaux, et il est possible que, sous l'enseigne de la faïencerie créée par Bey en 1747, on ait produit autant de faïences que de porcelaines tendres.

Ader-Picard-Tajan

*Soupière en faïence de Sceaux, de forme rocaille, à décor de fleurs. Adjugée 12 500 F par Mes Ader-Picard-Tajan, à Drouot, le 4-XII-1981.*

Sous la direction de Jacques Chapelle (1739-1763), chimiste de son métier, et sous le patronage de la duchesse de Maine, puis de son neveu le duc de Penthièvre, cette manufacture a créé toute une série de belles pièces de forme décorées en polychromie au petit feu avec une remarquable finesse d'exécution. Les pots et les vases de pharmacie, les brûle-parfum, les vases balustres, les jardinières, les terrines zoomorphes, les cuvettes, les fontaines, les écritoires prenant une forme humaine, les plats décorés en trompe-l'œil, les seaux, les veilleuses, les pots-pourris, les statuettes et les assiettes sont de grande qualité. Sous la direction de Richard Glot, successeur de Chapelle, la manufacture de Sceaux a connu — jusqu'à la Révolution — une période de qualité et de perfection technique, rivalisant même avec le travail des grands centres faïenciers français. C'est à cette époque qu'il faut attribuer tous les services de table destinés au duc de Penthièvre et à ses amis.

Après le traité franco-anglais de 1786, qui a ouvert le marché français aux faïences moins chères venues d'Angleterre, la fabrication de qualité est abandonnée à Sceaux au profit d'une production de faïences courantes.

Les pièces de Sceaux étaient marquées d'un S.X. ou d'un S.P. (Sceaux-Penthièvre) avec ou sans ancre (en l'honneur du duc de Penthièvre, amiral de France), d'un C.B. ou d'un C.S. (référence à Chapelle), d'un O.P. (Orléans-Penthièvre), d'une fleur de lis seule ou répétée trois fois.

Pour la porcelaine, qui rappelle le travail de Mennecy, les pièces de la première période (jusqu'en 1763) sont rares et beaucoup plus recherchées par les collectionneurs que les pièces tardives de style Louis XVI. Les motifs de fleurs et d'oiseaux exotiques sont d'une bonne qualité, tandis que les décors de « scènes rurales » et « champêtres » rappellent beaucoup le travail de Sèvres.

**Schiele** (Egon), peintre et graveur autrichien (Tulle 1890-Vienne 1918). Élève de l'école des beaux-arts de Vienne, Egon Schiele a été vers 1909 l'un des fondateurs de l'Art nouveau en Autriche. Très influencé par Gustav Klimt, il adopta un graphisme sinueux et complexe, hanté par les thèmes de l'amour et de la mort. Il a dessiné de délicates silhouettes féminines pour les cartes postales des Wiener Werkstätte.

**Schlichtig** (Jean Georges), ébéniste d'origine allemande. Installé à Paris, il obtient la maîtrise en 1765. Il est surtout spécialiste des commodes luxueuses, aux marqueteries habiles, et fabrique les plus réussies dans la période de transition.

**Schmelzglas.** Terme allemand désignant un verre marbré, imitant l'agate, la calcédoine, pierres appréciées dès l'Antiquité et que les verriers n'ont cessé de vouloir imiter.

**Schmidt-Rottluff** (Karl), peintre, sculpteur et graveur allemand (Rottluff, Chemnitz, 1884 - Berlin-Ouest 1976). Participant à la fondation du groupe artistique Die Brücke (le Pont), Schmidt-Rottluff a été l'un des grands maîtres de l'expressionnisme allemand. L'influence de l'art nègre compta dans l'élaboration d'un art rigoureusement construit. L'artiste voulut, par ses bois gravés, renouer avec une tradition germanique ancienne et populaire. Il accorda une place privilégiée aux thèmes de l'Ancien Testament. Mis à l'index par les nazis, il a retrouvé toute son audience en Allemagne après la guerre.

**Schneider** (Caspar), ébéniste d'origine allemande. Établi vers 1780 au faubourg Saint-Antoine à Paris, en qualité d'ouvrier libre, il obtient la maîtrise en 1786 (alors qu'il a déjà fourni au Garde-Meuble royal un secrétaire en bois de placage dont les bronzes sont de Thomire).

Sa signature, qui figure sur très peu de meubles, peut se voir notamment sur une petite table (Versailles, Petit Trianon) ornée de médaillons ronds en biscuits de Sèvres sur la ceinture et de lames de verre peint d'un décor à la grecque sur les montants.

**Schneider** (les), verriers français. *Ernest* (1876-1933) et *Charles* (1881-1953) ont d'abord travaillé à la manufacture de Daum à Nancy, puis fondé une entreprise familiale à Épinay-sur-Seine.

Charles crée de 1918 à 1925 des marqueteries en verre coloré avec application à chaud et des coulées dites « laves » travaillées à la meule. À partir de 1924, la verrerie Schneider emploie près de 500 personnes, produisant de nombreux vases colorés dans la masse aux formes originales ainsi que des vitraux avec Jacques Gruber.

La crise de 1921 touche d'autant plus durement la verrerie qu'elle exportait une grande partie de sa production aux États-Unis. En 1940, la fabrique, réquisitionnée, dépose son bilan.

Le fils de Charles, dit Charles « junior » (1916), crée une nouvelle verrerie à Épinay en 1949, la Cristallerie Schneider, puis une cristallerie moderne à Lorris, dans le Loiret, qui produit des verres utilitaires et ferme ses portes en 1981.

**Schwarzlot.** Terme allemand désignant en verrerie une technique de décor à l'émail noir, imitant la gravure.

**scie** n. f. Nom générique pour désigner des outils servant à découper le bois, le métal, la pierre et tout matériau dur. La lame, armée de dents plus ou moins longues, plus ou moins espacées, est en acier. Elle peut être montée sur un cadre en H, dont les deux montants sont reliés par une corde, tendue elle-même, en son centre, par une clé ou un garrot de bois. Outre la scie domestique servant à découper les bûches, il faut distinguer : la *scie à araser,* de dimension moyenne, aux dents rapprochées, servant en menuiserie pour les travaux délicats ; la *scie à refendre,* à cadre allongé, dont la lame est fixée sur des poignées lui permettant de pivoter par rapport au cadre ; la *scie à chantourner,* à lame mince, permettant de découper selon un tracé courbe. D'autres scies présentent une lame libre, dont la partie la plus large s'insère dans une poignée. Parmi elles, citons les *passe-partout,* à lame large, et les *égoïnes,* à lame étroite, dont le manche est en crosse de pistolet. Les scies de *scieurs de long* sont les plus imposantes. Elles travaillent de haut en bas et sont manœuvrées par deux, parfois trois, ouvriers. Elles comportent deux sommiers horizontaux. La *scie à métaux,* entièrement métallique, est tendue par un système de vis et d'écrou. Ses dents sont très fines et serrées.

**scribanne** n. f. Secrétaire à abattant incliné, surmonté d'une bibliothèque vitrée. Apparu à la fin du XVIIe siècle dans la région de Liège, ce meuble peut être considéré comme l'ancêtre du bureau « à dessus brisé », ou « dos-d'âne ». Il comporte à la base trois ou quatre tiroirs superposés. Les scribannes dont la partie supérieure forme une vitrine à deux vantaux ont connu une grande vogue en Grande-Bretagne *(secretary bookcase),* où, d'ailleurs, leur fabrication continue dans les styles Regency ou Victorian.

La scribanne bordelaise en acajou massif est toujours très recherchée des amateurs de meubles de port.

**scrimshaw.** V. CACHALOT.

**scripophilie** n. f. Néologisme peu euphonique désignant une nouvelle forme de collection apparue vers 1978 et s'intéressant à toutes les formes de vieilles valeurs financières : titres, actions, obligations, emprunts, coupons, etc. Bien entendu, les titres collectionnés sont les titres « hors valeur », c'est-à-dire ceux qui ne peuvent plus être cotés par la compagnie des agents de change. Bien que la grande période de floraison des actions corresponde à l'essor du monde industriel et capitaliste au XIXe siècle, on connaît des titres du XVIIIe siècle et même du XVIIe, tels ceux qui furent créés en 1606 pour la Compagnie des Indes hollandaises.

La valeur d'un titre de collection est surtout due à deux

*Titre de la Real Compania de San Fernando de Sevilla, vendu 21 000 F au deuxième Salon international de la scripophilie, le 10-X-1981.*

Ader-Picard-Tajan

facteurs : l'intérêt du sujet (cinéma, presse, finances, locomotion, régionalisme sont appréciés) et la qualité de l'illustration.

**scyphate.** Se dit d'une catégorie de monnaies byzantines de forme cupulaire, en métal précieux ou non, dont le monnayage a commencé sous le règne de Basile II (976-1025) et s'est poursuivi jusqu'à la fin de l'empire d'Orient.

**séage** n. m. Cavité centrale d'une traite picarde ou d'une dresche* artésienne, destinée au rangement des ustensiles domestiques. Le séage peut être également un petit meuble indépendant en forme de simple caisson comportant une ouverture en façade.

**Secession.** Terme qui s'applique au style en rupture avec l'académisme et marque la naissance à Vienne, en Autriche, de l'Art nouveau, vers 1895. Le peintre Klimt en est le plus illustre promoteur. Le style « Secession » est pratiquement synonyme de style 1900.

**second Empire.** V. TABLEAU DES STYLES pp. 454-455.

**secrétaire** n. m. Ce mot, qui évoque la double idée d'écrire et de ranger des papiers secrets, a pris des formes diverses parmi les styles. Au début du XVIIIe siècle, le secrétaire « à dessus brisé », ou « dos-d'âne », présente un dessus incliné qui se rabat pour former pupitre. À la fin de l'époque Louis XV, il prend le nom plus précis de « secrétaire à abattant », de structure verticale, comportant un plateau pivotant qui, en position horizontale, sert de table à écrire et découvre du même coup des tiroirs et des casiers.

*Secrétaire de dame, en bois de placage marqueté d'instruments de musique et bouquets dans des encadrements, montants plats à cannelures teintes, pieds en forme de socle à décrochement, dessus de marbre bleu Turquin. Époque Louis XVI. Adjugé 135 000 F par Mes Couturier-Nicolay, à Drouot, le 18-XI-1981 (vente Bensimon).*

Couturier-Nicolay

Les secrétaires d'époque Louis XV sont en placage de bois de rose, marqueté avec des feuilles ou des ailes de papillons dans des encadrements de bois foncé. Certains sont laqués et présentent un décor de chinoiseries, souvent ornés de bronzes dorés et ciselés.

Les secrétaires Louis XVI offrent une grande variété : montants arrondis et cannelés, pans coupés, riche ou simple marqueterie, ou encore acajou uni ; les bronzes sont modestes.

Sous l'Empire, le secrétaire, le plus souvent en placage d'acajou, s'alourdit et se fait plus sévère dans son encadrement de colonnes détachées (particulièrement appréciées) ou de demi-colonnes. À la Restauration, les colonnes disparaissent, et on emploie volontiers les bois clairs marquetés avec des filets sombres ou inversement ; le décor est tout à fait nouveau : palmettes, rinceaux, guirlandes et lyres en incrustations. Un socle remplace parfois les courts piétements des styles précédents.

Sous Louis-Philippe, le décor se simplifie à l'extrême : placages unis de noyer ou d'acajou sans aucune marqueterie. Les deux vantaux de la partie inférieure sont remplacés par des tiroirs, le plus souvent au nombre de trois.

Les secrétaires Napoléon III, inspirés des styles précédents, sont parfois en bois noir orné de bouquets peints ou incrustés de nacres.

Entre 1972 et 1987, les prix sont passés de 12 000 à 70 000 F pour un secrétaire Louis XV, de 3 000 à 60 000 F pour un modèle Charles X et enfin de 1 000 à 15 000 F pour les secrétaires Louis-Philippe.

**secteur astronomique** n. m. Comme le quart-de-cercle, le secteur astronomique devint un instrument usuel des astronomes à partir de la fin du XVIe siècle avec Tycho Brahé.

Il fait partie de la famille des octants, des sextants et des quarts-de-cercle, et permet l'observation des astres peu éloignés. En France, l'abbé Picard lui donna en 1669 sa forme définitive et, vers 1712, en Angleterre, Graham fit construire par Sisson le premier secteur à lunette, qui garda la même structure jusqu'à la fin du XVIIIe siècle. Composé d'un secteur de 45 ou de 60° de 1 m de rayon environ, monté sur un pied mobile, il est muni d'alidades, puis de lunettes à partir du XVIIIe siècle. De grands secteurs ont été conçus pour les observatoires et les grandes missions scientifiques du XVIIIe siècle. Citons celui de la mission Maupertuis au pôle Nord (2,80 m) par Graham ou celui de Cassini pour les triangulations de la méridienne en 1739-40, construit par Langlois. On peut observer un exemplaire signé « Canivet, Paris 1780 » au musée de la Marine de Paris.

**Seghers** (Hercules), paysagiste et graveur hollandais (Haarlem 1590 - Amsterdam 1638). Esprit très inventif, Hercules Seghers fut, en son temps, un artiste visionnaire, un maître du fantastique et de l'étrange avec des paysages de « nulle part et d'ailleurs », évoquant un monde presque abstrait. On connaît de lui 54 planches gravées, dont il tira 183 épreuves variées, auxquelles il appliqua des procédés de mise en couleur de son invention, employant des papiers et des toiles colorés, jouant des encres, reprenant ses estampes à la main pour parvenir à chaque fois à des effets différents.

**Séguier** (Pierre), chancelier de France (1588-1672). Protecteur de l'Académie française, rendu célèbre par le tableau de Le Brun (Louvre), il appartient à ces grands parlementaires du XVIIe siècle qui supplantèrent les financiers bibliophiles. Il réunit dans son hôtel plus de 30 000 volumes reliés en maroquin rouge à ses armes.

**Seikhour.** Dans cette ville située dans le sud-ouest du Caucase sont produits des tapis noués serrés et au velours de laine ras. Le décor se compose généralement d'un champ étroit, souvent divisé en deux ou en trois médaillons en forme de croix de Saint-André. Les larges bordures sont ornées de pointes de flèches, de grecques « à chiens courants » et de divers motifs géométriques à

C. A.

*Tapis Seikhour à décor classique de croix de Saint-André entourées de motifs floraux stylisés. (302 × 145.)*

crochets. Sur un fond plutôt clair tranchent de très belles couleurs vives et fraîches.

Le Seikhour est très solide, assez rare et donc cher.

**seille** n. f. Seau à traire, en terre ou en bois, muni d'une anse fixée horizontalement sur le bord afin de mieux l'empoigner pendant la traite des ovins. De taille très large, la seille possède un rebord roulé et pincé latéralement en forme de bec verseur pour faciliter le transvasement du lait dans un récipient plus grand. Les seaux à traire modernes ont conservé le haut rebord protégeant des éclaboussures de lait.

**selle** n. f. Siège bas à trois ou quatre pieds enfoncés en force dans un épais plateau (XIVe et XVe s.).

**sellette** n. f. À l'origine, et jusqu'au XVIIe siècle, petit siège en bois, sorte de tabouret utilisé pour s'asseoir au coin du feu ou pour subir des interrogations de justice. Ce mot prend ensuite le sens d'escabeau élevé sur lequel les sculpteurs plaçaient une œuvre en cours d'exécution.

À partir du XVIIe siècle, on appelle sellette un support fixé sur un pied (ou un trépied) pour présenter des œuvres décoratives, des céramiques, des sculptures ou des plantes vertes. Ce meuble s'apparente alors au « guéridon », tombé en désuétude. Avec l'Art nouveau, à la fin du XIXe siècle, la sellette, dont le pied prend des formes galbées, fait à nouveau son apparition dans le décor quotidien.

*Paire de sellettes en bois sculpté et redoré. Époque Louis XIV. Adjugée 38 000 F par M[es] Couturier-Nicolay, à Drouot, le 18-XI-1981.*

Couturier-Nicolay

**Sem** (Georges Goursat, dit), caricaturiste français (Périgueux 1863 - Paris 1934). Sem exerça ses talents de caricaturiste à la mode sur les champs de courses ainsi que dans les restaurants et les spectacles parisiens. Il est l'auteur d'affiches et de cartes postales. Il illustra *Messieurs les ronds-de-cuir* de Georges Courteline.

**semainier** n. m. Meuble de rangement apparu sous Louis XVI et comportant sept tiroirs superposés, un pour chaque jour de la semaine, dans un bâti tout en hauteur surmonté d'un marbre. Meuble voisin du chiffonnier, qui ne comporte que cinq ou six tiroirs, le semainier est un meuble soigné, souvent orné de fines marqueteries et d'entrées de serrures en bronze doré et ciselé.

Il porte souvent l'estampille de grands ébénistes. Sa forme élancée lui donne son plein épanouissement aux époques Transition (où il conserve de petits pieds galbés), Louis XVI et Empire.

**semis** n. m. Petite monnaie romaine de bronze valant la moitié d'un as*. Le semis est aussi employé dans le Bas-Empire pour désigner une pièce valant un demi-solidus d'or.

**Séné** (les), famille de menuisiers parisiens spécialisés dans la fabrication de sièges.

*Bergère appartenant à un ensemble de salon, à dossier médaillon, en bois sculpté et doré, à décor de feuilles d'acanthe, rubans et lauriers, pieds fuselés à cannelures rudentées. Estampille de Jean-Baptiste Séné. Époque Louis XVI.*

Ader-Picard-Tajan

*Jean*, dit Séné le Père, est fabricant de sièges à Paris. Son fils *Claude I^er^* (1724-1792), reçu maître en 1743, signe d'abord une importante production caractéristique de la première moitié du XVIII^e siècle, puis quelques sièges d'époque Louis XVI avant de se retirer en 1780.

Le plus connu, *Jean-Baptiste* (1747-1803), fils aîné de Claude, devient maître à son tour en 1769, et réalise sous Louis XVI l'essentiel de sa production, aux sculptures très fouillées. En 1785, il est nommé «fournisseur de la Couronne». On connaît aussi de lui quelques sièges de style Consulat.

*Claude II*, dit Séné le Jeune, frère cadet du précédent, est également reçu maître en 1769 ; il se distingue par une production de sièges aux harmonieuses proportions, exemplaires du meilleur style néoclassique. Il signe aussi quelques pièces caractéristiques du Consulat et du Directoire.

**Senneh.** Ville située à l'ouest de l'Iran, capitale du Kurdistan, dans laquelle sont fabriqués de très beaux tapis extrêmement serrés.

Le décor le plus caractéristique du Senneh est composé de motifs répétés d'une très grande finesse et d'une très grande netteté (motifs boteh parfois disposés en pétales de fleurs, hérati), mais des hexagones concentriques ou des médaillons aux contours en escalier se trouvent également. La bordure principale, à rosaces stylisées, est encadrée de bandes à rinceaux fleuris. Sur un fond généralement bleu se détachent les motifs aux couleurs douces et nuancées. À l'une des extrémités du tapis, la frange est souvent tissée d'un court kilim*.

Outre ces tapis noués très serré au nœud turc, sur une chaîne et une trame de coton, très souples et très solides, sont tissés de magnifiques kilim.

**Sénoufos.** Les Sénoufos, ou «Sienas», occupent un vaste territoire, que se partagent aujourd'hui la Côte-d'Ivoire — région de Korhogo —, le Mali et la Haute-Volta.

Le bois le plus travaillé est le «sun-sun» (ébénacée commune), qui tendre lorsqu'il est vert, durcit après façonnage. Les sculpteurs terminent leurs œuvres en les teintant de noir sur fond rouge. La statuaire se compose principalement de figures d'ancêtres masculins ou féminins au visage très étiré, au prognatisme très marqué et à la chevelure disposée en crête. La forme des têtes, en cœur, est caractéristique. Des énormes masques de la société korubla, dits «gbon», apparaissent la nuit sous le nom de «cracheurs de feu» et protègent le village des sorciers.

De grands oiseaux sculptés, hauts de plus de 1 m, semblables à ceux que l'on peut voir sur des masques et probablement emblèmes totémiques d'un clan, figurent sans doute des calaos, qui symbolisent les ancêtres.

Calaos et masques cornus se retrouvent sur les portes et les couvercles des boîtes à beurre enfermant le karité, utilisé pour les cheveux des femmes. L'oiseau est présent également sur les poulies de métier à tisser.

**sequin** n. m. Nom générique d'un grand nombre de pièces d'or, parfois synonyme de «ducat». Le sequin le plus connu est celui de Venise, mis en service au XIII^e siècle sous le nom de «ducat». Il reçut à partir du doge Francis Dona (1545-1553) le nom de «zecchino», dérivé de «zecca», atelier monétaire.

**sergent** n. m. Té en fer. Sur la partie longue, une branche mobile, parallèle à la barre supérieure, se bloque sur l'ouvrage à serrer. Le menuisier utilise le sergent pour maintenir les grandes pièces à l'issue du collage.

**sérigraphie.** n. f. Méthode d'impression très ancienne, d'origine orientale, proche du pochoir. Les mailles d'un écran de soie, métallique ou synthétique, placé au-dessus de l'image à reproduire sont obstruées de façon à ne laisser passer l'encre qu'aux endroits voulus. L'obturation de l'écran s'obtient avec des solutions imperméables, des vernis, des films plastiques. On peut encore dessiner directement sur écran avec des encres spéciales ou avoir recours à un procédé photographique.

**serinette** n. f. Petit instrument de musique, autrefois destiné à apprendre aux serins à chanter. Il a la forme d'un petit orgue mécanique à manivelle, se range dans un coffret et possède plusieurs cylindres permettant de varier les airs : c'est un jouet musical du XIX^e siècle qui, en bon état, peut être évalué jusqu'à 20 000 F.

**serpent** n. m. Instrument de musique à vent et à embouchure. Comme le cornet* à bouquin, dont il est la basse, le serpent est formé de deux parties de bois égales, recouvertes de cuir. Malgré sa longueur importante, il est utilisable grâce à sa forme de S, qui permet au musicien d'atteindre plus facilement les 6 trous percés dans son corps. Connu en France au XVI^e siècle, il eut surtout au XVII^e et au XVIII^e siècle une très grande vogue dans les églises, où il doublait la basse des chœurs. La forme de cet instrument fragile et curieux a toujours retenu l'intérêt des collectionneurs.

**serratus.** Se dit d'une série de deniers d'argent romains dont la tranche était découpée en dents de scie sur tout son pourtour.

**serre-papiers** n. m. Casier avec ou sans porte placé au bout d'une table à écrire et dont le nom définit la fonction. Ce petit meuble complémentaire est en principe assorti au style du bureau qui le supporte. André Charles Boulle a fait des serre-papiers d'écaille et de cuivre. La présence d'un serre-papiers sur un bureau plat du XVIII^e siècle apporte à ce meuble une appréciable plus-value.

**serrure** n. f. Appareil de fermeture équipé d'un mécanisme se manœuvrant à la main au moyen d'un accessoire (la clef), dont le fonctionnement est assuré par le déplacement d'un pêne mobile qui s'engage dans une gâche fixe.

On distingue deux grands groupes de serrures : celui qui concerne les modèles de portes, à pênes, et celui qui équipe les coffres, à moraillon. Les serrures et les clefs existent depuis que l'homme sait produire et conserver des biens de consommation qu'il désire protéger et mettre hors de portée de ses semblables, c'est-à-dire dès la période historique de l'humanité. Les serrures sont d'abord en bois, puis en fer ou en bronze. Placées en «saillant» sur la surface de la porte, elles sont dites «à bosse». À ce type de serrures succède un boîtier rectangulaire comportant le palâtre, qui constitue le fond et supporte le mécanisme, le pêne, ou verrou, et la gâche, dans laquelle celui-ci s'engage.

Œuvre par excellence du travail du fer, la serrure devient vite le «chef-d'œuvre» à exécuter pour s'ouvrir les portes de la maîtrise. L'astuce des voleurs s'adaptant à l'ingéniosité des serruriers, les mécanismes se compliquent de ressorts, de leviers et d'autres savantes combinaisons dès le XV^e siècle. On ajoute des organes secondaires, appelés «garnitures», pièces métalliques mobiles fixées par une de leurs extrémités sur le palâtre, qui doivent s'insérer simultanément dans des encoches pratiquées dans le panneton de la clef pour lui permettre de repousser le pêne. Au XVI^e siècle, plusieurs raffinements techniques interviennent : la serrure n'est plus appliquée extérieurement, mais sur la face intérieure de la porte ; la clef peut se retirer lorsque la serrure est ouverte ; la gâche reçoit plusieurs pênes. Tout au long des siècles, le serrurier s'applique à rendre les mécanismes plus sûrs, plus fiables.

Au XVIIIe siècle apparaissent les serrures de sûreté, perfectionnées au XIXe siècle. Traitées dans leur décor, mais aussi dans leur mécanisme comme de véritables pièces d'orfèvrerie, les serrures constituent de véritables œuvres d'art. Les serruriers puisent dans les répertoires ornementaux de leur époque et dans le décor architectural leur inspiration. C'est pourquoi les serrures anciennes font l'objet d'une demande non négligeable. Celles qui sont présentées sur le marché sont rarement antérieures au XVIIe siècle ; la plupart datent du XVIIIe et du XIXe siècle ; les prix varient de 1 500 à plus de 15 000 F pour les plus beaux modèles. Une serrure allemande en bronze gravé s'est vendue 33 000 F le 23-IV-1986 au Nouveau Drouot.

**serrurerie** n. f. Art du serrurier se rapportant à tous les ouvrages du fer. Au cours des siècles, le serrurier exécute dans les styles propres à chaque époque les ferrures, les serrures, les clefs, les grilles et autres ouvrages de ferronnerie. C'est parmi les serruriers que se recrutent les premiers horlogers et les premiers arquebusiers.

Bibliothèque nationale

*Planche de* l'Encyclopédie *de Diderot et d'Alembert détaillant les principaux éléments d'une serrure. Paris, Bibliothèque nationale.*

**servante** n. f. Table à plusieurs plateaux ronds, carrés ou rectangulaires superposés, apparue sous Louis XV. On plaçait sur la servante la vaisselle de rechange ou les plats préparés — ce qui permettait aux convives de se servir eux-mêmes sans avoir recours aux domestiques. Sous Napoléon III, les tables à gradin inspirées des styles du XVIIIe siècle sont désignées sous le nom de « bandèges », mot tombé en désuétude. On dit plus communément « dessertes » ou encore serviteur muet, d'après l'anglais « dumb-waiter ».

Raymond Fortt Studio

*Serviteur muet (en anglais* dumb-waiter) *à trois plateaux en acajou. Angleterre, vers 1760. (H. 113 cm.) Estimé 30 000 F.*

**sesterce** n. m. Nom de la plus grosse pièce de bronze romaine dans le système monétaire impérial. Le sesterce valait deux dupondii ou quatre as. Les sesterces sont très recherchés des collectionneurs et valent, en très bon état, plusieurs millions de francs.

**Seto.** Petite ville de la région d'Aichi-ken (Honshū), au Japon, où furent établis au XIIIe siècle plus de 500 fours de potiers, qui produisirent la majeure partie des porcelaines japonaises. Pendant les périodes de Kamakura et de Muromachi, certains de ces fours produisirent des céladons imitant les pièces chinoises : ceux-ci sont appelés « ko-seto » et sont généralement de couleur jaune-brun ou brun foncé. Pendant la période de Momoyama, d'autres fours produisirent (surtout dans la province de Mino) des céramiques à couverte jaune avec parfois des taches vertes : ces céramiques sont dénommées « ki-seto ». Les setomono et les setoguro sont des céramiques produites à Seto à partir du XVIe siècle et présentant une couverte noire.

**Sévin** (Pierre), fabricant d'instruments de mathématiques français (actif de 1665 à 1683). Classé dans la catégorie des mécaniciens, il signe « Sévin à Paris » toutes sortes d'instruments, notamment des cadrans solaires du type Butterfield. Il fournit des instruments pour le voyage de Richer à Cayenne en 1669 et pour la prolongation de la méridienne en 1683. Sa fabrication est caractérisée par un travail soigné, une qualité de gravure et une précision dans la division.

**Sèvres-Vincennes.** Le privilège de fabriquer de la « porcelaine à la façon de Saxe » — qui n'était à l'époque que de la porcelaine tendre — a été accordé en 1738 par Louis XV à Orry de Fulvy, financier et chimiste amateur intéressé par les secrets de la composition de la faïence et de la porcelaine. La manufacture, qui, à ses débuts, était installée dans le château de Vincennes, a d'abord employé des ouvriers peu compétents, venus de Chantilly. En 1753, le roi, cédant aux instances de Mme de Pompadour, qui était fascinée et passionnée par la production de la porcelaine, prit sous sa protection la fabrique (« Manufacture royale des porcelaines de France »), qui fut transférée trois ans plus tard à Sèvres pour devenir en 1760 entièrement propriété royale.

*Plat en porcelaine de Sèvres au décor central représentant un atelier de peintres et de doreurs de la manufacture de Sèvres. Époque Restauration. Musée de Sèvres.*

C. A.

*Groupe en biscuit de Sèvres avec, au centre, une pendule. XIXe siècle. Adjugé 19000 F, à Troyes, le 13-XII-1981.*

Après la mort de Fulvy en 1751, quatre personnalités décidèrent de l'orientation scientifique et des créations artistiques de la manufacture de Sèvres : avant tout le chimiste Hellot, membre de l'Académie royale des sciences, et le peintre, d'origine hollandaise, Hendrik Van Hulst, avec le concours de Nicolas Bachelier et de François Gravant.

Dès le début, la porcelaine produite à la Manufacture royale se distingue par une décoration d'une grande perfection et par des formes très élégantes et raffinées. Les vases, les pots, les amphores inspirés par les modèles hellénistiques et même les pièces de vaisselle ont des anses et des poignées en forme — de feuillages, de fleurs et de branches —, tandis que les becs verseurs rappellent presque toujours des feuilles joliment imitées. « On veillait constamment à l'harmonie de couleurs inhabituelles, la porcelaine tendre permettant d'obtenir une gamme de couleurs bien plus riche que celle de la porcelaine dure, le bleu turquoise, le bleu roi éclatant, le célèbre rose Pompadour, le jaune paille, le carmin, le gris agate, le brun rouille et le vert pré. On peignit souvent sur un fond monochrome la décoration appelée en œil-de-perdrix. Les médaillons décoratifs à fond blanc sont encadrés par les entrelacs d'or de vrilles en fleur ; les mêmes motifs sont répétés sur les bords supérieurs et inférieurs et, formant un magnifique ensemble ornemental, également sur les anses et les becs. »

Les fleurs — en guirlandes, en bouquets ou isolées — restent dans la production de Sèvres l'élément décoratif le plus important. Ces décors sont toutefois beaucoup plus fins et gracieux que les réalisations de Meissen et de Vienne.

De 1755 à 1770, Sèvres a servi de modèle aux manufactures françaises, petites ou grandes (Mennecy, Chantilly, Lille, Sceaux, Orléans) et à quelques-unes, fondées à la même époque ou plus tard, ailleurs en Europe (Chelsea, Derby, Zurich, Tournai, Weesp, Marieberg, Copenhague, Saint-Pétersbourg, Aja et Oude Amstel). Elle n'a toutefois pas eu pour très longtemps à redouter leur concurrence, car, d'une part, souvent leur porcelaine tendre était plus fragile que la sienne et, d'autre part, leurs productions ne pouvaient rivaliser en beauté et en harmonie avec ses créations.

C'est la découverte d'importants gisements de kaolin dans la région de Limoges (Saint-Yrieix-la-Perche) qui est à l'origine de la fabrication à Sèvres, vers 1768, de porcelaines dures. Elle permet à la manufacture française de succéder à Meissen, en reprenant à son compte l'héritage artistique et technique de la grande manufacture saxonne. Cette période, qui dure jusqu'à la Révolution, correspond aussi à la fabrication de magnifiques services de table exécutés sur commande, œuvres très rares et recherchées par les grands collectionneurs et les musées spécialisés.

Après 1750, on créa à Sèvres essentiellement des pièces dans le style Louis XV, en harmonie avec les intérieurs de l'époque. En dehors des motifs floraux, les scènes de genre et les scènes champêtres, bucoliques et mythologiques — d'après Watteau, Fragonard, Boucher et Chardin — ont le plus souvent servi de modèle. Les œuvres des sculpteurs les plus connus de l'époque servirent d'autre part de modèles aux petites sculptures, les biscuits. Après une sombre période, qui correspond à la Révolution, l'Empire a donné un nouvel essor à Sèvres, devenue « Manufacture impériale », avec un ensemble de productions de style Empire et néoclassiques de couleur bleu roi et dorée. Au cours du XIXe siècle et jusqu'à nos jours, la production a persisté — surtout pour des pièces de forme et des services de commande — avec le même raffinement et la même grande qualité que sous Louis XVI.

De 1745 à 1752, la marque de Vincennes était composée de deux L entrecroisés en bleu, avec un point dans le triangle ainsi formé. Pour la période royale de Sèvres, des lettres correspondant à des années de fabrication — de A pour 1753 jusqu'à PP pour 1793 — se trouvent dans le triangle formé par les deux L, les porcelaines dures étant probablement en plus marquées d'une couronne au-dessus des deux L entrecroisés. Pendant la Révolution, cette marque de lettres est abandonnée, pour être reprise avec des variantes sous les règnes de Louis XVIII, de Charles X et de Louis-Philippe. Durant le premier Empire, elle est remplacée par l'aigle impériale avec des chiffres ou des lettres indicatifs des années de fabrication. L'année de fabrication est exprimée par les deux derniers chiffres de 1818 à 1834 et par tous les chiffres depuis 1835. Durant toutes les périodes républicaines, le mot « Sèvres » est imprimé d'une manière ou d'une autre sur les pièces produites par la manufacture nationale. Quant au second Empire, il est reconnu par la marque de l'aigle impériale ou d'un N couronné.

**sextant** n. m. Instrument de marine se substituant à la fin du XVIIIe siècle à l'octant. Comme ce dernier, le sextant sert à faire le point en mer et il est construit selon le principe des miroirs à réflexion.

La première réalisation pratique date du milieu du XVIIIe siècle et revient à un officier de la marine britannique, le capitaine John Campbell, qui présenta son invention en 1757, mais le principe était connu dès la fin du XVIe siècle grâce à l'astronome danois Tycho Brahé avec l'emploi du secteur* astronomique. Le sextant a le même usage, la même forme et les mêmes techniques que l'octant* ; il correspond à un sixième du cercle et non pas à un huitième comme l'octant. Contrairement à ce dernier, qui

*Sextant astronomique de Hevelius. Planche extraite du* Machinae coelestis *(1673). Paris, Bibliothèque nationale.*

Bibliothèque nationale

est en bois, il est surtout en métal, et est plus solide et plus précis.

La majorité des instruments sont anglais, d'une grande sobriété et d'une grande élégance. Retenons, par exemple, que Jesse Ramsden en fabriqua plus de mille en vingt ans. Les sextants sont moins ornés et moins précieux que les octants, et leur emploi se généralise au cours du XIXe siècle. On les préfère munis de leurs étuis ou de boîtes en bois susceptibles de contenir les différents accessoires tout en les protégeant pendant les transports.

À la fin du XVIIIe siècle, William Jones a inventé un petit appareil dit « box sextant » (sextant en boîte). Répandu à partir de la seconde moitié du XIXe siècle, celui-ci a la forme d'un petit tambour d'une dizaine de centimètres de diamètre et d'épaisseur. Il existe également un sextant de poche, qui est la réplique exacte en réduction du sextant classique.

Pour le modèle courant, il faut compter au moins 6000 F ; un sextant en acajou signé « Jecker à Paris nº 27 », de la fin du XVIIIe siècle, avec coffret, a atteint 12500 F (Cannes 14-II-1982).

**sgraffiato** ou **grafitto.** Se dit d'un décor gravé* et incisé*.

*Plat en céramique « sgraffiato », intérieur au décor incisé d'une harpie peinte en bleu. Perse, XIIe siècle. Adjugé 19440 £ par Christie's, à Londres, le 30-IV-1982.*

Christie's

**shaker** (mobilier). Mobilier américain fabriqué au début du XIXe siècle par une secte religieuse (les shakers) qui désire mettre en pratique à la fois l'idéal de propriété collective, réalisé par les premiers chrétiens, et le postulat américain d'égalité et de liberté entre tous les hommes.

La secte est fondée par une Anglaise, Ann Lee (1736), qui se joint à des membres religieux apparentés aux « quakers » et aux « prophètes français », désignés sous l'expression « shaking quakers », en raison de leurs mouvements de trépidation au cours des danses cultuelles. Persécutés, ils débarquent à New York (1774) et fondent alors leurs propres communautés économiques autonomes, fabriquant eux-mêmes ce dont ils ont besoin.

L'utilisation du matériau approprié, la pureté des formes et la recherche constante de simplifications techniques font de leurs meubles les précurseurs d'un style nouveau. La création shaker la plus connue, le rocking-chair, vient des ateliers de menuiserie de la première époque coloniale. En trouvant les lignes justes qui apportent solidité et robustesse à leurs chaises, les shakers atteignent une perfection proche de celle liée au fonctionnalisme actuel.

Rejetant tout ornement, les shakers utilisent des couleurs variées pour peindre leurs travaux et font par exemple du rouge foncé la couleur standard pour leurs chaises. Jusqu'en 1860, le dessin des meubles shakers reste inchangé : les rocking-chairs et les chaises avec accoudoirs ont un siège trapézoïdal et un dossier haut, souvent à quatre barreaux.

Les meubles des shakers, rares, sont devenus des objets de collection recherchés.

**Shang.** V. CHINE.

**Sheeler** (Charles), peintre et photographe américain (1883-1965). Charles Sheeler utilisa d'abord la photographie pour son travail de peintre, puis, à New York, il rencontra Stieglitz, Steichen, Paul Strand et d'autres photographes, et se lança dans la composition photographique pour elle-même. Il prit notamment des vues de gratte-ciel sous des angles tout à fait inhabituels. Il fit aussi du portrait. Le portrait d'Aldous Huxley (1926) s'est vendu 5500 dollars le 31-X-1979 chez Christie's à New York.

**Sheffield.** Cette ville du Yorkshire était depuis fort longtemps un important centre d'orfèvrerie et de coutellerie, lorsqu'en 1743 le coutelier Thomas Bolsever fabriqua des manches de couteau en cuivre doublé d'une feuille d'argent. Ce procédé, étendu aux objets d'orfèvrerie en général, permettait la fabrication d'une « argenterie » bon marché à la portée de tous et se répandit donc dans toute l'Angleterre avant de gagner l'Europe.

En France, le métal doublé fut d'abord mal vu en raison des possibilités de fraude qu'il impliquait ; mais, à partir de 1766, des privilèges sont accordés, et le métal de Sheffield connaît alors la même popularité qu'en Angleterre. Il n'est abandonné que cent ans plus tard, vers 1840, lors de l'invention de l'argenture à l'électrolyse.

**shekel** n. m. Ce terme, issu du babylonien, désigne, à l'origine, une unité de poids (un centième de talent). Par la suite, il est employé pour désigner des monnaies utilisées dans tout l'Orient ancien, et désignées encore sous le nom de « sicles* ». Parmi elles, notons les épaisses pièces émises pendant la première révolte contre Rome en 60-70 apr. J.-C.

**Sheraton** (Thomas), ornemaniste et ébéniste anglais (Stockton-upon-Tees 1751 - Londres 1806). Sheraton figure parmi les plus célèbres inspirateurs du meuble anglais, tels que Chippendale* ou Adam*, dont il est un continuateur. Plus théoricien du meuble qu'ébéniste, il doit sa renommée à la publication de son ouvrage *Cabinet*

Phot. du musée

*Chaise anglaise en acajou, ornée des trois plumes du prince de Galles, œuvre de l'ébéniste Thomas Sheraton. XVIII^e siècle. Victoria and Albert Museum.*

Ader-Picard-Tajan

*Fauteuil en bois naturel; pieds, traverse, supports d'accotoirs et entretoise en noyer tourné en balustre; accotoirs à crosse et enroulement sculptés; garniture en ancienne tapisserie. Région de Tarbes, deuxième moitié du XVII^e siècle. La paire adjugée 34 000 F par M^es Ader-Picard-Tajan, au Palais d'Orsay, le 18-V-1979.*

*Maker's and Upholsterer's Drawing Book*, qui paraît de 1791 à 1794.

La ligne droite domine dans ses créations, d'un style néoclassique qui se rapproche du style Louis XVI français : pas de marqueterie, mais de sobres incrustations géométriques de bois de couleurs contrastées, des petits panneaux peints ou laqués, des plaques de Wedgwood.

Parmi les modèles que créa Sheraton, relevons un fauteuil à large traverse antérieure et dont le piètement antérieur se profile sans rupture avec les supports des accotoirs, une table de salle à manger à bouts arrondis et dont les pieds, fuselés, se terminent en toupie à la mode française, et un « nest of table », c'est-à-dire une table gigogne, dont il est l'inventeur en Grande-Bretagne.

**shigaraki.** Céramique japonaise produite à Shigaraki (Shiga) à partir de l'époque de Muromachi et destinée à l'usage quotidien des gens du peuple. Jarres diverses, bols furent par la suite très appréciés des maîtres de la cérémonie du thé.

**Siam.** V. THAÏLANDE.

**sicle** n. m. Transcription grecque du mot « shekel* », pour désigner principalement la monnaie d'argent, des Perses Achéménides, émise notamment dans les ateliers de Phénicie.

**siège** n. m. Du banc en chêne du Moyen Âge au fauteuil de salon, le siège constitue un élément essentiel de l'histoire du confort; il joue également un rôle hiérarchique, du vassal autorisé à « seoir » sur un ployant, au seigneur ou au souverain assis dans une chaire, un fauteuil ou un trône.

Chronologiquement, le faudesteuil à accotoirs précède la chaise sans accotoirs qui apparaît à la Renaissance, tandis que le fauteuil tel que nous le connaissons prend ce nom, selon G. Janneau, en 1636.

Le plus ancien faudesteuil connu est le trône en bronze dit « de Dagobert », provenant du trésor de Saint-Denis; il s'agit d'un siège en X du VIII^e siècle, renforcé au XIII^e siècle par un dossier en bronze ajouré.

Aux chayères en bois du XII^e siècle et aux chaires à hauts dossiers, flanquées d'accotoirs sur panneaux au XV^e siècle, succèdent, au siècle suivant, les chaises à bras (avec dossier et accotoirs), et enfin les chaises à dos (sans accotoirs), telles que nous les connaissons sous le nom de chaises, désormais distinctes du fauteuil. (V. BERGÈRE, CABRIOLET, CAQUETOIRE, CRAPAUD, DUCHESSE, MARQUISE, TURQUOISE, VEILLEUSE.)

Ader-Picard-Tajan

*Fauteuil de bureau en bois naturel mouluré et sculpté, à dossier incurvé, pieds cambrés, fond de canne. Époque Régence.*

Pomez-Boisseau

*Fauteuil en bois doré. Style Régence. Époque Napoléon III. Les 4 adjugés 50 500 F par M^es Pomez et Boisseau, à Troyes, le 14-VI-1987.*

H. Martin

*Fauteuil « bonne femme » en noyer, à bandeaux et barrettes. Époque Restauration.*

**signature** n. f. En numismatique, la présence de la signature (en entier, en abrégé ou en initiales) de l'artiste ayant conçu un type monétaire semble être une question de mode. Dès l'Antiquité, les plus grands graveurs grecs ont laissé leurs noms sur leurs chefs-d'œuvre, tels Kymon ou Évainète pour les admirables décadrachmes de Syracuse. En revanche, la signature semble à peu près inconnue sur le monnayage romain. En France, elle se généralise sous Louis XV et reste encore en usage de nos jours.

Dans un livre, la signature est une marque qui indique

l'ordre des cahiers dans un volume. Lettre ou chiffre, placée sous la ligne de queue de chaque cahier, elle permet au brocheur ou au relieur de placer le cahier dans son ordre normal. Elle a remplacé la réclame. C'est un moyen de vérifier si le volume collationné est complet.

**silésienne.** Se dit de la forme « en gaine » de la tige, ou jambe, d'un verre à pied. Ce terme est contesté par les spécialistes. D'origine allemande, cette forme apparaît sur des modèles anglais au début du XVIIIe siècle. En montant sur le trône d'Angleterre, George Ier, Électeur de Hanovre, a favorisé l'importation de formes germaniques. Avec de légères modifications, cette jambe, cannelée, persiste jusqu'à la dernière décennie du XVIIIe siècle.

**siliceuse.** Se dit d'une céramique à pâte sablonneuse composée essentiellement de silice. Présentes depuis l'Antiquité en Égypte, en Mésopotamie et en Iran, les céramiques siliceuses sont propres aux productions du Moyen-Orient. La désignation « pâte siliceuse » comprend non seulement les qualités diverses de la pâte siliceuse, mais également les modifications survenues dans la conception du décor. Elle permet d'établir la distinction avec les véritables faïences et les céramiques argileuses (porcelaines et grès).

**silique** n. f. Monnaie d'argent du Bas-Empire romain.

**Simier** (René), relieur français. Il ouvrit son atelier en 1798 et exécuta de somptueuses reliures dorées mosaïquées pour la Cour de France, sous la Restauration et la monarchie de Juillet. Il travailla beaucoup pour la duchesse de Berry. Son fils Alphonse travailla sous Louis-Philippe.

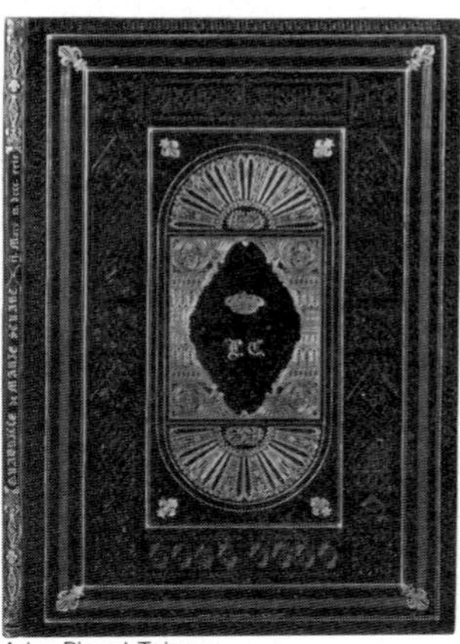

Ader-Picard-Tajan

Quadrille de Marie Stuart, *album publié à l'occasion d'un bal donné par la duchesse de Berry en 1829. Recouvert d'une reliure de Simier, décorée à la cathédrale, à froid, aux armes de Louise-Charlotte, épouse de l'Infant d'Espagne. Adjugé 70 000 F par Mes Ader-Picard-Tajan, à Drouot, le 11-XII-1981.*

**similigravure.** Cliché photographique tramé obtenu par le procédé de la photogravure.

**Sinceny.** Fondée vers 1733, la faïencerie de Sinceny fut exploitée à partir de 1737 par le seigneur de la ville avec l'aide d'ouvriers faïenciers originaires de Rouen. Les formes et les décors sont issus de la technique rouennaise, et les faïences de Sinceny, longtemps méconnues, se confondent souvent avec celles de Rouen. Toutefois, les pièces les plus classiques sont caractérisées par un bel émail blanc et par une couleur jaune dominant dans les décors polychromes de grand feu. Mis à part quelques pièces à décors historiés et armoriés, ce sont les pièces à motifs fleuris et extrême-orientaux qui sont les plus importantes. Ces pièces, très recherchées par les collectionneurs, sont en général marquées par un S. ou S.C.Y.

Le dernier quart du XVIIIe siècle est caractérisé par la production de céramiques au petit feu imitant les décors contemporains de Strasbourg. Les assiettes de ce genre valent de 3 000 à 5 000 F en 1988.

**« Singe violet ».** Enseigne de l'orfèvre Martin-Guillaume Biennais, dont la boutique, sous le Consulat et l'Empire, se trouvait au 283, rue Saint-Honoré. Le petit singe de cette enseigne figure également sur le poinçon de Biennais.

**Smyrne.** Dans ce port (actuellement Izmir) situé sur la côte ouest de la Turquie sont centralisées la production locale de tapis et celle des villages avoisinants qui se caractérisent par un velours généralement très haut, un décor à médaillon sur fond uni ou à gros motif. Au XIXe siècle, de beaux décors persans ont été repris. La production actuelle est très médiocre.

**sofa** (ou sopha) n. m. Canapé à dossier bas qui se prolonge par des accotoirs à joues pleines, en vogue à la fin du XVIIIe siècle. Son nom vient de l'engouement pour les modes orientales. (V. CANAPÉ.)

**soierie lyonnaise.** La soie, originaire de Chine et acheminée par la fameuse « Route de la soie », appréciée dès l'Antiquité (Rome). Au VIe siècle, deux moines du mont Athos auraient révélé au bassin méditerranéen l'art de la tisser. Néanmoins, jusqu'aux croisades, les soies, mêlées d'or et d'argent, ne servent qu'à protéger des objets religieux. Pour concurrencer Florence, Louis XI fonde au XVe siècle des manufactures de tissage à Tours, à Nîmes et à Lyon. Sous François Ier, Lyon reçoit en outre le monopole de l'importation et du commerce des soies grèges de toutes origines ; il s'y constitue encore la corporation des ouvriers « en drap d'or, d'argent et de soye », ancêtre des canuts. Grâce à l'ouvrage d'Olivier de Serres, développant la sériciculture (XVIIe s.) dans tout le royaume, Lyon trouve jusqu'à la seconde moitié du XIXe siècle une partie de sa matière première sur place.

De la Renaissance au XVIIIe siècle, les thèmes sont presque semblables : Philippe de La Salle (1723-1804) introduit à côté des grotesques, des mascarons, les arabesques, les animaux exotiques et les pastorales. Napoléon Ier ne cesse de s'intéresser à l'industrie lyonnaise et encourage ainsi Jacquart, auteur d'un nouveau métier pour la fabrication des étoffes brochées et façonnées, supprimant l'emploi de la tireuse. Au milieu du XIXe siècle, 100 000 métiers à bras tissent à Lyon les diverses catégories de soieries : brocarts, velours, gros de Tours, satins, damas et lampas, taffetas chiné, moire et gourgourans. L'importance prise par l'industrie lyonnaise est telle que la matière première doit être cherchée en Extrême-Orient dès la seconde moitié du XIXe siècle. Groupés en 1871 en « Union », les marchands de soie lyonnais établissent alors les « usages de la place de Lyon », définissant les normes et les classifications de la soie, spécialement grège ou ouvrée, c'est-à-dire travaillée en torsion par moulinage pour pouvoir être teinte avant d'être tissée. Les métiers mécaniques, apparus à la fin du XIXe siècle, conservent à Lyon son rôle de capitale des soieries et du textile français.

**sol** n. m. En monnaie de compte, vingtième partie de la livre. En monnaie d'espèces, le sol, ou sou, dérivant directement du solidus d'or des Romains et des Byzantins, ne subsiste que sous les Mérovingiens puis disparaît. Il revit sous Louis XV sous l'humble forme du sol de cuivre créé en 1719, parent bien modeste et éloigné de la monnaie d'or des temps antiques.

**solidus** n. m. Monnaie d'or romaine créée par Constantin Ier pour remplacer l'aureus. Byzance gardera ce solidus et aura le courage de le conserver inaltéré en poids (4,48 g) jusqu'au XIe siècle.

**solitaire** n. m. Jeu de combinaison et de calcul qui se pratique seul (on l'appelle aussi le « misanthrope »). Le solitaire aurait été inventé au XVIIe siècle par un pensionnaire de la Bastille ! Mais Ovide nous a laissé dans un poème la description d'un jeu similaire. Ce jeu se compose d'un plateau octogonal ou circulaire creusé de 37 trous et pourvu d'une rainure périphérique. Au départ, le joueur place 36 billes (ou 36 fiches) dans chaque encoche et doit sauter une à une celle qui se trouve placée devant un trou, et cela jusqu'au blocage ou à l'élimination de toutes les billes. Les modèles les plus rares ont 35 trous. La vogue du solitaire dans les milieux aristocratiques aux XVIIe et XVIIIe siècles a fait de ce jeu un objet d'art taillé dans des bois précieux, marqueté, incrusté de nacre. Les solitaires du XIXe siècle sont de beaux objets décoratifs qui cotent entre 2 000 et 3 500 F.

**sometsuke.** Céramique japonaise produite dans la région d'Arita par des potiers d'origine coréenne, pendant le début de la période d'Edo (ou des Tokugawa). Les sometsuke, appelées « qinghua » en Chine, sont des porcelaines peintes directement sur la pâte avec un pigment bleu à base d'oxyde de cobalt, couvertes avec une glaçure transparente, puis cuites à haute température en atmosphère réduite, ce qui leur confère une couleur bleu indigo ou bleu tirant sur le pourpre.

**somno** n. m. Table de nuit apparue au début du XIXe siècle, de forme carrée ou cylindrique, d'un seul tenant et reposant sur un socle servant de piétement. Les somnos les plus courants ont l'aspect d'un cylindre d'acajou recouvert d'un marbre ; ils ont un vantail semi-circulaire qui découvre des étagères.

**Song.** V. CHINE.

**Songes.** Les Songes sont installés au Zaïre dans le bassin des fleuves Lualaba et Sankuru. Les sculptures des Songes se distinguent par une construction anatomique humaine d'après un schéma cubiste. Dans les masques dits « kifwebe », la figure est géométriquement découpée et entièrement couverte de stries curvilignes et de couleurs alternées. Le nez et la bouche sont proéminents.

**sonnaille** n. f. Clochette fixée au collier des bêtes en pâture et dont le tintement signale le passage et les stimule dans leur marche. La sonnaille est elle-même dépourvue de décor, mais le collier est, en revanche, parfois superbement décoré.

**sou** n. m. Synonyme de sol.

**soufflé (verre).** Se dit d'un verre fabriqué artisanalement et, plus généralement, de la verrerie d'art, par opposition à la fabrication industrielle, introduite au XIXe siècle par le moulage (verre moulé). Le soufflage — ou plutôt la canne à souffler —, inventé à Sidon durant le Ier siècle av. J.-C., est sans aucun doute l'étape fondamentale de l'histoire du verre. Cette étape ouvre aux verriers la possibilité d'exploiter enfin les multiples pouvoirs d'expression de cette matière. Jusqu'ici, on travaillait le verre visqueux autour d'un noyau, nécessairement à une température peu élevée. Le soufflage oblige à utiliser un verre plus fluide, parfaitement homogène. Avec l'amélioration des composants du verre, une meilleure fusion, un perfectionnement des fours, les conditions sont définitivement réunies pour produire des objets transparents, à parois minces.

Très tôt, deux techniques s'imposent : le soufflage à l'air libre et le soufflage dans un moule.

**soumak.** Tapis tissé qui provient du Caucase oriental. Il n'a pas de velours sur son endroit, tandis que sur l'envers apparaissent les brins de laine coupés lors du tissage ; il se distingue donc du kilim, tapis tissé sans endroit ni envers. Son décor, géométrique et rigoureux, se compose de 3 à 5 étoiles aplaties à 8 branches. Sur un fond rouge ou azur se détachent les motifs multicolores aux couleurs chaudes (orange, brun, jaune). Les bordures reprennent les motifs caucasiens (pointes de flèches, étoiles...).

Les verneh (décors animaliers stylisés) et les sileh (décors en S) font partie de la famille des soumak, mais sont tissés par des artisans arméniens ou tartares.

**soupière** n. f. La soupière proprement dite n'apparaît pas dans les inventaires avant le début du XIXe siècle, et, si certains récipients, tels que les pots à oille et les terrines, lui ressemblent, ils sont destinés à présenter les viandes et les légumes. Le potage est alors servi en écuelles individuelles.

*Soupière en faïence de Montereau, à fond jaune et décor imprimé noir. Vers 1820. Musée de Sceaux.*

Photo du musée

Les premières soupières qui apparaissent sous l'Empire dans les mémoires des grands orfèvres, tels qu'Odiot, sont d'une rare somptuosité et dignes des pots à oille des siècles précédents ; certaines sont en vermeil, portées par des caryatides à l'antique. À partir de la Restauration, les soupières ont une forme ronde et évasée caractéristique, tout en conservant, au moins pour les soupières d'orfèvrerie, leur élégance : haut piédouche, vaste présentoir et couvercle en dôme sommé d'un motif décoratif.

Les soupières de porcelaine et de faïence, nombreuses elles aussi au XIXe siècle, ont une allure plus familière.

**souvenir d'amitié.** Inscription figurant très souvent, en lettres d'émail ou de pierres précieuses, sur les petits étuis dits à « carnet* de bal », contenant deux tablettes d'ivoire. Ces tablettes servaient en fait d'aide-mémoire en toute occasion ; on y notait ce que l'on ne devait pas oublier ; d'où le nom de « souvenir » que portent ces objets au XVIIIe siècle.

**spécimen** n. m. Équivalent pour les billets de l'essai* pour les monnaies. Très rares à trouver parce qu'ils sont, en principe, gardés par l'institut d'émission, les spécimens sont, en général, annulés par perforation ou par surcharge.

**sphère armillaire.** Assemblage de plusieurs cercles, ou armilles, en métal, en bois ou en carton, au centre desquels est placé un petit globe figurant la Terre ou le Soleil et reposant sur un pied. Les sphères servaient à faire des observations astronomiques, qui étaient cependant peu fiables. Dès le IIe siècle de notre ère, Ptolémée avait mis au point une sphère armillaire très proche de l'astrolabe*. Copernic s'inspira de la sphère de Ptolémée pour démontrer sa théorie planétaire. Au cours du XVIe et du XVIIe siècle, les sphères armillaires permettent d'étayer la théorie de Ptolémée ou, au contraire, celle de Copernic, selon que le centre est occupé par la Terre ou par le Soleil,

Ader-Picard-Tajan

*Sphère armillaire en bois naturel, bronze et fer sur une base tripode. XVIIIe siècle.*

et elles servent aux démonstrations astronomiques. Complément indispensable des globes terrestres et célestes, elles ornent les cabinets de curiosités. Les plus anciennes et les plus nombreuses appartiennent au système ptolémaïque, tandis que les coperniciennes sont plus rares. Exerçant un certain attrait par leur fragilité apparente et leur mystère, les sphères armillaires connurent un grand succès et furent construites encore aux XVIIIe et XIXe siècles.

Retenons l'enchère de 3600 F pour une sphère armillaire représentant le système de Copernic, en carton et papier imprimé et colorié, de la première moitié du XIXe siècle (Angers, 8-IV-1981). Celles qui comportent une représentation du système ptolémaïque sont particulièrement appréciées et peuvent valoir plus de 20000 F. Elles sont également recherchées pour leur aspect décoratif.

**sphinx** n. m. Animal fantastique formé d'une tête et d'une poitrine de femme, d'un corps de lion et d'ailes d'aigle. L'art égyptien (dont il est originaire), l'art grec et l'art étrusque ont fréquemment utilisé ce monstre fabuleux et très décoratif dans la sculpture monumentale, dans la céramique peinte, dans les bronzes. La Renaissance italienne et la Renaissance française le remettent à la mode avec tout le répertoire antique. Agrémenté de lambrequins sous Louis XIV, le sphinx monte la garde au XVIIIe siècle aux seuils des châteaux. Mais sa plus grande vogue est atteinte après la campagne d'Égypte (1798-99), sous le Directoire et l'Empire.

**spintrienne** n. f. Marque ou tessère* romaine, généralement en bronze, portant à l'avers un sujet érotique et au revers un chiffre de 1 à 16. Frappées à l'époque de Tibère, les spintriennes servaient, pense-t-on, dans les lupanars. Ce sont des objets très rares, et, en 1974, lors de la vente Peyrefitte, sept furent proposées aux amateurs et atteignirent des prix situés entre 8000 et 10000 F.

**spirale** n. f. Motif décoratif composé d'une courbe s'enroulant régulièrement autour d'un point, dont elle s'éloigne à chaque rotation. Sa beauté plastique, sa simplicité, les symboles dont elle se charge en font un ornement constamment utilisé. La spirale peut être simple ou double. Elle engendra le rinceau, la crosse végétale. Employée sous une forme animale, elle accentue le dessin du serpent, celui des cornes de bélier, de bouc. Elle a fasciné les grands peintres (Dürer, Vinci). En Gaule, elle était l'attribut du dieu céleste Taranis. Dans l'art irlandais, l'art roman et l'art gothique, elle est inlassablement répétée, ornée, enluminée. La Bretagne, l'Alsace et surtout le Pays basque l'ont adoptée sur nombre d'objets usuels et de meubles familiers. Symbole de croissance, d'expansion, la spirale se rattache d'après les ethnologues, au groupe des symboles cosmiques : Soleil pour les Celtes, simple dérivée de la palmette pour les Grecs, elle est née aussi de la technique de la ferronnerie, et ses enroulements seront repris au pinceau, au couteau, à la gouge sur un grand nombre d'objets d'art populaire, dépourvus de toute valeur symbolique. (V. FILIGRANÉ, VERRE.)

**staart-klokken.** Horloge murale à queue néerlandaise, née vers 1740, dont le mouvement rappelle celui des horloges de console et dont le cabinet évoque celui d'une pendule au long balancier. Les « staart-klokken », dont de nombreux modèles indiquent les phases de la Lune, sont agrémentées de décors peints, voire de petites statuettes et, quelquefois, d'automates.

**Staël** (Nicolas de), peintre français d'origine russe (Saint-Pétersbourg 1914 - Antibes 1955). Ayant quitté la Russie avec ses parents au moment de la révolution, Nicolas de Staël se forma à Bruxelles. Après des voyages en Espagne, au Maroc et en France, il se fixa en France en 1938.

**Staffordshire.** Centre important de la céramique anglaise au XVIIIe siècle. Les manufactures les plus connues sont Fenton, Longdon et Burslem où Wedgwood* a produit les poteries marbrées et la faïence fine. Ces fabriques ont fortement concurrencé les faïenceries françaises et contribué à leur déclin au XIXe siècle.

**statère** n. m. À l'origine, monnaie valant 2 drachmes, puis, dénomination de certaines monnaies d'argent grecques équivalant à 1 didrachme. Mais le terme de « statère » désigne aussi un assez grand nombre de monnaies d'or ou d'argent grecques appartenant à des systèmes d'étalons différents. Les sous-multiples du statère sont l'hémistatère, le trité et l'hecté (moitié, tiers et sixième). On connaît également des multiples du statère, comme les beaux distatères d'or d'Alexandre le Grand.

**Steichen** (Edward), lithographe et photographe américain (Luxembourg 1879-1973). Edward Steichen s'est tourné vers la photographie à la fin des années 90. Promoteur du pictorialisme aux États-Unis, il a été l'un des animateurs de la Photo-Secession. Son œuvre, vénérée des connaisseurs, aborde tous les sujets. En 1947, Steichen fut nommé directeur du département photographique du musée d'Art moderne de la ville de New York. La vente publique de ses tirages est toujours un événe-

Christie's

*Greta Garbo photographiée par Edward Steichen. Hollywood, 1928. Adjugée 12 000 dollars, à New York, le 15-V-1980.*

Sotheby Parke Bernet

*Affiche de Steinlen pour les Scènes impressionnistes. Adjugée 4 395 dollars par Sotheby Parke Bernet, à New York.*

ment : 13 500 dollars pour un portrait d'Eleonora Duse, le 10-V-1980 chez Sotheby à New York.

**Steiner,** célèbre fabricant de poupées françaises. Il produit entre 1861 et 1907 des poupées de grande qualité à la mécanique solide et perfectionnée. Des ateliers Steiner sortent le « Bébé parlant » (1878), le célèbre « Bébé marcheur », dit « Bébé premiers pas » (1890), la « Poupée valseuse », qui dit aussi « papa-maman », le « Petit Parisien », qui tient un drapeau tricolore (1889), la « Petite Patricienne » (1904). Pendant une trentaine d'années, Jules Nicolas Steiner multiplie ces modèles ingénieux et solides.

On trouve encore sur le marché un grand nombre de « bébés » Steiner. Les plus anciens sont dépourvus de marque ; les autres portent un numéro (indiquant la taille : 2, 3, 4) marqué en creux et l'inscription « Steiner s.g.d.g. ». Les bébés aux yeux qui se ferment sont marqués « Bourgoin ». À bouche ouverte ou fermée, les bébés ont un corps de carton bouilli peint en violet, puis en couleur chair. Quant aux bébés mécaniques, leur tête, en porcelaine, a le crâne fermé et une bouche laissant apparaître deux rangées de dents (d'où le surnom de « bébé requin » donné par les collectionneurs). Le nom J. Steiner est inscrit sur le soufflet. Le corps de carton est recouvert de toile, tandis qu'une culotte en agneau sert à relier le corps aux jambes. La clé du mécanisme se situe sur le côté gauche. Les têtes incassables en porcelaine ou en biscuit sont fabriquées par un procédé minutieux qui consacre le succès de la maison. Le mécanisme des poupées est aussi robuste et soigné.

La belle qualité de la production Steiner attire de nombreux amateurs, qui se disputent les spécimens les plus rares. La cote des Steiner figure parmi les plus élevées, comme celle des Bru, Huret, Jumeau. Naturellement, les faussaires ont reproduit ces anciennes poupées, soit en rattachant habilement une tête récente sur un corps ancien, soit en rajoutant le nom de la marque Steiner, qui donne en quelque sorte ses lettres de noblesse à un bébé de production médiocre.

**Steinlen** (Théophile Alexandre), peintre, graveur et sculpteur français d'origine suisse (Lausanne 1859 - Paris 1923). Les déshérités, les gueux, les réprouvés, les ouvriers trouvèrent en Steinlen un porte-parole ardent, sincère et talentueux. Après avoir débuté au *Chat noir*, il collabora à presque tous les journaux satiriques de l'époque 1900 : *le Mirliton*, *le Rire*, *l'Assiette au beurre*, *le Chambard socialiste* (dans lequel il signait Petit Pierre ses dessins révolutionnaires), *le Gil Blas illustré* (où il fit 400 dessins de 1891 à 1899). Il illustra les œuvres d'Anatole France, de Charles Nodier, de Richepin, de Jehan Rictus. Son œuvre, et en particulier ses affiches, qui comptent parmi les plus importantes créations de cet art, accorde une place privilégiée aux chats, dont il fut l'ami plein de tendresse. Le nombre de ses estampes s'élève à 382 lithographies et à une centaine d'eaux-fortes. Le 2-IV-1982, l'affiche *le Lait pur stérilisé de la Vingeanne* a été enlevée, à Orléans, pour 14 500 F, et celle de l'exposition de la Bodinière pour 12 500 F (toutes deux datées 1894). Les cartophiles manifestent le même engouement pour les cartes postales : *Cocorico*, collection* des Cent, *Petites Ouvrières parisiennes*, les *Temps nouveaux*, *leur Justice*.

**stéréoscopie** n. f. Système de photographie en relief résultant de la combinaison de deux images projetées par un appareil équipé d'un dispositif spécial. Introduit en 1851 à l'Exposition de Londres par l'appareil lenticulaire

*Table-stéréoscope en chêne de John Harmer, comprenant un ensemble de treize diapositives stéréoscopiques. Angleterre, 1860.*

Christie's

de David Brewster, la photographie stéréoscopique devait connaître un succès considérable, mais éphémère. C'est à J. B. Dancer, opticien de Manchester, que l'on doit le premier appareil binoculaire pour photographies stéréoscopiques. Un grand nombre d'appareils furent fabriqués.

**Stieglitz** (Alfred), photographe américain (1864-1946). Alfred Stieglitz occupe une place capitale dans l'histoire de la photographie américaine. Fils d'émigrants allemands, il tente quelques essais infructueux dans la photographie commerciale, puis se tourne vers la recherche artistique et fonde en 1902 *Camera Note*, le journal du Phot-Club de New York. Il crée, la même année, le groupe de la Photo-Secession, où il se fait le défenseur du pictorialisme. Sa célèbre revue *Camera Work*, fondée en janvier 1903, accueille les œuvres de peintres modernes et de photographes. Stieglitz déploie pour la promotion de la photographie et sa reconnaissance comme art à part entière une activité inlassable. Lui-même continue de photographier jusqu'en 1937. Ses tirages originaux sont rares et atteignent des prix élevés, surtout à New York, où des enchères ont dépassé les 20 000 dollars.

Christie's

La Passerelle *(1907), photogravure d'Alfred Stieglitz, tirée sur papier japon, extraite de l'édition de luxe de la revue* 291 *(1915-1916). Vente Christie's, le 14-V-1981.*

**stipo** n. m. Cabinet italien du XVI^e siècle, à la mode en France sous le règne de Louis XIII et prisé pendant tout le XVII^e siècle. Ce meuble est orné d'incrustations de pierres dures et de pierres précieuses ; ses garnitures de bronze et ses supports sont souvent très luxuriants. Buontalenti, surnommé Delle Girandole (1536-1608), est le plus célèbre auteur de stipi.

En raison de la richesse de leur ornementation facilement modifiable et réutilisable, les stipi sont rares : l'un d'eux, en noyer et en placage de ronce, à deux vantaux et à abattant, a été adjugé à Drouot 111 000 F le 9-XI-1981.

**Stockel** (Joseph), ébéniste d'origine allemande. Installé à Paris en 1769, admis à la maîtrise en 1775, il produit peu d'œuvres, mais celles-ci sont de belle qualité ; il utilise volontiers l'acajou moucheté, plus rarement la marqueterie, et ses bronzes, quoique simples, sont ciselés avec soin.

**stoeklokken.** Petite horloge de console néerlandaise.

**Storr** (Paul), orfèvre anglais (1771-1843). À Londres, son talent est à la mesure de celui d'Odiot et de Biennais à Paris. Paul Storr a travaillé pour la Couronne et l'aristocratie britanniques. Il fut notamment chargé d'exécuter la coupe offerte à Nelson en 1800 à l'occasion de sa victoire sur la flotte française en Égypte. Il est l'un des meilleurs illustrateurs du style Regency : un décor sobre et léger anime des formes d'une élégante pureté, mais qui s'alourdissent quelque peu à partir de 1820. En 1819, Storr s'associe avec Mortimer et Hunt, dont la maison est à l'origine de celle de Hunt et Roskelle, célèbre dans la seconde moitié du XIX^e siècle.

**Stradivari** (Antonio), luthier italien (Crémone ? v. 1644-*id.* 1737). Universellement connu, il éleva son art au plus haut sommet de la perfection, tant sur le plan de la sonorité que sur celui de la lutherie. Élève de Nicolas Amati à Crémone, il exerça toute sa vie dans cette ville. Si la qualité de son travail demeure un modèle pour les luthiers et les musiciens, c'est à la valeur des instruments qu'il faut attribuer la légende qui a entouré Stradivari. En 1945, le luthologue Ernest Doring dénombre 509 instruments ; ce chiffre explique la déception des amateurs qui croient détenir une œuvre authentique de ce maître. Si celui-ci a servi de modèle, il est certain que des violons, de qualité souvent contestable, ont porté des étiquettes apocryphes mentionnant son nom.

**Strand** (Paul), photographe américain (1890-1976). Strand est un des grands de la photographie américaine. Il s'orienta d'abord vers la composition abstraite, qu'il abandonna pour une conception directe de l'image. Le dernier numéro de *Camera Work,* en 1917, lui fut entièrement consacré. Son œuvre comprend des natures mortes, des portraits, des paysages, des vues des rues de Paris, de New York, des reportages en Afrique, en Nouvelle-Angleterre. Ses tirages originaux sont rares et chers.

*Photo de Paul Strand prise à Mexico, provenant d'un portfolio, New York, 1940.*

Sotheby Parke Bernet

**Strasbourg.** L'histoire de la faïence en Alsace est étroitement liée à la famille Hannong, puisque, vers 1709, Charles François Hannong, fabricant de poêles et de pipes en poterie, fonda une première manufacture de faïences à Strasbourg. Cette implantation fut favorisée d'une part par la présence d'une terre argileuse, d'immenses forêts et d'une eau abondante, et, d'autre part, par celle d'une clientèle bourgeoise intéressée par la fabrication d'une céramique de luxe.

Associé à Wachenfeld, qui venait d'Ansbach, Hannong fabrique des faïences fines et des porcelaines tendres largement diffusées. En 1724, il installe une autre manufacture à Haguenau.

J. et N. Wolber

*Assiette en faïence de Strasbourg, à décor polychrome de fleurs, marquée Joseph Hannong. XVIIIe siècle. Biennale des antiquaires, à Cannes.*

Christie's

*L'abbé de cour. Figure de la Comédie-Italienne. (H. 33 cm.) Faïence de Strasbourg, période Paul Hannong, 1744-1748.*

Pendant la première période, les formes simples et les décors en bleu et blanc sont inspirés par les modèles d'orfèvrerie contemporains. En 1732, Hannong partage l'entreprise entre ses deux fils : Balthazar reçoit la faïencerie de Haguenau ; Paul Antoine reçoit celle de Strasbourg. Puis les frères entrent en conflit, et Paul, le plus compétent, prend la tête des deux affaires. Le style des pièces s'allège, influencé par le goût de la Régence. La polychromie remplace progressivement le bleu et blanc, et est favorisée par la cuisson au feu de moufle*.

Les décors les plus originaux et les plus merveilleux des Hannong consistent en bouquets de fleurs (roses, pivoines, jacinthes, tulipes), que l'on doit probablement aux frères Löwenfinck, venus de Meissen et accueillis par Paul Hannong en 1748. Ces décors figurent autant sur les services commandés que sur les pièces de forme (vases, cartels de pendules, trompe-l'œil). De cette époque date également une série de statuettes de grande qualité, traitées au petit feu (bergers, chasseurs, musiciens, mais aussi sangliers, chiens, faisans). Grâce à une diffusion commerciale bien organisée et grâce à des contacts personnels, Paul Hannong pouvait répondre aux commandes venues de l'Europe entière.

La création de la première porcelaine dure française par les Hannong provoqua, par le succès qu'elle obtint, la convoitise de Sèvres (Vincennes) qui, devant la menace pour son monopole, tenta vainement de racheter Strasbourg-Haguenau. La Manufacture royale de France finit pourtant par éliminer la concurrence alsacienne en obligeant Hannong à détruire ses fours. Hannong fonda alors, en 1755, la manufacture de Frankenthal (Allemagne), sous la protection de l'Électeur du Palatinat. À la mort de Paul Hannong, son fils Joseph reprend la manufacture de Strasbourg, dont la production se limite à des faïences d'une très belle exécution. Pierre Antoine, le second fils, hérite, avec Frankenthal, du secret de la porcelaine dure, qu'il cède à Joseph. Puis il tente de négocier avec les directeurs de Sèvres pour leur « vendre ses connaissances porcelainières » (d'où la création d'une manufacture de porcelaine à Vincennes et d'une autre à Paris, faubourg Saint-Lazare).

Strasbourg reste actif jusqu'en 1781, date à laquelle Joseph Hannong met fin à son entreprise en fuyant, à Munich, la justice française.

Les faïences et les porcelaines de Strasbourg sont les plus recherchées de nos jours et, si Strasbourg est considérée comme un des cinq grand foyers de la production faïencière française, elle illustre aussi la transition entre l'art faïencier français et la porcelaine dure germanique.

**strass** ou **stras** n. m. Substance vitreuse formée de silice, d'oxyde de plomb et de silicate de potassium. Cette matière tire son nom de Stras, joaillier parisien du XVIIIe siècle qui, installé quai des Orfèvres, la mit au point. Le strass est censé imiter le brillant et d'autres pierres précieuses, si on lui adjoint des oxydes métalliques. Au XVIIIe et au XIXe siècle, on a fabriqué beaucoup de bijoux de fantaisie en strass, qui trompent peu. Ce faux diamant est surtout utilisé pour les accessoires : boucles de ceinture, de chaussures, fermoirs de sac, boutons, ainsi que pour les parures de costumes de théâtre.

**strie** n. f. En verrerie, défaut d'un objet. Stries, bouillons, crachats sont des sortes de petits nuages plus ou moins opaques dont l'origine est difficile à déterminer (d'après Henrivaux, affinage incomplet de la matière vitreuse après sa fusion, négligence lors du cueillage, cuisson irrégulière).

**studiolo.** Meuble italien à deux corps apparaissant au milieu du XVIe siècle. Le corps inférieur, pourvu de tablettes, ferme à vantaux, tandis que le corps supérieur, divisé en tiroirs nombreux, est masqué par un volet qui, s'abattant, forme table à écrire.

Ce cabinet est enrichi d'une décoration qui en fait tout son prix : deux rangées de figurines superposées enserrent par exemple le caisson supérieur, et la corniche le surmontant peut offrir des bustes en relief. Il figure sous l'appellation « cabinet d'Allemagne » dans les inventaires flamands et français du XVIIe siècle.

**Stumpf** (Jean Chrysostome), ébéniste d'origine allemande. Reçu maître en 1766, il a laissé une œuvre abondante et diverse, marquetée ou parfois en laque.

**style** n. m. Le style des meubles et des objets est l'ensemble des caractéristiques d'une époque déterminée ; il s'exprime par la nature des matériaux, la forme des structures et le détail des éléments décoratifs ; il dépend des contraintes techniques de l'outillage, mais il est également sensible aux influences étrangères. L'évolution des styles reflète le mouvement des idées. La conjoncture politique peut aussi se faire sentir par des changements de décor. C'est ainsi qu'au début du XVIIe siècle la richesse ornementale cède la place à une certaine austérité, l'influence espagnole se substitue au formalisme italien, rejeté à la suite de l'action considérée comme maléfique des favoris de Catherine de Médicis. Au moment de la Révolution française, les emblèmes romains s'imposent sur la façade des meubles ou les dossiers de sièges, d'où sont rapidement écartés les attributs de l'Ancien Régime.

Au-delà de ce formalisme, certaines idéologies se manifestent par une prédilection pour la ligne droite, la rigueur, la symétrie, comme ce fut le cas sous Louis XIV, tandis que le retour à la courbe sous la Régence annonce les grâces sinueuses du style Louis XV. Sous la Restauration, le goût pour les formes arrondies écarte peu à peu l'austère pesanteur du style Empire.

Il peut arriver aussi que certaines découvertes annoncent une révolution stylistique, comme on l'a vu lorsque furent révélés les décors à l'antique, dégagés des cendres qui recouvraient l'ancienne Herculanum. Telles sont en effet les origines du style néoclassique, qui soudain bouleverse le goût en plein milieu du règne de Louis XV.

De toute façon, il n'existe pas de style à l'état pur. Un style est constitué d'un ensemble d'éléments vivants qui lui donnent son équilibre et lui permettent de s'épanouir pendant quelques années. « S'il n'y a pas à proprement parler de style simple, écrit Anatole France *(le Jardin d'Épicure)*, il y a des styles qui paraissent simples, et c'est précisément à ceux-là que semblent attachées la jeunesse et la durée. Il ne reste plus qu'à rechercher d'où leur vient cette apparence heureuse. Et l'on pensera sans doute qu'ils la doivent non pas à ce qu'ils sont moins riches que les autres en éléments divers, mais bien à ce qu'ils forment un ensemble où toutes leurs parties sont si bien fondues qu'on ne les distingue plus. »

L'évolution des styles ne s'accomplit pas par de brusques ruptures, mais par des apports ornementaux qui modifient progressivement l'orientation des lignes et des structures. Comme le note Guillaume Janneau : « Dans chacune des formules qui se sont succédé, l'inexpérience du début charge d'ornements les formes que l'expérience dépouille » *(les Styles du meuble français,* Que sais-je ?).

Il faut aussi faire la part de l'invention de certains artistes créateurs de formes, qui, tout en suivant l'esprit de leur époque, se distinguent par la vigueur de leur style personnel, comme ce fut le cas pour Hugues Sambin, André-Charles Boulle, Cressent, Riesener, Jacob et ses fils, Émile Gallé ou Émile Jacques Ruhlmann. Le rôle de l'artiste est alors de concrétiser l'idée d'un style en lui donnant la forme d'une œuvre accomplie.

Les meubles et les objets les plus réussis sont toujours porteurs d'un style qui permet de les reconnaître comme des témoins de leur temps.

**styles français.** V. TABLEAU pp. 454-455.

**sucrier** n. m. De la fin du XVIIe au début du XVIIIe siècle, le sucrier se présente sous forme de saupoudreuse, en argent ou en faïence : un petit cylindre reposant sur un piédouche bas, couvert d'un dôme repercé. À cette forme assez peu heureuse se substitue sous la Régence celle de la saupoudreuse en balustre, beaucoup plus élégante, à pans parfois, décorée de lambrequins et de feuilles d'applique. Ces saupoudreuses, d'orfèvrerie, de faïence de Rouen ou de Moustiers, sont très recherchées, car elles disparaissent après 1740. Les orfèvres leur substituent le gros sucrier — pour sucre cassé — en forme de seau en balustre reposant sur trois ou quatre patins courts. Il est souvent décoré de côtes torses avec des motifs déchiquetés en haut et en bas (guirlandes de fleurs et médaillons à l'époque Louis XVI qui conserve la forme) ; trois petites fraises ponctuent le sommet du couvercle. Sous Louis XV apparaît le sucrier de cristal bleu dans sa monture d'argent. À l'époque Empire, la coupe de cristal blanc prend place dans une riche cage de vermeil ou d'argent juchée sur un trépied ou un haut piédouche. Un confiturier de même forme lui fait pendant.

Ader-Picard-Tajan

*Sucrier rond en argent, gravé de lambrequins sur fond amati. Colmar, 1759, poinçon attribué à un membre de la famille des maîtres orfèvres Hoschbetter. (H. 13,2 cm ; poids 345 g.) Adjugé par Mes Ader-Picard-Tajan, à Drouot, le 27-V-1982.*

**Süe** (Louis) [Bordeaux 1875 - Paris 1968] et **Mare** (André) [Argentan 1885 - Paris 1932], artistes français. Fondateurs de la Compagnie des arts français (1919-1928), qui regroupe maints artistes — Despiau, Jaulmes, Dufresne, La Fresnaye et Marinot —, ils conçoivent un meuble ou un objet en se référant au passé — en réalité aux styles Louis XIV et Louis XV —, qu'ils veulent adapter aux normes contemporaines. Leurs meubles, au décor somptueux et aux matériaux raffinés, portent des ornements, dont le plus fréquent est une large palme étirée. Outre des exemplaires uniques, Süe et Mare réalisent encore des meubles de série de qualité soignée. En 1928, ils aménagent l'hôtel de Jane Renouardt à Saint-Cloud et confient à J. Adnet la présidence de la Compagnie des arts français. Leurs réalisations occupent une place non négligeable sur le marché des meubles Art déco : 53 000 F pour une paire de fauteuils de 1923 en ébène de Macassar (Lille, 13-VI-1981).

Ader-Picard-Tajan

*Table de salle à manger en palissandre massif de Süe et Mare. Adjugée 46 500 F, avec les dix chaises gondoles qui l'accompagnent, le 15-VI-1981, à Paris.*

**sujet animé.** Petit personnage mécanique en fer blanc très bon marché dont la production fut abondante entre 1850 et 1910, tant en Europe qu'aux États-Unis. Héritiers des jouets de bois populaire, les sujets animés séduisent encore par l'ingéniosité de leur mécanisme et la naïve gaucherie de leurs mouvements saccadés. Ces « jouets de boulevard » sont mus par des élastiques, des manivelles, des mouvements d'horlogerie, ou bien encore par la chaleur, la vapeur, la gravitation ou l'électricité. Deux noms demeurent encore célèbres car ils ont produit la plupart de ces amusantes figurines : en France, Fernand Martin*, qui fabrique entre 1870 et 1912 environ 800 000 jouets par an (petit peuple des rues : barbier, tonnelier, violoniste, livreur) et, en Allemagne, Lehmann qui fut tout aussi créatif entre 1881 et 1920. Paul Ernst Lehmann se

Coffre en chêne flamand,
à plis de serviette.
XVᵉ siècle.

musée des Arts décoratifs

Coffre en chêne
Ile-de-France,
à ogives et fleurons. Fin du XVᵉ siècle.

Ader-Picard-Tajan

Crédence en noyer sculpté de termes,
de coquilles et de losanges.
Italie, Bologne, fin du XVIᵉ siècle.

C. A.

Crédence en chêne sculpté.
Époque Renaissance,
fin du XVIᵉ siècle.

Lucienne Cella

Petit buffet Henri II
en chêne,
encadré de colonnettes.

Ader-Picard-Tajan

Commode en marqueterie de cuivre.
Époque Louis XIV.

Ader-Picard-Tajan

Commode
plaquée d'ébène,
écaille
et cuivre.
Époque
Louis XIV.

Ader-Picard-Tajan

Commode galbée, ornée de cuivres ciselés et dorés.
Début de l'époque Louis XV, vers 1730.

Perrin

Commode estampillée
BVRB (Bernard
Van Riesenburgh).
Époque Louis XV,
vers 1750.

Perrin

Commode en laque de Chine,
estampillée J. Dubois.
Époque Louis XV, vers 1760.

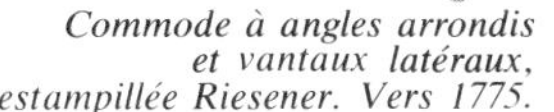

Commode Transition
Louis XV-Louis XVI
estampillée R. V. L. C.
Vers 1770.

D. Gateau

Commode à angles arrondis
et vantaux latéraux,
estampillée Riesener. Vers 1775.

C. A.

Commode en bois satiné
et d'acajou estampillée Œben.
Époque Louis XVI, vers 1780.

## TABLEAU RÉCAPITULATIF

| siècles | styles | types de meubles | types de sièges | décors, ornements | points de repères |
|---|---|---|---|---|---|
| **X$^e$-XII$^e$** | roman | huche (coffre),<br>châlit | fauteuil<br>chaire à haut dossier,<br>chayère,<br>escabeau | arcades,<br>chevrons, billettes,<br>fleurs stylisées | meubles à joints vifs,<br>pentures de fer forgé |
| **XIII$^e$** | gothique | armoire,<br>lutrin | banc,<br>cathèdre | arcatures | tenons et mortaises,<br>charnières,<br>rainures et languettes |
| **XIV$^e$** | | dressoir,<br>buffet | tabouret,<br>ployant | fenestrage à orbevoie,<br>parchemin plissé | queues-d'aronde,<br>coupe d'onglet |
| **XV$^e$** | gothique<br>flamboyant | lit à piliers,<br>armoire à deux corps | chaise à tenailles,<br>caquetoire | cuirs découpés | layettes, puis tiroirs |
| **XVI$^e$** | Renaissance | cabinet | fauteuil à entretoise en H | perles, godrons, oves, entrelacs | importation de bois des îles |
| | Henri II<br>1559 | table sur patin<br>lit à colonnes | | acanthes,<br>pointes de diamant,<br>toupies | placage d'ébène,<br>incrustations |
| **XVII$^e$** | 1610 | lit à baldaquin | | | fondation des ateliers<br>du Louvre (1607) |
| | Louis XIII<br>1643 | console,<br>table de milieu<br>bureau à caisson | fauteuil à haut<br>dossier,<br>à oreillettes,<br>en confessionnal,<br>canapé | pilastres, cariatides<br>coquilles régulières,<br>lambrequins | pieds tournés |
| | Louis XIV | bureau Mazarin<br>guéridon,<br>meubles d'argent,<br>lit à la duchesse,<br>lit d'ange,<br>commode | siège à os de mouton<br>fauteuil à entretoise<br>en X | corniches saillantes,<br>décor à la Berain,<br>bronzes dorés,<br>fiches à lacets | marqueterie d'écaille,<br>de cuivre,<br>d'étain,<br>André Charles Boulle<br>(1642-1732) |
| **XVIII$^e$** | 1715 | encoignure,<br>secrétaire dos-d'âne | siège canné,<br>sofa | coquilles,<br>espagnolettes | recul des accotoirs,<br>disparition des entretoises |
| | Régence | commode en tombeau<br>(à la Régence) | bergère (1725) | chimères | |
| | 1723 | bureau plat | cabriolet (1740) | accolades, acanthes | mains mobiles,<br>marbres épais |
| | Louis XV | table à écrire,<br>table de nuit,<br>toilette,<br>commode à deux tiroirs,<br>chiffonnière | voyelle,<br>ottomane,<br>turquoise,<br>duchesse,<br>veilleuse | chinoiseries,<br>marqueterie aile de papillon,<br>jeux de cubes<br>marqueterie à la reine | placage épais (2 mm)<br>C couronné (1744-1749),<br>tôle peinte |
| | Transition | table de jeu,<br>lit à la polonaise,<br>lit à la turque | causeuse | laques de Chine,<br>vernis Martin | estampille obligatoire (1751)<br>porcelaines enchâssées<br>(1753) |
| | style à<br>la grecque | secrétaire à abattant,<br>table à la Tronchin,<br>semainier, chiffonnier | dossier en chapeau, | guirlandes, rubans, perles,<br>entrelacs, rais-de-cœur,<br>décor à la grecque | dés de raccord des accotoirs |
| | 1774<br>Louis XVI<br>(style<br>étrusque) | bureau à cylindre,<br>commode desserte,<br>psyché, athénienne | méridienne,<br>siège gondole | pieds cannelés,<br>griffons, sphinges | suppression des corporations<br>(1776) |
| | 1791 | | siège en fonte | victoires,<br>filets de cuivre,<br>emblèmes révolutionnaires | entrée de serrure en écusson |
| | Directoire<br>Consulat | somno | | palmettes<br>klafts | |

DES STYLES DES MEUBLES FRANÇAIS

| siècles | styles | types de meubles | types de sièges | décors, ornements | points de repères |
|---|---|---|---|---|---|
| XIX^e | Empire | bureau ministre à caisson, | | abeilles, col-de-cygne, | briquet (pivot), acajou interdit (1810), |
| | | table de salle à manger | | jambes de Chine | garnitures à ressorts |
| | 1815 Louis XVIII | table gigogne lit en bateau | chaise gondole | pieds Jacob | placage tranché |
| | Restauration Charles X | armoire à glace bibliothèque tournante | fauteuil crapaud, fauteuil Voltaire | incrustations nacre, burgau | bois clairs, capitons |
| | Louis-Philippe Napoléon III | meubles en poirier noirci guéridon à incrustations, | confident indiscret | pastiche des styles | sciage mécanique fer et fonte |
| | | buffet style Henri II | pouf-borne, divan | papier mâché | |
| XX^e | Art nouveau | meubles naturalistes, sellette | divan, siège-liane | inspiration végétale femme-fleur | éclairage électrique, école de Nancy |
| | Art déco | cosy-corner | fauteuil club | roses stylisées | Bauhaus |
| | Design | table basse | diabolo-chaise, coquille | cubisme, fonctionnalisme | Exposition 1925 |

*Commode en placage d'acajou. Époque Empire.*

*Commode en palissandre à incrustations de houx. Époque Charles X.*

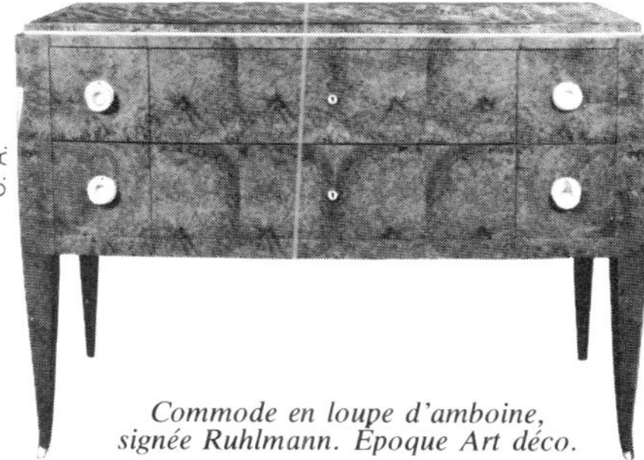

*Commode en loupe d'amboine, signée Ruhlmann. Époque Art déco.*

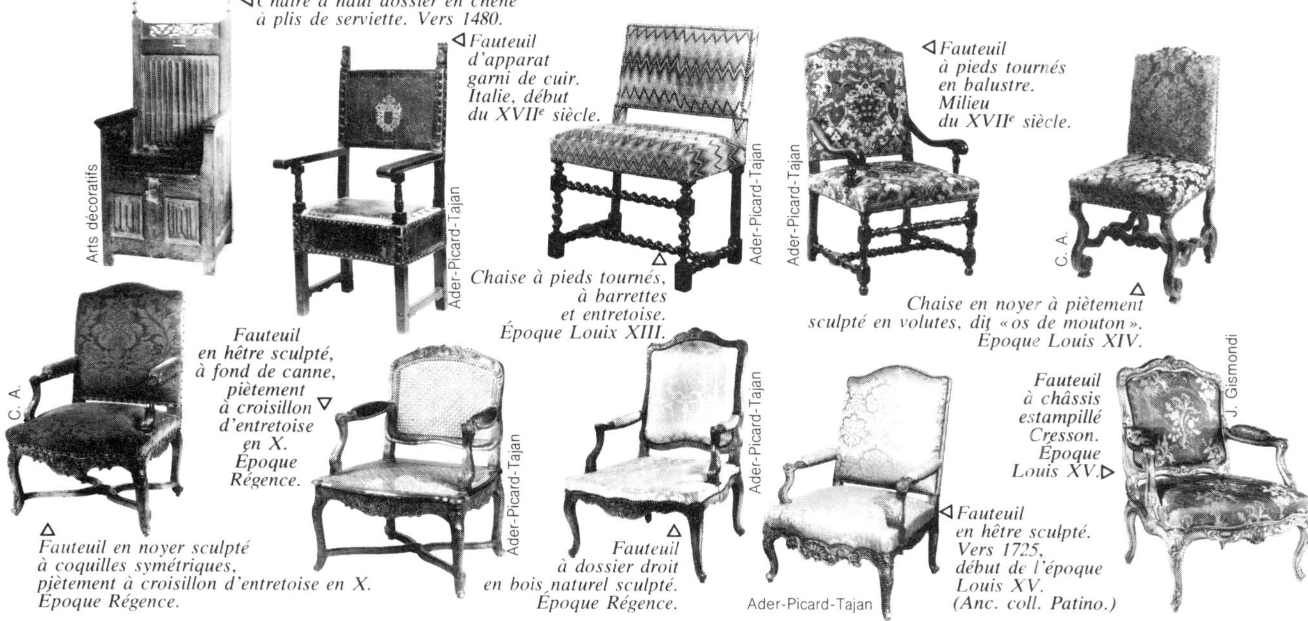

*◁ Chaire à haut dossier en chêne à plis de serviette. Vers 1480.*

*◁ Fauteuil d'apparat garni de cuir. Italie, début du XVII^e siècle.*

*Chaise à pieds tournés, à barrettes et entretoise. Époque Louix XIII.*

*◁ Fauteuil à pieds tournés en balustre. Milieu du XVII^e siècle.*

*Chaise en noyer à piètement sculpté en volutes, dit « os de mouton ». Époque Louis XIV.*

*Fauteuil en hêtre sculpté, à fond de canne, piètement à croisillon d'entretoise en X. Époque Régence.*

*Fauteuil en noyer sculpté à coquilles symétriques, piètement à croisillon d'entretoise en X. Epoque Régence.*

*Fauteuil à dossier droit en bois naturel sculpté. Époque Régence.*

*◁ Fauteuil en hêtre sculpté. Vers 1725, début de l'époque Louis XV. (Anc. coll. Patino.)*

*Fauteuil à châssis estampillé Cresson. Époque Louis XV.*

◁ Bergère à dossier largement arrondi en bois peint sculpté de fleurettes. Époque Louis XV. Ader-Picard-Tajan

Fauteuil à dossier plat (à la reine), estampillé Falconet. Époque Louis XV. ▷ Ader-Picard-Tajan

△ Cabriolet en hêtre mouluré garni de cuir. Époque Louis XV. C. A.

◁ Fauteuil à châssis en bois sculpté et doré, estampillé Heurtaut. Époque Louis XVI. Leage

Fauteuil à dossier en médaillon. Époque Louis XVI. ▷ Ader-Picard-Tajan

△ Fauteuil à accotoirs en tête de bélier. Époque Louis XVI. Hagnauer

△ Fauteuil garni de tapisserie d'Aubusson. Époque fin Louis XVI. Ader-Picard-Tajan

Fauteuil curule en acajou, par Jacob frères. Vers 1796. ▽ C. A.

△ Fauteuil en acajou à cols de cygne. Époque Empire. Ader-Picard-Tajan

△ Fauteuil à accotoirs en crosse. Époque Charles X. Ader-Picard-Tajan

Fauteuil en gondole. Époque Charles X. ▽ Couturier-Nicolay

△ Fauteuil capitonné. Époque Napoléon III. Giraudon

◁ Fauteuil « aux ombelles » par Majorelle. Vers 1900. Ader-Picard-Tajan

Fauteuil scandinave garni de cuir. Vers 1950. ▷ C. A.

△ Fauteuil danois de Jacobsen. Vers 1960. La Boutique danoise.

spécialise dans des reproductions d'animaux tels que les oiseaux, les insectes, les crocodiles. Le grand Märklin* fournit de très rares figures animées caractérisées par la beauté des vifs coloris et la finesse du décor peint (manèges, scènes de cirque).

La cote de ces petits « automates du pauvre » n'a cessé de s'élever depuis une dizaine d'années. Si les modèles les plus courants font quelques centaines de francs, en revanche les sujets les plus rares au mécanisme complexe peuvent atteindre 20 000 F.

**sulfure.** V. CAMÉE, INCRUSTATION.

**Sultānabād.** Ancien nom de la ville d'Arak (province du Luristān, Iran), lié à un ensemble de céramiques produites à l'époque mongole (XIIIe-XIVe s.), même si aucune trace de four n'a été repérée. Cette fabrication reflète le style élégant de l'âge d'or des Ilkhans, qui héritèrent à la fois de l'art seldjoukide et de celui de l'Extrême-Orient.

Peintes sous glaçure noir et bleu ou traitées en camaieu, les pièces sont ornées d'un décor floral ou inspirées par l'art du manuscrit : animaux, assemblées de personnages. Cette fabrication offre un contrepoint face à celle de Véramine, plus populaire.

**sultane** n. f. Large siège du XVIIIe siècle, formant canapé de salon à deux chevets symétriques souvent en crosse.

**surfrappe** n. f. Action de frapper une seconde fois une monnaie portant déjà l'empreinte monétaire. La surfrappe peut être accidentelle (v. TRÉFLAGE) ou voulue (contremarque*, réformation*). Les surfrappes intentionnelles se rencontrent dès l'Antiquité.

**surtout** n. m. Grande pièce décorative destinée à figurer au milieu de la table des festins (on dit aussi « milieu de table »). Le surtout d'orfèvrerie apparaît à la fin du XVIIe siècle, mais l'habitude de disposer des ornements imposants sur les tables est beaucoup plus ancienne. Apparu sous Louis XIV, le surtout s'épanouit sous le règne de Louis XV. Sa fonction est parfois utilitaire quand il porte une vasque à fruits ou un pot couvert, des branches de chandelier, des logements pour le sel ou le sucre... D'autres exemplaires, au contraire, sont uniquement décoratifs, tel le grand surtout pyramidal à décor de chasse exécuté par F. Th. Germain pour le roi de Portugal et acquis par le Louvre lors de la Biennale des antiquaires en 1982.

Le surtout constitue le morceau de bravoure des orfèvres parisiens, la pièce dans laquelle s'exprime le plus librement leur inspiration. Il est enrichi d'allégories, de rocailles, de pâtisseries ; ainsi se présente le surtout Louis XV, dont on ne trouve plus l'équivalent ensuite. Sous Louis XVI, les « milieux de table » font l'objet d'un décor composé : figurines de porcelaine, temples à colonnes, théâtres de verre filé, compositions florales, voire édifices de sucre, aux existences éphémères ; le tout est posé sur un grand plateau à fond de glace qui en multiplie l'effet.

Le surtout d'orfèvrerie retrouve un certain faste sous Napoléon III, pour lequel Christofle exécute un somptueux modèle de métal argenté, détruit lors de l'incendie de 1871.

**svastika** n. f. (mot sanskrit signifiant « cela est »). Signe en forme de croix gammée symbolisant la révolution du Soleil et la roue des renaissances selon la mythologie hindoue. La svastika représente les forces cosmiques et est devenue le symbole du bouddhisme ésotérique. D'origine extrêmement ancienne, elle est commune à des peuples très divers.

Ader-Picard-Tajan

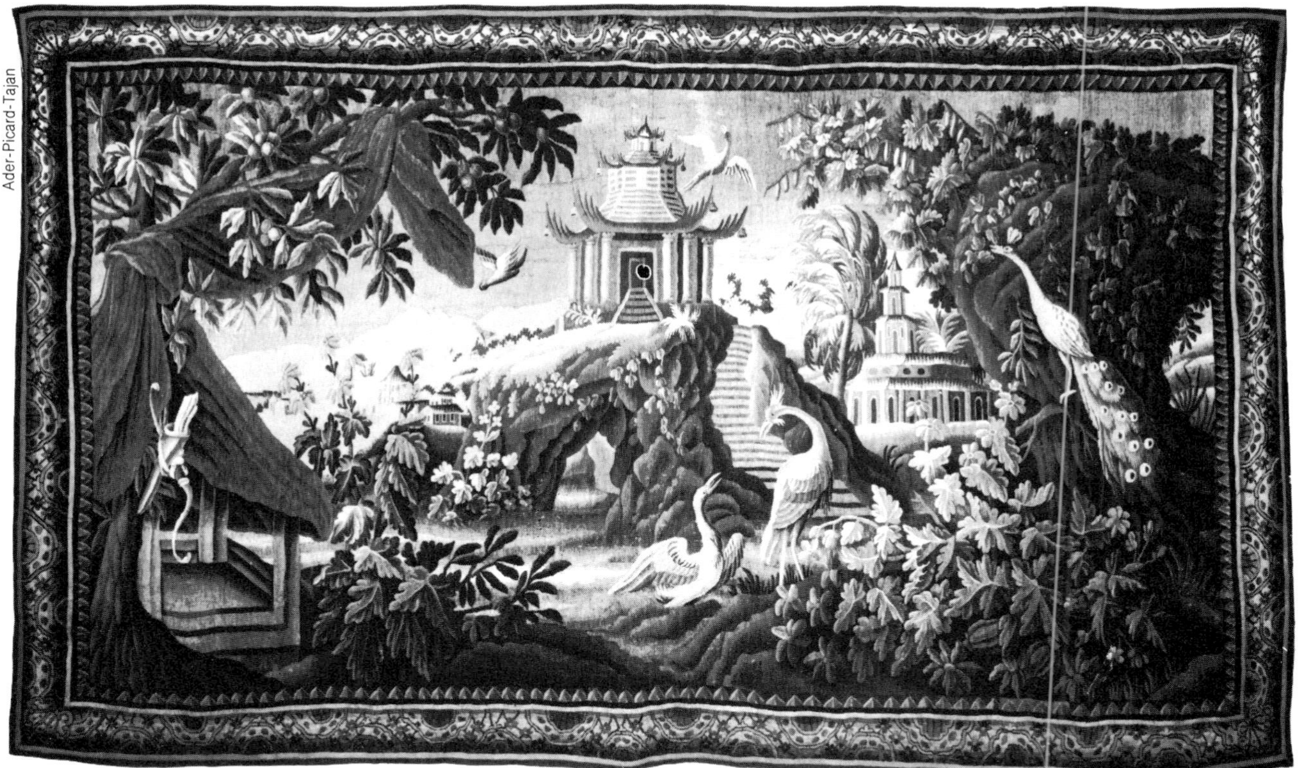

*Tapisserie d'Aubusson à décor de pagodes, oiseaux et verdure, d'après Pillement ; bordure à l'imitation d'un cadre. XVIII^e siècle. (2,75 × 4,73 m.) Adjugée 68 000 F par M^es Ader-Picard-Tajan, à Drouot, le 12-XII-1980.*

# T

**tabacophilie** n. f. Ensemble des collections se rapportant au tabac.

**tabatière** n. f. Petite boîte de poche (v. BOÎTE) servant à transporter le tabac à priser ou à fumer. Certaines tabatières possèdent deux ou trois compartiments, permettant de varier les espèces de tabacs. L'usage de ces derniers s'est nettement démocratisé au XIX^e siècle, et les tabatières populaires sont en bois ou en corne, agrémentées parfois par leur propriétaire ou l'artisan local de sculptures au couteau. Elles peuvent avoir des formes fantaisistes, comme celle d'une chaussure ou celle d'un animal ; certaines sont incurvées pour être placées dans la poche arrière du pantalon.

Contrairement aux boîtes du XVIII^e siècle, les tabatières populaires ont généralement un couvercle à charnière plus petit que le dessus de la boîte.

*Tabatières chinoises.* En Chine, les tabatières furent

N. Prud'homme

*Tabatières en forme de grenouille et en forme de bottine. Art populaire du XIX^e siècle.*

Christie's

*Deux tabatières chinoises en ivoire. L'une, à gauche, adjugée 110 £ ; l'autre, appartenant à une paire, adjugée 330 £, par Christie's, à Londres, le 17-XII-1981.*

introduites vers 1600 par les jésuites italiens. Priser le tabac était considéré comme le remède à des maux très variés. Si les tabatières datant de l'époque de Kangxi (1661-1722) sont simples, celles du règne de Qianlong (1736-1796), pendant lequel on en réalisa aussi en verre coloré, ont des formes plus élaborées. En matières diverses (or, porcelaine, jade, pierres dures, ivoire, bois, bambou), parfois en camaïeu, incisées, sculptées ou portant des inscriptions à l'intérieur, les tabatières sont des objets de grande valeur artistique, et les noms de quelques auteurs sont connus (Zhou Leyuan, Ye Zhongsan, Ma Shaoxuan). Chaque tabatière doit comporter un bouchon muni d'une petite spatule.

**table** n. f. Meuble destiné à de nombreux usages, formé d'un plateau horizontal fixé sur un ou plusieurs pieds. Les tables les plus anciennes utilisées notamment pour les repas étaient de simples planches posées sur des tréteaux. À la Renaissance, des tables à lourds plateaux supportés par des pieds en balustre ou en patin sont ornées de traverses sculptées. La table à l'italienne, apparue à la fin du XVIe siècle, présente un double plateau que l'on peut faire coulisser sur des rallonges.

Au XVIIIe siècle, les tables se multiplient et prennent les formes les plus diverses selon leurs fonctions : tables légères « en croissant », « en rognon » ou « en haricot »,

*Table à entretoise en « os de gigot » provenant du Languedoc. Seconde moitié du XVIIe s. Adjugée 11 000 F, par Mes Ader-Picard-Tajan, au Palais d'Orsay, le 18-V-1979.*

Ader-Picard-Tajan

*Table-tambour en bois de placage marqueté, avec trois pieds cambrés réunis par une tablette d'entrejambe, estampillée Boudin. Transition Louis XV-Louis XVI.*

Ader-Picard-Tajan

*Table capucin formant table à jeux, en placage de bois de violette. Attribuée à Migeon. Époque Louis XV.*

Couturier-Nicolay

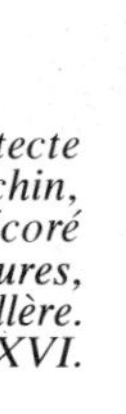

*Table d'architecte dite à la Tronchin, en acajou décoré de moulures, plateau à crémaillère. Époque Louis XVI.*

Couturier-Nicolay

*Table travailleuse, avec un tiroir en ceinture formant écritoire et des montants plats à lyre. Époque Charles X.*

Ader-Picard-Tajan

pour porter un flambeau ou un objet décoratif, tables « ambulantes », qui passent facilement du salon à la chambre, tables-tambours, tables à caissons, cylindriques, tables à écrire, tables à ouvrages garnies d'une galerie, tables de nuit ou tables « en-cas* », tables machinées ou à transformations (v. MEUBLES MÉCANIQUES). La table porte-feuille double sa surface par ouverture du plateau, que l'on fait pivoter d'un quart de tour sur son piétement, et la « table-mouchoir » est munie d'un plateau qui se déploie en rabattant les coins, montés sur charnières.

Les tables à jeux sont triangulaires pour le « tri », l'« hombre » ou le « brelan », carrées pour le quadrille ou encore à cinq côtés pour le « reversy ». La table « trictrac », pourvue d'un dessus amovible en damier, en échiquier et même en jeu de l'oie, recouvre deux casiers à jaquet. Comme la table bouillotte, elle est circulaire et comporte un bouchon central (appelé également « cassetin » ou « corbillon »), où l'on pose les mises et les lampes pour jouer à toutes sortes de jeux, notamment au piquet et à la comète.

Au XIXe siècle, les tables de salle à manger (déjà apparues sous Louis XVI) sont plus importantes, à six ou à huit pieds. Les tables à rallonges, ou « tables tirantes », permettent de doubler la surface du plateau, tandis que les tables à abattants, dont les volets se rabattent sur les côtés, peuvent réduire leur encombrement. La table-cible, ou table de vigneron, présente un plateau circulaire qui pivote à la verticale, si l'on souhaite la ranger le long du mur.

Les tables à ouvrage — également appelées « travailleuses » —, connaissent une vogue particulière au XIXe siècle ; elles comportent un couvercle qui s'ouvre par une charnière sur de nombreux casiers.

Parmi les meubles rustiques, les tables de ferme sont plus ou moins massives selon les régions et comportent souvent une entretoise en double T. Les tables dites « de monastère » sont longues et étroites, souvent pourvues de petits tiroirs en ceinture.

**tabletterie** n. f. Terme s'appliquant à des objets de vitrine, tels que tabatières, boîtes, étuis, lorgnettes, éventails, coffrets de jeux, ivoires et bois tournés, instruments d'écaille, de corne, dont la fabrication relève, jusqu'au XVIIIe siècle, du métier de tabletier. La corporation des tabletiers date du XIIIe siècle et a alors le privilège de fabriquer des tablettes à écrire en bois, en ivoire ou en corne. L'usage du papier limite ensuite considérablement celui de ces instruments, et les tabletiers s'associent à d'autres corporations pour survivre et élargir leur activité. Ils forment la corporation des « peigniers, tabletiers, tourneurs, piqueurs, faiseurs et compositeurs de bois d'éventail, marqueteurs, tailleurs d'image d'yvoire et enjoliveurs de leurs ouvrages », la seule autorisée au XVIIIe siècle à fabriquer tous les « articles de Paris » dont raffole la société parisienne et étrangère.

Les presses, les tours, les moules, la chaudière pour ramollir l'écaille font partie de l'outillage du tabletier. Certains tabletiers sont demeurés célèbres, tels la veuve

Ricœur, spécialiste de l'ivoire, ou Tardiveau, inventeur des tabatières « à la ramponeau » en forme de tonneau. Le plus réputé demeure Compigné*. Granchez, orfèvre de la reine, possédait le magasin du « Petit Dunkerque », rue Dauphine, où l'on présentait les mille bagatelles à la mode. Et, lorsque Martin Guillaume Biennais devint orfèvre après la Révolution, il resta tabletier.

**Tabriz.** Dans cette capitale de l'Azerbaïdjan, le chāh Abbās Ier installa au XVIe siècle une manufacture royale de tapis. En laine ou en soie, de facture très serrée et de velours très ras, cette production figure parmi les plus prestigieuses d'Iran. Le décor du Tabriz se compose généralement d'un médaillon, lobé ou non, et d'écoinçons qui se détachent sur un fond uni rouge, bleu ou ivoire, ou encore de décors de jardin ou de chasse. Arabesques, banderoles, motifs floraux, buissons, animaux et oiseaux très délicatement dessinés couvrent le champ ; les nombreuses bordures sont richement décorées : palmettes, fleurs de lotus, rinceaux fleuris.

Des artisans de Tabriz reprennent depuis le XIXe siècle les dessins des Tabriz anciens et réalisent généralement des copies de bonne qualité, noués à l'aide d'un crochet, mais cependant d'une facture moins serrée que celle des modèles du XVIe siècle.

**taille** n. f. Sous l'Ancien Régime, nombre de monnaies devant être produites à partir d'un poids donné de métal monétaire, on parlera donc dans les ordonnances royales d'une taille de tant au marc. Ainsi, les louis d'or de Louis XV, dont la fabrication a été ordonnée par l'édit de janvier 1726, étaient à la taille de 30 au marc d'or.

**taille-douce** n. f. Ce terme regroupe toutes les techniques de gravure en creux : eau-forte, pointe sèche, manière noire, mais il désigne plus précisément la gravure au burin.

Lauros-Giraudon

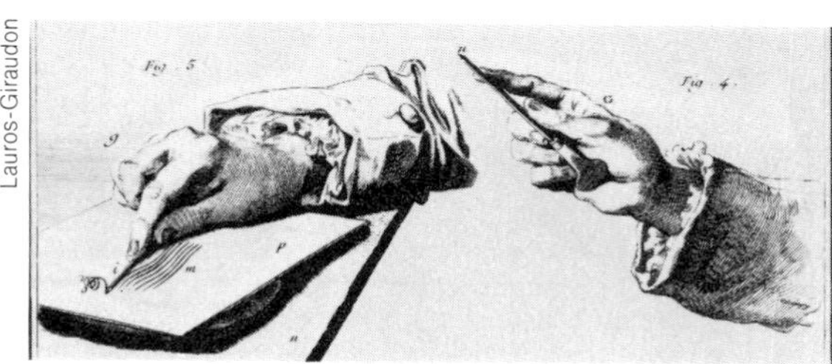

*Détail d'une planche de l'*Encyclopédie *de Diderot et d'Alembert décrivant le geste du graveur en taille-douce.*

**taille du verre.** Travail qui s'effectue à froid sur le verre comme sur le cristal de roche ou sur les pierres. La pièce est taillée par abrasion ou par usure grâce à des meules rotatives en pierre ou en métal à abrasif incorporé ou rendues abrasives grâce à l'addition de poudres en suspension dans l'eau. La taille d'un objet en verre se fait en trois étapes : l'ébauche, la taille proprement dite et le polissage. Au cours de cette opération, les roues en bois tendre ou en liège et les brosses donnent à la matière tout son brillant.

Pratiquée dès l'Antiquité, la taille du cristal de roche connaît une grande vogue aux XVe, XVIe et XVIIe siècles. La Bohême crée un style décoratif lié au travail du verre. Aux volumes « onctueux » des verres vénitiens ou « façon Venise », s'opposent les pièces « façon Bohême », dont les motifs (pans, facettes, côtes, écailles de poisson, cabochons) privilégient le pouvoir de réfraction du verre. Cependant, le verre au plomb des Britanniques, le véritable cristal, est une concurrence telle que la production des verriers de Bohême est éclipsée. Car l'art de la taille atteint son apogée sur un verre lourd dont toutes les ressources décoratives sont ainsi pleinement exploitées.

L'histoire du verre anglais témoigne que l'évolution des formes du cristal taillé constitue de véritables repères chronologiques. À partir d'une taille relativement peu élaborée (facettes en faible relief, cannelures, médaillons, côtes), la taille se perfectionne jusque vers 1790. Son véritable épanouissement est peut-être atteint avec les pointes de diamant, mais il faut aussi noter la taille en rosace et celle à gradin, qui sont autant de décors.

Toutes les manufactures européennes reprennent ces motifs, mais les pièces n'échappent pas aux surcharges décoratives du XIXe siècle, associant alors aux motifs taillés d'autres procédés (gravure, verre coloré).

**Talavera de la Reina.** Au milieu du XVIe siècle, des élèves de Juan Floris, faïencier d'origine flamande, appelé par Philippe II pour décorer l'alcazar de Madrid, créèrent à Talavera et à Tolède un important centre de production de carreaux de faïence, qui atteint son apogée au XVIIe siècle. Les monastères commandèrent des vases et des pots en très grand nombre, et ces pièces portent leurs armoiries.

L'influence italienne est d'abord très nette dans la production de Talavera de la Reina, rapidement imitée par les autres centres espagnols aux XVIIe et XVIIIe siècles. Et c'est à ce style italianisant que revient la faïencerie après avoir tenté d'adapter, mais sans le succès attendu, des décors inspirés par ceux de Delft ou de Rouen.

Les belles pièces du XVIIe siècle font aujourd'hui l'objet des recherches des collectionneurs de l'Espagne ou de certains amateurs européens qui s'attachent particulièrement aux œuvres assurant la transition avec le style musulman, d'une part, et avec les majoliques italiennes, d'autre part. Ce centre décline dès le milieu du XVIIIe siècle à cause de son manque d'originalité dans les décors et dans les techniques.

**Talbot** (les), famille de potiers du haut Berry. Jean-Sébastien Talbot (1769-1842) et sa fille Marie (1802-1860 ?) figurent parmi les rares artistes d'art populaire à avoir signé leurs œuvres. Les fontaines de grès gris ou rose d'inspiration architecturale, les pichets anthropomorphes vêtus à la mode du temps (Empire et Restauration) créés à la Grande Borne (Henrichemont) sont de véritables objets d'art, dont la grande beauté tient à l'élégance des formes, à la puissance d'expression, à la

*Fontaine de table en grès de la Borne (Cher) exécutée par Jean-Sébastien Talbot. XIXe siècle. Bourges, musée du Berry.*

Lauros-Giraudon

richesse d'imagination, à la perfection technique. Une poterie signée Talbot atteint un prix que seuls un musée ou un amateur très fortuné peuvent acquérir.

**Talbot** (William Henry Fox Talbot), physicien et mathématicien écossais (1800-1877). Talbot est l'inventeur du « calotype* », ou négatif sur papier, procédé breveté le 8 février 1841 et décrit par l'auteur dans une plaquette illustrée de 24 épreuves photographiques, *The Pencil of Nature (le Crayon de la nature),* qui est le premier ouvrage illustré par la photographie.

**tambour** n. m. Instrument de musique à percussion. En Europe, le tambour est généralement formé d'un fût cylindrique en bois ou en métal, recouvert d'une peau à chaque extrémité, tendue par une corde lacée ou bien par des tringles à vis de serrage. Que l'instrument soit frappé à la main, avec une baguette ou une batte, le terme s'applique à tous les membranophones. Le corps sonore de ces instruments (poterie, bois, écorce, métal), la fixation de la peau (poisson, chèvre, antilope) et la forme (cylindrique, conique, de vase, de sablier, de cadre) offrent une telle diversité que l'amateur se livre en même temps à une vaste investigation ethnographique.

Il existe également des tambours à friction ; une tige ou une cordelette fixée sur une peau tendue reçoit une friction des doigts par un touché plus ou moins accentué, qui influence en intensité la vibration de la membrane. Parmi les tambours présents sur le marché, certains plaisent particulièrement aux collectionneurs, tels le tambour tibétain, composé de deux calottes de crânes d'enfants recouvertes de peau humaine, le tambour de pluie d'Extrême-Orient, grand instrument de bronze servant à certains rites, ou bien, tout simplement, les tambours anciens des différents corps d'armée et décorés ainsi que les timbales classiques ou les tambourins de Provence.

**tamis** n. m. Instrument perforé (en métal, en osier, en vannerie) fixé sur un cadre rond ou carré et servant à tamiser des produits divers (plâtre, farine, cendre, eau). L'art populaire a créé de beaux tamis de vannerie.

Le tamis est aussi un jeu de balle populaire qui consiste à renvoyer une petite balle avec un grand tamis de crin circulaire. Ce jeu d'adresse existait déjà au XVe siècle et se pratique encore en Normandie, en Île-de-France, en Picardie.

**Tanagra.** Ville de Béotie dans laquelle les paysans de la région ont extrait d'une nécropole antique à la fin du XIXe siècle des figurines de terre cuite qui suscitèrent, d'emblée, l'enthousiasme des hellénistes et des collectionneurs. Les fouilles furent poursuivies d'une manière plus officielle et plus scientifique par des archéologues.

Les statuettes, hautes de 15 à 25 cm, peuvent être datées entre le IVe et le IIe siècle av. J.-C., les plus belles et les plus nombreuses sont celles du IIIe siècle. La qualité peut varier, mais beaucoup sont d'une facture très fine.

Tanagra est devenu un substantif courant pour désigner toute statuette de terre cuite antique.

**tangka** ou **tangkha.** Peinture religieuse du Tibet, du Népal et du Bhutān destinée soit à orner les murs des monastères, soit à servir de supports de méditation aux moines lamaïstes ou encore d'objets de culte. Les tangka sont extrêmement divers, représentant soit des divinités, soit des mandalas (cercles de divinités ou de symboles de celles-ci), soit encore des personnages saints du bouddhisme tantrique. Ils sont généralement peints sur un tissu de coton avec des couleurs fragiles mais brillantes (rouge, vert, jaune, bleu, blanc), de nature végétale ou minérale, collées à l'œuf ou avec des sucs végétaux. Ils sont toujours entourés de « portes », c'est-à-dire d'un encadrement de pièces de soie chinoise, et sont montés à la manière chinoise avec un bois en haut et un bois en bas, destinés à les maintenir enroulés ou, au contraire, suspendus. Les tangka antérieurs au XIXe siècle sont relativement rares sur le marché et peuvent atteindre des prix élevés selon leur ancienneté et le sujet traité.

**tansu.** V. ARMOIRES ASIATIQUES.

**Tao** (Dao). V. YIN-YANG.

**taotie.** Motif chinois stylisé décorant les bronzes de la période des Zhou, dont l'exacte signification est perdue. C'est un monstre (dragon ?) sans corps. Ce décor donne lieu à de nombreuses variantes, parfois de style composite. Mais le motif est rarement utilisé ailleurs que sur les anciens bronzes.

*Détail du taotie ornant un vase tripode de type « jue » en bronze archaïque. Epoque Shang. (H. 17 cm.) Adjugé 5 309 £ par Christie's, à Tōkyō, le 17-II-1980.*

Christie's

**tape** n. f. Nom savoyard de la plaque à beurre. La tape est un ustensile de bois muni d'une poignée, principalement utilisé en Auvergne et en Savoie (Chablais et vallée d'Abondance) aux XVIIIe et XIXe siècles, et décoré de motifs géométriques ou de symboles chrétiens, qui ont pour rôle de protéger le beurre du rancissement et de le décorer lorsqu'on l'apporte sur la table.

**tapis d'Orient.** Cette expression désigne la production de tapis noué (et parfois tissé : kilim*) provenant principalement de Turquie, d'Union soviétique (Caucase et Turkménistan), Iran, Afghānistān, Inde et Chine.

L'art du tapis aurait pour origine l'Égypte ou la Perse et remonterait au moins au IIIe millénaire av. J.-C. ; le plus ancien tapis connu, découvert dans le tumulus de Payzyryk, date du VIe ou du Ve siècle av. J.-C.

Qu'il soit objet utilitaire (couche, selle, porte de tente), décoratif ou cultuel (tapis de prière), le tapis d'Orient se divise principalement en deux catégories : le tapis de nomade et le tapis de village ou de manufacture. Le tapis de nomade est généralement de format modeste ; certaines irrégularités dans le nouage et les couleurs apparaissent parfois dans les décors souvent géométriques ou très stylisés, mais toujours très fidèles au décor traditionnel de la tribu.

*Technique.* Deux types principaux de nœuds sont utilisés : le nœud persan, ou nœud senneh, et le nœud turc, ou nœud Ghiordès.

Dans le nœud persan, une des extrémités du brin est totalement enroulée autour du fil de chaîne et l'autre extrémité contourne le fil de chaîne suivant (ce nœud est donc asymétrique). Dans le nœud turc, les deux extrémités du brin enroulent chacune, symétriquement, les deux fils de chaîne et ressortent au milieu de ces fils en formant la boucle du nœud. Après l'exécution de la rangée complète de nœuds, un ou plusieurs fils de trame sont passés.

L'ouvrage terminé est descendu du métier horizontal ou vertical ; les extrémités des fils de chaîne sont coupées de façon à former la frange nouée à sa base, et les lisières sont surjetées.

La densité de nouage (de 100 000 nœuds à plus de 1 million au m²) est très variable selon la qualité et la finesse des matériaux employées (soie, laine, poil de chameau, coton) ou de l'adresse de l'artisan. Les tapis très serrés peuvent bénéficier d'un décor précis et fin, d'un velours ras et d'une grande souplesse. Cependant, l'attrait d'un tapis d'Orient résulte essentiellement de son décor et de ses couleurs, ainsi que de l'extrême variété de ces deux éléments selon la région, le village ou l'artisan lui-même.

Il n'y a pas de règle quant à la valeur marchande du tapis : le décor, la qualité des couleurs et du nouage priment généralement (sauf pour des pièces exceptionnelles) sur l'ancienneté, à moins que le tapis n'ait peu perdu l'éclat de ses couleurs et qu'il ne soit très peu usé. L'âge d'un tapis est délicat à déterminer. Cependant, trois appellations sont généralement employées : les tapis très anciens, confectionnés jusqu'en 1870 environ (date des premières teintures artificielles) ; les tapis anciens, produits de 1870 à 1940 ; les tapis récents, réalisés depuis la Seconde Guerre mondiale.

Enfin, l'acheteur d'un tapis d'Orient doit demander au vendeur un certificat d'origine du tapis sur lequel est portée la mention : « noué à la main, garanti d'origine de... » ; le plomb de dédouanement n'est en aucun cas une garantie d'origine du tapis. L'acheteur doit, en outre, se méfier des tapis dont les nœuds sont d'origine d'une extrême régularité (car il peut s'agir de tapis mécaniques), ainsi que des dénominations du type « dessin de », suivi d'un nom prestigieux. V. TABLEAU p. 462.

Delorme

*Tapisserie d'Aubusson d'après « la Main chaude » de Huet (XVIIIe s.). La paire adjugée 176 000 F par Me Delorme, à Drouot, le 19-II-1986.*

**tapisserie** n. f. Ouvrage tissé que l'on pend à un mur ou que l'on pose sur un meuble. Qu'elle soit de haute ou de basse lisse, la tapisserie se distingue de la broderie ou du canevas par sa texture même, qui intègre dans sa trame personnages ou ornements, tandis que la broderie se superpose à une surface préexistante et que le canevas est brodé à l'aiguille. La confusion entre broderie et tapisserie s'applique encore à la fameuse *Tapisserie de la reine Mathilde,* qui est en fait une bande de toile brodée.

Connue dès la haute antiquité et d'origine imprécise (sumérienne ou égyptienne ?), la tapisserie se développe en Europe dès le XIe siècle grâce à quelques ateliers à Poitiers et à Limoges. Les croisés ramènent à la même époque d'Orient des « biaus tapiz » (tapisseries), dont la beauté décorative stimule les lissiers de France. À partir du XIIIe siècle, l'usage de la tapisserie se généralise. Les

Sotheby

*« La Toilette d'Esther. » Tapisserie des Gobelins faisant partie d'une série de quatre. Adjugées 3 885 000 F par Sotheby, à Monaco, les 6 et 7-XII-1987.*

TABLEAU DES PRINCIPAUX TAPIS D'ORIENT ET D'EXTRÊME-ORIENT

| provenance | techniques et matériaux | décors | couleurs | principales appellations des tapis |
|---|---|---|---|---|
| **Turquie** | nœuds Ghiordès,<br><br>laine, coton, soie | tapis de prière,<br>effets décoratifs,<br>fleurs et éléments architectoniques très rares, représentations animales ou humaines,<br>nombreuses bordures,<br>tapis persans aujourd'hui exécutés par des manufactures | très variées | Koula, Ouchak, Bergame, Smyrne, Héeti, Ghiordès, Mélas, Konya, Ladik, Yürük |
| **Union soviétique**<br>Caucase | nœud Ghiordès,<br>belle laine,<br>poil de chèvre,<br>coton | médaillons géométriques,<br>fleurs stylisées<br>nombreuses bordures<br>frises à pointes de flèche et à « chien courant », grecques | très variées,<br>vives et tranchées | Kazakh, Hilla, Chirvan, Daghestan, Derbent, Gandja, Seikhour, Kouba, Karadagh, Tchi-Tchi |
| Turkménie | nœud Ghiordès ou Senneh | décor géométrique à losanges et à güls | rouge dominant | Tekké (Boukhara), Yamoud, Pendeh, Kizil-Ayak |
| **Iran**<br>manufactures | nœud Senneh, généralement très serré<br>laine, soie, coton | décor à médaillon<br>ou à motifs répétés<br>motifs floraux plus ou moins stylisés,<br>lignes souples | très raffinées et harmonieuses sur un fond généralement bleu, rouge, blanc | Tabriz, Ispahan, Téhéran, Qom, Hériz, Kāchān, Chirāz Ferahan |
| nomades | nœud Senneh ou Ghiordès | décor à médaillon ou à motifs répétés assez géométriques ou stylisés | belles couleurs souvent encore naturelles, mais moins variées que celles des manufactures iraniennes | Afchari, Beloutches, Bakhtiari, Kurdes |
| **Afghānistān** | nœud Ghiordès et nœud Senneh, parfois très serré, mais de qualité variable,<br>laine et coton | essentiellement géométrique | variées | Boukhara, Afghans, Hérat, Beloutches |
| **Inde** | nœud Senneh<br>laine, coton, soie parfois | décor influencé par les modèles persans avec des accents plus naturalistes | nombreux tons pastels (rose, vert pâle) | Agra, Lahore, Mirzāpur, Madras, Dari |
| **Chine** | velours rasé en relief suivant le motif épais et très dense,<br>pièces rondes,<br>laine et soie | décor assez aéré avec un médaillon central,<br>fine bordure<br>effets décoratifs symboliques (chien de Fo, dragon, montagne sacrée, Tchi) | tons ivoire,<br>bleu, saumon | Pékin<br>Turkestan |

*Hériz : tapis en soie dont le fond représente la vue extérieure d'une mosquée, avec un décor de personnages et une inscription. La bordure principale, de couleur or, présente également des inscriptions dans des cartouches. (D. 192 × 132 cm.) Galerie Koller, Zurich.*

*Tapis perse de la fin du XIXe siècle. Adjugé 17 000 F par Me Osenat, à Fontainebleau, le 15-XII-1987.*

Osenat

X

*Tapis du Caucase de la fin du XIXe siècle. Coll. L. Coen (Rome).*

Ader-Picard-Tajan

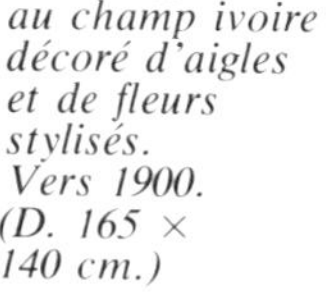

*Tapis afghan au champ ivoire décoré d'aigles et de fleurs stylisés. Vers 1900. (D. 165 × 140 cm.)*

C. A.

*Téhéran : tapis à miḥrāb ivoire décoré d'un vase de fleurs, de cyprès et de volatiles, bordure à fleurs et oiseaux. (D. 220 × 130 cm.)*

*Tapis indien du XVIIe siècle en velours de soie. Lyon, musée historique des Tissus.*

Giraudon

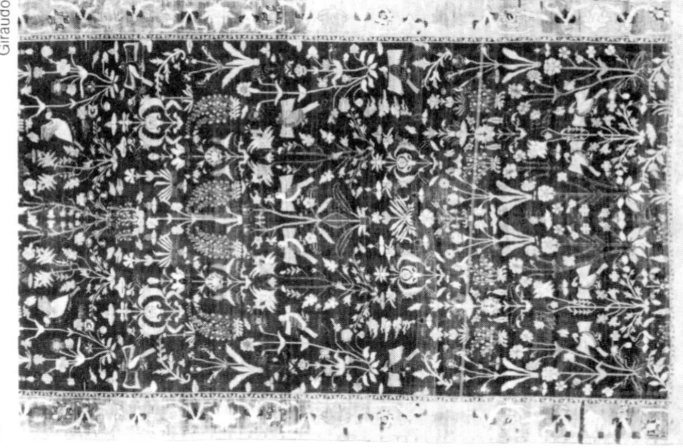

Larousse

Le Concert, *tapisserie du XVII^e siècle exécutée à Beauvais sur un carton de Bérain.*

deux grands centres de Paris et d'Arras sont en concurrence au XIV^e siècle. Le véritable âge d'or de la tapisserie est le XV^e siècle, au cours duquel sont réalisées la tenture de *l'Apocalypse,* les millefleurs*, les *Vies des preux, la Dame à la licorne.* Au XVI^e siècle, très fécond, les ateliers bruxellois l'emportent ; toutes les commandes des mécènes européens (François I^er, Charles Quint, Léon X) y affluent. Les fabuleuses créations gothiques, qui laissaient libre cours à l'imagination du lissier, même avec des coloris très limités, disparaissent au profit des compositions « à l'italienne », à la mode de ce temps : les tapisseries sont désormais traitées en « tableaux » et largement encadrées par une bordure garnie de rinceaux, de grotesques, d'armoiries, à l'imitation des cadres. Les lissiers bruxellois travaillent sur des cartons italiens fournis par Raphaël, Mantegna, Jules Romain, mais ne se soumettent pas tout de suite à leurs exigences, et leurs œuvres possèdent encore la saveur, le réalisme, le coloris éclatant des tapisseries flamandes du siècle précédent.

Au XVII^e siècle, aussi bien avec Simon Vouet qu'avec Le Brun, seront créées des tapisseries de haute qualité, dont la beauté décorative est incontestable, bien qu'elles aient perdu cette muralité qui fait l'originalité de l'art du lissier. L'arrivée de Mignard aux Gobelins, puis celle d'Oudry à Beauvais achèvent d'inféoder totalement la tapisserie à la peinture : la multiplication des petits « teints » intermédiaires, l'abus des thèmes champêtres et décoratifs au détriment des tapisseries à sujet d'histoire font de ces « tableaux de laine » des œuvres sans grand intérêt artistique, malgré d'indéniables réussites, telles que les *Chinoiseries* de Boucher ou les *Chasses* d'Oudry.

Pendant la décennie 1920-1930, cet art est renouvelé à Aubusson* sous l'impulsion de Jean Lurçat et de François Tabard, et, après la Seconde Guerre mondiale, dom Robert, Adam, Tourlière, Prassinos, Vasarely contribuent à donner de la vitalité à cette activité.

Le marché de la tapisserie a toujours été actif, même si les goûts ont évolué. Les aimables pastorales si prisées au siècle dernier sont à présent moins cotées, les amateurs préférant les belles verdures des XVI^e et XVII^e siècles. Les tapisseries médiévales, très rarement en bon état et exceptionnellement vendues sur le marché, atteignent des prix inaccessibles pour un particulier (les millefleurs étant les plus chères). Les tapisseries des XVII^e et XVIII^e siècles, qui ont subi moins de dommages et ont été reproduites en grand nombre, sont plus aisées à trouver à des prix très élevés, pourvu que le cartonnier, le commanditaire ou le sujet soit connu (un Berain à fond jaune tissé à Beauvais ou un Le Brun des Gobelins s'arrachent pour plusieurs centaines de milliers de francs). Il est fortement recommandé à l'amateur de s'adresser à un antiquaire spécialisé, qui pratique bien souvent des prix au-dessous de certains vendeurs des puces et qui a l'avantage de ne présenter que des œuvres nettoyées ou restaurées (quand les restaurations sont importantes, le coût est considérablement modifié). Quant aux œuvres de trop grandes dimensions, la sagesse et l'amour de l'art exigent de ne pas les couper ni de les plier.

**tarabiscot** n. m. Outil de menuisier servant à tailler de fines rainures le long de la moulure principale. Le tarabiscot, qui se tient à deux mains, en prenant appui sur le relief déjà tracé, comporte une lame amovible, ce qui permet de varier les profils en creux. La simplicité d'emploi de cette sorte de rabot a rendu possible sur de nombreux meubles régionaux la diversité des moulures.

Les menuisiers désignent également sous le nom de « tarbiscot » — ou « grain d'orge » — la gorge qui sépare les moulures les unes des autres. L'adjectif « tarabiscoté » évoque le foisonnement des moulures et les autres ornements déchiquetés du style rocaille.

**Tardy** (Henri Gustave Eugène Lengellé, dit), écrivain et éditeur français (1901-1971). Il publia de nombreux ouvrages sur les objets d'art et de collection, et notamment sur l'horlogerie. Il commence sa carrière en 1919 en collaborant avec son père (Henri Ermelie Jean-Baptiste Lengellé, dit Tardy [1869-1929]) à la rédaction de l'*Annuaire des fabricants d'horlogerie-bijouterie de France et des industries qui s'y rattachent.* À la mort de son père, il prend la direction des annuaires Tardy et publie ses premières études sur l'horlogerie. À partir de 1942 se succèdent des ouvrages sur les sujets les plus divers, qui connaîtront de nombreuses rééditions, en particulier sur les poinçons d'orfèvrerie et l'horlogerie, avec, entre autres, une *Bibliographie générale de la mesure du temps* (1947) et plusieurs études sur la « pendule française », aujourd'hui réunies en trois volumes qui font toujours autorité. À signaler également la publication d'un important et très instructif *Dictionnaire des horlogers français,* celle de plusieurs volumes sur la céramique française, en collaboration avec A. Lesur, et celle d'ouvrages sur les étains et les ivoires. Les successeurs de Tardy continuent l'œuvre de celui-ci en faisant paraître de nombreuses rééditions et en publiant de nouveaux titres.

**Taskin** (Pascal Joseph), facteur français de clavecins (1723-1895). Élève de Blanchet, à qui il succède en continuant une fabrication soignée, Taskin apporte maintes améliorations au clavecin et s'attache particulièrement à la sonorité de cet instrument, dont il augmente la variété des effets en substituant des morceaux de buffle aux plumes des sautereaux.

**tastevin** n. m. invar. Petite cuvette circulaire de 10 à 12 cm de diamètre environ, le plus souvent en argent. Ce récipient servait jadis aux maîtres de chais qui goûtaient

*Deux modèles de tastevin de Bourgogne, l'un à motifs godronnés, l'autre à motifs de feuilles de vigne.*

le vin. Les tastevin (on dit aussi taste-vin, tasse à vin, goûte-vin ou tassou en Auvergne) sont des objets de collection d'autant plus appréciés que chaque région viticole en présentait au XVIIIe siècle un type bien caractérisé.

Le tastevin bourguignon est une cuvette à bords très bas, décorée en repoussé de godrons, de cupules ou de pampres de vigne et garnie d'une petite anse horizontale en serpent enroulé. C'est le tastevin le plus fréquent avec le tastevin parisien. Le tastevin orléanais présente une cuvette unie, une large spatule recourbée en anse verticale ; si le tastevin angevin présente aussi une cuvette lisse, l'anse est horizontale, en serpent fortement ondulé.

La « tasse à vin » normande est un peu particulière : elle sert non pas à goûter le vin, mais à le déguster. Sa cuvette est profonde et arrondie, garnie d'une poussette plate en forme de spatule et gravée d'un motif et d'une inscription à la gloire du vin (les vignes étaient nombreuses en Normandie avant le phylloxéra, à la fin du XIXe s.).

Le tastevin saintongeais est une cuvette lisse à bords arrondis, garnie d'un poucier « fleur de lis » très recherché des collectionneurs.

Le tastevin bordelais est d'un modèle très particulier : une vaste cuvette tronconique, à bords lisses, très évasée, sans anse, et garnie d'un ombilic central.

Godrons, cupules et autres motifs en relief, tout comme l'ombilic bordelais, sont destinés à créer des reflets qui permettent d'apprécier la couleur et la limpidité du vin.

Les critères d'appréciation d'un tastevin sont la rareté et l'ancienneté. On a continué à fabriquer des tastevins au XIXe siècle, selon les modèles antérieurs. La grande époque demeure cependant le XVIIIe siècle et, s'il arrive de rencontrer un modèle de la fin du XVIIe siècle, sa cote est très haute. Cependant, comme tous les objets pittoresques, de petite taille et se prêtant à la collection, le tastevin est toujours d'un prix très élevé, sans commune mesure avec son poids d'argent.

**Tchi-Tchi.** Cette ville de l'Azerbaïdjan soviétique centralise la production de tapis des nomades avoisinants. Le décor de ces tapis est généralement composé d'un champ étroit où figure, sur un fond bleu foncé, un médaillon à losange aux contours en escalier ou octogonal à crochets, dans lesquels s'insèrent des croix ou des étoiles à plusieurs branches, ou encore un semis de motifs géométriques.

La large bordure se distingue par son fond blanc et est parcourue par une frise de fleurs à quatre pétales séparées par des bâtonnets posés en biais ; elle peut aussi être parsemée de petits motifs ou de grecques. Le Tchi-Tchi est réalisé en laine, au nœud turc serré, sur une chaîne de coton souvent brune et une trame de coton.

**Tchokwés.** Les œuvres des Tchokwés sont inséparables des traditions de l'empire Lunda qui étendit peu à peu son autorité sur les régions situées entre le Kwango et le Kasaï, sur le nord-est et le centre de l'Angola et sur le nord-est de la Zambie.

Les statuettes d'ancêtres figurent des personnages masculins aux muscles tendus, au visage féroce, coiffés de vastes édifices. On trouve souvent une coupe entre leurs mains. Parmi les masques, le plus sacré de tous, le *cikungu* — visage et coiffure en vannerie couverte d'écorce et enduite de résine, puis peinte ou ornée d'appliques de couleurs vives — représente les ancêtres du chef de terre et n'est utilisé que lors des sacrifices qui leur sont offerts.

**tégestophilie** n. f. Ensemble des collections d'objets se rapportant à la bière (bouteilles, gravures, ouvrages spécialisés). Les sous-bocks relèvent de la tégestophilie, mais leur collection particulière est désignée sous le terme de « cervalobelophilie ».

**Téhéran.** La capitale de l'Iran a fabriqué, dans de grandes manufactures impériales, des tapis dont les pièces anciennes portent la signature.

Les décors de ces tapis sont composés de médaillons centraux et d'écoinçons ou encore ce sont des décors végétaux très foisonnants. Le tapis de prière* de Téhéran est décoré somptueusement d'arbres de vie ou de vases fleuris. Les sept bordures du tapis de Téhéran, toujours semblables, forment l'alternance : bandes de pointes de flèches, puis de fleurs encadrant la bordure principale à fleurs. Ce tapis est réalisé en nœud persan, dans une excellente laine soyeuse sur chaîne de coton et trame de laine ou de coton.

**Tékés.** Les Tékés occupent, à l'ouest de Brazzaville, les plateaux où naissent, entre autres fleuves, l'Ogooué et l'Alima. La statuaire téké apparaît assez rude, car l'œuvre achevée demeure proche du bloc primitif et les plans de taille sont rectilignes. La tête des statues, coiffée d'un cimier, présente deux fentes pour les yeux. Préparée lors de la naissance d'un garçon, la statuette protège l'enfant. Elle porte dans une cavité, fixée sur le ventre, une boule cylindrique portant le nom de « bilongo » (« médicament »). Elle est double (Janus) s'il s'agit de jumeaux.

*Tapis Tchi-Tchi à fond brun décoré de motifs dentelés multicolores. (D. 140 × 110 cm.)*

**Tekke.** Tapis noué par les tribus turkmènes qui voyagent le long du cours supérieur du Tekke, plus connu sous le nom de Boukhara-Tekke. Il est reconnaissable à son décor de « guls », entourés de crochets doubles et disposés en rangées. Son dessin est d'une extrême précision grâce à un nouage serré et très fin. Sur le rouge profond et vibrant du fond se détachent les dessins noirs, blancs et bleus des motifs.

**télescope** n. m. Nom réservé à tout instrument dont l'objectif est un miroir.

Le principe du télescope apparaît vingt-cinq ans après l'invention de la lunette*. Devant la nécessité de supprimer les aberrations chromatiques provoquées par la mauvaise fabrication des lentilles, la visée directe de la lunette est abandonnée au profit d'un système de miroirs se réfléchissant jusqu'à l'oculaire. En 1663, l'Anglais James Gregory pousse les investigations plus loin, sans aboutir à un résultat pratique. Peu après, le Français Cassegrain, reprenant les données, construit le télescope « grégorien », composé d'un miroir concave et d'un autre convexe. Presque à la même époque, en février 1672, Newton propose un modèle de salon à deux miroirs concaves à la Royal Society de Londres.

Jusqu'à la fin du XVIII^e^ siècle, la fabrication du télescope est limitée sans doute par la difficulté d'obtenir des miroirs métalliques parfaits. Pourtant, en 1746, Passemant* présente un modèle à l'Académie des siences et écrit un ouvrage sur la construction du télescope. Jusqu'au milieu du XVIII^e^ siècle, on construit surtout le modèle de Gregory, tandis que celui de Newton est plus ou moins abandonné. La construction du télescope reprend vers la fin du siècle lors des découvertes astronomiques de Herschel, qui attire à nouveau l'attention sur cet instrument. Enfin, en 1786, Carochez met au point un miroir en utilisant un alliage de platine, d'étain et de cuivre rouge, qui donne la solidité et le poli nécessaires, et il obtient un grossissement de 500 fois. Au XIX^e^ siècle, d'importantes améliorations perfectionnent le télescope.

Les télescopes de salon sont d'une élégance très séduisante : en laiton, montés sur un trépied, ils sont recouverts de maroquin, de chagrin, parfois de porcelaine ou de bois. Les prix sont très variables. Citons les 9 200 F pour un exemplaire de table exécuté vers 1740 par Passemant* et les 19 500 F pour un télescope à réflexion réalisé après 1746, sur pied tripode, en laiton doré peint en vert et doré (Paris, 7-VI-1982, coll. Seguin).

**témoin** n. m. Bord du feuillet d'un livre qui n'a pas été atteint par la rognure ou l'ébarbage, ou différence de dimension entre les feuilles d'un volume dont les tranches de gouttière et de queue n'ont pas été rognées. L'usage des grands papiers a poussé les amateurs à vouloir conserver toutes les marges de leurs volumes ; seule, maintenant, la tête est rognée, puis dorée. Mais, par souci de raffinement, on peut dorer les feuillets des autres tranches qui dépassent, dites « tranches dorées sur témoins ».

**tenaille** n. f. Outil à deux bras assemblés en croix, dont une extrémité, longue, sert de levier et l'autre, recourbée en demi-cercle, de mâchoire. Les tenailles sont utilisées dans la plupart des professions du fer et du bois. Les plus recherchées sont celles du forgeron, en raison de leur extrême précision d'assemblage.

**tenmoku.** Nom donné au Japon à des céramiques chinoises, généralement des bols pour la cérémonie du thé (chanoyu), en pâte brune avec une glaçure foncée à reflets métalliques, provenant de la région de Hangzhou. Ces céramiques sont appelées « jianyao » en Chine.

**tenon** n. m. Languette de bois taillée sur une pièce d'assemblage pour prendre place dans l'évidement appelé « mortaise ». Les assemblages à tenon et mortaise, connus des Égyptiens, sont apparus en Europe au début du XIII^e^ siècle.

**tenture** n. f. Groupe de tapisseries traitant du même thème ou constituant un ensemble (tenture de l'*Histoire d'Alexandre* de Le Brun ou tenture du *Chant du monde* de Lurçat). Une tenture est dite unique lorsqu'elle n'a jamais été reproduite. La *suite* est une tenture reproduite à plusieurs exemplaires. Une *tenture originale* correspond au premier tissage d'une suite. Une *tenture composite* est un regroupement volontaire de tapisseries de différentes suites.

En arts décoratifs, la tenture est aussi un tissu uni ou imprimé recouvrant les murs (tenture de deuil, tenture en soie de Lyon, etc.) ou un cuir gaufré, doré ou peint.

**Teotihuacán.** La ville de Teotihuacán se situait sur le haut plateau central, à une cinquantaine de kilomètres de Mexico : les ruines en sont grandioses. La période la plus florissante semble avoir coïncidé avec les premiers siècles de notre ère, mais la ville déclina au VIII^e^ siècle pour des raisons inconnues.

On distingue quatre périodes dans cette civilisation. La première comprend des terres cuites et des figurines. La deuxième a produit une variété d'objets : statuettes au visage presque triangulaire, aux traits purs, encadrés d'ornements d'oreille ; vases, le plus souvent tripodes, peints à fresque ou émaillés (les plus beaux, de pâte très fine, sont nommés « thin orange »). La troisième période se caractérise par un foisonnement artistique intense, dominé par la sculpture, la peinture (fresque) et la céramique en série à partir d'un moule. Pendant la quatrième période, la culture de Teotihuacán s'effondre.

Les objets provenant de Teotihuacán sont très rares en ventes publiques et atteignent des prix considérables lorsqu'ils apparaissent.

**terme** n. m. Ornement en forme de buste supporté par un socle en gaine. Inspirés par l'architecture des jardins, les termes décorent les montants des buffets Renaissance.

**terrine** n. f. À l'origine, récipient de terre servant aussi bien à refroidir le lait qu'à cuire ragoûts et fricassées. Cet ustensile populaire devient raffiné au XVIII^e^ siècle lorsqu'il

C. A.

*Terrine en terre blanche émaillée jaune moutarde, de forme violon, couvercle encastré portant un nom gravé au clou « Dufiez ». Décor de cœurs, fleurs de lys, rosaces, macarons. Champagne, XVII^e^ siècle.*

est en faïence de Marseille ou en porcelaine de Saxe. Les plus prestigieuses terrines sont évidemment celles d'orfèvrerie qui accompagnent au XVIII^e^ siècle les fabuleux services dont ne subsistent que quelques rares pièces. Elles sont alors ovales et assez basses, posées sur un large présentoir, avec quatre petits pieds ; les poignées et la décoration du couvercle sont souvent consacrées à la chasse : hures de sanglier, scènes d'hallali. Leur usage semble assez imprécis : la terrine est autant un plat de service pour viandes et légumes qu'une coupe à fruits.

Les terrines d'époque Louis XVI et Empire ont une forme arrondie, haute sur pied, et sont beaucoup plus décoratives : le beau modèle d'Odiot, soutenu par deux divinités drapées à genoux, en témoigne.

**tessère** n. f. Petit objet monétiforme en métal ou en matériaux divers et qui peut être considéré pour l'Antiquité comme l'équivalent du jeton ou du méreau des temps modernes.

**teston** n. m. Nouvelle monnaie d'argent créée en Italie dans la seconde moitié du XV^e^ siècle et représentant un portrait (la tête) du souverain. En France, le teston apparaît en 1513 sous Louis XII, après que ce dernier eut fait frapper ce type de monnaie dans ses possessions italiennes, d'Asti et de Milan. François I^er^, Henri II, Charles IX et Henri III firent frapper un grand nombre de testons, mais Henri IV abandonna cette espèce monétaire.

**tête** n. f. Partie supérieure d'un volume allant de la coiffe à l'extrémité du plat ou tranche supérieure horizontale d'un volume, toujours rognée pour qu'elle soit lisse, quelquefois dorée. Au rôle utilitaire de la tête, qui est d'éviter la poussière, s'ajoute le rôle décoratif. L'exemplaire de tête désigne le tirage d'un livre sur grand papier.

**tête-à-tête** n. m. invar. Service à thé ou à café comprenant deux tasses, une petite verseuse et un pot à lait à même échelle. Il existe des tête-à-tête en porcelaine et en orfèvrerie à partir du XVIII^e^ siècle.

**tétradrachme** n. f. Monnaie grecque d'une valeur de 4 drachmes.

J. Vinchon

*Carthage, monnayage siculo-punique (410-310 av. J.-C.). Tétradrachme en argent. À l'avers, la tête d'Aréthuse couronnée de roseaux ; au revers, protomé de cheval avec, derrière lui, un palmier. (Poids 16,36 g.)*

J. Vinchon

*Égypte, Ptolémée V Épiphane (204-181 av. J.-C.). Tétradrachme d'argent à la tête diadémée de Ptolémée I^er^ ; au revers, un aigle debout sur un foudre. (Poids 14,27 g.)*

J. Vinchon

*Royaume de Syrie, Séleucos I^er^ Nikatôr (312-280 av. J.-C.). Tétradrachme en argent à la tête imberbe et jeune d'Héraclès coiffé de la dépouille du lion ; au revers, Zeus aétophore tenant un sceptre. (Poids 16,85 g.)*

**tetsubin.** Bouilloire en fonte de fer décorée, utilisée au Japon depuis la fin de l'époque de Muromachi pour chauffer l'eau de la cérémonie du thé (chanoyu). Le décor est généralement fondu, mais peut parfois être rapporté (période d'Edō). Les tetsubin peuvent affecter des formes diverses et prennent des noms caractéristiques des régions où elles furent fabriquées : les ashiyagama sont issues de la préfecture de Fukuoka ; les plus anciennes (ko-ashiya) apparaissent vers 1450-1490 ; les tenmyogama, produites à Sano, sont les plus recherchées. Mais on réalisa au Japon des tetsubin jusqu'à notre époque, particulièrement dans la préfecture de Gunma. Nombre de tetsubin constituent de remarquables objets d'art.

Ader-Picard-Tajan

*Tête du Bouddha en bronze de patine brun-rouge, avec traces de dorures, portant une tiare orfévrée, posée sur un socle en marbre noir. Thaïlande, époque Ayuthya (XVII^e^ s.).*

**Thaïlande** (ancien Siam). La plupart des objets d'art provenant de ce pays du Sud-Est asiatique sont les produits de contrebande passés en fraude par des « antiquaires » peu scrupuleux, qui n'ont pas hésité à défigurer monuments ou sculptures afin de se procurer des pièces facilement vendables sur les marchés européens, généralement des têtes du Bouddha en bronze ou en pierre, dont l'exportation est officiellement interdite. Mais on trouve également sur le marché des céramiques (céladons) provenant des fours établis au XV^e^ siècle à Sawankalok, dans le nord du pays. La plupart des têtes du Bouddha en bronze appartiennent à l'époque d'Ayuthia (vers 1450-1798), où l'art du bronze connut une grande vogue. Les bronzes thaïs dits « classiques », réalisés en « cire perdue », ont des parois très fines, alors que les styles provinciaux ont des parois parfois très épaisses. Ils conservent à l'intérieur leur âme calcinée et un support en fer forgé. Les statuettes, généralement très décorées et d'allure rigide, qui inondent le marché, sont de date plus récente (XIX^e^ et XX^e^ s.). Il faut cependant se méfier des imitations de pièces anciennes en bronze, très bien faites, de plus en plus nombreuses. Les laques polychromes de Pagan sont également recherchées.

**thaler.** Large monnaie d'argent allemande créée au début du XVI^e^ siècle par les comtes de Schlick. Ces derniers obtinrent en 1518 de la couronne de Bohême l'autorisation de prospecter la vallée de Konradsreuth pour y trouver du minerai argentifère et fondèrent alors la ville de Joachimsthal (aujourd'hui Jachymoven, en Tchécoslovaquie). Cette région était en effet extraordinairement riche en gisements d'argent, et la production monétaire commença en 1520. En huit années d'émission, de 1520 à 1528, date à laquelle l'atelier monétaire des comtes de Schlick fut rattaché à la couronne de Bohême, il fut produit près de deux millions de grandes pièces d'argent, les Joachimsthaler, dont le nom fut bientôt raccourci en thaler et dont le vif succès incita la plupart des villes allemandes à abandonner peu à peu leurs propres monnaies au profit de la nouvelle espèce.

Le nom de « thaler » (successivement transformé en « taler » et en « daler ») disparaît en Allemagne avec l'adoption du mark, mis en place en 1871 après avoir donné naissance à de nombreux rejetons : daldre de Montbéliard ou de Cambrai, daler et riksdaler danois et suédois, et, bien entendu, dollar américain.

**thaumatrope** n. m. Jeu optique français répandu au XIXe siècle, fondé sur l'illusion optique et la persistance rétinienne. Un disque de carton imprimé recto-verso et tenu par deux morceaux de ficelle tourne très rapidement ; des silhouettes noires viennent alors se superposer à un décor coloré.

**théâtre d'ombres.** Le jeu des ombres chinoises, qui consiste à faire surgir sur un simple écran blanc d'étranges formes animées par des mouvements des mains, est connu de tous les enfants. Le théâtre d'ombres part du même principe : faire mouvoir des silhouettes découpées sur un écran éclairé par une source lumineuse ponctuelle.

Selon la tradition, les ombres chinoises auraient été inventées en Chine pour célébrer le culte des ancêtres, les faisant revivre magiquement par le jeu des ombres mouvantes. Des textes attestent leur existence dès le Xe siècle, mais sans doute étaient-elles connues depuis longtemps déjà. L'extraordinaire succès des théâtres d'ombres touche toute l'Asie, où ceux-ci possèdent toujours un caractère rituel et sacré, faisant naître du néant une myriade de dieux, de princes, de démons. Ces ombres découpées font depuis longtemps l'objet des convoitises de tous les collectionneurs, qui reconnaissent, d'après le style du découpage, la forme de la silhouette, la matière employée, le pays d'origine de ces curieuses marionnettes. Les ombres thaïlandaises se caractérisent par leur grande forme circulaire taillée dans une peau de buffle, qui représente une scène entière découpée avec la finesse et la précision d'une dentelle. Les silhouettes javanaises sont plus épaisses, surmontées de curieuses têtes d'animaux (des oiseaux en général). Quant aux figures indonésiennes, délicatement taillées dans du cuir, elles sont parfois filigranées et rehaussées de dorure. Les ombres indiennes se reconnaissent à la finesse de leur parchemin translucide, peint de vives couleurs.

Mais les plus belles ombres proviennent de la Chine même, où elles touchent au XVIIIe siècle au plus haut degré de perfection. Le jeu de l'empereur Qianlong comportait plus de 5 000 silhouettes. Un large échantillon de ces merveilleuses œuvres d'art est visible au musée du Cuir d'Offenbach-sur-le-Main, en Allemagne.

La diffusion du théâtre d'ombres passe par la Turquie, l'Égypte, où il apparaît plutôt comme un spectacle de foire populaire en se dépouillant de toute signification sacrée ou religieuse. C'est ainsi qu'il arrive en Europe pour connaître un énorme succès dans la France du XVIIIe et du XIXe siècle. De caractère profane et de forme moins complexe que leurs lointaines cousines chinoises, les ombres françaises appartiennent bien au théâtre populaire et au divertissement. Le mieux connu de ces montreurs d'ombres est Dominique Séraphin, qui installe son petit théâtre près du château de Versailles au XVIIIe siècle : les légères silhouettes de carton huilé sont grossièrement taillées ; les tableaux de Séraphin, comiques ou bucoliques, connaissent un immense succès, qui dure bien au-delà de la Révolution. Au XIXe siècle, le « théâtre Séraphin » du boulevard Montmartre ou le fameux cabaret du Chat noir accueilleront les merveilleuses ombres dessinées par Louis Morin, Henri Rivière ou Caran d'Ache ; caricatures, épopées napoléoniennes, scènes humoristiques disparaissent avec la création d'un autre théâtre d'ombres : le cinéma.

**théière** n. f. Les premières théières parurent à Versailles, dit-on, avec les ambassadeurs de Siam en 1686. Malgré la vogue du thé au XVIIIe siècle, la théière demeure cependant un ustensile infiniment plus rare que la cafetière, si bien que, à qualité, poids et âge égaux, une théière XVIIIe siècle vaut aujourd'hui deux à trois fois plus cher qu'une cafetière. La plupart des théières que l'on trouve sont originaires du nord de la France : Lille, Douai, Saint-Omer, Valenciennes... Les autres portent le poinçon de Paris et de Bordeaux. La forme classique de la théière piriforme apparaît cependant dès la première moitié du XVIIIe siècle. Basse et fortement renflée, la théière est le plus souvent garnie de côtes droites ou de côtes torses et, contrairement à la cafetière, repose généralement sur un fond plat. Au début du XIXe siècle, elle a une forme sphérique assez gracieuse, toujours à fond plat, mais le type piriforme revient sous Louis-Philippe. Les théières font alors partie de services à thé, à café, et on les munit, comme la cafetière et le sucrier, de quatre petits patins.

**théodolite** n. m. Servant à la géodésie et à l'arpentage, le théodolite est la combinaison de deux instruments existants : le cercle d'arpentage et le demi-cercle ; dû probablement à l'Anglais Thomas Digges, il est décrit en 1571 dans l'ouvrage de Léonard Digges, fils du précédent. Il est composé d'un cercle fixe horizontal et d'un demi-cercle vertical, portant jusqu'au XVIIIe siècle une alidade à pinnules et un fil à plomb. À la fin du XVIIIe siècle, Ramsden transforme le théodolite en instrument de précision en lui ajoutant un micromètre et des microscopes. L'appareil peut pivoter et permet de viser vers tous les points de l'horizon. On doit à ce constructeur un grand exemplaire (exécuté de 1784 à 1787) qui participa aux opérations de triangulation entre Greenwich et Paris en 1788. Le théodolite devint nécessaire à partir du XIXe siècle pour les différentes mesures de distance. Sa taille diminuant, il est plus maniable. Il est entièrement en laiton, mais on peut voir un curieux exemplaire en bois découpé par Jean Dupuis au Conservatoire national des arts et métiers.

**théorbe** n. m. Instrument de musique à cordes pincées et à long manche, de la famille du luth, qui connut une grande vogue aux XVIIe et XVIIIe siècles. Le théorbe, comme le chitarrone, possède deux chevilliers dans l'axe du manche qui sépare les cordes du chant de celles de l'accompagnement. Il est proche de l'archiluth, dont il diffère par la présence d'un chevillier des basses, disposé sur un manche tronqué, déporté et accolé à la partie supérieure du manche principal. Lorsqu'un instrument possède un manche de ce genre, il est dit « théorbé ». D'une lutherie souvent exceptionnelle, cet instrument fragile, aux dimensions spectaculaires, demeure, sans conteste, le fleuron d'une collection d'instruments à cordes pincées.

**thermomètre** n. m. Le principe du thermomètre apparaît à la fin du XVIe siècle chez plusieurs inventeurs intéressés par l'optique. Le thermomètre est d'abord à air, puis, vers 1641, les premiers thermomètres à liquide (eau ou esprit-de-vin) sont construits. D'après la tradition, la forme, qui persiste de nos jours, a été donnée par Ferdinand II, grand-duc de Toscane, mais le thermomètre n'est connu et employé au cours des expériences qu'à la fin du XVIIe siècle.

Le thermomètre florentin avait la forme d'un tube en verre droit à petit réservoir en bas et fermé en haut, et était fixé sur une planchette qui portait une graduation. Cette dernière n'était pas constante, et, si on conseillait de prendre comme points fixes la congélation de l'eau et son ébullition, cette base de repères n'était pas généralisée. Malgré ses nombreuses approximations, le thermomètre fut très apprécié au cours du XVIIIe siècle. À partir de 1720, Fahrenheit emploie systématiquement le mercure, mais, jusqu'à la fin du XVIIIe siècle, la production courante est construite avec de l'esprit-de-vin. En France, à la même époque, Réaumur étudie la composition de l'alcool pour proposer un thermomètre à alcool. Les premiers thermomètres de précision ont vu le jour chez Fortin, à la demande de Lavoisier, à la fin du XVIIIe siècle.

Très utilisé, le thermomètre à alcool était aussi un ornement aux formes les plus diverses, correspondant aux styles de l'ameublement. Il est souvent associé au baromètre.

**Thesmar** (André Fernand), sculpteur et émailleur français (1843-1912). Il est spécialisé dans les émaux cloisonnés et translucides colorés avec des oxydes métalliques.

**Thibouville** (les), famille de facteurs d'instruments à vent français, connue depuis le XVIe siècle. Au XVIIIe siècle, une maison d'instruments à cordes fondée par les Husson s'installe à Mirecourt (Vosges). Au XIXe siècle, grâce à l'industrialisation, le nom de Thibouville s'impose parmi les facteurs et négociants. C'est la raison pour laquelle il est courant de le rencontrer sur un bon nombre d'instruments proposés par les antiquaires et dans les salles des ventes, souvent associé à ceux de Béranger, de Buffet, de Cabart, de Coudevillain, d'Hérouard et de Lamy, afin de répondre à un éventail aussi large que celui des bois, des cuivres, de la lutherie, des boîtes à musique, des pianos et orgues automatiques.

**Thiout** (les), famille d'horlogers français du XVIIIe siècle. Le fondateur de la dynastie, Antoine (1694-1761), horloger du duc d'Orléans, travailla sur des projets de pendules destinées à marquer le temps vrai et le temps moyen, sur des systèmes de mesure du temps en mer, de répétition. Il est également l'auteur d'un *Traité de l'horlogerie mécanique et pratique* (1741-42), bien connu des techniciens et des amateurs d'horlogerie.

**Thiriet** (Henri), affichiste français. Son style, délicat et compliqué d'arabesques, est proche de celui de Mucha. On fit appel à Thiriet pour l'industrie vélocipédique en plein essor (*Dayton Cycles, Cycles et Accessoires Griffith* [1898], *Cycles Oméga* [1895]). Thiriet dessina l'affiche de *l'Absinthe Berthelot* (1895) et celle de l'exposition des *Estampes et Affiches* (1897).

**Thomire** (Pierre Philippe), célèbre bronzier et ciseleur français (1751-1843). Thomire est au mobilier Empire ce que Gouthière, son maître, fut au mobilier Louis XVI. Bien qu'il ait ouvert son atelier en 1776, il symbolise surtout les fastes napoléoniens. Sa virtuosité technique et artistique atteint une très grande perfection. Thomire a travaillé pour les meilleurs ébénistes du temps, notamment pour Jacob, dont il couvre les meubles d'acajou de victoires ailées et de nymphes aériennes ; il participe aussi, avec Odiot et Prud'hon, à la fameuse toilette de vermeil de l'impératrice Marie-Louise, fondue plus tard par sa propriétaire, ainsi qu'au berceau du roi de Rome (Louvre).

Outre les bronzes d'ameublement, Thomire est l'auteur de nombreux candélabres, chenets, pendules, piétements de consoles et d'athéniennes... Ses œuvres ne sont pas signées, mais se reconnaissent à leur incomparable qualité, à moins que quelque dessin ou document d'archive ne vienne confirmer l'attribution. Thomire se retira en 1823.

**Thou** (Jean Auguste de), conseiller au parlement de Paris (1553-1617). Fils d'un ami de Grolier, il se constitua une bibliothèque à la fois abondante et riche, qui fut continuée par son fils et vendue en 1679. Reliés en veau, en velin ou en maroquin de diverses couleurs (rouge, olive, citron), ses volumes étaient frappés de son chiffre et de ses armes, accolées à celles de ses deux épouses successives.

**Thouvenin** (Jean), relieur français (1790-1834). Il peut être considéré comme le père de la reliure romantique et du style cathédrale. Établi à Paris en 1813, il fut le relieur attitré de Charles Nodier.

**Thuret** (André), artiste et verrier français (1898-1965). Il a réalisé des œuvres dans l'esprit des créations de Maurice Marinot, et il est possible de rencontrer sur le marché des verres de Thuret auxquels a été ajoutée la signature de Maurice Marinot.

**Thuret** ou **Turet** (les), famille d'horlogers parisiens qui travaillèrent aux XVIIe, XVIIIe et XIXe siècles. Le membre le plus connu, Isaac (?-1706), fut horloger du roi et fabriqua les premières horloges à pendule imaginées par Huygens. Il fabriqua également le ressort réglant enroulé en spirale, le « spiral », dû au même inventeur, et voulut s'en faire attribuer la paternité (1675). Son fils Jacques-Augustin lui succéda.

**thyrse** n. m. Emblème de Bacchus (Dionysos) porté par ses prêtres durant les processions. Durant l'Antiquité grecque et romaine, le thyrse se compose d'une sorte de tige ou de javelot terminé par une pomme de pin, orné de bouquets de feuilles de vigne ou de lierre. Il se retrouve également dans les cérémonies égyptiennes, phéniciennes et juives. En art décoratif, ce motif antique a été employé sous Louis XVI et sous l'Empire en bronze d'ornement appliqué sur les meubles.

**tian** n. m. Plat de terre provençal à cuvette tronconique, servant à la cuisson des aliments. Par extension, le tian est une recette cuisinée dans ce plat.

**Tibet.** Les objets tibétains le plus souvent rencontrés sur le marché sont surtout des statuettes de divinités lamaïques en cuivre battu ou en bronze, des moulins à prière en cuivre ou en argent, des reliquaires en argent repoussé, parfois incrustés de morceaux de turquoises, ainsi que des peintures religieuses appelées « tangka », destinées à servir de supports de méditation aux moines lamaïstes. (V. TANGKA.)

**Tiepolo** (Giambattista), peintre, dessinateur et graveur italien (Venise 1696 - Madrid 1770). Si sa fastueuse peinture religieuse et historique a contribué à la splendeur de la République vénitienne du XVIIIe siècle, puis à celle de la cour d'Espagne, on ne saurait oublier l'importance de son œuvre gravé, constitué de dessins et d'eaux-fortes. Aquafortiste confirmé, Giambattista Tiepolo a réalisé vers 1735-1740 deux suites célèbres : *Capricci*, et *Scherzi*, où

Christie's

*Gravure à l'eau-forte de Giambattista Tiepolo, représentant trois hommes debout près d'un cheval. (D. 214 × 174 mm.)*

s'agite une curieuse société de magiciens, de bacchantes, de faunesses et de satyres. Ces planches sont d'une grande délicatesse de gravure.

**Tiffany** (Louis Comfort), artiste et verrier américain (1848-1933). Fils d'un marchand new-yorkais spécialisé dans l'argenterie, Louis Comfort étudie à Paris la peinture, s'intéressant surtout à la décoration. À son retour aux États-Unis, il commence à décorer des intérieurs, joignant à son goût pour l'orientalisme une horreur du conventionnel ; chaque projet décoratif doit avoir une unité de style et de couleurs jusque dans le moindre détail. Puis Tiffany se consacre à la verrerie, créant en 1885 la Société du verre Tiffany. Après un voyage aux États-Unis, Bing entreprend avec Tiffany une collaboration commerciale réciproque et le lance sur le marché européen.

En 1895, Tiffany présente au Salon parisien des vitraux d'après des œuvres de Bonnard, de Vuillard. L'art du vitrail l'a incité à rechercher de nouvelles matières en verrerie. Vers 1892, Tiffany en invente une, opalescente, qui enferme des fils métalliques, des filigranes et des patines grumeleuses, ainsi que le « Favrile Glass » (v. 1896), verre soufflé, qui est irisé par exposition aux fumées de métaux en fusion. Certains verres sont même constitués de quinze couches superposées, les unes opaques, les autres transparentes. Les premières lampes sont en verre soufflé, mais les modèles les plus populaires sont ceux qui présentent un abat-jour en vitrail et un pied en bronze. À la différence des créations lyriques de Gallé, les œuvres de Tiffany apparaissent plus géométriques et mieux adaptées à l'exploitation industrielle. Un vase irisé dans une monture en bronze s'est vendu 358 000 F à Drouot, le 8-IV-1987, et une lampe en bronze (52 cm) a obtenu une enchère de 140 400 F le 17-XI-1986.

Ader-Picard-Tajan

*Lampe à pétrole, en bronze patiné, de Tiffany, en forme d'urne reposant sur un socle à quatre pieds, abat-jour en verre vitraux. (H. 54 cm.)*

**Tilliard** (les), famille de menuisiers parisiens. Les membres les plus connus sont Jean-Baptiste le père (1685-1766), reçu maître en 1738, et Jean-Baptiste le fils, reçu maître en 1752, fournisseurs de la Couronne, qui signent tous les deux « Tilliard » sans distinction. Ils produisent des sièges d'époque Louis XV richement sculptés, mais élégants et sans surcharge.

**timbale** n. f. À l'origine, petit gobelet à fond arrondi ou plat, ainsi appelé par analogie avec l'instrument de musique qui porte ce nom. Aujourd'hui, au contraire, le mot désigne essentiellement le gobelet de forme tulipe monté sur un petit piédouche (v. GOBELET).

Henri Martin

À gauche, *timbale en argent de forme tulipe à décor de bouquets de fleurs dans des demi-cercles se chevauchant. XVIII<sup>e</sup> siècle.* À droite, *timbale en argent de forme tulipe. Travail du maître orfèvre Dufourmanois, Paris, 1745.*

**tinette** n. f. Récipient de bois servant, au XVII<sup>e</sup> siècle, à transporter le beurre salé. Au XVIII<sup>e</sup> siècle, la tinette est un beurrier de table en faïence, en porcelaine ou en argent.

**tirage.** En gravure, nombre déterminé d'épreuves obtenues à partir de la même « matrice » (plaque gravée, bois gravé, pierre lithographique, négatif photographique). Le retirage est un tirage réalisé ultérieurement à partir de la même source.

En photographie, on désigne par le mot américain « Vintage » un tirage d'époque, fait par le photographe lui-même.

Dans l'art du livre, le tirage est l'ensemble des exemplaires d'un ouvrage imprimés en une seule fois. Si les premiers livres imprimés se tiraient à quelques dizaines d'exemplaires et les auteurs classiques des XVII<sup>e</sup> et XVIII<sup>e</sup> siècles à un maximum de mille, les tirages importants apparurent au XIX<sup>e</sup> siècle, dus à la multiplication des lecteurs, à la publicité et à la notoriété des auteurs. Le « premier tirage » désigne la première édition d'un ouvrage illustré, dont la valeur est supérieure aux tirages postérieurs. Quand l'ouvrage d'un écrivain, illustré de surcroît, paraît pour la première fois, on se trouve devant une édition originale et de premier tirage.

**tiroir** n. m. Compartiment coulissant apparu sur les buffets et dressoirs à la fin du XIVe siècle.

**tiroir à l'anglaise.** Tiroir d'un meuble de rangement dissimulé par une porte et qui se caractérise par une façade moins haute que les côtés, ce qui permet de ranger et de prendre le linge plus facilement.

**tisanière** n. f. Ensemble composé d'un récipient à tisane, d'une lampe à huile utilisée comme réchaud et monté sur un socle.

Les lampes* à huile ne se transforment en veilleuses que vers la seconde moitié du XVIIIe siècle : la coupelle contient l'huile, et la mèche est alors enfermée dans un récipient cylindrique percé de trous, grâce auxquels se diffuse la lumière de la petite flamme. De là vient l'idée d'utiliser ces veilleuses pour garder au chaud les bouillons et les tisanes. Bien que fabriquées par beaucoup de faïenceries, les veilleuses et les tisanières du XVIIIe siècle sont aujourd'hui presque introuvables, et la plupart font partie de collections. Elles sont en biscuit de Sèvres, mais surtout en porcelaine dure, car celle-ci présente sur la faïence l'avantage d'être translucide (et moins fragile).

Au début de la période Empire, elles sont en porcelaine blanche unie, sobrement ornées d'un liseré, mais très rapidement les décors se multiplient ; les plus belles sont ornées de petits tableaux, « paysages déroulés » qui représentent des vues de Paris et de ses environs. Sous Louis XVIII, les tableaux sont des reproductions d'œuvres célèbres, et, sous Charles X, les scènes historiques, militaires, mythologiques et bibliques l'emportent. Certaines tisanières affectent la forme « cathédrale », inspirée par l'engouement des romantiques pour le Moyen Âge. Sous le règne de Louis-Philippe, le système d'éclairage est amélioré et permet aux fabricants d'utiliser un simple godet comme réservoir à huile. Vers 1830, Jacob Petit, peintre de l'atelier de Gros, relance le décor rocaille à fleurs en relief et fabrique des tisanières en « trompe-l'œil » qui ont l'aspect de véritables statuettes, « habillées » de somptueux costumes (d'hindous, de Chinois, de châtelains, de mousquetaires ou de moines). Il fabrique également des tisanières en lithophanie (procédé qui permet d'obtenir une réelle impression de transparence de la porcelaine). Ces pièces (généralement signées J P en lettres bleues sur l'émail) sont très rares et très recherchées.

Giraudon

*Veilleuse tisanière en faïence fine de Montereau, fond blanc à décor imprimé noir. Vers 1830. Sceaux, musée de l'Ile-de-France.*

**titrage** n. m. En tapisserie, le titrage indique avec précision l'épaisseur d'un fil, exprimée par le nombre de milliers de mètres filés avec 1 kg de coton, de laine, de lin. Un fil de coton numéroté 16 signifie que 16000 m de fil ont été filés avec 1 kg de coton. Plus le nombre est grand, plus le fil est fin. La soie se mesure en deniers ; le coton, la laine, le lin, en numéro métrique.

**titre** n. m. Le titre d'un métal indique la proportion de métal fin par rapport au métal d'alliage. Pour l'argent, il existe encore officiellement deux titres : Le premier titre est à 950 p. 1000 d'argent fin pour 50 p. 1000 de cuivre. Le second titre est de 800 p. 1000 d'argent fin. Le titre de l'or, qui s'exprime en carats, est plus variable encore. L'or pur est à 24 carats. L'or à bas titre, autorisé en certains pays, est de 12 à 14 carats. En France, le titre minimal autorisé est de 18 carats, mais certains orfèvres travaillent à 20 ou 22 carats. (V. ALOI.)

**toile** n. f. Toile de lin écru, employée pour la reliure d'attente ou la reliure bon marché.

**toile de Jouy.** Toile de coton imprimée portant le nom de la manufacture fondée en 1759 à Jouy-en-Josas par Christophe-Philippe Oberkampf (1738-1815). L'usage de peindre et d'imprimer les tissus est connu depuis longtemps. Toutefois, l'utilisation de ces tissus peints demeure très restreinte jusqu'à la seconde moitié du XVIIe siècle, qui, en multipliant les relations commerciales avec l'Extrême-Orient, introduit sur le marché européen des « perses », des « indiennes » ou des « siamoises ». L'importation est bien vite réglementée, puis prohibée, en dépit de leur faveur croissante, jusqu'au décret du 5 décembre 1759, permettant l'impression sur toutes sortes de tissus.

C. A.

*Bande de toile de Jouy signée Oberkampf. Jouy-en-Josas, musée Oberkampf.*

Des manufactures d'indiennes sont alors créées, produisant en grande quantité et à des prix bas des cotonnades fleuries. Oberkampf installe sa propre fabrique à Jouy-en-Josas, sur la Bièvre, et livre le 1er mars 1760 sa première pièce de toile ; ses connaissances techniques et son activité industrielle font rapidement de sa fabrique la plus célèbre manufacture française de toiles imprimées. En 1770, Perrenond construit à Jouy la première presse à imprimer la planche de cuivre selon le même principe que les presses à imprimer les estampes.

Oberkampf doit sa renommée à la qualité indéniable de

sa production, et le rayonnement de Jouy est tel qu'il influence toutes les autres manufactures européennes. La fameuse planche des *Travaux de la manufacture,* dessinée par J.-B. Huet (1783), prouve avec quel soin les toiles sont fabriquées. En 1797, la manufacture adopte la machine à imprimer au rouleau, ouvrant une ère de prospérité dans laquelle la chimie a une place de choix. Mais, après l'Empire, Jouy connaît des périodes de crises successives, qui provoquent sa fermeture (1843).

L'expression « toile de Jouy », fréquemment employée, ne s'applique qu'à une partie de la production, représentant un type de thèmes champêtres, pastoraux ou antiquisants, surtout mis en vogue par J.-B. Huet. Oberkampf a, en réalité, tiré sa fortune des indiennes, cotons « de grand teint » aux innombrables motifs, principalement floraux, et destinés à la fois aux vêtements et aux « meubles ».

**toilette** n. f. Cette abréviation de « table de toilette » désignait au XVII^e siècle le meuble recouvert d'une pièce de toile, ou toilette, où l'on déposait tous les ustensiles nécessaires à la parure des hommes ou des femmes.

Les « garnitures de toilette », également appelées « toilettes », comprenaient les peignes, les brosses, les pots à fard, les boîtes à poudre et à mouches, les miroirs et même les chandeliers. Louis XIV possédait une toilette en argent de 50 pièces.

Les ébénistes désignent sous le nom de « table de toilette » le petit meuble construit spécialement pour ranger les nécessaires de toilette. Ce sont des « coiffeuses » ou des « poudreuses ». Les plus simples sont composées d'un bâti en sapin à caissons latéraux ; les plus raffinées sont en acajou ou couvertes de marqueteries, parfois en forme de cœur.

Au XIX^e siècle, la toilette perd son caractère précieux pour devenir un meuble utilitaire, qui prend place non plus dans la chambre, mais dans le « cabinet de toilette » ; elle est en bois blanc peint ou vernis, parfois en fer et recouverte d'un plateau de marbre où l'on place cuvette et pot à eau.

**toilette** (vente à la). À l'origine, la toilette est une pièce de toile, généralement en coutil noir, permettant de serrer le linge ou les petits objets lorsqu'on noue les quatre coins. La vente à la toilette consiste à déplier la toile sur le trottoir pour en proposer le contenu sur les marchés aux puces et jadis devant l'hôtel Drouot. Les vendeuses à la toilette qui avaient acheté en salle des ventes quelques objets de peu de valeur cherchaient également à trouver des acheteurs en se rendant de porte en porte.

**toise** n. f. Étalon de longueur mesurant 6 pieds, la toise, en fer, scellée dans le mur du Châtelet, avait été remise en état en 1668. En 1735, Langlois recopie la toise en un double exemplaire utilisé pour les expéditions de Quito et de Laponie. En 1766, une décision de Louis XV ordonne la confection de 80 copies de la toise du Pérou, devenue étalon, car celle du Châtelet était à nouveau déformée, et ces copies furent envoyées comme référence en province et à l'étranger. Elles furent exécutées par Canivet et restèrent en vigueur jusqu'à la fin du XVIII^e siècle. Les deux toises de 1735 font partie des collections de l'Observatoire de Paris.

**Tokugawa.** V. JAPON.

**tome** n. m. Division d'un ouvrage faite par l'auteur ou l'éditeur d'un livre. Il ne faut pas la confondre avec la division matérielle en volumes, qui est due au brocheur et surtout au relieur. Lorsqu'un ouvrage comprend plusieurs tomes et si ces tomes sont minces, on peut, pour des raisons de commodité et d'économie, en relier plusieurs ensemble.

**tonnelet** n. m. Petit tonneau de bois, de terre, de faïence, de verre, qui sert au transport individuel de la boisson. Une anse permet de l'accrocher à la selle, au cou, à la ceinture. Le tonnelet de bois alsacien est particulièrement décoré.

**tonnellerie** n. f. Art de fabriquer des tonneaux de bois, la tonnellerie remonterait aux Celtes. Les Gaulois déjà se servent de tonneaux pour le transport du vin, tandis que les Romains utilisent encore des amphores ou des jarres, fragiles et plus lourdes. La tonnellerie est un métier difficile, qui nécessite une connaissance bien particulière du bois, qu'il faut tailler à la doloire* pour obtenir, à partir d'une planche, des douelles à plan courbe, parfaitement assemblées. Jusqu'au XIX^e siècle, les douelles sont maintenues avec un cerclage de bois, œuvre du cerclier. Le feuillard de fer industriel remplace de nos jours ce travail, dont la beauté est parfois étonnante, notamment sur certains tonneaux auvergnats, dont le cerclage recouvre toute la surface de l'objet. Le tonnelier fournit les bergers (seau à traire, gerle, tonnelet), les agriculteurs et surtout les viticulteurs. Aujourd'hui encore, le tonneau de bois est indispensable pour la conservation et le vieillissement de certains vins et de certains alcools.

**topaze** n. f. Pierre fine, formée de silicate d'aluminium. Les belles topazes sont presque des pierres précieuses, transparentes, d'une couleur variant du jaune clair à l'ocre rosé, et sont bien plus appréciées que la citrine, avec laquelle on ne doit pas les confondre. La topaze brûlée est une topaze jaune du Brésil qui a été chauffée pour présenter un brun clair à reflets mordorés. La topaze a toujours été très utilisée en joaillerie, notamment à l'époque romantique, dans des entourages de brillants.

**Topino** (Charles), ébéniste français (Arras 1725 - v. 1789). Il s'établit en 1745 à Paris, faubourg Saint-Antoine, en qualité d'ouvrier libre et se spécialise dans les meubles

*Petit secrétaire en bois de placage marqueté d'attributs, de feuillages, vases et draperies, ainsi que de petits ustensiles ménagers sur le tiroir supérieur. Montants à pans coupés, petits pieds, dessus de marbre. Il porte l'estampille de Charles Topino. Fin du XVIII^e siècle.*

Ader-Picard-Tajan

*À droite tête de Dionysos jeune sur l'avers d'une hecté d'électrum frappée par Mytilène et Phocée. À gauche tête d'Athéna sur l'avers d'une hecté d'électrum de même provenance. (Très agrandies.)*

C. d. A. Edimedia

*Très rare aureus de Marc Antoine frappé en 32-31 av. J.-C., dont il existe trois exemplaires connus.*

## NUMISMATIQUE

C. d. A. Edimedia

*Très rare aureus de Septime Sévère (193-211 apr. J.-C.) avec au revers le buste de Julia Domna entre ceux de Caracalla et Geta.*

Bibliothèque nationale

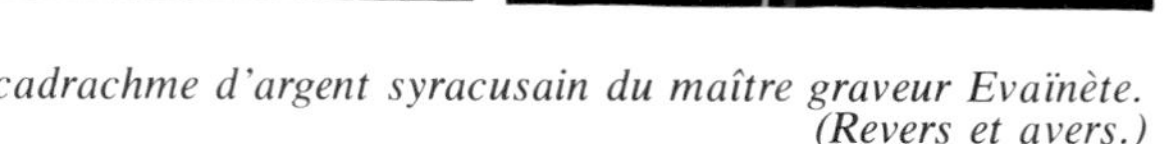

*Décadrachme d'argent syracusain du maître graveur Evaïnète. (Revers et avers.)*

Bibliothèque nationale

*Franc à cheval en or de Jean II le Bon (1350-1364), représentant le roi en armure conduisant son cheval au galop ; au revers, une croix feuillue dans un quadrilobe.*

*Jean Warin commentant une monnaie antique au jeune roi Louis XIV. Paris, Hôtel des Monnaies.*

G. Meguerditchian

*Vinaigrier anthropomorphe en grès de La Borne. Travail de Jacques-Sébastien Talbot, XIXe siècle. Galerie Philippe Boucaud.*

*Deux pots trompeurs en forme d'aiguière, en terre vernissée, à décor de motifs estampés. Saintonge, XVIIe siècle (le bleu) et XVIIIe siècle (le brun). Galerie Philippe Boucaud.*

G. Meguerditchian

*Deux assiettes en terre vernissée, la première à moulure cordée, ornée d'un animal stylisé, la seconde décorée d'un motif religieux. Saurus, XIXe siècle. Galerie Philippe Boucaud.*

G. Meguerditchian

*Porte-cuillères en terre émaillée rouge orangé sur engobe, décor marbré à la barbotine blanche devenant jaune sous la glaçure. (H. 28 cm.) Dauphiné, XIXe siècle. Galerie Alain Bavoux.*

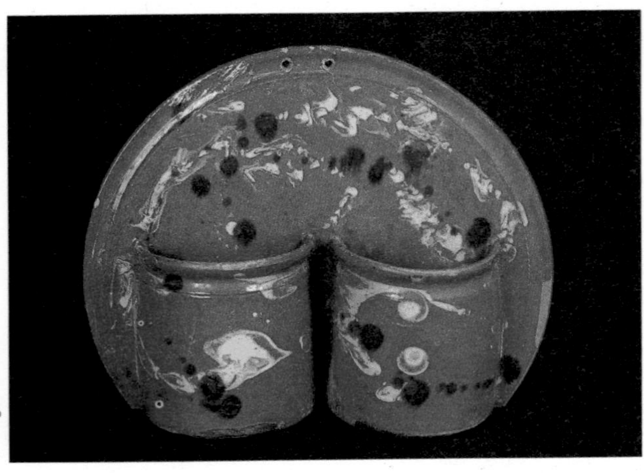
G. Meguerditchian

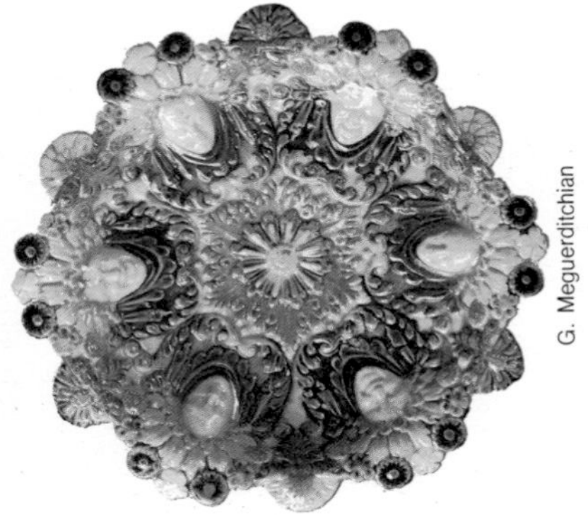
G. Meguerditchian

*Plat rond à décor rayonnant de masques drapés et de motifs fleuris. Ce type de plat à décor estampé est dit « de la suite de Palissy ». Pré-d'Auge, XVIIe siècle. Galerie Philippe Boucaud.*

G. Meguerditchian

*Chaise en mélèze des Hautes-Alpes. XVIII^e ou XIX^e siècle. Galerie Michel Sonkin.*

G. Meguerditchian

*Égouttoir à fromage en mélèze (Alpes, XIX^e siècle) et quatre cuillères à crème (Ariège, XIX^e siècle). Galerie Michel Sonkin.*

G. Meguerditchian

*Planche servant à décorer la pâtisserie appelée « crustularu », décorée d'un troubadour dans une réserve. Calabre, XIX^e siècle. Galerie Michel Sonkin.*

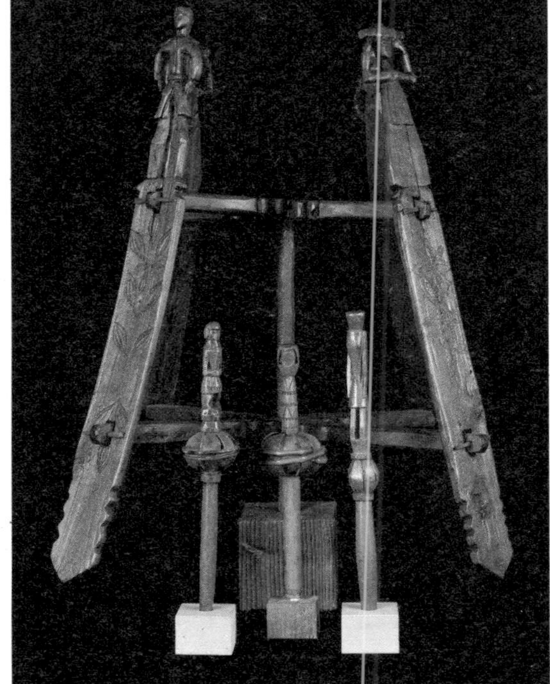

G. Meguerditchian

*Au fond, dévidoir à laine, dont les quatre montants sont surmontés de personnages : un officier, un moine et deux porteuses d'eau. (H. env. 45 cm.) Calabre, XIX^e siècle. Devant le dévidoir, trois quenouilles calabraises du XIX^e siècle. (L. 28 cm.) Galerie Michel Sonkin.*

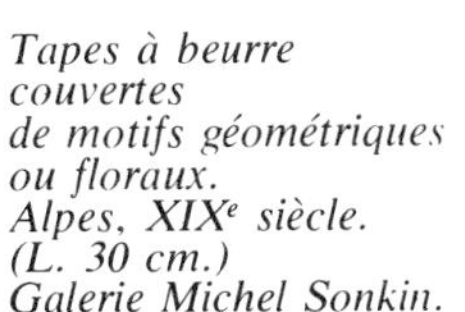

*Tapes à beurre couvertes de motifs géométriques ou floraux. Alpes, XIX^e siècle. (L. 30 cm.) Galerie Michel Sonkin.*

C. d. A. Edimedia

*« Le Printemps », fixé sous verre.*
*Alsace, XIX^e siècle. Musée d'Épinal.*

*Peigne à crinière en bronze.*
*France, XVIII^e siècle.*
*Galerie Michel Sonkin.*

*Couple de marionnettes et, à gauche, marotte. Normandie, XIX^e siècle. Galerie 13, rue Jacob.*

G. Meguerditchian

*Masque de danse à face humaine, en sapin sculpté à décor polychrome ; Alaska méridional ou île Kodiak (H. 20 cm.). Adjugé 25 000 F par Mes Ader-Picard-Tajan, à Drouot, le 6-X-1982.*

*Prêtre maya debout. Culture jaina, vers 550-590 apr. J.-C. Adjugé 13 000 dollars par Sotheby, à New York, le 10-V-1980.*

Sotheby Parke Bernet

*Groupe de la côte nord-ouest du Pacifique (Colombie britannique) représentant un chaman étreignant un poisson, et portant, en guise de coiffure, la dépouille d'une tête d'aigle. (H. 42 cm.) Adjugé 35 000 F par Mes Ader-Picard-Tajan, à Drouot, le 24-III-1981.*

Ader-Picard-Tajan

*Musicien en argile cuite, jouant de la flûte de Pan. Pérou, culture chimu, Musée national d'anthropologie et d'archéologie. Lima.*

Vauthier-Decool

*Tapisserie d'Audenarde, à décor d'aristoloches, fleurs et feuillages, animaux et animaux fantastiques, bordure imitant un cadre. (3,31 × 5,17 m.) XVI^e^ siècle.*

*Tapisserie de Beauvais dite « aux oiseaux rouges », à décor de volatiles dans un sous-bois, bordure ornée de rinceaux et coquilles. Signée Behagle, époque Louis XIV. (3,05 × 5,20 m.) Adjugée 180 000 F par M^es^ Ader-Picard-Tajan, à Monte-Carlo, le 12-XII-1981.*

*« Le Dédain. » Tapisserie des Gobelins faisant partie d'un lot de quatre en provenance du château de La Roche-Guyon. Adjugé 3 885 000 F par Sotheby, à Monaco, le 6-XII-1987.*

*Tapis caucasien en laine.*
*(1,07 × 1,23 m.)*
*Cologne, galerie Ulrich Schürmann.*

Ader-Picard-Tajan

*Tapis Qōm en soie, fond marine à décor d'un mirhāb. (2,05 × 1,40 m.) Adjugé 30 000 F par Mes Ader-Picard-Tajan, à Drouot, le 4-XII-1980.*

## TAPIS

*Tapis chinois*
*à décor inspiré par la peinture.*
*XIXe siècle. (4,80 × 3,60 m.)*
*Galerie Yves Mikaeloff.*

Yves Mikaeloff

Ci-dessous, à gauche, *aryballe en pâte de verre bleue. Phénicie, VIe-Ve siècle av. J.-C. (H. 10 cm.)* Galerie *À La reine Margot.*

À droite, *flacon à parfum patine or à décor de femmes entrelacées, bouchon en aile de papillon, de René Lalique. (H. 11 cm.)* Adjugé 112600 F par Me H. Le Blanc, à Drouot-Richelieu, le 2-I-1988.

*Alabastre en verre translucide. (H. 12,7 cm.) Rome, IIIe-IIe siècle av. J.-C. Adjugé 550 £. Coupe en verre à décor de millefleurs. Rome Ier siècle av. ou apr. J.-C. (D. 9,5 cm.) Adjugée 1800 £. Vendus par Sotheby, à Londres, le 13-VII-1981.*

*Vase en verre multicouche où la rose a été appliquée pétale par pétale, de Daum. (H. 31,5 cm.) Adjugé 3128911 F par Mes Ader-Picard-Tajan, à Tokyo, le 27-X-1987.*

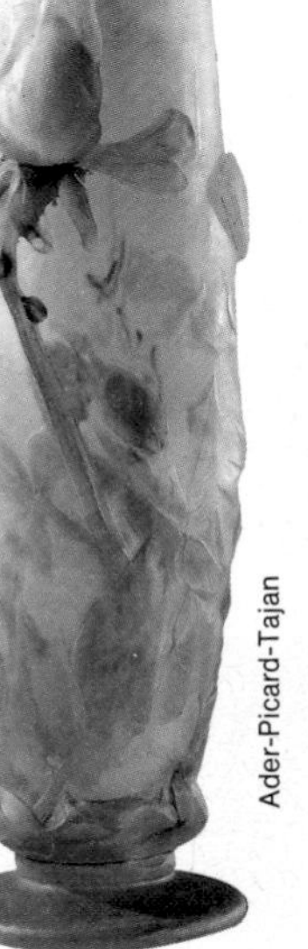


## VERRE

*Flacon d'Émile Gallé de forme chinoise de la série des « Roses de France ». (H. 9,5 cm.) Adjugé 150000 F par Mes Ader-Picard-Tajan, à Monte-Carlo, le 12-XII-1982.*

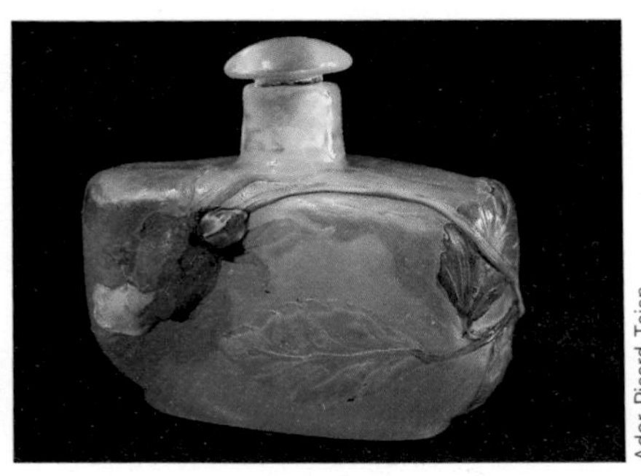


*Ensemble en opaline (V. 1850) vendu par Mes Ader-Picard-Tajan, à Drouot, le 10-VI-1982.* De gauche à droite : *paire de vases cornets (H. 34,5 cm), adjugée 4900 F; paire de flacons et leurs bouchons (H. 24 cm), adjugée 4200 F; paire de porte-ananas (H. 31 cm), adjugée 3100 F; paire de flacons de cheminée (H. 21 cm), adjugée 2500 F.*

de dimensions restreintes. Devenu maître en 1773, il produit quantité d'œuvres gracieuses et fines, particulièrement originales : petites tables (où il excelle), bonheurs-du-jour, secrétaires, petites commodes, chiffonnières, tables à gradins.

Son œuvre, très diverse, témoigne de l'imagination et de la souplesse d'un maître remarquable.

**torque** n. m. Collier rigide, formé d'une torsade d'or ou d'un jonc uni. Le torque est un bijou antique, porté aussi par les Barbares, et parfois de facture très raffinée. Il est le plus souvent ouvert devant, et deux extrémités sont terminées par des motifs décoratifs ciselés (têtes de lions, béliers, cervidés) réhaussés parfois d'émail ou de pierres de couleur. Si les torques grecs de l'époque classique sont les plus fins, de beaux exemplaires proviennent aussi des tribus d'Asie Mineure et d'Europe centrale, et des pays celtiques : Irlande, pays de Galles, Bretagne, Gaule du Nord.

**Tory** (Geoffroy), typographe, graveur et écrivain français (1480-1533). D'abord correcteur chez Henri Estienne, puis imprimeur, il perfectionna la typographie et la langue. Sa marque était un « pot cassé ».

**toton** n. m. Petit jouet de bois en forme de toupie, à longue pointe, qu'on lance en le faisant tourner entre le pouce et l'index.

**Toulouse-Lautrec** (Henri Marie Raymond de Toulouse-Lautrec-Monfa), peintre, dessinateur et graveur français (Albi 1864 - château de Malromé, Gironde, 1901). Si sa disgrâce physique et la vie tumultueuse qu'il mena à Montmartre ont engendré une certaine image de Toulouse-Lautrec, l'artiste sut accorder son art à un spectacle dont il a été, pendant sa brève existence, à la fois l'acteur conscient et le témoin incisif. En 1891, *la Goulue* du Moulin-Rouge offre à l'affiche un nouveau souffle. C'est le vrai point de départ de l'affiche moderne. Lautrec en a fait trente mémorables, dont *Valentin le Désossé, Aristide Bruant, Yvette Guilbert, le Divan japonais.* Sa production lithographique s'élève à près de 400 pièces en dix ans. Toulouse-Lautrec a su adapter l'estampe japonaise à son inspiration et à la lithographie moderne, dont il a su exploiter les multiples ressources. Il eut recours au crachis pour animer ou nuancer ses surfaces traitées en larges aplats contrastés. Le 16-V-1981 à Orléans, une enchère de 24 000 F couronnait la vacation de la galerie des Ventes avec l'affiche *le Divan japonais.* Le 2-XII-1981 à Londres (chez Christie), *Jeanne Avril* faisait 12 000 livres sterling. Toulouse-Lautrec n'a pas créé de cartes postales originales. La carte postale lithographique éditée en 1898 par Cinos et reproduisant l'affiche de *la Goulue* peut atteindre en vente publique des enchères de plus de 10 000 F.

*Invitation à une exposition, lithographie de Toulouse-Lautrec (1898). Albi, musée Toulouse-Lautrec. © S. P. A. D. E. M., 1983.*

**toupie** n. f. Jouet en forme de poire que l'on fait tournoyer sur sa pointe en la lançant avec une ficelle, un fouet ou un ressort. Magique à l'origine, ce jouet est très ancien, mais de provenance imprécise, puisqu'il est probablement apparu à diverses époques sur les différents continents. Il garde sa signification magique chez les Britanniques, qui conservent une tradition lointaine selon laquelle on ne joue à la toupie qu'un certain jour de l'année ! Villes et villages français possèdent encore d'énormes toupies, que les membres des confréries faisaient rituellement tourner les jours de fêtes. Généralement en bois tourné, peint ou verni, la toupie peut être aussi en métal et posséder une mécanique (Lehmann).

**tour** n. m. Machine-outil servant à façonner régulièrement une pièce de métal ou de bois animée d'un mouvement de rotation manuel, puis par moteur. Les tours les plus recherchés et les plus fréquents sur le marché de l'art ont trait à l'horlogerie. En effet, les horlogers prenaient un soin particulier de leur matériel ; le tour d'horloger est en général complet et dans son écrin d'origine. De petite taille, il est en métal, en laiton ou en acier. Un tour d'établi tel que celui vendu 115 000 F le 19-III-1982 était un tour du XVIIIe siècle en fer, en acier et en bronze doré, avec un entablement en noyer et en chêne, une monture de microscope signée « Passemant ingénieur du roi au Louvre » ; l'établi était estampillé Daneau, et le châssis de la roue d'entraînement signé Barlot. Parmi les tours d'horloger, il faut compter 464 F pour un tour à pivoter à vis de rappel, complet dans son écrin d'origine (Paris, 4-VI-1981), et 3 500 F pour un tour à burin fixe, actionné par une manivelle, de la seconde moitié du XIXe siècle (Paris, 4-VI-1981).

**Tournai.** Ville de Belgique qui fut un foyer d'art.
*Tapisserie.* Ses ateliers de tapisserie apparaissent au XVe siècle dans le sillage d'Arras. Le mécénat des ducs de Bourgogne et des évêques procurent à Tournai d'importantes commandes *(Tenture de Gédéon, Tenture de l'Ancien et du Nouveau Testament).* Parmi les lissiers tournaisiens, le nom de Pasquier Grenier a survécu grâce à sa signature sur la fameuse tapisserie des *Sept Sacrements* (1475). Solides compositions, superbes coloris, réalisme des détails font des œuvres tournaisiennes des chefs-d'œuvre incontestables. L'activité de Tournai s'éteindra, après celle d'Arras, durant les sanglants affrontements qui opposeront les Anglais, François Ier et Charles Quint.
*Faïence et porcelaine.* Une assez importante production, aux formes proches de celles des faïences produites dans les Pays-Bas et le nord de la France au XVIIIe siècle, peut être attribuée à cette ville de la Belgique. Elle est certainement liée à celle de Saint-Amand-les-Eaux et de Lille (motifs de lambrequins caractéristiques de la première moitié du XVIIIe siècle).

Pierre Joseph François Fauquez, propriétaire d'une des deux plus importantes faïenceries de Saint-Amand, est aussi propriétaire d'une faïencerie à Tournai qui passe en 1741 à son fils puis en 1751 à un maître faïencier d'origine lilloise, François Joseph Peterinck. À cette époque, la production est orientée vers la porcelaine tendre, à la mode dans la seconde moitié du XVIII<sup>e</sup> siècle. Des pièces assez intéressantes produites à Tournai, marquées d'une forme de tour de château très stylisée, plaisent très rapidement à une clientèle bourgeoise, dans les villes marchandes de la région. Ces pièces sont encore très recherchées des collectionneurs du nord de la France et de la Belgique. Cette manufacture de porcelaine tendre, qui est la plus connue de la Belgique, produit toute une série de figurines de style qui rappelle autant Mennecy et Sèvres-Vincennes que Chelsea.

**train** n. m. Les modèles réduits de trains et de gares ont toujours fasciné. Chaque année les prix de ces jouets anciens s'élèvent un peu plus. Les modèles mécaniques ou à vapeur les plus anciens, qui possèdent le charme de la naïveté avec leurs décors floraux, leurs lanternes énormes, leurs couleurs fantaisistes, sont les plus recherchés. Parmi les marques les plus fameuses, citons celles de l'Allemand Hess, qui crée entre 1860 et 1870 de jolis petits trains à tirer de fer-blanc, de George Brown, de Garlick and Baggs aux États-Unis, de la Leed Company en Angleterre, de Märklin, Bing, Schonner, Carette en Allemagne. En 1980, une locomotive Bing a été achetée 80 000 F.

Les modèles allemands des années 1900-1920 sont aussi très cotés : leur élégance, leur finition, leur respect de l'échelle, la solidité de leur mécanique contribuent à l'attirance des « fous du rail » pour ces jeux.

**traite** n. f. Buffet bas des Flandres et de Picardie, caractérisé par un évidement central, le séage, ou séaille, destiné au rangement des gros ustensiles ménagers.

**trame** n. f. Plaque transparente, quadrillée irrégulièrement de figures géométriques minuscules, placée devant l'image pour obtenir sur le papier la reconstitution de celle-ci. La finesse d'une trame et sa composition varient suivant les techniques employées et la qualité du papier. En héliogravure, la trame n'a pas la même fonction qu'en photogravure. Les alvéoles de la trame hélio n'ont pas une fonction optique, mais une fonction mécanique et sont destinées à créer de minuscules compartiments, dans lesquels l'encre est retenue par capillarité. La reproduction d'une image au trait ne nécessite pas l'emploi d'une trame. Celle-ci est également absente de la taille-douce, de la pointe sèche, de la phototypie, du burin, de la gravure sur bois, de la sérigraphie, du pochoir, de la lithographie, comme de toute épreuve photographique. Le crachis ou toute autre intervention manuelle visible sur une lithographie ne sauraient être confondus avec une trame. L'utilisation d'un compte-fils permet de s'assurer de la présence d'une trame sur un tirage.

En tapisserie, la trame est l'ensemble des fils tendus entre les fils de chaîne au moyen d'une navette, d'une broche ou d'une flûte et recouvrant totalement la chaîne quand l'ouvrage est achevé. Elle seule reste visible.

**tranche** n. f. Terme désignant les trois côtés de l'épaisseur d'un livre, qui s'opposent au dos : tranche de tête, tranche de queue, tranche de gouttière. Les tranches des volumes sont l'objet de recherches décoratives depuis le XIII<sup>e</sup> siècle : elles sont dorées, ciselées et, lorsque les livres sont posés à plat, peintes. Au début de la station verticale du livre, la tranche est tournée vers l'extérieur ; aussi trouve-t-on sur celle-ci le titre du volume et quelquefois une véritable peinture. Lorsque le livre prend sa position définitive, la tranche est égalisée, rognée, ébarbée ; elle peut recevoir toutes sortes d'apprêts, depuis l'or jusqu'aux couleurs les plus variées : jaspage, marbrure, peignage. De nos jours, la plupart des volumes ont seule la tranche de tête dorée ; les autres tranches, surtout pour les exemplaires de luxe, ne sont pas rognées, mais seulement dorées sur témoins.

Sur une pièce de monnaie, surface cylindrique délimitée par les plans de l'avers et du revers, et correspondant à l'épaisseur du flan.

**tranchefile** n. f. Tresse en fils de soie de couleurs, placée en tête et en queue du dos d'un volume relié pour le protéger. D'origine byzantine, la tranchefile servait à maintenir en place les cahiers de parchemin, puis a servi de protection aux deux extrémités du dos des volumes (tête et queue), particulièrement vulnérables.

**Transylvanie.** Les tapis de Transylvanie, ou Siebenbergen, ornant les bancs et les autels des églises des régions balkaniques occupées au XVI<sup>e</sup> siècle par les Turcs, furent très probablement réalisés en Turquie à Konieh et à Bergame. Leur décor témoigne des modifications apportées par les artisans turcs pour adapter le décor traditionnel des tapis de prière à l'iconographie chrétienne.

**Trautz** (Georges), relieur français d'origine allemande (1808-1879). Gendre de Bauzonnet, Trautz fut le relieur attitré des grands bibliophiles du XIX<sup>e</sup> siècle. Il porta l'art du pastiche à la perfection, mais fit preuve d'originalité par l'emploi de filets et par une maîtrise exceptionnelle dans l'exécution et la dorure des reliures.

**trébuchet.** V. BALANCE.

**tréflage** n. m. Défaut de frappe d'une médaille ou d'une monnaie se traduisant par un doublement de l'empreinte dans le champ. Le tréflage est dû à un léger déplacement du flan par rapport au coin mobile lorsque la frappe a nécessité plusieurs coups de marteau ou plusieurs passages au balancier. Une monnaie présentant ce défaut est dite « tréflée ». À moins d'être extrêmement prononcé, le tréflage est un défaut qui enlève relativement peu de valeur au prix d'une pièce de collection.

**trembleuse** n. f. Broche de joaillerie en forme de gerbe, dont la ou les principales fleurs sont montées sur un minuscule ressort qui la fait bouger au moindre mouvement. Ce genre de bijou animé fut inventé au XVIII<sup>e</sup> siècle, mais fut particulièrement en vogue dans la seconde moitié du XIX<sup>e</sup> siècle.

En céramique, une « tasse trembleuse » est posée sur

*Tasse trembleuse en porcelaine de Saint-Cloud. XVIII<sup>e</sup> siècle. Galerie Hélène Fournier.*

H. Fournier

une soucoupe comportant un léger creux qui épouse le culot de la tasse, ce qui lui donne plus de stabilité.

**trespolo.** Petit meuble italien ambulant, en vogue au XVIIIe siècle, appelé « trespolo-trépied » en raison de son agencement. Sa base est tripode, et son fût, galbé, porte un plateau à façade chantournée. Prévu initialement pour être appliqué au mur, le fût, sous l'influence du style rocaille, se recourbe en formant des cambrures. Au milieu du XVIIIe siècle, le plateau se transforme en un caisson, comprenant un tiroir.

**triboulet** n. m. Outil d'orfèvre constitué par un cône de bois haut et étroit, dont on se sert pour former des cercles de métal et pour déterminer la dimension d'une bague.

**trictrac** (table). Table à jeu. (V. TABLE).

**Triebert** (les), famille de facteurs français d'instruments à vent en bois. Les Triebert furent spécialisés dans la fabrication des hautbois et, de leur temps, n'ont pas été égalés. Guillaume, le père (1770-1848), travailla chez Winnen et exposa ses propres instruments en 1827. En 1834, ses hautbois sont jugés supérieurs à tous ceux « du même genre ». Ses fils Charles Louis et Frédéric continuent l'œuvre entreprise et font breveter différents instruments. On leur doit, ainsi qu'à Buffet, l'adaptation du système Boehm sur le hautbois.

**triens** n. m. Tiers du solidus ou sou d'or.

**trigomètre** n. m. Proche du radio latino et dénommé aussi « triquetrum », le trigomètre est un des plus anciens instruments de mesure, inventé par Ptolémée au Ier siècle environ. Utilisé pour les observations astronomiques et les relevés topographiques, il est composé de trois règles articulées en forme de triangle, l'une d'elles étant fixée sur un pied et une autre servant d'alidade de visée. On lui adjoint parfois un demi-cercle ou une boussole. Cet instrument a subi des transformations au XVIe siècle, et son emploi a duré jusqu'au XVIIe siècle. Copernic, Tycho Brahé et Habermel l'utilisaient ; Danfrie, en 1597, avait mis un exemplaire au point, qui se trouve à l'Observatoire national de Belgique.

**tripode.** Vase chinois en céramique et en bronze, à trois pieds, utilisé depuis la préhistoire jusqu'à la période des Han au moins. Les vases li (avec leur corollaire yanxian) constituent les formes les plus anciennes, généralement en poterie. Par la suite, les pieds furent rapportés au corps au lieu d'en faire partie, ce qui donna les formes en bronze des vases ding, jie et jue, jia et he. (V. CHINE.)

**trité** n. m. V. STATÈRE.

**troche** n. f. Mot de même origine que trousse et désignant plusieurs objets de même nature groupés. En orfèvrerie, la troche est un bouquet de trois ou quatre perles disposées parfois autour d'une petite pierre de couleur. Ce motif a été très utilisé dans la joaillerie du XVe et du XVIe siècle, et les portraits féminins montrent les perles ainsi disposées sur les pendentifs, les colliers, les parures de coiffure.

**trombone** n. m. Instrument de musique en cuivre, à vent et à embouchure, portant primitivement le nom de « sacqueboute ». Le trombone est issu de la trompette basse. Avec le XIXe siècle, comme la plupart des cuivres de l'orchestre, il est doté de pistons, qui limitent sa tablature complète et naturelle d'origine, mais qui lui apportent une plus grande souplesse d'émission entre les notes les plus éloignées. De fabrication courante, cet instrument figure souvent sur le marché de l'occasion. L'amateur doit, au moment de l'achat, s'assurer de la « glisse » facile, sans jeu excessif, de la coulisse, et du bon fonctionnement des pistons.

**trompe** n. f. Instrument de musique en cuivre, à vent et à embouchure, appelé aussi « cor de chasse ». Avant d'avoir la forme contournée en spirale, terminée par un pavillon très évasé, que nous lui connaissons aujourd'hui, la trompe était au début une simple corne d'animal. Ensuite bois, écorce d'arbre, ivoire et même verre furent utilisés pour sa fabrication. Pour satisfaire le public, il existe depuis très longtemps une fabrication d'« instruments » répondant plus à un aspect décoratif qu'à une fonction musicale. Les véritables amateurs savent reconnaître les instruments de qualité, à la fois par la légèreté de la facture, la pureté du timbre et la finition de la couronne, sur laquelle peut être inscrit le nom d'un faiseur célèbre, tel que Raoux, Courtois, Périnet, Pettex ou Muffat.

**trompette** n. f. Instrument de musique en cuivre et à vent. Comme pour la plupart des instruments à embouchure et à pavillon, son histoire se confond avec celle du cor et du cornet. La trompette est mentionnée dans les récits les plus anciens, où elle semble être utilisée dans les grandes cérémonies et participer au rituel militaire. En France, c'est en 1674, dans l'opéra *Alceste* de Lully, qu'elle est employée pour la première fois. En 1770, elle est intégrée définitivement dans l'orchestre de l'Académie royale de musique. En 1770, la trompette à corps de rechange est importée d'Allemagne : chaque corps donne une tonalité proportionnelle à son développement. Un Allemand, Weidinger, construit une trompette percée de trous qu'il obstrue avec des clés, comme on le fait pour les bois. C'est cette trompette à clés que l'armée française adopte en 1815. En 1827 apparaissent les trompettes à pistons dans les orchestres. Elles sont toujours utilisées de nos jours. À travers les différences de mécanisme et les systèmes, les collectionneurs sont séduits par l'équilibre et par l'élégance du dessin de l'instrument. Les trompettes sont devenues très rares dans les salles de ventes, et ce sont les instruments fabriqués à Nuremberg au XVIIe siècle qui atteignent, par leur finition, comparable à celle de l'orfèvrerie, les prix les plus élevés.

**trophée** n. m. En art décoratif, motif composé d'armes, reliées par des rubans et suspendues à une patère. Par

Musée des Arts décoratifs

*Détail d'une porte d'armoire à décor de trophée. Début du XVIIIe siècle. Musée des Arts décoratifs.*

extension, groupe d'instruments de musique, d'objets scientifiques ou d'armes de chasse, ou encore d'attributs de métiers. L'Antiquité romaine place les trophées sur ses arcs de triomphe (fonction première du trophée). Les XVIII^e et XIX^e siècles font du trophée un des motifs les plus élégants, qu'il soit de marqueterie, de stuc, de bronze, de bois. On le trouve sur les boiseries, les meubles, les glaces, les tableaux.

**troubadour** (style). V. CATHÉDRALE.

**Troughton** (les), fabricants anglais d'instruments scientifiques. Les deux frères, John († 1784) et Edward (1753-1836), reprirent en 1782 l'atelier de Benjamin Cole, installé au 136 Fleet Street à l'enseigne « The Orrery ». Ils continuèrent à fabriquer des appareils de qualité et se spécialisèrent dans la construction de grands instruments pour les observatoires (cercle mural astronomique du début du XIX^e s. pour l'observatoire de Greenwich). Mis à part Ramsden, ils furent les seuls, pendant vingt ans, à fabriquer de grands instruments, de même qu'ils étaient les meilleurs pour la confection de la machine à diviser de Ramsden. L'atelier fut le premier à construire des balances commerciales de précision. En 1826, Edward s'associa à William Simms pour fonder la firme « Troughton and Simms ». En 1922, celle-ci était encore dirigée par la famille ; ayant pris un nouvel actionnaire, elle devint la société « Cook, Troughton and Simms ».

**trousse de dessinateur.** Trousse composée, comme l'étui de mathématiques, de plusieurs instruments se rapportant au dessin (compas, règle, rapporteur, pied de roy). Elle est aussi recherchée et elle est souvent confondue avec l'étui. (V. ÉTUI DE MATHÉMATIQUES.)

**trousseau** n. m. Nom ancien du coin monétaire d'avers (coin supérieur mobile) dans la frappe au marteau.

**truelle** n. f. Petite pelle plate à bout arrondi ou trapézoïdal reliée à un manche de bois par une tige coudée (soie), utilisée par le maçon, le plâtrier, le mosaïste. Utilisées dans de très nombreux pays et pour des usages souvent différents, les truelles présentent d'innombrables variétés, et certains collectionneurs en ont fait leur spécialité.

**trumeau** n. m. Panneau décoratif peint ou marouflé entre deux fenêtres, au-dessus d'une porte ou d'une cheminée.

**truqué.** Se dit d'un verre aux parois épaisses, qui permet aux maîtres de maison de limiter la consommation d'alcool lors des toasts portés au cours des banquets. Les verriers limitent la contenance du verre tout en sauvant les apparences, puisque le verre garde les mêmes proportions que celles des voisins.

**trusquin** n. m. Outil de menuisier servant à tracer une ligne parallèle à l'arête d'une pièce de bois. Une tige de section carrée munie d'une pointe à son extrémité coulisse dans une pièce de bois rectangulaire glissant sur le côté de la pièce à tracer. Une clé trapézoïdale bloque la tige à la hauteur du trait. Le trusquin est fait dans un bois dur, non ligneux, généralement de poirier.

Les traces laissées sur le bois par le trusquin révèlent une fabrication artisanale, alors que les meubles réalisés par des moyens mécaniques, donc relativement récents, ne portent jamais la marque de cet outil.

**tsuba** n. m. Garde de sabre japonais, très recherchée des collectionneurs. Généralement plats et de forme circulaire, les tsuba sont parfois très artistement décorés. En fer fondu ou martelé, ils sont soit sculptés en bas-relief, soit ajourés ou encore incrustés d'argent ou d'or, formant des motifs très divers (animaux, fleurs ou paysages). Ils sont le plus généralement en fer, mais peuvent également avoir été taillés dans du laiton. Ils sont troués en leur milieu d'une ouverture pour laisser passer la lame. Deux « yeux » se trouvent souvent accolés à cette ouverture centrale, qui est souvent doublée de cuivre ou de laiton et au bord de laquelle figure la signature du facteur de tsuba. Quelques rares tsuba ayant appartenu à des armes de parade peuvent être en bois recouvert de cuir, en bois laqué ou même en papier mâché. D'autres peuvent être réalisés en divers alliages. Les gardes en or massif datent de l'époque du shōgun Tokugawa Iemitsu (1623-1651) et de 1688 à 1830 environ, date à laquelle ce luxe fut interdit. Les tsuba sont presque toujours décorés sur leurs deux faces. Les quelques rares tsuba en creux sont ornés sur leur face convexe. La partie la plus décorée est invariablement celle qui se trouve du côté de la poignée du sabre, afin que les coups éventuels ne puissent l'endommager. Les facteurs de tsuba ne signèrent leurs œuvres qu'à partir du XVI^e siècle. On compte 28 « maîtres » armuriers auteurs de décorations de sabres (*katana**) et particulièrement de tsuba, allant de Yokoya Sōmin (1670-1733), le plus ancien, à Umetada Naritsugu (1618-1752) ; les autres décorateurs sont des élèves ou des artisans mineurs. Les plus célèbres artisans du XIX^e siècle ont pour noms Kanō Natsuo, Shunmei Hōgen, Gotō Ichijō... Certains tsuba, rares ou décorés par des maîtres armuriers, peuvent atteindre des prix considérables. Quelques spécimens ont des formes « aberrantes » ; carrées, redentées, en losange, octogonales, en forme de fleur de lotus, de fruit. Les collections de tsuba peuvent être extrêmement variées et attractives. C'est une des raisons pour lesquelles les tsuba sont très activement recherchés et collectionnés.

R. Burawoy

*Tsuba japonais de l'école de Nara (XVIII^e s.), signé Tsuneshige. Galerie R. Burawoy.*

**Tuart** (les), famille d'ébénistes français. Le père, Jean-Baptiste, reçoit la maîtrise en 1741 et signe de beaux meubles d'époque Louis XV. Son fils, prénommé également Jean-Baptiste (maître en 1760), laisse une production beaucoup plus nombreuse, qui témoigne des mêmes qualités que celle du père : belle marqueterie, décoration soigneusement élaborée, bronzes sobres, mais finement sculptés.

**tuba** n. m. Instrument de musique en cuivre, à vent et à embouchure, datant du début du XIX^e siècle. La perce, conique, se termine par un pavillon très évasé, comme celle du bugle ou de l'ophycléide, dont le tuba dérive, par l'application du système de clé de Weidinger. En 1835, Wieprecht imagine et Moritz construit en Allemagne le premier tuba à pistons. En 1840, Adolphe Sax présente des familles complètes de tubas de sa fabrication, qu'il nomme « saxhorns » et « saxotrombas ». Munis de trois à six pistons, très diversifiés dans leurs formes, ces instruments, que l'on trouve facilement sur le marché, sont, même en parfait état, d'un prix très compétitif par rapport à ceux que l'on trouve dans le commerce.

**tūgra.** Monogramme calligraphié ou « sceau légal » des sultans ottomans. Sur un document manuscrit, la tūgra peut être richement coloriée et rehaussée de fleurs dorées, mais elle peut aussi figurer sous forme de poinçon d'orfèvrerie fabriqué dans les pays soumis à la juridiction ottomane. Le nom de chaque sultan figure accompagné de ses titres, du nom de son père et de la mention « toujours victorieux » au cœur de cette calligraphie, qui, malgré sa complexité apparente, respecte un dessin imposé, celui de la forme schématique d'une main imprégnée d'encre, que les premiers sultans appliquaient au bas des documents officiels en guise de signature.

Photo du musée

*Tūgra de Soliman le Magnifique. XVIe siècle. Metropolitan Museum, New York.*

**tuiles faîtières.** Chinoises et coréennes, les tuiles faîtières étaient destinées à protéger les maisons et les bâtiments divers des mauvaises influences, de la foudre, des inondations et des maladies. Elles représentent des génies, des personnages du panthéon taoïque et des animaux, principalement des dragons. Réalisées en céramique, elles sont la plupart du temps décorées en sancai et en wucai. Celles de certains temples taoïques sont parfois très grandes et représentent des entrelacs de dragons et de fleurs, d'animaux fantastiques (surtout dans le sud de la Chine et au Viêt-nam). Celles que l'on trouve le plus communément sur le marché datent des époques Ming et Qing. Mais de très nombreux faux inondent le marché, et il convient d'être très circonspect. (V. DIVINITÉS CHINOISES.)

**tulipier** n. m. Vase à fleurs en céramique (souvent de Delft) percé d'ouvertures permettant aux tulipes de s'épanouir.

**tulle** n. m. Tissu léger et transparent à mailles rondes ou polygonales fabriquées au fuseau. En coton ou en soie, le tulle fut employé dans le costume à partir du XVIe siècle. Il servait de fond à l'application de Bruxelles et au point d'Angleterre.

Nottingham aurait été vers 1600 le foyer d'invention de la première machine à faire le tulle, mais le procédé ne fut pas accepté jusqu'à la fin du XVIIIe siècle. En 1807, Heatcot inventa le métier donnant une maille hexagonale, évoquant la dentelle faite au fuseau. Il s'associa à Lindley, autre inventeur, et tous deux commencèrent la fabrication de la dentelle mécanique en Angleterre. L'industrie du tulle connut un grand essor après 1825 (Calais). À partir de 1842, le métier Jacquart permit la fabrication du tulle brodé et donc l'imitation de la dentelle. Dans l'ameublement, le tulle est utilisé pour la confection de rideaux.

**turbotière** n. f. Poissonnière trapézoïdale employée pour cuire les poissons plats. Sa forme curieuse, le matériau dont elle est faite (cuivre ou laiton) en font un objet recherché, surtout s'il s'agit d'une pièce du XVIIIe ou du XIXe siècle.

**Turin** (Pierre), graveur français (1891-1969). Premier grand prix de Rome de gravure en médailles en 1919, il a été l'auteur de nombreuses monnaies françaises modernes, dont les fameuses pièces de 10 et de 20 F « Turin » frappées de 1929 à 1939 en argent bas titre.

**Turkestan.** De cette vaste région soviétique située à l'est de la mer Caspienne et que parcourent de nombreuses tribus nomades (Tekkés, Yomoud, Kizil-Azak, Ensi, Saryks, Hadchlou) est issue toute une famille de tapis dont les caractères communs sont la grande finesse du nouage, le décor géométrique aux dessins précis, l'emploi du motif « gul » (motif octogonal), de losanges à crochets, la dominante de la couleur rouge, l'emploi d'une très belle laine brillante, parfois mélangée de poils de chameau ou de chèvre. On donne aussi généralement le nom de « tapis de Turkestan » aux tapis issus des tribus afghanes et béloutches de la zone frontalière du Turkestan soviétique.

Les décors de chacune de ces tribus ne sont cependant pas identiques, et, par de nombreux détails (composition du motif gul, par exemple), il est possible d'identifier la provenance exacte du tapis.

Les centres de commercialisation de ces tapis sont principalement Boukhara, Béchir et Pendeh.

**turquet** n. m. Appelé également « torquetum », cet instrument d'astronomie, dont on ne connaît pas l'origine, est mentionné dès le XIIIe siècle dans les descriptions de Bernard de Verdun et de Francon de Pologne. Au XVe siècle, Regiomontanus* précise quelques détails de son utilisation. Le turquet servait à mesurer les azimuts, les ascensions droites des étoiles et à calculer les longitudes. Il se compose de trois cadrans gradués, superposés et solidaires les uns des autres.

**Turquie.** V. TAPIS D'ORIENT.

**turquoise** n. f. Pierre fine opaque à base de phosphate d'aluminium, d'une belle couleur bleu clair, nuancée de vert dû à la présence d'oxyde de cuivre ; une couleur tellement agréable que les anciens l'avaient érigée en talisman. Chez les Égyptiens, les bijoux et amulettes, de même que les objets supposés bénéfiques sont en turquoise, ou en faïence à glaçure turquoise. Pierre fragile, de faible dureté, la turquoise a été très peu utilisée en glyptique (scarabées et talismans), mais en revanche beaucoup en bijouterie. Taillée en cabochons, elle garnit des parures, des colliers, bracelets, chatons de bagues, et même toute une bijouterie orientale de pacotille (souvent en pierres fausses). Très appréciée des connaisseurs, la turquoise « matrix » présente tout un réseau de veines brunes, dues à la présence d'oxyde de fer.

**tyrosémiophilie** n. f. Nom donné à la collection d'étiquettes de boîtes de fromage.

*Plateau d'Urbino à décor historié, dû à Nicola Pellipario, vers 1535. L'empereur Tibère, assis sur un trône ailé ; un soldat amène un captif attaché sur un cheval blanc.*

**ukiyo-e.** V. JAPON.

**Urbino.** Les faïences d'Urbino étaient très recherchées au XVe et XVIe siècles en Europe, et l'influence directe et indirecte de cette manufacture ducale a beaucoup marqué toute la production contemporaine de l'Europe méridionale, et plus tard même celle de Delft. Les faïenciers décorateurs d'Urbino copiaient dans leurs créations les plus belles les œuvres des peintres et des graveurs de l'époque. Il faut leur attribuer l'invention du style dit « grotesque », qui a dominé toute la faïence de l'Émilie-Romagne, de l'Italie septentrionale et de la France méridionale au XVIe siècle !

**vacation** n. f. Temps consacré à l'accomplissement d'une vente aux enchères. Le personnel des hôtels des ventes (clercs, crieurs commissionnaires) est rémunéré à la vacation.

**vaisselier** n. m. Buffet dont la partie supérieure est formée d'étagères à découvert, utilisées pour ranger la vaisselle, qui reste ainsi à portée de main et visible.

Hérité du dressoir de la Renaissance et du buffet à deux corps, le vaisselier n'apparaît que vers la fin du XVIIe siècle. Les artisans des bords de la Loire furent les premiers à construire des vaisseliers, inspirés par les « deux corps » et les dressoirs des résidences royales de Touraine, de Poitou ou d'Anjou.

Fabriqué dans toutes les régions de France à partir du dernier tiers du XVIIIe siècle, le vaisselier est à la fois un meuble de conception élémentaire, destiné au rangement, et un meuble d'apparat, utilisé pour exposer les plus belles pièces de vaisselle.

Le vaisselier bressan est un des plus beaux et des plus cotés. Il est composé d'étagères flanquées de portes latérales en loupe d'orme ou de frêne, et comporte parfois une horloge incorporée.

Le vaisselier bourguignon, la plupart du temps à deux portes, est parfois équipé de deux petits placards latéraux sur la partie haute, qui se termine par un baldaquin festonné.

Le vaisselier savoyard, modeste mais séduisant, est un meuble d'art populaire, fabriqué par le paysan pendant la période hivernale. Il est généralement assez petit et constitué d'une partie basse à une porte surmontée d'une étagère, mais peut être aussi un meuble assez large : il est alors constitué d'étagères encadrées d'armoirettes dans les deux parties du meuble.

Meuble utilitaire, le vaisselier alsacien, qui reflète l'ensemble du style de cette région, est décoré de fleurs polychromes.

Au contraire, le vaisselier lorrain est un meuble important, large et d'une exécution très soignée, étudié pour mettre en valeur les assiettes et les plats en faïence (Lunéville, Saint-Clément, Les Islettes, Sarreguemines, etc.).

Classique, en chêne clair, le vaisselier normand est un meuble fini avec soin, parfois orné de fines sculptures. Le « faux palier » est propre à cette région : il s'agit d'un meuble étroit dont la partie basse est un simple casier à remiser les pots à lait, surmonté d'une série d'étagères à barrettes.

Largement répandu également en Bretagne, le vaisselier prend la sombre patine des meubles de cette région : il est en chêne ou en châtaignier orné de sculptures géométriques. Très à l'honneur également dans les provinces atlantiques, du Poitou à la Charente, les vaisseliers saintongeais sont souvent décorés, comme les bressans, de panneaux de loupe d'orme ou de frêne, dont la couleur contraste sur celle du bois de bâti.

En Auvergne et dans le Limousin, où ils ont une allure plus rustique, les vaisseliers adoptent le style Louis XIII : moulures droites, panneaux à losanges ou à pointes de diamant.

Les vaisseliers sont nombreux aussi en Guyenne ou en Gascogne, et l'on retrouve sur certains les petites armoires latérales des bressans et des bourguignons, alors que le vaisselier basque est orné des motifs populaires de la région : cœurs, croix de Malte incurvées, éventails, svastika.

Si le vaisselier est peu courant en Provence, il existe en haute Provence une version rustique et fruste du vaisselier, remplacé dans cette région par des étagères abondamment sculptées, qu'on accroche au mur audessus du buffet.

C. A.

*Buffet vaisselier de la fin du XVIIIe siècle. Adjugé 16 100 F, à Meaux, le 14-III-1982.*

Les vaisseliers sont très recherchés, et leurs prix ont fortement augmenté de 1970 à 1980, passant de 3 000 à 15 000 F pour un bon meuble régional du XIXe siècle mouluré et sculpté. En 1987, les prix démarrent à 20 000 F.

Il convient de se méfier des vaisseliers bricolés par les brocanteurs à partir d'un simple buffet bas surmonté d'étagères de fabrication récente. Les vaisseliers authentiques comportent une partie supérieure solidement chevillée au plateau du buffet, avec lequel elle fait corps.

**Valence-Manisés.** Les faïences classées « hispano-arabes » et « hispano-moresques » et produites en Espagne après le XIVe siècle ont été réalisées dans un ton brillant métallique et méritent d'être placées parmi les plus originales et les plus intéressantes de la céramique européenne. Il est d'ailleurs probable que ce soient les conquérants arabes, puis les Maures des XII-XIIIe siècles qui aient introduit les secrets de la production de la faïence émaillée en Italie par l'intermédiaire de la Sicile — et en Espagne par l'intermédiaire de Málaga et de Grenade.

Dès la fin du XIVe siècle et le début du XVe, Valence et plus encore Manisés (les belles faïences lustrées) doivent être retenues comme étant les centres probablement les plus importants (après ceux de Málaga et de l'île de Majorque) de la fabrication espagnole de faïences à reflets métalliques. La décoration européenne de style gothique l'emporte ensuite sur les motifs d'inspiration musulmane. Au XVIIe siècle, l'originalité des dessins et des techniques se perd, et la décadence de Valence-Manisés se manifeste d'abord par la baisse de qualité. La production s'oriente d'ailleurs de plus en plus vers les faïences populaires à reflets rouges de cuivre.

Au XVIIIe siècle, Valence produit beaucoup d'« azulejos* ». L'assemblage de ces carreaux de faïences permet la composition de grands panneaux d'ornementation. Cette production a apparemment continué tout au long du XIXe siècle.

**Valenciennes.** Centre de dentelle au fuseau en fil de lin, à fond de mailles rondes ou carrées, à dessins plats et serrés. Solide, souple et facile d'entretien, cette dentelle fut très appréciée pour la lingerie.

Le premier ouvroir fut installé en 1646 par Françoise Badar. Inspirée d'abord par la dentelle flamande, la dentelle de Valenciennes fut très vite dotée de sa propre originalité sous l'impulsion de sa fondatrice. Prospère jusqu'au XVIIIe siècle, elle disparut en France à la Révolution, mais fut imitée en Belgique. Les tentatives du XIXe siècle pour rénover cet artisanat échouèrent, notamment à cause des métiers mécaniques, mais la fabrication de la dentelle et la formation de dentellières connurent une renaissance au XXe siècle.

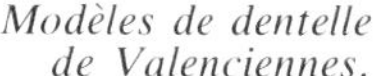

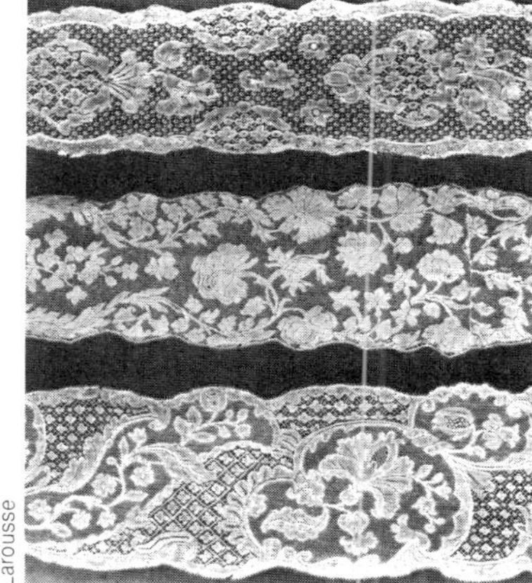

*Modèles de dentelle de Valenciennes.*

Larousse

**Vallotton** (Félix), peintre, sculpteur et graveur français d'origine suisse (Lausanne 1865-Paris 1925). À 17 ans, Félix Vallotton se destine à la peinture et s'installe à Paris. Ayant appris la gravure, il fréquente les nabis et commence à se faire remarquer par ses gravures sur bois, en noir et blanc, très contrastés. Ce « néoxylographe », comme certains l'appellent, choisit ainsi une voie originale. Artiste à la fois austère et passionné, il est le témoin attentif de son époque. Il collabore à de nombreux journaux, et notamment à la presse anarchiste. Ses cartes postales, comme ses affiches, sont très recherchées.

**van** n. m. Corbeille d'osier en forme de large coquille, dépourvue de rebord sur un côté et garnie de poignées latérales, qui sert à débarrasser le grain récemment battu des débris auxquels il est mêlé (balle, paille, poussière). Au cours du XIXe siècle, le van est remplacé dans la plupart des régions par le tarare.

**Vandercruse.** V. LACROIX.

**vannerie** n. f. Travail exécuté avec des fibres végétales tressées, à la fois souples et rigides. La vannerie est un art très ancien, dont il reste cependant de très rares témoignages, car les matières employées sont périssables. Les paysans et les pêcheurs pratiquent cet artisanat, fabriquant des récipients légers et pratiques, tels que le panier, la banne, le banneton, le van, la hotte, le couffin, le paneton. Les régions humides riches en osier (Pays nantais, Marais poitevin, Thiérache, Lozère, Meurthe) ont abrité divers artisanats. En France, la vannerie est en paille, en ronce, en jonc, en roseau, en châtaignier fendu en éclisse, en brins d'osier. Tressage, câblage ou tissage caractérisent le montage des vanneries.

Les objets de paille sont obtenus par un travail de couture : une poignée de brins de seigle (appelée « colombin », par analogie avec le boudin de terre ainsi nommé) est enveloppée avec des brins de ronce fendus que l'on passe de temps en temps dans le colombin précédent avec un poinçon de buis. Des colombins superposés et ainsi cousus résulte une vannerie spiralée solide et belle souvent de grande taille : hotte, huche à pain, corbeilles, appelées selon les régions « paillassons », « palhas » (Auvergne), « palhassoun » (Provence).

On distingue plusieurs sortes de vannerie : la vannerie d'osier blanc, exécutée par des professionnels ; la vannerie rustique, œuvre des pêcheurs ou des agriculteurs (paniers à huîtres, à crevettes, hotte de vendangeur) ; la vannerie fine (panier à ouvrage, mallette, faisselle à fromage [la fatoghia corse]), dont le travail à jours, le tressage décoratif (nattage, croisé simple, éclisses), les fermetures en métal font de jolis objets féminins. La vannerie de luxe a fourni en art populaire de merveilleux témoignages : bouquets* de moissons du Pas-de-Calais, quenouilles auvergnates et béarnaises, hochets d'enfants. On appelle aussi « vannerie » un décor imitant le tressage d'osier, très à la mode à l'époque Louis XVI, notamment à la ceinture des tables. Certains objets de métal (panier, corbeille...) sont tressés avec des fils d'argent à l'imitation des vanneries rustiques.

**vantail** n. m. Porte ou volet monté sur gond ou sur charnière. Certaines « commodes à vantaux », particulièrement raffinées, dissimulent leurs tiroirs par ce mode de fermeture, orné d'une entrée de serrure dont une clé — généralement en bronze ciselé et doré — assure le verrouillage.

**Varages.** Une importante production de faïences aux motifs rappelant ceux de Joseph Clérissy (Marseille-Saint-Jean-du-Désert) semble avoir existé à Varages au cours du XVIIIe siècle. Puis un grand nombre de pièces ont été décorées d'après les motifs de Moustiers.

Vers la moitié du XVIIIe siècle, il aurait existé au moins dix manufactures dans la région de Varages, la plus connue étant celle des Bertrand. La fabrication de la faïence stannifère se prolonge en plein XIXe siècle, ce dont témoignent quelques faïences clairement marquées, contrairement à celles du XVIIIe siècle.

**variante** n. f. Nom donné aux différentes versions d'un même sujet en tapisserie, en peinture, en sculpture, en gravure. Œuvre d'art semblable à une autre, réserve faite pour certaines différences dans le coloris, la dimension, le nombre de personnages, les ornements, les détails.

**Varin.** V. WARIN.

**varlope** n. f. Long rabot de bois dur utilisé par le menuisier. La varlope sert à aplanir la pièce travaillée après le dégrossissage au riflard.

*Varlope sculptée en bois fruitier portant une signature gravée « J. Detou ». France, XVIIIe siècle. Exposition « Artiste-artisan ? » au musée des Arts décoratifs.*

**Vassou** (Jean-Baptiste), ébéniste français (Paris 1739). Il reçoit la maîtrise en 1767 et s'établit rue Saint-Nicolas (où il travaille encore en l'an IV).

La plupart de ses meubles sont marquetés dans les teintes claires, avec une préférence pour le bois de rose, et il joue essentiellement sur l'effet des dessins de bois. Il est surtout connu pour ses commodes, ses secrétaires et ses entre-deux, presque tous d'époque Transition ou Louis XVI, qui tranchent par leurs fonds clairs sur les œuvres de ses contemporains.

**Vaucanson** (Jacques), mécanicien et fabricant d'automates (1709-1782). Inventeur de génie, il se rendit particulièrement célèbre par l'exécution de plusieurs automates. Entre 1735 et 1737, il construisit son premier androïde*, grandeur nature, représentant un satyre joueur de flûte

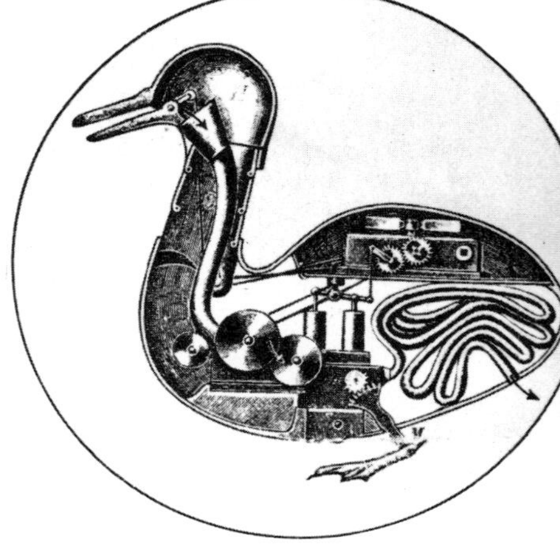

*« Le canard digérant », dessin du mécanisme de l'automate de Vaucanson.*

exécutant douze airs, inspiré d'une sculpture de Coysevox. En 1738, il réalisa un berger provençal qui jouait une vingtaine d'airs à l'aide d'un flageolet et d'un tambourin. Son chef-d'œuvre est un canard qui imitait non seulement plusieurs mouvements de l'animal en barbotant dans l'eau, mais également mangeait des graines qu'il digérait et expulsait. Son mécanisme garda une part de mystère et demeure parmi les grandes énigmes de la mécanique. Malgré le grand succès de ses automates, jamais égalés, Vaucanson ne persévéra pas dans cette voie, pour explorer bien d'autres domaines : il inventa en particulier le premier métier à tisser automatique. Vers la fin de sa vie, il réunit une collection de chefs-d'œuvre qu'il légua au roi et qui constitua en 1794 le premier fonds du Conservatoire national des arts et métiers.

**vautoir** n. m. En haute et basse lisses, large règle de bois plantée de clous, utilisée pour maintenir la chaîne sur le métier.

**Vavasseur** (Eugène Charles Paul), dessinateur et affichiste français (Paris 1863-Clichy 1949). Vavasseur fut élève de Cabanel à l'École des beaux-arts. Il collabora au *Monde moderne,* au *Magasin pittoresque,* à la *Revue illustrée.* Il a créé des affiches, dont l'une est restée célèbre : *Ripolin, peinture laquée,* représentant trois peintres en canotier, chacun écrivant sur le dos de celui qui le précède (1898).

**veau** n. m. Peau de veau tannée utilisée en reliure. Employé dès les origines de la reliure, ce cuir, absolument lisse, connut un succès constant. Fauve, marbré, écaille, raciné, il forme le fonds des bibliothèques des XVI^e^, XVII^e^ et XVIII^e^ siècles. Au début du XIX^e^ siècle et à l'époque romantique, il est teint de vives couleurs, en pleine ou en demi-reliure, et très utilisé. Son emploi est à peu près abandonné en raison de sa dessiccation rapide.

**veilleuse** n. f. Sorte de canapé apparu au milieu du XVIII^e^ siècle comportant un grand dossier qui se prolonge en retour par un accotoir et descend en douce pente le long du siège vers un petit chevet en appui sur la ceinture.

**Velde** (Henry Clemens Van de), architecte, peintre et graveur belge (Anvers 1863 - Zurich 1957). Van de Velde étudia à l'académie d'Anvers, puis à Paris dans l'atelier de Carolus Duran. Artiste d'avant-garde, influencé d'abord par Millet, puis par le pointillisme de Seurat, il fit des emprunts à Gauguin et à Van Gogh avant de se lancer dans la voie ornementale et décorative, renonçant même à la peinture pour se consacrer totalement à l'architecture et à la décoration. Il a poursuivi pendant vingt ans une activité de graveur et de lithographe.

**vélin** n. m. Peau de veau à laquelle on fait subir la même préparation que le parchemin. Plus lisse et plus mince que le parchemin, le vélin est réservé aux manuscrits de luxe ; plus tard, on imprime sur vélin des ouvrages tirés à petit nombre. Les vélins sont aussi utilisés en reliure. Par extension, le terme est donné à un papier imitant la blancheur et la finesse du vélin, par opposition au vergé. Le vélin fut inventé vers 1750, et son usage se répandit en France au début du XIX^e^ siècle, grâce aux perfectionnements des Didot*.

**velours** n. m. Étoffe velue (d'où son nom) à l'endroit présentant l'aspect d'un tissu serré et ferme à l'envers. Le velours était surtout en soie et plus rarement en coton ou en laine, contrairement au velours de notre époque.

On parle pour la première fois de cette étoffe dans la

Christie's

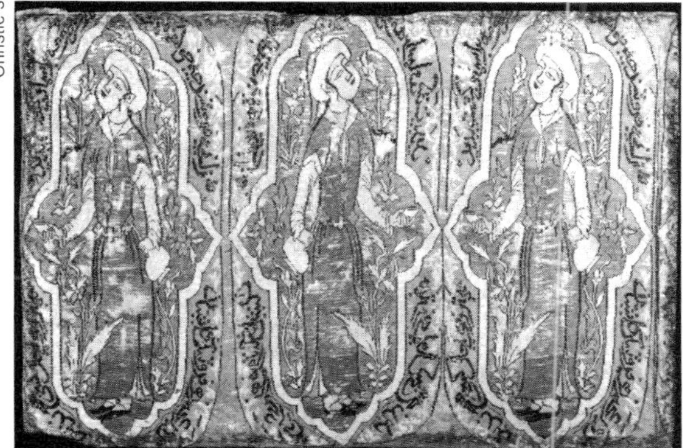

*Fragment de tissu (velours) musulman d'époque séfévide (v. 1700) représentant un prince parmi les fleurs.*

*Chronique des ducs de Normandie* de la seconde moitié du XII^e^ siècle. Les grands seigneurs et les rois ne manquaient jamais de se procurer des dentelles, les enfermant précieusement dans leur garde-meuble. Au début du XV^e^ siècle, il était à la mode de faire broder le velours soit d'écussons, soit de fleurs de lis.

À partir du XVI^e^ siècle, le vert l'emporta, puis, sous Louis XIII, ce fut le rouge, alors que le noir fut de tout temps réservé aux funérailles. Dès le XVI^e^ siècle en Italie, à Venise et surtout à Gênes, les velours furent façonnés, et leur fabrication fut introduite à Lyon au XVII^e^ siècle. En 1753, *le Mercure* mentionne l'établissement à Paris d'une « machine pareille à celle d'Utrecht » pour gaufrer le velours. On peut utiliser plusieurs sortes de velours. Un velours de coton, appelé parfois « velours de gueux » ou « velventine », fut inventé dans la seconde moitié du XVIII^e^ siècle.

Le *velours frappé* apparut à Amiens, et son secret de fabrication fut transporté en Hollande lors de la révocation de l'édit de Nantes en 1685. Le frappage, appelé à tort « gauffrage », consiste à écraser localement le tissu.

Le *velours d'Utrecht,* ou « panne », est un velours à chaîne en fil, à trame en lin ou en laine, alors que le velouté est en mohair.

La *peluche* est une sorte de velours à poils longs.

Le *velours ciselé,* illustré par le velours de Gênes, est employé surtout dans l'ameublement, qui associe le velours bouclé et le velours coupé.

**Venise.**
*Verre.* La présence d'une industrie du verre est attestée à Venise dès le X^e^ siècle. En 1291, le Sénat de Venise décrète l'établissement des ateliers sur l'île de Murano. Les témoignages concernant les risques d'incendie dus au nombre de fours et les nuisances provoquées par les fumées prouvent l'importance de cette activité.

Venise exerce, dès la fin du Moyen Âge, le monopole du commerce sur terre et sur mer avec tout le monde oriental, qui a recueilli par l'intermédiaire de Byzance les techniques héritées du monde antique. Ce rôle unique en Occident fait de la ville le point de transit obligatoire pour tout ce qui vient d'Orient. La chute de Byzance en 1204, son occupation par les Turcs en 1453 font disparaître avec opportunité des centres concurrents, et Venise accueille une partie des artisans orientaux qui s'exilent, consolidant ainsi son hégémonie.

D'autres facteurs interviennent : sur place, les galets du Pô et du Tessin fournissent aux verriers des sables d'une très grande pureté et, des plantes marines (varech), on extrait la soude, plus tard importée d'Espagne. Les

Ader-Picard-Tajan

*Coupe sur piédouche en verre de Venise, à rosace rayonnante en forme de spirale, de couleurs bleu, brique et blanc filigrané. XVI^e siècle. (H. 5,5 cm ; diam. 32,5 cm.) Adjugée 27 100 F par M^es Ader-Picard-Tajan, à Drouot, le 12-X-1981.*

*Dentelle de Venise au point dit « à la rose ». XVII^e-XVIII^e siècle. Musée des Arts décoratifs.*

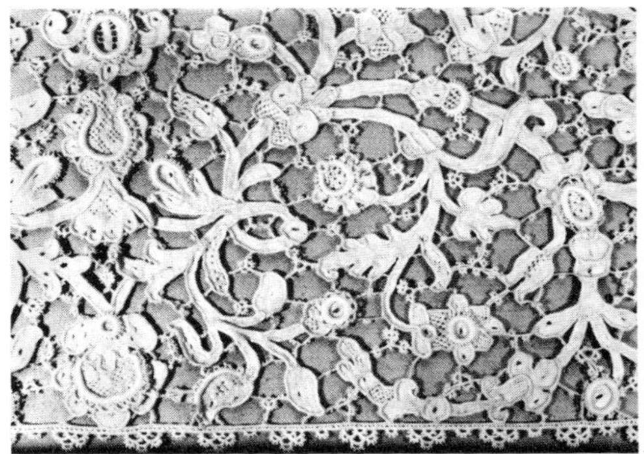

Larousse

*Verre à boire en cristal de Venise. Italie, XVIII^e siècle. Musée des Arts décoratifs.*

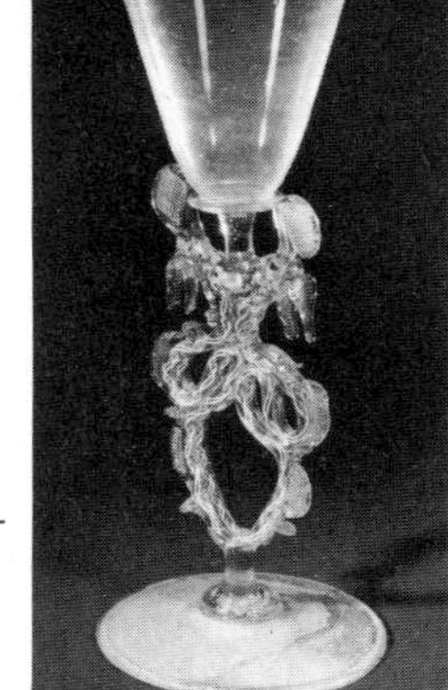

Larousse

techniques verrières sont préservées, et les expérimentations peuvent être tentées. Au début du XV^e siècle, l'adjonction de bioxyde de manganèse confère au verre sodique une pureté et une blancheur inconnues jusque-là, comparables à celles du cristal de roche. Le *cristallo,* ou verre cristallin, est né.

Le verre à base de soude se caractérise par une fusibilité et une plasticité qui favorisent le travail à chaud. Les verriers parviennent, en étirant des motifs en verre à la pince, à de véritables prouesses décoratives (filets, pastillages, torsades, motifs rudentés, bouclettes) qui complètent les formes soufflées. Les verres à pied décorés d'ailettes comptent parmi les réussites les plus recherchées et les plus rares. Toutes les techniques de décor, qu'elles soient anciennes ou inventées (émaillage, dorure aux XV^e et XVI^e siècles, gravure au diamant mettant en valeur le cristallo, décor givré ou craquelé), sont mises en œuvre. Le décor de dentelle *vitro di Trina,* le *latticinio,* le verre imitant les pierres dures, le verre aventurine, les *millefiori* exploitent les ressources du verre coloré.

La production vénitienne fut immense, ainsi que son succès, facilité par une politique d'exportation très moderne répandant l'exemple vénitien dans toute l'Europe. Si des mesures draconniennes (punissant de mort les verriers désireux d'exercer leurs talents ailleurs) tentèrent de maintenir secrète la fabrication, le verre « façon Venise » fut cependant fabriqué à Altare, en France (Provence, Lorraine, Normandie, Paris), en Autriche, en Allemagne (Munich, Nuremberg), en Espagne et au Portugal, sans que l'on puisse préciser les dates de fabrication.

Jusqu'au XVIII^e siècle, Venise continue de produire une verrerie somptueuse, mais, ne parvenant pas à se renouveler, elle ne peut surmonter l'éclipse imposée par l'arrivée du verre de Bohême.

*Faïence et porcelaine.* Tout au long des XVI^e, XVII^e et XVIII^e siècles, Venise fabriqua des plats de faïence et des pièces de forme — d'une qualité certainement inférieure à celle d'Urbino et de Faenza —, qui rappellent par leurs formes et leurs décors l'orfèvrerie de l'époque. Proviennent également de Venise ces plats à fond bleu qui rappellent — bien que moins bien finis — les pièces de Faenza et de Nevers, avec lesquelles l'amateur non avisé peut les confondre. Toute une série de marques existe, la plus intéressante étant celle d'un œillet, du maître faïencier Garofalo.

Vers 1720, Francesco Vezzi, orfèvre de formation mais attiré par ces belles créations des manufactures de porcelaine germanique, s'associe avec Konrad Hunger, qui a fui successivement Meissen et Vienne ; ces voyages expliquent la ressemblance des pièces vénitiennes (pots, tasses, vases, « chinoiseries ») avec celles des deux manufactures germaniques.

Le kaolin arrivait en fraude de Saxe et, quand Hunger fuit pour la troisième fois (cette fois-ci Venise pour retourner à Meissen), la source s'épuise. Vezzi essaya sans succès d'utiliser la terre blanche de Tretto, et la manufacture ferma définitivement ses portes vers 1730.

*Dentelle.* Venise fut également le berceau de la fabrication de dentelles au fuseau (guipures à rinceaux, fleurs ornementales plates), exécutées aussi à Gênes et à Milan.

Cet artisanat connut une gloire particulière à la fin du XV^e siècle et au début du XVI^e siècle. Les plus grands artistes travaillaient à la composition des dessins. Au XVII^e siècle, la République vénitienne condamnait à mort les ouvrières qui exportaient leur art à l'étranger, et particulièrement en France ; elle faisait emprisonner les familles restées à Venise pour les obliger à revenir. Au milieu du XVII^e siècle, le déclin de Venise, qui ne crée plus de dessins nouveaux et copie les dentelles françaises, est amorcé.

On fait aussi à Venise et dans ses environs de la dentelle à l'aiguille, et il existait au début du siècle une école d'où sortaient les meilleures ouvrières.

Les points de Venise sont des guipures à barrettes picotées et à dessins ornés de fleurs brodées en relief. Ils ornent le beau linge, tel que nappes et draps.

**ventes.** *Ventes du crédit municipal.* Le crédit municipal, ancien « mont-de-piété », fondé en 1777, organise régulièrement des ventes aux enchères, composées des lots qui n'ont pu être dégagés par les bénéficiaires d'un prêt sur gage. Les ventes sont dirigées par des commissaires-priseurs dans les mêmes conditions que les ventes publiques. Les pièces présentées sont surtout de l'argenterie et des bijoux (Crédit municipal de Paris, 55, rue des Francs-Bourgeois, 75004).

*Ventes des Domaines.* V. DOMAINES.

*Ventes publiques.* V. ENCHÈRES, HÔTEL DES VENTES.

**Véramine.** Située près de Rayy [Raghès], à 50 km de Téhéran, sur la piste des caravanes qui traverse la Perse du nord au sud, cette ville fut la capitale de la province à l'époque mongole, qui favorisa un extraordinaire essor économique et culturel. Elle donne son nom à une vaste production de céramiques argileuses à décor assez sommaire de glaçures colorées en vert, en bleu turquoise et en brun de manganèse (rosaces, hachures) ; cette production (dite aussi « provinciale » ou « populaire ») est diffusée sans grande variante de la Méditerranée à la Transoxiane.

Véramine est aussi un centre de tapis. Le champ de ces derniers est généralement composé d'un décor floral (marguerites ou vases répétés) qui se détache sur un fond bleu ou ivoire. La bordure est parcourue d'arabesques ou semée de grosses fleurs et de palmettes.

En laine, il est noué au nœud persan ou parfois turc sur une chaîne et une trame de coton.

**verdure** n. f. En tapisserie, pièce où prédominent les végétaux (arbres, feuilles), parmi lesquels peuvent se mêler des animaux (oiseaux), des paysages (lacs, parcs) ou plus rarement des figures. Lorsque la tapisserie contient une anecdote, des personnages ou des éléments architecturaux importants, elle ne peut être appelée « verdure ». Les ateliers flamands (Bruxelles, Anvers, Valenciennes, Audenarde notamment) ont eu, du XVI<sup>e</sup> au XVIII<sup>e</sup> siècle, pour spécialité des verdures aux teintes vert bleuté, décoratives et très recherchées par toutes les cours européennes. Actuellement, si les verdures du XVI<sup>e</sup> siècle sont rares, des verdures flamandes du XVIII<sup>e</sup> siècle, en revanche, peuvent être achetées pour 50 000 F environ.

**vermeil** n. m. Le vermeil ancien est obtenu jusque vers 1840 par dorure au mercure puis par électrolyse. Les objets de vermeil, anciens ou modernes, doivent porter les poinçons légaux de garantie de l'argent et n'ont pas de marque particulière. Au Moyen Âge, le mot « vermeil » désignait un ton de rouge. Il s'appliqua ensuite à une dorure sur métaux de ton rouge ; depuis le XVIII<sup>e</sup> siècle, il s'applique uniquement à de l'argent massif doré et non aux objets de cuivre ou de bronze, même dorés à l'or fin.

Le vermeil était généralement réservé aux pièces décoratives, ou encore aux assiettes et aux couverts à entremets. Il est assez fragile, et il faut éviter de le frotter trop énergiquement sous peine de voir disparaître, à la longue, la couche d'or. *(V. dorure.)*

**vernis** n. m. Liquide transparent appliqué en couches sur les meubles pour assurer leur conservation. Les vernis sont composés d'alcool ou d'essence de térébenthine additionné d'huile de lin, de gomme de sandaraque et de collophane.

Le vernissage au tampon, qui donne aux meubles une surface brillante, est une longue et délicate opération qui s'exécute en trois phases : le bouchage-porage consiste à poncer la surface du bois (d'abord décapé et raclé) avec un mélange d'alcool et de poudre abrasive pour boucher les pores du bois et rendre celui-ci le plus lisse possible ; le tamponnage, ou vernissage proprement dit, est réalisé lorsque la préparation de vernis à l'alcool est appliquée sur toute la surface d'un geste rapide et régulier pendant au moins une demi-heure ; après un séchage de vingt-quatre heures, cette opération est renouvelée avec un mélange légèrement plus fluide et plus huileux pour éclaircir les couches précédentes. Le séchage doit donner une surface parfaitement polie et sans la moindre trace de tampon.

Selon Roubo, le vernis blanc, ou vernis de Venise, « passé en plusieurs couches et poli au tampon, assure une bonne finition des ouvrages d'ébénisterie ».

Divers vernis de compositions très variées sont utilisés pour les bronzes, les cuivres et les autres métaux pour les protéger et leur donner un aspect brillant.

**vernis Martin.** Vernis mis au point vers 1730 par les quatre frères Martin : Guillaume († 1749), Julien († 1783), Robert (1706-1766) et Simon Étienne († 1770). Ce vernis imite, pour les décors de meubles et d'objets, les laques de Chine et du Japon. Le « secret » des frères Martin consistait à coller des feuilles de papier, à les passer au four pour les durcir, à les peindre de toutes sortes de couleurs, à les vernir à la résine de copal et à les glacer à la gomme arabique.

Selon un arrêt du Conseil du 18 février 1744, Guillaume et Simon Étienne, le cadet, reçurent le privilège royal de « fabriquer pendant vingt ans toutes sortes d'ouvrages en relief et dans le goût du Japon et de la Chine ». Ce privilège leur permettait de baptiser « Manufacture royale » leur atelier principal, situé faubourg Saint-Martin. Robert, qui portait le titre de « vernisseur du roi de Prusse », exploitait le même procédé faubourg Saint-Denis et fut chargé de divers travaux de peinture dans les appartements de Versailles de 1749 à 1756. Quant à Guillaume, installé rue Magloire, il décorait de son vernis meubles et carrosses.

Lazare Duvaux*, le fournisseur principal de M<sup>me</sup> de Pompadour, a commandé à l'un ou l'autre des frères Martin d'innombrables objets, tels que boîtes, étuis, tabatières, plateaux, cadres de miroirs, garde-vue (abat-jour), ainsi que des cabinets, des secrétaires, des commodes, des tables. Les ateliers des frères Martin ont été actifs jusqu'en 1785. Dans *l'Ami des hommes,* Mirabeau fustigeait les frères Martin en les rendant responsables des « excès de luxe ».

**verre** n. m. Corps solide, fragile et cassant. Transparent, le verre peut être rendu opaque ou coloré. Il est le résultat

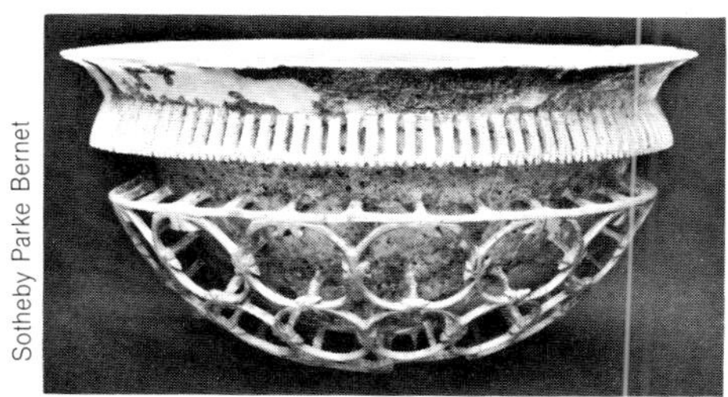
Sotheby Parke Bernet

*Vase diatètre en verre transparent irisé sur les parois intérieure et extérieure. Époque romaine, vers 300 apr. J.-C.*

*Verres d'époque romaine :* à gauche, *œnochoé à col cylindrique largement évasé, anse avec de très belles irisations. (H. 14,2 cm.) Adjugé 3 200 F.* Au milieu, *flacon à panse globulaire. (H. 12,3 cm.) Adjugé 1 800 F.* À droite, *gourde de forme aplatie. (H. 14,4 cm.) Adjugée 3 300 F. Vente de M<sup>es</sup> Ader-Picard-Tajan, à Drouot, le 13-V-1981.*

Ader-Picard-Tajan

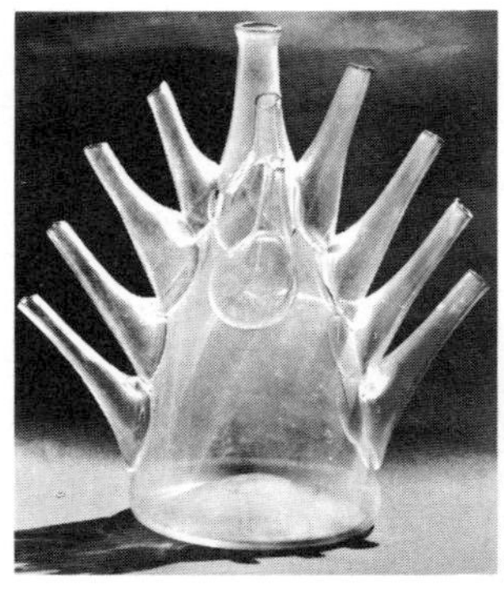

*Tulipier en verre des Verreries de l'Orne. XVI^e siècle.*

Nicolas Prudhomme

Christie's

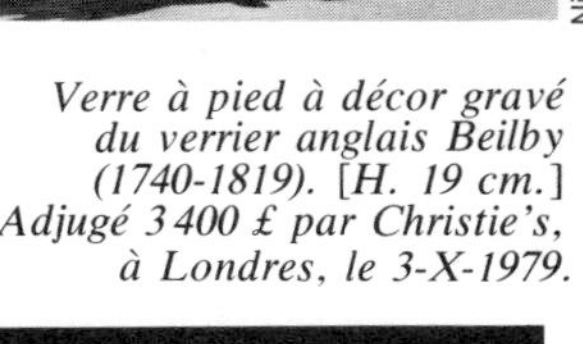

*Verre à pied à décor gravé du verrier anglais Beilby (1740-1819). [H. 19 cm.] Adjugé 3 400 £ par Christie's, à Londres, le 3-X-1979.*

*Bouteille de mariage en verre gravé, datée 1850.*

Joël Laffay

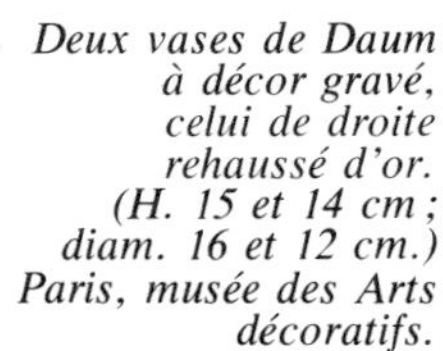

*Deux vases de Daum à décor gravé, celui de droite rehaussé d'or. (H. 15 et 14 cm ; diam. 16 et 12 cm.) Paris, musée des Arts décoratifs.*

Musée des Arts décoratifs

Louvre des antiquaires

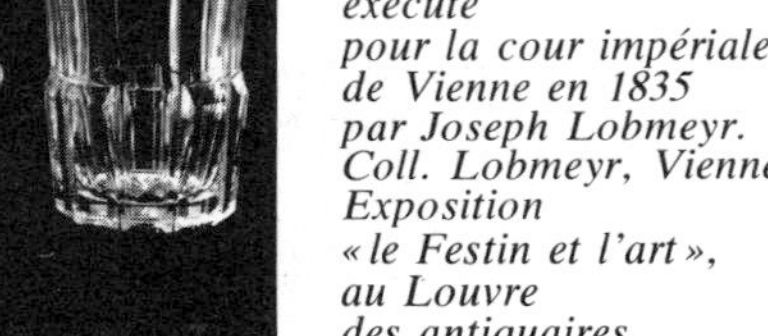

*Service de table en cristal exécuté pour la cour impériale de Vienne en 1835 par Joseph Lobmeyr. Coll. Lobmeyr, Vienne. Exposition « le Festin et l'art », au Louvre des antiquaires.*

d'un mélange et d'un processus chimique dont la complexité explique en partie le mystère qui l'a toujours accompagné durant son histoire. Les origines du verre ne sont pas établies avec certitude. Parmi les nombreuses anecdotes connues, celle qui rapporte sa découverte par des marchands syriens ou phéniciens qui auraient fait brûlé en plein air du bois sur des blocs de soude est improbable. Aujourd'hui, les recherches tendent à montrer que les expérimentations progressives menées parallèlement dans l'art de la céramique sur les glaçures et les couvertes vitrifiées et dans l'industrie du fer ont conduit à la mise au point du verre.

J. Barrelet rappelle que la composition chimique de l'ancien verre égyptien et celle de l'ancienne glaçure de pierres ou de faïences étaient essentiellement les mêmes. Dès le IV^e millénaire av. J.-C. apparaissent les premières traces de verre, sous forme de glaçure. Un millénaire plus tard, le verre semble exister indépendamment de la faïence, sous forme de perles ou d'éléments de parure ; mais, si ces objets sont correctement datés, peut-être s'agit-il de pièces en faïence qui, au cours d'une fusion trop poussée, seraient devenues du verre. Finalement, certains scientifiques ne placent pas l'apparition du verre autonome avant 1500 av. J.-C., époque pendant laquelle on trouve, en Égypte et dans le Proche-Orient, des pièces d'un style plus évolué. Les verres de la XVIII^e dynastie, en Égypte, marquent la naissance de l'industrie du verre.

La définition la plus simple du verre est celle d'un « liquide refroidi à l'excès passé à l'état de solide sans subir de changements de structures notables ». Dans sa composition entrent en proportions variables de l'alcali, du silice et de la chaux.

Les silices sont des sables, le plus pur possible, des galets (Venise) ou des silex, des quartz (Bohême) concassés. Selon les pays et leurs sources d'approvisionnement, les alcalis sont de la soude obtenue à partir de la combustion de plantes marines (cendres d'alcali en Égypte, barilla en Espagne, varech) ou de la potasse obtenue à partir de la fougère, de la cendre de bois ou des résidus de betteraves. La soude ou la potasse sont des oxydes basiques et tiennent lieu de fondant qui abaisse le point de fusion et allonge la durée de viscosité : le façonnage à chaud est alors possible.

Les pierres calcaires (ou les métaux comme le plomb dans la fabrication du cristal) rendent le verre insoluble. Mais de multiples recettes ont été tentées dans les ateliers de l'industrie verrière et les secrets de fabrication jalousement gardés.

Cependant, la nature des composants entrant dans la fabrication intervient directement sur la fusibilité du verre et modifie ses propriétés : la soude (v. VENISE) confère au métal une ductibilité, une onctuosité exploitée par le travail à la pince et le modelage. L'emploi de la potasse et de la chaux donne au verre un éclat, une dureté favorables à la taille et à la gravure. La qualité des composants intervient aussi sur l'aspect final du métal : sa couleur, sa pureté, son épaisseur, qui intéressent directement le collectionneur.

**verre à boire.** Selon H. Havard, expression utilisée dès le XIV^e siècle et désignant indifféremment un récipient destiné à contenir une boisson, qu'il soit en verre ou en d'autres matériaux. Le mot remplace les termes de coupe, gobelet et hanap.

Les premiers récipients ont la forme de coupes semi-circulaires plus ou moins hautes mais peuvent aussi avoir celle d'une corne (rhyton). À partir du XV^e siècle, deux types tendent à se fixer : le gobelet et le verre à pied. Exposés d'abord sur des buffets (crédences*), les verres à boire apparaissent ensuite sur des tables avec les boissons et sont servis aux convives selon leurs désirs. Formes et tailles varient selon la boisson qu'ils sont destinés à contenir : vin, bière, hydromel, eau-de-vie. C'est dans les pays germaniques qu'apparaît le mieux cette diversification : les chopes ont des formes tout à fait spécifiques.

Au XVIIe siècle, on distingue définitivement deux catégories de verres : le verre commun, dit aussi « fougère », « pivette » ou « chambourin », et la verrerie fine, d'abord importée de Venise, puis plus tard de Bohême. Cette distinction est à l'origine de styles en vigueur au XVIIIe siècle : dans la première moitié du siècle, les verres sont légers et fins ; les formes massives apparaissent lorsque les cristaux de Bohême s'imposent sur toutes les tables européennes. À cette époque, le verre transparent s'impose sur la table. La matière s'harmonise aux effets délicatement colorés de la porcelaine et de la faïence. De plus, le verre à pied rafraîchi dans un récipient permet d'absorber des boissons fraîches.

Le développement industriel du verre et le triomphe du cristal au plomb favorisent l'apparition des services de table et la création de service de verres, parfois au nombre de six, chacun destiné à une boisson spécifique : eau, vin rouge, vin blanc, champagne, punch, madère. Cette profusion est accompagnée d'une grande recherche décorative : c'est l'apogée du verre à boire de couleur.

**verre irisé.** V. IRISATION.

**verre à salve.** V. FIRING GLASS.

**verre à serpents.** Verre vénitien ou « façon Venise », décoré de cordons enroulés ou de fils de verre en spirale, modelés à la pince. Plus ou moins élaborés, certains modèles comportent des ailettes* latérales.

**verre au pouce.** Verre ou gobelet sur les parois duquel sont appliqués des pastillages particuliers, qui paraissent résulter de la pression du pouce sur le métal mou.

**verre d'eau.** Ensemble formé d'une carafe à eau (éventuellement une autre est réservée à la fleur d'oranger), d'un verre à boire, d'un sucrier et d'un plateau, souvent en opaline. Un exemplaire en cristal de roche témoigne d'un certain luxe.

**verres islamiques.** Héritiers des techniques antiques qu'ils perfectionnent, les Arabes mettent aussi au point divers procédés de décoration : taille par meulage, coloration dans la masse, dorure à reflets métalliques, opacification à l'étain, coloration de la surface par application d'émaux polychromes, dont la Syrie et l'Égypte ont le monopole.

Christie's

*Vase mamelouk à col évasé en verre décoré d'une bande de calligraphie à la gloire du Sultan, sur un fond bleu émaillé, entre une double bande de couleur rouge. XIIIe-XIV[e] siècle. Adjugé 1 400 £ par Christie's, le 15-X-1980.*

Les verres d'Alep et de Damas sont exportés en Europe et en Chine, et les « lampes » destinées aux mosquées comptent parmi les objets les plus prestigieux légués par l'islām. Très rares sur le marché, elles sont imitées, au XXe siècle, notamment par Gallé. On trouve dans les musées des exemplaires remarquables par leur calligraphie en naskhi, se détachant sur des champs de fleurs polychromes. Cette invention est reprise à Murano (Venise) après l'invasion tīmūride.

D'autres verres sont proposés sur le marché. Les verres iraniens de la période séfévide sont des flacons monochromes à long col ployé. Des aiguières, des aspersoirs, des confituriers en cristal taillé et doré, en opaline blanche ou bleue à décor floral d'émaux polychromes proviennent de Beykos sur le Bosphore, fabriqués au XVIIIe siècle et au XIXe siècle par les Ottomans. L'inspiration des arts du feu musulmans est particulièrement nette dans la vaste production européenne.

**verrière** n. f. Cuvette de table que l'on remplissait d'eau froide au XVIIIe siècle pour rafraîchir les verres à boire. Qu'elles soient en argent, en cuivre plaqué d'argent, en faïence ou en porcelaine, les verrières ont le plus souvent une forme ovale, de 25 à 40 cm de long, et leurs rebords, festonnés, comportent une série d'encoches qui servent à retenir les pieds des verres, pour les saisir plus facilement lorsqu'on les retire de l'eau. Certaines fabriques de faïence du Midi ont réalisé d'élégantes verrières ornées de paysages, qui se vendaient généralement par paires. Les verrières en argent massif, qui pèsent jusqu'à 3 kg, valent plus par la qualité des ciselures et la notoriété du maître orfèvre que par leur poids de métal précieux.

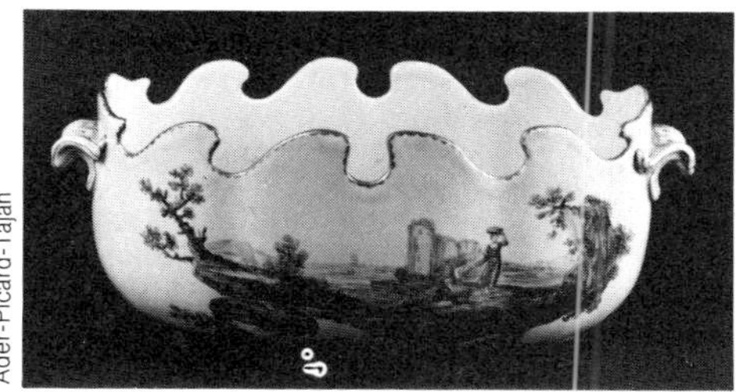

Ader-Picard-Tajan

*Verrière ovale en faïence de Marseille, provenant de la fabrique Joseph Robert (après 1760). Adjugée 10 000 F par M[es] Ader-Picard-Tajan, le 12-VI-1982.*

**verrou** n. m. Parallélépipède ou cylindre de bois ou de fer appliqué contre une platine de fer fondu, découpé ou ciselé, qui est mû au moyen d'un bouton ou d'une patte entre deux crampons. On appelle « targettes » des verrous horizontaux de petite taille et « crémones » des verrous posés verticalement en haut et en bas, servant à fermer les châssis. Les platines et les boutons ont souvent porté des décors gravés ou affecté des formes découpées qui en font des objets de collection et d'ameublement recherchés.

**vertu** (objet de). On nommait jadis « objets de vertu » certains travaux artistiques exécutés par des personnes « de qualité », qui prouvaient par là leurs vertus de patience, de savoir-faire, et leur ardeur au travail manuel, non rémunéré bien entendu. Le travail au tour attirait particulièrement les aristocrates, de la Renaissance au XVIIIe siècle ; ils fabriquaient notamment de hautes coupes et des vases en ivoire tourné, décorés de grosses côtes et de godrons, dont la simplicité des lignes ne laisse guère apparaître la virtuosité que suppose un tel travail sur un tour ovale. Louis XIII adolescent s'amusait ainsi à tourner des vases d'ivoire.

Le terme *object of vertu* est toujours utilisé en Angleterre, au sens large cependant, pour désigner des boîtes en or, miniatures, objets de vitrine et, plus généralement, l'ensemble des bibelots de tabletterie*.

**vest pocket.** Petit appareil photographique de poche fabriqué en grande série et utilisé par les soldats pendant la Première Guerre mondiale.

**Vever** (Henri), bijoutier et écrivain français (1854-1942). Après la mort de leur père (1874), Henri et son frère Paul (1851-1915) font de la firme paternelle la fameuse Maison Vever, rue de la Paix. Maître joaillier, Henri reste spécialisé dans le brillant, respectant le goût d'une clientèle fortunée. Il fait toutefois appel à des dessinateurs tels Eugène Grasset, qui introduit dans la joaillerie les motifs favoris de l'Art nouveau : la femme, le paon ou la plante. Le modèle le plus typique de cette collaboration est *Poésie,* un pendentif présenté à l'Exposition universelle (1900) ayant la forme d'un nu féminin habillé de branches de fleurs. Henri est aussi l'auteur d'une œuvre documentaire importante, intitulée *la Bijouterie française au XIXe siècle.* Avec Cartier, les frères Vever ont enfin mis à la mode des montures légères en platine.

Musée des Arts décoratifs-R. Delval

*Peigne de Paul Vever en écaille et émail sur or ciselé, décoré d'un rameau et de feuilles de gui. Vers 1900. (D. 17 × 10 cm.) Paris, musée des Arts décoratifs.*

**Vichy** (Gustave), fabricant d'automates français qui exerça à la fin du XIXe siècle. Il créa ou reprit d'innombrables modèles inspirés des siècles précédents, dont les plus fameux sont « l'enfant buveur », « le page violoniste » et « le joueur de banjo », dont un exemplaire a été vendu 4 125 dollars (25 000 F) par Sotheby, à New York, le 27-VI-1987.

**victoire** n. f. Divinité allégorique représentée depuis l'Antiquité grecque sous la forme d'une belle femme ailée, coiffée de lauriers et tenant une palme de lauriers à la main. La *Victoire de Samothrace* (Louvre) est la plus fameuse de toutes. Les Romains la représentent sur les arcs de triomphe et les médailles. En art décoratif, l'époque Louis XVI, le Directoire, mais surtout l'Empire ont beaucoup employé cette allégorie en bronze d'ornement sur les meubles ou sculptée sur les monuments (arc du Carrousel).

**vidercome** ou **vidrecome** n. m. (de l'allemand *Wiederkomm,* « au revoir »). Grande chope qui apparaît dans les pays germaniques, d'après Péligot, vers 1553 et dont la forme persiste jusqu'au XVIIIe siècle. En verre blanc ou vert, les vidercomes sont souvent peints de décors émaillés. Les imitations furent nombreuses au XIXe siècle.

**vielle** n. f. Instrument de musique à cordes, en forme de luth ou de guitare, ayant porté les noms de « chiffonie », de « symphonie », d'« organistrum », etc. Une roue de bois, tenant lieu d'archet, est tournée à l'aide d'une manivelle, afin de faire vibrer par frottement certaines cordes tendues perpendiculairement sur l'instrument. La vielle possède généralement une dizaine de cordes, deux chanterelles, quatre bourdons et quatre autres sonnant par sympathie. Les deux chanterelles passent par un chevalet central dans une boîte à clavier, devant deux rangées de sautereaux solidaires des touches sur lesquelles on appuie pour faire chanter la mélodie. Il existe des vielles de facture régionale, faites pour sonner à l'extérieur, provenant particulièrement de l'Allier, signées Pajot, Pimpard, ou de Mirecourt, dans les Vosges, signées Colson. Cependant, les instruments les plus appréciés sont ceux des luthiers parisiens du XVIIIe siècle, surtout s'ils sont signés Pierre ou Jean Louvet, Caron, Varquain. L'intérêt supplémentaire de la vielle est fourni par la tête sculptée qui termine le chevillier, donnant à la lutherie un petit chef-d'œuvre digne des plus beaux objets d'art populaire.

Il existe des vielles organisées, comprenant une rangée de tuyaux que l'on fait sonner à l'aide des touches du clavier, alors que la manivelle actionne un soufflet placé à l'intérieur de l'instrument.

**Vienne.** Deuxième manufacture de porcelaine fondée en Europe par l'empereur Charles VI, qui accorda en 1719 à un Hollandais d'origine huguenote, Claude Innocent Du Paquier, un privilège de fabrication de vingt-cinq ans.

Deux ouvriers faïenciers, venus de Meissen, Christoph Conrad Hunger et surtout Samuel Stölzel, sont à l'origine des premières créations viennoises. En 1720, Stölzel quitte Vienne pour Meissen, entraînant le peintre Johann Gregor Horoldt. Hunger lui-même est déjà parti et Du Paquier ne peut empêcher la reprise de la manufacture par l'État en 1744.

Pendant cette première période, la production est limitée, mais le choix des motifs et les formes sont diversifiés, inspirés par les pièces d'orfèvrerie (« fleurs allemandes », « fleurs indiennes », chinoiseries). Entre 1730 et 1744, le pourpre et le jaune, le rouge et le vert, l'or et le bleu ont dominé.

À partir de 1780, l'art de Sèvres influence Vienne (décoration « rococo », « cailloutée », « à la manière de Watteau »). La présence d'Antonio Grassi et du modeleur Johann Josef Niedermayer introduit à Vienne une inspiration classique et italianisante. Grâce à l'intervention du baron Konrad von Sorgenthal, la manufacture, de nouveau en péril, est sauvé. Pendant cette troisième période, dite « néo-classique », les pièces ont un décor doré d'une très grande finesse. Les motifs sont géométriques, les scènes sont très brillantes et empruntées aux modèles antiques, les couleurs sont très vives (violet, jaune, bleu) ; le style de Grassi domine la manufacture.

Sous la direction de Niedermayer, qui succède à Sorgenthal, le goût Biedermeier, diffusé après les guerres napoléoniennes, caractérise l'art de Vienne.

Les pièces produites par Du Paquier ne sont pas marquées ; celles de la seconde période ont un écusson, couronné ou non, avec trois bandes horizontales. Pendant la troisième période (après 1784), la porcelaine porte des numéros de série et une indication de l'année de production. Les collectionneurs (particulièrement ceux des pays germaniques et des États-Unis) recherchent en priorité les œuvres de la seconde période, dite « flamboyante ». Dans l'échelle des prix, la valeur des plus belles pièces rivalise avec celle des pièces de Sèvres ou de Meissen.

*Encrier rectangulaire en porcelaine de Vienne. Vers 1730. (D. 17 × 15 cm.)*

**Viêt-nam.** Les objets vietnamiens que l'on peut trouver sur le marché sont assez peu recherchés et consistent surtout en panneaux de laque peints. Mais l'art vietnamien, qui est généralement considéré comme un sous-produit de l'art chinois, est peu prisé des amateurs. Cependant, de belles pièces, telles que brûle-parfum en bronze, meubles en bois laqué et sculptés, paravents en laque ou en soie peinte, datant le plus souvent de la période coloniale française, peuvent être achetées.

**vignette** n. f. Dessin servant d'ornement à un texte imprimé. À l'origine, dans les manuscrits, ornement de pampres, qui lui donne son nom, la vignette devient une estampe sur cuivre ou sur bois, de petite dimension, décorant un texte. Employée en bandeau, en cul-de-lampe ou in-texte, elle est particulièrement recherchée dans les livres illustrés du XVIIIe siècle et chez les romantiques.

**vilebrequin** n. m. Outil de menuisier servant à percer des trous circulaires, à les fraiser, à aléser les trous existants. Le vilebrequin est composé d'une pièce de bois en forme de C, à une extrémité duquel sont fixés une poignée ou un tourillon. À l'autre extrémité, un trou carré reçoit une mèche de fer. En principe, les anciens vilebrequins sont entièrement en bois, et les plus récents en fer forgé. Il est cependant recommandé aux collectionneurs de se méfier de ce critère. Certains artisans, jusqu'à la fin du XIXe siècle, préféraient le vilebrequin de bois qu'ils gravaient et ornaient. Dans le vilebrequin à conscience, le pommeau ou la poignée sont remplacés par une plaque galbée afin de pouvoir peser avec le corps sur l'outil.

**Villemot** (Bernard), dessinateur et affichiste français (Trouville 1911). Villemot perpétue la tradition de l'affiche publicitaire de caractère artistique et fonctionnel. L'une de ses plus belles réussites est l'affiche *Bally.*

**Villon** (Gaston Duchamp, dit Jacques), peintre et graveur français (1875-1963). À son arrivée à Paris en 1894, Jacques Villon collabore au *Chat noir,* à *Gil Blas,* à *l'Assiette au beurre,* au *Courrier français,* pour lesquels il campe, un peu à la manière de Forain, de Steinlen ou de Toulouse-Lautrec, les personnages classiques des Grands Boulevards parisiens. De 1900 à 1910, il fournit à l'éditeur Sagot de superbes gravures (des nus et la série des *Bains* de Minne). Si la peinture le reprend et l'absorbe (dans son atelier de Puteaux se constitue en 1911 le premier noyau de la Section d'or), il reste fidèle à la pointe sèche et à l'eau-forte : la *Petite Mulâtresse* (1911), l'*Équilibriste* (1918). Les nécessités de la vie le contraignent pendant plusieurs années à pratiquer la gravure de reproduction et le savoir-faire de l'artiste s'adapte à merveille au génie de Cézanne, de Van Gogh, de Renoir, de Picasso, de Matisse, de Bonnard, de Dufy, de Modigliani ou d'Utrillo. Après cette riche parenthèse, Villon va reprendre ses créations entièrement personnelles : vues gravées de Beaugency, les *Trois Ordres, Quartier de bœuf,* le *Globe terrestre, Notre Dame-de-Vie de Mougins.* En 1949, le prix international de gravure lui est décerné. Sur le marché de l'art, l'œuvre gravé de Villon est très coté : 57 000 dollars le 6-V-1981 à New York (Sotheby) pour *les Cartes ou la Réussite* (1903, aquatinte en couleurs). Le nom de Jacques Villon est connu des cartophiles pour sa carte postale de la collection des « Cent » (l'une des plus chères de la série) et ses 7 cartes du « Gala Henry Monnier ». À Drouot, le 14-V-1982, son affiche *Maggie Buck* (1904) a atteint 9 000 F.

Bibliothèque nationale

*Eau-forte de Jacques Villon pour* les Yeux fertiles *de Paul Eluard (1936). Paris, Bibliothèque nationale.* © *A.D.A.G.P. 1983.*

**vinaigrette** n. f. Petit flacon à mettre dans la poche ou à porter en breloque au bout d'une chaîne ou d'une châtelaine. La vinaigrette contenait, protégée par une grille, une minuscule éponge imbibée de vinaigre, ainsi que les sels qu'il fallait y ajouter pour combattre efficacement malaises et évanouissements. Les vinaigrettes du XVIIIe siècle sont généralement en or ou en pomponne.

**vinaigrier** n. m. Récipient de formes très diverses. Il existe en faïence, en terre cuite vernissée, en grès et en verre, avec lequel le verrier a cherché à imiter la pierre dure.

*Vinaigrier en terre cuite vernissée. Art populaire du début du XIXe siècle. Adjugé 6 200 F par Mes Blanchetière et Pasquet, au Merlerault le 16-X-1982.*

Blanchetière et Pasquet

Ader-Picard-Tajan

*Porcelaine de Vincennes :* au milieu, *pot à toilette couvert, orné de fleurs polychromes «façon Saxe». Vers 1753. (H. 10 cm.)* A gauche et à droite, *petits pots à toilette couverts, avec prises en forme de boutons de fleurs. Vers 1753, marqués. (H. 8,5 cm.)*

**Vincennes.** V. SÈVRES.

**viole** n. f. Instrument de musique à cordes et à archet qui a remplacé au XV^e^ siècle rebec, gigue et vièle à archet, pour s'imposer jusqu'à la fin du XVI^e^ siècle, quand débute la concurrence avec le violon, auquel il laisse la place à la fin du XVIII^e^ siècle.

La viole possède généralement six cordes ; sa touche est divisée en demi-tons par des frettes. D'une sonorité plus douce que celle du violon, cet instrument est aussi moins anguleux que lui. Le dos, plat, est légèrement brisé pour aller rejoindre le manche. Les C sont ouverts sans être repris à angle droit par les éclisses. Les ouïes, en forme de C, sont souvent différentes d'un instrument à l'autre. Une famille de violes comprend le dessus, la taille, ou ténor, et la viole de gambe. Parmi les instruments à cordes de l'époque des violes ou s'y rapportant, il faut citer : la trompette marine, monocorde composé d'un corps pyramidal allongé, surmonté d'un manche, pouvant dépasser les 2 mètres ; la viole d'amour, comprenant six cordes frottées ainsi que dix (souvent plus) cordes sympathiques ; le baryton, ou « viola di bordone », sonnant le grave de la viole d'amour ; le quinton, qui est une réduction à cinq cordes du pardessus de viole ; l'arpeggione, inventé en 1823 par Georgius Stauffer à Vienne et qui est une sorte de violoncelle ayant la forme d'une guitare, permettant le jeu des arpèges. La diversité des formes de ces instruments, d'une qualité de lutherie souvent exceptionnelle, a toujours attiré autant les musiciens que les collectionneurs.

**violette** (bois de). Bois exotique à grain serré de couleur brun violacé, surtout utilisé en placage. Les ébénistes du XVIII^e^ siècle l'appelaient « bois de violet » ou « jacaranda » ; le bois de violette est en fait du palissandre en provenance du Brésil ou de Guyane. Il tire son nom du léger parfum de violette qu'il dégage lorsqu'on le coupe. Il est apprécié pour sa dureté et l'aspect brillant que lui donne le polissage. En marqueterie, les ébénistes tirent effet de ses veines en l'assemblant « à fil contrasté » ou en l'associant à l'amarante ou au bois de rose.

**Viollet-le-Duc** (Eugène-Emmanuel), architecte, dessinateur et écrivain français (Paris 1814 - Lausanne 1879). Il est célèbre pour ses nombreuses restaurations de monuments français (Notre-Dame-de-Paris, Vézelay, Amiens, Pierrefonds). En dépit des reproches qui lui ont été faits au XX^e^ siècle, on doit à ce visionnaire le sauvetage et même la survie de nombreuses œuvres du patrimoine français. On sait aujourd'hui qu'il a toujours su éviter, dans chaque cas particulier, tout esprit de système. Il a aussi pratiqué l'art du meuble et de la décoration, dessinant lui-même les moindres détails de projets et les créations originales. Ses écrits sont également d'un très grand intérêt pour la connaissance des styles. Il est l'auteur d'un *Dictionnaire raisonné de l'architecture française du XI^e^ au XVI^e^ siècle* (1854-1868) et d'un *Dictionnaire du mobilier* (1858). Sa réhabilitation a été consacrée par une exposition qui s'est tenue au Grand Palais, à Paris, en 1980.

**violon** n. m. Instrument de musique à cordes et à archet. Comme le rebec, la vièle à archet et la viole, le violon prend naissance vers le XVI^e^ siècle. Ne possédant que quatre cordes, il diffère de la viole par un fond bombé, des C plus accentués, des ouïes en forme de *f*, un filet parcourant la périphérie du fond et de la table, une touche lisse ne supportant pas de frettes et un chevillier se terminant par une volute. Duiffopruggart (1514-1570) serait le luthier auteur du premier violon. Deux écoles s'imposent : celle de Brescia, avec Gasparo da Salo (1540-1609) et Giovani Paolo Maggini (1580-1630), et celle de Crémone, fondée par Andrea Amati (v. 1500-v. 1580), chef d'une illustre famille, qui comprend ses deux fils, Antonio (v. 1538 - ?) et Girolamo (1561-1630) et son petit-fils Nicolo (1596-1684). Ce dernier eut pour élèves Antoine Stradivari* et Andrea Guarneri*, deux noms prestigieux, qui firent du violon, par l'étude des volumes et la perfection de la lutherie, à la fois un instrument reconnu, mais aussi une œuvre d'art. Maints noms devenus célèbres ont contribué à la gloire de cet instrument, qu'ils appartiennent à l'école italienne avec C. Bergonzi, N. Gagliano, les Guadagnini, D. Montagnana, F. Ruggieri, Santo Seraphino, C. Testore, à l'école française avec J. F. Aldric, N. A. Chappuy, N. Lupot, C. F. Gand, J.-B. Vuillaume, ou à l'école allemande avec J. Steiner, M. Albani, M. Klotz. Le marché du violon est de loin le plus important pour les instruments anciens. Les musiciens et les collectionneurs attirés par le violon peuvent en reconnaître la qualité de lutherie, la finesse du dessin, la beauté du vernis et, éventuellement quand

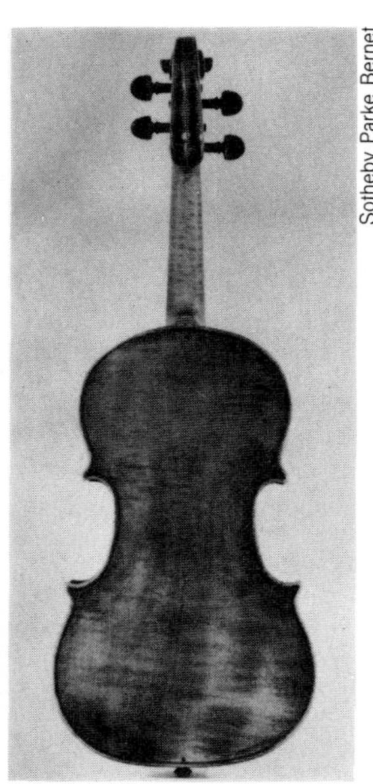

Sotheby Parke Bernet

*Violon exécuté par Joannes Baptista Guadagnini (1773), portant la mention «Joannes Baptista Guadignini Cremonensis fecit Taurini 1773 G.B.G.T.» (L. 35,3 cm.) Adjugé 40 000 £ par Sotheby, à Londres, le 27-III-1981.*

Sotheby Parke Bernet

*Violon réalisé par Joseph Guarneri del Gesù, Crémone 1734. Adjugé 115 000 £ par Sotheby, à Londres, le 17-XI-1977 (il détint alors le record mondial pour un violon).*

l'instrument est bien réglé, la sonorité. Seul le luthier, ajoutant à son esprit d'observation l'expérience de la restauration des instruments anciens, peut se permettre d'envisager une expertise. Les néophytes ont intérêt, avant de s'engager dans un achat onéreux, à ne pas trop se fier à l'étiquette*, souvent apocryphe, collée à l'intérieur du violon, mais plutôt à consulter un professionnel. Sur le marché international, les instruments italiens de l'école de Crémone atteignent les prix les plus élevés.

**violoncelle** n. m. Instrument de musique à cordes et à archet, de la même famille que le violon, dont il est la basse. De construction identique à ce dernier, il possède des éclisses proportionnellement plus hautes. Il appartient au quatuor à cordes classique, qui comprend aussi l'alto, donnant le chant intermédiaire avec le violon. Plus rares que le violon, le violoncelle et l'alto, jugés pour leur lutherie, sont beaucoup plus recherchés par les amateurs.

**violonné.** Se dit de toute forme sinueuse dont le jeu de courbes et de contre-courbes évoque la silhouette d'un violon. Les « tables violonnées » sont caractéristiques du style Louis XV, et le dessin en est souvent accentué sous Napoléon III.

**virginal** n. m. ou **virginale** n. f. Instrument de musique à clavier et à cordes pincées, de dimensions réduites et de forme rectangulaire, qui s'apparente à l'épinette. Le nom de « virginal » fut utilisé par la cour d'Angleterre, afin de désigner tous les instruments à clavier depuis la fin du XVe siècle jusqu'à la fin du XVIIe siècle, et il devint au XVIIIe siècle le synonyme de « spinet ». Les plus grands facteurs de clavecins hollandais, italiens et anglais construisirent des épinettes et des virginals. Ces instruments, très recherchés par les amateurs pour leur rareté, sont souvent agrémentés de peintures ou de très belles marqueteries.

**virole** n. f. Outillage mécanique destiné à contenir le métal fluant par la tranche lors de la frappe. Au XVIe siècle, Aubin Olivier découvrit le principe de la virole brisée, qui permit de canneler la tranche ou d'y graver des lettres.

**vis** n. f. Petite pièce métallique cannelée en spirale que l'on enfonce en la faisant tourner sur elle-même. La suite de filets en creux obtenus s'appelle le « filetage ». Les vis sont utilisées en menuiserie à partir du XVe siècle pour se substituer aux chevilles et aux autres moyens d'assemblage dans les meubles importants. Leur emploi ne se généralise qu'au XIXe siècle. Les vis anciennes sont filetées jusqu'à la tête. Les vis modernes, apparues au début du XIXe siècle, comportent au-dessous de la tête une collerette sans filetage.

**vis-à-vis** n. m. Siège du XIXe siècle à deux places, permettant à deux personnes de s'asseoir côte à côte en sens opposé.

**vitrail** n. m. Grande croisée à croisillons de fer avec châssis de métal garni de vitres généralement peintes et éclairant particulièrement les églises. Le mot « vitrail » n'est employé qu'à partir du XVIIe siècle à la place des vocables « verrine » et « verrière ». Ses origines restent mystérieuses et controversées. Le vitrail, clôture translucide des fenêtres, était connu dès l'Antiquité. Mais l'emploi du verre de couleur et la mise au plomb ne sont signalés que vers les IXe-XIe siècles en Italie (description des fenêtres absidales du Latran par Anastase) et en France (abbaye Sainte-Bénigne, Dijon).

D'après les règles détaillées au XIIe siècle par le moine Théophile *(Diversorum artium schedula),* les verriers tracent déjà au pinceau sur le verre incolore ou teinté les détails du dessin et des hachures d'ombres en couleurs liquides, fixées au four. Au XIIIe siècle, l'art du vitrail domine et impose même à l'architecture sa propre évolution. Tout en gardant le principe de la mosaïque translucide, les artistes recourent soit à la grisaille simple (Auxerre, Troyes), soit à des combinaisons de grisailles et de sujets en couleurs (Châlons-sur-Marne). La découverte du jaune d'argent provoque au XIVe siècle l'extension des encadrements architectoniques, tandis que le procédé du placage des verres conduit à des colorations nouvelles.

Au siècle suivant, les artistes multiplient les verres pour diversifier davantage les couleurs et font un usage croissant des émaux (Moulins, Brou, Auch). Au XVIIe siècle, l'emploi du vitrail tombe en désuétude : les derniers travaux parisiens importants sont à Saint-Gervais et à Saint-Étienne-du-Mont. Oublié depuis deux siècles, le vitrail bénéficie à la fin du XIXe siècle d'un double attrait : la passion pour le passé gothique et les mouvements de l'âme romantique. Le premier aspect aboutit à la renaissance du vitrail religieux, encouragé par la restauration de grands édifices médiévaux (Sainte-Chapelle, Paris ; Saint-Nicolas-du-Port, Lorraine). L'autre attrait est soutenu par la mode romantique du vitrail d'appartement. L'art du vitrail s'améliore : les plombs sont moins importants ; les thèmes sont renouvelés et un progrès chimique multiplie l'aspect et la coloration du verre. Ainsi, Gruber utilise des verres d'origine industrielle (Appert, Paris ; Huppleger, Bruxelles), fabriqués en feuilles de grandes dimensions, ce qui évite l'emploi abondant de plomb. Tiffany lui-même recherche de nouvelles matières en verrerie.

Les « ateliers d'art sacré » adaptent au XXe siècle l'art du vitrail aux tendances de l'art moderne, tentatives facilitées par le cubisme et l'art abstrait. Les techniques ne cessent également d'évoluer, comme ce procédé de la « dalle de verre », enchâssant des verres très épais dans des montures en ciment armé (Léger).

**vitre.** V. BOUDINE ET CIVE.

**vitrification** n. f. Spécialité des frères Daum, mise au point pour l'Exposition universelle de 1900. Enduire le verre d'autres verres réduits en poudre n'est pas nouveau, mais généraliser cette technique en l'appliquant à la plupart des créations et envelopper toute une pièce de poudres multicolores constituent une étape nouvelle, qui permet une étonnante variété et une finesse dans la facture. Cette polychromie, donnant des tonalités franches et gaies, devient la caractéristique incontestable des décorations des Daum.

**Vlaminck** (Maurice de), peintre et graveur français (Paris 1876 - Rueil-la-Gadelière, Eure-et-Loir, 1958). Rebelle à toute académie, Vlaminck, ami de Derain, se montre un fougueux adepte du fauvisme. Attiré par l'estampe, il l'aborde avec des gravures sur bois : *Maisons à Bougival,* 1913 ; *Le Pecq,* 1914 ; *le Moulin vert,* 1914. Cette dernière gravure est publiée par le marchand Kahnweiler, qui lui commande des planches, puis des illustrations de livres. Vlaminck aborde la lithographie dans les années 20. En 1926, il réalise une série de lithographies pour l'illustration du *Diable au corps* de Radiguet. L'intérêt qu'il porte à la gravure sur cuivre est sensible surtout entre 1926 et 1928.

Lauros-Giraudon

*Assiette décorée par Maurice de Vlaminck (1907-1909) dans le style fauve des tableaux de cette époque. Paris, musée d'Art moderne de la Ville. © S. P. A. D. E. M. 1983.*

**Vogel,** relieur français du XIX^e^ siècle. Spécialiste des reliures mosaïquées, Vogel utilisait des maroquins à couleurs très vives, d'un superbe effet décoratif.

Ader-Picard-Tajan

*Reliure mosaïquée de Vogel pour un des volumes de l'œuvre complète de Molière, éditée par L. de Bure en 1825.*

**voitures.** Des ventes de vieilles voitures — qu'on appelle également « automobiles de collection » ou encore « vieux tacots » — ont lieu régulièrement en France depuis 1970. Les firmes britanniques ont commencé ce genre de ventes après la Seconde Guerre mondiale pour satisfaire les amateurs de rallye au volant des plus vieux modèles de l'industrie automobile.

Les collectionneurs distinguent quatre catégories de vieilles voitures. Les « ancêtres », assez rares sur le marché, sont les véhicules antérieurs à 1905, tels que les tricycles à vapeur, les « vis-à-vis » de Dion-Bouton et les premières Peugeot, Panhard ou Renault. Les « vétérans » sont les voitures construites de 1905 à 1914. À ce type appartiennent notamment les Ford modèle T, les Mercedes, les Isotta Fraschini et les grandes marques françaises déjà citées (un modèle Renault du type « taxi de la Marne » s'est vendu 175 000 F le 12-XII-1982). Les « vintages » correspondent à la production des années 20. Ce sont les voitures les plus recherchées et les plus chères (certaines Rolls Royce dépassent le million de francs). Les grandes marques de l'industrie automobile, alors en pleine expansion, attirent aujourd'hui des collectionneurs très nombreux. Les voitures des années 20 s'étendent jusqu'aux « post-vintages » millésimées de 1933 à 1939 (Delage, Delahaye, Citroën traction avant). Enfin, les voitures « d'après guerre », qui comprennent des modèles relativement récents, sont admises dans les ventes de voitures de collection, à condition de présenter des qualités mécaniques exceptionnelles ou des carrosseries particulièrement luxueuses : belles américaines des années 60 ; voitures de sport anglaises ou italiennes (Bugatti, Maserati, Aston-Martin, Jaguar).

Les collectionneurs avertis sont particulièrement exigeants sur le bon fonctionnement de la mécanique, dont les pièces doivent être d'origine, et sur l'état de la carrosserie, qui doit être strictement conforme aux normes du modèle présenté. La rareté de la marque et la signature du carrossier augmentent encore la valeur.

Aux ventes de véhicules de collection se rattachent les voitures hippomobiles : charrettes, breaks de chasse, coupés, fiacres et même omnibus. On a vendu par exemple une « patache » (genre de chaise de poste) datant de 1750 pour 32 000 F à Fontainebleau le 26-IV-1980.

Enfin, les ventes de « motocyclettes de collection », qui se développent depuis 1980, attirent les amateurs de « deux-roues » capables de les entretenir et de les remettre en état.

*Maquette en état de marche d'une voiture mécanique appartenant à l'Administration des postes (Services des dépêches). Elle est attelée à deux chevaux avec quatre personnages. (L. 50 cm.)*

Laurin-Guilloux-Buffetaud-Tailleur

Loudmer et Poulain

Ci-dessus, *Bugatti royale, modèle de 1929. Adjugée 540 000 F par Mes Loudmer et Poulain, le 29-XI-1981.*

Ci-dessous, *Hispano-Suiza décapotable, modèle de 1929. Adjugée 550 000 F par Mes Loudmer et Poulain, à l'hôtel Bristol, le 21-VI-1981.*

Loudmer et Poulain

Comme les chemins de fer, les bateaux ou les avions, la voiture automobile est l'un des thèmes de prédilection des collectionneurs de jouets anciens. Les productions des Allemands sont les plus cotées et les plus soignées (Märklin, Lehmann, Bing, Carette, Hess), mais les marques françaises ont aussi leurs admirateurs : modèles réduits des bolides de l'époque (Panhard-Levassor, de Dion-Bouton, Citroën, Hispano-Suiza) réalisés en tôle peinte et rudimentairement assemblée, petites Citroën, Rossignol, Roitel, Jep, fondée en 1899, et qui eut un énorme succès dans les années 30 ; tous ces modèles destinés aux enfants ne respectent guère l'échelle et ne sont pas toujours solides. Ce n'est qu'en 1933 que la société Dinky-Toys reproduit exactement au 1/43 les automobiles de l'époque. Les modèles les plus rares sont bien sûr ceux qui ont été créés à partir d'un événement sportif (courses Bordeaux-Paris, Paris-Madrid)... Taxis, autobus, limousines, autos de pompiers, beaucoup plus décoratifs qu'une voiture classique, sont aussi beaucoup plus chers. Les automobiles à vapeur ou mécaniques sont, elles aussi, très cotées actuellement et peuvent dépasser 50 000 F !

**Vollard** (Ambroise), amateur d'art, marchand et éditeur (Saint-Denis-de-la-Réunion 1868-Paris 1939). Installé d'abord rue Laffitte à Paris, Ambroise Vollard assura l'édition et la diffusion des plus grands noms de l'estampe contemporaine.

**Voltaire** (fauteuil). Grand fauteuil confortable, à haut dossier incliné, muni de larges accotoirs rembourrés. Le dossier forme un arc de cercle en bois apparent (noyer, hêtre ou poirier noirci). Le seul point commun de ce fauteuil apparu sous Louis-Philippe avec le philosophe dont il porte le nom ne s'explique que par un certain goût du confort.

**volume** n. m. Livre broché ou relié. Dans la librairie, partie matérielle du livre, division due au relieur ou au brocheur. Une œuvre publiée en deux tomes peut être reliée en un volume.

**volute** n. f. Motif décoratif composé d'un enroulement en spirale, qui caractérise les chapiteaux d'ordre ionique. Le centre des circonvolutions s'appelle l'« œil » de la volute. En architecture, consoles et modillons sont fréquemment ornés de volutes. En ferronnerie, on nomme « volute fleuronnée » une volute garnie de rinceaux.

**Vostre** (Simon), libraire-éditeur français. Installé à Paris, il publia de 1486 à 1520 des livres d'heures imprimés, ornés de gravures sur bois peintes ou enluminées, destinés à remplacer les manuscrits à peintures.

**voyelle** n. f. Chaise légère apparue vers 1760 et que les hommes enfourchaient en se plaçant face au dossier, qui était garni d'un coussin de cuir ou d'étoffe permettant de s'accouder confortablement.

**voyeuse** n. f. Siège apparu vers 1750, caractérisé par un dossier surmonté d'une manchette rembourrée sur laquelle s'accoudaient les voyeurs et les voyeuses pour regarder jouer aux cartes.

**Vuillard** (Édouard), peintre et graveur français (Cuiseaux 1868 - La Baule 1940). Artiste discret, intimiste, il fréquenta l'académie Julian, et avec Maurice Denis, Bonnard, Ibels, Sérusier, participa à la création du groupe des nabis. Il est présent dans l'estampe avec les lithographies de *la Revue blanche* et les albums des peintres-graveurs d'Ambroise Vollard *(Paysages et intérieurs).* Ses créations atteignent des prix importants : *les Deux Belles-Sœurs* (litho de 1899) furent vendues 40 000 F le 19-VI-1981 à Drouot ; *Jeux d'enfants* (litho de 1897), 21 000 francs suisses chez Kornfeld et Klipstein à Berne le 26-VI-1981.

**Vuillaume** (Jean-Baptiste), luthier français (1798-1875). Issu d'une famille de luthiers originaire de Mirecourt depuis le XVIIe siècle, cet habile ouvrier travailla chez Chanot en 1818 et s'établit à son compte en 1828. Ses copies de Stradivari, de Guarneri et de Maggini font de lui un maître incontesté de la lutherie française. Son goût pour le commerce l'amena à faire une production importante, dans laquelle il est possible de discerner les instruments courants. Si son nom apparaît sur de nombreux archets marqués au fer, c'est qu'il sut s'entourer de nombreux archetiers de talent. Vuillaume est aussi l'inventeur de l'octobasse, instrument à trois cordes, visible au Conservatoire national de musique de Paris.

Bibliothèque nationale

*Fauteuil Voltaire. Dessin aquarellé, extrait du recueil de La Mésangère (1802-1835). Paris, Bibliothèque nationale.*

Laurin-Guilloux-Buffetaud-Tailleur

*Peinture chinoise sur soie (époque Song), représentant le monastère de la « montagne des Tigres », une des cinq montagnes sacrées souvent désignées sous l'appellation* wuyue.

**Waldglas.** Désignation allemande du verre de fougère.

**Walter** (Amalric), verrier français (1870-1959). Avec Henry Bergé, dessinateur, Walter fut un collaborateur des frères Daum. Après son apprentisage à l'École nationale de Sèvres, il entre chez les Daum pour mettre au point la réalisation de la pâte de verre (1906). Les nombreux modèles — coupes, cendriers, plateaux ornés d'animaux, figurines, comme la Loïe Fuller d'après V. Prouvé — fabriqués par lui sont façonnés par H. Bergé (1906-1914), qui cherche son inspiration dans la nature et chez les horticulteurs. En 1919, Walter fonde son propre atelier, signant de son nom, seul ou associé à celui de Bergé. Leurs pâtes de verre sont très prisées, comme ce vide-poche « au crabe » vert et marron à décor en relief « au naturel », emporté à 54 500 F (Drouot, 18-IV-1986). Les coupes à décor animalier sont très recherchées.

**waqf** (bien de mainmorte). Mention manuscrite d'une graphie particulière et constante qui peut être gravée sur certains objets métalliques ou inscrite dans la marge des manuscrits orientaux, notamment religieux (Coran), déposés dans la bibliothèque d'un bâtiment public (mosquée, madrasa). Bien que la mention waqf stipule « que ce bien est inaliénable » on trouve parfois sur le marché de tels objets, qui proviennent de vols ou de butins de guerre.

**Warin** ou **Varin** (Jean), médailleur français (1604-1672). Il a rénové l'art de la monnaie et de la médaille sous Louis XIII, et a réussi à imposer la technique du balancier après un siècle environ d'opposition des ouvriers monnayeurs. Son œuvre la plus célèbre reste la création des louis d'or et d'argent pour Louis XIII, comprenant notamment les fameuses pièces de 10 et de 8 louis d'or frappées pour le jeu du roi.

**Wedgwood.** Nom lié à toute une production de pièces en porcelaine tendre produites d'abord très méticuleusement puis presque en série, à la manufacture de Burslem, en Angleterre, fondée vers 1758 par Josiah Wedgwood (1730-1795). Cette production, qui a eu une très grande renommée tout au long de la seconde moitié du XVIII^e^ siècle et durant le XIX^e^, concerne une grande quantité de pièces de forme, des médaillons, des services à thé, des camées, etc., dans un genre de biscuit décoré par des personnages en relief sur un fond en couleur uni et mat — bleu, mais aussi marron, violet, noir et même vert. Ces pièces sont de style très néoclassique, et leur décoration reflète l'intérêt causé par les fouilles de Pompéi et d'Herculanum vers 1770 ; elles sont très recherchées par les collectionneurs — plus ou moins amateurs — de Londres à Paris et de Washington à Tōkyō.

Il faut rappeler que cette production est en grande partie responsable de la décadence de la faïencerie française de qualité, car, après le traité franco-anglais de 1786, qui a ouvert les portes à l'importation de produits moins chers d'Angleterre, de nombreuses porcelaines tendres (« Wedgwood », « Adam », « Leeds », etc.) venues d'outre-Manche ont rejoint le marché français.

Les œuvres de Wedgwood, marquées en creux et en toutes lettres dans la masse, ont été très copiées et plagiées tout au long de la fin du XVIIIe siècle et jusqu'à nos jours. Les imitations les plus notoires sont d'origine allemande (manufacture de Thuringe).

Larousse

*Théière en jaspe du céramiste Josiah Wedgwood, dont le décor en frise, inspiré par les scènes antiques, se retrouve dans la plupart de ses pièces de céramique. Musée de Sèvres.*

**Wei.** V. CHINE.

**Weisweiler** (Adam), ébéniste français d'origine allemande (Neuwied-sur-le-Rhin 1744 - Paris 1820). Il obtint la maîtrise à Paris en 1778 et devint un des fournisseurs attitrés de Marie-Antoinette.

Il n'exécuta que des meubles somptueux, en laque ou en bois précieux, rehaussés de bronzes délicatement sculptés, dont le pupitre de Marie-Antoinette en laque de Chine (conservé au musée du Louvre). Il fabriqua des commodes, des tables, des consoles, des bureaux ainsi que des meubles mécaniques ; ses meubles en laque rejoignent par le style ceux de Vandercruse-Lacroix, alors que ses meubles en bois ressemblent à ceux de Riesener. Adam Weisweiler se retira en 1809.

Il a inspiré les ébénistes du second Empire, et notamment Beurdeley.

**Weston** (Edward), photographe américain (1886-1958). Né dans l'Illinois, Edward Weston ouvrit en 1911 un studio à Tropico (Glendale). Une exposition de peinture moderne, qu'il visita en 1915, eut sur lui une influence décisive. Plus tard, Weston détruisit une partie des négatifs réalisés avant 1922. Ses images (nus, paysages, études de formes) sont le résultat d'un long et patient travail de préparation. Edward Weston eut quatre fils, dont trois tiennent une place dans la photographie : Neil figure souvent comme modèle dans ses photographies de nu masculin ; Brett, photographe lui-même, travailla avec lui de 1930 à 1940 ; Col devint son assistant et c'est lui qui, selon sa volonté, procéda au tirage posthume de ses négatifs.

Christie's

Coquillages *(1927), photo de Weston vendue 19000 dollars par Christie's, le 15-V-1980.*

**Whistler** (James Abbot Mac Neil), peintre et graveur américain (Lowell, États-Unis, 1834 - Londres 1903). Whistler se signale en 1858 comme aquafortiste, à Paris d'abord (12 eaux-fortes d'après nature, ou *Suite française*) puis à Londres où il grave une série sur la Tamise. En gravure, il rejette le recours à tout procédé mécanique et réprouve l'emploi de la couleur, sauf pour la lithographie. Mais, pour lui, chaque épreuve est en soi une image indépendante qu'il entend traiter et travailler comme telle. En lithographie, Whistler n'hésite pas à employer le papier-report, qui permet de ne pas dessiner directement sur la pierre.

*Table tricoteuse en placage d'acajou, plateau creux à un côté abattant, montants à cannelures réunis par une entretoise mouvementée à double évolution, pieds fuselés. Ornementation de bronze ciselé et doré. Elle porte l'estampille de Weisweiler et la marque au feu du château de Fontainebleau. Époque Louis XV.*

Ader-Picard-Tajan

Il a contribué à la réputation de la lithographie artistique en couleurs. En 1880, il rapporte d'un séjour de quatorze mois à Venise une quarantaine d'eaux-fortes étonnantes pour leur réalisme. Les amateurs font à ses œuvres un accueil empressé, qui se traduit par des prix et des enchères élevés : 20 000 dollars le 13-XI-1981 à New York (Sotheby) pour *Nocturne,* eau-forte de 1879.

**White** (Clarence Hudson), photographe américain (1871-1925). Clarence White débuta dans la photographie en 1895, où son travail attira l'attention d'Alfred Stieglitz. À partir de 1907, il enseigna la photographie à l'université Columbia, puis ouvrit sa propre école en 1916 à New York.

**Wiener Werkstätte.** Les Wiener Werkstätte, ateliers viennois, sont nés, en 1903, de la collaboration d'Otto Wagner avec Joseph Maria Olbricht, Joseph Hoffmann, Klimt. Leur but était de réunir des ouvriers d'art et des artistes dans une sorte de coopérative où seraient établis des contacts étroits entre les arts décoratifs et l'architecture ainsi qu'entre les créateurs et le public. Ils comptèrent les cartes postales artistiques au nombre de leurs activités.

**Willebrand** ou **Wilerand** (Johan), fabricant allemand d'instruments scientifiques (Francfort-sur-le-Main ? - Augsbourg 1726). Il entre comme apprenti dans l'atelier du cadranier Johann Martin, dont il devient plus tard le beau-frère. En 1703, il s'installe à son compte, mais il rencontre de grandes difficultés avec la corporation des horlogers, car il n'était pas d'Augsbourg, et il n'obtient pas la maîtrise : il est seulement autorisé à travailler « sans intervenir dans la fabrication des montres et sans avoir aucun ouvrier ». En 1720, il reprend l'atelier de Martin, et la fabrication des cadrans de cette qualité s'arrêtera à sa mort faute de formation d'apprenti. Willebrand porte au plus haut point de perfection les cadrans solaires équinoxiaux ; ceux-ci sont en général en argent partiellement doré, robustes, légers et admirablement gravés.

**Willette** (Adolphe Léon), peintre, dessinateur et écrivain français (Châlons-sur-Marne 1857 - Paris 1926). Caricaturiste, polémiste, Adolphe Willette a participé au *Chat noir,* au *Courrier français,* au *Rire.* Il fonda quelques revues éphémères *(le Pierrot, le Pied de nez)* et participa à la création du *Journal des humoristes.* On lui doit d'adorables *Pierrot* et *Colombine* ainsi que des affiches de toutes sortes : de spectacle *(l'Enfant prodige* aux Bouffes-Parisiens, *le Cabaret du ciel),* d'exposition (*le Salon des Cent,* 1897), et même de campagne électorale (*Willette, candidat antisémite,* 1889).

**winchester** n. f. Carabine à répétition en service aux États-Unis pendant la guerre de Sécession (1861-1865) et popularisée par les westerns.

**windsor-chair.** Chaise d'origine anglaise, très utilisée dans les colonies américaines du XVII^e^ au XIX^e^ siècle, généralement en bois tourné sur pieds fuselés. En revanche, son dossier peut avoir différentes formes : il peut être bas (« low-back »), incurvé (« loop-back »), en éventail (« fan-back »), en peigne (« comb-back »), ou décoré de cercles (« hoop-back »).

**wing-chair** ou **grandfather-chair.** Fauteuil à haut dossier tapissé, de style européen, introduit dans les colonies américaines depuis l'époque « Queen Anne », équivalent du fauteuil à oreilles. Son siège est flanqué d'ailes saillantes de part et d'autre du dossier pour protéger des courants d'air.

**Worcester.** À la différence des manufactures continentales de porcelaines — qui sont toutes plus ou moins dues à des initiatives et à la protection des rois, des princes et des seigneurs des lieux ainsi que, et plus tard, de l'État —, les fabriques anglaises sont toutes le résultat d'initiatives privées à intérêt purement commercial.

La seule manufacture anglaise qui ait continuellement produit depuis sa création jusqu'à nos jours est la Worcester Royal Porcelain Company, qui a brillamment fêté son bicentenaire avec une belle exposition à Londres en 1951, quoiqu'elle ait certainement existé d'une manière ou d'une autre depuis 1748 (pièces marquées Bristol-Worcester).

Comme Chelsea (déjà fondée en 1745), Worcester s'est très tôt orientée vers des buts commerciaux et lucratifs ; c'est à ces deux manufactures anglaises qu'il faut attribuer la première vraie publicité, avec catalogues et prix, pour la mise en vente de leurs produits !

Worcester est surtout connue pour la production de vaisselle, bien qu'en raison de la fragilité de la porcelaine anglaise les pièces d'usage courant aient très peu survécu. La source d'inspiration des décors de la première période de Worcester, les plus recherchés, est autant les motifs extrême-orientaux que les thèmes de l'orfèvrerie de l'époque. Les marques de cette manufacture sont des imitations des marques chinoises de l'époque Ming et de l'époque Kangxi, à savoir un carré avec des idéogrammes à l'intérieur ; une autre marque rappelle une demi-lune.

D'un point de vue historique, on attribue au D^r^ John Wall, un des fondateurs de cette manufacture et chimiste de talent, l'invention du procédé de décor par impression, qui a dominé depuis une grande partie de la production britannique et continentale de porcelaine tendre.

**wucai** (mot chinois signifiant « cinq couleurs »). Terme appliqué aux céramiques chinoises décorées de vert, de jaune de chrome, d'aubergine, de rouge et de bleu, pour les distinguer des sancai*. Les wucai furent réalisés principalement à partir de la dynastie des Yuan.

**wuyue.** Terme désignant en Chine les cinq montagnes sacrées du bouddhisme (sur le mont Wutai), dont le motif est souvent rencontré dans l'iconographie bouddhique, ou encore les cinq montagnes sacrées de la mythologie chinoise : au nord, le Heng Shan (dans le Shanxi) ; au sud, le Heng Shan (dans le Hunan) ; à l'est, le Tai Shan (dans le Shandong) ; à l'ouest, le Hua Shan (dans le Shanxi) ; au centre, le Song Shan (dans le Henan). Ces cinq montagnes sont généralement symbolisées par le Tai Shan (le « Pic de l'Est »). Elles sont souvent représentées en peinture.

**Wyon** (les), famille de médailleurs anglais des XVIII^e^ et XIX^e^ siècles. Les deux membres les plus connus sont peut-être William (1795-1851) et Leonard Charles (1826-1891), qui a gravé, sous la reine Victoria, un nombre considérable de monnaies destinées à l'Angleterre et à l'Empire britannique.

**xylographie** n. f. En Extrême-Orient, les xylographies furent utilisées en Chine probablement dès le VIII^e^ siècle pour l'impression des livres sacrés du bouddhisme et elles continuèrent d'être utilisées pour l'imprimerie jusqu'à la découverte des caractères mobiles, d'abord en céramique et en bois, puis en métal (invention coréenne). Il existe d'ailleurs encore en Corée dans le monastère Hae-in Sa à Hab-cheon, près de Gyeong-sang, un ensemble de 81 137 plaques de bois gravées représentant la totalité des Écritures bouddhiques et datant de 1236. Cependant, l'art de la xylographie atteignit son apogée avec l'apparition des ukiyo-e, ou estampes japonaises (v. JAPON), au début du XVIIe siècle. Les planches gravées (d'ouvrages ou d'ukiyo-e) sont extrêmement rares.

En Europe, ce mode d'impression dit « tabellaire » parvint au XIIe siècle et fut supplanté par la découverte de l'imprimerie.

Le terme de « xylographie » s'emploie d'une manière générale pour désigner les gravures antérieures au XVIe siècle et s'applique aussi bien à la planche gravée qu'aux images et aux textes.

**Yakas.** Les Yakas vivent près de deux grands affluents méridionaux du Zaïre, le Kouango et le Kouilou.

Les Yakas emploient en bois des masques formés d'un petit visage, au nez démesuré, dont le prolongement qui sert de poignée est caché par une collerette de fibres. Ces masques sont surmontés d'une coiffure, véritable sculpture en vannerie, recouverte d'une étoffe en raphia enduite de résine et peinte.

**yao.** Terme chinois signifiant « four de potier » et recouvrant généralement toutes les sortes de poteries et de céramiques.

**yazma.** Tissu de coton à décor peint à la main ou imprimé à l'aide de clichés en bois. Très répandu en Turquie, où il remplace les étoffes brodées ou brochées, le yazma est aussi exporté en Syrie, en Égypte et dans les Balkans. On l'emploie pour différents usages : mouchoirs pour transporter les vivres, coiffes de femmes, turbans, grands sachets dits « botcha », couvertures, taies d'oreillers, etc. Il existe deux types de yazma : l'un peint au pinceau, l'autre estampé. Dans le premier cas, le tissu est tendu sur un métier recouvert d'alun, qui empêche les couleurs de s'étendre. Le dessin est esquissé à l'indigo avec une plume d'oie, puis coloré avec des matières colorantes végétales fondues dans de l'eau gommée. La toile, une fois peinte, est plongée dans l'eau bouillante ou lavée à l'eau de mer pour fixer les couleurs. Dans le second cas, le décor est imprimé au moyen de clichés gravés sur bois et imprégnés de couleurs qu'on presse fortement sur le tissu. Il est le plus souvent noir ou bleu-noir. Dans ce cas, il faut une couleur par cliché. Les motifs, fleurs ou feuilles fleuries de fantaisie, peuvent être retouchés au pinceau.

**yin** et **yang.** En Chine et dans les philosophies taoïques, signes représentant respectivement l'aspect négatif et l'aspect positif de la vie et du cosmos. Ces deux aspects ne sont nullement opposés, mais sont complémentaires et sans cesse en interaction. Ils sont représentés par une ligne pleine (yang) ou une ligne interrompue (yin), qui se combinent par groupes de 6 pour former des hexagrammes, qui sont, selon le Yijing, un ouvrage ancien, au nombre de 64, redonnant toutes les combinaisons possibles de la vie. Ils sont également représentés dans le signe du Tao *(Dao)* qui les réunit (blanc = yin, rouge = yang) et qui est largement utilisé dans la décoration chinoise et la décoration coréenne.

**yingqing.** V. QINGBAI.

**Yixing.** Ville ancienne chinoise du Jiangsu, où l'on produisit une céramique cuite à très haute température (grès) de couleur rougeâtre et chamois non vernissée.

**Yomoud.** Tapis réalisé par les Turkmènes Yomoud, qui voyagent le long du cours inférieur du Tekké.

Très finement noué au nœud turc ou persan, le Yomoud est un tapis de format généralement allongé, extrêmement solide. Son champ est décoré soit de rangées ordonnées de losanges aplatis hérissés de crochets, soit de motifs géométriques plus linéaires. La bordure principale est ornée de motifs en arêtes de poissons ou de bâtonnets à fourches multiples, tandis que, sur les nombreuses autres bordures secondaires, courent des grecques ou divers petits motifs géométriques très finement dessinés.

Le velours, la trame et la chaîne sont en laine ou en poil de chameau. La couleur rouge domine dans le fond, sur lequel se détachent les motifs aux dessins principalement blancs et noirs.

**Yoroubas.** Les Yoroubas peuplent le sud-ouest du Nigeria et une partie du Bénin. Tous se disent venus d'Ife, capitale religieuse et foyer d'art étonnant.

Le pays yorouba pose bien des énigmes par le raffinement de sa culture : le courant d'art d'Ife se transmit au Bénin qui récupéra la technique du bronze à cire perdue.

L'art du bois se caractérise par des statuettes dites « ibeji », sculptées par paire pour des jumeaux, aux formes très naturalistes. De grands poteaux de soutènement pour les cases des chefs représentent les dieux et tout particulièrement Obatala (sur son cheval et souvent coiffé d'un grand chapeau).

L'ensemble africain le plus important de statues en pierre est celui des environs d'Esie, dans la province d'Ilorin, en pays yorouba, qui ne compte pas moins de 800 pièces. Ces figures, mesurant environ 50 cm, représentent des personnages le plus souvent assis sur des tabourets. Leur traitement les rapproche de la dernière période des bronzes et terres cuites d'Ifé.

L'art des Yoroubas est très apprécié des amateurs. Aussi la cote est-elle élevée pour les pièces de qualité, mais elle demeure anormalement basse pour de jolies statuettes « ibeji », gracieuses et décoratives.

**Yuan.** V. CHINE.

**Yuezhou.** Ancienne ville chinoise (auj. Shaoxing) dans le Zhejiang, qui produisit de nombreuses céramiques de ce nom, notamment pendant la dynastie des Song du Sud.

*Gourde de pèlerin à décor blanc et bleu du début de l'époque Ming, portant, au cœur de la fleur stylisée, le symbole « yin et yang » représentant les aspects négatifs et positifs de la vie, toujours mêlés et complémentaires. Adjugée 56 626 £ par Christie's, à Tōkyō, le 17-II-1980.* En haut, *détail du « yin et yang », représenté ici par un dessin en S.*

Christie's

**Yuruk.** Tapis généralement de petit format allongé, aux décors géométriques, confectionné par les Yuruks, tribus kurdes qui parcourent les territoires de la Turquie orientale et de l'Iran occidental. Son champ se compose généralement de trois médaillons en losanges hérissés de crochets enserrant plusieurs autres losanges concentriques aux coloris alternés. Dans la bordure figurent de petits motifs géométriques : étoiles, rinceaux anguleux à crochets ou simples rubans. Le Yuruk possède un velours de laine assez haut. Sur le fond, le plus souvent bleu ou rouge, se détachent les motifs aux couleurs plutôt claires : jaune, beige, vert, blanc...

**Zapotèques.** Les Zapotèques furent les habitants de Monte Albán, dans la province de Oaxaca, au Mexique. Leur chronologie s'étend de 400 av. J.-C. à 1000 apr. J.-C. Les Zapotèques réalisèrent des gravures sur pierre d'influence olmèque et des terres cuites étonnantes de majesté, particulièrement dans les urnes funéraires, où les personnages, au visage d'esprit olmèque, portent de somptueux vêtements. Le masque de jade vert du musée de Mexico est leur œuvre.

**Zendjan.** Site du nord-ouest de l'Iran, dans le district de Garrus, où ont été trouvées des céramiques datées entre le XI<sup>e</sup> et le XIII<sup>e</sup> siècle. Dans le commerce, cette production fut longtemps appelée « guebri » ou « guebre », du nom des adeptes du zoroastrisme, qui se réfugièrent dans cette région à l'arrivée des musulmans. Elle a des caractéristiques précises : pâte argileuse brune à décor fortement champlevé*, blanc ivoire sur fond brun rougeâtre ou vert bouteille sur fond presque noir. L'iconographie, très originale, doit beaucoup aux traditions sassanides et à l'*Avesta* (textes sacrés du mazdéisme) : ce sont des animaux fabuleux (oiseaux à tête de lion, félins mi-ours, mi-chiens à tête d'aigle et au visage anthropomorphe) sur fond de grosses palmettes ou, plus rarement, d'énigmatiques personnages aux attitudes hiératiques et porteurs d'emblèmes mystérieux, et quelquefois des calligraphies à caractère coufique.

Ces céramiques sont assez rares sur le marché ; il faut se méfier des copies, identifiables par leur dessin lâche, aux formes grossières, aux thèmes incongrus et à la glaçure trop vitreuse.

**Zhou.** V. CHINE.

**zigzag** n. m. Motif ornemental obtenu par une suite de chevrons ou de bâtons rompus. Très utilisés dans l'art roman normand, les zigzags sont aussi très présents sur les objets d'art populaire.

**zinc** n. m. Métal à la fois dur, ductile et résistant à l'oxydation. Il est utilisé en feuilles finement laminées comme revêtement intérieur de certains meubles, tels que les rafraîchissoirs*.

**zinzolin** ou **zizolin** n. m. En passementerie, couleur intermédiaire entre le rouge et le violet.

**zircon** n. m. Gemme d'un vif éclat, employée en joaillerie. D'un indice de réfraction élevé, le zircon offre une gamme de couleurs qui va du jaune pâle au brun-rouge. Plus rares sont les zircons vert. Des traitements thermiques peuvent rendre incolores les zircons bruts. On ne doit pas confondre les zircons avec les pierres artificielles abusivement appelées « zircons ».

**zizelu** ou **cicelu** n. m. Banc d'âtre à trois places, typique du mobilier basque. Le panneau central du dossier est un volet qui, soutenu par un pied vertical, se transforme en table. Le zizelu, souvent sculpté de motifs géométriques, est en principe réservé à l'ancêtre, au chef de famille, qui s'y fait servir ses repas face au foyer.

**zodiaque** n. m. Sorte de cadran astrologique sur lequel tournent plusieurs disques portant chacun des inscriptions, le plus grand étant réservé aux douze signes du zodiaque. Ce curieux instrument d'origine persane devait être destiné à tirer des horoscopes. Les zodiaques de fabrication européenne sont rares, mais ils figurent également sur des instruments tels que le calendrier, l'astrolabe, les globes terrestres.

**zogan.** Terme japonais regroupant toutes les techniques de décoration des surfaces (métal, céramique, bois) utilisant des incrustations soit de métal, soit d'autres matières (bois, ivoire, tissu, cuir, céramique, nacre).

**zootrope** n. m. Jouet optique inventé par l'Anglais Horner en 1833, un an après l'invention du phénakistiscope, et qui offre sur celui-ci l'avantage de supprimer le miroir intermédiaire. On place à l'intérieur du tambour une bande imprimée de dessins décomposant les mouvements successifs d'un animal ou d'un personnage et on regarde par un créneau. Largement diffusé en Angleterre, en France comme en Allemagne au XIX<sup>e</sup> siècle, le zootrope est actuellement très recherché des collectionneurs. Le très rare zootrope à vapeur de Planck coûte environ 20 000 F.

**Zoulous.** V. BANTOUS.

*Patineuse, figurine de J. W. Splengler en porcelaine de Zurich. (H. 14 cm.)*

C. A.

**Zurich.** Fabrique de céramique qui aurait été fondée par un peintre-modéliste de Höchst vers le milieu du XVIII<sup>e</sup> siècle. Des porcelaines dures, mais aussi des faïences et des porcelaines tendres, marquées d'un Z et inspirées des décors germaniques et français de l'époque, y ont été créées de 1763 à 1770. Avec Nyon, Zurich est la seule manufacture suisse de renommée internationale, et ces deux centres appartiennent à des ouvriers peintres-faïenciers indépendants.

**Zwischengoldglas.** V. ÉGLOMISÉ.

# Orientation bibliographique

*Cette bibliographie présente une sélection, d'une part, d'ouvrages essentiels, parfois très anciens et épuisés mais à la base de nos connaissances, et, d'autre part, d'ouvrages d'accès facile pour les lecteurs et complétant les informations données dans le dictionnaire.*

*La bibliographie est organisée par rubriques alphabétiques; à l'intérieur de celles-ci, l'ordre alphabétique des noms d'auteur ou des titres d'exposition a été choisi.*


## Ouvrages généraux

J. BEDEL, *les Antiquités et la Brocante,* Paris, Larousse, 1980.
J. FLEMING, H. HONOUR, *The Penguin Dictionary of Decorative Arts,* Harmondsworth, Penguin Books, 1977.
A. GONZALES-PALACIOS, *Antiquariato, Enciclopedia delle Arti Decorative,* Milan, Fabbri, 1981 (3 vol.).
H. HAVARD, *Dictionnaire de l'ameublement et de la décoration,* Paris, Quantin, 1887.
G. JANNEAU, *Dictionnaire des styles,* Paris, Larousse, 1966.
A. SAINT-CLAIR, *le Dictionnaire des antiquités et de la brocante,* Verviers, Gérard, 1971; nouvelles éd. Marabout, 1979.
P. VERLET, *Styles, meubles, décors du Moyen Âge à nos jours,* Paris, Larousse, 1972 (2 vol.).
E. VIOLLET-LE-DUC, *Dictionnaire raisonné du mobilier français de l'époque carolingienne à la Renaissance,* Paris, Bance, Vve A. Morel, 1858-1875 (8 parties en 6 vol.).

## Affiche

*L'Affichomanie,* catalogue d'exposition, Paris, musée de l'Affiche, 1979.
J. BARNICOAT, *Histoire concise de l'affiche,* Paris, Hachette, 1972.
*La Belle Époque,* catalogue d'exposition, Paris, musée des Arts décoratifs, 1964.
*L'Estampe et l'Affiche* (revue), Paris, Pelletan, 1897-1899.
M. GALLO, *l'Affiche, miroir de l'histoire,* Paris, Robert Laffont, 1973.
B. HILLIER, *Histoire de l'affiche,* Paris, Fayard, 1973.
E. MAINDRON, *les Affiches illustrées 1886-1895,* Paris, Boudet, 1896.
*Les Maîtres de l'affiche,* Paris, Chaix, 1896-1900; rééd. Le Chêne, 1978.
*Trois Siècles d'affiches françaises,* catalogue d'exposition, Paris, musée de l'Affiche, 1978.
A. WEILL, *l'Affiche française,* Paris, P. U. F., 1982.

## Antiques

J. F. et L. AUBERT, *Statuettes égyptiennes, chouabtis, ouchabtis,* Paris, Librairie d'Amérique et d'Orient, 1974.
J. CHARBONNEAUX, *les Terres cuites grecques,* Paris, P. U. F., 1956; les Bronzes grecs, Paris, P. U. F., 1957.
F. VILLARD, *les Vases grecs,* Paris, P. U. F., 1956.
Voir aussi BIJOUX, BRONZES, NUMISMATIQUE, VERRES.

## Argenterie-orfèvrerie

E. BEUQUE, M. FRAPSAUCE, *Dictionnaire des poinçons de maîtres orfèvres français du XIVe siècle à 1838,* Paris, H. Floury, 1929.
S. BRAULT, Y. BOTTINEAU, *l'Orfèvrerie française au XVIIIe siècle,* Paris, P. U. F., 1959.
L. CARRÉ, *Guide de l'amateur d'orfèvrerie française,* Paris, 1930; rééd., Paris, De Nobele, 1974.
S. GRANDJEAN, *l'Orfèvrerie du XIXe siècle en Europe,* Paris, P. U. F., 1962; *Catalogue des tabatières, boîtes et étuis des XVIIIe et XIXe siècles du musée du Louvre,* Paris, R. M. N., 1982.
H. HAUG, *l'Orfèvrerie de Strasbourg dans les collections publiques françaises,* Paris, R.M.N., 1978.
J. HELFT, *les Grands Orfèvres de Louis XIII à Charles X,* Paris, Hachette, 1965; *le Poinçon des provinces de France,* Paris, De Nobele, 1967.
L. LANEL, *l'Orfèvrerie,* Paris, P. U. F., 1944.
H. NOCQ, *le Poinçon de Paris. Répertoire des maîtres orfèvres de la juridiction de Paris depuis la fin du Moyen Âge jusqu'à la fin du XVIIIe siècle,* Paris, Laget, 2e éd., 1968.

## Armes

J. BEDEL, *les Armes à feu,* Paris, ABC Collection, 1973.
M. COTTAZ, *l'Arme à feu portative française,* Paris, 1971.
P. DELAUNES, *les Armes blanches françaises,* Paris, ABC Collection, 1975; *les Armes à feu européennes,* Paris, ABC Collection, 1976.
J.-Cl. DEY, M. ENCAUSSE, A. JACOB, *les Armes à système,* Marnes-la-Coquette, Éd. DEJ., 1980 et 1981 (2 vol.).
A. JACOB, *les Armes blanches de l'islam,* Paris, ABC Collection, 1975; *les Armes à feu américaines,* Paris, ABC Collection, 1976.
V. NORMAN, *Armes et Armures,* Paris, Hachette, 1964.
C. H. TAVARD, *le Livre des armes et armures de l'Antiquité au Grand Siècle,* Paris, Hier et Demain, 1977.
VENNER, *le Livre des armes. Pistolets et revolvers,* Paris, La Pensée moderne, 1972.

## Art déco, Art nouveau

J. BLOCH-DERMANT, *l'Art du verre en France, 1860-1914. Guide du collectionneur,* Lausanne-Paris, Édita-Denoël, 1974.
Y. BRUNHAMMER, *le Style 1925,* Paris, Roger-Baschet, 1975.
L. BUFFET-CHALLIÉ, *le Modern Style,* Paris, Roger-Baschet.
B. CHAMPIGNEULLE, *Encyclopédie de l'Art nouveau,* Paris, Somogy, 1981.
DAUM, *Daum, maîtres verriers,* Lausanne-Paris, Édita-Denoël, 1980.
P. GARNER, *Gallé,* Paris, Flammarion, 1977; *Encyclopédie des arts décoratifs,* Paris, Bordas, 1981.
R. GUERRAND, *l'Art nouveau en Europe,* Paris, Plon, 1965.
R. HUYGHE, J. RUDEL, *l'Art et le monde moderne,* Paris, Larousse, 1970 (2 vol.).
P. KJELLBERG, *Art déco, les maîtres du mobilier,* Paris, Éd. de l'Amateur, 1981.
A. LAJOIX, *la Céramique en France 1925-1945,* Paris, Sous-le-Vent, 1982.
F. MARCILHAC, *l'Art nouveau 1900,* Rennes, Ouest-France, 1981.
E. PÉLICHET, *la Céramique Art nouveau,* Paris, Bibliothèque des arts, 1976.
M. RHEIMS, *l'Objet 1900,* Paris, Arts et Métiers graphiques, 1964.
C. VANE PERCY, *Lalique verrier. Guide du collectionneur,* Lausanne-Paris, Édita-Denoël, 1977.
M. RHEIMS, *l'Objet 1900,* Paris, Arts et Métiers graphiques, 1964.

## Automates

J. BEDEL, F. DEFLASSIEUX, *les Automates,* Paris, ABC Collection, 1974.
A. CHAPUIS, E. GELIS, *le Monde des automates,* Paris, Blondel de la Mongery, 1928; *les Automates dans les œuvres d'imagination,* Neufchâtel, Éd. du Griffon, 1947.
J. PRASTEAU, *les Automates,* Paris, Gründ, 1968.

## Bande dessinée

*Bande dessinée et figuration narrative,* catalogue d'exposition, Paris, musée des Arts décoratifs, 1967.
G. BLANCHARD, *la Bande dessinée,* Verviers, Gérard, 1969.
P. FRESNAULT et DESRUELLE, *la Bande dessinée,* Paris, Hachette, 1972.
BERA, DENNI et MELLOT, *les Trésors de la bande dessinée,* catalogue encyclopédique, Paris, 1981-82 et 1983-84.

## Bibliophilie

P. J. ANGOULVENT, F. CALOT, L. M. MICHON, *l'Art du livre en France,* Paris, 1931.
S. DAHL, *Histoire du livre, de l'Antiquité à nos jours,* Paris, 1933.
*Le Livre,* catalogue d'exposition, Paris, Bibliothèque nationale, 1972.
J. A. NÉRET, *Histoire illustrée de la librairie et du livre français,* Paris, Lamarre, 1953.
ROUVEYRE, *Connaissances nécessaires à un bibliophile,* Paris, 1899 (10 vol.).

## Bijoux

E. COCHE DE LA FERTÉ, *les Bijoux antiques,* Paris, P. U. F., 1956.
C. FREGNAC, *les Bijoux, de la Renaissance à la Belle Époque,* Paris, Hachette, 1967.
H.-D. FROMANGER, *Bijoux et Pierres précieuses,* Paris, Hachette, 1970.
J. LANLLIER, M.-A. PINI, *Cinq Siècles de joaillerie en Occident,* Fribourg, Office du livre, 1971.

## Bronzes

H. BERMAN, *Bronzes Sculptors and Foundors, 1880-1930,* Chicago, Abage, 1974-1981 (4 vol.).
J. CHARBONNEAUX, *les Bronzes grecs,* Paris, P. U. F., 1958.
Ch. HAUSER, *la Fonte d'art,* Lausanne, Bonvent, 1972.
P. KJELLBERG, *les Bronzes du XIXe siècle.* Édit. de l'amateur, Paris, 1987.
H. LANDAIS, *les Bronzes italiens de la Renaissance,* Paris, P. U. F., 1958.
J. MONTAGU, *les Bronzes,* Paris, Hachette, 1965.
J. RUDEL, *Technique de la sculpture,* Paris, P. U. F., 1980.

## Carte postale illustrée

*Annuaire Berry de la philatélie et de la carte postale illustrée,* Paris, 1904 et 1905.
*Argus Fildier de la carte postale,* depuis 1976.
A. KYROU, *l'Âge d'or de la carte postale,* Paris, Balland et Terrain vague, 1966.
NEUDIN, *l'Officiel international des cartes postales* (publication annuelle depuis 1975 et éditions régionales).
RENIEU, *la Carte postale illustrée, considérée du point de vue des arts graphiques et des sujets représentés,* Bruxelles, éd. du musée du Livre, 1924.
S. ZEYONS, *les Cartes postales,* Paris, Hachette, 1979.

## Céramique

A. M. BELFORT, *la Céramique,* Paris, Hachette, 1978.
J.-G. BOYAZOGLU, L. DE NEUVILLE, *les Faïences de Delft,* Paris, Grancher, 1980.
J. BULTÉ, *Initiation à la faïence,* Rennes, Ouest-France, 1980.
R. J. CHARLESTON, *World Ceramics,* Londres, Hamlyn, 1975.
L. DANCKERT, *Nouveau Manuel de la céramique européenne,* Paris, Bibliothèque des arts, 1979.
P. DUPONT, *Porcelaines françaises,* Paris, Éd. de l'amateur, 1987.
M. ERNOULT-GANDOUET, *la Céramique du XIXe siècle,* Paris, Gründ, 1969.
*Les Faïences françaises,* catalogue d'exposition, Paris, 1980.
P. H. FOUREST, *l'Œuvre des faïenciers français du XVIe à la fin du XVIIIe siècle,* Paris, Hachette, 1966.
C. FRÉGNAC, *les Porcelainiers français du XVIIIe siècle,* Paris, Hachette, 1964; *la Faïence européenne,* Fribourg, Office du livre, 1976.
J. GIACOMOTTI, *Catalogue des majoliques des musées nationaux,* Paris, R.M.N., 1974.
A. HALLÉ, *la Porcelaine européenne au XIXe siècle,* Fribourg, Office du livre, à paraître.
F. LABAYLE, *Initiation à la céramique,* Rennes, Ouest-France, 1980.
P. W. MEISTER, *la Porcelaine européenne,* Fribourg, Office du livre, 1980.
O. POPOVITCH, *la Faïence de Rouen,* Rennes, Ouest-France, 1979.
TARDY, LESUR, *les Poteries et Faïences françaises,* Paris, Tardy, 1969-1979 (3 vol., 2e éd.).

## Cuivres, dinanderie

L. MAGNE, *l'Art appliqué aux métiers,* « Décor du métal : le cuivre et le bronze », tome V, Paris, H. Laurens, 1917.
M. PERRIER, *le Livre du dinandier,* Paris, Dessain et Tolra, 1979.

## Dentelle

M. FOURISCOT, *la Dentellière,* Paris, Berger-Levrault, 1979.
A. LEFÉBURE, *Dentelle et Guipure,* Paris, Flammarion, 1904.
A. ROUX, *les Tissus d'art,* Paris, Éd. pittoresques, 1931.

## Estampe

J. ADHÉMAR, *la Gravure originale au XVIIIe siècle,* Paris, Somogy, 1963; *la Gravure originale au XXe siècle,* Paris, Somogy, 1967; *la Gravure,* P. U. F., (« Que sais-je ? »), 1972.

A. BÉGUIN, A. GRIFFITH, M. MÉLOT, *Histoire d'un art, l'estampe,* Genève, Skira, 1980.
E. BÉNÉZIT, *Dictionnaire des peintres, dessinateurs, graveurs et sculpteurs,* Paris, Gründ, 1911-1923, 1948-1955, 1976.
M. LACLOTTE, *Petit Larousse de la peinture,* Paris, Larousse, 1979 (2 vol.).
*La Lithographie française des origines à nos jours,* catalogue d'exposition, Paris, Fondation nationale des arts plastiques, 1982.
H. WECHSLER, *la Gravure, art majeur,* Paris, Cercle d'art, 1969.

## Étains

Ch. BOUCAUD, *les Pichets d'étain, mesures à vin de l'ancienne France,* Paris, chez l'auteur, 1958.
Ph. BOUCAUD, *Deux Cent Cinquante Poinçons d'étain. Faux, copies, imitations, trucage;* Paris, chez l'auteur, 1970.
Ph. BOUCAUD, C. FRÉGNAC, *les Étains des origines au début du XIX^e siècle,* Fribourg, Office du livre, 1978.
C. BOUCHON, *les Étains,* Rennes, Ouest-France, 1981.
TARDY, *les Étains français,* Paris, Tardy, 1957.

## Extrême-Orient

J. AUBOYER, *les Arts de l'Asie orientale,* Paris, P. U. F., 1976.
J. AUBOYER, J.-L. NOU, *Bouddha,* Genève, Skira, 1982.
C. et M. BEURDELEY, *le Mobilier chinois,* Fribourg, Office du livre, 1980; *la Céramique chinoise.*
J. CAHILL, *la Peinture chinoise,* Genève, Skira, 1960.
M. P. DAVID, *Arts et Styles de la Chine,* Paris, Larousse, 1953.
L. FRÉDÉRIC, *Japon, art et civilisation,* Paris, Arts et Métiers graphiques, 1969; *la Peinture indienne,* Genève, Famot, 1980.
B. Ph. GROSLIER, *Indochine, carrefour des arts,* Paris, Albin Michel, 1961.
K. HERBERTS, *Oriental Lacquer : Art and Technique,* Londres, Thames and Hudson, 1962.
Ch. KIM, W. Y. KIM, *Corée, 2000 ans de création artistique,* Fribourg, Office du livre, 1966.
D. LION-GODSCHMIDT, *les Poteries et Porcelaines chinoises,* Paris, P. U. F., 1957.
A. NEWMAN, E. RYERSON, *Japanese Art, a Collector's Guide,* Londres, G. Bell and Sons, 1962.
B. W. ROBINSON, *The Art of Japanese Sword,* Londres, Faber and Faber, 1961.
H. ROUSSET, *Arts de la Corée,* Fribourg, Office du livre, 1977.
W. SPEISER, R. GOEPPER, J. FRIBOURG, *Arts de la Chine,* Fribourg, Office du livre, 1964.
*Trésors d'art coréen,* Paris, musée Cernuschi, 1961-1963.

## Ferronnerie-serrurerie

H. CLOUZOT, *l'Art de la ferronnerie ancienne et moderne,* Paris, 1896.
H. HAVARD, *la Serrurerie,* Paris, Delagrave, 1882.
R. LECOQ, *Ferronnerie ancienne,* Paris, Massin, 1961; *Serrurerie ancienne,* Paris, Librairie Gadelge, 1973; *les Objets de la vie domestique,* Paris, Berger-Levrault, 1979.

## Horlogerie

E. GELIS, *l'Horlogerie ancienne, histoire, décor et technique,* Paris, Gründ, 1950.
R. MEIS, *les Montres de poche,* Paris, Bibliothèque des arts, 1980.
R. MÜHE, H. VOGEL, *Horloges anciennes,* Paris, Bibliothèque des arts, 1978.
J. Cl. SABRIER, *le Guidargus de l'horlogerie de collection,* Paris, Éd. de l'Amateur, 1982.
R. TARDY, *la Pendule française, 1^re partie : Des origines à la pendule Louis XV; 2^e partie : De Louis XVI à nos jours; 3^e partie : les Provinces françaises. Horloges et pendules étrangères,* Paris, Tardy, 1964; *Dictionnaire des horlogers français,* Paris, Tardy, 1971 (2 vol.); *la Bibliographie générale de la mesure du temps,* Paris, Tardy, 1947; rééd. 1980.

## Instruments de musique anciens

A. CHAPUIS, *Histoire de la boîte à musique et de la musique,* Lausanne, Scriptar, 1955.
M. CONTINI, *Stéréostory 1877-1977, 100 anni di reproduzione sonora,* Rome, Publisuono, 1978.
N. DUFOURCQ, *la Musique, les hommes, les instruments, les œuvres,* Paris, Larousse, 1965 (2 vol.).
L. GREILSAMER, *l'Anatomie et la Physiologie du violon, de l'alto et du violoncelle,* Paris, Delagrave, 1924.
M. MERSENNE, *Harmonie universelle,* Paris, Sébastien Cramoisy, rééd. C. N. R. S., 1963.
C. PIERRE, *les Facteurs d'instruments de musique et la facture instrumentale,* Paris, Sagot, 1893.
A. RAISNER, *le Livre de l'harmonica,* Paris, Le Temps présent, 1961.
E. RAPIN, *Histoire du piano et des pianistes,* Paris, Bertout, 1904.
C. SACHS, *The History of Musical Instruments,* New York, 1940.
G. TINTORI, *Gli instrumenti musicali,* Turin, Unione tipografico, 1971.
R. VANNES, *Dictionnaire universel des luthiers,* Bruxelles, 1951.
P. WILSON, G. WEBB, *Modern Gramophones and Electrical Reproducers,* Londres, 1929.

## Instruments de marine

J. RANDIER, *l'Antiquaire de marine,* Paris, Éd. maritimes et d'outremer, 1973; *les Instruments de marine,* Paris, Arthaud, 1978.

## Instruments scientifiques

M. DAUMAS, *les Instruments scientifiques aux XVII^e et XVIII^e siècles,* Paris, P. U. F., 1953.
H. DEMORIANE, *l'Art de reconnaître les instruments anciens,* Paris, Hachette, 1974.
H. MICHEL, *les Instruments des sciences,* Belgique, 1980.

## Islām

*Arts de l'Islam des origines à 1700, dans les collections publiques françaises,* catalogue d'exposition, Paris, 1971.
*The Arts of Islam,* catalogue d'exposition, Londres, Hayward Gallery, 1976.
R. ETTINGHAUSEN, *la Peinture arabe,* Genève, Skira, 1962.
G. FEHÉRVÁRI, *Islamic Metalwork of the Eight to the Fifteenth in the Keir Collection,* Londres, Faber and Faber, 1976.
B. GRAY, *la Peinture persane,* Genève, Skira, 1961.
A. LANE, *Early Islamic Pottery. Mesopotamia, Egypt and Persia,* Londres, Faber and Faber, 1947; *Later Islamic Pottery. Persia, Syria, Egypt, Turkey,* Londres, Faber and Faber, 1957.
B. LEWIS, *le Monde de l'Islam,* Bruxelles, Sequoia, 1976.
G. MARÇAIS, *l'Art de l'Islam,* Paris, Larousse, 1947.
A. S. MELIKIAN-CHIRVANI, *Islamic Metalwork from the Iranian World,* Londres, 1983.
G. MIGEON, *Manuel d'art musulman,* Paris, 1927.
B. W. ROBINSON, *Islamic Paintings and the Arts of the Book,* Londres, Faber and Faber, 1976.
J. SOUSTIEL, *la Céramique islamique,* Fribourg, Office du livre, à paraître.
J. SOUSTIEL et M.-C. DAVID, *Miniatures orientales de l'Inde,* t. I, Paris, 1973; *Miniatures orientales de l'Inde,* t. III, Paris, 1983.
F. SPUHLER, *Islamic Carpets and Textiles in the Keir Collection,* Londres, Faber and Faber, 1978.
I. STCHOUKINE, *la Peinture turque,* Paris, Geuthner, 1966 et 1971 (2 vol.).

## Ivoires

D. BEIGBEDER, *les Ivoires,* Paris, Hachette, 1966.
L. GRODECKI, *les Ivoires français,* Paris, Larousse, 1947.
R. KOECHLIN, *les Ivoires gothiques français,* Paris, Picard, 1924.
A. MILLET, *Ivoires et Ivoiriers de Dieppe,* Paris, Moreau, 1906.
TARDY, *les Ivoires,* Paris, Tardy, 1966-1977.

## Jeux et jouets

R. CAPIA, *les Poupées françaises,* Paris, Hachette, 1979; *les Poupées anciennes,* Rennes, Ouest-France, 1980.
L. CLARETIE, *les Jouets de France, leur histoire, leur avenir,* Paris, Delagrave, 1920.
D. PRESSLAND, *Jouets d'autrefois,* Lausanne-Paris, Édita-Vilo, 1976.
J. REMISE et FONDIN, *l'Âge d'or des jouets,* Lausanne, Édita, 1967.

## Marché d'art

J. C. BAUDOT, *Whoos's what, annuaire des collectionneurs,* Paris, Stock, 1975.
J. BEDEL, *Brocante-Antiquité, guide du savoir acheter,* Paris, Hachette, 1983.
J. BEDEL, *Guide pratique des ventes aux enchères,* Paris, Hachette, 1987.
*Christie's Review of the Season,* de 1975 à 1983.
Y. GAIRAUD, *Guidargus des antiquités,* Paris, Éd. de l'Amateur, 1980 et 1982.
*Guide Emer,* Guide européen de l'antiquaire, de l'amateur d'art et du bibliophile : répertoire d'adresses paraissant tous les deux ans (dernière édition, 1987-1988).
*Le Prix de l'art,* édition annuelle de *Connaissance des arts,* de 1970 à 1983.
D. ROMAND, *Dictionnaire du marché de l'art,* Paris, Éd. de l'amateur, 1978.
C. SALVY, *Meubles et Objets d'art, valeurs de placement,* Paris, Le Prat, 1972.

## Mobilier

Y. BRUNHAMMER et G. DELAPORTE, *les Styles des années 30 à 50,* Paris, Édit. de l'amateur, 1987.
B. DELOCHE, *l'Art du meuble,* Lyon, L'Hermès, 1980.
G. JANNEAU, *le Mobilier français,* Paris, P. U. F., 1972; *les Styles du meuble italien,* Paris, P. U. F., 1975; *les Styles du meuble anglais,* Paris, P. U. F., 1976.
P. KJELLBERG, *le Mobilier français,* Paris, Le Prat, 1980 (2 vol.).
J. NICOLAY, *l'Art et la Manière des maîtres ébénistes français,* Paris, Le Prat, 1959 (2 vol.); Pygmalion, rééd. 1976 (1 vol.).
B. PALLOT, *l'Art du siège en France au XVIII^e siècle,* Édit. Gismondi, 1987.
A. ROUBO, *l'Art du menuisier,* Paris, 1769-1774 (3 vol.); rééd. Léonce Laget, 1977.
P. VERLET, *les Ébénistes du XVIII^e siècle français,* Paris, Hachette, 1963; *les Meubles français du XVIII^e siècle,* Paris, P. U. F., 1956 (2 vol.); rééd., 1982 (1 vol.).
F. DE SALVERTE, *les Ébénistes du XVIII^e siècle, leurs œuvres et leurs marques,* Paris, F. de Nobele, 1962.

## Mobilier régional

G. BOULANGER, *l'Art de reconnaître les meubles régionaux,* Paris, Hachette, 1965.
Y. GAIRAUD et F. DE PERTHUIS, *Guide du meuble régional,* 1986.
C. SALVY, *Dictionnaire des meubles régionaux,* Paris, Hachette, 1971.
S. TARDIEU, *le Mobilier rural traditionnel,* Paris, Flammarion, 1976.

## Motifs décoratifs

J. ADELINE, *Lexique des termes d'art,* Paris, A. Quantin, s. d.
A. AUSSEL, *Étude des styles et du mobilier,* Paris, Bordas, 1978.
*Glossaire Zodiaque,* La Pierre qui Vire, 1965; 3^e éd., La Pierre qui Vire, 1982.
L. RÉAU, *Dictionnaire des termes d'art et d'archéologie,* Paris, Larousse, 1935.
A. ROYER, *Initiation aux styles,* Paris, Hachette, 1980.

## Numismatique

J. BABELON, *les Monnaies racontent l'histoire,* Paris, Fayard, 1963.
S. BOURGEY, *les Monnaies françaises,* Rennes, Ouest-France, 1982.
E. et V. CLAIN-STEFANELLI, *Monnaies européennes entre 1450 et 1789,* Paris, Bibliothèque des arts, 1978.
P.-R. FRANKE, M. HIRMER, *la Monnaie grecque,* Paris, Flammarion, 1966.
P. GRIERSON, *Bibliographie numismatique,* Bruxelles, Cercle d'études numismatiques, 1966; *Monnaies et Monnayage,* Paris, Aubier, 1975.
J. LAFAURIE, *les Monnaies des rois de France,* tomes I et II, Paris et Bâle, Bourgey et Monnaies et médailles, 1951 et 1956; *les Assignats et les Papiers-Monnaies émis par l'État au XVIII^e siècle,* Paris, Le Léopard d'Or, 1981.
J. MAZARD, *Histoire monétaire et numismatique contemporaine,* Paris et Bâle, Bourgey et Monnaies et médailles, 1965 et 1969.
M. MUSZINSKI, *les Billets de la Banque de France,* Paris, Éd. du Landit, 1981.
C. H. V. SUTHERLAND, *Monnaies romaines,* Paris, Bibliothèque des arts, 1974.
A. WEIL, P. DE LA PERRIÈRE, *la Numismatique,* Paris, Guy Le Prat, 1973.

## Outils anciens

V. CHILDE, *The Story of Tools,* Londres, Cobbet, 1944.
P. FELLER, F. TOURRET, *l'Outil,* Rhode-Saint-Genèse, A. de Visscher, 1978.
Ch. FRÉMONT, *les Outils, leur origine, leur évolution,* Paris, Ch. Frémont, 1928.
L. NOIRÉ, *Das Werkzeug,* Wiesbaden, 1880, 1968.
A. VELTER, M. LAMOTHE, *le Livre de l'outil,* Paris, Hier et Demain, 1976.

## Photographie

M. AUER, *le Livre-guide des appareils photo anciens,* Paris, 1980.
*Histoire de la photographie française des origines à 1920,* Paris, Créatis, 1980.
*Regards sur la photographie en France au XIX^e siècle : 180 chefs-d'œuvre de la Bibliothèque nationale,* Paris, Berger-Levrault, 1980.
*Une invention du XIX^e siècle : la photographie,* catalogue d'exposition, Paris, Bibliothèque nationale, 1976.

## Populaire (art)

*Art populaire de France,* recueil d'études, Strasbourg, Europea, 1960.
*Arts et Traditions populaires,* revue trimestrielle de la Société d'ethnographie française.
J. CUISENIER, *l'Art populaire en France,* Fribourg, Office du livre, 1975.
A. DESVALLÉES, G. H. RIVIÈRE, *Art populaire des pays de France,* Paris, Cuénot, 1975.
G. H. RIVIÈRE, S. TARDIEU, *Objets domestiques des provinces de France dans la vie provinciale et les arts ménagers,* Paris, R. M. N., 1953.

## Précolombien (art) et primitifs (arts)

J. ALCINA, *l'Art précolombien,* Paris, Mazenod, 1978.
G. BALANDIER, J. MAQUET, *Dictionnaire des civilisations africaines,* Paris, Hazan, 1968.
J. DELANGE, M. LEIRIS, *Afrique noire. La création plastique,* Paris, N. R. F., 1967.
J. GUIART, *Océanie,* Paris, N. R. F., 1965.
A. JACOB, *Bronzes de l'Afrique noire,* Paris, ABC Décor, 1975 ; *Statuaire de l'Afrique noire,* Paris, ABC Décor, 1976 et 1980 (2 vol.).
J. SOUSTELLE, *l'Art du Mexique ancien,* Paris, Arthaud, 1966.

## Tapis d'Orient

B. ACHDJIAN, *les Tapis d'Orient,* Rennes, Ouest-France, 1979.
A. BRONIMANN, *Splendeur du tapis d'Orient,* Paris, Bibliothèque des arts, 1974.
R. DE CALATCHI, *Tapis d'Orient. Histoire, esthétique, symbolisme,* Paris, Bibliothèque des arts, 1967.
G. CURATOLA, *Guide des tapis d'Orient,* Paris, Nathan, 1982.
E. GANS RUEDIN, *Connaissance du tapis,* Fribourg, Office du livre, 1971 ; *le Grand Livre du tapis d'Orient,* Fribourg, Office du livre, 1983.

## Tapisserie

D. BOCCARA, *les Belles Heures de la tapisserie,* Les Clefs du Temps, 1971.
M. JARRY, *la Tapisserie des origines à nos jours,* Paris, Hachette, 1968.
*Tapisserie. Méthode et vocabulaire,* ministère des Affaires culturelles, Imprimerie nationale, 1971.
P. VERLET, M. FLORISOONE, A. HOFFMEISTER, F. TABARD, *la Tapisserie. Histoire et technique du XIVe au XXe siècle,* Paris, Hachette, 1977.
M. A. WEIGERT, *la Tapisserie,* Paris, Larousse, 1956.

## Verre

Y. AMIC, *l'Opaline française du XIXe siècle,* Paris, Gründ, 1952.
J. BARRELET, *la Verrerie en France depuis l'époque gallo-romaine,* Paris, Larousse, 1953.
J. BLOCH-DERMANT, *le Verre en France d'E. Gallé à nos jours,* Paris, Édit. de l'amateur, 1987.
*Cahiers de la céramique et des arts du feu, du verre,* revue trimestrielle.
N. DAUM, *les Daum, maîtres verriers,* Paris, Édit. de l'amateur, 1986.
J. Ch. GATEAU, *la Verrerie,* Genève, Bonvent, 1974.
J. HENRIVAUX, *le Verre et le Cristal,* Paris, 1897.
H. NEWMAN, *An Illustrated Dictionary of Glass,* Londres, Thames and Hudson, 1977.
*Peintures sous verre, XVIe-XIXe siècle,* catalogue d'exposition, Marseille, musée Cantini, 1968.
É. PÉLIGOT, *le Verre, son histoire, sa fabrication,* Paris, 1877.


# INDEX

*Les mots (adjectifs, noms communs et noms propres) renvoient (flèche) aux articles dans lesquels ils sont cités. Les noms de personnes sont suivis des dates de vie et de mort ou d'activité, ou d'une indication du siècle.*


### A

**Abbâssides** → *arabesque, Bagdad, islãm.*
**Abbate** Nicolo dell' (1509/1512-1571) → *Limosin.*
**acier indien** → *damas.*
**acier tordu** → *damas.*
**acier Wootz** → *damas.*
**Adam** Henri-Georges (1904-1967) → *tapisserie.*
**Adams** Robert (XIXe s.) → *revolver.*
**Adlerfelt** (baron) [XVIIIe s.] → *Rörstrand.*
**adragante** → *ebru.*
**Aelst** Pieter Van (?-1536) → *Bruxelles.*
**aftabe** → *aiguière.*
**âge du chêne** → *chêne.*
**âge du noyer** → *chêne.*
**aiban** → *Japon* (estampes).
**aizuri-e** → *Japon* (estampes).
**Akbar** Jalâl ud-Dîn Muhammad, (1542-1605) → *Agrã.*
**akua ba** → *Ashantis.*
**Albani** → *violon.*
**Albers** Josef (1888-1976) → *Bauhaus.*
**albertypie** → *phototypie.*
**Alcuin** (753-804) → *enluminure.*
**Aldric** J.-F. (XVIIIe s.) → *violon.*
**Alexandre** (2e moitié du XIXe s.) → *éventail.*
**Alexandre** Jacob (1804-1876) → *harmonium.*
**Ali Shir Nawaï** (XVe s.) → *Hérat.*
**alicatados** → *azulejo.*
**Allen and Thurber** → *poivrière.*
**Alluaud** famille (XIXe s.) → *Limoges.*
**alluette** → *carte.*
**almorratxa** → *aspersoir.*
**Alpais** (XIe s.) → *émail.*
**Amati** Andrea (v. 1500 - v. 1580) → *violon.*
**Amati** Nicola (1596-1684) → *Stradivari.*
**Amelot** (manufacture de la rue) → *Paris* (céramiques).
**ancre rouge** → *Chelsea.*
**Ancy-le-Franc** → *Auxerrois.*
**Andreoli** Maître Giorgio (vers 1530) → *Gubbio.*
**anglaise à l'** → *Bordeaux.*
**anglo-hollandaise** (platine dite) → *chenapan.*
**Anok** → *Bagas.*
**Ansbach** → *familles, Francfort.*
**Anson et Deeley** → *hammerless.*
**Antari** → *Brousse.*
**Antonio di Duccio** (XVe s.) → *Deruta.*
**appeau** → *appelant, flûte.*
**Appert** (XXe s.) → *Gruber, Rousseau, vitrail.*
**Aqa Riza** (2e moitié du XVIe s.) → *Islãm.*
**Arago** François (1786-1853) → *daguerréotype.*
**arcanistes** → *Meissen.*
**arche** → *coffre.*
**Archer** Frederik - Scott (1813-1857) → *ambrotype.*
**archiluth** → *théorbe.*
**Arcimboldo** Giuseppe (1527-1593) → *arcimboldesques* (cartes postales, dites).
**arpeggione** → *viole.*
**arrondiment** → *driadie.*
**art scriban** → *Art pauvre.*
**arte joven** → *nouille* (style).
**aru-erha** → *Bénin.*
**as grave** → *as.*
**ashiyagama** → *tetsubin.*
**ashtadhatu** → *alliage.*
**askoï** → *étrusque.*
**assegai** → *blanche* (arme).
**as signatum** → *as.*
**Attaignant** Pierre (? -1552) → *partition.*
**Attarge** (XIXe s.) → *aiguière.*
**attribué à** → *protection des acheteurs.*
**Aubazines** → *armoire, assemblage.*
**Aubé** Jean-Paul (1837-1920) → *Chaplet.*
**Aucoc** Louis (XXe s.) → *Lalique.*
**augustales** → *florin.*
**Australie** → *aborigène.*
**Ava** → *Birmanie.*
**Avisseau** Charles (1796-1861) → *figuline.*
**Ayamite** → *Japon* (céramique).
**Ayuthia** (époque) → *Thaïlande.*
**Azerbaïdjan** → *Ardébil.*
**Azzimini** → *damasquine.*

### B

**Babcock** (XIXe s.) → *piano.*
**Bachelier** Jean-Jacques (1724-1806) → *Sèvres.*
**backgammon** → *jacquet.*
**backstaff** → *quartier de Davis.*
**Badar** Françoise (XVIIe s.) → *Valenciennes.*
**bâdem** → *boteh.*
**Baignal** (XIXe s.) → *Creil et Montereau.*
**balais** → *rubis.*
**Balumbos** → *Pounous.*
**banda** → *Bagas.*
**bandèges** → *servante.*
**Bandwurmstil** → *nouille* (style).
**baneton, banne** → *vannerie.*
**Banmanas** → *Bambaras.*
**banquette** → *bancelle.*
**baoshi hong** → *langyao, sang-de-bœuf.*
**Bapounous** → *Pounous.*
**Barbin** (les) [XVIIIe s.] → *Mennecy.*
**Barcelone** → *Paterna.*
**barillet** → *revolver.*
**Barluet** Anatole → *Creil et Montereau.*
**Basohli** (école de) → *Bahãri.*
**basonyi** → *Bagas.*
**bataks** → *ancêtres.*
**Bauchi** (plateau de) → *Nok.*
**Bayakas** → *Pendès.*
**Beals** (brevet) → *revolver.*
**Beardsley** Aubrey (1872-1898) → *Bradley.*
**Beato** Felice (XIXe s.) → *photographie.*
**beau** → *état de conservation.*
**Beauvais** → *grès.*
**bébé requin** → *Steiner.*
**bêches** → *sapèque.*
**Béchir** → *Turkestan.*
**Bedos de Celles** (Dom) [1709-1779] → *orgue.*
**Begram** → *ivoire.*
**Behagel** Daniel (XVIIe s.) → *Hanau.*
**Béhagle** (XVIIe s.) → *Beauvais, Berain.*
**Behrens** Peter (1868-1940) → *Bauhaus, Gropius, Le Corbusier.*
**Behzãd** (1450-1536) → *Boukhara.*
**Benedetto da Maiano** (1442-1497) → *intarsia.*
**beni-e** → *Japon* (estampes).
**benizuri-e** → *Japon* (estampes).
**Bennett** Charles (1840-1927) → *photographie.*
**Benzaiten** → *dieux du Bonheur.*
**Béranger** (XIXe s.) → *Thibouville* (les).
**Bergé** Henry (1870-1937) → *Walter.*
**Bergonzi** Carlo (1683-1747) → *violon.*
**Bernard** Émile (1868-1941) → *japonisme.*
**Bernard de Verdun** (XIIIe s.) → *turquet.*
**Bernhardt** Sarah (1844-1923) → *Abbéma, bijoux, bracelet, Mucha.*
**Berry** → *grès.*
**Berthollet** Claude (1748-1822) → *Oberkampf.*
**Bertoia** Harry (1915) → *Knoll.*
**Besnardeau** Léon (XIXe s.) → *carte postale.*
**Bessarion** (cardinal) [XVe s.] → *Regiomontanus.*
**bête à cornes** → *lithographie.*
**Bey** Louis-François de (XVIIIe s.) → *Sceaux.*
**Beyerlé** baron Jean-Louis de (XVIIIe s.) → *Niderwiller.*
**bi** → *anneaux chinois.*
**Bianchini et Ferrier** (maison) → *Art déco, Dufy.*
**bianco sopra bianco** → *Saint-Amand-les-Eaux.*
**biberon de malade** → *canard.*
**bieri ou byeri** → *Fangs.*
**Bîkaner** (style de) → *Rãjasthãn.*
**Biller** (les) [XVIIe - XVIIIe s.] → *Augsbourg.*
**billes** → *acajou.*
**billet** → *bordereau.*
**Binche** (dentelle de) → *Bruges.*
**Bishamon ten** → *dieux du Bonheur.*
**Blain de Fontenay** Jean-Baptiste (1653-1715) → *alentour.*
**Blake** William (1757-1827) → *préraphaélisme.*
**blanc aux coronelles** → *blanc.*
**blanc guénar** → *blanc.*
**blanc patte d'oie** → *blanc.*
**Blanchet** Nicolas (1660-1731) → *clavecin, Taskin.*
**bleu Mazarin** → *Bow.*
**bleu persan** → *Nevers.*
**bleu poudré** → *Chine* (céramique).
**bleu sous-couverte** → *Bow.*
**Bleuler** → *anneau.*
**bloquet** → *fuseau.*
**blouses** (à) → *billard.*
**Boabdil** (dagues à la) → *dague.*
**Boehm** (XIXe s.) → *cor anglais.*
**Boerendelft** → *Delft, Desvres* (faïences de).
**Boileau** Étienne (XIIIe s.) → *lapidaire, orfèvre.*
**Boilly** Louis-Léopold (1761-1845) → *fixé sous verre.*
**Bolsever** Thomas (1704-1788) → *Sheffield.*
**bon aloi** → *étain.*
**bonbons** → *millefiori.*
**Bondy** (manufacture de la rue de) → *Paris* (céramiques).
**bone China** → *Chelsea.*
**Bonington** Richard Parkes (1802-1828) → *illustrateurs.*
**Bonnat** Léon (1833-1922) → *Basch.*
**bonne femme** → *paille, sièges.*
**Bonnefoy** Antoine (1762-1815) → *Marseille.*
**Bonniksen** → *échappement, montre.*
**Bontemps** Georges (1799-1884) → *filigrané.*
**Borniola** Horatio (XVIe s.) → *Le Croisic.*
**bosatsu** → *bodhisattva.*
**bosse** (à) → *serrure.*
**Bosse** Abraham (1602-1676) → *illustrateurs.*
**Bossut** Jean (XVIIe s.) → *Lille.*

**Boston-rockers** → *rocking-chair.*
**botcha** → *yazma.*
**Boteram** (XVIe s.) → *Mantoue.*
**Böttger** Johann Friedrich (1682-1719) → *céramique, Meissen.*
**Boucher** (maison) → *googlie.*
**Bouddha** → *divinités bouddhiques.*
**bouge** → *coffre.*
**Boulenger** Louis (XIXe s.) → *Choisy-le-Roi.*
**Bouraine** (XXe s.) → *Argy-Rousseau, chryséléphantin.*
**Bourdelle** Émile Antoine (1861-1929) → *Bing (Samuel), Lavrillier.*
**Bourgeois** Djo (1898-1937) → *Jourdain, Mallet, Stevens.*
**Bourgogne** → *grès.*
**Bourne** William → (XVIe s.) → *loch.*
**bourrasque** → *hatayi.*
**Boutet** Claude → *Auxerrois.*
**Bovet** (les) [XIXe s.] → *Ilbery, montre.*
**bowie knife** → *couteau.*
**Boyer** (XVIIIe s.) → *Creusot* (Le).
**bozhong** → *Chine* (bronzes).
**Brahé** Tycho (1546-1601) → *quart-de-cercle, secteur astronomique, sextant, trigomètre.*
**Brandt** Émile (XXe s.) → *Daum.*
**Brard** Léon (1830-1909) → *figuline.*
**Bray O'Reilly** Robert (XIXe s.) → *Creil et Montereau.*
**brèches** → *marbre.*
**Brescia** (école de) → *violon.*
**bretaignes** → *plaque de foyer.*
**Breuer** Marcel (1902) → *Bauhaus, design.*
**Briand** Thomas (XVIIIe s.) → *Chelsea.*
**brindille** (à la) → *Chantilly.*
**Brioché** (les) → *marionnettes.*
**brisés** → *éventail.*
**Brislington** → *Liverpool, Londres.*
**Bristol** → *Liverpool, Londres.*
**Britain** G. (XIXe s.) → *figurine historique.*
**british silver** → *cuivre.*
**broché** → *brocart, brochure.*
**Brocot** Achille (1817-1878) → *échappement.*
**Broise** (de) → *édition.*
**Brown** Georges (XIXe s.) → *train.*
**Bruschi** Gasparo (XVIIIe s.) → *Doccia.*
**brut de fonte** → *reparure.*
**bucchero nero** → *étrusque.*
**Buffet** Auguste (XIXe s.) → *Godefroy, hautbois, Thibouville.*
**Bugatti** Ettore (1881-1947) → *voitures.*
**buncheong** → *Corée.*
**Bundī** → *Rājasthān.*
**bunraku** → *poupée.*
**Buontalenti** Bernardo, dit Delle Girandole (1536-1608) → *stipo.*
**Buquet de Montvallier** → *Chantilly.*
**Bure** (duc de) → *bibliophile.*
**Burgos** → *Sarreguemines.*
**Burnes-Jones** sir Edward (1833-1898) → *Morris.*
**Burslem** (manufacture de) → *Wedgwood.*
**buron** → *gerle.*
**Burty** Philippe (1830-1890) → *japonisme.*
**Bürgi** Jost (1552-1632) → *trigomètre.*
**Bury** Richard de → *bibliophile.*
**Busch** → *Augsbourg.*
**Buschmann** → *harmonica.*
**Bustelli** Antonio Francesco (1723-1763) → *Nymphenbourg.*

C

**Cabanel** (1823-1889) → *Bouisset, Lévy - Dhurmer, Vavasseur.*
**Cabart** (XVIIIe s.) → *Thibouville.*
**cabinet d'Allemagne** → *studiolo.*
**cabinet à diminutif** → *buffet.*
**cabrioles** → *high-chest of drawers.*
**cadots** → *paille.*
**cadran aux étoiles** → *Gemma Frisius, nocturlabe.*
**cafetières du Levant** → *coquemar.*
**caïlcédrat** → *Bobos.*
**calembac** → *agalloche.*
**calotte** → *ciseau.*
**calpin** → *balle forcée.*
**Cambodge** → *khmer* (art).
**cambrenotte** → *baillotte.*
**cameoglass** → *overlay.*
**campan** → *marbre.*
**Campbell** John → *sextant.*
**Canachos** → *chryséléphantin.*
**candelieri** (a) → *Cafaggiolo, Nîmes, Rouen.*
**canon de midi** → *instrument méridien.*
**Canot** Francis (1721-1783) → *Nogaret.*
**Cantous** → *Auvergne.*
**Capra** → *compas.*
**capucine** → *garniture.*
**capucine** (à la) → *paille.*
**Carcel** (XIXe s.) → *lampe.*
**Cardan** (à la) → *chronomètre de marine, compas.*
**Cardan** Jérôme (XVIIe s.) → *chambre noire, lampe.*
**Carette** (maison) → *modèle réduit, train, voitures.*
**Carochez** (XVIIIe s.) → *télescope.*
**Carolus Duran** (1837-1917) → *Velde* (Van de).
**Caron** (XVIIIe s.) → *vielle.*
**Carpantier** Sébastien (1736-1801) → *Nogaret.*
**Casper-Ripp** Johannes → *Francfort.*
**casse** → *ferrat.*
**Cassegrain** (XVIIe s.) → *télescope.*
**cassetin** → *brelan, table.*
**Cassini** Jean Ier (1625-1712) → *Ramsden, secteur astronomique.*
**Castelsarrasin** → *atelier monétaire.*
**Castiglione** Giuseppe (1688-1786) → *fixé sous verre.*
**catalane** (à la) → *miquelet.*
**Caussy** Pierre → *Quimper.*
**cayelles** → *paille.*
**chaise** → *fontaine.*
**chaise à bras** → *bras, sièges.*
**chaise à deux roues** → *cabriolet.*
**chaise à dos** → *siège.*
**chaise à femme** → *caquetoire.*
**chaise à layettes** → *chaise.*
**chaise à tenailles** → *dagobert.*
**chaise découverte** → *cabriolet.*
**chaise-fumeuse** → *ponteuse.*
**chaise-lyre** → *Adam.*
**chalchotors** → *Bakhtiar.*
**châlit** → *lit.*
**Chālukya** (dynastie) → *Inde.*
**Chambrette** Jacques (1705-1758) → *Lunéville, Saint-Clément.*
**Champfleury** Jules Husson, dit (1821-1889) → *Deck.*
**chandelier** → *espingole.*
**Chandler** Flora May → *Weston.*
**Chapelle** Jacques (actif v. 1739-1763) → *Sceaux.*
**Chappuy** N. A. (XVIIIe s.) → *violon.*
**Chardin** Jean-Baptiste (1699-1779) → *fixé sous verre, Lebas, Sèvres.*
**Chardon** Joseph → *Chanot.*
**Charlier** → *cuivre.*
**Charot** (XVIIIe s.) → *règle.*
**Charpenat** Jean-Pierre (XVIIIe s.) → *nécessaire.*
**Chassepot** Antoine-Alphonse (1833-1905) → *aiguille.*
**Chauveau** François (1613-1676) → *illustrateurs.*
**Chekeri** → *Mir.*
**chemins de Jérusalem** → *labyrinthe.*
**Chérubin** (père) [XVIIe s.] → *lentille.*
**Chevalier** Étienne (1410-1474) → *bibliophilie.*
**Chevreul** Michel-Eugène (1786-1889) → *Delaunay, Nadar.*
**chiffonie** → *vielle.*
**chinoise** (à la) → *Doccia.*
**choba-dansu** → *armoires asiatiques.*
**Chōjirō** → *Raku.*
**Chola** (dynastie) → *Inde.*
**chrysoprase** → *calcédoine, pierres dures.*
**chūban** → *Japon* (estampes).
**Cirou** Ciquaire († 1751) → *Chantilly.*
**ciselet** → *ciselure.*
**citrine** → *pierres dures.*
**Çiva** → *arc, divinités indiennes.*
**clair** (au) → *armure.*
**clair de lune** → *Chine* (céramique).
**claire étoffe** → *étain.*
**Claymore** → *épée.*
**Clément** William (XVIIe s.) → *ancre.*
**Clerici** Felice (1745-1788) → *Milan.*
**Clérisseau** Charles-Louis (1721-1820) → *Adam.*
**Clérissy** Antoine († 1679) → *Moustiers.*
**Clérissy** Joseph (1649-1684) → *Marseille, Varages.*
**clinomètre** → *éclimètre.*
**Clodion** Claude Michel de (1738-1814) → *Carrier-Belleuse.*
**Clop** (les) [XIXe s.] → *Saint-Quentin.*
**clouté** → *écaille.*
**club feet** → *claw and ball.*
**Coard** Marcel (1889-1975) → *art déco.*
**Cochin** Charles-Nicolas (1688-1754) → *illustrateurs, Lajoue, Lebas.*
**Cock** Hieronymus (1507-1570) → *estampe.*
**coffret à liqueur** → *cabaret.*
**coffriers** → *coffre.*
**Coggs and Harrison** → *chasse* (armes de).
**cognée** → *hache.*
**coiffeuse** → *saupoudreur, toilette.*
**Coit** Job (XIXe s.) → *block-front.*
**Colinet** → *chryséléphantin.*
**Colonna** Edward (1862 - apr. 1936) → *Bing.*
**Colson** → *vielle.*
**Comans** Marc de (XVIe - déb. XVIIe s.) → *faubourg St-Marcel.*
**comb-back** → *windsorchair.*
**Combe** Joseph (v. 1730) → *Lyon.*
**commesso** → *pierres dures.*
**commoda** → *buffet.*
**commode** → *buffet.*
**commode à pont** → *crossette.*
**commode en forme de console** → *console.*
**compendium** → *nécessaire astronomique.*
**Conrade** (les) [XVIe - XVIIe s.] → *Nevers, Savone.*
**contrecœur** → *plaque de cheminée.*
**contre-feux** → *plaque de cheminée.*
**conventuelle** → *bargueño.*
**Cook, Troughton and Simms** → *Troughton.*
**coq** → *légumier, poinçon.*
**Coquerel** (XIXe s.) → *Creil et Montereau.*
**corbillon** → *brelan, table.*
**cornet** (en) → *coffin.*
**Coromandel** → *paravent.*
**Coster** Salomon (XVIIe s.) → *horloge.*
**côtière** → *parure.*
**Coty** → *flacon à parfum.*
**Coudevillain** (XVIIIe s.) → *Thibouville.*
**Coudray** (fin du XIXe s.) → *machine à vapeur.*
**couffin** → *vannerie.*
**coulisse** (à) → *écran.*
**coup de fond** → *lampas.*
**coup de fouet** (style) → *nouille.*
**coup de poing** → *coffre* (armes du système à).
**coupe d'onglet** (en) → *assemblage.*
**Courtille** (manufacture de la) → *Paris* (céramiques).
**Courtois** → *trompe.*
**Cousin** Jean (1490-1560) → *Fontainebleau.*
**Cousineau** Jacques Georges (1760-1824) → *harpe.*
**coussin** → *dentelle.*
**couteau de brèche** → *hast* (armes d').
**couteaux** → *sapèque.*
**coutéliéro** → *farinière.*
**coutre** → *hache.*
**couyer** → *étui de pierre à faux.*
**Cowland** W. → *quadrant.*
**Cox** James (?-1788) → *Jaquet-Droz.*
**coyau** → *étui de pierre à faux.*
**Coypel** Charles-Antoine (1661-1722) → *alentour.*
**Coysevox** Antoine (1640-1720) → *buste, Jaillot, Vaucanson.*
**Crane** Walter (1845-1915) → *papier peint.*
**crapaud** → *pierres précieuses.*
**Crémone** (école de) → *violon.*
**crémones** → *ferrure, verrou.*
**Cresson** Louis (1706-1761) → *Nogaret.*
**Cretté** Louis → *Bruxelles.*
**crista** → *turquet.*
**Cristofori** Bartelomo (1655-1732) → *clavecin, piano.*
**Cros** Henri (1840-1907) → *Despret, pâte de verre.*
**Cuisinie** → *piano.*
**culottage** → *pipe.*
**curette à gouge** → *hache.*
**Curmer** → *Chine.*
**Custine** (comte de) [?-1793] → *Niderwiller.*
**Cyfflé** Paul Louis (1724-1806) → *Lunéville, Niderwiller.*
**Czapek** (v. 1850) → *Patek.*

D

**Dagoty** P.-L. (XIXe s.) → *Paris* (céramiques).
**Daihuan** → *daigou.*
**Daikoku-jin** → *dieux du Bonheur.*
**dakka** → *bois.*
**daldre** → *thaler.*
**daler** → *thaler.*
**damas sergés** → *lampas.*
**Damian** (début du XIXe s.) → *accordéon.*
**Dancer** J. B. → *stéréoscopie.*
**Danhauser** Joseph († 1830) → *Biedermeier.*
**Danhomé** → *Fons.*
**dans leur jus** → *brocante.*
**dao** → *emblèmes extrême-orientaux.*
**Daumy** (XVIIIe s.) → *argenture.*
**David** Louis (1748-1828) → *Didot, Gobelins.*
**Debain** → *harmonium.*
**Debaufre** Pierre (actif v. 1675-1722) → *montre.*
**décor turc** → *Bordeaux.*
**décors coréens** → *Chantilly.*
**dehadj** → *Afchar.*
**déjeuners de bergère** → *porte-dîner.*
**Delamarche** (maison) → *sphère armillaire.*
**Delaroche** Paul (1797-1856) → *Fenton, Millet.*
**Delaune** Étienne (1518-1583) → *Reymond.*
**Delftware** → *Londres.*
**Delisle** (XVIIIe s.) → *planisphère.*
**Della Robbia** (les) [1400-1482] → *Rouen.*
**Demachy** Pierre Antoine (1723-1807) → *Puyo.*
**Demarchi** (XXe s.) → *Daum.*
**demi-aureus** → *aureus.*
**demi-canapé** → *marquise.*
**demi-denier** → *maille.*
**demi-épreuve** → *armure.*
**demi-franc** → *franc.*
**départoir** → *hache.*
**Deschamps** Léon → *Plume* (la).
**Despiau** Charles (1874-1946) → *Süe et Mare.*
**Desportes** François (1661-1743) → *terrine.*
**dessus brisé** (à) → *secrétaire.*
**Desvignes** Jean-Baptiste (XIXe s.) → *opaline.*
**Dewsbury** → *Derby.*
**Dextra** Jan Theunis (XVIIIe s.) → *Delft.*
**Dezallier d'Argenville** Antoine-Joseph (1680-1765) → *estampe.*
**diable** → *diabolo.*
**diaoqui** → *Chine* (laques).
**dibbi kofi** → *bijoux.*
**Dietz** Christian (début du XIXe s.) → *aérophone.*
**dihong** → *Chine* (laques).
**ding** → *Corée, tripode.*
**dirk** → *couteau.*
**Djami** → *Hérat.*
**djerid** → *jet.*
**djokan** → *choc* (armes de).
**Do** → *Bobos.*
**Dorez** (les) → *Saint-Amand-les-Eaux.*
**Doring** Ernest (XVIIIe s.) → *Stradivari.*
**dos d'âne** → *bureau, secrétaire.*
**dos lisse** → *nerf.*
**Dosso Dossi** (1489-1542) → *Ferrare.*
**double-enchère** → *enchère.*
**Drāvidā** (style) → *Inde.*
**Drentwett** Abraham (v. 1647-1727) → *argent* (meubles d').
**Drentwett** (les) [XVIIe - XVIIIe s.] → *Augsbourg.*
**Dresde** → *Francfort.*
**Dreyse** Johan Nikolaus von → *aiguille, culasse.*
**Dubois** (les) [XVIIIe s.] → *Chantilly.*
**Duchamp-Villon** Raymond (1876-1918) → *papier peint.*
**Du Chesne** Claudius († 1730) → *bracket-clock.*
**duchesse** → *chaise.*
**Ducos du Hauron** Louis (1837-1920) → *photographie.*
**Dufau** (début du XIXe s.) → *papier peint.*
**Dufour** Louis († 1790) → *mécaniques* (meubles).
**Dumas** Paul (v. 1915) → *Martine.*
**Dumons** Jean-Joseph (1687-1779) → *Aubusson.*
**Dumont** (XIXe s.) → *Doat.*
**Dumonthier** (XIXe s.) → *couteau.*
**Duplanil** (XIXe s.) → *romantique.*
**Dupont** Jean-François (XIXe s.) → *Ilbery.*
**Dupont** (les) [XVIIIe s.] → *montre.*
**Dupré Poulain** (XVIIIe s.) → *Desvres.*
**Duret** Théodore (1838-1927) → *Dalou.*
**Duvelleroy** (XIXe s.) → *éventail.*

E

**Ebé** → *Bénin.*
**Ebisu** → *dieux du Bonheur.*
**ébréchures** → *égrenure.*

**échappement de Sully** → *Leroy.*
**échelles de Mahomet** → *damas.*
**école de** → *protection des acheteurs.*
**écossaise** (à l') → *coffre* (armes du système à).
**Écouen** → *Abaquesne.*
**écueiller** → *garde-manger.*
**écume** → *pipe.*
**Edō** (époque) → *alliage.*
**Egbo** → *Ekois.*
**Egermann** Friedrich → *hyalite.*
**Egg** Durs (XVIIIe s.) → *percussion.*
**égoïnes** → *scie.*
**égoïste** → *cafetière.*
**Eichrodt** Ludwig (XIXe s.) → *Biedermeier.*
**Eisen** Charles (1720-1778) → *illustrateurs.*
**Eishi** → *Japon* (estampes).
**ekpo** → *Ekois.*
**électroscope** → *Nollet.*
**embordement** → *églomisé.*
**embouchoir** → *garniture.*
**embrèvement** (assemblage par) → *assemblage.*
**enfourchement** (assemblage par) → *assemblage.*
**Engel** → *cartonnage.*
**Enjalbert** (XIXe s.) → *photorevolver.*
**Enkū** → *bois.*
**Ensi** → *Turkestan.*
**épervier** → *lit.*
**épi** (à l') → *Chantilly.*
**épidiascope** → *lanterne magique.*
**époque** (d') → *faux.*
**espagnolette** → *ferrure.*
**Etsiokum** → *Ekois.*
**étresse** → *carte.*
**euphonium** → *baryton.*
**Eury** Nicolas (XVIIIe s.) → *archet.*
**ex dono autoris** → *envoi.*

## F

**Fa** → *Fons.*
**Faber** J-L. (XVIIe s.) → *émaillé* (verre).
**fabrique de l'A grec** → *Delft.*
**fabrique du Cœur** → *Delft.*
**fabrique de l'Étoile** → *Delft.*
**fabrique de la Griffe** → *Delft.*
**fabrique de la Hache** → *Delft.*
**fabrique des Trois Cloches** → *Delft.*
**fabrique du Paon** → *Delft.*
**fabrique Le roy** → *Marseille.*
**façon d'Allemagne** → *cabinet.*
**façon d'Angleterre** → *candélabre, côtes, cristal, Gros-Caillou.*
**façon Bohême** → *côtes, cristal, gobelet.*
**façon de** → *protection des acheteurs.*
**façon Venise** → *ailette* (verre à), *anneaux suspendus, bouton, filigrane, verre à serpents.*
**faïencerie des Capucins** → *Auxerrois.*
**Falguière** Alexandre (1831-1900) → *Larche.*
**fan-back** → *windsorchair.*
**Fars** (école du) → *Islām.*
**fatoghia** → *faisselle, vannerie.*
**Fauchard** → *hast* (armes d').
**Fauchier** (les) [XVIIIe s.] → *fontaine, Marseille, Rennes.*
**Fauconnet** Guy-Pierre (1882-1920) → *Poiret.*
**faudesteuil** → *dagobert, sièges.*
**Fauquez** (les) [XVIIIe s.] → *Saint-Amand-les-Eaux.*
**Fauquez** Pierre - Joseph - François († 1741) → *Tournai.*
**Fauré** Camille → *émail.*
**fauteuil de moine** → *frailero.*
**Fautier** Jacques († apr. 1711) → *Bordeaux.*
**faux nerfs** → *nerfs.*
**faux palier** → *garde-manger, vaisselier.*
**Favre** Antoine → *boîte à musique.*
**Febvrier** Jacques († 1729) → *Lille.*
**feicüi** → *Chine* (jades).
**fer cru** (au) → *fonte.*
**Ferniani** (XVIe s.) → *Faenza.*
**Ferrat** (les) [XVIIIe s.] → *Moustiers.*
**Ferro** Giovanni (XVIe s.) → *Le Croisic.*
**ferrotype** → *photographie.*
**feu-marmouset** → *marmouset.*
**feuilles de choux** → *Aubusson* (tapisserie).
**feuilles plumeuses** (saz) → *hatayi.*
**fiches** → *ferrure.*
**fiorentina** (alla) → *miquelet.*
**Firdūsi** Abu-al-Qasim (v. 930-1020) → *Chāh-name, Kamse.*
**flammé** → *bois.*
**flammes de Tamerlan** → *chintamani.*
**flamusses** → *Bourgogne.*
**fleur de lotus** → *emblèmes extrême-orientaux.*
**fleur-de-pécher** → *marbre d'ameublement.*
**fleurs à l'allemande** → *Bayreuth.*
**Flobert** (système) → *carabine.*
**Floreale Stile** → *art nouveau.*
**flots** → *postes.*
**folle enchère** → *enchère.*
**Fontaine** Pierre (1762-1853) → *Odiot, Percier.*
**Fontenay** → *demi-cristal.*
**forte épée** → *épée.*
**Fortin** (XIXe s.) → *étalon, thermomètre.*
**Foulbés** → *Afrique noire, Dogons.*
**Fouque** Joseph (1714-1800) → *Moustiers.*
**Fouquet** (Jean) [v. 1420-1477/1481] → *bibliophilie.*
**Fouquières** Jacques (1580 ou 1590-1659) → *Beauvais.*
**Fournier** Jacques (XVIIIe s.) → *Copenhague.*
**Fragonard** Jean-Honoré (1732-1806) → *éventail, Sèvres.*
**Franchot** → *lampe.*
**François** (XVIIIe s.) Jean-Charles → *Demarteau.*
**Frerkingh** Johan Herman → *Delft.*
**Friant** Émile (1863-1932) → *Majorelle.*
**fripier** → *brocante.*
**fromager** → *Bambaras.*
**Fromantel** (les) → *bracket - clock.*
**Frostens** Sigurd (1875-1956) → *Aalto.*
**fu** → *emblèmes extrême-orientaux.*
**Fukurokuju** → *dieux du Bonheur.*
**funa-dansu** → *armoires asiatiques.*
**Furmerie** Agnès de (XIXe s.) → *Deck.*
**fusil Vetterli** → *répétition* (armes à).
**Fust** Johann (v. 1400-1470) → *Gutenberg, imprimerie.*

## G

**Gabriel** Jacques-Ange (1698-1782) → *garde-meuble.*
**Gagliano** Nicola (v. 1695-1758) → *violon.*
**Galilée** (1564-1642) → *compas.*
**galoubet** → *flûte.*
**Gambin** Julio (apr. 1550) → *Nevers.*
**Gand** C. F. (XVIIIe s.) → *violon.*
**garde-temps** → *chronomètre de marine.*
**Gardner** (XVIIIe s.) → *Saint-Pétersbourg.*
**Garlick and Baggs** (maison) → *train.*
**Garofalo** (XVIe s.) → *Venise.*
**Garrepuy** (XXe s.) → *Bouisset.*
**Gascoigne** (1re moitié du XVIIe s.) → *micromètre.*
**Gasparo da Salo** (1540-1609) → *violon.*
**Gatereau** (XVIIIe s.) → *Creusot* (Le).
**Gaudreau** → *Gaudreaux.*
**Gautrot** → *sarusophone.*
**Gay** (fin du XVIIIe s.) → *Creil et Montereau.*
**Gbon** → *Sénoufos.*
**ge-yao** → *Chine* (céramique).
**Geny** François (1731-1804) → *Nogaret.*
**Georgin** François (1801-1863) → *Épinal.*
**Gérard** François (1770-1837) → *Didot.*
**Germain** Nicolas (XVIIIe s.) → *Holitsch.*
**Gérôme** Jean-Léon (1824-1904) → *Guillaume, Helleu, Lebègue, Mère.*
**Gide** Xavier (XVIIIe s.) →*Breguet.*
**Ginori** Carlo Leopoldo (1701-1757) → *Capodimonte, Doccia.*
**Giovanni da Canivo** (1500-1570) → *padouan.*
**Giovanni da Udine** (1487-1561 ou 1564) → *grotesque.*
**Giovanni dei Bistugi** (XVIe s.) → *Castel-Durante.*
**Giovanni Maria** (XVIe s.) → *Castel-Durante.*
**Girardon** François (1628-1715) → *buste, cire perdue.*
**Girodet** Anne-Louis (1767-1824) → *Didot.*
**Gisquet** L. (XXe s.) → *Daum.*
**Glomy** Jean-Baptiste († v. 1786) → *églomisé.*
**Glot** Richard (XVIIIe s.) → *Sceaux.*
**Glück** → *Deck.*
**Gnafron** → *guignol.*
**Godard** (début du XXe s.) → *chryséléphantin.*
**Goddard** John (1723-1785) → *block-front.*
**golé parisi** → *Afchar.*
**Golle** Pierre (actif v. 1670-1690) → *marqueterie.*
**Göltz** J.-C. (XVIIIe s.) → *Höchst.*
**Gonse** Louis (1846-1921) → *Bing.*
**Goody** → *bébé caractère.*
**gorge-de-pigeon** → *opaline.*
**Goryeo** (918-1392) → *Corée.*
**Gotō Ichijō** (XIXe s.) → *tsuba.*
**Gotztowski** Johann-Ernst (XVIIIe s.) → *Berlin.*
**goubasa** → *blanche* (arme), *Fons.*
**Goujon** Jean (1510-1564/1569) → *buste.*
**Gould** (XIXe s.) → *loch.*
**Goulden** Jean (1878-1947) → *Dunand.*
**goûte-vin** → *taste-vin.*
**Gouyn** Charles (XVIIIe s.) → *Chelsea.*
**Graham** George → *bracket-clock.*
**Graillon** P.A. (XIXe s.) → *Dieppe.*
**grain de café** (en) → *Fangs.*
**grains** → *aloi.*
**Granchez** (XVIIIe s.) → *tabletterie.*
**grand feu** → *feu.*
**Grand Silla** → *Corée.*
**Gras** (fusil) → *aiguille, baïonnette.*
**Grassi** Antonio (1755-1807) → *Vienne.*
**Gravant** François († 1765) → *Chantilly, Sèvres-Vincennes.*
**Gravelot** Hubert (1699-1773) → *illustrateurs.*
**graviata** → *Chine* (céramique).
**gravure en manière de crayon** → *Demarteau.*
**Gregory** James (XVIIe s.) → *télescope.*
**grenadière** → *garniture.*
**grenadière** (à la) → *carabine.*
**Greuze** Jean-Baptiste (1725-1805) → *fixé sous verre.*
**grisaille** → *camaïeu.*
**Grittel** Émile (1870-1953) → *Carriès.*
**Gromaire** Marcel (1892-1971) → *Lurçat.*
**Gros** Jean-Antoine (1771-1835) → *Gobelins.*
**gros bleu** → *Nevers.*
**Grue** (les) [XVIIe-XVIIIe s.] → *Castelli.*
**Grumé** → *bois.*
**Guadagnini** G. (XVIIIe s.) → *violon.*
**guafu** → *kakemono.*
**guan-yao** → *Chine* (céramique).
**Guanyin** → *blanc de Chine.*
**Guérin** Pierre Narcisse (1774-1833) → *Creil et Montereau.*
**Guerlain** → *flacon à parfum.*
**Guigong** → *Chine* (céramique).
**Guillaume** Albert (1831-1904) → *Collection des Cent.*
**guinomite** → *Japon* (céramique).
**guisarme** → *hast* (armes d').
**Gül** → *afghans, Asie centrale, Boukhara.*
**Guler** (école de) → *Pahāri.*
**Gupta** (dynastie) → *Inde.*

## H

**Haarlem** → *Makkum.*
**Hache** Tomas († 1747) → *Hache.*
**hadchlou** → *Turkestan.*
**Hadrot** (début du XIXe s.) → *lampe.*
**Haguenau** → *grès.*
**hallebarde** → *hast* (armes d').
**Haltenhoff** → *cor.*
**Hamadhan** → *Perse.*
**Hambés** → *Dogons.*
**Hambourg** → *Francfort.*
**Hamelin** (XVIIIe s.) → *Berthoud.*
**Hannong** (les) → *Hanau, Strasbourg.*
**Hannong** Paul (1700-1760) → *Frankenthal.*
**Hannong** Pierre-Antoine (v. 1739 - v. 1734) → *Paris* (céramiques).
**haricot** (en) → *table.*
**Harunobu** Suzuki (1724-1770) → *Japon* (estampes), *japonisme.*
**Hasegawa Tohaku** → *paravent.*
**Hashira-e** → *Japon* (estampes).
**Haultin** Pierre → *partition.*
**Hautefeuille** (fin du XVIIe s.) → *Griblin, Huygens.*
**Hautin** Hippolyte (début du XIXe s.) → *Choisy-le-Roi.*
**Haviland** David (1814-1879) → *Limoges.*
**Haviland** Théodore (XIXe s.) → *Limoges.*
**Hayes** Walter (XVIIe s.) → *Culpeper.*
**he** → *tripode.*
**Heatcot** (début du XIXe s.) → *tulle.*
**Hébrard** A. (XIXe s.) → *Dalou, Degas.*
**Heemskerk** Willem Jacobz Van (1613-1692) → *gravure.*
**Heimhausen** comte Sigismund von (XVIIIe s.) → *Nymphenbourg.*
**Helleu** (fin du XIXe s.) → *machine à vapeur.*
**Hellot** Jean (1685-1766) → *Sèvres.*
**hémidrachme** → *drachme.*
**Henrichemont** → *Talbot* (les).
**Henry** Hélène (1891) → *Chareau.*
**Henry** Tyler → *répétition.*
**Hérat-afghans** → *béloutches.*
**Hérat-béloutches** → *béloutches.*
**Herculanum** → *Adam.*
**Hereke** → *Anatolie.*
**Hérisson** → *porte-bouteilles.*
**Herold** Johann Gregor (1696-1775) → *Meissen.*
**Hérouard** (XIXe s.) → *Thibouville* (les).
**Herschel** John (XIXe s.) → *télescope.*
**Hesdin** → *Saint-Amand-les-Eaux.*
**Hess** (fin XIXe s.) → *train, voitures.*
**Hetzel** (XIXe s.) → *cartonnage.*
**Hexamer** Kalt → *Chaplet.*
**Himotōshi** → *netsuke.*
**Hinart** Louis (XVIIe s.) → *Beauvais.*
**Hinzelin** (maison) → *Muller* (les).
**Hipparque** (IIe s. av. J.-C.) → *armilles, astrolabe.*
**Hirado** → *Arita, Japon* (céramiques).
**Hiroshige** Ando (1797-1858) → *Japon* (estampes) - *japonisme.*
**Hishikawa** Moronobu (1618-1694) → *Japon* (estampes).
**Hitchcock** Lambert (1795-1852) → *hitchcock-chair.*
**Hizen** → *Bizen, coquille d'œuf.*
**Hochbrucker** → *harpe.*
**Hoentschel** Georges (1855-1915) → *Carriès, Rateau.*
**Hoffman** → *carte.*
**Hoffmann** Joseph (1870-1956) → *Wiener Werkstätte.*
**Holbein** espagnols → *Espagne.*
**Holbein le Vieux** (Hans) [1465-1524] → *Augsbourg.*
**Holland and Holland** (maison) → *chasse* (armes de), *hammerless.*
**hollandaise** (coupe à la) → *bois.*
**Holloway** William (XVIIIe s.) → *bracket-clock.*
**homme-debout** → *bonnetière.*
**hongmu** → *Chine* (mobilier).
**Honoré** (les) [fin XVIIIe s. - début XIXe s.] → *Paris* (céramiques).
**hoop-back** → *windsorchair.*
**horloge à sablon** → *sablier.*
**hosoban** → *Japon* (estampes).
**Hotei** → *dieux du Bonheur.*
**Hoym** (comte d') → *bibliophile, bibliophilie, Pasdeloup.*
**Hoysala** (dynastie) → *Inde.*
**Huali** → *Chine* (mobilier), *armoires asiatiques.*
**Huart de Northomb** → *Longwy.*
**huche** → *coffre.*
**huchier** → *menuisier.*
**Huet** Jean-Baptiste (1745-1811) → *Oberkampf, papier peint, toile de Jouy.*
**Huggin** George → *Dollond.*
**Huguet** (fin XVIIIe s.) → *argenture.*
**Hunger** Conrad (1715-1745) → *Rörstrand, Saint-Pétersbourg, Venise.*
**Hunt** William Holman (1824-1879) → *préraphaélisme.*
**Hunt et Roskelle** (maison) → *Storr.*
**Huppleger** → *Gruber, vitrail.*
**Huret** (XIXe s.) → *Steiner.*
**Hustin** Jacques (1664-1749) → *Bordeaux, Samadet.*
**hyalithe** → *flacon à parfum.*

## I

**Ibibios** → *Ekois.*
**ibrik** → *aiguière.*
**Ichimonji** (école) [XIIIe - XIVe s.] → *Bizen.*
**ichiraku-netsuke** → *netsuke.*
**Ichō** → *Japon* (estampes).
**Iga** → *Japon* (céramique).
**igel** (verre) → *pastillage.*
**Ighé - Igha** → *Bénin.*
**igorots** → *ancêtres.*
**Ike-no-Taiga** (1723-1776) → *byōbu, paravent.*
**Inbe-Yaki** → *Bizen.*
**inclusion** (procédé d') → *intercalaire* (décoration).

**Isabey** Eugène (1803-1886) → *illustrateur.*
**Isleworth** → *Londres.*
**Isparta** → *Anatolie.*
**istoriato** (a) → *Nevers.*
**italienne** (à l') → *baldaquin.*
**Izmir** → *Anatolie.*

J

**Jacaranda** → *violette* (bois de).
**Jaipur** (style de) → *Rājasthān.*
**Janson** Jacob (XVIe s.) → *Londres.*
**Janus** → *Kotas.*
**japanning** → *laque.*
**Jarry** Jacques (XVIIIe s.) → *Aprey.*
**Jeanneney** Paul (1861-1920) → *Carriès.*
**Jeanneret** Pierre → *Perriand.*
**jeannot** → *buffet.*
**Jecker** (fin XVIIIe s.) → *sextant.*
**jefimki** → *contremarque.*
**jia, jie** → *tripode.*
**jiangdou hong** → *sang de bœuf.*
**jian-yao** → *Chine* (céramique), *tenmoku.*
**Jōchō** → *yosegi.*
**Jones** William (fin du XVIIIe s.) → *sextant.*
**Josserand** N.H (XIXe s.) → *revolver.*
**Jouffroy** → *Dammouse.*
**Jouve** Paul (1880-1973) → *Dunand.*
**juan** → *emakimono.*
**jue** → *tripode.*
**Jugendstil** → *art nouveau.*
**Juilliard** (XVIIIe s.) → *Aubusson.*
**juke-box** → *boîte à musique.*
**Jules Romain** (1499-1546) → *Ferrare, Raimondi, tapisserie.*
**Jullien** Joseph († 1774) → *Bourg-la-Reine.*
**jun-yao** → *Chine* (céramique).
**jurande** → *menuisier.*
**Jurōjin** → *dieux du Bonheur.*
**Juvet** (les) → *montre.*
**ju-yao** → *Chine* (céramique).

K

**Kachis** → *Kāchān.*
**Kaddos** → *Dogons.*
**Kagamituba** → *netsuke.*
**Kaigetsudō** (1705-1730) → *Japon* (estampes).
**kakemono-e** → *Japon* (estampes).
**kalkan** → *bouclier.*
**Kanazawa** → *Japon* (céramique).
**Kangra** (école de) → *pahāri.*
**Kannon** → *bodhisattva.*
**Kanō** → *byōbu.*
**kapokier** → *Bambaras.*
**karakane** (métal chinois) → *alliage.*
**Karcher** Hans (?-1562) → *Ferrare.*
**kard** → *couteau.*
**Kassetenstyl** → *bois.*
**Katabori** → *netsuke.*
**Kauffer** McNight (XXe s.) → *affiche.*
**Kayseri** → *Anatolie.*
**Kensan** (1663-1743) → *Japon* (céramique).
**Kessler** (XVIIIe s.) → *gravure sur verre.*
**Khepesh** → *blanche* (arme).
**Khyber** couteau → *couteau.*
**Kieffer** Léon → *fixé sous verre.*
**Kiel** → *Francfort, Rouen.*
**Kiessling** Johann Christoph (XVIIIe s.) → *gravure sur verre.*
**Killinger** G.F. († 1683) → *gravure sur verre.*
**kimekomi-ningyo** → *poupée.*
**King** Nelson → *répétition* (armes à).
**Kircheir** → *Anatolie.*
**Kirchner** J. (XVIIIe s.) → *Meissen.*
**kirigane** → *Japon* (laque).
**kirin** → *qilin.*
**kiri no ki** → *armoires asiatiques bois.*
**ki-seto** → *seto.*
**Kiyonaga** (1752-1815) → *Japon* (estampes).
**Kizil-Azak** → *Turkestan.*
**kleiokotzer** → *dégorgeoir.*
**Klotz** Matthias (1653-1743) → *violon.*
**Knibb** Joseph (XVIIIe s.) → *bracket-clock.*
**Knuckler** → *Deringer.*
**koban** → *Japon* (estampes).
**Koberger** (XVe) → *imprimeurs célèbres.*
**Kocks** Adrien († 1701) → *Delft.*
**kokeshi** → *poupée.*
**Kokusen-byōbu** → *byōbu.*
**ko-kutani** → *kutani.*
**Komo** → *Bambaras.*
**Koninzliche Porzellen Manufaktur** → *Berlin.*
**Konya** → *Anatolie.*
**Kopis** → *blanche* (arme).
**Koré** → *Bambaras.*
**Korin** Agata (1658-1716) → *byōbu, Japon* (céramique), *paravent.*
**Kothgesser** Anton (1769-1851) → *Biedermeier.*
**Koudouo** → *Ashantis.*
**Koum Kapou** → *Anatolie.*
**kra** → *Dan.*
**Krauss** E. (XXe s.) → *photorevolver.*
**Krautstrunk** (verre) → *pastillage.*
**Kropatschek** fusil → *répétition* (armes à).
**kuan** → *billet.*
**kudu** → *arc.*
**kulahkud** → *casque.*
**kundikā** → *bodhisattva.*
**kuruma-dansu** → *armoires asiatiques.*
**Kushan** (dynastie) → *Inde.*
**kylix** → *coupe.*
**Kyōto** → *Japon* (céramique), *kutani.*
**Kyūshū** → *Japon* (céramique).

L

**Laboureur** Jean Émile (1877-1943) → *Poiret.*
**La Chaux-de-Fonds** → *Neuchâtel.*
**Lacote** René (XIXe s.) → *guitare.*
**Ladik** → *Anatolie.*
**La Feuillée, Val d'Ajol** → *épinette des Vosges.*
**La Fresnaye** Roger de (1885-1925) → *Süe et Mare.*
**Lagnel** Jean-Louis (début du XIXe s.) → *santon.*
**Lallemant** Jacques († apr. 1769) → *Aprey.*
**Lallemant de Villehaut** Joseph (XVIIIe s.) → *Aprey.*
**La Marche** (ateliers de) → *Felletin.*
**Lambert** → *Creusot* (Le).
**lamé** → *brocart.*
**lampadophore** → *lanterne magique.*
**lampascope** → *lanterne magique.*
**Lamy** Alfred Joseph (1850-1919) → *Thibouville.*
**Landais** Joseph (1800-1883) → *figuline.*
**Lanfrey** Claude-François († 1827) → *Niderwiller.*
**Lang** (famille) → *langyao.*
**Langlois** Joachim (début du XIXe s.) → *Bayeux.*
**langue de bœuf** → *dague.*
**Languedoc** → *marbre.*
**langyao** → *sang de bœuf.*
**lanterne** → *échappement.*
**Lapierre** Auguste (XIXe s.) → *lanterne magique.*
**Lapierre** François (1753-1823) → *Nogaret.*
**Laporte-Blairsy** L. (1865-1923) → *Fuller.*
**La Puisaye** → *grès.*
**laque pauvre** → *art pauvre.*
**Largillière** Nicolas de (1656-1746) → *fixé sous verre.*
**Larionov** Michel (1881-1964) → *Gontcharova.*
**larmes** → *goutte.*
**La Salle** Philippe de (1723-1805) → *soierie lyonnaise.*
**Latino Orsini** (XVIe s.) → *radio latino.*
**Laugier** Jean Baptiste (1688-1765) → *Alcora.*
**Laurencin** Marie (1883-1956) → *papier peint.*
**Laurens** Jean-Paul (1838-1921) → *Basch, Jaulmes.*
**Laurin** (XIXe s.) → *Chaplet.*
**Laver** → *kirman.*
**Lavoisier** Antoine-Laurent de (1743-1794) → *thermomètre.*
**lebel** → *répétition* (armes à).
**Le Bourgeoys** Marin → *fusil.*
**Le Breton** (XVIIIe s.) → *encyclopédie.*
**Le Comte** Florent († 1712) → *estampe.*
**Leduc** Charles-François (XVIIIe s.) → *Holitsch.*
**Leed Company** → *train.*
**Leeds** → *Wedgwood.*
**Lefaucheux** (système) → *chasse* (armes de).
**Lefaucheux** Casimir → *broche* (système à), *chasse, revolver.*
**Le François** (début du XVIIe s.) → *papier peint.*
**Légaré** Gilles (XVIIe s.) → *nœud de corsage.*
**Legba** → *Fons.*
**Le Locle** → *Neuchâtel.*
**Le Masson** (XVIIIe s.) → *Bayeux.*
**Lemercier** (XIXe s.) → *Davanne.*
**Lenègre** (XIXe s.) → *cartonnage.*
**Lenel** (XVIIe s.) → *étalon.*
**Lenoir** abbé (XIXe s.) → *phonographe.*
**Léonard** (XIXe s.) → *poivrière.*
**Léonard de Vinci** (1452-1519) → *chambre noire, ferronnière.*
**Lepautre** Jean (1618-1682) → *cadre.*
**Le Prince** Jean-Baptiste (1734-1781) → *Beauvais.*
**Lerambert** Henri (1550-1609) → *faubourg St-Marcel, Paris* (tapisserie).
**Lerebours** (XIXe s.) → *Davanne.*
**Leroy** (XIXe s.) → *papier peint.*
**Leroy** (fabrique) [XVIIIe s.] → *fontaine.*
**Lesbros** Adèle → *Dalpayrat.*
**Leschot** Jean-François (1746-1824) → *Jaquet-Droz.*
**Le Tellier de la Bertinière** (XVIIIe s.) → *Bayeux.*
**Leu** Thomas de (v. 1560-1620) → *illustrateurs.*
**Levesque** Jacques Adrien (1728-apr. 1766) → *Saint-Omer.*
**Levet** Claude (1729-1774) → *Nogaret.*
**lèvres de Bouddha** → *chintamani.*
**Lhote** André (1885-1962) → *Iribe.*
**lilliputiens** → *éventail.*
**Lindley** → *tulle.*
**Linru Xian** → *Ruzhou.*
**lit à la duchesse** → *duchesse, lit.*
**lit à la manière des Turcs** → *canapé.*
**lithyalin** (verre) → *flacon à parfum.*
**lizhou** → *kakemono.*
**Lochman** Oskar-Paul → *boîte à musique.*
**Lockroy** E. → *Carrier-Belleuse.*
**« Loc Maria »** → *Quimper.*
**Loma** → *Dan.*
**long rifles** → *Kentucky.*
**loop-back** → *windsorchair.*
**Lorrain** Claude (1600-1683) → *miroir de Lorraine.*
**Loubet** (style) → *nouille.*
**loupe** → *boudine* (verre à).
**Lourdet** Simon († 1671) → *Savonnerie* (la).
**louve moyenâgeuse** → *pince.*
**Louvet** Pierre et Jean (XVIIIe s.) → *vielle.*
**low-back** → *windsorchair.*
**Lucotte** (XIXe s.) → *figurine historique.*
**Ludwigsbourg** → *Frankenthal.*
**Lumière** Auguste (1862-1954) et Louis (1864-1948) → *autochrome.*
**Luohan** → *blanc de Chine.*
**lydite** → *pierre de touche.*
**Lynen** Amédée (XIXe s.) → *Dardenne.*
**Lyon** Gustave (XIXe s.) → *harpe.*

M

**ma** → *Dan.*
**Macquer** → *Limoges.*
**macuquinas** → *dollar.*
**Maddox** Richard Leach (1816-1902) → *photographie.*
**Maebyeong** → *Corée.*
**Maës** (XIXe s.) → *Clichy.*
**Maggini** Giovani Paolo (1579-1630) → *violon, Vuillaume.*
**mahogany** → *acajou, amarante.*
**maie** → *pétrin.*
**Maillet** et **Chorier** → *maillechort.*
**Maillot** → *cuivre.*
**main-gauche** → *épée.*
**maison à étage** → *Bobos, Dogons.*
**Majorque** → *Valence.*
**makura** → *oreiller.*
**Malclès** Jean Denis (1912) → *Follot.*
**Manara** Baltazar (?-av. 1540) → *Faenza.*
**Manaslik** → *Brousse.*
**mandrin** → *gainage.*
**mandrin** (à la) → *coffre* (armes du système à).
**manjadou** → *garde-manger.*
**manju** → *netsuke.*
**manufacture du duc d'Orléans** → *Paris* (céramiques).
**marabout** → *cafetière, pierres dures.*
**Marcolini** comte Camillo (1736-1814) → *Meissen.*
**Marillier** Clément Pierre (1740-1808) → *illustrateurs.*
**Marius** Jean (XVIIIe s.) → *piano.*
**Marquate** Simon → *miquelet.*
**marseillaise** (à la) → *chaise.*
**Marshall** et **Faulkner** (société) → *Morris.*
**Martabani** → *céladon.*
**Martin** J. (1861-1898) → *Daum, Majorelle.*
**Martin** Marius (XXe s.) → *Aubusson.*
**Martini** → *levier* (armes à).
**Martinet** → *fusil.*
**Martin et Martine** → *jacquemart.*
**Maruyama** Ōkyo (1732-1795) → *byōbu, paravent.*
**Mārwār** → *Rājasthān.*
**Ma Shaoxan** → *tabatière.*
**masses d'arme** → *choc* (armes de).
**Massey** Edward (XIXe s.) → *loch.*
**Massié** André → *Limoges.*
**Massiot** → *bateau, modèle réduit.*
**matrix** → *turquoise.*
**Maupertuis** → *quart de cercle, secteur astronomique.*
**Mauser** → *répétition* (armes à).
**Mauter** Conrad → *mécaniques* (meubles).
**Mayet** (frères) → *comtoise.*
**Mazarin** cardinal Jules (1602-1661) → *bibliophilie, bibliophilie.*
**mazarine** → *platerie.*
**méditerranéenne** (platine dite) → *miquelet.*
**Mège** (XVIIIe s.) → *Aprey.*
**Meier-Graefe** Julius (1867-1935) → *Mère.*
**Meitnach** → *Augsbourg.*
**Mène** Pierre Jules (1802-1877) → *bronze.*
**Mercator** Gerhard (1512-1594) → *carte géographique, globe.*
**méridienne** → *instrument méridien.*
**« Merveilleux »** le → *phonographe.*
**Meskeneh** → *Raqqa.*
**métier à tire** → *brocart.*
**métro** (style) → *nouille.*
**meubles à combinaisons** → *mécaniques* (meubles).
**meubles à secrets** → *mécaniques* (meubles).
**meubles à transformation** → *mécaniques* (meubles).
**meubles machinés** → *mécaniques* (meubles).
**mexicaine** (à la) → *revolver.*
**Michel** E. → *Rousseau* (François-Eugène).
**Michel-Lévy** → *édition.*
**Migeon** Pierre II (v. 1701-1758) → *Boudin.*
**Mignard** Pierre (1612-1695) → *tapisserie.*
**Mignot** (fabrique) → *figurine historique.*
**Mildner** Johann (1764-1808) → *églomisé.*
**milieu de table** → *surtout.*
**military-chest** → *bateau* (meubles de).
**Millais** sir John-Everett (1829-1896) → *préraphaélisme.*
**Mirecourt** → *vielle.*
**miroir noir** → *miroir de Lorraine.*
**Mir Sayyid 'Ali** (XVIe s.) → *islām.*
**misanthrope** → *solitaire.*
**mise sur table** → *catalogue de vente.*
**mishima** → *Corée.*
**Mnaelzel** Johan Nepomuk → *métronome.*
**Modigliani** Amedeo (1884-1920) → *Villon.*
**Mohn** Samuel (1761-1815) → *Biedermeier.*
**Moholy-Nagy** Laszlo (1895-1946) → *Bauhaus, Gropius.*
**Moigniez** Jules (1835-1894) → *bronze.*
**Mokubei** → *Japon* (céramique).
**Mombaers** (les) [XVIIIe s.] → *Bruxelles* (céramiques).
**Mon** → *Birmanie, emblèmes extrêmes orientaux.*
**Mondjour** → *Anatolie.*
**Mongis** Pierre (1712-1756) → *Lyon.*
**mongole** (école) → *miniatures orientales.*
**Monsau** Jean Étienne (fin XVIIIe s.) → *Bordeaux.*
**Montagnana** Domenico (1690-1750) → *violon.*
**mont-de-piété** → *ventes.*
**montres de berger** → *cadran.*
**Moore** (XIXe s.) → *Bing.*
**morbier** → *comtoise.*
**Moreau le Jeune** J.-M. (1741-1814) → *illustrateurs, Lebas.*
**morez** → *comtoise.*
**Morin** Louis → *théâtre d'ombres.*
**morion** → *casque.*
**Moritz** (XIXe s.) → *tuba.*
**morlaque** → *miquelet.*
**Moronobu** Hishikawa (1618-1694) → *Japon* (estampes).
**morratxa** → *aspersoir.*
**mortaise** → *tenon.*
**Mortimer et Hunt** → *Storr.*

**Mortlake** → *Londres.*
**moucheté** → *bois.*
**Moulin** César (1re moitié du XVIIIe s.) → *Apt.*
**Mourguet** Laurent (XIXe s.) → *guignol.*
**moussoir** → *chocolatière.*
**moyan** → *pierre à encre.*
**Mudge** Thomas (1715-1794) → *montre.*
**Muffat** (XIXe s.) → *trompe.*
**Muiscas** → *Chibchas.*
**Müller** Frantz Heinrich (1732-1820) → *Copenhague.*
**muqarna** → *alvéoles*
**mustofi** → *Agrā.*

N

**Nagara** (style) → *Inde.*
**Nagasaki** → *Arita, Japon* (estampes).
**Nagasaki-byōbu** → *byōbu.*
**Nagos** → *Fons.*
**nakchi-peleng** → *chintamani.*
**Nalous** → *Bagas.*
**nama** → *Bambaras.*
**Nanban-byōbu** → *byōbu, paravent.*
**Nariguera** → *Chibchas.*
**Nast** Johann (1754-1817) → *Paris* (céramiques).
**nastaliq** → *islām.*
**navajas** → *couteau.*
**nazarlik** → *chintamani.*
**Necmettin Okyay** → *ebru.*
**Neuburger** → *lampe.*
**Nian** → *Jingdezhen.*
**Nicot** (herbe à) → *Dieppe, pipe.*
**Niepce de Saint-Victor** Abel (1805-1870) → *héliographie, photographie.*
**Ninsei** (XVIIe s.) → *Japon* (céramique).
**nishiki-e** → *Japon* (estampes).
**nishikite** → *Japon* (céramique).
**Nitot** (XIXe s.) → *Chaumet.*
**Nonomura** Ninsci (connu entre 1649 et 1657) → *Japon* (céramique).
**Northomb-Boch** → *Longwy.*
**Norton** Eardley (XVIIIe s.) → *bracket-clock.*
**Nouailher** (les) [XVIe s.] → *émail.*
**ntomo** → *Bambaras.*
**numba** → *Bagas.*
**nyangbai** → *Dan.*
**Nzabis** → *Pounous.*

O

**oban** → *Japon* (estampes).
**octobasse** → *Vuillaume.*
**octodrachme** → *drachme.*
**œillet** (à l') → *Chantilly.*
**Ōgi** → *éventails.*
**Okochi** → *Arita.*
**Okuda Eisen** → *Japon* (céramique).
**Olbricht** Joseph Maria (1867-1908) → *Wiener Werkstätte.*
**Olérys** Joseph (1697-1749) → *Alcora, Moustiers.*
**Ollivier** François (?-† 1795) → *Aprey.*
**Olokun** → *Bénin.*
**Omi** → *Japon* (céramique).
**onglet** (à) → *assemblage.*
**organistrum** → *vielle.*
**Orrery** Roger Boyle, comte d' (1621-1679) → *planétaire.*
**Orry de Fulvy** (1703-1751) → *Sèvres - Vincennes.*
**Orvieto** (style dit d') → *Paterna.*
**Osafune** (école) [XIIIe s.-XIXe s.] → *Bizen.*
**Ōsaka** → *Japon* (estampes).
**Ossyeba** → *Kotas.*
**oudsouz** → *brûle-parfum.*
**Owari** → *Japon* (céramique).
**Ozanam** → *pantomètre, récipiangle.*

P

**Pagan** → *Birmanie.*
**Pahoins** → *Fangs.*
**Paillart** Frères (début XIXe s.) → Choisy-le-Roi.
**Paillet** Eugène → *bibliophile.*
**Pāla** (dynastie) → *Inde.*
**Pallava** (dynastie) → *Inde.*
**pamor** → *alliage.*
**Panderma** → *Anatolie.*
**Pangwés** → *Fangs.*
**panne** → *velours.*
**Panormo** → *guitare.*
**Papillon** (les) [XVIIe s. - XVIIIe s.] → *papier peint.*
**parchemins** → *coffre, plis de serviettes.*
**Paris** Jean-Alexandre → *Bercy.*
**parisis** → *denier.*
**Parmantier** Nicolas (1736-1801) → *Nogaret.*
**Passy** (manufacture de) → *Paris* (céramiques).
**patache** → *voitures.*
**Patey** (1855-1930) → *Bazor.*
**pattes d'éléphant** → *Asie centrale.*
**Pauly** (von) → *aiguille, culasse.*
**paumelles** → *ferrure.*
**pavois** → *bouclier.*
**peau d'ange** → *corail.*
**peau de chien** → *roussette.*
**peau de pêche** → *Chine* (céramique), *sang de bœuf.*
**peigne** → *boîte à musique.*
**peinture sous-verre** → *fixé sous verre.*
**pelengi** → *chintamani.*
**Pellerin** Jean-Charles (1756-1836) → *Épinal.*
**Pelletier** Jean (XVIIe s.) → *Marseille.*
**Pellipario** Niccolo (1510-1542) → *Castel-Durante.*
**Pelloquin** (1715-1775) → *Moustiers.*
**Pendeh** → *Turkestan.*
**pendules d'audience** → *Janvier.*
**pendules-squelettes** → *horloge.*
**Penfield** Edouard → *affiche.*
**pentadrachme** → *drachme.*
**Perrenond** (XVIIIe s.) → *Oberkampf, toile de Jouy.*
**Perrin** (Veuve) [† 1793] → *fontaine, Marseille.*
**pertuisane** → *hast* (armes d').
**peshkirs** → *islām.*
**peson** → *balance.*
**Petit** Georges → *Deck, Lévy-Dhurmer.*
**Petit** Jacob (1796-1865) → *tisanière.*
**Petit-Carrousel** (manufacture du) → *Paris* (céramiques).
**petit feu** → *feu.*
**pétrissoire** → *pétrin.*
**Petrucci** Ottaviano (1466-1539) → *partition.*
**Peuls** → *Afrique noire.*
**Peyrefitte** Roger → *curiosa, spintrienne.*
**Pfister** → *illustration.*
**Phidias** (Ve s. avant J.-C.) → *chryséléphantin.*
**physiographe** → *détective.*
**Picard** (abbé) → *secteur astronomique.*
**Pichon** baron (XIXe s.) → *bibliophile.*
**Pidoux** Protais (2e moitié du XVIIIe s.) → *Aprey.*
**pieds en patins** → *patins.*
**pieds-miches** → *Bourgogne.*
**pierre d'Argentan** → *croix.*
**pile de pont** → *bargueño.*
**piluliers** → *pot à pharmacie.*
**Pimpard** → *vielle.*
**Pinaud** → *flacon à parfum.*
**Pineau** Nicolas (1684-1754) → *Lajoue.*
**Pinot** Charles (1817-1879) → *Épinal.*
**pintaderas** → *Aztèques.*
**piqué** → *écaille.*
**Pirota** (casa) [début du XVIe s.] → *Faenza.*
**Planche** François de la (début du XVIIe s.) → *faubourg St-Marcel.*
**planche de route** → *renard.*
**plaquette** → *brochure.*
**plateau** → *phénakistiscope.*
**plateau universel** → *astrolabe.*
**Platel** (XVIIe s.) → *Lamerie.*
**platelle** → *platille à repasser.*
**plique** (de) → *émail.*
**plique à jour** → *émail.*
**plumet** → *Rateau.*
**poils de lièvre** → *Chine* (céramique).
**poinçon de jaugeage** → *contrôle.*
**point français** → *Hanau.*
**polissage** → *bufflage.*
**polonaise** (à la) → *casque, dames* (jeu de).
**pomdo habillé** → *Kissis.*
**Pompon** François (1885-1933) → *bronze.*
**poncette, poncis** → *poncif.*
**Pont-aux-Choux** (manufacture du) → *Paris* (céramique).
**pontil** → *boudine* (verre à) → *bouteille.*
**Popincourt** (manufacture de la rue) → *Paris* (céramiques).
**porcelaine de fer** → *Meissen.*
**porcelaine rouge** → *Meissen.*
**porcelaines à la Reine** → *Paris* (céramique).
**porcellana** (alla) → *Cafaggiolo.*
**Pordenone** (1483-1539) → *Ferrare.*
**Poro** → *Dan.*
**porte-chaleil** → *porte-lampe.*
**porte-feuille** → *table.*
**Portici - Naples** → *Capodimonte.*
**Portor** → *marbre.*
**portrait restitué** → *restitué.*
**positif** → *orgue.*
**post-Gupta** (époque) → *Inde.*
**post-séfévide** (école) → *miniatures orientales.*
**Poterat** (les) [XVIIe s.] → *Rouen.*
**Potter** Christopher (actif v. 1789-1800) → *Chantilly, Choisy-le-Roi, Paris* (céramiques).
**poudreuse** → *toilette.*
**Poulet-Malassis** → *édition.*
**Poussin** Nicolas (1594-1665) → *illustrateurs, Lebrun, papier peint.*
**Pouzait** Moïse (1743-1793) → *montre.*
**Prassinos** Mario (1916) → *tapisserie.*
**première partie** (en) → *Boulle.*
**Presses Thonnelier** → *balancier.*
**Preussler** Daniel (1636-1733) → *émaillé* (verre).
**Primatice** Francesco (1504-1570) → *Fontainebleau, Limosin, Reymond.*
**prisée** → *commissaire-priseur.*
**propre à rien** → *polichinelle.*
**protocéladons** → *Chine* (céramique).
**protoporcelaines** → *Chine* (céramique).
**Prud'hon** Pierre Paul (1758-1823) → *Creil et Montereau, Odiot, Thomire.*
**Pteffenhauser** (XVIIIe s.) → *Augsbourg.*
**Ptolémée** Claude (IIe s. apr. J.-C.) → *anneau, astrolabe, Copernic, équatoire, sphère armillaire, trigomètre.*
**Puebla** → *azulejo.*
**Pull** Georges (1810-1889) → *figuline.*
**pupitre** → *accouchée* (table d').
**Purdey** → *chasse* (armes de), *hammerless.*
**pusa** → *bodhisattva.*
**Putney** → *Londres.*

Q

**qalam** → *islām.*
**qinghna** → *sometsuke.*
**quarte** → *broc.*
**quartieri** (à) → *Nîmes.*
**Quérin** → *figurine historique.*
**queues couvertes** (à) → *aronde.*
**queues de rat** → *marbre.*
**queues perdues** (à) → *aronde.*
**Quiralu** → *figurine historique.*

R

**Raffet** Auguste (1804-1860) → *illustrateurs.*
**Rahir** Édouard → *bibliophilie.*
**rainures** → *bouvet.*
**rakuyaki** → *Japon* (céramique).
**ramponeau** (à la) → *tabletterie.*
**rance** → *marbre.*
**Ranson** Paul (1864-1909) → *Bing.*
**Raoux** (1753-1821) → *Peinet, trompe.*
**Raphaël** (1483-1520) → *Beauvais, Bruxelles, grotesque, Maincy, Raimondi, tapisserie.*
**Rapin** Henri (XXe s.) → *Ruhlmann.*
**Rasmussen** René (XXe s.) → *Afrique noire.*
**Rausafa** → *Raqqa.*
**ravalos** → *ravaler.*
**Raynaud** Émile (fin du XIXe s.) → *praxinoscope.*
**Réaumur** René-Antoine Ferchot de (1683-1757) → *thermomètre.*
**réflectoscope** → *lanterne magique.*
**Reiber** Émile-Auguste (1826-1893) → *Deck.*
**Reid** → *Deringer.*
**reigle** → *banc.*
**religieuses** → *horloges.*
**Remington** → *Deringer.*
**Renoir** Pierre-Auguste (1841-1919) → *Villon.*
**Renoleau** (1854-1939) → *figuline.*
**reproduction** → *protection des acheteurs.*
**Resnier** (début du XIXe s.) → *ornithoptère.*
**Reuilly** (manufacture de la porte de) → *Paris* (céramiques).
**Réveillon** († 1811) → *papier peint.*
**Reyen** A.-G. (XIXe s.) → *Rousseau* François.
**rhodian red** → *bol arménien.*
**Rhombes** → *aborigène.*
**ribbank** → *archelle.*
**Richancourt** (début du XIXe s.) → *ornithoptère.*
**Riksdaler** → *thaler.*
**Rimini** → *Faenza.*
**Risa-y-Abassi** → *islām.*
**Rivière** Henri (1864-1951) → *théâtre d'ombres.*
**Robbins and Lawrence** → *poivrière.*
**Robert** Hubert (1733-1808) → *fixé sous verre.*
**Robert** Jean-François (XIXe s.) → *opaline.*
**Robert** Joseph (v. 1750-1793) → *Marseille.*
**Robert** Robert de Chaunac, dit dom (1907) → *tapisserie.*
**Roberval** → *balance.*
**Roche** Pierre (1855-1922) → *Fuller.*
**rogin** → *alliage.*
**rognoir** → *hache.*
**Roitel** → *modèle réduit, voitures.*
**romana** (alla) → *miquelet.*
**Römer** (XVIIe s.) → *instrument des passages.*
**rondaches** → *bouclier.*
**Roquépine** (abbé de) [† 1754] → *Samadet.*
**Rordorf** (XVIIIe s.) → *Oberkampf.*
**rose de manganèse** (à la) → *Rennes.*
**Roskopf** Georges Frédéric (1813-1889) → *montre.*
**Rossetti** Dante Gabriel (1828-1882) → *préraphaélisme.*
**Rossignol** → *modèle réduit, voitures.*
**Rosso** Giovan Battista di Jacopo, dit (1494-1540) → *Limosin, Reymond.*
**Rouault** Georges (1871-1958) → *Metthey.*
**roue de la Loi** → *emblèmes extrême-orientaux.*
**rouleau** (à) → *écran.*
**Rouyer** (XIXe s.) → *Clichy.*
**Rowley** John (XVIIIe s.) → *planétaire.*
**Ruaud** (XIXe s.) → *Limoges.*
**Rubati** Pasquale (XVIIIe s.) → *Milan.*
**Ruckers** (les) [XVIe-XVIIe s.] → *clavecin.*
**Ruggieri** Francesco (1645-1700) → *violon.*
**Rumèbe** Fernand (1875-1952) → *Carriès.*
**Ryhiner** Jean (XVIIIe s.) → *Oberkampf.*
**ryūsa** → *netsuke.*

S

**sabot** → *rabot.*
**sabot à ondes** → *bretture.*
**Sachs** Curt (1881-1959) → *aérophone.*
**sacqueboute** → *trombone.*
**safiha** → *astrolabe.*
**Saint-Antoine** (manufacture du faubourg) → *Paris* (céramiques).
**Saint-Claude** → *ivoire.*
**Saint-Cricq Casaux** Charles-Alexandre Saint-Cricq, dit (fin du XVIIIe s.) → *Creil et Montereau.*
**Saint-Denis** (manufacture du faubourg) → *Paris* (céramiques).
**Saint-Germain** Jean-Joseph de (1719-1787) → *Baillon.*
**Saint-Gobain** (manufacture royale de) → *glace.*
**Saint-Jean** → *buffet.*
**Saint-Lazare** (manufacture du faubourg) → *Paris* (céramiques).
**Saint-Vérain** → *grès.*
**Saint-Yrieix-la-Perche** → *kaolin, Limoges, Sèvres-Vincennes.*
**Sainte-Anne** → *marbre.*
**Sakai Hō-itsu** (1761-1828) → *byōbu.*
**Saladin** Georges (XVIIIe s.) → *Saint-Omer.*
**Salomon** Bernard (1506/1510-1560) → *Reymond.*
**Salzmann** Auguste → *Blancquart - Évrard.*
**Sami Okyay** → *ebru.*
**sang de pigeon** → *rubis.*
**Sanggam** → *Corée.*
**Sangos** → *Pounous.*
**sanpukutsui** → *kakemono.*
**sans roue** → *chenapan.*
**sardoine** → *calcédoine.*
**Saryks** → *Turkestan.*
**sashimono** → *armoires asiatiques.*
**sashi-netsuke** → *netsuke.*
**Saussure** Horace de (1740-1799) → *hygromètre.*
**Sauvage** Henri (1873-1932) → *Guimard, Jourdain.*

**Saveh** → *Gurgan.*
**Savy** Honoré (?-v. 1793) → *Marseille.*
**Sawankalok** → *Thaïlande.*
**Sawari** → *alliage.*
**saxonne** (à la) → *Doccia.*
**saxotrombas** → *tuba.*
**Schaper** Johann (1621-1670) → *émaillé* (verre).
**Schawanhardt** Heinrich (1601-1667) → *gravure sur verre.*
**Scheffel** Victor von (XIXe s.) → *Biedermeier.*
**Scheiner** père Christoph (XVIIe s.) → *pantographe.*
**Schepers** (XVIIIe s.) → *Capodimonte.*
**Schlick** (comtes de) [XVIe s.] → *thaler.*
**Schmidt** → *poupée.*
**Schmidt** H. W. (fin du XVIIe s.) → *gravure sur verre.*
**Schmied** François - Louis (1873-1941) → *Dunand.*
**Schneider** Gottfried (XVIIe s.) → *gravure sur verre.*
**Schoeffer** (XVe s.) → *imprimerie.*
**Schomberg** (à la) → *casque.*
**Schongauer** Martin (v. 1450-1491) → *estampe.*
**Schouman** Aert (1720-1792) → *gravure sur verre.*
**Schramm** (XVIIIe s.) → *Oberkampf.*
**Schwab** Max (XVIe s.) → *balancier.*
**Schwartz** Samuel (XVIIe-XVIIIe s.) → *gravure sur verre.*
**Schwerdfeger** Ferdinand (1734-1818) → *Janvier.*
**Schwinger** Hermann († 1683) → *gravure sur verre.*
**Scot** Robert (XIXe s.) → *dollar.*
**séfévide** (école) → *islām, miniatures orientales.*
**Séguier** (chancelier) [1588-1672] → *bibliophilie.*
**seidō** → *alliage.*
**Sellas** Matteo (XVIIe s.) → *guitare.*
**Selmersheim** Tony → *Adnet, papier peint.*
**semelles** → *patins.*
**Sena** (dynastie) → *Inde.*
**Senefelder** Alois (1772-1834) → *affiche, estampe, lithographie.*
**sentoku** → *alliage.*
**Serafino** Santo (1668-1748) → *violon.*
**Séraphin** Dominique (XVIIIe s.) → *théâtre d'ombres.*
**Sérusier** Paul (1863-1927) → *Bing, Goerg, japonisme, Vuillard.*
**serviteur muet** → *servante.*
**Seurat** Georges (1859-1891) → *Velde* (Van de).
**sève au repos** (à) → *bois.*
**Seymour** David → *Capa.*
**shakudo** → *alliage.*
**Sham** Josuah → *percussion.*
**Shamsah** → *Coran.*
**Sharaku** (?-1801/1825) → *Japon* (estampes).
**shikki** → *Japon* (laque).
**shinchū** → *alliage.*
**shino** → *Japon* (céramique).
**shirome** → *alliage.*
**shotel** → *blanche* (arme).
**shou** → *emblèmes extrême-orientaux.*
**shoujuan** → *emakimono.*
**Shunmei Hōgen** (XIXe s.) → *tsuba.*
**Sibire** (abbé) [XIXe s.] → *Lupot.*
**Sickles** Daniel → *bibliophilie.*
**siège à la façon de Gênes** → *dantesca.*
**siège à tenailles** → *savonarola.*
**siège en ciseaux** → *savonarola.*
**siège à la façon de Pise** → *paille.*
**Sienas** → *Sénoufos.*
**Sienbenbergen** → *Transylvanie.*
**sigillaire** (bague) → *chevalière.*
**Silbermann** Gottfried (1683-1753) → *piano.*
**Sileh** → *Soumak.*
**Simms** William (XIXe s.) → *Troughton* (les).
**Simo** → *Bagas, Dan.*
**sipar** → *bouclier.*
**Sisson** Jeremiah (actif v. 1736-1788) → *secteur astronomique.*
**Sitil** → *islām.*
**Sivan-tō** ou **Xuanck** (1426-1435) → *bleu et blanc.*
**skyphos** → *coupe.*
**Smith et Wesson** → *barillet, revolver.*
**Snider** → *culasse.*
**Société française de fabrication de bébés et de jouets** (S. F. B. J.) → *googlie.*
**sōfuku** → *kakemono.*
**Sognot** → *Ruhlmann.*
**Soliva** Michel (XVIIIe s.) → *Alcora.*
**Solon** Marc-Louis (1835-1913) → *Dammouse, Minton.*
**Somenishikite** → *Japon* (céramique).
**sopha** → *canapé.*
**sorbet** → *coupe.*
**Southwell** William (XIXe s.) → *piano.*
**Southwork** → *Londres.*
**Spencer** Christopher → *levier* (armes à), *répétition* (armes à).
**Spiller** Gottfried (XVIIIe s.) → *gravure sur verre.*
**spinelle** → *rubis.*
**spinet** → *virginal.*
**spiral** → *Thuret* (les).
**Sprimont** Nicholas (1716-1771) → *Chelsea.*
**Springfield** → *culasse.*
**Sta** Jean-François (XVIIIe s.) → *Desvres* (faïence de).
**stalhelm** → *casque.*
**Stauffer** Georgius → *viole.*
**Steiner** Johann (XVIIIe s.) → *violon.*
**Stone** (XVIIIe-XIXe s.) → *Creil et Montereau.*
**Sugawara** → *Dunand, Gray, japonisme.*
**sumizuri-e** → *Japon* (estampes).
**Sun-sun** → *Sénoufos.*
**Sup.** (superbe) → *état de conservation.*
**sur la maille** → *bois.*
**Sutton** Thomas (1819-1875) → *Blancquart - Évrard.*
**suzuri** → *pierre à encre.*
**Syjalon** Antoine (v. 1524-1590) → *Nîmes.*
**symphonie** → *vielle.*
**Symphorien** Charles (XVIIIe s.) → *Bourg-la-Reine.*

## T

**Tabard** père François (XXe s.) → *Lurçat, tapisserie.*
**tabellaire** → *xylographie.*
**tabernacle** (à) → *Bruxelles.*
**table-console** → *console.*
**table de l'expert** (à la) → *commissaire-priseur.*
**table de loch** → *renard.*
**table en croissant** → *table.*
**table en rognon** → *table.*
**tabletier** → *tabletterie.*
**taille d'épargne** → *émail, gravure.*
**Tainter** Summer (XIXe s.) → *cylindre.*
**Tamba** → *Japon* (céramique).
**Tan-e** → *Japon* (estampes).
**Tang Ying** (à partir de 1736) → *Jingdezhen.*
**tankards** → *argenterie.*
**Tantō** → *aikuchi-goshirae.*
**tao** → *emblèmes extrême-orientaux.*
**taque** → *plaque de cheminée.*
**Taraka-bune** → *dieux du Bonheur.*
**Tardiveau** (XVIIIe s.) → *tabletterie.*
**targes** → *bouclier.*
**targettes** → *verrou.*
**tas à étamper** → *étampage.*
**tasse trembleuse** → *trembleuse.*
**taza** (à la) → *épée, moukala.*
**tchi** → *hatayi.*
**tchoukour** → *islām* (broderie).
**Techener** Joseph (XIXe s.) → *Nodier.*
**Tellem** → *Dogons.*
**tellurium** → *planétaire.*
**Tempesta** Pieter Mulier le Jeune, dit le Cavalier (1637-1701) → *historié.*
**tenailles** → *garniture de feu, outil.*
**tenmoku** → *Chine* (céramique).
**Tenmyogama** → *tetsubin.*
**Terk** Sonia (1885-1979) → *Delaunay.*
**terre de fer** → *Choisy-le-Roi.*
**Teruel** → *Paterna.*
**Testore** Carlo Antonio (1688-1766) → *violon.*
**tête de veau** → *navisphère.*
**théorbe** → *luth.*
**Thélot** (XVIIIe s.) → *Augsbourg.*
**Théodore de Tarse** (VIIe s.) → *enluminure.*
**Théophile** le moine (XIe-XIIe s.) → *enluminure, vitrail.*
**Thiolier** (XIXe s.) → *Barre* (les).
**Thiroux** (manufacture de la rue) → *Paris* (céramique).
**Thou** (président de) [1607-1642] → *bibliophile, bibliophilie.*
**Thuiland** Léopold (XIXe s.) → *Ligron.*
**Thuillier** (maison) → *poupée.*
**Thuringie** (manufacture de) → *Wedgwood.*
**Tielke** Joachim (XVIIe s.) → *guitare.*
**timbales** → *tambour.*
**timūride** (école) → *miniatures orientales.*
**tin foil** → *phonographe.*
**tin glazed delftware** → *Londres.*
**tip-up barrel** → *revolver.*
**tirata** (a) → *Cafaggiolo.*
**Tixier** (les) → *montre.*
**tjurunga** → *aborigène.*
**toi et moi** → *bague.*
**Tokoname** → *Japon* (céramique).
**Toma** → *Dan.*
**tombak** → *aiguière.*
**Tompion** (1639-1713) → *Graham, montre.*
**tong** → *aiguière.*
**Torajas** → *batik.*
**Torii** → *Japon* (estampes).
**Toro** Jean Bernard (1661-1731) → *arsenal* (sculptures d'), *console.*
**torquetum** → *turquet.*
**Torricelli** Evangelista (1608-1647) → *baromètre.*
**Toula** → *nielle.*
**tourillon** (assemblage à) → *assemblage.*
**Tourlière** Michel (1925) → *tapisserie.*
**tourmaline** → *pierres dures.*
**tournois** → *denier.*
**Townsend** Job (1699-1765) → *block-front.*
**trait de Jupiter** (assemblage à) → *assemblage.*
**traite** → *buffet, dresche.*
**transfer printing** → *Bordeaux, faïence.*
**Transoxiane** → *Nichapūr.*
**Tranter** (XIXe s.) → *revolver.*
**travail de ver** → *piqûre.*
**Trébizonde** → *aspron.*
**treillis** (en) → *Aubusson* (tapis).
**très beau** (T. B.) → *état de conservation.*
**très très beau** (T. T. B.) → *état de conservation.*
**trigonum** → *radio latino.*
**triquetrum** → *trigomètre.*
**tritratna** → *chintamani.*
**trognons de choux** → *cabochon.*
**trois-quarts** → *buffet.*
**trois yeux du Bouddha** → *chintamani.*
**trot'cat** → *barre aux chats.*
**Tsogos** → *Pounous.*
**Tugot** (XVIIIe s.) → *argenture.*
**tulipes** (aux) → *Doccia.*
**tulipière** → *bouquetier.*
**tunjo** → *Chibchas.*
**tuotai** → *Chine* (céramique).
**Turner** Joseph Mallord William (1775-1851) → *Ruskin.*
**turque** (à la) → *baldaquin.*
**turquin** → *marbre.*
**Tyiwara** → *Bambaras.*

## U

**uchiwa** → *éventails.*
**Uhumwelao** → *Bénin.*
**umbo** → *bouclier.*
**Umetada Naritsugu** (1618-1752) → *tsuba.*
**Unwan** → *Coran.*
**Unwin and Rogers** → *couteau.*
**Urushi-e** → *Japon* (estampes, laque).
**Utamaro** Toriyama Shimbi (1754-1806) → *Japon* (estampes), japonisme.
**Utpāla** (dynastie) → *Inde.*
**Utrillo** Maurice (1883-1905) → *Villon.*
**uwaetsuke** → *Japon* (céramique).

## V

**Valenciennes** → *Arras, Verdure.*
**Vallin** Eugène (1856-1922) → *Gruber.*
**Van Alphen** (les) [début du XVIIIe s.] → *Hanau.*
**Van der Walle** Jacobus (XVIIe s.) → *Hanau.*
**Van Eenhoorn** Samuel († 1678) → *Delft.*
**Van Gogh** Vincent (1853-1890) → *Bing, japonisme, Velde* (Van de), *Villon.*
**Van Hulst** Hendrik (XVIIIe s.) → *Sèvres - Vincennes.*
**Van Scie** Dirk → *Delft.*
**Varquain** (XVIIIe s.) → *vielle.*
**Vasarely** Vikhtor (1908) → *tapisserie.*
**Vauxhall** → *Londres.*
**velours de gueux** → *velours.*
**velventine** → *velours.*
**vergé** → *papier.*
**vergeures** → *papier.*
**Verneh** → *Soumak.*
**Vernet** Carle (1758-1836) → *Choisy-le-Roi.*
**Vernet** Joseph (1714-1789) → *fixé sous verre.*
**Verreries de Sainte-Anne** → *Baccarat.*
**Verrue** (comtesse de) [1670-1736] → *bibliophile.*
**Vest** (XVIe s.) → *Kreussen.*
**Vezzi** Francesco (1651-1740) → *Venise.*
**vieillard** → *légumier, poinçon.*
**Villaut de Bellefond** (XIXe s.) → *Dieppe.*
**Vinaccia** (les) → *mandoline.*
**Vinçart** Nicolas (XVIIIe s.) → *goniomètre.*
**vintages** → *voitures.*
**Virdung** Sébastien (1460-?) → *Agricola.*
**Vis** → *Arak.*
**Visscher** Anna Roemers (1583-1651) → *gravure sur verre.*
**Visscher** Maria Tesselschade Roemers (1594-1649) → *gravure sur verre.*
**vitro di Trina** → *Venise.*
**Volcanic Repeating Arms Company** → *répétition* (armes à).
**Volkmer** Tobias (XVIe-XVIIe s.) → *quadrant.*
**Vollard** Ambroise (1868-1939) → *Picasso.*
**Vouet** Simon (1590-1649) → *faubourg St-Marcel, tapisserie.*
**Vouge** → *hast* (armes d').

## W

**Wabi** → *Japon* (céramique).
**Wagner** Otto (1841-1918) → *Wiener Werkstätte.*
**Wall** Dr John (1708-1776) → *Worcester.*
**wallonne** → *épée.*
**wan** → *emblèmes extrême-orientaux.*
**Watteau** Jean Antoine (1684-1721) → *Audran, Cressent, enseigne, éventail, paravent, Sèvres, Vincennes.*
**Wayang-golek** → *poupée.*
**Wegely** Wilhelm - Kaspar (XVIIIe s.) → *Berlin.*
**Weidinger** (XIXe s.) → *trompette, tuba.*
**Westley-Richards** → *chasse* (armes de).
**Wheastone** (XIXe s.) → *concertina.*
**Willebrand** Johann (XVIIIe s.) → *pédomètre.*
**williamite** → *jacobite.*
**Winchester** → *levier* (armes à), *répétition* (armes à).
**Winnen** (XVIIIe-XIXe s.) → *Triebert.*
**Winterthur** → *Francfort.*
**Wobe** → *Dan.*
**Wogensky** Robert (1919) → *Le Corbusier.*
**Wolgemut** Michaël (1434-1519) → *Dürer, estampe.*
**Worth** → *Poiret.*

## Y

**yamato-e** → *emakimono.*
**yangzi** → *Chine* (émaux).
**yanxian** → *tripode.*
**Yemeniz** (XIXe s.) → *bibliophile.*
**Ye Zhongsan** → *tabatière.*
**Yi** (1392-1910) → *Corée.*
**yijing** → *emblèmes extrême-orientaux.*
**Yokoya Sōmin** (1670-1733) → *tsuba.*
**yonshaku-dansu** → *armoires asiatiques.*
**Yōsa Buson** (1716-1783) → *paravent.*
**Yoshii** (école) [XIVe-XVIe s.] → *Bizen.*
**yū** → *Chine* (jades).
**Yue** → *Chine* (céramiques).

## Z

**zamac** → *alliage.*
**Zang** (à partir de 1683) → *Jingdezhen.*
**zeni-dansu** → *armoires asiatiques.*
**zhifu** → *kakemono.*
**zhong** → *Chine* (bronzes).
**Zhou leynan** → *tabatière.*
**zhouzhi** → *Chine* (laques).
**Zick** (XVIIe s.) → *ivoire.*
**zincographie** → *lithographie.*
**zoopraxicope** → *Muybridge.*

Photocomposition M.C.P. — 45401 — Saran. — Imprimerie New Interlitho S.P.A. — Trezzano S/N Milano.
Dépôt légal Octobre 83. — N° de série Éditeur 14579. Imprimé en Italie *(Printed in Italy)*. — 509106-E-Avril 1988.

ELAGAGE

BIBLIOTHÈQUE VILLE DE LAVAL
3 0062 00386091